NTOA 23

Johannes Thomas

Der jüdische Phokylides

NOVUM TESTAMENTUM ET ORBIS ANTIQUUS (NTOA)

Im Auftrag des Biblischen Instituts
der Universität Freiburg Schweiz
herausgegeben von Max Küchler
in Zusammenarbeit mit Gerd Theissen

Zum Autor:

Johannes Thomas, geboren 1926, studierte Evangelische Theologie an der Theol. Hochschule für Kriegsgefangene in Montpellier und an den Universitäten Göttingen und Tübingen. Er war von 1951 bis 1988 im pfarramtlichen Dienst - verbunden mit Religionsunterricht an öffentlichen Schulen - in zwei nordbayerischen und zwei hannoverschen Gemeinden. Zeitweilige besondere Schwerpunkte: Mitarbeit am Entwurf der bayerischen Kirchenverfassung, in einem Konfirmandenmodell der Vereinigten Evangelisch-Lutherischen Kirche in Deutschland (VELKD) sowie als Berater von Kriegsdienstverweigerern. Seit 1988 im Ruhestand in Hamburg. - Promotion Tübingen 1970 über «Aktuelles im Zeugnis der Zwölf Väter» (Zwölf-Patriarchen-Testamente, in: BZNW 36/1969). Rezensionen (Theol. Zeitschrift Basel) sowie Artikel zu Fragen paränetischer Texte des Neuen Testaments.

NOVUM TESTAMENTUM ET ORBIS ANTIQUUS 23

Johannes Thomas

Der jüdische Phokylides

Formgeschichtliche Zugänge zu Pseudo-Phokylides und Vergleich mit der neutestamentlichen Paränese

UNIVERSITÄTSVERLAG FREIBURG SCHWEIZ
VANDENHOECK & RUPRECHT GÖTTINGEN
1992

Die Deutsche Bibliothek – CIP Einheitsaufnahme

Thomas, Johannes:
Der jüdische Phokylides. Formgeschichtliche Zugänge zu Pseudo-Phokylides und Vergleich mit der neutestamentlichen Paränese
Freiburg, Schweiz: Univ.-Verl.; Göttingen: Vandenhoeck & Ruprecht, 1992
(Novum testamentum et orbis antiquus; 23)
ISBN 3-7278-0834-9 (Univ.-Verl.)
ISBN 3-525-53925-8 (Vandenhoeck u. Ruprecht)
NE: GT

Die Repro-Vorlage wurde im Rechenzentrum der Universität Hamburg mit dem Textprogramm Microsoft WORD 5 in Verbindung mit dem Fremdschriftenprogramm LOGOS vom Verfasser erstellt und mit Hewlett Packard LaserJet IIP gedruckt.

Veröffentlicht mit Unterstützung des Hochschulrates
der Universität Freiburg Schweiz,
der Ev.-Luth. Landeskirche Hannovers
und der Evang.-Luth. Kirche Deutschlands

Paulusdruckerei Freiburg Schweiz
ISBN 3-7278-0834-9 (Universitätsverlag)
ISBN 3-525-53925-8 (Vandenhoeck & Ruprecht)

Dem Gedenken an

Jakob Bernays

11.9.1824 - 26.5.1881
Hamburg - Bonn - Breslau - Bonn

Talmudist von Jugend an

Als Altphilologe und Denker geachtet

Als Jude zurückgesetzt

Als Zeitgenosse bedrückt von der Friedlosigkeit
der Systeme und Mächte

Der Gemeinsamkeit des Erbes
Israels, Griechenlands und der Kirche verpflichtet

Ökumenischen Christen in Freundschaft verbunden

VORWORT

Für alle Förderung, die ich bei meinem Bemühen um den »jüdischen Phokylides« persönlich erfahren habe, möchte ich besonders drei Namen nennen:

Unter meinen theologischen Lehrern war es Professor Otto Michel, der mich anleitete zur konsequenten Suche nach geschichtlichen Gruppen und Strömungen als Schöpfern und Trägern von Tradition und zum Unterscheiden ihrer Spuren in den Texten. Sein Interesse am Gegenstand und intensive Gespräche in den letzten Jahren ließen mich an mancher Stelle tiefer in die Gedankenwelt des Autors eindringen.

Bibliotheksdirektor a.D. Dr. Hans-Martin Wehrhahn/Aachen hat mich in den Fünfziger Jahren in Heidelberg bei meiner Suche nach Vergleichsquellen zur neutestamentlichen Paränese auf das phokylideische Gedicht aufmerksam gemacht. Er hat mir in der dortigen Universitätsbibliothek mit den anderen Mitarbeitern der Benutzerabteilung wesentliche Hilfe gegeben, unter den damaligen ungünstigen Bedingungen die Pfade zur Sekundärliteratur zu finden und die Fruchtbarkeit der Arbeit an diesem Text zu erkennen. Meinen Dank an die Mitarbeiter der Bibliotheken im Süden und Norden Deutschlands hoffe ich heute abstatten zu können durch den Nachweis, daß der »Jüdische Phokylides« kein »Spermologos« war, sondern in seiner »Bibliothek« aus Originaltexten Israels und der griechischen Dichtung geschöpft hat. - Seinerzeit gestattete es mein Beruf nicht, an Pseudo-Phokylides weiterzuarbeiten; Textkritik und Klassische Philologie lagen zu weit ab für mich. Inzwischen hat Pieter Willem van der Horst in mustergültiger Weise das Material zusammengestellt, so daß ich vor einigen Jahren den Faden wiederaufnehmen konnte.

Professor Dr. Max Küchler verdanke ich nicht nur Einsichten durch seine »Frühjüdischen Weisheitstraditionen« und persönlichen Rat. Er hat mit seinem Mitherausgeber, Professor Theißen, das Buch aufgrund eines sehr unfertigen Manuskriptes für »Novum Testamentum et Orbis Antiquus« angenommen. Das gab meiner Arbeit ein deutliches Ziel. Das Anwachsen des Werkes und die immer wieder verzögerte Fertigstellung hat er nicht ohne Besorgnis, aber mit unerschöpflicher Freundlichkeit begleitet.

Meine Übersiedlung nach Hamburg 1988 begünstigte das Gespräch mit den Neutestamentlern der Universität und den Zugang zu den wissenschaftlichen Bibliotheken. Gewonnen habe ich dabei besonders vom Austausch mit Privatdozent Dr. Wiard Popkes über Paränesefragen um das Neue Testament. Der Rat von Dr. Rudolf Führer in Sachen griechischer Spruchweisheit sowie ein Beitrag von Dr. William Beck, beide Mitarbeiter am Thesaurus Linguae Graecae, gaben mir Rückhalt in einem wenig vertrauten Terrain.

Besonders hervorheben möchte ich die altsprachliche Beratung und die sorgfältige Erledigung eines großen Teiles der Korrekturarbeiten durch Dozent Axel Horstmann; beides war mir eine unschätzbare Hilfe. Unterstützt wurde ich bei der Korrektur ferner durch Frau Almut Tasgara/Hermannsburg und stud. phil. et theol.

Martin Rothkegel/Hamburg. Den fremdschriftlichen Arbeitsplatz im Rechenzentrum der Universität Hamburg haben mir die Herren Dr. Elpel und Tormählen für die Erstellung der Repro-Vorlage zugänglich gemacht und gegen technische und organisatorische Widrigkeiten gesichert.

Danken möchte ich neben ihnen allen auch dem Landeskirchenamt meiner Ev.-luth. Landeskirche Hannovers sowie der Evang.-Luth. Kirche Deutschlands (Luth. Kirchenamt Hannover). Durch namhafte Druckkostenzuschüsse haben sie die Veröffentlichung mit ermöglicht. Ich verstehe dies nicht nur als Förderung des wissenschaftlichen Interesses eines ihrer Pastoren, sondern als Unterstützung meiner Bemühung, die Frühgeschichte der christlichen Predigt zu erhellen, das Verständnis der jüdischen Wurzel des Christentums zu fördern und die Verbundenheit mit Israel im Respekt vor dem Judentum zu erneuern.

Hamburg-Schnelsen, im Februar 1992

Johannes Thomas

INHALT

III. KAPITEL
REIHUNGEN IN PSEUDO-PHOKYLIDES

IV. KAPITEL
KLEINE FORM IMPERATIVISCHER REDE
BEI PSEUDO-PHOKYLIDES

V. KAPITEL
TOPOSTRADITION AM BEISPIEL »MASS UND GEWICHT«

VI. KAPITEL
DIE TORAVORLAGEN FÜR PSEUPHOK 9-41 UND 132-152

VII. KAPITEL
THEOLOGISCHE THEMEN IN PSEUPHOK

VIII. KAPITEL
PSEUPHOK IM JUDENTUM SEINER ZEIT

TEIL B
PSEUPHOK IM RAHMEN GRIECHISCHER BILDUNG

IX. KAPITEL
PARÄNESE ALS MITTEL GRIECHISCHER BILDUNG

X. KAPITEL
PARÄNETISCHER IMPERATIV IM VERGLEICH VON ISOKRATES UND PSEUPHOK

XI. KAPITEL
DIREKTER EINFLUß HELLENISCHER LITERATUR IN PSEUPHOK

TEIL C.
DAS MAHNGEDICHT DES PSEUPHOK ALS GANZES

XII. KAPITEL
ABSCHNITTBILDUNG IN PSEUPHOK

XIII. KAPITEL
DER VERFASSER UND DIE ADRESSATEN

XV. KAPITEL
FOLGERUNGEN FÜR DAS VERSTÄNDNIS DER ETHIK IM NT

ANHANG

Pflege gutes Wort, das allen reichlich zum Nutzen.
Brauchbare Waffe, schärfer als Stahl, dient das Wort ja dem Manne.
Waffen gab allen der Gott. Die Kraft zum Fliegen in Lüften
gab er den Vögeln, die Hurtigkeit Pferden, Kraft gab er den Löwen,
Selbstgewachsene Hörner den Stieren, doch Stachel den Bienen
als natürlichen Schutz. Und wort-weise schützt er den Menschen.

Mahngedicht des Phokylides 123-128

I. Kapitel
EINLEITUNG

1.
DER JÜDISCHE PHOKYLIDES

Einem Programm engster Verbindung von biblisch-jüdischer Gesittung mit griechischer praktischer Lebensweisheit begegnen wir in dem Mahngedicht unter dem Namen *Phokylides*.[1] Ein Jude aus hellenistischem Milieu hat dieses Programm vor etwa 2000 Jahren entworfen und im antikisierenden Stil literarisch-dichterisch verwirklicht. Er hat das Pseudonym geschickt gewählt: Der Name des milesischen Dichters von Epigrammen im 7. (oder 6.) Jh.v.Chr.: Phokylides, steht für altehrwürdige Lebensregeln; dadurch bekommt die Schrift grundsätzlichen Charakter. So ist das Gedicht, das heute nur Fachleuten bekannt ist, einst nicht unwirksam geblieben. Es hat zuzeiten gerade einer solchen Verbindung von Bibel und griechischem Geist gedient, wie wir sie uns auch als die jüdisch-griechische Doppelheimat des Verfasser vorstellen müssen.

Eine Einschränkung ist bei dieser Wertung des Einflusses der Schrift nötig: Es waren Christen des Mittelalters und des Humanismus im 15.-16. Jh., die hier die von ihnen gesuchte und geglaubte Einheit des Biblischen und des Griechischen auf dem Boden der in byzantinischer Traditionspflege entwickelten paränetischen Literatur bestätigt fanden. In der Meinung, Verse des geehrten griechischen Dichters vor sich zu haben, begrüßten sie biblische Klänge in seinem Werk.[2] Sie ahnten nicht, daß nicht Phokylides eine Brücke kannte zum biblischen Geist, sondern daß umgekehrt ein Jude etwa aus der Zeit Jesu die Brücke von der Bibel zur klassischen Gräzität festigen wollte. Wie weit dieser aber seine Zeitgenossen erreichte, für die er geschrieben hat, das entzieht sich vollkommen unserer Kenntnis.

Die anfängliche Aufnahme der Schrift liegt in einem 400-jährigen, ja fast 900-jährigen Dunkel verborgen, weil nicht nur die handschriftliche Überlieferung des Gedichtes als Ganzem erst im 10.Jh. einsetzt (was ja nichts Besonderes wäre), sondern auch vorher höchstens zwei, wahrscheinlich nur ein Zeugnis für

---

[1] Text-Editionen und Übersetzungen sind im Literaturverzeichnis (Teil A) genannt bzw., soweit hier entbehrlich, in den Bibliographien von FÜRST, HOFFMANN und FABRICIUS (ebd. Teil B) nachgewiesen.

[2] Bezeichnend die im 14.Jh. auftauchende Einleitung zum Gedicht in Jamben (s. VDHORST, *Sentences of Pseudo-Phocylides* 3; DERRON, *Pseudo-Phocylide* S.III A.1), die Phokylides als einen χριστομύστης und ἀπόστολος μέγας, sowie der Übersetzer ins Lateinische, LOCHER (1509; s. Lit.-Vz. Teil A 1), der ihn einen *poeta christianissimus* preist.

die Existenz der Schrift vorliegt. Die Nichtbeachtung der Schrift ist für das Judentum auch gut begreiflich: Hier erschien das Programm eines nicht nur hellenisierenden, sondern echt hellenistischen Judentums[3] mit der Krise, die in der Zerstörung des Zweiten Tempels kulminierte, eher als gescheitert. Man konnte in solchem Versuch, auf die hellenistische Welt israelitischen Einfluß auszuüben auf der Basis gegenseitiger Assimilierung, keinen Beitrag zum Erhalt des bedrohten Judentums mehr erkennen. Und die Christen der ersten zwei Jahrhunderte haben zwar zu einem guten Teil das Erbe des hellenistischen Judentums angetreten, ihre literarische Aufmerksamkeit aber zunächst anderem zugewandt. Die Rezeption ethischer Maximen erfolgte auf verborgeneren Wegen, die durch literarische Quellen schwer nachweisbar sind. Der Morallehre des Phokylideers war eine solche Verschmelzung eines griechisch möglichen und eines biblisch legitimierten Ethos gelungen, daß sich von hier aus weder Polemik anbot, noch auch Auseinandersetzung mit griechischem Bildungswesen möglich wurde. Warum aber auch die heidnischen Griechen trotz des geehrten Verfassernamens nichts von der Schrift erwähnen und nicht aus ihr zitieren, darüber läßt sich nur spekuliern. Die noch immer inhaltsreichste Erörterung der geringen Wirkung des Gedichtes in der Antike bietet Jacob BERNAYS (s.u.) S.252-254.

Wir wissen also nichts darüber, welchen Umständen wir den Erhalt des 219-versigen Büchleins verdanken. Die Tatsache, daß die Textüberlieferung zwar in außergewöhnlicher Fülle Varianten erhalten hat,[4] aber keine weit von einander entfernten Rezensionen kennt, spricht nicht gerade für fleißiges Benutzen und Zerschreiben des Textes in alter Zeit. Im 5. Jh. finden wir die erste sichere Spur: ein gutes Drittel ihrer hexametrischen Verse taucht in einer (vor 500 n.Chr. datierbaren) Handschriftengruppe der aus mancherlei Quellen gespeisten *Oracula Sibyllina* auf.[5] Dann setzt die kontinuierliche Textüberlieferung im 10.Jh. ein - also etwa in der Zeit der *Karolingischen Renaissance*. Ob der Text, etwa als Schullektüre im Schatten der Literaturpflege geblieben, erst jetzt für literaturwürdig angesehen wurde oder ob er in einer Bibliothek wiederentdeckt wurde, ist wohl kaum auszumachen. Die handschriftliche Überlieferung (im Osten bis ins 19.Jh. gepflegt) mündet in der Typographie des 15./16.Jh. in ein beachtliches Verlegerinteresse der ersten 100 Jahre. Man druckt die etwa 219 Verse - mit einigen Interpolationen und Lücken - im 16.Jh. häufig in Bändchen mit ermahnenden Schriften ab und benutzt diese in den Schulen.[6] »Die Richtung der Zeit ging recht ernstlich dahin, die Jugenderziehung auf eine Vereinigung biblischer Glaubens- und

---

3 Der seit von J.G.Droysen geläufige Begriff des Hellenismus, im engeren Sinne auf die Zeit der Diadochen begrenzt, im weiteren Sinne die Kultur der römischen Ökumene (des »ausgehenden Hellenismus«) einschließend, wird hier im weiteren Sinne gebraucht. Vom Begriff des »hellenistischen Judentums« müssen wir die geographische Vorstellung eines Gegensatzes »Mutterland - westliche Diaspora« eher fernhalten (HENGEL, *Judentum und Hellenismus* 192-194). Zwischen Palästina und Ägypten gab es keine ausgesprochene kulturelle Grenze, wenn auch unterschiedliche Intensität der Einflüsse. L.BAECK (*Paulus* 15) dazu: »Auf dem Gebiet des Geistes bestand ein dauernder Austausch«. Wenn ich vom *hellenisierenden* Judentum ein *hellenistisches* Judentum unterscheide, so meine ich mit letzterem diejenige Art, die sich von ihrer nicht-jüdischen Umgebung stärker die Themen und die Methoden ihrer Bearbeitung geben läßt.

4 BERGK, *Kritische Beiträge* 580; »abondance« der handschriftlichen Zeugen, DERRON S.LXXXIII.

5 PseuPhok 5-79 entspricht etwa Sib 2,65-148 - mit deutlichen Anzeichen eines christlichen Schreibers. Zu einem Zitat bei Stobäus s.u. Anm.57 und DERRON CVI f.

6 zusammen etwa mit Theokrit, Hesiod (*Erga*), Theognis, den *Carmina aurea Pythagorae*, auch wohl einmal dem *Apostolicum* usw.; s. FÜRST, *Bibliotheca Judaica* 3,96-99 s.v. *Phokylides*. - Wie sehr der 1480 einsetzende Druck griechischer Klassiker ausgesprochen der Breitenbildung und also der Schule zugedacht war (auch wenn gelehrte Gesellschaften und humanistische Gönner Kapital und Zuschüsse gaben), macht vielleicht weniges so deutlich wie die Tatsache, daß man schon bis 1500 von Aesops Fabeln 100 gedruckte Ausgaben zählte, vgl. HARLESS, *Literatur der ersten hundert Jahre* 74-81.

Sittenlehre mit classischer Reinheit der Form zu gründen.«[7] Dem »drückenden« Mangel an geeigneten Büchern hierfür auf dem Gebiete der griechischen Poesie konnte der längst für die Knabenerziehung entdeckte Theognis wegen mancher Anstößigkeiten nicht voll genügen. »Viel geeigneter zu solchem Gebrauch mussten die phokylideischen Verse erscheinen. Konnten sie sich auch an sprachlicher Schönheit mit dem Theognis nicht messen, so waren sie doch keineswegs unkünstlerisch zu nennen; ihre Moral hingegen war fasslich, geradeaus gebietend und - was zu besonderer Empfehlung gereichte - übereinstimmend mit biblischen Lehren.« Und da erwies sich das Pseudonym als ausgezeichnet gewählt. Sprüche des Phokylides von Milet selbst waren nur wenige überliefert. Aber der leere Raum um den Namen des Dichters war geweiht durch den Respekt, den die griechische Überlieferung nach dem Vorbild des *Isokrates*, des Begründers der Paränese als Literaturform, ihm zollte.

Die Schulmänner des Humanismus kannten ja ihren Isokrates. Er hat am deutlichsten in seinen Verteidigungen gegen das andersartige Bildungsprogramm seines Zeitgenossen und Mit-Atheners Platon dem *Phokylides* den Ehrenplatz des Volkserziehers zugewiesen, indem er ihn mit Hesiod und Theognis als Urheber des mahnenden Spruches herausstellt. Mit seiner eigenen Prosa-Paränese wollte Isokrates das dichterische Bemühen jener drei weiterführen. Er hat mit seinem Erziehungsprogramm, in dem er die völlige Lehrbarkeit der Tugend (wohl gegen den Sokratiker Antisthenes) bestritten und statt dessen ihre erzieherische Entwicklungsmöglichkeit nach dem Maß bereits vorhandener guter Anlagen (φύσις καὶ ἄσκησις) vertreten hat, Voraussetzungen geschaffen, die noch zur Zeit des *Jüdischen Phokylides* wirksam waren und die in der Pflege des schön geformten Spruches sittlicher Weisheit als eines Erziehungsmittels wesentlicher Anteil antiker Bildung im Abendland blieben. Wenn die antike Schule im Streit zwischen Philosophen und Rhetoren um die rechte *Paideia* sich mehr von den Rhetoren bestimmen ließ, so war damit auch der Einfluß des Isokrates gesichert.

Einen tiefen Bruch der Phokylides-Rezeption brachte die von dem Herausgeber gnomischer Dichtung Friedrich SYLBURG 1591 zuerst geäußerte und von Joseph SCALIGER 1606 hinlänglich begründete Vermutung, daß nicht der originale Milesier der Verfasser sein könne.[8] Scaligers Annahme, der Autor sei von biblischer, vielleicht christlicher Tradition bestimmt, präzisierte und sicherte nach 250 Jahren abgeflauten Interesses Jakob BERNAYS in seinem Aufsatz *Ueber das phokylideische Gedicht, Ein Beitrag zur hellenistischen Literatur.*

Inmitten des Ringens des deutschen Judentums um seinen Platz in der abendländischen Gesellschaft und Bildungswelt und der noch nicht vergessenen Suche der deutschen Klassik nach Versöhnung von Christentum und Hellenentum sicherte BERNAYS mit seiner Schrift, dem Glanzstück im ersten Jahresbericht des Breslauer jüdisch-theologischen Seminars (1856), dem Gedicht neuartiges Forschungsinteresse bei Philologen und Theologen.[9] Anläßlich der posthumen Ausgabe seiner *Gesammelten Abhandlungen* (Hg. H.USENER) würdigt A.VHARNACK (ThLZ 1885) Bernays als Gelehrten, der »das Studium der Kirchenväter mit dem der Classiker« zu verbinden vermochte; eine Verbindung, die ihn »zu einem der weitblickendsten Philologen unserer Zeit gemacht« habe. Die Theologen würden noch viel zu tun haben, um die Gaben des Verfassers, »goldene Äpfel in silbernen

---

7 Zitate dieses Absatzes bei BERNAYS, *Über das phokylideische Gedicht* 192f

8 J.J.SCALIGER, *Animadversiones in Chronologica Eusebii*, in: *Thesaurus Temporum* II, ^{2}1606 (repr. 1968) 88f. Ebd.: »Carmen νουθετικὸν nomine Phocylidis hodie in manibus habetur omnium. sed nemo animaduertit nihil in eo esse, quod ad illius veteris Phocylidis exemplum expressum sit.«

9 BACH, *Jacob Bernays* 140f; vgl. MOMIGLIANO, *Jacob Bernays* 170f

Schalen«, (dabei eben auch die *Phocylidea*) voll nutzbar zu machen. In der Tat bleibt Bernays bis heute die Definierungshilfe für viele Textprobleme nicht schuldig. Nachzutragen ist nur, daß dieser mit einer tiefen Kenntnis des Christentums und einer von wenigen erreichten Sicherheit im Urteil über altgriechische Texte fundierte Kenntnisse als Talmudjude verband. Daneben wirken seine zu weit tragenden Konjektur- und Satzumstellungs-Vorschläge heute teilweise als etwas deplazierte Zeugnisse seiner großen Fähigkeit der Restauration gestörter Texte und einer vergangenen Epoche der großen Textkritik.

Die Entdeckung des Pseudonyms hat das Interesse der Schulmänner an der Schrift also zurückgehen lassen, der geschichtlich-philologischen Forschung wurde sie dadurch neu interessant. Hier standen anfangs neben der Klärung der Textgrundlage (noch in den Anfängen bei BRUNCK, dann BERGK, LUDWICH; jetzt DERRON) die Fragen der Authentizität (LINCKE[10], später noch DORNSEIFF)[11] bzw. der primären Zuordnung zur griechischen oder zur jüdischen Kultur (*Interpretatio Graeca* mit LUDWICH gegen die *Interpretatio Judaica*; vermittelnd mit Tendenz zu griechischem Autor KROLL und ROSSBROICH) im Vordergrund. Im Gefolge der Zeitläufte fand das Gedicht dann immer wieder für neue Fragen Beachtung: für die form- und traditionsgeschichtlichen Fragen um die Didache (USENER, vHARNACK)[12] und einen jüdisch-christlichen Katechismus (A.SEEBERG, KLEIN), die Herkunft des Haustafelschemas (CROUCH), die Lehre von Tod und Auferstehung oder Weiterleben der Seele (F.CHRIST, CAVALLIN, FISCHER), Sinn und Zweck der Pseudepigraphie (SPEYER, HENGEL, CHARLESWORTH), das Wesen der frühjüdischen und der orientalischen Weisheit (KÜCHLER) und jüngst aufs neue die Katechismusfrage (NIEBUHR).[13] Sie planvoll in die neutestamentliche Forschung einzubeziehen, ist das Verdienst des Altmeisters der neutestamentlichen Formgeschichte und Paräneseforschung, Martin DIBELIUS.[14] Er hat das Katechismus-Konzept von A.SEEBERG abgelehnt, aber dessen formgeschichtlichen Ansatz beim nicht-aktuellen, sondern *usuellen*, traditionsbestimmten Charakter der jüdisch-christlichen Mahnung in seinem

---

[10] *Phokylides, Isokrates und der Dekalog* 441: »Das Lehrgedicht des Phokylides von Milet verkündet in der Sprache des Homer und Hesiod die neue Ethik jenes unvergleichlichen Philosophen, den Eduard Meyer den größten sozialpolitischen Reformator der Griechen nennt: Pythagoras von Samos.« Dazu ein Hinweis auf Isokrates 11,28f.

[11] Hier wie so oft bieten die wider den Strom der wissenschaftlichen Zeitmeinung Schwimmenden besonders an- und aufregende Analysen und den Horizont erweiternde Einblicke. F.DORNSEIFF, *Echtheitsfragen antik-griechischer Literatur,* bringt auf den Seiten 37-51 einen brillanten Versuch, die Argumente gegen Abfassung durch den Milesier zu entkräften, nebst einer fast vollständigen Paraphrase des Gedichtes. Besonders nachdenklich stimmt der Hinweis (S.37), Isokrates könne Phokylides doch nicht mit Hesiod und Theognis die »ehrenvolle Nennung« als σύμβουλος zuerkannt haben angesichts der wenigen Einzelgnomen, die von ihm sonst bekannt sind. Dornseiff setzt 1) die Existenz einer durch die persische Herrschaft in Kleinasien vermittelten Bibel-(Teil-)Übersetzung ins Griechische (S.48ff) voraus und übt 2) grundlegende Kritik an der wissenschaftlichen Neigung, überkommene Dichterschriften als Produkt redaktorischer Zusammenfügung aus zertrümmerten Originaldichtungen zu behandeln. Hinsichtlich der Achtung vor dem vorliegenden Text statt seiner traditionsgeschichtlichen Atomisierung haben wir von Dornseiff zu lernen. (Auch die von FARINA vermutete, nicht verifizierbare Wachstumsentwicklung des Gedichtes in rund 100 Jahren - s. VDHORST 47f - ist eine Art willkürlicher Atomisierung.)

[12] Zur 1883 veröffentlichten *Didache*: H.USENER: Vorwort BERNAYS 1,1; A.vHARNACK, Rez. Bernays 160 - beide 1885

[13] Die Namenliste erstrebt keine Vollständigkeit.

[14] VDHORST, *Pseudo-Phoc./NT* 187, hebt dies mit vollem Recht - und mit einer leisen Klage über 50 Jahre unerfüllter Erwartungen an die Auswertung der Schrift für das NT - hervor.

Begriff von Paränese zum Tragen gebracht; PseuPhok gilt ihm dabei als Muster.

In unserer Untersuchung spielen Dibelius' Fragestellungen eine wesentliche Rolle in Weiterführung und Kritik, s.u. S.16. Sein formgeschichtlicher Ansatz beim einzelnen Mahnsatz, verbunden mit der Frage nach der Geschichte, in der die Form vorliterarisch lebensfähig ist, scheint mir noch längst nicht ausgeschöpft. Die Form des einzelnen mahnenden Verbums birgt noch Erhellendes. Damit verbinde ich aber eine neue Aufmerksamkeit auf die Spruchfolge, ob sich in ihr Traditions- und Paränese-Prozesse spiegeln. So möchte ich dort weiterkommen, wo ein allzu streng an aphoristischer Weisheit orientierter exegetischer Ansatz resignieren und auf die präzisere Einordnung der Texte in eine Geschichte verzichten mußte.

Wenn ich dabei vom *Jüdischen Phokylides* spreche, dann resümiere ich nicht einfach die Forschung, die heute einmütig im Verfasser einen Diasporajuden der hellenistischen Zeit sieht, sondern ich zeige auch die doppelte Richtung meiner Arbeit an:

→ *Ein Autor dezidiert jüdischer Herkunft und Intention will gehört werden*

→ *unter Menschen, die den griechischen Phokylides zu ihren großen Lehrern zählen.*

Wie keine der gleichzeitigen weisheitlichen und apologetischen Schriften vermittelt der Autor seinem Leser in gedrängtester Kürze eine Fülle sittlicher Weisungen der Tora, ohne sich dabei je an die biblische Begrifflichkeit gebunden zu fühlen. Und es ist ihm gelungen, seine Schrift dem der Tora Unkundigen bruchlos als griechische Schrift erscheinen zu lassen. Seine Voraussetzung ist der unter den Juden verbreitete Respekt vor einer gottgefälligen Lebensmöglichkeit außerhalb des Gottesvolkes, die sich auch ausdrückt in der Wertschätzung der *Gottesfürchtigen* σεβόμενοι. Diese sind ja nicht Proselyten im Wartestand, Katechumenen vor der Tür der richtigen Gemeinschaft, sondern Verehrer des wahren Gottes unter den Bedingungen der nichtisraelitischen Geburt. Solchen *Noachiden* eine ethische Botschaft zu übermitteln, bedarf keiner apologetischen, missionarischen oder polemischen Begleitmusik, in der die Religionssoziologie, also die Frage der Zugehörigkeit zu irgend einer Kultgemeinschaft, ins Spiel käme. Die jüdische Herkunft des Autors darf ganz verborgen bleiben, das ethische Wort ohne Hintergedanken so wirken, wie es dasteht.[15]

Damit möchte ich die Aufmerksamkeit auf alle Anzeichen engagierter und eigenwilliger Stellungnahmen des Phokylideers lenken. Es bleibt nicht in der Beliebigkeit,

---

15 Ich stimme in der Annahme, als Adressaten kämen in erster Linie Nichtjuden ohne Rücksicht auf ihre Beziehung zum Judentum in Frage, BERNAYS (252f) voll zu. Sein entschiedenes Eintreten für eine jüdisch-unmissionarische Propagandaschrift auf der Grundlage des Unterschiedes von *noachidischen* und israelitisch-national gültigen Geboten sollte über dem Wiederaufgreifen seiner These durch seine Nachfolger KLEIN und GUTTMANN usw. nicht in Vergessenheit geraten. (VDHORST erklärt *Ps.-Phoc/NT* 189 A.18 die These vom »universalistic, Jewish propaganda movement« für »originated by the Stockholm rabbi Klein«.) Und wenn auch für uns KLEIN (*Der älteste christliche Katechismus und die jüdische Propaganda-Literatur*, 1909) sowie nach ihm GUTTMANN (*Das Judentum und seine Umwelt*, 1927) mit ihrem heute schwer verdaulichen Religions- und Universalismusbegriff des Guten zu viel getan und eine achtenswerte jüdische Position etwas unkritisch in die Historie eingetragen haben, so können ihre Überlegungen doch nicht als zwar einflußreiche Theorie, »but based on sheer apologetics« (VDHORST, *Revisited* A.11) abgetan werden. Mit einem Verzicht darauf würde nicht nur eine interessante Forschungsvariante zu PseuPhok preisgegeben, sondern eine eigenartige Stimme im Chor des antiken Judentums, die unsere Sicht der interkulturellen Begegnung bereichern kann, unnötig gedämpft werden.

was der einzelne Leser mit den vielen Sprüchen in langer Folge anfangen soll. Es ist nicht Lernstoff, sondern Botschaft, was er vorlegt. Der Autor hat sich auch fünf Verse gegönnt, die eben dazu dienen, etwas von seiner Grundintention dem Leser mitzuteilen und ihn damit auf ein richtiges Vorverständnis einzustimmen: Prolog und Epilog.

V.1f *Diese Rat-Sprüche des Rechten für die Rechtschaffenen Gottes offenbart Phokylides, weisester unter den Männern, als glückbringende Gaben.*

Prolog und Epilog (v.228-230) dienen in mehrfacher Hinsicht dem Ganzen als Rahmen. Daß der Autor hier, wo jedes Wort sorgfältig gewählt und gesetzt ist,[16] engagiert sich selbst mitteilt, ist schwer zu bezweifeln. Er betrachtet seine aus der Tora geschöpften und aus Erfahrungen unter Juden wie unter Griechen ergänzten Weisungen als *Gaben der Gottheit*, auch wenn sie nicht ein Mose, sondern ein *Phokylides* den Menschen vermittelt. Durch sie erlangt der Mensch, der danach lebt, wie der Epilog sagt, die *Weihen der Rechtschaffenheit*, weil sie, die sein soziales Verhalten regeln, zugleich die *Heiligung der Seele* wahren und bewirken. Und diese ist auch eigentlich gemeint, wo *leiblich vollzogene Reinigungsriten* geübt werden.[17] So sind diese Weisungen die zuverlässige Voraussetzung für ein *gutes Leben bis an die Grenze des Alters*, anders gesagt: für die Eudämonie. - Diese Rahmenaussagen klingen zweifellos sehr verschieden, je nachdem ob sie vor griechischen oder jüdischen Lesern erklingen, ob sie mit Gelehrten - vielleicht Lehrern der Halacha - diskutiert oder von Jugendlichen skandiert und memoriert werden. Ihre gedrängte Kürze gestattet mehrfach keine endgültigen exegetischen Entscheidungen.[18] Aber sie laden - ebenso wie die sprachliche Geschlossenheit - den Interpreten ein, im Dichter nicht nur einen Spruchsammler, sondern einen engagierten Autor zu suchen.

2.
DIE PROBLEMFELDER UND DIE AUFGABEN

Nachdem noch 1817 R.F.Ph.BRUNCK mit seinen *Gnomici Poetae Graeci* zur Gnomologien-Literatur für pädagogische Zwecke beigetragen hat und nachdem die dann durch BERGK eröffnete Folge kritischer Textausgaben das Phokylidesgedicht immer anderen, meist älteren Texten beiordnete, hat erstmals Pascale DERRON 1986 eine kritische Einzelausgabe besorgt: *Pseudo-Phocylide. Sentences*. Außer auf dem Phokylides-Text dieser und der älteren wissenschaftlichen Editionen fußt meine Untersuchung vor allem auf zwei Werken aus 1978 und 1979, die den Forschungsstand und die Arbeitsmöglichkeiten am Phokylides-Gedicht wesentlich verbessert haben und auf die ich mich ausdrücklich oder stillschweigend immer wieder beziehe: Pieter W. VAN DER HORST, *The Sentences of Pseudo-Phocylides, With Introduction and Commentary*, und Max KÜCHLER, *Frühjüdische Weisheitstraditionen, Zum Fortgang weisheitlichen Denkens im Bereich des frühjüdischen*

---

16 Entsprechend schwierig sind Textüberlieferung und Satzkonstruktion für v.1, s. S.187.

17 In diesem *Nicht leiblich* οὐ σώματος und *Dies* (sc. *und nichts anderes*) *sind die Weihen der Gerechtigkeit* v.228f kann der Leser noch etwas spüren von einer klaren Abgrenzung, zu der der Autor sich in seinem engeren Umfeld genötigt sieht.

18 »La concision touche parfois à l'ambiguité«, DERRON LXXIX.

Jahweglaubens. Zusammen mit den neueren Übersetzungen mit instruktiven Kurzkommentaren in den neuen Reihen antik-jüdischer Literatur (s. Lit.-Vz. A) haben wir heute so günstige Arbeitsvoraussetzungen, wie sie sich jüngst nicht einmal andeuteten. Mit diesem Rüstzeug kann der Beitrag der PseuPhok-Forschung zu einer ganzen Reihe von Problemfeldern effektiver erfolgen. Den *»Van-der-Horst«* setze ich in der Hand dessen, der meine Studien aufmerksam und kritisch prüfen will, voraus.

2.1 Die Ausgangslage für PseuPhok

Eine zweifache Zusammenfassung der bisherigen PseuPhok-Forschung hat VDHORST mit »introduction and commentary« erreicht. 120 Jahre Forschungsgeschichte sind von ihm ad oculos des Lesers aufgearbeitet und werden Vers für Vers im Kommentar präsentiert. Und was es an beachtenswerten Sach- und Sprachparallelen gibt, kann man nun relativ vollständig bei ihm nachschlagen. Wer das Werk liest, hat hier aber auch »a large number of themes of ancient ethics«[19] vor sich. Das PseuPhok-Gedicht wird mit Hilfe dieses Kommentars, wenn man sich vom Neuen Testament her dem Begegnungsfeld des Griechischen und Jüdischen nähert und diese Materialsammlung studiert, zu einer interessanten Vermittlung griechisch-römischen Gedankenreichtums. Als Kommentator legt vdHorst großen Wert auf die Feststellung, daß viele exegetische Fragen vorläufig (und z.T. auf lange Sicht) offen bleiben müßten. Grundsätzlich mag er sich nur in der alten Kontroversfrage *Interpretatio Judaica oder Interpretatio Graeca* festlegen. Ein Kompromiß hat inzwischen allgemeine Anerkennung gefunden: daß die Schrift ein Beispiel der intensiven Begegnung und gegenseitigen Durchdringung der jüdischen mit der griechisch-hellenistischen Weisheit und daß der Verfasser in beiden Welten zu Hause sei.[20] In allen über diese These hinausgehenden Grundfragen und vielen Einzelfragen erklärt er die Zeit der Festlegung für absolut noch nicht gekommen.[21] Dem, der sein Buch als Fundgrube mit zahllosen Anregungen benutzen möchte, kommt das weithin gelegen; sieht er doch das Material nicht eingebunden in ein exklusives Konzept. Für das Verständnis des Textes selbst als einer engagiert geschriebenen Schrift mit dem unverwechselbaren Gepräge, das der Verfasser ihr gab, ist das unbefriedigend.

Hier ist vdHorst selbst inzwischen weitergegangen. Dem wissenschaftlichen Dialog der letzten Jahre, seinen eigenen Beitrag eingeschlossen, widmete er 1988 einen Zehn-Jahres-Rückblick und eine Ergänzung: *Pseudo-Phokylides Revisited*.[22] Er scheint sich

---

19 so WEST in seiner Rezension ClR NS 30/1980, 136f, in der der Rezensent selbst auch eine Reihe bedenkenswerter Vorschläge beisteuert.

20 KROLL, Art. *Phokylides*, PRE 39/1941 509, fand diese gegenseitige Durchdringung losgelöst von jüdischer Identität.

21 »The greatest caution should therefore be exercised in arriving at conclusions«, S.54; vgl. ebd. S.IX. Leicht kritisch dazu KÜCHLER, *Frühjüdische Weisheitstraditionen* 279, positiver WALTER, Rez. ThLZ 106/1981 821-823

22 Angesichts der guten und aktuellen Forschungsberichte durch VDHORST (vgl. auch M.GOODMAN in: SCHÜRER, *History* 3.1,687-692, sowie DENIS, *Fragmenta Pseudepigraphorum* 215-219) beschränke ich mich im Folgenden auf Literaturhinweise, die den Perspektiven für die Weiterarbeit dienen.

nun in der Lage zu sehen, direkter auf eine Bewertung des Erkannten zuzugehen.[23]

2.2 Weisheit

Den weitgespannten Fragehorizont der den Vorderen Orient, das Judentum, Ägypten und die Hellenen umfassenden Weisheitsforschung, in dem Einzelbeobachtungen sich zum Gesamtbild jüdischer Weisheitsbemühung im Begegnungsfeld mit dem Hellenismus zusammenfügen, hat Max KÜCHLER mit seiner literatur- und überlieferungsgeschichtlichen Arbeit über die *Frühjüdischen Weisheitstraditionen* (1979) nachgezeichnet und dabei eine Reihe instruktiver Lösungsvorschläge für verwickelte Probleme angeboten. Er stellt damit ein Kompendium bereit, in dem die Konvertierbarkeit von Logion/Gnome und Motiv zwischen großen Traditionsströmen ebenso ablesbar wird wie die ganz unterschiedliche Eigenart der Texte, die den wandernden Worten und Motiven erst die je unverwechselbare Ausrichtung gibt. Und da PseuPhok zutiefst in die jüdische und zugleich in die hellenische Tradition praktischer Lebensweisheit verwoben ist, erhält das Mahngedicht, was unserem Thema sehr zustatten kommt, einen zentralen Platz in Küchlers Buch. Nun gilt die weiträumige Klärung der Genealogien und Kategorien in der späteren griechischen Gnomik angesichts ihrer Unübersichtlichkeit als Jahrhundertaufgabe mit wenig Aussicht auf baldige Erledigung.[24] Dementsprechend kann eine solche Standortbestimmung, wie sie Küchler bietet, zumal sie mit eindringlicher Konzeptionalität die Probleme an wenigen Grundlinien erfassen möchte, kein abschließendes Wort sein. Und Anfragen an Details tangieren auch das Ganze. Aber wenn wir uns dem Begriff der *Weisheit* verpflichtet fühlen, »diesem unzureichenden Deckwort«,[25] das doch das kulturelle Verständnis der antiken Welt wie weniges erfaßt und das als gemeinsamer Normbegriff vom verwaltenden Ratsherrn bis zur unterschiedlichsten Tiefenschau des Philosophen und religiösen Führers angenommen wurde, dann ist das Wagnis einer Standortbestimmung unerläßlich. Sie ist für jeden Detailversuch als Orientierungshilfe und kritische Instanz hilfreich.

Am wichtigsten für unsere Untersuchung sind zwei besonders weit reichende Bemühungen um Integrierung des biblischen Erbes in die griechisch-hellenistische Gedanken- und Sprachwelt: einerseits die alexandrinisch-gelehrte Identifizierung von Chokma und Logos, die sich in einer offenen jüdischen Apologetik bewährt (Philo!), und andererseits der pseudepigraphe Vorstoß zum griechischen Gnomologium unter Verleugnung des jüdischen Standortes, der kaum noch, wie Küchler sagt, den Rückschluß auf die jüdische Herkunft gestattet.[26] In dieser Kartographie der jüdischen Weisheit findet er den Phokylideer als Zeugen an der äußersten Grenze.

---

[23] Vor Überraschungen ist da nicht gefeit, wer bei ihm an ein zögerlich abwägendes Argumentieren gewöhnt war. So widerruft er nun entschieden und schroff seine positive Würdigung derjenigen Arbeiten, die sich für nichtjüdische Leser als Adressaten ausgesprochen hatten, *Revisited* 16 und A.11.

[24] VDHORST S.IX; 80 A.13; KÜCHLER 240

[25] VONRAD, *Weisheit* 19. Nach VLIPS (*Weisheitliche Traditionen im NT 185*) »erübrigt es sich fast, im einzelnen nach weisheitlichen Traditionslinien zu fragen«, wenn in zu großer Allgemeinheit »Weisheitstradition als maßgebende und prägende Kraft im Frühjudentum gesehen« wird.

[26] Als Nebenlinie findet die Testamenten-Literatur (speziell die TestXIIPatr) Beachtung, die »weisheitliche Traditionen aufgenommen, aktualisiert und im sichernden Rahmen der literarischen Grossform *Testament* bewahrt« hat (550).

Küchler beschreibt an vielen Texten Schritt für Schritt die Entwicklung dreier jüdischer Weisheitsausformungen, die je auf ihre Weise die geschichtlichen Herausforderungen des Judentums im Hellenismus aufnahmen: die *mosaische Weisheit*, in der Chokma und Tora mit einander verschmolzen wurden; die *apokalyptische Weisheit*, die in prophetie-ähnlicher, gottgeschenkter Zeitdeutung alte weisheitliche Einsichten in neuer, geschichtsbezogener Relevanz (z.B. als apokalyptische Paränese) zeigt, und die originäre *salomonische Weisheit*, deren Interesse an universaler rationaler Einsicht sich nun in der Auseinandersetzung Israels mit der hellenistischen Bildungswelt bewähren muß. Küchler widerlegt hier eindrücklich die Meinung, die altisraelitische Chokma sei nachexilisch zur »geschichtslosen, dogmatisierenden Systematik« verkümmert gewesen.[27] Mit solchem Querschnitt durch die komplex gewordene israelitisch-jüdische Weisheit haben wir zu tun, wenn wir nach dem besonderen Ort von PseuPhok im Judentum fragen. In seinen traditionsgeschichtlichen Längsschnitten erfaßt Küchler *Weisheitsreflexionen*, *Weisheitliche Logientraditionen* und *Weisheitliche Paränesen* und versteht PseuPhok konsequent als Exempel der Logientradition, aber mit defizitären Merkmalen: dem Verschwinden jüdischer Identität durch das Eintauchen in griechische Gnomik und der Geschichtslosigkeit, der »die zentrierende Leitidee eines seine Weisheit exemplarisch lebenden Weisen« ebenso fehlt wie »die Originalität eines Entwurfs, der aus den tragenden Kräften einer auftragsbewußten Gruppe lebt« (301).

Die in der Systematik des Buches angelegte Ortsbestimmung könnte sehr viel anders ausfallen, wenn Küchler PseuPhok in Nachbarschaft zu seinem V. Hauptteil: »Weisheitliche Paraenesen und Lehren in den TestXIIPatr« als »Uebernahme und Neuschöpfung weisheitlicher Materialien und deren Gestaltung zu ... Lebenshilfen« (545) erfaßt hätte. Das Verdecken der biblischen Wurzeln (ebd. 301) bekommt Sinn durch die Adressaten dieser Paränese, die scheinbare Geschichtslosigkeit der Satz für Satz durchgeformten Mahnsprüche erweist sich als universaler Anspruch auf Konkretisierung, die die vorgetragenen exemplarischen Sätze dem Leser abverlangen. - An den beiden Ausgängen der frühjüdischen Weisheitsentwicklung: der Jesus-Bewegung und dem rabbinischen Pharisäismus, zeigt Küchler abschließend, welche Bedeutung für eine nicht nur literarisch-ästhetisierende Weisheit sowohl der Autorität des *Weisen* im Sinne einer herausgehobenen geschichtlichen Persönlichkeit als auch der im geschichtlichen Konflikt engagierten »auftragsbewußten Gruppe« zukommt.

Ein entscheidend wichtiges Merkmal von PseuPhok ist die listenweise Rezeption sittlicher Toravorschriften im Rahmen weisheitlicher Darbietung. Küchler versteht dies, in Weiterführung des Vergleichs von PseuPhok mit Philo Hyp 7,1-9 und Jos Ap 2,199-219 bei CROUCH, als abgeflachte Aufnahme einer apologetischen Tradition, die mosaische Gebote aus griechischer Fundamentalethik zu legitimieren suchte und sich dabei letzlich in den Sog der griechischen Ethik verlor. Durch Abstreifen des apologetischen Ansatzes habe PseuPhok die Rückbindung an den jüdischen Ursprung fast aufgegeben.[28] Küchler bezeichnet die angenommene gemeinsame Wurzel der drei Textzeugen als *»Apologeticum«* und versteht darunter eine textuell noch nicht festgelegte Quelle. Da unser Gedicht die Hypothese eines engen gemeinsamen Ursprungs nur durch wenige über das Gedicht verstreute Topoi zu stützen vermag, ruht diese ganz auf dem Vergleich zwischen Philo und Josephus. Hier kann ich Küchler gar nicht folgen, wenn er im Josephus-Text die traditionsgeschichtlich ursprünglichere Form findet und (deswegen?) der Möglichkeit keine weitere Aufmerksamkeit schenkt, daß Josephus den Philo-Text vorliegen hatte und einarbeitete. Diese von Gelehrten in Vergangenheit und Gegenwart erwogene Möglichkeit läßt ebenso Fragezeichen hinter das »Apologeticum« setzen wie NIEBUHRs Ansatz bei einem wenig geformten, aber die Grenzen der drei Texte weit übergreifenden »katechetischen Fonds«. Die Behandlung paränetischer Tradition durch Philo und Jo-

---

27 KÜCHLER (18ff) bezieht sich hier vor allem auf H.H.SCHMID, *Wesen und Geschichte der Weisheit* (1966; z.B. dort S.196f).

28 Dem toragebundenen Phokylideer steht der ganz opportunistisch der Eudämonie nacheifernde Pseudo-Menander teils diametral gegenüber, - dessen (leider nur in unsicherer syrischer Überlieferung vorliegende) Sprüche Küchler als »Abschluss der jüdisch-alexandrinischen Weisheitsbewegung« 100 Jahre

sephus an den beiden Textstellen würde gewiß ein lohnender Beitrag zu unserer formgeschichtlichen Untersuchung sein, geht aber über den Rahmen der vorliegenden Arbeit zu weit hinaus. So begnüge ich mich mit der gründlichen Erörterung der Tradierung für einen der zugehörigen Topoi: *Maß und Gewicht* (c.V) und mit einigen Bemerkungen zum Stichwort *Apologeticum* im Anhang I.

Unserem Bemühen kommt zustatten, daß auch von anderer Seite sowohl Hemmnisse der übergreifenden Weisheitsforschung abgebaut als auch verschiedene Arten von Weisheit genauer differenziert werden. Die theologische Unterscheidung der fünfziger Jahre zwischen einer jahwistisch ausgerichteten Tora und einer gewissermaßen international-säkularen Weisheit, die damals mit der dialektischen Theologie Hand in Hand ging, hat heute einem neuen Interesse an Querverbindungen Platz gemacht, mit dem auch die Vorgeschichte der Verschmelzung von Tora und Weisheit zur Zeit Ben Siras begreiflicher wird. In der griechischen Philologie wurden die extremen Positionen von LINCKE, SPINNER und DORNSEIFF, die auf verschiedene Weise traditionsgeschichtliche Abhängigkeit des Phokylides von Milet von israelitischen oder orientalischen Quellen voraussetzten, zwar abgelehnt;[29] aber ihr Anliegen, die Gemeinsamkeit des Kulturraumes *Östliches Mittelmeer*, in dem auch Hesiod[30] schon stand, und die oft gebende Rolle des Ostens besser zu würdigen, findet allgemeinere Beachtung. Zwei neue Arbeiten haben schließlich die jüngere (demotische) Ägyptische Weisheit in die Nähe unserer (möglicherweise in Ägypten entstandenen) Schrift gerückt und haben nach VDHORSTS Urteil »added a new dimension to the study of Jewish Wisdom poetry in general« (*Revisited* 6). J.T.SANDERS ist überzeugt, daß Ben Sira durch die Anweisungen des *Phibis* (im Papyrus Insinger), einer vielleicht zu seiner Lebzeit entstandenen Schrift, inspiriert wurde. LICHTHEIM, die einen späteren Ansatz vertritt, läßt den Phibis (oder den Abschreiber der uns erhaltenen Fragmente) als Zeitgenossen des PseuPhok erscheinen und widmet dem Übergang vom Parallelismus zum Monostichos Aufmerksamkeit, der auch für PseuPhok gilt. VDHORST (a.a.O. u.ö.) kann hier neuerdings auf »a considerable selection of parallels to Ps.-Phoc from Papyrus Insinger« verweisen und eine »close convergence of ideas« aufzeigen.[31]

---

nach PseuPhok wertet.

29 Zu dem »visionary LINCKE« (1903, 1909 und 1911) s. VDHORST S.19-21.24f; zu SPINNER, *Herkunft, Entstehung und antike Umwelt des hebräischen Volkes* (1933) ebd. 37f; zu DORNSEIFF (1939) s.o. A.11.

30 So rechnet z.B.WEST (*Hesiod, Works and Days* 3-25.27-30) mit der Möglichkeit, daß paränetische jonische Dichtung unter dem Einfluß des Vorderen Orients existiert und die epische (Homer, Hesiod) beeinflußt habe. Vgl. J.-U.SCHMIDT, *Adressat und Paraineseform* 83; HENGEL 197f; BIENERT, *Arbeit* 159. Eher kritisch: SPOERRI (Art. *Gnome*, KP 2,828), der sich auch zu der »heute vernachlässigten ... Forschung« an den Gnomologien äußert (ebd. 827). Nach Euseb (PraepEv 10.4,23 MRAS) hat schon *Demokrit* dieses Gefälle beachtet. Die (inzwischen überwundene) kategorische Bestreitung orientalischer Einflüsse, zu der man im 19. Jh. neigte, findet sich z.B. bei SCHMID/STÄHLIN, *Geschichte der griech. Literatur* 1,299f A.8fin.

31 J.T.SANDERS, *Ben Sira and Demotic Wisdom* (1983). Nach M.LICHTHEIM (*Ancient Egyptian Literature* 3, S.9; 1980) sind die »surviving copies«, die der *Papyrus Insinger* bietet, im 1.Jh.n.Chr. geschrieben und damit das letzte Zeugnis der antiken ägyptischen Literatur. Die Komposition verrate in der Auflösung des polytheistischen Weltbildes hellenistischen Einfluß. Vgl. dies., *Observations on Papyrus Insinger* 285-287 (1979), sowie: dies., *Late Egyptian Wisdom Literature in the International Context* (1983).

2.3 Griechisches und jüdisches Bildungswesen

Von der Beschäftigung mit dem griechischen Gnomologium zum griechischen Schulwesen ist ein kurzer Weg. Es liegt nahe, daß Philologen die Vorstellung bevorzugen, in PseuPhok ein Buch für die Jugenderziehung vor sich zu haben (DERRON u.a.). Auch VDHORST scheint hier das Ziel der langen Wanderschaft durch die Hypothesen zu sehen (80 und *Revisited* 16). Und in der Tat: das hellenistische Milieu mit seinem wogenden Nebeneinander von libertinistischer bis zu asketischer, von eudämonistisch-individualistischer und betont sozial-humanitärer Moral ist gut vorstellbar als der Kontext, in den der Autor zur Orientieruntshilfe für die Jugend sein Gedicht stellen wollte. Die Formung antiquierender Hexameter entspricht dem griechischen Bildungsprogramm. Mit der literarischen Bildung der Jugend zugleich soll Ethik vermittelt werden, die Wurzeln schlagen soll im Empfinden für das Schöne.

Daß jüdische Kreise wie der, in dem wir den Autor zu suchen haben, solche griechische Bildungsform übernahmen, ist sicher. Aber für unseren Dichter bestimmt - außer dem Moment des Hexameters - der Inhalt die Form. Dazu kommt, daß Jugend weder direkt noch versteckt zum Gegenstand seiner Mahnung wird. Und schließlich: neben dem literarisch klar greifbaren griechischen Ringen um die Pädagogik gibt es, wenn auch sehr versteckt, im Judentum eine teils eigenständige Bildungsbemühung. Sie ist von der in PseuPhok manifesten Toratradierung nicht zu trennen und muß daher neben den griechischen Einflüssen stärker zur Kenntnis genommen werden. Für die Geschichte der jüdischen Erziehung, die gewiß von Vordatierung und Idealisierung frei zu halten ist, kommt der *Bewältigung der Diasporasituation durch das hellenistische Judentum* (DELLING 1987) als Ort funktionaler Erziehung Bedeutung zu, um PseuPhok aus den Voraussetzungen eigenständiger jüdischer Bildung zu verstehen.

2.4 Vielfalt jüdischer Richtungen

BERNAYS hat unseren Autor als einen untreuen Toralehrer hingestellt (251f), BERNHARDY als einen »Mann der grossen Welt« und alexandrinischen »berechnenden und aufgeklärten Juden der laxen Observanz«, KLEIN als echten Vertreter der prophetisch-chokmatischen, der Derek-erez-Linie.[32] Nach KÜCHLERS Konzept wird schon fast fraglich, wie weit man den Autor noch auf ein identifizierbares Judesein verpflichtet sehen darf. So unterschiedlich diese Ansichten sind: sie zeigen etwas von der Vielfalt jüdischer Existenz in der Antike. Der Phokylideer gehört weder einer der asketischen oder halachischen Gruppierungen noch apokalyptischen Kreisen an. Ob er einer der pharisäischen Richtungen nahestand, ist undeutlich; der sadduzäischen Orientierung am Tempel mit Sicherheit nicht. So erschien er den Forschern als nebelhafte Größe am Rande des jüdischen Blickfeldes. Aber sein Umgang mit der Tora zwingt uns, sein Judesein voll ernst zu nehmen. Die Kategorie der *Jüdischen Weisheit* reicht nicht aus, seinen Ort zu bestimmen und abzuschätzen, in welchem Chor des antiken Judentums

[32] BERNHARDY, *Grundriss der griechischen Litteratur* 2.1,521; G.KLEIN, *Katechismus* 146f

solch eine Stimme sich zu erheben gelernt hat.

Von besonderer Wichtigkeit ist die Frage, welchen Platz die (*Heiden-*)*Völker* in der Vorstellungswelt des Juden gehabt haben können. Daß die Talmudkenner den Generalnenner des Rabbinats in den Antworten auf diese Frage extrem gegensätzlich gezogen haben - von der Erschaffung aller Menschen als Gottes Bild oder von der Erwählung Israels ausgehend -, berührt einen der schmerzlichsten Punkte des jüdisch-christlichen Verhältnisses. Der hierher gehörige *locus theologicus*, die Lehre von den *Noachidischen Geboten*, scheint mir deshalb mit Anforderung und Abwehr belastet, die nicht aus der Lehre selbst, sondern aus der brennenden Sache herrühren. Die grundsätzliche Noachidenfrage verbindet sich für PseuPhok mit der aktuellen Adressatenfrage. Die gegensätzlichen Grundpositionen: hie M.GUTTMANN, da etwa A.NISSEN,[33] hie CROUCH, da sein Antipode in Fragen der *Noachidischen Gebote*: G.ALON, sind für PseuPhok als einer unmissionarischen jüdischen Schrift neu zu bewerten, wobei der heutige jüdisch-christliche Wissenschaftsdialog[34] Maßstäbe setzt. Wenn VDHORST (*Revisited* 16) wegen der mangelnden Eignung der Schrift für missionarische Zwecke meint, die Akten seien über der Vermutung einer Ausrichtung auf heidnische Leser endgültig zu schließen, so komme ich zu dem umgekehrten Schluß: gerade PseuPhok nötigt, über das Verhältnis eines frommen Diasporajuden zu den Noachiden weiter nachzudenken.

2.5 Anthropologie und Ethos

Anthropologische Relevanz kommt der Mahnung v.97ff zu modester Trauer, zum Respekt vor dem Leichnam und zum Vertrauen auf die Unsterblichkeit der Seele zu (KROLL). Für Felix CHRIST war diese Stelle Grund zur Anregung, dem Mahngedicht in der Theologie mehr Aufmerksamkeit zu widmen. Diesem Desiderium sind vor allem CAVALLIN und U.FISCHER nachgekommen. Mit der anthropologischen Aufgabe ist aber hier wie selten sonst im Gedicht eine Frage des Sprachgebrauchs gestellt: Wie strikte dürfen wir religionsgeschichtlich relevante Begriffe auslegen? Gebraucht der Verfasser sie in einem geprägten Sinne? Neigt er (in der Nachbarschaft von Philo) zu metaphorischem Verständnis gebräuchlicher Wendungen? Der Mittelweg zwischen Unterschätzung des Verfassers und Überinterpretation ist nur schwer zu finden. Im großen und ganzen können wir die apologetisch-eschatologische Sprache dieser Verse in eine vertraute jüdisch-griechische Synthese im Hellenismus einordnen.

Für sein Ethos und dessen Konkretionen gibt es angesichts der Bandbreite griechischer popularethischer Tradition immer die Möglichkeit, eine hellenisch-jüdische Synthese zu erkennen. Dabei dürfen wir aber nicht stehen bleiben. Nicht o b die ethischen Werte in gleicher Weise definiert werden, sondern w a r u m dies geschieht, entscheidet über den Standort des Verfassers. *Interpretatio Judaica* und *Interpretatio Graeca* unterscheiden sich heute, seit an der jüdischen Herkunft des Autors nicht mehr gezweifelt

---

[33] GUTTMANN: *Das Judentum und seine Umwelt*, 1927; NISSEN: *Gott und der Nächste im antiken Judentum*, 1974

[34] D.FLUSSER, *Bemerkungen eines Juden zur christlichen Theologie*. Auf den dort gesuchten Dialog geht

wird, in der Gewichtung der Sachparallelen. DERRON stellt mit gutem Recht (A.3 zu v.153ff) »les hellénistes« und ihre Erkenntnisse neben »les hébraïsants«. Es geht um die Frage, ob das Besondere des Gedichtes eine griechische Stimme mit lediglich jüdisch-biographischem Hintergrund ist - so daß es einer Erhellung des Judentums selbst mehr oder weniger verlorengeht, oder ob eine eigentümlich jüdische Stimme im Begegnungsfeld beider Kulturen zu uns spricht. Diese Frage ist durch den aktuellen Diskussionsstand eher wieder offener geworden. Bei stärker griechischem Einfluß haben wir mit der Prägung der Gnomen durch (vulgarisiertes) ethisches Systemdenken, etwa für die schulische Verwendbarkeit, zu rechnen.[35] Primär jüdischem Einfluß entspricht dagegen ein »organic thinking«, das den Zusammenklang verschiedener ethischer Topoi als lebendige Einheit von »value concepts« begreift und der expliziten sprachlich-logischen Verknüpfung nicht bedarf.[36] Auch hier ist der jüdische Part aufgrund der abendländischen Bildung seiner modernen Interpreten in Gefahr, zu kurz zu kommen.

2.6 Traditions-Weitergabe

Es steht demnach nicht das Traditionen-Material, es stehen die Traditions**prozesse**, die wir im Gedicht beobachten können, im Mittelpunkt der heutigen Aufgabe. Das Übergewicht zugunsten jüdischen Traditionsgutes und also auch jüdischer Traditionsart, das sich aus VDHORSTS Kommentar ergibt,[37] wird etwas ausgeglichen durch DERRONS Edition.[38] In einem Fall, wo Derron (S. LX) mit einer pythagoreischen Ableitung besonders weit gegangen ist, hat VDHORST dies inzwischen als nicht überzeugend zurückgewiesen (*Revisited* 15). Aber das sind immer wieder Einzelentscheidungen vor einem nicht klar verifizierbaren Hintergrund. Aus dem Gedicht selbst einen methodischen Ansatz zu finden, wie der Verfasser vielleicht unterschiedlich mit den beiden Traditionssträngen umgeht, könnte hier eine Lösung wenn nicht für alle Fälle, so doch für die Hauptlinie bringen. Seine Art, griechische Dichter zu zitieren, kann uns weiterführen. Die Problemlage kehrt sich hier freilich um: für dies Problem haben wir im Judentum die deutlicheren Belege. Wir kennen die Text-Autorität, der jeder Jude primär Anerkennung zollte. Im Griechentum müssen wir die Autoritäten hinter einem

---

neuestens G.THEIßEN (*Zur Entstehung des Christentums aus dem Judentum*, 1989) ein.

35 A.DIHLE, Art *Ethik*, RAC 6,668f: Die »philosophische( ) Seelenführung« steht »in enger Wechselwirkung mit den Methoden des rhetorischen Unterrichts und damit zur Vulgärethik«. »Die Praxis der moralischen Erziehung hatte zum Ziel, durch ständiges Meditieren auswendig gelernter Maximen und oft wiederholte Selbstprüfung ... die ethischen Grundsätze in so festen Besitz zu bekommen, daß man sie in jeder Lebenslage fast automatisch anwendete.«

36 KADUSHIN, *Worship* 8: »We regard ethics not as a system thought out by a philosopher but as a pattern of concepts developped by society.« Das typisch jüdische, unsystematische und doch nicht ungeordnete »organic thinking« erfasse in der Halacha als einer lebendigen Einheit »value concepts«, durch welche die logischen Ableitungen eines Systemdenkens überflüssig werden.

37 Man beachte die Beschränkung des Parallelstellen-Index auf »Biblical passages«.

38 Kennzeichnend dafür ist etwa die Bewertung der Verse 86-90, die von den Bildungsvoraussetzungen zum Richteramt handeln. Nach VDHORST (173) »this vers (sc. 86) may go back to Ex. XVIII 21f. ... or Deut I,13«. DERRON registriert die beiden Bibelstellen (und nur sie) zu v.86 in ihrer Tabelle, stellt aber in der Note zu v.90 den Abschnitt in den Zusammenhang der griechisch-hellenistischen Vorstellung von der παιδεία als größtem Gut der hellenistischen Kulturwelt. Beides widerspricht sich nicht; aber die Akzente sind unterschiedlich gesetzt.

Autor erst aus dem Inhalt ermitteln. Die jüdische Religion in der antiken Gesellschaft erhält sich ihre Eigenart durch die Synagogengemeinschaft und gibt daher der dort gepflegten legitimen Tradition höchsten Rang. PseuPhok fördert die Suche nach legitimer jüdischer Tradition.

Dekalog. PseuPhok 3-8 erinnert unübersehbar an den Dekalog. Damit bekommt das Gedicht Bedeutung für das überraschende Hervortreten dieser Kurzfassung der Tora bei Philo, im NT und anderswo nach langer Zeit des Schweigens. Ob hier eine hellenistische Neuausformung sozialer Reihen (BERGER 258f) oder die kontinuierliche Vorbereitung einer »Dekalog-Renaissance« bei Jesus (HÜBNER) vorliegt, hat Bedeutung für unser Gesamtverständnis der neutestamentlichen Paränese. PseuPhok leistet, wenn sein Umgang mit autorisierten Geboten systematisch bedacht wird, einen selbständigen Beitrag zur Frage der frühjüdischen Dekalogrezeption.

Heiligkeitsgesetz. An v.175ff ist die Beziehung des Autors zu Lev 18 und an v.9ff die zu Lev 19, zwei Kapiteln des Heiligkeitsgesetzes Lev 17-26, zu klären. Wir betreten hier den sichersten Boden der Interpretation, weil Vers für Vers die Entscheidungen des Verfassers nachvollzogen werden können. Das bringt uns dreifachen Nutzen: Von dieser Basis aus können formale und inhaltliche Urteile über andere Teile des Gedichtes zuverlässiger vorgenommen werden. Wir finden eine vorrabbinische Interpretation dieser anerkannt wichtigen Teile der Tora. Und das lebhafte Interesse von Neutestamentlern am Einfluß des Heiligkeitsgesetzes im frühen Christentum (CARRINGTON, SELWYN, jetzt: JOHNSON) erfährt neuen Anhalt - möglicherweise auch neue Korrektur.

Die Katechismusfrage. Die unter Neutestamentlern üblichere Form, nach frühchristlicher Erziehung zu fragen, ist die Katechismus-Frage. Von A.SEEBERG, *Katechismus der Urchristenheit*, 1903 mit Verve ins Gespräch gebracht, in ihrer kompakten Vorstellung einer kompletten Zusammenfassung von Bekenntnis, Glaubensformel und Sittenlehre allgemein verworfen, durch CARRINGTON und SELWYN an Begriffen aus Heiligkeitsgesetz und NT neu festgemacht, teils reserviert, teils differenzierend weiterbedacht, bleibt die Hypothese eines jüdischen Proselyten-Katechismus und eines christlichen Neophyten-Katechismus seither im Gespräch. K.-W.NIEBUHR hat sie jüngst unter dem Titel *Gesetz und Paränese* neu gründlich erörtert und dabei PseuPhok zum Ausgang gewählt (5-31).

An reichem Material von TestXIIPatr und Tobit bis PsSal entwickelt Niebuhr ein Bild von Reihen, die sich »entsprechen ... in der Struktur und den entscheidenden inhaltlichen Merkmalen«. Ihre »Existenz ... ist wesentlich an ihre paränetische Funktion gebunden« und also nicht nur von einer anerkannten »autoritativen inhaltlichen Grundlage«, sondern ebenso von der »Fähigkeit«, dem »Bedarf« und damit der funktionalen Verwirklichung der situationsbezogenen Weisung abhängig (236). Solche Gesetzesparänese, wie sie die frühjüdische Literatur zeige, »steht im Dienst unterweisender und erbaulicher Intention« (237), u.zw. weniger »in institutionalisierten Formen schulischer Ausbildung«, als in »ethischer Elementarunterweisung«, für die »vermutlich die Oberhäupter der jüdischen Familie zuständig« waren (238).[39] Niebuhr beschreibt den Sitz im Leben und definiert den katechetischen Fonds sehr bestimmt und doch auch vorsichtig, weil die Auskünfte über das Erziehungswesen im (hellenistischen) Frühjudentum mager sind und weil »nur wenige Texte ... dem durch Philo, Josephus und PseuPhok repräsentierten Fonds ... direkt zugeordnet werden« können (236f). Er urteilt, »daß das Toragut in bereits interpretierter und umgestalteter

[39] S.65 A.228 mit Verweis auf DELLING

Form von Pseu-Phok als geprägte Tradition aufgenommen worden ist« (31). Den Weg vom »Was« der katechetischen Überlieferung zum »Wie« vermag er noch nicht zu zeigen. An beides, die materiale Erfassung der sittlichen Toraüberliefung und die Klärung des paränetischen Geschehens in der Elementarunterweisung, knüpfe ich an. Ich stelle dazu betont den Begriff des *Katechismus* zurück und möchte auch von *katechetischer Weisungsreihe* nur mit Vorbehalt sprechen. Auch die Verwendung durch Niebuhr schützt m.E. nicht genug vor dem voreiligen Ausschauen nach quellenartigen Stoffsammlungen.

Mündlichkeit. Das bedeutet aber, die Bedingungen und Formen jüdischer Tradition in der Mündlichkeit zu suchen.[40] Diese Aufgabe ist unausweichlich. 1. Die meisten unserer Quellen sind literarisch; sie können den Traditionsprozeß als Lebensvorgang im Judentum nur einseitig widerspiegeln.[41] 2. Die väterliche Aufgabe der *traditio legis* und die hinter ihr stehende synagogale Volksunterweisung geschah selbstverständlich mündlich. 3. Paränese drängt offensichtlich weniger zur Schrift als Weisheit. Neben vielen Weisheitsschriften in der Art der *Weisheit Salomos* sucht man vergeblich nach einem Parallelbeispiel der gesammelten Darbietung paränetischer Topoi in paränetischer Form, wie sie PseuPhok bietet. 4. Paränetische und Weisheitstexte zeigen die Liebe zur Variabilität und sind nicht das Produkt des Redigierens fixierter Quellen. Sie sind damit dem mündlichen Geschehen nahe. Unsere jeweiligen Texte - auch PseuPhok - sind das letzte Glied eines Vorganges von Tradieren und Variieren nach bleibenden Tradierungsgesetzen; sie zeigen den Autor als einen Exponenten der Tradition im Moment der Verschriftung. 5. Das Judentum hat nach der verbindlichen Sammlung der Gesetze im Pentateuch eine mehrhundertjährige Gesetzes-Auslegungs-Arbeit mündlich tradiert und - außer in exklusiven Gemeindeordnungen - keine Paralleltexte zur Tora niedergelegt. Die Fixierung auf die sakrosankte schriftliche Tora erlaubte im Rechtswesen und in der Volkserziehung nur die Entwicklung mündlicher Traditionsformen. Speziell der Umgang des Phokylideers mit Textautoritäten läßt an *Kleiner Form* ablesen, wie alte sittliche Norm in neue Situation übertragen wurde. Daher kann der mehr traditionsgeschichtliche Ansatz Niebuhrs mit einem formgeschichtlichen verbunden werden. - Dabei gebührt der Beachtung des *Topos* als eines Traditionsmotivs ohne verbale und funktionale Festlegung erhöhte Beachtung. Die *Topologie* einer Gruppe oder eines Kulturkreises fördert die Zuverlässigkeit mündlicher Tradition und sichert ihre Variabilität. G.BRADLEY hat darauf für das NT erstmals hingewiesen. Weitergehend kann eine Topos-Lehre für die Erhellung gesicherter Mündlichkeit genutzt werden, wenn wir die Anregungen der auf E.R.CURTIUS zurückgehenden literaturwissenschaftlichen Methodik aufnehmen (auf die hier allerdings nur hingewiesen werden kann). Dies hilft uns, die Suche nach idealtypischen mündlichen Urformen der älteren Formgeschichtlichen Methode zu vermeiden und den jeweiligen kohärenten Text ernst zu nehmen.

---

40 trotz BERGERS (u.a.) Bedenken, *Einführung* 112-115; vgl. ders., *Formgeschichte* 13ff

41 WEIDINGER, *Haustafeln* 14: »Das ist überhaupt die Schwierigkeit, die sich der Darstellung dieser Tätigkeit der (sc. volkserziehenden) Synagoge entgegenstellt, daß sie nur zu einem geringen Teil in der Literatur Aufnahme gefunden hat, und daß bei dieser Aufnahme in das Schrifttum Veränderungen unvermeidlich waren.«

2.7 Sprachliches

In ihrem Kapitel 4 untersucht DERRON »Forme et style du poème«. VDHORST (*Revisited* 13) bemerkt dazu richtig: »This is the only competent treatment of Ps-Phoc's language in existence.« Die dem Verfasser gelungene sprachliche Ansiedelung des Gedichtes im Gefolge Homers - die doch den Einfluß der Zeit und die Nachbarschaft zu Philo nicht ganz ausschalten kann -, weiter die frappierende »melange d'archaisme et modernisme« der Formgebung und schließlich die in dieser Ambivalenz des »Klassizierenden« und des Zeitgebundenen doch einheitliche Wortwahl, Wort-Morphologie, Syntax und Stilgebung zeigen nach Derron eine schriftstellerisch verantwortete, eine »véritable création littéraire«. Für sie hat der Verfasser zwar aus Poesie und Prosa geschöpft, aber »dépassant la stade de la pure compilation«. Dem Einfluß zeitgenössischer Dichtung und artifiziell-alexandrinischer Sprache entzieht er sich und bleibt näher bei der gesprochenen Prosa (S.LXVII und LXXXI ff).

Indem DERRON die parataktisch-imperativische Sprache und überhaupt die Formgebung stark im Zusammenhang mit der Diatribe sieht, findet sie im Stil den gleichen Einfluß wie bei den ethischen und gnomischen Materialien (S.LXXX). Es ist reizvoll, diese *interpretatio Graeca* mit zahlreichen Nachweisen eines gnomologisch-populären Stils in Beziehung zu setzen zur *interpretatio Judaica*, die den eigentümlichen formalen Einflüssen der jüdischen Torarezeption nachzugehen hat. Ich denke, es läßt sich noch weiter klären, wie viel unterschiedliche Färbung die beiden Flüsse beim Zusammenfließen beibehalten haben.

Um einen eigenen Beitrag zur Sprache des Gedichtes und zum möglichen Einwirken rhetorischer - u.U. vulgarisierter - Methodik zu bringen, fehlen mir die Voraussetzungen; und ich beschränke mich daher auf die philologische Anwendung derjenigen Erkenntnisse, die von der Form- und Traditionsgeschichte beigesteuert werden können.

2.8 Form- und Gattungsgeschichte der Paränese

Martin DIBELIUS erfaßt in seinem 1931 erschienenen Forschungsbericht *Zur Formgeschichte des Neuen Testamentes (außerhalb der Evangelien)* sowohl PseuPhok, als auch die Paränesen des NT als Beispiele »der jüdisch-griechisch-christlichen Gnomen- und Sittenregeln-Literatur« und ist zuversichtlich, daß die seinerzeit »ungelöste Aufgabe« ihrer genealogischen Untersuchung, »anhebend bei der alttestamentlichen Weisheitslehre einerseits und den stoischen Sammlungen andererseits«, lösbar sei. Er sieht diese Aufgabe formgeschichtlich, insofern er für die Wiederkehr von paränetischen Motiven und Formen nicht schriftstellerische Abhängigkeit, sondern Wirkungen von Traditionsgut verantwortlich sieht, das in bestimmten, durch Geschichtsrekonstruktion erfaßbaren Verhältnissen sich unter Anregung älterer Muster bildete (209-211).

Nach H.KÖSTER könnte es so scheinen, als sei dies Programm im Wesentlichen erfüllt, wenn er sagt, daß wir uns für »die formgeschichtliche Arbeit ... in Bezug auf die paränetischen Traditionen« relativ auf »sehr viel sichererem Boden« bewegen.[42] Für Sammelgattungen wie die *Zwei Wege*, Laster- und Tugendka-

[42] Art. *Formgeschichte/Formkritik II*, TRE 11,298. Mir scheint F.HAHNs Urteil von 1966 (in: A.SEEBERG,

taloge und die Haustafeln, an denen er dies Urteil festmacht, mag das Wort vom »sichereren Boden« leidlich stimmen; aber wie sind diese »in der mündlichen Überlieferung (!) geschaffen, geformt und weitergegeben« (286)?

Die von Dibelius inaugurierte Paräneseforschung wurde aber durch zwei Hemmnisse behindert. Erstens suchte sie nach Texten, die schon mündlich (weniger schriftlich) fixiert waren, als der uns bekannte Autor sie en bloc oder modifizierend niederschrieb oder diktierte. Gewiß hat Dibelius immer wieder Unterschiede zwischen vergleichbaren Traditionsstücken als Hinweise auf die in der mündlichen Phase nicht abgeschlossene Formung betrachtet. Aber daß ein Paulus, ein »Jakobus« selbst noch ganz aus dem Wachstums- und Bildungsprozeß der mündlichen Überlieferung heraus paränetische Texte bildete, kommt kaum in den Blick. Zweitens fand die Forschung zu wenig Anlaß, eine mögliche Verbindung zur biblisch-altjüdischen Toratradition zu untersuchen. Das formgeschichtliche Urdatum der Toraerziehung, die altisraelitische Rezeption der sittlichen Tora in paränetisch-weisheitlicher Form, auch und nicht zuletzt in Lev und Dtn, wurde allerdings auch seitens der Pentateuchforschung durch eine überscharfe Trennung zwischen theologisch qualifizierbarem apodiktischem Recht und human begründeter Weisheit entscheidend gehemmt.[43] Solche Hemmnisse sind von Seiten der Pentateuchforschung gründlich überwunden (FOHRER, GERSTENBERGER). Die alttestamentlichen Vergleiche zwischen Rechtsformulierung und Mahnspruch (RICHTER) kommen dem Interesse an Vorformen des neutestamentlichen Mahnspruches in alttestamentlichen Volitiven (ZELLER, KÜCHLER, vLIPS) entgegen. Wenn dann aber für einen bestimmten Mahnungstyp, etwa die »Verhaltensanweisung in apodiktischer Befehlsform« in den Haustafeln, die »nächste Formparallele in den apodiktischen Rechtssätzen des Alten Testaments, näherhin im Dekalog«, (also im geschichtlich fernsten Vorgang!) gefunden wird,[44] zeigt dies kühne Überspringen der Zwischenformen die Lücke der Paräneseforschung. Wer die Verbindlichkeit neutestamentlicher sittlicher Weisung geschichtlich in der biblischen Tora gründen sieht, kommt durch diese Lücke in Beweisnot. Und ich reklamiere den Begriff der Paränese speziell für das, was in mahnenden Texten des Judentums zwischen Tora und Weisheit sich abspielte und beide mit einander verband.

Die Lücke zwischen alttestamentlicher Formgeschichte der Gesetze und neutestamentlicher Formgeschichte der Paränese hat allerdings auch entscheidend damit zu tun, daß die »Formgeschichte« überhaupt die paränetischen Texte nicht zu ihrem Schwer-

---

Katechismus XXVIII) weiter gültig, daß formgeschichtlich (mindestens in bestimmten Bezügen) »die Erforschung der Paränese noch völlig unabgeschlossen« sei.

43 Deutlichstes Dokument dieses Hemmnisses ist die Untersuchung von E.G.BAUCKMANN, *Die Proverbien und die Sprüche des Jesus Sirach*. Er sieht Gottesgesetz und Weisheitsbemühung so diametral gegensätzlich, daß ihre Verbindung nur entweder durch Unterwerfung des einen unter das andere oder durch Ausgleich auf halbem Wege möglich sei (33). Der Gegensatz klingt bei VRAD (*Weisheit* 314) an, wenn er der Annahme, Sirach entnehme »die Normen des Handelns ... nicht mehr dem Rat der Lehrer oder dem Erfahrungsschatz der Alten ..., sondern der Tora« entgegenhält: »müßte dann nicht ziemlich sofort ein grundsätzlicher Normenkonflikt entstanden sein zwischen der absoluten göttlichen Tora und jenem alles Für und Wider bedenkenden weisheitlichen Bewerten und Beurteilen?«

44 Der Brückenpfeiler des Judentums (»durch das hellenistische Judentum vermittelt«, WEISER, *Evangelisierung im 'Haus'* 79) reicht gewiß nicht, um eine von altisraelitischer Rechtsform zum NT gespannte Brücke zu stützen.

punkt gewählt hatte. Inzwischen hat die Methodendiskussion hier einen für unsere Aufgabe mehrfach interessanten Stand erreicht.[45] 1. Im Sinne neuerer Forschung von der *Kohärenz des Textes* aus- und so an das phokylideische Mahngedicht herangehen, heißt, den Phokylideer als Autor und nicht nur als Sammler und Umformer von Überlieferungsgut ernst nehmen. 2. Dies *formgeschichtlich* zu tun heißt, die Beschreibung der Herkunftsgruppe des Phokylideers zu versuchen, um die Wechselwirkung zwischen ihrem Tradition gewordenen Bedürfnis und der Kreativität des Verfassers zu verstehen. 3. Wenn wir beachten, daß Formgeschichte n i c h t i d e a l e U r f o r m e n in geschichtlicher Veränderung, sondern Texte eigener Wertung zu prüfen hat, können wir den Verfasser als einen Empfangenden und Gebenden inmitten des Traditionsprozesses aus Geben und Empfangen in Aktion sehen. 4. Formgeschichtliche Arbeit in diesem Sinne kann die unterschiedlichsten literarischen, linguistischen und geschichtlichen Ansätze bündeln. Dies geht allerdings nur, wenn das Gattungsurteil Raum zu weitgreifenden offenen Fragen läßt. Wer die Gattungsfrage im wesentlichen als geklärt ansieht,[46] wird hier unnötig verwirrende Differenzierungen vermuten.

Dem von F.HAHN (a.a.O.) vertretenen Anliegen, den »Verständnishorizont für das im übrigen locker zusammengefügte paränetische Material« eindeutiger zu bestimmen, als Dibelius' Methode dies zuließ, kommt die Altphilologie zu Hilfe. Untersuchungen des Verhältnisses von Rahmen und Einzelmahnung, von Spruchsammlung und Tendenzcharakter, z.B. bei Hesiod (P.FRIEDLÄNDER) und Isokrates (EUCKEN), erweisen, daß paränetische Reihen in spannungsvoll-fruchtbarer Beziehung zu einer übergreifenden, im einzelnen nur andeutungsweise erkennbaren Absicht des Verfassers stehen können. Gewichtung jedes Einzelspruches und Beachtung der Tendenz der ganzen Reihe, Zusammenhanglosigkeit und Zusammenwirken widerstreiten einander nicht grundsätzlich. Für die Zusammengehörigkeit einer überaus langen und scheinbar ungeordneten Spruchreihe PseuPhok 3-227 mit einem tendenzorientierten Rahmen v.1f/228-230 zeigt sich hier ein hilfreicher Ansatz.

2.9 Neues Testament und Pseudo-Phokylides

Diese Untersuchung ist entstanden aus dem Bemühen um Probleme der neutestamentlichen Paränese und ihrer Abhängigkeit von Traditionen und Methoden. Auf dem engen Raum der kleinen, dichterisch gestalteten Phokylides-Paränese sind Beobachtungen möglich, die für das Verständnis der neutestamentlichen Paränese in der Tat gute Dienste leisten. Das bedarf nun an sich kaum der Erwähnung. Aber in der einzigen allein der Beziehung dieser Schriften gewidmeten Arbeit, VDHORSTS Aufsatz *Pseudo-Phocylides and the NT*, kann der Autor nicht umhin festzustellen, daß in den »50 Jahren«, seit M.DIBELIUS auf die Bedeutung der Vergleichung hingewiesen habe, »not much attention has been paid to Ps-Phoc. by NT scholars«.[47] In seinem Aufsatz be-

---

[45] Vgl. die Problemskizze bei THEIßEN, *Lokalkolorit* 1-7(-24)

[46] Diesen Eindruck erweckt z.B. DERRON.

[47] 1892 wählt G.HEINRICI (*Die urchristliche Ueberlieferung und das NT* 333 m. A.1f) PseuPhok als Beispiel für die »reichsten Wechselbeziehungen« zwischen der alttestamentlichen, der hellenischen Spruchweis-

schränkt er sich auf einige inhaltliche Vergleiche zu solchen Versen, »which are more ore less of interest to N.T. studies« (188). Inzwischen würde er, danach befragt, sich wohl nicht so negativ über die Forschungslage äußern. Aber bezüglich des Vergleiches der Mahnungsformen und ihres Kontextes ist außer den indirekt nutzbaren Vorarbeiten (KÜCHLER, NIEBUHR) tatsächlich Fehlanzeige zu verzeichnen.

Diese Lücke hat zweifellos ihren Grund von beiden Seiten her. Ließ die Prädominanz der gnomischen Fragestellung die PseuPhok-Forschung zuwarten, so hat von der neutestamentlichen Seite her offensichtlich keine Bemühung, sei sie nun den Haustafeln, dem Katechismusstoff, den Laster- und Tugendkatalogen usw. gewidmet, ein Konzept gefunden, um auf breiterer Ebene einen Vergleich durchzuführen. Mit DIBELIUS nicht »von dem ganzen weitschichtigem Stoff« (*Zur Formgeschichte* 213) auszugehen, sondern an kleinen Einheiten anzusetzen, gleichzeitig aber etwas Typisches zu treffen, was viele Einzelbeispiele zu einem Gesamtbild zusammenwachsen läßt, dazu könnte und soll der Blick auf dieses kleine paränetische Opus mit seiner einheitlichen Formgebung und der beherrschenden Rolle der kleinen imperativischen Einheiten dienen.

2.10 Der Gang der Untersuchung

Den mit Kapitel III einsetzenden Einzelanalysen schicke ich im Kapitel II eine skizzenhafte Darstellung des Ortes der frühjüdischen Paränese zwischen Tora und Chokma, beiden gegenüber eigenständig und beide charakteristisch verbindend, voraus. Hier sind in Form von versuchsweise ausgezogenen Verbindungslinien Anfragen an die Pentateuchforschung formuliert, deren genauere Beantwortung unserem Anliegen sehr zugute käme. Die Wahl einer dritten Kategorie schon für die ältere Zeit, *Paränese* genannt, neben bzw. zwischen jenen beiden bekannten Textsorten für weisende Kurztexte, ist notwendig, weil die übliche pauschale Zuweisung der paränetischen Texte zur *Weisheit* sowohl Formales, als auch Inhaltliches nicht voll zur Kenntnis nehmen läßt.

Der Hauptteil A bemüht sich um den jüdischen Traditions- und Geschichtshintergrund, u.zw. in den Kapiteln III - VII mehr analytisch, vom Text ausgehend, im Kapitel VIII durch Einordnung des Gedichtes in das Bildungsgeschehen der Juden und ihr Verhalten zur heidnischen Umwelt.

Der Hauptteil B zeigt an einigen markanten Punkten des griechischen Hintergrundes (deren Ergänzung und Arrondierung in fortführenden Arbeiten lohnend und sehr wünschenswert wäre) die gelungene Verschmelzung der Kulturen (deren Erbe dann mehr das Christentum als das Judentum geworden ist). Dafür und für die Würdigung der strukturellen Textbeobachtungen aus Teil A ist die geläufige Einordnung der Kategorie *Paränese* in das griechische Bildungsgeschehen zu überprüfen. Kapitel IX soll diesen Dienst für PseuPhok und für das Neue Testament leisten, um diesem Begriff auch bei fortentwickeltem Forschungsstand seine Kontur und seine Flexibilität zu sichern. Dem Vergleich der Mahnsätze des Gedichtes mit wenigstens einer kleinen Auswahl ty-

---

heit und den »ethische(n) Bestandtheile(n) des Neuen Testamentes«.

pisch hellenischer Mahnsätze, u.zw. aus den paränetischen Reden von Isokrates und Pseudo-Isokrates, und der Bestimmung des negativ-positiven Charakters bei PseuPhok in Kapitel X schließt sich in Kapitel XI die Prüfung einiger Beispiele der Abhängigkeit von griechischen Dichtern an, besonders im Hinblick darauf, wie weit der Autor aus gnomologischem Überlieferungsschatz schöpfte, wie weit er in genauer Lektüre und expliziter Auseinandersetzung mit den Dichtern und ihren Original-Texten seine Motive, Formulierungen und Spruchfolgen wählte.

Unter zwei Gesichtspunkten faßt der Hauptteil C die Ergebnisse zusammen: In Kapitel XII im Blick auf die Abschnittbildung bei der Verwirklichung des Programms dieser universalen Mahnungsreihe und in Kapitel XIII im Blick auf den Verfasser und seine gedachten Leser.

Der Schlußteil D zieht Linien aus zum Neuen Testament. Auch hier suche ich den Weg vom Analytischen zum Konstruktiven. Kapitel XIV wendet die Formkriterien, die für PseuPhok gebraucht wurden, auf neutestamentliche paränetische Texte an. Kapitel XV bietet als systematisierende Auswertung Hilfen der Paräneseforschung an für wissenschaftliche Ethik des Neuen Testaments. Im *Anhang I* werden 11 Einzelfragen kurz abgehandelt zur Entlastung der Anmerkungen.

3.
DER TEXT

3.1 Textausgaben und Textüberlieferung

Neben der Teubnerschen Textausgabe von YOUNG,[48] mit der hierzulande bis vor kurzem gearbeitet wurde, und der seit 1986 bereitstehenden Ausgabe von P.DERRON (s.o.) nutzen wir für diese Studie die Übersetzungen mit ihren beispielhaften Vorschlägen zur Textwiedergabe und ihren philologischen und textkritischen Anmerkungen. Derron belegt aufs neue, daß fünf Handschriften des 10. bis 13. Jahrhunderts, die zwei Familien bilden, den besten und meistens hinreichenden Zugang zum Text bieten.[49] Der wichtigste Beitrag anderer Handschriften kommt - allerdings nur für die v.5-79[50] - von einer christlichen Interpolation in der Handschriftengruppe Ψ der *Oracula Sibyllina* (2,56-148), die zwischen dem 2. und 5.Jh. entstand.[51]

WALTER resummiert in der Einleitung seiner Übersetzung (182 A.1) die Hauptantworten der Textkritik mit den Worten: »Die Ausgaben zählen 230 Verse, zu denen

[48] *Theognis* u.a. (^{2}1971); hier S.XVIf und 95-112 eine Neu-Edition des von E.DIEHL/R.BEUTLER besorgten Textes in der Teubner-Ausgabe *Anthologia Lyrica Graeca* Bd.2

[49] Vgl. auch DERRON, *Inventaire des manuscrits de Pseudo-Phocylide*, 1980

[50] mit Lücken, aber »einem Plus von 18 sehr interessanten Versen«, DORNSEIFF 38

[51] KURFESS, *Mahngedicht* 175, vermutet hier im Mehr und Weniger gegenüber dem sonst bekannten Textbestand von PseuPhok einen älteren Überlieferungstypus mit besseren Übergängen zwischen den Versen. Er konnte das allgemeine Urteil, daß es sich um redaktionelle oder christlich motivierte Weglas-

noch V.69b - scheinbar eine Doublette zu V.36 ... - als 231. Vers hinzuzunehmen wäre. Davon gehören aber 12 Verse nicht dem ursprünglichen Bestand an.« YOUNG und DERRON bieten diese Verse in eckiger Klammer, zählen sie aber voll mit.[52]

»Nur in der jüngsten der fünf alten Handschriften, in V, stehen die Verse 116f., 144-146, 155 und 218.«[53] Wie diese 7 Verse sind 3 weitere Verse zu emendieren: 31, 37 und 87, weil sie nur ganz einzeln und in keiner der wichtigeren Handschriften überliefert sind. Unter den nicht anerkannten Versen ist allein der Vers 129 »alt« bezeugt - in den ältesten Handschriften B und M aus dem 10. Jahrhundert sowie bei Stobäus. Er bereitet aber in einer sonst stringenten Versfolge v.122-131 Kontextschwierigkeiten und fehlt bei den anderen wichtigen Handschriften des 12. bis 14. Jahrhunderts P,L und V. Der Vers ist eher als (christliche) Interpolation zu erklären; ein Weglassen durch alte Abschreiber, die wir uns überwiegend als Christen vorzustellen haben, gibt keinen Sinn.[54] - Als originaler Vers unseres Gedichtes hat v.36 = v.69b zu gelten. Die alten Handschriften B und M sowie Stobäus (dieser mit wohl sekundärer Anpassung an den Kontext) stehen für v.36, die »3 important mss. L,P,V« (VDHORST z.St.) für v.69b. Die gedächtnismäßige Einfügung in v.36 ist mit vdHorst (der eine »casual word-association« zu v.35 als Ursache der Verpflanzung ansieht) tatsächlich leichter vorstellbar, zumal die nachträgliche Streichung der so entstandenen Doublette v.69b eher plausibel ist.

Es bestehen also keine Bedenken, 12 der 231 Verse unberücksichtigt zu lassen und als Text die anerkannten 219 Verse vorauszusetzen.[55] Und es empfiehlt sich, den zweifach überlieferten, aber nur einmal zu akzeptierenden Vers weiterhin als »v.69b« zu zählen. - KÜCHLER (264) dürfte recht haben mit der Annahme, daß die relative Sicherheit über den originalen Versbestand mit der Namens-Sphragis der v.1-2 und ihrem Gegenstück v.228-230 als Klammer um das Gedicht zusammenhängt.

Versumstellung. In einem Falle, dem wohl letzten Relikt aus BERNAYS' Versumstellungs-Freudigkeit (S. 254ff passim), weiche ich von den Textausgaben ab. »Every ms. has v.183 between vv.194 and 195, but every editor agrees with Bernays who replaced it in this position« (VDHORST z.St.). Nach DERRON bietet Codex Vaticanus gr.915[56] diese Anordnung und ist auch der Anlaß der Zählung 181-182, die den anderen Textzeugen nach umgekehrt lauten müßte. Für mich ist der Wille des späten Schreibers, eine »verbesserte« Reihenfolge zu schaffen, oder der zunächst versehentliche Verrutscher durch den gleichlautenden Versanfang μηδὲ (κασιγνήτ-) evident. Ich wähle für v.183, um Irritationen zu vermeiden, die Nummer »194b« (s.u. S.67 Anm.31) und stelle die Verse 181-182 um unter Beibehaltung der für sie üblich gewordenen Verszahl.

---

sungen und Zufügungen handelte, nicht schwächen. Der Sib-Text bleibt aber der älteste bezeugte Text.

52 YOUNG läßt den v.36 ohne Klammer.

53 WALTER ebd. 187. Das Argument der Handschriftenüberlieferung könnte allenfalls für die Verse 144-146 durch sachkritische Erwägungen fraglich werden - was ich jedoch nicht annehme.

54 Der von den Herausgebern und Übersetzern gebotene Text zeigt nur vereinzelte Spuren früher Verchristlichung. Mit BERNAYS z.St. wird παρθενίην v.13 allgemein (Ausnahme LUDWICH, *Quaestiones* 27) als frühe christliche Verschreibung angesehen und in παρθεσίην konjiziert. Der Text konnte nicht als jüdisches Bekenntnis, das der Verchristlichung zugänglich und bedürftig wäre, aufgefaßt werden. Vielleicht setzt die Beachtung des Gedichtes auch erst spät ein - später etwa als die der Oracula Sibyllina.

55 Da diese Studie kein Kommentar mit Darstellung der Wirkungsgeschichte des Mahngedichtes ist, verzichte ich im allgemeinen darauf, die Interpolationen zu erwähnen. Ihr Beitrag zur Erörterung der hier anstehenden Frage wäre eher verwirrend. Vgl. DERRON CX. - Dagegen sind die Interpolationen außerordentlich wichtig, wenn die Bezeugung der Schrift und ihre Wirkungsgeschichte untersucht wird; vgl. z.B. VDHORST zu v.87 (s. auch DERRON CVIII). S. Sachregister s.v. *Pseudo-Phokylides 1: Versbestand*

56 Bei DERRON mit Siegel *Rc* (»ante anno 1311«)

Als vermutlich richtige Reihenfolge ergibt sich demnach (Umstellungen gegenüber den Textausgaben *kursiv*):

Tabelle 1: Vermutlich originaler Versbestand

1-30	118-128	*182*	195-217
32-35	130-143	*181*	219-230
38-86 (mit 69b)	147-154	184-194	
88-115	156-180	*194b (=183)*	

3.2 Der Rahmen für Zeit und Ort der Abfassung

Bevor im Kapitel XIII die Ergebnisse der Untersuchung für die Verfasserschaft und den gedachten Leserkreis zusammengefaßt werden, ist hier kurz der aus der wissenschaftlichen Diskussion erkennbare zeitliche und lokale Rahmen für die Entstehung des Gedichtes abzustecken. Die Vermutungen für die Abfassungszeit des Gedichtes gehen hinauf bis ins 2.Jh.v.Chr. und hinab bis ins 2.Jh.n. Das älteste zuverlässige Zeugnis für die Existenz des Gedichtes ist der spätestens im 5.Jh. erfolgte Einschub aus ihm in den *Oracula Sibyllina* (s.o.).[57] Sprachliche Beobachtungen vor allem an Vokabular (vdHorst) und Hexameter-Eigenart (Derron), die Weise der Begegnung und Verschmelzung des Jüdischen mit dem Griechischen, die Stellung der Juden in der hellenistischen Gesellschaft und das Fehlen von Hinweisen auf die christlichen Anfänge erlauben aber eine Eingrenzung auf die Jahre von etwa 50 vor bis 100 nach Chr.

Das Gedicht ist nur in geschichtlichem Rahmen verstehbar, wenn es als Zeugnis intensiven Zusammenlebens von Juden mit Griechen in einem Bereich lebendiger griechischer Bildung genommen wird. Dafür werden näherhin vor allem Ägypten, aber auch Syrien und die Asia vorgeschlagen. Als Textstelle, die von lokalen Vorgängen her zu interpretieren ist, wurde v.102 genannt. Der Vers untersagt es, *das Gefüge des Menschen aufzulösen*. Ob dies Leichenanatomie, Nebenfolgen von Gräberraub oder Präparation für Einbalsamierung meint: es läßt nach unseren Kenntnissen eher an Ägypten denken. Die verhältnismäßig geringen Berührungen mit den philosophischen Ambitionen in der ägyptischen Diaspora verwehren dagegen eine vorschnelle Lokalisierung in diesem Raum. Der Charakter der Spruchaphorismen verhindert im übrigen jede spezielle lokale Zuweisung.

[57] Einige mit dem Namen *Phokylides* verbundene Verse des Mahngedichtes bei Stobäus (2.Hälfte 5.Jh.) können in der Zeit unserer ältesten erhaltenen Handschriften interpoliert sein. Sie sind kein zuverlässiges Testimonium (Derron CVIf).

Teil A

PseuPhok im Rahmen jüdischer Paränese

2. Kapitel
Der Ort der PseuPhok-Paränese zwischen Tora und Chokma [1]

Das Gedicht des PseuPhok ist ein Dokument der Begegnung zwischen Judentum und Griechentum und zugleich auch ein Dokument der Begegnung zwischen Tora und Chokma. PseuPhok als Dokument, das selbständigen Zugang zu diesen beiden Traditionsbereichen des Judentums und einen charakterstischen Zugang zur griechischen Weisheit zeigt, ist damit ein hervorragendes Muster jüdischer Paränese für die hellenistische Bildungswelt. Das Gedicht hat sich der Nachwelt nicht nur durch die Berufung auf den alten Weisen Phokylides, sondern auch durch sich selbst empfohlen: durch den gebietenden Klang, der dem menschlichen Wunsch nach klarer Weisung, nach moralischem Gesetz entgegenkommt, und durch die (relative, milieugebundene) Einsichtigkeit seiner Positionen. Und es verschmilzt wie wenige vergleichbare Schriften Gebote der geschriebenen Tora mit Chokma-Elementen und weisheitlichem Denken zu einer neuen Einheit, in der beides, Gesetz und Weisheit, seine Eigenart optimal wahrt. Für solche Verschmelzung zweier Traditionen in einem literarischen Produkt eignet sich der Begriff *»Paränese«*. Indem wir diesen an griechischer Spruchethik entwickelten Begriff wählen, stellen wir uns der Aufgabe, die gegenseitige Befruchtung von Tora, Chokma und griechischer Weisheit zu klären, ohne die Unterschiede der Traditionen zu verwischen. *Paränese* wird hier nicht pauschal als beliebige Spruchweisheit mit mahnender Anrede verstanden, sondern als eine mit verschiedenen Traditionen vereinbare Art der konkreten sittlichen Verhaltensmahnung.

1. WEISHEIT

1.1 Lebensweisheit - Spruchweisheit - Weisheitsinstruktion

Lebensweisheit

Nicht die Fähigkeit, treffende Sprüche zu formuliern, zu benutzen und in die Tat umzusetzen, kennzeichnet im antiken Verständnis den *Weisen*, sondern die Einsicht und

---

[1] GERSTENBERGER, *Wesen und Herkunft des apodiktischen Rechts* (1965); KOCH, Art. *Gesetz I: AT*, TRE 13,40ff (vgl. ders., *Was ist Formgeschichte ?* [4]1981); RICHTER, *Recht und Ethos* (1966); WESTERMANN, *Forschungsgeschichte der Weisheitsliteratur (1950-1990)* (1990; vgl. ders., *Weisheit im Sprichwort*, 1971)

die mit der Einsicht harmonisierende Lebensgestaltung. Es geht zuerst um *Lebensweisheit* und erst danach um *weise Rede*. Darin sind sich Hellenen, Israeliten, Ägypter und Syrer einig: um Führungspositionen einnehmen zu dürfen, um Vorbild zu sein, um Herausragendes zu leisten im Wirtschaftsleben oder in der Kunst, bedarf es der *Weisheit*. Der vorübergehend Erfolgreiche jagt nach Früchten, die schon faul sind, wenn er sie erntet. Dabei sind die Ideen, was wahre Weisheit inhaltlich ist, denkbar verschieden (s. c.VII,1). In der hellenistischen Zeit erreicht Bildung in der Weisheitsüberlieferung der Dichter eine breite Führungsschicht. Im zeitgenössischen Judentum wird diese Bildung, die über die alten Führungsinstitutionen und -stände hinausdringt und Israel als ein Volk von Priestern erreichen soll, durch eine »neue Sensitivität« geprägt; mit Recht sprechen wir an der Schwelle zum Frühchristentum von einem »sapientalen Milieu«.

Innerhalb dieses sapientalen Milieus, dem sich kein gebildeter Jude, wenn ihm an jüdischer Identität gelegen ist, entziehen kann, sind verschiedene weisheitliche Traditionen zu unterscheiden. Allen gemeinsam ist eine zweifache Überzeugung:

a) *Weisheit* ist ein Angebot Gottes an die Völker, ihre praktische Lebensgestaltung aus der Einsicht in gesellschaftliche und kosmische Zusammenhänge heraus zu vollziehen; und
b) Israel kennt dies Angebot in seiner unverfälschten (wenn auch vielleicht nicht der einzig möglichen) Weise durch die mosaische Tora.

Dies spezifisch jüdische Weisheitsverständnis speist sich aus der israelitischen Weisheitsüberlieferung, die teils originär aus der kundigen Formung israelitischer Volksweisheit zum *Maschal* und seiner Sammlung in Schriften der *Spruchweisheit* entstand, teils aus Anregungen schon weiter entwickelter internationaler Weisheit, besonders der weisheitlichen *Instruktion* angeregt wurde und in den biblischen Weisheitsschriften dokumentiert ist. Sie dient in Israel nicht so sehr der Verhaltensschulung bestimmter Berufe (wie in vergleichbarer Weisheit etwa Ägyptens) als der allgemeinen sittlichen und Verhaltensorientierung. Ich spreche von *Chokma* חָכְמָה statt von *Weisheit* σοφία, wo ich diese Tradition meine; speziell auch da, wo der Konsens über den Pentateuch als entscheidende Quelle der Weisheit hinzukommt.

Spruchweisheit

Wir verstehen unter *weisheitlicher Tradition* eine Art Kommunikation, die die Verbindung von Einsichten und praktischer Lebensbewältigung zum Ziel hat und dazu den ausformulierten Kurzspruch wählt oder sich irgendwie auf Formulierung und Tradierung von Kurzsprüchen zurückbezieht. Im Unterschied zur rein feststellenden, indikativischen Einzelsentenz bekommt im Mahnspruch, in der literarischen Spruchsammlung und in der Instruktion die kommunikative Dimension ein autoritatives Gefälle. Die Erfahrung mit dem exemplarischen *Weisen*, der etwa in einer Rechtssache, einer politischen oder militärischen Problemsituation durch ein einziges Wort die Aufmerksamkeit aller auf sich zieht, soll erzieherische und literarische Dauer- und Breitenwirkung bekommen.

Der auf einfache Redeformen der Gemeinschaft und speziell auf das Sprichwort zurückgehende *Spruch* der »Weisen« läßt sich in seiner reifen Ausprägung durch folgende zugleich formalen und inhaltlichen Eigenschaften kennzeichen:

1. Im Kurzpruch als einer Redeeinheit aus einem oder zwei Sätzen wird etwas unter verschiedenen Bedingungen *Typisches* festgehalten. Der Spruch wählt rigoros aus verschiedenen Erfahrungen eine bestimmte aus und zeigt den übergreifenden Charakter dieser Erfahrung.

Die Grundarten der Sprüche sind vielfältig in der Fachliteratur bedacht: 1) der rückwärtsgerichtete, gemachte Erfahrungen (zur Erhellung künftiger Erfahrungen) festhaltende *Spruch*, 2) der nach vorn gerichtete, ein Verhalten direkt anregende *Mahnspruch* und 3) das einen Lerndialog simulierende *Fragwort* oder *Rätsel*. In den Traditionsstufen, die für uns wichtig sind, ist die genealogische Priorität des indikativischen Spruches, der eine Erfahrung festhalten und bannen soll, unerheblich geworden (s.u.).

2. Die Strenge des Typischen wird in der orientalischen Weisheit etwas suspendiert durch den *Parallelismus membrorum*, vor allem durch den synonymen Parallelismus. Dieser leitet zur Anwendung des gleichen Urteils auf verwandte Typik an. Am ehesten wahrt der antithetische Parallelismus die rigide Beschränkung auf einen bestimmten Gesichtswinkel.

3. Der Spruch signalisiert *Einsehbarkeit*. Apodiktisch setzt er ein Urteil, an dem zu prüfen ist, ob der Hörer oder Leser »einsichtig« ist. Wenn dies Urteil durch eine Autorität (etwa den Gott Israels) begründet wird, suggeriert er: »Das muß man doch einfach wissen!«[2]

4. Bestimmte *Tropen* haben sich als vorteilhaft für weisheitliche Formulierung von Einsichten erwiesen. Ich nenne diejenigen, deren Vorhandensein oder Fehlen für die Einordnung des PseuPhok-Gedichtes kennzeichnend ist.

→ Der *Tov-min-Spruch*, der in einem qualitativen Komparativ eine absolute Priorität anvisiert. Die semitische Umschreibung des Komparativs durch מן ... טוב *Gut - verglichen mit ...* (zu dem es auch griechische Äquivalente gibt) begünstigt den absoluten Charakter der Beziehung beider verglichener Größen.

→ Die Rechtskategorie der *talio* wird in der weisheitlichen Figur der *Adaequaten Vergeltung* auf alle erdenklichen Lebensbereiche angewandt. Dabei kann ein immanentes Gesetz (*Maat*) oder ein maßgebender Wille die Gewißheit der »Vergeltung«, der Folge begründen. Die behauptete Adaequatheit suggeriert Einsehbarkeit auch für den, der nicht gehorchen will.

→ Neben feste Urteile mit eindeutiger Stringenz treten *Einerseits-andererseits-Erfahrungen* (*Bipolarität*). In ihnen tritt das autoritäre Moment zurück zugunsten des beratenden, auch wenn zwei entgegengesetzte Möglichkeiten in der Form von zwei Imperativen (Prov 26,4f) aufgewiesen werden.

5. Die für den Spruch wesentlichen Grundformen (s.o.) können sich vielfältig mischen. So kann der indikativische *Spruch* eine besonders schroffe oder definitive Form der Normierung, der Verhaltensvorschrift darstellen.[3] Seltener, aber durchaus

---

[2] Tautologische Begründungsklauseln im Gesetz betonen den Punkt, auf den es ankommt. Wenn im Spruch in ähnlicher Weise thetisch ein Maßstab genannt ist, wird Einsichtigkeit gefordert.

[3] WESTERMANN, *Weisheit im Sprichwort*, handelt S. 76 vom »auffordernden oder auch mahnenden Cha-

üblich ist, daß der imperativische *Mahnspruch* in den Dienst der Bemühung, eine Erfahrung *wahrzunehmen*, tritt. Die Beliebigkeit dieses Austausches der den Formen ursprünglich eigenen Funktionen macht es möglich, daß Formen zu *Stilmitteln* werden, die einem Autor an seinem Ort in der Tradition und für seine Intention zur Verfügung stehen. Im Unterschied zum Gesetz kann die Weisheit jeden Inhalt und jede Tendenz indikativisch oder imperativisch ausdrücken.

Unter den Arbeiten zur Frühgeschichte der israelitischen Weisheit sind die Vorschläge von W. RICHTER (*Recht und Ethos*) für die jüngere Paränese deswegen besonders interessant, weil sie Chokma und Tora sowie Mahnung und Begründung in Beziehung setzen und den Versuch machen, die Form des begründeten Mahnspruches ebenso wie den gesetzlich-apodiktischen Prohibitiv aus einem gemeinsamen israelitischen Sitz im Leben abzuleiten. Für die Mahnspruch-Form liefert »die Erzählliteratur ... die Einsicht in ihr Entstehen: es ist der natürliche zwischenmenschliche Sprachgebrauch, die Anweisung und der Wunsch, daß eine Handlung erfolge, und der Versuch, Anweisung und Wunsch zu motivieren« (67). Mahnspruch-Form und -Inhalt in ihrer Konvergenz »erlauben und fordern den Schluß auf die Existenz einer zeitlich vor der Literaturwerdung liegenden 'weisheitlichen Schule'; in ihr prägte sich auf Grund der aus dem täglichen Sprachgebrauch bekannten Formen in Imperativ und Vetitiv mit Warnung und Begründung durch häufige Übung eine für die Schule charakteristische Spruchform aus, die die Funktion hatte, den Hörern bestimmte Haltungen nahezubringen, wie sie in den Prohibitivreihen als Ausdruck der Grundhaltung der betreffenden Kreise, als Standesethos, merkspruchartig gesammelt tradiert wurden. Der Mahnspruch stellt also die pädagogische Übermittlung und Insinuation dieses Ethos dar« (120).

Instruktion

Jüngere Forschung unterscheidet zwischen Spruchweisheit und Lehrweisheit (*Instruktion*; WESTERMANN 42-44). Während die Spruchsammlung dadurch ein geschlossenes »weisheitliches« Ethos empfiehlt, daß sie die Wirklichkeit als buntes Mosaik *sub specie sapientiae* zeigt, hat die Instruktion mehr Kohärenz und neigt zur Bildung abstrakter Leitbegriffe. Sie beschreibt einzelne Bereiche der Wirklichkeit durch eine Summe direkt auf einander und zudem auf eine ideelle Größe bezogener Sprüche. Die Instruktion erweist sich als entwickeltere Form literarischer Weisheit dadurch, daß sie aufbaut auf den Gattungen des Spruches und der Typik der Spruchweisheit. - Das Verhältnis von Spruchweisheit und Instruktion muß für PseuPhok als ein Gedicht mit mindestens versuchter Kohärenz im Blick bleiben.

1.2 Formen und Funktionen

Es besteht kein Zweifel, daß den Grundformen des Spruches ursprünglich bestimmte unverwechselbare Funktionen zugeordnet sind. Diese Zuordnungen zu erkennen ist wesentlich für die Frühgeschichte der israelitischen Weisheit. Und sofern es dabei um die Frage geht, welchen Anteil allgemeine Volksweisheit und welchen Schulweisheit bestimmter Institutionen an der Entstehung von Weisheitstradition hat, hängt damit auch das Urteil über ihre weitere Geschichte zusammen.

Für das Verständnis einer imperativisch geprägten Schrift wie PseuPhok ist das Verhältnis des imperativischen zum indikativischen Spruch wichtig. Die Entwicklung beider in der israelitischen Weisheit wird

---

rakter« indikativischer Volkssprichwörter. Vgl. vLIPS, *Weisheitliche Traditionen im NT* 22f: »Sentenzen in Aussageform« können »Soll-Aussagen« bieten.

unterschiedlich gesehen.[4] Die Neuentstehung israelitischer Weisheitsliteratur aus eigenen Impulsen (WESTERMANN, *Forschungsgeschichte* 42), während es doch in der orientalischen Umwelt schon weit entwickelte Vorbilder gab, erlaubt kaum eine einlinige Genealogie. Spätestens seit der Entstehung von literarischen Sammlungen ist wechselseitige Wirkung anzunehmen, so sehr unsere Denkschulung sich auch an die primäre Rolle des Indikativs binden mag.[5] Auch die Redefolge *Imperativ + Indikativ* ist alt und findet im synthetischen Parallelismus von *Mahnwort + Begründungsklausel* lediglich ihre weisheitliche Ausformung, nicht ihren Anfang. Reine normierende Reihen kommen in israelitischer Weisheit auffällig wenig vor.

Es können archaische und Spätformen nebeneinander existieren. Je näher die Tradenten von Weisheit dem allgemeinen sozialen Geschehen stehen, desto mehr muß mit primitiven Einwirkungen, die scheinbar ein älteres Stadium spiegeln, gerechnet werden. a) In der Spruchweisheit können einfache Urteile der Lebenspraxis jederzeit neu gewonnen und aus umlaufendem Gut in die Tradition aufgenommen werden. Erkenntnisse, die einfach in der Luft liegen, - und ihnen gilt ja stark das Interesse der Spruchschöpfer - dulden keinen Anspruch auf Urheberschaft. b) Je mehr ein schulmäßiges Wissen die Weisheitstradition prägt wie in den Abstraktionen weisheitlicher *Lehre*, desto eher dürfen wir mit einer linearen ideellen (und entsprechend formalen) Fortentwicklung rechnen. Solche Tendenz setzt sich fort, wo Schriftstellerpersönlichkeiten weisheitliche Literatur schaffen. c) Für die Großgattungen der Weisheitsschriften setzen sich die jüngeren Formen im Lauf der Zeit durch[6] und färben auf die älteren, die weitergepflegt werden, ab. So finden wir in der israelitisch-jüdischen Geschichte deutlich Entwicklungen: vom Einzelspruch in loser Aufreihung zur thematischen oder zur rhetorischen Reihe (s. nächster Abschnitt), von Erkenntnissen weltimmanenter Einsichtigkeit zur Zusammenschau der Erfahrung mit Glaube und Geschichte, von erfahrener Nützlichkeit zu gebotener Richtigkeit, von der Sprüchesammlung zum literarisch-schriftstellerisch geplanten Spruchbuch. Ganze Komplexe der Überlieferung werden

---

4 FICHTNER, *Zum Problem Glaube und Geschichte*, in: *Gottes Weisheit* 10: Wegen des Charakters des israelitischen Monotheismus stehen »die ethischen Weisungen ... auch in einem Teil der Proverbiensammlungen stärker im Vordergrund der Unterweisung als gemeinhin im Vorderen Orient«; es handelt sich um Prv 22,17 - 23,12 (im Unterschied zu Prv 10-29 sonst). Anders VRAD, *Weisheit* 48: »In ihrer weit überwiegenden Mehrheit« handelt es sich in der israelitischen Weisheit um »Aussagesätze, die ganz neutral, also ohne direkten Appell an den Hörenden, in thetischer Form Behauptungen aufstellen«. Die Entwicklungen sind zweifellos nicht einlinig. Im Traktat Avot scheinen (nach MAAß, *Formgeschichte der Mischna* 38.91f) die älteren Sprüche das Mahnwort zu bevorzugen, das später mehr und mehr durch das Aussagewort (und den Rätselspruch) abgelöst wird.

5 Eine kurze Übersicht über die älteren Mahnsprüche bei PREUß, *Einführung* 47f. Nach KÜCHLER (163, ZELLER a.a.O. 21ff) hat das Sprichwort »paradigmatische Funktion«, das Mahnwort ist dessen nicht-indikativische »Variante«. »Die im Spruch noch leicht verdeckte Anweisungsfunktion wird im Mahnwort zur grammatikalischen Form, ohne dass aber die 'weisheitliche Einsichtigkeit' verloren geht.« Und es führt wohl kein Weg um die Anerkennung der indikativischen Prävalenz in der genuinen Weisheitsbemühung herum, wie sie VRAD a.a.O. beschreibt: »Mögen die Sentenzen auch in den Schulen behandelt worden sein, so ist ihre Stilisierung nicht unmittelbar lehrhaft. ... ohne direkten Appell an den Hörenden ... Sie sind ihrem Wesen nach nicht imperativisch, haben vielmehr eher eine rückschauende Tendenz und haben primär nur empirischen Wert.« - Wenn also das indikativische Sprichwort der »Normalfall« ist, dann wird verständlich, daß imperativische Spruchweisheit und vollends eine Paränese, die sich definierten Normentraditionen verpflichtet weiß, einer rein weisheitlichen Behandlung Schwierigkeiten bereitet. In der Aussonderung von »Paränese« aus dem Weisheitlichen dürfte ein Weg zur Behebung dieser Schwierigkeit liegen, weil nun als Normalität der Gattung begreifbar wird, was andernfalls immer als Ausnahme zu erklären ist.

6 was u.a. durch das Zusammenwirken original-israelitischer Entwicklungen, die ein urtümlicheres Entwicklungsstadium zeigen, und weiterentwickelter ägyptischer Vorbilder erklärt und verstärkt wird.

u.U. auf diese Weise neuen Funktionen der Weisheit zugeordnet werden.

Weisheit kann in den Dienst unterschiedlicher Entwicklungen treten. Sie pflegt bevorzugt einen aufklärerischen Konservativismus;[7] und durch die Spannung, die zwischen »aufklärerisch« und »konservativ« liegt, ist Weisheitstradition sehr flexibel einsetzbar. Die prophetische Kritik des Herkömmlichen macht sich dies zu nutze und setzt den provozierenden Spruch wirksam für Argumentation und Anklage ein. Indem sie ihre Hörer bisher so noch nicht ausgesprochenen Urteilen unterwirft, erklärt sie diese für deren Mißachtung verantwortlich. In der Apokalyptik und den frühjüdischen Bußbewegungen bis hin zu Jesus dient Weisheitliches ebenfalls dazu, den Menschen für verantwortlich zu erklären. Diese Funktionalisierung der Weisheit für nichtweisheitliche Zwecke gilt es zu beachten, wenn im paränetischen Mahnspruch Imperativ und Begründung verbunden werden. Solche Kombination kann sich aus stark unterschiedlichen, ja gegensätzlichen Traditionen speisen. Bei PseuPhok ist dies an der Verbindung eines jüdischen Imperativs mit einem hellenischen Indikativ u.U. ablesbar.

1.3 Parallelismus - Monostichos

Der Einzelspruch, der das einfachste Kennzeichen der Weisheitsliteratur ist, begegnet uns in Israel wie bei seinen südwestlichen und östlichen Nachbarn als parallelistisch-zweigliedriger Spruch. »Hierbei geben paarige Satzglieder inhaltlich einer Identität, einer Antithese, einer Äquivalenz, einer Analogie, einer Kohärenz Ausdruck.«[8] Das Wesen des *Parallelismus membrorum* wird meist am *synonymen* Parallelismus mit seiner »inhaltlichen Identität« demonstriert, wo eine Aussage mit anderen Begriffen und Bildern wiederholt wird. Das Spiel mit der Sprache und ein gewollter Verzicht auf situative Prägnanz heben eine sprichwörtliche Erkenntnis auf poetische Ebene. Zum poetisch-parallelistischen Stil zählt aber nicht weniger der *antithetische* Parallelismus, der auf seine Weise für Prägnanz sorgt, sowie der *synthetische* Parallelismus, der die eben ausgesprochene Erkenntnis in einen anderen Bereich hinein verlängert und von dorther deutet.[9] Das gemeinsame Formgesetz zeigt sich darin, daß der Spruchautor mit einer gewissen Beliebigkeit die eine oder die andere Art des Parallelismus wählt. - Verdoppelung des Paarschemas ist häufig. Die Möglichkeiten für zwei im Parallelismus stehende Zeilen wiederholen sich hier für die beiden Zwei-Zeilen-Sprüche, z.B. in dem Schema

Imperativ	/	*begründender Indikativ*
Antithetischer Imperativ	/	*begründender Indikativ*.

7 KÄSEMANN, *Vom theologischen Recht historisch-kritischer Exegese* 261

8 A.ERMAN, *Die altägyptische Literatur* 28. S.d. weitere Formeigentümlichkeiten, die weithin auch für die israelitische Weisheit gelten. Vgl. KÜCHLER 158 A.5

9 »Eine besonders schöne dichterische Formgebung ist ... der sogenannte synthetische Parallelismus.« Was VRAD (*Weisheit* 45) hier im Bezug auf den »über sich hinausdrängenden« indikativischen Spruch und seine Steigerung in einer markanten neuen Aussage vorstellt, kehrt im begründeten Mahnspruch darin wieder, daß der Mahnende oft Imperativ und Indikativ aus zwei verschiedenen Erkenntnis- oder Traditionsbereichen zusammenführt.

Diese Struktur begünstigt die Aufnahme von Tora-Prohibitiven in weisheitliche Form.

RICHTER (48) vergleicht Parallelismusbildungen der Vetitive mit solchen gesetzlicher Imperative, u.zw. in zweifacher Art: durch Doppelung oder durch Ergänzung mit einer Begründung. Wenn wir von dieser Vergleichung zwischen Chokma und Tora ausgehen und in ähnlicher Weise hellenistisch-jüdische und christliche Paränese analysieren wollen, sind wir wohl in Gefahr, die Kategorien zu überdehnen. Die Doppelung eines paränetischen Imperativs hat meistens schon synthetischen Charakter, sofern das zweite Glied - wenn es nicht antithetisch ist - meist eine aktualisierende Ergänzung bringt. Und wenn der weisheitliche synthetische Parallelismus einen Gedanken auf einer neuen Ebene zu seiner Reife bringt, dann führt die »parallelistisch« angefügte paränetische Begründungsklausel oft in einen anderen Erfahrungsbereich. Aber wir nutzen hier ja moderne Kategorien, die nicht nur gleichartige, sondern auch analoge Vorgänge beschreiben können. Mit der gebotenen Vorsicht dürfen wir also die von der Nachbardisziplin erarbeiteten Hilfen nutzen.

In der jüngsten Weisheitsentwicklung des antiken Ägypten, der *demotischen Weisheit* (die dem Phokylideer möglicherweise nicht unbekannt war), nimmt man Abschied vom Parallelismus membrorum.[10] Auch der Übergang aus dem orientalischen Bereich in die griechische Gnomendichtung führt zum *Monostichos*, zum einversigen Spruch.

Der synonyme Parallelismus als Eigenheit gebundener Sprache im orientalischen Sprachraum widerstrebt den Griechen. In der antithetischen Form ist der Parallelismus dagegen »quite familiar to the Greeks«. Auch zum synthetischen gibt es griechische Entsprechungen.[11] Daher wird in der LXX, wie GERLEMAN beobachtet hat, gelegentlich der synonyme in antithetischen Parallelismus umgewandelt. In der Paränese behauptet der synonyme Parallelismus, zumal in der zeitgenössischen Kulturenmischung, seinen Platz, wenn es sich auch eher um eine abgeschwächte Synonymität handelt. Doch auch sie mag von den Griechen als minderer Stil angesehen worden sein.

Für den *gnomischen Monostichos* wählte der griechisch Sprechende im Anschluß an Homer und den ersten Gnomendichter, Hesiod, bevorzugt den *Hexameter* (der, von Phokylides von Milet aufgenommen, dauernd bis zu Gregor von Nazianz im Gebrauch blieb).[12] Das Schwebende der parallelistischen Aussage tritt zugunsten der einversigen Definition zurück. Der Spruchdichter steht vor der Aufgabe, möglichst in einem Satz alles zu sagen, der Rhetor oder Lehrer oder Symposionteilnehmer wählt dafür Zitate, die in einem Vers genug sagen. Die Länge des Hexameterverses erleichtert ihm dies. Der Unterschied zum Parallelismus ist deutlich.

Freilich fehlt der Parallelismus bei den Griechen nicht ganz. Der Hexameter als Langvers hat normalerweise eine Zäsur, für deren Möglichkeiten es wohl beachtete Regeln gibt.[13] Sie sind ebenso für Parallelismus nutzbar wie die asyndetische Folge

---

[10] LICHTHEIM, *Observations* 285; *Lexikon dr Ägyptologie* (LÄ) s.v., Sp.1193

[11] G.GERLEMAN, *Studies in the Septuagint* 3: *Proverbs* 17f. Eine Übersicht über die Möglichkeiten des hebräischen Parallelismus bei KOCH, *Formgeschichte* 114

[12] Bei der Neuschöpfung von Einzelsentenzen wird der Hexameter allerdings schon früh durch das »elegische( ) Distichon« und die »volkstümlichen trochäischen und jambischen Verse« verdrängt, SCHMID/STÄHLIN, *Geschichte der griech. Literatur* 1,300. Instruktiv für die späte griechische Hexameterdichtung: KEYDELL, *Die literaturhistorische Stellung der Gedichte Gregors von Nazianz*.

[13] »Die Zäsur des Hexameters liegt, da sie den Vers in zwei annähernd (aber nicht genau!) gleiche Teile zerlegen und da nach dem Gesetz der wachsenden Glieder der zweite Teil womöglich länger sein soll, hinter dem dritten longum« (so bei Homer; bei seinen strengeren Nachfolgern u.U. lieber eine kurze Silbe später); B.SNELL, *Griechische Metrik*[4] 12-16. Viele Variationen der Grundregeln sind möglich. Die Metrik des PseuPhok analysieren und bewerten ausführlich: ROSSBROICH (3-10) und DERRON (LXVII-LXXI). Letztere findet in der Versbildung zwar »le signe le plus sûr d'une date tardive«, zugleich aber einen signifikanten Abstand von zeitgenössischen Neuerungen der poetischen Regeln.

zweier Hexameter. Die zwei Zeilen des Distichons, der *Elegie*, bieten sich für Antithetik an. Der Unterschied zur hebräischen Poesie zeigt sich aber darin, daß zeilenüberschreitende Sätze häufig sind, wie Hesiod in den Gnomenreihen seiner *Erga* und Theognis in seinen Elegien zeigen.[14] PseuPhok stellt die Gliederungsnormen des Hexameters in reichem Maße in den Dienst der parallelistischen Ergänzungen, meidet aber mit der biblischen Tradition eher den zeilenüberschreitenden Satz.[15]

1.4 Die Spruchreihe

Da wir weisheitliche Struktur im Gedicht einer Autorenpersönlichkeit untersuchen, kommt der Frage des etwaigen Zusammenhanges zwischen den Versen bis hin zu Reihen- und Abschnittbildungen entscheidende Bedeutung zu. Es liegt scheinbar nahe, dafür mehr von der weisheitlichen *Instruktion* als von der Reihenbildung für Spruchweisheit auszugehen. Die Instruktion, die kompakte *Lehre* eines Weisen, begünstigt vorbildhaft die Bildung von größeren Komplexen. Und wenn unser Forschungsgegenstand ein Text ist, dem Zusammenhanglosigkeit seiner Sentenzen als Gattungsmerkmal und teilweise Wirrnis der Abfolge als Kennzeichen eines überforderten Autors zugeschrieben wurde, so darf uns beides nicht hindern, weisheitliche Instruktion als Vorbild in Erwägung zu ziehen. Immerhin bietet das Gedicht a) sich dar als Lehre eines Weisen (v.1f) und hat b) in der Empfehlung des Maßhaltens und der sozialen Verpflichtung auch zwei abstrakte Prinzipien, die alle Einzelempfehlungen tönen, wie es weisheitlicher Instruktion angemessen ist. Aber die Orientierung an Kodizes des Pentateuch mit ihren Einzelvorschriften nähert das Gedicht wieder jener Literaturform an, in der wir Spruchreihen ohne zusammenfassendes Prinzip finden (s.u.). Wir müssen also trotz der Nähe zur Instruktion die Strukturmerkmale der Reihenbildung in sog. Spruchsammlungen besonders bedenken.

Die Unabhängigkeit der einander folgenden Sprüche in der Gattung *Weisheit* wurde vielfach überbetont, gerade auch für PseuPhok. Auch die früheren der uns interessierenden Beispiele zeigen schon »kleinere Einheiten thematisch zusammengehöriger Sprüche« (SAUER, *Sirach* 494). In diesen suchte die Wissenschaft gerne in Stichwortanschlüssen die Beweise des nachträglichen Zusammenwachsens zu erkennen. Oder sie vermutete den mnemotechnischen Einfluß von Unterrichtsbedingungen. Solche Voraussetzungen der Mündlichkeit, die für die Bildung des Einzelspruches sicher wichtig sind, dürfen aber nicht voreilig auf die Bildung des Literaturproduktes, das uns vorliegt, übertragen werden. Der Vorgang der Verschriftung kann ganz neue Reihenfolgebedin-

---

[14] Vgl. J.T.SANDERS, *Ben Sira and Demotic Wisdom* 30: »The elegiac couplet employed by Theognis ... might all have recommended the work to Ben Sira«. - DORNSEIFF (*Hesiods Werke und Tage* 146) zählt Parallelismusbeispiele aus dem älteren Epos auf - mit Bezug auf Beobachtungen, die Hölderlin in seiner Magisterarbeit gemacht hat.

[15] Anders VDHORST (78): »An importend formal difference is that the typical O.T. form of a Wisdom sentence, viz. the *parallelismus membrorum*, is dropped by Ps.-Phoc., who chose another way of expressing his ideas.« Hier scheint mir der Blick zu sehr am Erscheinungsbild der orientalischen Dichtung zu haften. Die Funktionen des Parallelismus, Träger zu sein für synonyme und ergänzende, antithetische und hinzufügende Aussagen, wollen mitbedacht sein.

gungen schaffen. Der Schreiber trägt die Verantwortung für die Abfolge, wie sie uns vorliegt - mag er sie frei oder unfrei wahrgenommen haben. Gewiß will der Redaktor der Proverbien nur bedingt zu dieser Verantwortung stehen und lieber die Gewährsleute der von ihm zusammengefügten Sammlungen vorschieben. Ben Sira tritt vor uns als Schriftsteller, der seine Individualität als Dichter weder hinter einer Schule, noch hinter einer Einzelautorität verbirgt, ja nicht einmal sich zu Vorbildern bekennt (es sei denn indirekt wie 6,32-37).[16] Zwischen diesen beiden Extremen bewegen wir uns beim Überprüfen der literarischen Weisheitsschriften; und wenn wir sie *»Sammlungen«* nennen, dann ist damit zunächst nur die Gattung der aufgereihten Sprüche bezeichnet, aber noch keine aphorisierende Sammlertätigkeit, keine eklektizistische Traditionsgeschichte festgeschrieben. Die Asyndetie der Aphorismen offenbart den Entstehungsprozeß der Spruchreihe weniger, als daß sie diesen verbirgt. Zum Wesen der Weisheit gehört die asyndetische Spruchfolge, aber nicht immer die Strukturlosigkeit der Abfolge. Wir werden daher der Asyndetie sowie den verschiedenen Arten von Stichwortverbindung noch besondere Aufmerksamkeit schenken müssen (s. S.132ff).

Indem wir Modernen den Gesetzen der Entstehung einer Sentenzenreihe nachforschen, entziehen wir uns dem Eindruck des Aphoristischen. Wir weichen aus vor dem Anspruch des Einzelspruches, der in seiner Kontextisolierung, oft ohne Redundanz, an die Flüchtigkeit des gesprochenen Wortes erinnert und die volle Konzentration auf das eine Wort ohne Hintergründe und Nebenabsichten verlangt. Wir versuchen, unsere Neugier hinsichtlich der Gedankenwelt des Verfassers und seiner Lebenssituation zu befriedigen, der der Spruchautor oder Tradent sich gerade verweigert; der er keine Chance bieten will. Vom Sinn des Aphoristischen her stellt sich diese Verweigerung des Spruchdichters nicht als ein Mangel an gedanklicher Nachvollziehbarkeit, sondern als ein Plus an Konzentrationsforderung, nicht als mangelnde Didaktik, sondern als paränetische Methode dar. Der Lust zum Nachdenken über Systemzusammenhänge wird gewehrt. Das volle Gewicht der einzelnen Aussage soll empfunden und angenommen werden.[17] Ich finde also in den eigentlichen Weisheitsschriften, besonders den israelitisch-jüdischen, den Grund der Verwischung der Gedankenprozesse nicht in Bedingungen außerhalb des Textes, sondern im Einzelspruch und der mit ihm verbundenen Absicht selbst. Der Leser soll durch den fehlenden logischen Konnex zwischen den Sprüchen unter den Zwang zur gespannten Aufmerksamkeit auf das Einzelne kommen.[18] Hier liegen das griechisch-hellenistische Streben nach umfassender Bildung,

---

[16] Welcher Entwicklungsabstand bis zu jener (fiktiven) rabbinischen Auffassung, daß auch ein Hillel nicht Gehör finden kann, wenn er nicht Lehrautoritäten zu nennen vermag (yPes 6,1)!

[17] Es gibt Gnomologien mit einer geradezu kontextverwirrenden Absicht, einer gewollten Desorientierung über den Wachstumsvorgang des Textes; so z.B. die von H.GRESSMANN (TU 39.4, S.143-165) als *Nonnenspiegel* und *Mönchsspiegel* bezeichneten Spruchfolgen des Mönchvaters Evagrius Ponticus.

[18] Wer Aphoristik oder spruchähnliche Formung a limine als sammlungsverdächtig ansieht, wertet allzu leicht thematische Harmonie zwischen benachbarten Sprüchen als sekundäre Möglichkeit, Weisheitslieder gelten als Spruchsammlungen unter verwandtem Thema, Abhandlungen über ein moralisches Thema gelten als Materialsammlung zu einem *Topos*. Schon der einfache Grundsatz, daß »ein Spruch den andern erklärt« (Formulierung F.Mildenberger), kommt dabei zu kurz. - »In Hesiods Spruchreihen in den Erga folgt die Komposition auf weite Strecken dem Assoziationsprinzip« (VERDENIUS nach LAW s.v. Hesiod, Sp.1287); das ist etwas anderes als Zusammenhanglosigkeit.

einsichtiger Urteilsbildung und schöner Formung und das jüdisch-weisheitliche Bemühen um Handlungsfähigkeit im hic et nunc öfter im Widerstreit.

1.5 Verschmelzung von Tora und Chokma ?

Der wissenschaftliche Sprachgebrauch für die Beziehungen zwischen gesetzlicher und weisheitlicher Überlieferung Israels in biblischer Zeit und für ihr Nachwirken im Frühjudentum läßt teilweise den Eindruck entstehen, als habe der ethische Gehalt der Gesetzestradition das Christentum oder wenigstens das gesetzeskritische auf dem Umweg über die Weisheitstradition erreicht. Eine undifferenzierte Rede von der »Verschmelzung« der *Tora* und der *Chokma* begünstigt diese Vorstellung ebenso wie die Behandlung der neutestamentlichen Paränese als eines weisheitlichen Phänomens im Unterschied, ja im Gegensatz zur nomistischen Tradition. Solche Pauschalvorstellungen lassen leicht die genaueren Detailuntersuchungen übersehen, die einen echt fomgeschichtlichen Brückenschlag zwischen der biblischen Tora und der Chokma ermöglichen. Hier stellt die alttestamentliche Forschung im Anschluß an A.ALT (*Ursprünge des israelitischen Rechts*) die Hilfen bereit, die für die Synoptikerforschung im Anschluß an H.GUNKEL schon lange fruchtbar gemacht waren.[19] Die neutestamentliche Forschung hat sich der am Pentateuch erarbeiteten formgeschichtlichen Kriterien eher unsystematisch bedient, die alttestamentliche hat mit der ihr eigenen strengen grammatikalischen, Stuktur- und Formanalyse eine solidere Diskussionsbasis geschaffen (ohne damit Kontroversen auszuschließen). Ehe von einer ideellen Verschmelzung von Tora und Chokma auf dem Boden der Weisheit gesprochen wird, müßte ihre Formverwandtschaft bei bleibender Eigenständigkeit ausreichend bedacht werden, wie es W.RICHTER mit seiner Untersuchung *Recht und Ethos* eindrücklich angeregt hat. Am Sirach-Buch und seiner eher unkonkreten Art, Gesetz zu rezipieren (s.u.), wird die Gefahr der Irreführung durch eine Verschmelzungsvorstellung erkennbar.[20]

Ohne die Unterscheidung der Weisheitstradtion und der Toratradition bis ans NT heran läßt sich die Normenetwicklung der neutestamentlichen Paränese und die jüdische Vorgeschichte ihrer Mahnreihen nicht sachgemäß erklären. Aber Gesetzesparänese ist etwas anderes als schriftgelehrte Erforschung des Gesetzes oder richterliche Fortentwicklung der Rechtssprechung. Es geht um die Methoden der jüdischen

---

19 BULTMANN (*Synoptische Tradition* 73) hat die synoptischen Logien ausgehend vom biblischen *Maschal* klassifiziert und wird dafür immer wieder zitiert, wenn der weisheitliche Hintergrund der Logien bedacht wird. Nach ZELLER (*Weisheitliche Mahnsprüche* 15) wurde dabei »nur sporadisch auf einschlägige Arbeiten zu den Ursprüngen und Abwandlungen dieser Gattung im AT und im Judentum« zurückgegriffen. Wenn die hier gegebene Aufgabe von ihm und anderen inzwischen aufgenommen ist, so steckt doch der Rückbezug auf die Formgeschichte der Gesetzestexte noch in den Anfängen.

20 Zu recht insistiert H.vLIPS, *Weisheitliche Traditionen* (1990) 68f, auf das durchgehende Bewußtsein vom Unterschied zwischen Weisheitstradition und Gesetzestradition bis ins NT; er möchte daran zugleich eine antinomistische Option festmachen. Dazu s. Anhang I: *Zum Problem der komparativischen Weisheit*. VONLIPS kann anknüpfen an die beiden Arbeiten von KÜCHLER (*Frühjüdische Weisheitstraditionen*, 1979, - mit Schwerpunkt Frühjudentum und dem »Ausblick: Christliche Weisheit; Jesuanische Weisheit«) und ZELLER (*Weisheitliche Mahnspruch*, 1977, - mit Schwerpunkt Synoptiker und der Suche nach originalen Jesuslogien).

Volkserziehung in Synagogenpredigt und Unterweisung, mit denen sie Toragebote für den Alltag vermittelte und heidnische Sittlichkeit im Lichte der sittlichen Toragebote erfaßte. Dies läßt sich nicht aus der Vorgeschichte der Paränese heraushalten.

2. TORA

Der Begriff *Tora* wurde in deuteronomischer Zeit zu einem Gesamtbegriff der »heilsamen Willenszuwendungen Jahwes an Israel« und so seiner »Willensoffenbarung« entwickelt.[21] Er umfaßt, was wir *Gesetz und Evangelium* nennen, noch ungeschieden, so daß damit später der ganze Pentateuch bezeichnet wird. Wenn im wissenschaftlichen Gebrauch *Tora* für Gesetze pentateuchischer Herkunft insgesamt gebraucht wird,[22] so ist dies schon wieder eine schwerwiegende Einengung.

An sich hat »das Hebräische für das göttliche Gesetz keinen einheitlichen Begriff verwendet« (K.KOCH, Art. *Gesetz I: AT*, TRE 13,43). *Tora* bezeichnete ursprünglich die konkret-akute priesterliche Weisung. Daneben gab es eine größere Zahl von Begriffen, die inhaltliche oder funktionale Unterschiede im Vorschriftenwesen anzeigen. Doch wurde schon im palästinensischen Judentum das Interesse vorherrschend, den Willen Gottes als unteilbar zu begreifen und in einem Begriff zu erfassen. Nehemia z.B. spricht 8,1f vom *Buch der Tora des Mose - sephär torat mosche* סֵפֶר תּוֹרַת מֹשֶׁה - und gibt die Inhalte dieser Tora 10,30 mit *mizwot* מִצְוֹת *mischpatim* מִשְׁפָּטִים und *chukkim* חֻקִּים an. (Dabei kann *mizwah* מִצְוָה umfassende Bedeutung bekommen.)[23] Auch bei Ben Sira verschwimmen die Grenzen in der Verwendung des Begriffes *torah* תּוֹרָה. Chokmatische und gesetzliche *Tora* gehen ineinander über. Dies zeigt, wohin die Tendenz zielt.[24] Wir könnten an sich große Spannungen erwarten zwischen Weisung und Gesetz, zwischen Pflichten der Barmherigkeit und Pflichten des Gehorsams, zwischen mündlicher und schriftlicher Weisung, mosaischem Erbe und Lehre der Weisen. Diese Unterschiede sind auch jeweils an ihrem Ort hervorzuheben. Und doch können wir dies alles unter dem Einheitsbegriff *Tora* zusammenfassen. Wenn wir also die Hauptquelle des PseuPhok mit diesem Begriff bezeichnen, dann ordnen wir ihn in die Geschichte der Nivellierung der sprachlichen Unterschiede verschiedener Gesetzesgattungen ein.

---

21 G.VRAD, *Theologie des AT* 1[4],234f. - Zum unterscheidenden oder zusammenfassenden Verständnis der Gebote und Gesetze des Pentateuch jetzt N.LOHFINK, *Kennt das Alte Testament einen Unterschied von 'Gebot' und 'Gesetz'?*, s. Anhang I s.v. *Gebot und Gesetz*; dort S.72f zur »Gesetzesterminologie«.

22 Der Begriff *Tora* empfiehlt sich, denn »das Wort *Gesetz* wäre zu vieldeutig und müßte ständig durch Beiworte definiert werden«, WALTER, *Aristobul* 32 A.1.

23 Der Begriff wird durch Bezug auf Jahwe, die Autorität hinter Mose, hervorgehoben; vgl. Dtn 5,31; 6,1 (dort der Singular *mizwah* מִצְוָה, vor *chuqqim* חוּקִּים *und mischpatim* מִשְׁפָּטִים). KOCH ebd. zur Bildung »zusammenfassender Ausdrücke« »in deuteronomischer Zeit«: »so begreift *mis.wa* 'Setzung' neben Verhaltensvorschriften auch Schöpfungsakte und prophetische Weissagungen ein«. Koch neigt dazu, dieses Ineinander der Bedeutung, die wir dogmatisch unterscheiden, aus der Eigenart hebräischen Denkens zu verstehen.

24 Daß erst »die Übersetzung von תּוֹרָה durch νόμος ... zur Verwechslung von 'Weisung' und 'Gesetz'« führen konnte, dies Urteil BERGERs (32) kann ich in solcher Pauschalität schwer nachvollziehen. NISSEN, *Tora und Geschichte* 251f, datiert aber doch vielleicht etwas zurück und vereinfacht, wenn er eine breite jüdische Übereinstimmung dafür sieht, daß »Tora als Mizwa (Gebot) ... stets nur ein Teil der Tora gewesen« sei; »als ganze umschließt sie nach jüdischer Anschauung alle Kenntnis von Gott, Welt und Mensch« und ist nie als »Gebotssammlung aufgefaßt worden - umso weniger, als für den Juden entscheidend ist nicht, was sie sagt und vorschreibt, sondern wer sie sagt«. (Ich denke, die o.a. Stelle Neh 8,1f wird durch diese Generalisierung nicht mit abgedeckt.) HENGEL 253 A.216: Der Siracide »hat nicht unrecht, wenn er das undeterminierte 'tôrāh' bzw. 'miṣwāh' mit 'Nomos' übersetzt«.

2.1 Neutestamentliche Anfragen an die Erforschung der Tora

Unser Blick auf die Tora und ihre wissenschaftliche Erforschung dient nicht einfach der forschungsgeschichtlichen Übersicht. Er ist zur Klärung der teils weisheitlichen, teils gesetzlichen Intentionen der Paränese geboten und von Neutestamentlern provoziert. Wir finden hier hilfreiche Beobachtungen und Kategorien, die den Traditionsweg von der hebräischen Bibel zum Frühjudentum und NT verständlicher machen. Und wir suchen hier am zuständigen Ort zu erkennen, wie brauchbar gewisse recht pauschale Anleihen bei den Alttestamentlern eigentlich sind. »Apodiktische« Rechtsform wird für den sittlichen Imperativ in paränetischen Reihen des NT, »konditionale« Form z.B. für »Sätze hl. Rechts« als Verstehenshilfe gewählt. Mit dem Begriff der »Weisung« soll die gebietende Verbindlichkeit »konkreter Einzelgebote« erfaßt und so zugleich mosaische Norm materialiter aufgenommen und doch von gesetzlicher Geltungsart ebenso wie von empfehlender Mahnung unterschieden werden. Mit dem Verständnis des parakletischen Imperativs als wirkungsmächtigen Zuspruchs des Gottes, der *Wollen und Vollbringen zugleich schenkt*, soll das Beispiel wirkungsmächtiger prophetischer Verkündigung angewandt werden, aus der manche den apodiktischen Gebots- bzw. Verbotsimperativ herleiten. Dekalogzitate in älteren Texten des NT, die sich auffällig auf die »Zweite Tafel« beschränken, werden mit weitreichenden Konsequenzen bewertet; die Fragen der kontinuierlichen Dekalogtradition, der unterschiedlichen Entstehung der beiden »Tafeln« im Pentateuch und der unterschiedlichen Rezeption im Frühjudentum wird eher nebenbei bedacht.

Der in diesen Anleihen implizierte Israelbezug will mit dem Rüstzeug der alttestamentlichen Wissenschaft genauer geprüft und über die Wendemarken oder Brüche der Entwicklung verfolgt werden. Diese ereigneten sich vor allem in der Reform Esras mit der Erhebung des Pentateuch zum Staatsgesetz, im asidäischen Knoten mit seiner Usurpation des Alltäglichen durch die Tora und mit dr Überwindung der Sprachbarriere zum Griechischen in der Septuaginta. Wollen wir diesen Einschnitten gerecht werden, so genügt es nicht, den weisheitlichen Mahnspruch als formalen und inhaltlichen Erben des sittlichen Rechts zu werten. Denn der Zeitgenosse unterschied den Gesetzestext, der allein das verbindliche Einheitsband Israels war, von der empfehlenden Mahnung und ihren mit nichtisraelitischer Umwelt verbindenden Gehalten. Das sakrosankte Gesetz wurde seit Esra nicht mehr in Schriftform ergänzt und aktualisiert; die Weisheitstradition dagegen gab der weiterentwickelten sittlichen Erkenntnis in immer neuen Variationen Ausdruck. Zwischen beiden ist die Tradierung sittlicher Normen primär anzusiedeln. Ich gebrauche dafür den Begriff der *»Toraparänese«* und kann so den Vergleich von Tora und Chokma mit dem dafür bereitstehenden Rüstzeug nicht umgehen. Dies geschieht hier gewiß nur als detaillierte Anfrage und als Unterstreichung der Aufforderungen zum interdisziplinären Gespräch.

Beide Disziplinen haben sich bereits intensiv den *Begründungen* in der Imperativ-Indikativ-Kombination zugewandt; in der hebräischen Bibel m.W. seit B.GEMSER, der mit *The Importance of the Motive Clause in OT Law* 1953 den Reigen eröffnete. Die Anwendung der sehr genauen strukturellen wie religionsgeschichtlichen Methoden des

AT auf das NT kann ich allerdings nicht erkennen. Und irgendwann nimmt die Fixierung auf den begründenden Indikativ - der strukturell ja vom Imperativ regiert wird - den Charakter des Aufzäumens vom Schwanze des Pferdes her an. Dazu s.u. S.122ff.

Nachdem ALT mit seiner Unterscheidung von einem eigentlich israelitischen *apodiktischen* Gottesrecht und einem aus der Umwelt übernommenen *kasuistischen* Völkerrecht großes Interesse bei den Theologen gefunden hatte, dessen Nachwirken in der Systematik und in der neutestamentlichen Auslegung noch zu erkennen ist, hat die alttestamentliche Forschung diese Position entscheidend modifiziert und korrigiert. Die Kontroverse, ob es eher um ein Gefälle vom Prophetischen und einer prophetisch verstanden Tora zur Weisheit (und zur Apokalyptik) oder von Sippenerfahrungen zur Weisheit und zum Gesetz mit einer nachträglichen Entgegensetzung beider geht, braucht für unsere Fragen nicht entschieden zu werden. Beide Alternativen zeigen vielmehr Intentionen, die in der jüdischen Paränese sich vereint finden. Zweifellos versteht man hier die Tora prophetisch - und rezipiert sie weisheitlich. Zweifellos versteht man rechte Weisheit als Ausfluß der hypostasierten Weisheit, der Schöpfungskraft des Gottes Israels, und steht nicht an, aus ihrer Tradition Inhalte und Formen der aktualisierenden Vergegenwärtigung der Toragebote zu bilden. Die im Folgenden (in zweckbezogener Auswahl) zu skizzierenden Kriterien der Alttestamentler für das Verständnis von Gesetzestexten sind geeignet, den Paräneseforscher vor irreführender Begriffsbildung zu schützen.

2.2 Kriterien der Gesetzesform für die Paränese

2.21 Die Art des Gebietens

»Gesetz« ?

In neuerer Forschung wird darauf hingewiesen, daß bei Teilen des apodiktischen Rechts, vielleicht gerade in seiner reinen älteren Form,[25] die Strafsanktion fehlt; dies wird mit dem »Angebotscharakter« des Gebotenen, also dem »Evangelium in der Form des Gesetzes«, mit »Predigt« statt Recht oder mit Kodifizierung von Gruppenethos erklärt. Dies Recht ist also nicht »Gesetz« im Sinn einer rein juridischen Normensetzung.

FOHRER findet »Ermahnungsformeln ..., wie sie aller Welt geläufig sind« (Zitate KOCH 44); GERSTENBERGER beachtet die inhaltliche Ähnlichkeit mit weisheitlicher Mahnung und vermutet alte Sippenweisheit. KOCH widerspricht dem mit Hinweis auf die nicht-weisheitliche Sprachform und fragt, ob diese Verbote nicht ursprünglich mehr »Zuspruch« als »Anspruch« gewesen sind und als *d^e warim* (auch mit der vorausgehenden Selbstvorstellung *Ich bin Jahwä*) in die Nähe des *»Jahwä dabar* des Propheten« gehören. Wenn auch die Möglichkeit, daß die jüdische Weisheit sich stark unter dem Einfluß des Prophetischen entwickelt habe, nicht überschätzt werden darf, so bringt diese Vermutung doch zum Ausdruck, daß hier fruchtbare Beziehungen vorliegen.

---

[25] H.GESE, *Beobachtungen zum Stil alttestamentlicher Rechtssätze* (1960)

Ob also Teile des Gesetzes aus der gleichen Wurzel stammen wie die Weisheit oder ob der Wille des Gesetzgebers und das Erfahren und Verstehen des Einsichtigen sich gegenseitig suchen: jedenfalls erweisen sich die Trennungswände zwischen den Traditionen als durchlässig.

Anredeformen

Kennzeichen des apodiktischen Rechts - Verbote und Gebote zusammengenommen - ist die imperativische Anrede.[26] Sie steht im Singular, der die Rechtsgemeinde als Ganze meinen dürfte, aber eben auch vom Einzelnen als Rechtsperson als an ihn gerichtet gehört werden kann. In jüngeren Texten, dringen Pluralformen ein. Z.B. nimmt Lev 19 in die Folge prohibitiver und imperativischer Anrede im Plural Dekaloggebote auf, die dazu teils pluralisch gefaßt werden. Damit wird die gemeinschaftliche Verantwortung in einer Zeit bewußterer Individualität betont. In den Paränesen der TestXII-Patr hat sich der Imp.2.plur. durchgesetzt.[27] Der weisheitliche Mahnspruch macht diese Entwicklung nicht mit. Für ihn bleibt der generische Singular mit der bevorzugten Anrede an den *Sohn* (womit der Schüler gemeint sein kann) bestimmend.

Prohibitiv / Vetitiv

Gesetz, Weisheit und Paränese der im Judentum wirksamen Tradition lieben das negierte gebietende Wort. Das PseuPhok-Gedicht ist in einer Weise vom negierten Imperativ und seinen Äquivalenten geprägt, die auf jüdische Wurzel hinweist. Ob es dabei noch einen nicht von der Weisheitstradition vermittelten formalen Einfluß der Tora gibt, ist an der Tatsache der Pentateuchzitate allein nicht ablesbar. Der Autor formt die Sätze neu. Wir müssen die möglichen Vorbilder der Tora-Texte genau ansehen.

Der negierte Tora-Imperativ wird (überwiegend) durch *Lo* לֹא mit Impf. ausgedrückt, der paränetische und weisheitliche Imperativ warnt durch *Al* אַל mit Jussiv, wofür man in der Erforschung der Hebräischen Bibel die sprachliche Unterscheidung von »Prohibitiv« des Gesetzes und »weisheitlichem Vetitiv« eingeführt hat.[28]

Das Hebräische kennt keinen negierten Imperativ. Für die zahlreichen gesetzlichen Verbote wählt es das Imperfekt in seiner Normalform, die eine b e s t i m m t e Erwartung ausdrückt. Daneben hat es bei Negierung abgeleitete Formen: die Verlängerung zum Kohortativ (fast nur für die 1.Person) und die Verkürzung zum Jussiv (kaum für die 1.Person, sondern für 2. und 3. Person).[29] RICHTER (71ff) hat die beiden

---

[26] Das Urteil über die Rolle der Anrede im Gebotstext ist nicht einhellig. H.GRAF REVENTLOW (*Gebotskern* 183) hält die unpersönliche Formulierung des Gebotes grundsätzlich für älter und meint (mit Bezug auf Lev 17,12/Dtn 12,16), »daß die Anrede schon eine Umformung der ursprünglich unpersönlichen Tora offensichtlich unter Predigteinfluß bedeutet«. Die gegenteilige Möglichkeit zeigt GESE (*Beobachtungen*) für die Anpassung kasuistischen Rechts (mit seiner Anredelosigkeit) an das (in diesem Bezug ältere) anredende apodiktische Recht.

[27] Auch im Tobitbuch wählt die Paränese, sobald sie sich an mehrere Personen richtet, den Imp.plur.: 12,7b (Tobit und sein Sohn Tobias), 14,8-10G^{II}; 14,11 (Tobias und dessen Söhne), im Unterschied zu 4,3ff; 14,3; 14,8-10G^{I}.

[28] KOCH a.a.O. 44. Diese Kategorisierung, die auf VSODEN (*Grundriß der akkadischen Grammatik*, 1952 §81 h.i) zurückgeht, wird von RICHTER (s. folgend) mit Entschiedenheit unterstützt.

[29] GESENIUS/KAUTZSCH, *Hebräische Grammatik*^{28} §152 in Verbindung mit § 107 o-p und § 109 1d; THACKERAY, *Grammar of the OT in Greek according to the Septuagint* 1,194; W.SCHNEIDER, *Grammatik*

Verneinungen und ihr Vorkommen in weisheitlichen Mahnsprüchen einerseits, in Gesetzesverboten andererseits untersucht. Die Funktion des אַל »wendet sich in der Zeitstufe nur an die Zukunft und drückt die Erwartung und den Wunsch aus, daß eine Handlung oder ein Ereignis nicht eintrete«. *Al-Na* אַל־נָא unterstreicht »den Charakter der persönlichen Anteilnahme im Wunsch« (71). לֹא hat dagegen »konstatierenden Charakter«, u.zw. mit drei Nuancen je nach zeitlicher Zuordnung: *Extratemporal* besagt es: »er tut das in der Regel nicht«, als *feststellendes Futur*: »er wird es sicher nicht tun«, und *als heischendes Präsens* (für das Richter mit VSODEN den Begriff *Prohibitiv* reserviert): »er hat es keinesfalls zu tun; er darf nicht tun«. Den Vetitiv findet er »über fast alle Literaturgattungen verteilt und fast immer mit einer Motivierung oder Begründung verbunden« (116), aber selten in Gesetzessammlungen. Prohibitive mit Begründung kommen vor allem in Sammlungen vor, wo aber die Begründungen sekundär zugewachsen scheinen.[30]

Nach Richter verkörpern die traditionsgeschichtlich älteren Prohibitive »das Ethos, das aus der weisheitlichen Form spricht, als reine Sollensform«, aber nicht »als Gesetz oder gesetztes Recht«, sondern »als bestimmendes Ethos« in einer »herrschenden Gesellschaftsstruktur« oder einzelner »Gruppen«, zu denen es sich variabel fügt. Erst der traditionsgeschichtliche Ort des Prohibitivs in den hinter Bundesbuch und Dtn stehenden Schulen »hat dazu geführt, daß die Prohibitive als Rechtssätze bestimmt wurden«. - Und als solche - so folgern wir - wirken sie dann weiter und treten vollends im Judentum als gottgesetzte Vorgabe aller Weisheit in Antithese zum Mahnspruch, den eine menschliche Autorität zu verantworten hat.

Zweifellos hat der Hebräer der späteren Generationen den Gegensatz zwischen Prohibitiv und Vetitiv, wie sie sich im biblischen Text finden, stark empfunden. Dies hat sich im Griechischen als Unterschied zwischen οὐ mit Futur und μή mit Konjunktiv erhalten und wurde über die LXX bis zum NT und der Didache durchgehalten. Wer eindeutig Gebotenes zitieren wollte, bediente sich der ersteren, wer den Gotteswillen mahnend in Erinnerung rufen wollte, bediente sich der letzteren Möglichkeit. Das deutet aber nur scheinbar auf einen durchgehenden Gegensatz von Gesetz und Weisheit. In Wirklichkeit dient der Gegensatz zur Unterscheidung der Autoritäten, nicht der Traditionen. Genauer gesagt: Es geht um eine gebietende und eine eher helfende Redeweise, die sich schon im Heiligkeitsgesetz ergänzen; der Vergleich von MT und LXX ist dabei aufschlußreich.[31]

In Lev 19,4.31a.31b MT findet sich dreimal innerhalb einer langen Verbots- und Gebotsfolge statt des vorherrschenden *Lo* das weniger juridische *Al*. Zwar »korrigiert« die LXX diese Abweichungen, beginnt dafür aber ihrerseits eine Prohibitivfolge mit μή (allerdings gefolgt vom Futur statt Konjunktiv). Bedenken wir, daß auch in v.4 MT (wie auch in Lev 18,24) das *Al* c.Juss. (in der LXX μή c.Fut.) eine einleitende bzw. eine abschließend-zusammenfassende Forderung eröffnet, so liegt der Schluß nahe: In späterer Zeit, als die gesetzliche Form erweicht wurde, konnte für Einleitungen und Weiterführungen ein verbindlich-werbender Ton gewählt werden.

Der Unterschied *Vetitiv - Prohibitiv* hat keine direkte Entsprechung in griechischer Grammatik und läßt sich formgeschichtlich in griechischen Texten nicht anwenden. Er kann sich in der Wahlmöglichkeit zwischen Kohortativ (Konjunktiv, Optativ) und Impera-

des Biblischen Hebräisch Nr. 51.2.1.1f und 51.4.6.2f.

30 Nach R.SONSINO, *Motive Clauses in Hebrew Law* (1980), drückt sich in den Begründungsklauseln eine Eigenart der israelitischen Gesetzesverkündigung aus.

31 In der LXX wird das Sprachbild allerdings nicht rein erhalten, weil die Spannung zwischen griechischem Sprachgefühl und hebräischen Eigenheiten eine streng gleichartige Handhabung verhinderte. Aber ohne die sorgfältige Nachweisung der Verbindungswege vom Hebräischen und Aramäischen des Mutterlandes zum Griechischen der Diaspora - und dies eben kann der Vergleich von Vorlage und Übersetzung leisten - besteht erhebliche Gefahr, daß im Streit um *Weisung, Mahnung oder Empfehlung* in der neutestamentlichen Paränese im Kurzschlußverfahren aus dem gebietenden oder mahnenden Charakter bestimmter Verbformen im AT/LXX pauschale Schlüsse gezogen werden. In der Person der Übersetzer treffen dabei ein bestimmtes Verständnis der Übersetzungsaufgabe und der formgeschichtliche Einfluß ihrer Sozialgemeinschaft zusammen.

tiv spiegeln. Hier ist es daher auch angemessen, mit *Prohibitiv* jede Sprachform der negierenden Verhaltensanweisung und -anmahnung zu bezeichnen. Die Alternative zum *Volitiv* entspricht auch der griechischen Unterscheidung von ἀποτρέπειν und προτρέπειν, die spätestens seit Aristoteles als Hauptkennzeichen jeder beeinflussenden Rede gilt. Ich gebrauche daher mit gängiger Übung »*Volitiv*« a) als Oberbegriff des positiv formulierten imperativisch-kohortativen Satzes und b) als Gegenbegriff zu jeder Art von *Prohibitiv* = negativ formulierte Verhaltensforderung. Aber der Sprachgebrauch, der das Gebot (ἐντολή) und den mahnenden Rat (συμβουλή) unterscheidet, geht beim Übergang in griechische Paränese nicht verloren. Traditionsgeschichtlich hält das griechisch sprechende Judentum den Unterschied zum »*Vetitiv*« fest, wenn es prohibitive Torazitate durch οὐ mit Futur bildet.

Konditionale Form

Eine konditionale Rechtsfolge drückt das israelitische Recht auf zwei sehr verschiedene Weisen aus. Die *kasuistischen* Rechtsregelungen nach der Formel *Wenn einer ... dann ...* »regeln Konfliktfälle innerhalb der agrarisch bestimmten Ortsgemeinde und berühren nur indirekt das Gottesverhältnis« (KOCH 44). Sie definieren möglichst genau den Rechtsfall (u.a. zum Schutz eines Beklagten). Statt einer Beschreibung des Rechtsfalles interessieren sich die Konditionalbestimmungen mit *Wer ... der ...* für die Benennung des Rechtsbrechers im gravierenden Fall.[32] Die Verbindung von Schuld und (Todes-)Strafe ist das Thema. Die Mischung der Gesetzesgattungen in unseren Texten (*Bundesbuch*) zeigt schon eine Verwischung der Grenzen zwischen den Rechtstraditionen und ihren sozialen bzw. kultischen Verankerungen. Erst recht geht in der Übersetzung der Sinn für die Unterschiede verloren; und es bleibt die beiden Formen gemeinsame Vorstellung von Rechtsfall und Strafsanktion. Für die Übernahme gesetzlicher Topoi dieser Art in Weisheit und Paränese ist diese Entwicklung wichtig.

Gebotsentfaltung

Parallelüberlieferungen zum Dtn lassen öfter erkennen, daß archaische Gebotsreihen in einer Art paränetischer Entwicklung oder zu ihrer deutlicheren Einordnung in einen heilsgeschichtlichen Rahmen zusammengeschmolzen wurden. Umgekehrt führt das Bedürfnis, den sittlich-sozialen Gehalt eines Verbotes zu präzisieren, zur Entfaltung eines Traditionsgebotes. Die Vorschriftengruppen des Heiligkeitsgesetzes in Lev 19, die jeweils mit der Formel *Ich bin JHWH euer Gott* abschließen und oft drei bis vier Glieder haben, können Aufreihungen verschiedener Gebote (etwa wo Dekaloggebote genannt werden v.3.11f) sein, wollen aber manchmal ein vorangestelltes Gebot entfalten v.11[33] oder konkrete soziale Vorschriften unter eine abstrakte Norm stellen v.13. Verbindungen der Gebote durch *und*, die mit asyndetischer Abfolge abwechseln, zeigen die Auflö-

---

[32] H.GESE (*Dekalog* 69 A.22) findet in den hierher gehörigen *mot-jumat*-Reihen, wo sie die Rechtsverstöße Fall für Fall mit der Todesstrafe bedrohen. »kasuistische Rechtssätze nach der Art der apodiktischen 'Rechtssätze' formuliert«.

[33] LXX übersetzt das zweite und dritte Verb wie Dekalogzitat (in der paränetisierten Fassung des Judentums) plus Aktualisierung: οὐ κλέψεσθε + οὐ συκοφαντήσει ἕκαστος.

sung der alten Reihenform zugunsten paränetisch-thematischer Einheiten.[34] In v.15 folgen auf einen Eingangsprohibitiv zwei prohibitive Entfaltungen und dann ein positives Gegenstück; nach zwei weiteren Prohibitiven der gleichen Thematik v.16 schließt die Begründungsklausel die Gruppe ab (vgl. v.14). Hier bahnt sich die Übertragung der Rechtsvorschriften in Formen der sittlichen Erziehung an, die sich im Judentum eben solcher Möglichkeiten bedient.

2.22 Rechtsfolge, Rechtsbegründung, Gehorsamsmotivierung

Für die Rechtssicherheit bedarf es der begründenden Erläuterung, um die in älterer Zeit in einen Kodex eingegangene Rechtsfindung plausibel zu erhalten. So können deren Regelungen in sachgemäßer Kasuistik auf vergleichbare Fälle angewandt werden. Wenn eine Rechtsregel unlogisch erscheint, kann die Begründung das erklärende Moment bringen Ex 21,21c. Die Verankerung von Recht im Kultus läßt *kultische Haggada* formelhaft zur Begründung von Rechtsvorschriften herangezogen werden. Der älteren Art, Recht listenartig zu definieren und mehr oder weniger häufig in Klauseln zu *begründen*, tritt in jüngerer Zeit das Interesse an die Seite, die Glieder der Rechtsgemeinde zum rechten Tun zu *motivieren*. Nicht zu vergessen ist aber auch, daß, wie Imperativ und Indikativ ursprüngliche Redeformen sind, auch ihre formelhafte Verbindung als *Gebot + Begründung (Motivierung)* in urtümlicher Rede vorgegeben ist und sich daher jederzeit elementar entwickeln kann.

GEMSER, dem viele in der Annahme eines höheren Alters der Verbindung von Gebot und Begründung gefolgt sind,[35] spricht (50) von »grammatically subordinate sentences[36], in which the motivation for the commandment is given«. Wer hier »motiviert« wird - ob der Gesetzgeber zu seinem Rechtsspruch oder der Hörer zum Befolgen, oder ob von Gottes souveränem Willen die Rede ist - bleibt unerheblich. Manche möchten diese begriffliche Gleichbehandlung, die in der Tat Unterschiedliches betrifft, aufgeben. Für die paränetische Entwicklung im Judentum ist sie eher hilfreich. Denn die Begründungsklauseln oder Begründungssätze haben in der Struktur des Mahnspruches den gleichen Platz, unabhängig davon, welcher juristische Hintergrund traditionsgeschichtlich zum Tragen kommt.

Die Unterscheidung von gesellschaftlicher *Strafsanktion* und *Gottesfluch* weist auf die Sonderrolle der nichtjustitiablen, weil kaum erkennbaren Vergehen hin. Dtn 27,18 bedroht die Heimtücke (vgl. v.24 *heimlich* sowie v.15) gegen einen Blinden mit dem Gottesfluch; Lev 19,14 bringt ein entsprechendes apodiktisches, also über die

---

34 Die unsystematische Anwendung dieser Möglichkeit wird von der LXX wiederum unsystematisch aufgenommen, also nicht immer beachtet. - Lev 19,13 verbindet nur die ersten beiden Prohibitive der Dreiergruppe mit וְלֹא, die LXX setzt zweimal καὶ οὐ(χ) und zeigt damit die Tendenz, von der Asyndetie abzuweichen.

35 S. 57.65. Vgl. z.B. WEINFELD (*Organizational Pattern* 47) bezüglich Priesterschrift und Deuteronomium: »In contrast to the law codes of the Ancient Near East which lack motivations, rhetoric and argument, Israelite law abounds in sermonizing and apaeal to the emotions«. SONSINO, *Motive Clauses* 172-175, spricht sich für die Ursprünglichkeit der Verbindung von Weisung und Begründung aus.

36 womit er selbständige »Begründungssätze« nicht beiseite lassen will.

Rechtsfolgen schweigendes Verbot - und begründet es mit der Klausel von der Heiligkeit Gottes. Wer in weisheitlicher Überlegung diese Bestimmungen bedenkt und paränetisch umsetzen möchte, kann Strafdrohung, Gottesfluch und motivierende Begründung gleicherweise in der Begründungsklausel eines Mahnspruches aufnehmen.

2.3 Gesetzesreihen

Die Reihungen sind ein interessantes Feld zur Vergleichung von Gesetz und Weisheit. Die Reihungen der älteren israelitischen Weisheit haben wesentlich anderen Charakter als die des Gesetzes. Sie sind literarische Festlegungen von Spruchfolgen in beliebiger (assoziativer oder traditionsbegründeter oder zufälliger) Reihenfolge und mit bunter Vielfalt des Inhalts. Dagegen werden in der Gesetzesausbildung und -tradition Reihen planmäßig gestaltet und vielfältig den Bedingungen der Gesellschaft gemäß, die diese Gesetze braucht, strukturiert. Für das Verständnis der Versabfolge bei PseuPhok ist mitentscheidend, welches Vorbild ihn bei der Aufreihung seiner Mahnsprüche geleitet hat. Im Wirkungsbereich der Tora-Tradition können wir unterscheiden:

1. die thematische Reihe,
1.a die entfaltende Reihe,
2. die universale Reihe und
3. die Testamentsreihen.

1. *Thematische Reihen* wie Lev 18,6-23 erfassen Einzelaspekte eines bestimmten, zu regelnden Bereiches in möglichst erschöpfender Genauigkeit. In ihrer thematischen Ausrichtung haben sie Verwandtschaft mit weisheitlichen Instruktionen, in ihrer juridischen Genauigkeit stehen sie in Gegensatz zu den ein Thema assoziativ umspielenden Weisheitslehren.

1.a *Entfaltende Reihen* sind entweder Unterreihen, in denen ein einzelnes Reihenglied traditionsgeschichtlich sekundär entfaltet wird durch Aktualisierung, Antithetik, Begründung o.ä., oder sie nehmen eine thematische Reihe durch Einschmelzung in eine repräsentative Norm auf und entfalten diese auf »modernere« Weise. Dies geht gewöhnlich einher mit (oder dient geradezu) der theologischen Einbettung des Rechts, die dann gern neben der nachfolgenden Begründung eine vorausgehende, meist heilsgeschichtliche Einleitung schafft.

2. *Universale Reihen* wie der Dekalog beschreiben ein umfassenderes Verpflichtetsein, das in verschiedenen Aufgabenbereichen gleicherweise gültig ist; und sie tun dies mit Hilfe weniger, ganz konkreter und zugleich ganz typisierender Gebote. Vermutlich erwachsen aus dem Bedürfnis der rechtlichen Klarheit und Verläßlichkeit, dienen sie doch ebenso der Merkfähigkeit wie der katalogartigen, eindrücklich-emotionalisierenden Gesetzespromulgation vor der Rechtsgemeinde [37].

---

[37] deren liturgischer Vollzug bei der universalen Fluchreihe Dtn 27,15-26 heute noch fast unmittelbar nachempfunden werden kann. NIEBUHR urteilt über sie (14): »Wegen ihrer prägnanten Kürze und ihres

Dekalogworte als Repräsentanzgebote. In kurzen Reihen, wenn sie trotz ihrer Kürze einen universalen Anspruch ausdrücken, können die einzelnen Gebote *Repräsentanzfunktion* für einen bestimmten sozialen Bereich haben. In der relativ späten Zeit kurz vor oder während des Exils, in der der Dekalog endgültig zusammengewachsen ist und in der »Ersten Tafel« mit Begründungen versehen wurde, hat man eine so sparsame Auswahl aus älteren Reihen vorgenommen, daß wir mit der jüdischen und christlichen Dekalogauslegung den Willen zum Definieren von wenigen Schutzbereichen des Soziallebens voraussetzen dürfen. So wird das Mordverbot die Leben bedrohende Heimtücke schon mit bedacht haben, das Ehebruchsverbot dürfte repräsentativ für sexuelle Verwirrung der Gemeinschaft, speziell der Familie stehen. Mit der Beschränkung auf wenige Normen erlauben sich die Schöpfer bzw. Redakteure des Dekalogs, inmitten ethischer Entwicklungen und Spannungen das Unverzichtbare als Leitlinie festzulegen. So hat es jedenfalls die Auslegung durch die Jahrtausende interpretiert - und doch wohl nicht ganz ohne historische Berechtigung. Selbst dem Sabbatgebot, das später zum Feiertagsschutz, zur Sonntagsauszeichnung, zum *»Hören und Bewahren des Gotteswortes«* herangezogen wurde, kann schon eine gewisse Repräsentanzfunktion zugedacht gewesen sein. Es ist nicht nur das einzige ständig und auch auf dem flachen Land anwendbare Gebot der kultischen Auszeichnung besonderer Tage,[38] sondern ja wohl auch in kritischer Zurückdrängung anderer Festbegehungen gewählt und mit dem ganzen Dekalog zum Bundeszeichen par excellence geworden. Die Art, wie der Dekalog in die Sinai-Haggada eingeordnet wurde, setzt sein repräsentatives Verständnis voraus.

3. Die *Testamentsreihe* als paränetische Spruchfolge im Rahmen einer Abschiedsrede gehört mit dem geschlossenen Vortrag einer autoritativen Willensbekundung, hinter der die Autorität des Gottes Israels steht, und mit der Neigung zur pluralischen Anrede in die unmittelbare Wirkungsgeschichte der Gesetzestradition. Wenn die Testamentsgattung zu recht als jüdisch-weisheitliche Entwicklung betrachtet wird, so zeigt sich hier das Auf-einander-Zugehen der Traditionen.[39] Sie nimmt in der jüngeren, paränetischen Auflösung der juridischen Formen Einzelanliegen des Gesetzes deutlicher auf als die typische weisheitliche Spruchreihe - trotz der in sich geschlossenen Einzelsprüche und des Parallelismus. Mit dem Streben nach einer gewissen Komplexität stehen die testamentarischen Paränesen Tob 4 und 12 (wo die Abschiedsrede-Fiktion reiner durchgehalten und klarer nachvollziehbar ist[40] als in den paränetischen Reihen

---

umfassenden Inhaltes ist sie zu paränetischen und unterweisenden Zwecken besonders geeignet.« (Dies steht etwas unausgeglichen neben der nicht minder einleuchtenden Bestimmung, die Gebotsreihe in Lev 19 sei »durch ihre Allgemeingültigkeit und die Weite ihres Anwendungsbereiches eine gute Grundlage für eine paränetische Verwendung«, ebd.)

38 »In Lev 23,3 wird die Sabbatforderung als Hauptgebot den Jahresfestgeboten vorangestellt« (E.OTTO, Art. *Feste und Feiertage II*, TRE 11,104); nachexilisch (?) wird hier also ein Oberbegriff vorausgesetzt, der Sabbat und Festtage zusammenfaßt.

39 Ägyptische Spruchreihen als Vermächtnisse des Vaters an seinen Sohn kommen als Vorbild der in einer Abschiedsrede »testamentarisch« gesammelten und übereigneten sittlichen Erkenntnisse in Frage (KÜ 430 A.51). KÜCHLER, der S.415-430 einen Überblick über die zu berücksichtigenden literarischen Texte gibt (und auch das Verhältnis von Abschiedsrede und Testament anspricht), nennt zwar das Testament »grundsätzlich eine weisheitliche Gattung« (430), kann aber dabei das von BALTZER vorgeschlagene *Bundesformular*-Modell - das ja auf die Rechtsentwicklung zurückweist - mit einbeziehen. Denn »Recht wie Lehre lagen ... in der Obhut der Weisen« (ebd.). Auch daß »der biblische Traditionsgedanke und die frühjüdische Suche nach möglichst definitiven Auskünften und Anordnungen ... im Testament eine literarische Form gefunden« haben (420), macht es notwendig, Testamentsparänesen unter den Beispielen paränetischer Rezeption und Aktualisierung der Tora zu beobachten.

40 Zu dem Testament des *Tobit* vor der Abreise des Tobias c.4 und der Abschiedrede des Engels *Raphael* c.12 kommt noch das Testament des altgewordenen *Tobit* an den Sohn und die Enkel Tob 14,3-11a vor seinem Sterben. Es ist nicht im hier behandelten Sinne paränetisch. V.9G^{I} faßt die paränetische Verpflichtung kurz als *Bewahren des Gesetzes und der Gebote* zusammen. Im Übrigen finden sich neben speziellen Anweisungen Empfehlungen der Werke der Barmherzigkeit. V.9G^{II} wirkt wie eine weisheitliche Neufassung der enger auf die Tora bezogenen Überlieferung G^{I}.

etwa der Zwölfertestamente) der universalen Gesetzesreihe nahe.

Das Bedürfnis, thematisch zu ordnen und ein Thema nach dem anderen in detaillierender thematischer Reihe abzuhandeln, wächst in der Geschichte der israelitisch-jüdischen Weisheit. Wenn dabei neben der lehrhaften *Instruktion* hymnische Verherrlichung der *Weisheit* Raum gewinnt (Prv 1,20 - 4), dann entstehen Liedreihen. die strukturell den grundsätzlichen Ermahnungen zur Gesetzestreue in Anfangs- und Schlußabschnitten besonders der deuteronomistischen Schicht entsprechen, die man in der Wissenschaft als *paränetisch* bezeichnet. Schließlich wird mit den Weisheitssammlungen selbst der Anspruch verbunden, nicht nur partiell, sondern umfassend das rechte Leben zu beschreiben. Großsammlungen von weisheitlichen Texten oder gar ein individuell-schriftstellerischer Ansatz wie der des Jesus ben Sira begünstigen diese Entwicklung. Ähnlich dem Vorbild des Deuteronomiums, in dem nach KOCH (47) erstmals »göttliche Vorschriften weite Bereiche des israelitischen Lebens« abdecken, gewinnen so einzelne Weisheitsbücher den Charakter universaler Reihen.

Wir sehen uns also einer Entwicklungsstufe im Judentum gegenüber, auf der Gesetzesreihe und Spruchreihe einander ähnlicher werden. Wer sich der Pflege der ethischen Tradition Israels verpflichtet wußte, der fand die Anregung, Reihen zu formen, die formal eine gewisse Geschlossenheit aufwiesen, und die auch inhaltlich dem Vorbild der Tora folgten und den Umkreis der zu erfassenden Aufgaben sorgfältig absteckten und sinnvoll ordneten.[41]

2.4 Variabilität des Traditionsmaterials

Von großer Tragweite für unsere Frage ist die Variabilität in der Tora-Überlieferung in der Zeit vor Esra. Unsere Vorstellung von dem »positiven«, dem »gesetzten« Recht, vollends in der statischen Gesetzesvorstellung mancher christlichen Dogmatiken, findet gar zu leicht einen Wesensgegensatz zwischen der Weisheit, die die Fälle variierend erprobt, und dem Gebot - und übersieht den dynamischen Umgang der vorexilischen Tradenten mit der Rechtsüberlieferung.

PERLITT z.B. konstatiert für den Dekalog (s.v. I, TRE 8,410.412): »Es gab ... in alttestamentlicher Zeit niemals einen Normaltext des Dekalogs. Das Verwunderliche ist aber nicht, daß die Varianten entstanden, sondern daß sie ohne Ausgleich kanonisiert wurden.« Der Dekalog sei nicht das Produkt einer formgeschichtlich-unpersönlichen Entwicklung, sondern Frucht des Sammelns, des Auswählens und »bewußte(r) literarische(r) Gestaltung«. Dies Urteil über die Entstehung des Dekalogs selbst gilt dann auch für seine verschiedenen Überlieferungen (ebd.). Erst recht kann für das Heiligkeitsgesetz, die Leviticus-Kapitel 17-26, mit neuerer Forschung angenommen werden, daß diese möglicherweise »innerhalb eines sehr kurzen Zeitraums« und jedenfalls »gerade für ihren jetzigen Ort innerhalb der Priesterschrift geschaffen« seien, wie PREUß, ältere Arbeiten resümierend, sagt (Art. *Heiligkeitsgesetz*, TRE 14,714). Daß dabei älteres Material aufgenommen und älterer Stil teilweise beibehalten wurde, schwächt den Eindruck nicht ab, daß dieses Korpus auf den bewußten Willen zurückgeht, autorisierte Norm in freier Formulierung zu erneuern, zu variieren und weiterzuführen. Und sicher unter dem Eindruck alttestamentlicher Traditionen betont KOCH (*Was ist Formgeschichte?* 107) die Abwegigkeit der Vorstellung, in neutestamentlicher Zeit habe es nur eine, die zum Rabbinismus hinführende Traditionsart mit sorgfältigster Einprägung textlicher Einzelheiten gegeben; für das NT sei eine schöpferisch-bewegliche Traditionsart wesentlicher gewesen.

Beruht die Autorenschaft an diesen alten Texten nun auf dem Auftragsbewußtsein bei

---

41 Wenn es sich erweisen läßt, daß in Levitenkreisen die schon im Pentateuch zu beobachtende Paränetisierung alter Rechtskodizes geübt wurde, dann wäre die Geschichte der Toraparänese in Zusammenhang mit der Stellung der Leviten im Judentum und ihrer Spannung zu anderen Autoritäten zu untersuchen.

den Verantwortlichen bestimmter Kultbegehungen und öffentlicher Institutionen? Oder handelt es sich auch um eine Art Schreibtischarbeit, etwa einer Levitenschule? Das Urteil der Wissenschaft über diese alten Prozesse schwankt - und es wird schwankend bleiben. Für unsere Fragen ist nicht dies wichtig, sondern ob der Jude in der hellenistisch-griechischen Welt mit dieser Variabilität noch etwas anfangen konnte.

Nach 2000 Jahren christlichen Umganges mit alttestamentlichem Gesetz möchte man diese Frage rundweg verneinen. Tun sich doch die bibellesenden Christen bis heute sehr schwer mit der verwirrenden Fülle konkurrierender Gesetze des Pentateuch und dazu noch (angeblich) über 500 Jahre jüngerer, anders gewichtender und teils ganz kultgesetzkritischer Prophetenworte. (Und dies statische Umgehen der Kirche mit der biblischen Gesetzesüberlieferung steht doch in deutlichem Gegensatz zu der Unbefangenheit, mit der die Kirche in der frühen Zeit, bevor sie das Ritualgesetz allegorisierend umdeutete, sich von vielen Vorschriften der Bibel - im kühnen Bewußtsein, durch Jesus der Erfüllung der Gebote am nächsten gekommen zu sein - dispensierte.) Aber der kritisch vorgehende christliche Bibelleser sollte sich immer dessen bewußt sein, daß er der Hebräischen Bibel und der Welt des antiken Judentums nur unter gedanklicher Überwindung eines tiefen Traditionsbruches nahekommt. Der Umgang des Juden mit der Tora ist sehr viel anders. Er ist keineswegs statischer als der christliche, da er das Dynamische im Umgang mit der Tradition n i c h t n e b e n der Gesetzpflege, sondern in ihr selbst findet und übt.[42]

2.5 Der Blickwinkel des Frühjudentums

Es ist für unsere Aufgabe ganz unwichtig, was in der Bibel geschrieben steht; wichtig ist nur, wie der Zeitgenosse sie kannte und las. Uns begegnet die Rechtsüberlieferung Israels als Buch, den Zeitgenossen eines Ben Sira begegnete sie primär als Rechtspraxis, die geübt wurde, und erst sekundär als Buch. Das Frühjudentum (in unserem Falle das der westlichen Diaspora) stand dem Prozeß der Pentateuchbildung zeitlich und sachlich doch noch sehr viel näher als wir. Drei Einzelargumente sprechen auch dafür, daß der antik-jüdische Leser das Nebeneinander verschiedener Schichten und Sammlungen des Gesetzes nicht nur nicht übersah, sondern als Anregung zu paränetischer Lebendigkeit empfand.

1. Die rabbinische Gesetzesrezeption hat die verschiedenen Formulierungen verwandter Gesetze als Auftrag empfunden, sich in der Vielfalt der Situationen sachgerecht zu orientieren und gerade dadurch die Halacha, dem Willen des Gesetzgebers entsprechend, zu aktualisieren.
2. Die Notwendigkeit, die Tora als Staatsgesetz im Alltag judikatorisch und kultisch anzuwenden, verlangte und führte dazu, daß sich Auslegungstraditionen bildeten. In solchen Traditonen und ihrer Pflege wurden unterschiedliche (schriftliche oder mündliche) Texte verglichen und die Bedeutung ihrer Abweichungen gewertet.
3. Die ältere jüdische Synagoge stand in einer ununterbrochenen Lehrtradition, die - rückwärts - bis an die Zeit der abschließenden Gestaltung des Pentateuch heran-

42 LINDESKOG (*Das jüdisch-christliche Problem* 19) schreibt, »dass das Christentum gewissermassen kon-

reicht. Bei dieser Pentateuch-Endredaktion waren Sammler und Redakteure am Werk, die sich weithin zur Treue auch gegenüber einzelnen Silben der vorliegenden Quellen verpflichtet fühlten und daneben doch nicht nur kompilatorisch, sondern auch mit einer eigenen theologisch-gesellschaftlichen Konzeption arbeiteten.[43] In ihrer Treue zum Detail des Tradierten und dem Willen zur theologischen Konzeption hielten sie die Spannung zwischen dem einheitlich gedachten Gotteswillen und der Widersprüchlichkeit der Geschichts- und Rechtszeugnisse aus. Dieses In-der-Spannung-Bleiben scheint dem Judentum der folgenden Jahrhunderte nicht verlorengegangen zu sein. Mündliche Rechtspflege, mündliche Tora-Erziehung und weisheitliche Formulierungsfreiheit haben der Tradition als einer Aufgabe nachdenklicher Aktivität gedient.

Das Judentum in der Zeit des werdenden Pharisäismus ist noch unberührt von der rabbinischen Lehre, nach der es 613 Gebote und Verbote der Tora gibt und alle gleichrangig sind. Doch achtet man mindestens seit der asidäischen Bewegung und dem Makkabäeraufstand sensibel auf die Befolgung der schriftlichen Tora in allen ihren Festlegungen.[44] Man kennt dabei eine Pflege der sittlichen Einzeltopoi, die absehen kann von der Verankerung des Gesetzes als Inbegriff von Offenbarung in die erwählende, rettende und aussondernde Geschichte eines Volkes. Die Ferne des Tempels und eines geschlossenen jüdischen Rechtsraumes läßt gewiß in der Diaspora die sittliche Tora (einschließlich allgemeiner Reinheitsvorschriften, die als sittliche Norm aufgefaßt wurden, sowie der Sabbatvorschrift) als das gegenwärtige Siegel des Gottesbundes erscheinen und Kultgesetz wie spezifisch jüdische Rechtsregelungen[45] zurücktreten. Allerdings bahnte sich in der Diaspora, fern vom Tempel und mit weit geringeren Möglichkeiten einer jüdischen Rechtsgemeinde, die Unterteilung der Gesetze in Kultisches, Ethisches und Forensisches schon an, die für die frühe

servativer als das Judentum an das Alte Testament, d.h. an die jüdische Bibel, gebunden ist«.

43 »Zwischen einer 'ursprünglichen' Tora des Mose und der aktualisierenden und interpretierenden Aufnahme ihrer inhaltlichen Forderungen kann keine grundsätzliche Trennungslinie gezogen werden«, NIEBUHR 50. - DAUBE, *Rabbinic Methods* 241, trägt Gründe vor, daß damals »Scripture had been subjected to the most scrupulous philological analysis, each word and sentence beeing inspected with a view to establishing its exact sense and grammatical status«. Konsequenz dieser Sicht ist, daß die Praktizierung des so erstmals festgelegten Rechts im Alltag tatsächlich ein Gebrauchsrecht entwickeln mußte, auf das das Rabbinat sich dann als auf die mündliche Tora berief. Je weniger die Annahme verbal festgelegter Quellen zwingend ist für die Bezüge zwischen verwandten Texten, desto mehr kommt die Entwicklung von rechtsrelevater Sitte in der zwischentestamentlichen Zeit, und zwar vor den tannaitischen Gelehrten, in Blick. Für die christliche Theologie dürfte hier eine Nachholaufgabe liegen. Ihre einseitige Schrift-Fixierung, die die zwischentestamentliche Rechtsentwicklung nur als irrelevante Entartungsgröße behandelte, verschloß den Blick für die legitime Autorität für das Gesetz: »the authority of the people promul-gating it. The correctness of a decision was guaranteed by the character and learning of him who delivered it«, ebd. 242. - Vor allem die Behandlung von PseuPhok 175ff wird uns Spuren dieser Rechtsgeschichte zeigen.

44 Der dogmatische Standpunkt der Rabbinen, daß alle Gebote gleichrangig sind, hat bei der religionswissenschaftlichen Einordnung des Doppelgebotes der Liebe oder anderer Gesetzeszusammenfassungen in Kurzreihen manchmal eine einseitig wegweisende Rolle gespielt. Das Gleichrangigkeitsmotiv hat aber eine bestimmte und begrenzte theologische Funktion - und wäre als hermeneutisches Totalprinzip weder analytisch, noch systematisch durchführbar. Dazu J.NEUSNER, *Das pharisäische und talmudische Judentum* 102f: »Am Anfang steht die Textauswahl, dann kommt die Berufung auf die Schrift.« Vgl. FLUSSER/SAFRAI, *Aposteldekret* 176ff.

45 Die Ansprüche auf eigene Gerichtsbarkeit waren doch auch in Alexandrien nicht so gesichert wie in Palästina. Und die an der Synagogengemeinde haftende Zuchtübung kann kein Ersatz sein für die in Je-

Christenheit beherrschend wurde.[46] Der christliche Begriffsgegensatz, der das Gesetz Moses' als etwas Vorläufiges abhebt von der eschatologischen Willenskundgebung Gottes für die Völker (gegenwärtig in der apostolischen Paraklese als praktischer Anwendung des Evangeliums Jesu) ist vollends unbekannt.

Wo man im Umfeld stoischer Philosophie einem humanistisch-ethischen Menschheitsideal anhängt, denkt man eher an die künftige Vereinigung Israels und der Völker durch allgemeine Übernahme der Tora als des vernünftigsten Menschheitsrechtes.

2.51 Die Septuaginta

Das sicherste Zeugnis für Torabeschäftigung im damaligen Ägypten ist die *Septuaginta* (s. Anhang I s.v.). Wahrscheinlich hat der Phokylideer sie benutzt und höchstens gelegentlich andere Übersetzungen im Sinn gehabt. Mit ihr gelangen wir unmittelbar an die hebräisch-griechische Sprachgrenze. Und wir können durch Vergleich mit dem Urtext erkennen, was den alten Übersetzern an Formung und Inhalt des gebietenden Kurzsatzes und der Gebotsreihen wichtig war und was sie im neuen Sprachgewand und für das neue Milieu für modifizierungsbedürftig hielten. Die Formung imperativischer Reihen erfolgte nicht immer schematisch nach der Vorlage, aber immer adäquat. - Die Mischung gebietender und mahnender Ausdrücke läßt sich in der LXX-Übersetzung weiter verfolgen, allerdings so, daß das bleibende Bewußtsein für die Unterschiede mahnender und gebietender Autorität eher zunimmt.

Die Septuagintaforschung könnte hier gewiß noch Wesentliches leisten. Der Nachweis sprachlicher Eigentümlichkeiten in der Arbeit der Übersetzer ist m.W. noch wenig zum Vergleich mit den grammatikalischen und formgeschichtlichen Untersuchungen an hebräischen Gesetzestexten vorgedrungen.[47] Gerade für unsere Frage, welche Kräfte hinter welchen Verbformen und Satzformen stecken, wären weitere Bemühungen um die Weiterbildung, die die hebräische Vorlage erfahren hat, wünschenswert.

In ähnliche Richtung weist das Desiderium, zeitgenössische Texte, gerade auch die in die LXX aufgenommenen griechischen Schriften, durch Vergleich ihrer *Textredaktionen* auszuwerten. Im Tobitbuch z.B. bieten die Paränesen des alten *Tobit* c.4 und des Engels *Raphael* c.12 sowie das Vermächtnis des *Tobit* an den Sohn und die Enkel c.14 bei erheblich verschiedener Formulierung der Weisungen in den Textüberlieferungen G^{I} und G^{II}[48] auffällig ähnliche Formung. Übersetzer und Rezensenten waren offensichtlich vertraut mit dem gleichen Stil, in dem der Autor Paränetisches formuliert hat. Und sie fühlten sich anscheinend frei, solche Weisungen ad hoc - natürlich stilgerecht in Formung und Begriffswahl - zu verändern. Die systematische Auswertung solcher Beispiele könnte uns den alten Schreibern und ihren mündlich wirkenden Vorbildern näherbringen.

---

rusalem tägliche Erfahrung eines Komplexes rechtlicher Regelungen.

46 Kultische Gesetze gelten im frühen Christentum als durch Christus überholt und werden allegorisch uminterpretiert. Sittliche Gesetze gelten weiter. Forensische fallen in die staatliche Zuständigkeit.

47 Beispiele für das, was weiter wünschenswert wäre: AEJMALAEUS, *Parataxis in the Septuagint* (1982); s.d. zu μηδέ S.48ff; GEHMAN, *Hebrew Charakter* 81f betr. den hebraisierenden Gebrauch des καί in der LXX; GERLEMAN, *Studies in the Septuagint* 3: *Proverbs* S.17f zum antithetischen Parallelismus (s.u. S.48f). Vgl. TOV, *Die griechischen Bibelübersetzungen* (ANRW II 20.1,121-189, 1987); J.CROK, *Hellenistic Influence in the Book of Proverbs (Septuagint)* 30-42 (1987); HENGEL 292ff; VLIPS 103f.

48 HANHART in der Einleitung zur Göttinger *Tobit*-Ausgabe (SVTG 8/5) S.33: »Der Textform G^{I} ist gegenüber G^{II} eine stark ausgeweitete Erzählweise, oft doublettenhaften Charakters, und eine stärker semitisierende Sprachform eigentümlich, deren Übersetzungstechnik heute durch die Fragmente von Qumran bestätigt ist.« - Da beiderlei Textzeugen im Wesentlichen den gleichen Textbestand voraussetzen, trägt die Frage einer Interpolation z.B. der Mahnrede Tob 4 (P.DESELAERS, *Das Buch Tobit*

2.52 Ben Sira und die Grenzen der Weisheit gegenüber der Toratradition

Unter den epochalen Neuerungen in der Weisheit, die Ben Sira bietet,[49] wird die Verbindung, ja Identifizierung von Tora und Chokma mit Recht stark beachtet. Die Aufnahme der den Priestern, Leviten und Ältesten übertragenen Tora in die Verantwortung der Weisen und schließlich der Schriftgelehrten und des Volkes war das, was man eine *geschichtliche Notwendigkeit* nennt. Aber gerade Ben Sira bestätigt doch noch einmal, daß Weisheit etwas Eigenes gegenüber der Torapflege bleibt, auch wo sich beide weiter annähern. Seine Rede von Gesetz und Gebot ist pauschal und wenig an einzelnen Vorschriften interessiert, dient dem Zusammenhang von Offenbarungsnorm und Welterfahrungsnorm und nur indirekt der Pflege der Gebotstradition oder der Tora-Erziehung.[50] An wenigen Stellen deutet sich der Hintergrund eines bestimmten Gebotes an. Die vielen Berührungen zwischen Ben Sira und PseuPhok betreffen nur in geringem Umfang die vom Phokylideer referierten Toragebote. Wo Ben Sira - ausnahmsweise - mit Sicherheit ein Toragebot wie etwa das Elterngebot des Dekalog einschärfen will, meditiert er in langen Reihen von Sprüchen über die in solchem Gebot bedachte Ordnung und Erfahrung. Was PseuPhok in einem einzigen Vers kurz und bündig und gebietend vorträgt, erörtert und empfiehlt Ben Sira wie einer, der mühsam überzeugen muß - oder der noch nicht aufhören mag, seine Einsichten weiterzugeben.

Nach dem Prolog des Sirachbuches und den einschlägigen Stellen Sir 38,33 - 39,11 und 51,13-27 ergibt sich für uns Folgendes: Ben Sira hat das seit Esra zum Staatsgesetz gewordene Gesetz Moses (so wie es sich ihm als geschlossene Größe darbot) im Zusammenhang mit der geschichtlichen, prophetischen und weisheitlichen Überlieferung 39,1-3 von jung auf gelesen und hat auf dem Tempelplatz *offen und ehrlich* (so in der Sicht des Siraziden 50,14 LXX), wenn auch noch arm an Erfahrung, die Weisheit gesucht. Er hat das Gesetz verglichen mit der *Weisheit der Alten und der Propheten*, hat den Sinn von Geschichten und Sprüchen der Überlieferung, von *Gleichnissen* und *Rätselsprüchen* erforscht und hat auf Reisen durch fremde Länder erfahren, was anderswo als gut und böse gilt. Er konnte, frei von wirtschaftlichen Sorgen und der Pflicht zum Gelderwerb, sich ganz diesem Forschen *in ausdauernder Muße* 38,24 widmen und hat erlebt, wie die Weisheit ihm zuerst ihre Blüte und schließlich reife Trauben bescherte. Und wenn in unseren Vorstellungen die Tora Moses ihren Sitz primär oder doch auch wesentlich im Kult am Heiligtum hatte, dann fällt auf, daß wir Ben Sira dort nur als Beter und Feiernden, nicht aber als Hörer des Gesetzes finden 45,7ff; 50. Offensichtlich ging es am Tempel darum, daß das Gesetz gehandelt, nicht daß es ausgelegt wurde.[51] Er hat als selbständiger Schriftsteller seine Weisheit *aus seinem Herzen strömen* lassen 50,27. Ge-

---

27.380ff) für uns nichts aus.

[49] M.HENGEL hat Ben Sira, eine Schlüsselfigur unserer Kenntnis des frühen jüdischen Hellenismus, in einem ausführlichen und instruktiven Abschnitt seines Werkes *Judentum und Hellenismus* (S.241-275) in und aus den Bezügen der Zeitgeschichte vorgestellt.

[50] G.vRAD, *Weisheit* 314 (gegen O.KAISER, *Die Begründung der Sittlichkeit im Buche Jesus Sirach*, ZThK 55/1958 58): »Wo sind denn nun in der Unzahl der Mahnworte und Ratschläge die in die Weisheit eingedrungenen Materialien der Tora, wo läßt sich denn die Tora als eine in die Weisheit eingedrungene neue Norm erkennen?« Auch die Wendung des *Siraciden* (Vorrede 12) καὶ αὐτὸς συγγράψαι τι paßt besser zu freier weisheitlicher Tora-Entsprechung als zu Gebotswiedergabe. Etwas zu weit geht aber wohl die Äußerung W.STÄHLINs (*Predigthilfen* 5,21), daß »diese *tora* selbst ein ehrwürdiger Begriff ohne konkreten Inhalt« bleibe; denn daß Ben Sira biblische Normen in seinen konkreten ethischen Bestimmungen vortragen will, ist ohne Zweifel. Er tut es eben weisheitlich, d.h. ohne Berufung auf Kodifiziertes im Hintergrund.

[51] Der Priesternachwuchs wurde am Tempel geschult. - Anders beim späteren Pharisäismus, der im Kultgesetz einen Auftrag für das ganze, zu priesterlicher Heiligkeit berufene Volk sah. Die schriftgelehrte Ausbildung und Durchsetzung der Halacha hatte hier mit der Lebensaufgabe der treuen Söhne Israels zu tun.

rade darin erweist er sich als ein Mann der chokmatischen Tradition, der die Torarezeption im Bereich allgemeinmenschlich-weisheitlicher Erfahrung vollzogen hat. Vgl. zu seiner moderat antihellenistischen Einstellung den Anhang I: *Sirach*

Merkwürdig ist, daß er seinen Werdegang durchaus nicht an der Schulung durch erfahrenere Weise noch am Erlebnis des Austausches festmacht. Er tritt als Individuum vor seine Leser[52] und betont solche Individualität, wenn er nicht vom Einprägen gehörter, sondern nur vom *Hinzufügen eigener Sprüche* zum Gehörten im Kreis der Spruchdichter spricht 21,15. Ziel ist es, daß er seine Weisheit schließlich als Sachverständiger für Rechtsentscheidungen der Volksversammlung und auf dem Richterstuhl und vor Fürstenthronen zur Verfügung stellen darf 38,33; 39,4 und Schüler in seinem *Schulhaus* οἶκος παιδείας unterweisen kann 51,23; vgl. 6,36 LXX. Als Mann aus priesterlichem oder levitischem Geschlecht bekennt er sich nirgends. Entsprechende Vermutungen mögen zutreffen - dann stellt man es sich am besten so vor, daß er an der Ausübung des Berufs am Tempel durch ein Gebrechen gehindert war. Hilfreich für das Verständnis seines Buches scheint mir diese Abstammungsvermutung ebensowenig wie eine Vermutung, die Zwölfertestamente kämen aus einer priesterlichen oder aber aus einer davididischen Familie. Der Siracide begründet die Autorität des Großvaters mit einem Studium, wie es jeder anstellen kann und sollte.

Zur Methode der weisheitlichen Torarezeption gehört nach Ben Sira:

1. Ohne Weisheit und ihre Erziehung kann das Gesetz nicht im Sinne Gottes befolgt werden. Der Preis der Weisheit wird so auf das Gesetz angewandt, daß beides als Einheit erscheint. Bindeglied ist die *Gottesfurcht*.
2. Einzelmotive des Gesetzes werden typisierend aufgegriffen und als in sich überzeugend vorgetragen.
3. Man kann die in der Tora liegende Weisheit legitim in Lebensregeln weiterempfehlen, ohne die Gebote selbst im einzelnen zu erwähnen, vorzutragen und einzuschärfen. Dies hat mit der Erwartung zu tun, daß der jüdische Leser die wichtigsten Gebote kennt. (Für den Nichtjuden würde das Buch zur Propädeutik, die auf die Begegnung mit Israel und seinem Gesetz zielt.)
4. Mose-Tora und Völker-Weisheit werden positiv verglichen. Der Vergleich der von der Tora genährten Weisheit mit der Erfahrung der Menschen in allerlei Ländern und Kulturen bestätigt, daß man von den Völkern lernen kann, dann aber doch in der Lehre der Tora den Inbegriff aller Weisheit findet.[53]

3. PARÄNESE

3.1 Die dritte Quelle der sittlichen Tradition

Die Annäherungen und Verflechtungen zwischen Tora und Chokma haben das Interesse der formgeschichtlichen Vergleichung stark absorbiert. Wo man mehr rechtsge-

---

[52] HÖFFKEN, *Das EGO des Weisen* 132f. Indirekt klingt gelegentlich Abhängigkeit des Ben Sira von Vorbildern an, 6,33f; 9,14-16a; 37,19-26 (HENGEL 243).

[53] »Weisheitlicher Gehorsam aufgrund von eigener Einsicht in die gottgewollte Ordnung oder Befolgung eines Gesetzes, in welchem der Gotteswille präsent geglaubt wurde, sind zwei Möglichkeiten der Annahme von חכמה, die sich nicht auszuschließen brauchen, auch wenn die Geschichte ihres gegenseitigen Verhältnisses voller Antagonien ist«, KÜCHLER 34.

schichtlich nach dem mündlichem Weiterleben der Rechtsauslegung - parallel zur schriftlichen Rechtskodifizierung bzw. nach deren Abschluß - suchte, da standen die Vorstufen der rabbinischen *Mündlichen Tora* im Vordergrund des Interesses. Dabei stand und steht man vor dem Problem, daß Israels Fixierung auf ein in der Umwelt einmaliges Gesetzeswerk, den die Gesetze und die Hl. Geschichte verbindenden Pentateuch, jeder schriftlichen Dokumentation der Rechtsauslegungen widerstrebte (soweit nicht Sondergemeinschaften ihre Gemeinschaftsregeln kodifizieren mußten). Erst recht bereitet die Tora-*Erziehung* im engeren, nicht im weisheitlich-»wissenschaftlichen« Sinne, als nichtliterarische Größe Quellenprobleme. Sie bleibt zwischen dem, was zur Schrift drängt, gar zu leicht verborgen, weil sie ihrem Wesen nach im sozialen Vollzug und nicht in der Schrift ihren Platz hat. Erziehliche Toraparänese wendet sich der Menge der Israeliten zu, um den Imperativ der sittlichen Toragebote sowie weniger kultischer Gebote, die nicht besonderen Ständen anvertraut sind, zu erneuern. Sie tut es vorwiegend mündlich, 1) weil viele des Lesens nicht kundig sind, 2) weil es eine Gemeinschaftsaufgabe der am Leben örtlicher Gemeinden Teilnehmenden ist und 3) weil so die Gefahr vermieden wird, das eine, sakrosankte schriftliche Gesetz in den Hintergrund treten zu lassen. Damit ist erklärt, warum wir in den verschiedensten Schriften paränetische Elemente und Teile finden, aber verschwindend wenige der Toraparänese an sich gewidmete Schriften.

Paränetisches verbindet sich leicht mit Apokalyptischem. Polemik, Bußgebet, Erzählungen mit missionarischer Tendenz können paränetisches Material und paränetische Form an sich ziehen. Weniger geeignet zur formverwandten Aufnahme sind apologetische Schriften. Als besonderes Gegenbeispiel nenne ich das Qumranschrifttum, dem die Form des paränetischen Imperativs anscheinend fehlt, s. S.342 A.30. Schriftliche Gesetzestradition finden wir in Gemeinderegeln.

»Vergegenwärtigung der Tora im Frühjudentum bestand offensichtlich nicht darin, Toragebote in ihrer ursprünglichen Gestalt und Anordnung aufzunehmen, sondern in umgestaltender, interpretierender und aktualisierender Wiedergabe ihrer Sachanliegen.«[54] Toraparänese verbindet folgende Merkmale (die nicht als Norm für die Gestaltung eines Textes, einer sog. Gattung »Paränese«, sondern als Beobachtungen mit Gattungsrelevanz zu verstehen sind):

1. Im *sittlichen Einzelimperativ* oder einer anderen Form wird die spezielle sittliche Verpflichtung in enger Anlehnung an das tradierte Gebot aufgenommen.

Ich unterscheide hier die *Toraparänese* von den sog. *Paränesen* im Dtn, die eine grundsätzliche Protreptik zur Bundestreue im Gebotsgehorsam darstellen (s. S.257), und von den weisheitlichen Mahnspruchreihen der Weisheitsliteratur, die das Gebotene vielfältig meditieren und dabei seine Kenntnis im Prinzip voraussetzen. Die Konzentration auf das Einzelgebot und seine kurz-bündige Rezeption begünstigt aphorisierende Spruchreihen.

2. Der Imperativ wird nicht als Sprachform für eine generische Verpflichtung an sich verstanden, sondern sein *Anredecharakter* kommt zum Tragen.

Dies kann sich z.B. in der Umsetzung des dekalogischen Imp.2.sing. in den Plural (nach biblischen Vorbildern) zeigen. Der strenge Israelbezug, der beim Singular der apodiktischen Gebotsformulierung mitzuhören ist, findet hier auf neue Weise Ausdruck. Weisheitlicher Einfluß begünstigt singularische Anrede an

---

[54] NIEBUHR 20. Trotz dieses Vorherrschens des Sachanliegens zeigen sich engere Anlehnungen an den autorisierten Text, sobald die Formen der Übernahme systematisch untersucht werden.

den Schüler (oder fiktiv an den Leser) und erleichtert durch solche Individualisierung die Definierung allgemeinmenschlicher Einsichten.[55] Der Toraparänese dagegen eignet eine Form der Anrede, die den Gemeinschaftsbezug des Gesetzes und seine normative Funktion stärker aufnimmt, aber eben im »weniger kategorischen Ton« (KÜCHLER 163 = Zeller) und in der werbend dem oder den Adressaten zugewandten Direktheit.

3. Gebietende Verbformen (*Prohibitiv* im Unterschied zum *Vetitiv*) und Begriffe werden in *Ausdrücke des Mahnens* nach dem Vorbild des Weisheitsspruches übrtragen.

Die gebietende Autorität wird für das Zitat und die direkte Anspielung auf die Tora reserviert, wie bis ins NT das Prohibitiv-Zitat durch οὐ mit Futur 2.sing. zeigt. Gebietende Imperative finden sich auch bei den von allgemeiner Mahnung zu unterscheidenden speziellen Anweisungen in konkreter Situation.

Mit der Umformung von Geboten zu Sprüchen geht die Neuformung des gebietenden Verbums einher. In einer ganzen Palette von Möglichkeiten, die wir als *Volitive* bezeichnen, - Imperativ der 2. oder 3. Person, Adhortativ, Kohortativ, imperativischer Infinitiv oder imperativisches Nomen - kann den besonderen Umständen der Mahnung sowohl auf seiten des Ermahnten wie des Mahnenden Rechnung getragen werden.[56] Aufweichung der gebietenden Form in Tora-Texten, etwa mit *Al* אל statt mit *Lo* לא (entspr. μή mit Konjunktiv neben οὐ mit Futur) geben der Tendenz schon Raum.

4. Es besteht die Tendenz, das Gebotene in der Weise der *Aktualisierung und Begründung* (Motivierung) in eigenen Sätzen oder Satzgliedern weiterzuführen.

Die erzieherische Funktion von Gesetz und Weisheit begünstigt a) die Zufügung von Begründungen zu einzelnen Mahnungen oder zu Mahnungsreihen,[57] b) die Gleichstellung einer Aktualisierung mit dem traditionellen Volitiv im Parallelismus, c) die Ausbildung der Antithetik von *Protrope* und *Apotrope*, d) die Entfaltung ethischer Anliegen in Reihen von Mahnsprüchen. Dadurch entsteht eine Form, die im viergliedrigen Spruch oder im parallelistischen Doppelspruch vorgebildet ist:

Zitierter Volitiv [58]
Antithetischer Volitiv
Aktualisierender Volitiv
Begründung.

Die Reihenfolge der Mahnspruchelemente ist nicht festgelegt; nur kann im eigentlichen Mahnspruch der begründende Indikativ per definitionem nicht voranstehen. Wenn ein traditionsgeschichtlich *antithetisches* Element an den Anfang eines Spruches zu stehen kommt, wird der zitierte Volitiv zum antithetischen *Gegenstück*.[59]

---

[55] KÜCHLER findet in der »individuelle(n) Ausrichtung« des weisheitlichen Mahnspruchs einen Unterschied zu »Gebotsparänese und .. prophetischem Bussruf« (163 mit Verweis auf ZELLER, *Die weisheitlichen Mahnsprüche* 31) und denkt bei Letzteren wohl an paränetisch entwickelte Gesetzestexte. Der Gesetzesstil selbst, soweit er imperativisch ist, bevorzugt ja den Singular des *Du sollst (nicht)*.

[56] Vgl. die verschiedenen Verben für mahnende Tätigkeit von παραμυθέομαι bis κελεύω, s. S.247

[57] Z.B. zum Dekalog im LibAnt, s.u. S.95 A.102

[58] Wo es nicht mißverständlich ist, spreche ich von *Volitiv* im zusammenfassenden Sinne für gebietende und verbietende, empfehlende und warnende Sätze, sei es personal-imperativisch (2. oder 3.Pers.) oder sachlich-regulierend durch verpflichtenden Ausdruck (z.B. *Man muß* ...). Wo ein Gegensatz zum *Prohibitiv* (bzw. *Vetitiv*) und den Äquivalenzformen gemeint ist, ergibt sich dies aus der entsprechenden Gegenüberstellung.

[59] Reine volitive Reihen oder Reihen mit nur einzelnen Begründungsklauseln sollen primär als Reihe sich Geltung verschaffen und sekundär den einzelnen Volitiv zur Durchsetzung bringen. Gemischte Reihen

5. Benutzung der verschiedenen *Parallelismusformen*, um die Mahnspruchelemente in eine in sich geschlossene, selbständig tradierbare Aussageeinheit aufzunehmen:

Im *Parallelismus* verbindet die Gesetzesparänese die Torasätze so mit traditionellen oder aktuellen Weiterungen, daß

→ *antithetisch* die negierende Warnung und die positive Mahnung,

→ *synonym* die Traditionsmahnung und ihre auf gleicher Ebene sich präsentierende Aktualisierung sowie

→ *synthetisch* die Mahnung und ihre Begründungsklausel verbunden werden.

6. Die Toraparänese nimmt den ethischen Gehalt eines Gebotes *variierend* und, ohne eine grundsätzliche Bindung an den Wortlaut (Zitat) zu zeigen, auf.

Sie geht damit über die Bereitschaft der älteren Bildung von Gesetzestexten zum Neuformulieren weit hinaus, ist aber an der Prägung von *Schlüsselwörtern* für eine zuverlässige Tradition interessiert. Sie setzt aktuelle Schwerpunkte durch die Umbildung von Geboten in Mahnsprüche, durch Einschmelzung von Gebotsreihen und Bildung neuer Reihen.[60] Diese Prozesse, die wir an den Texten ablesen können, setzen die Fähigkeit von Weisheitslehrern zum fähigen und verantwortlichen Umgang mit der Tradition und zum eigenen Rückgriff auf den Bibeltext voraus. Hypothetische Bindeglieder zwischen dem Text und der ursprünglichen Traditionsquelle in Form von *Sekundärquellen* werden dadurch fraglicher. Die selten wörtliche Übereinstimmung paränetischer Topoi spricht oft mehr für weisheitliche als redaktionelle Voraussetzung einer uns vorliegenden Normenkette.

3.2 Gegensätze des Paränetischen zur Gebotsform

1. Übertragung des Nachsatzes einer Gebotsnorm (Strafsanktion, Gottesfluch, Rechtssprechungsbegründung) in eine *Begründungsklausel* oder einen Begründungssatz nach weisheitlichem Vorbild.

Die Weisheit will ihre Drohung und Lockung nicht so sehr aus dem Willen des Gesetzgebers als viel mehr aus dem Tat-Ergehens-Zusammenhang, also unmittelbarer aus der Erfahrung begründen. Den weisheitlichen Kausalnexus, der mit seiner Vernunft- statt Offenbarungsbegründung in sich einleuchtend ist, nutzt die Torapflege zu Begründungen mit eudämonistischer Lohn-Strafe-Erwartung, und verdrängt dafür u.U. die heilsgeschichtlichen Begründungen, die der Bibelleser im Pentateuch vorfand.

Wohl früh schon wurden Strafsanktionen in Buß- (= Ersatz-)leistungen umgewandelt. Darüber hinaus lag es in der Tendenz der jüdischen Rechtsentwicklung, rigorose Strafbestimmungen abzubauen. Die weisheitliche Darstellung des Tun-Ergehens-Zusammenhanges ist eine Möglichkeit, die präventive Bedeutung der Strafbestimmung wieder aufzunehmen - in einer vom Rechtsprozeß abgelösten Form. Damit kann auch die unanschauliche Fluchdrohung bei nichtjustitiablen Vergehen anschaulicher werden. Die nichtrechtliche Folge dürfte gewiß oft formuliert sein im Bewußtsein, den Sinn der gesetzlichen Strafbestimmung getroffen zu haben.

---

enthalten oft die vier genannten Elemente der Mahnspruchform in unterschiedlich auswählender Zuordnung zu den einzelnen Mahntopoi.

60 Zu solcher »Reduktion auf das Wesentliche, Zusammenfassung und Verallgemeinerung der Einzelgebote« nötigt nach NIEBUHR (3) die »auf die Masse der jüdischen Bevölkerung gerichtete Ermahnung und Unterweisung«. Ich meine, daß sowohl die Ethisierung der Gesetzesbindung Israels von früher Zeit an als auch (damit verwandt) die Einbringung ganzer, um ein Sachanliegen kreisender Kodizes in einfache Erfahrungs- und Einsichtsregeln weisheitlicher Art diese Entwicklung brachten, die dann für die synagogale Volkserziehung genutzt wurde.

2. Entschränkung konditionaler und kasuistischer Rechtssätze aus ihrem juristischen Zusammenhang zum Zweck der *Typen- und Alternativenbildung.*

Dem gesetzlichen *Wer-der*-Satz, der meistens ein Kapitalvergehen mit schwerster Strafe bedroht, entspricht formal eine weisheitliche Typisierungsformel, die den exemplarischen Weisen oder Narren (Frevler) kennzeichnet. Paränese kann nach diesem weisheitlichen Muster eine gesetzliche Vorschrift unter Fortlassung der Strafbestimmung in eine Qualifizierungsformel oder Mahnungsbegründung umwandeln.[61] Das kasuistische *Wenn ... dann ...*, das ein Strafurteil oder einen Kompromiß möglichst exakt und gerecht und deswegen oft umständlich vorzeichnet, wird in der Paränese u.U. zum Muster für unterschiedliche Bewertungen, die eine Situation oder die Intention des Handelnden berücksichtigen. Es kann auch zur Einführung einer Tat-Ergehens-Folge dienen.[62] Dabei geht das Interesse des Gesetzes an exakter Definition verloren. Anstelle des genau die Situation beschreibenden kasuistischen Rechts wahrt die Weisheit und mit ihr die Paränese die extreme Kürze des Typischen.

3.3 Mahnspruchabfolge und Reihenbildung

Die jüdische Paränese geht nicht deduktiv vor. Von der Suche nach logischen ethischen Deduktionen müssen wir uns bei ihrer Untersuchung lösen, ohne damit schon einer Zusammenhangslosigkeit das Wort zu reden. Wir dürfen z.B. nicht die Partikeln für logische Verbindungen wie »denn« und »aber« zu wesentlichen Merkmalen der Versabfolge machen.[63] Paränese setzt Normen; und sie bevorzugt dazu die sprachliche Verbindung der voluntativen mit der anredenden Funktion. Sie definiert Verantwortung ohne Umschweife, sie stimuliert zum Tun. Sie leitet den Imperativ nicht eigentlich von Prämissen her; sondern sie läßt ihn nachträglich unterstützt werden durch den Indikativ, durch kurze indikativische Erinnerung an das, was man als gemeinsamen tragende Grund der sittlichen Verantwortung erkannt hat (sei es der gemeinsame israelitische Glaubensgrund, sei es die vernünftige Erfahrung). Sie entläßt den Leser nicht aus der sittlichen Herausforderung auf einen Weg spekulativer Verknüpfung im Rahmen eines ethischen Systemdenkens (so sehr in der der Paränese vorausgegangenen Besinnung und Schulung auch die tiefen Zusammenhänge der ethischen Bereiche und Verhaltensweisen bedacht sein mögen). Sie springt von Aufgabe zu Aufgabe - und gelangt dabei keineswegs zu einer wirren Anhäufung verschiedener Einfälle.[64] Denn sie erreicht bei diesem Springen Position um Position eines bald engeren, bald weiteren Umfeldes;

---

61 Vor allem von dieser Form geht die wissenschaftliche Frage nach »Sätzen heiligen Rechts im NT« aus; s. E.KÄSEMANNs gleichnamigen Artikel (*Exegetische Versuche* 2,69-82); K.BERGER, *Die sogenannten 'Sätze heiligen Rechts' im NT*

62 H.RINGGREN (*Sprüche* S.3) findet hier eine eigene Form, die er *Denksprüche* nennt: »die in behauptender Form verschiedene Handlungsweisen bewerten«.

63 Auf die Partikeln, in denen die logische Beziehung zweier Sätze angezeigt wird, bzw. auf deren weitgehendes Fehlen stützt WEFELMEIER, *Die Sentenzensammlung der Demonicea*, in starkem Maße seine Auffassung, der Verfasser (PsIsokr) habe im Sentenzenteil keine gestaltende Hand an übernommenes Sentenzengut gelegt. Er verkennt damit ein Wesensmerkmal der Gattung, s. Anhang I: *Demonicea*.

64 wie sie z.B. BOUSSET (*Religion des Judentums* 137) im tora-gebundenen Judentum oft findet: »Der Zufall herrscht ... Der Gedanke gleitet willkürlich von einem Thema zum andern.«

sie überspringt dabei unversehens die Grenze zum nächsten thematischen Bereich, streift gelegentlich auch kurz eine assoziativ hinzukommende Aufgabe; und sie vermag dabei schneller oder langsamer, aber doch zielstrebig einen Überblick über alles grundsätzlich oder konkret Wichtige zu schaffen.

Paränese neigt dabei zur Reihenbildung, die scheinbar dem Mosaikcharakter der Spruchweisheit ähnelt, aber typische Funktionen einer aktualisierenden Gesetzesparänese und den Reihencharakter gesetzlicher Kodizes spiegelt.

3.4 PseuPhok als Beispiel jüdischer Paränese

Weisheitliche Torarezeption bei PseuPhok

Die »gegenseitige Durchdringung der ursprünglich getrennten Eigenschaften der 'Weisheit' einerseits und der Tora andererseits« im Frühjudentum (KÜCHLER 548, vgl. ebd. c.1,1) hat auch dem PseuPhok-Gedicht den Boden bereitet; in dessen relativ strenger Ausrichtung an Torageboten ist ein eigenartiges und zu Recht vielzitiertes Beispiel der Erziehung zum Gesetz Moses entstanden. BERNAYS' Nachweis, daß ganze Versblöcke thematisch aus dem Pentateuch geschöpft und unter Beachtung seines Wortlautes frei aufgenommen wurden, soll hier in den Kapiteln III und VI nachvollzogen und erhärtet werden. Weiterführend scheint mir dabei die Beobachtung, daß der Text nicht nur traditionsgeschichtlich, sondern auch formal von der Toratradition abhängig ist und das Gedicht als Ganzes - im Unterschied zu anderen zeitgenössischen Tora-Darbietungen - die imperativische Anrede der Tora aufnehmen will. Dabei ist die Tendenz, ein sittliches Kompendium, eine *Universale Reihe* zu schaffen, unverkennbar.[65] Die Länge des Gedichtes, der Überblick über die Themen und die Art, wie der Verfasser den Spruchstil und die Hexameterform für eine rasche Themenfolge ausnützt, zeigen dies. Und ich meine, daß der Verfasser auch mit der Aufgabe, sein Material und seine Einfälle sinnvoll aufzureihen, nicht überfordert war.

Der Phokylideer las die Tora 1) mit den Augen des Moralisten, was seine thematischen Interessen betrifft, und 2) des Paräneten, was seinen literarischen Willen betrifft. Über 3) die forensische Dimension der Tora und 4) die kultischen Vorschriften und Bezüge schweigt er sich aus. Ob sie ihm vertraut waren und sein Interesse fanden, läßt sich aus dieser Schrift nicht erkennen. Denn sie schickt das jüdische Erbe durch den Filter »Phokylides«. Aber das Interesse am richterlichen Wesen v.9ff.86ff und das Verständnis des Gedichtes als Anleitung zu einem sittlich verstandenen *Reinheits*-Streben v.228 lassen die Verwurzelung des Pentateuch-Lesers Phokylides auch in dieser Hinsicht im Judentum seiner Zeit annehmen. Das Schweigen ist kaum aus Desinteresse, sondern aus dem Grund, der das Pseudonym wählen ließ, zu verstehen. Das Wort νόμος verwendet der Phokylideer in keinem der 219 Verse. Das ist kein Indiz für vorherrschende Weisheitstradition; denn was hat sein Gewährsmann Phokylides von

---

[65] KÜCHLER (263): »eine Sammlung von lehrhaften und mahnenden Einzelsentenzen ... mit dem Ziel, eine

Milet direkt mit dem Gesetz Moses zu schaffen?! Statt dessen spricht er von δικαιοσύνης μυστήρια v.229 und deutet damit an, daß er die unkultische δικαιοσύνη = *z.dakah* צְדָקָה, also die Normen des sozialen Verhaltens, zum Gegenstand seiner Dichtung wählt. Dies ist eine genuin jüdische Unterscheidung innerhalb der Tora. Seine Paränese fußt ja vor allem auch auf den *mischpatim* מִשְׁפָּטִים.[66]

Jüdisch-weisheitliche Mahnspruchformen bei PseuPhok

1. Unverkennbar ist das Bestreben des Phokylideers, seine Monostichen als *einzeilig abgeschlossene Sprüche* zu bilden. Selten bleibt ein Satz am Zeilenende unabgeschlossen. Der volitive Kurzspruch gibt dem Gedicht die Struktur.
2. Vielfach ist dieser einzeilige Kurzspruch *in sich*, d.h. in seinen zwei Hälften, *parallelistisch* angelegt.
3. Aber anstelle dieses innerverslichen Parallelismus oder zusätzlich zu diesem - nach Art etwa des Ben Sira - finden wir den *mehrversigen Parallelismus.*
4. Dieser eignet sich besonders gut zur paränetischen Art des *synthetischen Parallelismus*, der eine Mahnung durch eine (oder mehrere) Begründungssätze ergänzt.
5. PseuPhok hat Teil an der jüdischen Eigenart, die offenbarte sittliche Norm der Tora *mit vernunftgemäßer, allgemeinmenschlicher Weisheit zu begründen.* Dies zeigt sich darin, wie PseuPhok aus der Weisheit seiner griechisch-philosophischen und -moralischen Quellen schöpft. Denn vielfach ergänzen sich bei ihm jüdisches und griechisches Erbe wie Norm (Mahnung, sittlicher Impuls) und Begründung.

Methodische Ansätze

Die mittelbare (milieubedingte) und unmittelbare (durch den Pentateuchtext selbst bedingte) Abhängigkeit des PseuPhok von der Toratradition möchte ich in dieser Studie an den folgend aufgezählten fünf Merkmalen untersuchen, mit denen ich die in diesem Kapitel herausgestellten Vergleichskategorien auf das Mahngedicht und seine besonderen Probleme anwende.

1. Nächst dem Hexameter und dem weisheitlichen Kurzspruch ist dessen vorherrschend imperativischer Charakter das wichtigste Formmerkmal der Schrift. Dieses beachten, heißt aber, die Bedeutung vieler kleiner imperativisch-indikativischer Spruchsequenzen ins Auge fassen. Anscheinend ließ sich die Forschung durch die Aufreihung in sich abgerundeter Hexameter verwirren, so daß dieses Formprinzip nicht konsequent bedacht wurde.

Summe jenes Weisen (sc Phokylides) anzubieten«.

[66] Zur Übersetzung von צְדָקָה mit δικαιοσύνη: J.KRAŠOVEC, *La Justice (SDQ) de Dieu* 266-269. A.DIHLE (*Kanon* 7.32-36) geht der Frage nach, wieweit schon das Judentum (nicht erst das Christentum) den (Vulgär-)Griechischen *Kanon der zwei Tugenden*, nämlich ὅσιος (vgl. v.1) und δίκαιος, für die Pflichten gegenüber Gott und die gegenüber den Menschen nutzte, kommt allerdings zu einem mageren Ergebnis. Wenn Josephus das Gesetz auf die εὐσέβεια ausgerichtet sieht, PseuPhok aber von δικαιοσύνης μυστήρια spricht, deutet sich darin zweifach der unterschiedliche Ansatz aus. Josephus will vor gebildeten Nichtjuden bestehen, PseuPhok jüdisches Ethos in die griechische Bildungswelt tragen. Dieser meidet religiöse Begriffe wie εὐσέβεια, die den Polytheismus seiner Leser aufwerten könnten, jener benutzt sie als Verständigungsbrücke.

2. In Weiterführung der Untersuchung volitiver und prohibitiver Form sowie der jeweiligen Gestalt des Volitiv (KÜCHLER 266ff), deren Relevanz kaum zweifelhaft ist, frage ich systematisch nach der jeweiligen Funktion des Prohibitiven und des Volitiven sowie nach den Unterschieden zwischen dem Imperativ der Anrede (2.Person), dem Imperativ der allgemeinen Verpflichtung (3.Person) und der Form der allgemeinen Regel (z.B. *man muß* ...).

3. Die Einwirkung der Tora, die sich jeweils an einen bestimmten Adressatenkreis wendet, auf die Weisheit, für die das generisch-fiktive *Mein Sohn* typisch ist, läßt nach der Rolle des Anredecharakters bei PseuPhok fragen. Das Gedicht hat keine einzige Anredeformel, aber lauter persönliche Imperative und viele Anspielungen (z.B. inklusives *Wir*), die eine bestimmte Adressatenvorstellung annehmen lassen. Ein einziger, aber auffällig unvermittelter Plural am Schluß des Gedichtes v.229f [67] verstärkt die Frage nach dem vorgestellten Adressatenkeis:

Bei solchem Wandel könnt ihr ein gutes Leben vollenden bis an die Schwelle des Alters.

Ich messe diesem Plural Relevanz für die Adressatenvorstellung des Verfassers bei.[68]

4. Durch die Klärung von Kleinstrukturen, welche die Tora paränetisch aufnehmen, wird es möglich, benachbarte kleine Einheiten und ganze Reihen als zusammenhängend zu begreifen. Von da können wir zu einem Feld relativ dichter Beziehungen finden, dessen Struktur der Verfasser zwar nicht durch sprachliche Mittel offenlegen wollte wegen des aphoristisch-handlungsbetonten Charakters, das aber erkennbar genug ist, um die Intentionen eines engagierten Autors einigermaßen zu zeigen.

5. Nachdem die Volitive des Gedichtes stark wenn nicht überwiegend Toratradition aufnehmen, während die indikativischen Sätze wenig spezifisch biblische Aussagen bieten, dürfen aus der Art, wie bei der Verbindung von Imperativ und Indikativ jüdisches und griechisches Erbe kombiniert wurden, wichtige Aufschlüsse über Gedanken und Tendenzen des Autors erwartet werden.

---

[67] Der fast einhellig bezeugte Imp.2.plur. v.179 ψαύετε ist im Cod. Monacensis gr.507 richtig in ψαῦε τὰ korrigiert (oder richtig bewahrt, DERRON S.XCVI Anm.1; Cod. B: ψαύεται).

[68] Vgl. die abschließende parakletische Anrede Joh 19,35: *damit auch ihr glaubt*.

III. Kapitel
Reihungen in Pseudo-Phokylides

1.
DIE PARÄNESE ÜBER LEVITICUS 18: PSEUPHOK 175 - 217

1.1 Abgrenzung: Haustafel und Tora-Paränese

Die große Schlußstrophe des Gedichtes, begrenzt durch den Abschnitt über die Arbeit v.153-174 und den Epilog v.228-230, hat ein durchgehendes thematisches Merkmal, aufgrund dessen sie allgemein und mit Recht als *Haustafel*[1] bezeichnet wird. Eine ähnlich konsequent und weit durchgezogene thematische Linie ist sonst auch nicht in Ansätzen erkennbar. Von unverwechselbaren Personengruppen, von *Ständen*, ist die Rede: Frauen, Kinder, Verwandte, Alte, Sklaven, diese alle aber im Bezug zum freien Mann, der allein angeredet wird. Das entspricht den griechischen Vorbildern, vor allem dem *Oikonomikos*, aber auch israelitischer Tradition, wenn »der vollberechtigte Kultteilnehmer, d.h. der erwachsene israelitische Mann«, genauer: der Freie und Besitzende, als Adressat vorgestellt ist.[2] Er wird teils auf sein eigenes Verhalten zu den anderen Ständen angesprochen, teils als der, der für eine bestimmte *Ordnung des Zusammenlebens* die Hauptverantwortung trägt. Doch partizipiert an dieser Verantwortung die Frau. Viele der angemahnten Regelungen sind an die Frauen weiterzugeben,[3] näm-

---

1 Zur Haustafelerforschung s. c.XIV 2.4

2 GESE, *Dekalog* 67 A.16 (vgl. S.76); RICHTER, *Recht und Ethos* 191. Es ist nicht erkennbar, daß sich an den alten israelitischen Vorstellungen über die Adresse des Gesetzes: das Volk in seinen Männern, bis zum Frühjudentum wesentliches geändert hat. - LÜHRMANN, *Neutestamentliche Haustafeln und antike Ökonomie* 89: »Adressat der ökonomischen Schriften sind ja die Besitzenden, die jene Werte der Freiheit und der Gleichheit für sich in Anspruch nahmen, sie aber den anderen Mitgliedern ihres Hauses mehr oder weniger vorenthielten.« LAUB, *Begegnung* 29: »bezeichnend ..., wenn ... alles über den Hausherrn läuft«. K.BERGER, *Gattungen* 1079, zur (hellenistischen) Vorgeschichte der Haustafel: »Adressat war allein der freie Mann.« Für PseuPhok z.B. ist besonders zu beachten, wie in allen Bezügen einseitig die Pflicht des Mannes, selten aber seine Aufsicht über die Pflichten anderer - und wenn, immer unter Beachtung seines Partes zur Sprache kommt.

3 Vgl. TestXIIRub 5,5. - BERGER, *Gattungen* 1350-1353, sammelt Beispiele solcher Weitergabe-Verpflichtungen in der Kategorie *Paideutikon*. Bei PseuPhok sind als Empfänger nur die Frauen, nicht aber

lich wo es um deren eigenes Sexualverhalten geht. Diejenigen, die von der Kindererziehung handeln, sind in Zusammenarbeit mit der Mutter zu handhaben v.208.217. Kinder und Sklaven erscheinen nur als Objekt des Verhaltens. Das Element des Wechselseitigen im Oikonomikos fehlt hier.[4] Dies könnte es nahelegen, hier lieber nicht von *Haustafel* und statt dessen von *Pflichtenliste* nach stoischem Muster zu sprechen. Denn in diesen Pflichtenlisten, die auch für den hellenistisch-jüdischen Haustafeltopos als Anreger gedient haben, geht es darum, daß der einzelne verschiedene Situationen wahrnimmt und das erkennt, was jeweils das καθῆκον, was die vernunftgemäße Bewährung der einen, immer gleichbleibenden Tugend für diesen Fall ist. Doch reflektiert PseuPhok gar nicht oder fast gar nicht ein durchgehendes ethisches Grundanliegen, wie wir es im stoischen Einflußbereich erwarten müßten.[5] Und das Schema der Ständeauflistung an sich hat auch spezifisch jüdische Voraussetzungen. Diese treten zutage, wenn Philo etwa das Elterngebot des Dekalog als Aufhänger für Ständepflichten im Hause und gegenüber der Obrigkeit verwendet. Damit folgt er nicht nur der Methode der *Subsumierung*, mit der aktuelle Aufgaben unter einem *Hauptgebot* aus der Tora erfaßt und der ethischen Tradition zugeordnet werden - einer Methode, die Philo zum tragenden Pfeiler seiner Verhältnisbestimmung zwischen Dekalog und übriger Tora gemacht hat. Er trägt auch dem Erfordernis Rechnung, für das Leben der jüdischen Familie, des *jüdischen Hauses* in der Diaspora die klaren Verhältnisse zu schaffen, die in Palästina mit der Sitte des Volkes jedermann in Erinnerung gehalten wurden. Die *Hausordnung* ist denn auch hier PseuPhok 175ff das Einheitsband der langen Vorschriftenliste - leicht überfremdet durch den Sexual-Tabu-Kodex, der über den Bereich häuslicher Aufsichtspflicht etwas hinausgreift.

Was diese lange Liste der Sexualpflichten v.177-198 betrifft, so ist eine Absicht, nach langen weisheitlichen Mahnungen und Erwägungen zu besonders festen Normen zu finden, schwer zu übersehen. Sowohl die kasuistische Reihe (im prohibitiven Stil) als auch die enge und besonders deutliche Abhängigkeit von den Tora-Texten Lev 18, Ex 21f und Dtn 21 zeigen dies. *A parte potiori* können wir die Reihe als *»Leviticus-18-*

Kinder und Sklaven usw. genannt.

4 Auch v.8b ... *(ehre) deine Eltern* ... handelt nicht oder nur inklusive von »duty to children« (= Unmündige; so CROUCH, *Colossian Haustafel* 85), denn das unkommentierte Dekaloggebot ist auf den Erwachsenen und seine Pflichten gegenüber den (alten) Eltern zu beziehen und kann dann sekundär für die Gehorsamspflicht usw. des Unmündigen gebraucht werden. *Welches sind die Pflichten des Kindes gegen den Vater? Es hat die Pflicht, ihm Speise und Trank, Kleidung und Gewand zu geben, ihn aus- und einzuführen, ihm das Gesicht, Hände und Füsse zu waschen,* Qid bei WINTER/WÜNSCHE, *Die jüdische Literatur seit Abschluß des Kanons* 1,166. Die jüdische Tradition braucht nicht hervorzuheben, daß *Kind* hier ausschließlich ein Relationsbegriff und keine Bezeichnung der abhängigen Lebensstellung im Kindesalter ist. Vgl. Tob 4,3G[I];14,3; Philo Decal 112ff u.ö; BACHER, *Agada der palästinensischen Amoräer* 3,319. »Das Elterngebot klingt noch einmal in PseuPhok 220ff. an«, sagt NIEBUHR (19) wofür er πολιοκροτάφους mit Lev 19,32 πολιοῦ vergleicht. Dieser Bezug ist auch deswegen wahrscheinlich, weil an beiden Stellen sogleich vom Bedrücken der Fremdlinge Lev 19,33f bzw. der Sklaven PseuPhok 223-227 geredet wird. Den Bezug der Ehrung der Alten zum Elterngebot des Dekalog erschließt NIEBUHR (19 A.52) z.B. mit vdHorst aus Philo. PseuPhok deutet ihn im altersmäßigen Vergleich jedes Alten mit dem eigenen Vater an. Entgegen griechischem Brauch verbindet der Text die Elternehrung nicht mit dem Topos vom *Erstatten des Guten*, vgl. dazu v.80.

5 Seneca kritisiert typisch stoisch (ep 95,45) die ausführliche Pflichtenaufzählung, sofern »man nicht einen das ganze beherrschenden Gesichtspunkt habe«, WEIDINGER 38.

Paränese« bezeichnen. Der Tenor von Lev 18,6-23 ist noch in den Versen über die sexuelle Behütung der Kinder v.213-217 zu erkennen. Da der Verfasser hier Situation um Situation des Sexuallebens abschreitet, könnten wir annehmen, daß die PseuPhok-Haustafel nichts als eine Erweiterung einer textgebundenen Toraparänese um einige durch die Umwelt (thematisch oder situativ) angeregte Topoi sei. Zu den Voraussetzungen einer solchen Annahme gehörte aber eine Bindung an die Toravorlage nicht nur in den Einzeltopoi, sondern auch im Aufbau.[6] Davon ist keine Spur zu finden. Der Verfasser greift im Gedicht auf Toravorschriften zurück, wo es ihm passend scheint. Und in drei Fällen - v.3-8/Dekalog, v.9ff/Lev 19, v.175ff/Lev 18,6-23 - ist das Passende seiner Wahl durchaus einsichtig und nachvollziehbar (auch wenn es kein Merkmal der Haustafeltradition ist, Sexualthemen aufzugreifen).[7] So betrachten wir also die Lev-18-Paränese des Gedichtes als eine Erweiterung und Tora-Rückbindung des hellenistisch-jüdischen Haustafelschemas.[8] Der Haustafeltopos ist das übergreifende Element. Nur von ihm her ist ein thematischer Rahmen für die *Schlußstrophe* des Gedichtes, die zweifellos als ganze konzipiert ist, gegeben. Sie entwickelt sich aus einer negativen, kodex-ähnlichen Reihe bezüglich des Sexuallebens heraus hin zur Darstellung des richtigen Lebens im *Oikos*. Und da bleibt sie dann aber auch und schreitet nicht weiter zu anderen Aufgabenbereichen. Der Abschnitt ist eine Ellipse mit zwei Brennpunkten: Sexualität und Leben im Hause. Dem ersten Brennpunkt mit Sexualparänese v.175-206 gilt zunächst unser Interesse. Die Verse 207-217 über das Thema *Kinder* nehme ich aber aus Gründen der formalen Beziehung hinzu; und sie enthalten in v.208 auch einen wichtigen Beleg für den Bezug des Verfassers zu seinen biblischen Vorlagen - hier Dtn 21,18ff. - V.218-227 wird in c.IV besprochen.

1.2 Einheit von Form und Thematik in PseuPhok 175 - 217

1.21 Einheit der Form und Relevanz der Form

In auffällig strenger Stilisierung hält der Verfasser den Stil des *weisheitlichen Mahnspruchs*,[9] nämlich μή mit Konj. oder mit Inf. (gelegentlich mit Opt.), durch und weicht nur in erkennbar begründeten Fällen davon ab.

1. *Prohibitives* μή (μηδέ, μήτε) findet sich in 24 von 52 Versen.[10] Sechsmal wird ein

6 Zum Problem veränderter Reihenfolge: Jos Ant 4,196f, vgl. K.BERGER 260 A.1; NIEBUHR 41f A.146.

7 Im allgemeinen hat in der jüdisch-christlichen Paränese die Sexualmoral ihren Platz anderswo als in der Haustafel. So enthält Eph 5,31 ein deutliches Stichwort für Sexualparänese. Aber deren traditioneller Kontext ist die Beziehung und Abgrenzung nach außen zur heidnischen Umwelt, im Eph z.B. 5,3-14.

8 Möglicherweise las PseuPhok den Beichtspiegel Hi 31 und kannte von dort her einen weitergespannten Pflichtenkanon, als ihn die griechischen Schemata bieten. Dort finden sich die bei PseuPhok wiederkehrenden Topoi: Die andere Frau, Recht von Knecht und Magd auf menschenwürdige Behandlung, Die Armen (Witwen und Waisen), Solidarität mit Genossen, Gastfreundschaft für Fremde, Achtung vor dem Lebensrecht des Feindes. (VDHORST zitiert aus Hi 31 nur v.32, s. bei PseuPhok 24.)

9 BERGER 557; vgl. VDHORST 225.

10 Das μηδ(έ) der Besorgnis im Begründungssatz v.197 (eine rhetorische Frage) zähle ich nicht mit.

Infinitiv (182.187.188. 194b,199.210), viermal ein Imperativ negiert (179.189.192.207); sonst steht immer Konjunktiv oder der äquivalente[11] Optativ. Μή mit Konj. pflegt einen negierten Imp.Aor. zu vertreten.[12]

2. *Der imperativische Infinitiv*[13] ist in eigener Weise kennzeichnend für die Reihenbildungen des PseuPhok. Sein Platz in der Versfolge ist nicht zufällig. In unserem Abschnitt findet er sich dreimal dort, wo eine rasche Folge von einversigen Mahnungen ohne Erweiterungsglieder beginnt v.(179-)182.187f, und dann je noch einmal v.194b.199 und v.210. - Der Übergang von der mahnenden direkten Anrede (die auch im imp.Inf. mitempfunden wird) zum Prohibitiv 3.Pers. 184-185 hat einen leicht einsehbaren Grund: v.184f hat nicht die durchweg angeredeten Adressaten, sondern Drittpersonen im Blick. Es ist von Frauen die Rede, die der Verfasser sich nicht unter seinen Lesern vorstellt. Für sie ist der Imp.3.Pers. (bzw. der Konj.3.Pers.) richtig, weil die (männlichen) Leser es ihnen als deren Verpflichtung weitersagen sollen:

184 *Auch soll die Frau die ungeborene Frucht in ihrem Leibe nicht umbringen ...*

In der raschen Folge der Mahnungen unterstreicht der Übergang zum imp.Inf. den Charakter der geschlossenen Reihe. Der Verfasser will nicht einzelne sittliche Einsichten vortragen, sondern Elemente einer in sich zusammenhängenden Ordnung auflisten.

Dies ist noch deutlicher an der Stelle, an der 23 imp. Inf. in nur 19 Versen einander folgen, anfangs ganz ohne Unterbrechung, dann durch andere imp. Formen und Begründungsklauseln ergänzt: v.3-21. Besonders geschlossen ist die Eingangsreihe v.3-8, in der in nur sechs Versen sechs Infinitive mit Negation und weitere fünf ohne Negation imperativisch gemeint sind. Nach v.8 ist klar, daß in der ganzen Reihe ein Imperativ mit Anredecharakter intendiert wird:

In erster Linie Gott ehren, sodann aber deine (!) Eltern.[14]

Durch keine einzige Begründungsklausel wird diese imperativische Reihe unterbrochen.[15] Der Infinitiv hat auch sonst etwas von einer kurz-bündigen Regel. Vgl. v.121

Dem günstigen Augenblick zu Diensten sein, nicht gegen den Wind anblasen![16]

Der imperativische Infinitiv eignet sich also gut für eine Reihe, die in ihrer Geschlossenheit als Vorschriftenkodex mit gebündelten Einzelaussagen wirken soll.

3. *Die Unterbrechungen der negativen Mahnungsreihe.* Die ohne die Prohibitive übrigbleibenden Verse der Reihe v.175-217 haben erkennbare Funktion im Zusammenhang. Sie führen entweder a) die Warnung als *positives Gegenstück* ins Positive weiter

---

11 DERRON S.LXXVIII

12 BLASS/DEBR./REHK. §§ 335 und 364 zum *Conjunctivus prohibitivus* der 2.sing.; s.o. S.39

13 BLASS/DEBR./REHK. § 389; BERGER, *Gattungen* 1096f. DERRON S.LXXVII: »L'infinitiv present, plus rarement aoriste, qui indique une préscription d'ordre général, convient particulièrement bien au caractère du code moral du poême.«

14 Insofern ist es nicht falsch, wenn WALTER den Infinitiv als Imperativ übersetzt:
Vor allen Dingen ehre du Gott, sodann deine Eltern.
Wer aber die Verbformen so frei aufnimmt - weniger der grammatikalischen Form und mehr der Sache verpflichtet -, dem bleibt u.U. die Verständnishilfe verborgen, die im griechischen Original vom Wechsel der Modi ausgeht.

15 Ein eindrückliches Gegenbeispiel ist LibAnt 11,9-13, s.u. Anm.102.

16 oder: *nicht gegen den Wind segeln* ἀντιπλέειν (DIEHL; DERRON: »mss récents«).

im Sinne einer sittlichen Zielangabe, oder aber b) sie tragen als *Begründungsklauseln* den vorausgesetzten oder empfohlenen Seinsgrund nach. So ergibt sich z.B. für v.175-180 eine klare Struktur:

Bleibe nicht ehelos,	Negat. (Ausgangs-)Mahnung
damit du nicht schließlich namenlos vergehst.	Begründungsklausel
Leiste auch du der Natur deinen Tribut,	2 x posit.Gegenstück
zeuge wieder,	
wie du geboren wurdest.[17]	Begründungsklausel
Verkuppele deine Gattin nicht,	neue negat.Mahnung
womit du deine Kinder befleckst.	Begründungsklausel
Denn ehebrecherisches Lager zeugt keine gleichartigen Kinder.	Begründungssatz
Rühre deine Stiefmutter nicht an,	neue negat. Mahnung
das zweite Lager deines Erzeugers;	Begründungsklausel
ehre sie wie eine Mutter,	posit.Gegenstück
die in die Fußstapfen der Mutter getreten ist.	Begründungsklausel

a) *Kurze positive Gegenstücke,* wie wir sie hier in v.176 und 180 finden, kommen in der Nachbarschaft der auffälligen negierten Infinitive v.182 und v.187f.194b nicht vor (im Gegensatz zur Nachbarschaft der negierten Infinitive in den Versen 3ff). Ich sehe auch darin ein Zeichen für die zusammenschließende Tendenz in diesen Versen. Nur ein weiteres kurzes positives Gegenstück sehe ich:

207b *(Deine Kinder behandle nicht hart und launisch,) sondern sei milde.*

Diese Mahnung an die zum Aufbrausen neigenden Väter scheint die unvermeidlichen kleinen Strafen ungerechtfertigt zu hindern. Daher folgt eine *Ausführungsbestimmung.* Diese formuliert die Aufgaben Dritter im Imp.3.Pers.:

208f *Wenn aber eines deiner Kinder gegen dich (!) frevelt, soll die Mutter den Sohn zügeln oder auch Familien- oder Gemeindeälteste.*

Auffällig ist, daß auch hier nicht die Eltern gemeinsam angeredet werden und auch nicht die Frau für sich (auch nicht die Gemeinschaft in Gestalt dieser »Ältesten«), sondern nur der einzelne männliche Leser.

b) *Begründungsklauseln / Begründungssätze / Ausgeführte Begründung*: Da das Gedicht entsprechend paränetischem und chokmatischem Stil 1) einversige begründende Sätze, 2) kurze, in den Mahnvers integrierte Begründungselemente sowie 3) angehängte ausgeführte Begründungen (ein- oder mehrversig) enthält, nenne ich die in v.175-180 kenntlich gemachten Verse mit eindeutig begründender Funktion Begründungs*sätze.* Sie finden sich außer hier noch in v.191.194.212.214.217. Dazu kommen zwei längere begründende Ausführunen v.195b-197.201-204.

4. *Positiv einsetzende Mahnung*: Zu positiver Mahnung, der nicht jeweils eine nega-

[17] WALTER nimmt die Etymologie von ἐλοχεύθης auf:
.. *wie du (selbst einst) im Ehebett empfangen wurdest.*
Ob auch der Grieche diesen sprachlichen Bezug auf λέχος = *Ehebett, Liebesgenuß* aus λοχεύω heraushörte, ist mir ungewiß.

tive Ausgangsmahnung voransteht, geht der Verfasser gegen Ende seiner Paränese über. Mit der Mahnung, auf die Jungen v.213 und auf die Mädchen v.215 und auf ihre Unberührtheit gut zu achten, wird zu den positiv gestalteten *Schlußmahnungen* über Verhalten gegenüber Alten und Sklaven übergeleitet. Schlußmahnungen einer längeren Paränese bieten auch sonst in der paränetischen Überlieferung gern eine Reihe positiver, als konkrete Ausführungsbestimmung geeigneter *Anweisungen*. Besonderes Interesse verdient die einzige positiv eingeleitete Mahnung im Mittelteil der Reihe:

195-197 *Liebe deine Gattin!*
Denn was wäre lieblicher und vortrefflicher ...

Die Bedeutung der Formen ist hier mit Händen zu greifen. In der Aufzählung all der Verbote im Sexualbereich, die der Verfasser aus der Bibel übernimmt, fühlt er sich einem positiven Motiv verpflichtet: der monogamen Ehe, die sich einer aus dem Inneren kommender Zuwendung, in der *Liebe*, erfüllt. Hier in v.195a tritt dies Motiv zutage - im positiven Imperativ, der, indem er einer Reihe negativer Imperative gegenübersteht und deren positive Gegenstücke zusammenfaßt und überhöht, eine selbständige Position einnimmt. Er ist der Antithetik von Position und Negation überhoben und wird nur noch ergänzt durch eine rhetorische Frage als Begründung v.195b-197.

Zur Frage der Integrität des Gedichtes

VDHORST referiert in einer Fußnote interessante Beobachtungen über sprachliche Unterschiede innerhalb des Gedichtes, nämlich zwischen den ersten drei Vierteln und dem letzten Gedicht-Viertel, und wirft dabei die Frage auf, ob unterschiedliche Quellen benutzt seien. Am auffälligsten ist dabei wohl die μηδέ-Zählstatistik:

6 mal nur in v.1-174,
14 mal (also relativ siebenmal so häufig) in v.175-230.

Folgen wir diesem Argument, so müßten wir im Schlußteil stärkere Sekundär-Quellen-Abhängigkeit oder ein Zusammenwachsen getrennt entstandener Gedichtteile annehmen. DERRON stellt demgegenüber mit Entschiedenheit den Eindruck der Einheit des Gedichtes als Werk eines Verfassers fest.[18]

Für die Häufigkeit des μηδέ in v.175ff gibt es auch Gründe.

1. Lev 18 mit seinem Stil der Aufzählung von Prohibitiven,
2. die paränetische Gewohnheit, die sachliche Entfaltung von Traditionsimperativen formal durch μηδέ zu kaschieren und so die sittliche Gleichgewichtung aller Mahnungen einer Reihe zu betonen (s. S.279). Wenn der Verfasser schon nicht hart am Text seiner Vorlage und an dessen Gestalt bleibt, dann will er wenigstens den Stil der Verbotsreihe aufnehmen. Seine Sorgfalt beim Wechsel von μή und μηδέ zeigt sich, wenn er die längste Serie von Versen mit μηδέ in v.181 mit der ersten Aktualisierung eines Verbotes aus Lev 18 beginnt und exakt dort beendet, wo er zu dem ihm besonders wichtigen Thema der Homosexualität kommt v.190.

[18] »L'uniformité constaté à propos de la versification se retrouve également dans la morphologie, la syntaxe, le style. Quelques divergences de vocabulaire entre les vers 1-174 et 175-230 n'ôtent riens à cette impression générale.« Die Hypothekenreihe des Hesiod gegen Ende der Erga Z.695ff gilt bei manchen (FRÄNKEL, *Dichtung und Philosophie* 143; KROLL, Art. *Lehrgedicht*, PRE 24,1843) für stark interpoliert. Sie kann aber PseuPhok bestärkt haben für seine hexametrische μηδέ-Reihe.

1.22 Thematische Abhängigkeit von Leviticus 18(- 19)

Jacob BERNAYS beschreibt den Rezeptionsvorgang des Phokylideers so (227):

»Aufgenommen hat der Phokylides solcherlei Gesetze des Pentateuch, welche in Beziehung stehen zu der Moral des Privatlebens oder des öffentlichen nach seinen nicht die jüdische Nationalität berührenden Seiten, also Gesetze derjenigen Gattung, welche die jüdischen Gelehrten *Verstandes-Gesetze* (מצות שׂכליות, משפטים δικαιώματα) zu nennen pflegen, weil ihre Zweckmäßigkeit auch dem Verstande einleuchtet. Zu diesen hat er noch einige wenige an das Rituelle streifende Gebote gefügt, denen leicht eine moralische Bedeutung unterlegt werden kann ... Ausgeschlossen dagegen hat er Alles, was mit dem Sonderwesen der jüdischen Nationalität zusammenhängt; ferner alles Rituelle, das sich nicht mit dem Verstande abfindet, also die sogenannten *Gehorsams-Gesetze* (מצות שׁמעיות, חקים ἐντολαί);[19] endlich hat er von den vielen den Götzendienst verpönenden Gesetzen des Pentateuchs kein einziges in ausdrücklichen Worten aufzunehmen für gut befunden, sondern sich begnügt, seine Morallehre in einem, nun auch überall durchklingenden, monotheistischen Ton vorzutragen.«

Ich folge der von Bernays »zur Bewährung dieser Sätze unumgänglichen Durchmusterung des ganzen Gedichtes« (227), halte mich dabei aber nicht wie er an die vorgegebene Versfolge:

→ Den Dekalogbeziehungen des Gedichtes widme ich den Teil 2 dieses Kapitels und einen Abschnitt im Zusammenhang des Vergleichs mit dem NT im c.XIV.

→ Den Fragen von Lev 19 als »Hauptquelle des Verfassers« bis v.40 (232) und den Beziehungen zwischen v.132-152 und Ex 22f/Dtn 13f; 22 gehe ich im c.VI im einzelnen nach.

→ Zunächst aber richte ich den Blick auf Lev 18 und beginne hierbei mit der Verwandtschaft der Thematik jenes Kapitels des Heiligkeitsgesetzes mit der des PseuPhok.

Die Herleitung der Verse 187-198 von Lev 18 (v.6-23) seit BERNAYS beruht auf der Verbindung von Reihenstil und Thematik. Der monotonen Reihung eines Inzestfalles nach dem anderen dort entspricht hier der Übergang zu einer dichten Reihung formal verwandter Mahnungen, die alle gegen sexuelle Verirrungen - den Inzest und anderes, was der Verfasser auf gleicher Stufe sieht - gerichtet sind. Doch gibt es auch gravierende Unterschiede. Viele Vorschriften der Vorlage sind ausgelassen, die Reihenfolge scheint ignoriert; statt der rein prohibitiven Tabuliste dort (mit dem Verdikt *schändlich* oder *unrein machend* versehen) ist PseuPhok mehr positiv orientiert (v.176.195-197!). Die Übernahme von Begriffen der Vorlage hält sich in engsten Grenzen. Das alles will erklärt sein und führt uns zu der Aufgabe, die Zitations- und Interpretationsmethode des Verfassers zu untersuchen.

Zwar gibt es zu nahezu allen Warnungen des Phokylideers in diesem Abschnitt griechische Sachparallelen; aber die Eindeutigkeit der Ablehnung ist im Judentum geschlossen vorhanden, unter griechischen Schriftstellern sporadisch und bedarf dort der philosophischen Begründung, die hier (nicht nur aus Gründen der gnomologischen Gattung) fehlt. Jede Ablösung der Sexualität der Männer und Frauen von der Ehe - gewünscht wird die einmalige Einehe und also die Ehelosigkeit der Witwer - wird gebrandmarkt. Sodann wird zur sexuellen Gefährdung der unverheirateten Jugend v.213-217 die Brücke so geschlagen, daß Erziehungsfragen v.207-212 zwanglos eingeschlossen werden können; ein Schlußabschnitt über Alte und Sklaven schließt sich organisch an.

---

[19] Etwas ausführlicher trägt Michael FRIEDLÄNDER, *Die jüdische Religion* 186f, diese Unterscheidung der Gesetze vor. Sie folgt Sifra zu Lev. 18,4 und Bar. Yoma 67b - und ist nach DAUBE, *Rabbinic Methods* 262, nicht ohne den Einfluß griechisch-rhetorischer Tradition im Hellenismus formuliert. Die Begrifflichkeit ist, soweit sie nicht auf Lev 18,4 beruht, mittelalterlich.

1.3 Die begriffliche, sprachliche und formale Abhängigkeit von Lev 18

1.31 Gebots-Zitate aus Lev 18

BERNAYS findet (242) für v.177ff »hinsichtlich der Benutzung der Bibel .. bei den verbotenen Graden (sc. der Verwandtschaft) ... seine (des Verfassers) gewohnte Zurückhaltung in übermäßig zaghafter Weise ... Obgleich er offenbar aus dem achtzehnten Capitel des Leviticus schöpft, so hat er aus der dortigen vielgliedrigen Reihe doch nur vier Fälle herausgehoben: die Verbindung mit Stiefmutter, Schwester, Kebsweibern des Vaters, gleichzeitige Verbindung mit zwei Schwestern (V.179-182, 194)«.[20] Was Bernays mit Schamhaftigkeit erklären zu wollen scheint, hat aber sicher seine triftigen Gründe in Wesen und Willen der Paränese.

Ich finde in der Haustafel des Gedichtes aus der langen Reihe der Sexualgebote von Lev 18 fünf explizite Zitate:

179	Beischlaf mit der (verwitweten) Stiefmutter	= v.8
182	Beischlaf mit der Schwester	= v.9
188	Beischlaf mit Tieren	= v.23
190	Beischlaf des Mannes mit dem Manne	= v.22
194b	Beischlaf mit der Schwägerin von Seiten der eigenen Geschwister	= v.16

Dazu ein umschreibendes Zitat v.189:

189	Entehrung der Frau durch *Schändliches*	= v.19

Ausgelassen aus der Reihe der Inzestverbote von Lev 18 hat der Verfasser folgende Verwandtschaftsgrade: die eigene (verwitwete) Mutter, die Enkelin, die mitgebrachte Tochter der Stiefmutter, die Tanten auf Vaters und auf Mutters Seite, die Schwägerinnen der Eltern, die Schwiegertochter, die Schwägerin von seiten der Ehefrau zu deren Lebzeit.

Mit dieser radikalen Auswahl vollzieht PseuPhok - wie längst vor ihm Weisheit und Paränese - den Schritt von der archaischen Form des Rechtskodex, der juristisch-sozialen Liste, zur individual-moralischen Paränese einer jüngeren Epoche.[21] Die anderen verbotenen Grade aufzuzählen, kann der Paränet sich sparen. Die sexuellen Gefahren für den friedlichen Bestand der archaischen Großfamilie sind nicht mehr im Blick, sondern das sittliche Individuum. Nicht juristische Vollständigkeit ist angestrebt, sondern - unbeschadet des deutlichen Traditionsbezuges - aktuelle Treffsicherheit. Dem dient es, wenn der Verfasser heraustellt, was ihm wichtig scheint. Er rechnet mit exemplarischer Wirkung des Ausgewählten und gewinnt Raum für das, was viel wichtiger ist als die monotone Auflistung: für Aktualisierung und für Begründungsverse und -abschnitte.[22]

---

[20] BERNAYS zählt noch richtig »194«, rückt den Vers aber nach 182 ein, den ich nun als v.194b bezeichne.

[21] Arist 152 und PsSal 8,10 erfassen auch das hier Ausgelassene: Blutschande mit Mutter und Tochter.

[22] Zu beachten ist auch der Anspruch der griechischen Bildungswelt, die einen anspruchsvolleren Gedankenfortschritt erwartet als den von einer verbotenen Beziehung zur je nächsten.

Die jüdisch-paränetische Regel ist es, daß ein besonders markantes, wenn auch konkretes und spezielles Gebot für einen ganzen Komplex ethischer Vorschriften steht - diesen »repräsentiert« - und seinerseits neu in eigener Verantwortung des Paräneten aktualisiert, spezieller: konkretisiert, und neu begründet wird.

Aus der
Traditionsquelle
wählt der Verfasser also eine
Repräsentanzmahnung,
die er in eigener Verantwortung durch seine
Aktualisierung[23]
wieder auf andere Einzelfälle bezieht. Dabei kann er natürlich geleitet sein durch Auswahl- und Konkretisierungsgepflogenheiten der Traditionsstufe, unter deren unmittelbarem Einfluß er steht.

Lev 18,8-9 / PseuPhok 179-182

Die umfangreichsten Auslassungen betreffen den Anfang der alten Tabuliste Lev 18,7-18. Hier übernimmt der Phokylideer nur zwei Beispiele. Das erste betrifft einen Vorgang, von dem Paulus 1Kor 5,1 sagt, daß auch die Heidenvölker ihn verabscheuen:

179 *Rühre deine Stiefmutter nicht an,.*
(sie ist) das zweite Ehelager de(ine)s Erzeugers.

Die Anlehnung an Lev 18,8 ist zwar durch keinen einzigen übernommenen Begriff abgestützt. Und doch ist kein wesentliches Element des zitierten Textes ausgelassen: Die mütterliche Frau im Haus, Ehefrau des Vaters/Erzeugers, nicht die eigene Mutter, sexuelle Annäherung; sogar die umschreibende Bezeichnung des Beilagers mit ἀσχημοσύνη πατρός scheint der Verfasser mit λέκτρα γονῆος aufnehmen zu wollen.[24]

182 *Und nicht dem unnahbaren Bette der Schwester dich nahen.*

Die Aufzählung der juristisch relevanten Fälle von Schwester- und Halbschwesterbeziehung Lev 18,9 verdrängt der Phokylideer zugunsten der moralisch tabuisierenden Wendung ἀπότροπος εὐνή *Das Bett, von dem man sich abzuwenden hat.* - Auch hier dient eine Vokabel für *Bett* zur Aufnahme von ἀσχημοσύνη.

Auffällig ist die Auslassung des ersten Verbotes der Toraliste Lev 18,7, das die eigene Mutter betrifft. Hier kann der Autor erst recht einmütige Ablehnung in der hellenistischen Kultur voraussetzen. Philo spricht SpecLeg 3,13f von Mutterehen als einer persisch-dynastischen Sitte und stellt dagegen das Gebot,

---

[23] Zum Verhältnis von Toratreue und Anwendungsoffenheit vgl. NIEBUHR S.50f

[24] Der Nominativ λέκτρα, eine inkongruente Apposition zu μητρυιῆς (LINCKE), nimmt in seiner Breviloquenz das Verbum ψαῦε gleich mit auf und betont, daß das Berühren sexuell gemeint ist. Die von VDHORST ausführlich referierte Diskussion über diesen Nominativ und das lexikalische Problem mit λέκτρα (Bedeutung *Frau* ist nicht belegt) erledigen sich aufgrund der von VDHORST nicht mit zitierten Begründungsklausel zur Toravorlage Lev 18,8b: ἀσχημοσύνη (Nominativ!) πατρός σού ἐστιν. DERRON verweist auf BLASS/DEBR./REHK. § 136 (*Schwere Inkongruenzen* im NT).

πατρὸς εὐνήν ... ἄψαυστον φυλάττεσθαι.[25] - Was die lückenhafte Übernahme der Toraliste betrifft, gehen wir gewiß nicht fehl mit der Annahme, daß der Verfasser nicht einfach ausließ und ergänzte, sondern den Stil der Auflistung aus Lev 18,7ff imitierte in einer Art von neuem Kodex aus Altem und Neuem v.(175-)181-190.

Lev 18,19/PseuPhok 189

μηδ' ὕβριζε γυναῖκα ἐπ' αἰσχυντοῖς λεχέεσσι(ν)[26]
Und frevle nicht (sc. gewaltsam oder ausschweifend) gegen (d)eine Frau in schandbaren (Arten von) Beilager.

Die Bedeutung des Verses gilt als dunkel. Seine allgemein gehaltene Aussage hat zu allerlei Vermutungen Anlaß gegeben. Vom Demütigen der Ehefrau durch männliches *Fremdgehen*[27] über die Gewaltanwendung bei einer fremden Frau bis hin zu Lippensexualität[28] gehen die Vermutungen. Ich würde es aber sehr eigenartig finden, wenn der antik-jüdische Verfasser bei einer Paränese nach Lev 18 den Topos *Unreinheit (speziell innerhalb der Ehe)* völlig übergangen hätte. Zu seiner Zeit diente der Topos nämlich zur Andeutung und zur Zusammenfassung all dessen, was dem jüdischen Manne und der jüdischen Frau als sexuelle Normwidrigkeit bekannt sein mußte. Stark waren die Tabus, die den Sexualverkehr, das ἀσχημοσύνην ἀποκαλύψαι, an die Zeugungsabsicht banden[29] und Beischlaf während der Schwangerschaft, im Alter und während der Menstruation untersagten. Sie konnten mit ἀκαθαρσία kurz und bündig erwähnt werden. Und ebenso befremdlich wie die Auslassung der Unreinheitsvorstellungen allgemein wäre die Übergehung der im jüdischen Alltag wohl aktuellsten Stelle des ganzen Kapitels, v.19 mit seiner Erwähnung der Menstruation.

Aber der Verfasser, der die verbotenen Verwandtschaftsgrade Lev 18,6-18 hinlänglich erwähnt, die *Befleckung des Samens* 18,20(-21) gleich zu Beginn v.177f (s.u.) anspricht und Homosexualität sowie Bestialität Lev 18,22f überdimensional erörtert, läßt auch den Vers Lev 18,19 nicht aus. Der Beischlaf an verbotenen Tagen steht ihm repräsentativ für *vielerlei Verunreinigungen*. Die Begriffe ὑβρίζειν und αἰσχυντός bewirken einen verallgemeinernden Hinweis auf all das, was das vom Verfasser apostrophierte naturgemäße Empfinden und Urteilen v.192 und die Erziehung zu ziemlichem Verhalten v.213ff als *schändlich* erkennt. Und es entspricht seinem humanen Ethos ebenso wie seiner Rollenzuweisung für Mann und Frau, wenn er die Verantwortung dabei mit

---

25 Anspielungen auf einen Extremfall der griechischen Tragödie (Ödipus) haben unter diesen Direktiven der Alltagsmoral keinen Platz. S. dagegen Philo, SpecLeg 3,15.

26 Unsicherheit der Überlieferung betr. Schluß-»ν«.

27 WALTER z.St. - mit der Alternative: *Vergewaltige nicht eine (fremde) Frau*. Ersteres entspricht nicht einem Toraverbot, wohl aber dem sittlichen Urteil der jüdischen und auch der griechischen Weisheit.

28 χειλέεσσι nach BRUNCK (angeblich v.l. P - s. YOUNG u.a.; berichtigt durch DERRON)

29 Tob 8,7; TestXII Iss 2,1.3; Philo SpecLeg 3,113; Jos Ap 2,199, Ant 4,261 (Bell 2,161); BerR 51; vgl. VERMES *Summary* 296. K.NIEDERWIMMER, *Askese und Mysterium* 74, sieht in der Weiterführung dieser Linie im frühen Christentum eher eine Absicherung gegen Gefahren aus dem Heidenchristentum mit Hilfe des Rückgriffs auf jüdische Tradition, vermerkt aber auch (223) »jene seltsame Ambivalenz, die das Erbe der christlichen Sexualmoral ab origine bestimmt: sie ist Symptom der Hoffnung und Symptom der Angst«. - Nach NIEBUHR (28) handelt es sich bei den Äußerungen von Philo Hyp 7,7 und Josephus Ap 2,202 über Empfängnisverhütung um »aktualisierende Interpretation« der Vorschrift bezüglich verbotener Tage.

ὑβρίζειν γυναῖκα ganz dem Manne auferlegt. Die Überschreitung der Tabugrenzen in der Ehe wird als Affront des Mannes gegen die Frau bezeichnet; dazu s.u. S.71f und S.80f zu v.184.

Lev 18,22f / PseuPhok 188.190-192

Im Unterschied zur bisherigen sparsamen Auswahl greift PseuPhok die drei Verbote Lev 18,22f mit drei Mahnversen auf, wobei er ein Verbot *Unzucht von Frauen mit Tieren* zwar ausläßt, zur Homosexualität der Männer aber einen eigenen Vers über Homosexualität der Frauen hinzufügt. Letzteres ist also kein Zitat,[30] sondern eine Kombination und Aktualisierung aus eigenem Ermessen:

188	Unzucht mit Tieren		
		vgl. Lev 18,23	Unzucht von Männern mit Tieren
			Unzucht von Frauen mit Tieren
190	Homosexualität der Männer		
192	Homosexualität der Frauen		
		vgl. Lev 18,22	Homosexualität der Männer

Lev 18,16 / PseuPhok 194b(=183)[31]

Mit der Herleitung von Lev 18,16 setze ich ein maskulinisches Substantiv: χασιγνήτων voraus:

Nicht zu Bett gehen mit den Frauen der Geschwister.[32]

---

30 Vgl. die hermeneutische Regel CD 5,9f (LOHSE): *Und das Gesetz über Blutschande ist zwar für Männer aufgeschrieben, aber ebenso für die Frauen (gültig).*

31 Zur Zählung »194b« (statt »183«) s.o. S.21f. - Die ideale Anknüpfung an χασιγνήτης v.182 und die gute formale Einfügung in den Kontext veranlaßten BERNAYS und mit ihm die folgenden Herausgeber, den Vers hierher zu verpflanzen. Aber sowohl das Stichwort ἀλόχων/ἄλοχον als auch eine angemessen harte Antithese zu v.195 gibt ebenso gute formale Gründe dafür, den Platz vor v.195 zu belassen. Für unsere Kontextprüfung wäre die Konjectur zu unsicher. Die mit v.177 beginnende Liste der sexuellen Verirrungen wird nach der grundsätzlichen Warnung vor Hingabe an den Eros v.193f noch einmal rekonkretisiert v.194b, bevor das positive Gegenbild gemalt wird v.195. Das Ideal der monogamen und herzlichen Verbindung v.195 bekommt in der begehrten, aber eben nicht zustehenden Frau v.194b sein peinliches Gegenüber. Die Rückkopplung ins ganz Konkrete (wie ein abfallender Schluß wirkend) findet sich nicht selten gegen Ende paränetischer Reihen - und hat die Ausleger öfter verwirrt, vgl. J.THOMAS, *Formgesetze des Begriffskataloges* 24-27.

32 Der (doppelte) Plural χασιγνήτων ἀλόχων ist auffällig. Er hat weder in den möglichen Quellstellen der LXX, noch in dem sprachlichen Vorbild der Verse bei Hes Erga 328 (ὅς τε χασιγνήτοιο ἑοῦ ἀνὰ δέμνια βαίνῃ) einen Anlaß. Die Sache ergibt nur rechten Sinn, wenn hier im Unterschied zu v.182 maskulinisches χασιγνήτων gelesen und auf die Brüder bezogen wird, so daß auch mehrere Frauen im Spiel sind. DORNSEIFF hält auch das Verbot der Heirat mit der Schwester einer noch lebenden Ehefrau nach Lev 18,18 für möglich. Das ergibt ein feminines Verständnis = χασιγνητῶν und die Vertauschung des *nomen regens* in der Genetivverbindung mit ἀλόχων: *Nicht zu Bett gehen mit den Geschwistern der Ehefrauen*. Das gemeinsame ἐπί in Vorlage (Bezeichnung des ungehörig Zusätzlichen) und Zitat könnte diese Interpretation stützen. Ich möchte assoziativen Einfluß in dieser Richtung nicht ausschließen. Im übrigen bereitet Dornseiffs Vorschlag Schwierigkeiten: Der doppelte Plural der Genetive paßt nur auf Brüder. Die alte Vorlage handelt von Polygamie, unser Text von außerehelichem Beischlaf. - Mit einem adjektivischen χασιγνητῶν entgingen wir dem doppelten Genetiv. Die maskuline Zäsur stützt aber das Substantiv ebenso wie der biblische Bezug.

Ergebnis

Die paränetische Tradierungsmethode des Verfassers ist an den sechs Zitatbeispielen gut ablesbar: Was aktuell in einem einzelnen Satz abgetan werden kann, wird gekürzt bzw. *repräsentativ* erwähnt. Was ihm aktuell wichtig ist, wird *aktualisiert*. Weiteres s.u. im Abschnitt *Erweiterungen* S.77ff.

1.32 Begriffliche und sachliche Anspielungen

Neben den echten Zitierungen ergeben auch die ganz wenigen Beispiele sprachlicher und die Beispiele sachlicher Anspielungen ein eindrückliches Bild der Abhängigkeit von Lev 18, sofern wir die Umsetzung aus der juristischen in die paränetische Reihe differenzierend bedenken.

Lev 18,20f; 19,29 / PseuPhok 177f

Lev 18

20 χαὶ πρὸς τὴν γυναῖχα τοῦ πλησίον σου οὐ δώσεις χοίτην σπέρματός σου ἐχμιανθῆναι πρὸς αὐτήν.

21 *Vom eigenen Samen sollst du nicht darbringen, um den* ἄρχων *zu verehren.*

PseuPhok 177

Prostituiere nicht deine Ehefrau ἄλοχον, *deine Kinder befleckend.*

Die Beziehung zwischen v.177f und Lev ist gekennzeichnet von engem Zusammenhang und eigenwilliger Neuschöpfung. Das Motiv des Einschleppens von Unreinheit in die Familie sind vorgegeben, aber doch ist der Vers ganz das Werk des Verfassers. Lev 18,20 bezeichnet den Ehebruch mit der Frau des Nächsten als *Verunreinigung des handelnden Mannes*. Und da σπέρμα im folgenden v.21 für *Nachkommenschaft* steht, mußte der Verfasser die Gefahr der Verunreinigung auch auf die Nachkommenschaft beziehen. Das Motiv des Schutzes von Leben und Unversehrtheit der Kinder kommt in v.184f.187 (und 207-209) hinlänglich zur Geltung[33] und tritt hier hinter den eigentlichen Sexualfragen zurück. Der Begriff der *Befleckung der Kinder* in v.177 macht den Auslegern sachlich Schwierigkeit. Wieso werden die (eigenen) bereits geborenen Kinder befleckt, wenn die Mutter sich prostituiert? Man wird hier, wo dem Verfasser

---

[33] Die ausführliche Behandlung des Moloch-Opfers in Lev 20,1-5 verbietet es, anzunehmen, der Verfasser hätte die Anspielung zwei Kapitel voraus, also an unserer Stelle 18,21, nicht beachtet oder nicht verstanden. - Merkwürdig und einmalig ist die Übersetzung von מֹלֶךְ = *Moloch* durch ἄρχων in Lev 18 LXX und Lev 20 LXX (und sie wird in der Handschriftenüberlieferung auch teilweise in μολοχ/μολωχ korrigiert). Doch vermeidet es die LXX auch sonst, den Moloch beim Namen zu nennen. (Lev 20,5 gibt הַמֹּלֶךְ pluralisch mit τοὺς ἄρχοντας wieder.) Ob jüdische Bibelleser hier schon etwas von gefährlichen Archonten herauszuhören vermochten, weiß ich nicht zu sagen. Jedenfalls vermeidet es der streng theistisch denkende Phokylideer, Auseinandersetzungen zwischen der Gottheit und ihren Verehrern auf der Erde einerseits und bösen Mächten im Hintergrund andererseits anzudeuten. Vgl. zur Umbildung des hebräischen *moläk* מֹלֶךְ in μολοχ 2Kön 23,10, Jer 32(39 LXX),35; O.EIßFELD, Art. *Moloch*, RGG³ 4,1089f; zum Gesamtproblem H.-P.MÜLLER, Art. מֹלֶךְ *molaek*, THWAT 4, bes. Sp.965-967. - Nach NIEBUHR (37) hat Philo aus der »Fehlübersetzung« von מֹלֶךְ durch ἄρχων das Verbot entnommen, Nachkommenschaft in die Sklaverei zu geben γέννημα δουλοῦν Hyp 7,7.

Abscheu näher liegt als rationales Argumentieren, nicht mit der logischen Elle messen, muß aber doch die Herkunft des Begriffes und Bildes plausibel machen. Der folgende Begründungsvers

178 *Denn ehebrecherisches Lager zeugt keine gleichartigen Kinder.*

hilft nicht viel weiter, weil auch das Argument der »gleichen« Kinder nicht deutlich ist. Aber ein Jude, der so konsequent biblische Norm aus Lev 18 in die hellenistische Umwelt vermitteln will, wird bei Unreinheit schwerlich an etwas anderes als an die Tabuisierung des sexuellen Bereiches im Judentum denken. Und eben diese fand er in Lev 18,20 mit der Kinderfrage in Zusammenhang gebracht. Offensichtlich bezog er das Passiv ἐκμιανθῆναι auf die Kinder statt (wie der Text) auf den handelnden Mann. Er spricht aber von der Befleckung der eigenen[34] und nicht der Ehebruchskinder: σέο τέκνα μιαίνων! So ist er wohl geleitet von der Vorstellung, daß Ehebruchsfrüchte aus Fremdbeziehungen der Ehefrau in die Familie eine dauernd manifeste Verunreinigung einschleppen. - Diese Auffassung findet auch eine Stütze an

Lev 19,29 οὐ βεβηλώσεις τὴν θυγατέρα σου ἐκπορνεῦσαι αὐτήν,
καὶ οὐχ ἐκπορνεύσει ἡ γῆ, καὶ ἡ γῆ πλησθήσεται ἀνομίας.

Schwerlich ist dem Verfasser diese Stelle außer acht geblieben, die vom Entweihen des Landes durch Schicken der Tochter zur Prostitution handelt, zumal viele Gedanken in der ersten Gedichthälfte auf Lev 19 zurückgehen. Wie kommt er dazu, ohne biblischen Anhalt von der Prostitution der Ehefrau statt von der der Tochter zu sprechen? Ich denke, so, wie er dazu kommt, von der homosexuellen Beziehung der Frau statt vom Beilager beim Tier zu sprechen v.192. Er schreibt nicht ab, sondern wählt aus und bildet aus den in der Tradition bezeugten Normen und Motiven die Mahnsprüche, die er in eigener Verantwortung vorzutragen für nötig hält. Die Einordnung des Wortes gegen die Prostitution an dieser Stelle seines Gedichtes zeigt ihn als einen Bibelleser, der beide Kapitel zusammen bedachte.[35] In Lev 19 findet sich auch deutlicher noch das Motiv der übergreifenden Schändung (des ganzen Landes, bei PseuPhok der ganzen Familie) ausgesprochen. Lev 19,29 hilft, das dichte Netz der Weisungen und Vorstellungen zu erkennen, die beim Schreiben dieser PseuPhok-Haustafel wirksam wurden.

Die Umkehrung der Adresse, die ich bei der Umsetzung von Lev 18,20 zu PseuPhok 177 voraussetze - vom Ehebrecher zum Ehemann, der zum Ehebruch verleitet - ist doppelt erklärlich. Einmal setzt eine solche Mahnung neben dem Abscheu des Juden vor solchen Vorkommnissen (die noch andere Qualität haben

---

34 ein Charakteristikum der Textaussage, das die Übersetzungen durchweg vernachlässigen. Die Wendung σέο ... μιαίνειν dürfte ein halachisches Motiv sein, vgl. v.34 (und 4). Der aktive Gebrauch des μιαίνειν findet sich auch in Ez 18,6, hier nicht als Befleckung (möglicher) Kinder, sondern der Frau des Nächsten (durch Einbruch in dessen Ehe). Josephus spricht Ant 4,245 von der Ehe mit einer Sklavin als einem Mißstand, da Kinder aus solcher Ehe keine φρονήματα ἐλευθέρια καὶ πρὸς ἀρετὴν ὄρθια erlangen können. - Lev 18,24-30 zeigt ein Verhältnis von Aktiv (bzw. Medium) und reflexivem Passiv, das den Phokylideer geleitet haben kann: Wer *»sich befleckt«*, der *»befleckt das Land«* und belastet es mit Fluch. - Warnung vor dem Fluch, den man (künftigen) Kindern durch gebotswidriges Sexualverhalten auflädt, ist nicht unüblich (Weish 3,16). Die Auffälligkeit unserer Stelle, die gerade die ehelichen Kinder zum Argument nimmt, fügt sich in die Ethik des Gedichtes gut ein: statt Fluch und Strafandrohung Anleitung zu ethischer Erwägung.

35 Die Vorstellung, er habe eine mehr sachlich geordnete Zusammenstellung einschlägiger Toraverse, also eine Sekundärquelle benutzt, wäre angesichts der vielen dichten Bezüge zum alten Text und des Zuganges eines gebildeten Diasporajuden zur griechischen Bibel rein spekulativ.

als der Gang des darin freizügigen Mannes[36] zur Dirne) auch eine echte Gefahr in der Umwelt des Verfassers voraus (s. VDHORST). Zum anderen ist diese Haustafel und das ganze Gedicht geprägt von dem Bemühen, den Mann verantwortlich zu machen, auch und gerade für vorbeugende Bemühung um seine Frau. Der Verfasser gelangt auch durch dieses Verantwortlichmachen des Mannes zu einer recht geschlossenen Auswahl und Entfaltung seiner Anliegen und Mahnsprüche.

Im Zusammenhang der subtilen Beziehungen des Textes zur Toravorlage finde ich eine Indiziensumme, die tragfähige Schlüsse der Interpretation für v.177f zuläßt und die gestattet - wenn die doppelte Umsetzung der Toravorlage in eine aktuelle Paränese und in das Sprachgewand des antiquierenden Gedichtes mitbedacht wird -, von *variierender Zitierung* zu sprechen. Wir können daher paraphrasieren:

177f *Schicke deine Frau nicht zur Prostitution, womit du deine Kinder entehrst und schändest.*
Denn sie wird dir aus ehebrecherischem Beischlaf Kinder gebären,
die in deine Familie Entehrendes und Schändliches eintragen.

»Schändliches Lager«

Die Beispiele eines Begriffsfeldes möchte ich zusammenfassend besprechen, weil wir hier noch einen Blick in die Werkstatt des Verfassers tun können. Der Schlüsselbegriff für verbotene Sexualbeziehung zwischen Mann und Frau in Lev 18, ἀσχημοσύνην ἀποκαλύπτειν, kommt bei PseuPhok nicht vor; ebensowenig der Begriff κοίτη, mit dem Sexualverkehr mit Gleichgeschlechtlichen und mit Tieren und einmal der Ehebruch 18,20 bezeichnet wird. Auch das Wortfeld αἰσχ- ist nur mit einmaligem αἰσχυντοῖς v.189 vertreten, was wir mit ἀκαθαρσία und ἀσχημοσύνη aus Lev 18,19 in Verbindung zu bringen hatten.[37] Von v.178 bis v.194b finden sich aber neunmal Äquivalente für *Beilager, (Ehe-)Bett*. Es sind die Begriffe λέκτρα v.178f, λέχος v.181.188.192,[38] εὐνή v.182.190f, und δέμνια v.194b. Alle diese Begriffe kommen ausschließlich in diesem Bereich des Gedichtes v.177-194b vor - siebenmal im üblen Sinne, zweimal, v.190 εὐνὰς φύσεως und v.192 λέχος ἀνδρῶν, neutral. Alle diese Stellen beziehen sich auf eine Textstelle der Vorlage, die entweder ἀσχημοσύνην ἀποκαλύπτειν oder κοίτη bietet.[39] Bedenken wir dazu die Vorliebe des Verfassers für Begriffsvariation:

> Auch die Beziehung zum Dekalog in v.3-8 läßt sich nicht an Begriffen festmachen. - Begriffsvariation und Begriffsspiel zeigt besonders das Ende der Haustafel: v.223-227 θεράπων - δοῦλος - θεράπων - δοῦλος - οἰκέτης (VDH 257) und v.220-222 γέρουσιν - γεράων - γέραιρε (VDH 254). Dagegen behandelt v.135f den Stamm κλεπ-/κλοπ- dreimal als biblisch bestimmtes Schlüsselwort (wenn auch nicht ohne die Vorliebe für Begriffsvariation, VDH z.St. - S. Register s.v. *Variabilität*).

---

[36] Josephus erklärt die Ehe mit einer (ehemaligen) Prostituierten für verboten, ohne über den Gang des Mannes zur Dirne etwas zu sagen; Polygamie dagegen ist in Israel dem πάτριον gemäß Ant 17,14.

[37] »Most words with the stem αἰσχ- have something to do with inadmissable sexual practices«, VDHORST zu v.189. In anderem Kontext v.76 sieht sich VDHORST durch αἰσχρός (vgl. CarmAur 11) an die sexuelle Bedeutung erinnert.

[38] Vgl. die instruktive Stelle Jos Ap 2,198ff, speziell 202

[39] Abgesehen von der archaischen Inzest-Verbots-Reihe Lev 18,6-18 ist κοίτη der bevorzugte Begriff, (Lev 15; Sir 41,22 bzw.24). Die Vermeidung dieses (auch im Griechischen so verwendeten) Begriffes und sein Ersatz durch vier andere Begriffe läßt auf Methode schließen.

Auch dies Variieren der Begriffe führt den Verfasser weit weg vom archaischen Aufzählungsstil Lev 18,7-23, der sich mit einem Maximum an Wiederholung gleichbleibender Wörter gefällt. Wo dagegen PseuPhok vom Beischlaf ohne absolut anstößige Bedingungen spricht, nämlich der Verführung der Jungfrau v.198, gebraucht er statt eines Substantivs für *Bett* das Verbum μιγείη.

Der Phokylideer hat also offenkundig den Bibeltext Lev 18 vor sich liegen gehabt, in der Sache sorgfältig selektiert, komprimiert und aktualisiert und in der Sprache (fast) jeden direkten Anklang an den mosaischen Text vermieden.

1.4 Torazitate aus Ex 21f und Dtn 21

Der Verfasser ergänzt die aus Lev 18 entnommenen Warnungen mit seinen Versen 186.198.208f um zwei Beispiele nach Ex 21f und um eine Anregung aus Dtn 21. Sicher wäre es ihm nicht schwierig erschienen, die hier aufgegriffenen Verhaltensweisen als Aktualisierung von Geboten aus Lev 18 einzubringen. Er wählt statt dessen das Zitat aus anderen Stellen der mosaischen Tora. Während aber zwischen den Leviticus-Zitaten und ihrer Vorlage Übereinstimmung besteht hinsichtlich der Formulierung als Prohibitiv, sind die zwei Prohibitive v.186.198 je aus der Umformung einer kasuistisch formulierten Rechtsregel entstanden. Im dritten Fall Dtn 21 bleibt die kasuistische Form v.208f erhalten, wird aber einem neugebildeten Prohibitiv v.207 als Ausführungsbestimmung zugeordnet. Auch dies ist ein Aspekt der inhaltlichen und sprachlichen Umformung des alten Rechts in Paränese.[40]

Ex 21,22-25 / PseuPhok (184-)186

186 *Erhebe nicht die Hand gegen deine Frau, wenn sie schwanger ist.* (W)

Der Vers folgt unmittelbar auf die - biblisch nicht expressis verbis vorgezeichnete - Mahnung gegen Abtreibung und Kindstötung v.184f. Wenn wir ihn als Zitat aus Ex 21 betrachten können, so ist v.184f so etwas wie eine aktualisierende Hinführung auf das Exodus-Zitat in v.186. Denn Ex 21 handelt vom gefährdeten Leben des Nachwuchses:

Wenn zwei Männer sich raufen und treffen dabei eine schwangere Frau
und ihr Kind[41] *geht ab ...*

Nun handelt allerdings v.186 vom schädigenden Verhalten des Ehemannes selbst, Ex 21 aber von einem Dritten. Doch mit v.184f zusammen haben wir eine sinnvolle Übertragung der alten Rechtsvorschrift zum Schutze der Schwangeren und des Nachwuchses:[42]

184 Keine Abtreibung
185 Keine Kindsaussetzung
186 Keine Gefährdung der Schwangeren

---

[40] Weitere Anklänge an das Deuteronomium betreffen Duplikate der Gebote im Heiligkeitsgesetz, s. v.179.182.188. Daß die Deuteronomiumstexte oft redaktionsgeschichtlich älter sind, bleibt für uns ohne Belang. (V.188 bei VDHORST im Register fälschlich v.187.)

[41] Singular nach LXX

Die Übertragung der Rechtssache zwischen dem Vater und anderen Männern in den Bereich innerhalb der Familie entspricht der Tendenz des Gedichtes, die Angesprochenen in ihrem Bereich verantwortlich zu machen. Vielleicht rechnete der Verfasser auch damit, daß seine Leser eher gegen die eigene Frau einmal handgreiflich würden, als sich in Männerschlägereien einzulassen. Man bewegte sich ja schließlich in gebildeten Kreisen, wo die ungezügelten Emotionen zu Hause ausgelassen werden.

Vgl. das Bild des Mannes, das v.207-209 voraussetzt; Züchtigung der Ehefrau an sich scheint nicht ausgeschlossen zu werden. NIEBUHR (29) geht in Parallele zu Jos Ap 2,202 von der Bedeutung *Sexueller Verkehr mit einer Schwangeren* aus, vermutet aber nach Ex 21,22f eine allgemeinere Bedeutung (»jedes gewalttätige Verhalten gegenüber einer Schwangeren«). Zur Diskussion s. VDHORST z.St., der ebenfalls die Josephus-Stelle und den (dort fehlenden) Gedanken der Gewalttätigkeit verbinden möchte. Weder der Kontext, noch die biblische Vorlage lassen aber eine sexuelle Andeutung vermuten. Es handelt sich auch um einen griechisch-römischen Topos, der verschiedentlich mit Kaiser Nero in Zusammenhang gebracht wurde. Dazu stellt Dr. William Beck/Hamburg freundlicherweise folgenden Beitrag zur Verfügung:

»M.E. muß der Text Schläge (in den schwangeren Bauch) verbieten. Vgl. Sib 5,145f: ὤλεσε γὰρ πολλοὺς καὶ γαστέρι χεῖρας ἔθηκεν, ἐς ἀλόχους ἥμαρτε καὶ ἐκ μιαρῶν ἐτέτυκτο. 'For he destroyed many men and laid hands on the womb. He sinned against spouses, and was sprung from abominable people' (COLLINS S.396). 'ἐς ἀλόχους ἥμαρτε' bezieht sich zweifellos auf Neros Behandlung der Octavia und der Poppaea Sabina; im Falle der Letzteren wird ihm vorgeworfen, sie während ihrer Schwangerschaft in den Bauch getreten und damit ihren Tod herbeigeführt zu haben (Tacitus, Ann.16,6; Suetonius, Nero 35,3; Dio Cassius 62.27.4). Für berechtigten Zweifel an dieser Geschichte s. R.MAYER, *Historia* 31, 1982, 248. Er zitiert DiogLaert 1,94 *Über Periander*: χρόνῳ δὴ ὑπ' ὀργῆς βαλὼν ὑποβάθρῳ ἢ λακτίσας τὴν γυναῖκα ἔγκυον οὖσαν ἀπέκτεινε.«

»Einige Parallelen:
Chariton, de Chaerea et Calliroa 1.4.12: ὁ δὲ φωνὴν μὲν οὐκ ἔσχεν ὥστε λοιδορήσασθαι, κρατούμενος δὲ ὑπὸ τῆς ὀργῆς ἐλάκτισε προσιοῦσαν. εὐστόχως οὖν ὁ ποὺς κατὰ τοῦ διαφράγματος ἐνεχθεὶς ἐπέσχε τῆς παιδὸς τὴν ἀναπνοήν, ἐρριμμένην δὲ αὐτὴν αἱ θεραπαινίδες βαστάσασαι κατέκλιναν ἐπὶ τὴν κοίτην. (Wahrsch. 1.Jhdt.n.Chr.) Sie wird für tot gehalten und in einem Grabmal beigesetzt, aus dem sie von Piraten befreit wird. Sie wird verkauft usw. Daß sie schon zu der Zeit schwanger war, wird später erzählt (2.8.5).
Abhängig ist Heliodor, Aethiopica 1.10 (Potipharmotiv): κύειν με πρός τινων αἰσθόμενος ... λὰξ δὲ κατὰ τῆς γαστρὸς ἐναλλόμενος οὕτως ἔχειν ὡς ὁρᾷς διέθηκεν.
Apollodor, Biblioth. 3.2.1, erzählt die Geschichte von Apemosyne und ihrem Bruder Althaimenes: sie wurde von Hermes vergewaltigt καὶ τῷ ἀδελφῷ μηνύει τὸ γεγονός· ὁ δὲ σκῆψιν νομίσας εἶναι τὸν θεόν, λὰξ ἐνθορὼν ἀπέκτεινεν.
Es wird nicht ausdrücklich gesagt, daß sie schwanger war, aber das wird wohl der Grund dafür gewesen sein, daß sie ihm das Geschehene anvertraute.«

Die Interpretation, die in der LXX der alten Rechtssatzung Ex 21,22-25 von der Ersatzleistung der Raufbolde für eine Fehlgeburt bzw. ihre Bestrafung gegeben wird, verdient noch besondere Beachtung, weil so der Zusammenhang mit PseuPhok 184-186 erst richtig stringent wird. Ursprünglich wird vom Fall A: eine Fehlgeburt, der Fall B: Fehlgeburt plus schwerer Schaden für die Mutter, unterschieden. Letzteres gilt als *arges* Vorkommnis אָסוֹן und wird nach dem jus talionis geahndet, Ersteres mit Geldbuße. Die LXX dagegen liest für אָסוֹן *Schaden*: (τὸ παιδίον ...) ἐξεικονισμένον *voll ausgebildet* und unterscheidet also nur die Entwicklung des Foetus. Fall B nach v.23 ist der Tod eines *bereits voll ausgebildeten* Foetus ἐὰν δὲ ἐξεικονισμένον ᾖ. Aber was heißt dies *Voll ausgebildet* in der Rechtswirklichkeit? Das ohne Rückhalt im MT stehende und seltene ἐξεικονισμένον enthält den anthropologischen Zentralbegriff εἰκών und will das *Menschenbildliche* mit ausdrücken.[43]

---

[42] Zur Beziehung zwischen v.184 und Philo Hyp sowie Jos Ap s. Anhang I: *Apologeticum*

[43] Zur Abweichung der LXX vom MT s. APTOWITZER bei D.M.FELDMAN, *Birth Control* 257. ἐξεικονίζω

Offensichtlich hat das Judentum schon sehr früh den Schutz des ungeborenen Kindes in der Tora vorgeschrieben gefunden;[44] und Philo zeigt mit betonter Formulierung SpecLeg 3,117, daß er in einer Tradition stand, in der Ex 22,23 als Androhung der Todesstrafe für die Herbeiführung eines Abortes interpretiert wurde. Ohne Zweifel wußten Hebammen und Priester und, wer dabei sonst zu Rate gezogen wurde, klar zu sagen, welcher Entwicklungsstand eines Foetus die Bedingung des Menschenbildlichen erfüllte. So gibt es guten Sinn, wenn der Phokylideer sich in den Versen 194-196 auf die Frage des Ungeborenen und des kleinen Kindes statt auf die gefährdete Mutter konzentriert. Er fand die Anregung zu dieser paränetischen Aktualisierung im Gesetzestext selbst.

Allerdings ist bis zur Zeit des Phokylideers hin und darüber hinaus dieser Topos verbreitetes jüdisch(-christliches) Allgemeingut gewesen, das um so entschiedener beachtet wurde, als man sich damit vom überwiegenden Urteil der Umwelt absetzte. Und wir könnten über die Genealogie von v.194-196 im Meer der paränetisch-weisheitlichen Überlieferung des antiken Judentums nichts Sicheres sagen, wenn nicht hier der Wille zum paränetischen Anwenden der Toravorschriften und der Bezug auf Ex 21 so deutlich erkennbar würde.

Ex 22,16(15) / PseuPhok 198(-205)

Ex 22 *Wenn jemand eine unverlobte* ἀμνήστευτον *Jungfrau betört und mit ihr schläft, durch Brautkauf erwerbe er sie zum Weib.*

Diesem Gebot entspricht:

198 *Niemand aber vereinige sich unverlobt* ἀμνήστευτα[45] *gewaltsam mit Mädchen.*

REHKOPF s.v.: *genau abbilden*. LIDDELL/SCOTT s.v. (Passiv) nimmt für Ex 21 die Bedeutung *to be fully shapen or formed* an, vermerkt sonst noch *to be exactly like* sowie (aus Philo) *formed in the image*. Die Vorstellung, daß genügend deutliche menschliche Züge zu sehen sein müssen, scheint also doch wohl die Wortwahl der LXX in Ex 21 bestimmt zu haben. - Vorsichtiger interpretiert FELDMAN (257-262) die LXX-Vokabel ἐξεικονισμένος mit »not yet formed - already formed«. Dort S.259ff zur Frage, ob nach rabbinischer Lehre dem Embryo Personalität zukomme, sowie zum strengeren Gebot für Noachiden (Gen 9,6) als für Israel. - In dichterischer Eindrücklichkeit gibt Philo SpecLeg 3,109 (vgl. §117f) eine Darstellung und Wertung des bereits ausgebildeten menschlichen Lebens. - Nach einer alten Auslegung von Gen 7,4 (R.Jochanan ben Sakkaj, BerR.32) hat der Embryo mit 40 Tagen seine Gestalt: »Der Regen der Süntflut dauerte 40 Tage, entsprechend der Versündigung des Menschen 'an den gezeugten Wesen, die mit 40 Tagen Gestalt empfangen'« (zitiert nach GLATZER, *Geschichtslehre der Tannaiten* 98; dort anderer Zusammenhang).

44 Ausführliche Angabe von Primär- und Sekundärliteratur zum Thema, besonders zu den griechischen, weniger entschiedenen Äußerungen bei VDH z.St. Vgl. G.VERMES, *A Summary* 297 (A.22). Die Stellen in Mekhilta Ex 21,12-14.22-25 (LAUTERBACH 3,33.62ff; WINTER/WÜNSCHE 240.265) sind für unsere Frage nicht ergiebig.

45 Das Adverb ἀμνήστευτα scheint jedem Verkehr vor einer Verlobung wehren zu wollen - im Gegensatz zur Textvorlage ἀμνήστευτον Ex 22,16(15), die den minder schweren Fall des Verkehrs mit einer Unverlobten vom Einbruch in ein Verlöbnis (das als Ehebruch gilt) abhebt. In Spannung dazu steht allerdings der Plural κούρῃσι, der neben dem betont singularischen μή δέ τις auf Warnung vor sexuellem Freibeutertum schließen läßt. Vielleicht hat der Verfasser unbewußt die ganze Skala männlicher Freizügigkeiten mit Unverheirateten im Auge gehabt (ähnlich VDH). - Der Plural κούρῃσι korrespondiert mit dem auffälligen Plural ἀλόχων v.194b. VÖGTLE (*Tugend- und Lasterkataloge* 225 A.121) scheint in den Allgemeinbegriffen der Lasterkataloge, speziell πορνεία, nur »vorehelichen Geschlechtsverkehr« inkriminiert zu sehen (was dann natürlich zur Verwunderung Vögtles über seltene Erwähnung des Ehebruches führt). Zur Sache vgl. Jos Ant 4,252. - Bezeichnend ist, daß der Phokylideer selbst hier

VDHORST erklärt die nur noch einmal zu findende Vokabel ἀμνήστευτον von Ex 22,16 her. In der Tat ist diese Beziehung so eindeutig, daß der Unterschied zwischen *betören* und *gewaltsam sich verbinden* nicht ins Gewicht fällt, zumal die verwandte Stelle der Tora Dtn 22,23ff sich eingehend mit dem Unterschied der (offenkundigen) Betörung und der (zu vermutenden) Gewaltanwendung befaßt (vgl. Jos Ant 4,251). Die Vertauschung des zur Frau bezogenen Adjektivs ἀμνήστευτον (Ex 22) mit dem den handelnden Mann betreffenden Adverb ἀμνήστευτα paßt gut zur durchgehenden Verantwortlichmachung der das Gedicht lesenden Männer.

VDHORST möchte (mit BERGK z.St.) den Vers lieber hinter v.183 eingeordnet sehen. Das sehe ich - abgesehen von der Versetzung des Verses 194b=183 - ganz anders. Das Thema *Heirat*, das zu Anfang v.175 kurz angeschlagen und sogleich auf Kinder bezogen ist, wird nach dem Preis der ehelichen Liebe v.195-197 ausführlich behandelt. Ich paraphrasiere:

198 *Verführung Minderjähriger ist kein Weg in eine gute Ehe.*

Aus der biblischen Regelung der Ersatzleistung für den Vater des Mädchens wird so eine grundsätzliche moralische Warnung. Das Thema *Geld* kommt aber trotzdem nicht zu kurz:

199-204 *Geldheirat ist kein Weg in eine gute Ehe.*
205 *Witwerheirat ist kein Weg ins Glück.*

Das in Übereinstimmung mit weisheitlichem Denken ausgelassene Brautpreis-Thema holt der Vers 199 als Mitgift-Thema sogleich nach - und das Gedicht bleibt bei dem Geld-Thema, wenn es nach den drei Voten über verfehlte Eheanbahnung den Familienstreit wegen einer Erbschaft erörtert. Mit dem Erbschafts-Thema wiederum geht es zu den Fragen der Kindererziehung über. So hat das Gedicht an dieser Stelle einen ungewöhnlich stringenten Gedankenfortschritt.

Dtn 21,18-21 / PseuPhok 208f

Der Abschnitt über Kindererziehung v.207-217, der sich an die Lev-18-Paränese anschließt, wird eingeleitet durch eine Mahnungseinheit mit starkem Bezug zu Dtn 21,18ff. Die kasuistische Form des *Wenn - dann* ist in v.208f beibehalten, aber interessanterweise als Ausführungsanweisung einem frei gestalteten imp. Prohibitiv v.207 angeschlossen. Der Phokylideer hat also keine Schwierigkeiten, die zitierten Texte seiner paränetischen Form einzuordnen.

207 *Deine Kinder behandle nicht hart und launisch, sondern sei milde.*
208f *Wenn aber ein Kind gegen dich frevelt*
soll die Mutter den Sohn zügeln oder auch Familien- oder Gemeindeälteste.

Dtn 21,18f
Wenn jemand einen ungehorsamen und widerspenstigen Sohn hat,
der der Stimme des Vaters und der Stimme der Mutter nicht gehorcht

---

nur von der Verantwortung des Mannes spricht. Gewiß wüßte er auch die Aufgabe der unverheirateten jungen Frau zu nennen (wie Jos a.a.O. oder Sifra zu Lev 19,29), wenn er sich nicht für eine klar umrissene Zielgruppe entschieden hätte.

und sie züchtigen ihn / und er folgt (doch) nicht,
dann sollen sein Vater und seine Mutter ihn ergreifen
und ihn hinausführen zur Gerusia seiner Polis ...

Der Eindruck vom Bezug der PseuPhok-Stelle zu Dtn 21 ist zwiespältig. Bei gleichem Topos *Der ungehorsame Sohn* und Übereinstimmung der kasuistischen Form für v.208f ist die Weisung inhaltlich genau entgegengesetzt. Der Steinigung für den nicht Belehrbaren steht die gütige Erziehung und die Hinderung rüder Bestrafung gegenüber. BERNAYS (244) fühlt sich durch die Regel, die »der harten väterlichen Gewalt nach römischer Gesetzgebung« entgegenwirken sollte, und durch δημογέροντες (»mit glücklich zutreffendem« homerischen Wort) an Dtn 21 erinnert, was allgemein als berechtigter Hinweis aufgenommen wurde. Das Ausgangsproblem, Vater und Mutter, die Frage der Bestrafung, die Rolle der Ältesten: dies alles zusammengenommen mit der zeitgenössischen, zu gütlichen Regelungen statt harter Strafe neigenden Tora-Interpretation ergibt einen hinlänglich schlüssigen Bezug des Zitates zur Quelle. Die Vorordnung einer frei gestalteten Eingangsmahnung v.207 vor das Zitat ist nichts Ungewöhnliches, s. v.175f vor 177ff; 184f vor 186. Es entspricht der Umsicht des Phokylideers im Umgang mit der Tora, daß er für das Anliegen der rechten Kindererziehung (an dem er offensichtlich engagiert Teil nahm) einen geeigneten Text nicht beiseite ließ, sondern sorgfältig las und aktualisierte. Ohnehin aber konnte die jüdische Gemeinschaft seiner Umgebung eine Auslegungstradition für diesen Tora-Text nicht entbehren.

Der Allgemeinheit der Einleitungsmahnung v.207, die nur eine allgemeine Empfehlung von Güte statt Jähzorn enthält (und wohl nicht zufällig den milder empfehlenden Optativ wählt), folgt eine außergewöhnlich präzise Anwendung: Aus dem kasuistischen Vorgang betreffend *einen (Vater)* τινι wird in v.208a τι παῖς = *gelegentlich einmal eines unter den Kindern*. Daß aber gerade auch der Sohn lieber von der Mutter gezügelt werden soll, unterstreicht die an υἱός Dtn 21 angelehnte Zusatzbestimmung υἱέα v.208b.[46] Der Verfasser nutzt beim Auftrag an die Eltern, das Ihre für den Gehorsam des Sohnes zu tun, die Mehrdeutigkeit von παιδεύσωσιν = *erzieherisch bilden / Zucht üben* und entscheidet sich für den Einstieg bei der sanften Pädagogik.[47] Dies ist eine Entscheidung, wie sie jeder Kundige bei der situativen Auslegung der Tora zu bedenken hätte. Die Verschiebung des Schwerpunktes gegenüber dem Gebotstext liegt ledig-

[46] Die jüdische Rezeption des Gebotes aus Dtn 21 zeigt eine fortschreitende schriftgelehrt-exegetische Entwicklung. Liest man Sir 3,1-18 vor dem Hintergrund dieses Gebotes (das dem Ben Sira ja nicht uninteressant gewesen sein kann), so befindet man sich noch ganz im Bereich der weisheitlichen Meditation über die Sachverhalte und der weisheitlichen Suche nach Spuren des göttlichen Willens in der Erfahrungswelt: Die Ehrung der Eltern wirkt, als irdischer Segen und als Sühne für Sünden, zurück auf die Kinder. PsMen 7 ist es Gott selbst, der den Tod über den bringt, der gegen die Eltern frevelt; womit die harte Strafjustiz überflüssig wird. Bei Philo wird die Toravorschrift zur Erlaubnis (SpecLeg 2,232; BERGER 284). Josephus behandelt das Gebot ebenfalls, Ap 2,206. Warnung vor übermäßiger Strenge gegen die angeborene Neugier und Eigenwilligkeit des Kindes, was den Lebenswillen brechen könnte, findet sich im Traktat Semachot 2a (NAVE LEVINSON, *Einführung* 69). Ohne Zweifel ist PseuPhok 207-209 ein besonders interessanter Beitrag zu unserer Kenntnis von der schriftgelehrten Diskussion über Dtn 21,18.

[47] Jos Ant 4,260-264. Josephus läßt die Eltern eine freundlich-eindringliche Rede an den bösen Sohn halten, bei deren Beachtung die Auflehnung vergessen sein soll. Er fährt dann fort mit der Vorschrift über die Steinigung des Widerspenstigen, ohne die Ältesten zu erwähnen. - Vgl. BERTRAM s.v. παιδεία, ThWNT 5,615,28ff). Zu ἤπιον vgl. 2Tim 2,24f sowie Il 24,770, s. S.298.

lich darin, daß bei diesem Teil des Prozedere der Vater sich zurückhalten soll[48] - aber schließlich konnte der Verfasser ja einen Sinn darin finden, daß Dtn 21 die Mutter ausdrücklich erwähnt, also eine einseitige *patria potestas* dem Text fremd ist.[49]

Noch dichter könnte sich der Bezug der Texte darstellen, wenn wir das von der Textüberlieferung und Metrik her schwierige Hauptverbum sicher wüßten. Es beginnt mit »χ« und schließt nach 3 (oder 4: v.l. sowie cj. BERGK) fraglichen Buchstaben mit ετω oder ατω.[50] Die Unsicherheit kann - bei diesem für Väter so heiklen Thema - durch sachliche Bedenken gegenüber dem ursprünglichen Begriff entstanden sein. Vorsichtig bringt WALTER χολαζέτω = *demütigen* ins Gespräch, indem er die von Bergk, YOUNG und VDHORST bevorzugte Konjectur χολουέτω inhaltlich von dorther festlegt. Sollte nicht der Verfasser das LXX-Äquivalent παιδεύσωσιν tatsächlich mit ΚΟΛΑΖΕΤΩ[51] aufgenommen, die Textüberlieferung aber an diesem Begriff für *Züchtigung* Anstoß genommen haben?[52] Es ist ja ein Unterschied, ob der Autor den Gesetzestextes uminterpretiert und sagt, die den beiden Eltern zugeschriebene Aufgabe der Züchtigung solle nur von der Mutter wahrgenommen werden, oder ob der spätere Leser von PseuPhok statt des strafenden Vaters hier plötzlich eine zwar gütige, aber doch strafende Mutter vorfindet.

Wenn das Hauptverbum des v.208 vom Toratext her bestimmt war, dann ist der Anschluß an Dtn 21 tatsächlich außerordentlich dicht.

Dtn	PseuPhok
Ärger mit dem Sohn	*Ärger des Vaters mit dem Sohn*
(und er hört nicht)	
Züchtigung durch die Eltern	*Züchtigung nach Belieben der Mutter*
(und er hört immer noch nicht)	
Überstellung an die Ältesten	*Einschaltung der Ältesten der Familie und der Polis*
(und die Gemeinde)	

Da in der späten Zeit zweierlei Älteste in Frage kommen und vielleicht auch für den erwarteten Leser die Adresse unsicher sein konnte, nennt der Text zwei Möglichkeiten: Familien- und Gemeindeälteste - und variiert wieder den Begriff für »alt« πρεσβύτατοι - (δημο)γέροντες. Er führt sie (im Unterschied zu seinen modernen Übersetzungen) artikellos ein und rechnet also kaum mit festen Institutionen.[53] Bedenken wir, wie denn

---

48 was VDHORST zu der Bemerkung veranlaßt, v.208f »seems to be directed against the father«.

49 Die Auslassung der biblischen Strafsanktion der Steinigung entspricht nicht nur zeitgenössischem jüdischem Verständnis, sondern der in der Weisheit üblichen Umsetzung des Juridischen; und schließlich wußte jeder etwas kundige Jude, daß zwischen die Vorführung des Deliquenten, die Anklage durch die Zeugen (hier die Eltern) und das Urteil eine eigene Tatsachenerhebung (durch Befragung des angeklagten Sohnes) und bei einem Ersttäter eine Art Sühnetermin, also der Versuch der belehrenden Beilegung gehörte.

50 Für Text und Rhythmus ist auch die Unsicherheit um das vorausgehende ΣΕ, ΣΕΟ, -ΣΑΙΟ, ΕΣ- zu beachten. Das nur auf den Vater bezogene σε entspricht genau dem ἐὰν δέ τινι ᾖ υἱός, dessen singularischer Charakter angesichts *isch* אִישׁ MT nicht zufällig ist.

51 Cj. HILLER; vgl. Philo SpecLeg 2,232 ἐπέτρεψεν ὁ νόμος καὶ μέχρι θανάτου κολάζειν.

52 Sprachlich und sachlich gut möglich ist ΑΛΙΤΗΣΑΙΟ ΚΡΙΝΑΤΩ (DIEHL mit Cod.V für κρινάτω und für ἀλίτῃ σέο mit P [+ Jota subscr. nach M^1]), wobei das objektlose κρίνειν den juridischen Ton von Dtn 21 aufnimmt, dafür aber den sachlichen Anklang an παιδεύσωσιν LXX verfehlt. - BERGK liest ἀλίτη (Cod.B) σε (cj.) χολουέτω (cj. für χωλυέτω); ihm schließen sich YOUNG, VDHORST (mit Vorbehalt: »very uncertain«) und DERRON an.

53 Πρεσβύτατοι meint zweifellos mit γενεῆς nicht die Volksältesten (was der dreistufigen Folge v.208b - 209a - 209b ebenso widerspräche wie der lokalen Ausrichtung πύλη τοῦ τόπου Dtn 21), sondern die Familienältesten. (DERRONs Bezug z.St. auf den »Conseil des anciens« = Sanhedrin liegt zu weit ab.) Vielleicht ist die Vermeidung des als Titel geläufigen πρεσβύτεροι (rhythmisch möglich) beabsichtigt. Denn zusammen mit δημογέροντες - einem homerischer Begriff Il 3,149; 11,372(sing.), der hier

wohl eine zur Hilfe angerufene Stadt(teil)-Gerusia sich vorkommen mag, die für den moralisch inkompetenten Vater einzutreten hätte, dann erscheint δημογέροντες v.209 nicht als ein praktikabler Vorschlag, sondern als von der Bibeltreue diktierte Regel. Ich sehe in dem Doppelvers das Festmachen einer Empfehlung für Kindererziehung an dem dem Verfasser wichtigen alten Gebot, wobei das institutionelle γερουσία von Dtn 21,19[54] mit δημογέροντες übernommen, aber zugunsten des familiären πρεσβύτατοι entwertet wird. Wir haben dann eine abfallende Linie, wozu auch das ἤ καί (etwa: *oder auch, wenn's denn sein soll*) gut paßt. Ich möchte aber auch nicht ausschließen, daß Erinnerungen an einen Erziehungs- und Rechtsstreit in der Synagogengemeinde nachwirken.

Die Verse zählen zu den Stellen, an denen man die Lebensbedingungen der nächsten Umwelt des Verfassers knisternd wahrzunehmen glaubt. Die *patria potestas* des Römischen Rechts und ihre Härte,[55] jüdische Väter, die sich zur Nachahmung der Strenge Gott-Vaters berufen fühlten (nach Prov 13,24 u.a.; vgl. Hebr 12,6.10), und das alles heillos vermengt mit den charakterlichen Schwächen eines prestige-versessenen Familienoberhauptes: Es nimmt nicht wunder, daß der Phokylideer trotz strenger Erziehungsvorstellungen (v.210-217) so engagiert den alten Bibeltext und seine Umwelt mit der Brille antikjüdischer Humanität betrachtet und direkt in sittliche Verantwortung der angeredeten Männer umsetzt.[56]

1.5 Erweiterungen in der von der Tora übernommenen Reihe

Der erste Teil der elliptisch angelegten Haustafel enthält die von Lev 18,6-23 vorgegebenen, der zweite die der eigentlichen Haustafeltradition entnommenen Topoi. Der - fließende - Übergang geschieht dort, wo das Gedicht mit dem Preis der ehelichen Liebe v.195-197 einen abschließenden Höhepunkt erreicht, der dem ganzen Gedicht Glanz gibt. Im ersten Teil sind Vorgegebenes aus der Tradition von Lev 18 und Ergänzendes bunt gemischt, und dem Leser wird kein Anlaß geboten, irgendwo Brüche der Herkunft und Verbindlichkeit zu vermuten. Die Reihe ist sinnvoll strukturiert.

1.51 Die imperativischen Erweiterungen der vorgegebenen Reihe

175 *Bleibe nicht ehelos, damit du nicht schließlich namenlos stirbst.*

Daß dieser Mahnvers, der nicht aus Lev 18 angeregt ist,[57] als Eingangsmahnung am An-

---

zugleich die Übersetzung von Dtn 21,19 γερουσίαν τῆς πόλεως ist, - soll zweifellos kein Hendiadyoin genannt sein (was nach dem gelegentlichen zeitgenössisch-jüdischen Promiscuegebrauch von γερουσία und πρεσβύτεροι durchaus möglich wäre), sondern eine zwiefältige Möglichkeit.

54 nicht ἐξουσία, wie VDHORST irrig schreibt S.249; richtig S.248.

55 BERNAYS (244) läßt die Mahnung gegen diese gerichtet sein, was VDHORST - wohl in der Annahme einer jüdischen Adresse - ablehnt.

56 Kleobulus antwortet in Plutarchs *Gastmahl der Sieben Weisen* (mor 155D) auf die Frage nach dem besten Haus: *Wenn der Hausvater mehr findet, die ihn lieben, als die ihn fürchten.*

57 Auch in Lev 18,6 beginnt die Reihe mit einem generalisierenden Gebot, das vermutlich dem älteren Kodex vorangestellt ist.

Tabelle 2: Ausgangsmahnungen und Erweiterungen in PseuPhok 175-216

* Ausgangsmahnung = Zitat-Prohibitiv	* Ausgangsmahnung = Aktueller Prohibitiv	* Erweiterungen: Begründung/#Volitives Gegenstück		* Zitierte Tora-Stelle +)
	175	#176	Heirat und Kinderzeugung	
177		178	Prostituierung der Ehefrau	(v.19f;19,29)
179		#180	Stiefmutter-Beziehung	v.8
	181		Beziehung zur Nebenfrau des Vaters	
182			Schwester-Beziehung	v.9
	184		Abtreibung	
	185		Kindstötung	
186			Gewalt gegen Schwangere	Ex 21,22f
	187		Entmannung junger Männer	
188			Beziehung zu Tieren	v.23
189			Schändliches im Umgang mit der Frau	v.19
190		191	Homosexualität der Männer	v.22
	192		und der Frauen	
	193	194	Leidenschaftlicher Eros	
194b			Schwägerin-Beziehung	v.16
	195a	195b-197	Liebevolle Ehe	
198			Gewalt gegen die Jungfrau	Ex 22,16
	199	200-204	Geldheirat	
	205		Zweitheirat	
		206	Verwandtenstreit um Erbschaft	
208f	207	(#208f) ++)	Kindererziehung	Dtn 21,18
	210f	212	Haartracht der Jungen	
		#213;214	Gefahr für schöne Jungen	
		#215f;217	Gefahr für Mädchen	

+) Zitierte Bibelstelle: c. + v.; Lev 18: nur v. ++) Volitive »#« nehmen gegen Ende zu.

---

fang der Reihe steht, ist von erheblichem Gewicht.

1. Durch den Einsatz mit μή c.Konj. eröffnet der Verfasser in strenger Stilistik die negative Reihe, die er der Tora nachgestalten will. Aber:
2. durch die inhaltlich ganz positive Mahnung - doppelte Verneinung durch »α« privativum - zeigt er gleich zu Anfang, daß positive sittliche Ziele ihn mehr leiten als die Einschärfung traditioneller Tabus oder die Angst vor sittlichen Gefahren.
3. Indem er zu Anfang die kinderfreudige Familie als Zweck seiner Mahnung nennt, spannt er schon jetzt den Bogen zu den Topoi aus der Haustafeltradition.
4. Alle die Prohibitive aus Lev 18, die ihm in der Folge vor Augen stehen, werden in den Dienst eines positiven Ethos gestellt. Möglicherweise gefällt sich der Verfasser

darin, die vielen Verbote der Tora als Ausdrücke eines weisen Schöpferwillens zu sehen (und darzustellen), wie ihn das hellenistische Judentum in der israelitischen Tora kat' exochen fand. Israel, ausgehend von der religiösen Qualität des Volksbestandes und der

Fortpflanzung, ordnete in der frühjüdischen Ära die einzelnen Sexual-Prohibitive dem Schöpfungsimperativ Gen 1,28 so zu, daß leicht eine Brücke zur stoischen Wertschätzung einer naturgemäßen Verbindung von Mann und Frau entstand. Schöpfungsmäßige Physis und geschichtlich gewordener Nomos werden Eins.[58] - So liegt also nichts Befremdliches darin, daß die Zitate aus Lev erst nach v.175f beginnen.

181 *Vereinige dich nicht mit den (Betten der) Nebenfrauen des Vaters.*

Angesichts der knappen Übernahme von Verboten aus der Liste Lev 18 fällt auf, daß zwei Verse, 179 und 181, als das beabsichtigte Zitat aus Lev 18,8 gelten können (entsprechend der Parallelstelle Dtn 27,20). Unser Verfasser aber legt Wert auf die Unterscheidung zwischen Stiefmutter und Nebenfrau. Wahrscheinlich sind seine Vorstellungen so von der Mutter der Familie an der Seite des Vaters bestimmt, daß er die verdeutlichende Entfaltung der Rechtstradition nur im zweiten Anlauf zu nennen weiß. Vielleicht sah er auch an dieser Stelle Anlaß zu einer speziellen Verdeutlichung, durch die dem Sohne verwehrt wird, in die Beziehung des Vaters zu einer Nebenfrau einzusteigen - ein gewiß nicht unbekannter Vorgang.[59] Aber man kann auch an eine geläufige Verknüpfung der Topoi *Stiefmutter* und *Nebenfrau* denken, wie sie Manetho Astrol 2,189f belegt ist (VDH zu v.179f). Jedenfalls ist die Möglichkeit, eine Traditionsmahnung durch einen Imperativ mit μηδέ zu erweitern oder zu entfalten, schön belegt.

187 *Und andererseits*[60] *nicht das zur Kinderzeugung bestimmte männliche Glied des Jungmannes verschneiden.*

Philos Aussage, das Verbot der Kastration sei ungeschriebene Tora, kann bedeuten,

---

58 Hesiod spricht Erga 376-378 von nur e i n e m Sohn als (Hof-)Erben. (ἕτερον παιδ' Z.378 bedeutet wohl nicht *allenfalls soll ein zweiter folgen* - bei längerer Ehe -, sondern die gesicherte Generationenfolge durch einen *Enkel*, so WEST, oder *den Sohn als »Nächsten«*, MARG. - Was hier als Aussicht der Hoffnung εἴη genannt wird, begegnet bei Plato u.a. als Anweisung zu restriktiver Familienplanung, WEST, *Works* z.St) Etwas weniger deutlich der alte sumerische Spruch: *Heirate eine Ehefrau nach deiner Wahl, / bekomme einen Sohn nach deinem Herzenswunsch* (TUAT 3 S.33 Nr.1,146). Der eine Sohn, den man groß werden sehen will, und viele Kinder, die Ehre einbringen, stehen unvermittelt nebeneinander in einem Spruch aus der *Weisheit des Anii* (Abschrift aus der 21.Dynastie, ERMAN, *Literatur der Aegypter* 294f). PseuPhok denkt an Kinder-Mehrzahl (v.177f). Kritik an zeitgeschichtlicher Ehescheu (s. VDH zur Stoa), augusteische Familienpolitik und jüdische Wertschätzung der Nachkommenschaft verbinden sich. Die hesiodische Sorge um den Erhalt des kleinbäuerlichen Besitzes in einer Hand liegt fern, vgl. v.206.

59 VDHORST nimmt sogar an, daß die Ablehnung der Verbindung zur Nebenfrau des Vaters gehobenem sittlichem Empfinden entspringt - selbst bei einem, der die Tora auslegen will. Ich sehe hier einen Widerspruch zu seinem Hinweis auf die Ruben-Bilha-Geschichte, die doch in Jub 33,1-9 und TestXIIRub 3,11-15 kräftig ausgewertet wird. - Ein sehr konkreter Grund für die besondere Nennung der Nebenfrau des Vaters könnte die Rolle der Sklavin im hellenistischen Haus sein, auf die die zeitgenössische Komödie beredt anzuspielen weiß. (Diesen Hinweis verdanke ich Professor Michel.) Da die Tora Ex 21,7-11 besondere Regelungen für den Verkauf der (israelitischen!) Tochter als Sklavin trifft - und das schließt im Zusammenhang die Anwartschaft zur Nebenfrau mit Anspruch auf eheliche Pflicht ein -, mag PseuPhok von dort zur besonderen Erwähnung der Nebenfrau angeregt sein. (Josephus spricht sich Ant 4,244 scharf aus gegen die Ehe mit einer Sklavin und die Gefahr, sich durch den ἔρως in solche Ehe *hineinzwingen* zu lassen.) - Eigenartigerweise schweigt das Gedicht im übrigen völlig über die weiblichen Sklaven, anders als Sir 41,22 (24) LXX. Standen die Sklavinnen so sehr unter der Aufsicht der Hausfrau, daß für die Adresse des Mannes nur Äußerungen in der Sexualparänese erforderlich schienen? Und liegt darin auch ein aktueller Grund für die lange Liste der Sexualtabus?

60 αὖ dürfte auf den vorausgehenden Vers zu beziehen sein, auch wenn es eine seltene Form der Bezugnahme auf den Kontext ist. Ich paraphrasiere:
Wie das Leben des Ungeborenen, so schütze auch die Unversehrtheit des Heranwachsenden!

daß er auch mit Hilfe der in langer Zeit gewachsenen Auslegungs- und Subsumierungstraditionen keinen biblischen Haftpunkt dieses Verbotes erkennen konnte, berührt sich aber auch mit der Rabbi Chidqa (ein Schüler Aqibas?) zugeschriebenen Äußerung bSan 56b, auch die Kastration sei durch noachidisches Gebot untersagt. Man fand hier also Menschheitsethos. Der Ort der Mahnung in der Lev 18 nachgebildeten Reihe hatte aber auch einen starken Anhalt in der Halacha, sofern die zur Unfruchtbarkeit Verstümmelten aus der israelitischen Kultgemeinde ausgeschlossen waren. Josephus findet darin Grund genug, ihren Umgang strikte zu meiden. PseuPhok hatte also Anlaß genug, eine klare sittliche Norm zu entwickeln. Wenn Domitian (wohl später als PseuPhok) in der *Lex Cornelia de sicariis et veneficis*[61] die Kastration strafrechtlich mit Mord gleichstellte, so konnte das von den Juden nur als Bestätigung eigener Rechtsentwicklung aufgefaßt werden. - Ihren Platz findet diese Norm sinnvoll als Erweiterung und notwendige Aktualisierung der aus Lev 18 übernommenen Sexualnormen.

184-185 *Auch bringe die Frau nicht das ungeborene Kind im Leibe um,*
noch werfe sie (es), wenn sie geboren hat, Hunden und Geiern zur Beute.[62]

Den Schutz des Ungeborenen und Neugeborenen zu betonen, war im Judentum aus israelitischer Tradition kein besonderer Anlaß gegeben, in der nichtisraelitischen Umwelt dafür um so mehr.[63]

Wie PseuPhok 184f verbindet Philo SpecLeg 3,108-119 (vgl. HEINEMANN 390-398) den Abort mit der Kindesaussetzung (und spricht in der ausführlicheren Behandlung auch davon, daß die Kinder leicht Raub der Tiere werden §119). Er geht dabei von Ex 21,22f LXX aus, eine Bestätigung, daß es hier eine Auslegungstradition über Abtreibung gab. Das Doppelthema ist subsumiert unter das Tötungsverbot des Dekalog (§83ff; NIEBUHR 29). Hyp 7,7 hat Philo kurz und allgemein (und nicht immer eindeutig) Manipulationen des Geschlechtlichen zur Verhinderung von Nachwuchs bei Mann, Frau und in der Tierzucht genannt, was in der verwandten Fassung Jos Ap 2,202 die Ablehnung der Abtreibung einschließt. Die »bemerkenswerte Übereinstimmung« (P.WENDLAND, *Therapeuten* 710) zwischen Philo, Josephus und auch PseuPhok 184f für diesen Topos hat mehr mit Rechts- als mit Texttradition zu tun.

Der Platz des Doppelspruches bei PseuPhok vor einem Tora-Zitat betreffend den Schutz für Schwangere macht allerdings die Annahme direkten Zuganges des Verfassers zum biblischen Text unausweichlich. Für den Aufbau der Reihe bedeutet dies, daß die von mir als *Erweiterung* der Zitatenreihe bezeichneten Mahnungen der zitierenden Mahnung voranstehen können. Der Verfasser leitet nicht zum Nachdenken über Traditionsableitungen an. Er selbst steht in der Tradition und schöpft relativ frei aus ihr. Die

---

61 Dio Cassius 67.2,3; Suet Dom 7,1; zur Ausdehnung des Gesetzes auf die Beschneidung s.u. S.351

62 Ich betrachte die Wendung *Hunden und Geiern zur Beute hinwerfen* als ausschmückende, dramatisierende Wiedergabe von *Aussetzen*. Wie bei einer gorgianischen Antithese bleibt zwischen der erwünschten Sorgfalt und Pflege der Erziehung, wie sie v.207ff anmahnt, und dem Horrorbild der Preisgabe an die Tiere der eigentlich gemeinte Vorgang ungenannt: Kinder auszusetzen. Das Abscheuliche wird durch seine schrecklichsten Konsequenzen beschrieben. Die Inkongruenz zwischen dem Subjekt βρέφος und dem Plural ἕλωρα dürfte vom Plural χυσίν veranlaßt sein.

63 Tertullian, Apologeticum 9,7-8. HEINEMANN (*Philons griechische und jüdische Bildung* 393) betont, daß »die Mischna ... gar kein Bedürfnis« zeigt, »gegen Beseitigung der Frucht oder des Kindes anzukämpfen«, während griechische Autoren und »die jüdischen Hellenisten sehr häufig von Aussetzung und Abtreibung« reden. Er will damit aufs Neue seine These von der engen Beziehung Philos zur griechischen Ethik und seinem Abstand zur Halacha belegen.

Einordnung des Themas *Schutz des Kindes* an dieser Stelle der Reihe - nicht zu Anfang beim Thema *Nachwuchs* und nicht bei v.207ff beim Thema *Familienerziehung* und ohne jeden Zusammenhang mit dem Tötungsverbot (s. Philo SpecLeg a.a.O.) - heißt dann aber auch, daß Abtreibung und Kindstötung absichtlich den Mahnungen zum Sexualverkehr zugeordnet wurden.[64] Dazu paßt auch, daß an dieser Stelle nicht der *pater familias*, sondern die in dritter Person genannte Frau in die Verantwortung genommen wird. Was PseuPhok in der Haustafel über Kinder zu sagen weiß, gliedert er also klar nach einem Bereich *Umgang mit Sexualität* v.177f.184f.187[65] und einem Bereich der Erziehung v.207-217 (der aber auch den Schutz vor sexuellen Gefahren stark betont).

192 *Auch sollen Frauen nicht das Beilager der Männer nachahmen.*

Wie v.181 (*Nebenfrauen des Vaters*) das Thema von v.179 (*Beziehung zur Stiefmutter*) entfaltet und aktualisiert und legitim den Bibeltext auf einen zweiten Fall anwendet, so bezieht v.192 das biblische Verbot der homosexuellen Betätigung der Männer v.190 sachgemäß, wenn auch ohne einen biblischen Präzedenzfall,[66] auf die lesbische Beziehung. Zwischen die traditionsgeschichtliche *Hauptmahnung* und die entfaltende Mahnung ist je eine einsätzige Begründungsklausel eingeschoben v.180.191.

193 *Und laß dich nicht ganz zu ungehemmtem Liebesverlangen zum Weibe hinreißen.*

Diese Mahnung trägt eben dadurch, daß sie (und besonders die folgende Begründungsklausel) der Abgrenzung von Erscheinungen in der Umwelt dient, der Kommunikation mit dieser Umwelt Rechnung. Ihr Platz gegen Ende der Lev-18-Paränese ist sinnvoll gewählt. Sie *überhöht* die Warnungen des vorausgegangenen Textes, indem sie diese ins Grundsätzliche verlängert und dabei - eben gut hellenistisch - die psychische Voraussetzung des disziplinierten Sexualverhaltens nachträgt. Wie das nach der Rekonkretisierungs-Coda v.194b folgende positive Gegenstück v.195-197, das den Höhepunkt des ganzen Mahngedichts oder wenigstens der Haustafel zeigt, löst sie den Leser aus den Einzelaufgaben und richtet seinen Blick auf das grundsätzlich Wichtige, das mit der Eingangsmahnung v.175 schon ins Auge gefaßt war. Aber: Der Verfasser weicht nicht ab vom Stil der gleichgewichtig aufgereihten Sprüche. Leicht wäre es ihm gewesen, die Funktion dieser Verse im Kontext anzudeuten und deutlicher zu sagen:

Und überhaupt: überlaß dich nicht ungezügeltem Eros.

Aber damit hätte er den weisheitlich-paränetischen Stil verlassen, der den Gedankenfortschritt verschleiert, um den direkten Anspruch eines jeden Spruches zu formulieren. - Sehr wirkungsvoll ist die Antithetik von ἔρως γυναικὸς ἀκάθεκτος zu ἅπας und στέργειν ἄλοχον.[67] Und je knapper und bündiger letzteres ist - ein ganzer Imperativsatz aus nur

64 Das Menschenrecht auf Leben und Unversehrtheit ist noch nicht definiert, die Schwelle zum Sexualbereich aber stark ausgebildet. - Nach KÜCHLER (231) findet sich bei PseuPhok (ebenso wie bei Philo und Josephus) neben dem Verbot der Abtreibung eine »strenge Ablehnung aller empfängnisverhütenden Mittel«. Das mag im Sinne des Verfassers empfunden sein; einen Anhaltspunkt im Text erkenne ich nicht.

65 V.187 gehört in den engen Umkreis der Sexualregeln; κούρου meint den jungen Mann.

66 so daß im Rabbinat die Homosexualität von Männern und von Frauen unterschiedlich gewertet wird.

67 Das spät bezeugte Wort ἀκάθεκτος zeigt den gemeinsamen Sprachhintergrund mit Philo (ἀκάθεκτος ἐπιθυμία SpecLeg 2,9.193 - neben ἔρωτες; Jos 2,153) und unterstützt die Verbindung

drei Wörtern -, desto wortreicher wirkt jenes. Diese Antithetik läßt auch darauf schließen, daß v.193 grundsätzlich und allgemein vom Hingezogensein des Mannes zum Weibe, also auch zur eigenen Frau (ἅπας) handeln sollte, bevor der Verfasser sich dem einzig Wahren, der maßvollen ehelichen Liebe als Grundlage des guten Familienlebens, zuwendet. Das Schwebende, das Offenhalten für innereheliche wie uneheliche Beziehungen paßt zur paränetischen Tendenz.

195a *Liebe deine Frau!*

Die Mahnung ist wirkungsvoll auf einen Halbvers beschränkt, wodurch die anschließende versübergreifende Begründung etwas Schwungvolles erhält. Nur dreimal in der Haustafel beginnt ein Vers mit dem Verbum im positiven Imperativ v.195.220.227 (und v.218). Und unter den wenigen positiv-imperativischen Verseinsätzen des ganzen Gedichtes ist diesem betont herausgestellten στέργε nur das ähnlich programmatische ἐργάζευ μοχθῶν v.153 vergleichbar. Der Wille, diese positive Mahnung *Liebe deine Frau* besonders hervorzuheben, ist an der eindrücklichen Begründung mit einem bekannten Homerzitat ablesbar, das auffällig genau den Leser an Homer als Zeugen erinnern will (s. S.86). Auch der folgende Mahnspruch v.198, mit dem die Prohibitivliste wieder aufgenommen und zugleich der Übergang zum Thema *Heirat* eingeschlagen wird, zeigt die Hervorhebung von v.195. In ganz unüblicher Weise, also ohne die Absicht indirekter Verpflichtung, wählt der Verfasser für v.198 mit μή δέ τις den Opt.3.Pers., geht aber sogleich in v.199 wieder zum vertrauten imperativischen Infinitiv über. Nach der eindringlich werbenden Anrede *Liebe deine Frau!* kann man doch nicht gleich den gleichen Adressaten mit einer Warnung vor Jungfrauenverführung v.198 konfrontieren! - So korrespondiert also die Funktion des Verses 195a im Zusammenhang aufs beste mit seiner sprachlichen Form.

199 *Auch nicht eine schlechte wohlhabende (Ehe-)Frau ins Haus führen.*

Der zweite Fall eines unakzeptablen Weges in die Ehe (vgl v.198) wird breiter ausgeführt mit Begründungssatz v.200 und *Stufenbegründung* v.201-204.[68] Das Bestreben, konkret ins Einzelne zu gehen, setzt sich oft im Fortschreiten einer paränetischen Reihe durch (s. S.117); so auch hier und gleich noch einmal v.207/208f, (210-217,) 220-222. - Auch hier v.201-204 haben wir es mit einem gewollt erkennbaren Zitat - aus Theogn. 183-190 (s. S.300) - zu tun. Neben der sehr genau übernommenen Topik, der allerdings eine andere Ausrichtung gegeben wird, finden wir 11 übernommene Vokabeln sowie strukturelle Anlehnungen, doch freieren Umgang als mit dem Homer-Zitat v.195-197. Es mag sein, daß der Phokylideer seinen Phokylides neben und nicht unter dessen Zeitgenossen Theognis stellen wollte.

Ein auffälliges Merkmal der PseuPhok-Paränese ist, daß sie den *Rückgriff auf den*

ἐς ἔρωτα ἀχάθεκτον (VDH; auch adverbialer Gebrauch gibt Sinn, entspricht aber nicht der Vorliebe des Verfassers für Adverbbildung mit -α; vgl cj. -ως BERGK). Ein zweiter appositioneller Bezug (v.l. ἀχάθεκτος, BERNAYS) zum Subjekt neben ἅπας ist unwahrscheinlich. ἅπας ist nicht einschränkend als völlige (statt teilweiser) Hingabe an den Eros zu verstehen, sondern nimmt die Totalität des Anspruchs des Eros voraus.

68 Von der Vereinigung zweier Vermögen als abzulehnendem Heiratsgrund läßt Josephus Ant 4,261 die

Imperativ am Ende einer Begründung selten pflegt. Während z.B. im NT oder den TestXIIPatr[69] imperativisch gemeinte Abschnitte nach indikativischen Begründungen oft noch einmal zum Volitiv übergehen, haben die thematisch geschlossenen Abschnitte bei PseuPhok eher ein offenes indikativisches Ende, vgl. v.97-115 und v.153-174. So lenkt auch am Schluß dieser Einheit v.199-204 keine volitive Andeutung zum Anfang zurück. Eine Ausnahme bietet v.217 (s.u.).

205 *Auch füge nicht Ehe zur Ehe, Übel zum Übel.*

Noch einmal - zum Abschluß des Themas *Heirat* - ein verallgemeinernder Mahnsatz, der im volitiven Optativ konkret ist, in der Begründung aber zu grundsätzlicher Aussage übergeht. Ob der Doppelehe (Bi- oder Polygamie) oder der Zweitehe des Witwers (Digamie) widerraten wird, ist nicht deutlich ausgesprochen. Das kann dem Verfasser eigentlich nicht entgangen sein, wo er seine Verse so sorgfältig auf die vorgestellten Tatbestände hin formuliert. Es macht ihm gewiß nichts aus, wenn er, der *Eros* nur als *Liebe zur Tugend* positiv zu werten weiß, als Vertreter einer Minimalsexualitäts-Haltung erscheint. Doch scheint mir die Wendung γάμῳ γάμον ἄγειν ἔπι darauf hinzudeuten, daß der Verfasser in seinen Gedanken von der Witwerheirat und der Abneigung gegen Digamie ausging.[70]

Das ἐπί (s. Anm.33 zu v.194b) bezeichnet in der Verbindung zu ἐπιγαμεῖν mit temporärem *dazu, hernach* die folgende Eheschließung entweder während der bestehenden ersten Ehe oder nach Beendigung der vorausgehenden.[71] Der Phokylideer mag durchaus im Verbot jeder Art z u s ä t z l i c h e r Ehe, nicht nur für gewisse Bedingungen nach Lev 18,18, einen göttlichen Widerstand gegen des Menschen erotische Neigung herausgelesen haben, um also nach der Behandlung der Inzestverbote in v.179ff nun noch einmal beim Thema Eheschließung auf die im Gesetz vorgezeichnete Bescheidung zurückzukommen.

206 *Begib dich auch nicht wegen Vermögenssachen in Streit mit den Verwandten.*

Der Vers erinnert an v.47, hat aber seinen Platz hier im Zusammenhang mit der Rolle der Mitgift und der durch Zweitheirat schwierigeren Erbteilung.[72]

207 S.o. S.74 zu v.207-209.

Mit Vers 206 endet ohne etwas Zusammenschließendes oder Weiterführendes die

---

Eltern des widerspenstigen Sohnes sprechen. Zu *Stufenbegründungen*s. c.IV 2.43

69 NIEBUHR (162) zu den paränetischen Reihen der TestXIIPatr: »Am Anfang und/oder am Schluß stehen ... häufig Imperative als zusammenfassende und inhaltlich umfassende Ermahnungen. Auf diese Weise erhalten die Reihen einen Rahmen, der ihre Abgrenzung vom Kontext unterstreicht.«

70 VDHORST hält den v.205 für sehr unjüdisch. HEINEMANN (*Philons Bildung* 395) führt die restriktiven Elemente der Sexualmoral bei Philo auf Gedanken der Sokratik zurück, wie sie im Peripatos und der Stoa zur Entwicklung gekommen seien. Die Worte der Eltern an den widerspenstigen Sohn Jos Ant 4,261 zeigen den sozialgeschichtlichen Hintergrund: die Eltern suchen in der Nachkommenschaft ihre Sicherheit für das Alter. Zudem ist die Ehe und das »Haus« zentrales Element der Oikonomik (s. S.381f). Solche soziale Zweckbestimmung erfüllt sich im Allgemeinen mit der einmaligen Ehe. Für eine zweite Ehe werden alle diejenigen Ehebedenken virulent und laut, die für die erste Ehe schweigen müssen. - Vgl. OEPKE, Art. *Ehe* I, RAC 4,656: »PsPhokylides verbindet Einschärfung der Vermehrung mit gewisser Zurückhaltung im Sinn der Popularphilosophie (Z. 175f. 193f Bergk).« - Lit. zum Thema *Witwenheirat* bei NIEDERWIMMER, *Askese und Mysterium* 175 A.37

71 Eur Or 589 (Loeb 2,174). Ἐπιγαμεῖν πόσει πόσιν (*husband after husband* LIDDELL/SCOTT - anders PASSOW) handelt von Penelope im Gegensatz zu Klytämnestra - und vergleicht damit zwei Fälle, die gerade durch ein unterschiedliches »danach« gekennzeichnet sind. Eindeutig Men et Phil 1,51f: ὅστις γυναικὸς ἀποθανούσης ἐπιγαμεῖ, ὁ τοιοῦτος ὄντως οὐκ ἐπίστατ᾽ εὐτυχεῖν.

72 V.217 spricht das Verhältnis zu *Verwandten* noch einmal, u.zw. von der nichtrechtlichen Seite her an.

Lev-18-Paränese. Bei allem Interesse an mitdenkenden Lesern setzt sich hier doch der Stil der Aufreihung unverbundener imperativischer Sprüche durch. - V.175-209 hat die biblisch präjudizierten Rechtstopoi der Haustafel abgehandelt, im zweiten Teil der Haustafel nimmt PseuPhok die sittlichen Probleme selbst zum Ausgangspunkt seiner sittlichen Lehre.

210-212

Bei Knaben nicht Locken wellen am Langhaar.
Nicht sollst du das Scheitel(haar) flechten oder Zöpfe zu Haarknoten (winden). (nach W)
Männlichen schickt sich nicht, Langhaar zu tragen,
vielmehr schmuck(versessen)en Frauen.

Traditionsgeschichtliche Ansatzpunkte für diese zwei Mahnsätze mit einer Begründung durch das Schickliche sind nicht zu erkennen.[73] Der Übergang von konzentrierter, meist prohitiver Mahnung zu diesen eher weitschweifig aufzählenden *Anweisungen* zeigt, daß wir uns dem Endteil der Haustafel nähern. In v.213-217 haben wir es mit Unterthemen des mit v.207 einsetzenden Topos *Erziehungsfragen* zu tun. Die Verse scheinen eher ins griechisch-hellenistische Milieu gesprochen, da im jüdischen Bereich auch kritische Auseinandersetzung mit dem Schmuckverhalten der Frauen zu erwarten wäre.[74]

213-214 *Die jugendliche Zeit eines wohlgestalteten Knaben bewahren.*
Denn viele sind toll nach männlicher Liebesverbindung.

Hier ist am deutlichsten, was auch für die vorausgehende und die folgende Einheit gilt, daß der Verfasser in Gedanken noch bei der sexuellen Gefährdung ist. Was er über Homophilie gesagt hat, wendet er nun auf die Kindererziehung an. Auch hier schöpft der Verfasser offenbar nicht aus geprägter Tradition.

215-216

Behüte zum anderen deine jungfräuliche (Tochter) in wohlverschlossenen Gemächern;
laß sie bis zur Hochzeit außer Hause nicht gesehen werden. (W)

Verknüpft v.213f Homophiliewarnung und Kindererziehung, so dieser Abschnitt die Erziehung mit der allgemeinen sexuellen Gefährdung.[75] Während aber der Abschnitt über die Sexualbeziehungen eindrückliche positive Aussagen zu machen weiß, bringt der Abschnitt über Erziehung *nur restriktive Aussagen.*[76] Und dabei weiß der Verfasser doch, welche Rolle in der Kinderfamilie eine dem positiven aufgeschlossene Mutter spielt v.208. Die volitive Formulierung und allgemein das positive Ethos des Gedichtes kontrastieren eigenartig zu den negativen Inhalten der Verse 210-217. Das zeigt auch noch einmal der Begründungsseufzer, mit dem die Reihe schließt:

217 *Kinderschönheit ist schwer zu hüten für die Eltern.*[77]

---

73 VDHORST bringt christliche, hellenistische (kynische) und jüdische Belege für diesen Topos.

74 HEINEMANN meint (*Philons Bildung* 444): »Die Mahnreden der Propheten gegen die üppige Sinnlichkeit altisraelitischer Festfeiern und gegen die kokette Putzsucht der Frauen (Z.B. Amos 2,8; Jes 3,18ff.) sind Philon offenbar unbekannt.« Doch s. Sacr 21: κόσμος γυναικεῖος !

75 Hier ist wieder der Vater mit der *patria potestas* bestimmend (VDH; anders v.208).

76 Nicht einmal ein positives Gegenstück zu v.216, etwa: (*Laß die Tochter nicht außer Haus gesehen werden,) sondern sorge, daß sie zu Hause etwas lerne*, oder etwas Ähnliches ist zu finden. - Vom Auftrag der Obrigkeit zu *angemessener Bildung* für verwaiste Mädchen (was auch unter »angemessen« zu verstehen sei) spricht Philo SpecLeg 2,125.

77 Diese sprachlich besonders gelungene Gnome ist schwer zu übersetzen. Subjekt und Prädikatsnomen

Hier ist ein seltenes Beispiel, daß der Verfasser am Ende mehrerer Einheiten zurückblickt und eine zusammenfassende Schlußsentenz formuliert; vgl. den Rückbezug von κάλλος zu εὐμόρφου v.213.

1.52 Die Begründungen

1. *Begründungselemente innerhalb des Mahnverses.* Zahlreich sind die begründenden Hinweise, die innerhalb von Mahnversen durch Wortwahl, appositionelle Zufügungen oder Nebensätze gegeben werden. Die Mahnverse sind durchsetzt mit begründenden Aussagen und Anspielungen. Das ist ein Charakteristikum unseres Gedichtes, bedingt durch den hexametrischen Langvers, der genug Raum bietet.

Begründungsfunktion der zweiten Vershälfte:
175b,177b,179b und 205b. Daran werden Begründungs*sätze* angehängt: v.176 (imp. formuliert).178.180, die also mit den Begründungsklauseln zusammen je eine *Stufenbegründung* bilden.

Begründungsfunktion in appositionell eingefügtem Begriff:
187 παιδογόνον φύσιν, 188 ἀλόγοις ζῴοισι, 189 ἐπ' αἰσχυντοῖς λεχέεσσιν, 193 ἐς ἔρωτα ... ἀκάθεκτον (neben dem an sich schon qualifizierenden ἄπας).

Begründungsfunktion eines starken oder eindeutigen Ausdruckes im Sinne von *Du wirst doch so etwas nicht tun!*:

189 μηδ' ὕβριζε; 190 εὐνὰς φύσεως

Inhaltlich haben einzelne dieser begründenden Elemente etwas mit Lev 18,7-23 zu tun:

177	τέκνα μιαίνων	vgl. Lev 18,20 κοίτην σπέρματος ἐκμιανθῆναι
179	λέκτρα γονῆος	vgl. Lev 18,7 ἀσχημοσύνη πατρός
189	ἐπ' αἰσχυντοῖς λεχέεσσιν,	vgl. ἀσχημοσύνην ἀποκαλύπτειν Lev 18 passim, aber speziell auch die angenommene Vorlage v.19.
190	ἐς Κύπριν ἄθεσμον	vgl. Lev 18,22 βδέλυγμα.

Die formal *nicht* herausgestellten begründenden Elemente haben also einen *starken Bezug zur Toravorlage*, u.zw. immer im Zusammenhang mit dem übernommenen Topos. Auch dies deutet auf sorgfältige Arbeit am Leviticus-Text hin. Wie oben erörtert, sind noch strengere Begriffsbeziehungen nicht zu erwarten, da der Verfasser seine eigene Begrifflichkeit liebt oder aus metrischen und Antiquierungsgründen braucht. Um so beachtlicher ist dieses Maß an begrifflichen Anklängen.

2. *Übersicht der selbständigen Begründungssätze.* Die imperativische Reihe bietet eine Anzahl Begründungsverse. Ich liste die Volitive (Prohibitive) der Haustafelreihe unter Berücksichtigung und (kursiver) Hervorhebung der Begründungen auf.

1) Drei Prohibitivverse erhalten je eine einversige begründende Erweiterung, u.zw.
   a) zur Begründungsklausel 177/*178* oder
   b) zur positiven Mahnung (zum positiven Gegenstück) mit Begründungselement 175/*176* und 179/*180*.

---

am Satzanfang können als selbständige Aussage gelten: *Schönheit ist schwer zu bewachen!* Der Bezug zu Kindern und Eltern wird so gegeben, daß παίδων konditional wirkt: *Wenn du schöne Kinder hast.*

2) Acht Mahnverse 181-189 (ohne 194b) stehen in ununterbrochener Folge ohne Begründungsverse. Sie enthalten allerdings Begründungselemente.
3) Acht Mahnverse 190-206, alles Prohibitive bis auf den Höhepunkt mit der positiven Mahnung v.195, zeigen zunächst wachsende 191.194.195b.197 und nach 200-204 wieder abbrechende Begründungstendenz.

V.195 will jüdisches Ethos, in dem die Toravorschriften zu einem verpflichtenden Werteverständnis weitergeführt wurden, mit dem homerischen idealen Bild der Ehe als seiner Begründung verbinden, wie das Teilzitat aus der Odyssee zeigt.

194ff (στέργε τεὴν ἄλοχον·) τί γὰρ ἡδύτερον καὶ ἄρειον,
ἢ ὅταν ἀνδρὶ γυνὴ φρονέῃ φίλα γήραος ἄχρις
καὶ πόσις ᾗ ἀλόχῳ.

Vgl. Homer Od 6,182-184:

... es gibt ja doch nicht Erwünschteres und Besseres
als wenn im gleichgesinnten Erwägen das Haus verwalten
Mann und Frau.

Diese im Altertum gern mit Quellenverweis angeführten Homer-Verse (VDH) nimmt PseuPhok mit entfaltender Betonung der Wechselseitigkeit von Mann und Frau auf.[78] Die Methode des Zitierens vermeidet einen Abschreibecharakter, enthält aber viele verbale Bezüge, so daß die Absicht (des Verfassers und in seinem Sinne auch des milesischen Phokylides) zum Zitieren unübersehbar wird.

4) Vier Mahnungseinheiten mit gleicher Thematik - prohibitiv beginnend 207.210, volitiv fortgesetzt 213.215 - haben je ein bis zwei Erweiterungsverse. Die Erweiterungen tendieren mehrheitlich zur anweisungsähnlichen Konkretisierung 208f.211.214. 216. Drei von ihnen, 212.214.217 sind Begründungsverse, deren letzter übergreifende Funktion hat.

Stilverwandtschaft imperativischer und indikativischer Erweiterungen

In struktureller Hinsicht sind positive Gegenstücke und Begründungsklauseln wie schon im parallelistischen Mahnspruch der Weisheit, so auch in der Paränese gleichwertig.[79] Das Formempfinden und Redundanzverlangen des Paräneten, das ihm um des Verweilens bei der Mahnung willen eine Erweiterung nahelegt, kann durch imperativische Fortsetzung ebenso zum Ziel kommen wie durch indikativische. Auch eine zusammenhängende Kette gleichartiger Prohibitive kann diesen Zweck miterfüllen. Doch haben die Begründungen auch wesentlich inhaltliche Funktion, die es nun noch vor dem Hintergrund von Lev 18 zu bedenken gibt. Bei der Abgrenzung der gattungsbedingten Elemente darf also der gelegentlich multifunktionale Charakter nicht außer acht gelassen werden.

3. *Zum Ethos der Begründungsverse.* Während die Begründungs*elemente* innerhalb

---

[78] Wörtlich ist 1) καὶ ἄρειον ἢ ὅϑ' (ὅταν), 2) (ὁμο)φρονέοντε / φρονέῃ. κρεῖσσον vor ἄρειον wird durch ἡδύτερον ersetzt. Die Wechselseitigkeit, die der zitierte Text mit ὁμοφρονέοντε und lapidar am Versanfang stehendem ἀνὴρ ἠδὲ γυνή ausdrückt, setzt der Phokylideer in parallele Schilderung des *Freundschaftlichen* (φρονέῃ) φίλα (sprachlich nach Il 4,219) in zwei kongruenten Halbsätzen für Frau und Mann um. Die Enge der Anlehnung zeigt sich auch in der Einpassung von Halbvers + Ganzvers + Halbvers in die Textfolge.

[79] Ähnliches gilt nach KOCH, *Formgeschichte?* 45, für »normative( ) Textsorten im AT« einschließlich der Gesetzestexte. Es »liegen bisweilen Gebot und Verheißung so nahe beieinander, daß dafür die gleiche Stilform benutzt wird«.

der Prohibitivverse inhaltliche und begriffliche Bezüge auf Lev 18 aufweisen, fehlt solcher Bezug auf die Toravorlage in den Begründungs*sätzen*. Sie sind in der Freiheit des Spruchdichters und Paräneten entwickelt. Das weisheitliche Bestreben, alte sittliche und gesetzliche Normen als Elemente der Welterfahrung ohne nachvollziehbaren Bezug zur Tora Israels vorzuführen, kommt voll zum Tragen. Und der Verfasser zeigt hier seine Verwurzelung im Hellenismus und seine Belesenheit in der griechischen Moralliteratur in vollem Ausmaß. - Dabei ist es unwichtig, ob die Begründung die Form eines (weiterführenden) Imperativsatzes hat oder indikativisch vorgetragen wird. Denn die Erweiterungen der Toratradition stimmen darin überein, daß sie alle - außer dem allgemeinverständlichen v.180 - keine spezifisch israelitischen Argumente bieten:
→ *Stoisch* ist das Argument der Übereinstimmung mit der Natur, v.176 δός τι φύσει[80] und 191 - hier eine Explikation zu φύσεως v.190.[81]
→ Jüdische Auseinandersetzung mit der Umwelt auf der Basis *popularphilosophischer Begrifflichkeit* zeigt die psychologische Betrachtung des Eros 194.
→ *Literarische Vorbilder* haben die ausführlichen Begründungen 195b-197 (Homer) und 201-204 (Theognis). Die literarischen Bezüge beginnen immer erst nach dem jüdisch empfundenen Imperativ.[82]

4. *Mahnungsreihe ohne jede Begründung.* Angesichts der reichen Möglichkeiten, Begründendes in einen Mahnvers zu integrieren, fällt die äußerste Sparsamkeit an begründenden Elementen in der Folge von acht Prohibitiven v.181-189 auf. Nur die Wortwahl, die Abstoßendes markiert, verstärkt einige Male das Mahnungsgewicht. Diese Unterreihe als ein formal einheitliches Kernstück der Reihe partizipiert an den vorausgehenden und nachfolgenden Begründungen.[83]

1.6 Schlüsse aus der Strukturanalyse von Vers 175-217

Die Begründungen sichern das aus den Prohibitivvergleichen gewonnene Ergebnis, daß v.175-205 eng an Lev 18 angeschlossen, mit typisch paränetischen Methoden erweitert ist und speziell in den Begründungsversen hellenistische Motive in reichem Maß aufgenommen hat.

---

80 Melanchthon formuliert im Jahre 1519 eine Serie von (acht) *Lehren des Naturrechts*, deren erste drei lauten (SCHREY, Art. *Goldene Regel II: historisch und ethisch*, TRE 13,577,22): *1. Verehre Gott! 2. Schütze die Güter des Lebens! 3. Zeuge!* - Es ist anzunehmen, daß Melanchthon unser Gedicht gekannt und diese Stelle auch im stoischen Sinne verstanden hat.

81 Eine merkwürdige Textverwirrung - wohl begünstigt durch die Folge von zwölfmal μή/μηδέ und zweimal οὐ v.177-194b (oder 15 mal MH, zweimal OY und einmal ΔΟΣ am Versanfang v.175-194b) hat den v.191 nur in einem der wichtigen Codices, P, an dieser Stelle stehen lassen, während er sonst - unsinnig - auf v.186 folgt. Immerhin ein Beispiel für das Beharren der Abschreiber, die nach dem Trennfehler der Textüberlieferung die nun schwierig gewordene Textfolge nicht mehr änderten.

82 Bezeichnenderweise bietet dagegen die jüdische Sachparallele Sir 7,19 auch eine Formparallele. Sie beginnt mit dem typischen Imperativ: μὴ ἀστόχει γυναικὸς σοφῆς καὶ ἀγαθῆς.

83 Gnomische Reihen ohne Begründungsanteile stehen oft in gemeinsamem Zusammenhang mit einer umfassenden Begründung. Wenn sie aus nur drei oder vier Versen bestehen, so sind sie oft als Einheit in der Drei- bzw. Vierfalt verstanden; als Schlußformel z.B. hat PseuPhok 181-190 schon mehr den Charakter einer aphorisierenden Aufreihung. S. c.IV 3.1 zur *Asyndetischen Reihe*

1. Im Rahmen einer dem Leben im Oikos gewidmeten Reihe v.175-205 ist ein Block von Sexual- und Eheschließungsmahnungen (und was sich der Verfasser als zugehörig vorstellte) integriert, der Wesentliches aus Lev 18,7-23 enthält. Spuren von unbekannten Quellen, ohne deren hypothetische Annahme wir nicht auskämen, sind abgesehen von zwei Beispielen, die an Philo und Josephus erinnern v.184.199ff, nicht zu finden. Die eher versteckten sprachlichen Bezüge zur biblischen Vorlage lassen Methode erkennen.
2. Die fünf direkt als Mahnspruch übernommenen Verbote zeigen eine radikale Traditions-Selektion, die aber, da sie paränetisch sinnvoll erfolgt und der Integrierung aktuell wichtiger Mahnungen sowie »modernerer« Begründungen Raum schafft, dem Anliegen einer Paränese über Lev 18 durchaus nicht abträglich ist.
3. Zweimal macht der Verfasser aus einem Einzelgebot zwei Mahnsprüche, indem er die Mehrdeutigkeit des Gesetzestextes entfaltend nutzt.
4. Die Einschübe in der Abfolge der Prohibitive lassen eine bunte Folge der Mahnsprüche entstehen, deren Übergänge aphorisierend verwischt werden, damit jeder Volitiv für sich in seinem verbindlichen Anspruch erkennbar wird. Es sind thematische Erweiterungen, die einesteils dem Gesamttenor der Tora Rechnung tragen und aus anderen Torageboten schöpfen, andernteils aber jüdisch unverzichtbare Anliegen beitragen.
5. Der Verfasser schöpft seine Freiheit in der Gestaltung der Paränese weitgehend aus. Die Aufnahme von Lev 18 zeigt nirgends traditionsbestimmte Gestaltungszwänge. Das Maß der Anlehnung geht auf seinen eigenen Aussagewillen zurück: Es geht ihm persönlich darum, den sittlichen Gehalt von Lev 18 seiner hellenistischen Umwelt nahezubringen.
6. Auch wenn fast alles für die Benutzung der LXX spricht, so sind doch sichere Belege nicht zu finden. Gelegentliche Benutzung anderer Übersetzungen ist nicht ganz auszuschließen. (S. Anhang I: *Septuaginta*)
7. Die Sprachgestalt der imperativischen Verse weist einheitliche Stilisierung auf. Sie bleibt insofern nah beim Gesetzesstil, als sie Verbote immer mit negativ einsetzender Mahnung wiedergibt und diese Stilisierung sogar auf die positiv gemeinte Anfangsmahnung v.175 ausdehnt. Aber abweichend vom Gesetzesstil des οὐ mit Futur und in durchgehender Übereinstimmung mit paränetischer Gepflogenheit beginnen die Mahnsprüche alle mit μή/μηδέ/μήτε. Folgevolitive stehen im Konjunktiv oder im imp. Inf., zweimal aber im Imp.3.Pers., da von der Frau die Rede ist (wobei das eine Mal durchaus auch der Mann hätte in die Verantwortung gezogen werden können).
8. Wenn das übrige Gedicht starken Rückhalt des Phokylideers in der Sozialethik des Judentums zeigt, so bleibt er auch in der Sexualethik völlig in den Vorstellungen des hellenistischen Judentums. Dessen Tabuisierungen vollzieht er nach mit den der Weisheit eigenen Gründen praktischer Erfahrung, zeigt aber in einer Reihe nicht einzeln begründeter Prohibitive, daß er autoritär vorgetragene Verbote kennt und auch selbst vertritt.

9. Gerade angesichts der fast geschlossenen negativen Reihe treten die Beispiele positiver oder versteckt positiver Mahnung so hervor, daß der dem Positiven zugewandte Wille des Verfassers gut Ausdruck findet.
10. In den kurzen Begründungsklauseln oder begründenden Begriffen im Mahnvers selbst finden sich auffällig viele Wortanspielungen auf den Toratext.
11. Die eigenständigen Begründungsverse dagegen sind einseitig von hellenistischem Gedankengut und Zitaten aus der griechischen Literatur bestimmt.
12. Als Strukturelemente der paränetischen Reihe sind deutlich erkennbar: Ausgangs-(Repräsentanz-)mahnung, Entfaltung (Aktualisierung), Unterreihe, Verallgemeinerung, positives Gegenstück, Begründungsklausel, Begründungsvers, Stufenbegründung. Der Unterschied allgemein-sittlicher Mahnung und spezieller Anweisung verdient Beachtung.
13. Als Summe aus diesen Beobachtungen vermerke ich, daß wir hier recht solide Möglichkeiten vorfinden, die Arbeitsweise und die Tendenz des Verfassers zu erforschen und seinen Platz in der jüdischen Weisheits- und Paränesetradition sowie seinen Ort zwischen Judentum und nichtjüdischem Hellenismus zu bestimmen.

2.
DIE DEKALOG-PARÄNESE: PSEUPHOK 3 - 8

Zur jüdischen Zählung der Dekaloggebote s. c.XIV (S.404).
Ich zitiere: *»Dek I, Dek II«* usw.

2.1 Die Fragestellung

War bisher die Abhängigkeit des PseuPhok-Textes von wenigen mosaischen Kapiteln zu dokumentieren, so steht nun die Abhängigkeit von biblischer Quelle überhaupt zur Diskussion. Die Verse 3-8 sind nicht nur zwischen *Interpretatio Judaica* und *Graeca* kontrovers; gelegentlich wird trotz Annahme jüdischer Tradition der direkte, vom Verfasser beabsichtigte Bezug zum Dekalog bestritten.

Bernays (227f) eröffnet in der zweiten Hälfte seines Aufsatzes die »Durchmusterung des ganzen Gedichts« folgendermaßen: »Das Gedicht beginnt mit einer Auswahl aus dem Dekalog (V.3-7); sie enthält das Verbot des Ehebruchs und der Unzucht (V.3), des Mordes (V.4), des Diebstahls (V.5), des Gelüstens nach fremdem Gut (V.6), des falschen Zeugnisses (V.7). ... Die zwei dekalogischen Gebote jedoch, welche den Eid und die Elternverehrung betreffen und die gewiss im vollsten Sinne ebenfalls für Verstandesgebote gelten müssen, sind nicht überhaupt weggelassen, sondern nur für den folgenden Abschnitt (V.8-41) verspart worden. ... Nach der Ausbeutung des Dekalogs hat sich nämlich der Verfasser zu jenem Theil des Leviticus gewendet, welcher in neuen wie in alten Zeiten mit Recht für das Gegenstück des Dekalogs angesehen wird, ich meine das 19. Capitel. Eben in der Verehrung der Eltern nächst Gott, welche an diesen beiden hervorragenden Orten des Pentateuchs geboten wird, ist die Verbindung zwischen ihnen am deutlichsten bezeichnet« - und damit nach Bernays' Ansicht auch der Anschluß von PseuPhok 8ff an v.3-7 vorgezeichnet.

Solcher präzisen Zuweisung, die auch die jeweils zur Geltung zu bringende Vorlage - hier Dekalog, dort Lev 19 usw. - genau glaubte bestimmen zu können, stellten die Graezisten, u.zw. nicht nur der Vertreter der Authentizität LINCKE,[84] sondern auch KROLL und ROSSBROICH Hinweise auf griechische Parallelen zu Stil und Inhalt der Verse gegenüber.[85] DERRON erkennt aber die Zugehörigkeit der Anfangsverse zu zwei Traditionen: »chacun reprend un principe du Décalogue ..., mais correspond également à un précepte delphique«.

Ich sehe drei eindeutig griechische Voraussetzungen, die aber einem Zitat des Dekalog nicht entgegenstehen (s. c.XI): 1. Der sehr griechisch klingende V.8

In erster Linie Gott ehren, sodann aber deine Eltern.

gestaltet die Verbindung der Dekaloggebote I und V durch einen der geläufigsten Sätze griechischer Ethik und Gnomik. Am Vergleich mit Men mon 322 und Solon (DiogLaert 1,60) ist die Methodik der Übernahme und Einpassung ins Gedicht am besten ablesbar. 2. Das viermalige μήτε v.3f ist griechisch empfunden, s.u. S.282f. 3. V.5 dürfte die Umbildung von Theogn.145f (hier und dort πλουτεῖν ἀδίκως) in die Form des jüdischen Mahnspruches sein.

Auch von theologischer Seite wird die Absicht und Fähigkeit des Verfassers, den Dekalog zu zitieren, in Frage gestellt. K.BERGER (258-277) findet in seiner Darstellung der »Rolle des Dekalogs im Judentum« zwischen der Rezeption des Dekalogs im Dtn und seinem »großen Wiederaufleben« im hellenistischen Judentum, keine Anzeichen für die Pflege einer eigentlichen Dekalogtradition, u.zw. bis ins NT.[86] Er begrenzt die »erste Reihe« des Phokylides-Gedichtes auf v.3-7 (vor dem »erkennbaren Neubeginn in V.8«) und bewertet sie so: »Der Inhalt entspricht etwa den im Spätjudentum üblichen Auslegungen des 5.-8. Gebotes. Eine Nähe zum Dekalog ist trotzdem nicht anzunehmen« (374). In dieser Frage von weittragender Bedeutung hat das Zeugnis von PseuPhok 3-8 eigenes Gewicht, weil wir die Methode der Übertragung der Gebote in Paränese mit anderen Dekaloganspielungen vergleichen können. Es wird sich zeigen, daß PseuPhok sich störungsfrei in die Geschichte der Pflege eines Ethos einfügt, das den Dekalog als Richtpunkt kennt und einsetzt.

---

84 *Essener* 136: »ein Denkmal der Ethik des Pythagoras und ihres Einflusses auf die mosaische Schriftstellerei«; vgl. ders., *Dekalog* 442

85 Wer von griechisch-hellenistischer Moralphilosophie ausgeht, hat begreifliche Schwierigkeiten mit einem Gedichtanfang, der ohne Vorbereitung eine bunte Reihe Spezialmahnungen vorträgt und dann erst zu einer klassischen Grundsatzsentenz v.8 übergeht. Für ROSSBROICH ist es ausgemacht, daß das Gedicht eigentlich mit v.8 beginnen sollte (28;31). Er unterstellt - mit Hinweis auf auf Doppelungen: V.3/190; 4/31; 5/42ff; 7/12.16f - ein gedankliches Hin und Her beim Entwerfen des Gedichtanfanges - eine *ultima ratio*! Auch SITZLER, der sich gegen die Bevorzugung stoischen und kynischen Einflusses bei ROSSBROICH wendet und den Dichter eindeutig »für einen mit der griechischen Literatur bekannten Juden« hält (452), nennt die Verse 3-7 »Eindringlinge«. (455) - DORNSEIFF, der ohnehin »wohlüberlegt ausgewählte( ) Zitate aus Salomonsprüchen, Pentateuch« usw. findet (48), hat mit Anklängen an Dekalog und Lev 19 natürlich keine Probleme.

86 BERGER 259: »Die Geschichte des Dekalogs als Reihe beginnt erst wieder mit Philo, Ps.-Philo und Josephus. Daß der Dekalog in den Jahrhunderten vor ihnen und in der sonstigen apokalyptischen Literatur nicht beachtet wurde, kann seine Ursache nur darin haben, daß jene im Dt programmatisch als solche wohl deuteronomistisch rezipierte Reihe offenbar nicht lebensfähig war und daher nicht 'populär' gewesen ist.« (Zwei Verschreibungen korrigiert, Th.)

2.2 Ursprung und Ausgang weisheitlicher Dekalogtradierung

Die Geschichte der Dekalogrezeption bietet, abgesehen von ihrer christlichen Variante, tatsächlich ein etwas verwirrendes Bild. Dies wird nicht begreifbar ohne Verständnis für die Dynamik im Umgang mit Texten und Themen, die immer ein Kennzeichen jüdischer Torapflege von biblischer bis zur heutigen Zeit war. Die Problematik beginnt mit der Entstehung des Dekalogs und kulminiert in der betonten rabbinischen Zurückhaltung ihm gegenüber bei gleichzeitiger christlicher »Dekalogrenaissance«. In der Zwischenzeit bleibt der Dekalog als solcher weithin verborgen aufgrund der weisheitlichen Art, sittliche Gesetzesnorm aufzunehmen. Im Ausgang der Phase, in der das frühe Judentum sein Ethos gegenüber dem Rechtswesen entschränkte und in chokmatischer Besinnung und Erziehung entwickelte, stehen Modelle expliziter Rückbeziehung auf den biblischen Dekalog-Kanon bei Philo, im Christentum, in Pseudo-Philos *Liber Antiquitatum Biblicarum*, im *Sch.ma* alter Fassung und auch bei PseuPhok.[87]

Die Entstehungsphase des Dekalog [88]

Nach PERLITT (Art. *Dekalog I*, TRE 8,410) gab es »in alttestamentlicher Zeit niemals einen Normtext des Dekalogs. Das Verwunderliche ist aber nicht, daß die Varianten entstanden, sondern daß sie ohne Ausgleich kanonisiert wurden.« Aber trotz dieser undeutlichen Voraussetzungen findet Perlitt (vor allem im deuteronomistischen Milieu) »ein ganzes Geflecht von Anspielungen darauf, daß der Dekalog Israels herausragendes 'Grundgesetz' war«. Die ältesten sicheren Zeugen (a) für den Dekalog oder (b) für »einen Vorläufer des Dekalogs von Ex 20«[89] (und Dtn 5,6-21) sind zwei Prophetentexte:

Hos 4,2 *Man schwört und lügt, man mordet und stiehlt, man bricht die Ehe und übt Gewalttat, und Blutschuld reiht sich an Blutschuld.*

Jer 7,9 *Stehlen, Töten und Ehebrechen und falsch Schwören und dem Baal opfern und anderen Göttern nachlaufen, die euch nichts angehen.*[90]

Sie belegen das nichtjuridische, aber die Rechtsordnung umgreifende Interesse an einer universalen Reihe, die sich wenig später in der Form des apodiktisch-rechtlichen Kodex des Dekalogs mit theologischer und weisheitlicher Begründung verband. »Auf seiner konzentrierten und ausbalancierten Zuordnung von Gabe und Aufgabe für Israel« beruht der Rang des Dekalogs innerhalb der mosaischen Tora, der sich in seinem exzeptionellen Ort in der Sinai-Haggada ausdrückt. Eine Auffassung von der »bleibende(n) Bedeutung des Dekalogs« muß aber in Kauf nehmen, »daß sich in der nachdeuteronomistischen Literatur des Alten Testaments keine Spuren des Dekalogs finden« (ebd.

---

[87] Wo aufgrund exklusiver Gemeindebildung die Abgrenzung ebenso wichtig wurde wie ein allgemeines Ethos, nehmen Sektenregeln die Stelle ein, die anderswo der Dekalog hat.

[88] Vgl. zum Folgenden jetzt N.LOHFINK, *Unterschied von 'Gebot' und 'Gesetz'*, bes. S.74-85 (s.u. S.461)

[89] (a) GESE, *Dekalog* 64 A.4 (der ebd. 77 A.54f ins Einzelne geht und die Umkehrung der Dekalogreihenfolge hervorhebt); (b) FOHRER, *Die Propheten des AT* 1,70. - BERGER (259) findet in Hos 4 und Jer 7 nur »Reste von Traditionen« aus der Vorgeschichte der Zusammenstellung von Dek V-VIII. Vgl. KOCH, a.a.O. 45: Ein sekundärer »Rückgriff auf sonst unbekannte Reihen«.

[90] Zu Hos 4,2 ausführlich H.W.WOLFF, *Dodekapropheton* I (BK.AT 14.1) 84f

412). Als er Anerkennung gefunden hatte, war diese anscheinend so groß, daß man ohne schriftliche Konvention sich verstand.

Die Phase der Verborgenheit der Gebotsnorm

Im Übergang von der altisraelitischen Rechtsbildung zum jüdischen Verständnis des einen Nomos als Ausdruck des Schöpferwillens und als Quell sittlicher Bildung bedurfte es der Entwicklung eines sittlichen Verständnisses der einzelnen Topoi und ihrer Zusammenhänge. Die Rechtsgrundlage lag nachexilisch gesichert im Pentateuch vor; sie kam auch nach und nach durch Bildung von Synagogen zu regelmäßigem Vortrag. Das weisheitliche Interesse diente nicht ihrer Wiederholung, sondern einerseits ihrem Grundverständnis als Konkretisierung der geheimnisvollen Schöpferweisheit, andererseits dem Vergleich ihrer Einzelnormen mit der Erfahrung.

1. Auf die Spur der zeitgenössischen Wertung des Dekalog führt uns die Übersetzung der LXX. 1) Sie kennt ihn als eigene, kodifizierte Größe mit einer - gewiß aus guter Überlegung - veränderten Reihenfolge (Cod.Vat.): *Ehebruch* (in Ex 20,14 auch *Diebstahl*) steht vor *Mord*. 2) Hos 4,2 wird mit Stichworten des Dekalogs übersetzt: (ψεῦδος,) φόνος, κλοπή, μοιχεία(, αἵματα). 3) Auch Jer 7,9 sahen die Übersetzer mit dem Dekalog zusammen: Die asyndetische Folge am Anfang und der Inf.abs. der hebräischen Vorlage werden aufgegeben, v.9 schließt mit καί enger an den v.8 an, der verstanden wird als das in v.9 fehlende Gebot: das Verbot falschen Zeugnisses (Zungensünde: *Ihr vertraut auf Lüge!*).[91]

2. In dieser Zeit der weisheitlichen Rezeption der Gebotsnorm zeigen viele Texte den inneren Zusammengang der sittlichen Anforderungen und die seelischen Voraussetzungen zu ihrer Erfüllung oder Mißachtung; und sie haben unter Wahrung der gesetzlichen Norm mit weisheitlicher Kunst Kurzformeln entwickelt.[92] Leicht gewinnt dabei die spezielle Lebensnorm einer Gruppe prägenden Einfluß auf Auswahl und Formulierung, die bis zur Bildung einer Gemeinderegel gehen kann, in der man die Tora aktualisiert findet. Dies läßt den Dekalog wohl zurücktreten, ohne daß man ihn aber aus dem Auge verliert.

Den wichtigsten Vorgang solcher Bildung normativer Sitte unter Anleitung von Tora und Gruppenerfahrung finde ich in der Trias *Götzendienst - Unzucht - Besitzraffen*; in der griechischen Linie als εἰδωλολατρία, πορνεία, πλεονεξία bezeichnet. Es sind drei Dekalognormen; aber die Zusammenstellung entwickelt eigenes Schwergewicht. Der Ursprung der Tradition dürfte bei den Asidäern zu suchen sein. Die ursprüngliche spezielle Gruppenbindung dieser Trias zeigt sich einmal im Auslassen von *Mord*, was die spätere Todsündenlehre nicht mehr hinnahm (die dafür die Pleonexie ausschied), zum anderen in der erstaunlichen Konstanz dieser Trias, die ohne den Nachdruck einer Gruppentradition schwer vorstellbar wäre, s. Anhang I: *Todsündentrias*.

3. In der Zeit der Ausbildung jüdischer Moral bilden sich Schlüsselwörter, die, statt

---

[91] Auch Ps 49,16-18 LXX (und Ps 14 LXX) zeigt Beachtung des Dekalogs.

[92] NIEBUHR (20) erklärt mit »umgestaltender, interpretierender und aktualisierender Wiedergabe« von »Sachanliegen« der Tora, »daß die Mahnungsanliegen von PseuPhok 3-8 z.T. ihrer Gestalt nach engere Parallelen in der jüdischen Weisheitsliteratur oder auch in pagan-hellenistischen Texten haben, obgleich sie der Sache nach, wie der Kontext zeigt, auf Toragebote zurückgehen«.

wörtlicher Zitierung, das Gebot repräsentieren. Die Auskunft von Arist 228, Gott habe *über die Ehrung der Eltern ein sehr wichtiges Gebot erlassen* (MEISNER), kann schwerlich anders als eine Anspielung auf den (hinreichend vertrauten) Dekalog verstanden werden. Die spätere rabbinisch-schriftgelehrte Methode, mit einem kurzen Teilzitat unausgesprochen einen längeren Text in die Diskussion einzubringen, bereitet sich vor in der Methode, zwei oder drei Schlüsselwörter zu nennen und damit an den ganzen Dekalog zu erinnern.[93] Die Ausbildung der Stichworte wie κλέπτειν, ψεῦδος, πορνεία als Repräsentanzbegriffe für Dekaloggebote hat bis zu PseuPhok und NT eine solche Reife erfahren, daß dafür eine längere Geschichte vorauszusetzen ist.

4. Vorrabbinische Textfunde bezeugen die Verbindung des Dekalogs mit dem Sch.ma (Dtn 6,5ff) für das Gebet. Der Papyrus Nash (2. oder 1.Jh.v.), der auf 24 oder 25 Zeilen diese beiden Texte bietet, »stammt vermutlich nicht aus einer Bibelhandschrift, sondern diente zu gottesdienstlichem Gebrauch«.[94] Vor allem aus Höhle 4 von Qumran liegen Phylakterien-Fragmente vor, deren ältere meist den Dekalog bieten, während die jüngeren die Tendenz zur kürzeren, später von den Rabbinen autorisierten Fassung zeigen.[95] Wenn die Funde nicht zufällig sind, erfolgte im ausgehenden 1.Jh.n.Chr. die Ausscheidung des Dekalogs aus der autorisierten Sch.ma-Verbindung (s.u.).

5. Die Geschichtszeugnisse für den Ort des Dekalogs im religiösen Leben und die kraftvolle Dekalog-Renaissance bei Philo und Jesus lassen annehmen, daß die Erwähnung einzelner oder weniger Dekalogtopoi ihre normative Kraft aus der Erinnerung an den Dekalog als Ganzes gewann. Die Tatsache, daß Dekalogtradition ohne Zeichen eines bewußten Neuanfanges sich zu Beginn des tannaitischen Zeitalters neu entfalten konnte, zeigt, daß sie verborgen lebendig geblieben war, und bestätigt die nie unterbrochene Grundströmung. Ungeklärt ist die Frage, ob dabei die stärkere hellenistische Herausforderung in der Diaspora maßgebend wurde (was man teils auch im Mutterland respektieren konnte) oder ob nur die spätere rabbinische Reserve zum Schweigen der palästinischen Quellen geführt hat.[96]

Explizite Dekalogrezeption

Mit Philo, den Tannaiten und dem Christentum geht die Zeit eines vornehmlich

---

93 Οὐκ ἐπιθυμήσεις Röm 7,7 steht repräsentativ für die Tora, speziell für den Dekalog.

94 BROCK, Art. *Bibelhandschriften*, TRE 6,110,34f. - W.F.ALBRIGHT, *A Biblical Fragment from the Maccabean Age: The Nash Papyrus* (1937)

95 K.G.KUHN, *Phylakterien aus Höhle 4 von Qumran* (1957); SCHNEIDER, *Der Dekalog in den Phylakterien von Qumrân* (1959); VOKES, *Ten Commandments* 147f (1968). - Eine neue Materialzusammenstellung und Problemanalyse jetzt bei G.STEMBERGER, *Dekalog im frühen Judentum*. Dort S.94ff zu den Qumranfragmenten. Über gemeinsame Ursprünge der den Dekalog hervorhebenden Sitte mit den Samaritanern (also in früher Zeit) ebd. S.98f.

96 FULLER (*The Decalogue in the NT* 244, mit Bezug auf Qumran VIII): »The Decalogue was current in Palestinian Judaism as a separate entity and not just as part of the Pentateuch.« L.H.FELDMAN (*Josephus and Modern Scholarship* 429) referiert über Luiz Díez MERINO (*El Decálogo en el Targume Palestinense*, 1975) und seinen Vergleich aller greifbaren Dekalogzeugnisse aus dem Zeitraum zwischen der Übersetzung der LXX und Josephus: »All of these reveal a tradition which is consistent in essential treatments, if not in form. It is only in style that there is an evolution.«

weisheitlichen Ethos zu Ende, in der der Umgang mit dem Dekalog einer aus sich wachsenden Tradition überlassen bleiben konnte. Auf dreifach verschiedene Weise vollzieht sich dieser Abschluß der Zeit eines stark weisheitlichen Ethos. Philo weist mit philosophischer Systematik nach, daß das ganze Gesetz sachlich eine Entfaltung des Dekalogs ist. Die tannaitischen Weisen suchen nach den Nuancen, die sich beim Vergleich der Texte herausstellen, um daraus ihre Hermeneutik weiter zu klären und den einen Gotteswillen klarer auf die Heiligung des Alltags unter verschiedensten Bedingungen anzuwenden. Das Neue Testament weist am Dekalog nach, daß das ganze Gesetz im Liebesgebot erfaßt und nur und wirklich aus ihm sachgemäß erfüllt wird.

1. Philo ist gewiß eine Zeitlang der einzige und jedenfalls »der erste, der sich in seiner Schrift De Decalogo ausdrücklich mit ihm (sc. dem Dekalog) beschäftigt hat«, erklärt Y.Amir[97] und billigt Philo dafür einen »Ehrenplatz« zu. In dem später als *De Decalogo* geschriebenen größeren Gesetzeswerk *De specialibus legibus* bemüht sich Philo, das mosaische Gesetzeswerk in den Rahmen des Dekalogs einzuordnen und aus ihm zu entwickeln (162f). »Auf diesen Grundgedanken baut er sein ganzes vielbändiges Werk 'Von den Einzelgesetzen' auf, in dem er das ganze, vielschichtige Material des Toragesetzes auf die Zehn Gebote aufteilt« (136). »Potentiell ist für ihn ... die Verpflichtungskraft aller Einzelgebote in der der Zehn Gebote mitgesetzt« (135). Dies kann als älteste nachweisbare »classification of the (sc. 613) precepts under the tenfold headings of the decalogue« gelten (Art. *Commandments, The 613*: EJ 5,762). Nach Amir geht Philo von der mit den Rabbinen gemeinsam beachteten Sonderstellung des Dekalogs in der Haggada von Ex 19f, Dtn 5 (die jene allerdings anders werteten, ebd. 133) aus, wie er ja auch die (später gescheute) Lehre vertritt, nur der Dekalog sei mit göttlicher Stimme ἄνευ προφήτου καὶ ἑρμενέως verkündet worden SpecLeg 2,7 u.ö. Amir gibt vorsichtige Anhaltspunkte dafür, daß Philos eigene Erklärung, Vorgänger für seine Deutungen des Dekalogs zu haben, nach Palästina weise (131).[98]

2. Wie bei Philo, so sind auch andernorts Anspielungen auf den Dekalog aufweisbar (s. S.404f). Ob man mit Hübner[99] von Jesus »eine Renaissance der

---

[97] Zitate aus dem Kapitel: *Die Zehn Gebote bei Philon von Alexandrien* von Amir, *Die hellenistische Gestalt* 131-163 (hier: S.131)

[98] Josephus beginnt in geschichtlicher Abfolge die Tora mit dem Dekalog Ant 3,91f. Dieser, auf den Steintafeln niedergelegt, wird φωνῆς ὕψωθεν γενομένης von Gott selbst dem Volk verkündet, darf aber von Josephus nicht wortwörtlich, sondern nur sinngemäß mitgeteilt werden. Das Dekalog-Referat Ant 3,91f erweckt nicht den Eindruck einer Neuerung - und will auch vor dem Hintergrund gewürdigt werden, daß gleichzeitig in Palästina der Rückzug vom täglichen Dekalog-Beten beginnt. - Crouch (79), der die Berufung des Philo und Josephus auf mosaische Überlieferung bei den *Ungeschriebenen Gesetzen* als Verkehrung des traditionsgeschichtlichen Sachverhaltes anzunehmen geneigt ist, meint: »The content of the codes in De Decalogo 165ff is clearly Stoic. Furthermore, their relationship to the Decalogue is artificial.« Dabei wird verkannt, daß Philo die für das Judentum existentiell wichtige Anwendungspraxis für die Gebotsnorm in den traditionellen Formen der Aktualisierung und Subsumierung kennt und darauf seine Verbindung der Einzelgesetze mit dem Dekalog aufbaut. Philo bedient sich der aristotelischen Lehre der zehn Kategorien, um seine Überzeugung vom tora-gestaltigen Kosmos philosophisch mit Hilfe des Dekaloges auszudrücken. Nach Professor Amir (mündlich) ist die hierzu entwickelte philosophische Subsumierungsmethode den Rabbinen unbekannt, wirkt über arabische Vermittlung aber bei den mittelalterlichen Entwürfen zur Durchordnung der 613 Vorschriften nach.

[99] Art. *Dekalog III*, TRE 8,416

Dekalogrezeption ausgehen« läßt, eine unter mehreren in jener Zeit, ist eine Frage der Schwerpunktsetzung. Wichtig ist, daß nicht von einer Neuentdeckung des Dekalogs durch Jesus oder die Christen gesprochen werden kann. Anders wäre auch die Verbreitung der Dekalogzitate über das NT schwer zu erklären.[100] Denn in ihm wird das Besondere der christlichen Ethik gar nicht ausgesprochen. Er ist Argumentationsmittel mit der Voraussetzung seiner Bekanntheit und fraglosen Geltung. Noch in der frühen Kirche ist er »weder ein Lehrstück für die Kinderunterweisung noch für die Katechumenenunterweisung, noch wird er überhaupt im Sinne einer Zusammenfassung der christlichen Ethik verstanden - diese Stelle vertritt die Goldene Regel des 'Was ihr wollt, daß euch die Leute tun' oder das Gebot der Gottes- und Nächstenliebe. Er vertritt vielmehr die unterste Stufe der natürlichen Sittlichkeit, die durch christliche Forderungen allenthalben überboten ist.«[101]

3. In der kurzgefaßten und kraftvollen Darbietung des Dekalogs durch PsPhilo[102] verbinden sich paränetische und polemische Tendenz mit sorgfältiger Aufnahme und variierender Wiedergabe der Gebote. Diese dekalogische Mahnung und Argumentation kann sich mit kurzen Andeutungen komplexer Verstehensmuster begnügen und topologisch frei mit Texten und Motiven umgehen, weil sie nicht eigentlich neuartig vom Dekalog redet. Der Verfasser schöpft zweifellos aus ausgereifter Dekalogrezeption.

4. »Unbeschadet seiner fraglosen Wichtigkeit ist der Dekalog ... seit dem ersten nach christlichen Jahrhundert von einiger Zwiespältigkeit umgeben«.[103] Das Rabbinat hatte drei Interessen miteinander auszugleichen: a) die Berücksichtigung des exzeptionellen Ortes der biblischen Dekalog-Haggada,[104] b) die Wahrung der uneingeschränkten göttlichen Autorität für alle Toragebote ohne Unterschied ihrer Überlieferung, wie sie sich dann in der Lehre von den 613 Ge- und Verboten ausdrückte und halachische

---

[100] Das Lehrgespräch über *Das erste, Das große, Das entscheidende Gebot* Mt 22,34-40/Lk 10,25-28 führt uns auf den Boden sehr alter Katechese, die schon bei der Kompilierung der Markusvorlage mit Q mit einwirkt.

[101] Wilhelm THOMAS, *Der Sonntag im frühen Mittelalter* 5. Vgl. *Ptolemaios an die Flora* (Ende 2.Jh., Epiph pan. 33,5.3): Der Dekalog, *jene zehn Worte, aufgeteilt auf zwei Tafeln*, enthält die alte Gesetzgebung rein und ohne menschliche Zufügung, enthält aber nicht das *Vollkommene*, die πλήρωσις *des Erlösers*. Die gnostische Ausrichtung des Problems im Brief an die Flora benutzt ein kirchliches Homologumenon. HÜBNER (415) formuliert, daß in der Jesustradition »Dekaloggebote entweder in polemischem Kontext zitiert werden, oder ihre Überbietung verlangt wird«.

[102] PsPhilo benutzt in der Gottesrede am Sinai LibAnt 11,6-13 und in einer göttlichen Gerichtsrede 44,6-7 die offensichtlich vertrauten Dekaloggebote als Träger der Lehre des Verfassers. So sollen die Gebote der Zweiten Tafel in 11,10-13 zeigen - und dies teils mit mehrfachem Schriftsinn (s. *Hurerei*) -, daß die heilsgeschichtliche Erfahrung sowie die eschatologische Erwartung einer *adäquaten* Vergeltung den Geboten Realitätsgrund geben. - In der Gottesrede am Sinai bekommen fünf Dekaloggebote eine heilsgeschichtliche (Kurz-)Begründung im paränetischen Stil, was ein neues Entwicklungsstadium der Tradition anzeigt. Der Charakter unseres lateinischen Textes als einer Übersetzung aus dem Hebräischen, vermutlich aus dem 1.Jh.n.Chr. (vor der Tempelzerstörung: HARRINGTON, oder bald nach ihr: DIETZFELBINGER), wie auch andere Indizien lassen an palästinischen Ursprung denken.

[103] MAGONET, Art. *Dekalog II*, TRE 8,413

[104] Nach Schalom BEN-CHORIN (*Die Tafeln des Bundes* 34) »soll das Exzeptionelle des Dekalogs unterstrichen werden«, wenn die Haggada über die wunderbare Herkunft der Tafeln spricht oder wenn die Gelehrten in grammatikalisch singulärer Weise das Zehnwort als *Zehn Dibberoth* (statt *Devarim*) bezeichnen. Dies sind Mittel, eine lehrmäßige Kategorisierung des Dekalogs zu vermeiden und doch indirekt seiner Sonderstellung in Frömmigkeit und Lebenspraxis Rechnung zu tragen. - Vgl. DELLING, *Gottesdienst* 50 mit A.3.

Sonderbehandlung des Dekalog absolut verbot,[105] und c) die Abgrenzung gegen Sekten, die in Kenntnis der schriftlichen Tora unterscheidende Wertungen vertraten. Der Jerusalemer Talmud beleuchtet Letzteres mit einer Reminiszenz, die den Unterschied der beiden Phylakterien aus Qumran IV (s.o.) erklären kann. Danach wurde der Dekalog aus dem täglichen Gebet des Sch.ma gestrichen *»wegen der eventuellen Behauptung der Minim* (= Häretiker), *damit diese nicht sagen: nur die Zehn Gebote allein wurden Mose am Sinai gegeben«* (yBer I,5,3c HOROWITZ). Angesichts der »breiten Toleranzgrenze« des Judentums für Nonkonformisten (DEXINGER) muß es sich um einen gravierenden Vorgang gehandelt haben. Ob diese *Minim* gnostisierende Judenchristen oder andere Bibelleser gewesen sind,[106] jedenfalls zeigt der herbe Verzicht des rabbinischen Judentums auf die tägliche Rezitation eines hochgeschätzten Bibelwortes etwas von der Abwehrstellung, in der das Judentum sich gegenüber humanistisch vereinfachenden Hellenisten, gnostischen Bibelinterpreten und dem Christentum mit seiner neuartigen Konzentration auf das Liebesgebot als Erfüllung des Gesetzes befand. Sie haben nun die Arbeit mit Lev 18-19 bevorzugt, wo sie den Dekalog voll erfaßt fanden.[107] Diese Anlehnung an das Heiligkeitsgesetz im Judentum bei Bevorzugung des Dekalog im Christentum ist zu verstehen als Teilung eines Traditionsbaumes in zwei Hauptäste. In der Vorgeschichte, auf der PseuPhok fußt, ist der Stamm im Wesentlichen noch ungeteilt.[108]

Trotz der rabbinischen Reserve in der halachischen Lehre hält sich im Judentum durch die Geschichte die besondere Wertschätzung des Dekalog. Wie selbstverständlich dienen in der Haggada gerade seine Gebote als Exempel der ganzen Tora. Wo in jüdischer Philosophie die »Essenz aller Gebote« gesucht oder wo von Juden der tragende Grund des Zusammenlebens mit und in den Völkern bedacht wird, kommt leicht der Dekalog ins Spiel (MAGONET 414). Deutlicher dem apologetischen Interesse trägt Kaim POLLAK Rechnung,[109] wenn er erklärt, der Dekalog sei »ein ureigenes Produkt der Lehre Moses, deren Gebote und Verbote alle Confessionen, ohne Unterschied ihres Bekenntnisses, als eine göttliche Offenbarung anerkennen«. Und er stellt den übrigen Pentateuch und die restliche Jüdische Bibel dem gegenüber: »Die erste Quelle der wahren Menschenliebe ist im dritten Buche Moses (19,18) zu finden. Jedes einzelne Blatt dieser

---

[105] AMIR 134: »Mag immerhin die aggadische Literatur den 'Zehn Worten' gelegentlich eine besondere literarische Einheit anweisen: Für die Halacha ist es belanglos, ob eins der anerkannten Gebote im Zehngebot enthalten ist oder nicht.«

[106] DEXINGER, *Sektenproblematik im Judentum* 287; vgl. Art. *Min*, EJ 12,1-3. - Der Begriff *Min* ist nicht auf eine bestimmte Richtung festgelegt. Dexinger (ebd. A.34) hält außer einem judenchristlich-gnostischen Gegenüber auch Auseinandersetzung mit Samaritanern für möglich (nach M.GASTER, *The Samaritans* (1925) S.136; vgl. auch BERGER 271). Unter der von ihm genannten Literatur zum Problem nenne ich besonders G.VERMES, *Post-Biblical Jewish Studies* c.11: *The Decalogue and the Minim*.

[107] Man fand die Gebote I-X nach Sifra Lev 19,1-37 in folgenden Versen von Lev 19: 2/4/12/3/6/16 *Blut*/2 *heilig sollt ihr sein*/11/16/18 (BACHER *Agada der palästinensischen Amoräer* 2,369). Vgl. NIEBUHR 23 zu PseuPhok 12.16f. - Der von Ph.CARRINGTON, *The primitive Christian Catechism*, und E.G.SELWYN, *The first Epistle of St.Peter*, aus Anspielungen auf das Heiligkeitsgesetz entwickelte, sehr variable Taufkatechismus soll erweisen, daß in neutestamentlicher Zeit auch Lev 19 zum Grundbestand christlicher Katechetik gehörte. Dieser stütze seine Konstanz gleicherweise auf Stichworte wie auf Sachaussagen. Ich finde hier allerdings mehr Nachweise über inhaltliche Zusammenhänge und begriffliche Verwandtschaften als über paränetische oder Katechismustradition.

[108] Vielleicht ist ja auch schon Josephus' Aussage Ant 3,90, der Dekalogtext dürfe nicht durch öffentliche Weitergabe profaniert werden, ein Zeichen des Abbruchs der Brücken zu Erben jüdischer Tradition, mit denen man nicht gemeinsam als Dekalogverehrer erscheinen möchte. - FLUSSER/SAFRAI bedenken (*Aposteldekret* 176f) Beispiele der Formulierung des wesentlich Jüdischen in kurzen ethischen Regulae und rechnen dazu die Tradition, vom Dekalog nur die 2.Tafel oder einen Kardinalsündenauszug aus ihr vorzutragen.

[109] *Rabbi Nathans System der Ethik und Moral* (1905) S.5

'fünf Bücher' belehrt *die ganze menschliche Gesellschaft*,[110] dass ihr Gedeihen und ihre Entwicklung nur durch Befolgung der ethischen und moralischen Vorschriften, die in denselben aufgezeichnet sind, bestehen kann.« Andere biblische Schriften gelten dagegen speziell Israel und führen den Völkern nur indirekt das Walten der göttlichen Vorsehung in der Geschichte vor Augen. Aber auch jüdisches Selbstbewußtsein an sich kann sich mit dem Dekalog verbinden, der für das Judentum weniger Inbegriff des Gesetzes als das exzeptionelle »Zeichen des Bundes« (BEN-CHORIN, *Die Tafeln des Bundes* 32) ist: »Der Dekalog bleibt sowohl die Forderung an den Einzelnen wie an die Bundesgemeinde und damit die Grundlage jüdischer Existenz durch die Jahrtausende« (ebd. 36).[111] Dies beruht auf einer schon im Frühjudentum starken Grundströmung, die u.a. in PseuPhok 3-8 zutage tritt.

2.3 PseuPhok 3 - 8 als Dekalogparänese[112]

2.31 Die Besonderheiten der Reihe

Die Dekalogparänese v.3-8 ist eine Reihe eigener Art innerhalb des Gedichtes. Die Volitive folgen einander rasch, meist zwei in einem Vers (*Halbversfolge*). Besonders die beiden Anfangsverse mit jeweiligem μήτε-μήτε forcieren diesen drängenden Zug.[113] Die elf imp. Infinitive in sechs Versen schaffen den Eindruck eines Kodex, dessen Reihencharakter nur durch die paarige Anordnung abgeschwächt wird. Die Reihe verzichtet völlig auf Begründungsklauseln. Erst zu den Einleitungsmahnungen des folgenden Abschnittes PseuPhok 9f fängt das System der Ergänzung einer Mahnung durch eine Begründung an. V.3-8 entspricht mit seinem rein volitiven (bzw. prohibitiven) Charakter der Reihe v.181-188, für die in ihrer engen Anlehnung an Toragebote das Bedürfnis nach vernunftgemäßer Begründung nicht empfunden oder um der sakrosankten Gehorsampflicht willen verdrängt wurde. Wenn wir für diese programmatisch abgehobene Eingangsreihe den Zusammenhang mit der Dekalogtradition nicht kennen würden, müßten wir den Einfluß einer anderen, stark prägenden Tradition vermuten.

---

[110] was nur so vorstellbar ist, daß die Zehn Gebote »als natürliches Vernunftsgesetz und Quintessenz der Tora angesehen« werden - eine Auffassung, die speziell »im hellenistischen Judentum« gegolten habe, MAIER/SCHÄFER, *Kleines Lexikon des Judentums* 322 s.v. *Zehn Gebote*. - (Hervorhebung im Zitat POLLAK: Th)

[111] Nachdem STEMBERGER a.a.O. S.99 von der »Funktion des Dekalogs in Mezuza und Gebetsriemen« der älteren Zeit sagen kann: »Der Dekalog ist ... die Kurzfassung des Glaubens- und Lebensgesetzes, der Inbegriff der Jüdischen Religion«, resumiert er S.103 das rabbinische Zeugnis mit den Worten: »Der Dekalog ist somit Inbegriff aller Gebote«.

[112] Diese Ausführungen beschränken sich auf vorläufige Bestimmungen des dekalogischen Charakters der Reihe und eine allgemeine Würdigung der Eigenart dieser Reihe im Gedicht. Weiteres in c.XIV 5.4.

[113] DERRON findet hier v.3f lt. Interpunktion eine Vierergruppe, wofür die vier parallelen μήτε sprechen könnten. Eine interessante Formparallele, die DERRONs Ansicht stützen könnte, bietet die von E.NORDEN (*Logos und Rhythmus* 12) »aus mehreren Varianten« rekonstruierte Fluchformel, indem in ihr das Mittel zur Bildung von zwei zweigliedrigen Versen mit der Unterscheidung von μήτε und μηδέ deutlich eingesetzt ist:

μήτε γῆ βατή / μηδὲ θάλασσα πλωτή
μήτε τέχνων ὄνησις / μηδὲ βίου χράτησις, ἀλλ᾽ ὤλη πανώλη.

Aber die strenge Bindung des Phokylideers an den monostichischen Hexameter sowie der Toposwechsel von v.3 zu v.4 widerraten diesem Verständnis.

Die Reihe steht aber nicht verloren da. Der Verfasser hat Anfangsstrophe und Schlußstrophe des Gedichtes kunstvoll gestaltet, indem er nach Gehalt und Form zwei Rahmenteile schuf, die je in sich stimmig sind und im Gegenüber von kurz gebündelter Grundmahnungsreihe am Anfang und breit angelegter Einzelmahnungsreihe am Schluß sich hervorragend ergänzen. In dieser Ergänzung verliert auch die Wiederaufnahme der Topologie von v.3a-b in v.183.190 alles Befremdliche. Der Übergang zu v.9ff ist formal ohne Bruch und entspricht der positiven Verbindung, die der Jude zwischen Dekalog und Lev 19 - dem Text hinter v.9ff - fand. Nach anfänglicher Fortsetzung der Serie imp. Infinitive gehen die Mahnungen allmählich zu anderen Imperativäquivalenten über. Der Zug zum Volitiv weg vom Prohibitiv verstärkt sich. An Gott als höchste Autorität und die Eltern schließt sich die richterliche Autorität an - allerdings mit umgekehrter Adresse: Die Autorität selbst wird ermahnt. Es folgen alsbald der Kaufmann v.14f, der Arbeitgeber v.19, der Wohlhabende v.22(.27). Der Schritt vom Grundsätzlichen und Allgemeinmenschlichen des Dekalogs zur speziellen Mahnung ist vollzogen, die Adressaten des Gedichtes kommen in Blick.

2.32 Die einzelnen Topoi

Nähe und Distanz unseres Textes zu den Dekalogtexten in Exodus und Deuteronomium sind aufschlußreich. 1. Nur zwei Schlüsselbegriffe der Dekalogtradition sind aufgenommen, und beide in gebrochener Verwendung. Ψεύδεα erinnert an *falsches Zeugnis* (ein traditionsbetontes Schlüsselwort müßte ψεῦδος oder ψεύδειν lauten), τιμᾶν - hier direkt auf *Gott*, sekundär auf *deine Eltern* bezogen - entstammt dem Elterngebot. 2. Nur ein Hexameter beginnt mit dem speziellen biblischen Verbotsgehalt: v.3 *Ehebruch*, in gewollt dichterischer Sprache durch γαμοκλοπέειν wiedergegeben.[114] 3. Der Verfasser verfolgt mit der Zitierung der Dekaloggebote die Absicht zu zeitgemäßer Konkretheit. Er wählt zu jedem in eine Mahnung umgesetzten Gebot eine Aktualisierung in negativer oder positiver Formulierung; er stellt diese teils voran, teils läßt er sie nachfolgen. Zum Ehebruch fügt er die Homophilie, zum Mord die gemeine List,[115] zum ungerechten Besitz den ehrenhaften Besitz (und die Selbstbescheidung bei diesem ἀρκεῖσθαι, das erste Anklingen dieses Tenors des Gedichtes), zur Lüge die Wahrheit. Formal verzichtet er auf jede Unterscheidung zwischen Zitierung des Grundgebotes und Anwendungselement. In v.3f ordnet er sie chiastisch:

Grundgebot - Anwendung (v.3) - Anwendung - Grundgebot (v.4).

4. Die Mahnung gegen Zungenverfehlungen ist eine wenig aussagekräftige Antithese.

---

[114] Vielleicht ist die Verwendung des früher nicht bezeugten Begriffes durch das ebenfalls späte γαμοκλόπος als Attribut der Aphrodite/Kypris veranlaßt. Aber auch ein bewußtes, paukenschlagartiges Anknüpfen an die Helena-Troja-Tragödie des Homer, die der Verfasser nicht mehr als Anlaß zu heldischem Triumph zu würdigen vermag, wird die Wortwahl beeinflußt haben. Die Männerliebe des Achill zu Patroklos kann im zweiten Halbvers in Blick genommen sein. Man verstand solche Anspielungen, wenn es sich um den bekannten Homertext handelte.

[115] Verbindung von δόλος und αἷμα Lev 19,16; »δόλος ... in Verbindung mit einem Tötungsdelikt« auch Ex 21,14; Dtn 27,24 (NIEBUHR 17). PseuPhok entwickelt aus dem Fluchgesetz für den *heimlich* δόλῳ vollbrachten Mord Dtn 27,24 eine Norm gegen die mörderische Intrige und greift dazu eine Wendung

Was der Verfasser zu diesem Topos sagen möchte, bleibt auch später etwas unklar (v.20; deutlicher v.48). Hier scheint ihn ein allgemeiner Topos der Weisheit, aber keine spezielle Beobachtung zu leiten. - So ergibt sich folgende Reihe:

3	Ehebruch	7	Lüge
4	Mord	8a	Gott ehren
5f	Ungerechter Besitz	8b	Die Eltern ehren.

Da sich die Zusammenfassung der beiden Besitzvergehen, *Stehlen* und *Besitz begehren*,[116] in solch knapper Reihe nahelegt und sexuelles *Begehren* aus dem letzten Dekaloggebot hier in v.3 anklingt ὀρίνειν, sind alle Gebote außer dem Bilder-, dem Sabbatgebot und dem Gebot, *den Namen zu heiligen*, repräsentiert. Letzteres ist in v.16f nachgetragen mit starkem Interesse an der Scheu vor der Verletzung der göttlichen Sphäre durch einen Falscheid. Bilderverbot und Sabbatgebot unterdrückt der Verfasser konsequent, sowohl hier als auch im Zusammenhang von Lev 19.

Das *monotheistische Grundgebot* sieht der Phokylideer als für jeden Griechen einsichtig an v.8 - und kann sich auf eine breite monotheistische Strömung im Hellenismus verlassen. Eine griechische Verstehensbrücke zum jüdischen Monotheismus findet er, wenn er ϑεός artikellos setzt. Er selbst bekennt sich damit zu dem einen Einzigen (vgl. das bekenntnishafte, ans Schema erinnernde Zitat aus Sir 1,8 im v.54); und er erlaubt zugleich dem Griechen, ϑεός als Gesamtausdruck des Göttlichen in und über der Welt zu verstehen.[117] Der hellhörige Grieche wird erkennen, daß der Verfasser keinerlei Interesse an den verschiedenen religiösen Kulten zeigt, wenn er zwar das verbreitete *Ehre Götter und Eltern* aufgreift, aber den Singular ϑεός wählt.[118] Daß er diese Mahnung den Geboten der zweiten Tafel nachordnet, kann nur programmatisch verstanden werden: Sein Gedicht dient der Ethik des Zusammenlebens in der menschlichen Gemeinschaft, aber es bedarf der Verankerung in der Ehrung Gottes. So drückt das πρῶτα - »un ordre de priorité, non début de quelque chose« (DERRON) - an dieser Stelle angemessen den theonomen Hintergrund der βουλεύματα (v.1) aus. Und die in diesem Zusammenhang genannte Elternbeziehung entspricht nicht nur der gängigen Vorstellung von der ersten

aus dem Mordplan gegen Telemach auf: φόνον ῥάπτειν Od 16,379 (vgl. ebd. Z.383f).

116 BERGER widmet der Beziehung des *Begehrens* zu den konkreten Dekaloggeboten große Aufmerksamkeit, 273.343.348 u.ö. REINMUTH (*Geist und Gesetz* 30f m. A.153) findet in der zweiversigen Mahnung in Besitzfragen eine Bestätigung, daß v.3-6 eine besondere »Akzentuierung der Warnung vor Unzucht und Habgier« vorliege. Dies scheint mir angesichts des dichtgedrängten halbversigen Forschreitens von Aktualisierung zu Aktualisierung der Gebote keine geeignete Erklärung des Doppelverses. Wahrscheinlich hat das Interesse am Thema *Genügsamkeit* ἀρχεισϑαι hier länger verweilen lassen, zumal der hellenistische Verfasser mit dem Begehren des 10. Gebotes zum Schritt in die Psychologie der Zehn Gebote sich angeleitet finden konnte. - NIEBUHR (18) vermißt bei v.7 die enge, auf falsche Zeugenaussage beschränkte Fassung des Dekaloggebotes und will deshalb den Vers, und mit ihm auch v.5f, lieber von Lev 19,11 herleiten. Die zeitgeschichtliche Rezeption des Dekaloggebotes als Verbot des Lügens verringert das Gewicht dieses Argumentes ebenso wie die von jedem alten Bibelleser erkennbare (und wohl auch historisch zutreffende) Aufnahme von Dekaloggeboten in Lev 19 (s.u.).

117 Y.AMIR, *Begegnung* 3, meint zwar wohl mit Recht, daß diese Begegnung mit verschiedenartigen beiderseitigen Voraussetzungen Fehlurteile gefördert habe. Aber er schildert zugleich das für den alexandrinischen Juden Erregende, wenn er zum ersten Mal einen hellenischen monotheistischen Text liest. Bei aller Mißverständlichkeit und Synkretismusgefahr zeigt sich hier doch eine Begegnungsebene.

118 H.KLEINKNECHT, Art. ϑεός κτλ. A, ThWNT 3,67,4f, findet »die Ausdrücke 'die Götter', 'Gott', 'die Gottheit' in gleicher Bedeutung als Einheitsbegriff, als ob es nur eine einzige Macht wäre«.

Dekalogtafel, die die Autorität der Eltern in die Nähe der Autorität Gottes rückt,[119] sondern ergibt auch Sinn angesichts der grundsätzlichen Wertung der Familie, wie sie in v.175ff dann zutage tritt.[120]

Mit der Formung dieses v.8 bewies der Autor eine glückliche Hand. Der Vers erfüllt seine *Scharnierfunktion* (DERRON) zwischen der Dekalogreihe und der Lev-19-Reihe v.9ff tatsächlich in perfekter Weise.[121] Im ideellen Sinne hat er solche Scharnierfunktion auch zwischen griechischer und dekalogischer Überlieferung. Wenige Verse wurden von Forschern so stark für griechisches Erbe reklamiert wie dieser. Und dem Verfasser ist dieser Zusammenhang nicht unbewußt gewesen, er hat gewiß seine Formulierung mitbestimmt (s. c.XI S.308f). Aber die lapidare Kürze ist im griechischen Bereich selten. Meist besteht dort das Bedürfnis, etwas zu exemplifizieren (PsIsokr Dem 13, CarmAur 1-4) oder zu erweitern. Die gängige Einbeziehung des Gehorsams gegen die Gesetze neben der Verehrung der Götter und der Achtung der Eltern fehlt hier und im ganzen Gedicht.[122] Der Wechsel der Adresse vom Menschen in Gehorsamspflicht v.8 zum Menschen in Obrigkeitsfunktion v.9 verwehrt es, eine griechische Ergänzung der nicht kompletten Formel im Kontext zu suchen. Der Vers ist ganz vom jüdischen Monotheismus des Dekalogs geprägt.

Die dem Traditionstext (in seiner hellenistischen Fassung) entsprechende Reihenfolge der Prohibitive in v.3-7 wäre keineswegs zwingend in der Pflege der Tradition, selbst wenn die Sinai-Haggada erzählt wird (vgl. LibAnt 11,6ff). Da der Autor sonst sich anscheinend nicht an die Reihenfolge in seinen Vorlagen hält, ist auch dies ein kleines Indiz für gewollte Traditionstreue. Auffällig ist neben dem Fehlen der Gebote Dek II-IV die schwache Berücksichtigung des Elterngebotes. Es ist hier zwar entsprechend seiner Wertung im Judentum (ganz entsprechend auch der griechischen Moral) am Anfang herausgestellt. Aber außer diesem lapidaren *sodann auch deine Eltern* findet sich

---

119 Men mon 525 Νόμος γονεῦσιν ἰσοθέους τιμὰς νέμειν. 526 Νόμιζε σαυτῷ τοὺς γονεῖς εἶναι θεούς.

120 Dekaloghinweise mit der Zusammenstellung 1) Gotteslästerung, 2) Frevel gegen die Eltern und 3) Frevel gegen die restlichen Gebote (der Zweiten Tafel) ist signifikanter in frühchristlichen Texten zu finden, z.B. Hermas Vis II 2,2-3.

121 Der christliche Interpolator Sib 2,59 fügt in die von PseuPhok übernommenen Verse nach dem Gebot, Gott zu ehren, einen Hinweis auf das 2.Gebot ein. Vgl. die topisch gleichartige Versfolge Sib 3,593f. Dies zeigt, wie ein Jude bzw. ein in jüdischer Denktradition stehender Christ diese Formel: *Zuerst Gott, dann aber die Eltern* versteht. Wir können von einem Hauptbezug zur Tora und einem subsidiären Bezug zu dem verbreiteten griechischen Topos *Zuerst die Götter ehren, dann die Eltern* sprechen, durch den der Verfasser inspiriert wurde. (Vgl. J.T.SANDERS, *Ben Sira und Demotic Wisdom* 101, über Sir 3 einerseits als Auslegung des Dekaloggebotes und andererseits als Aufnahme der *Ehrung der Eltern* und der *Vorsicht* aus Phibis.)

122 S. die Hinweise bei DERRON z.St. - Je stärker wir den griechischen Topos des *Zuerst ..., sodann aber auch ...* in Anschlag bringen, desto auffälliger wird die Ausklammerung der Pflichten gegenüber der staatlichen Obrigkeit im Gedicht, auf die in der griechisch-hellenistischen Ethik das Oikos-Modell wenigstens teilweise (nach LÜHRMANN, *Haustafeln* 90, vor allem bei den Ptolemäern und im Osten) angewandt wird. Der Autor lebt unter oder nicht fern von römischen Staatsorganen, deren Anspruch Cicero (De inventione 2.17,53) definiert: *Die maiestas mindern besteht darin, die Würde, den Umfang oder die Macht des Volkes oder derer, denen das Volk die Macht verliehen hat* (!), *an irgendeinem Punkte anzutasten.* Nach HADAS (412) übersetzen die griechischen Historiker dies Verbrechen »*laesa maiestas* mit *asebeia*, - 'Gottlosigkeit'«. Von solcher Forderung will PseuPhok nicht sprechen.

nur noch ein Anklang an Dek V, u.zw. im Auftrag zur Ehrung jedes Alten, so wie man den Vater zu ehren hat v.221f (Stichwort τιμαί). Dies ist schwer verständlich ohne die Absicht des Verfassers, Männer (die möglicherweise auch Kinder haben) in Pflicht zu nehmen.

2.33 Grundsätzliche Folgerungen für das Verständnis jüdischer Paränese

Der Phokylideer wahrt das Gleichgewicht zwischen Dekalog und Heiligkeitsgesetz, indem er dem Dekalog eine exzeptionelle Stellung gibt, Lev 19 aber und besonders Lev 18 mit der Aufmerksamkeit auf spezielle Vorschriften einbringt. Er ist also wie Philo ein Vertreter der älteren jüdischen Tradition, die zwischen den Torakodizes keine Spannung empfindet. Der Baum ist noch ungeteilt, der sich später in einen jüdischen und einen christlichen Ast teilt. In die Nähe des hellenistischen Judentums (und des Christentums) weist es, daß er die zweite Dekalogtafel betont herausstellt v.3-7.[123] Das sind auch die Gebote, die jedermann einsichtig sein müssen, weil Gott der Menschheit seinen sittlichen Willen nicht verborgen gehalten hat.

Die jüdische Mahnung schreitet nicht deduktiv vom Grundsätzlichen zum Speziellen fort,[124] sondern greift konkrete Aufgaben der geheiligten Tradition auf und interpretiert und ergänzt sie durch konkrete Aufgaben der Situation.[125] Allerdings kommt es im paränetischen Prozeß oft zur Auflösung des alten Wortlautes (vide v.5). Denn das Interesse gilt der sachgemäßen Tat, nicht aber dem Spiel mit Normen. Daher sind auch die Anwendungselemente nicht als schriftgelehrt-verbindliche Auslegung, sondern als Muster der Anwendung der alten Tora zu verstehen, die den Leser zum Finden weiterer Aktualisierungen, die für ihn wichtig sind, anregen sollen. Die Pflege des Aktuellen und die Pflege des Traditionellen sind zwei Pole eines Spannungsbogens, an dessen aufrechterhaltener Spannung dem jüdischen Weisen wesentlich gelegen ist. Von daher bestimmt sich seine große Freiheit im Umgang mit dem Überlieferten und der gleichzeitig feste Rückhalt in ihm. Und genau in dieser sorgsam gepflegten und zugleich versteckten Spannung liegt das Problem, das der Forschung bei der Klärung der paränetischen Traditionsprozesse, die in der Vorgeschichte der einschlägigen jüdischen und christlichen Texte wirksam waren, so viel zu schaffen macht.

Der Phokylideer hat mit einfachen Mitteln der paränetischen Tradition die

---

[123] Im NT bezieht erstmals der späte Text 1Tim 1,9f in einem Lasterkatalog Begriffe des Verhaltens gegenüber Gott (= 1.Tafel) in die Dekalogerinnerung ein - bezeichnenderweise in einer Herätikerschelte.

[124] wie es allenfalls der Vorstellung Philos von Regel und Einzelfall (so AMIR 135 zum Verhältnis Dekalog - Einzelgesetze) entspräche. Erstaunlich ist KROLLs Äußerung (Art. *Phokylides*, PRE 39,505): »Es liegt wohl das Bestreben vor, vom Allgemeinen zum Besonderen herabzusteigen«, was ihn begreiflicherweise zu der Fortsetzung veranlaßt: »aber es ist nicht gut durchgeführt«.

[125] Zum Verhältnis von Tat und Gesinnung: R.SMEND, Art. *Ethik* III, TRE 10,430,11-23. - Wenn W.SCHRAGE die neutestamentliche Ethik als »situationsbezogene 'kontextuelle' Ethik« bezeichnet - ebd. *Ethik* IV 435,53 -, dann gilt das nicht nur, weil sich zwischen die in Christus begründete Motivation und den Nächsten keine gesetzliche Kasuistik einschiebt, sondern auch, weil auch im NT das biblisch-jüdische Prinzip des Gerichts nach den Taten (den Taten, die aus dem Herzen kommen) nicht aufgegeben ist. Nicht die sittliche Integrität des Individuums ist Orientierungspunkt der ethischen Aussagen, sondern der von Gott gewollte Friede der Menschen.

hexametrische Zeilenform genutzt und die Eingangsreihe v.3-8 selbständig entwickelt. Es fällt nach dem Gesagten schwer, anzunehmen, daß er in seinem Gedicht nur allerlei Früchte der Weisheit (wie er sie als jüdischer Sammler im Begegnungsbereich von Judentum und Hellenismus vorfand) in eine mehr oder weniger beliebige Reihenfolge und eine vom Hexameter aufgenötigte Formulierung bringen wollte. Wir haben Anlaß genug, auch die Struktur der Verse, die zwischen Eingangs- und Schlußstrophe liegen, zu untersuchen, um zu sehen, welche Regeln an kleinen Einheiten zu beobachten sind und welche Intentionen des Verfassers aus dem erkennbaren Prozeß der Auswahl und Formung seiner Gedanken abzulesen sind.

IV. Kapitel
Kleine Form imperativischer Rede bei Pseudo-Phokylides

1.
ZUM WESEN DES IMPERATIVISCHEN SPRUCHES

1.1 Konstante und Variable der Formgebung

Formen haben konstitutive Bedeutung für Traditionen, seien es nun »einfache Formen«, die sich »im Leben wie in der Sprache vollziehen«,[1] seien es die durch einen spezifischen *Sitz im Leben* einer Gemeinschaft geschaffenen Formen. »Der Bewahrung des Stoffes dient wie bei aller mündlichen Tradition die Formgebung. Sie schafft die Voraussetzung für eine Weitergabe, die nicht der Willkür ausgesetzt ist. Sie gibt zugleich der Intention Ausdruck, die für die Weitergabe maßgebend ist.« Was F.HAHN[2] mit diesen Worten für mündliche Traditionen konstatiert, gilt auch für literarische Mahnungsreihen weisheitlicher und paränetischer Art, insoweit eine mündliche Vorgeschichte zum Entstehungsprozeß gehört.[3] Auch PseuPhok benutzt kleine Form, die seine enge Verbindung zu einem bestimmten mündlich-schriftlichen Traditionsstrom belegt. Während im literarischen Sinne die Konstante seines Textes der Hexameter ist, der alle Formungen und Begriffsentscheidungen nur als Variable zuläßt, sind im übergreifenden traditionsgeschichtlichen Zusammenhang, aus dem er sich nicht löst, paränetische Formen die Konstante, und der Hexameter ist die von ihm gewählte individuelle Variable. Die gegenseitige Durchdringung beider Prinzipien ist reizvoll.

Begriffswahl, Formung und motivische Aktualisierung können unter den Bedingungen des Hexameters nicht den Traditionskräften allein überlassen bleiben. Der Hexameter stellt seine eigenen Bedingungen. Wo wir aber trotzdem Einblick in den Umgang

---

1 JOLLES, *Einfache Formen* 262 u.ö.

2 F.HAHN, *Methodologische Überlegungen* 19; vgl. RIESNER, *Jesus als Lehrer* 392: §15 »Bewahrende Formung«

3 Zur Bindung des Formbegriffes an mündliche Tradition und die begrenzte Anwendbarkeit auf Literatur vgl. KÖSTER, Art. *Formgeschichte/Formenkritik II: NT*, TRE 11,286. - Das Durchsetzungsvermögen der mündlich gewachsenen Formkräfte auch im literarischen Bereich ist gut dort zu beobachten, wo antike paränetische Reihen in Parallelüberlieferung stark unterschiedlicher und doch gleichartig geformter Redaktionen vorliegen, vgl G^{I} und G^{II} in den Tobit-Paränesen.

des Verfassers mit seiner Quelle gewinnen, da wird eben durch die Spannung zwischen Traditionskräften und Stil des Verfassers unser Urteil erhärtet. Das zeigt sich an der Bedeutung der imperativischen Rede und dem Verhältnis von Imperativ und Indikativ. Und das zeigt sich nun auch bei denjenigen kleinen Formen, die bei der Erörterung der beiden Reihen am Anfang und am Schluß des Gedichts noch nicht genügend bedacht wurden: bei kurzen Bestimmungen der *Kondition*, in der eine Mahnung gelten soll, bei dem Verhältnis von *Versabgrenzung* und Satzabgrenzung, bei *Begründungsverdoppelungen*, bei solchen kurzen Volitiven, die im Kontext eher *begründende Funktion* haben, und bei *Viererreihen*. Die am Ende der Behandlung von V.175ff genannten Elemente: Ausgangs-(Repräsentanz)mahnung, Entfaltung (Aktualisierung), Unterreihe, Verallgemeinerung, positives Gegenstück, Begründungsklausel, Begründungsvers, Stufenbegründung werden an geeigneter Stelle einbezogen und mit Beispielen anderer Texte exemplarisch belegt.

Dem Verfasser ist es voll gelungen, nicht nur inhaltlich mit vielen den Griechen vertrauten Gedanken, sondern auch formal mit dem gewählten Wortschatz und Dialekt, den Bildvorstellungen seiner Sprache, den Hexametern und dem scheinbar lockeren, thematisch nur wenig geordneten Gefüge seiner Verse sein Gedicht in der gedachten griechischen Welt anzusiedeln. Selbst sprachliche Anachronismen werden nur dem philologischen Wortvergleich erkennbar.[4] Verborgen hinter dem gelungenen Pseudonym aber vermittelt der Verfasser seiner Leserschaft die Erfahrung einer echtjüdischen Paränese.[5] Dafür ist inhaltlich die Ausrichtung am Toragebot, formal die volitive Grundstruktur seines Gedichtes entscheidend. Mit negativer und positiver Kurzspruchmahnung in volitivem Stil (Warnung und Mahnung) sowie in ebenfalls volitiv empfundenen Regelformulierungen lehnt sich das antike Judentum an Verbote und Gebote der Bibel an. In Konkretisierungselementen, die den übernommenen Mahnungen formal gleichgestaltet werden, bekennt es sich zur aktuellen Geltung der Traditionsmahnungen. Indem der Verfasser diese Übung aufnimmt, vermittelt er seinen heidnischen Lesern eine entscheidende Komponente der jüdischen Glaubenstradition.

---

[4] Daher ROSSBROICHs sinnvoller Versuch, das Gedicht in die Welt späthellenistisch-griechischer und nicht jüdischer Schriftsteller einzuordnen. (Er streicht dafür - wie auch mit anderer Tendenz schon BERNAYS - den Prolog v.1-2, so daß das Gedicht als anonyme und nicht als pseudepigraphe Schrift dasteht.) Sein Urteil (7), das Gedicht sei sprachlich homogen - »unus sonus unusque stilus est totius operis« -, die Qualität des Stils sei aber nicht hoch zu veranschlagen, wird allgemein geteilt. - Mit neuerer Grundlage, wie sie ihm die verwendete 9.Auflage von LIDDELL/SCOTT bot, weist VDHORST S.55-57 die sprachlichen Anachronismen noch sicherer nach. 11 der 29 zweifellos nicht vorhellenistischen Beispiele lassen sich erst im 1. vor- und im 1. nachchristlichen Jahrhundert belegen. Weiter weisen in zwei Fällen die bekannten Analogbildungen zu *Hapaxlegomena* in nachchristliche Zeit. Vgl. jetzt bei DERRON den Abschnitt *Vocabulaire* (LXXIV ff) und das ganze c.4 *Forme et style* sowie die Betonung des »ton spirituelle« (LXXIV u.ö.).

[5] VERNER (87ff, kritisch referiert bei BALCH, *Household Codes* 36ff) möchte hellenistische von jüdischen Einflüssen (in Haustafeltexten) abgrenzen unter Beachtung eines Mahnungs-*Schemas*, bestehend aus Adresse, Imperativ, »amplification« (z.B. präpositionale Wendung oder μή - ἀλλά) und »reason clause« mit Reihenbildung aus solchen Mahnungen. Th.LESCOW findet in älteren (biblischen) Texten die Form einer *Dreistufigen Tora* (gleichnamiger Titel, 82) aus »generalisierender Einleitung«, einem »Korpus von Konkretionen aus Kultus und Ethos« und einem »Schluß, überwiegend als Verheißung formuliert«. Solche Teleobjektiv-Annäherung an ein isoliertes und dafür vergrößertes Phänomen hilft, genauer zu beobachten, mehr aber wohl nicht.

Eine pauschale Zuweisung des pseudophokylideischen Volitivs ins jüdische Milieu würde allerdings die Bedeutung imperativischer Mahnung sowohl in der griechischen Paränese und Diatribe als auch allgemein in volkstümlicher Rede außer acht lassen. Differenzierende Beobachtungen sind nötig - und sie zeigen zugleich noch genauer das Spezifische der jüdisch-paränetischen Mahnung.

1.2 Imperativische Rede

Imperativische Rede ist ein Urdatum menschlicher Rede. Diese Binsenweisheit wird leicht durch zwei Elemente unserer Bildung neutralisiert. Zum einen bringt unsere sprachliche Schulung in der grammatikalischen Nomenklatur den sog. *Indikativ* mit der Darstellung von Sachverhalten, den sog. *Imperativ* mit Autorität und Befehl in Zusammenhang. Das ist eine grobe Vereinfachung, die, wo sie nicht reflektiert wird, unweigerlich zu Mißinterpretationen führt. Imperativ und Indikativ sind zwei Kommunikationsmöglichkeiten, die reiche Bedeutungsnuancen einschließen.[6] Zum anderen überlagert unsere Vertrautheit mit philosophischer Denkweise und auch mit dem auf Effizienz gerichteten Einsatz rhetorischer Formen unsere Beobachtung am mahnenden Text und läßt uns einseitig nach den Gedanken und weniger nach dem eigentlichen Gewicht des imperativischen Impulses und Anspruchs fragen. Denn wo richtiges Verhalten auf richtige Erkenntnis zurückgeführt und also für lehrbar erklärt wird, oder wo wohlgesetzte Rede über das Gute und Bewährte die verborgene Tugend entwickeln soll, da liegt die Frage nach dem gedanklichen Gehalt und dem rhetorischen Einfluß auf die ratio näher als die nach den elementaren sittlichen Impulsen.[7] Auch in der christlichen Theologie ist eine undifferenzierte Vorstellung vom Folgecharakter des Imperativischen verbreitet, nach der auf den kerygmatischen Indikativ und den von ihm geweckten Glauben erst wegen der Dialektik von Sein und Sollen ein Imperativ folgen müsse.

6 Im kirchlichen Bereich läßt sich dies leicht an der Interpretation der Stiftungsworte für Taufe und Abendmahl zeigen. Jeder kritische Theologe weiß, daß der sog. Tauf-*Befehl*, z.B. Mt 28 fin, nicht eine Art Gesetzgebungsakt darstellt, sondern einen A u t o r i s i e r u n g s a k t zur Heidentaufe beim Hinauswachsen der Kirche über die jüdischen Grenzen wiedergibt. Die Verabsolutierung des Stiftungswortes der Taufe als eines dem verantwortlichen Nachdenken und Entscheiden der Christen entzogenen Herrscherbefehls läßt sich vom Text her nicht direkt begründen, sofern Imperative ebenso Erlaubnis und Ermächtigung wie Auftrag sein können. Bei den *verba testamenti* der Eucharistie ist der Indikativ *Dies ist* (*mein Leib, mein Blut*) eingeschlossen von zwei imperativischen Sätzen: *Nehmt und eßt!* und *Solches tut!* Hier sind nicht zwei Befehle vorgetragen, die eine Beschreibung wunderbar verwandelter Substanz umschließen. *Nehmet* ist sprachlich zunächst eine Offerte, die nur durch die Person des Gebenden über den Charakter des unverbindlichen Angebotes hinausgeht. Welcher Tischherr »befiehlt«, wenn er *Nehmt hin!* zu seinen Tischgenossen sagt?! Der Indikativ *Dies ist* bedeutet einen Schenkakt, wie wenn ich etwas aus meinem Besitz weitergebe und dazu sage: *Dies ist Dein Eigentum!* Der Schlußimperativ *Solches tut!* ist ein Stiftungsakt für die Zukunft, der den Angeredeten erlaubt, den Schenkungsakt in eigener Zuständigkeit zu wiederholen. Die Theologie hilft sich wohl gegen die grammatikalische Primitivität, indem sie das Wort Jesu als schöpferisches Gotteswort versteht. Aber schon einfache Rückfragen hinter die gängige Grammatik könnten uns lehren, daß hier schöpferische Dynamik und nicht nur Befehl und Beschreibung vorliegen.

7 Die antike Rhetorik in ihrer Distanz zur Philosophie könnte diesen Mangel bewußt machen, wenn sie das *Belehren* mit dem *Affizieren* und *Delektieren* verbindet. Christliche Predigt , die es unter ihrer Würde findet, das Affizieren als homiletische Kunst zu üben, gleitet schnell (sofern sie nicht im Belehren verharrt) ins Delektieren ab und meint, darin genug affizierende Impulse zu bieten.

Angesichts vieler parakletischer Imperative im NT[8] muß diese Systematik zumindest als grobe Verkürzung erscheinen, s. S.439f. »Alttestamentliche« - und weithin auch jüdische und frühchristliche - »Begründungen von Geboten und Verboten sind deshalb keine logischen Argumentenfolgen. Sie sind vielmehr kreative Grundlegungen dessen, was man tun soll, in dem, was mit einem schon getan worden ist« (KÜCHLER, *Schweigen* 3).

Nach der Klassifizierung von E.STRUCK *(Bedeutungslehre* 156) - und auch in Übereinstimmung mit antiker Rhetorik - vollzieht Sprache

- »die Darstellung des Vorstellens und Denkens, ...
- die Kundgabe des Fühlens« und
- »die Auslösung des Wollens«

Danach ist Letzteres die am klarsten dialogisch bestimmte Funktion, es ist ursprünglich für Sprache an sich. »Ja, sie hat für diese Seelenkraft des Wollens einen eigenen Sprachmodus geschaffen, den Imperativ, wie für Denken und Fühlen den Indikativ und Konjunktiv (Optativ), wobei die Sprachfunktionen mit ihren Grenzen flüssig sind.«[9]

»Daß Imperativ und Vokativ so häufig aus dem bloßen Stamm des Wortes bestehen, ist ein Zeichen dafür, daß in ihnen etwas sehr Ursprüngliches vorliegt.« (SNELL a.a.O.) Die Urgegebenheit des Imperativischen läßt uns danach fragen, ob der volitive Charakter einer Paränese mehr aus speziellen Traditionen oder aus soziologischen Gegebenheiten (*Sitz im Leben*) oder aber einfach aus dem allgemeinen Bedürfnis nach Willensbeeinflussung entspringt (sich also etwa aus Urdaten der Kindererziehung nährt). Die Unterscheidung von formaler und begrifflicher »Auslösung des Wollens«, von Wortform und Wertbedeutung, dagegen läßt uns fragen nach der Beziehung zwischen indikativischem und volitivem Spruch. Es ist ja nicht von der Hand zu weisen, daß Spruchsammlungen einen imperativischen Charakter haben können ohne Rücksicht darauf, ob die Sprüche formal volitiv gestaltet sind (oder als *Regel* einen verpflichtenden Begriff enthalten). Nur aus dem Gefühl für dies Verpflichtende, das jedem Sprichwort, jeder gelungenen Sentenz eignet, ist es erklärbar, wie selten die wissenschaftliche Interpretation und Übersetzung paränetischer Texte auf die Verbform geachtet oder aus der Beachtung Schlüsse gezogen hat. Aber die Feststellung, es habe ein Bedürfnis nach einfachen Regeln der Ethik des Alltags bestanden, genügt nicht für die Erklärung paränetischer Stileigentümlichkeiten. In dem überschießenden Element, das imperativische Formung entstehen läßt, kommt Spezifisches am Imperativ und äquivalenten Volitiven erst in den Blick.

Der Wille zur Beeinflussung des Verhaltens führt also keinesfalls schon an sich zu einer volitiven

---

8 Nicht nur im Bußruf des Johannes, der bei Matthäus (3,2) genau die Form des Mahnspruchs aufweist, sondern auch im kerygmatischen Versöhnungsruf des Paulus 2Kor 5,20bß-21 folgt der Indikativ nach, der Imperativ geht voraus. - Welche Verwirrung ein einschichtiges Lesen aller Imperative als Befehle bringt, wird besonders an den »symbolischen Imperativen« (BERGER, *Formgeschichte* 119f) deutlich.

9 STRUCK zitiert dazu SNELL (*Aufbau der Sprache*, jetzt [3]102f). Der willensbestimmende Charakter der Sprache, der im Volitiv sich ausdrückt, aber in der »Wirkfunktion« (SNELL) alles Sprechens schon mitgesetzt ist, wird außer durch die Verbform auch durch »Wortbedeutungen«, wenn sie »Wertbedeutungen« sind, mitgesetzt (Struck 157). - Fr.Mildenberger macht mich aufmerksam auf die Prägung der täglichen Erfahrung durch das Sollen, die sich in der Neigung zu imperativischer Sprache

Sprachform. Die Kraft des Sprichwortes zur Manipulierung oder Stimulierung des Willens kann sogar um so wirksamer sein, je mehr der Wille zur Beeinflussung hinter dem Anspruch, etwas Allgemeingültiges zu sagen, verborgen bleibt. In Sprichwortsammlungen spielt der Imperativ eine verschwindend geringe Rolle.[10] Wer wollte daraus die Schlußfolgerung ziehen, Sprichwörter hätten nicht auch die Tendenz zur Normierung des Verhaltens?

Imperative als Stütze der Vernunft

Eingehender Überlegungen bedarf die Rolle des Imperativischen als Mittel der »aszetischen« Einübung sowie Selbsterziehung. Eindrücklich, aber auch allzu verklärend,[11] definiert Cicero (Rep 3.22,33 BÜCHNER):

> *Es ist aber das wahre Gesetz die richtige Vernunft, die mit der Natur in Einklang steht, sich in alle ergießt, in sich konsequent, ewig ist, die durch Befehle zur Pflicht ruft, durch Verbieten von Täuschung abschreckt, die indessen den Rechtschaffenen nicht vergebens befiehlt oder verbietet, Ruchlose aber durch Geheiß und Verbot nicht bewegt.*

Im Gegensatz zu dieser euphorischen Rede vom Gesetz wird in lutherischer Theologie der Ort des Menschen unter dem Gesetz Gottes (und unter den Gesetzen der Welt) zunächst als Ort der Krisis, der tiefsten Infragestellung, erfahren. Der Imperativ ist eine, wenn nicht die typische Form des Gesetzes. In ihm drückt sich der fordernde und den Sünder an den Pranger stellende Wille des Gesetzgebers gezielt aus - auf den Einzelnen zielend, der ihn hört, ähnlich wie Kain die *Kainsfrage* hörte. Er wird aber zum stumpfen Instrument, wenn er Hoffnung zerstört, statt Hilfe zu geben, oder er wirkt als Provokation, die Auflehnung und Verstockung bewirkt (vgl. Röm 7,7ff). So wird bei diesem theologischen Ansatz die Überlegung besonders dringlich anzustellen sein, wie im imperativischen Wort selbst das Verhältnis von fordernd-richtendem Anspruch und motivierend-helfendem Zuspruch zu begreifen ist.[12] W.ELERT (*Morphologie* 1,33) findet, »daß die imperativische Form des Ge-

---

ausdrückt.

[10] Vgl. die Zitatenschätze; ferner: H.BAUSINGER, *Formen der 'Volkspoesie'* 95ff (1968), über *Sprichwort*. Gewiß blickt das Sprichwort nicht voraus auf das, was zu tun ist, sondern zurück auf eine Erfahrung, die abgeschlossen ist und festgehalten werden kann (JOLLES, *Einfache Formen* 156). Es leitet mit der meist metaphorisch geladenen Bündigkeit der Sprache die Ablösung von konkreter Erfahrung ein und macht das Eigenleben eines Vorurteils möglich. Aber solch eine ausgereifte Erfahrungsfrucht wird funktionalisiert - nicht nur für ein resignierendes oder schadenfrohes Sich-Abfinden, sondern eben auch für das die Zukunft vorwegnehmende, »erfahrene« Urteil und für den Willen, der sich durchsetzen will.

[11] so verklärend, daß die Augusteische Propaganda angeregt wurde zur Erhöhung und Vergöttlichung der römischen Macht. Nach ihr ist der einzige *Erfinder, Schiedsrichter* und *Antragsteller* des Gesetzes, *Gott*, (soweit Cicero) im Kaiser weltweit vertreten (so die Propaganda). Widerstand ist *Asebie*, s. HADAS, *Hellenismus* 411f.

[12] Der frühverstorbene Ragnar ASTING (*Die Verkündigung des Wortes im Urchristentum*, 1938) hat dem imperativischen Verkündigungswort charismatisch vollziehende Kraft beigemessen, eine anfangs wenig erörterte Verständnisanregung. Z.B. S.171f: »Dadurch, daß der Apostel (sc. Paulus) die Christen ermahnt, wird das durch die Ermahnung Ausgesagte bei ihnen geschaffen.« Inzwischen wird intensiv über das Evangelium im Gebot nachgedacht, wobei aber zu beachten ist, ob innerexegetisch oder im dogmatischen Gesichtswinkel gefragt wird. Klar an dogmatischer Fragestellung ausgerichtet ist die Untersuchung von W.JOEST über den *»tertius usus legis bei Luther und der urchristlichen Parainese«*: *Gesetz und Freiheit*. Joest unterscheidet einen »indikativischen« Sinn der Parainese vom »konditionalen«. Im indikativischen Sinn, also als Information, hat es eine unterschiedliche Bedeutung ad hominem: »Das Gesetz als dem Sünder gesagt ist Gesetz in ganzer Schärfe; das Gesetz als dem Glauben an Christus gesagt, als Parainese, ist *Paraklese*, Zuspruch, Evangelium in vollem Maß.« (133) Im parakletischen Wirken verbindet sich also eine Sachaussage über den Willen Gottes mit dem Zuspruchcharakter des Evangeliums. Die Frage an das NT ist, ob es Parainese im »konditionalen« Sinn, im Sinn der »Forderung des Werkes als einer zum Glauben hinzukommenden Heilsbedingung kennt« (136). Näher

setzes den naturhaften Zwang durchbricht und an die Stelle des dumpfen Müssens ein blankes Sollen setzt. Das Vernehmen dieses Sollens im Gewissen macht uns zu vernünftigen Menschen.« Solche kurze Formel kann gewiß (auch im rhetorischen Einfangen des Gegensatzes als *dumpf* und *blank*) etwas von dem aussagen, was Menschen im Hellenismus zu Proselyten oder judennahen *Sebomenoi* machen konnte.[13] Das parakletische Moment eines Imperativs, der mehr will als knechtische Unterwerfung, kann vom Hörenden als Einladung zur Entbindung vernunftgemäßer Selbstbesinnung gehört werden. Das *Joch des Gesetzes* wird als hilfreiche Last empfunden nicht nur, weil es den Willen stärkt gegen den *bösen Trieb*, sondern auch weil es Ausdruck eines dem Menschen zugewandten Willens, weil es Ausdruck der Gnade ist.

1.3 Imperativ und Indikativ

Tora und Paränese und weithin auch die Weisheit enthalten Handlungsaufträge und untermauern diese mit Handlungsgründen. Handlungsgrund und Handlungsauftrag werden in der Theologie mit der Formel *Indikativ und Imperativ* erfaßt.[14] So wichtig und notwendig es ist, das Thema in dieser Reihenfolge der Schlüsselbegriffe zu bedenken, so irreführend ist die Reihenfolge für das Verständnis weiter Bereiche der imperativischen Rede in AT, Judentum und NT. Imperativische Redestruktur und die damit gegebene umgekehrte Reihenfolge *Imperativ - Indikativ* ist aber selten in der Fachliteratur bedacht. Angesichts dessen ist es verdienstvoll, daß Hans-Peter MÜLLER 1967 in seiner Probevorlesung *Imperativ und Verheißung im Alten Testament*[15] die paradoxe Zeitstruktur der verheißenden Begründung, die bei nachgeordneter Stellung logisch vorzuordnen ist, an drei Beispielen untersucht hat. Müllers innovative Fragestellung ist aber anscheinend noch nicht in weitergreifender Arbeit verfolgt worden. Im Unterschied zur Weisheit, die von quasi berechenbarer Zukunft (oder eben von ihrer Unberechenbarkeit) her argumentiert, stellt sich bei einer rein zusagenden, in göttlicher Unverfügbarkeit gegebenen Verheißung das strukturelle Textabfolgeproblem in voller Schärfe.

Wenn es in dem berühmtesten Textbeispiel Gen 12,1-3 heißt:

Ziehe aus aus deinem Lande ...

und ich werde dich zu einem großen Volk machen ...,

welchen Charakter hat das *»und«*? Die konditionale oder die konsekutive Möglichkeit aussprechen: *Falls du ausziehst, dann werde ich dich segnen*, oder: *Ziehe aus, so daß ich dich segnen kann (wie ich es vorhabe)*, heißt, sie verwerfen. Denn mit diesem Imperativ und diesem Indikativ, die mit *und* so schlicht verbunden sind, stößt Gott eine Tür auf in eine neue Zeit. Müller lehnt auch die kausale Interpretation, die sich auf die folgende begründende Kette von Absichten Gottes stützt, als zu kurz greifend ab. Das parataktische

---

an den Texten formuliert KOCH (*Formgeschichte* 41) für den mosaischen Dekalog: »Die negativen Sätze markieren nur die Grenze, jenseits derer ein bundesgemäßes Leben nicht mehr möglich ist. Zugleich vermitteln die *debarim* als kultisch verkündetes wirksames Wort dem Hörer das Vermögen, diese Grenzlinie zu beachten und nicht zu überschreiten.«

[13] Es kann aber das tragische Schuldverständnis des 3.Esra mit seinem Leiden unter »unabwendbarer« Schuld nur noch tragischer machen.

[14] Das Thema ist, seit R.BULTMANN es 1924 als Grundproblem der paulinischen Theologie beschrieben hat (*Das Problem der Ethik bei Paulus*), zum Zentralthema theologischer Arbeit geworden. Vgl. dazu die luzide Problemskizze bei W.G.KÜMMEL, *Theologie des NT* 199-203.

[15] zugänglich als Aufsatz in Ev.Th 28/1968, 557-572. Die drei behandelten Textbeispiele sind Gen 12,1-3; Hos 14,2-9 und Jes 7,4-9.

»ו« erlaubt auch bei deutlich hypotaktischem Sinn oft keine konjunktionale Festlegung, sondern »läßt die Art des Zusammenhanges in den meisten Fällen, in denen wir sie gern entschieden haben möchten, gerade völlig offen«. (559)

In dieser parataktischen Form der Verbindung von Auftrag und Zusage kommt eine Art Gleichzeitigkeit der Sphären des Gegenwartsauftrages und der Zukunftsverheißung zum Ausdruck. Wir können diese rational oder existentiell für uns erschließen. Rational können wir sie, wie es bei Müller geschieht, mit differenzierender Überlegung zugänglich machen, die 1) grammatikalisch nach der angemessenen Übersetzung der parataktischen Sprachgewohnheit des Hebräischen fragt, 2) aus der volkstümlichen Vorstellungswelt etwa die »schicksalswirkende Tatsphäre« bedenkt, in der die Zeitfolge von Voraussetzung und Wirkung aufgehoben scheint, und 3) theologisch die Partnerbeziehung zwischen Gott und Mensch (hier: Abraham) als »das paradoxe Widerspiel zweier einander gegenüberstehender Existenzen ..., ohne daß der darin verborgene Widerspruch bereits aufbräche«, begreift (560).[16] Existentiell begreifen wir sie im hingebenden Hören, das beide Worte, das beauftragende und das zusagende, zugleich als Eröffnung der mir persönlich erschlossenen Wirklichkeit aufnimmt. Das »Zuvor Gottes« scheint in der verheißenden Begründungsklausel paradox aufgehoben, drückt sich aber im Imperativ als einer Initiation aus und schafft ein »Zugleich des Menschen« (570) als Mit-Wirkenden Gottes.[17] Dieses in die verheißene Zukunft strebende, von Gott angebotene Miteinander relativiert die Zeitstruktur der Begründungsklausel als einer *erinnernden* oder *verheißenden*; und es sichert die imperativische Struktur in der Gottesrede gegen den Willkürcharakter der Befehlsautorität, den wir zu gern im initiierenden Imperativ heraushören.

Ob wir den Text aber wissenschaftlich-rational lesen oder existentiell hören: Auf jeden Fall bedarf die Tatsache eingehender Würdigung, daß viele Texte der persönlichen Anrede mit einem unvermittelten Imperativ einsetzen und den Indikativ motivierend folgen lassen. Für ethisch verpflichtende Texte hat dies einen ganz ursprünglichen Sinn: Wenn der Imperativ beunruhigt durch die Unerbittlichkeit der Forderung, dann läßt der Indikativ sofort wieder Sicherheit durch das Gültig-Bleibende folgen. Oder wenn der Imperativ beruhigt als Symbol einer geordneten Normenwelt, dann kann der Indikativ Bewegung bringen, weil er das rein normengebundene Funktionieren zu öffnen versucht für die Sinngebung und die von ihr ausgehende Beweglichkeit. Solch eine

---

[16] H.P.MÜLLER geht in seinem neuen Artikel *Segen im AT* (1990) der »assertorisch-kreatorische(n) Ambiguität« von Indikativ und Jussiv vom Althebräischen her nach und beleuchtet hier m.E. wesentliche Voraussetzungen des alten Denkens auch für die Imperativ-Indikativ-Kombination. Es geht um »einen Zustand der Sprache, in dem diese den Ausdruck des Seins von dem des Sollens noch nicht in dem uns geläufigen Maße trennt« (ebd.7). Daß der Imperativ (bzw. Jussiv), der den Menschen in die Einflußsphäre des Sprechenden hineinnimmt, kombiniert mit dem Indikativ, der diese Sphäre gültig beschreibt und zugleich setzt, als Sprachmuster länger in Kraft blieb als das ausgeprägt magische Denken hinter ihm, darf angenommen werden.

[17] MÜLLER zeigt, wie die naive Verbindung des Göttlichen und des Menschlichen im jahwistischen Wort an Abraham, im Hosea- und erst recht im Jesajawort an der Harthörigkeit Israels zu zerbrechen droht. Hos 14,2.5 wirft indirekt die Frage auf, ob Israel *umkehren* wird und sich von seinen *Abkehrungen* heilen läßt, nachdem Gott seinen Zorn *von ihnen gekehrt* hat. Jes 7,7 begründet zwar den Zuspruch an Ahas v.4 zuverlässig verheißend in gewisser Zukunftansage, aber mutet zugleich in v.9b dem Ahas »die harte Wahl seiner eigenen Zukunft« zu (566).

vortreffliche Form kann natürlich leicht als Verbindung zwischen Traditionsströmen und Brücke zwischen gesellschaftlich eigenständigen Bereichen wirken. So festigt die geläufige Abfolge *Imperativ-Indikativ* die Brücke zwischen Tora und Chokma weiter, die längst in beiden Gattungen hergestellt war.[18] Da diese Struktur aber nicht nur in normierenden (Gesetz) und belehrenden (Weisheit), sondern auch in erzählenden Texten häufig ist, geht ihre Bedeutung über das Formgeschichtliche bestimmter Gattungen hinaus und betrifft Linguistisch-Grundsätzliches. Für die jüdisch-christliche Paränese und speziell für PseuPhok ist es notwendig, das Imperativ-Indikativ-Verhältnis in seiner logischen Beziehung und vor allem als signifikante Redeform konsequent zu beachten.

Wie gesagt, bewegen wir uns, was den Indikativ und seine Zeitdimension betrifft, in einem anderen Bereich, wenn wir von der Gottesrede des Gesetzes oder in Prophetenmund zur Weisheit und Paränese kommen. Begründungen, die sich in der Zukunft als wahr erweisen sollen, haben hier einen anderen Charakter als im Munde dessen, der *heute und gestern und auch in Zukunft derselbe* ist.[19] Sie sind allemal *erinnerte* Verheißung, Erinnerung an ein Wissen, das schon gestern ebenso gewußt sein konnte.[20] Doch macht die Verbindung von Imperativ und göttlicher Verheißung an den von Müller bedachten Extrembeispielen deutlich, was in der hebräischen Bibel allgemein, vom trivialen Beispiel bis eben zur Gottesrede, häufiges Strukturprinzip ist: Mit dem Imperativ jemanden anzureden und aufzufordern - und erst hernach zu sagen, wie man zu dieser Aufforderung kommt.[21]

»Der Blick auf das Endergebnis des Handelns ist im größten Teil der altorientalischen Weisheitsliteratur das entscheidende Motiv des weisheitsgemäßen Verhaltens«, u.zw. in allgemeinen Formulierungen (Prov 1-9; Sir 1), aber »überdies wird fast jeder Einzelmahnung oder Warnung als Begründung der Hinweis auf die Folgen des betreffenden Verhaltens hinzugefügt«. Die Normierung des Handelns an sich geschieht oft

---

[18] Die rabbinische Exegese deutete die Imperativ-Indikativ-Folge in Anlehnung an Ex 19,8: *Wir wollen* (1.) *tun und* (2.) *hören!*, s. ALLERHAND, *Historische Hintergrund* 176. Wenn Antigonos von Soko Av 1,3 lehrt: *Seid Knechte, die dem Herrn dienen ohne Absicht auf Belohnung*, dann dürfte man in diesem »Tun, ehe man die Belohnung kennt« auch eine Kritik an den aus Eudämonie-Prämissen logisch abgeleiteten Folgeimperativen der Popularphilosophie gefunden haben.

[19] Nach H.W.WOLFF sind die *Begründungen zu den prophetischen Heils- und Unheilssprüchen* (Titel des Art. ZAW NF 11/1934 1ff) vom eigentlichen Gotteswort zu unterscheiden und weithin seelsorgerliches Prophetenwort - das aus seelsorgerlichem Grund auch oft voransteht (ders., *Zitat im Prophetenspruch* 73). Hier handelt es sich aber nicht um die in Frage stehenden Imperativ-Verheißung-Kombinationen.

[20] Wenn nur der Redende sich erinnert, der Angeredete aber einen ihm neuen Gedanken erfährt, so handelt es sich doch um etwas, was auch dem Angeredeten kraft verfügbaren Wissens hätte präsent sein können. Der Anredende nimmt ihn hinein in eine Erinnerung, die ihm grundsätzlich offen stand. Wenn andererseits eine Verheißung schon früher gegeben war und jetzt vom Anredenden als Begründung zitiert wird, so ist dies wohl auch ein Erinnern, aber dahinter steht ein nicht verfügbares Wissen über den Willen dessen, der die Verheißung gegeben hat. Ich lege Wert auf die Vorstellung des *Erinnerns*, weil sie ein Wesensmerkmal einer Paränese ist, die von gemeinsamen Grundüberzeugungen ausgeht, im Unterschied etwa zur *Paraklese*, die ein Ruf zum Aufbruch in neue Erfahrungsbereiche sein kann. Erinnernde Paränese benutzt die früher gegebene Verheißung, zusammen mit der früher schon gesetzten sittlichen Norm. - Vgl. dagegen die sog. *Sätze heiligen Rechts* mit prophetischer Normsetzung.

[21] MÜLLER (*Imperativ und Verheißung* 559f) nennt aus andersartigen Texten als Imperativ der Anrede und Kohortativ der Willenserklärung den Zuspruch der Totenbeschwörerin von En Dor an Saul 1Sam 28,22. Die Beispiele sind aber zahlreich; ich nenne 1Kön 17,13f; 19,7. Vgl. RICHTER, *Recht und Ethos* 48f!

durch Nennung des Namens der Gottheit, die Motivierung ist meist eudämonistisch.[22] Diese Motivierungen sind durch häufige Erfahrung legitimiert. Eine auf schlichte Erfahrung sich gründende Mahnung ist

Prov 24,13 *Iß Honig, mein Sohn / denn er ist gut.*

Das Argument der möglichen Zukunft bringt

Prov 24,17f *Freu dich nicht über den Fall deines Feindes ...*
damit nicht der Herr es sieht und mißbilligt und seinen Zorn von ihm abwendet.

Eine echte Spannung zwischen Begründungen aus Geschehenem und Begründungen durch Verheißung ist dem Wesen der Weisheit nicht gemäß. Sie findet sich aber, neben ausgesprochen weisheitsgemäßen Motivierungen, in der Paränese. Vgl. Tob 4:

a) V.12 begründet mit vorgegebener, von Gott gestifteter Ordnung:

Nimm keine fremde Frau ...;
denn διότι *wir sind Söhne von Propheten.*

b) Weisheitlich-Eudämonistisches findet sich in v.13:

Überhebe dich nicht im Herzen über deine Verwandten ...;
denn διότι *sich Überheben führt ins Verderben ...*

c) Das Vertrauen in Gott, den einzigen Herrn der Zukunft, lehrt v.19:

Erbitte von Gott, daß deine Wege gerade sein mögen ...;
denn διότι *kein Volk hat gewissen Rat, aber der Herr gibt alles Gute.*

Die Grundzüge einer imperativischen Redestruktur zeigen die Plattform, auf der allerlei verschiedene Einzelformen mahnender Rede in ihrer Zusammengehörigkeit und in ihrer Besonderheit verständlich werden.

2.
CHARAKTERISTIK DER WICHTIGSTEN FORMEN

2.1 Hierarchie der mahnenden Imperative

2.11 *Die klassische Form* (*Die kleine Hierarchie*)[23]

Die ideale Darbietung der wichtigsten kleinen Formelemente enthält vier Glieder:

1. den Ausgangsimperativ, den ich als *Hauptmahnung* bezeichne,
2. seine *Aktualisierung* oder *Konkretisierung*,
3. ein antithetisches Mahnelement, das *Gegenstück*, und

---

[22] J.FICHTNER, *Die altorientalische Weisheit* 75f

[23] Ich erinnere daran, daß eine klassische Form vielleicht irgendwann mitten in der Entwicklungsgeschichte der Form entdeckt oder erstmals allgemein akzeptiert wird. Für die methodisch vorgehenden Griechen kann JENS (KLL 1,93) deshalb konstatieren, daß bei ihnen als der Er-Finder »der Klassiker, nicht der Schöpfer« der Form geehrt wird.

4. die Begründungsklausel.

Wenn die Hauptmahnung positiv formuliert ist, folgt ihr meistens zunächst das Gegenstück und dann erst die Aktualisierung (Konkretisierung).

TestXIIGad 6,1f

Καὶ νῦν, τέκνα μου,
(1) ἀγαπήσατε ἕκαστος τὸν πλησίον αὐτοῦ
(3) καὶ ἐξάρατε τὸ μῖσος ἀπὸ τῶν καρδιῶν ὑμῶν·
(2) ἀγαπῶντες ἀλλήλους ἐν ἔργῳ καὶ λόγῳ καὶ διανοίᾳ ψυχῆς.
(4) Ἐγὼ γὰρ ... (Begründendes Vorbild des Erzvaters)

Das Gegenstück (3) verneint durch ein Verb des Vermeidens und geht hier der Konkretisierung (2) voraus.

1Petr 3,9

nicht Böses für Böses vergeltend
oder Scheltwort für Scheltwort,
sondern im Gegenteil segnend,
weil ihr dazu berufen seid, Segen zu erben.

PseuPhok 83-85

Niemals sei ein harter Gläubiger dem armen Manne. (W)
Und nicht μηδέ *soll jemand die Vögel allesamt aus dem Neste holen,*
sondern laß die Mutter fliegen,
damit du wiederum ihre Jungen habest.

Zu 1. Die Definierung einer *Hauptmahnung* ist wichtig, um zu prüfen, ob die beherrschende Funktion des Anfangsimperativs nur für die Textstruktur gilt, oder ob sich in ihr auch der traditionsgeschichtliche oder thematische Ausgangspunkt des Folgenden zeigt. Zu 2. Diese ideale Kleinform steht nicht am Anfang der formgeschichtlichen Genealogie aus alter Zeit. Sie hat sich entwickelt aus dem Bedürfnis, einem einzelnen Glied eines Kodex konkreter sittlicher Normen *aktuelle* Anwendung zu sichern.[24] Bei Übernahme der Form für weniger konkrete Hauptmahnung, etwa für sittliche Allgemeinbegriffe (*Böses vergelten*), wird die gewünschte Aktualisierung im Rahmen eines Tatethos durch *Konkretisierung* erreicht. Zu 3. Sittliche Beeinflussung ist bestrebt, wie die Griechen treffend formuliert haben, *apotreptisch und protreptisch* zu wirken; also eine dualistische Spannung zu erzeugen oder zu verstärken. Ein warnendes Element bezeichnet die erlaubte Grenze und die Gefährdung, eine positive Bestimmung verdeutlicht den sozialen Sinn des Geforderten. Mit dieser sachlich klärenden Funktion verbindet sich gern eine grundsätzliche dualistische Gut-Böse-Antithetik. Je nach prohibitivem oder volitivem Charakter der Hauptmahnung erhält diese also ein *positives oder negatives Gegenstück*. Zu 4. Das einfachste Mittel, um sich der verständigen Unterstützung beim Hörer zu vergewissern, ist die kleine *Begründungsklausel*. Bei ihrer Kürze liegt ihre Wirkung wesentlich darin, daß sie an Bekanntes, gemeinsam Erkanntes *erinnert* - sei dies nun allgemein-menschliche Erfahrung oder eine dem Hörerkreis gemeinsame Geschichte.

Die vier Glieder dieser kleinen Form erfüllen also typische Aufgaben, die einer konkreten Paränese im Traditionskontext gestellt sind. Sie bezeichnen ihre vier wes-

[24] In der von MAGAß, *Tradition* 119, beigezogenen Sprache des Depositenrechts: Die Kredit- (= Vertrauens)würdigkeit der Tradition wird durch Einsetzung einer Gegenwartswährung erwiesen.

entlichsten *Funktionen*. Darum bezeichnen wir den kleinen Mahnspruch nicht als *Gattung*, weil die Funktionen in den verschiedensten Gattungen auch auf andere Weise realisiert werden können. Auch im kurzen Mahnspruch selbst können sie mannigfach umorganisiert gefunden werden. Jede Funktion kann einen anderen Platz einnehmen (was im Fall der Hauptmahnung zu Spannung gegenüber dem traditionellen Gefälle führt), kann mehrfach aufgenommen oder ausgelassen werden. Wenn eine Funktion fehlt, weil sie stillschweigend mitgedacht ist, spreche ich von *elliptischer Mahnung*, s.u. Die Folge mehrerer Mahnsprüche in einer Reihe begünstigt die unterschiedliche Aufnahme der Funktionen von Reihenglied zu Reihenglied. Die einfachste Form dafür ist die

Zweiversige Doppelmahnung

V.9-11

In allem Recht zuerkennen, nicht das Urteil nach Gunst verzerren.
Verwirf nicht die Armut zu unrecht, richte nicht parteiisch.
Wenn du übel richtest, wird Gott dich hernach richten (W).

Die positive Hauptmahnung v.9a wird im Gegenstück v.9b antithetisch gewendet und im Folgevers 10a konkretisiert. In formaler Hinsicht entstehen zwei gleichgewichtige zweigliedrige Verse, die aufgrund ihrer thematischen Zusammengehörigkeit und formalen Parallelität bei asyndetischer Abfolge als Doppelmahnung zu betrachten sind. Die Konkretisierung zeigt als Prohibitiv zugleich, daß die Negation oft um der größeren möglichen Konkretheit willen notwendig ist. Inhaltlich nimmt v.10b mit dem Wertbegriff *Parteiisch richten* begründende Funktion auf. Der zur Begründung hinführende Duktus tritt in dem rein begründenden Satz v.11 voll zutage. - Eine Doppelmahnung, die mit dem Volitiv im zweiten Vers zur Begründung überleitet, scheint auch in v.223f gemeint zu sein - hier ist der vierte Halbvers 224b bereits die Begründungsklausel (s.u.).

2.12 *Die Traditionshierarchie*

Traditionsmahnungen bedürfen, wenn sie paränetisch aufgenommen werden sollen, der entfaltenden und motivierenden Weiterführung, für die wir die Parallelismusformen als gebräuchlich erkannt haben: Der synonyme Parallelismus für eine *Aktualisierung*, der antithetische für ein *positives* oder *negatives Gegenstück* und der synthetische für eine *Begründung*. Strukturell ist es gleich, ob dem Paräneten die Einprägung der traditionellen Norm oberstes Anliegen ist oder ob er die Tradition zitiert, um einen wirksamen Aufhänger für ein aktuelles Anliegen zu haben. Für die Interpretation können sich hier entscheidende Unterschiede ergeben, die aus der Hierarchie der Mahnspruch- und Mahnreihenelemente allein nicht erkennbar sind. Das aufschlußreichste Indiz ist die (u.U. antithetische) positive oder negative Ausrichtung der weiterführenden Elemente. Auch der Duktus vom Konkret-Traditionellen zum Grundsätzlichen (s.u. *Stufenbegründung*) kann wichtige Aufschlüsse auf das Anliegen des Autors geben.

190-192 *Überschreite nicht die (Grenze des) Beilagers der Natur zu verbotener Kypris.*
Denn selbst den Tieren mißfallen männliche Beilager.
Auch sollen Frauen nicht das Beilager von Männern nachahmen (W).

Das Wort gegen die Homosexualität der Männer greift die Tradition von Lev 18,22 auf. Es wird mit einer Begründung versehen und dann aktualisiert durch das Wort gegen die Homosexualität der Frauen. Das Gewicht von Traditionswort und Aktualisierung ist ausgewogen. Da der Mann direkt angeredet ist, wird auch die Begründung auf ihn zugeschnitten.

153(-174) *Arbeite angestrengt, um vom Eigenen zu leben.*

Auch wenn hier nicht ein Traditionswort zitiert wird, so handelt es sich doch um Anknüpfung an jüdisches Arbeitsethos, für das es genug biblische Veranlassung gab (vdH). Der mit Begründungen durchsetzte Abschnitt bringt *Konkretisierungen* des allgemeinen Aufrufs zum Arbeiten, die also Beispielcharakter haben. Die Mahnung gegen Schmarotzertum v.156f dient zugleich der Ächtung der Faulheit. Die konditionalen Anweisungen v.158ff zeigen, wie man vom Eigenen lebt.

Die schnelle Folge der Mahnungstopoi, gerade auch in den stark von der Toratradition bestimmten Reihen, läßt es bei PseuPhok nicht oft zu ausgeprägten Traditionshierarchien in der strukturellen Abfolge der Imperative kommen. Häufig ist aber die Folge *Traditionsmahnung - Anwendung - Begründung*, v.16a/b/17 oder *Traditionsmahnung - Gegenstück - Begründung* v.57a/b/58; 179/180a/180b. Oft jedoch setzt PseuPhok mit einer allgemeineren Mahnung ein und bringt erst nachträglich vor oder nach einer Begründung den Traditionstopos. V.207-209 zitiert nach negativer Eingangsmahnung und positivem Gegenstück aktualisierend den biblischen Text.

Vergeltet nicht! Dieser Topos weisheitlicher Tradition steht hinter v.77f; das aktualisierende oder konkretisierende Anwendungselement ist im Begründungsvers enthalten:

Mach Schlechtigkeit nicht nach,
sondern der Dike überlaß die Vergeltung;
denn Peitho ist heilsam, Eris aber gebiert wiederum Streit. (w)

Im Frühchristentum wird das traditionelle *Vergeltet nicht!* zum autoritativen Prohibitiv des Liebesgebots und kommt in seinen verschiedenen Entfaltungsstufen vor: nur mit positivem Gegenstück 1Thess 5,15, in der klassisch ausgebauten Form 1Petr 3,9 und in einer die Elemente mehrfach wiederholenden Reihe Röm 12,17-21. Auch Mt 5,39-42 scheint auf dieser Tradition - in Umformung - aufzubauen, s. c.XIV 7.3.

Repräsentanzmahnung

Die Traditionsmahnung *Vergeltet nicht!* repräsentiert eine Fülle von Geboten und Weisheitsmahnungen, die der Selbstjustiz wehren und die einer friedlichen Gemeinschaft das Wort reden. Wir könnten sie in dieser Hinsicht als *Repräsentanzmahnung* bezeichnen. Der Paränet, der in Kürze aktuell mahnen will, muß sich entscheiden, wo er schwerpunktmäßig einsetzt und was er wegläßt. Wie der Begriff *Vergelten*, so bietet auch das folgende Beispiel einen Allgemeinbegriff, der hinreichend konkret ist, um als Repräsentanz für mancherlei zu wirken:

189 *Und frevle nicht gegen (d)eine Frau in schandbaren (Arten von) Beilager.*

Wahrscheinlich repräsentiert diese Mahnung eine Reihe von Verboten, die einschränkend in erlaubten Sexualbeziehungen zu beachten sind. Die Mahnung begründet aber keine hierarchische Mahnungsfolge. Die Auswahl, die PseuPhok gegenüber den Geboten aus Ex, Lev und Dtn vornimmt, ist wahrscheinlich durch das Prinzip der Repräsentanz bestimmt. Jede Gebots- oder Mahnungsserie mit kasuistischer Tendenz lebt, da perfekte Erfassung aller möglichen Fälle ausgeschlossen ist, von der beispielhaften Geltung des Zitierten, sei es für andere, *repräsentierte* Worte, sei es für die repräsentierte Wirklichkeit. Die Begriffe *Ehebruch* und *Hurerei* sind ursprünglich ganz klar juridisch festgelegt, haben sich aber zu Repräsentanzbegriffen für Sexualvergehen entwickelt. Von da aus fällt Licht auf die halbsätzige erste Mahnung des PseuPhok:

3a *Nicht in Ehe einbrechen!*

Diese Mahnung steht als wichtiger Topos des Dekalogs und der Gesamttradition repräsentativ für die Topik, die von v.175 an breit entfaltet wird. Das Formprinzip der Aktualisierung tritt aber deswegen nicht außer Kraft, sondern erhält in v.3b Raum.

2.13 Die thematische und die Aktualitätshierarchie

Nicht traditionsbestimmt ist die *Eingangsmahnung*, die die Haustafel eröffnet.

175 *Bleibe nicht ehelos, damit du nicht schließlich namenlos vergehst.*

Sie schlägt das Thema an, um das es dem Autor in der folgenden Reihe vor allem geht, wie auch der positive Höhepunkt v.195 zeigt. Themaangabe und aktuelles Anliegen sind in einem erfaßt, aber durchaus in der paränetisch-hierarchischen Struktur, die konkretmahnend einsetzt und entfaltend, ergänzend und begründend weiterführt. Es handelt sich um eine Einstiegsmahnung, um die Gesamtthematik einer Reihe von einem wichtigen Ausgangspunkt her anzugehen. Vgl. v.9(-21).97(-121).207(-217).223(-227)

Bei einem strenger thematisch gebundenen Mahnungsblock, v.122-131, ist die Frage nach dem topischen Gewicht der einführenden *Hauptmahnung* zu stellen.

122 *Nicht sollst du, in Prahlrede schwelgend, dich selbst berauschen im Sinn.* (w)

Drei Anliegen verbinden sich ausgewogen in diesem Abschnitt: das zuchtvolle Maßhalten (prohibitiv), die Aufgabe des gepflegten Wortes (volitiv) und die Achtung des Wortes als Träger der Weisheit (überhöhend). Die strukturelle Abhängigkeit von der Hauptmahnung bringt die Prädominanz des Prohibitivs im Gedicht und in der Tradition zum Ausdruck. Aufgrund der durchgehenden Empfehlung des Maßvollen kann die Reihe alsbald zum Positiven übergehen.

2.14 Von der normierenden zur motivierenden Mahnung

Die Hierarchie kehrt sich in gewissem Sinne um, wenn nach konkretem Anfang und vielleicht konkretisierender Weiterführung eine Mahnung folgt, die mehr motivierenden als ethisch normierenden Charakter hat. So schließt die Reihe über das Verhalten angesichts von Tod und Leid v.97ff nach einer Reihe verschiedener konkreter Aufgaben mit dem Vers

121 *Dem günstigen Augenblick zu Diensten sein, nicht gegen den Wind anblasen.*

In der Form einer Mahnung begründet dieser Vers mit der weisheitlichen Regel, daß der Versuch, sich dem Gebot der Stunde zu entziehen, nicht gelingen kann.

2.15 Von der apodiktischen Mahnung zur konditionalen Anweisung

Beliebt ist die Konkretisierung der Hauptmahnung mit einer kasuistischen, konditional formulierten Bestimmung. Vgl. Röm 12,18.20, s.u. *Ausführungsanweisung*. PseuPhok 208-209 hat das biblische (kasuistische) Gebot Dtn 21,18-21 als Ausführungsbestimmung (neu interpretiert) übernommen und einer Hauptmahnung v.207 untergeordnet, der er die vom Mahngedicht geforderte prohibitive Form gab.

Elliptisches Auslassen einer Traditionsmahnung

In der dekalogischen Reihe Eph 4,25ff scheint die Mahnung gegen den *Zorn* eine Aktualisierung des Mordverbotes Dek VI bieten zu sollen, vgl. Mt 5,21f (s. S.406f). Traditionsgeschichtlich gesehen, haben wir also in Eph 4,26 eine elliptische Traditionsmahnung vor uns, bestehend aus

Aktualisierung	*Zürnend sündigt nicht;*
konkretisierende Anweisung	*die Sonne soll über eurem Zorn nicht untergehen,*
überhöhende Mahnung	*und gebt nicht Raum dem Teufel.*

PseuPhok ist so vom Bestreben nach einer toraähnlichen Reihe geprägt, daß weder die klassische volle Mahnspruchform, noch deren elliptische Verkürzung viel Raum finden. Elliptisch ist etwa die Wiedergabe der Gebote Dek VIII und X in

v.5a μὴ πλουτεῖν ἀδίκως

Das Wort vom *Stehlen* fehlt bzw. klingt im 4. Halbvers nachträglich an:

v.6b ἀλλοτρίων ἀπέχεσθαι.

2.2 Konditionale Mahnung und konditionale Aussage

Konditionale Elemente bei PseuPhok. Eigentliche konditionale Satzgebilde mit Hauptsatz und konditionalem Nebensatz - sei der Hauptsatz nun indikativisch-behauptend oder volitiv-mahnend - sind bei PseuPhok sehr selten. Die strenge Bindung an den hexametrischen Einzelvers steht dem wohl ebenso entgegen wie der Wunsch, generell und nicht konditionen-bezogen zu mahnen. Die wenigen Beispiele sind aber äußerst charakteristisch im Vergleich zur Konditionalmahnung in anderen jüdisch-christlichen Paränesen. PseuPhok gebraucht gern prädikative[25] Partizipien. Es wird sich erweisen, daß sie im paränetischen Kontext für die gleiche Funktion wie der konditionale Nebensatz gebraucht werden können.

Unter den verschiedenen Möglichkeiten der Auflösung eines Ptz.conj. - temporal, kausal, final usw. - ist in unserem Text die konditionale besonders zu beachten. Dem durch die Tora kasuistisch geschulten

[25] oder mit BKLAß/DEBR./REHK. §§417ff: »adverbiale« Partizipien

Autor liegt das Erzählen (temporal) und das Deduzieren (kausal) fern. Er achtet auf die Bedingungen, unter denen eine sittliche Norm zur Erfüllung drängt. So unterscheidet πλοῦτον ἔχων v.28 denjenigen, der momentan oder dauernd in der Lage ist zu helfen, von anderen Menschen. Das kausale Element: *Von dem, was Gott dir gab ... = Weil Gott dir gab ...*, trägt der folgende Vers nach.

Ausscheiden möchte ich solche Beispiele, bei denen die appositionelle Form ebensogut (adjektivisch) belassen wie konditional aufgelöst werden kann. Sie haben für Formentscheidungen unserer Untersuchung zu wenig Beweiskraft. Wir können bei v.227 das εὖ φρονέοντος attributiv oder konditional aufnehmen:

Ein wohlmeinender Haussklave, oder:

Ein Haussklave, wenn er es gut meint.

Daß auch andere Nebensätze ein konditionales Element enthalten können, bedarf keiner besonderen Erörterung.

1. Die Ausführungsanweisung

Vers 207-209. Typisch für die Verwendung der Konditionalfolge in der Paränese ist es, wenn diese sich einer unbedingten Mahnung als deren fallbezogene Ausführungsanweisung anschließt. Diese Verwendung liegt hier vor. Dem Konditionalsatz v.208 voraus geht die Warnung vor forsch-unbeherrschter Erziehung v.207a und die Mahnung zur Güte v.207b.

Deine Kinder behandle nicht hart und launisch, sondern sei milde.

Nun folgt eine fallbezogene Anweisung, die die Mahnung zur gütigen Erziehung konkretisiert v.208f:

Wenn aber etwa ein Kind gegen dich frevelt,
soll die Mutter den Sohn zügeln
oder auch Familien- oder Gemeindeälteste.

Der Paränet entwickelt am Beispiel einer bestimmten Situation, einer Kondition, seine Konkretisierung. Interessant ist die Übernahme der konditionalen Form der kasuistischen Rechtsbestimmung, verbunden mit ihrer Unterordnung unter eine allgemeine Bestimmung. Es wäre zu untersuchen, ob sich ein Bewußtsein von der Zuordnung kasuistischer Rechtsregelungen zu göttlich-apodiktisch gebotener Grundordnung hier erhalten und in paränetische Übung umgesetzt hat.

Vers 158-174. Das Abgehen von der reinen mahnenden Form ins Kasuelle führt noch weiter, wenn die Anredeform verlassen und expressis verbis ein Fall ins Auge gefaßt wird, der dann und wann eintritt.

158 *Wenn aber einer keine Fertigkeit gelernt hat, so arbeite er mit der Hacke.*

Hier ist außer dem konditionalen εἰ δέ τις noch die 3.Pers. des Opt. bezeichnend, die diese Ausführungsanweisung von der vorausgehenden persönlichen Mahnung abhebt. Die Paarung von Kondition und Ausführungsempfehlung kennzeichnet auch jeden der drei folgenden Verse 159-161, so daß wir zwischen den Eingangsmahnungen in 2.Pers. (mit Begründungsklauseln) v.153-157 und dem Begründungskomplex v.162-174 vier Verse mit situationsbezogenen Konkretisierungen finden. Allerdings fehlt dreien (159-161) die imperativische Form, so daß sie für den Aufbau der Strophe, nicht aber für die Eruierung der Form *konditionale Mahnung = Ausführungsbestimmung* von Interesse sind.[26]

Vers 22-30. In diesem Komplex der Mahnungen zum Helfen sind der direkten Mahnung zwei Wendungen konkretisierend zugeordnet, die mit Ptz.conj. bzw. Relativsatz die Voraussetzung bzw. den Ermöglichungsgrund und das Motiv der Mahnung nennen:

v.28 πλοῦτον ἔχων;[27] v.29 ὧν σοι ἔδωκε.

Die beiden Konkretisierungen sind umschlossen von zwei ins Grundsätzliche gehenden Begründungssätzen v.27 und 30. Sie sollen also nicht nur konkreter machen, sondern auch begründeter erscheinen lassen, was die Mahnung v.22ff sagt.[28]

Konditionale Mahnsprüche, die einem un-bedingten Imperativ folgen, bringen oft keineswegs einen Abfall der Spannung, sondern eher ihre Steigerung. Jetzt geht's nämlich um die Verwirklichung ohne Wenn und Aber, die oft erst beim Akzeptieren einer realen Situation unausweichlich wird. Darin liegt der formgeschichtliche Zusammenhang zwischen konditionalen Bestimmungen des »geistlichen« Rechts und der weisheitlichen Mahnung. (In der forensisch-konditionalen Bestimmung ist dagegen das einschränkende Moment entscheidend.) Die Entwicklung geht vom juridischen *Wenn einer* zum universalistischen *Jeder der.*[29]

2. *Konditionale Begründung*

Der enge Bezug konditional eingeführter Sätze zum vorausgehenden Volitiv wird auch an begründenden Konditionalverbindungen deutlich. Auch hier geht es um ein Nachholen: nun nicht der Konkretion, sondern der Begründung.

(10-)11 *(Verwirf nicht zu Unrecht die Armut, richte nicht parteiisch.)*
Wenn du übel richtest, wird Gott dich hernach richten.[30] (W)

Weitere Beispiele sind v.17.34.75, die schon genannten v.159-161 sowie v.51f (zweimal: mit kasuistischer Differenzierung für das behandelte Thema).

3. *Wer-der-Sätze*

Die *Wer-der-Sätze* nehmen sowohl als Volitive, wie auch als *Denksprüche*

---

[26] Die Fortsetzung bringt alsbald v.160 wieder die 2.Pers.: *Wenn du ...* - allerdings mit generisch-diatribischem Sinn.

[27] In v.109 finde ich keine Konditionalverbindung (πλουτῶν als Ptz., wie VDHORST und WALTER annehmen), sondern einen Genetiv (DERRON; dann aber wohl πλούτων), was ebenso mit der v.l. ΠΛΟΥΤΟΥ (Cod. L,V, BERGK, DIEHL; eher fehlerhafte Verdoppelung des ΟΥ) möglich ist. Der kurze Mahnsatz hat imperativisches Verb und Objekt im Genetiv. Der Satz ist innerhalb des Kontextes als neuer Mahnspruch aufgefaßt mit Imperativ, Begründungsklausel und Stufenbegründungen (bis v.115).

[28] Die temporal-konditionale Verbindung v.140
Dem Vieh aber deines Feindes, wenn es stürzt auf dem Wege, hilf mit auf.
bedarf besonderer Erörterung im Rahmen der Verse, die von Tieren handeln.

[29] BERGER, *Die sogenannten 'Sätze heiligen Rechts' im NT* 314: »Auf Grund ihrer formalen Struktur besitzen die genannten Sätze weisheitlicher Herkunft daher einen latenten Universalismus: Die Apodosis gilt überhaupt jedem, der das Gebotene oder Verlangte tut.«

[30] Vgl. Prov 22,26f: Mahnsatz - Konditionalsatz - Zukunftssatz. Das Gegenbeispiel, eine konditionale Mahnfolge, die als erstes in eine Situation einführt wie Prov 23,1-3, findet sich bei PseuPhok nicht.

(RINGGREN, *Sprüche* S.5) eine Sonderstellung ein. Mit den klar kasuistischen Sätzen haben sie die konditionale Eingrenzung gemeinsam. Aber ihr Tenor ist apodiktisch. Als Rechtssätze dienen sie oft der Definierung strengster Strafbestimmungen - im Unterschied zum strafklauselfreien apodiktischen Gebots- und Verbotssatz. Als weisheitliche Denksprüche typisieren sie in ausgeprägter Weise. Solche Typisierung des Narren, des Ungebildeten, des Unbeherrschten, des Gottlosen liegt dem Phokylideer merkwürdig fern. Seine Typisierungen sind *Personifizierungen* von Lastern, v.42ff.59ff.194. (Personifizierung von Tugenden fehlt auffällig.) Und die juridische Folgebestimmung einer *Wer-der-Bestimmung* sucht man bei ihm vergeblich (s.u. zu den Begründungen).

Vers 51f. PseuPhok bietet ein einziges Beispiel einer *Wer-der*-Konditionalverbindung, der in der zweiten Vershälfte sogleich ein *Wenn-dann*-Urteil folgt. Dieser Fortsetzung gilt das Interesse des Verfassers.

ὅστις ἑκὼν ἀδικεῖ, κακὸς ἀνήρ ... - εἰ δὲ ...
Wer da willentlich Unrecht tut, ist ein schlimmer Mann; wenn aber aus Notlage,
enthalte ich mich dieses Urteils. Der Wille eines jeden steht vor Gericht.

Die Wendung *Schlimmer Mann* ist ein typisierendes Element, das den weisheitlichen *Wer-der*-Sätzen nahesteht. Der Verfasser will aber nicht das Problem des guten Willens fallweise klären; sondern er braucht zur Empfehlung eines milden Urteils über den Bedrängten eine allgemeine Einstiegsthese.

Im Spiegel der wenigen konditionalen Verbindungen bei PseuPhok verstärkt sich der Eindruck, den die zahlreichen absoluten Volitive und Prohibitive machen: Der Leser soll kurz und bündig zum sittlichen Handeln gerufen werden und soll sich nicht in ethischer Reflexion verlieren.

2.3 Versüberschreitungen - Verszäsuren

Versüberschreitungen. Auf die Fülle der Verse gesehen, ist es sehr selten, daß der Verfasser einen Satz nicht vor dem Verswechsel abschließt. Auch die geringe Zahl von Versüberschreitungen zeigt, wie dem Verfasser an knapper Weisung statt an deduktiver Ausführung oder an ästhetischer Spannung gelegen ist. 1. *In mahnenden Sätzen* kommt Versüberschreitung überhaupt nur zweimal vor: in dem hier folgenden v.100f und in der Folge v.220/221/222:

100 *Öffne nicht das Grab der Verblichenen* (w);
**auch sollst du nicht, was man nicht schauen soll,*
101 *zeigen der Sonne* und so erregen göttlichen Zorn.*

Die Dreifachmahnung v.220-222 über die Ehrung der Alten hebt sich durch die enge Verbindung aller drei Volitive, die der synkopische Umgang mit dem Hexameter zustande bringt, deutlich von der folgenden Reihe betr. die Sklaven ab. (Dort sind es fünf verslange Sätze mit vier bzw. fünf Mahnungsanliegen.) Die im Gedicht singuläre Verbindung zur Dreiergruppe läßt darauf schließen, daß der Autor von der Vorstellung eines einzigen Mahnungsanliegens geleitet wurde. - 2. Versüberschreitungen *in indikativischen Sätzen* sind ungleich über das Gedicht verteilt. In der ersten Gedichthälfte gibt es deren drei, nämlich das hier folgende Beispiel v.103f sowie v.51f (s.o.) und 119f.

103f *Alsbald nämlich werden aus der Erde, so hoffen wir, ins Licht gelangen die Überreste der Dahingeschiedenen ....*

Gehäuft finden sich Versüberschreitungen in der zweiten Gedichthälfte im Abschnitt über den Nutzen der Arbeit v.153-174, u.zw. in den Versen 162-163, 164-166, 167-170 und 171-174. Der Schwung der Rede reißt hier den Verfasser mit, der sich sonst die strenge Form der innerhalb des einzelnen Hexameters abgeschlossenen Aussage auferlegt. Ebenso trägt das Interesse an seinem Ideal den Verfasser in v.195-197 über die Versabgrenzung hinaus.

Verszäsuren. PseuPhok nutzt die relative Länge des Hexameterverses und seine Zäsurmöglichkeiten, um innerhalb seiner Grenzen den weisheitlichen, paränetisch weiterentwickelten Parallelismus zu realisieren. Zwiefache oder dreifache Aussagen innerhalb des einzelnen Verses sind geradezu die Regel bei ihm. So sind starke Verszäsuren in allen Mahnungsversen des Anfanges v.3-35 zu finden. Hier ist auch meist jede der beiden Vershälfte eine Mahnung. So entsteht ein Typ der

Einversigen Doppelmahnung

22 *Gib aber dem Armen sogleich; sag dagegen nicht, er solle morgen wiederkommen.*

24 *Den Obdachlosen nimm ins Haus und leite den Blinden.*

Interessant ist aber vor diesem Hintergrund auch das Gegenbeispiel. Ein Abschnitt der mit v.175 beginnenden Haustafelreihe, nämlich v.180-199, bietet fast nur *ganzversige Mahnungen.* Der große Rest des Gedichtes hat kein so eindeutiges Merkmal wie der Anfang und diese gegensätzliche Reihe gegen Ende. Doch überwiegen in den Mahnversen, aufs Ganze gesehen, die Verse mit Zäsur.

2.4 Begründungen

2.41 Die Begründungsthematik

In vielen Fällen zeigt sich nach W.ZIMMERLI (*Struktur* 185.187f) deutlich, »wie das Mahnwort Rückhalt und Legitimation in dem angeschlossenen Aussagewort, das irgend einen Zusammenhang des Erfahrungslebens aufdeckt, sucht«. Begründungsklauseln und Begründungssätze kennzeichnen das geforderte Verhalten als

1. »Handeln aus Glauben«,[31] vgl. v.29,

[31] MERK (gleichnamiger Titel); vgl. SCHNABEL, *Jewish Law and Wisdom* 301. Zum Thema weiter: MERKLEIN, FLIEDNER, HAUFE, NIEDER, SCHRAGE. - KÜCHLER (*Schweigen*) prüft die frühjüdisch-frühchristlichen Begründungen aus altbiblischer Haggada bei den die Frauen betreffenden Weisungen und weist in vielen Fällen nach, daß Argumente nicht »aus der Inspiration des alttestamentlichen Textes« kommen (3), »von einer bestehenden (sc. nichtbiblischen) Halacha her« denken (27) und also nur scheinbar »an den kreativen Begründungskräften des alttestamentlichen Glaubens« (3) teilhaben.

2. Handeln aus Einsicht[32] v.75.152 und
3. Handeln zur Erlangung von Vorteilen v.230 und Vermeidung von Nachteilen v.11.

Zu 1. Das Motiv des *Handelns aus Glauben* kommt a) in der Betonung der göttlichen Rechtsordnung, b) in der Erwartung der Selbstmitteilung Gottes und c) im Hinweis auf das in Gott gründende Wohl des Menschen zum Tragen; daß gegenüber der Bibel d) der Hinweis auf die Geschichte Gottes mit seinem Volk und der Menschheit fehlt, nimmt in einer weisheitlich geprägten Schrift nicht wunder, dürfte aber vor allem mit der durch das Pseudonym gegebenen Beschränkung zusammenhängen. Zu a: Theonome Begründung bieten v.11.17.18b.29.34.85b. Auch hinter vielen weiteren Begründungssätzen stehen gesetzliche Begründungsklauseln, sind aber weitestgehend ins Allgemein-Weisheitliche übertragen (vgl. noch v.136.142) oder zu kurzen, unselbständigen Begründungselementen eingeschmolzen, vgl. v.177b. In beachtlichem Umfang läßt der Phokylideer gerade solche Mahnungen ganz ohne eigene Begründung, die er der Tora unverändert oder wenig verändert entnommen hat: v.3-10(!).139.149.150.175ff. Zu b: Die Selbstmitteilung Gottes als Voraussetzung für die *Weihen der Gerechtigkeit* und das Gelingen des Lebens ζωὴν ἀγαθήν v.230 klingt an mit der Klammer, die Prolog und Epilog dem Gedicht geben. In dem solennen Bekenntnis zu Gott als einzigem Inbegriff von *Weisheit, Kraft und Segensreichtum* v.54 wird einmal klar ausgesprochen, aus welcher Quelle die Erkenntnis und Kraft zur Lebensverwirklichung sich speist. Zu c: Die Fürsorge Gottes wird als vorauseilende in der Erschaffung menschlicher Eigenart v.106.128, als gegenwärtige in der Sorge für den Lebensunterhalt v.29 und als künftige in der bleibenden Herrschaft Gottes über die Seelen und in der Einführung der Verstorbenen in die Welt des Ewigen v.104.111.115 motivierend genannt.

Zu 2. Wenn auch das Gedicht mit Motivationen durchtränkt ist, die ein Handeln aus Glauben fördern wollen, so zielen die Begründungen doch überwiegend darauf, das Handeln aus Einsicht zu empfehlen. Dies zeigt sich u.a. darin, daß auch die aus dem Gottesglauben genommenen Begründungen *entschränkt* werden im Sinne der Anleitung zu Erfahrung und Einsicht. Das Spektrum der Erfahrungsbereiche, aus denen die Begründungen genommen werden, ist sehr bunt. Dazu einige Hinweise:

- Naturgesetz v.191.71-75
- Sittengesetz v.80
- die vielfältige Erfahrung v.27.96.152b
- die gute Ordnung v.88-90
- die sittliche Gefahr oder Hoffnung v.58
- die Ergehensfolge v.92-94
- die Einsicht des Lebensklugen v.98b
- die in Gott gegründete Weisheit v.54,

Ein Teil der Begründungen macht aus einer Gebotsvorschrift:

a) eine Erfahrungs- oder Sittenregel
 V.154: Aus *Nicht Stehlen!* wird: *Du stiehlst ja!*;

[32] Einsicht wird auch vorausgesetzt, wenn »evidente Forderungen der Humanität bis heute in einer rein indikativischen oder imperativischen Form geboten werden«, KÜCHLER, *Schweigen* 11.

V.134: Aus Dtn 13,8f *Auch nächste Angehörige mußt du anzeigen!*
wird: *Auch Anwesende kann's erwischen!*, vgl. v.136.
Oder sie übertragen
b) eine Gebotsbegründung ins Allgemein-Humane:
V.40f: Aus der biblisch-geschichtlichen Lev 19,34 wird eine allgemeine Erfahrung.

Zu 3. Künftiger Vorteil oder Nachteil, der immer mitbedacht ist, kommt erstaunlich selten direkt zur Sprache. So läßt der eschatologische Abschnitt v.97-121 die Frage, ob denn alle *Götter werden* v.104, also die Frage von Lohn und Strafe,[33] offen. Gerade hier führt die Bemühung um Verständnis der Hintergründe den Autor zu breiteren Ausführungen. Auch in den einzelnen Begründungssätzen, die gute oder schlimme Folgen bezeichnen, tritt das drohende oder verheißende Element hinter dem argumentativen ganz zurück. Drohungen spielen kaum eine Rolle. Eine direkte Strafdrohung findet sich nur

v.11 *Wenn du übel richtest, wird Gott dich hernach richten.* (W)

Göttlicher Fluch ist in v.17 und v.18b angedroht. Es finden sich einige weitere *futurische Begründungen*, die von einer zu erwartenden Folge sprechen v.34.58.68.119f.138.175.200. 224b. Bei den personifizierten Lastern v.60ff wird die Zukunftskomponente mit den Verben *ziehen* und *führen* v.61f erfaßt. Aber der Verfasser ist durchweg bestrebt, künftige Folgen als zeitneutrale Tatbestandsbeschreibung zu formulieren. Statt einer von Dtn 13,6ff naheliegenden finalen Begründung:

Schone den Rechtsbrecher nicht, damit du nicht mit ihm untergehst.

lautet die Begründung in v.134:

Oftmals sterben, die dabeisind, zugleich mit den Bösen.

2.42 Die Zuordnung von Mahnung und Begründung

BEYERLEIN, *Paränese im Bundesbuch*, beschreibt S.10f die von ihm als *Paränesen* bezeichneten Motivierungen nach Form, Inhalt und Tendenz. Letztere sollen »Gehorsam gegenüber den Rechtssätzen ... ermöglichen und ... bewirken«, als »explizierende Klauseln ... die Beachtung eines Gebotes erleichtern helfen« oder im Appell »an die eigene geschichtliche Erfahrung ... zu verständigem Gehorsam aufrütteln«. Der Blick des Exegeten des Bundesbuches muß sich den einzelnen Klauseln satzteilweise und satzbruchteilweise zuwenden; darin zeigen sich Grenzen für den Vergleich mit jüdischen und christlichen Texten, die ähnlich minutiöse Traditionsprozesse im allgemeinen nicht spiegeln. Der Unterschied zwischen a) Begründungen für differenzierende Rechtsregelungen und b) Motivierungen für den In-Pflicht-Genommenen, der Prozeß des Zuwachsens von Motivierungen/Begründungen zur vielleicht älteren Gesetzesnorm und das Verhältnis von mehr israelitischen und allgemein-weisheitlichen Argumenten bieten Kriterien, die für die Arbeit an jüngerer Paränese hilfreich sind. - An der formalen Beziehung zur Weisung ist die Einteilung von RÜCKER (*Die Begründungen der Weisungen Jahwes im Pentateuch* 8-17) ausgerichtet: 1) von der Weisung als Einzelglied einer Reihe abhängige (u.U. mit verbindendem Stichwort), 2) auf eine Gruppe von Satzungen bezogene, 3) Einzelsatzung mit allgemeiner Begründung (Lev 19,35f), 4) Parallelstellung verschiedener Begründungen, 5) traditionsgeschichtliche Begründungen.

---

[33] womit die jüdische Streitfrage, ob *quasi sub mercede proposito colatur deus* PsClem Recg 1,53f, zumindest relativiert, wenn nicht entgegen der pharisäischen Normalmeinung (vgl. aber Av 1,3!) beantwortet ist.

PseuPhok fügt oft einer vom Toragebot übernommenen Mahnung eine aus griechischer Weisheit übernommene Begründung an. Hier können wir ein Gefälle vom Theonomen zum Eudämonistischen oder gar Opportunistischen beobachten. Dadurch haben Begründungen öfter etwas *Dezisionistisches*: der Verfasser ist sich bewußt, daß sein Anliegen in die von ihm genannte Begründung nicht ganz eingegangen ist, daß sein Verständnis nur verkürzt zur Sprache kommt.[34] Es konnte der Eindruck entstehen, als wollten die Begründungen bei PseuPhok nicht etwa »eine mosaische Vorschrift in ihrer weisheitlichen Sinnhaftigkeit« aufzeigen;[35] sie stünden vielmehr »in sich selbst und wollen nichts anderes als einsichtig sein«. Unser Überblick wird aber (noch weiter) zeigen, wie stark die »Allerweltsbegründungen der Popularphilosophie« im Gedicht einem Konzept der Verbindung von autoritativem jüdischem Ethos und griechischem Bildungsgut zugeordnet sind.[36] Umgekehrt neigt der Autor bei mehr hellenischer Mahnung zu Begründungen aus jüdischer Tradition.

Die *Einbettung* eines gebietenden oder mahnenden Imperativs in Indikative - etwa einen heilsgeschichtlichen und eine Lohn-Strafe-Begründung Exod 20,2-6, 1Petr 4,7f oder zwei heilsgeschichtliche Dtn 14,1-2 (s. S.391) - findet bei PseuPhok nur in der Klammer um das ganze Gedicht v.1f.228-230 ein Pendant. Das Bedürfnis der Einbettung von Mahnung in den Begründungskontext kann bei v.28f eingewirkt haben, wo zwei Eventualitäten *Hast du Reichtum* ... und *Was Gott dir gab* ... von zwei Begründungen mit κοινά / κοινός v.27.30 umschlossen sind. Bezeichnenderweise sind es bedingungsweise geltende Mahnungen.

Bedenkenswert ist aber eine Form, die ich als *Mahn-Lehr-Einheit* bezeichnen möchte. In Paränese und Weisheitsschrifttum bildet sich eine Langform, die auf eine Einleitungsmahnung eine längere indikativische Erörterung folgen läßt.[37] Oft ist nicht zu entscheiden, ob die Ausführungen, denen in der Textstruktur begründende Funktion zugewiesen ist, auch wirklich zu diesem Zweck geschrieben und den Mahnungen angefügt sind, oder ob nicht vielmehr die Eingangsmahnung funktionalisiert ist zur Einleitung einer beabsichtigten Lehre.

---

34 Ex 21,20f bringt - um ein Beispiel für viele zu nennen - am Ende einer Folge von zwei konditionalen Rechtsbestimmungen zur Mißhandlung des Sklaven eine lapidare Begründungsklausel: *Es geht ja um sein eigenes Geld*, die die conditio, der sie folgt: *wenn er noch einen oder zwei Tage am Leben bleibt*, gar nicht begründet. Der hier unausgesproche Rechtsgrundsatz, von dem eine Ausnahme gewährt und begründet wird, folgt später: *Leben für Leben*.

35 Anders als etwa bei Josephus, meint KÜCHLER (Zitat dort S.299f).

36 Die Verbindung eines aus jüdischer Tradition übernommenen Gebotes mit einer typisch griechischen Begründung zeigen sehr schön zwei Beispiele Jos Ap 2,206: Ehrfurcht vor den Alten soll gelten, *weil ja Gott das älteste Wesen ist*. Vor Freunden darf man nichts verbergen, *denn ohne volles Vertrauen gibt es keine Freundschaft*.

37 Ein Teil der von BERGER (*Formgeschichte* 93ff) behandelten Beispiele von »symbuleutischer Argumentation« kann auch als erweiterte Mahnungsbegründung angesehen werden. Mt 6,25-34 ist im vorliegenden Textbestand formal als Mahnung v.25a mit Begründungsklausel v.25b (in Frageform), erweiterter Begründung v.26-30, Wiederaufnahme der Mahnung v.31 + Doppelbegründung v.32, überhöhender Mahnung v.33 und Schlußsentenz v.34 zu beschreiben. (Die folgend behandelte *Stufenbegründung* kann hier v.26-30 und v.32b zur Verdeutlichung unterschieden werden.) Die etwaige Disjunktion zwischen Mahnung und nachfolgender Begründung (vgl. PseuPhok 9-41< >42-47!) darf nicht per se als traditionsgeschichtliche Spannung im Text gewertet werden. Es handelt sich oft um gewachsene Mahn-Lehr-Einheit (im doppelten Sinne des Wortes »Einheit«).

Sir 10,6-18

v.6f *Über keinem Unrecht laß dich zum Zorn hinreißen gegen deinen Nächsten* (LXX)
und handle nie durch Taten des Hochmuts.
Denn verhaßt ist bei Gott und Menschen übermütiger Stolz.

Es folgt eine lange Reihe von Sprüchen darüber, daß niemand, auch Fürsten nicht, gegen die tödlichen Folgen des Hochmuts gefeit ist.

Jak 3,1(-12)

Strebt nicht zahlreich danach, Lehrer zu werden, meine Brüder,
im Wissen, daß wir (als Lehrer) *härtere Strafe empfangen werden.*
Denn ...

Es folgen längere Ausführungen über die Gefahren der Zunge ohne Rückbezug auf die spezielle Situation des Lehrers. PseuPhok bietet lehrhafte Ausführungen im Anschluß an den einleitenden Volitiv v.(48-50+)51f; (70+)71-75; (86+)88-90; (102+)103-107; (109+)110-115; (122f+)124-131; (199+)200-204. Besonders im eschatologischen Abschnitt (v.102.109) ist die Frage zu stellen, ob das Mahnanliegen die Lehre nach sich zog oder ob der Wunsch, Lehre zu geben, zur Vorschaltung einer Mahnung führte. Es gehört zu den Stileigentümlichkeiten von PseuPhok, solche Mahn-Lehr-Folgen ohne volitiven - Rückbezug ausklingen zu lassen.

2.43 Die Doppel- und die Stufenbegründung

Spezielle und wichtige Einblicke in die Versfolge vermittelt uns die Beachtung der Form der Doppelbegründung, die wir oben unter dem Aspekt des Anschlusses an einen Imperativ schon bedacht haben. PseuPhok hat eine Vorliebe für diese Form, u.zw. in zwei Arten.

1. *Die einfache Doppelbegründung.* Der Mahnung schließt sich zuerst ein einzelner (selbständiger) *Begründungsatz* (oder -vers) an; dann aber folgt eine (umfangreichere) *Begründungsausführung.*

V.199-204

Mahnung:

Auch nicht eine schlechte wohlhabende Frau ins Haus führen.

Kurzbegründung:

Dienen wirst du der Frau ohne Lohn wegen der elenden Mitgift.

Begründungsausführung:

Edle Pferde suchen wir uns und ackernde
Pflugstiere mit hohem Nacken, desgleichen unter den Hunden das Allerbeste.
Eine gute Frau zu heiraten, wetteifern wir Toren aber nicht,
noch verschmäht die Frau einen schlechten Mann, wenn er nur reich ist.

2. *Die Stufenbegründung.* Wichtiger für die Strukturbestimmung, weil schwerer erkennbar, ist die zweite Form der Doppelbegründung: Auf einen Mahnvers mit kurzer Begründungsklausel in der zweiten Vershälfte folgen Verse mit weiteren begründenden Sätzen. Hier könnte leicht die irrige Vermutung Platz greifen, es handele sich um Aufreihung unabhängiger Sprüche, weil die zur Mahnung verbindende erste Begründung nicht deutlich von ihr abgehoben ist. Diese kann leichter dem Blick entgehen, weil sie ja

nur ein Teilvers ist. Im Gedankengang des Verfassers ist sie aber die erste Stufe und der Einstieg einer Begründungstreppe. Ich bezeichne sie daher als *Stufenbegründung*.

Ich hebe in den folgenden Beispielen die kurze Begründungsklausel durch »*« hervor, die zwischen der Mahnung und der Begründungsweiterführung das Bindeglied ist.

95f *Trau nicht dem Volk -*
** wetterwendisch ist die Masse. **
Volk und Wasser und Feuer sind nicht zu zügeln.

177f *Verkupple deine Gattin nicht -*
** dadurch deine Kinder befleckend. **
Denn ehebrecherisches Lager zeugt keine gleichartigen Kinder.

109-115
Knausere nicht mit Reichtümern;
** gedenke, daß du sterblich bist. **
Nichts ist's damit, in den Hades glückliche Gewinne und Güter mitzunehmen.
Alle werden gleicherweise Leichname sein ...

122-128(-131)
Nicht sollst du, in Prahlrede schwelgend, dich selbst berauschen im Sinn. (w)
Sich üben in guter Rede,
** welche allen sehr zugute kommt. **
Eine Waffe, schärfer als Stahl, ist das Wort ja dem Manne.
Eine Waffe verlieh Gott jedem (Geschöpf) ...

70b-75
Hier sind der Begründungsklausel v.70b drei Folgestufen beigefügt, die sich als *Begründungskette* je auf die vorausgehende zurückbeziehen: 71 / 72-74 / 75.[38]

Die Beispiele für solche Doppel- und Stufenbegründungen werden noch mehr, wenn wir uns jetzt denjenigen Imperativen zuwenden, die nicht stimulativen, sondern argumentativen Charakter haben.

2.44 Begründende Imperative

1. Das Grundmuster

Vers 175f

Bleibe nicht ehelos,	Ausgangsmahnung
** damit du nicht schließlich namenlos vergehst. **	Begründungsklausel
Leiste der Natur Tribut,	1. begründender Imp.
zeuge wieder, -	2. begründender Imp.

[38] BERGK, *Literaturgeschichte* 2,300 A.14, zum nachholend-begründenden γάρ: »Die Begründung folgt regelmäßig auf die Vorschrift, geht nicht voran; wo Abweichungen von dieser Regel sich finden, da ist die Ueberlieferung des Textes mangelhaft.« Zu γάρ- und ἵνα-Begründungen s. BERGER, *Gattungen* 1061. Zur Sache vgl. KÜCHLER, *Schweigen* 1: »Als man *denn* zu sagen begann, fing man an, das einzelne Faktum, die einzelne Tat und das einzelne Wort bewußt im Zusammenhang anderer Fakten, Taten und Worte zu sehen und aus den unendlichen Möglichkeiten der Einzelverbindungen eine argumentative Verbindungskette herauszuarbeiten.« - Wird der Charakter der *nachgeholten* Begründung bedacht, klärt sich auch für viele Fälle die Eigenart eines γάρ. VDHORST läßt für v.105 vier Bezugsmöglichkeiten des γάρ offen. Die Begründungsreihe scheint mir klar geordnet. V.105 begründet λείψανα v.104a; v.106

wie du (durch Zeugung) geboren wurdest.[39] Begründungsklausel

Wie der Infinitiv eine normierende Aussage mit einer stimulierenden Funktion verbinden kann, z.B. *Nicht schießen!*, so kann der Imperativ mit seiner genuinen Funktion des Stimulierens eine argumentativ-begründende Absicht verbinden. Auf die kurze Begründungsklausel zur Ausgangsmahnung folgen, dem Bedürfnis nach weiterer Begründung entsprechend, zwei neue begründende Gedanken: Heiraten und Zeugen entspricht deiner Natur - und es entspricht deiner Herkunft aus der Zeugung deiner Eltern. Diese weiterführende Begründung erhält die Form des Imperativs. Auf diese Weise wird der Adressat in Pflicht genommen, die Argumentation nicht nur zu bedenken, sondern auf sich anzuwenden. V.176 unterstützt formal mit seinen zwei Volitiven den imperativischen Ansatz und ergänzt inhaltlich die Argumenation.[40]

Vers 220-222

Von den drei Volitiven über Verhalten gegenüber den Alten: αἰδεῖσθαι, εἴχειν, γέραιρε, bietet der erste den Topos als solchen, der zweite eine Konkretion und der dritte das Maß der Ehrung der Alten. Daß dieser dritte Teil der Mahnungsfolge nicht einfach ein neuer Mahnspruch ist, sondern stark begründende Funktion hat, ergibt sich aus der beabsichtigten Art seiner Realisierung: Er leitet nicht dazu an, zu überlegen, wie man sich gegenüber dem Vater verhält, um dann entsprechende Aufgabe bei anderen Alten zu suchen; sondern umgekehrt soll man sich bei der Begegnung mit Alten des angemessenen Verhaltens gegenüber dem Vater erinnern.

Die Begriffvariation für *Alte* - πολιοκροτάφους, γέρουσιν, πρέσβυν - kontrastiert reizvoll dem »etymological wordplay« (VDH) γέρουσιν - γεράων - γέραιρε. Mit πολιοκροτάφους wird, leicht den Ursprung verschleiernd, das πολιοῦ aus Lev 19,32 aufgenommen. Von dem dortigen ἐξαναστήσῃ kommt die Anregung, Ehrung der Alten mit εἴχειν ἕδρης zu konkretisieren, was nochmals konkreter gefaßt wird mit dem epexegetischen καὶ γεράων πάντων:

... *und das heißt, die Vorrechte, die man selbst gern hat, ihnen zuerst zubilligen.*

Wenn dieser dreisätzige Mahnspruch entgegen sonstiger Übung des Phokylideers mit einem generalisierenden αἰδεῖσθαι einsetzt und dann im 2. und 3. Mahnsatz konkretisiert wird, so entspricht das dem generalisierenden τιμᾶν des dekalogischen Elterngebotes, das NIEBUHR als Hintergrund annimmt. So wird αἰδεῖσθαι nicht nur das τιμήσεις πρόσωπον πρεσβυτέρου mit *Aufstehen vom Sitz* aufgenommen haben - in Vertauschung der ursprünglichen Reihenfolge; sondern PseuPhok wird sich gleichzeitig im Subsumierungsbereich des Dekaloggebotes gewußt haben, wie der direkte Bezug auf *dem Vater gleich geehrt* v.222 (ἴσαις τιμαῖσι) unterstreicht. Der Phokylideer entfaltet also das Toragebot Lev 19,32 in drei Sätzen mit den Topoi *Ehrung - Vorrechte einräumen - Wie mit Sohnespflicht respektieren*. Die sorgfältige Arbeit am Bibeltext und die freie Umsetzung in einen griechischen Dichterspruch mit Entlehnung aus Homers Sprache zeigt auch hier das Gestaltungsprinzip für die Übersetzung in griechische Weisheit.

So wichtig dem Verfasser das Wort vom Verzicht auf Vorrechte zugunsten der Alten ist - wie wenn sie der eigene Vater wären -, so einseitig schweigt er über diese selbst und spricht nur von den zu Ermahnenden. Weder der Vorsprung der Alten in Erfahrung und bedachtem Urteil, noch deren abnehmende Kraft spielt irgendeine Rolle.

---

stützt θεοὶ τελέθονται v.104b.

[39] Der Dichter legt in das *wie* ὡς die begründende Kraft des Geburtsereignisses, die ich mit dem Worten in Klammern *durch Zeugung* hervorhebe.

[40] Die inneren logischen Beziehungen der drei begründenden Argumente in den Versen 175b - 176a - 176b, d.h. wie weit sie logisch selbständig sind oder die eine in der anderen mitenthalten ist, bleiben für unsere Fragestellung hier unerheblich.

Diese Beschränkungen können wohl nur als bewußte Konzentration auf das Mahnanliegen gegenüber den in der Kraft des Lebens stehenden Adressaten verstanden werden.[41]

Vers 223-224(-227)

Den ungeschmälerten Tribut an den Magen jedem Diener geben.
Einem Sklaven teile zu, was recht ist, damit er dir wohlgesonnen sei.[42]

Der zweite Mahnsatz des Topos *Sklaven* v.224 bietet mit ταχτὰ νέμοις, eine Verallgemeinerung zu v.223 und fügt mit einem Finalsatz das motivierende Argument hinzu. Das Wesentliche des v.224 ist, daß er mit ταχτά den v.223 zu begründen vermag. - Die gewiß ganz humane Ausrichtung der fünfteiligen Mahnung an Sklavenbesitzer v.223-227, die nur Pflichten der Herren einschärft, entbehrt doch jeder grundsätzlich humanistischen, etwa biblischen oder stoischen[43] Wertung des Sklaven als eines Menschen in der Gleichheit und Freiheit aller Vernunftbegabten.

2. Die Variante »Metaphorische Mahnung«

Sätze, die ihr Mahnungsanliegen in die Form der Metapher kleiden, haben eo ipso wenigstens eine begründende Variante. Denn eben das überschießende Element, das aus einer direkt-konkreten Weisung eine metaphorische Weisung macht, soll inhaltliche, begründende Kraft haben.

48f *Verbirg nicht im Herzen einen anderen Sinn, als du aussprichst,*
** und verändere dich nicht - wie der felsverwachsene Polyp - je nach dem Ort. **

Der zweite Imperativ ist uneigentlich; er ist metaphorisch gemeint. Er soll zugleich stimulieren und überzeugen: *»Du, Mensch, bist kein Polyp. Sei ein echter Mensch!«* - Metaphorische Wendungen bringen - ähnlich anderen Beispielen der suggestiven und indoktrinierenden Wortwahl - durchweg ein begründendes Element.

Der Verfasser liebt es auch sonst, Tierbeispiele in seiner Spruchweisheit vorzutragen. Ich halte es für lohnend, der Frage nachzugehen, ob die Tierbeispiele allgemein mehr begründenden Charakter haben und also nicht eigentlichen Mahnungsanliegen

---

41 »Im Unterschied zu anderen Bezeichnungen für das Alter (zB γέρων, παλαιός) fehlt der Wortgruppe πρεσβ- jeder negative Sinnbezug (Kräfteabnahme u dergl)«; PseuPhok verwendet die verschiedenen Vokabeln für *alt* ohne jede Scheu - und auch ohne daß irgendwo das jüdisch-weisheitliche »Lob der Weisheit, der Lebenserfahrung, der Urteilsfähigkeit und der Gottesfurcht der Alten« (vgl. Sir 6,34; 25,4-6) anklingt; vgl.BORNKAMM s.v. πρέσβυς, ThWNT 6,652,20; 653,2.

42 Der zweimalige Wechsel von θεράπων und δοῦλος und der Abschluß im 5. Satz der Reihe mit οἰχέτης ist eher aus dem Variierungswillen als aus genauer Beachtung der Wortnuance zu erklären.

43 Hiob 31,15. - »Das Drängen des Stoikers auf humane Behandlung der Sklaven kommt aus dem Gedanken der Gleichheit aller Menschen auf Grund ... ihrer Teilhabe an der göttlichen Vernunft und damit ihrer Befähigung zum eigentlichen Gut des Stoikers, zu der vom sozialen, gesellschaftlichen oder politischen Status unabhängigen inneren Freiheit«, LAUB, *Begegnung* 16. Stoisch könnte der Humanismus dieser Verse also sein, wenn ein Sklave sie geschrieben hätte im Gebrauch seiner Freiheit, als Sklave ein *Eudaimon* zu sein. - Über das von LAUB ebd. 11 erörterte mangelnde Problembewußtsein für die »institutionalisierte Rechtsunfähigkeit« der Sklaven (die auch das NT »mit der gesamten antiken Welt gemeinsam« habe) hinaus vermißt HEINEMANN (344 A.1) bei Philo auch weithin das Bewußtsein vom »Unterschied zwischen jüdischen und heidnischen Sklaven«.

dienen.[44]

83-85 *Niemals sei ein harter Gläubiger dem armen Manne.* (W)
Und nicht soll jemand die Vögel allesamt aus dem Neste holen;
sondern laß die Mutter (fliegen), damit du wiederum deren Junge habest.

Das Beispiel des geschonten Muttervogels entstammt zwar einer Toravorschrift Dtn 22,6f. Ich vermute aber, daß es hier zitiert wird, wie Paulus 1Kor 9,9f das Beispiel vom Ochsen aus Dtn 25,4 kommentiert: *Sorgt sich Gott etwa um die Ochsen? Oder redet er nicht überall um unsertwillen?!* Dann unterstreicht das Wort vom freizulassenden Muttervogel das Gebot, den Schuldner zu schonen v.83. Ich vergleiche damit unsere sprichwörtliche Rede: »Schlachte die Henne nicht, die dir noch Eier legen soll!«

Vers 137-152

Die Verse 137-152 sollen hier im Zusammenhang vorläufig (s. c.VI) bedacht werden, weil 4 der 13 Verse von Tieren sprechen.[45]

140 *Dem Vieh aber deines Feindes, wenn es stürzt auf dem Wege, hilf mit auf.*

Der Vers handelt vom verunglückten Vieh des Feindes. Thematisch schließt sich der folgende Vers von der Hilfe für den Flüchtigen und/oder Obdachlosen an wie der Schluß *a minori ad majus*: Wenn es schon angemessen ist (wie das der Verfasser aus der Bibel Dtn 22,4 geschlossen hat), das *Vieh* des Feindes zu retten, wie viel mehr dann einen *Menschen*, der möglicherweise ein Feind sein könnte. So gesehen, hat die Tierhilfe-Mahnung verstärkend-begründende Kraft für die folgende Mahnung.

147f *Schmause nicht vom Fleisch des gerissenen Tieres; den schnellfüßigen*
Hunden überlaß das Zurückgelassene. Vom Tierfraß fressen Tiere.

Es geht um Tier- und Menschennahrung. Sicher hat unser belesener hellenistischer Verfasser mit seinem Ethos von Maßhalten und Menschlichkeit bei dieser Mahnung (wie bei v.139) mit Abscheu daran gedacht, wie Menschen auf die Stufe wilder Tiere sinken können. So liegt es nahe, zu vermuten, daß auch diese Mahnung ein kontrastreicheres Bild von Gut und Böse entstehen lassen und so die Argumente des Kontextes verstärken sollte.

Das Spruchgedicht darf Mahnungen direkterer Art und Mahnungen mit übertragener Bedeutung nebeneinanderstellen, ohne ihren Verstehensunterschied anzudeuten. Wer eine Tiermahnung wörtlich nimmt, der nehme sie wörtlich. Und wer sie metaphorisch-begründend auf eine andere Mahnung bezieht, der hat doppelten Gewinn.[46] Die Dringlichkeit konkret-aphoristischer Willensimpulse und die Hintergründigkeit konkreter Beispiele vertragen sich in der Welt der Weisheit. Einen formgeschichtlichen Beweisgang will ich natürlich von dort nicht ausgehen lassen, wo sowohl der Stil als auch der Inhalt eines Verses mehrdeutig bleibt. Dagegen bietet der gedankliche Inhalt bei

[44] Die Ermahnung zu freundschaftlichem Umgang mit den Haustieren Sir 7,22 entbehrt als Glied einer haustafelähnlichen Reihe jedes metaphorischen (Neben-)Tones.

[45] ohne die textkritisch auszuscheidenden v.144-146

[46] KADUSHIN (*Worship* 56) zeigt rabbinische Beispiele, wie im Rahmen des »concept of *rahamim* (compassion)« vom Verhältnis zu Menschen auf Tiere und vom Verhältnis zu Tieren auf Menschen geschlossen wird.

den restlichen beiden Beispielen wieder den Nachweis, daß die Form des Volitivs mit der Funktion der Begründung gekoppelt sein kann.

100f *Öffne nicht das Grab der Verblichenen.* (W) * *Auch sollst du nicht, was man nicht schauen soll, zeigen der Sonne ...* *

Man soll den begrabenen Leichnam *nicht der Sonne zeigen*. Das hat nichts mit schnellerer Verwesung o.ä. zu tun. Sondern hier ist im Sinne unserer Metapher »Die Sonne bringt es an den Tag« von dem die Rede, was ans Licht oder was nicht ans Licht gehört. Und so unterstreicht diese begründende Mahnung die eigentliche Mahnung.

Vers 153-157

Die Mahnung zur Arbeitsamkeit v.153 wird unterstrichen durch die Behauptung, der Nichtarbeitende ernähre sich wie ein Dieb v.154. Dann folgen: eine antithetische Mahnung v.156f,[47] die uns hier als bildliche Mahnung beschäftigt, und des weiteren konditionale Ausführungsanweisungen v.158 und 160f sowie begründende Sentenzen und Ausführungen v.159.162f und 164-174.

156f *Iß nicht vom Mahl eines anderen * den Abfall des Tisches * /*
sondern vom eigenen Lebensunterhalt sollst du essen, ohne dich schämen zu müssen.

Der Prohibitiv v.156 wirkt metaphorisch-begründend. Gegenüber der konkreten Weisung v.153, sich von der eigenen Arbeit zu ernähren, bringt dieser anschauliche Satz ein überschießendes Element: eben das Bild *Reste vom Tisch*. Dies hat nicht konkretisierende, anwendbarer machende Funktion, sondern soll unterschwellig etwas madig machen:

Du ißt doch nur schäbige Reste von anderer Leute Tisch,
wenn du dich nicht von Eigenem ernährst!

Ich denke, es ging dem Verfasser nicht um zugeschobene Reste bei der Tafel anderer,[48] sondern ums Grundsätzliche. - Das positive Gegenstück v.157 lenkt wieder zur ganz konkreten Mahnweise zurück.

3. Überhöhende Mahnung

Da der Weise wie der Paränet primär dem Konkreten zugewandt ist, erhält sein Wunsch, Grundsätzliches einzubeziehen, erst sekundär Raum. Er trägt das Grundsätzliche nach. Wie aber gestaltet er den Übergang vom Konkreten zum Grundsätzlichen? Es liegt nahe, daß er es bevorzugt imperativisch tut, als füge er nur eine weitere Mahnung seiner mehrversigen Mahnreihe hinzu. Wir finden auf die Weise in den Paränesen wichtige Gedanken, die Einblick in die Denkweise des Verfassers vermitteln, als nachgeholte Grundsatzmahnung vor. Eine weitergreifende Mahnung gibt einer vorausgegangenen, spezielleren grundsätzliches Gewicht. Die imperativische Form verschleiert

47 nach textkritischer Auslassung des v.155

48 so wenig es der Syrophönizierin darum ging, die Reste vom Tisch der Reichen für die Hunde zu bekommen Mt 15,27; anders als bei dem armen Lazarus und dem verlorenen Sohn, die sich tatsächlich gern von dem, was den Tieren zuteil wurde, ernährt hätten Lk 16,21 und 15,16.

nur leicht den Übergang ins Grundsätzliche. Es handelt sich dabei um eine häufige Übung in der jüdisch-christlichen Paränese. Ich nenne diejenigen grundsätzlichen Aussagen, die das konkret Geforderte im Nachtrag sichern sollen und dabei die imperativische Form wählen, *Überhöhende Mahnung.*

Überhöhung imperativisch. Der eben mit seinem metaphorisch-begründenden Element besprochene Vers 100f bringt zugleich eine generalisierende und auf das Vorausgesagte bezogene Aussage. Diese findet sich auch - ebenfalls in prohibitiver Formulierung im v.193:

*Und laß dich nicht ganz * zu ungehemmtem Liebesverlangen * zum Weibe hinreißen.*

V.193 hat in einer Folge konkreter Prohibitive die Aufgabe, grundsätzlich zusammenzufassen, bevor nach einer letzten Tabukonkretion v.194b die große positive Entgegnung v.195 kommt. Der Vers ist ganz imperativisch gehalten und hat in der kleinen Imperativ-Indikativ-Sequenz auch stilgerecht seine Begründung bei sich v.194, soll aber den Leser zu grundsätzlicher Haltung in den vorausgenannten konkreten Bezügen anleiten. So ist die Satzfolge v.193-194 vom Funktionalen her einer Stufenbegründung vergleichbar; für den vorausgegangenen Kontext ist v.193 eine überhöhende Mahnung.

Überhöhung durch Verhaltensregel. Grundsätzliches wird oft auch in *Regelsätzen* anvisiert. Darunter verstehe ich Sätze mit den folgenden Eigenschaften:

1. Formal sind Regelsätze kenntlich
- am Imp. 3.Pers. (imp.Inf. kann äquivalent sein) oder
- an allgemein-verpflichtenden Wendungen: ἔστω v.30.59, καθήκει v.80 oder auch
- an Wertbegriffen: καλόν - ἤ v.81f, οὐ καλόν v.102.[49]
2. Ihr Inhalt ist sehr allgemein gehalten. Das Satzprädikat enthält keine direkt personbezogene Aussage.
3. Sie können im Kontext
- ein Einzelbeispiel beisteuern. Aber besonders gern nutzt man sie
- als überhöhende Regel für abschließende Zusammenfassung, wie die folgenden Beispiele, in ihrem Kontext betrachtet, zeigen:

30	*Gemeinsam sei* (ἔστω) *alles Leben(sgut) und alles einmütig.*
121	*Der Gunst der Stunde folgen, nicht gegen den Wind anblasen.*
80	*Mit mehr Gutem die übertreffen, die (dir) Gutes taten, das ist richtig* καθήκει
102	*Es ist nicht recht* οὐ καλόν, *das Körpergefüge des Menschen aufzulösen.*

[49] KÜCHLER (219) findet bei Josephus Ap 2,190ff die »Einholbewegung« des Griechischen ins Jüdische (bzw. das »Mittelfeld von gemeinsamer Einsichtigkeit«) weniger ausdrücklich in den »neutralen Formulierungen« wie θεραπευτέον, χρή, ἔστω, ἀνόσιον, τις, da sie ja ohnehin »allgemeine Bedeutung anstreben«.

3.
PROBLEME DER REIHUNG

3.1 Die Vierergruppe

Stichen oder schlagwortartige Begriffe werden gern zu dritt, zu viert oder zu siebt aufgereiht. Ich greife die »4« heraus, weil sie - schon von der geringen Größe der Menge her - relativ häufig ist, aber auch besonders oft in ihrer strukturellen Kraft, für die Innenbeziehung wie für die Kontextbeziehung, verkannt wird. Für PseuPhok spielt diese Überlegung fast nur aus Vergleichsgründen eine Rolle, da das Vierermerkmal hier immer in Konkurrenz zu einem anderen strukturellen Merkmal steht. So erscheint das viermalige μήτε des Gedichtauftaktes v.3f als »2+2«. Vier-Verse-Mahnungen wie v.91-94.118-121.(213-216) haben gegenüber den vielen Drei-Verse-Mahnsprüchen das Merkmal des Versübergreifens, s. v.92/93/94 und v.119/120. Daß in begründenden Ausführungen leicht eine Vierersequenz entsteht v.125-128.171-174, ist mit dem nicht ausschweifenden Stil des Gedichtes ohne weiteres begründet. Der Sequenz *Mahnung - Begründung - Mahnung - Begründung* v.153f.156 stehen Beispiele längerer Sequenzen gegenüber v.53ff.175-180. Unter der Überschrift des πλεονάζον v.60 finden sich zwei den Vierergruppen ähnlich gebildete Sätze, die sich zu einer Achterreihe zusammenschließen. Die ersten vier v.61-65 und das achte Glied v.68 handeln vom *Zu viel des Guten*, v.65-68 sind antithetisch auf zwei Seiten einer Sache ausgerichtet. Der Rückgriff des achten Gliedes auf die erste dieser beiden Strophen entspricht der Art, wie in Mt 5,3-10 die letzte der acht Seligpreisungen im Nachsatz den Vers 3b und in der Leidensthematik den Tenor der ersten Strophe v.3-6 wiederaufnimmt. PseuPhok 60-68 wird von Sentenzen mit Grundsatzaussagen umrahmt. Der nur schwach durch dreimaliges δ(έ) gemilderte asyndetische Charakter des Abschnittes verstärkt die formale Geschlossenheit. Solche Form muß nicht bewußt gesucht worden sein; vielleicht ist sie nur ein Zeichen der Ausdrucksfähigkeit des Autors.

Für die Innenbeziehung der Vierersequenz gilt, daß sie mehr zusammenfassende als aufzählende Funktion hat. Vier Beispiele sollen als ein Ganzes verstanden werden. Dazu hilft oft, ganz anders als bei triadischen Formeln, die asyndetische Folge.

Luk 6,27f ἀγαπᾶτε - καλῶς ποιεῖτε - εὐλογεῖτε - προσεύχεσθε
1Thess 5,14 νουθετεῖτε - παραμυθεῖσθε - ἀντέχεσθε - μακροθυμεῖτε
1Petr 2,17 πάντας τιμήσατε, τὴν ἀδελφότητα ἀγαπᾶτε,
τὸν θεὸν φοβεῖσθε, τὸν βασιλέα τιμᾶτε.[50]

TestXIIGad 3,3 über den *Geist des Hasses*:
Τὴν ἀλήθειαν ψέγει, τῷ κατορθοῦντι φθονεῖ,
καταλαλιὰν ἀσπάζεται, ὑπερηφανίαν ἀγαπᾷ.

---

[50] Die im Stil delphischer Weisungen einander folgenden Kurzsätze (Imperativ + Objekt) haben hier als Viererformel abschließende Funktion für v.13-17.

Vgl. PsIsokr Dem 16

Τοὺς μὲν θεοὺς φοβοῦ, τοὺς δὲ γονεῖς τίμα,
τοὺς δὲ φίλους αἰσχύνου, τοῖς δὲ νόμοις πείθου.

Vom Inhalt, der Gleichförmigkeit und den Verbindungspartikeln her stellt sich Dem 16 als eine Einheit dar. Im semitischen Einflußbereich könnten die Partikeln fehlen, was eine asyndetische Reihe ergäbe.

Die strukturelle Kraft einer Vierergruppe findet sich auch im indikativischen Texten.

Dem 5 *Wonach junge Männer streben*
und von welchen Taten sie sich fernhalten
und mit was für Menschen sie verkehren
und wie sie ihr Leben gestalten sollen.

3.2 Stichwortanschluß

Unabsichtliche Stichwort- und Begriffsassoziation sowie mnemotechnische Verknüpfungen über ein Stichwort gelten als wichtige Gestaltungskraft der Textabfolge in Paränesen. »Um die Geläufigkeit dieser Technik in paränetischer Literatur deutlich zu machen«, will DIBELIUS (*Jakobus* 8) nur solche Beispiele vortragen, in denen weder das »gemeinsame Stichwort zugleich einen gemeinsamen Gedanken repräsentiert« noch auch im »assoziativen Anschluß« der eine »Gedanke ... den anderen hervorgerufen hat«. Das ist ein strenges Kriterium.[51] Aber auch wenn wir weniger streng nach Stichwortanschlüssen jeder Art fragen, ist das Ergebnis bei PseuPhok nicht sehr ergiebig.

Was Dibelius hier umschreibt, ist der Unterschied zwischen Begriffen, die aufgrund einer *Autorenleistung* eine Kontextverbindung ausdrücken oder andeuten, und solchen, die aus der *Technik des Tradierens* von Sprüchen, von Merksätzen herrühren. Inzwischen ist grundsätzlich klarer geworden, daß diese einfache Aufteilung nach individueller Autoren-Textschöpfung und formgeschichtlich-traditionsbestimmter Texte-Verknüpfung nicht ausreicht. Die oft bewußte und geplante Leistung des *Redaktors* von Traditionsgut, der sammelt und ergänzt und ordnet, muß von einem rein formalistischen Traditionsprozeß abgehoben werden. Aber auch innerhalb dieser drei Gruppen: Tradition - Autoren - Redaktion, ist stärker zu differenzieren, als es die einfachen Kategorien von »ornamental - funktional« (letzteres wohl ursprünglich für die rein mnemotechnische Traditionssicherung gedacht) oder »strukturell - ornamental« gestatten. Im *Glossar* (Anhang II s.v. *Stichwortverbindung*) versuche ich eine kurze Übersicht über die komplexen Möglichkeiten zu geben.

Für PseuPhok kommen vor allem autorenbestimmte Stichwortbeziehungen in Frage. Auswirkung mnemotechnischer Traditionstechnik auf die Versfolge müßte sich daran erweisen lassen, daß der Autor aus nichtliterarischer Tradition schöpfte, die ihm die Verknüpfung zweier Sätze oder Topoi nahelegte. Die Analyse erweist, daß die schriftstellerische Verarbeitung des Traditionsgutes Spuren solcher Tradition, die es gewiß gab, verwischt hat. Kennzeichnend für PseuPhok ist, daß die von Philo und Josephus im Zusammenhang ihrer Gesetzesepitome behandelten Topoi (s. Anhang I: *Apologeticum*) über das ganze Gedicht verteilt sind. Auch die Kriterien der von einem Redaktor verantworteten Stichwortbeziehung helfen nicht wesentlich, da der Autor schriftlich-literarische Quellen vorliegen hatte und diese mit paränetischer Methodik und dichterischer Planung um- und einarbeitete. Wie ihm bei dieser Arbeit Stichwörter assoziativ

---

[51] Ich glaube nicht, daß DIBELIUS selbst es streng angewandt hat. Er war von der Methode des geplanten mnemotechnischen Gebrauchs so durchdrungen, daß er manche thematische und assoziative Verknüpfung nicht achtete.

einflossen oder Hilfe leisteten zur Verknüpfung der Topoi und wie ihm Schlüsselwörter zur Schwerpunktbildung dienten, das sind Vorgänge, die aufs Ganze gesehen keine große Rolle spielen, hie und da aber interessante Hinweise auf Kontextprobleme geben.

Wir haben die große begriffliche Variationsfreude des Verfassers bereits beobachtet. Mit ihr korrespondiert ein sprachlich scheinbar entgegengesetztes Phänomen: das Nachwirken eines (Schlüssel-)Begriffes auf die Wortwahl der folgenden Verse. V.9-15 bietet 6 mal in 6 Versen den Stamm -δικ-. In v.12 ist das für den Gedankengang nicht hilfreich. In v.14f ist zugleich konstitutiver und ornamentaler Stichwortanschluß gegeben, nachdem der hier traditionsbestimmte Begriff τὰ δίκαια zugleich eine thematische Verbindung erkennbar macht. - V.22-39 handelt in teils gleichen (δίδωμι v.22.26.29), teils wechselnden Begriffen (παράσχου v.23.29, ὄρεξον v.28; δέξαι v.24) vom *Geben und Nehmen*. Dies scheinen mir Assoziationsfolgen beim Prozeß des Formulierens zu sein. Die Korrespondenz von μήτε κακοῖσ' ἄχθου v.118 und ἀχθομένοισι κακοῦ λύσις v.120 bringt den erhofften Übergang vom Problem zu seiner Lösung sprachlich schön (auch im Chiasmus) und doch mit der dem Phokylideer eigenen Schlichtheit zum Ausdruck (VDH). - Das häufige Vorkommen von λέχος / ἄλοχος und γυνή v.177-204 rührt vom Topos dieser Reihe her.

Wichtig sind 1. die Fälle, wo ein Begriff den Einschnitt eines Themawechsels überbrückt. Ich sehe drei Fälle. Πῦρ aus v.96, wo der Begriff unentbehrlich ist, wird in v.97 ohne Not wiederaufgenommen. Ἐργάζευ als beherrschendes Eingangsstichwort v.153 klingt schon mit εὖ ἔρξῃς im Vers 152 an, der ohne Not angehängt erscheint. Dies dürfte ein literarisches Mittel sein, zwei Abschnitte leicht zu verknüpfen. In der Folge von 9 Mahnsätzen v.219-227 gibt es zwei volitive Optative, beide gleichlautend νέμοις v.219.224. Ich verstehe das als Nachwirken des ersten Falles in der Wortwahl auf die Wortwahl beim zweiten Fall, u.zw. nach Themawechsel. 2. Beabsichtiger Zusammenhang deutet sich in der Folge von v.51 zu v.58 an durch die Korrespondenz von ἑκών - ἀέκων. Die Begründung v.58 trägt für v.57 nach, was diese Mahnung mit dem vorausgehenden Kontext verbindet. Hier im Bereich der Tugendmahnung bietet der Verfasser den genauen Korrespondenzbegriff zu ἑκών anstelle des mehr inhaltlich als formal korrespondierenden ἁγνῶς v.16. 3. Von den Quellentexten Ex und Dtn rühren in v.139-148 die Beziehungen zwischen κτήνους / κτῆνος und θηρόβορον / θηρῶν her. Da einmal vom Schlachttier und einmal vom Lasttier die Rede ist, hat die gleiche Wortwahl etwas Auffälliges.[52] 4. Daß *Spruchgut* ad vocem eines Stichwortes in die gnomologische Reihe geraten ist, läßt sich am v.218 gut belegen: Der Interpolator des Verses über die Freundschaft fand diesen Platz für seinen Spruch wegen φιλότητα v.219 geeignet, ungeachtet dessen, daß *Freund* und *freundlich* zwei verschiedene Dinge sind.[53] Dieses Musterbeispiel einer *konstitutiven Stichwortverbindung* geht bezeichnenderweise nicht zu Lasten

52 Erwähnen möchte ich wenigstens das Stichwort μηδέποτε v.83/86.

53 ROSSBROICH meint (z.St.), der Interpolator habe den Vers gebracht, »cum adhuc de amicis nondum locutus esset neque omnino loquatur auctor«. So erscheint es tatsächlich vom Griechischen her, wo das Freundschaftsethos eine große Rolle spielt, und auch neben Philo Hyp 7.8, Jos Ap 2,207. PseuPhok handelt von Freundschaft, wenn auch mehr in einem zur Vorsicht ratenden Sinne, in v.142 (»about the value of friendship« VDH).70.91. Mir scheint die grundsätzliche Anregung, einen Freundschaftsvers zu

des Autors![54]

Vers 70-96 Ein eigenartiges Geflecht von Stichwortbeziehungen weist dieser Abschnitt auf. Der Anfang mit dem dreimaligen φθονέω-ἄφθονος v.70-72 in Mahnung, Begründungsklausel und Stufenbegründung bietet natürlich nicht drei verschiedene Sprüche, die durch Stichwort verknüpft sind, sondern ein sprachliches Mittel, die Gedankenfolge als bündig zu kennzeichnen. Aber alle anderen Stichwortbeziehungen haben mit Gedankensprüngen zu tun.

Tabelle 3: Stichwortbeziehungen PseuPhok 70-97

70	ἑτάροις	91f	ἑταίρους / ἑταῖροι
75	ἔρις	78	Ἔρις
79	μὴ πίστευε	95	μὴ πίστευε
	τάχιστα	81	ταχέως
81	τραπέζαις	91	τραπεζοχόρους
82	παρὰ καιρόν	93	καιρὸν θωπεύοντες
83	μηδέποτε	86	μηδέποτε
85	ΝΕΟΣΣΟΥΣ	90	ΝΟΕ ΟΥΣ
(96	πῦρ	97	πῦρ)

Für dieses ausgefallene Beispiel müssen wir wohl besondere Entstehungsvoraussetzungen annehmen. Viel hängt hier von der Entscheidung des Auslegers für oder gegen ein durchgehendes Thema ab. Wenn der Verfasser speziell vom *Einzelnen gegenüber den Vielen* oder vom *Streit vermeiden* sprechen wollte, dann ist gut vorstellbar, daß er beim längeren Überlegen und Sammeln und Formulieren und Korrigieren dieses Netz der Begriffsbeziehungen teils aus Übernommenem, teils aus Eigenem zustandebrachte. Aber Entscheidungen sind hier wohl nur mit besonderem Vorbehalt möglich. Eine polemische Antithese stellt die Wiederaufnahme von ἑταίρους v.91fin durch ἑταῖροι v.92fin dar (»spiteful« vdH). Der Autor hat sie von Theogn. 113+115 übernommen. Auch dies ist ein Beispiel, daß Wortwiederholungen Gestaltungsmittel des Autors sein können.

Wenn umgekehrt DERRON die Möglichkeit der Anregung des Abschnittes über die Arbeit v.153ff durch das Stichwort σπείρειν v.152 erwägt (also Stichwortanschluß ohne Stichwort), so geht solcher Wort-Sach-Anschluß von der Voraussetzung des etwas ungeplanten Wachstums aus. Assoziativ wäre eher der Anklang an εὖ ἔρξῃς (von ἔρδω) in Ἐργάζευ sowie die Stichwortbeziehung δαίσῃ / δαιτός v.147/156 zu verstehen.

Vers 76

Σωφροσύνην ἀσκεῖν, αἰσχρῶν δ' ἔργων ἀπέχεσθαι.

Diesen Vers thematisch und strukturell einzuordnen, ist nicht schwer. Er kann für Leser, die besinnlich ethische Anleitung suchen, eine Scharnierfunktion haben. Die erste Hälfte

ergänzen, durch die Haustafel entstanden zu sein; den Platz in ihr bestimmte die Stichwortverbindung.

54 BERGER (*Gattungen* 1069) sieht im »Prinzip der Assoziation nach Schlüsselwörtern (κεφάλαια), manchmal nur aufgrund formalen Gleichklangs«, eine für Isokr or 2 und PsIsokr typische Verkettung innerhalb von »Nestern«, die für hellenistische Literatur vor den byzantinischen alphabetischen Paränesen eher untypisch, für die neutestamentliche imperativische Paränese aber »von hervorragender Bedeutung« sei. Ich meine, daß auch in der neutestamentlichen Paränese, also abseits des synoptischen Stoffes, die Stichwort-Wiederkehr selten konstitutiv für die Entstehung der Textfolge war. Der

Übe Besonnenheit

fügt sich an die Worte gegen den *Neid* v.70-75 an; die zweite Hälfte

halte dich aber fern von schändlichen αἰσχρῶν *Taten* (W)

leitet zur Warnung vor *Nachahmung des Schlechten* κακότητα v.77 über. Aber ungewöhnlich für den Phokylideer ist es, hier eine Sentenz über die so wichtige Tugend der σωφροσύνη zu finden, die nur einen Vers umfaßt. Er wirkt hier blaß.[55]

3.3 Asyndetischer Anschluß

Wir bewegen uns zwischen zwei Extremen. Auf der einen Seite gibt es die gnomologische Sammlung, die kein Interesse auf die Abfolge der Sätze verwendet oder sogar an einer Abfolgeverwirrung interessiert sein kann. Auf der anderen Seite findet sich Asyndetie, die gezielt, dichterisch oder rhetorisch, eingesetzt wird, um engste Verbindung oder scharfe Antithetik auszudrücken. Zwischen den Extremen ist der Stil des Gesetzeskodex anzusiedeln, der um der einfachen und kategorischen Geltung jeden Satzes auf verbindende Elemente verzichtet. Ein eindrückliches Extrembeispiel reiner Imperativaufreihung mit 25 + 31 Nummern bietet die *Inschrift von Kyzikos* aus dem 3.Jh.v.Chr.[56] Unter den beiden den *Sieben Weisen* zugeschriebenen Sammlungen von Ratschlägen aus der Überlieferung des *Demetrios von Phaleron* (ἀποφϑέγματα) und eines *Sosiades* (ὑποϑῆκαι), die Stobäus überliefert (3.1,172f), ist vor allem Letztere hier zu nennen, weil sie eine lange asyndetische Folge von Kurzsätzen bringt, die meist aus nur zwei Wörtern bestehen, davon eines ein Imperativ.[57] Die Reihe ist viel zu lang, um als eine Art dichterischer Einheit dienen zu können. Es haben ja wohl auch Generationen an solchen Reihen gearbeitet. Und doch wirkt sie als ein geschlossenes Zeugnis für die *delphischen* Weisungen, die von den Sieben Weisen vermittelt wurden. So ist denn auch der Abschluß als Fünfzeiler gestaltet, der mit einem Imperativ für fünf Lebensalter eine Weisung gibt. - Für solche griechischen Reihen ist kennzeichnend, daß sie überwiegend volitiv (= positiv) abgefaßt sind. Sie haben eine starke Intention zum Beschreiben der Lebenswirklichkeit.

Asyndetische Reihe. Der Dekalog, eine asyndetische universale Reihe, wird in v.3-8 so rezipiert, daß auf v.3f asyndetisch vier weitere Verse folgen. Auch die lange weitere Folge bis v.30 weist fast keine Verbindungspartikeln auf. Die einzeiligen Sätze sind in sich abgeschlossen. Daß sie vom Verfasser formuliert sind, ist angesichts des Sprachcharakters des Gedichtes, in den sie sich fügen, nicht zu bezweifeln. Wir kennen mit Lev 19 auch hier die Quelle der Mahnungsanliegen (s. c.VI). Der Übergang vom Dekalog zu Lev 19 ist nur mit Hilfe der Textvorlagen erkennbar. Dieser lange Gedichtanfang ist

---

gegenteilige Eindruck hängt von der Vorwegannahme eines nicht einheitlichen Aussagekontextes ab.

55 VDHORST erwägt den Bezug von σωφροσύνη auf sexuelles Verhalten. Dies hängt hier allein vom Verständnis des αἰσχρῶν (ἔργων ἀπέχεσϑαι) ab und scheint mir mit dem Kontext nicht vereinbar.

56 DITTENBERGER, SIG 3,392-397 = Nr.1286; vgl. KÜCHLER 242f; BERGER, *Hellen. Gattungen* 1964, 1.Spalte

57 Die Überlieferung unter dem Namen des Demetrios bevorzugt den Infinitiv; sie kennt längere Sätze und Satzkombinationen.

eine kodexartige Mahnungsreihe, die in Anlehnung an die Vorlagen und in teils freier Wahl der Einzelabfolge im Zusammenhang und doch weitgehend asyndetisch gestaltet ist. Wo die Volitivkette auch noch ohne Begründungen auskommt, liegt die Vermutung nahe, daß es nicht nur um den Einzelspruch, sondern auch um die Reihe als Ganzes geht, sei es daß diese als primäre Gegebenheit vorlag, sei es daß ein Ganzes zu uns sprechen soll. In dieser Form steht die Weisheitsgattung dem Gesetzeskodex besonders nahe; die Reihung ist Ausdruck des Willens, die Tora als Liste sittlicher Pflichten nahezubringen. Ähnliches gilt für die kodexähnliche Folge v.183-193, die den asyndetischen Charakter nur leicht durch monotones μηδέ abschwächt.

Asyndetische Doppel- und Mehrfachmahnung. Öfter sind Mahnungen paarweise dargeboten, ohne daß irgend ein sprachliches Element ihre Korrespondenz andeutete. Nur der Inhalt und u.U. das Umfeld, manchmal auch der ähnliche Aufbau zeigen die beabsichtigte Verbindung.[58] Ich zähle 16 solche asyndetische Anschlüsse zwischen Volitiv-Versen. Sie als zufällige Verbindungen zu deklarieren, würde gekünstelt wirken.

14f *Die rechten Maße zumessen; gut ist ein Zumaß zu allem.*
Das Gewicht am Waagebalken nicht einseitig ruckhaft drücken,
sondern gleichziehen lassen.

Die asyndetischen Versfolgen sind nicht Zeichen der unverbundenen Zusammenstellung von Überlieferungsgut, sondern im Gegenteil: inhaltlich Mittel der engen Verbindung und der thematischen Ergänzung, formal Ausdruck des Adversativen oder Kennzeichen einer Reihenbildung.[59] V.210/211 ist das einzige Beispiel eines asyndetischen Mahnungspaares ohne Antithetik. Die beiden Verse bilden den Anfang einer achtversigen Reihe, die in v.217 durch den Klageruf über die Sorge um schöne Söhne und Töchter abgeschlossen wird.

210f *Zum einen*[60] *beim männlichen Kinde das Langhaar nicht locken.*
Nicht sollst du das Haupthaar flechten und nicht Zöpfe zu Haarknoten (winden). (w)

Antithetische Asyndeta. Die Mehrzahl der Doppelmahnungen sind negativ-positive oder positiv-negative Antithesen. In der Folge v.14-15 (s.o.) ist die Antithetik nicht ausgeprägt. Die traditionsgeschichtlich gleichwertigen Verse wurden vom Verfasser nur stilistisch unterschieden. Meist aber bringt die partikellose Folge ein vom Verfasser kreiertes Gegenstück und ist so Ausdruck des Adversativen.

---

58 WEST (24) beobachtet unter den Beispielen griechischer Kurzmahnung bei Pindar (1.Pyth) eine Reihe mit einem »lapidary style«, wahrscheinlich nach einem traditionellen Modell, und vergleicht damit »the same style, with asyndeton between praecepts« bei Isokr or 2 (beidemal mit Adresse an einen König).

59 DERRON, die in ihrer Interpunktion des griechischen Textes so oft wie möglich einen Vers mit Punkt statt Kolon schließt und den nächsten mit Großbuchstaben beginnt, läßt nur zwei der hier genannten 16 asyndetischen Folgeverse an den Vers voraus angeschlossen sein: v.23 und 176. Dies ist gewiß ein Ausdruck ihres Konzepts, das ganze Gedicht als Sammlung für die Schullektüre nach der Art griechischer Gnomologien zu deuten (s. c.XIII). Im Blick auf den gedachten Leser, der Weisheit und rechtes Handeln lernen soll, ist es richtig, jeden Spruch oder allenfalls kleine Spruchgruppen als abgeschlossene Einheiten zu behandeln. Für die wissenschaftliche Untersuchung des Werdeprozesses der Sammlung ist es ganz unbefriedigend, eine Reihe wie v.223-227 oder ein Paar wie v.14f aufgelöst und einfach in eine gestaltlose Ansammlung eingeordnet zu finden.

60 VDHORST versteht das μέν in v.210 wie μήν. Ich beziehe es dagegen auf δ' v.213 oder noch eher auf δέ im zweiten, den Töchtern gewidmeten Abschnitt der Reihe.

122/123 *Nicht sollst du, in Prahlrede schwelgend, dich selbst berauschen im Sinn.*
Sich üben in guter Rede, welche allen sehr zugute kommt.

Vgl. v.9/10.99/100f.122/123.175/176.[61] (151/152).

Anthetik drückt sich auch in dieser Abfolge aus:

194bf *Nicht zu Bett gehen mit den Frauen der Geschwister.*
Liebe deine Gattin!

Asyndetische Reihe als Entfaltung eines Themas. Innerhalb der Traditionsreihe v.9-30 hebt sich als geschlossene, asyndetisch entfaltende Reihe die Folge von neun Versen in zwei Strophen v.22-30 ab (s. c.VI).

Vers 223-227 [62]

Die Schlußparänese für die Sklavenhalter unter dem Thema:

Zum Schluß: Achte den, der dir als Sklave dient!

fällt auf mit fünf je auf einen Vers beschränkten Mahnungen ohne jedes verbindende Element.[63] Auch sie kann verstanden werden als Strophe einer zweistrophigen Reihe mit insgesamt neun Versen v.219-227, die bei neun mahnenden Verben nur eine halbversige Begründung enthält (s. c.XIV 11). Die erste »Strophe« v.219-222 hat bei zwei Versüberschreitungen weniger Reihencharakter. Der positive Grundcharakter entspricht dem Stil von Haustafeln.

Der unterschiedliche Schwerpunkt der beiden Verse PseuPhok 223/224 ist nicht leicht zu bestimmen. Zu beachten ist der doppelte Wechsel von θεράπων zu δοῦλος, v.223/224 und 225/226, ebenso der direkte Anschluß von δούλῳ am Satzanfang v.224 an θεράποντι am vorausgehenden Satzende. Während v.223 sehr konkret und funktional formuliert, ergänzt v.224 durch Formalität und durch die Begründungsklausel. Von da aus sehe ich in v.224 eine verallgemeinernde und begründende Weiterführung, die der Dienstpflicht des Sklaven die *formelle Verpflichtung* des Herrn gegenüberstellt. τακτά ist absichtlich allgemein gehalten - und darin Kol 4,1 ähnlich, woran auch die Parallele παρέχειν v.223 / παρέχεσθε Kol 4,1 erinnert.[64]

Die Reihe enthält auch außer der finalen Begründungsklausel v.224b und dem epexegetischen v.225b nur indirekte Begründungselemente: ὀφειλόμενον v.223, τακτά v.224, βλάψῃς v.226, εὖ φρονέοντος v.227. Die absichtliche Stringenz der Reihe unterstützt den Eindruck der kompletten Erfassung (nicht kompletten Behandlung) des Themas. Es

---

61 χαὐτός v.176 deutet einen Anschluß an, den ich aber eben in den anderen Fällen nur nicht ausgesprochen finde.

62 Den Hiat in v.227 παρὰ οἰκέτου (einer von 45, DERRON LXX) wollten BERGK (βούλευμα παρ') und BERNAYS (δούλου ἐϋφρονέοντος) durch Konjektur beheben; DERRON (a.a.O.) zählt ihn zu den vier, die wie bei Homer ein Digamma voraussetzen.

63 Der Vers 226:
Einem Sklaven füge keinen Schaden zu, schlecht redend bei seinem Herrn über ihn
geht vermutlich auf Prv 30,10 zurück. Er entspricht mehr der masoretischen Fassung:
Verleumde einen Diener nicht bei seinem Herrn.
(LXX: *Liefere einen Diener nicht aus in die Hände seines Herrn.*) Ob dies eher auf eine andere griechische Übersetzung (vdHorst) oder auf Kenntnis des Hebräischen zurückgeht, betrachte ich als offene Frage. Die Sorgfalt, mit der PseuPhok Texte interpretiert, läßt fragen, ob der hebräische Urtext tatsächlich für ihn uninteressant bzw. ohne Einfluß auf ihn war. - Daß Prv 30,10b vom Schaden, der auf den Sklaven-Verleumder zurückwirkt, PseuPhok 226 aber vom Schädigen des Sklaven durch Verleumden spricht, ist sehr wohl als variierende Übernahme des Weisheitsspruches vorstellbar.

64 BERNAYS (245) versteht unter τακτά die zugewiesene Arbeit, YOUNG einen ausgesetzten Geldbetrag, VDHORST neigt zu Bernays' Vorschlag, zieht aber auch eine Duplizität mit ὀφειλόμενον δασμόν v.223 in Erwägung.

könnte ein Teiltopos der Haustafelthematik angenommen werden. Aber für solche Reihen mit inhaltsreichen hexametrischen Langsprüchen und schnellem asyndetischem Abschreiten des Themas fehlen m.W. Haustafelparallelen. Verwandte kurze paränetische Schlußreihen in der einschlägigen Literatur setzen immer mit auffälligem Stilwechsel ein, was man hier nicht sagen kann.[65]

Mahnungs-Begründungs-Einheit. Wie GEMSER (*Motive Clause* 55) in der Tora eine geläufige »asyndetic connection« von Gesetzesvorschrift und Begründungsklausel beobachtet hat, so ist es auch geläufige Form in weisheitlicher und in paränetischer Gattung, den Anschluß einer Begründung an den Volitiv oder Prohibitiv sprachlich nicht hervorzuheben. Dadurch wird eher die Stringenz der Begründung betont: Man kann die zwei Sätze einfach so zusammenstellen, und das spricht für sich.

53f *Prahle nicht mit Weisheit noch mit Stärke noch mit Reichtum.*
Einer nur, Gott, ist weise zugleich und mächtig und reich an Segen. (w)

Sinngebende Wiederholung. Bei provozierender asyndetischer Wiederholung wird der Leser in strenger Weise auf den Kern der Aussage hingeführt.

Sir 10,19 LXX *Welches Geschlecht ist geachtet? Das des Menschen.*
Welches Geschlecht ist geachtet? Das des Gottesfürchtigen.
Welches Geschlecht ist verachtet? Das des Menschen.
Welches Geschlecht ist verachtet? Das der Gesetzesübertreter.

In diesem Fall ist zudem das Gesetz der *Achterlastigkeit* zu beobachten, nach dem in vielen Fällen am Ende einer Reihe erst das eigentliche Interesse des Redenden zutage tritt. Asyndetische Aufreihung unterstützt den Zug zum Ziel der Aussage am Ende des Textes.

Prov 26,4f MT *Antworte dem Toren nach seiner Dummheit ...*
Antworte dem Toren nicht nach seiner Dummheit ...

Erst durch die jedem Satz beigefügte finale Begründungsklausel in diesem parallelistischen Doppelspruch kann der Imperativ weisheitliche Einsicht fördern. Die Asyndetie gibt es dem Leser anheim, den Sinn der paradoxen Verbindung sich zu erschließen. Die LXX erfaßt das Adversative dieses Spruchpaares mit eingefügtem ἀλλά. Das ist dann

---

[65] Eine auffällige asyndetische Antithetik zeigen die Worte an den Sklaven und an den Herrn Barn 19,7, in denen Did 4,10f weitergebildet scheint. Der erste Eindruck, daß es sich um eine rein katechismusartige Auflistung handelt, hat nicht Bestand, sobald der Duktus genauer beachtet wird. Das Wort an den Sklaven *Ordne dich den Herren unter als einem Abbild Gottes in Scham und Furcht* tilgt (unvollständig: κυρίοις) den paränetischen Plural Did 4,11 und strafft die ältere Fassung zu einer Regel. Es schreibt die bestehende Gesellschaftsordnung mit Hilfe des Glaubens fest. Ganz anders das Wort an den Herrn, nicht *in zorniger Stimmung einen Auftrag zu geben* (BAUER s.v. πικρία). Die geringfügigen Änderungen an der Vorlage sind aufschlußreich: 1) Sie wird nachgestellt und bekommt achterlastiges Gewicht. 2) Der imitierte biblische Futur-Prohibitiv der Did οὐκ ἐπιτάξεις wird paränetischem Brauch gemäß zu ἐπιτάξῃς, die Negation erhält die von Barn für Mahnung mit persönlichem Nachdruck bevorzugte Form οὐ μή. 3) Die eschatologische Begründung der Did bekommt eine verstärkte soteriologische Nuance: ἦλθεν. (Diese Begründung der Mahnung an die Herren korrespondiert auffällig der Mahnung an die Sklaven in Kol 3,23-25.) 4) Das adversative δέ, mit dem Did vom Herrn zu den Sklaven übergeht, ist bei der Umstellung ersatzlos weggefallen. Und nicht zufällig dürften sich an die Ermahnung des Herrn die Mahnungen zur Anteilgabe an Hab und Gut (asyndetisch) anschließen. Barnabas hat also die Form asyndetischer Aufreihung genutzt, um die antithetische Koppelung der Worte an Sklaven und Herren zu verstärken und eine markante Schwerpunktveränderung vorzunehmen.

eine reine Stilfrage. Es ist kennzeichend für den Phokylideer als unrhetorischen Moralisten, daß er solche Entwertung des Einzelspruchs zugunsten einer zuspitzenden Weisheit strikt vermeidet. Die lineare Gleichheit aller 613 Toravorschriften kündigt sich bei ihm an.

Zusammenfassung. Asyndetische *Abfolge* kann ein »zufälliges« Ergebnis im Moment der Verschriftung sein. Asyndetische *Paarung* dient a) mnemotechnischer Verkettung oder b) der Betonung der Antithetik oder c) der sachlichen Verknüpfung (z.B. Volitiv + Begründung). Asyndetische *Reihung* gibt der Gesamtaussage der Reihe Gewicht und behandelt die Einzelaussagen mehr oder weniger als Beispiele eines Ganzen, sei es eines Themas oder einer ehrwürdigen Tradition.

4. FOLGERUNGEN

Eine Fülle von Kleinstrukturen ist in der scheinbar wenig strukturierten Folge der Hexameterverse des phokylideischen Mahngedichtes versteckt. Diese verstärken den Eindruck, den wir von der thematisch und formal geschlossenen Eingangs- und Schlußstrophe empfangen, daß der Verfasser durch viele aus der Weisheits- und Paränesetradition angeregte Assoziationen und bewußte Zielsetzungen geleitet wurde, als er seine gedanklichen Pläne und Einfälle schriftstellerisch verwirklichte. In manchen Fällen lassen sich die Hinweise auf Kleinstruktur nur im Zusammenhang mehrerer Elemente auswerten. Hier fehlt dann wohl ein stringenter Beweis, daß die Anschlüsse der kleinen Einheiten nach vorn und hinten durch eine bestimmte thematische oder paränetische Absicht festgelegt sind. Doch indem wir Zug um Zug die Einzelentscheidungen des Verfassers nachvollziehen, auch wenn seine Entscheidungsgründe mehrdeutig bleiben, lernen wir, sein geistiges Erbe klarer einzuordnen und seinen Willen deutlicher zu erkennen. Züge einer traditionsgeprägten und zugleich aktuell motivierten Verfasserpersönlichkeit zeichnen sich ab; und mancher Einzelzug läßt sich mit großer Wahrscheinlichkeit nachzeichnen.

Die Ungewißheit, auf welchem Wege dem Verfasser sein geistiges Material zugewachsen ist, schafft allerdings eine nicht unerhebliche Unsicherheit. VdHorst führt die Möglichkeiten der Einflüsse auf ihn so reichlich vor, daß das Desiderium, hier klarere Einblicke zu gewinnen, eher noch mehr wächst, als befriedigt wird. In einem Falle können wir sehr dicht die Voraussetzungen bestimmen, die bei ihm zum Tragen kommen: im Topos *Richtiges Maß, richtiges Gewicht*, den er in seinem v.14f aufgreift und dem ich im folgenden Kapitel nachgehe.

V. Kapitel
Topostradition am Beispiel »Mass und Gewicht«

1.
DIE TRADITION ÜBER »MASS UND GEWICHT«

Miß rechte Maße zu.
Gut ist ein Zumaß zu allem.
Ruck am gewichtsbeschwerten Waagbalken nicht einseitig,
sondern laß auspendeln.
»Phokylides« 14-15

Einem Musterbeispiel israelitisch-jüdischer Traditionsgeschichte ist dies V. Kapitel gewidmet. Wir haben ein Traditionsstück vor uns, das durch wenigstens fünf Jahrhunderte sich in seinen schlichten Grundzügen behauptete. Es hing offensichtlich wenig von schriftlichen Vorbildern außer dem meist im Hintergrund stehenden kodifizierten Ursprung, den Dtn 25,13-16 (Lev 19,35f) zeigt, ab. In klassischer Formulierung liegt es in PseuPhok 14-15 vor. Es fand seit einem Hinweis Paul WENDLANDs 1896[1] besondere Beachtung für den Vergleich mit den apologetischen Gesetzeskurzfassungen in Philos *Hypothetica* und Josephus' *Contra Apionem*. Hier wurde eine relativ abgeschlossene *Apologetische Quelle* gefunden, auf die die Gemeinsamkeit der drei Schriften zurückgehe (CROUCH 84-88; KÜCHLER 209ff). (Die über das Gedicht verstreuten Vergleichsstellen bei PseuPhok haben hier allerdings nur sekundär unterstützende Bedeutung.) Diese Hypothese möchte ich öffnen für neue Überlegungen und dabei die stärkere Beachtung des Charakters der *kleinen Kollektionen* (DIBELIUS) und vor allem der ausgeprägten Variabilität des Vergleichsmaterials anmahnen.[2] Die Untersuchung des Topos *Maß und Gewicht* soll uns eine verbesserte

---

1 *Die Therapeuten und die philonische Schrift vom beschaulichen Leben* (1896), bes. 712f.

2 BERNAYS erörtert 20 Jahre nach seinem PseuPhok-Artikel in seinem Artikel *Philon's Hypothetica und die Verwünschungen des Buzyges in Athen* (1876, S.273) u.a. das Maß-und-Gewicht-Gebot aus Lev 19,36, wie es bei Philo aufgenommen wird. Daß er hier die Parallele PseuPhok 14f nicht erwähnt, kann nur so verstanden werden, daß er außer dem Bibeltext und dem, was allgemein »in jüdisch hellenistischen Kreisen eingebürgert war«, keine engere Beziehung zwischen den beiden Texten sah! Die Sach- und Formulierungsparallelen, die dann WENDLAND ins Gespräch brachte, können ihm bei seinem Spürsinn für verborgene Textbeziehugnen und bei seinem Gedächtnis nicht entgangen sein. - Gründe für das

überlieferungsgeschichtliche Basis schaffen, um Quellenabhängigkeit und Selbständigkeit des Autors zuverlässiger beurteilen zu können.

1.1 Maß und Gewicht im Geschäftsleben

Wenigstens elf Belegschriften für den Topos und seine Tradierung von Amos und Dtn bis Ben Sira lassen seine gesellschaftliche Bedeutung erkennen. Eine Sache, die so häufig genannt wird, muß im Leben der Israeliten eine Rolle gespielt haben: im Kleinhandel, in der Nachbarschaft, in der Abhängigkeit der Familien von Händlern und Aufkäufern, im Abgaben- und Opferwesen. Das Problem gefälschter Maße und Gewichte ist erfaßt im Bereich der nichtjustitiablen Vergehen, die nicht durch menschliche Strafsanktion, sondern durch gesellschaftliches und göttliches Verdikt gehemmt werden sollen.[3] In die gemeinte Realität gibt Paul VOLZ in seinen *Biblischen Altertümern*[4] einen lebendigen Einblick:

> »Kauf und Verkauf waren stets ein dramatischer Handel im Orient, der Käufer setzt die Ware herunter Prov 20,14, der Verkäufer verschwört sich, daß er ein verlorener Mann sei, wenn er die Ware um den geforderten Preis geben müsse, nach langem Hin und Her und sorgfältigem Prüfen von Ware, Maß und Gewicht Sir 42,4f kommt endlich der Handel zustande. Solange dieses Drama Spiel bleibt, gehört es zum Humor der Gasse; aber die Mahnungen der Propheten und der weisen Lehrer zeigen, daß es im Handel und Wandel der Leute untereinander nicht immer ehrlich zuging. Sie bemerkten, daß man Waage, Gewichtssteine und Hohlmaße fälschte Hos 12,8, Mi 6,10f, Am 8,5, und je nachdem man kaufte oder verkaufte, zweierlei Maß und Gewicht bei sich hatte Prov 20,10. Sie ermahnten, daß Maß und Gewicht von Gott stammen Prov 16,11, und daß man lieber ein gerütteltes, geschütteltes und überfließendes Maß geben möge Luk 6,38. Das Gesetz wendet sich nachdrücklich gegen den Betrug im Handelsleben Lev 19,11.35f, Deut 25,13f und die späteren Erzieher warnen vor dem Beruf des Kaufmanns und Händlers, mit dem viel Gefahr der Sünde verbunden sei Sir 26,29(28); 27,2(3) und der sich mit dem Gesetzesstudium nicht vereinigen lasse Pirqe Aboth II,5.«

Gewichtsteine, Waage und Hohlmaß wurden gebraucht, um für allerlei Lebensmittel sowie für Gegenstände des gehobenen Bedarfs durch Abwiegen bzw. durch Schütten in Gefäße für trockene (Getreide, Salz usw.) und flüssige Stoffe (Öl usw.) den vereinbarten oder einen erkennbar richtigen Tauschwert oder Preis zu erhalten. Vor allem dürfte beim Aufkaufen von landwirtschaftlichen Produkten, aber auch beim Eintreiben und Abliefern von Abgaben die Gefahr des Betrugs durch einen geschickten Käufer, den man womöglich niemals wiedersieht, oder durch einen gerissenen (oder verzweifelten) Schuldner eine Rolle gespielt haben. Ihm sollte der Fluch keine Ruhe lassen, mit dem die Tora den Betrüger belegte. Mangels einer staatlichen Metrologie handelte es sich um Gewohnheits- und Schätzmaße.[5] In der Überlieferung klingt das

---

Neuaufrollen der Abhängigkeitsfragen und dabei besonders für die Möglichkeit literarischer Abhängigkeit des Josephus von Philo bringt der Anhang I unter *Apologeticum*.

[3] Allerdings ist Lev 19,35 LXX zu beachten, wo ἐν κρίσει als Oberbegriff fungiert und das Problem - abweichend vom vorherrschenden Bild - als ein justitiables behandelt wird. - NIEBUHR (23) betont: »In Lev 19 stehen diese Sätze in ausdrücklicher Nähe zum Gerichtswesen, bei PseuPhok ist dieser Zusammenhang durch den Kontext gegeben«, eine Bewertung, die ich nur für PseuPhok gelten lassen möchte.

[4] P.VOLZ, *Die biblischen Altertümer* 395f. Zur wirtschaftlichen Lage des Judentums in hellenistischer Zeit vgl. HENGEL 61ff, zur reservierten Einstellung gegenüber dem Kaufmannswesen ebd. 66.

[5] R.DEVAUX, *Das AT und seine Lebensordnungen* 1,314-326. Garant der richtigen Maße und Gewichte war nach Ausweis der singulären Nachricht 1Chr 23,29 die Jerusalemer Priesterschaft, was deVaux

1) im Tadel der »zweifachen Buchführung« an, der heimlich zweierlei Gewichte oder Meßgefäße dienen, sowie 2) in der erstaunlichen Tatsache, daß sich keine Spezialbegründungen durchgesetzt haben. In älterer Zeit, als das Zahlungsmittel Silber noch ungemünzt war, diente eine kleine Waage mit Gewichtsteinen *im Beutel* zum Abwiegen des Zahlungsmittels, wie sie z.B. Jeremia anläßlich eines Grundstückkaufs und Vertragsabschlusses vor den Augen der Zeugen benutzte 32,10.[6] Die fortschreitende Ablösung des Tauschhandels machte die Zuverlässigkeit von Maß und Gewicht eher noch unentbehrlicher. Und die damit verbundene Frage des echten Geldes wird denn auch von Philo Hyp 7,8 ganz legitim in die Tradition einbezogen.

1.2 Der traditionsgeschichtliche Ansatz

Die Mahnung des PseuPhok zu richtigem, besser: reichlichem (Hohl-)Maß v.14 und die Warnung vor verfälschenden Tricks beim Wiegen v.15 gehen auf ein Gesetz zurück, das in Dtn 25,13-16 überliefert wird und in Lev 19,35f in paränetischer Weiterentwicklung vorliegt. Traditionsgeschichtlich ist es reich bezeugt durch mehrere Stellen aus der hohen Zeit der Prophetie Israels, aus altisralitischer und frühjüdischer Weisheit und der (apologetischen oder paränetischen) Gesetzesrezeption. Angesichts der ständigen gesellschaftlichen Aktualität des Topos ist die geringfügige Variation des Traditionsstückes durch die Jahrhundert erstaunlich. Eine wesentliche Stütze der Untersuchung für unsere Zwecke ist die Formung. Hier lassen sich Tora mit *Ausgewogenheit*, Prophetenwort in *Einseitigkeit* und Weisheit mit *Kürze* gut unterscheiden. Die klar ein-, zwei- oder dreigliedrige Ausformung des Topos, traditionsgeschichtlich an sich ein selbständiger Vorgang, fördert eben durch ihre Selbständigkeit den Einblick in die aktuell auf die Tradition wirkenden Kräfte. Und hinzukommt das Zeugnis der LXX, die das »Gesetz« Lev 19,35 mit leichten Veränderungen neugestaltet und so die Formung solcher Stücke im Übersetzungs- und Tradierungsprozeß erkennen läßt.

Zu dieser relativ geschlossenen Tradition gehören:

1. die originalen Normen *Richtiges Hohlmaß* und *Richtiges Gewicht*.
2. Konkretisierungen durch die Prohibitive: *keinen doppelten Satz Gewichte*, *keine Manipulation am Waagebalken*, nicht *betrügerische Bereithaltung von zweierlei Hohlmaß*.
3. Begriffliche Variation und Präzisierung, besonders beim Hohlmaß: *Scheffel* für Trockenes und *Kanne* (mit mehreren Begriffen) für Flüssiges.
4. Gelegentlich knappe Aktualisierungen für veränderte Bedingungen des Geschäftslebens, z.B. bei Amos, Josephus und Philo.
5. Eine bevorzugt lapidare Begründung, die nichts als die Verwerflichkeit oder Gemeinschaftsfeindlichkeit des falschen Maßes oder Gewichts (bzw die Güte des richtigen Maßes) behauptet. Begriffe für das (vor Gott) Verwerfliche ἀκάθαρτον, βδέλυγμα oder Gute καλόν finden sich in den älteren Texten. Bevorzugter und beherrschender Begründungsbegriff wird später ἄδικος bzw. δίκαιος mit weiteren Anspielungen

(1,314) nur auf die Korrektheit der Opfergaben beziehen will.

[6] Jes 46,6 LXX: *Goldstücke aus dem Beutel werfen sie zusammen* οἱ συμβαλλόμενοι *und Silber legen* στήσουσιν *sie auf den Waagebalken als Gewicht*. Entgegen dem MT, nach dem Gold (*aus* dem Beutel) und Silber (*auf* den Waagbalken) parallel stehen und zur Bezahlung für den Goldschmied und die Verfertigung eines Götzenbildes abgewogen werden, scheint die LXX die Silberstücke als Gewicht ἐν

auf den Wortstamm -δικ-. Die Begründungen werden durchweg nicht paränetisch erweitert.[7] Die eindrückliche Konstanz der knappen δίκαιος-Begründung läßt darauf schließen, daß das von den Propheten für loyales Verhalten eingeführte gemeinschaftsbezogene *z.daqah*-Kriterium an dieser Stelle, wo die Bedeutung für das soziale Leben ganz schlicht einsehbar ist, einen festen Haftpunkt fand. Aber konkretere sozial-humane Begründung wie die zum Gesetz über Lohnauszahlung Dtn 24,15b: daß der Arme *um seiner Armut willen* geschont werden müsse, fehlt im Zusammenhang mit Maß und Gewicht völlig. Und eudämonistische Begründung gibt nur Ben Sira 42,8b; er trägt überhaupt als einziger - abgesehen von Philos Maßhalte-Metaphorik - weisheitliche Lebenserfahrung im Rahmen dieses Topos vor.

1.3 Die Texte und die traditionellen Begriffe

Tabelle 4: Begriffe für Maß und Gewicht (Stellenübersicht: s. *Tabelle 5*)

a. אֶבֶן	= στάθμιον	Gewichtstein
b. מֹאזְנַיִם	= ζυγόν	Waage, Waagbalken
c. אֵיפָה	= μέτρον, χοῖνιξ	(Getreide-)Hohlmaß, *Scheffel*
Seltener sind:		
d. הִין	= χοῦς	Flüssigkeitsmaß, *Kanne*
e. בַּת	= χοῖνιξ, χοῦς	Flüssigkeitsmaß.
Nur Lev 19,35 (parallel zu v.36):		
f. מִדָּה	= μέτρον	Längenmaß
g. מִשְׁקָל	= στάθμιον, σταθμόν	Gewicht(steine)
h. מְשׂוּרָה	= μέτρον	Flüssigkeitsmaß[8]
Nur Prov 16,11, Sir 42,2 H (vgl. Jes 40,12):		
i. פֶּלֶס	= ζυγόν	Waage

In der LXX kann χοῦς (und wohl auch χοῖνιξ) anscheinend allgemein als *Hohlmaß* für trockene und flüssige Stoffe gelten (s. Lev 19,36). Ich setze an allen zu erörternden Belegstellen voraus, daß das griechische μέτρον mit *Hohlmaß* zu übersetzen ist. Übersetzer und Ausleger nehmen teilweise an, es sei vom Längenmaß die Rede. Dem steht Begriffliches und Sachliches entgegen: Μέτρον steht durchweg für das Getreidemaß *ephah* = *Scheffel*.[9] Und so wie der Gewichtstein *im Beutel* ist, so befindet sich das Maß, also der

---

σταθμῷ zum Abwiegen und Bewerten des Goldes zu verstehen.

7 Lev 19,36 ordnet auch diesem Gebot nur die typische Begründung des Heiligkeitsgesetzes *Ich bin JHWH, euer Gott, der Ich euch aus Ägyptenland befreit habe* hinzu. Dtn 25,15b hat der traditionell tabuisierenden Begründung (v.16)eine heilsgeschichtliche Begründung vorgeschaltet.

8 Lev 19,35 LXX verändert *Längenmaß* + *Wiegemaß* + *Flüssigkeitsmaß* zu μέτροις + σταθμίοις + ζυγοῖς = *Hohlmaß* + *Gewichtstein* + *Waagebalken*, was für die Übersetzer der LXX auf eine bereits ausgebildete Tradition schließen läßt (die Auslassung des Hohlmaßes ist unwahrscheinlicher als die Verdrängung des Längenmaßes, das in der hier aufzuweisenden Tradition keine Rolle spielt). Vor allem von Ezechiel wird μέτρον mit doppelter Bedeutung verwendet Ez 40,5 / 4,11 u.ö.

9 Etwas zu eng, aber richtig im Sinne von *Hohlmaß* urteilt BERNAYS (219f A.2): Μέτρον handelt »vom Messen des Flüssigen«. DEVAUX 321: »Das *'epha'* ist die gebräuchliche Maßeinheit für feste Stoffe.« Man mißt damit »Mehl, Grütze, Gerste, gedörrtes Korn, nie Flüssigkeiten«. - Die Übersetzer der LXX, die das Epha als absolutes Maß ansetzen: τρία μέτρα Ex 16,36; Jes 5,10, interessieren sich bei den uns

Scheffel oder die Kanne, *im Hause* Dtn 25,13f. Auch hat der Betrüger für den Betrug mit dem Hohlmaß *zweierlei* Gefäße Prov 20,16: eines fürs Kaufen, eines fürs Verkaufen. Zwar wird μέτρον seltener auch für *Längenmaß* gebraucht; aber es gibt auch einen sachlichen Grund, daß unsere Tradition von der Trias *Hohlmaß - Gewicht - Waagbalken* ausgeht. Verfehlungen durch falsches Längenmaß können keine solche Rolle gespielt haben; denn jeder trug ja sein individuelles Längenmaß mit sich, seine Spanne und seine Elle. Wie man bei uns früher seine persönliche Schrittzahl auf 100 m lernte und sich einprägte, so wird doch der Israelit gewußt haben, wenn er einigermaßen am Geschäftsleben beteiligt war, wie er messen konnte. Und: was hätte es zu messen gegeben im alten Handelsleben, was nicht der Augenschein und die Berechnung nach Gewicht oder Stückzahl besser erfaßte?[10]

Dtn 25,13-16
Οὐχ ἔσται ἐν τῷ μαρσίππῳ σου στάθμιον καὶ στάθμιον, μέγα ἢ μικρόν.
οὐχ ἔσται ἐν τῇ οἰκίᾳ σου μέτρον καὶ μέτρον (c)[11], μέγα ἢ μικρόν.
στάθμιον ἀληθινὸν καὶ δίκαιον ἔσται σοι,
καὶ μέτρον ἀληθινὸν καὶ δίκαιον ἔσται σοι,
ἵνα πολυήμερος γένῃ ἐπὶ τῆς γῆς,
ἧς κύριος ὁ θεός σου δίδωσίν σοι ἐν κλήρῳ·
ὅτι βδέλυγμα κυρίῳ πᾶς ποιῶν ταῦτα, πᾶς ποιῶν ἄδικον.

Lev 19,35f
Οὐ ποιήσετε ἄδικον ἐν κρίσει
ἐν μέτροις καὶ ἐν σταθμίοις καὶ ἐν ζυγοῖς.
ζυγὰ δίκαια καὶ στάθμια δίκαια καὶ χοῦς (c+d!) δίκαιος ἔσται ὑμῖν.
ἐγώ εἰμι κύριος ὁ θεὸς ὑμῶν ὁ ἐξαγαγὼν ὑμᾶς ἐκ γῆς Αἰγύπτου.

Prov 11,1
Ζυγοὶ δόλιοι βδέλυγμα ἐνώπιον κυρίου,
στάθμιον δὲ δίκαιον δεκτὸν αὐτῷ.

Prov 16,11
Ῥοπὰ ζυγοῦ δικαιοσύνη παρὰ κυρίῳ,
τὰ δὲ ἔργα αὐτοῦ στάθμια δίκαια.

Prov 20,10
Στάθμιον μέγα καὶ μικρὸν καὶ μέτρα (c) δισσὰ
ἀκάθαρτα ἐνώπιον κυρίου καὶ ἀμφότερα.

Prov 20,23
Βδέλυγμα κυρίῳ δισσὸν στάθμιον,
καὶ ζυγὸς δόλιος οὐ καλὸν ἐνώπιον αὐτοῦ.

Ez 45,10
Ζυγὸς δίκαιος
καὶ μέτρον (c) δίκαιον
καὶ χοῖνιξ (e) δίκαιος ἔσται ἐν ὑμῖν.

Hos 12,8
Χαναὰν ἐν χειρὶ αὐτοῦ ζυγὸς ἀδικίας.

---

beschäftigenden Stellen nur für das relativ richtige Maß, so daß *ephah* = μέτρον Sinn gibt. Mit Selbstverständlichkeit denken wir bei Lk 6,38 μέτρον ὑπερεκχυννόμενον an Flüssiges. In der rabbinischen Behandlung von Lev 19,35 bekommt das Längenmaß des hebräischen Textes wieder seine Bedeutung, s.u. Anm.20. - *Amenemope* handelt 17,18ff (Lichtheim 2,156) von Waagbalken, Gewichtstein und Kornabmessen im Scheffel.

10 Auch die priesterliche Amtsaufsicht am Tempel 1Chr 23,29 MT scheint mit כָּל־מְשׂוּרָה וּמִדָּה *kol-m.surah umiddah*, einem Doppelbegriff, nur von Hohlmaßen zu sprechen, obwohl *middah* = *Ausdehnung* auch vom Längenmaß gemeint sein könnte. Die LXX (Cod AB) jedenfalls hält die Wiedergabe durch einen Begriff, μέτρον, für ausreichend.

11 Buchstaben »c - e« stehen für hebräische Äquivalente nach der Tabelle S.144

Amos 8,5
Οἱ λέγοντες·
πότε διελεύσεται ὁ μὴν καὶ ἐμπολήσομεν ...
τοῦ ποιῆσαι μικρὸν μέτρον (c)
καὶ τοῦ μεγαλῦναι στάθμια
καὶ ποιῆσαι ζυγὸν ἄδικον.

Micha 6,11
Εἰ δικαιωθήσεται ἐν ζυγῷ ἄνομος
καὶ ἐν μαρσίππῳ στάθμια δόλου.

Sir 42,4 LXX
(Μὴ αἰσχυνθῇς ...) περὶ ἀκριβείας ζυγοῦ καὶ σταθμίων ...

Philo All 3,165
... ἵνα μέτροις δικαίοις χρωμένη (sc. ὦ ψυχή) μὴ ἀδικῇς.

Philo Hyp 7,8 (Euseb PE 8; 431,3f Mras)
Μὴ ζυγὸν ἄδικον ἀνθυποβάλλειν,
μὴ χοίνικα ἄμετρον,
μὴ νόμισμα ἄδικον.
Vgl Philo Her 162 (Zitate von Lev 19,35f und Dtn 25,13-16)

Philo SpecLeg 4,193f
Οἱ στάθμια καὶ ζυγὰ καὶ μέτρα διαχειρίζοντες ἔμποροι καὶ κάπηλοι καὶ ἀγοραῖοι.
Ζυγὰ δίκαια καὶ στάθμια καὶ μέτρα παρασκευάζεσθαι.

Jos Ap 2,216
Ἀλλὰ καὶ περὶ μέτρων εἴ τις κακουργήσειεν
ἢ σταθμῶν
ἢ περὶ πράσεως ἀδίκου καὶ δόλῳ γενομένης
... πάντων εἰσὶ κολάσεις οὐχ οἷαι παρ' ἑτέροις, ἀλλ' ἐπὶ τὸ μεῖζον.

Sib 3,237
Μέτρα δίκαια

Ael. Aristides 46,29 K (Ἰσθμικὸς εἰς Ποσειδῶνα 3)
σταθμά τε καὶ ζυγὰ καὶ μέτρα καὶ τὸ ἐν τούτοις δίκαιον.

Koran, 17. Sure 35 (37)[12]
Und gebt, wenn ihr zumeßt, volles Maß und wägt mit richtiger Waage!
So ist es am besten (für euch) und nimmt am ehesten einen guten Ausgang.
6. Sure 152
Und gebt volles Maß und Gewicht, so wie es recht ist.

PseuPhok 14f
Μέτρα νέμειν τὰ δίκαια, καλὸν δ' ἐπίμετρον ἁπάντων.
σταθμὸν μὴ κρούειν ἑτερόζυγον, ἀλλ' ἴσον ἕλκειν.
Vgl Lev 19,19
Τὰ κτήνη σου οὐ κατοχεύσεις ἑτεροζύγῳ.

---

[12] *Der Koran*, Übers. R.PARET; vgl. 26. Sure 181-183

Tabelle 5 *Übersicht der Texte betr. Maß und Gewicht*	2-gliedrig? 3-gliedrig? *	μέτρα/μέτρον *	σταθμόν/στάθμια *	ζυγόν (ἑτερόζυγον) *	-δικ- *	* Sonst.Normbegriffe
Dtn 25	2	x	x		x	
Lev 19,35f	3	x	x	x	x	
(Lev 19,19				x)		
Prov 11	2		x	x	x	
Prov 16	2		x	x		
Prov 20,16	2	x	x			
Prov 20,23	2		x	x		
Sir 42	2		x	x		
Am 8	3	x	x	x	x	
Hos 12	1			x	x	
Mi 6	2		x	x	x	
Hes 45	3	x		x	x	χοῖνιξ
Philo All	1	x			x	
Philo Hyp	3	(x)			x	χοῖνιξ, νόμισμα
Philo SpL 193	3	x	x	x	x	
ebd. 194	3	x	x	x	x	
Jos Ap	(3)	x	x		x	δόλος
Sib	1	x			x	
Ael.Arist.	3(4)	x	x	x	x	
Koran	2					Maß/Waage (Gewicht)
PseuPhok	2	x	x	x	x	

1.4 Ursprung der Tradition: Dtn 25,13-16 und Lev 19,35-36

Dtn 25,13-16

Der ältere der beiden Gesetzestexte liegt in Dtn 25,13f vor. Schon die aufzählende Sprache deutet darauf hin. Der Text legt Wert auf Genauigkeit und auf Komplexität:

13 *Nicht darf sein in deinem Beutel Gewichtstein und Gewichtstein, groß oder klein.*
14 *Nicht darf sein in deinem Hause Scheffel und Scheffel, groß oder klein.*

Er ergänzt das juridische Verbot in paränetischer Weise mit einem positiven Gegenstück (das in der nachfolgenden alten Begründung v.16 aber übersprungen wird zugunsten des juridischen Verbotes):

15a *Echten und richtigen δίκαιον Gewichtstein mußt du haben,*
und echten und richtigen δίκαιον Scheffel mußt du haben ...

Heilsgeschichtliche Begründung und tabuisierende Strafdrohung ergänzen sich heute als Lohn- und Strafmotiv:

15b ... *damit deine Lebenstage lang werden in dem Land,*
das der Herr, dein Gott, dir erbweise gibt.
16 *Denn Greuel ist dem Herrn, deinem Gott, jeder, der solches tut, jeder, der Unrecht tut.*

Der Text verzichtet auf stilistische Mittel, die nicht mit der gesetzlichen Funktion gegeben sind. Nur das positive Gegenstück durchbricht diese strenge Ausrichtung aufs Juridische etwas. Es dürfte dem ursprünglichen Gebot zugewachsen sein, wie auch das jüngere (doppelte) *z.daka*-Motiv vermuten läßt, für das es gewissermaßen als Träger wirkt.

Lev 19,35f

zeigt ein formgeschichtlich jüngeres Stadium. Die Folge von *Prohibitiv*, *Volitiv* (als Gegenstück) und *Begründungsklausel* ist immerhin als relativ frühe Form begreifbar.

Aber anstelle der Gesetzessprache, die Begriffe nicht unnötig variiert, finden wir hier im einleitenden Satz Allgemeinbegriffe: *Unrecht* עָוֶל *tun in Richten, Ausdehnung, Wiegen, Abmessen*, und erst im fortführenden Satz die archaischeren juristischen Begriffe. Auch die Alliteration von מִשְׁפָּט = *Gericht, Rechtsprechung*, מִדָּה = *Ausdehnung, Maß*; מִשְׁקָל = *Gewicht*; מְשׂוּרָה = *(Hohl-)Maß* läßt die Tendenz zu rhetorischer Sprache erkennen. Die vier in die Tradition eingegangenen Begriffe des Volitivs *Waagbalken, Gewichtsstein, Epha, Hin* zeigen mit der zweimaligen Doppelung von Parallelbegriffen ebenfalls den sprachlich-rhetorischen Gestaltungswillen. Die Sprache hat nicht die Präzision des Juridischen. Die paränetiche Beeinflussung wird schon wichtiger als die juridische Erfassung der Sachverhalte (wie überhaupt in Lev 19, wo bevorzugt nichtjustitiable Vergehen bedacht sind).

Die LXX weicht in signifikanter Weise vom MT ab. Der masoretische Text bringt zweimal eine Viererformel:
Im Verbot:
Gericht, (Korn-)Maß, Gewicht, (Flüssigkeits-)Maß'
im positiven Gegenstück:
Waage, Gewichtsteine, Epha (für Korn), Hin (für Flüssiges).
Die LXX scheint schon in v.35 eine Dreierformel bieten zu wollen, indem der erste der vier Begriffe ἐν κρίσει auf alle drei folgenden Begriffe bezogen wird.[13]

Ihr sollt nicht Unrecht tun mit der Rechtsentscheidung:
mit Maß(-Gefäßen) und mit Gewichtsteinen und mit Waagen.

In v.36 hat LXX dann überhaupt nur noch drei Begriffe (deren einer - abweichend von v.35 - im Singular steht.)
Waagebalken, Gewichte, Kanne (!).
Die chiastische Anordnung »Maß-Gewicht-Waage/Waage-Gewicht-Kanne« unterstreicht, daß μέτρον als Hohlmaß (bevorzugt: Kornmaß) verstanden ist. Der dritte Satz (MT = LXX) bringt die heilsgeschichtliche Begründung, aber keine Strafsanktion:

[13] Ob der erste Begriff im MT מִשְׁפָּט die Rechtsordnung als Geltungsbereich dieser Vorschrift nennen oder das Gericht als Ort der Auseinandersetzung über Maß und Gewicht bezeichnen will, ist schwer zu sagen. Vielleicht hat die LXX ja richtig interpretiert, wenn sie aus dem sprachlichen Gleichgewicht der vier Begriffe einen Oberbegriff mit dreifacher Entfaltung machte. Die LXX hebt den Singular ἐν κρίσει von dem - hebräisch nicht vorgegebenen - dreimaligen Plural ἐν μέτροις κτλ. ab und schafft durch die Zufügung der Kopula vor dem vorletzten Glied eine Dreierformel mit zweimaligem καί, die asyndetisch an ἐν κρίσει anschließt.

Ich (bin) Jahve/der Herr, euer Gott,
der Ich euch aus dem Lande Ägypten herausgeführt habe
(der Hinausführende aus Ägypten).

Der Vergleich der hebräischen Vorlage mit der LXX zeigt, daß die Übersetzer keine Bedenken haben, den Traditionstext zu verändern. Sie bleiben im engen Rahmen der üblichen paränetischen Variationsbereitschaft, beachten dabei die Formgesetze und wählen die Übersetzungsbegriffe für ihren Zweck relativ frei. Das Variieren mit einer Auswahl aus den thematisch hergehörenden Anliegen des Gewichts- und Hohlmaßes führt zu jeweils sprachlich-rhythmisch ausgewogenen Begriffsgruppen.

1.5 Die übrigen Texte der Tradition

Ähnlichkeiten und Unterschiede der vielen Texte lassen, auch wenn sie auf mehrere Jahrhunderte verteilt sind, die Kraft der Begriffs- und der Formtradition bei gleichzeitigem Desinteresse an ausformuliertem und autorisiertem Normtext erkennen. Die Tradenten folgten der Erwartung, daß bestimmte Sachaussagen zum Thema Handel und Wandel hinzugehören und in vertrauter Form - als Tradition erkennbar - vorzutragen sind.

Zahl der begrifflichen Glieder: Eingliedrig

Ich ordne die Texte nach der Zahl der Normbegriffe, die sie aufweisen. Drei der angeführten Stellen haben nur einen der Begriffe, entweder Maß oder Waage. Doch fehlt bei keinem das klärende und begründende δίκαιος / ἄδικος. Sie tragen also nur dies einzelne Indiz zur Kenntnis der Tradition bei, sofern nicht der Kontext die topische Nähe zur Tradition bezeugt.

Hos 12,8 wirft Ephraim in einer Scheltrede vor, nach Art der Kanaanäer mit falscher Waage in der Hand herumzulaufen. Im Kontext nennt Ephraim sich selbst reich - aber der Reichtum kann die Schuld vor Gott nicht aufwiegen. Damit sind ganz typische Elemente des Topos genannt, aber ohne Interesse an der Weitergabe traditioneller Formeln.

Sib 3,237 erinnert verbal nur durch das *rechte Maß*, das zur tugendhaften Lebensweise der Erzväter gehört habe, an den Topos. Aber daß wir im Einflußbereich der Tradition stehen, ist aufgrund des Kontextes und seiner eindrücklichen Schilderung eines Lebens ohne Pleonexie höchst wahrscheinlich. Gerade die Pleonexiewarnung (s. Anhang I: *Todsündentrias*) hat stark traditionsbildende Kraft im antiken Judentum gehabt.

Philo All 3,165 stützt in einer eingliedrigen Formel (wie auch mit den beiden dreigliedrigen Belegen, s.u.) den festen Platz des Wortfeldes δίκαιος im Topos:

ἵνα μέτροις δικαίοις χρωμένη μὴ ἀδικῇς.

Der Text verdoppelt in dieser Warnung vor Abweichen vom *rechtem Maß* den Gebrauch des Wortstammes -δικ- - und benutzt geläufige jüdische Wortverbindung, um die

Zusammengehörigkeit der Tugenden *Maßhalten* und *Gerechtigkeit* auszudrücken. Philo ließ sich bezeichnenderweise die sonst im Rahmen dieser Tradition wenig beachtete Doppelbedeutung von *Maß* nicht entgehen.

Zahl der begrifflichen Glieder: Zweigliedrig

Am Anfang der Tradition scheint die einfache, nur das Wesentlichste hervorhebende zweigliedrige Tradition gestanden zu haben, daß *zweierlei* Gewicht und *zweierlei* Maß Jahve ein Greuel sind. Sie hat sich aus dem Aufzählstil des Gesetzes Dtn 25,13f entwickelt und kommt bei der weisheitlichen Verkürzung (von 2 x 2 Halbsätzen auf 1 x 2 Halbsätze) auf vier unterschiedliche Schemata:
a) *Waage* + *Maß* = echte Doppelung (synthetischer Parallelismus).
b) *Waagbalken* + *Gewicht* = unechte Doppelung (synonymer Parallelismus), eine Entwicklung zum dichterischen Hendiadyoin, die auch bei Lev 19,36 zu sehen ist.
c) *Meß-* oder *Wiegenorm* + *Begründung* = paränetische Doppelung (synthetischer Parallelismus).
d) *Betrügerisch* < > *gerecht* = antithetische Doppelung (antithetischer Parallelismus)

Die Proverbien-Beispiele sind für diese archaischere Wiedergabe kennzeichnend. Drei Stellen der Prov, dazu Sir (und Mi 6,11 LXX, s.u.) beschränken sich auf Begriffe des *Wiegens*. Zwei Ansatzpunkte hat der Betrüger beim Wiegen: den Gewichtsstein und die Mechanik der Waage, die man an der freien Balance hindern kann. Diese sachliche Beschränkung mit kompensierender Doppelung des synonymen Parallelismus ist natürlich zugleich im Wirtschaftsleben und in der dichterischen Gewohnheit begründet: Der Handel mit der Waage, ggf. der Silberwaage für Münzen, konnte leichter zum Betrug führen. Und die Redundanz des Parallelismus fordert zwei Argumente. Diese Neigung, innerhalb eines Betrugsvorganges aus sprachlichen Gründen mit zwei Begriffen eine Sache differenzierend zu nennen, belegen auch, und hier ist das noch auffälliger, die Dreierformeln.

Prov 20,10.23. Die zwei Sprüche haben sowohl den altertümlichen Aufzählstil des Gesetzes - διϲϲά bzw. διϲϲόν steht für Verdoppelung des Normbegriffs im MT -, wie auch die tabuisierende Begründung - ἀκάθαρτα, βδέλυγμα, οὐ καλόν -, die den Missetäter, auch wenn ihn vielleicht niemand beobachtet und überführt, mit dem verdienten Schicksal bedroht.

Prov 11,1 nennt im antithetischen Parallelismus zuerst das Verwerfliche, dann das Gute:

Gefälschte Waagebalken sind ein Greuel vor dem Herrn,
aber gerechter Gewichtsstein findet bei ihm Anerkennung.

Waagebalken und *Gewichtsstein* handeln anscheinend von zweierlei Manipulationen beim Wiegen.

Prov 16,11. Aus dem Urtext *Die Steine im Beutel sind sein* (*Jahves*) *Werk* macht die LXX: *Seine Werke sind gerechte Steine*. Das unterstreicht das Interesse der (späteren) Tradition an der δίκαιος-Motivation.

Sir 42,4. Der Siracide ersetzt das Verspaar der hebräischen Vorlage mit
Waagbalken, *Waage* // *Epha*, *Gewichtsstein*
v.4a מ(א)זנים + פלס // v.4b איפה + אבן, (mit unsicherem v.4b)
durch nur einen Vers, u.zw. mit der *Wiegetopik*, und ersetzt dabei die spezifischeren Be-

griffe durch das rein traditionelle ζυγοῦ καὶ σταθμίων. Der Vers ist mehr durch seine Funktion im Kontext und im Buch (s.u.) interessant als durch seine eigene Aussage.

Koran 17,37; 6,152. Der zweiversige Spruch erinnert im ersten Vers mit *volles Maß* und *richtige Waage* sehr genau an die jüdische Tradition. Der zweite, begründende Vers bietet über die Formparallele hinaus keine spezifischen Anklänge. Dieses Gebot aus dem koranischen »Dekalog« 17. Sure 23ff zeigt noch bei Mohamed die Konstanz paränetischer Tradition aus dem Bereich der Tora oder orientalischer Weisheit. - Der kürzere Beleg könnte in der kurzen Begründung das δίκαιος-Motiv enthalten.

Zweigliedrig im Sinne des Begriffspaares *Maß und Waage* ist außerdem nur noch PseuPhok 14f, s.u.

Zahl der begrifflichen Glieder: Dreierformeln

Erst bei der Dreierformel wird die Unterteilung der Hohlmaße nach denen zum Schütten und denen zum Gießen interessant. Das Hebräische hat mit מִדָּה *middah* einen neutralen Begriff. Häufiger steht aber אֵיפָה *ephah*: Das Kornmaß, der Scheffel, ist Repräsentanzbegriff für die Hohlmaße. Die LXX verwischt diesen Unterschied, indem sie auch für das Epha μέτρον setzt. Auch die Kanne kann als Repräsentanzbegriff stehen, wie die auf drei Glieder verkürzte Formel Lev 19,36 LXX zeigt. - Aber gelegentlich wird dann doch zwischen Schütt- und Gießgefäß unterschieden.

Wie Dreierformeln meistens aus »2 + 1« gebildet sind, so bietet unser Topos auch bevorzugt dreigliedrige Beispiele nach dem Schema »2 + 1« oder »1 + 2«: Zwei Begriffe für das Wiegen stehen einem für das Messen gegenüber. Das hat stilistische und Redundanzgründe, wie Lev 19,36 LXX, Am 8,5 und Philo SpecLeg 4,193f zeigen. Es ist aber auch nützlich, um Raum zu geben für Aktualisierungsglieder neben den Traditionsbegriffen, s. Philo Hyp und Josephus. Auffällig ist, wie einseitig Philo und Josephus die Dreierformeln gegenüber der weisheitlichen Zweierformel bevorzugen. Vielleicht ist dafür der unverhüllte Zitatcharakter ihrer Texte, den sie doch nicht ohne Anwendungsglieder lassen wollen, maßgebend. - Jede der dreigliedrigen Stellen hat so ihre interessante Eigenheit.

Ez 45,10 ist mit *Waagbalken, Epha, Bat* (= χοῖνιξ) der einzige Beleg, der mit drei Begriffen klar drei Meßbereiche nennt. Da der Prophet hier mit Angaben über Maß und Gewicht die neue Verfassung Israels vorträgt und die Erpresser der Armen durch genaue Definition in ihre Schranken weisen will, nimmt es nicht wunder, daß wir bei ihm diese komplette, genaue Formel finden.

Am 8,5 bietet in meisterhaft auswägender Kürze drei Sätzchen, deren jedes Normbegriff und Verfehlung verbindet, und zwar so, daß Wiederholungen überflüssig werden. Hier haben wir das vollendete Gegenbeispiel zur aufzählenden Rechtssprache von Dtn 25,13f:

> *... zu verkleinern das Epha*
> *und zu vergrößern den Schekel* (*= den Preis*)[14] (LXX: τοῦ μεγαλῦναι στάθμια)
> *und zu machen trügerische Waage.*

[14] Da bei *Waage* in älterer Zeit immer auch der Gedanke an das abzuwiegende Silber als Werteinheit nahelag, bleibt Amos durchaus im Rahmen der Traditionsvorstellung, wenn auch mit sprachlicher Selbständigkeit. Die Übersetzung der LXX wählt statt dessen den (auch in der Diaspora) geläufigeren Begriff und lenkt damit zum Traditionellen zurück.

Philo Hyp 7,8. Die Dreierformel kann genutzt werden, um der *Waage* und dem *Getreidemaß* die *Münze* hinzuzufügen und so aktualisierend dem veränderten Geschäftsleben Rechnung zu tragen:

μὴ ζυγὸν ἄδικον ἀνθυποβάλλειν, μὴ χοίνικα ἄμετρον,[15] μὴ νόμισμα ἄδικον.

Philo bleibt mit der Wahl der Begriffe und Motive fast ganz innerhalb des Überlieferten. Nur die Aktualisierung mit νόμισμα fällt aus dem Rahmen des Gewohnten. Die Formung der Trias geschieht in Anpassung an die Reihenform seiner Epitome.

Im Übrigen zeigen die Torazitate bei Philo Her 162, daß er den schriflichen Gesetzestext im Sinn hat und für seine Ethik der ἰσότης (ebd. 161) nutzt.

Philo SpecLeg 4,193f. Unverkennbar wird in dieser Dreierformel (die gleich 2 x 3 Begriffe bietet) die Begriffswahl durch das Interesse an runder sprachlicher Formung beeinflußt, die den drei Normbegriffen *Gewicht, Waagebalken* und *Meßgefäß* in enger sprachlicher Anordnung drei gefährdete Berufe, *Kaufleute, Krämer* und *Marktleute* gegenüberstellt. Der Folgesatz wiederholt die drei Normbegriffe (in anderer Reihenfolge), um sie mit dem δίκαιος-Motiv zu verbinden.

οἱ στάθμια καὶ ζυγὰ καὶ μέτρα διαχειρίζοντες
ἔμποροι καὶ κάπηλοι καὶ ἀγοραῖοι ...
ζυγὰ δίκαια καὶ στάθμια καὶ μέτρα παρασκευάζεσθαι ...

Der weitere Kontext stellt den *schlechten Kunstgriffen* κακοτεχνοῦντες die ἄδολος ψυχή und den μετὰ δικαιοσύνης πλοῦτος gegenüber.

Jos Ap 2,216.

Wenn jemand einer Schädigung sich schuldig macht in Sachen Meßgefäße oder Gewichte oder (überhaupt) betrügerisch-listiger Handel, für das alles gibt es Züchtigungen nicht wie bei anderen, sondern strenger.

Josephus wählt in seiner Wiedergabe der Tradition ähnlich Philo einen besser für den Geldhandel passenden Ausdruck als drittes Glied: περὶ πράσεως ἀδίκου, und erweitert ihn durch die Bestimmung καὶ δόλῳ γενομένης. Er nutzt die Freiheit des Gesetzeslehrers für einen *Verallgemeinerungsbegriff* πρᾶσις ἄδικος und definiert ἄδικος mit δόλῳ γενομένη. Mit seiner Dreierformel bleibt er in der Tradition, die ausgewogene Sätze bildet.

Die Verknüpfung mit dem weiteren Kontext wird durch das Motiv der strengeren Strafordnung Israels hergestellt. (Wir werden bei Sir 42 beobachten, wie ein paränetischer Topos solchem übergreifenden Thema nutzbar gemacht wird.) Aber der Topos steht doch nicht allein. Ihm folgen zwei andere Pleonexievergehen: Das Entwenden von fremdem Gut und die Unterschlagung des Depositums. Von daher ist auch das dritte Glied seiner Maß-und-Gewicht-Formel: περὶ πράσεως κτλ. wichtig, weil es mit einer generalisierenden Wendung vom Betrügen zum direkten Wegnehmen überleitet. Josephus bezeugt damit den Zusammenhang der Maß-und-Gewicht-Tradition mit der Warnung vor Eigentumsdelikten.

Ael. Aristides 46,29 K (Ἰσθμικὸς εἰς Ποσειδῶνα 3)

σταθμά τε καὶ ζυγὰ καὶ μέτρα καὶ τὸ ἐν τούτοις δίκαιον.

Der späte Text (2.Jh.n.Chr.) bringt als ein Beispiel außerhalb der israelitisch-jüdischen Tradition - in thematisch anderem Zusammenhang und metaphorischer Verwendung -

[15] ἄμετρος: *nicht dem (richtigen) Maß entsprechend*; *nicht geeicht*. Über Kannen verfügt der Zeitgenosse auch ohne die Normen des Geschäftslebens. So ist hier das Gegenüber von *Kanne* an sich und *geeichter Kanne* sinnvoll. Die Konnotation des *Maßlosen*, die wir heraushören können, wird dem Philo nur recht gewesen sein, s.o. zu All 3,165.

auffällig genau deren vertrauteste Begriffe einschließlich des typischen δικ-. Berührung mit der Tradition scheint mir anzunehmen - und aufgrund der profunden Bildung des Aristides sowie seiner Aufenthalte in Ägypten und Palästina gut möglich. Der metaphorische Gebrauch wird auch durch Lk 6,48 bezeugt.

Hinter dem verdächtigen Titel der nur in lateinischer Übersetzung erhaltenen Schrift des Epiphanius von Salamis (ca 315-403): *De mensuris et ponderibus* (»eine Art biblischer Realenzyklopädie«, U.TREU, Art. *Epiphanius*, RGG^3 2,531) verbergen sich keine für uns interessanten Informationen. - Ein lateinisches *Carmen de ponderibus et mensuribus* in 208 Hexametern (4./5.Jh.), erhalten in der *Anthologia Latina* (RIESE Bd.2 Nr.486), dient als Lehrgedicht der vielseitigen Information über Gewichte, Maße und Legierungen (KP 1,1056).

Topische Verwendung bei Ben Sira

Ein Beispiel, wie der Topos *Maß und Gewicht* aufgegriffen und mit mehreren seiner Facetten einem übergreifenden pädagogischen Zusammenhang dienstbar gemacht wird, gibt uns

Sir 42,(1-)4(-8) LXX

1 *(Schäme dich nicht ... ,)*
4a *es mit Waagbalken und Gewichtsteinen genau zu nehmen,*
4b *und wenn du (dabei) wenig oder viel erwirbst*
5a *und wenn du Gewinn erzielst beim Handel mit Kaufleuten ...*
...
8b *so wirst du als wahrhaft erfahren gelten und bewährt vor allen Lebendigen.*

Ben Sira spricht von der Ambivalenz des Schamgefühls, das bald ein Grundgefühl der Sittlichkeit ist (wie schon Hesiod und Theognis lehrten), bald ein Gefühl der Ängstlichkeit und Abhängigkeit vom Urteil anderer.[16] Neben anderen Beispielen des unparteiischen Umganges mit Geld- und Besitzfragen trägt Ben Sira auch das Beispiel »genaue Waage« vor v.4a und expliziert es mit der Mahnung, sich weder von wechselnden Erfolgen verwirren zu lassen v.4b LXX noch sich beim Gewinnen ein schlechtes Gewissen zu machen v.5a LXX. - Was Ben Sira unter *Scham* und *Handel* vorträgt, finden wir ähnlich in Sib 3,235-247, aber unter dem Thema der *Tausend Übel der Habgier*. Und beide Male entsteht der Eindruck, daß der Verfasser selbst dichterisch beschrieben hat, was vom Thema her zur Topik gehörte, so daß wir nur für die Motive, nicht aber für die ausformulierten Sprüche auf Tradition schließen können.

Sir (26,29 -) 27,1-3. Auch dieser Text zeigt die paränetische Vertiefung und Veranschaulichung des gesetzlich vorgegebenen Topos. Eine Ausgangsthese 26,29, daß der Handel Treibende schwerlich der Sünde entgehe, wird folgendermaßen begründet:

1 *Wegen Vorteils sündigen viele,*
und, wer reich zu werden sucht, schaut nicht genau hin.
2b *... steckt Sünde zwischen Kauf und Verkauf.*
3 *Wenn einer sich nicht entschieden in der Furcht des Herrn hält,*
so wird sein Haus eilend in Kürze zerstört werden.

---

16 Über das Differenzieren überkommener ethischer Begriffe in positive und negative Möglichkeit erstmals bei Hesiod vgl. B.Snell, *Dichtung und Gesellschaft* 57. Zur Ambivalenz des Ben Sira in Besitzfragen vgl. HENGEL 249-251

Diese kleine thematische Reihe über die sittliche Gefährdung des Kaufmannstandes erscheint wie eine Ausführung zum Topos *Nicht betrügen mit Maß und Gewicht*, die frei aus erinnerter Tradition und/oder aus zu diesem Topos gesammelten, schriftlichen Aufzeichnungen gestaltet wurde.

1.6 Auslegung und Wertung von PseuPhok 14-15 im Rahmen der Tradition

Die rechten Maße zumessen;
gut ist ein Zumaß in allem.
Am gewichtbeschwerten Waagebalken nicht einseitig rucken,
sondern gleichziehen lassen.

Der Phokylideer nimmt den traditionellen Topos so auf, daß er seinem Doppelspruch die alte zweigliedrige Form zugrunde legt, aus eigenem Verständnis ergänzt und dabei seine Vorstellung vom Vorgang wesentlich genauer ausdrückt, als es die meist recht formelhafte Tradition tut.

1. Er bleibt bei den alten Normbegriffen μέτρον und σταθμόν, Letzteres an Stelle von στάθμιον (was metrisch keine Schwierigkeiten bereiten würde).
2. Die (im Gegensatz zur Tradition) positive Eingangsmahnung erhält eine positive Konkretisierung, die inhaltlich überraschend weiterführt zur *»Krämerzugabe«* (BERNAYS 219 A.2). Die zweite (traditionell prohibitive) Mahnung erhält ein positives Gegenstück. Der Verfasser ist also mehr positiv orientiert.
3. Die Begründung ist in einer halbversigen Begründungsklausel mit καλόν und in zwei Begriffen als integrierten Begründungselementen: δίκαια v.14 und ἴσον v.15, enthalten. Die sparsame und rein behauptende Argumentation entspricht der Tradition. Neben den beiden jüdisch vorgegebenen Adjektiven nimmt das Adverb ἴσον (PASSOW 1d), wenn auch formelhaft abgeschwächt, wohl ein Element griechischer Sozialethik mit auf.[17]
4. Hesiod Erga 349-351 spricht in einer Weise vom *Zuwiegen für einen Nachbarn*, die sich mit PseuPhok 14b berührt und vielleicht eingewirkt hat. Je nachdem ob wir diesen Halbvers a) von Hesiod oder b) aus allgemein weisheitlichem Überlegen verstehen, ergeben sich zwei Deutungen:

a) Hesiod spricht nicht vom Kauf, sondern vom Ausleihen einer abgemessenen Menge (Korn, Öl, Salz u.ä., WEST z.St.).

εὖ μὲν μετρεῖσθαι παρὰ γείτονος, εὖ δ᾽ ἀποδοῦναι,
αὐτῷ τῷ μέτρῳ, καὶ λώιον, αἴ κε δύνηαι,
ὡς ἂν χρηίζων καὶ ἐς ὕστερον ἄρκιον εὕρῃς.

Wenn man kann, soll man dem Nachbarn über das genaue Maß hinaus etwas geben

---

[17] DIHLE, *Kanon* 13 A.15: Nach älterer Vorgeschichte »spielt in Aristoteles' Versuchen, die Gerechtigkeit zu definieren, das ἴσον eine besondere Rolle«; δικαιοσύνη und ἰσότης können als Zentralbegriffe griechischer Ethik aufgefaßt werden. Eher ist hier wie wohl auch Kol 4,1 ein jüdischer mit einem griechischen ethischen Grundbegriff verbunden.

- in der Hoffnung, selbst in der Notlage ebenso behandelt zu werden.[18] Von diesem *do ut des* ist bei PseuPhok nichts zu erkennen. Aber es wäre gut verständlich, daß er zu dem Motiv des großzügigen Gebens durch Hesiod angeregt wurde und es vom Nachbarschaftsbezug entschränkt zur allgemeinen Regel machen wollte.[19]

b) Weisheitliche Überlegung fragt, wie man sich beim Handel vor versehentlichen Fehlern und Normverstößen schützen kann. Da ein Gefäß für Flüssiges allzuleicht überfließt, führt die weisheitliche Sorge zu der Empfehlung v.14b: *Dann schütte doch lieber in jedem Fall* ἁπάντων *noch etwas nach, nachdem du zunächst vorsichtig gemessen hast!*[20]

Die Vorschläge a) und b) schließen sich gegenseitig nicht aus. Das Interesse des Autors an den hellenischen Dichtervorbildern (s. c.XI) läßt vermuten, daß aktuelle weisheitliche Überlegung eher als zusätzlicher Beitrag zum Überlieferten zum Tragen kommt.

5. Beim Thema *Wiegen* wird noch deutlicher, wie genau der Verfasser sich die Sache vorstellt, wobei ihm der geläufige Gegensatz von κρούειν = *rucken* und ἕλκειν = *ziehen lassen* hilft.[21] Bis die Waage sich ausbalanciert hat, hilft der Wiegende gern durch Anstoßen oder Stoppen des Waagebalkens etwas nach. Das ist die Gelegenheit, um sich etwas eilig zu gebärden und dabei unversehens das Ergebnis zu beeinflussen. Darum heißt es hier: *Drücke nicht auf einer Seite, nämlich auf »der anderen«, die nicht die Ware, sondern die Gewichte trägt, sondern laß den Waagebalken ausbalancieren!* Der Verfasser spricht sich aus für die Genauigkeit, die mit ruhigem Messen zu erreichen ist.

Daß unsere Texte normative Kurzfassungen der weisheitlichen Belehrung sind, wie man es richtig macht, kann ein Blick auf Amenemope 17,18ff (LICHTHEIM 2,156) zeigen. Dort finden sich spezielle Hinweise auf konkrete Mißgriffe. Wir dürfen voraussetzen, daß auch PseuPhok und die anderen Zeugen der Überlieferung solche Konkretionen kennen.

6. Sorgfältig pflegt der Phokylideer die überkommene Tradition; wahrscheinlich läßt er sich von den Topoi aus Lev 19 leiten, hat dabei aber Muster der zweigliedrigen Kurzform (gewiß Dtn 25) im Kopf. Auf weitergehende Aktualisierungen aus dem Topos *Handel* verzichtet er hier und im ganzen Gedicht. Er meidet im Übrigen das Thema *Moral im Wirtschaftsleben* völlig und redet nur von den seelischen Bedingungen des Umganges mit Geld und Besitz und von der Arbeitsamkeit. Das ist eine auffällige Zurückhaltung. Sie hat gewiß mit seinem eigenen Lebensumfeld oder mit seiner

---

18 Lk 6,38: ᾧ γὰρ μέτρῳ μετρεῖτε ἀντιμετρηθήσεται ὑμῖν.

19 Erga 396f ἐγὼ δέ τοι οὐκ .. ἐπιμετρήσω ..., νήπιε Πέρση bietet ein Gegenbeispiel - und zugleich die von PseuPhok aufgenommene Vokabel. - WEST (Rez. vdHorst) liest PseuPhok 14 nach *Erga* 694: (καλὸν δ') ἐπὶ (μέτρον) ἅπασιν und vollzieht einen begrifflichen Übergang vom »Messen« zum »Maßhalten«. - Die Beachtung der israelitischen Tradition, in der der Text steht, nötigt keineswegs zur Ablehnung von hesiodischen Einflüssen (wie VDHORST gegen ROSSBROICH anscheinend meint).

20 Sifra zu Lev 19,35f (WINTER): *Im Längenmaß: Das ist die Messung des Erdbodens. Im Gewicht: Das ist die Waagschale. Und im Hohlmaß: Das ist das Gefäß mit vorstehendem weiten Rande. ... Hat er aber genau gewogen, so gibt er ihm* (sc. dem Waagbalken) *das (schuldige) Übergewicht. Eins von zehn* (= 10%) *gibt er bei Feuchtem und eins von Zwanzig* (= 5%) *bei Trockenem. ... Unter diesen Bedingungen habe ich euch aus dem Lande Mizraim herausgeführt. Unter der Bedingung, daß ihr auf euch nehmt das Gebot der Maße. Denn jeder, der sich bekennt zu dem Gebote der Maße, bekennt sich zum Auszuge aus Mizraim,.*

21 H.SCHMIDT, *Synonymik* 3,290 und 255: σταθμὸν κρούειν *Der Waagschale einen Ruck geben* (genauer und mit der Bedeutung *betrügen*: παρακρούειν); ἕλκειν transitiv: *in gleichmäßiger Weise ziehen*; wiegen = *ein Gewicht ziehen*. Vgl. v.9, dazu Hes Erga 220 und WEST z.St.

Adressatenvorstellung zu tun, da im Judentum an sich sonst vielerlei Überlegungen über Gefahren des Geschäftslebens angestellt wurden.

7. Nur PseuPhok unter allen Traditionstexten übernimmt den Imperativ des Gebotes, wie ihn Lev 19 (vgl. Dtn 25) zeigt. Dies dokumentiert den Willen, die Gebotsform in weisheitlicher Toratradition zu erneuern.[22]

8. Ich teile die seit ROSSBROICH (13) vorgetragene Vermutung, ἑτερόζυγον sei eine sprachliche Reminiszenz aus dem (thematisch ganz anders orientierten) Vers Lev 19,19. Die Zugehörigkeit von ζυγός zur Tradition und des Verfassers Vertrautheit mit Lev 19 sprechen ebenso dafür wie die Überflüssigkeit des Wortes neben σταθμόν.

So stehen also diese zwei Verse ganz fest in der Traditionslinie und zeigen doch unverkennbar die Handschrift des Phokylideers. Und das Maß seiner Abhängigkeit, seiner Wahl unter Elementen des traditionellen Topos und seiner Freiheit in der Gestaltung wird doch erst aus dem genaueren Einzelvergleich erkennbar. Der Phokylideer denkt und sieht, bevor er schreibt. Man darf ihn - wenigstens versuchsweise - beim Wort nehmen. Sein Anteil ist auch bei stark traditionsgeprägten Stücken nicht gering. Und seine Beschränkung auf kurze Sprüche, hier zwei Verse, ist so zu verstehen, daß er mehr weiß, als er schreibt, und daß seine 219 Verse auch nicht mehr als eine Epitome, seine Auswahlepitome sind.

1.61 »Maß und Gewicht« im Vergleich mit Philo und Josephus

Der Topos *Maß und Gewicht*, wie er in der »traditio triplex« (KÜCHLER) von Philo, Josephus und PseuPhok seinen Platz hat, bezeugt zunächst die Aufnahme und damit den Platz dieses Topos in universalen Reihen. Dieser Platz ist nicht zwingend, wie sein Fehlen in anderen Reihen zeigt, aber er ist bedenkenswert im Blick auf die Schichten und Ströme der Traditionen. Wir rekapitulieren dazu die unterschiedliche Eigenart der Rezeption des Topos:

a. Philo (mit drei Stellen in verschiedenen Schriften) und Josephus (mit einer Parallele in Ap) bleiben enger im begrifflichen Rahmen der jüdischen Tradition für *Maß und Gewicht*. Philo ergänzt nur mit dem aktualisierenden νόμισμα und paßt das Traditionsstück seiner Epitomereihe formal ein. Josephus konkretisiert und weitet aus zum Verallgemeinerungsbegriff περὶ πράσεως ἀδίκου καὶ δόλῳ γενομένης, wie es dem jüdischen Usus freier paränetischer Verantwortung entspricht, und hält sich an die Übung der Bildung ausgewogener Sätze. Diese enge Anlehnung an die Tradition mag mit dem Charakter ihrer Schriften, nämlich mit der knappen Registrierung der Toragesetze, zusammenhängen.

b. PseuPhok übt unbehindert durch die Absicht, Tradition authentisch zu belegen, deren paränetische Anwendung und Erweiterung. Keine Rücksicht auf die Leser und

[22] Der Infinitiv mit imperativischem Klang bei Philo Hyp 7,8 wird als Infinitiv der indirekten Rede regiert von Vorstellung und Begriffen des Sagens im Text. Der Prohibitiv μὴ αἰσχυνθῇς Sir 42,1 macht aus v.4 keinen Mahnspruch.

den echt jüdischen Dialog mit ihnen, nur seine eigene Einbettung im jüdischen Herkommen binden ihn an die überkommene Sitte.

So schöpft jeder der drei Zeugen auf seine Weise die Möglichkeiten der Tradition und ihres Gebrauches in aller Kürze aus.

2. QUELLE ODER TOPOLOGIE ?

Trotz jahrzehntelanger Suche nach den anfangs des Jahrhunderts ins Gespräch gebrachten verborgenen Paränesevermittlern in Quellenform konnten bis heute immer wieder nur Berührung zwischen zwei, höchstens drei Texten, aber kaum je einmal wörtliches Schöpfen aus einer verborgenen Quelle nachgewiesen werden. Meist, wenn wörtlicher Zusammenhang nicht abzuweisen war, warnten die Vertreter solcher Quellenhypothesen selbst vor Annahme direkter Zusammenhänge - mit dem Ergebnis, daß die gesuchte Quelle bei jeder effizienten Klärung von Einzelfragen erneut weiter zurück ins unbekannte Terrain verlagert werden mußte. Das Dilemma ist nur zu begreiflich! Denn der Paränet in der jüdischen Toratradition war, wie die Variationsbreite in der Wiedergabe der Einzeltopoi zeigt, trotz prägenden Einflusses doch auch relativ frei. Er war weder der Beliebigkeit seiner Einfälle noch der schriftgelehrten Gebundenheit an die Tora oder einer Art anerkannter Mischna, weder dem Wiederholungszwang für approbierte Sprüche noch dem Zwang zur schriftstellerischen Originalität ausgeliefert. Er schöpfte aus einem Fundus an Texten und thematischen Motiven, Begriffen und Formen. Lediglich die inhaltliche Bindung an das sittliche Urteil der Väter - so wie er es verstand - und die Bindung an die Form des weisenden und des behauptenden Kurzspruches begrenzte seine Freiheit.[23] Welche Begriffe der Tradition er aufgriff oder ersetzte, ob er knapper oder breiter als seine Vorbilder den Gegenstand behandelte, ja sogar ob er mehr Gewicht auf das Positive oder das Negativ-Warnende legte, hing stark von der Situation, von der beabsichtigten Schwerpunktsetzung und seinem schriftstellerischen Ansatz und Gestaltungswillen ab. (Und natürlich bleibt der, dessen Gestaltungswille nicht sehr entwickelt ist, lieber nahe bei seinen Vorbildern.) Für ähnliche Texte ist daher neben literarischer Abhängigkeit die Möglichkeit von Lehrtradition, Konvention und Toposgeschichte (BERGER, *Gattungen* 1046) zu prüfen.

Im Fall des Topos *Maß und Gewicht* haben wir einen eng umschriebenen thematischen Ort aus dem Geschäftsleben, einen eindeutigen Haftpunkt der Tradition an alter - mosaischer - Überlieferung und eine Reihe präzise vergleichbarer Ausführungen des Topos aus verschiedenen Zeiten und Schriften. Er ist eindeutig der Tora entnommenen und seit seinem Anfang gewissermaßen ins weite Feld eigenverantwortlicher Rezeption entlassen. Allerdings können wir nicht einen einheitlichen Sitz im Leben benennen. Die

[23] Für Abhandlungen, also etwa die apologetischen Ausführungen Philos und Josephus', galten natürlich andere Bedingungen.

Rechtsprechung selbst kann es nicht gewesen sein, da die Texte hier höchstens als volkstümliche Begründung greifen. Daß die Rechtsprechung keine Wahl hat, ob der Betrug mit Maß und Gewicht zu verurteilen sei, ist klar; Urteile müssen ja wohl im Sinn der kasuistischen Behandlung des Diebstahls ergangen sein. Unser Topos greift vor allem dort, wo die Strafjustiz nicht greifen kann. Der Topos gehört in das nichtjustitiable Gottesrecht und kommt von dort in die Paränese und durchwandert die verschiedenen Funktionen, in denen paränetisches Material willkommen ist. Die Maß-und-Gewicht-Tradition wird bei Philo und Josephus apologetisch, bei PseuPhok paränetisch, aber nicht direkt apologetisch, und im Prophetenwort für die Anklagefunktion genutzt. Wir kennen weder ein Schulungssystem, noch eine Gruppe, wo dieser Topos - natürlich zusammen mit anderen Topoi - als geprägte und prägende Tradition festgelegt war.[24]

Die Suche nach den in der Überlieferung wirksamen Topoi macht uns mindestens vorerst frei von der Apologeticum-Hypothese (s. Anhang I: *Apologeticum*). Wir machen uns auf einem offenen Feld mit mündlichen und schriftlichen Teilströmen auf die Suche, ohne uns auf eine bestimmte Vorstellung des Traditionsvorganges zu fixieren. So wird Konstantes und Variables des Topos als zusammengehörig begreifbar. Schwer lokalisierbares Traditionsgut und nicht genau nachzuzeichnende Traditionswege kommen ohne voreilige Festlegung des Interpreten in den Blick. Hypothetische Entschiedenheit und flexible Offenheit behindern sich nicht während des Forschungsprozesses. In der Bewegung, die eine Kultur im Ablauf der Zeit vollzieht und in der sie ihre Topologien mittradiert und mitbewegt, ist der jeweils vorliegende Text für uns ein momentaner Ruhepunkt. Wir nehmen ihn als solchen ernst und suchen, seine offenbaren und verborgenen Verbindungen zu erkennen. Dies sind zwar gewissermaßen Selbstverständlichkeiten der motivgeschichtlichen Arbeit an einem alten Text. Aber es ist wohl gut, sich daran zu erinnern und so sich vor dem Festfahren in Spuren, die nicht weiterführen, zu schützen. Dazu ist der Arbeitsbegriff des *Topos* gut geeignet.

Ich verbinde den Begriff also hier und in den anderen Kapiteln mit folgenden Intentionen:

1. Traditionsstücke und Traditionstendenzen werden so erfaßt, daß die Entscheidung über den Haftpunkt der Tradition - *Quelle (mündlich oder schriftlich)*, *Thema*, *Schlüsselwort* (*Stichwort*) oder *Formgesetz* - noch offen bleibt. Es wird gefragt:

a) Werden hier zwei Texteinheiten im vorgegebenen Zusammenhang zitiert?

   Gott und die Eltern ehren v.8, das ist eine Verbindung, die vor allem durch die 1.Tafel des Dekalog vorgegeben war.

b) Wird eines ad vocem eines Stichwortes angefügt?

   Spruchfolge oder Wortwahl für πῦρ v.96/97 ist wahrscheinlich durch Stichwortzusammenklang verursacht.

---

[24] BERGER, *Gattungen* 1046: »Viele Gattungen kommen als 'Topoi' in anderen Gattungen vor.« Ebd. 1047 zu typisch mehrere Gattungen übergreifenden Textsorten, die er »Sammelgattungen« nennt - wo ich lieber vom Durchwandern oder Einwandern der einzelnen, weithin originär gattungsgeprägten Topoi in neuen Gattungszusammenhang sprechen möchte, um die Gattungsnomenklatur nicht zu überdehnen.

c) Zieht ein Thema geeignetes »Material« an?

Der biblische Topos *Homosexualität der Männer* zieht als Thema den aktuellen Topos *Lesbische Beziehung* an v.190/192.

d) Regt die Kraft einer prägenden Form an, einen Topos neu gerade hier zum Einsatz zu bringen?

Der frühjüdische Topos *Sexuelle Gefährdung der Kinder* findet durch die Haustafelgattung in Verbindung mit der Lev-18-Rezeption einen Platz in v.209-217. - Der Interpolator von v.218 hat sich durch die traditionsprägende Kraft der Haustafel bewegen lassen, den Topos *Freundschaft* hier einzufügen.

2. Die Frage des Ursprünglichen in einer Tradition, die bei volkstümlicher Rede oft ins Unerforschliche zielt, tritt zurück, u.zw. sowohl bezüglich der Inhalte einer Aussage als auch bezüglich der Intention.

An welcher Art Haftpunkten kann aber ein Topos sich so festmachen, daß er geschichtliche Kontinuität gewinnt? 1. Die Funktionen des Katechetischen, des Paränetischen, Apologetischen, der Polemik, der Festgemeinschaft, der Selbstbehauptung einer Diasporagemeinde usw. üben eine anziehende und selektierende Wirkung auf den Vorrat an Topoi aus. Jeder inhaltlich geeignete Topos kann alle diese Funktionen *durchwandern*. Einer solchen Art von Haftpunkt für das einzelne Motiv korrespondiert 2. die Tendenz zur Reihenbildung, die eine Summe von Topoi nutzt für den Zweck der Reihe und damit dem Einzeltopos die Ausprägung oder (falls schon ausgeformt) verbale Sicherung in einem markanten Stichwort einer Wörterreihe (vgl. Tugend- und Lasterkataloge) oder einer Spruchreihe vermittelt. Topoi, die zu wichtigen Bedürfnissen passen, sind als lebendige Motive durch die Einbindung in eine formulierte Reihe nicht begraben, sondern wirken anregend auf die Tradition und können mit neuer Tönung ihres Gehaltes immer wieder neu sich mit einem Haftpunkt verbinden.

VI. Kapitel
Die Toravorlagen für PseuPhok 9-41 und 132-152

1.
PSEUPHOK 9-41 ALS PARÄNESE ÜBER LEV 19

1.1 Der Vorschlag Jakob Bernays'

BERNAYS hat zuerst für die auf die Dekalogparänese folgende Versgruppe Abhängigkeit von Lev 19 ins Gespräch gebracht (228-234) und dabei den Vers 8 nicht auf die Erste Tafel des Dekalog, sondern auf Lev 19,2f bezogen:

> Ihr sollt heilig sein, denn *Ich bin heilig, der Herr, euer Gott.*
> *Ihr sollt ein jeglicher seinen Vater und seine Mutter fürchten.*

In der Präsentationsformel *Ich bin heilig* sah er die Mahnung, *Gott zuerst zu ehren*, angeregt, was sicher für einen jüdischen Phokylides einleuchtet. Wenn wir v.8 vom Dekalog her verstehen,[1] wird die sachliche Verbindung zu v.9ff über Lev 19,2 umso enger. Die Fortsetzung bei PseuPhok sieht Bernays von Lev 19,15 her mit »Vorschriften über richterliche Gerechtigkeit« (228) gegeben. Die richterlichen Aufgaben verbinden sich mit Problemen des »Kaufmännischen«, immer unter Aufnahme von Geboten aus Lev 19 (mit Ergänzung anderer biblischer Stellen). Die folgende, von der Toravorlage her begründete »Ansprache über Mildthätigkeit beschliesst (V.30) der Rath, 'das Leben als ein gesellschaftliches und in allen Stücken einträchtiges zu führen'« (232).

Bernays ist in der Zuversicht, Unsicherheiten im Text mit Beziehungen auf Lev erklären und aufheben zu können, sicher hie und da übers Ziel hinausgeschossen. Aber er hat Lev 19 zweifelsfrei als Quelle oder Teilquelle in diesem Gedichtsabschnitt nachgewiesen. Enge Beziehungen im Einzelnen und die genaue Thematisierung des israelitisch-jüdischen Ethos zu Schutz und Hilfe für Schutzlose schließen die Zufälligkeit dieser Beziehungen, aufs Ganze gesehen, aus. Die Einschränkungen und Modifizierungen, welche die Forschung bis zu VDHORST vorgenommen hat, waren allerdings nirgends von solch geschlossenem Interpretationskonzept wie dem Bernays' getragen. Hier bleibt noch Arbeit. Ich möchte zu dieser Weiterarbeit beitragen, indem ich

---

1 Der Verfasser hat nichts dafür getan, daß seine Leser auf die Spur seiner biblischen Quellen, etwa sogar zweier konkurrierender Quellen, kommen. Die Spuren von Lev 19 hat er stärker als die zu Dekalog und Lev 18,6-23 verwischt. So ergäbe es nur bei einer wenig flexiblen Quellen-Verwendungs-Vorstellung Sinn, ihn für den v.8 vom Dekalog abrücken und Lev 19 ins Auge fassen zu lassen.

- die Torabezüge, wie Bernays sie sieht, um eigene Vorschläge ergänzt, aufliste und
- exegetische Detailfragen erörtere; weiter indem ich
- das Zusammenwirken der beiden Quellen Dekalog und Lev 19 im Gedichtanfang untersuche und schließlich
- die thematische Geschlossenheit der Reihe v.9ff bedenke.

Tabelle 6: Toraquellen zu PseuPhok 9 - 41

Unterstreichungen der Tora-Vergleichsstellen weisen auf engere begriffliche Beziehungen, Ziffern in *kursiv* auf meine Ergänzungen zu Bernays' Vorstellung hin.

PseuPhok		Lev 19,2-35	Übrige AT
8a	Zuerst Gott ehren	2b	
8b	Die Eltern ehren	3	
9-11	Richterliche Gerechtigkeit	15	
12	Meineid	*12*	Ex 20,16
13	Anvertrautes Gut	11?	Lev 5,20ff; Ex 22,6ff
14f	Maß und Gewicht	35f,	
16f	Eid und Meineid	12	
18	Grenzverrückung (cj. Bernays) oder:		Dtn 27,17
	Nachlese vorenthalten	*9f*	
19	vorenthaltener Tagelohn	13	
20	offen-ehrliches Wort vor dem Nächsten (cj!)	17	
21	Abwehr des Unrechttuns, des eigenen		
	und des der anderen	16	
22f	Hilfe nicht verzögern	*13*	
24	Blinde	14	
	Obdachlose		Jes 58,7
25	V.24 aktualisiert für Schiffbrüchige		
26	Strauchelnde	*14*	Lev 25,35
28f	Von Gott Anvertrautes sozial verwalten		Dtn 15,11.14
30	Zusammenfassung, Überleitung		
32-34	Waffengebrauch		
35	Feldnachbarn		Dtn 19,14
38	Junge Frucht	*23-25*	Ex 22,4f; Dtn 23,26
39-41	Zugewanderte	33f	

Tabelle 7: Begriffsfeld-Vergleich PseuPhok 8-29 / Lev 19,3ff / Dtn 15,11

PseuPhok		Lev 19 / Dtn	
8b	Γονῆας	3	πατέρα καὶ μητέρα
9f	χρίσιν	15	ἐν χρίσει
	ἀδίχως		ἄδιχον
	πρόσωπον		πρόσωπον
13	πίστιν φυλάσσειν	11	οὐ συχοφαντήσει
14f	Vgl. c.V.		
16f	ὅστις ὀμόσσῃ	12	οὐχ ὀμεῖσθε
19	μισθός	13	μισθόν
22f	αὔριον ἔλθεμεν	13	ἕως πρωί
28f	χεῖρα ὄρεξον πενητεύουσιν	Dtn 15,11	ἀνοίξεις τὰς χεῖρας ... τῷ πένητι

1.2 Überprüfung der Torabeziehungen in PseuPhok 9 - 41

Zu v.12 / Lev 19,12; Ex 20,16. BERNAYS sieht hier Abhängigkeit von Lev 19,15 (s.u.). Für NIEBUHR (22) dagegen zeigt sich am Kontext des v.12 und der engen sprachlichen Beziehung des v.12a μαρτυρίην ψευδῆ φεύγειν zum Dekalog Ex 20,16 (οὐ ψευδομαρτυρήσεις ...) μαρτυρίαν ψευδῆ die Einwirkung von Ex 20,16 »auf den von PseuPhok aufgenommenen Traditionskomplex Lev 19« (speziell dort v.12). »Zur frühjüdischen Auslegungstradition von Lev 19 gehört demnach die Kombination der in diesem Kp. enthaltenen Weisungen mit thematisch verwandten aus anderen Pentateuchkomplexen.« Eine gewisse Vorsicht vor einlinigen Herleitungen lehrt aber auch hier der Blick auf andere mit zu bedenkende Stellen aus den Prov und dem NT (VDH; BAUER/ALAND s.v. ψευδομαρτυρέω). Denn sie zeigen, daß der Ex 20,16 (Dtn 5,20) genau entsprechende Wortlaut - der Wortlaut allein - keine gesicherte einlinige Ableitung gestattet. Ich denke, es ist nicht auszukommen ohne die Annahme, daß der Verfasser selbst die beiden Pentateuchquellen zusammengearbeitet hat, weil sein Umgang mit beiden Quellen unabhängig von einander sehr sinnvoll erscheint. Daß er dafür Vorbilder kannte, ist mehr als wahrscheinlich, genügt aber allein nicht als Erklärung. - Thematisch wird hier die nicht sehr eindrückliche Präsentation des Gebotes Dek IX, wie v.7 sie bietet, ergänzt durch ein Wort im dikanischen Zusammenhang. Doch bleibt die Erwähnung der Lüge bzw. des Meineides auch so noch, angesichts der Kritik des Ostens an der mangelhaften Wahrheitsliebe der Hellenen, dürftig.

Zu v.13 / Lev 19,11a?; Lev 5,20ff. Ex 22,6ff: Mit BERNAYS (221) lesen wir v.13 παρθεσίην = *anvertrautes Gut* (statt παρθενίην = *Jungfräulichkeit*). Die Konjektur schafft die Verbindung zu einem wichtigen Topos der jüdisch-christlichen Paränese.[2] Gestützt wird sie durch die chiastische Anordnung der Vershälften der antithetischen Verse 12 und 13:

Ableugnen - *gerecht richten*
X
gerecht handeln - *treu bleiben.*

Denn der kritische Punkt beim Streit um ein Depositum ist im allgemeinen ja nicht, daß die Vertrauensperson das während (längerer) Abwesenheit anvertraute Gut für sich verbraucht und sich pleite bekennen muß, sondern daß die Abmachung abgeleugnet oder ein Raub o.ä. geltend gemacht wird. So ist also v.13 zwar ein eigener Spruch, aber zugleich eine Konkretisierung zu v.12. Denn beim Anvertrauen eines Depositums konnten leicht streitige Entwicklungen eintreten, und Behauptungen (etwa über den unverschuldeten Verlust des Depositums) mußten beschworen werden.[3]

Zu v.16f / Lev 19,12. In den Worten des v.16f *Den Meineidigen haßt Gott* findet BERNAYS die Worte Lev 19,12c *Ich bin der Herr* als Strafdrohung verstanden und übernommen (ebenso DORNSEIFF 40). Auch Josephus bedenkt das *Agnoia*-Motiv Ap 2,175; Ant 4,251 im Zusammenhang mit der Gesetzesunterweisung. Doch sind auch die Warnungen vor leichtfertigem oder wissentlich falschem Eid und die Anrufung der Gottheit als Hüter der Eidestreue zahlreich in griechischer Gnomik. Hesiod Theog 232 könnte mit ἑκὼν ἐπίορκον ὀμόσσῃ Formulierungshilfe gegeben haben.[4] - V.51f behandelt ein anderes Problem vor gleicher,

---

2 Griechisch gebräuchlich wäre allerdings παρακαταθήκη oder παραθήκη. Recht und Moral betreffend das *Depositum* haben (ähnlich wie die in der Weisheit viel behandelte Frage des Darlehengebens) seit der Zeit der alten Gesellschaften bis ins Europa des 18.Jh. große Bedeutung gehabt, wie wir uns in der Welt des modernen Geldverkehrs und des Sicherheitsschloß-Standards wohl nur schwer vorstellen können. Vgl. »die sich aus der möglichen Ableugnung des Depositums durch den Depositar ergebenden Probleme« in alten Rechtskorpora, E.OTTO, *Rechtsgeschichte und Redaktionen im Kodex Eschnunna und im Bundesbuch* S.87 (s. ebd. S.83-98). Die Anklänge daran in den beiden Gesetzes-Epitomeen stützen daher die Konjectur für v.17 ebenso wie die Stellung des Topos in der Tora und die Aufnahme bei Sir 42,7a (hier nicht eine Mahnung an den Verwahrer, sondern an den Hinterleger?), im Plinius-Brief (Plinius II ep 10.96,7) betr. Selbstverpflichtung der Christen, Luk 19,20f u.v.m. - Vgl. KP s.v. *Parakatatheke*; A.MARMORSTEIN, *Das Motiv vom veruntreuten Depositum in der jüdischen Volkskunde*.

3 Eben vom angeblichen Verlust des Depositums (und seiner Bezeugung vor sieben Richtern) handelt Jos Ant 4,(285-)287. - Prov 19,24 verbindet *Stehlen und Hehlen* mit ὅρκος = *Fluch*.

4 Vgl. Erga 282-285: ἑκὼν ἐπίορκον ὀμόσσας; im Kontext: Segen oder Fluch von Zeus. - Damit die Entschuldigung mit Unkenntnis weithin ausgeschlossen werden kann, hat - nach Josephus - der Gesetzgeber die Verlesung und das Lernen (ἐκμανθάνειν) des Gesetzes für jeden Sabbat angeordnet. Im Unterschied zu solcher Idealisierung hat PsSal 3,8 wohl einen Erfahrungshintergrund, wenn die Hilfe für den in Unwissenheit Sündigenden durch *Fasten und Demütigung* gelehrt wird und der Unwissende kraft der Reinigung durch den Herrn doch als ἀνὴρ ὅσιος gelten darf. In LibAnt 11,2fin bezieht sich das Sündi-

mit ἑκών charakterisierter negativer Folie. Die dortige Antithese *mutwillig oder unter Zwang Frevelhaftes tun* läßt die Dringlichkeit des Zwanges offen. Es geht nach v.52 nicht um Selbstentschuldigung bei objektiv frevelndem Tun, sondern um milde Einschätzung des Tuns anderer, vornehmlich Abhängiger. Der Leser wird indirekt eingeladen, sich auch ein Urteil zu bilden, wie es der *Phokylides* tut: *Im Fall der Not meines Mitmenschen will ich nicht das gleiche Verwerfungsurteil sprechen - und was sagst du?* Wer um den Erhalt erträglicher Lebensverhältnisse bangen und kämpfen muß, kann leicht unter dem Druck der Angst und Not einen Fehltritt tun.[5]

Zu v.18 / Dtn 27,17 (BERNAYS) *oder Lev 19,9f* (Th). Bernays (229f) konjiziert das bis heute mehrdeutige σπέρματα (VDH) in τέρματα und stellt so einen Bezug zu Dtn 27,17 her. Der Bezug dorthin (und nicht zu Dtn 19,14, s. VDHORST zu v.35) scheint ihm gerechtfertigt, weil dort, ähnlich Lev 19, die nicht juristisch verfolgbaren, dafür mit Fluch belegten Verfehlungen gemeint sind. Grenzsteinverrückung ist »ein Verbrechen, das ... der Verpönung mittels des abschreckenden Fluches wohl bedürftig ist, weil es so leicht und so still vollführt werden kann«. Mit der Fluchdrohung v.17 betr. Meineid »umschreibt der Phokylides wohl nur die Worte 'Ich bin der Herr' im Leviticusverse (sc v.12b), welche er demnach richtig als strafandrohene Sanctionsformel aufgefasst hätte«. M.E. geben diese Überlegungen auch für die von mir angenommene Beziehung zu Lev 19,9f guten Sinn.[6]

WALTERs Auslegung rechnet mit engem thematischem Zusammenhang zwischen v.18 und 19. Weil »dem abhängigen Armen wenigstens das Saatgut für die nächste Aussaat belassen werden« müsse, werde von »Stehlen« gesprochen, »selbst wenn der Herr ein formales Recht« auf dieses Saatgut hätte. Das kommt dem Geist der israelitisch-jüdischen Überlieferung, der hier überall zu spüren ist, in der Tat sehr nahe. Ob aber der Leser unter den Eigentumsfragen die des Saatgutes so als besonders erkannte, daß er den Schutz des Armen als die eigentliche Intention begriff, ist mir nicht sicher.

Zu v.19.22f / Lev 19,13. Nach seiner Art, in speziellen Gesetzesweisungen allgemeine sittliche Maximen zu finden, entfaltet der Text die Vorschrift zur täglichen Lohnauszahlung für Lohnarbeiter Lev 19,13 in zwei Mahnungen: erstens zur bereitwilligen, nicht bedrückenden Lohnzahlung v.19 und zweitens zur schnellen Hilfe für Notleidende v.22.[7]

Zu v.20 / Lev 19,17 / Erga 719f: BERNAYS bringt den Vers in längerer, gehaltvoller Ausführung mit Lev 19,17, der Pflicht zum nicht nachtragenden, aber doch offenen Wort an den Nächsten, in Zusammenhang (und so sachlich mit PseuPhok 48 zum Ausgleich). Damit folgt PseuPhok dann aber auch der in Lev vorgegebenen Ausrichtung am Dekalog - in Entsprechung zur traditionellen Verknüpfung der Gebote Dek III und IX. Ich halte daher 1) das Bedürfnis, auch hier ein Wort zur Zungensünde zu sagen, fest. Dies Wort ist 2) entschieden weniger sozialethisch konkret als die Kontextmahnungen. Bernays will daher konjizieren und das Gebot zur offenen Kritik aus Lev 19 genauer aufnehmen: *»hältst du das Wort in der Brust versteckt* κρυπτών, *so schadest* ὕψῃ *du nur«*. Aber auch so bleibt die Aussage blaß für den, der Lev nicht kennt - so wie auch im Dekalog-Referat v.3-8 der v.7 am undeutlichsten blieb. Gehen wir 3) zur Struktur der Vershälften über, so sind Bernays' Bedenken gegen deren tautologisches Verständnis berechtigt. Er selbst findet hier *Mahnung + Begründung*. BERGK (*Kritische Beiträge* 589f, s. VDH) findet die Zäsur nach κρυπτόν, was eleganter ist (dem Autor aber nicht unbedingt entspricht). Für die Antithetik von νοῦν und λόγον - verborgene *Gesinnung* / zurückhaltendes *Wort* - muß er die etwas paradoxe Verbindung von γλώσσῃ mit κρυπτόν hinnehmen. Wenn dagegen allgemein der imp.Inf. am Versende beibehalten und die Zäsur n a c h κρυπτόν gefunden wird, muß der zweite Volitiv ein Aussage-Plus enthalten; a) im synonymen Parallelismus: *Die Achtsamkeit mit der Zunge* (v.20a) *erweist sich im Schweigen können* (v.20b), oder b) im antithetischen Parallelismus: *Reden mit Bedacht / Schweigen, wo es geboten ist*. Der Autor führt aber gern mit einem zweiten Volitiv im Parallelismus ein begründend-verdeutlichendes Element ein; so wohl c) auch hier:

---

gen in Unwissenheit auf Menschen, die überhaupt vom Gesetz nicht wissen (wollen), also Nichtjuden, und die dafür als schuldig betrachtet werden.

5 Nach yShevu I,3 (Lev 16,21) sind die Sünden aus Vermessenheit und aus Widerspenstigkeit (beides wäre ἑκών) zu unterscheiden von denen aus Unwissenheit bzw. Schwachheit.

6 Da Josephus seine Belege für die mosaische πολιτεία Ant 4,196 nicht nennt, können von dort für die Textüberlieferung PseuPhok 18 keine Schlüsse gezogen werden. Josephus behandelt dort §225ff sowohl das Depositum, als auch die Grenzsteinverrückung, die Schonung der jungen Frucht und das Verbot der Nachlese zugunsten der Armen im Zusammenhang.

7 Vgl. NIEBUHR (24 mit A.75f) zu πένης v.83.113, πενίη v.10.40, πενιτεύω v.28 im Verhältnis zu πτωχός v.22 und πλησίον Lev 19,11.13-18 (in Auseinandersetzung mit VDH zu v.22).

Auf der Zunge Vernunft halten; (notfalls) das Wort im Inneren verborgen halten.
Der zweite Volitiv konkretisiert, auf welche Weise der erste realisierbar ist, und stützt diesen auf diese Weise sachlich. Über den Undeutlichkeiten des Verses darf der moderne Interpret aber 4) nicht übersehen, daß es sich um eine geschliffene Gnome handelt, der für eine meisterliche Sprachform nur noch der strukturelle oder semantische Chiasmus der Verben fehlt. Beide Vershälften entsprechen sich genau: γλώσσῃ / λόγον, νοῦν / φρεσίν, ἐχέμεν / ἴσχειν.[8] In Spannung zu diesem Parallelismus steht der Chiasmus der Nomina: *Dativ - Akkusativ - Akkusativ - Dativ*. κρυπτόν hat eine auffällig zentrale Stellung, wie auch die (für eine Gnome interessante) Möglichkeit der Zuweisung zu beiden Volitiven zeigt; dies begünstigt ein prädikativisches Verständnis.[9]

In der Werkstatt des Dichters scheint dieser Vers auf dem Weg zur ausgereiften Gnome sowohl seine traditionsgeschichtliche Herkunft, als auch seinen sozialethischen Hintergrund weithin verwischt zu haben. Er steht nun mitten zwischen dem konkreten Gebot Lev 19,17 und Hes Erga 719f: *Der beste Schatz unter Menschen ist eine sparsame Zunge*. PseuPhok hat das Gebot wohl mit Hilfe dieser Anregung aus griechischer Weisheit und den einfachen Hesiod-Spruch mit einem Doppel-Volitiv aufgenommen. Wenn er dabei den eudämonistischen Gedanken wenig in seinen sozialethischen Kontext integriert hat und auch den sachlichen Ausgleich etwa zu v.48 (BERNAYS!) offen läßt, so entspricht das zwar nicht seinem sonstigen Bemühen, dafür aber der Neigung der durchformulierten Gnome zur *Entschränkung* spezifischer Tradition, also der Ablösung von ihrem Entstehungshintergrund.

Zu v.26 / Lev 25,35 (BERNAYS) - *19,14* (Th): BERNAYS scheint mit dieser Zuweisung[10] übersehen zu haben, daß Lev 19,14 den Blinden vor dem Sturz über ein mutwillig gelegtes Hindernis οὐ προσθήσεις σκάνδαλον bewahren will. Die archaische Art, die Formulierung der Gesetze an einem konkret vorgestellten Exempel auszurichten, wird vom Phokylideer dazu benutzt, a) den positiven Gehalt der Vorschrift - Hilfe für den Blinden *vor* dem Schaden - und b) den schlimmen Gehalt - die bleibende Gefährdung des Blinden - aufzunehmen. Letzteres hat er gleich, entsprechend dem Duktus der Versfolge, ins Positive umgesetzt und gegenüber dem biblischen Wortlaut entschränkt: Beistand für jeden Gestürzten. Ein Musterbeispiel paränetischen Umganges mit der Gesetzesvorschrift!

Zu v.28f / Dtn 15,11.14: Die Berührung im Wortlaut ist hier besonders eng. Die Wendung vom *Füllen* und *Darreichen der Hand* v.23.28 folgt allerdings einer verbreiteten LXX-Wendung (VDH).

Zu v.30.32. Vers 30 ist eine zusammenfassende Regel. Sie weist nach BERNAYS (232) zugleich voraus, indem sie den von Lev 19 her wirkenden Tenor »nach drei Richtungen auf hervorstechende Lebensverhältnisse angewendet«: auf »das Recht des Waffengebrauchs« v.32f, die Beziehung der »Feldnachbarn« v.38 und die »Beziehungen zwischen Zugewanderten und Einheimischen« v.39-41. Dieser Vorschlag der thematischen Einbindung der Verse in eine traditionsgeschichtlich bestimmte Folge scheint auf den ersten Blick zu genial und glatt, läßt sich aber durch zwei Überlegungen als textgemäß darstellen: Da ist erstens die Antithetik von βίος v.30 und φόνος v.32. Auf die Generalklausel ἔστω κοινὸς ἅπας ὁ βίος folgt unmittelbar die Konkretion: der Prohibitiv gegen einen Leben und Gemeinschaft zerstörenden Selbstschutz. Zweitens ist diese »pazifistische« Infragestellung jeden Waffengebrauchs recht ungewöhnlich, sowohl in der jüdischen wie in der griechischen Umgebung.[11] Es kann vom Verfasser schwerlich als versprengtes Einzelstück hier eingeschoben sein. Wenn dieser Mahnspruch im Nachdenken über a) griechische Weisheit und b) israelitisch-jüdische Halacha gebildet wurde, dann hatte er gewiß Rückhalt im Kontext der Lev-19-Reihe. Solches Nachdenken können wir vermutungsweise nachvollziehen: a) Hesiod äußert sich über die kriegerische Selbstauslöschung vor allem des *ehernen*, aber auch des *Heroengeschlechtes Erga* 152f.161ff in einer Weise, die von PseuPhok als grundsätzliche Kritik am Kriegerischen aufgefaßt werden konnte (auch wenn Hesiod einen Forschritt von roher Gewalt der Namenlosen zum würdigeren Kriegshandwerk der

---

8 VDHORSTs Hinweis, νοῦν ἔχειν bedeute *Acht haben auf etwas*, hat berechtigte Aufnahme gefunden. Das hindert aber nicht, das Gegenüber der Begriffe νοῦς und φρένες zu würdigen - was die Übersetzung schwierig macht.

9 Gegen WALTER, der κρυπτὸν λόγον attributiv statt prädikativ versteht: *ein Wort im Vertrauen*, und dafür Sir 41,26 beachtet wissen will. Dort ist aber die Verbindung λόγων κρυφίων auch von der Satzstellung her klarer.

10 Der Bezug zu Lev 25,35, den BERNAYS anmerkungsweise nennt S.231 A.3, setzt ein metaphorisches *Die Hand reichen* voraus. DORNSEIFF nennt Lev 25,35 zu v.22 und zu v.26 richtig Lev 19,14.

11 VDHORST, *Ps.-Phoc/NT* 191, zu v.32-34: »The exceptional qualitiy of these lines is the pacifistic ring about them.«

Heroen andeutet). Der dem Kriegsdienst fernstehende Bauer denkt anders über dies Thema als der fehdefreudige Adel und sein Sänger Homer. b) In dem Wort gegen jedes Blutvergießen als etwas Befleckendes kann sich auch die religiöse, speziell israelitische Lehre wiederspiegeln, daß vergossenes Blut kultisch verunreinigt.[12]

Zu v.(35.)38 / Lev 19,23-25; Ex 22,4f; Dtn 23,25. WALTER denkt an die »Feldfrucht«, wenn sie »aufkeimt«. So ergibt sich ein enger Zusammenhang zum Feld des Nachbarn v.35: »Geh nicht über den Acker des Nachbarn, wenn es seine Saat schädigt«. Dieser Zusammenhang ist nicht zwingend; und damit ist auch der gemeinsame Bezug zu Ex 22,5 und Dtn 23,25, wo vom Übergriff auf das Feld des Nachbarn gesprochen wird, unsicher. Wenn hier die Betonung auf χαρπὸν αὐξανόμενον liegt, dann ist der Schutz der noch jungen Bäume in Lev 19,23-25 eine nähere Parallele.

Zu v.39-41 / Lev 19,33: Ob der Text an »poor peasants who from sheer necessitiy migrated to city« und deren moralische Gleichstellung mit den Bürgern oder (mit Bertholet - VDHORST z.St.) an Volksfremde oder an weiterher verschlagene Landfremde denkt, ist in der generalisierenden Aussage des Spruches ohne Belang. In jedem Fall paßt, was vdHorst über einen möglichen Bezug zu Lev 19,33f; Ex 23,9 u.a. schreibt: »...the historical basis (the Israelites having been themselves aliens in Egypt) is here generalized into a common truth«.[13]

1.3 Das Zusammenwirken von Dekalog und Lev 19 bei der Konzipierung der Verse 3-41

Vers 8. Der Vorschlag, den Vers nicht vom Dekalog, sondern von Lev 19,2f her zu verstehen und als Überleitung zur Behandlung der Topoi Lev 19,11ff anzusehen, ist modifiziert aufgenommen. Aber VDHORST betont mit Recht das Übergewicht der Dekalogtradition von v.3-7 her. Die nach griechischem Vorbild (vgl. πρῶτον) erfolgte Verbindung der Dekaloggebote Dek I und V wird zum *Scharniervers*[14] zwischen Dekalog- und Lev-19-Paränese. Die Wechselbeziehungen zwischen Dekalog und Heiligkeitsgesetz - auch für die neutestamentliche Katechismusfrage von erheblichem Interesse - helfen auch sonst zur Klärung der Traditionswege.

Vers 16-17 trägt die »vom Dekalog her rückständige Bestimmungen über das Schwören« (Bernays 229) nach; dies darf angesichts der jüdischen Gewohnheiten hin sichtlich der Gebote Dek III und IX (s. S.411ff) als sicher angesehen werden. Aber auch Lev 19,12 spricht vom Eid. Und wie wir zwei Toraquellen erkennen, so sehen wir den Topos zweimal vom Phokylideer aufgegriffen, vgl. schon v.12. Die Beziehungen sei es zum Dekalog, sei es zu Lev 19,12, sei es zum richterlichen Wirken Lev 19,15 sind noch nicht befriedigend geklärt.[15]

---

[12] 1Chron 22,8. Vgl. Kriegsrolle 1QM 14,2f LOHSE: *Und am Morgen (sc nach der Schlacht) sollen sie ihre Kleider reinigen und waschen von dem Blut der Leichen der Schuld.*

[13] Den Gegensatz in v.40 zwischen dem schlechter bezeugten (nur Sib), aber zu πολυπλάγχτου besser passenden ξενίης und der *lectio probabilior* πενίης, wie VDHORST ihn sieht, kann ich nicht erkennen.

[14] DERRON 20 A.11; ähnlich WALTER zu v.8. Nach Rabbi Eleazar hängt die ganze Tora mit Gerechtigkeit zusammen, weshalb sogleich auf den Dekalog Gesetze über die Gerechtigkeit folgen, VOKES, *Ten Commandments* 150. - PseuPhok hatte Vorbilder für die Wahl eines durch Achtergewicht ausgezeichneten Schlußverses; vgl. Solon (DiogLaert 1,60) am Ende einer 12-Hypotheken-Reihe: θεοὺς τίμα, γονέας αἰδοῦ, s.u. S.309.

[15] VDHORST scheint - unausgesprochen - den v.12 im Zusammenhang mit dem Richterdienst v.11 zu lesen, wenn er Wert auf φεύγειν legt und »do not give false witness« mit »do not allow yourself to be influenced by false witness« verbunden sieht. - DELLING, *Begegnung* 17 (m. A.83): »Nach dem Gebot der Ehrung der Eltern (Z.8) folgt der übrige Dekalog (Z.9-17)«. Die falsche Zeugenaussage nach der Mahnung betr. Richten findet Delling auch bei Philo SpecLeg 4,55-79. Das Thema *Schwur* (Z.16f) greife

Vers 18. Auch das Stichwort κλέπτειν, das Dekalog und Lev 19,11 gemeinsam ist, knüpft für PseuPhok einen engeren Zusammenhang der beiden Quellen. Laut v.144 κλοπίμων ἀπὸ χειρῶν weiß der Verfasser κλέπτειν als paränetischen Schlüsselbegriff zu verwenden. Er hatte es bei der Dekalogparänese v.5f nicht verwendet. Nun verbindet er den Begriff mit σπέρματα:

σπέρματα μὴ κλέπτειν, ἐπαράσιμος ὅστις ἕληται,

und scheint dabei Lev 19,9f vor Augen zu haben, wo von der Nachlese an Korn und Trauben und dem drohenden ἐγώ εἰμι κύριος ... die Rede ist.

Vers 20. Die traditionell-paränetische Verbindung des *Mißbrauchs des Gottesnamens* (Dekalog 1.Tafel) mit dem *falschen Zeugnis* (2.Tafel, s.o. zu Dek III und IX) kann zusätzlich zu den genannten Gründen die Aufnahme von Lev 19,17 in einer Mahnung zum rechten Gebrauch des Wortes begünstigt haben.

Vers 32-34. Mit φόνος wird das Schlüsselwort von Dek VI, das in v.4 fehlte, nachgetragen. Die Warnung vor Blutvergießen als in jedem Fall *befleckend* berührt sich wie schon die Warnung vor verbrecherischer *List* v.4

μήτε δόλους (!) ῥάπτειν μήθ' αἵματι (!) χεῖρα μιαίνειν

auffällig mit Lev 19,16 LXX:

οὐ πορεύσῃ δόλῳ (!) ἐν τῷ ἔθνει σου· οὐκ ἐπισυστήσῃ ἐφ' αἷμα (!) τοῦ πλησίον σου.

Wie bei μαρτυρίην ψευδῆ (s.o.) finden wir zwar auch hier einen verbreiteten Topos (vgl. Jes 59,3ff). Aber die Wiederholung von Sachanliegen des Dekalogs unter Aufnahme der Wendungen von Lev 19 ist auch hier gegeben.[16]

Führt ein Weg an der Annahme vorbei, daß der Verfasser beide Quellentexte vor liegen hatte und zu einer Doppelreihe *Dekalog + Heiligkeitsgesetz* kompilierte oder, wenn ihm ein Tora-Auszug mit Texten aus Ex, Lev und Dtn vorlag, diesen im Rückgriff auf die LXX überarbeitete? Die streng geschlossene und äußerst knappe Reihe v.3-8 bedarf der Ergänzung durch Sprüche, die die einzelnen Anliegen nochmals aufnehmen und etwas ausführen. Können wir hier nicht vielleicht etwas Einblick nehmen in die Werkstatt des Interpreten PseuPhok? Der Phokylideer geht frei und doch nicht wirr mit der Reihenfolge um. Er schafft durch Anlehnung an verschiedene alttestamentliche Textstellen Mahnungsblöcke: - *Dekalog - Recht im Gericht und in Handel und Wandel - Barmherzigkeit und Solidarität mit den Schutzlosen* usw; Blöcke, die locker, aber sinnvoll aufgereiht sind. Was Bernays durch Konjekturen und Versumstellungen teilweise gewaltsam klären wollte, muß auf eine Weise weiter geklärt werden, die der Eigenart jüdischer paränetischer Tradition mehr Rechnung trägt.

Philo ausführlich »zum Verbot des unrechten Gebrauchs des Namens Gottes« auf, Decal 84-95. Mein Verständnis solcher Topos-Beziehungen trage ich in c.XIV 5.3f unter den Kategorien *Subsumierung, Verallgemeinernde Ausweitung* und *Verknüpfung* vor.

16 Die Motive des gemeinen Mordes, des listigen Planes gegen das Leben des Nächsten und der Befleckung durch das Blut Erschlagener (Nächster oder Feind) verschmelzen leicht, zumal sich die Tabuisierung des Blutes mit der Tabuisierung der kriegerischen Selbsthilfe (anstatt Gott die Rache zu überlasse LibAnt 11,11) verbinden kann. Vgl. auch Sext Sent 324.

1.4 Die (formale und) thematische Einheit der Reihe

V.9-21 wählt aus der biblischen Vorlage aus unter dem Thema der *Gerechtigkeit*,[17] v.22-41 unter dem Thema *Barmherzigkeit*. Im jüdischen Sinne sind das nicht Gegensätze, sondern schon die Gerechtigkeit ist von der Barmherzigkeit her interpretiert v.10.18.19. Die *Taten der Barmherzigkeit* oder, griechisch ausgedrückt (BERGER 123-125), die φιλανθρωπία v.22-41 und die Gefahren der φιλοχρημοσύνη v.42-47 - die erste indikativische Reihe des Gedichtes - stehen antithetisch einander gegenüber; Letzteres ist auf Ersteres bezogen. V.42ff schließt sich nicht nur dem unmittelbar Vorausgehenden an, sondern bezieht sich auf den ganzen Gedichtanfang.

Die neun Verse unter dem Thema *Taten der Barmherzigkeit* gliedern sich in eine Sechser- und eine Dreierstrophe. Die erste Strophe v.21-27 schließt mit einem verallgemeinernd begründenden Spruch, die zweite v.28-30 mit einer verallgemeinernden Regelmahnung. Die Verse haben in der Sorge für die Hilfsbedürftigen einen besonders klaren thematischen Zusammenhang. Der Arme v.22f, der Obdachlose v.24, der Schiffbrüchige v.25, der Gestrauchelte v.26, das sind ganz typische Zielgruppen der Taten der Barmherzigkeit, in denen das Frühjudentum die Gerechtigkeit des Frommen, sich ausdrücken sah. Dazu paßt aus jüdischem Geist auch unbedingt der Fremdling v.39. Die inhaltliche und formale Einheit der Reihe kommt der der Thema-Abschnitte v.97-115 (*Verhalten angesichts der Todeserwartung*), v.122-131 (*Kraftvolles Wort*) und v.153-174 (*Arbeitsamkeit*) gleich, fällt ihnen gegenüber aber durch den raschen Imperativwechsel auf.

1. Das Grundanliegen wird gleich im zweiten, verallgemeinernden Mahnspruch v.23 - der also begründenden Klang hat - ausgesprochen:

   Füll deine Hand. Gewähre (Gaben der) Barmherzigkeit dem Bedürftigen.

Die frühe Benennung dieses Hauptanliegens des jüdischen Ethos gibt dem Gedicht eine klare Ausrichtung. Ἔλεος (vgl. ἐλεημοσύνη / *Almosen*), Kernbegriff des jüdischen Ethos, bezeichnet die Pflicht, Gott durch Güte gegenüber dem Verlorenen nachzuahmen (VDHORST z.St.). Die Übersetzung des hebräischen *Gerechtigkeit* = *z.daka* צְדָקָה durch ἔλεος im antiken Judentum war ein Programm. Es ist anzunehmen, daß der Phokylideer diesen Zusammenhang kannte, als er am Anfang und am Schluß von δίκη und δικαιοσύνη schrieb.

2. Die erste Strophe v.22-27 enthält in 5 Versen 7 oder 8 positive Imperative, 1 negatives imp. Gegenstück v.22b und 1 Begründungsklausel v.25b. Diese rasche imperativische Folge wird nur v.3-8 übertroffen.

Probleme bereitet v.23a. Einen Begründungssatz zu v.22 nehmen YOUNG (bei VDHORST 129: »*It* (the immediate giving to a beggar of v.22) *will fill your hand*« - Gott wird's lohnen!) und DERRON an (»*tu remplira sa main*« πληρώσεις ἔο χεῖρ᾽). Das Gedicht weist aber kein Beispiel auf, daß die erste Vershälfte eine Begründungsklausel, die zweite den Imperativ bringt. Ein medialer Konjunktiv *You must fill your hand* (h) wäre eine Notlösung. Das von DIEHL bevorzugte πληρώσας (vl. L) ist sehr schwach bezeugt, scheint

---

[17] Wenn GEFFCKEN, *Apologeten* 88, v.9 sprachlich zu recht mit Joh 7,24 μὴ κρίνετε κατ᾽ ὄψιν, ἀλλὰ τὴν δικαίαν κρίσιν κρίνετε vergleicht, so ist damit an keiner der beiden Stellen ein »rein private(s) κρίνειν« (ebd.) erwiesen (wie Geffcken aus dem mutmaßlich individualethischen Charakter dieses und vergleichbarer Texte ableitet). Die vom Dikanischen genommene Rede bei Joh bestätigt eher den Bezug des v.9(-12) zum öffentlichen Rechtswesen.

aber eine gute Möglichkeit:

Deine Hand füllend, reiche Erbarmen dem Bedürftigen dar.

Die Funktion des Verses, das Toragebot in v.22 sowohl praktisch (*Achte darauf, daß du eine Gabe zur Hand hast!*), als auch grundsätzlich (*Übe göttliche Gerechtigkeit, gib die Gabe des Erbarmens* ἔλεος) zu untermauern, wird so am besten verständlich. - Angesichts der vielen Imp.Aor. in der Reihe möchte ich auch den Imp. πλήρωσαι zur Erwägung stellen. Deutsch muß der Vers ohnehin entsprechend lauten:

Fülle deine Hand, üb Erbarmen mit dem Bedürftigen.

3. Im Unterschied zur ersten Strophe mit den 10 Halbversen in 5 Versen bringt die zweite Strophe v.28-30 zwei konditionale Mahnungen, die im ersten Halbvers die Situation und im zweiten die Aufgabe nennen.

Zufällige Entstehung einer solchen Reihe ist ausgeschlossen. Ja in diesem Falle müssen wir sagen, daß der Verfasser von der Pflege von Einzelsprüchen abgewichen ist und die Wirkung der Reihe durch ihre Asyndetie gesucht hat. Der Leser soll die Geschlossenheit dieses Ethos und seine verpflichtende Kraft an der asyndetischen Folge der Sätze und der Doppelung der Imperative in den Anfangsversen spüren.

Der mehr begründende als mahnende Vers 29 nimmt zwar das jüdische Glaubensverständnis, aber auch gnomische Ethik auf.[18] Der Begründung im Positiven steht die Klage über das Negative, die Folgen der φιλοχρημοσύνη, v.42-47 gegenüber.

Die zwei nach Auslassung der Interpolationen noch verbleibenden Mahnungseinheiten mit abweichender Thematik

v.32-34 *Vermeidung bewaffneten Kampfes* und

v.35.38 *Vermeidung des Nachbarschaftsstreites*

sind nicht so stringent aus Lev 19 herzuleiten. Topisch bereiten sie die Klage des begründenden Abschnittes v.42-47 vor; sie dürften im gedanklichen Vorgriff auf die Friedensthematik an den Schluß der mahnenden Reihe gekommen sein.

Vergleichen wir diese biblisch vorgebildete Hypothekenreihe zum Thema *Menschliche Solidarität* mit einem Text Senecas, der ja Einzelmahnungen nicht grundsätzlich ablehnend gegenüberstand, dann wird der Unterschied biblischer Paränese zu stoischer Popularethik erfreulich deutlich:

Welche Vorschriften geben wir? Daß wir schonen das Menschenblut? Wie wenig ist es, dem nicht zu schaden, dem du nutzen müßtest! Lobenswert, gewiß, ist es, wenn der Mensch glimpflich mit dem Menschen umgeht. Werden wir vorschreiben, daß er dem Schiffbrüchigen die Hand ausstreckt, dem Irrenden den Weg zeigt, mit dem Hungernden sein Brot teilt? Wann kann ich alles, was zu leisten und zu vermeiden ist, aussprechen? Warum soll ich es aussprechen, obwohl ich ihm ganz knapp die folgende Regel der Menschenpflicht übermitteln kann? Alles, was du siehst, darin Göttliches und Menschliches zusammengefaßt, ist eine Einheit ... Seien wir solidarisch: für die Gemeinschaft sind wir geboren; unsere Gemeinschaft gleicht einem Bogen aus Steinen, der zusammenbräche, wenn die Steine einander nicht stützen, und eben dadurch gehalten wird. (Ep 95,53-53 ROSENBACH)

Eben solcher stoischer Kritik an der Spruchparänese nimmt die spätere Definition paränetischer Briefe usw. den Wind aus den Segeln, indem sie hier nicht ein ethisches Belehren und Verpflichten an sich findet, sondern ein aufmunterndes Erinnern und Konkretisieren dessen, worin Absender und Adressat sich grundsätzlich einig sind, s. c.IX.

---

[18] Men mon 198 Δίδου πένησιν ὡς λάβῃς θεὸν δότην; s.u. S.310

Der Indikativ zum Imperativ - Vers 42-47

Dem biblischen Imperativ der Verse 3-41 läßt der Autor eine erste indikativische Textfolge als allgemein-weisheitliche Begründung folgen. Den vielen Volitiven im Gedicht steht diese zusammenfassende (μήτηρ κακότητος ἁπάσης) Darstellung des Negativen antithetisch gegenüber. Die Bezüge der imperativischen zur indikativischen Reihe lassen sich leicht an einigen Begriffen aufweisen. Erstmals kommen hier auch Texte von Hesiod und Theognis als relevanter Sprachhintergrund zur Wirkung.

Tabelle 8: Imperativ-Indikativ-Beziehungen v.3ff / 42ff

11	κακῶς	42	κακότητος	
5	πλουτεῖν	43	χρυσός	
28	πλοῦτον			
4	δόλους		δόλος	
5	βιοτεύειν	44	βιοφθόρε	vgl. Theogn.523f
27.30	βίος			
4	αἵματι	46	μάχαι, φόνοι	vgl. zu v.46f: Hes Theog 228
32	ξίφος, φόνον			
8	γονῆας	47	γονεῦσιν	vgl. Hes Erga 182-184

Die Verbindung der beiden Quellbereiche des Phokylideers zeigt Methode, die hier erstmals in ausgeprägter Weise sich meldet. Er hat nicht ein Gemenge des Jüdischen und Griechischen eklektizistisch aufgenommen, sondern im Bewußtsein der unter schiedlichen Schwerpunkte das Gebotene zum Ausgang gewählt und das Erfahrbare, d.h. auch: das dem Griechen unvermindert Zugängliche, zur Unterstützung eingebracht.

Mit dem Vermeiden jeder direkten Bezugnahme auf religiöse Überzeugungen, die das Pseudonym (und die Aufnahme bei nichtjüdischen Lesern) in Frage stellen könnten, geht die Übertragung des Mahnungsanliegens in die Vorstellungswelt seiner Umwelt und der von ihr verehrten und gelesenen griechischen Dichter einher. Das gilt für die Mahnungen, mehr aber noch für die Begründungen. Im Unterschied zu den Griechen waren die Juden von Haus aus keine Seefahrernation. Die Mahnung zum Erbarmen mit Schiffbrüchigen v.25 knüpft an die jüdische Mahnung zugunsten des Obdachlosen und des Blinden v.24 an und führt sie angemessen weiter. Es kann sich auch um die Übertragung des Fremdlingschaftmotivs (das zusammenfassend in v.40 noch einmal anklingt) auf ein konkretes Beispiel, eben das des an Land jeden Rückhalt entbehrenden Schiffbrüchigen handeln.

2.
PSEUPHOK 132-152 IN BIBLISCHER TRADITION

2.1 Auffällige Kontextprobleme

Wer unvoreingenommen an die Seiten herangeht, auf denen BERNAYS sich mit der Versfolge 132-152 beschäftigt (236-241), kann schwerlich zunächst anders urteilen, als daß es sich um ein Gemisch aus Kombinationsfreude und Konjekturvertrauen handelt. Kühn erscheinende Torabezüge, Einbeziehung aller drei schlecht bezeugten Verse v.144-146; eine fast völlig neue Versreihenfolge - und die »braucht für denkende Leser nur angegeben und nicht erst bewiesen zu werden«: Dies scheint die schwächste Argumentation in Bernays' Artikel zu sein. Der schnelle thematische Wechsel widerstreitet schon im Kleinen fast allen Zuordnungsversuchen, erst recht auf die ganze Sequenz gesehen:

132-134	Offene und offensive Verbrechensbekämpfung.
135f	(Und) keine gemeinsame Sache mit dem Hehler.
137	Tritt ein für rechten Anteil aller.
138	Anfangs nicht sparen? - Nachher nichts haben!
139	Nicht Speise vom toten Stück Vieh zumessen lassen.
140	Dem Vieh des Feindes aufhelfen.
141	Auf verirrtes Vieh achten. (vgl. WALTER).
142	Lieber einen Freund als einen Feind gewinnen.
143	Dem Übel zu Beginn wehren und Wunden (gleich) heilen.
147f	Iß nicht von gerissenem Fleisch.
149	Enthaltsamkeit von Gift und Magie.
150	Keine Gewalt an Kindern!
151	Streit vermeiden!
152	Dem Bösen nichts Gutes!

Wer sich aber die Reihe der 18 echten (und 3 interpolierten) Verse daraufhin anschaut, welche Merkmale für oder gegen Absatzbildung und gemeinsamen Torabezug er findet, stößt auf merkwürdig ungewohnte Probleme - und kann reumütig zu Bernays' Anregungen zurückgeführt werden. Der Abschnitt gibt Fragen auf, die es sonst im Gedicht nicht gibt. In thematischer Hinsicht finden wir einen Haufen unzusammenhängender Topoi: Ein erster Topos *Tiere und Tierangelegenheiten* kann an Toravorschriften erinnern, v.139.140.147f (und 141?). Ein zweiter Topos könnte heißen: *Menschen, die keine Rücksicht verdienen*, v.132-136.(141f?.)152. In v.142 und 151 klingt *Feindschaft, Streit* an. Aber das geht so durcheinander und ist mit einzelnen, sehr allgemeinen v.137.143 und sehr speziellen v.149.150 Sprüchen durch setzt, daß ein gedankliches Assoziationsgefüge so nicht in Blick kommt.

Die Versfolge bringt in auffälliger Weise Wiederholungen und scheinbare Widersprüche zu anderen Sprüchen des Gedichtes oder dieses Abschnittes. Das ist zwar kein

Argument hinsichtlich der Authentizität,[19] aber wohl hinsichtlich der Auffälligkeit des Abschnittes. Eine so gehäufte Reihe von Berührungen mit anderen Versen läßt nach Fremdeinflüssen fragen.

Tabelle 9: V.132-152 - Topische Querverbindungen im Gedicht

135		Der Stehler und der Hehler
	21	Unrechtes selbst anfangen - oder geschehen lassen.
137		μοίρας πᾶσι νέμειν, ἰσότης δ' ἐν πᾶσιν ἄριστον
	9	πάντα δίκαια νέμειν
	14	μέτρα νέμειν τὰ δίκαια· καλὸν δ' ἐπίμετρον ἁπάντων.
150		Gegen Kinder nicht Gewalt,
	207	sondern Güte.
152		Dem Schlechten Gutes tun, heißt, ins Meer säen.
	94	Sie sind unersättlich.
132		Den Frevler nicht verbergen ἀνέλεγκτον
	141	Den Flüchtigen nicht ausfragen οὔποτ' ἐλέγξεις (vl.)
135		Diebesgut verschmähen παρθεσίην
	13	Freundesgut bewahren παραθήκην

2.2 Zur Struktur der Reihe

In einer Hinsicht widersetzt sich die Versfolge allerdings völlig dem Versuch, sie als ein ungeordnetes Sammelbecken zufällig bereitliegender und notdürftig für die Hexameterform umgeschriebener Sprüche anzusehen: Formal fügen sich die Verse nicht nur völlig dem Erscheinungsbild des Gedichtes ein, sondern bilden eine recht geschlossene volitive Reihe.

1. *Imperativische Struktur.* Die 18-zeilige geschlossene Versfolge bringt
8 Prohibitive, davon
  1 Regelformulierung οὐχ ὅσιον v.132,
  6 mit μή v.135.139.147.149.150.152 und
  1 seltener Fall von οὔποτ' mit Ind.Futur (LXX-Stil) v.132;
9 Volitive, nämlich
  1 Regelformulierung mit χρή v.133,
  5 echt positive Imperative bzw. imp.Inf. v.137.138.143(2x).148,
  2 verkappte Prohibitive (Verben des Vermeidens) v.149b.151,
  1 konditionaler Volitiv v.140 -
  von ihnen sind 3 die positiven Gegenstücke eines Prohibitivs v.133.148a.149b;
7 als Begründungselement gestaltete Sätze, davon
  3 ganze Verse und
  4 Halbverse.

2. *Straffe Asyndetie.* Der Anschluß zwischen den Versen verstärkt den Eindruck der gestalteten Reihe. Die drei Begründungssätze v.134.136.142 sind asyndetisch, also eng

[19] VDHORST (208): »There are more inconsistencies in this poem.«

und zur Hervorhebung der selbstverständlichen Gültigkeit des Argumentes, angeschlossen. Die vier halbversigen Begründungsklauseln schließen teils asyndetisch v.148.152 an, sonst sind sie mit verbindender Partikel δέ v.137 oder als Finalsatz v.138 eingebunden. Das Aufbauschema zeigt den straffen volitiven Aufbau:

132-134	Prohibitiv		οὐχ ὅσιον
	+ Volitiv		ἀλλὰ χρή
		Begründung	
135-136	Prohibitiv		μή mit Konj.Aor.
		Begründung	
137	Volitiv		Imp.
		Begründungsklausel	
138	Volitiv (kondit. Adjektiv)		Imp.
		Begründungsklausel	
139	Prohibitiv		μή mit Konj.Aor.
140	kondit. Volitiv		Imp.
141f	Prohibitiv		οὐ mit Futur
		Begründung	
143	Doppelvolitiv		imp. Inf.
147f	Prohibitiv		μή mit Konj.Aor.
	+ Volitiv		Imp.
		Begründungsklausel	
149	Prohibitiv		μή mit Inf.
	+ Volitiv (Verb des Enthaltens)		imp.Inf.
150	Prohibitiv		μή mit Konj.Aor.
151	Volitiv (Verb des Vermeidens)		Imp.
152	Prohibitiv		μή mit Konj.Aor.
		Begründungsklausel	

Folgen wir der Spur der konditionalen Mahnungen v.138.140, so legt sich die Annahme nahe, daß v.138 den v.137 weiterführt, v.140 den v.139.

3. Die *Stichwortverbindungen* des Abschnittes, teils eng verknüpfend, teils mit lockerem An klang,[20] sind nicht durchweg Belege für die gleiche Sache. Sie können Assoziations-Träger beim Sammeln von Sprüchen, Mittel der sprachlichen Verknüpfung sein, aus der Erinnerung an eben Formuliertes herrühren. Aber es kann sich auch um Abschreibfehler durch Assoziation handeln. Es könnte βροτόν v.141 tatsächlich eine Verschreibung von βοτόν (cj. BERNAYS 239, DORNSEIFF), von θνητοῖο v.139 inspiriert und zur Ursache für die Lesartenverwirrung geworden sein. Allemal aber zeugt die Fülle der Beziehungen für intensive Arbeit des Dichters an dieser Spruchfolge.

4. Weitere Merkmale, die sich beim Phokylideer nicht selbstverständlich finden, sind Folgende:

- Die *Abwägeneigung*, die im unausgesprochenen *Einerseits-andererseits* zwei Seiten der gleichen Sache vorführt, läßt die Verse 132-134 den Versen 141(f) und 151 sowie den Vers 141 dem v.143 gegenüberstehen.

20 »The author's tendency towards varied diction ... φώρ, χλώψ, χλέψας« (VDHORST zu v.135f) gibt den Stichwortverbindungen zusätzliches Gewicht.

Tabelle 10: V.132-152 - Interne Stichwort- und Begriffs-Verbindungen

132	ἀνέλεγχτον	141	ἐλέγξεις
133f	χαχοεργόν, χαχοῖσ'	143	χαχόν
		152	χαχὸν εὖ ἔρξῃς
137	πᾶσι, πᾶσιν	138	πάντων
138	ἀρχόμενος	143	ἀρχόμενον
139	χτήνους	140	χτῆνος
140	ἐχθροῖο	142	ἐχθροῦ
Dazu eine Reihe von einander ergänzenden oder antithetischen Begriffsbeziehungen:			
132	χρύπτειν	135	ἄδιχον παραθήχην
134	συνθνήσχουσι	139	θνητοῖο
		140	βροτόν
135	μὴ δέξῃ	137	νέμειν
		139	μὴ ... ἔλῃαι
140	ἐχθροῖο, vgl.v.142	151	διχοστασίην, ἔριν
139	χτήνους βορήν	147	θηρόβορον

- Das seltene Beispiel eines Prohibitivs mit οὐ bzw. οὔποτ' und Indikativ Futur v.141 wird von DERRON durch metrische Schwierigkeit für ἀλίτροπον μήποτ' erklärt. Ich neige eher zur Annahme (unbeabsichtigten) LXX-Stils, zumal der Dichter sich im biblischen Einflußbereich fühlt.

2.2 Ex 22-23, Dtn 13 und 22 als Quelle für PseuPhok 132 - 152

Die Besonderheiten der Reihe lassen neu nach Bernays' Quellenhypothese fragen. Eine Verbindung seiner Tora-Parallelisierungen mit unseren Formbeobachtungen bestätigt seine Annahmen im Wesentlichen.[21]

Vers 132-134. Mehrere Elemente lassen v.132 als eine sehr grundsätzliche Mahnung, ja Vorschrift erscheinen.

1. Nur zweimal wird im Gedicht eine Spruchfolge mit *verpflichtendem Nomen* eröffnet: οὐχ ὅσιον, ὅσιος weist wie v.59 ἔστω χοινὰ πάθη[22] auf eine religiöse Pflicht hin[23].
2. ἀτάσθαλος ἀνήρ ist ein starker Ausdruck für den Frevler (Bernays 237).
3. Die Strenge der Regel hebt sich ab vom sonstigen humanen Gesellschaftsethos des Phokylideers.
4. ἀνάγχη wäre neben χρή überflüssig und ist daher zu übersetzen: *Man muß mit Notwendigkeit ...*

Wir kennen die Klarheit, mit der der Phokylideer das Sabbatgebot Lev 19,3 und alle sonst naheliegenden Andeutungen über Israels unverwechselbare Eigenart umgangen hat. So ist Bernays' Annahme (237), daß er Dtn 13,6ff »von dem religiösen Boden hin-

21 Hilfen zum Verständnis der gnomischen Kontextfolge ergeben sich auch aus dem Vergleich mit mehreren Monostichen des Menander, s. c.XI

22 Die Verseröffnungen mit ἔστω(σαν) werden immer von einem Gemeinschaftsbegriff gefolgt: v.30.59 χοινός/χοινά, v.33 ὁμότιμοι.

23 wie v.1; anders v.5. V.219 ist unbestimmt.

weg in das Gebiet der allgemeinen Criminal-Justiz gezogen« habe, durchaus plausibel in einem Abschnitt, der mehrfach die Tora zitiert. Hier sprechen folgende aus Dtn 13 übernommene Elemente für solche Entschränkung des Bibelwortes:

- Ein schweres Vergehen, das überaus eindringlich mit dem Tode bedroht wird 13,10 / ἀνάγκη.[24]
- Die gefährliche Wirkung des Vergehens auf die Gemeinschaft 13,15f / συνθνήσκουσι ... οἱ συμπαρεόντες.
- Die Pflicht zum Nachforschen 13,14 / ἀνέλεγκτον.
- Die Versuchung zum unrechtmäßigen Verbergen κρύπτειν PseuPhok 132 erinnert an die Warnung, sich nicht durch nahe Verwandtschaft vom Ausliefern des Frevlers abhalten zu lassen 13,6.
- ἀποτρωπᾶσθαι v.133 erinnert an das vielfache Gebot zum *Wegtun* der Götterbilder.[25]

Vers 135f. Bernays findet in den zwei Versen über das *Diebes-Depositum* einfach »das eigentliche Hehlen im civilrechtlichen Sinne des Wortes angereiht« (ebd.). Die ausgiebige Beschäftigung des Verfassers mit Ex 21f läßt es aber als ausgeschlossen erscheinen, daß er über das Verbergen des Diebesgutes schrieb und Ex 22,6-14 mit seinen ausführlichen kasuistischen Vorschriften über Anvertrautes (seinen Verlust, Diebstahl und Ableugnung) übersah. Mindestens eine Anregung von dort ist hier anzunehmen.

Es sei auch bedacht, daß nach PseuPhok der Empfänger des Depositums ὁ δεξάμενος ἄδικον παραθήκην nicht vor Bereicherung durch Diebesgut, sondern vor *Kameraderie mit einem Dieb* zu warnen ist. Den Empfänger des Diebesgutes als Dieb zu bezeichnen, ist wie die von wirtschaftlicher Gewalt gegen Arme v.18 oder von Arbeitsscheu v.154 als Diebstahl, von Zorn als Einstieg zum Mord v.57f usw.; vgl. Prov 29,24.

Vers 137f. Über diese beiden Verse (die er wohl ad vocem ἀρχόμενος/-οι mit v.143f verbindet) geht Bernays mit einer übersetzenden Textwiedergabe hinweg (Anm. ebd.). νέμειν v.137 ist eine Lieblingsvokabel des Dichters,[26] die immer mit der tragenden Funktion seines Gemeinschafts-Ethos' zu tun hat. Für ihr Aufgreifen an diesem Ort sehe ich drei mögliche Gründe:

1. Der Verfasser wollte den beiden Mahnungen zu Härte ein echt positives Gegenstück gegenüberstellen.
2. Aus dem Dtn nahm er den Gedanken an die Fürsorge Gottes als Voraussetzung aller frommen Verpflichtungen auf - vgl. v.29 ὧν σοι ἔδωκε θεός, v.125 ὅπλον ἑκάστῳ νεῖμε θεός - und schloß wegen des Unterschiedes zwischen Gottes Reichtum und des Menschen begrenzten Möglichkeiten die Mahnung zur Vorsicht beim Austeilen v.138 an.

---

[24] Wenn PseuPhok die Ursache der Todesgefahr offen läßt, entspricht das der weisheitlichen Kurzfassung, die die Strafe des Toragebotes und die in der Parallele Prov 29,24 vorausgesetzte Wirkung des Fluches des Bestohlenen zugleich erfaßt.

[25] VDHORST zieht den Vergleich mit Num 16,26 dem mit Dtn vor. Das dreigliedrige Wort paßt zu v.133f, enthält aber nicht die Vorschrift von v.132 zur Anzeige. - Daß man mit den religiös Frevelnden zugleich unterzugehen fürchten muß, sagt auch der Anfang der Odyssee 1,7-9.

[26] Die sprachliche Beziehung zwischen νόμος (von PseuPhok gemieden) und νέμειν (vgl. die Bedeutung *beherrschen, verwalten, lenken*) könnte diese Vorliebe bewirkt haben.

3. Zu v.138 gibt es eine auffällige Parallele bei Hesiod Erga 368f:
ἀρχομένου δὲ πίθου καὶ λήγοντος κορέσασθαι,
μεσσόθι φείδεσθαι· δειλὴ δ' ἐν πυθμένι φειδώ.

W.J.VERDENIUS[27] sieht in v.138 eine kritische Äußerung des Phokylideers. Wie die Hesiod-Stelle auch verstanden werden mag: seine Maßhaltemoral konnte hier Anstoß nehmen. Die Beziehung zu einer griechischen Vorlage - die ich in diesem Fall aber lieber über eine sprichwortartige Zwischenstufe wirksam sehen möchte (s. c.XI) - läßt besondere Anlässe für die Textfolge vermuten.[28]

So wie das Verspaar v.137f hier steht, hat es Scharnierfunktion und leitet in allgemeiner Weise über zu den anderen von der Tora inspirierten Sprüchen.[29]

Vers 139-142.147-148

Die sechs Verse scheinen im sachlichen Zusammenhang zu stehen und werden (außer durch die Interpolationen) nur durch v.143 unterbrochen. Einige Textunsicherheiten machen die Bestimmung im Einzelnen schwierig. Folgende Abhängigkeiten von der Tora kommen in Frage:

Vers 139. Nach Dtn 14,20 darf der nichtjüdische Nachbar vom verendeten (Haus-) Tier θνησιμαῖον essen, der Israelit aber nicht. Angesichts dieser engen Berührung mit (κτήνους) θνητοῖο einerseits, konkurrierender Schwierigkeiten des Textes[30] andererseits müssen die Bedenken gegen θνητοῖο = *verendet* (statt *sterblich*) wohl zurückstehen. κατὰ μέτρον αἱρεῖν ist mit Bernays vom *Zuwiegen lassen* auf dem Markt zu verstehen, wodurch auch das Gegenüber des Israeliten und der anderen ins Spiel kommt. Der Verfasser schreibt für Wohlhabende, die sich zwar nicht am zugemessenen Viehfutter vergreifen oder Freibankfleisch brauchen, aber sich ein möglicherweise gerissenes Böckchen als Delikatesse anbieten lassen könnten.[31]

---

[27] Von VDHORST mitgeteilte briefliche Äußerung. Verweis ebd. 48 auf Strömberg, *Greek Proverbs*.

[28] Diese Spur bekommt zusätzliche Bedeutung, wenn wir auch die vorausgehenden Verse im Lichte von Hesiod und seinem Streit mit dem Bruder Perses sehen. Das Motiv des verwerflichen Schutzes für den Frevler v.132-134 kann als Berührungspunkt zwischen der Toravorschrift und der Rechtsbeugung durch Hesiods Richter verstanden werden, auch wenn die Rechtsanlässe der fraglichen Texte ganz verschieden sind. Auch die Unterstützung beim Diebstahl v.135 paßt dazu. Dann würde der v.137 im Lichte der Umdeutung des »Trinkspruches« aus Hesiod verständlich werden. Wir hätten hier eine der kunstvollen Verbindungen der Tora mit der griechischen Quelle, mit der schon in v.3 das Gedicht beginnt. Das paßt zu dem Ausnahmecharakter dieses Abschnittes mit seinen merkwürigen Eigenheiten und Strukturproblemen. Für eine solch weitreichende Vorlagenverknüpfung sind aber noch weitere Vorarbeiten über die Benutzung griechischer Quellen nötig, s. c.XI.

[29] Trotz der Korrespondenz zwischen πᾶσι und ἐν πᾶσιν rechne ich mit formelhaftem *Gleichmaß in allem* statt *Gleichheit zwischen allen*. - An Erbteilung (für die *Kinder* - nach der guten Lesart παισί - oder all gemeiner - nach Sir 42,3) denkt WALTER.

[30] Die drei Bestimmungen: κτήνους, θνητοῖο, κατὰ μέτρον, geschachtelt vom Objekt βορήν abhängen zu lassen, macht den Satz zu schwerfällig: *Futter nach Maß - Futter des sterblichen Viehs*. Die Übersetzung *a mortal beast's ration* (VDHORST) verwischt dieses Problem, das WALTER durch Verbindung von κατὰ μέτρον mit dem Verbum löst: *Nimm dem sterblichen Vieh nicht gegen (alles) Maß sein Futter weg.*

[31] BERNAYS 240 A.1. - Da der Genuß des nicht ausgebluteten (etwa gar erstickten) Tieres unter die noachidischen Verbote gezählt wird, ergeben sich Spannungen zu Dtn 14,21. Außerdem aber greifen hier Toravorschrift und Abscheu in einander. Der Verfasser wünscht sich ganz klar (auch) heidnische Leser, die sich des Fleisches von verendeten oder gerissenen Tieren enthalten. Aber der Hinweis auf *Beisassen und Ausländer* Dtn 14,21 konnte ihn dazu leiten, von der Vorstellung eines Kaufangebotes auf dem Fleischmarkt auszugehen.

Vers 140. Der Spruch von der Hilfe für das gestürzte (Last-)Tier des verfeindeten Nachbarn ist bis in den Wortlaut πέσῃ / πεπτωκός, συνέγειρε/συνεγερεῖς eine (weisheitlich komprimierte) Wiedergabe von Ex 23,5 (vgl. Dtn 22,4, dort ohne *verfeindet*). Von dorther geurteilt, ist die Hoffnung auf die Verwandlung eines Feindes in einen Freund v.142 eine so treffende Ergänzung, daß es schwer fallen müßte, den Vers dazwischen v.141 ganz ohne Bezug hierzu zu lassen.

Vers 141. Der Auslöser für die vielfältige Textverwirrung ist schwer zu ermitteln. Ich vermute einen frühen Abschreibefehler, durch den im Nachklang von θνητοῖο v.139 aus βοτόν ein βροτόν wurde. Die damit entstandene Unklarheit kann zu einem von v.132 her inspirierten Verbessern des Verbums in ἐλέγξεις geführt haben.

Die weiteren Konjecturen Bernays' sind überflüssig. Das Hapax ΑΛΙΤΡΟΠΟΝ läßt sich a) vom Menschen *auf fremden (=sündigen) Wegen*, b) vom Umhergetriebensein des Menschen *auf dem Meer* ἅλς oder c) vom *vergeblichen Umherirren*, vgl. ἅλιος,[32] her auflösen. Im letzteren Falle wäre es ein Hendiadyoin mit πλαζόμενον. - Vom hilflosen Suchen des Verirrten μόσχον ἢ πρόβατον πλανώμενα handelt Dtn 22,1-3 - vgl. hier das äquivalente und metrisch gebotene πλαζόμενον (βοτόν). Die Vorschrift gibt noch ein besonderes Merkmal an, woran nach Bernays das Irrende vom Weidenden zu unterscheiden ist (man denke an die genaue Definierung der Pflichten in der mündlichen Toraauslegung): es irrt ἐν τῇ ὁδῷ - was mit einem zweiten Begriff für das Irren ἀλίτροπον aufgenommen erscheint. Der Bibeltext schärft vor der Pflicht zum Zurückgeben die Pflicht zum Aufachten οὐ δυνήσῃ ὑπεριδεῖν ein - eine weise und realitätsnahe Vorschrift. ἀλύξῃς nimmt dies im engen Anklang an ἀλίτροπος (ἀλύσκω / ἀλιόω) auf.[33] So bringt v.141 die Toravorschrift, die wohl auch Philo Hyp 7,9 und Josephus Ap 2,213 vor Augen steht, wenn sie vom hilfesuchenden Vieh des Nachbarn sprechen. Das auffällige οὔποτ' statt μή kann als LXX-Stil die Dringlichkeit der gesetzlichen Vorschrift ausdrücken.

Vers 142. Für die jüdische Besinnung, wie man aus dem Feind einen Freund machen könne, gibt es mancherlei Belege. Daß die auf unsere Bibelstelle Ex 23,5 bezogene Bemerkung Philos (Virt.116-118) auch metaphorisch gewendet wird (vdHorst zu v.141), beeinträchtigt die Annahme nicht, daß v.142 eine positive paränetische Weiterführung der Toravorschrift vom verirrten Vieh des Feindes sei.

Vers 143. Gleich im Anfang schlage das Übel darnieder und heile das Geschwür. (B) Wenn der Phokylideer Theogn.1133f im Blick hatte (BERGK; s. VDH):

Κύρνε, παροῦσι φίλοισι κακοῦ καταπαύσομεν ἀρχήν,
ζητῶμεν δ' ἕλκει (!) φάρμακα φυομένῳ,

gibt der Anschluß an das Wort von Freundschaft aus Feindschaft v.142 einen Sinn. Auch eine assoziative Verbindung zu φάρμακα v.149 kommt in Frage, wie die metaphorische Verwendung bei Theognis erkennen läßt. Weisheitssprüche verwischen solche Spuren um des autonomen Spruchcharakters willen.

Man könnte auch einfach an eine versprengte Regel denken, wenn da nicht die zweite Hälfte wäre, die mit ἕλκος = *Geschwür, Wunde* an so etwas wie die Tatbestände von v.132-137 denken läßt. Eine Spur ist schwer zu finden. Der Vers gehört zu den Stellen, bei denen Zeichen einer absichtlichen Verschiebung der Reihenfolge vorliegen, die sich ja auch im Abweichen von der Reihenfolge der zitierten Bibeltexte zeigt.

Vers 147f. Der Phokylideer nimmt von den beiden technischen Begriffen θνησιμαῖον ἢ θηριάλωτον = *Kadaver* oder *gerissenes Tier* aus Lev 17,15; 22,8 (s.o. v.139) nun mit Ex

---

[32] Vgl. SNELL, *Gesammelte Schriften* 64-67

[33] Vgl. κλῶπες / κλέψας v.136; λείψανα / λεῖπε, θηρῶν / θῆρες v.148

22,30 den zweiten κρέας θηριάλωτον auf und variiert ihn in θηρόβορον κρέας. Er lehnt sich auch mit κυσίν eng an das κυνί des Bibeltextes an.[34]

Vers 149. Das Verbot, Zauberinnen oder Zauberer (ὁ oder ἡ φάρμακος) zu *retten* φαρμάκους περιποιεῖν Ex 22,17 LXX[35], wird zu φάρμακα περιποιεῖν *Zaubermittel* (oder *Gift*) *erwerben*, wofür unser Text φάρμακα τεύχειν setzt. Ob der Phokylideer diese neutrische Lesart fand, ob er einer Interpretationstradition folgte oder selbst paränetisch an die Situation anpaßte, muß offen bleiben. Die jüdisch-christlich übliche Verbindung mit μαγικὰ βίβλια ist als Aktualisierung des Zaubererverbotes für die Gegenwart zu verstehen. Im Zusammenhang mit v.150, der vom Schutz der Kinder spricht, kann auch an Mittel zur Herbeiführung eines Abortes gedacht sein, vgl Weish 12,4f.[36]

Vers 150. Bernays' Vorschlag, den Schutz *zarter Unmündiger* vom Verbot des Menschenraubes Ex 21,17 (LXX) her zu verstehen, hängt doch von der sehr unsicheren Lesart bzw. Konjectur μάρψῃς statt ἅψῃ ab. Anstelle einer allgemeinen Warnung vor unbeherrschter Gewalt gegen Kinder kommt auch Warnung vor sexueller Gewalt an Mädchen oder Jungen in Frage im Zusammenhang mit der dem Zaubereiverbot vorhergehenden Stelle Ex 22,15f. Dort ist zwar vom *Verführen* einer Jungfrau, hier von *Gewalttätigkeit*[37] die Rede. Man bedenke aber das niedrige Alter der unverlobten Jüdinnen damals; *zart und unmündig* dürfte für sie passend gewesen sein.

Vers 151. VDHORST denkt beim *Vermeiden von Streit* an lokale Vorgänge in der ägyptischen Diaspora und an die gebotene Vorsicht angesichts möglicher Progrome. Προσιόντος kann gemeint sein vom *Krieg, der im Kommen ist* (VDH) oder *der daraus kommen kann.* Der Spruch führt aber auch ganz allgemein die Gedanken dieser Versgruppe über das konfliktgeladene Feld menschlichen Zusammenlebens in weisheitlicher Besinnung weiter und auf einen Abschluß des Abschnitts zu.

---

[34] Die Bekanntschaft mit Ex 22,30 τῷ κυνὶ ἀπορρίψατε ergibt sich auch aus v.185 μὴ κυσὶν ῥίψῃ. BERNAYS' Vorschlag (241 A.1), das episch nachgestellte ἀπό temporal statt partitiv zu fassen, ergibt einen präziseren Sinn (s.u. die Übersetzung). - Warum aber findet sich kein Hinweis auf das die frühe Christenheit so sehr und so lange beschäftigende Verbot des *Blutgenusses* (Act 15,20.29; Tertullian Apologeticum 9,13-15; vgl. BRUCE, *The Apostolic decree* 123f; Bernays 224 A.1)? Steht der Phokylideer in der wohl älteren Tradition der *Adamitischen Gebote*, die das Verbot des Blutgenusses als innerisraelitische Halacha auszulassen scheint? Jedenfalls entspricht es seiner Eigenart, Verunreinigungs-Gefahren nicht direkt zu nennen und ihnen mit Lebensregeln statt mit Reinheitsregeln zu begegnen.

[35] Zum Akzent bei RAHLFS φαρμακός s. BAUER/ALAND, *Wörterbuch*[6] s.v.

[36] Sollte von *Astrologie* (»eine Zwillingsschwester der Magie«, KP 5,1470) bzw. astrologischen Büchern ge sprochen werden, müßte dies (neben v.71ff) wohl deutlicher gemacht worden sein. - Die Zusammenstellung von φαρμακ- mit μαγικ- ist eins der wenigen Beispiele einer geprägten jüdischen Begriffsverbindung im Gedicht.

[37] *»Rühr mich nicht an!«* ist die Form, wie man sich gegen Gewaltanwendung verbal wehrt. Der epexegetische *acc. Graecus* χεῖρα besagt mit βιαίως zusammen, daß es sich nicht um eine freundliche Berührung, sondern um einen (verwerflichen) Machtakt handelt. - VDHORST bringt vier Vorschläge (teils aus der Literatur): Kindsraub (BERNAYS), Kindsmord (A.SEEBERG), Vergreifen an Minderjährigen im Sinn der Pädophilie (DORNSEIFF) und mißhandelnde Züchtigung, die ich um einen fünften Vorschlag: *sexuelle Gewalt gegen Mädchen* ergänze. Ich sehe hier - abgesehen von dem sehr wahrscheinlichen Einfluß aus Ex 22,15f - einen gemeinjüdischen Topos, in dem mehreres anklingen kann, wie Philo Hyp 7.1 und Jos Ap 2,200 (βιαίοις ἁρπαγαῖς) zeigen. Topologisch verbindet sich Verwandtes leicht unter der von einem bestimmten Tora-Gebot her angebotenen Formulierung. Auf diese Verflechtung mehrerer Stellen und Normen kann wieder eine kontextverursachte Isolierung einer Einzelbedeutung erfolgen. Der Kontext hier steht unter dem Einfluß von Ex 22.

Für den mehrheitlich gefundenen Gedanken an besondere Solidarität vor einem drohenden Krieg läßt sich auch Philo Virt 47 ἐνστάντος πολέμου anführen. (Nach COLSON z.St. paßt statt des von Philo benannten Bezuges zu Dtn 28,1f.7 eher Lev 26,5 als Anregung. Für unsere Stelle ist aus solchem Torabezug nichts zu entnehmen.) Die partizipiale Genetivverbindung πολέμου προσιόντος ist bei PseuPhok singulär. Was mich die Abhängigkeit von ἔριν einem Gen.abs. vorziehen läßt, ist die Stellung am Satzende ohne Fortsetzung des Gedankens im nächsten Vers. Der Autor sagt meist am Satzanfang, worauf es ankommt; das Satzende dient gern einer Nebenbetonung. Konditionen, unter denen etwas zu beachten ist, werden in seiner schlichten Satzbildung fast immer vor dem Volitiv genannt, s. v.29.138-143.158 usw.; Ausnahmen sind v.66.204. Für den Topos *Vaterland* (Stimmen bei VDHORST, ferner DERRON z.St.) gibt auch dieser Vers nichts her; Warnung vor Turbulenzen und Mahnung zu vaterländischer Pflicht ist zweierlei.

Vers 152. Die Maxime *Dem Bösen nichts Gutes!* ist so etwas wie ein halbes heimliches Thema des Abschnittes - halb, weil eine andere Hälfte vom lohnenden Mut für mitmenschliches Engagement handelt (besonders wenn die positive Tendenz der meisten zitierten Bibel-Gebote berücksichtigt wird). Die Sprache verrät starke Anlehnung an griechische Gnomik (Theogn. 105ff, s. S.299). Einen besonderen konkreten Bezug hat diese Abschlußsentenz kaum.

Die erarbeiteten Lösungen für v.132-152 ergeben etwa folgende Übersetzung:

132 *Nicht recht ist's, den Frevelmann zu verbergen und dem Gericht zu entziehen.*
Sondern man muß sich vom Übeltäter abwenden, unbedingt!
Oftmals sterben, die dabeisind, zugleich mit den Bösen.
135 *Nimm nicht von Dieben unrechtmäßiges Raubgut in Verwahrung.* (W)
Beide sind sie Diebe, der Annehmende wie der Stehlende.
Erteile allen ihre Gebühr, denn Gleichmaß in allem ist am besten.
Anfangs sei sparsam mit allem, damit du nicht zuletzt Mangel leidest.
Nicht sich ein Gericht von verendetem Vieh zuwiegen lassen.
140 *Dem Vieh aber deines Feindes, wenn es stürzt auf dem Wege, hilf mit auf.*
Einem irrend umhergetriebenen Schaf sollst du dich (und deine Hilfe) nicht entziehen.
Es ist besser, für einen Feind einen wohlgesonnen Freund zu gewinnen.
Gleich zu Anfang das Übel kappen und das Geschwür heilen.
147 *Schmause nicht vom Fleisch des gerissenen Tieres; den schnellfüßigen*
Hunden überlaß das Zurückgelassene. Vom Tierfraß fressen Tiere.
Nicht Zaubertränke bereiten, von Büchern der Magie fernhalten.
150 *Lege nicht gewalttätig (deine) Hand an zarte Unmündige.* (W)
Flieh Entzweiung und Streit, aus dem (ja) Krieg kommen kann.
Tu einem Bösen nicht wohl. Es gleicht dem Säen ins Meer.

V.132-152 ist eine Mahnungsgruppe mit starkem Traditionshintergrund, die viel Arbeit am Text und an der Verbindung der Sprüche verrät. Sie wird passend, wenn auch vielleicht etwas zu allgemein, thematisiert mit

Redlich, rechtlich und umsichtig gegen Freund und Feind.

VII. Kapitel
Theologische Themen in PseuPhok

Der Autor einer rein aphoristischen Sammlung braucht Verständnisvoraussetzungen zwischen sich und seinen Lesern nicht grundsätzlich abzuklären. Nur ein Minimum an Gemeinsamkeit ist zunächst die Voraussetzung. Der Leser soll ja Mosaikstein um Mosaikstein der Verse sich vornehmen und nach und nach zur Einstimmung gelangen in Fragen, auf die er sich direkt vielleicht gar nicht eingelassen hätte. Unser Gedicht als eine Paränese mit einem einladenden Namen geht da schon etwas weiter. Es spricht Verständnisvoraussetzungen an, u.zw. nicht nur in dem *Wir* gleicher schicksalshafter Erfahrungen v.40.103-105.201-203, sondern auch in Überzeugungen, die durchaus nicht alle Interessenten solcher Literatur teilten. Allerdings wird dies vorausgesetzt, daß der Leser keine besonderen Schwierigkeiten mit dem Verständnis der religiösen Anspielungen im Text hat. Sie sind so formuliert, daß sie als Worte eines nichtjüdischen Griechen durchgehen und zugleich die eigene jüdische Herkunft des Autors nicht mißachten.

1.
GÖTTLICHE WEISHEIT IN MENSCHLICHER WEISHEIT
PSEU-PHOK 1-2. 53-54. 86-90. 130-131 [1]

1.1 Weisheitsprobleme in PseuPhok

Der *Weiseste der Männer*, durch Inspiration befähigt, göttliche Gabe weiterzugeben v.2, spricht im Gedicht zu solchen, die an Weisheit Anteil haben v.88, dadurch noch mehr Weisheit lernen können v.89f,[2] zur Führungsaufgabe befähigt v.130f - und in Gefahr sind, sich ihrer Weisheit zu überheben v.53. Alle vier Stellen sind von erheblichem Belang für das Verständnis des Verfassers von seiner Arbeit. Gemeinsam ist ihnen die Voraussetzung, daß es eine Führungsschicht unter den Menschen gibt, die sowohl die Beurteilung und Förderung der ethischen Werte, als auch die Beurteilung richterlicher Fälle wahrzunehmen hat.[3] Aber welche Hierarchie der Bildungswerte der Verfasser

---

[1] Ich verweise auf KÜCHLER, *Frühjüdische Weisheitstraditionen*, vor allem die erste Hälfte des Buches.

[2] Prov 1,5 LXX *Der Weise, der sie* (die Worte der Weisheit) *hört, wird weiser werden.*

[3] DINKLER (*Problem der Ethik* 171) zu 1Kor 6,5: Paulus fragt wohl nicht ironisch nach einem *Weisen* in der korinthischen Gemeinde, sondern »er nimmt den hebräischen חָכָם-Titel für den jüdischen Richter auf und benutzt σοφός als rechtstechnischen Ausdruck«. - Zur sozialen Stellung der als *Weise* Bezeich-

voraussetzt und vermitteln will, bedarf eingehender Untersuchung.

Wenn der Grieche dazu neigt, aus der reinen, verständigen Theorie (= reines Denken und am Schönen geschulte Anschauung), die man lernen kann und muß, die rechte innere Haltung, das angemessene Verhalten und damit die Eudämonie hervorgehen zu lassen, dann sieht der Jude Einsicht mit sittlichem Tatwillen enger verbunden und beides wechselseitig von einander abhängig.[4] Im jüdischen Kontext stehen wir damit schärfer als bei den Griechen vor dem Problem *Weisheit und Offenbarung.*[5] Echte Weisheit ist *Einsicht* in den Zusammenhang zwischen der mosaischen Offenbarung und dem im Kosmos erkennbaren Weltgesetz - kein jüdischer Zeuge für die Geltung der Tora kann sich in der Zeit der Entstehung unserer Schrift dieser Entwicklung des Chokmabegriffes mehr entziehen und an diesem brennenden Thema[6] des Judentums achtlos oder als Einzelgänger schweigend vorübergehen. In der Auseinandersetzung mit dem Hellenismus lebt das Judentum von der Überzeugung, daß es ein Plus an Weisheit kennt und um dieses Plus' willen politische Not ertragen muß. Ihm ist die *verborgene*, die transzendente, himmlische, göttliche Weisheit anvertraut, der die *nahe*, die immanente, irdische, menschliche Weisheit der Völker nur schattenhaft ähnelt.[7] Aber was erfahren wir beim Phokylideer über diesen jüdischen Kontext?

1.2 Richter und Redner, Handwerker und »das Volk«

Vers 86. 88 - 90 Weisheitsaufgaben für Weise

Niemals sollst du ungebildete Leute Recht sprechen lassen.[8]
In Sachen der Weisheit befindet der Weise, in Sachen der Handwerke der Zunftgenosse.
Ein ungeschultes Gehör kann große Lehre nicht fassen.
Die niemals Edles gelernt haben, denen mangelt es einfach an Verständnis.

Die Struktur der Versfolge ist klar. Auf den einleitenden Mahnsatz folgen Begründungen. Deren erste v.88 ist speziell auf das Mahnungsanliegen zugeschnitten. Die zweite

---

neten in Korinth vgl. THEIßEN, *Soziale Schichtung in der korinthischen Gemeinde* 259

4 VDHORST fragt, ob mit σοφός v.88 »the Stoic ideal sage or the Jewish חכם« gemeint sei. Die einseitige Betonung der griechischen παιδεία-Bezüge der Textstelle bei DERRON (s.u.) zeigt, daß diese Alternative deutlich gestellt werden muß. VdHorst geht dann aber anscheinend weniger dieser Alternative, als der Bedeutung des εὐθύνει nach. - Eine Definition der *sapientia* wie bei Seneca ep 89,5: *divinorum et humanorum scientiam* (bei der er allerdings die wirkliche Weisheit über das bloße Streben nach Weisheit = *philosophia* bei ihm und Seinesgleichen hinaushebt) wäre, jüdisch kaum möglich.

5 Zu »höherer Weisheit durch Offenbarung« in den spätantiken Religionen vgl. HENGEL 381-394

6 Apokalyptik, Pharisäismus *(Traktat Avot* u.a.), Qumran, Alexandrinische Bibelauslegung (Philo), Weisheitsspruch-Literatur von der *Weisheit Salomos* bis zur neu edierten Weisheitsschrift der Kairoer Geniza (wenn sie denn so alt ist, wie BERGER in seiner Textausgabe annimmt) ringen um die Ausrichtung der menschlichen Weisheit an der göttlichen Weisheit, die in der Tora aus der göttlichen Verborgenheit herausgetreten ist; sei es daß sie diese als Hypostase, sei es als »Weisheit des Schöpfergottes« (KÜ 40ff) sich vorstellen.

7 Dies die von Philo definierte Begrifflichkeit, MACK, *Logos und Sophia* 111ff

8 Der schwach handschriftlich bezeugte v.87 kann leichter interpoliert als weggelassen sein. Ein Kenner dieses alten Spruches befand es für gut, ihn in seiner Handschrift (oder in seiner Abschrift, die er herstellte) hier - in gehörige hexametrische Form gebracht - einzufügen.

v.89f. ist allgemein und dezisionistisch aus einem weiteren Verstehenskontext genommen.

Die Verbindung von Weisheit und Richterspruch[9] ist hier angesichts des entwickelten griechisch-römischen Rechtswesens nicht nach der Art des *weisen Richter Salomo* 1Kön 3 vorzustellen. Die Entwicklung der prozeßbezogenen Rhetorik ist inzwischen ein entscheidendes Faktum. Der Richter, den PseuPhok kennt, muß nicht primär einen weisen, gerechten und einleuchtenden Spruch sprechen. Die klugen Gedanken liefern ihm die Anwälte und Rhetoren.[10] Seine Aufgabe ist es, σοφίην εὐθῦναι, d.h. den weisen oder unweisen Gehalt des Vorgetragenen zu bewerten und das eine Argument in seiner treffenden Sachaussage und situativ-rhetorischen Zuspitzung anzuerkennen, das andere zu verwerfen. Das *geschulte Gehör* hört aus der Fülle der Rednerworte die Elemente der *Großen Lehre* heraus.

Neben das Qualifizierungsmerkmal für Männer, die richten sollen, im ersten Begründungssatz setzt der Text ein pointiert gewähltes Gegenbeispiel: die Kompetenz des Handwerkers in Handwerksangelegenheiten. Wir kennen diese Redeweise: *Entscheide du in Sachen Deines Berufes - und laß von anderen Dingen die Finger!* Falsche Ansprüche und eine laxe (oder begünstigende!) Handhabung der Richterauswahl werden als ungehörig abgewiesen. Ein Interesse an einer ausgewogenen Ethik korrespondierender oder konkurrierender Berufe und Stände ist nicht erkennbar. Die zwei Vershälften stehen antithetisch gegenüber; die zweite Hälfte als negatives Argument soll das positive Argument in der ersten Hälfte stützen.[11] - In der zweiten, doppelversigen Begründung wird mit ἐσθλὰ μαθόντες v.90 (dem Parallelausdruck zu μεγάλη διδαχή) die abwertende Antithetik zum Handwerklichen v.88b scharf formuliert. Dieser Gegensatz zwischen angemessener Bildung und ihrem Mangel zeigt, daß das μηδέποτε = *nie* aus v.86 den Tenor weiterhin bestimmt hat. So bleibt an dem zuerst positiven, dann negativen Unterton der beiden Vershälften v.88 kein Zweifel. Der Ausdruck ἐσθλὰ μαθόντες nimmt eine Wendung aus Theogn.35 auf. Dies kann nicht als zufällig gelten (s.u. zu v.91ff), auch wenn der Phokylideer weit entfernt ist vom Ethos des Adligen aus Megara. Mit der modifizierenden Zitierung traut unser Verfasser seinem Phokylides eine Verbesserung der einseitigen Standesethik des Zeitgenossen Theognis im Sinne eines nicht von vornehmer Geburt bestimmten Bildungsadels zu.[12]

---

9 So ROSSBROICHs Urteil z.St. (das VDHORST als »not impossible« herabstuft). Rossbroich stellt dazu die Frage: »Cuius sapientiam sapiens indicat?« Geht es aber um ein *Beurteilen* (WALTER: »fachmännisch beurteilen«) oder um die eigene *Bewährung* vor dem Anspruch der Weisheit (DERRON)? VDHORST hält die Frage offen. Nach BERNAYS (235f A.2) erkennt der Weise »die Weisheit des Gesetzes«.

10 Von μεγαληγορίη und εὐεπίη v.122f wird kaum ohne mindestens einen Seitenblick auf den aufgeblasenen Rhetor gesprochen werden (D gg. H,W). PseuPhok scheint die Rhetorik als etwas im Grunde Gutes (ἀσκεῖν v.123), was leicht entarten kann, zu verstehen. Zum Verhältnis von *Rhetor* und *Rechtskundigem* vgl. P.WOLF, *Vom Schulwesen der Spätantike* 18.78

11 DERRON findet in v.88 den Grundsatz des Kritias (Plato, Charm 161b): τὰ ἑαυτοῦ πράττειν, wiedergegeben. Auch die von ROSSBROICH z.St. beigezogenen Parallelen nehmen v.88 als einen Spruch, dessen Hälften gleiches Gewicht haben. Einseitiges Gewicht haben dagegen die Provokationen zum wahrhaften Leben, in denen z.B. Sokrates (SCHWARTZ, *Charakterköpfe* 62) oder Dion Chrysostomus argumentieren: Wenn schon ein Handwerker sein Gewerbe gelernt haben muß, wieso denkt ihr dann, man brauche nicht zu wissen und zu lernen, wie man richtig lebt? - Handwerkliches *Geschick* im Gefolge der *Weisheit* in Ex 31,3 (πνεῦμα θεῖον σοφίας καὶ συνέσεως καὶ ἐπιστήμης ἐν παντὶ ἔργῳ) meint nicht die Würde des Handwerks, sondern die göttliche Weihe des Handwerkers zum heiligen Werk (vgl. ZIMMERLI, *Grundriß* 92f).

12 Der Abschnitt enthält eine Anzahl Begriffe, die wegen des gesellschaftlichen und bildungstheoretischen Hintergrundes gewiß einer auf PseuPhok abgestimmten monographischen Untersuchung wert wären. Hier kann nur dargelegt werden, in welche Richtung sich m.E. Erwägungen und Untersuchungen loh-

Derron (z.St.) erkennt eine eindeutige Zuordnung der Verse zur griechischen Gnomik und ihren Vorbildern. Sie findet hinter den Bildungsbegriffen dieser Verse[13] das Bildungsideal des Hellenismus, das die παιδεία für das höchste den Sterblichen anvertraute Gut hält und entspechende Ansprüche an die Qualifikation für Dinge, die »Weisheit« erfordern, stellt. Warum aber fehlt dann im Gedicht der Begriff παιδεία völlig[14], während μεγάλη διδαχή und ἀδίδακτος ἀκουή in v.89 einen anderen begrifflichen Schwerpunkt bilden?[15] Neben solcher dichten hellenistischen Interpretation will doch auch die Linie von Sirach her (z.B. Sir 38,32-34) bedacht sein, der den Menschen der praktischen Berufe die Voraussetzung für Mitwirkung als Gutachter, in Rat, Gericht und Rechtslehre ebenso abspricht wie die Fähigkeit, Unterscheidungen zu lehren.[16] Auch die Beschreibung richterlicher Qualifikation in Ex 18,21f und Dtn 1,13 hat der Verfasser sicher im Ohr gehabt und in hellenistische Sprache zu übersetzen gewußt.[17]

Ob jedermann Zugang zur Bildungsschicht gewinnen könne, darüber äußert sich das Gedicht nur andeutend: Μεγάλη διδαχή, »important teaching« (v.89 H) ist gefragt. Der ἀδίδακτος ἀκουή v.89 korrespondiert die εὐεπίη,[18] in der man sich üben muß ἀσκεῖν v.123f. So erschließt man sich den λόγος = *Wort* und *Vernunft*, also die Voraussetzung zu wahrer Menschlichkeit. (Das griechische Bildungsideal klingt in großer Deutlichkeit an.) Aber es scheint vor dem Volk (λαός)[19] doch eine doppelte und geradezu unübersteigbare Hürde zu geben: die Unbildung und den niedrigen Stand. Standesethos und Bildungsethos scheinen verknüpft. Untere Schichten kommen als Objekte gerechter und wohlwollender Behandlung in Sicht; eine Durchlässigkeit der Standesgrenzen wird nirgends erkennbar.[20] In erfreulicher Klarheit äußert sich der sozialpolitisch wache Philo zu diesem Thema (Som 1,155 HEINEMANN/ADLER): *Werden nicht fortwährend Herrscher aus Privatleuten, Privatleute aus Herrschern, Arme aus Reichen, ... Verständige* (συνετοί) *aus Törichten und die Vernünftigsten aus den Unverständigen?!* PseuPhok dagegen betont die Schwierigkeit, ja Unmöglichkeit, ohne günstige Voraussetzungen Zugang zur großen Lehre zu bekommen. Dies erhärtet der Fortsetzungsabschnitt, besonders wenn man in ihm die Fortsetzung des Theognis-Zitates wiedererkennt.

---

nen und wie die erkannten Eigentümlichkeiten des Textes vorläufig zu einem Bild vom Bildungsprogramm des Verfassers zusammenschließen.

13 μεγάλην διδαχήν v.89, ἐσθλὰ μαθόντες v.90, νοεῖν = verstehen v.90, σοφίη / σοφός v.88

14 anders als bei Philo, der die Beziehung der *Paideia* zur allgemeinmenschlichen *Erfahrung* einerseits, zur göttlichen *Sophia* andererseits gründlich und mit allegorischer Verankerung in der biblischen Geschichte bedenkt (sie allerdings auch der *Sophia* unterordnet), s. BERTRAM s.v. παιδεύω, ThWNT 5,614,13ff.

15 Und entspricht es nicht auch stärker jüdischem Denken, wenn *Lernen* mit *Hören* ἀκουή zusammengedacht wird?

16 Die dem Weisen vorbehaltenen Bereiche und Aufgaben sind: βουλὴ λαοῦ, ἐκκλησία, δίφρος δικαστοῦ, διαθήκη κρίματος, παιδεία καὶ κρίμα, παραβολαί; s. die Fortsetzung Sir 39.

17 Ex 18,21 Ἄνδρας δυνατοὺς θεοσεβεῖς, ἄνδρας δικαίους μισοῦντας ὑπερηφανίαν. Dtn 1,13 Δότε ἑαυτοῖς ἄνδρας σοφοὺς καὶ ἐπιστήμονας καὶ συνετούς.

18 Vgl. die Verbindung σοφία λόγου 1Kor 1,17. ἐν διδακτοῖς ἀνθρωπίνης σοφίας λόγοις 1Kor 2,13 spricht von einer Qualifizierung, die Paulus für seinen Dienst gerade nicht zugrunde legt, vgl. Kol 2,23.

19 Die auffällige Verwendung des in der LXX weithin für Israel reservierten λαός statt δῆμος oder ὄχλος (VDH) ist nicht ganz singulär, vgl. TestXIIJuda 25,5. Die Vokabel könnte hier den archaischen Klang der *Menge* (der nicht zur Führung Berufenen und Befähigten) haben, vgl. STRATHMANN s.v., ThWNT 4,30f.

20 Dabei wird es dem Phokylideer keine Schwierigkeiten bereitet haben, im zeitweilig durch Schicksal oder Schuld erniedrigten Menschen gehobenen Standes - etwa Versklavten oder Schiffbrüchig-Fremden - den Standesgenossen anzuerkennen. Ich erinnere an die Romanliteratur vom Altertum bis in die jüngste Neuzeit, in der es ein Lieblingsthema ist, durch wunderbare Fügung die scheinbar verlorene, ja allen Akteuren unbekannte Würde der Heldin oder des Helden schließlich wiederhergestellt zu finden.

Vers 91 - 96 Abstand von Banausen

Nicht mit schmarotzenden Schmeichlern gut freund machen.
Denn viele gibt's da, die sich mit Speis und Trank gut freund machen,
zur Gelegenheit schmeichelnd bereit, wenn sie nur schmarotzen können;
unzufrieden, wenn es wenig gibt, und unersättlich sie alle, wenn es viel gibt.
Trau nicht dem Volk. Wetterwendisch ist die Masse. (w)
Volk und Wasser und Feuer sind nicht zu zügeln.

Der an geläufigen Gedanken und Wendungen reiche Abschnitt ist doch eigenständig geprägt, wie die Querbeziehungen der Begriffe zeigen:

91	τραπεζοχόρους	93	χορέσασθαι
	ἑταίρους	92	ἑταῖροι
92	πολλοί	94	ὀλίγοις / πολλοῖς (Chiasmus)

Auch das dreifache »π«: πολλοῖς πάντες ἄπληστοι verdient Beachtung. - Die Kommentare weisen auf fast wörtliche Übernahme des (allerdings nicht sehr originellen) v.92 aus Theogn.115 hin.[21] Wichtiger ist die sprachlich und sachlich enge Beziehung zu Theogn.31-38, zumal diese auch für PseuPhok (86-)90 gilt. Die Wahl von ὅμιλος v.95 erinnert an προσομίλει und ὁμίλεε Theogn.31.37.[22] Die Wendung des v.90 ἐσθλὰ μαθεῖν ist Theogn.35 entnommen, wodurch auch das unmittelbar vorausgehende οὐ νοέουσ' als von ἀπολεῖς .. νόον Theogn.36 beeinflußt erscheint.[23]

Theogn. 31 - 38 mit 113 - 116

31 ταῦτα μὲν οὕτως ἴσθι· κακοῖσι δὲ μὴ προσομίλει
ἀνδράσιν, ἀλλ' αἰεὶ τῶν ἀγαθῶν ἔχεο·
καὶ μετὰ τοῖσιν πῖνε καὶ ἔσθιε, καὶ μετὰ τοῖσιν
ἷζε καὶ ἅνδανε τοῖσ', ὧν μεγάλη δύναμις.
35 ἐσθλῶν μὲν γὰρ ἄπ' ἐσθλὰ μαθήσεαι· ἢν δὲ κακοῖσιν
συμμίσγῃς, ἀπολεῖς καὶ τὸν ἐόντα νόον.
ταῦτα μαθὼν ἀγαθοῖσιν ὁμίλεε, καί ποτε φήσεις
εὖ συμβουλεύειν τοῖσι φίλοισιν ἐμέ.

Dem Adepten wird das Mahl und Trinkgelage als Ort der heilsamen Bildung ἐσθλὰ ἀπ' ἐσθλῶν μανθάνειν oder - im Fall des schlechten Umganges - als Ort verderblicher Sinnesverwirrung ἀπολεῖν τὸν νόον vorgestellt. Die Berührung der Begriffe in PseuPhok 90 mit diesen Begriffen der Bildung oder Ver-Bildung ist sehr dicht. Aber die Vorstellung vom Lernen verbindet sich für den Phokylideer nicht mit dem Gelage der Freunde (adeligen Standes). Und so trennt er das Motiv des Gelages und der falschen Freunde ab und bildet mit ihm den sogleich folgenden Abschnitt v.91ff. Dabei geht er zu engem sprachlichen Anschluß an Theogn.113-116 über: Fast wörtlich zitiert er im v.92 Z.115:

Πολλοί τοι πόσιος καὶ βρώσιός εἰσιν ἑταῖροι.

Nur ein τοι wird gegen γάρ eingetauscht - ein Zeichen, wie PseuPhok die Begründungsstruktur des Mahnspruches anstrebt. Die Folge von Theogn.113/115 veranlaßt ihn zu der »spiteful reiteration« (VDH) des ἑταίρους/ἑταῖροι v.91f - hier wandelt er durch den Plural ἑταίρους das theognidische Freundschaftsmo-

---

[21] ROSSBROICH zu v.92: »hanc dicendi formam quotidianam esse«. Men mon 682 ist der Gedanke noch geschliffener ausgedrückt als Theogn.115, s.u. S.311.

[22] Zur abwertenden Umdeutung des homerischen Stichwortes πολύτροπος Od 1,1 s. S.299

[23] V.33-36 ist durch Plato (Men 95D) als theognidisch bezeugt (und von Sokrates zur Frage der Lehrbarkeit der Tugend herangezogen).

tiv, an dem ihm weniger gelegen ist (das Substantiv φίλος nur v.142), in sein kritisches Symposionmotiv um. Er bleibt auch damit bei seiner Vorstellung des gesuchten Adressaten, der eher selbst einlädt, als daß er eingeladen wird. Die Antithetik des Distichons Theogn 115f mit dem adversativen δὲ:

ἐν δὲ σπουδαίῳ πρήγματι παυρότεροι

nimmt er in v.94 mit adversativen καί und der Antithetik von ὀλίγοις/πολλοῖς auf:

unzufrieden, wenn es wenig gibt, und unersättlich sie alle, wenn es viel gibt.

Die in der Fachliteratur einzeln wahrgenommenen Parallelen führen, zusammengefaßt, doch zum Urteil einer planvollen Übernahme aus den Originaltexten. - Auch hier aber steigert sich die Gedankenfolge im überhöhenden Schluß v.95f ins Grundsätzliche: zur Abgrenzung gegen die ungebildete Menge schlechthin.[24]

Von da fällt auch noch einmal Licht - besser: Schatten - auf die Bildungsthematik von v.86ff. Die Aufteilung der Topik des Theognis in einen Topos *Edles Lernen* und einen Topos *Nicht mit unedlen Freunden verkehren* ist ein Musterbeispiel für gnomisches Denken, das um der Treffsicherheit des Einzelnen willen Zusammenhänge auflöst, aber zugleich im Kaleidoskop der einzelnen Erkenntnissplitter das Ganze gewahrt weiß.

Diese Verknüpfung von Bildungsethos und Standesethos entspricht durchaus der allgemeinen pädagogischen Zielsetzung. »Das Ziel der Erziehungsbewegung, die die Sophisten heraufführten, war von vornherein nicht Volksbildung, sondern Führerbildung« (JAEGER, *Paideia* 1,368). Das nötigt uns, dem spannungsvollen Verhältnis von gesellschaftlicher Bildung und göttlicher Offenbarung weiter nachzugehen. Wir werden dies Verhältnis (im Vorgriff auf die folgenden Abschnitte) als *gläubigen Bildungsoptimismus auf der Grundlage der Bildung aus dem offenbarten Wort* (Tora) bzw. *aus dem durch Inspiration empfangenen Wort* (Phokylides, *der Weiseste* v.2) definieren dürfen.

1.3 »Weisheit von oben«[25]

Die zurückhaltende, unplakative und seltene Verwendung des Wortfeldes σοφία darf über das Gewicht der wenigen Stellen nicht täuschen. Autoritativen Anspruch einer bestimmten Weisheitslehre, die durch Offenbarung aus der gebrochenen Weisheit dieser Welt herausgehoben ist, enthalten folgende Stellen: das σοφώτατος v.2 (s.u.), weiter alle die aus der Tora übernommenen Vorschriften, die ohne Begründung stehen sowie das polemisch-exklusuive ταῦτα v.229, das im Rückgriff auf das erste Wort des Gedichtes ταῦτα[26] die allgemein gehaltene ἁγνείη ψυχῆς v.228 mit der Summe der im Ge-

---

[24] Vermutlich steht ὅμιλος in der Überlieferung in Zusammenhang mit (προσ)ὁμιλεῖν, wie die leicht mit dem Verbum sich verbindenden Warnungen in Freundschaftsangelegenheiten vermuten lassen. Vgl. Kritias TGFr 774,3 NAUCK (Stob.Flor.14,2):

ὅστις δὲ τοῖς φίλοισι πάντα πρὸς χάριν
πράσσων ὁμιλεῖ, τὴν πανταυτίχ' ἡδονὴν
ἐχθρὸν καθίστησ' εἰς τὸν ὕστερον χρόνον.

In dieser Wendung des freundschaftlichen Umganges in Feindschaft finden wir eine Parallele zum πολύτροπος ὅμιλος. Das Motiv der gefährlichen Hingabe an die *Eßlust* ἡδονή wird von PseuPhok im Zusammenhang der Leidenschaften v.69 angesprochen. PseuPhok verbindet die Topoi der griechischen Lebensweisheit anders: mehr von sittlichen Leitgedanken her und weniger nach günstigen oder ungünstigen Erfahrungen.

[25] Die von Philo bis zur Gnosis geläufige Wendung *Weisheit von oben* ist nach WILCKENS (Art. σοφία, ThWNT 7,526,13ff) in Jk 3,15 polemisch aufgenommen (anders MUSSNER, *Jakobusbrief* z.St.).

[26] VdHorst behandelt ausführlich den Unterschied von ταῦτα PseuPhok 1 und τόδε als dem originalen

dicht enthaltenen ὄλβια δῶρα verbindet. Es herrscht freilich ein Spannungsverhältnis des Exzeptionell-Autoritativen und des Kommunikativen vor. Kommunikativ sind alle die *Begründungen* zu verstehen, die an die Erfahrungen der Leser appelieren. Dies Spannungsverhältnis gehört zum Wesen dieser Paränese, die *ratend* im hellenistischen Bildungsmilieu den *offenbarten* Willen Gottes zur Geltung bringen will.

An die Verhältnisbestimmung von *Sophia, Logos* und *Tora* im Gedicht gehe ich heran mit der Prämisse, daß nach der in der Antike vorherrschenden Auffassung Weisheit divinitorisch ist.[27] Erst wenn diese Prämisse gilt, wird die Spannung zwischen gesellschaftlicher Bildung und göttlicher Begabung, die das ganze Gedicht bestimmt, recht erkennbar. Denn auch zum Wiedererkennen der Weisheit muß man befähigt sein. Das absichtsvoll verschlüsselte Wort der alten Dichter soll »der Masse der Banausen, der ἀμαθεῖς, der zur Bildung Unfähigen nicht zugänglich sein« (H.DÖRRIE, *Zur Methodik antiker Exegese* 124 mit A.1). Von daher konnte der Phokylideer bei seinen Lesern auf volles Verständnis rechnen, wenn er sich im Proömium v.1 nur an die *Rechtschaffenen Gottes* wendet. Nur verwandter Geist versteht die Worte, die der göttliche Geist eingegeben hat - wie ja auch nur der σοφός die σοφίη in den Darlegungen der Anwälte oder Rhetoren vor Gericht vom Wort- und Bildungsgeklingel unterscheidet v.98.

Vers 1f Weisheitsgaben Gottes für die Rechtschaffenen Gottes

Diese Rat-Sprüche des Rechten für die Rechtschaffenen Gottes offenbart
Phokylides, Weisester unter den Männern, als glückbringende Gaben.

BERNAYS[28] verwirft diese Verse mit scharfen Worten. Sie seien »den Schlussversen (sc. gedanklich) nachgestümpert«. Das »anpreisende Epigramm byzantinischer Abschreiber« führe mit seinem »Stottern« zu einer »stilistischen Incongruenz der ganzen Wendung«. Die unvollständige handschriftliche Bezeugung (LUDWICH, *Spruchbuch* 9) kann diese These stützen.[29] In der Tat birgt der v.1 eine syntaktische Spannung, mit der der Verfasser im Versuch, großer Dichtung gemäß in sprachlicher Dichte zu beginnen, sich übernommen hat. Entsprechend schwierig sind die Fragen der Textüberlieferung und Satzkonstruktion zu klären. - Das textkritische Problem entsteht an dem (ersten) *Jota subscr.* ΔΙΚΗΙΣ, das eine Verbindung mit ὅσιος[30] zu verlangen scheint; so die Herausgeber. Ich lese (mit BERGK) ΔΙΚΗ(Ι)Σ ΟΣΙΟΙΣΙ (BPL): δίκη(ι)ς ὁσίοισι, und verbinde ὁσίοισι (masc.) mit θεοῦ. Von der Berechtigung, das Jota zu unterdrücken und δίκης mit βουλεύματα zu verbinden, überzeugt mich vor allem KEYDELL (*Dichtung der Kaiserzeit*: *Kl. Schriften* 221): »Die Δίκης βουλεύματα entsprechen den Δικαιοσύνης μυστήρια am Schluss (229), von den ὅσιοι αὐτοῦ in Beziehung auf Gott ist in der Septuaginta oft die Rede.« Gestützt wird diese Auffassung durch DORNSEIFF 39 A.2: »φαίνει verlangt einen Dativ, in dem mitgeteilt wird, wem gezeigt wird«, nämlich: den ὁσίοισι (masc.) θεοῦ.[31]

Begriff der *Sphragis* bei Phokylides und anderen. »Its occurence in a *sphragis* definitely is Hellenistic«; ὅδε (τόδε) dagegen wäre im späteren Griechisch ungewöhnlich. Ich weiß aber nicht, ob das Gattungsargument für unseren Autor so viel austrägt. Theogn.31-38, unzweifelhaft vom Phokylideer benutzt, beginnt immerhin - ohne Sphragis und Namensnennung - mit ταῦτα μὲν οὕτως ἴσθι.

27 WILCKENS a.a.O. 468,19ff. Zu dieser inspirativen Eigenart des Dichterwortes kann auch ein ekstatisches Element gehören, das wir in der jüdischen Weisheit etwa Hi 4,12-17 finden (vRAD, *Weisheit* 78f). In aufgeklärten Kreisen des Hellenismus wußte man solche ekstatische Inspiration durchaus psychologisch zu interpretieren. *Kluge Leute* vermögen die körperlichen Zeichen tiefer Erregung *richtig auszulegen* und so vermeintliche *Weissagungen* vernunftgemäß einzuordnen, sagt Pan bei Apuleius in *Amor und Psyche*, Metamorphosen 5,25.

28 S.247; SPEYER weist darauf zustimmend hin (s. HENGEL, *Anonymität* 324).

29 Der Prolog von Hesiods *Erga* hat seit dem Altertum ähnlich rigorose Verwerfung gefunden, s. E.MEYER, *Hesiods Erga* 475f.

30 Masc. od. Fem. möglich (DERRON, die S. LXXXIX die v.l.M = masc. für ein Beispiel nur bei M erhaltener »bonne leçon« hält). Theogn.132 ὁσίη δίκη (fem.!) = *das heilige Recht* spricht für die Verbindung δίκησ' ὁσίησι mit βουλεύματα. Als häufige Verbindung fand das Nebeneinander von δίκη und ὅσιος besondere Beachtung, s. v.5.37.

31 Zum *Jota adscriptum* (Majuskel) oder *subscriptum* (Minuskel) und seiner Unsicherheit in dem schwan-

Die auffällige Selbstprädikatierung als *der Weiseste* enthält 1) einen Aufruf an den Leser, aber auch 2) confessorisch eine Andeutung des PseuPhok über seinen Antrieb zum Schreiben.

1. Für den Leser ist dieser Superlativ eine Werbung um Vertrauen. Er soll das, was er liest, getrost mit der Weisheit, die er kennt, vergleichen und dabei einen hohen Maßstab anlegen. Er soll damit auch angeleitet werden, nach höherer Weisheit zu streben - als einer, der trotz anfänglicher, rechtschaffen-gläubiger Bereitschaft v.1 noch hinzulernen muß, um nicht in satter Selbstzufriedenheit die Demut vor dem letztlich *Allein Weisen* v.54 zu verfehlen.[32] Dem σοφώτατος korrespondiert ὄλβια δῶρα. Hier klingt »liturgische Formelsprache« an.[33] Den in dieser Anfangsverheißung unausgesprochen mitgesetzten Gegensatz findet der Leser, der diesen Klang im Ohr behält, in den kritischen Worten über den Reichtum v.5f.42ff usw. ausgesprochen.

2. Confessorisch schreibt PseuPhok etwas von den verborgenen Voraussetzungen seiner Verfasserschaft nieder: seine Anspielung auf die Weisheit des *Königs Salomo* ist für uns heute unüberhörbar. Niemandem sonst steht im jüdischen Verständnis ein solcher Titel zu - außer Einem (und ihm gewiß noch mehr): *Mose*!

Qohelet (= Salomo) *wollte dem Mose gleich sein. Es ging aber eine Bath-Qol aus, welche sprach: 'Worte der Wahrheit sind es: Kein Prophet stand in Israel mehr auf wie Mose'* (bRHSh 21b nach Rab, BILLERBECK 1,131). Es handelt sich natürlich um ein Gleichsein, das als *Weisheit* zu bezeichnen ist, LOHSE, ThWNT 7,462,27ff s.v. Σολομών. - Belege zur Geltung Salomos bei KÜCHLER 129, betr. *Mose* ebd. 122 A.25; 136-139; VERMES, *Gestalt des Mose* 61-93. - Sir 1,1-30 scheint »nach dem gleichen Schema aufgebaut« wie Prov 1,1-7, vRAD, *Weisheit* 312 A.7; die ältere Unterscheidung der *m.schalim* Salomos von den *d.warim* der anderen, weniger zu achtenden Weisen geht bei Sir LXX nach KÜCHLER (171) auf Sir Hebr.B zurück. Beachtung verdient in diesem Zusammenhang, daß PseuPhok's Weisheit mehr »autoritär« und nicht »dialogisch« wie die bei Sir (vRAD a.a.O. 326) ist.

Die recht ungewöhnlich erscheinende Selbstprädikatierung[34] kann, da sie schwer-

---

kenden Verfahren der alten Grammatik und des wechselnden Schreibstils vgl. V.GARDTHAUSEN, *Griechische Palaeographie*, Bd.2 *Die Schrift*, S.241-244: *Das stumme Jota*; SCHWYZER, *Grammatik* 1,203 zu »Unsicherheit in der Orthographie«. Vgl. DERRON CX

32 Sirach würde hier etwa von der παιδεία θεοῦ, der Lernzucht in den von Gott auferlegten Züchtigungen, sprechen, die für das Fortschreiten in Weisheit wesentlich ist.

33 E.NORDEN, *Agnostos Theos* 133. *Empedokles* (fr.132 DIELS/KRANZ) übertrug diese Mysterienformel mit ὄλβιος ὅς auf das Beachten seiner Lehre, ebd. S.100 A.1, und »schloß mit der Seligpreisung derer, die diese Lehren befolgen werden: ihrer wartet ein seliges Los ...« (Empedokles fr. 145f; NORDEN S.132). Den hier und ähnlich später erkennbaren Typus findet Norden schon bei Heraklit, der die Anerkennung der Geistigkeit Gottes und die Ablehnung der blutigen Opfer als Hauptinhalt wahrer und weiser Erkenntnis lehrt. Bedenken wir, daß auch PseuPhok mit der Ankündigung *glückbringender Gaben* und mit der Ehrung des *Einen Gottes* v.2.8 beginnt und mit der Kritik der religiösen Riten und der Verheißung eines *guten Lebens* schließt, so ist die verwandte Typik mit Händen zu greifen.

34 KÜCHLER (246 A.19) und vDHORST (*Revisited* z.St.) nennen ein Beispiel mit Henoch in der aramäischen Parallele zu äthHen 92,1: 4QHen^g 1.II,23 (J.T.MILIK, *The Books of Enoch* S.260; anders K.BEYER, *Die aramäischen Texte vom Toten Meer* 246f). - Vielleicht war dem Autor vertraut, daß in griechischen Ohren der Superlativ nicht so vermessen klingt, s. WILCKENS a.a.O. 468, A.12. Vielleicht ist ja auch die »Eitelkeit und Selbstgefälligkeit« eines Isokrates (z.B. Proömium des Panegyricus), »der, wo er kann, von seiner eigenen Herrlichkeit redet« (NORDEN, *Kunstprosa* 1,113), von den Zeitgenossen nicht so peinlich empfunden. Die (wohl späte) zweite *Comparatio Menandri et Philistionis* beginnt mit einem Proömium des Menander, in dem das Positiv σοφός mit zwei vorausgehenden σοφοῖς durch die Häufung superlativischen Charakter bekommt:

Der allen gefällt in weisen Dichtungen,
der die πρᾶξις τοῦ βίου *aufweist für Weise,*

lich als effektsuchende Übertreibung zu verstehen ist, nur als Überbietung Salomos Sinn geben. Damit steht der Autor in derselben Linie wie Ben Sira. Dieser spricht 45,1 von Mose:

geliebt von Gott und Menschen, dessen Gedächtnis im Segen ἐν εὐλογίαις *sei*

(vgl. PseuPhok 2 ὄλβια δῶρα), läßt aber c.47 den Salomo stark zurücktreten:

14 *Wie warst du weise in deiner Jugend! ...*
20 *... und du beflecktest deine Nachkommenschaft,*
so daß du Zorn brachtest über deine Kinder
und sie tief betrübt wurden durch deine Torheit.

Hier ist Salomo ein Exempel, wie es PseuPhok 3a brandmarkt. Sir 47,20 erinnert auch an das Motiv der *Befleckung der Kinder* nach PseuPhok 177f (μιαίνων).[35] Von PseuPhok ist natürlich keine deutliche Kritik an Salomo zu erwarten.[36] Aber es spricht doch viel dafür, daß er das Gedicht im Kern nicht als salomonische, d.h. aus der Tora *abgeleitete*, sondern als *eigentliche Tora* für die Heiden versteht. Im Munde eines Mannes, den man mit Mose vergleichen darf, ist für jüdische Ohren der Superlativ erträglicher, weil der Verfasser Moses eigene Worte ihm in den Mund legt.[37] So wird *Phokylides eine Art griechischer Mose*, der sich selbst mit seinem in Gottes Gabe begründeten Anspruch auf Gehör vorstellt.[38] Der Phokylideer erkennt seinem Werk etwas von dem Glanz zu - um der Treue zum Wort der Offenbarung willen -, der auf der Tora selbst liegt.

Menander der Weise: ich will nun wieder Mahnung geben παραινέσω,
meinen Gruß vorausschickend der zuhörenden Jugend ...

Auch die Selbstrühmung des Epicharm als ein »echter σοφός« (Kü 246), weiter daß Plutarch SeptSap 151B von *Bias* als dem σοφωτάτῳ Ἑλλήνων sprechen läßt, mildert das Problem dieses Superlativs erheblich. Schließlich wird PseuPhok in der stolzen Selbst-Siegelung der phokylideischen Sprüche eine Ermutigung zu seinem Superlativ gefunden haben. DORNSEIFF (39) versteht die »starke Selbstrühmung« als phokylideische Steigerung »des theognideischen Sigels«, von dem er ja auch die selbstbewußte »Firmenmarke« der *Sphragis* gelernt hat. Für diese Steigerung »zu wahrhaft großköniglichem parsischem Stolz« findet er eine Parallele auf einem Denkstein des Dareios am Fluß Tearos: »der beste und schönste Mann von allen Menschen, Dareios« (Herodot 4,91).

35 Die Folge *Ehebruch* (Paris/Helena) - *Zorn* (Achill) - *Untergang Trojas* berührt sich mit den Folgen der Unzucht Salomos Sir 47,23f: Reichsteilung, Sünde des Nordreiches, Exilierung seiner Bewohner. Das Stichwort ὀργή Sir 47,20, ursprünglich vom *Zorngericht Gottes* gemeint, erinnert an die ὀργή, die sich zur μῆνις (Achill) steigert. Aus solcher Dichte der topischen Beziehungen konnte jederzeit für den damaligen Leser eine Argumentationskette entstehen. - Doch konnte diese Linie nicht den Salomo vom Platz des *schlechthin Weisen* verdrängen, wie auch der von Cyrill Alex. berichtete apologetische Vergleich mit den griechischen Weisen zeigt: *Lange Zeit danach* (sc. nach Salomo) *kamen Phokylides und Theognis*, s. fgd. Anm.

36 Kaiser *Julian* (Gal fr.224C NEUMANN; s. Cyrill Alex Adv.Iul 7,224 = PG 76,844C) nutzt den Vergleich zwischen *Salomo* einserseits, *Phokylides, Theognis und Isokrates* andererseits zum Spott über Salomo, der von Frauen den Polytheismus lernte und also entweder (im jüdischen Sinne) nicht weise blieb oder (im heidnischen Sinne) durch diese dazulernte; dies läßt auf erhebliche Probleme der jüdisch-christlichen Apologetik mit Salomo schließen.

37 Mose spricht von sich in exzeptioneller Weise für die Zeit, bis der endzeitliche Erfüller kommt Dtn 18,15: *Einen Propheten wie mich ...* - es fand sich auch inzwischen keiner Dtn 34,10. In der frühen apologetischen Literatur nennt *Eupolemos* (1,2) den Mose den πρῶτον σοφόν, der syrische Anonymus dagegen den Abraham. Der Unterschied betrifft einen hie mehr universalistischen, dort mehr nationalen Ansatz (HENGEL 175). Indem PseuPhok die national-religiöse Grenze nicht antastet, kann ihm Mose der Zeuge bei Heiden sein.

38 WEST (Rez vdHorst) findet in v.1f ein Pendent zum Eingangssatz des Dekalogs *Ich bin der Herr, dein Gott*, so daß hier wie dort die mosaischen Hauptgebote des Dekalogs mit einer vergleichbaren Selbstvorstellung bzw. Autorisierungsformel eingeleitet würden.

Ein klares Zeugnis für das Verständnis des Gedichtes als Tora könnte der Vers 129 geben, wenn er nicht textkritisch zu unsicher wäre. Die Weglassung des Verses in Mss. MB und durch Stobäus' Quelle ist schwerer vorstellbar als die Zufügung, wie sie Mss. PLV bezeugen. SYLBURG fand hier ein interpoliertes christliches Bekenntnis zur Bibel, DORNSEIFF (50f) ein authentisches phokylideisches Bekenntnis zum Pentateuch, dessen »älteste erhaltene« »Nebenüberlieferung« das Gedicht biete:

Am besten ist der Logos, der aus der Inspiration göttlicher Weisheit lebt.

S. ebd. S.44-46 zu v.129: Der σοφίης λόγος sei »die unentbehrliche gedankliche Brücke« zwischen v.128 λόγος und v.130f σεσοφισμένος, σοφίη. Religionsgeschichtlich ist gegen vorchristliche Abfassung nichts einzuwenden (Gründe bei vdH). - Ich möchte diesen unsicheren Vers nicht mit der Beweislast für die Fragen einer σοφία-λόγος-Lehre des Autors belasten. Für seine Entbehrlichkeit spricht: 1. Übergänge im Text pflegen nicht durch γάρ-Sätze erklärt oder vorbereitet zu werden. 2. Da das Bessere der Feind des Guten ist, entwertet das Prädikat ἄριστος die *Waffe* von v.128: (ἔρυμα) λόγος. 3. Der Verfasser vermeidet das Draufsatteln einer geistlichen Einsicht auf eine Erfahrungserkenntnis. Nichts schiebt sich zwischen die Lehre des »Phokylides« und die vernünftige Erfahrung. Der Phokylideer spricht im Sinne des Wortes, dessen Wesen man nicht in geheimnisvoller Höhe oder in schwer zu erreichender Ferne findet, sondern das *sehr nah ist in deinem Munde und in deinem Herzen und in deinen Händen, daß du es tust* Dtn 30,(11-)14 LXX.

βουλεύματα v.1 hat zwar den Klang des *Zuratens*, der *Empfehlung*, meint aber im Munde weiser Autorität, und erst recht wenn diese ausdrücklich Segensgaben ὄλβια δῶρα der Gottheit (nicht eigene Gaben des Phokylides) weitergibt, den göttlichen Willen. Dieser soll vom Menschen als das Gesetz des Kosmos begriffen werden. »No doubt Ps.-Phoc. means the Torah here« (VDH). Da im Epilog v.228-230 die religiöse Verankerung der Mahnrede im *wahren Dienst der (göttlichen) Gerechtigkeit* δικαιοσύνης μυστήριον befestigt wird, entgeht der aufmerksame Leser der Aufgabe nicht, immer wieder in den Sprüchen die Spuren der göttlichen Offenbarung zu suchen. Mit μυστήριον tritt der Autor in die Auseinandersetzung mit allerlei Kulten und Observanzen, in denen die Menschen auch anderswo sich des Segens der Gottheit und des *gelungenen Lebens bis ins Alter* vergewissern wollen. In Weiterführung solcher menschlicher Bemühung und in Kritik ihrer Irrwege (s.u. zu v.228) will der Verfasser den Willen Gottes, der den Einsichtigen offenbar ist, bezeugen. »Durch die Rahmung wird diese weisheitliche Sammlung mit dem (sc. biblischen) Gesetz identifiziert.«[39]

Tabelle 11: σοφίη-Netz v.1-230

σοφίη-Netz	Torafüllung	
1f		
	3-41	Dekalog und Lev 19
53f		
86-90(-96)		
	97ff	Eschatologischer Trost
122-131		
	132-152	Ex und Dtn
	175-198	Lev 18
228-30		

Das Begriffsfeld σοφός/σοφία/σοφώτατος/σοφίζειν, θεοῦ βουλεύματα, λόγος, μεγάλη διδαχή / ἐσθλὰ μαθόντες in Zusammenhang mit δικαιοσύνης μυστήρια v.229 ist ein feines

39 BERGER, *Gesetzesauslegung* 1,47. Der Begriff der *Identifizierung* ist akzeptabel, sofern nach jüdischer Vorstellung die ganze Tora in jeder angemessenen Wiedergabe einzelner Gebote präsent ist.

Netz, das sich über das Gedicht spannt. Dessen Zwischenräume sind teilweise mit Bezeugungen der mosaischen Tora gefüllt. Unter Hinzunahme des stark von jüdischer Glaubenslehre getönten Abschnittes v.97ff finde ich folgendes »Netz«:

Vers 122 - 131 Logos und Sophia

Zwei eröffnende Mahnverse - Prohibitiv und positives Gegenstück - leiten den Topos *Schlechte und gute Rede und der Wert des guten Wortes* ein.[40]

122f *Nicht sollst du, in Prahlrede schwelgend, dich selbst berauschen im Sinn.*
Sich üben in guter Rede εὐεπίην ἀσκεῖν, welche allen sehr zugute kommt.[41]

Der dritte Vers des Abschnittes, Anfang einer begründenden Reihe, liefert den klaren Begriff, um den es geht: Λόγος.

124 *Eine Waffe, schärfer als Stahl, ist das Wort ja dem Manne.*

Die Begründung bringt wie so oft die Thematik *auf den Begriff*. Denn welchen Wert der Mensch mit dem Wort als seiner *Waffe* bekommen hat, sagen die folgenden vier Verse, die das Wort zu den Waffen der anderen Geschöpfe in Beziehung setzen. Durchgehendes Subjekt dieser vier Verse (vdH) ist - einmalig im Gedicht! - Gott:

125 ὅπλον ἑκάστῳ νεῖμε θεός ...
128 ... ἔδωκε (sc. θεός), λόγον δ' ἔρυμ' ἀνθρώποισιν.

Mit dem v.130 erfolgt ein begrifflicher Sprung (wenn v.129 interpoliert ist, s. vdH), der die Vertrautheit mit dem Zusammenhang von λόγος v.124-128 und σοφίη v.130f voraussetzt.[42] Dabei verbindet ἀνδρί - ἀνήρ v.124/130 den Anfang und das Ende der Begründungsfolge aufs engste. Von v.130 zu 131 erfolgt ein Subjektswechsel zu σοφίη (von σεσοφισμένος ἀνήρ). Die Herausstellung eines beherrschenden Wortes, λόγος, in v.124 ist hier noch gesteigert. Der Duktus vom prahlerischen bzw. wohlgesetzten Reden über den Preis des Wortes - »ce qui permet à l'homme d'aquérir la sagesse, et notamment de dominer les passions« (DERRON) - hin zur Überlegenheit der Weisheit ist eindrücklich. Mit dem Schlußvers kommt das Motiv der Weisheit des Schöpfers, der jedes Wesen

---

40 DERRON Anm.2. z.St. erinnert hier an Isokrates, der die Rhetorik mit der Pädagogik und moralischen Erziehung verknüpft hat. - Die gerühmte εὐεπίη v.123 meint sicher nicht eine natürlich-unverfälschte, sondern eine rhetorisch geübte Redeweise (Mit DERRON gg. VDH und WALTER). Der Begriff des *Übens* ἀσκεῖν schafft eine enge Verbindung zur Rede von den *Waffen*. - Zum wichtigen paränetischen Topos *Zungensünden* s. Register s.v. *Topoi der Mahnung 1*. - WALTER z.St. denkt an »die nüchterne, sachliche - oder aber: die freundliche Rede« und möchte »wohlgesetzte Rede, wirkungsvolle Beredsamkeit« ausschließen. Aber Spruchweisheit vermag Gesellschaftskritik in individualistisch scheinende Alltagsmoral zu kleiden. Auch in v.228f nennt der Verfasser nicht Roß und Reiter seiner betonten Polemik. Das Gedicht, das die *wankelmütige Menge* v.95 so scharf angeht, könnte mit v.53f auch den großsprecherischen *Volksverführer* (ὀχλαγωγός, wie Josephus den einstigen alexandrinischen Gelehrten Apion bezeichnet Ap 2,3) mit unausgereifter Bildung gemeint und auf die Ebene schlichter moralischer Schelte heruntergeholt haben, damit er sich nicht noch als Mensch mit Einfluß geehrt fühlt.

41 Ob εὐεπίην ἀσκεῖν eine (unjüdische) Empfehlung für »wohlgesetzte Rede, wirkungsvolle Beredtsamkeit« oder (gut jüdische) Empfehlung des eingängigen (und deswegen oft besser ungekünstelten) Wortes ist, trägt für das Gegenüber zu μεγαληγορίη v.122 nicht viel aus. Der Paränet will nicht Begriffe klären, sondern Aufgaben stellen. Und er stellt gern in jedem neuen Vers die Aufgabe mindestens ein wenig neu. Für den motivgeschichtlichen Hintergrund und die Intention des Verfassers ist es natürlich interessant, wie er selbst den Begriff wohl gefüllt haben mag.

42 DERRON S.27 A.1: »Le logos corresponde à la notion juive de la sagesse proche telle qu'elle est incarnée dans la Torah.« Diese Korrespondenz wird unausgesprochen als verständlich vorausgesetzt.

angemessen begabte, noch einmal zum Klingen: Die Weisheit, die durch den Menschen *Land und Stadt und See*,[43] anders ausgedrückt: die »(Land-)Wirtschaft - Gemeinwesen (Politik) - Reise (Handel)« (WALTER z.St.) regiert, ist nicht nur Gabe, in der die Begabung mit dem Wort zur Vollendung kommt; sie ist göttliches Wirken im Menschen und in der Welt.[44]

Philologisch gesehen, kann der σεσοφισμένος ἀνήρ 1. der in seinen Angelegenheiten Geschickte oder 2. der Gebildete oder 3. der Zeuge empfangener Offenbarung sein.[45]

Zu 1. Das schlichteste Verständnis: *geschickt, geübt* (vgl. Sir 38,31) scheidet für v.130 wegen des Gegensatzes zu ἀλχήεντος *stark, tüchtig* aus.[46] Zu 2. Der *Gebildete* ist der Mensch, der »sich des Logos bewußt ist, der in ihm selbst wirkt«.[47] Zu 3. Die Maximalinterpretation geht davon aus, daß Gott als logisches Subjekt des σοφίζειν mitgedacht sein kann, so daß der Mensch als *Empfänger von Offenbarung* in Blick kommt. Die Entscheidung muß zwischen 2. und 3. fallen - und muß vorläufig leider noch ohne eine monographische Untersuchung, die unseren Abschnitt mit der Logos-Sophia-Lehre systematisch zu vergleichen hätte, auskommen. Immerhin gibt es zwei Anzeichen, daß die Interpretation von σεσοφισμένος als *gebildet* nicht reicht. Zum einen gebraucht der Autor λόγος in v.124-128 ganz instrumental,[48] während er der σοφίη den Platz als Krönung des Abschnittes zuweist. Er scheint nicht weit entfernt zu sein von dem, was Philo mythologisch als *Zeugung des Wortes* = des κόσμος νοητός *durch den Schöpfer und die Weisheit* erörtert, - und weiter entfernt von der stoischen *In-Eins-Setzung* des Wortes, des Logos mit der Gottheit und der Weltvernunft.[49] Zum anderen stimmt das Passiv σεσοφισμένος *weise geworden* (W) mit dem Schweigen des Gedichtes über *Persönliche Läuterung durch Bildung* überein. Der Mensch wird als der Empfangende und dann Tätige, nicht als der ringend zur Erkenntnis und durch sie zur Tat Kommende gesehen. Wohl klingt der φύσις-Begriff, der für die Stoa mit im Zentrum steht, leicht an v.125; aber er bleibt ganz im Schatten von *Geben* νεῖμε, ἔδωκε v.125.128 und *Wort* λόγος v.124.129.

Die Weisheit, von der der Text spricht, ist eine empfangene, die in nachdenlichem

[43] Die Weisheit, die Schiffe regiert, ist natürlich zuerst die Sachkunde des Kapitäns. Aber über die Kompetenz der Weisheit in allen, durch *Äcker, Städte, Meere* nur repräsentativ genannten Erfahrungsbereichen bekommt vor allem der dritte Begriff, dem auch das Verb κυβερνᾶν zugeordnet ist, metaphorische Bedeutung. So klingt auch hier die Göttlichkeit der Weisheit oder die Weisheit Gottes an, wenn mit dem Bild von der rettenden Kraft der Weisheit in den Stürmen des Lebens Gefährdung und Hoffnung der Menschen ausgedrückt wird. Zu maritimen Metaphern und der »Vorstellung von einer Gottheit, die ein Schiff sicher durch gefahrvolle Meere steuert,« s. HADAS, *Kultur des Hellenismus* 321f.

[44] Wenn W.STÄHLIN (*Predigthilfen* 5,19) in der Weisheitsliteratur den Begriff *Glaube* durch *Weisheit* ersetzt sieht, dann kommt darin die sprachliche Eigenart, von Weisheit als von einem Geschenk und doch als dem Tun des Menschen zu reden, zum Ausdruck (wie *Glaube* eine *creatio verbi divini* und doch ganz dem Menschen als seinem Subjekt zugeordnet ist).

[45] Im Anschluß an Aristoteles spricht man (peripatetisch-stoisch) von fünf Stufen der *Sophia* »von praktisch-politischem Wirken aufsteigend bis zur reinen θεωρία«, wobei es um die über die »äußere Kultur« und ihre Entwicklung hianusgehenden bzw. diese korrigierenden Aufgaben geht, UEBERWEG/PRAECHTER 482.

[46] DORNSEIFF (44f) verbindet die Möglichkeiten 1 und 2. 1) »σοφίη ist hier ein praktischer Lebenswert und hat weder einen nachweisbar jüdischen, geschweige christlichen oder 'gnostischen' Klang«; 2) σοφίη ist »wie in der ganzen frühgriechischen Literatur, 'Intelligenz, Verstandeskönnen'«. Er erkennt eine Steigerung. V.129 rühmt danach die Worte von Propheten oder inspirierte Literatur, deren Worte »das allerbeste menschliche Sprach-ὅπλον seien«.

[47] Vgl. DÖRRIE, *Methodik* 135; s.d. über die Legitimation zur Exegese der verschlüsselten göttlichen Weisheit in den Worten alter Dichter. - Nach Philo ist die Paideia als Mittelwesen »das Höchste, was Menschen normalerweise erreichen können«, BERTRAM s.v. παιδεύω, ThWNT 5,614,25f. Sie verhält sich zur σοφία, wie Hagar zu Sara; Abraham, der Freund der Bildung, »muß von der einen zur anderen und damit zur Vollkommenheit fortschreiten«, ebd. A.110.

[48] Vgl.v.123! Die einzige weitere Verwendung von λόγος v.20 ist ohne metaphorische Bedeutung.

[49] KLEINKNECHT s.v. λόγος B, ThWNT 4,83.87. Zum Problem der unterschiedlichen Verbindung der Sophia einerseits mit der Tora andererseits, bevorzugt mit dem Logos (Alexandrien), vgl. KÜCHLER 45; MACK, *Logos und Sophia* 108-195.

Gehorsam aufgenommen wird. Vom Durchringen durch Rätsel, schwere Erfahrungen und Anfechtungen der Leidenschaften (wenn auch mit Hilfe der weisen Dichter) bis zum Erlangen der Weisheit ist nicht die Rede. *Üben* ἀσκεῖν soll sich der Mensch in σωφροσύνη und εὐεπίη; aber das ist seine Antwort auf das Anfangsgeschenk der beginnenden Weisheit.[50]

Vers 53f Einer ist weise!

Prahle nicht mit Weisheit noch mit Stärke noch mit Reichtum.
Einer nur, Gott, ist weise zugleich und mächtig und reich an Segen.

Für die Offenbarung eintreten und sie von aller menschlichen Weisheit unterscheiden, das verlangt kritische Auseinandersetzung mit menschlicher Klugheit. Solche Auseinandersetzung findet im Gedicht nicht in extenso statt, weil wir keinen Protreptikos vor uns haben, der für die rechte Grundeinstellung wirbt, sondern eine Paränese. In der eben behandelten Mahnung gegen Großsprecherei kann solche Kritik anklingen. Deutlich wird sie im Gegensatz von menschlichem Vermögen und göttlicher Größe v.53f thematisiert. Die erste Zeile des Spruches zitiert Jer 9,22 in Zusammenhang einer Spruchreihe über *Lauterkeit und Maß* v.48-69b. Hier wird der Jude etwa seit dem 1.Jh.v.Chr.[51] unüberhörbar an das Gebet und Bekenntnis des Sch.ma erinnert. Wir haben es also sicher nicht nur einfach mit einer Anleitung zur Bescheidenheit zu tun. Das volle Gewicht, das die σοφία latent im Gedicht hat, klingt hier an. Die Betonung liegt auf dem ersten Glied der Trias.[52] Es ist ganz die dem gesellschaftlichen Leben zugewandte *Chokma*, die in dieser Trias sich ausdrückt. Das Engagement für ein griechisches Bildungsideal löst den Verfasser nicht aus seiner jüdischen Vorstellungswelt.[53] Bildung geht nicht den Weg über die reine Anschauung, sondern geht aus von der Offenbarung im Wort und bleibt zugleich - eben um der Weisung des Wortes willen - dem praktischen Leben verhaftet.

Die Εἷς-θεός-Formel, auch verbunden mit dem exklusiv für die Gottheit reservierten, elativen σοφός, läßt in besonderer Weise erkennen, welche sicheren sprachlichen Brücken es zwischen Juden und Nichtjuden gab. Apologetik und Mission konnten dies ebenso nützen,[54] wie es den nicht mehr unterscheidungsfä-

---

[50] Die griechischen Aussagen über die Weisheit als göttliches Geschenk pflegen eher den Komparativ im Verhältnis des Göttlichen zum Menschen als den Gegensatz, WILCKENS s.v., ThWNT 7,468,20. Vgl. Gorgias Hel 6 (fr.11, DIELS/KRANZ 2,290): θεὸς δ᾽ ἀνθρώπου κρεῖσσον καὶ βίᾳ καὶ σοφίᾳ καὶ τοῖς ἄλλοις. Wenn dagegen im *Thyestes* niemand *weise* ist πλὴν ὃν ἂν τιμᾷ θεός, dann ist das noch eine ganz andere Weisheit als diejenige, die in der Einsicht in die verborgenen Zusammenhänge des Seienden besteht: es ist Befähigung, mehr auf den Befehl der Götter zu achten als auf das Recht (δίκη). αἰσχρὸν γὰρ οὐδὲν ὧν ὑφηγοῦνται θεοί, Soph fr. 226 NAUCK.

[51] Die wörtliche Übernahme von Jer 9,22 durch 1Sam 2,10 LXX läßt erkennen, daß auch ohne eine entwickelte Sch.ma-Tradition dieses Stück, etwa als selbständige Tradition hymnisch-weisheitlicher Art, im Umlauf war. DELLING (45f) tritt für die Annahme der regelmäßigen Rezitation eines Dtn 6,8f enthaltenden, vielleicht noch nicht voll ausgebildeten Sch.ma auch in der Diaspora ein.

[52] Das muß nicht immer in der öfter gebrauchten Trias so sein. Auch darf der Einheitscharakter einer solche Trias nicht überhört werden. Auch die verwandte Trias 1Kor 1,26 meint eine Führungsschicht. Den Bezug zu Jer 9,22 stellt dort v.31 her.

[53] »Es geht ... bei Paideia und Sophia um die durch das Gesetz bestimmte (ἔννομος) Lebensführung«, DELLING 66 mit Hinweis auf Sir prol 12-14.35f.

[54] Hengel, *Anonymität* 315. Der von KROLL (Art. *Phokylides* 506) lieber ferngehaltene Bezug zur Εἷς-θεός-Formel (E.PETERSON) ist doch wichtig für das religiöse Milieu, in das sich PseuPhok mit der

higen Synkretismus förderte. - Der unvergleichlichen Weisheit Gottes ist nach Sir 42,21 *nichts hinzuzufügen, nichts hinwegzunehmen, Er braucht keinen Ratgeber* σύμβουλος.[55]
Der Mensch kann aus dieser Fülle der Weisheit nur partiell schöpfen.

Daß dies gewichtige Wort schlicht als Begründungssatz einem paränetischen Mahnsatz angefügt ist, entspricht der jüdisch-christlichen Übung, als Motivation für die Mahnung den Glaubensgrund zur Sprache zu bringen.

Vers 89 »Große Lehre«

Wenn der Phokylideer von *Weisheit* spricht, steht ihm zuerst die Richtschnur alles weisheitlichen Nachdenkens, die Tora, vor Augen. Er sieht sie im Zusammenhang mit der ganzen jüdischen Bibel und im Zusammenhang mit der Weisheit der Völker, die ihm besonders in den Zeugnissen griechischer Dichter vertraut ist. Letztere bedenkt er kritisch, nimmt Gedanken und sprachliche Wendungen auf, interpretiert sie wohl auch um im Licht der ihm zuteil gewordenen Erkenntnis und hat mit dem allen wahrhaftig eine Vorstellung von *Großer Lehre*. Μεγάλη darf hier nicht epexegetisch, und das heißt: komparativisch als eine nur relativ steigernde Wertbestimmung,[56] sondern muß als Hinweis auf eine exzeptionelle Lehre verstanden werden. Der jüdische »ideologische Mehranspruch«, der »sich nur von der Berufung auf eine eigene, höchst qualifizierte Weisheitsquelle her verstehen lässt« (KÜ 43f), wird hier zwar nicht in seiner Konkurrenz zu anderen, klar benennbaren Weisheitsansprüchen herausgestellt, ist aber im Gedicht der tragende Grund für die Bestimmung der Prioritäten, vom σοφώτατος v.2 bis hin zum ταῦτα v.229.

Gewiß wollte der Phokylideer auch sein Gedicht im Zusammenhang der *Großen Lehre* v.89 gesehen wissen. Die Pseudepigraphie ist ja gerade ein Mittel für den Toragläubigen, beim Umgang mit der *Großen Lehre* persönlich im Verborgenen zu bleiben und sich gegen den Vorwurf der Vermessenheit zu schützen.[57] Einen exklusiven Anspruch erhebt er allerdings mit seinen Erkenntnissen nicht. V.89 geht von einer Vielfalt der Zugänge zur Lehre aus. Das »ontologische« Verständnis der Tora, nach dem diese »seit Ben Sira als geistiges Licht verstanden werden« kann, »das den Menschen (sc. schlechthin) erleuchtet«,[58] hat er offener als der bemessen antihellenistische Ben

---

zunächst jüdisch verstandenen Formel begibt.

55 Isokrates 2,43 zeichnet *Hesiod, Theognis und Phokylides* mit dem Titel σύμβουλος aus. - Vgl. Cicero rep 3.22.33 (BÜCHNER) vom Gesetz der Vernunft = dem Gesetz der Gottheit: *Diesem Gesetz etwas von seiner Gültigkeit zu nehmen, ist Frevel, ihm irgend etwas abzudingen, ist unmöglich, und es kann ebensowenig als Ganzes außer Kraft gesetzt werden. ... es braucht als Erklärer und Deuter nicht Sextus Aelius geholt werden (neque est quaerendus explanator aut interpres Sextus Aelius).*

56 WALTER: *bedeutende Lehre*; DERRON (Anm. zu v.90): *un enseignement élevé* - wobei *élevé* meint, daß ihr Gegenstand »la formation morale« sei. Das Judentum verstand sich darauf, die relative Berechtigung menschlicher Weisheit anzuerkennen und so zwar eine Art komparativischen Verhältnisses von menschlicher zu göttlicher Weisheit auszudrücken und doch zugleich an der absolut anderen Qualität der im Wort geoffenbarten Weisheit festzuhalten, Weish 13,1ff (v.3.6f). Komparativisches meint hier *Exkludierendes*. - Weiteres s. Anhang I, *Zum Problem der komparativischen Weisheit*.

57 Vgl. NEUSNER, *Das pharisäische und talmudische Judentum* 162. Ben Sira kannte diese Sorge anscheinend nicht.

58 HENGEL 311, vgl. dort A.411. Wie dies bemessen universalistische Weisheitsverständnis palästinajüdisch und frühpharisäisch wieder zu einem restriktiven sich entwickelte, dazu s. Bar 3,9 - 4,1; vgl. HENGEL

Sira vertreten; dies gilt es festzuhalten, gleich ob er für Seinesgleichen oder für Nichtjuden schreibt. PseuPhok erfaßt im großen Rahmen einer universalen Reihe ein Kompendium dessen, was der *Rechtschaffene Gottes* v.1 beachten muß. Und er vertraut seinen Lesern das Kostbarste an, was der Jude kennt: Tora. Er tut es ohne den Schutz der heiligen Geschichte und des Israel-Bundes, indem er keine Andeutung über den Zusammenhang dieser göttlichen Gabe mit der Mitverantwortung des Israeliten für die Erwählung seines Volkes macht.[59] Daß die Gottheit mit dem Wort, das sie dem Weisen - wer auch immer in den Zeugnissen gnomischer Hinterlassenschaft diesen Namen verdient - anvertraut, sich der Relativierung und Instrumentalisierung der Wahrheit aussetzt, davon sollte ein Lied zu singen wissen, wer rät, *dem Volk nicht zu trauen* v.96, und wer für die Reinheit der Weisheit im Denken und Tun sich einsetzt. Den Schutz der göttlichen Weisheit, wenn sie unter die Menschen tritt, kann er weder mit prickelnden kynisch-diatribischen Anekdoten und Vergleichen, noch mit brillanten Formulierungen sichern; er findet die Wahrung des Göttlichen allein in der Verpflichtung zur Tat gewährleistet, die er abschließend v.229 dem Leser auferlegt.[60]

2.
MORAL UND KULT - PSEU-PHOK 228-230

Reinigungen sind Heiligung der Seele, nicht des Körpers.
Diese sind die Mysterien der Rechtschaffenheit; so lebend,
könnt ihr ein gutes, erfülltes Leben erlangen bis an die Schwelle des Alters.

Wesen und Sinn seiner Sprüche charakterisiert der Phokylideer mit dem dreiversigen Epilog. Für die Deutung des ersten dieser drei Verse sind viele der philologischen, form- und religionsgeschichtlichen Kriterien gesammelt anzuwenden, die sonst im Gedicht eine Rolle spielen.

1. *Die Gattungsfrage*: Sollte der Vers als Einzelgnome ohne Kontextbezug verständlich sein, dann müßte deren Verständnisrahmen besonders weit gesteckt werden. Ein Teil der Deutungen versteht den v.228 so als eine kontextunabhängige Gnome.[61] Auch die Schreibung, die VDHORST u.a. voraussetzt,

---

307f.

[59] Wenn das Judentum in der Auseinandersetzung mit dem Hellenismus für die »chasidische« These eintritt: »höhere Weisheit durch Offenbarung« (HENGEL 379f), dann sind dabei drei Bemühungen erkennbar: 1) Sammlung der gesetzestreuen Kräfte, 2) Schaffung eines universalen, nah-eschatologischen Welt- und Geschichtsbildes und darin 3) die Verankerung der Ewählung Israels als Grundlage des ganzen Bemühens (Hengel ebd.). Alle drei hier genannten Mittel und Sicherheiten für das Bekenntnis zur höheren Offenbarungsweisheit in einer Bildungswelt des Weisheitseifers mußte der Phokylideer entbehren, wenn er sein Programm der Vermittlung von Tora an Nichtisraeliten durchhalten wollte!

[60] Und in der gehorsamen Tat mag dann auch jeder Ungebildete aus dem wankelmütigen, uneinsichtigen Volk seine Hoffnung auf Eudämonie haben, sofern er sich bescheiden von den Aufgaben der Lehre und Führung zurückhält, für die die Weihen der Weisheit Voraussetzung sind.

[61] So die Konjekturen von FARINA (bei VDH) und YOUNG, die (auf verschiedene Weise) eine Gnome über den Vergleich seelischer Reinheit und körperlicher Reinigung schaffen, und BERNAYS (247 A.1: »zusammenhanglos am Schluss« stehend, von einem Leser als sein »Lieblingsvers« irgendwo als Kommentar vermerkt und hierher gerutscht). Auch das Verständnis, das DERRON (A.2 z.St.) mit Verweis auf PsEpicharm fr. 26 DIELS/KRANZ (χαϑαρὸν ἂν τὸν νοῦν ἔχῃς, ἅπαν τὸ σῶμα χαϑαρὸς εἶ)

ἁγνείη ψυχῆς, οὐ σώματός εἰσι καθαρμοί

kann einen selbständigen Spruch meinen; sie läuft dann allerdings auf einen Rätselspruch hinaus, für den sich jeder eine Deutung suchen muß. Wenn die Gattung nicht solche Aphorisierung zwingend nahelegt, kann der Vers streng aus dem Zusammenhang mit dem Folgenden interpretiert werden.

2. *Die Stilfrage*: V.228 ist ein einzeiliger indikativischer Satz mit Prädikatsnomen und Hilfsverbum. Das Gedicht enthält 15 weitere ein- oder halbversige Indikativsätze mit nominalem Prädikat (teilweise plus Hilfsverbum), die wichtige stilistische Gemeinsamkeiten aufweisen. Die Vergleichung des Satzbaus läßt Präferenzen im Stil des Autors erkennen. Die folgende Tabelle zeigt Schwerpunkte und Ausnahmen. Das relativ einfache Muster zeigt zwei Eigenheiten: 1. Der Vers beginnt mit einem Nominativ. Dieser ist meist das Subjekt; bei Finalstellung des Subjekts liegt hier besondere Betonung (wie in v.112 mit betontem *Hades*). 2. Die Verse zeigen Vorliebe für ein Element der Doppelung. In 10 von 16 Fällen handelt es sich um eine nominale Doppelung, weitere 4 Fälle (v.66.67.71.111 - nicht in der Tabelle aufgeführt) haben eine nominale (stets Adjektive) und eine verbale Vershälfte. Die Gemeinsamkeit dieser Stilmerkmale läßt bei gravierenden Abweichungen aufhorchen.

Tabelle 12 »Nominale« Indikativsätze

Legende: S = Substantiv, aS = Adjektiv vor Substantiv, A = Adjektiv, Sj = Subjekt, PrN = Prädikatsnomen, AS = Attribut zum Subjekt, AP = Attribut zum Prädikatsnomen; * = Negation zum Nomen.
Beziehung bei Doppelung: + = additiv, ^ = antithetisch, < = steigernd

43	47	54	64	65	92	96	106	112[62]	136	194	228
Der Anfangsnominativ ist ein Substantiv / ein Adjektiv											
S	A	(a)S	S*	S	S	S	S	aS	S	A*	S
Der Anfangsnominativ ist Subjekt / Prädikatsnomen											
Sj	PrN	Sj	Sj	Sj	Sj	Sj	Sj	PrN	Sj	Sj	PrN ?
Subjekt-Doppelung											
S+S	S+S					S+S+S					
Das Prädikatsnomen ist substantivisch / adjektivisch											
S	A	A+2A	S<S	A^A	S	A	S+S	S+S	S	S^S	S
Doppelung von Attributen zum Subjekt / zum Prädikatsnomen											
			(AS)	AS	AP			AS	(AS)	(AS)	AS ?

Nur einmal in allen 16 Fällen, bei v.228, ist die Entscheidung über das Prädikatsnomen offen, nachdem eine *constructio ad sensum* ἁγνείη ... εἰσι in Frage kommt (DERRON). Das Stilmerkmal der Doppelung läßt den in der Schwebe gehaltenen Bezug von ψυχῆς, οὐ σώματος - sei es zum Satzanfang, sei es zum Ende - hinnehmbar erscheinen. Die Unsicherheit der Bezüge im Vers ist eine Wirkung dessen, daß der Vers wie v.1 in gedrängter Kürze definitorisch eine komplexe Beziehung bestimmen soll, wo dem Autor doch einfache Definitionen mehr liegen (vgl. v.104b.111). Das macht auch die Abgrenzung von ἁγνείη und καθαρμοί schwierig. Der Gegensatz von Singular und Plural dürfte wesentlich sein im Sinne der Antithetik, auf die alles hinausläuft (vgl. v.194!). Dieser meint die einfache sittliche Gesamtaufgabe gegenüber vielen einzelnen Riten. In leichter Abwandlung eines Vorschlages von WALTER (Anm. z.St.) paraphrasiere ich:

Reinhalten der Seele, nicht des Körpers, das sind die (wahren!) rituellen Reinigungen.[63]

empfiehlt, ermöglicht mit dem komparativischen Verständnis des οὐ eine selbständige Gnome. Zu WEST (ebenfalls in diesem Zusammenhang zu nennen) s.u.

62 Der Satz v.112 wird in v.113 durch eine Apposition fortgesetzt.

63 WALTERs Bezug auf den Plural einer v.l. ἁγνεῖαι beruht, wie DERRON z.St. feststellt, auf einem Irrtum und ist auch unnötig. Der obige Vorschlag entspricht der Logik eines Satzes wie: *Sparsamkeit, das sind die billigsten Einkäufe!* Die Unsicherheit über den Bezug des Genetivpaares: *der Seele - des Körpers*,

Aber damit ist die Sachfrage noch nicht entschieden.

3. *Die Imperativ-Indikativ-Frage*: Eine ansprechende und einfache Lösung schlägt WEST (Rez. vdHorst) vor, die ich so übersetze:

Rein sei ἁγν' (ἅγν'?!) εἴη *(auch, vor allem) die Seele, wo* οὗ *körperliche Reinigungsriten stattfinden.*

Bei PseuPhok haben wir nach solcher volitiven Regel eine Begründung zu erwarten, die mit v.229 vorzuliegen scheint. Der Bezug von ταῦτα (Neutr.pl. wegen μυστήρια) würde damit strenger auf καθαρμοί ausgerichtet. Ich sehe hier aber doch primär einen ganz betonten Bezug auf das gleichlautende erste Wort des Gedichtes und nur einen sekundären Bezug zu v.228. Das rein gnomisch-abbreviatorische Aufgreifen eines neuen und so gewichtigen Mahnungstopos in v.228 ist doch wohl unwahrscheinlicher als die thetische Rahmenbegründung für das ganze Gedicht.

4. *Die religionsgeschichtliche Frage*: Das Begriffspaar ἁγνείη und καθαρμοί nennt im Jüdischen a) einen Oberbegriff: die *Heiligung* als Inbegriff des auf den heiligen Gott bezogenen Wandels, und b) den Spezialbegriff: *rituelle Weise der Heiligung*.[64] Im Hellenischen geht es dagegen um *Reinhalten vor etwas* und *Sich reinigen durch etwas*, also um Parallelbegriffe.[65] Das jüdische Idiom gibt der Antithetik im Vers mehr Schärfe, das griechische begünstigt eine komparativische Abschwächung des οὐ.

Der Grundgedanke des Verses, einfach von DORNSEIFF wiedergegeben (S.48), ist klar: *»In der* ἁγνείη ψυχῆς *liegen alle* καθαρμοί *und* μυστήρια.*«* Die sachlichen Bezüge wollen aber auch bedacht sein. Hier geht es darum,

- ob PseuPhok Juden (1) oder Heiden (2) anspricht und
- ob er polemisch (a) oder assertorisch (b) spricht oder einen allgemeinen Lehrsatz (c) vertritt, der sich von seiner Entstehungsproblematik mehr oder weniger gelöst hat. Das ergibt folgende Interpretationsalternativen:

1a. Der Verfasser erklärt sich für ein primär sittliches Verständnis der gesetzlichen Aufgabe des Juden und gegen eine jüdische Observanz, die vor allem Gespräch über den *Derek erez* zuerst alle halachischen Fragen geklärt sehen will.

1b. Dem Juden, der die vorgeschriebene kultische Reinheit in Kult und Alltag beachtet, wird gesagt, daß die Riten zeichenhaft auf die ethische Aufgabe der Lauterkeit und des Maßes hinweisen und hierin sich erst erfüllen.[66]

2a. Dem Verehrer fremder Kulte wird vorgehalten, daß er den wahren Gottesdienst, nämlich die verständige Lebensantwort auf Gottes Gaben, verfehlt mit den Ritualen, an denen er teilnimmt (vgl. Jak 1,27).

2b. Die Versuche der Menschen, mit Riten die Gottheit zu ehren, weisen über sich hinaus. Sie leiten, recht verstanden, dazu an, sich dem wahren Mysterium zu öffnen, das in Rechtschaffenheit vor Gott und Menschen besteht. Isoliert vom Sozialverhalten und vom eigenen seelischen Sein[67] werden sie zur wertlosen Formhülse.[68]

---

rührt wie die ganze Interpretationsschwierigkeit davon her, daß in der Mitte des Verses ein sachlicher Hiat liegt. *Seele* verlangt, wie PseuPhok es versteht, einen Singularbezug; es geht um Habituelles. *Körper* verlangt einen Pluralbezug; es geht um Aktionen, die mit *Reinigungsriten* genannt werden. Der Verfasser nimmt die Inkongruenz des Bezuges von ἁγνείη zu εἰσι in Kauf.

64 Die Begriffe, die gern zusammen gebraucht werden, scheinen aber auch austauschbar. Während Josephus Bell 2,129 von den Essenern sagt, die ἁγνεία der Waschungen mache καθαρός, verbindet er die Begriffe §137ff zu der Wendung: καθαρωτέρων τῶν πρὸς ἁγνείαν ὑδάτων μεταλαμβάνει.

65 VDHORST (258) bezieht sich dazu auf WÄCHTER, *Reinheitsvorschriften im griechischen Kult*, Gießen 1910.

66 Das Schweigen über Typisches aus israelitischer Lebensordnung ist vom Pseudonym nicht erzwungen.

67 Im Blick einer Ethik, die auf die Eudämonie ausgerichtet ist, heißt das etwa - mit der Lehre Epiktets: »Vorteil und Religion stehen in Wechselbeziehung. Wer daher sein Streben und sein Meiden in die richtige Bahn zu bringen versucht, der handelt eben dadurch auch religiös. Doch Trank- und Brandopfer darzubringen, die Erstlingsgaben nach Väterbrauch zu weihen, ziemt sich für jeden; mit reinem Herzen, nicht gedankenlos, nicht nachlässig, nicht gar zu kärglich, aber auch nicht über Vermögen soll man es tun«, Epiktet/Arrian, Ench (CAPELLE 42).

68 Niemand, der am Leben des Gymnasiums teilnahm, konnte dem Kult der Götter Griechenlands entgehen. Die Teilnahme daran war neben der Homer-Lektüre die einzige Form von »Religionsunterricht«,

c. Im Sinne eines ausgereiften Weisheitsspruches werden Diskussionselemente um das Verhältnis von Kult und Ethik aufgegriffen und in einem einfachen Mustersatz so verbunden, daß nach einfacher Lösbarkeit einer komplexen Problematik gestrebt werden und der Nachdenkliche eine Richtung für sein Verhalten finden kann. Reinigungsriten in den Kulten mancherlei Art sind dem Weisen ein Anstoß zur Reinigung der Seele.

Die letztgenannte Antwort (c) genügt sicher nicht; s.o. zur Kritik eines rein gnomischen Verständnisses. Das antithetische οὐ σώματος, überhaupt die dipolaren Elemente dieses Satzes, verstärkt durch den schroffen Übergang v.227/228, sowie das unterstreichende ταῦτα deuten auf vitale Auseinandersetzung um Schulmeinungen oder vehemente Abgrenzung nach außen hin. Und in der Tat ist ja die Reinheitsfrage eine religiöse Zentralfrage. Die politische Ostöffnung der Didochenstaaten und dann Roms hat das Einströmen orientalischer Religion in den griechischen Kulturbereich verstärkt begünstigt. Und dies hat die Bemühung der Philosophen um rationale Klarheit schließlich geradezu besiegt oder eine neue Verknüpfung von ritueller und sittlicher Reinheitspflicht gebracht.[69] In solchem zeitgeschichtlichem Kontext sagt PseuPhok an hervorgehobener Stelle: ἁγνείη οὐ σώματος! - und läßt damit zumindest einen polemischen Ton anklingen.[70] Damit sind auch die Möglichkeiten assertorischer Interpretation eingeschränkt.[71] Aber sie lassen sich auch nicht ausschließen: »There is, to be shure, a heavy *concentration* on the moral side of the Law ... but *no* demonstrable *reduction* of it to moral law.«[72]

PseuPhok spricht einerseits als Jude. Im polemischen Ton klingt eine Abgrenzung nach, zu der der Verfasser sich gewiß im Meinungsstreit seiner Gemeinde genötigt sah. Aber er lehnt kultische Reinheit nicht ab. Das starke Interesse an sexueller Reinheit würde sonst als abgespalten vom Gesamtverständnis der Heiligung erscheinen, was man diesem Autor kaum schon zumuten kann. Andererseits hat er sicher nicht außer acht gelassen, welche Bedeutung dieser Satz im Munde eines heidnischen Phokylides gewinnt. Hier liegt mehr noch als im jüdischen Kontext der positive Sinn der Aussage. Der Text redet einem Reinigungsbegriff das Wort, der in der Welt der Riten, ihrer oft

---

NILSSON, *Hellenistische Schule* 61f. Aber wie der Delphi-Priester Plutarch der Kleopatra erklärt, nicht das geringste der Kultmythen dürfe als so geschehen betrachtet werden, so »wird auch in Alexandria eine ähnliche allegorische Deutung aller Kultmythen (griechischer wie ägyptischer) zu Philons Zeit üblich gewesen sein«, WALTER, *Aristobul* 143f.

69 CUMONT, *Die orientalischen Religionen* passim, z.B. S.20: »Die überlieferte Liturgie« wurde »überall mit ängstlichem Respekt beobachtet« - u.zw. traditionsverbunden in der Landessprache. (Vgl. vor diesem Hintergrund Act 2,8: τῇ ἰδίᾳ διαλέκτῳ ἡμῶν ἐν ᾗ ἐγεννήθημεν.) Zur Verbindung eines streng kathartischen Ideals, das zugleich ganz sittlich verstanden wird, ebd. S.143 betr. den Mazdaismus.

70 BERGK, *Kritische Beiträge* 599, zu v.228: »Der dichter lehrt, dass es bei den sühnungen auf reinheit der seele, nicht des körpers ankomme: im widerspruch mit den volksmässigen vorstellungen.« Der antithetisch-polemische Ton wird durch μυστήρια verschärft, sofern dieser Würde anzeigende Begriff - so abgeschliffen er sein mochte - etwas Besseres als nur ein Gegengewicht zu leiblich-sichtbar vollzogenen Riten nennt. - Zu μυστήριον s. die Literatur bei VDHORST; speziell HENGEL, *Sohn Gottes* 46 über Mysteriensprache ohne Mysterien. Chr.RIEDWEG, *Mysterienterminologie* (1987), 108 A.2, ordnet v.229 den metaphorischen Bezeichnungen der »verborgenen Absichten Gottes« zu.

71 VDHORST referiert (*Revisited* 27-29) die vor allem theologisch orientierte Diskussion um diesen Vers. BERGERs Befrachtung der Stelle (467) als Muster einer vor-jesuanischen, scharf antikultischen Antithese hat wenig Zustimmung gefunden. Vgl. jetzt noch WALTER (*Paulus und die urchristliche Jesustradition* 511), der v.228 von Mk 7 und Röm 14,14a abrückt.

72 RÄISÄNEN, *Paul and the Law* (36-)38 (mit Kritik an BERGER 38-55); VDHORST schließt sich jetzt an.

abstrusen, oft ängstlichen, sittliche Maßstäbe bagatellisierenden Art, ganz allgemein spiritualisierend und ethisierend wirken soll. Die Neigung, hie und da in die Sprache eines Polytheisten zu schlüpfen, um den griechischen Leser desto besser zu erreichen, gibt der Mehrdeutigkeit des Begriffes Sinn. Das Anliegen wird mit δικαιοσύνης μυστήρια bezeichnet: »die jüdische Religion« versteht »gewissermaßen als ethisch bestimmte Mysterienreligion«[73] ihr Israel übergreifendes Weltverständnis, was konkret heißt: Was das Streben des Menschen nach Vereinigung mit der Gottheit beschützend und erlösend zu bewirken vermag, unter den besondern Bedingungen des Volkes Israel wie unter den Bedingungen der Noachiden, das erreicht der Mensch in Wahrheit im Hören auf den sittlichen Ruf Gottes und im Handeln danach.[74] Dies erlaubt es, auch heidnische Riten mit einer bedacht positiven Wertung oder zumindest mit Duldung zu verstehen, die in der philosophischen Besinnung über Götter und Riten geläufig war. So faßt der Autor zu guter Letzt die Fülle seiner Mahnungen in einem Begriff: der *Reinigung* bzw. *Heiligung der Seele* zusammen, von der aus Riten einen Sinn bekommen können, ohne die der Mensch aber im Unverstand befangen bleibt.[75]

3. MONOTHEISMUS

3.1 Das Schweigen über Gottesgeheimnisse

Eigentliche Gottesgeheimnisse zu bedenken, ist nirgends Gegenstand unseres Gedichtes. Die jüdische Weisheit wendet dem Geheimnis der Gottheit viel Interesse zu; doch ist man sich auch immer bewußt, daß hier leicht das Heiligste profaniert wird. Der Phokylideer hält es insofern mit dem alten Spruch Prov 25,2:

Gottes Ehre ist es, eine Sache zu verbergen,

---

73 HENGEL, *Anonymität* 324. Nach L.BAECK *(Paulus* 28) bedeutet »das Wort Geheimnis (mystérion), das in hellenistischer Zeit in die hebräische Sprache überging und ein hebräisches Wort wurde, ... etwas mehr, als man heute unter 'Geheimnis' versteht. Es meint das Ereignis, wodurch der 'unbekannte Gott' 'erkennbar' wird, wodurch das göttliche Geheimnis irgendwie und irgendwo sichtbar wird«. Insofern ist der »ethische Mysterium-Begriff« des PseuPhok auch eine kritische Infragestellung des Suchens nach Mysterien.

74 Hier entsteht (abseits vom halachischen Reinigungsmotiv oder neben diesem) eine gedankliche Brücke zur griechischen κάθαρσις, vgl. Platons Phaidon: »Den ganzen Dialog durchzieht die Vorstellung, daß das Philosophieren eine medizinisch-kultische Reinigung ... ist und daß sich gerade Sokrates auf diese Reinigung versteht«, GAISER, *Protreptik* 150. Dem Phokylideer wird aber die asketisch-sexuelle Konnotation des Begriffes ἁγνείη vertrauter gewesen sein. So klingt hier das Anliegen der Lev-18-Paränese (v.177ff) noch einmal im Repräsentanzbegriff an, wobei wie in v.193f.195-197 den tatbezogenen Prohibitiven der gesinnungsbezogene Volitiv übergeordnet wird. - Zum Zusammenhang von geistig-monotheistischem Gottesbegriff mit der Tugend als allein angemessener, nämlich geistiger Gottesverehrung vgl. Jos Ap 2,192.

75 PseuPhok äußert sich nicht zu der Meinung, daß Riten für das unverständige Volk auch in der hellenistischen Gesellschaft nach dem Niedergang der Polis noch im Interesse der öffentlichen Ordnung nötig seien; er kann sie sehr wohl geteilt haben.

oder noch pointierter auf das Geheimnis der Gottheit selbst bezogen nach LXX:

δόξα θεοῦ κρύπτει λόγον.

Wenn wir bedenken, wie vieles der aller Geschwätzigkeit abholde Dichter mit Schweigen bedeckt, verliert die im Vordergrund des wissenschaftlichen Interesses stehende Suche nach jüdisch-kultischer Anspielung an Gewicht.

Der Phokylideer vermeidet

→ das Prunken mit Lesefrüchten und Fundstücken und das Brillieren mit Antithesen und Alternativen - obwohl ihm dies alles zu Gebote stünde,

→ das Offenbaren seiner Erfahrungshintergründe und die Andeutung von Geschichten und Exempeln (vielleicht in bildhaften Sätzen mehr offenbart als versteckt), - obwohl sie ihm sicher vor Augen standen,

→ das Ausmalen der Folgen falschen Verhaltens - obwohl er von ihnen überzeugt war,

→ das Reden von (jüdisch-)kultischen Reinheitsbesorgnissen - obwohl er sie teilte,

→ symbolisch hinzuweisen auf die besondere jüdische Lebensordnung und die israelitische Heilserfahrung - obwohl sie sein religiöser Lebensgrund war.

→ Er spekuliert nicht über die Welt als von Gott geschaffene φύσις, sondern beläßt es bei seinem instrumentellen φύσις-Begriff, v.125.176.187(.190). An die *Tyche*, die im Hellenismus »auf Kosten der Stadtgottheiten die große Göttin wird« (MARROU, Erziehung 145), erinnert er gerade mit einem Partizip: τὸ τετυγμένον.[76]

→ Der Verfasser bringt keine Lehre von der Sünde und vom Bösen, von der Theodizee, vom (möglicherweise apokalyptisch-katastrophischen) Ausgang der jetzigen Phase der Menschheitsgeschichte; und wir können doch nicht sagen, er habe sich darüber keine Gedanken gemacht oder es habe ihn nicht weiter interessiert.

Denn er hat ja auch nicht in extenso eine Lehre vom Menschen als dem *Gerechten Gottes* - obwohl sein Gedicht voll von Konkretisierungen der Gerechtigkeit in Gottes Augen ist. Er stellt nicht Typen des richtigen Menschen vor Augen, sondern zeigt diesen in Aktion.[77] Darauf konzentiert er sich, ergänzt etwas durch psychologische, tugendorientierte Kurzformeln - und läßt die zugehörigen Theoriebildungen unausgesprochen und, von wenigen Ausnahmen abgesehen, auch unangedeutet.

→ Angesichts dieser Zurückhaltung ist das Schweigen über den *Sabbat*, von dem im Dekalog und in Lev 19,3 mit Gewicht gesprochen wird, und über *Mischehen*, gegen die es starke halachische Vorbehalte gab, auffällig und doch verständlich.[78]

---

[76] Leicht könnten einige Verse zu allgemeinen Ausführungen über die göttlichen Fügungen ausgeweitet oder umgeformt werden, etwa im Sinn der Stoa, daß der Mensch sich sein Los durch Gefügigkeit gegenüber der Tyche erleichtern könne, wie der Sklave durch Gefügigkeit gegenüber dem Herrn (CUMONT, *Die orientalischen Religionen* 165), vgl. dazu v.25+27.40f.119f. Zum Beispiel der Ameisen und Bienen paßt ein Wort über die waltende Weisheit, zu den Magiebüchern v.149b eines über die wahre Leitung der Geschicke und die Vergeblichkeit der Astrologie. Vielleicht ist aber das Gegenüber des einzigen Gottes v.54 und der trostvollen Unabänderlichkeit des Schicksals v.55f nicht zufällig. Zu v.56 als griechischem Gemeinplatz jetzt: JACOB, *Un lieu commun dans le pseudo-Phocylide* (1988). - DERRON überschreibt v.116-121: περὶ τύχης.

[77] Die Abneigung gegen Typenzeichnung zeigt die geringe Zahl der adjektivischen Attribute des Gerechten: ἀγαθός 203, ἁπλόος 50, ἄφθονος 71, ἐγκρατής 146, ἐσθλός 66, ἤπιος 207, σοφός 88, φίλη 196; vgl. ἀδίδακτος ἀκουή 89. Folgende Nomina zeigen das Gegenbild des Gerechten: φιλοχρημοσύνη 42, ἄφρων 68, ὑπερβασίαι 69b, μεγαληγορίη 122, ἀτάσθαλος 132, κακός 162, ἔρως 194, ἀφρονέοντες 203.

[78] Hesiod Erga 700 hält die Suche nach der Gattin im näheren Umkreis für angemessen. Über jüdische Mischehen z.Zt. Alexanders s. HENGEL, *Juden, Griechen, Barbaren* 87. Für die Folgezeit vgl. DELLING

So viel er also auch schweigt - außer in v.122-131 - über das *Wie* der göttlichen Lenkung der Welt: am *Daß* seines monotheitischen Glaubens läßt er keinen Zweifel.

3.2 Gott, der Eine

Alle Aussagen über den Einen, θεός, mit Ausnahme von zwei Stellen im Abschnitt über den Tod (v.97-115, s.u.) kommen in den ersten 54 Versen, also im Prolog und in der langen sozialen Reihe am Gedichtanfang vor. Die Haustafel am Gedichtende dagegen kennt nur den *Nicht-Gott Eros* v.194, der in Wirklichkeit die schlimmste Leidenschaft der Menschen ist.

PseuPhok tritt verhalten für die Ehrung nur eines Gottes ein und hat Anteil an dem jüdischen »unlösbare(n) Band einigender Zuneigung« zur »Verehrung des einen Gottes«. Mit εἷς θεός = *Der Eine Gott* nimmt er (in der Kurzform) zwar das Bekenntnis auf, in dem wie in nichts anderem das zeitgenössische Judentum übereinstimmt;[79] aber ein unbefangener Grieche konnte keineswegs darin allein schon das Jüdische erkennen. Mit 9 Aussagen über θεός, über Gottes Sein und Wirken, wird alles Entscheidende auf den Einen zurückgeführt: Der Geist des Menschen ist *Gottes Leihgabe und Bild* v.106 - und Gott allein *herrscht über die Seelen* (unter denen es keine Vorherrschaft mehr geben wird) v.111.[80] Gott *gibt* die Lebensgüter v.29 - und wacht über deren Verwendung bei Gericht und Eid v.11.17. Er allein ist zugleich weise und mächtig - und reich an Segen v.54, er ist *vor allem zu ehren* (noch vor den Eltern) v.8.

Kein griechischer Leser kann den Monotheismus des Gedichtes übersehen (aber der Jude kann dessen noch deutlichere Hervorhebung vermissen). Die Umwandlung der alten griechischen Formel *Zuerst die Götter ehren, sodann die Eltern* in die monotheistische Fassung v.8 konnte ihm aber ebensowenig entgehen wie das Fehlen jedes Hinweises auf die Rolle öffentlicher Kulte oder auf Götter als Wahrer bestimmter Rechte und Ordnungen.[81]

Die Wissenschaft empfindet hier keine Schwierigkeit mehr für die jüdische Verfasserschaft. Wenn sogar in JosAs das Verbot des Dienstes fremder Götter eher indirekt (in Bußworten der Aseneth) zur Sprache kommt,[82] wie viel weniger kann man es bei einem, der den Phokylides zum Pseudonym wählt, erwar-

---

11; s. HADAS, *Kultur des Hellenismus* 34f zum Grundsätzlichen. Nach NILSSON (*Hellenistische Schule* 91) erfolgte die Einschreibung im Gymnasium erst nach strenger Prüfung der Abstammung von Griechen und Griechin. »Die Forderungen waren sehr streng und müssen kräftig dazu beigetragen haben, die Griechen von Mischehen abzuhalten und ihren griechischen Stammbaum rein zu erhalten.« Andererseits wehren sich Juden gegen den Vorwurf, sie seien wegen ihrer Abgrenzung von anderen als Menschenfeinde anzusehen.

79 Philo SpecLeg 1,52 Vgl. DELLING *Begegnung* 9 und ders., ΜΟΝΟΣ ΘΕΟΣ 391ff

80 Die Antithetik der Welt der Körper, in der es menschliche Herrschaft gibt, und der Welt der Seelen, die Gottes εἰκών sind und über die nur Gott herrscht v.111, erinnert an die Zinsgroschen-Perikope: In Mk 12,16 fragt Jesus nach dem εἰκών auf der Münze, in v.17 unterscheidet er Herrschaft und Eigentum des Kaisers und Herrschaft und Eigentum Gottes.

81 Auffällig ist, daß PseuPhok die jüdisch-hellenistische Bevorzugung des weniger »ungebildet« erscheinenden θεῖος nicht mitmacht, s. STAUFFER, Art. θεός C.I, ThWNT 3,91,13ff

82 KAMLAH, *Frömmigkeit und Tugend* 225, zum Gegensatz zwischen antipolytheistischem Selbstbewußtsein, das im eigenen Kreis geäußert wird, und der Zurückhaltung in heidnischer Umwelt.

ten?! Die Polytheismuspolemik des Paulus (Röm 1,21-31) und der jüdischen Apokalyptik[83] ist nicht der Maßstab, an dem ein *Jüdischer Phokylides* zu messen ist. Philo und Josephus sprechen von einer jüdischen Lehrmeinung, daß *niemand die Götter schmähen soll, an die fremde Völker glauben*, - eine nicht nur apologetische Behauptung, sondern Notwendigkeit um der politischen Duldung willen. Man fand in Ex 22,27 LXX θεοὺς οὐ κακολογήσεις sogar einen halachischen Beleg.[84] Auch erkannten gebildete Juden, daß der Zusammenhang zwischen anstößigen Kulten und anstößiger Sittlichkeit längst durch die Philosophie gebrochen war, und sie wußten sich deren Rede von *Gott* nahe. Auch wenn die griechische Gottesauffassung von den eindrücklichen Definitionen des Xenophanes an[85] mehr am Göttlichen als Inbegriff des Gesetzmäßigen und Logosgemäßen, als an der »Einheit einer bestimmten Persönlichkeit« ausgerichtet war,[86] so erkennt die hier liegende Differenz doch nur ein aufmerksames Auge.[87]

Alles zusammen genug Gründe für den Phokylideer, sein Pseudonym mit einer behutsamen, weisheitlich-allgemein gehaltenen Gotteslehre zu sichern und in der Schwebe zu lassen, welche Kulte er v.228 ethisch uminterpretiert.

3.3 Personifikationen

Keine Schwierigkeit sieht die Wissenschaft in den *Personifikationen* von Tugend- oder Sachbegriffen zu Götternamen und dem umgekehrten Vorgang: der *metaphorischen Verwendung von Götternamen* im Gedicht (DERRON). a) Metaphorisch verwendet der Autor Kypris und Hades. *Hades* steht für die Totenwelt ohne Erinnerung an den Kronossohn und ohne Bezug zur älteren Unterweltvorstellung. *Kypris*, Name der zyprischen Aphrodite (Hesiod Theog 190-206), dient als Lasterbegriff v.3.67.190[88] und soll si-

[83] die Paulus neben stoischen Vorstellungen benutzt (MICHEL, *Römer*[10] 55). Vgl. z.B. TestXIINaphth 3, wo die Verwerflichkeit des Lebens auch am Götzendienst, verbunden mit Sodomie, aufgewiesen wird.

[84] Philo VitMos 2,205; Jos Ap 2,237 und Ant 4,207 (was BERNAYS dem Josephus als »schamlose Verdrehung« des Bibeltextes anlastet, S.251 A.1). KLEIN, *Katechismus* 145ff, hat darauf im Zusammenhang mit PseuPhok zuerst positiv hingewiesen; vgl. GUTTMANN, *Judentum und seine Umwelt* 141ff. Dazu K.MÜLLER, *Gesetz und Gesetzerfüllung im Frühjudentum* 18: »Ohne Frage hing die Sicherheit jeder jüdischen Minderheit in der heidnischen Diaspora, aber auch der jüdischen Mehrheit im Mutterland, soweit dieses fremder Herrschaft unterstand, davon ab, daß ein solches Gesetz über die fremden Götter, wie es in jeder griechischen Polis eine Selbstverständlichkeit war, auch auf jüdischer Seite existierte. Nur in der Tora konnte es sich nicht verankern. Als Reaktion auf die fremdstaatliche Gesetzgebung wird es jedoch verständlich. Trotzdem schreibt es Josefus Flavius dem 'Gesetzgeber', also dem Mose zu. Er betrachtet es somit als eine Offenbarung vom Sinai.« - Die Lehre, daß das noachidische Götzendienst- und das Lästerungsverbot rein negativ als Abwehr der direkten Entehrung des in Israels verehrten Gottes zu verstehen sei, entspricht solcher Regelung des Zusammenlebens der Religionen.

[85] Xenophanes fr. 23ff DIELS/KRANZ: εἷς θεός, ἔν τε θεοῖσι καὶ ἀνθρώποισι μέγιστος, »der nicht den Menschen gleicht, keine Glieder hat, als ganzer sieht, denkt, hört, der ohne von Ort zu Ort zu gehen, alles mit seiner Denkkraft erschüttert« (KP s.v. *Xenophanes*). Vgl. KLEINKNECHT s.v. θεός A, ThWNT 3,71,13ff; SCHRENK s.v. ἱερόν C, ebd. 3,236,28ff

[86] KLEINKNECHT a.a.O. 67,6. Zur Ewigkeitvorstellung für Götter oder Gott vgl. CUMONT, *Orientalischen Religionen* 27.123.184; zu *»Gott«* als »Summe aller Einzelgötter« s. KÜCHLER 313 A.21 mit Verweis auf W.BARTA, *Der anonyme Gott der Lebenslehren*, in: Zs.f. ägypt. Sprache und Altertumskunde 103/1962, (79-)88. Zur mangelnden Tragfähigkeit dieser Sprachbrücke s. Y.AMIR, *Die Begegnung des biblischen und des philosophischen Monotheismus*.

[87] Im Griechischen bleibt oft in der Schwebe, ob das artikellose θεός *einen Gott, den Einen Gott, den höchsten Gott (Zeus)* oder *das alle Gottesmanifestationen umfassende Göttliche* bezeichnen soll, vgl. KLEINKNECHT a.a.O. 3,67,2ff. Ebd. 68,9-12: »Wenn es 1 J 4,16 heißt: θεὸς ἀγάπη ἐστίν, so müßte es im klassischen Griechisch gerade umgekehrt heißen ἀγάπη θεός ἐστιν. In dieser Vertauschung von Subjekt und Prädikatsnomen spricht sich ein Weltenunterschied im Religiösen aus.« Aber wer in solcher Sprache lebt, kann die Vertauschung leicht überhören.

[88] Κύπρις steht bei PseuPhok nie absolut; die Entwicklung zum Lasterbegriff (Κύπριδος steht parallel zu

cher die Verehrung der Göttin herabsetzen. b) Personifikation[89] ist wohl beabsichtigt mit Δίκη - Πειθώ - Ἔρις v.77f, wo der erste und der dritte Begriff handelnde Subjekte sind - wie das metaphorische, nach diatribischer Art als handelnd vorgestellte und im Vokativ angeredete Χρυσέ v.44. Daß der Verfasser ganz unprätentiös mit dieser Personifikationsmöglichkeit der Poetik umgeht, zeigt der übrige Gebrauch von ἔρις v.151.206[90] und vor allem der dem v.77 vorausgehende v.76, wo die Kardinaltugend σωφροσύνη Objekt menschlichen Bemühens ist.[91] Ἔρως wird an vier Stellen v.61.67.193.214 als *vox media* behandelt und durch ein Attribut definiert; nur im Zusatz v.194

Eros ist kein Gott, sondern die verheerendste Leidenschaft von allen

hängt die Bedeutung *in malam partem* von v.193 am Namen selbst. Das ist offene Kritik an Hesiods Götterlehre, in der Eros alsbald nach dem Uranfang mit *Chaos* und *Gäa* als schönster der Götter entsteht Theog 120-122.[92] Eine gewisse Infragestellung des Polytheismus ist hier doch mitzuhören. Vielleicht hätte der Phokylideer ja lieber gleich im Klartext gesagt, die Mutter des Eros, Kypris-Aphrodite, sei keine Gottheit.[93]

ἀρετῆς) ist nicht abgeschlossen. V.3.190 bestimmt ein Adjektiv den Gehalt, v.67 ist Κύπριδος gen.obj. zu ἔρως.

89 KP s.v. *Personifikation*, 4,661ff: Wir unterscheiden dichterisch-personifizierende Sprache, die ein Abstraktum zum handelnden Satzsubjekt macht *(Mein Gewissen schlägt)*, von Personifikation als religionsgeschichtlichem Phänomen im Sinne des »Person-Bereich-Denken«, das »Dinge oder Vorgänge zugleich als Person und als Sache erlebt« (Hervorhebung Th.). Letztere wird in unterschiedlich intensiver Vorstellung des Personhaften erlebt, so daß der Übergang von manifester Gottheit-Verehrung zu dichterischer Verklärung fließend ist. Die freie, dichterisch-spekulative Weiterentwicklung und ad-hoc-Veränderung der Traditionen, etwa in Hesiods *Theogonie*, und die Gewohnheit, Abstraktnamen als Eigennamen zu gebrauchen (WISCHMEYER, *Vorkommen und Bedeutung von Agape* 226), erlauben oft keine Entscheidung, wo eine echte Hypostasierung ins Spiel kommt. Zu antithetischen Begriffspaaren wie Πειθώ und Ἔρις v.78 sowie dem geläufigen Δίκη und Ὕβρις vgl. die ad-hoc-Bildung (WEST *Hesiod* z.St.) Erga 356 Δώς und Ἅρπαξ: *GEBEN ist besser als RAUBEN*. - PseuPhok übernimmt die heidnisch-religiöse Sprachgewohnheit so, daß jederzeit das Ausweichen des Lesers in die uneigentlich-dichterische Personifikation möglich ist. Mit der Personifikation sprachlich eng verwandt und doch sachlich zu unterscheiden sind der Heroenkult und der Katasterismus, s.u. A.112.

90 Ἔρις ἔριν ἀντιφυτεύει v.78 dagegen ist geradezu eine Definition des Zusammenhanges zwischen Personifikation und Lasterbegriff. Von der guten Ἔρις, dem *fleißigen Ehrgeiz* aus Hesiod Erga 11ff, ist kein Nachklang zu finden.

91 Die Art der Griechen, viele Seelenkräfte sprachlich als göttliche *Daimonia* (wobei nach USENER, *Götternamen* 364, in der Sprachgeschichte nicht menschliche Eigenschaften sekundär göttlich personifiziert, sondern Erfahrungen des Übernatürlichen humanisiert wurden) aufzufassen, war doch wohl schon weit abgeschliffener als der personifizierende Gebrauch von *Logos* für die Weltvernunft in Griechenland, *Chokma* als Hypostase des Schöpfers und Gesetzgebers bei den Juden und *Maat* (KÜ 37) bei den Ägyptern. Die langen Reihen von handelnden und zu verehrenden Abstraktionen, die aus früher Zeit bis in zeitgenössische römische Literatur und Kultübung als lebendig erfahren werden, zeigen zugleich den Sprachhintergrund für PseuPhok als auch das Glatteis, auf das er sich begiebt. Vgl. Usener a.a.O. 365, ferner K.CHRIST, *Krise und Untergang* 110: *Honos, Virtus, Fides, Concordia, Pietas, Libertas, Victoria* »und andere zentrale Elemente römischer Adels- und Staatsethik«, für die man vom 3. Jh.v.Chr. an Tempel zu errichten begann. Das variierende Spiel mit einer Fülle von Begriffen im ausgehenden Hellenismus zeigt den Versuch, die alte (z.B. hesiodische) Kreativität im Finden und Verehren der Erscheinungen des Göttlichen lebendig zu erhalten.

92 Bei Hesiod begleitet Eros später die schaumgeborene Aphrodite (die nach anderer Überlieferung seine Mutter ist) bei ihrem Aufstieg in die Welt der Götter Theog 201. - Daß PseuPhok grundsätzlich und nicht nur wegen der Wahl der paränetischen Form dem Philo nicht allzu nahe steht, zeigt sich hier an einer einfachen Gegenüberstellung. Für Philo ist *Eros* ein positiver Begriff und zielt auf *Herzensfreundschaft* (HEINEMANN, *Bildung* 286 A.3). L.SCHMIDT (Rez. Bernays, *Phokyl. Gedicht* 514) athetiert v.193 wie auch v.205 als typische Beiträge aus dem Geist der späten Komödie.

93 Eben dies läßt Seneca die Amme der Phädra sagen (Phaedra 195-203):

Wieviel von den Personifikationen einfach metaphorisch-poetische Ausdrucksart ist, wieviel etwa mit der Neigung der Diatribe zur Einführung fingierter Gesprächspartner zusammenhängt,[94] wie weit die polytheistische Vorstellung von göttlichen Wirkungsbereichen (die von der göttlichen wie von der Bereichsseite her sich entfalten kann) vom Autor sprachlich aus seiner Umwelt aufgenommen wird, ist schwer zu sagen. Immerhin hat sich der Phokylideer mit einigen Ausdrücken besonders weit auf die Sprachebene des Polytheismus vorgewagt: dort wo es sich keineswegs um Abstraktnamen in der Art von Göttern oder Zwischenwesen handelt, die für Sachaussage unerheblich sind. Ihre eigene Aussagenuance ist eigens zu gewichten; s. fgd. Abschnitt. Mit den Personifikationen aber leistet der Autor seinen Tribut an das altjonische Pseudonym. Zwar daß er von der Vergeltung der *Dike* spricht v.77, mag als sprachliche Tönung durchgehen; daß er aber von der Vergeltung Gottes, die er doch eigentlich meint (vdH), schweigt, ist beachtlich. Er hält sein Gedicht heraus aus der Auseinandersetzung vieler jüdischer Zeugnisse seiner Zeit mit dem Polytheismus. Die einzige Erinnerung an dessen scharfe Polemik (DELLING, *Begegnung* 9) ist der Angriff auf den ἔρως v.194. Das vielfältige Schillern zwischen den verschiedenen Möglichkeiten der Personifikation kam seinem Versteckspiel zu nutze.

3.4 Himmlische Wesen

Von der spielerischen oder berechnenden Verwendung polytheistischer Sprache hebt sich das Desinteresse des Phokylideers an der Welt der Zwischenwesen, die seit eh und je und besonders im zeitgenössischen Judentum Interesse fanden und Neugier weckten, ab. Hier ist er strenger Monotheist. Zwei äußerst knappe Bemerkungen über die Οὐρανίδαι und die μάκαρες v. 71-75.163 und über verewigte Menschen als θεοί v.98.104 stehen 1) ganz im Dienst der Paränese und dienen 2) der Festigung jüdisch qualifizierbarer Sprache dort, wo es um die monotheistische Sache geht.

Das Judentum ist von der polytheistischen Sprache nicht so radikal geschieden, wie die ältere Pseu-Phok-Kritik anzunehmen geneigt schien. VDHORSTs Referat der Äußerungen hierzu S.186-188 zeigt eindrücklich die fast völlige Bewältigung dieses Problemes. Für die Benutzung des Plurals θεοί und die Rede von den μάκαρες und den Οὐρανίδαι ist zunächst die im Judentum gelegentlich vertretene Vorstellung zu bedenken, die sogenannten Götter seien ursprünglich Menschen gewesen.[95] Allgemein sah man die jenseitige Welt von Lebendem erfüllt, betrachtete die Sterne als lebende Wesen, vertrat eine Angelologie mit fließenden Grenzen und fand in der eigenen Sprachtradition verwirrende Begriffsunschärfen und Begriffsübergänge. Der Anreiz, mehrdeutige Begriffe zu gebrauchen und so ein gemeinsames Sprachniveau mit der heidnischen Umwelt zu betreten, war gegeben.

Deum esse Amorem turpis et vitio favens finxit libido.
... demens animus ... Veneris numen finxit.

94 MARROU, Art. *Diatribe B,* RAC 3,998

95 Weish 14,15; Sib 3,105ff. Zur Polytheismustheorie, nach der menschliche Wohltäter »zu göttlichen Ehren avancierten«, und der Aufnahme dieser Lehre in Arist 134-137 (im Gegensatz etwa zu Weish 13-15) s. K.MÜLLER, Art. *Aristeas,* TRE 3,721,1-16; s.u. A.112. Zur astrologischen *Katasterismos*-Lehre über die ehrende Versetzung an den Himmel s. *Aratos, Phainiomena,* hg. ERREN, Register. Vgl. NILSSON, *Hellenistische Schule* 64; ROHDE, *Psyche* I,146-199; USENER, *Götternamen* 248ff; NILSSON, *Geschichte der griechischen Religion* 1^3,184ff und 714ff.

So gewinnt die Argumentation von v.71-75 Kraft für die Mahnung gegen den Neid dadurch, daß sie die himmlische Welt - speziell ist sicher an die *Harmonie der Gestirne als kosmischer Kräfte* gedacht - zum Zeugen anruft. Ich höre hier auch einen polemischen Ton des Juden, der sich gegen die Rede vom *Neid der Götter* wendet, heraus. Der Hesiod-Kenner kann diese Verse ja auch nicht ohne eine Kritik an der *Eris*-Lehre der *Erga* lesen (s. c.XI). Für v.163 und die unvermeidbare *Mühsal auch der Seligen* empfiehlt sich, vom gleichen Wortsinn wie v.75 auszugehen und mit den von ROSSBROICH (S.87) zitierten Stellen an *Sonnen- und Mondfinsternis* zu denken.[96] Zu deren seltenem Auftreten paßt die negative Formulierung *nicht ohne Mühe*. - Für θεοί v.98.104 nehme ich einen anthropologischen Inhalt und einen leicht polemischen Klang an, da dieser Plural nur in geprägtem Zusammenhang gebraucht und hier offensichtlich einer polytheistischen Verwendung entzogen wird, s. den folgenden Abschnitt.

4.
SEELE UND LEIB - PSEU-PHOK 97-121 [97]

In der hellenistisch-jüdischen Literatur sind die »Themen der Unterweisung über Kosmos und Jenseits und der Zukunftserwartung« nicht zu übersehen (DELLING 73). In unserem Gedicht haben sie sehr wenig Raum. Aber dort, wo sie in einer Paränese angebracht sind, nämlich beim Verhalten angesichts Tod und Leid, schaffen sie einen thematischen Schwerpunkt. Es würde für den Motivationenhintergrund der Mahnungen wie für unser Verständnis vom Autor Wesentliches fehlen ohne die kurzen Bemerkungen über den Tod, die Seele und die göttliche Welt. In den Worten von *Dem Übrigen der Dahingeschiedenen*, das *aus der Erde ins Licht gelangen* werde v.(102-)103f, findet VDHORST (*Ps.-Phoc./NT* 195) »the most typically and exclusively Jewish (i.e. un-Greek) lines in the whole poem«.[98] Und das auffallende *Wir* an dieser Stelle (ἐλπίζομεν, ἔχομεν, ἐσμέν)

---

[96] So schon BERNAYS (209) mit Hinweis auf Ps 104,4; 148,8. Eine Polemik gegen die Vorstellung vom *leichten Leben der Götter* (SEBESTYÉN) ergibt wenig Sinn im Zusammenhang des Gedichts. BIENERT, *Die Arbeit* 162, will hier die »Gesetzestreuen, die אַשְׁרֵי des AT« finden.

[97] F.CHRIST, *Das Leben nach dem Tode bei Pseudo-Phokylides* (1975); U.FISCHER, *Eschatologie und Jenseitserwartung* (1978); *H.C.C.*CAVALLIN, *Leben nach dem Tode im Spätjudentum und frühen Christentum* (1979); ders. *Life after Death* 1974; VDHORST *Ps.Phoc./NT* 194f; ders. *Revisited* 3f.22-24; WALTER, *'Hellenistische Eschatologie' im Frühjudentum* Sp.340 (1985); G.W.E.NICKELSBURG JR., Resurrection, *Immortality and Eternal Life in Intertestamental Judaism (*1972). Vgl. HENGEL 357-361; VLIPS 112f; Leop.SCHMIDT, Rez. Bernays: *Phokyl. Gedicht* 515-519.

[98] Zur realistischen Vorstellung vom Emporkommen eben dieses Körpers vgl. syrBar 50,2, zu *Auferstehen* und *Leben im Licht für immer* vgl. PsSal 3,12. Zum hellenistischen Charakter dieser jüdischen Eschatologie sowie speziell zur Vernachlässigung der Frage, »wie der Übergang in jenes himmlische Leben gedacht und beschrieben werden kann«, s. WALTER a.a.O. 340; vgl. DELLING 39f . - Wenn der Phokylideer ein jüdischer Ägypter war, dann ist ebenso interessant wie die Frage *Unsterblichkeit oder Auferstehung* die Frage, w i e ein leibhaftes Weiterleben oder Auferstehen zu denken ist. Denn auch die Assimilierung an Osiris-Serapis sichert dem Menschen ein »Weiterleben seines Leibes wie seiner Seele«, aber i m G r a b als »Haus der Ewigkeit«. Wie bei den Ägyptern, so wird auch durch Mithras »die ganze menschliche Persönlichkeit ... zum Genuß des ewigen Lebens berufen«; wenigstens den Guten wird Mithras »einen wunderbaren Trunk reichen, der ihnen Unsterblichkeit verleiht«. Die Front gegenüber der platonischen Seelenvorstellung ist also nicht die einzige - und vielleicht nicht einmal die am wichtig-

zeigt wirklich etwas von besonderem Beteiligtsein des Autors. Auf diese Beobachtung legt besonders FISCHER wert, dessen Beitrag zu diesem Abschnitt DELLING mit den Worten umreißt: »Ein Deutungsversuch zu dem schwierigen Abschnitt ... ist in jedem Fall verdienstlich«.[99]

Das Thema dieser zusammenhängenden Folge ist nicht schwer zu erkennen: *Verhalten angesichts von Leid und Tod.* Gedanklich entfaltet wird das Thema nur dort, wo nachgeholte Begründungen einen Argumentationskomplex schaffen. Im Übrigen wird das Thema von der praktischen Seite her, nämlich an welche Verhaltensaufgaben es erinnert, aufgenommen. Man stelle sich eine heutige Gruppenrunde vor, in die jemand die Frage wirft: »Was fällt Ihnen zum Thema *Sterben* ein?« Die Reihe spontaner Antworten könnte, weil jeder in der Gruppe die Frage in anderem Zusammenhang bedenkt, etwa so lauten:

> Verzweiflung - Trauern und Weiterleben - Gräber pflegen - Organspende - Hat der Mensch eine Seele? - Rückkehr zu Gott - Im Tode sind alle gleich - Gegen das Schicksal ist der Mensch machtlos - Leben und die Zeit auskaufen!

Man formuliere zu diesen Stichworten Mahnungen mit Kurzbegründungen und mache aus ihnen eine wohlgeformte paränetische Reihe, so kann dabei genau diese Textfolge des PseuPhok entstehen. Die Mahnungen beziehen sich auf die Situationen

97f	der Trauer	- vgl. v.55
99	des unbestatteten Leichnams (ohne Begründungsklausel!),	
100-108	des geschlossenen Grabes und der Verfügbarkeit des Leichnams,	
109-115	des vergänglichen Reichtums und der Hadeserwartung,	- vgl. v.28-30
118-120	des schwankenden Geschickes.	- vgl. v.56

Dazu eine imperativische Schlußantithese:

121 *Schicke dich in die Zeit / und blase nicht gegen den Wind.* (W)

Einige Topoi, die schon einmal im Gedicht anklangen (s.o.), sind hier unter gemeinsamem Skopus zusammengestellt und gestaltet.

Die gedankliche Folge ist also ohne Härten. Aber mehr noch ist das paränetische Gefälle durchdacht und eindrücklich. Drei Strophen der Versfolge beginnen je mit dem Aufruf, sich nicht gegen das Todesschicksal und die Leidenserwartung kräfteverzehrend aufzulehnen oder im Vertrauen auf Reichtümer falsche Sicherheit zu suchen.

1. V.97-108 beginnt imperativisch (4 Prohibitive und 2 Volitive, ergänzt durch eine halbversige Begründungsklausel) und endet mit einem der längsten indikativischen

sten empfundene, in der der Auferstehungsgläubige unter den Juden stand. Innerhalb der Synagoge wie in der synkretistischen Welt fand er überall Verwandtes mit trennenden Elementen. - Zur Entwicklung zunächst einer Annäherung des jüdischen Scheol-Glaubens an griechisch-platonische Sprache und dann einer ausgebildeten Lehre von der Trennung von Seele und Leib, dem Weiterleben der Seele und der Wiedervereinigung vor dem Gericht vgl. K.SCHUBERT, *Religionsparteien* 44-46.

99 DELLING: Rez. FISCHER, ThLZ 105/1980, 504; vgl. ders. *Bewältigung der Diasporasituation* 39. FISCHER verbindet seine genauen Textbeobachtungen mit einer systematisierenden Lehrvorstellung, die teils mit der unvermeidlichen Beschränkung der Quellenauswahl zusammenhängt, aber dem Charakter unsrer Schrift nicht entspricht. Nach U.B.MÜLLER (Rez., ThLZ 34/1980, 238-240) hat Fischer deswegen keine eschatologische, sondern nur individualistische Jenseitshoffnungen gefunden.

Stücke des Gedichtes in der Form der Stufenbegründung mit einer Anzahl nachgeholter Begründungen v.103-108[100]. Überleitende Funktion haben die beiden Prohibitive v.100b-102 mit ihrem begründenden Charakter. Die Strophe bietet einen reichen Komplex von Anregungen.

2. V.109-115 thematisiert die Ungleichheit im Irdischen und die wesensmäßige Gleichheit der Seelen und leitet auch dieses Thema v.109a paränetisch ein durch die Warnung vor Kleben am Reichtum (mit imperativischer Begündungsklausel v.109b).[101]
3. V.118-121 hat wie v.109ff den Duktus vom Imperativ v.118 zu Indikativen v.119ff. Inhaltlich geht der Verfasser vom Thema Tod und Vergänglichkeit hier zum Leiden allgemein über und schließt mit einer allgemeinen, antithetischen Mahnung im Sinne von *Schicke dich in die Zeit.*[102]

Auffällig ist, wie die Begründungen der beiden Mahnungen gegen Grabes- und Leichenöffnung v.100f und die gegen Geiz v.109 in die Breite gehen. So entsteht zuerst eine Auferstehungslehre, die durch entwickelte (und vielleicht nicht strikt auszulegende) anthropologische Begriffe verdeutlichen will v.102-108, »die von 1.Mose 6,3: 1,26f; 3,19 her bestimmt sind« (DELLING, *Begegnung* 17; s.u. S.393). Es folgt die mehr praktische Erkenntnis von der Hinfälligkeit aller Körper und von der Gottzugewandtheit der unsterblichen Seele.[103]

Felix CHRIST hat in seiner zum Weiterforschen aufrufenden Skizze einer Textinterpretation: *Das Leben nach dem Tode bei Pseudo-Phokylides* (1975) alle möglichen Verstehensansätze zu einem geschlossenen Bild des Verfassers von Tod und Weiterleben nach dem Tode genutzt, allerdings mit dem Preis eines strictissime auf Harmonisierbarkeit angelegten Verständnisses der Begriffe. Diese Möglichkeit mußte wohl einmal zu Ende durchdacht werden. Im übrigen Gedicht scheint mir aber wenig darauf hinzudeuten, daß der Verfasser bei der Entwicklung seiner (fiktiv altgriechischen) Sprache ein philosophisch präzises und von weltanschaulicher Warte einheitliches Wortbild im Sinn hatte. So kann ich mich ihm nicht anschließen, wenn er die allerdings pointiert herausgestellten Begriffe σῶμα, ψυχή und πνεῦμα als korrespondierende Begriffe eines klar trichotomischen Menschenbildes wertet. ψυχή hat an den wenigen Stellen des Gedichtes doch wohl mehr den platonischen Klang und meint das auch im Tode Unverlierbare des Menschen. - Zum Problem der Begriffsinterpretation aus dem Kontext religionsgeschichtlicher Hochform oder aus lockerem, vielleicht uneigentlichem Gebrauch s. HENGEL, *Sohn Gottes* c.5: *Die Wortbedeutung und die Religionsgeschichte* (bes. S.67-89).

U.FISCHER geht sorgfältig der Frage des Verhältnisses von Paränese und Lehre in der Textstruktur nach. Er rechnet mit der Gleichgewichtigkeit der indikativisch-belehrenden und der imperativisch-mahnenden Teile. In der Tat ist weder das gedankliche Gewicht der Lehraussagen, noch das Gewicht der Imperative - die strukturelle Basis - zu übersehen. Die Warnung vor Grab- und Leichenöffnung z.B. wird kaum beiläufig gegeben sein. Sie und die zugehörige Begründung scheinen sich gegenseitig zu stützen und gewichtig zu machen, vgl. »das auffällig gehäufte Vorkommen von γάρ in V.105-107« (FISCHER).

---

[100] nach BERNHARDY, *Grundriss* ^{3}2.1,520, (in Verkennung des Charakters der eher jüdischen Stufenbegründung) ein dichterisch ganz ungeschickter »Nachtrag von vier durch ein dreifaches γάρ zusammengelöteten Versen«

[101] VDHORST meint, die zwei Verse 109f »look as if they has been more or less appended as an afterthought«. - Zu v.109-114 vgl. c.XI 3.3 (Menander-Sprüche).

[102] Zur Hilfe für das Verständnis der Versfolge von Menander her s. S.311f.

[103] JERVELL, *Imago* 280, bemerkt zur Stelle: In verschiedenen hellenistischen Schriften »bricht ein radikaler anthropologischer Dualismus ... durch«, in dem auch »Geist und Seele ... vermischt« werden. Ebd. zur »unsterblichen Seele« als Abbild Gottes - mit Verweis auf ApostKonst 8.12,16f; 7.34,6.

Daß der Verfasser nicht Lesefrüchte unverbunden nebeneinander stellt, erweist - noch einmal - der Rückbezug des Hoffnungswortes v.103 auf das mahnende Trostwort v.97f: Die Hoffnung denkt an die anderen, die bereits Verstorbenen, denen maßvoll Trauer gewidmet sein soll v.98. Die Warnung vor Geiz v.109 paßt zum Tenor der Schrift; aber auch hier zeigt der Verfasser das Interesse, Lehre zu vermitteln und seine Erkenntnis und Ausdrucksfähigkeit in Sachen Unsterblichkeit der Seele vorzutragen. Nirgends verrät er in wenigen Zeilen so viel über seine Glaubensvorstellungen wie hier. Aber zugleich schweigt er über verbindende Lehrelemente, die uns interessieren würden. Weder die Kraft einer apokalyptischen, noch einer eleusinischen Hoffnung[104] ist erkennbar. Eine persönliche Vollendungserwartung klingt hier ebensowenig an wie in v.230. Auch die Frage, ob denn alle Toten ihre Heimat bei Gott haben oder nur die Guten, wird nicht gestellt - ein Indiz, daß PseuPhok nicht in einer eschatologisch-apokalyptischen Lebensschau den Grund des sittlichen Urteils findet. Nach F.CHRIST (a.a.O. 146) scheint in der Gedankenwelt von PseuPhok »eine religiöse, ethische Heilsvermittlung insofern vorzuliegen, als nur Gerechte und Weise ans Ziel kommen«; dies richtige Urteil kann sich aber weniger auf den Abschnitt v.99-115 als auf das Gesamtzeugnis der Schrift stützen.[105] Das Hingeben *in die Erde* γαῖαν v.99 und Herkommen *aus der Erde* ἐκ γαίης (ἐς φάος) v.103 korrespondieren; die Antithetik - um sie geht es mehr als um eine Lehrvorstellung - wird v.107f wiederaufgenommen; und sie bereitet die Warnung vor Klammern an Reichtum v.109 vor.[106] Die blasse allgemeingriechische Vorstellung vom Aufstieg in die Luft (ausführlich dazu VDH) wird erwähnt, als wollte der Autor sagen: *Das weiß doch jeder!*

Vers 111. WALTER (z.St.) möchte die Möglichkeit wenigstens offen halten, daß die Herrschaft Gottes über die Seelen als »Gottes königliches Richten« vorgestellt ist:

Alle werden gleicherweise Leichname sein, über die Seelen aber herrscht Gott.

Die Tatsache, daß nur hier im Gedicht ein Herrschaftsbegriff βασιλεύει gebraucht wird, läßt bei dem *Alle Toten* durchaus auch an einen gewollten Gegensatz zwischen den sterblichen Mächtigen und dem unsterbli-

---

[104] Vgl. HADAS, *Kultur des Hellenismus* 309ff. DÜRR (*Erziehungswesen* 95) sieht in den älteren Texten der Babylonier und Assyrer den »Glauben an das Los der Guten im Jenseits, noch weniger wie im Ägyptischen, ... nirgends als Hoffnung im eigentlichen Sinne und damit als sittlich-religiöses Motiv durchschlagen«.

[105] DERRON (Anm.4 zu v.11) denkt an eine Vergeltung im Diesseits, wie sie auch Philo nicht fremd ist, »qui décrit la vie coupable et maudite du méchant comme le véritable Hadès (p. ex. Congr. 57), les passions comme les châtiments (Quod deus immut. 112). En ne mentionnant pas le jugement dernier, le Ps.-Phoc. occuperait une place exceptionelle parmi les auteurs judaisants (H.C.C.CAVALLIN, *Life after Death* ... 153).« Ich halte diese Bewertung für vordergründig. Im Abschnitt v.97-115 wird die Zäsur v.108/109 nicht nur durch den Wechsel des Mahnungstopos, sondern auch durch den Tenor begründender Erläuterungen bewirkt. Diese sind bis v.108 tröstlich-hoffnungsbestimmt, in v.110-114 drohend und vor Verfehlen der Gegenwart angesichts der Zukunft des Todes warnend, bis v.115 mit der positiven Aussicht schließt. Auch dies deutet darauf hin, daß der Phokylideer an die Möglichkeit, in einem zukünftigen Gericht das wahre Leben zu verfehlen, erinnern wollte.

[106] Dem *Aufstieg aus der Erde ins Licht* v.103 folgt in v.107f die sehr wirkungsvolle Gegenüberstellung

ἐκ γαίης - πρὸς αὖ γῆν
κόνις - ἀήρ

Das erinnert - mit einer gewichtigen Änderung des Schlußgliedes - an Gen 3,19:

εἰς τὴν γῆν / ἐξ ἧς ἐλήμφθης
γῆ εἶ / εἰς γῆν ἀπελεύσῃ.

Koh 12,7 steht präzise dazwischen (vgl. aber Koh 3,21):

καὶ ἐπιστρέψῃ ὁ χοῦς / ἐπὶ τὴν γῆν

chen Herrscher (und Richter) der Seelen denken.[107] Das (verborgene) Eintreten des Phokylideers für die Autorität des göttlichen Gesetzgebers würde hierdurch ergänzt. Der zeitgenössische Leser, wenn er mit einer positiven Zukunftsmöglichkeit nach dem Tode rechnete und sich die Frage nach dem Lebensausgang für Gute und Böse stellte, konnte diese nur im Sinne der Anerkennung des Guten oder des Gläubigen durch die Gottheit beantworten. Keine Gottheit verzichtet auf die Observanz ihrer Anhänger. Kein Kult und kein Mysterienritual behält seinen Ernst ohne die den Adepten von den anderen unterscheidende Wirkung. Die Frage eines unterschiedlichen Schicksals für Gute und Böse nach dem Tode stellen, heißt für Juden eindeutig: sie bejahen. Aber die Frage wird im Text eben nicht direkt gestellt. - Zur zugleich weisheitlichen und eschatologischen Aufnahme einer diesseitigen Strafdrohung aus Hesiods *Erga* s. S.303f.

»Die beiden religiösen Grundideen des Judentums, die der Einheit Gottes und der zukünftigen Vergeltung, sind zwar auch bei ihm (sc. PseuPhok) vorhanden, und er tritt auch indirekt für dieselben ein. Aber er tut es in so zurückhaltender Weise, daß man sieht, es ist ihm in erster Linie doch nur um die Moral zu tun« (SCHÜRER, *Geschichte* 3^4,619). So unterstreicht auch dieser eschatologische Abschnitt den positiven Klang der Mahnungen des Gedichtes und den Tenor der vorausgesetzten Übereinstimmung zwischen dem Dichter und den *Rechtschaffenen Gottes* (v.1f) und zieht die Linien seiner Lebensskizze aus bis zur *Heimat der Seelen bei Gott*.[108]

Vers 98.104

Viermal kommt die Vokabel θεός/θεοί vor: zweimal wird der eine Gott genannt - als Urbild und Herr der Geister = Seelen; zweimal findet sich ein dubioses θεοί, das man im zweiten Fall auf die befreiten *Seelen* deutet. Nachdem der von Erde genommene Leib wieder zu Staub wurde: ὀπίσω δὲ θεοὶ τελέθονται. Die Seele, das Geistwesen, hat als εἰκών *Gottes* ihre Eigentlichkeit gefunden.

Die Fachwelt empfand bei dem einhellig überlieferten θεοῖσι v.98a solche inhaltlichen Schwierigkeiten, daß kaum jemand ohne Konjektur auskommen wollte. VDHORST z.St. zitiert deren sieben. Auch die meistfavorisierte von YOUNG:

μέτρα δὲ τεῦχ' ἔθ' ἑοῖσι = *Rate auch den Deinen zur Mäßigung* (W)

wird von DERRON in Frage gestellt (z.St.). Erst sie selbst kehrt zum überlieferten Text zurück:

98 μέτρα δὲ τεῦχε θεοῖσι, τὸ γὰρ μέτρον ἐστὶν ἄριστον.
Sondern bereite den (sogenannten) »Göttern« Maßvolles (Plur.!);
denn das Maß(volle) (Sing.) *ist am besten*.

Aber auch DERRON findet: »aucune interprétation ne satisfait pleinement«.[109] Ich möchte die Aufmerksamkeit auf zwei Elemente des Kontextes lenken: auf die Häufigkeit der Vokabel θεός in diesem Abschnitt und auf das paränetische Gefälle. Beides

---

καὶ τὸ πνεῦμα ἐπιστρέψῃ / πρὸς τὸν θεόν.

[107] So könnte auch schon v.102, falls er nicht das Thema von v.101 (*Öffnung des Grabes*) weiterführt, von der Leibesöffnung und Organentnahme bei Königen zum Zweck der Einbalsamierung handeln (FISCHER).

[108] »Der Himmel die Heimat der Seelen« lautet der Seitentitel S.114 bei CUMONT, *Die orientalischen Religionen*. Vgl. ebd. S.135: Zeus-Oromasdes (= Ahura-Mazda) empfängt auf »himmlischen Thronen« die Seelen seiner Gläubigen.

[109] Ein versehentlich unterlaufener mißverständlicher Vers (DERRON) ist sicher nicht die Lösung des Problems; es wäre ein singuläres Beispiel der Unachtsamkeit, und dies an heikler Stelle.

deutet darauf hin, daß v.98a wie v.104 von den Gestorbenen, den Vollendeten handelt.[110] Ihnen soll man einen bemessenen Traueranteil widmen.

In der klaren paränetischen Struktur hat v.98a die Funktion eines positiven Gegenstückes zu v.97. Dem Wort an den Selbstquälerischen, der am Feuer sitzend sich härmt, stellt v. 98a nicht nur die Zucht der Emotionen gegenüber, sondern weiß eine doppelte Aufgabe: die Vollendeten wohl zu ehren, aber dies maßvoll und ohne Ausuferung zu tun.[111] Die einschlägige Torastelle Dtn 14,1 schickt dem Verbot bestimmter, des Gottesvolkes nicht würdiger Trauerriten die Begründung voraus: υἱοί ἐστε κυρίου τοῦ ϑεοῦ ὑμῶν. Dies Wort von *Gottessöhnen* kann der Autor als biblische Ermächtigung, die Verstorbenen als ϑεοί zu bezeichnen, verstanden haben. - V.104 bringt zu v.98 ϑεοῖσι = *Die göttlich gewordenen Verstorbenen* die nachgeholte Definition:

Hernach werden sie nämlich Götter sein.

Die Ermöglichung dieser Redeweise ist mit der Verwischung der Grenzen zwischen verschiedenen himmlischen Wesen gegeben; das Interesse liegt im Bemühen, wichtige Begriffe so zu besetzen, daß sie in einem für jüdisches Empfinden bedrohlichen Sinne nicht mehr recht brauchbar bleiben. Der Gebrauch, in dem HENGEL (*Anonymität* 297) eine »freie Redeweise« findet, hat also auch eine starke polemische Komponente. Im Munde eines heidnischen Weisen ist dies ein hervorragendes Mittel, sprachlich in der synkretistischen Welt Terrain zu gewinnen. Dieser wird zum Zeugen, daß die Göttervorstellungen und Göttersagen der nichtjüdischen Überlieferungen überhöhte menschliche Erfahrungen widerspiegeln.[112] Wenn dieser Gebrauch nicht bereits bei den Lesern geläufig war, dann hat der Verfasser ihnen eben ein gewisses Maß Stutzen und Nachdenken zugemutet - und seinen Phokylides zur Begriffsumprägung benutzt.

---

[110] DORNSEIFF 41f mit Hinweis auf Hes Erga 122, Phokyl fr. 16D. - Für Philo ist der Sprachgebrauch ϑεός für (verehrungswürdige) Menschen vertraut und keineswegs anstößig, s. die Stellen bei BAUER/ALAND, *Wörterbuch* s.v. ϑεός 4.a und (ergänzend) bei STAUFFER s.v., ThWNT 3,91,13ff mit A.115.

[111] Die mögliche Beziehung zu Dtn 14,1 - vide ἐπὶ νεκρῷ - läßt neu über den Vorschlag von L.SCHMIDT (Rez. Bernays, *Phokyl. Gedicht* 515; aufgenommen von DORNSEIFF 41f) nachdenken, ob ἐπὶ πῦρ καϑίσας vom Feuer der Leichenverbrennung spricht. (Schmidt sieht v.97 als ad vocem πῦρ zu v. 96 interpoliert an.) - Zu v.98 vgl. Jos Ap 2,205. Die Versfolge verhält sich zu Sir 38,16-23 wie gnomische Kurzfassung zu längerer Meditation (vgl. *Ausgeführte Paränese*):

	PseuPhok	Sir 38
97	Paränet. Anfang	16 ἐπὶ νεκρῷ
	μινύϑῃς φίλον ἦτορ	18 *Trauer des Herzens beugt die Kraft*
		21b σεαυτὸν κακώσεις
98	μέτρα	17 *einen oder zwei Tage*
		23
99	Bestatten	16 fin
100	Das Grab ruhen lassen	23
103-8	Eschatologische Lehre	20G *Gedenke der Eschata*

Modeste Trauerbezeugung (δίχα πάσης περιεργίας καὶ δεισιδαιμονίας) empfiehlt Plutarch in der *Consolatio ad uxorem* (mor 608B).

[112] Im volkstümlichen Heroenglauben »kann fast jeder Tote 'Heros' genannt werden«; »Tote, Heroen und Dämonen gehen vielfach in einander über«, R.MERKELBACH, *Die Heroen als Geber des Guten und Bösen*, ZPE 1/1976 S.98f. - Jüdische Apologetik macht die Göttermythen z.T. zu einer Art menschlicher Patriarchengeschichte, s. *Syr. Anonymus* bei HENGEL 164. Ders., *Anonymität* 297: »Ganz abgesehen von der freien Ausdrucksweise Philos, werden in Sap.Sal. und Jos.As. mehrfach der Fromme bzw. Joseph als υἱοὶ ϑεοῦ bezeichnet.«

Vers 100.102.103f

Das Wort gegen die Öffnung des menschlichen Organismus ist aufgefallen, weil zu ihm signifikante Parallelen zu fehlen scheinen und weil es sich für eine lokalgeschichtliche Interpretation (*Ägypten*, s. S.352) anbietet. Dazu wird es »in connection with vv.100-1« und v.103f gesehen.

Öffne nicht das Grab der Verblichenen ...
Es ist nicht recht, das Gefüge des Menschen aufzulösen.
Alsbald nämlich werden aus der Erde, so hoffen wir, ans Licht gelangen
die Überreste der Dahingeschiedenen ...

Kaum ein Ausleger entzieht sich der Vorstellung, daß v.102 in eine Situation hineingesprochen ist, die wir zum Verständnis kennen sollten. Fast einmütig wird hier die Vorstellung vom Sammeln beziehungsloser Aphorismen mit nur schwacher Einbindung in ein konkretes Verständnis verlassen. Als gedachte Situation kommen in Frage: 1) Der Bedarf an Sektionsmaterial, der zum Leichenraub alsbald nach der Bestattung reizt (vdHorst, Walter; *Graböffnen* und *Leichenöffnen* sind zugleich involviert). 2) Die Verlockung vergrabener Schätze, die zum Plündern von Grabbeigaben mit der Folge von Leichenbeschädigung verleitet (Derron; die Folge ist nur eine mögliche). 3) Der (historische oder aktuelle) Brauch der Einbalsamierung (Fischer mit Hinweis auf Herodot;[113] ein strikter Zusammenhang mit der Graböffnung ist nicht gegeben, es handelt sich um eine Analogie).[114]

Nach vdHorst, der z.St. detailliert über die Studien zur Geschichte des medizinischen Sektionswesens referiert, ist es »highly probable that dissection was practised only in Alexandria«, wie es aus dem 3.Jh.v.Chr. von den dortigen Ärzten *Herophilus* und *Erasistratus* berichtet wird. Im Zusammenhang mit v.100f, den vdHorst hier mitberücksichtigt sehen will, handelt der Vers von Leichensektion und der Gewinnung des Materials aus bereits geschlossenen Gräbern. Die Überleitung vom Prohibitiv v.100 zur Auferstehungslehre v.103ff durch die unpersönliche Regel v.102 bekommt bei diesem Textverständnis guten Sinn. Auch der fehlende Anklang an kriminelle Vorgänge in dieser Zusammenstellung für den Umgang mit Gräbern v.99-102 läßt nach »honorigen« Maßnahmen Ausschau halten, so daß der Gedanke an Grabraub (mit der Folge der Verletzung der Leichname, Derron z.St.) sich nicht empfiehlt. Aber andererseits ist auch die Begründung aus der Geschichte der Anatomie fraglich. »Rien n'est moins sûr«, sagt Derron (LXIII mit A.2) mit Verweis auf neuere Forschung (P.Mudry), in der die alexandrinische Praxis als schon länger geübte Tradition unbekannter Herkunft erkennbar wird.

Das Abweichen von der Aphorismenvorstellung zugunsten einer gegenseitigen Interpretation der Verse wirft also Fragen auf nach dem Verhältnis von *Graböffnung* (a), *Leibes- (= Leichen-)öffnung* (b) und *Auferstehung der irdischen Reste* (c). Ein engerer Zusammenhang zwischen a und b kommt in Frage. Die dritte Bezugsgröße c wird zwar mit καὶ τάχα direkt (wenn auch nicht so eng wie mit γάρ) angeschlossen, gehört aber dennoch eher zum allgemeinen Vorstellungshintergrund.

---

[113] Über die Regelung von Mumifizierungs-Verpflichtungen in einer bürgerlichen Genossenschaft im Ägypten des 2. vorchr.Jh. berichtet E.Lüddeckens, *Gottesdienstliche Gemeinschaften*, ZRGG 20/1968 198ff.

[114] Als andere Möglichkeiten des Textverständnisses nennt vdHorst Vivisektion (womit dann aber auch das medizinische Operationswesen betroffen wäre) und Suizid (Sartorius). Walter erinnert nebenbei an »die Erfahrung, daß sich Leichen, die ausgegraben werden, 'auflösen'«. Christ (*Leben nach dem Tode* 141) deutet versuchsweise v.100 auf Widerspruch gegen das Sammeln der Gebeine in Ossilegien (dagegen vdH).

Eine striktere logische Verbindung zwischen a und b kann so aussehen:

1. a darf nicht sein wegen b.
   Leibesöffnung - sowohl absichtliche als auch versehentliche - muß jedenfalls vermieden werden.
2. a darf nicht sein und auch b nicht.
   Die Unversehrheit des Leichnams und seine Verborgenheit im Grabe sind beide durch Tabu geboten. (Und diese Begründung darf fehlen, da man von Tabus nur umschreibend spricht.)
3. a darf nicht sein - und b schon gar nicht.
   Am Bewahren der Unversehrtheit des Leichnams zeigt sich u.U. die Achtung vor den Plänen, die der Schöpfer mit Leib und Seele hat. Die Achtung vor dem Leib strahlt aus in der Achtung vor dem Grab.
4. a darf nicht sein - also bitte auch b nicht.
   Bekannt ist die Würde des Grabes, dessen Verletzung als Frevel göttlichen Zorn weckt;[115] dies ist zu aktualisieren in der Würde des unversehrten Leichnams.
5. Weder a noch b darf sein wegen c.

Kann Letzteres (5) heißen: Ohne unversehrten Leichnam keine Auferstehung? Eine sachlich unmögliche Folgerung! Nicht erst die Christen wurden durch die Märtyrer von Lyon zum Bekenntnis gefordert, daß die Verspottung der Auferstehungslehre durch Verstreuen der Asche in die Rhone ins Lehre geht. Wo sollte im frühjüdischen Denken für solche Spötterlogik Raum gewesen sein angesichts der tausendfachen Verstümmelung und Verbrennung der *Gerechten*?! Der Fortschritt von a über b zu c führt zu einem tieferen Verstehens- und Hoffnungshintergrund, nicht aber zu einer systematisch-logischen Prämisse. Hier gilt auch die Methode des »organic thinking« (KADUSHIN).

Ich halte die Alternative 4 für am wahrscheinlichsten. Die Reihe enthält drei Prohibitive, von denen der zweite, die Drohung mit dem Licht der Sonne und dem göttlichen Zorn, begründende Funktion hat, sowie einen Begründungssatz, der in eine Begründungsfolge übergeht. Οὐ καλόν als Einleitung des dritten der Prohibitive läßt vermuten, daß es sich um einen aktualisierenden Folgeprohibitiv handelt. Dann ist der Topos *Graböffnung* traditioneller Ausgangspunkt, *Leichenöffnung* wird im Sinne der aktualisierenden Anwendung eines Grundsatzes angeschlossen, und *Auferstehung* wird als der Verstehensraum gezeigt, in dem der an Gott Glaubende solche Würdigung des Leibes ohne superstitiöse Ängste für rechtens und sinnvoll erkennt. Bei solchem Verständnis der Versfolge behält jeder Vers sein Gewicht als eigenständige Sentenz und stützt doch die anderen mit. Das Interesse des Autors an alten Textvorlagen spricht für eine eher historische (und nicht nur historische, s.o.) Reminiszenz: die Leichenöffnung zum Zweck der Einbalsamierung, die er der schändlichen Graböffnung vergleichen möchte. Für Ägypten besagt das insofern nicht viel, als der Autor und seine erwarteten Leser ohnehin genug Ägyptenkunde gehabt haben sollten.

Im Rahmen von Auseinandersetzungen um die Umwidmung eines jüdischen Friedhofs in Hamburg Altona brachte das Wochenblatt *Hamburger Rundschau* (Ausgabe 13/1992 S.8) jüngst einen informativen Artikel von Yizhak Ahren, der das Verständnis für jüdische Friedhofssitte und Friedhofsgesetze fördern sollte. Ein Satz aus diesem Artikel beleuchtet schlaglichtartig, wie die Abfolge unserer Verse - von *modester Trauer* über *Begräbnispflicht* bis zur *Ehrfurcht vor den Überresten der Dahingeschiedenen* - einfach im jüdischen Denken angelegt ist und keiner speziellen zeitgeschichtlichen Anregung bedarf: »Die Trauer um die Toten ist zeitlich befristet, nicht jedoch die Achtung, die man den

---

[115] BERNAYS, nach dem (S.203) die »Verpönung des Aufgrabens bestatteter Leichen« nicht »den Kreis der allgemeinsten Völkersitte« verläßt, scheint den nicht weiter erwähnten v.102 durch dieses Prinzip miterfaßt zu sehen.

VIII. Kapitel
PseuPhok im Judentum seiner Zeit

1.
LEHRVERANTWORTUNG UND MÜNDLICHKEIT

1.1 Institutionelle Bildung im Frühjudentum [1]

1.11 Die Verborgenheit der frühjüdischen Bildungsgeschichte

Wo hat der Phokylideer gelernt, Toragebote für seine Paränese auszusuchen, umzuformulieren, zu aktualisieren und mit der ihm zugänglichen Spruchweisheit in Verbindung zu bringen? Es ist eine typisch jüdische Methode, die ihm treue Bindung und freie Gestaltung zugleich gestattet. Wir finden solche Paränese in reichlich vorhandener Literatur. In Erzählungen, Apokalypsen, Streitschriften, Sektenordnungen, Weisheitssammlungen ist Paränese tangiert, wird Tora paränetisch umgeformt. Aber sie kommt selten so geschlossen und imperativisch in toraparänetischen Reihen wie in PseuPhok zur Darstellung. Als Ort für solche Toraparänese kommt Literatur (im Unterschied zur Weisheit) weniger in Frage. Aber die Kunde über das mündliche Bildungs- und Schulungsgeschehen ist zweifach verwischt worden. In einer Zeit, in der die gehobene Bildung noch nicht auf ein integriertes System der Jugenderziehung aufbauen kann und die Ertüchtigung für praktische Berufe noch ganz funktional innerhalb dieser Berufe vor sich geht, sind wir weithin auf Rückschlüsse aus literarischen Dokumenten angewiesen. Und für diese Rückschlüsse ins Mündliche müssen wir uns freimachen von einer einseitig gymnasialen Orientierung, aber auch von den späteren jüdischen Auskünften über das *Miqra-Mischna-Talmud*-Bildungssystem.

Die Vordatierung des jüdischen Schulwesens. Das Judentum ist mit Recht stolz auf sein früh entwickeltes Schulwesen. Dies mußte in Ausbildung denkerischer Fähigkeit

---

1 DRAZIN, *Jewish Education*; HENGEL 120-152; HADAS, *Hellenismus* c.5 (S.69ff); MARROU, *Geschichte der Erziehung* 458f; FINKEL, *The Pharisees and the Teacher of Nazareth* 81-84; STRACK/STEMBERGER, *Einleitung in Talmud und Midrasch* 18-24; 41-64

neben dem griechischen bestehen können,[2] den Ansprüchen des Torastudiums genügen und der ausgrenzenden Festlegung von Bildungsschichten widerstreben, damit auch die Ärmeren unter den *Söhnen Israels* an der durch die Tora zu sichernden Heiligung des Alltags und des Familienlebens teilhaben konnten.

Aber die Überlieferung vom hohen Alter des allgemeinen Schulwesens bei den Juden folgt einer Tendenz zum Vordatieren, s. Anhang I: *Schulentwicklung im Frühjudentum*. Sie ist ganz einseitig in den Blickwinkel der Torabewahrung und -vermittlung geraten, als ob man Kinder das Alphabet nur wegen des Schriftstudiums lernen ließe. Die Frühdatierung ist geboren aus einem doppelten und elementaren Bedürfnis des Judentums in Auseinandersetzung mit der synkretistischen Umwelt und nach dem Verlust der Selbständigkeit. 1. »Der Verlust der Eigenstaatlichkeit führte zu einer Entwicklung des Judentums, die durch die Betonung der geistigen Besonderheit gekennzeichnet ist; die Auseinandersetzung mit der griechisch-römischen Umwelt war hinfort von dem Bestreben geleitet, den nicht mehr bestehenden Staat durch ein eigenes, in sich selbst ruhendes Reich des Geistes zu ersetzen. In den Mittelpunkt trat das Studium der Lehre, ihrer Ergänzung und Ausgestaltung zu einem verpflichtenden System von Vorschriften für das Verhalten des einzelnen« (H.u.M.SIMON, *Geschichte der jüdischen Philosophie* 35f). Dieses Reich des Geistes galt es nicht nur inmitten der, sondern teilweise gegen die hellenistische Bildungswelt zu gestalten. Die Chokma konnte dieser Anforderung nicht genügen. Denn sie vergleicht jüdische mit heidnischer Erkenntnis, um ihre Verwandtschaft und die nur relative Überlegenheit der torabezogenen Chokma zu erkennen und zu lehren. Die halachische Diskussion definiert wohl auch das Gemeinsame mit den Heiden, vor allem aber das Trennende. So wurde das ältere, weisheitliche Bildungsbemühen umdefiniert, indem man den Titel »Die Weisen« bevorzugt für die tannaitischen Vorläufer der Rabbinen verwendete und mit der toraexegetischen Schriftgelehrsamkeit verknüpfte (FLUSSER, These 17), eine Benennung, die für den Nichtjuden leicht irritierend sein kann. 2. Darüber hinaus war die rabbinische Konsolidierungsbewegung im bedrohten Judentum entscheidend darauf angewiesen - im Interesse der eigenen Glaubwürdigkeit und im Interesse der Durchsetzung von Schulmeinungen gegen andere Traditionsrichtungen -, daß sie als Hüter der genuinen Lehre der Väter aus ununterbrochener Tradition gelten konnte. Dies konnte nichts so sicher belegen wie die Fiktion der *Großen Versammlung* unter Esra, die ununterbrochene Kette der Tradenten der *Mündlichen Tora* des Mose, die pauschale Rückdatierung der Anfänge exegetischer Schriftgelehrtenarbeit in die Zeit des Zweiten Tempels[3] und - ein früh schon funktionierendes, von der Kindheit bis zum Mannesalter wirksames allgemeines Schulwesen. In diesem Zusammenhang bekommt die Vorstellung vom Lernen als *Memorieren* approbierter Texte einseitig Bedeutung.[4]

1.12 Das Übergewicht der gymnasialen Bildung.

Das nachalexandrinische Griechentum hat die Institution des *Gymnasions* erfolgreich als Herrschaftsinstrument der griechischen Oberschicht gegenüber den einheimischen Führungsfamilien eingesetzt. Griechische Bildung bedeutet zunächst anerkannt gleiche Herkunft wie der königliche Herrscher; sie ist daher auch mehr auf einen »esprit du corps« (HENGEL 127) als auf ein höheres Bildungsniveau an sich ausge-

---

2 Vgl. das Echo der Griechen, das von den Juden als einem *Volk von Philosophen* spricht, HENGEL, *Judentum* 464ff; KÜCHLER 127 A.37; M.STERN, *Authors* Nr.4,7; 15,14ff usw.

3 Die gesamte Mischna entbehrt noch der Auslegungskunst, die auf das Schriftwort Bezug nimmt, vgl. HENGEL, *Rabbinische Legende und frühpharisäische Geschichte.* Die beiden Lehrer Hillels waren »the first Rabbis to be called *darshanim*, 'interpreters of Scripture'« (D.DAUBE, ebd. nach Bab.Pes.70b; kritisch dazu HENGEL a.a.O. 37). Dies würde in die Mitte des 1.Jh.v.Chr. weisen. J.NEUSNER sieht auch darin eine Rückdatierung. Erst mit R.Aqiba sei es zum Programm geworden, für alle Lehraussagen einen Grund in der Bibel zu haben, *Judentum in frühchristlicher Zeit* 74f. Erst *Sifra*, den fortlaufenden rabbinischen Kommentar zum Buch Leviticus, findet er geprägt von der Absicht, sich mit älterer Halacha, die sich nicht auf die Bibel stützt, nicht abzufinden.

4 Der ideale Rabbinenschüler gleicht einer ausgekalkten Zisterne, die kein Wasser verliert, vgl. Av 3,10f. Zur »Funktion des Tanna als Repetitor«, bei dem es auf genau wörtliches Einprägen von Stoffmassen ankommt, »zuerst in der Generation Aqibas« vgl. STRACK/STEMBERGER 22; 47.

richtet.[5] Die teils rigorose Beschränkung auf Söhne mit griechischem Vater und griechischer Mutter mußte, um sich der Unterstützung der einheimischen Honoratioren zu vergewissern, aber auch im Sinn eines hellenistischen Einheitsgedankens[6] gelockert oder aufgegeben werden,[7] was nicht ohne Probleme geschah.[8] Auf jüdischer Seite konnte diese Bundesgenossenschaft mit den Griechen und Römern aber schwerlich ohne Ambivalenz gepflegt werden. Mit der heidnischen Religionsphilosophie, ob sie nun die Kulte als philosophische Symbolhandlungen oder als Elemente der öffentlichen Ordnung betrachtete, mit der Staatsgewalt, die sich (seit Augustus spätestens) als Beauftragte der göttlichen Vernunft über alle Völker gerierte, mit dem gymnasialen Sport[9] und der zugehörigen Körperpflege, die - wie die Schönheit der Sprache - Eigengewicht entwickelte, konnte der Jude nur ein gebrochenes Verhältnis eingehen. In vorauseilender Loyalität haben betroffene Kreise weithin sich der in sie gesetzten Hoffnung als würdig erwiesen. Auch die nichtgriechischen Gymnasioneleven durften sich als *Hellenen* betrachten. Die jüdischen Führungskreise in der Diaspora haben an dieser politischen Anerkennung partizipiert[10]. Vor allem aber konnte sich das Judentum »dem Zauber des Griechischen« in sprachlich-literarischer und in philosophischer Hinsicht nicht entziehen.[11] Seit den jüngsten Schriften der Hebräischen Bibel spiegelt die gesamte jüdische Literatur mit der Wahl der Gattungen, der neuen Einstellung zur schriftstellernden Persönlichkeit, der Wahl griechischer Pseudonyme, dem Aufkommen logisch argumentierender Abhandlungen oder doch wenigstens einzelner Denkmodelle griechischen Geistes den griechischen Einfluß. Das Streben nach eigenen Gymnasien ist mit der Beseitigung der Reformen Jasons (2Makk 4,9.14) durch die Makkabäer nicht grundsätzlich erledigt gewesen und später nicht mehr als Angriff auf die Religion der Väter verstanden. Arist 121 handelt von einem Gelehrtenkreis um den Hohenpriester - mit Bildungszugang durch vornehme Abkunft. Eine Bibliothek, wie sie Herodes in ehrgeiziger Nachahmung anderer Potentaten besaß, war Stätte des geistigen Austausches. Symposien der Vornehmen wird es hier und da mit jüdischem Teilnehmerkreis oder mit Interesse für jüdische Thematik - nicht nur im satirisch-spottenden Sinne - gegeben haben.[12]

Eigenständige jüdische Bildung ist für die Forschung mehrfach in den Schatten geraten. 1. Die ethische Deduktion von Verhaltensregeln aus Prämissen verdeckte den Blick auf paränetische und halachische Weiterentwicklung der Toragebote. Das rabbinische Theologumenon der *Mündlichen Tora* erschien deshalb nichtjüdischen Forschern als reine Fiktion. 2. Traditionspflege durch Homer-Philologie wurde als Vorbild jüdi-

---

5 Es ging ursprünglich um »eine allgemeine bürgerliche Erziehung«, die das adelige Bildungsideal, »recht zu werden, was man von Geburt ist, in die bürgerliche Welt überträgt.« - Das tiefer liegende pädagogische Problem von Sinn und Methode wahrer Bildung »wurde im Altertum lebhaft diskutiert. Platon und Aristoteles, der sich mehr an die Wirklichkeit hält, haben ihre Ideen ausführlich dargelegt. Sie haben, soweit ersichtlich, die hellenistische Schule nicht beeinflußt«, NILSSON, *Hellenistische Schule* 80f. - Zum Schulwesen in Alexandrien vgl. R.M.SMITH, *Art of Rhetoric* 109ff

6 Ptolemäus IV Philopator (3.Jh. v.Chr.) wollte anscheinend Griechen, Ägypter und Juden in vereinheitlichten Dionysos-Mysterien einigen, CUMONT, *Die orientalischen Religionen* 193f.

7 wofür sich Philo (Gai 309) dann quasi bei Augustus bedankte. Schon Isokrates 4,50 hatte sich für solche Wertung griechischer Bildung unter den *Barbaren* ausgesprochen.

8 2Makk 4,19; HADAS, *Hellenismus* 51; KASHER, Art. *Diaspora I/2*, TRE 8, 716,25ff; HENGEL 126. - Speziell für jüdische Teilnahme am gymnasialen Bildungswesen sind die direkten Zeugnisse merkwürdig spärlich. (HENGEL, *Juden, Griechen und Barbaren* 140, erwähnt z.B. wenige Namen aus der Kyrenaika und Kleinasien, gefunden in Ephebenlisten.) Andererseits kann mit einem speziell jüdischen Seitenweg zu der immensen klassischen Bildung, die doch nicht wenige sich erwarben, nicht gerechnet werden; Indizien für jüdische Gymnasien (HENGEL; M.SIMON, *Griechisch-jüdischer Synkretismus* 335) sind unsicher. Das Gymnasium hat zwar für den Juden anstößige Elemente enthalten, aber man hat sich recht und schlecht mit Hilfe der synkretistischen Toleranz und der Philosophierung der religiösen Bräuche und Texte über sie hinweggesetzt.

9 M.SIMON, ebd. 334

10 wie dann auch die mehrfach in Rom zur Entscheidung gestellten Streitigkeiten zwischen den alexandrinischen Stadtviertelvertretern zeigten. Ohne das Lernen des ἑλληνίζειν wäre dem Diasporajudentum nach HENGEL (75) nur die Alternative des Fellachentums geblieben.

11 KRÜGER, *Philo und Josephus* 16; vgl. HENGEL, a.a.O. 126ff

12 Sir 9,16 LXX: Ἄνδρες δίκαιοι ἔστωσαν σύνδειπνοί σου. - Mögliche Einflüsse des Symposienwesens auf die Pesach-Haggada erwähnt STEMBERGER, *Klass. Judentum* 192 (nach STEIN).

scher Bibelauslegung erkannt. Die eigenständig-jüdische Art, biblisches Gut in erzählenden Auslegungswerken (Jub), im pseudepigraphen *Testament*, im *Roman* oder in Gemeinderegeln zu vergegenwärtigen, erschien aber als Ausfluß sektenhafter Sonderbewegungen. 3. Die griechische Methode des Erziehens durch Memorieren schlägt mit der aphoristischen Gnome eine Brücke zur jüdisch-chokmatischen Spruchsammlung. Die ästhetische, unjüdische Komponente der griechischen Methode wurde ebenso übersehen wie die Direktausrichtung des Judentums an der Tora, die mehr dynamische Anwendungsmethodik[13] als wörtliche Wiederholung vieler Einzelsprüche braucht.

Das »Mahngedicht über Schriftgelehrsamkeit, Wohltätigkeit und Weisheit« TestXIILevi 13,1-9 (KÜ 491) mit den Stichworten διδάξετε, γράμματα und τὸν νόμον τοῦ θεοῦ rechnet mit der selbstverständlichen Möglichkeit, daß es einen allgemeinen Zugang zur Alphabetisierung gibt. Das ist mehr als die Aufforderung an die schriftkundigen Leser der Testamente, ihre Fähigkeit an die Kinder (gemeint sind wohl nur die Söhne) weiterzugeben und dabei vor allem die Tora Moses zum Lesestoff zu wählen (einer der Anachronismen innerhalb der pseudepigraphen Fiktion). Mindestens die Abkömmlinge des Stammes Levi sollen, ob reich oder arm, das Gesetz authentisch lernen können. §3f hebt allerdings ganz allgemein auf die Diasporasituation ab (vgl. §9 *Joseph*), so daß auch Nicht-Leviten im Blick sind. Doch hat der Abschnitt wichtige Parallelen im aramäischen TestLevi.[14] Das steht ebenso einer frühen, wie einer ausgesprochen späten Datierung dieses Topos entgegen.

Die Juden haben im Schatten des griechischen Bildungssystems, der sie für uns teilweise verdeckt, keineswegs ihre Eigenart aufgegeben. Aber diese wurde nicht so durch pädagogische Theorie geklärt und gefestigt, wie das Griechentum es seit Jahrhunderten verstanden hatte. Die Farbigkeit der geistigen »Landkarte« des historischen Frühjudentums hätte sonst nicht so für bald 2000 Jahre durch das sog. »normative« Judentum pharisäisch-rabbinischer Färbung ersetzt werden können.

1.13 Fixpunkte der Erforschung frühjüdischer Bildung

1. *Lehrstand.* »Jede mündliche Tradition setzt einen geordneten Lern- und Lehrbetrieb oder die Kontrolle immanenter Gesetze voraus, wenn sie nicht in nichts zerflattern soll.«[15] Im Übergang von der an Tempel und Fürstenhof lokalisierten Bildung zur Breitenbildung kommt Institutionen eine verminderte und Personen eine erhöhte Bedeutung zu. Entsprechend entwickelt sich im Frühjudentum das Spektrum der Bildungsautoritäten - und sein historisches Bild hat Anteil an der Undeutlichkeit, die für die Bildung in dieser Epoche überhaupt gilt. Wir unterscheiden:

- *Priester* mit der alten Zuständigkeit für Tempelkult- und Reinheitshalacha,

---

[13] Die griechische Ethik bemüht sich seit der Sophistik in einer Art Wissenschaft, die im älteren gnomischen Gut enthaltenen Einsichten präzise und allgemeingültig zu formulieren (vgl. DIHLE, Art. *Ethik*, RAC 6,663); jüdische Gnomik behält länger die alte, spielerisch variierende Art.

[14] KÜCHLER ebd; BECKER, *Untersuchungen* 282; BEYER, *Die aramäischen Texte vom Toten Meer* 207. (Die eigenwillige Ansetzung der TestXIIPatr in palästina-jüdischem priesterlichem Milieu des ausgehenden 1.Jh.n.Chr. mit Übersetzung ins Griechische bis 250, wie sie Beyer S.190f vertritt, darf hier unberücksichtig bleiben.)

[15] Dies DIBELIUS' Meinung, wie sie FASCHER, *Formgeschichtliche Methode* 54, referiert. Vgl. DIBELIUS, *Formgeschichte* 69: »Pflege der Tradition, geübt in der Weise des griechischen Judentums, ... bedeutet Zucht«. - Die Rechtsprechung kann hierbei trotz ihrer Bedeutung für die Entwicklung *mündlicher Tora* nicht eigens bedacht werden. Die Vorgaben der politischen Machtverhältnisse und ihr Kontext für juristische Lehrentscheidungen berühren die paränetische Lehrentwicklung nur am Rande.

- *Leviten*, die mit eigenem, geschichtlich gewordenen Schwerpunkt die Predigt und Unterweisung pflegen zum Verstehen der Geschichte und sinnerfüllten Befolgen der Gebote,
- *Schreiber* oder *Schriftgelehrte*, deren Amt durch die »geistige Kampfsituation ... mehr und mehr aus der Exklusivität des mit dem Heiligtum verbundenen, privilegierten Schreibers heraus(ge)führt und breiteren Laienkreisen zugänglich« gemacht wurde (HENGEL 146; vgl. 247),
- *Weise*, die nun wie keine andere Lehrautorität die Treue zur umfassenden Überlieferung Israels, speziell zur Tora, mit hellenistischer Bildung (und schriftstellerischem Individualismus) zu verbinden suchen.

Zu diesen standesmäßig erfaßbaren Autoritäten kommen Gruppenautoritäten der verschiedenen Observanzen der

- *apokalyptischen Bewegung*, deren literarische Vielfalt ein hohes Maß an Führungsbereitschaft verrät und die im qumranischen *Lehrer der Gerechtigkeit* ein exzeptionelles Beispiel gefunden haben.

Die an sich interessanteste und geschichtsträchtigste Linie ist die der *Leviten* mit der Verbindung von theologischer Eindringlichkeit, charismatischer Pflege des prophetischen Erbes und volksbildender Aktivität.[16] Sie hat aber in der Krise und Umschichtung des beginnenden 2.Jh. ihre Eigenständigkeit verloren.

In der *asidäischen Bewegung* vereinigen sich kurz vor der makkabäischen Erhebung die *Makkabäer* mit der Partei oder Gruppe der Ἀσιδαῖοι (2Makk 2,42 u.ö.; HENGEL 319) und anderen Gruppierungen - ohne bzw. gegen den prohellenistischen Jerusalemer Priester- und Geldadel. Die hier entstehende antihellenistische Front einer »asidäischen« Verantwortlichkeit für die Tora und ihre Anwendung im bürgerlichen Alltag wird künftig das Signum des Judentums sein.[17] Damit verlieren auch viele der herkömmlichen Gruppentraditionen und gegen einander abgegrenzten Standeskompetenzen ihre wohlunterscheidbare Bedeutung. Unter dem Einfluß der geschichtlichen Konflikte und Sektenbildungen werden sie neu bestimmt. Mit diesem asidäischen Knoten strömt paränetische Toratradierung, wie sie wohl vor allem in den levitischen Kreisen geübt wurde, in die Breite der Torapflege. Diese hört durch einen dreifachen Impuls auf, Sache weniger Verantwortlicher zu sein:

1. durch die Paränetisierung des mosaischen Rechts (die eine Sache des Nachwirkens der sittlichen Botschaft der Propheten, aber auch der Dauer der Entwicklung war),
2. durch die nachhaltigen Impulse griechischer Popularphilosophie und

---

[16] W.ROTH, Art. *Deuteronomium* II, TRE 8,547. Die *Söhne Levis* im älteren Sinne, der in TestXIILevi noch durchscheint, gehen als den Priestern gegenüber eigenständiger Stand verloren, wie die sprachliche Entwicklung zugunsten von *Weiser und Schriftgelehrter* zeigt. Einerseits das »Drehen des Interesses« bei Teilen der Leviten von einem »prophetisch-historiographischen ... zu einem kultischen«, wie es SAEBOE (Art. *Chronistische Theologie*, TRE 8,79,19ff) beobachtet, andererseits der Sog der von ihnen selbst entscheidend begünstigten charismatisch-apokalyptischen Bewegung ließen das Signum des *Leviten* als geistigen Führers verloren gehen.

[17] STECK, *Israel* 204f: Die priesterliche Gruppe ist in hasmonäischer Absicherung ihres Herrschaftsanspruches später weithin dem Asidäischen fern oder feindlich geblieben. Vgl. ebd. zur Bezeichnung der Bewegung als *apokalyptisch* oder *eschatologisch* (im Anschluß an PLÖGER, *Theokratie und Eschatologie* 134ff).

3. durch die prägende Kraft einer (mindestens zeitweilig) gemeinsamen antihellenistischen Front.[18]

So ist es wohl zu erklären, daß wir für die Zeit des PseuPhok ein reguläres, allgemein anerkanntes und überall wirksames *Lehramt* nicht erkennen können.

2. *Die Bildungsinstitutionen.* Dennoch ist die Lehrtradition nicht ohne soziologische Absicherung. Die Tempelautorität, die gerade in der Diaspora weithin fragloser Richtpunkt blieb, zeigt sich zwar nicht in ethikrelevanten Lehrentscheidungen. Sie wird über die Entwicklung der Rechtspflege, die ja weithin unter den Diadochen und den Römern autonom geübt wurde, auch sittliche Normen mit geprägt haben. Sie strahlt allgemein aus und setzt jeder informellen Autoritätsbildung (*Pharisäismus*) die Bedingung, daß diese sich formiert und behauptet. - Von unüberschätzbarer Bedeutung ist die neue Institution der Synagoge. Sie profitiert - mehr und mehr flächendeckend wirksam - als dezentrale Einrichtung von der fernen Tempelautorität und als Laieneinrichtung von dem neuen Selbstbewußtsein nichtpriesterlicher Kreise. Sie gewährt einer den Chokmatismus beerbenden Bildungselite die volkserzieherische Plattform und partizipiert lokal auch an der Führungsautorität in den Sekten, die sich formieren.[19] Daß in ihr die Toraverlesung einen festen Ort hatte, ist gesicherte Erkenntnis. Der *Sabbat* spielt dabei eine entscheidende Rolle Jos Ap 2,174f. Damit ist die Brücke zur *familiären Toraerziehung* geschlagen, sofern diese nicht nur Volkssitte pflegt, sondern immer neu am Gesetzeswortlaut sich ausrichtet.[20] Mit der Synagoge ist auch gewährleistet, daß jüdisches Brauchtum, ein in der synkretistischen Umwelt auffälliges Merkmal, nicht nur in Gemeinde und Familie als solches gepflegt, sondern als Wirkung der heiligen Geschichte und der mosaischen Halacha erfahren wird.[21]

---

[18] In der Perspektive des Judentums seit etwa 200 v.Chr. liest sich das wichtige Stück Dtn 11,13-28 wie ein abrißhafte Deutung der Katastrophen des Judentums und eine Einschwörung auf den antihellenistischen Kampf in Israel mit dem Mittel eines allgemeinen, in allen Häusern geübten Torastudiums.

[19] Zur Möglichkeit früher Predigt- und Lehrentwicklung an Synagogen s. GALLING, *Chronik, Esra, Nehemia*, ATD 12, 16f; SCHRAGE, Art. συναγωγή, ThWNT 7,810f; STECK a.a.O. 202 A.7. Zum ältesten Nachweis einer Synagoge im 1.Jh.v.Chr. vgl. HENGEL, *Synagogeninschrift von Stobi* 161 A.53; zur Anbahnung schon im chronistischen Geschichtswerk (Neh 8,1-12; Esr 7,25) und der Verbindung zum »jüdische(n) Lehrhaus« und »Sitz« des Lehrers bei Ben Sira, s. ders., *Judentum und Hellenismus* 145 mit A.160.

[20] J.B.MALLER, *The Role of Education in the Jewish History*, und S.GREENBERG, *Jewish Educational Institutions*, (bei FINKELSTEIN, *The Jews*) beschreiben die Vermittlung von Gesittung und Gesetz an die junge Generation und hinein in die Lebensvollzüge der jüdischen Familie und Gemeinde; sie stellen überzeugend dar - auch wenn sie pharisäische Frömmigkeitsübung wohl etwas zurückdatieren -, daß das Bewußtsein der väterlichen Verantwortung durch die Entwicklung des Lehrstandes nicht verlorenging.

[21] BACHER, *Die Proömien der alten jüdischen Homilie* (1913=1970); THYEN, *Der Stil der jüdisch-hellenistischen Homilie* (1955). Nur mit Vorsicht können Rückschlüsse auf volksnahe Paränese an der Mehrzahl der Synagogen gezogen werden. Thyen 85: »Ihrer ursprünglichen Bestimmung nach ist Paränese ... weniger eine 'literarische' als vielmehr eine 'rhetorische' Stilgattung.« Aber Thyen selbst führt sie vor anhand literarischer Produkte. Bachers Arbeit dagegen fußt auf späteren Quellen. - J.BERGMAN (*Zum Zweiwegemotiv* 47f) zeigt, wie das *Zwei-Wege*-Motiv kulturenübergreifend sich mit der Entwicklungssituation des Jugendlichen verband, und möchte von der *Zwei-Wege-Lehre* auch für die Synagogenunterweisung ausgehen.

1.2 Mündlichkeit

1.21 Orte der Mündlichkeit

Traditionspflege als soziologisches Geschehen findet primär mündlich statt. Sie hat rechtliche, kultische, »weltlich«-solenne und lehrhaft-erzieherische Dimension.

1. In der *Rechtspflege* wird das kodifizierte Recht zusammen mit einer immer zu erneuernden Gesetzesauslegung bewahrt und weitergegeben. Griechen und Juden kennen die Rechtsfigur des *Ungeschriebenen Rechts*, die der Legitimität aktueller Rechtsentscheidungen Rückhalt geben und das Recht im allgemeinen sittlichen Empfinden sichern soll. Der Neigung der Alten, hier den Eindruck eines mündlichen Rechtskorpus zu wecken, entspricht eine Neigung in der Forschung, die Benennung einzelner Gebote ungeschriebenen Rechts wie Bruchstücke eines unbekannten Rechtskorpus zu behandeln. Aber mündliches Recht ist seinem Wesen nach mündlich und setzt sich zusammen aus kaum definiertem göttlichem Urrecht als Richtpunkt der Rechtsauslegung, aus Volkssitte zur Stützung der Rechtsauslegung[22] und aus wichtigen Elementen der Auslegungstradition (s. Anhang I: *Ungeschriebene Gesetze*). Im Frühjudentum scheint das Widerstreben gegen eine fortschreitende Kodifizierung lange Zeit elementar gewesen zu sein zum Schutz der Einzigkeit der schriftlichen Tora.

Dies ist das Wahrheitsmoment der späteren Überlieferung, die Niederschrift der *Mündlichen Tora* sei ausdrücklich verboten gewesen. Nach J.M.BAUMGARTEN ist eine strikt durchgehaltene Mündlichkeit der halachischen Entwicklung »a natural consequence of the canonization of the Torah«. NEUSNER bezweifelt zumindest die Ausschließlichkeit des Mündlichen.[23] Jedenfalls ist es völlig unhistorisch gedacht, wenn man mit einer Pause in der legitimen Rechtsentwicklung nach Abschluß des Pentateuch rechnet. Der Rechtshistoriker und Rabbinist D.DAUBE schildert es so (*Rabbinic Methods* 240f): »A large body of law, religious and secular, grew up in addition to the contained in scripture.« »This non-Scriptural law consisted of various elements. Some of it indeed was still almoust Scriptural: the meaning of an obscure verse would be fixed, a very inconveniend precept would be credited with a somewhat more desiderable meaning, the claims of flagrantly inconsistent ordinances would be seattled. But a great part was avowedly novel, extensions of Biblical provisions designed to deal with fresh cases or also, in the words ascribed to the men of the Great Synagogue, 'to make a fence around the Torah.' In either case, what was the ground of recognition of this vaste body of non-Scriptural law? It was the authority of the people promulgating it.«

Auch das griechische Anwaltswesen (*Rhetorik*) verlangte dynamischen Umgang mit erworbenen Kenntnissen.

2. Bevorzugter Ort des Mündlichen ist der *kultische Vollzug*. Ritual will gehandelt werden und schließt bestimmte Worte ein, die zunächst und immer wieder im kultischen Vollzug selbst tradiert werden. Gebete werden - auf dem Tempelplatz, in der Synagoge und in der Familie - laut gesprochen und so tradiert. Das Aufschreiben kann

22 Plato, Nomoi 7,793B: Die πάτριοι νόμοι als ἄγραφα νόμιμα fördern - richtig gefaßt - die Rechtsentwicklung, interpretieren das Staatsrecht und umgeben das Recht wie mit einer *Schutzhülle*.

23 BAUMGARTEN, *The Unwritten Law in the Pre-Rabbinic Period* (1972) 29; vgl. ders., *Form Criticism and the Oral Law* (1974); NEUSNER, *The Written Tradition in the Pre-Rabbinic Period* (1973); SCHUBERT, *Religionsparteien* 35f; STRACK/STEMBERGER 41-54. - Beispiele für die Mühsal der Erschließung der mündlichen Rechtstradition bei K.MÜLLER, *Gesetz und Gesetzeserfüllung im Frühjudentum*.

ohne Gefährdung der Tradition wesentlich später erfolgen. Im Mitvollzug lernt das Kind selbst beten; und im Bedenken der Inhalte und der Rituale lernt es den Verstehenshintergrund der religiösen Gesetze kennen. Und der Ersatz des Erlebens am Tempel, den der *Synagogengottesdienst* weithin leisten mußte, wird zu recht nicht nur als Übung in der Gebetstraditon, sondern auch als Tora Lernen beim Zuhören verstanden.[24]

3. *Fest und Feier* bleiben auch nach ihrer Lösung aus kultischem Zusammenhang Orte der Mündlichkeit. In der Zeit des PseuPhok spielt der gesungene Vortrag von Epos und Lyrik nicht mehr die alte Rolle. Aber der sympotische Wettstreit der Weisen wie die Festrede verlangen mündliche Präsenz, die erst nach und nach durch das Übergewicht von Lesefrüchten und gefeilten Reden entwertet wird.

4. Die Verschulung der *Erziehung* wird zwar in unserem Zeitraum planmäßig vorangetrieben. Und Schreibübungsfunde zeigen, welche Rolle dabei das Abschreiben approbierter Lesefrüchte spielte. Dem steht aber das Beispiel des tannaitischen Lehrers gegenüber, der einen Schülerkreis an seinem Nachdenken, Disputieren und Entscheiden teilhaben läßt.[25] Dieses mündliche Geschehen spiegelt auf der Erwachsenenebene das Lernen der israelitischen Jugend vor Durchsetzung einer alles beherrschenden Lese-Schreib-Schule wieder.[26] Für das mindestens seit Esra auf die schriftliche Tora fixierte Judentum hatte Mündlichkeit und Variabilität der Tradition elementare Bedeutung.[27] Die griechische Pflege des gekonnten Spruches als einer aus sich heraus wirksamen Autorität konnte das Judentum so auf seine Tradition nicht anwenden.

1.22 Spruchweisheit und Paränese

Auch Paränese entsteht nicht als ein leicht in Literatur umformbares Produkt planmäßiger Schulung. Die anfängliche dichterische Paränese der Griechen hat bei Theognis noch deutlich ihren Sitz in der höfischen Auseinandersetzung des Sängers mit Zeiterscheinungen. Nach Isokrates, der die paränetisch-poetische Gnomik in schriftliche Prosa zu übertragen gelehrt hat, nimmt man das gesprochene Wort als Ratschlag (εἰσήγημα), das schriftliche als Kunstwerk (ποίημα) auf (ep 1,2 An Dionys). In den Sammelbecken geformter Kurzmahnung und Erfahrungssätze, die wir in Weisheitsschriften vor uns haben, deuten die Variationenfülle und das Stilelement der Anrede auf den virulenten Hintergrund mündlich-dialogischer Meinungsbildung hin. Sirach erklärt die Ratsversammlung bei Entscheidungsträgern 38,32f für den Ort, an dem der Weise seine Kunst des Ratspruches bewährt. Und wir kennen viele Beispiele von den *Sieben Weisen*

---

24 I.HEINEMANN, in: COHN, *Philos Werke* 3,(3-)6 (Anm.), über Philos synagogale Schulung

25 STRACK/STEMBERGER 52: »Die mündliche Weitergabe wurde ja nicht als Notbehelf betrachtet! Der Grund liegt vielmehr in der Lehre von der mündlichen Tora, die nach rabb. Anschauung allein mündlich in angemessener Form weitergegeben werden konnte.«

26 SMITH, *Art of Rhetoric* 10: »With Aristotle the whole Greek world passed from oral to written instruction« - die griechische, aber eben nicht die jüdische Welt. Nach STRACK/STEMBERGER (47) ist es »Tatsache ..., daß im Rahmen des Schulbetriebs nie schriftliche Texte, sei es der Mischna oder eines Midrasch, erwähnt werden.«

27 FINKEL, *The Pharisees* 116-128

bis zu Pseudo-Aristeas, daß hier nicht Vorformuliertes an den Mann gebracht, sondern aus Übung, Erfahrung und Einsicht heraus ad hoc formuliert wurde. Die Übermittlung des Rates oder der Mahnung durch einen Boten (Plutarch, SeptSap 151CD) ist der erste Ansatz zur Verschriftung, dem durch Briefform wie durch Sammlung und schließlich durch Literaturbildung weitere folgen können.

Der Rat des Kaiphas Joh 11,50 wie der des Gamaliel Act 5,38f haben noch die Qualität des mündlichen Weisheitsspruches. Und die neutestamentlichen Autoren stehen nicht an, solchem ad hoc gesprochenen Wort divinitorische Qualität zuzubilligen.

Die Sprunghaftigkeit mahnender und aphoristischer Texte entspricht eher den Gesetzen der mündlich-spontanen Rede und des Austauschens, Sammelns und Wetteiferns in der Gruppe als denen der literarischen Verfasserschaft.[28] Der Hörende will erfahren, wer der Adressat einer Rede ist; so bekommt die Art der Anrede eine eigene Bedeutung. Anders ist es beim Brief, wo Adresse und Absender das textuelle Pendent der Anrede sind; beim Lesen sucht sich das Auge selbst, was es aufnehmen will.

1.23 Zuverlässige Mündlichkeit

Paränese kann ebenso wie anderes mündliches Geschehen durch solide Strukturen des Mündlichen eine gesicherte Verbindung von formelhafter Festigkeit und situativer Flexibilität haben. Weder durch Bereiche mit buchstäblicher Genauigkeit des Schriftlichen[29], noch durch gelegentliche skeptische Äußerungen[30] noch durch den Abstand von Rechts- und Kultinstitutionen mit ihrem geschulten Personal wird der Rang des Mündlichen grundsätzlich in Frage gestellt. Das dreifache Aufschreiben *in Nachdenken und Erkenntnis und auf die Fläche des Herzens* Prov 22,20 LXX[31] genügt weithin auch ohne Auswendigmemorieren.

---

[28] KELBER 80: »The oral mind collects and clusters similar materials by virtue of analogical or associative thinking. Once an item has proven orally workable, it becomes a magnet for attracting and a measure for producing equivalent entities.«

[29] wie in der Pentateuch-Endredaktion, die am liebsten auf keine Silbe verzichten wollte.

[30] BERGER (*Einführung* 112.115) findet im Umfeld des NT wie auch offenbar in diesem selbst gegenüber Mündlichkeit »größtes Mißtrauen und größte Skepsis über die Kraft des menschlichen Gedächtnisses«. »Am Ende hielt man Schriftlichkeit dem göttlichen Charakter der Botschaft mit Sicherheit für angemessener.« Ein schwer verständliches Urteil angesichts der Bedeutung der *viva vox* als Grundvoraussetzung für die Existenz christlicher Gemeinden! Die von Berger angeführten Beispiele bezeugen mehr von der Funktion, die ein Autor seinem Text und dessen schriftlicher Konstanz beimißt, und dem Versuch, der eigenen Schrift dauerhafte Geltung zu sichern, als von der Bewertung des Mündlichen. Schriftlichkeit wird betont, um dem eigenen Gedankenprodukt etwas von seiner Flüchtigkeit zu nehmen. WREGE, *Sondergut des Matthäus* 10: »Was in der damaligen Antike Öffentlichkeitscharakter beanspruchte, mußte ... den Gesetzen und Eigenarten mündlicher Kommunikation entsprechen.«

[31] Die Stelle handelt ursprünglich von »30« geschriebenen Sprüchen des Weisheitslehrers (gemäß der Vorlage bei *Amenemope*); wegen ihrer Undeutlichkeit an dieser Stelle wurde »der Text auch bald verlesen« (RINGGREN, *Sprüche* z.St.). Die Tendenz vom *»geschriebenen«* Wort (MT) zum *»ins Herz geschriebenen«* (LXX) (die Umkehrung der »Wendung vom gesprochenen zum geschriebenen Wort«, die HEMPEL, *Pathos und Humor* 69, hier im Anschluß an ägyptische Vorgeschichte findet) gibt zu denken.

Variabilität

Selbst beim Übergang in die Schriftlichkeit lassen paränetische und Weisheitstexte weithin einen Zug zu normativier Formulierung vermissen. Oder Kernstücke autorisierter Tradition werden in schriftstellerischer Freiheit in neuartigen Kontext eingebaut wie der Dekalog in PsPhilo 11,6-13. Literarische Apokalypsen variieren die Motive immer von neuem. Wenn wir für die Paränese als Urdatum Traditionsschulen, etwa um geehrte Lehrer, anzunehmen hätten, so wäre mit einer engen Verknüpfung von Gattung, Formelement und Motiv zu rechnen. Die Texte zeigen aber bei gleichem Schatz ethisch begründeter Formelemente und Topoi ganz unterschiedliche Gattungen. Diese Gemeinsamkeit der Formelemente geht den besonderen Lehrausprägungen voraus und gibt den Blick frei auf die eigentlich formgeschichtlichen Voraussetzungen.[32]

Der dualistische Ansatz der Paulus-Schule bevorzugt das Gegenüber von Laster- und Tugendkatalog, die Apokalyptik der Zwölfertestamente begründet mit Licht-Finsternis-Topik, die nachapostolische Kirche liebt hierarchisch verknüpfende Pflichtenkanons. Die besondere Kraft der Schulrichtung wie der Lerninstitution ist es daher, Traditionen von ihrem Entstehungsprozeß abzulösen, sie in eigener Weise festzulegen und ihnen Eigenleben und Eigendynamik zu vermitteln. Und wir sagen zwar: *non scholae, sed vitae discimus*; insofern hat die Schule eine subsidiäre Aufgabe. Aber fast unweigerlich entwickelt sie neben den anderen Traditionsfaktoren - wie gesellschaftlicher und kultischer Funktionalität und Familiarität - Eigendynamik; sie versucht, die anderen Bildungsfaktoren sich zu assimilieren statt umgekehrt.

Der formgeschichtliche Blick geht aber hinter die Schulungseinrichtungen zurück zu den einfachen Traditionsgesetzen, von denen der Bestand einer toragebundenen Gemeinschaft abhing. Dort finden wir entscheidende Faktoren dafür, daß sich die Vielfalt jüdischer Richtungen im hellenistischen Zeitalter bei gemeinsamer formgeschichtlicher Grundlage entwickeln konnte. Auch der Phokylideer nutzt ein großes Maß von Freiheit für seine Toraparänese, deren Gesetzmäßigkeit wir angesichts des Prinzips der Variabilität erst durch eindringende formgeschichtliche Beobachtung erkennen.

Binnensprache

Binnensprache ist das Gefäß, in dem das traditionelle Wissen ohne Schriftform und ohne planmäßiges Memorieren aufbewahrt und weitergeben wird. Ihre Kraft ist beträchtlich vor allem bei Menschen, die ihre Sprache nicht zu reflektieren gelernt haben. Sie gibt allen Mitgliedern einer Gruppe - der Familie, des Vereins, der Synagoge, der

[32] DIBELIUS *Formgeschichte* 29: Die zuchtvolle jüdische Tradition verhindert nicht, sondern befördert eher, »daß das Material für die Zwecke, denen es dienen soll, zugerichtet wird; daß also Pointen zugespitzt, Undeutlichkeiten geklärt werden, daß der Stoff zum Gegenstand der Predigt in engere Beziehung gesetzt wird und daß aktuelle Interessen des Gemeindelebens eingetragen werden«. - Während wir in der frühchristlichen Literatur, besonders von der Didache an, das Bemühen finden, bei der Variierung des Traditionsgutes an Logien einen verbal gesicherten Traditionskern festzuhalten - hier wirkt die normative Bedeutung der Jesusüberlieferung und dann des werdenden Kanons -, haben wir in einem Teil der Überlieferung des *Evagrius Ponticus* (speziell dem *Nonnen*- und dem *Mönchsspiegel*) ganz die Variabilität der Weisheit (hier als *Gnosis* bezeichnet): Völlige Freiheit gegenüber Formulierungen des Traditionsstoffes, von dem er ausgeht; Adaption vertrauter Materialen (z.B. Jesus-Überlieferung) mit dem Zweck der Neufassung von Gnomen, die vertraut klingen und doch neu sind; Interesse an bunter Mischung der Topoi. Variabilität dient der Hinlenkung der Erinnerung auf den gegenwärtigen Augenblick. (Zur Methode der Auflösung ursprünglicher Textfolgen bei Evagrius vgl. BOUSSET, *Apophthegmata* 285)

sozialen Schicht, sofern diese ihren Zusammenhang pflegt - eine Tönung, an der sie sich erkennen und von anderen Gruppen spielend unterscheiden lernen. Zugleich wehrt sich Binnensprache gegen ihre allgemeine Verständlichkeit und will nur im Verstehenskontext der Gruppe klar werden.

Wenn in einer Plauderrunde mit Deutschen der mittleren oder älteren Generation die Bemerkung fällt:

Es war ja auch nicht alles ...

kann man sicher sein, daß der ganze Satz, würde er ausgesprochen, lautete:

Es war ja auch nicht alles schlecht, was Hitler gemacht hat.

Der Satztorso hat eine doppelte Funktion: Er soll einen Kollektivschuldvorwurf für die Deutschen in Hitlers Reich abwehren und soll zugleich jede ruhig abwägende Erörterung entsprechender Fragen verhindern. Die Kraft solch eines Satzes beruht darauf, daß das Interesse von Sprecher und Zuhörer (wenigstens einem Teil der Zuhörer) gleich ist und - daß er nicht hinterfragt wird. Sobald man seine Funktion erörtert, wird er in seiner abbreviatorisch-verschleiernden Bestimmtheit unbrauchbar. Ein Satz wie

Pleonexie ist Götzendienst (Eph 5,5 u.ö.)

würde, binnensprachlich verstanden, ein »Vor-Urteil« ausdrücken, dessen Gültigkeit bei weiterführendem Argumentieren ungefragt vorausgesetzt ist. Die Frage »Wieso eigentlich ist Pleonexie Götzendienst« gilt hier als Angriff auf etwas fraglos Gültiges. Als Ausdruck geschulten Denkens dagegen will der Satz nach den Gründen dieser Verknüpfung zweier Größen befragt werden. Aber auch dann noch kann er wieder zu einem binnensprachlichen Vorurteil sich entwickeln.

In einer vorschulischen und/oder von überschaubaren, prägenden Gemeinschaften getragenen Kultur stehen dem Eigenleben des Mündlichen gesicherte Räume zur Verfügung.

Topologie

Binnensprache kann sehr lebendig und flexibel sein durch die Topologie, über die die Gruppe verfügt. Die Lehre von den *Topoi*, wie sie E.R.CURTIUS (in Anlehnung an den Begriff in der griechischen Rhetorenschulung) entwickelt hat, dient dazu, vielfältig variable Materialien - Sprachmuster, Motive, Formeln - und Formen synchronisch und diachronisch durch verschiedene vorliterarische und literarische Stufen eines kulturellen Feldes zu vergleichen, ohne sich gleich aufs Glatteis genealogischer Bestimmungen zu begeben.[33] Gerade die Spruchweisheit, in der die Wahrheit des Volkssprichwortes als bewußt reflektierte und in gehobene Form gebrachte Erkenntnis verfügbar bleiben soll, lebt von der Lebendigkeit der Topoi. Dies trägt zur Zuverlässigkeit paränetischer Traditionen bei. Topoi der mündlichen Paränese können in unseren Texten wechselnde Verwendung finden: als Mahnwort, als Begründungselement, als Aktualisierung, als Metapher, als Lasterkatalog(teil), als Scheltrede, als Ausgang einer ethischen Erörterung, als Bindeglied und Drehscheibe zwischen verschiedenen Erörterungen, als Selbstanklage oder Rechtfertigung usw. Alle diese Möglichkeiten bedürfen weder der schriftlichen Vorbilder, noch der mnemotechnischen Schulung.[34]

---

[33] E.R.CURTIUS, *Europäische Literatur und Tradition des Mittelalters*. Der von M.L.BAEUMER herausgegebene Sammelband *Toposforschung* (1973) bietet eine Fülle von Aspekten und Kategorien, um all das, was formal und inhaltlich tradierbar ist, in seiner Lebendigkeit zu begreifen. Zu Curtius' »falschem« und dem »richtigen« Toposbegriff s. HESS, *Zum Toposbegriff in der Barockzeit* 75ff

[34] Als ein Beispiel, welche verschiedenen Funktionen ein Topos durchwandern kann, soll 1Kor 13,4-7 in der Sicht von G.VRAD (*Die Vorgeschichte der Gattung von 1.Kor. 13,4-7* 295) stehen: *Bekenntnisreihe*

1.24 Formgeschichte und Mündlichkeit

Die Bezeichnung dieser Phokylides-Studie als *formgeschichtlich* drückt die Bemühung um Voraussetzungen des Phokylideers in der Mündlichkeit, u.zw. im jüdischen Milieu, aus. Die Grundformen der Spruchparänese werden von den verschiedensten Lehrern, Autoren und Redaktoren und auch von PseuPhok sicher gehandhabt. Da sie, wie die Untersuchung vor allem von Reihen gezeigt hat, typisch jüdische Merkmale haben, suchen wir ihren Sitz im Leben im jüdischen Milieu. Schulmäßige Reflexion und Training werden nicht - anders als in der griechischen Rhetoriktradition - bezeugt. Es handelt sich um echt formgeschichtliche Phänomene.

Sitz im Leben. »Formgeschichtliche Arbeit ... hat von ihrem Ursprung her soziologische Fragestellungen immer mit eingeschlossen.«[35] Im Gegensatz zum AT kam aber »beim Neuen Testament eigentlich immer nur der 'Sitz im Leben' der Kirche in den Blick«.[36] Wo aber »elementare soziale Vorgänge ins Spiel kommen ..., liegt dies Phänomen außerhalb der Fragestellung der klassischen Formgeschichte«. Soll diese Engführung überwunden werden, müssen wir »ansetzen bei der *historischen* Frage, die durch die Formgeschichte trotz aller Wortbildungen auf 'geschichtlich' weitgehend domestiziert worden war«. Dem »Achten auf die litarische Gattung« des Textdokumentes, das wir in Händen haben, muß nach GUNKEL die Frage »nach den Gesetzen mündlicher Umprägung auch da, wo kein literarisches Zeugnis mehr greifbar« ist, parallel- oder vorausgehen.[37] Martin DIBELIUS dagegen - immerhin gegenüber Bultmann der mehr soziologisch Orientierte - prägte mit seinem Interesse an *usueller*, nicht vom Glauben geprägter, sondern en bloc übernommener Paränese so sehr die paränetische Forschung, daß die *überlieferungsgeschichtliche* Suche nach quellenähnlichen, einigermaßen fest formulierten Sammlungen den formgeschichtlichen Ansatz beeinträchtigte.[38] - Wir nähern uns der Mündlichkeit über Textdokumente, so daß wir vom »beginnende(n) Stadium der Verschriftlichung«[39] rückwärts gehen. Wir tun dies einmal *analytisch* vom Textdokument her, zum andern *konstruktiv* von den geschichtlichen Bedingungen aus,

---

(Beichtspiegel) - paränetische Predigt - lehrhafte Definition typischer Verhaltensweisen. Vgl. dazu KAMLAH, *Form der katalogischen Paränese* 171.

[35] LÜHRMANN, *Haustafeln* 86 A.29. Dort auch die folgenden Zitate. Vgl. SELLIN, *'Gattung' und 'Sitz im Leben'* (1990) 325

[36] Und solche Konzentration auf spezifisch kirchliche Vorgänge, wo es sich immerhin um eine »wiederkehrende Lebenssituation« handelt, verknüpft sich zu weiterer Einengung des Blickwinkels, wenn im Vordergrund steht der »Sitz in der Rede als der Funktion, in deren Dienst ein produktiver einzelner von Konventionen und Überlieferungen Gebrauch macht«, H.P.MÜLLER, Art. *Formgeschichte/Formenkritik* I, TRE 11,274, in Anlehnung an FOHRER (Hervorhebung Th.). Vgl. MUßNER, *Methodologie* 138: »M.Dibelius erweitert (und verengt damit! Th.) den Begriff (sc. in der Verwendung Gunkels) und versteht damit auch den Ort von Texten ... im Leben der frühen christlichen Gemeinden.«

[37] KLATT, *H.Gunkel* 78 u.ö.

[38] Zum Thema: RINGGREN, *Literarkritik, Formgeschichte, Überlieferungsgeschichte* (1966); FASCHER, *Formgeschichtliche Methode* 143 (1924 - Kritik an Bultmanns formgeschichtlichem Ansatz); GEWALT, *'Formgeschichte' und/oder 'linguistische' Exegese?* (1971); SCHILLE, *Zur Relation von Linguistik und Formgeschichte* (1990); KOCH, *Formgeschichte* §4.

[39] F.HAHN, *Die Formgeschichte des Evangeliums* 470. BERGER (*Gattungen* 1056f): »Die Nähe zwischen Schriftlichkeit und Mündlichkeit ist bei der Gnomenüberlieferung eine wichtige Brücke, um von der literarischen Gestalt auf alltägliche Rede zurückzuschließen.« Er setzt dabei aber »immer wiederkehrende und zumeist nur leicht abgewandelte Fassungen des Gnomons« voraus.

die wir kennen, und ihren ungelösten Fragen.[40] Beide Annäherungswege bedingen sich gegenseitig, aber vom analytischen hängt letztlich sowohl für den einzelnen Forscher die Gewißheit, als auch für die Fachwelt die Kommunizierbarkeit ihrer Ergebnisse ab.[41]

Nach THEIßEN ist es Grunderfordernis für die Anwendung der formgeschichtlichen Methode, von *Kleinen Formen* ausgehen zu können, die »isolierbar waren und immer wieder in neue Zusammenhänge eintreten konnten«.[42] Die Form (1) des *Mahnspruchs* bzw. der kleinen paränetischen Reihe mit den isolierbaren Formelementen wirkt zusammen mit (2) dem ethischen Motiv (dem *Topos* der paränetischen Tradition) und (3) der *Situation*, die in bestimmter Weise zum Mahnen drängt. Die eher bescheidene Rolle des Paränetischen in der formgeschichtlichen Forschung hängt damit zusammen, daß diese drei Voraussetzungen unserer Texte meist nur selektiv wahrgenommen wurden, nämlich soweit sie einen spezifischen Traditionshintergrund vermuten lassen - etwa für Typen von Tugenden und Lastern, für die Form der katalogartigen Zusammenstellung, für Mahnspruchreihen, für auffällig aus dem Textrahmen fallende ethische Topoi. Die Neigung bestand, bei den mutmaßlich verbal definierten Vorformen als »unliterarischer Schriftlichkeit« stehen zu bleiben.[43] Die Vorliebe für Sammelgattungen, wie z.B. Begriffskataloge und Haustafeln, statt für deren Grundelemente ist dafür kennzeichnend. Den dahinter liegenden Bildungs- und Tradierungsprozeß selbst zu erschließen, ist nötig, wenn wir diese kleine Schrift »Pseudo-Phokylides« zugleich als philologisches und geschichtliches Dokument lesen wollen.

Kreatives Volkstum. Die frühe Formgeschichte suchte Wirkungen der schöpferischen, scheinbar »individuumslosen« Volkskultur und neigte dazu, die redende Einzelpersönlichkeit, die letztlich doch Form und Inhalt eines uns überlieferten Textes definierte, außer acht zu lassen.[44] Sie setzte hie und da eine *Genealogie* von der einfachen, mutmaßlich ursprünglichen zur entwickelten Form als traditionsgeschichtliches Kriterium ein. Hier müssen wir die Vorstellung des *Genuinen* von der des *genealogisch Primären* lösen (KÜ 23). Die notwendige Kritik schießt aber übers Ziel hinaus, wenn sie den formgeschichtlichen Ansatz bei vorliterarischen, volkstümlichen Kommunikationsformen überhaupt in Frage stellt. Mit der Hilfe von Linguistik und Rhetorik können wir das Problem dahin präzisieren, daß es sich um die vorausgehende Einwirkung des gedachten Adressaten, in diesem Falle des Volkes, auf den, der eine Mitteilung formuliert, han-

---

40 Das Programm einer der formgeschichtlichen Analyse parallel gehenden Geschichts-»Rekonstruktion von innen her« (DIBELIUS, *Zur Formgeschichte* 211), also aus unserem Verständnis der prägenden Gemeinschaft, ist nicht dadurch erledigt, daß bei Dibelius selbst die Analyse zu kurz kam und seine eigene Rekonstruktion den Konflikt zwischen eschatologischem Verständnis des NT und uneschatologischem Lebensgefühl und Kirchentum der Neuzeit nicht wirklich aufarbeiten konnte.

41 RANKE, *Orale und literale Kontinuität* (*Welt der einfachen Formen* 56f) macht auf die verminderte »Potenz« zum oralen Tradieren in der Neuzeit aufmerksam (nach Moser/Rath), besonders wo es um homiletisch, didaktisch usw. »'angewandte' Formen« (= Anwendung der Formen für praktische Zwecke, Th.) geht, und findet darin eine Tendenz begründet, daß sich solche Form »literarisch verfestigt«. Das heißt aber doch im Umkehrschluß: Wo literarische Texte im Grenzbereich der Verschriftung sich gegen die Deutung aus literarischen Gesetzen sperren, müssen wir versuchsweise die »Potenzen des oral tradierenden Menschen« und »dessen natürlich ererbten Besitz an ... Tradition« (ebd.) zur Erklärung heranziehen.

42 THEIßEN, *Lokalkolorit* 4f über »das Bewußtsein der Evangelisten, isolierbare und daher versetzbare Perikopenüberlieferung wiederzugeben«; ebd S.2 und 7 über die »klassische« und die »neue Formgeschichte«. Vgl. auch F.HAHN, *Die Formgeschichte des Evangeliums* 469-477, und - für die Gegenposition - BERGER, *Formgeschichte* 11ff und *Einführung* 112-115.

43 THEIßEN (*Wundergeschichten* S.189-197; hier: 190) zur Problemsicht bei R.BULTMANN.

44 was GUNKEL gewiß als Letztes wollte.

delt, also um *Autoren-Präventivzensur.*[45] Im Wechselgeschehen der Kommunikation zwischen breiten Volksschichten mit einfachen Verstehensmustern und ihren mehr oder weniger abgehobenen Wortführern wird die Ausbildung von Verständigungselementen mehr und mehr optimiert, so daß der Wortführer - sein Gefühl für die optimale Ausdrucksart macht ihn zum Wortführer - vorwegnimmt, was »das Volk«, wenn es als Kollektiv eine differenzierende Stimme hätte, sagen und wie es das sagen würde. Daß der Sprecher vergessen und der Text als Gemeinbesitz behandelt wird, entspricht nicht nur der noch unterentwickelten Vorstellung von geistigem Eigentum und Individualität, sondern ist auch wegen des hohen Einflusses des volkstümlich Wirksamen besonders angemessen.[46] Unter der Einwirkung des Gesetzes der »Präventivzensur der Gemeinschaft« bzw. sozialen Amnesie wird von den Hörern, den »passiven Traditionsbewahrern«, »ausgeschieden oder modifiziert«, »was deren Interesse und Einstellung widerspricht«.[47] Weil ein in der Anonymität des Volkstümlichen reifendes Überlieferungsgut irgendwann seine überzeugendste Ausprägung und reifste Form erhalten kann, stellt sich »das Problem des Verhältnisses von Phänomenologie und Geschichte ... auf immer neue Weise«[48] und macht die Suche nach den geschichtlich verifizierbaren Haftpunkten besonders reizvoll.

1.3 Funktionales Lernen

Die Juden in der Diaspora spürten durch Hochachtung und Verachtung, die man ihnen entgegenbrachte, die Bedeutung ihrer Besonderheit. Ihre in der hellenistischen Gesellschaft eindrückliche Sondertradition erwies sich als lebensfähig und expansiv auch in Bedrängnissen und geriet gerade auch dort nicht ins Wanken, wo sie sich der Grenze des Synkretismus näherte.[49]

Ihr primärer Rückhalt lag im religiösen Brauchtum, verbunden mit dem Stolz auf dieses.[50] Die Juden feiern die Feste des jüdischen Kultjahres - und die Jugend erfährt durch Laubhütten und Neujahrsfest von der ägyptischen Vergangenheit des Volkes, die zur Gesetzgebung Moses hinführte.[51] Der Sabbat mit dem Festmahl geht nicht verloren, wie römischer Spott bestätigt;[52] - und welchen Eindruck solches Zeremoniell, das den Wochenlauf durchbricht und prägt, auf Kinder machen muß, bedarf keiner Erörterung. Das Gebet des Sch.ma mit den begleitenden Riten ist für die Breite der jüdischen Familien zwar noch wenig bezeugt, aber entsprechende Bräuche entwickeln sich (Arist 158f). Das Vorbild Daniels für das Gebet mit Richtung nach Jerusalem Dan 6,11 dürfte nicht unbeachtet geblieben sein; die jährlich für den Jerusalemer Tempeldienst einsammelten Abgaben (Jos Ant 18,312f) wollten verstanden und also erörtert sein. Wo die täglichen

---

45 im Unterschied zur Präventivzensur der Gemeinschaft selbst, s.u. und Anm.47.

46 Zweifellos ist jeder umlaufende Witz einmal zuerst von einem Einzelnen gesprochen worden. Oft sind die Witzerzähler Spezialisten, die spüren, wie man die Lacher auf seine Seite bekommt. Es wäre absurd, wollten wir dem Witz den Charakter der Volksschöpfung absprechen, weil ein einzelner Könner dem Volk seine Stimme gab.

47 THEIßEN, *Wanderradikalismus* 81 mit A.8 (im Anschluß an vSydow und Bogatyrev/Jakobson; vgl. W.H.KELBER, *Oral and Written Gospel* 28f). Im Unterschied zur gehobenen Literatur spielt dabei die einfache Einprägsamkeit eine entscheidende Rolle: »If a saying is to enjoy social survival, it is to be articulated in accordance with mnemonic formalities«, KELBER a.a.O. 27.

48 H.P.MÜLLER, Art. *Formgeschichte I*, TRE 11,276,14. Vgl. auch H.BAUSINGER, *Formen der 'Volkspoesie'* 58ff

49 Vgl. M.SIMON, *Synkretismus* 333-335

50 Belege zum Folgenden bei DELLING in seinem 4.Kap. 'Formen des religiösen Lebens'

51 Das TestXIIJos läßt ebenso wie JosAs und die Stephanusrede Act 7 (mit ihrem Pochen auf *Ägypten*) den Stolz auf diesen historischen Bezug für die ägyptische Diaspora erkennen.

52 DELLING 23f.46; ebd. S.23f A.115: »Die regelmäßige Sabbatfeier gilt für die Außenstehenden als ganz spezifisches Merkmal des Judentums auch der Diaspora (Juvenal sat 6,159; das Begehen des Sabbats ist der erste Schritt auf dem Wege zur Annahme der jüdischen Religion, ebd. 14,96-106 ...)«, DELLING, *Begegnung* 13. Zum Folgenden s. DELLING, *Diasporasituation* 45-47.

und die besonderen Waschungen und die Auswahl der zugelassenen Speisen geübt wurden, konnte dies den Kindern (und jüdischen Nachbarskindern) nicht verborgen bleiben, weil Eltern den Zusammenhalt mit der Jerusalemer Gemeinde und ihre jüdische Eigenart in der Berührung mit Heiden festhalten wollten. Und daß sie es wollten, beweist kaum etwas so stark wie die Expansion des Judentums durch seine Proselyten gewinnende Ausstrahlung. Mit JENTSCH (*Urchristliches Erziehungsdenken* 109) zu sprechen: »Der junge Israelit wird weniger zur Bindung an Jahwe 'erzogen', er wächst vielmehr organisch in sie hinein.«

Was die Kinder und Jugendlichen funktional miterlebten und mitgestalteten, war in mütterlicher und väterlicher Erziehung zu klären und zu sichern. Ich stelle mir vor, daß bei den Kleineren die Mutter mitten während anderer Verrichtungen, also eingebettet in funktionales Geschehen und damit in der Tiefe prägend, einfache Regeln für das Verhalten bei Fest und Feier usw. gab und damit den Kindern die Angst vor dem noch Fremden nahm und die Neugierde kanalisierte. Die einfachste Form solcher beiläufiger Rede dürfte ein knapper Imperativ (oder eine indikativische Regel), ggf. mit einem kurzen (finalen) Begründungssatz gewesen sein:

Mach es so und so, -
Dann wird dir nichts passieren.

Oder:

Mach es so und so! -
So machen wir es auch.

Für die heranwachsenden Söhne hatte der Vater eine klare Verantwortung,[53] die mit seiner Aufgabe im häuslichen Sabbat (Ex 13,8) oder Festritual (Ex 12,26f) begann und in der Belehrung der Söhne anläßlich kultischer Begehungen (Ex 13,14f; Dtn 6,20ff) und beim Eintreten der Gesetzesmündigkeit (vgl. Dtn 6,6f; 11,19) weiterging. In einer Zeit, in der diese weiterführende Aufgabe noch nicht an allgemeine Schulen delegiert war, konnte sich vor allem der Diasporajude dieser Aufgabe nicht entziehen. Je weniger selbstverständlich die funktionalen Kräfte einer geschlossenen kulturell-religiösen Gruppe ihre Wirkung taten, desto wichtiger war die väterliche Unterweisung. W i e ein jüdischer Vater der vortannaitischen Zeit das aber machte, seiner Verantwortung gerecht zu werden und seine Söhne rechtzeitig in die Beachtung der für sie relevanten Gebote der Tora einzuführen, wird in der jüdischen Literatur wenig reflektiert.[54] Der familiäre Bezug zeigt sich am klarsten, wenn neben dem Vater die Mutter genannt wird Prov 1,8.

Man übertrage den Satz PsIsokr Dem 9 ins jüdische Milieu: *Indessen hast du ja, wenn du dich der Handlungsweise deines Vaters erinnerst, ein vertrautes* οἰκεῖον *und schönes Beispiel für meine* (sc. paränetisch-mahnenden) *Worte.* Paränese ist demnach *erinnernd* zurückbezogen auf funktionale und verbale Werteprägungen, die die Vorbilder dem Kinde vermittelt haben.[55] Und ich nehme an, daß die Einübung des Kindes in die religiöse Sitte der Familie durch einfache Regeln väterlicher Paränese so selbstverständlich geübt und für Entscheidungserörterungen auch der Erwachsenen genutzt wurde (NIEBUHR 238f), daß sie unproblematisch ihren Niederschlag in der weisheitlichen und paränetischen Literatur fand und man über sie nicht extra noch sprach.

1.4 Tradition

Wir umkreisen mit diesen Überlegungen ständig das Thema der Tradition, die einerseits in ihrer Konstanz das ist, »was die Folge der Geschlechter verbindet«, und die andererseits entsprechend ihrem Wesen »niemals abgeschlossen« zu denken ist.[56] MAGAß (*Tradition* 119) drückt es in der Sprache des Depositenrechtes aus: »Die Kette der Tradenten muß wegen des endlichen Lebens, wegen der Veraltungsgeschwin-

53 Philo Gai 210; Jos Ap 2,178. Vgl. NIEBUHR 238

54 In 4Makk 18,10 läßt der Verfasser die Mutter der Märtyrerfamilie erzählen, wie er sich in einer ideal frommen Familie diese väterliche Bibellehre vorstellt.

55 Um dies heute richtig nachvollziehen zu können, bedürfte es einer Homiletik unter dem Aspekt des Erinnerns (im transitiven Sinne).

56 RGG[3] 6,966 und 970 s.v. *Tradition* (GADAMER/LOHSE)

digkeit, und das heißt wegen der Umsatzgeschwindigkeit der Überlieferung (Trümmer, Trümmer!), interpretierend retten und bewahren.« Wie man das heiligste Traditionsgut, die Tora, als sittliche Aufgabe - nicht nur als Richtpunkt der Rechtsentwicklung und der Tempelhalacha - bewahrend aufnimmt, entwickelt und vermittelt, das ist jüdische Paränese. Sie nimmt den imperativischen Kern der Tora im Mahnwort und die Haggada und Weisheit in der Begründungsklausel effizient auf. Die Anfänge dieser Paränese sind aus dem tiefen Schatten herauszuführen, in den die einzige bis heute kontinuierliche Überlieferung, die pharisäisch-rabbinische, und das Schlaglicht ihrer halachischen Rückblende so manchen von ihr nicht erfaßten Vorgang gehüllt hat.[57] Personen mit Lehrautorität haben der Synagogengemeinde vermittelt, wie man den je wieder vorgelesenen heiligen Text der Tora und die überkommene Sitte auf die Gegenwart anwendet; und sie haben dabei die Formen und Formulierungen gepflegt, die von den Familienvätern übernommen und in der Unterweisung der Jugend angewandt werden konnten und die verschiedenartigste Texte der frühjüdischen Literatur durchtränkten.

2.
JÜDISCHER HUMANISMUS: DIE NOACHIDENFRAGE

2.1 Jüdische Sprachmöglichkeit unter heidnischem Pseudonym

Das Mahngedicht des PseuPhok sollte nach der heute vorherrschenden Auffassung angesichts der Verlockungen der griechischen Religions- und Bildungswelt der Festigung jüdischer Identität vornehmlich bei jüdischen Lesern dienen. Diese sollten zum Staunen kommen, was für gut biblische Moral man bei einem Griechen doch finden kann. Dies Staunen durfte nicht neutralisiert werden durch jüdische Spezifika, die man einem Griechen des 7. Jahrhunderts nicht zutraut. Solche Auffassung der Wissenschaft schätzt aber die Möglichkeiten, daß Juden ihre Halacha als Weisheit des Schöpfers durch griechische Weisheit bestätigt fanden, als zu gering ein. Das Schweigen über typisch israelitische Lebensordnung ist in diesem Ausmaß nicht vom Pseudonym erzwungen. Im Verbund *Schöpfungsordnung - Vernunftgesetz - mosaische Tora*, den die allegorische Auslegung erkennt und festigt, war genug Vorstellungsvermögen mitgesetzt für weisheitlich verpackte Anspielungen. Der Jude fand in der Tora ein Plus an Weisheit gegenüber der allgemeinen Weisheit. Er konnte sich jederzeit mit dem Schluß *a minori:* der gebrochenen Einsicht und entstellten Wahrheit beim Heiden - *ad maius*: der göttli-

[57] Zu den Schatten werfenden Überlieferungen gehört auch das Traditionsverständnis, das Josephus Ap 1 ausbreitet, das typisch priesterlich, aber (auch hinsichtlich der hier angesprochenen Geschichtsschreibung) apologetisch-idealisierend ist und mit dem Prinzip *Nichts wegnehmen, nichts hinzufügen, nichts umstellen!* (Ant 4,196; Ap 1,7 u.ö.) nur einen Teil von Traditionspflege, nämlich den nichterzieherischen erfassen kann. Dazu Hubert CANCIK, *Geschichtsschreibung und Priestertum*.

chen Halacha, die Sorgfalt heidnischer Observanz zum Vorbild nehmen.

1. *Sabbat.* Der jüdische Hellenismus erkennt »nach der Theorie der Priesterschrift« im »Sabbatgebot ein Lebensgesetz des Kosmos, das für die gesamte Menschheit gilt, auch für die Heiden«. So ist Aristobuls Einsatz gerade bei diesem Gebot als angebliche ältere Anregung für jüngere griechische Dichter (Homer, Hesiod u.a.) gut begreiflich.[58] Eben bei Hesiod nimmt die Wahl der richtigen Tage breiten Raum im Schlußteil der *Erga* Z.765-824 ein. Die Erwähnung bevorzugter Tage hätte das Pseudonym nicht im geringsten gefährdet. Aber im Blick auf heidnische Leser war die Anspielung auf Hesiod wegen des superstitiösen Charakters dieser Tagewählerei unbrauchbar und überflüssig, da der Sabbat für Heiden wohl nützlich, für Israeliten aber ein Bundeszeichen war (SIEGERT, *Gottesfürchtige* 124).

2. *Enthaltsamkeit von Speisen.* Philo setzt die Einhaltung der Speisevorschriften beim Erzvater Joseph voraus (DELLING 12). Vormosaische Halacha weist auf Menschheitsethos hin. Speiseoberservanz ist im Hellenismus nicht nur pythagoreisches Erbe, sondern mancherlei Kulten verbunden. Wer dem jungen Juden die Sorgfalt eines Heiden bei der Speisenwahl vorführt, festigt ihn eher in seinem Toragehorsam, als daß er ihn gefährdet.

3. *Heirat unter Juden.* Der Kampf gegen auflösende Wirkungen im heidnischen Milieu ist nicht von allen gesetzestreuen Juden mit der Schärfe eines Esra betrieben worden. Es gab ja auch inzwischen zu viele Proselyten, besonders Frauen, und vornehmlich in einflußreicheren Schichten, die eine rigide Eindämmung der Mischehe nicht als opportun erscheinen ließen. Aber nicht einmal andeutend davon etwas verlauten zu lassen, will doch merkwürdig erscheinen. Die Bemühung um Reinhaltung des Griechentums an den Gymnasien ebenso wie die Eheschließungsvorschriften in verschiedenen Ländern enthoben Toraanspielungen des PseuPhok jedem Verdacht. Hesiod empfiehlt in den Eheschließungs-Hypotheken der Erga Z.695ff: *Am besten, du heiratest, die dir nahe wohnt* (700[59]), eine Regel, die PseuPhok leicht und unverfänglich für jüdische Jugend hätte nutzen können.

4. *Sexuelle Reinheit.* Das Interesse des Verfassers an der Reihe v.177ff kann mit strenger Sexualethik, wie sie auch Musonius z.B. bietet, nicht erklärt werden. Das an Lev 18 geschulte und in der jüdischen Gemeinde und Familie gesicherte Reinheitsdenken, ja eine nervöse Reinheitssensibilität hebt sich hier von dem sonstigen humanen Ethos des Gedichtes ab. Auch hier vermeidet es der Autor, nichtjüdische Enthaltsamkeitsordnungen ins Spiel zu bringen. Sie könnten mit sexuellen Kultbegehungen und zugehöriger Enthaltsamkeit verwechselt werden.

5. *Weitere Reinheitsvorschriften* der Menschen der Antike könnten zur Motivierung für jüdische Leser eingesetzt werden. Auch wenn die Reinheitsordnungen der pharisäischen Genossenschaften sich erst ihren Weg ins jüdische Volksleben bahnen, so lernte doch das Kind in jeder Familie den Unterschied und die Bedeutung von *Rein und Unrein*. Auch die nichtjüdische Religion, vor allem im vulgären Milieu, ist mit diesem Unterschied vertraut. Gleichzeitig geht quer durch die Religionen einschließlich des Judentums die Trennlinie zwischen einer rein ritualen Obervanz und einem ethisch-spirituellen Verständnis der Reinheitsübung. Es gab im Pseudonym selbst überhaupt keinen Grund für PseuPhok, sich mit einer einzigen engagierten Bemerkung am Schluß v.228f zu begnügen. Wenn der Phokylideer sich vor der indirekten Förderung *fremden Dienstes* bei Heiden hüten wollte, gibt sein Schweigen Sinn.

Wenn aber die Botschaft des Gedichtes für Heiden ohne Apologetik und ohne jeden missionarisch-jüdischen Impetus zur Gewinnung von Proselyten auskam, steht die Frage im Raum, was für eine Vorstellung vom Wandel des Heiden im Gehorsam gegen Gottes Willen der Phokylideer hatte.

2.2 Leben mit Nichtjuden - Gebote für Nichtjuden

M.GUTTMANN eröffnete mit seinem Buch *Das Judentum und seine Umwelt* 1927 in

[58] WALTER, *Aristobul* 153ff.170; vgl. ders., JSHRZ 4,255f. Es gab Auslegung des Sabbatgebotes, die dieses vollständig spiritualisierte (was Philo Migr 90f kritisiert). Josephus spricht von Städten mit Übernahme der Sabbatordnung Ap 2,282.

[59] ein unsicher bezeugter, also vielleicht später Vers

Aufnahme des Urteils von BERNAYS und KLEIN den Reigen der Äußerungen über einen Zusammenhang zwischen der Toraauswahl des PseuPhok und dem Kanon der *Noachidischen Gebote.* Die Kontroverse darüber hat erbracht, daß das grundlegende Verbot des *Götzendienstes* fehlt (ALON) und daß auch sonst keine Spur eines dem Dekalog, dem Heiligkeitsgesetz und den griechischen Kardinaltugenden (v.59ff) vergleichbaren Kanons grundlegender Gebote zu finden ist.[60] Aber damit ist weder das Problem der Tora-Auswahl einer Lösung nähergerückt, noch der Wille zur Unterweisung von Heiden in göttlicher Tora widerlegt. Die *Noachidischen Gebote* sind jüngerer Ausdruck einer älteren Frage, die ich als *Die Noachidenfrage* bezeichne. Es geht um das Zusammenleben der Juden mit Nichtjuden, die wir von ihrem altbiblischen Haftpunkt des *Noahbundes* her sinnvoll als *Noachiden* bezeichnen.[61]

Das Zusammenleben von Juden und Nichtjuden bot Probleme, die über allgemeine Schwierigkeiten unterschiedlicher Gruppen hinausgingen (DELLING 9-26). Es gab von beiden Seiten Gründe der Distanz oder sogar der Feindseligkeit. Vielfältig bezeugt, auch in den am meisten der heidnischen Umwelt offenen Schriften, ist die Abgrenzung der Juden beim Essen und Feiern (Arist 139), in der Eheschließung (JosAs), dem Streben nach geschlossener Ansiedlung (Jos Ant 12,148-153) usw. Die synkretistische Umgebung reagiert auf die Erfahrung mit Juden z.T. in feindseliger Verachtung ihrer bilderlosen Gottesverehrung und ihrer Rituale vom Sabbat bis zur Beschneidung. Beide Seiten beobachten mit Argwohn und vermehrter Entschlossenheit die Grenzgänger: die *hellenisierenden* Juden bzw. die *judaisierenden* Nichtjuden. Aber in vielfacher Hinsicht ist die Begegnung der Juden mit den Heiden (hier speziell außerhalb des jüdischen Mutterlandes) eine positive und fruchtbare gewesen, sowohl auf der Ebene des täglichen Lebens, als auch der Geisteswelt und der öffentlichen Verwaltung (DELLING 57-77). Man verstand es, mit den Unterschieden zu leben. Ehrgeiz, Mißgunst, Sorge um Verlust der Identität, Treue zum speziellen Erbe der Väter sind allgemeinmenschlich und keine besonderen Angelegenheiten der jüdisch-hellenistischen Begegnung. Dies ist auch eine Voraussetzung, daß PseuPhok sein Judentum verbergen zu dürfen glaubt. Und da der gebildete Jude so viele positive Anknüpfungspunkte in den philosophisch-ethischen Systemen und Aktionen im Hellenismus fand, war es ein dringendes apologe-

---

60 *Noachidische Gebote* nach tAZ 8,4-6; bSanh 56b; vgl. BILLERBECK 3,36-43. Lit. bei FLUSSER/SAFRAI, *Aposteldekret und die Noachitischen Gebote* 174 A.5; weitere Lit.: STRECKER, RGG^3 4,1500f; NAVÈ LEVINSON, *Einführung* 55; KADUSHIN, *Worship* 206; HINSCH, Art. *Gentile*, JE 5,615-626. Zur Diskussion, wen man mit der »noachidischen Tafel« im Blick habe (nach E.L.DIETRICH den *ger toschab*, s. *Religion Noahs* 306), vgl. VDHORST 36 A.138; ferner SIEGERT (*Gottesfürchtige* 125), der in den Eingangsversen von PseuPhok eine Entsprechung zu den Noachidischen Geboten findet. Die Vorstellung ist jedenfalls, daß den Völkern diese Gebote durch mündliche Tradition, bei der es um Sachen und nicht um Wortlaute ging, überliefert wurden. - Die wissenschaftliche Erörterung verspricht, nicht zuletzt nachdem FLUSSER/SAFRAI den westlichen Text des Aposteldekrets Act 15,28f von den Noachidischen Geboten her als den ursprünglicheren zu erweisen versuchen, noch wichtige Aufschlüsse über die Grundvoraussetzungen des Zusammenlebens von Juden und Heiden bzw. Juden und Christen und über die Normenbildung. - BERNAYS (252) hatte mit Entschiedenheit die Abdeckung der sittlichen Auswahl aus den Torageboten durch den Autor mit den »Noachidengeboten« gewährleistet gesehen (wobei für ihn angesichts der ethischen Sachlage die Traditionslage eines Noachiden-Kanons gewiß unwichtig war). Ganz anders als ALON begründet er von daher seine Kritik an der »schöntuenden Ängstlichkeit« des Autors, die ausgerechnet das Idolatrieverbot verschweigt.

61 Sir 44,18 scheint der älteste nachkanonische Beleg einer positiven Sicht für die Völker der Erde im Zusammenhang mit Noah zu sein, s. Anhang I: *Sirach*.

tisches Erfordernis, Erklärungen dieser Gemeinsamkeiten mit dem Judentum zu kennen, die den Offenbarungscharakter der Tora, also ihren qualitativen Vorrang, nicht in Frage stellten.

2.21 Zur Frage jüdischer Mission

Wir tun gut, zu unterscheiden zwischen a) religiöser Propaganda, b) Mission und c) Diasporapflege. a) *Propaganda* ist Wirkung jeder vitalen Religion.[62] In andersreligiöser Umgebung wirkt ihr engagierter Vertreter wie ein Botschafter, ihr Kult und ihre Gemeinde wie eine diplomatische »*mission*« ohne primäres Interesse, Menschen zu einer Trennung von ihrer bisherigen Sozialisation zu lösen. In der synkretistischen Welt wird dadurch die Annäherung der Kulte gefördert. b) *Geplante Mission* zur Veränderung der religionssoziologischen Landschaft war im Hellenismus die Ausnahme.[63] c) *Diasporapflege* wiederum ist in einem Zeitalter starker Dislozierungen verständlich. Wenn der Isiskult unter den ägyptischen Sklaven Italiens vom Heimatland gefördert wurde, mochte das von den Hütern der römischen Eigenart und Religion als bedrohlich empfunden werden. Solche Erscheinung und die Angst vor ihr ist aber zu allen Zeiten eine unvermeidliche Begleiterscheinung der Bevölkerungsbewegung, zumal wenn ein gemeinsamer Kulturraum Wechselwirkungen begünstigt.

Das Judentum kennt kein Glaubensgebot zur geplanten Mission; und die Juden »haben ... niemals organisierte Mission getrieben«.[64] Unter Christen, die in allen vier kanonischen Evangelien die Erscheinung des Auferstandenen mit einem missionarischen Sendungswort verbunden finden und dies Wort nach der Bildung von großen Konfessionsorganisationen als Auftrag zur Gewinnung »für die Kirche« deuten, kann man sich ein Judentum ohne vergleichbare Missionsaufgabe anscheinend kaum vorstellen. Im Judentum dagegen wird es offen diskutiert, ob man sich Verdienste erwirbt durch Gewinnung von Proselyten. Wer es unterläßt, versündigt sich nicht. In der Zer-

---

62 Leicht übertreibend GEFFCKEN (NTApo^2 400): »Religion ohne Propaganda ist keine Religion mehr«. Auf das Problem weist intensiv der Vortragsband SCHÜSSLER FIORENZA, *Aspects*, hin. Die Herausgeberin im Eingangsartikel S.2: »Jews as well as Christians appealed to the Greco-Roman world and used the means and the methods of Hellenistic religious propaganda.« - G.LINDESKOG (*Das jüdisch-christliche Problem* 16) spricht von »gemässigtem Reformjudentum« in der Diaspora-Weisheitsliteratur, bei Philo und Josephus und sagt mit Bezug auf dessen universalistische Denkweise: »Darum ist es missionierend.« Ob er bei Differenzierung zwischen Mission und Propaganda diese Aussage aufrechterhielte? Anders ausgedrückt: »*missionarisch*« mag man die aus dem universalistischen Tora- und Weisheitsverständnis herrührende Haltung nennen; »*missionierende*« Exponenten solcher Haltung können nicht fehlen, sind aber nicht die Regel.

63 Ein auffälliges Beispiel institutioneller Mission innerhalb der polytheistischen Religionsbeziehungen ist der Missionsfeldzug des indischen Königs *Aschoka*, HADAS, *Hellenismus* 273f; Literatur dort A.13.

64 HENGEL, *Anonymität* 307. Vgl. J.JEREMIAS, *Jesu Verheißung für die Völker* (1956) 14. Etwas vorsichtiger S.Safrai, *Das jüdische Volk* 29: »Es ist nicht auszumachen, inwieweit die religiöse Werbetätigkeit offiziell und gesteuert war und ob wirklich Leute eigens ausgesandt wurden, um Heiden dem Judentum zuzuführen.« - Der Phokylideer scheint nach v.228 die Gefahr für die Toratreue bewußt hingenommen zu haben, die darin liegt, wenn man Gebotsgehorsam durch Beschränkung auf Sittliches in Absehung von Reinheitsvorschriften festigen möchte. - Die Haggada, daß Gott vor dem Bundesschluß am Sinai den Völkern - vergeblich - seine Tora angeboten und sie dann erst Israel anvertraut habe, wird er wohl noch nicht gekannt haben. Aber es gab genug andere Vorstellungen im Frühjudentum, die erklärten, wieso man die Völker als ethisch verantwortlich vor dem Gott Israels ansah.

streuung unter die Heiden, die weithin mit bitterem Leid verbunden war, erkennt der Fromme eine Fügung Gottes, die aus dem Leid der Juden die Begegnung der Heiden mit der Tora entstehen läßt Tob 13,3f G^I und diesen also *Segensgaben* (vgl. ὄλβια δῶρα PseuPhok 2) bringt. Israel ist zum Segen der Völker gesetzt Gen 12,1-3 und zum »Zeugen« Gottes berufen Jes 43,10; 55,5 (NAVÈ LEVINSON 54f). So kann jeder jüdische Kaufmann (CROUCH 90 A.33) und jede jüdische Sklavin Botschafterin, Botschafter Gottes und des Judentums sein. Aber zu ihrer Botschaft, die in erster Linie in ihrer Lebensart zum Ausdruck kommt, ist nicht die Verpflichtung des Heiden, die mosaische Halacha auf sich zu nehmen, enthalten. Wir können auch sagen, jüdische »*Mission*«, also die Ausbreitung der jüdischen Gemeinde, geschah nicht *institutionell*, sondern *funktional*. Eine Sendung bestimmter Personen zum Dienst als *Missionar* ist nicht vorgesehen. Aus TestXIILevi 13,3f hören wir die Diasporaerfahrung mit der funktional-missionarischen Wirkung heraus:

Denn jeder (sc. Israelit?, Levit?), der das Gesetz des Herrn erkennt,
wird Ehrung erfahren,
und er wird nicht ein Fremdling bleiben, wohin er auch kommt,
und er wird sich viele Freunde erwerben über seine Eltern hinaus,
und viele aus den Menschen werden verlangen, ihm zu dienen
und das Gesetz aus seinem Munde zu hören.

Man weiß wohl überall von einer Aufgabe gegenüber den Völkern: dem *Priester- und Prophetenamt zum Heil des ganzen Menschengeschlechtes* (Philo Abr 98). Aber niemals ist diese Aufgabe einheitlich im Sinne der Werbung von Proselyten verstanden worden (so daß im Zuge der tiefen Störung des Verhältnisses zur Umwelt von 66 bis 135 n.Chr. das Judentum sich auf sich zurückziehen konnte).[65]

Die Synagogenversammlungen waren für jedermann offen. Jedermann konnte dort erfahren, worauf er sich einließ, wenn er Gemeinschaft mit den Anhängern der mosaischen Tora suchte. Aber diese konnten es ihm nicht einfach überlassen, wie er sich zu ihnen stellte. Sie mußten im Interesse eines freien Umganges mit einander sicher sein, daß eines ihrer wichtigsten Anliegen, sich für Gott *rein* zu erhalten, nicht gefährdet wurde.[66] So mußte der Jude zu erfahren suchen, unter welchen Voraussetzungen den Menschen nichtjüdischer Geburt *Gerechtigkeit angerechnet* werden konnte und unter welchen Bedingungen drohende Verunreinigung in der Begegnung mit ihnen vermieden wurde. Zwischen der Reinheit durch strikte Absonderung wie hinter »Palisaden

[65] HENGEL (560f.570) sieht jüdische Mission im Dilemma zwischen dem »Bewußtsein eines universalen missionarischen Auftrages« (569), unterstützt durch das Interesse an Steigerung des nationalpolitischen Einflusses (560f), und dessen Behinderung durch den »elementaren Drang zur nationalen Selbsterhaltung«. Den »heilsgeschichtlichen Auftrag des Gottesvolkes« sieht er erst in der christlichen Durchbrechung der vom nationalen Toraverständnis gezogenen Grenzen (570). - Sollte Ben Sira mit der Aufforderung an Fremde und Nichtjuden zur Gottesfurcht (Sir 10,22H) tatsächlich »die Zuwendung zum Judentum« mit allen Konsequenzen gewollt haben (ebd. 245 A.195)? - DELLING (*Begegnung* 20) sieht in der Aufforderung an Heiden zur Aufnahme der vollen Torabindung die logische Konsequenz aus dem Preis der jüdischen Religion (Josephus, Sib 3), und sieht die Gründe, daß diese Konsequenz in den Texten nicht ausgesprochen werde, in der »äußeren Situation des Judentums«, seiner politisch-gesellschaftlichen Abhängigkeit. Die besondere Erwählung des *Israel nach dem Fleisch* kommt hier nicht in Blick (was bei Philo richtig sein kann durch dessen Hoffnung auf einen philosophischen Weg der Völker zur Menschheitsreligion, keineswegs aber der jüdischen Gemeinüberzeugung entspricht).

[66] MICHEL, *Polemik und Scheidung* 203

und ehernen Mauern« (Arist 139; DELLING 9-11) und der erzwungenen Verunreinigung,[67] etwa des jüdischen Sklaven in heidnischem Hause, gibt es das Mittelfeld der vielen Begegnungen in heidnischem Hause, die ein noachidisches Regular wünschenswert machten. Daß Unterschiede der Kultfähigkeit zu Gründen der sozialen Abgrenzung gemacht wurden,[68] liegt erstens auf der Linie der Anwendung kultischer Reinheit auf das allgemeine soziale Leben, entspricht zweitens der Errichtung eines *Zaunes um das Gesetz*, stellt aber drittens auch eine der Verwechslungen von Halacha Israels und Ethik dar, die bei strengen Observanzen fast unvermeidlich zur Verdrängung oder Domestizierung der Ethik führen.

Maßgebend für die Geltung von zweierlei Normen ist die grundsätzliche Unterscheidung zwischen Menschheitspflichten und Pflichten Israels - anscheinend ein wunder Punkt der gegenseitigen Verständigung von Judentum und Christentum. Kann es sein, daß Juden sich scheuten und scheuen, christliche Fehlurteile zurückzuweisen, weil dies wie eine Einschränkung der Tora, der vor der Welt erschaffenen, ewigen Offenbarung Gottes aussehen könnte? Und gewiß sind die Stimmen jüdischer Tradition nicht zu überhören - an die sich denn auch christliche Theologen gern halten -, nach denen die Lehre von den reduzierten Pflichten der Noachiden nur dazu diene, einen Rechtsgrund für ihre Verwerfung im Endgericht zu formulieren.[69] Oder ist das Thema für den dem halachischen Religionsgesetz Israels zugewandten Juden einfach zu abseitig? Jedenfalls gibt es in der Vielfalt jüdischer Lehre auch die Zubilligung der Gerechtigkeit für Heiden, die die Halacha nicht auf sich nehmen; und ich sehe nicht, wie diese aus der jüdischen Tradition heraus verworfen werden sollte.[70]

Wenn christliche Theologen im lukanischen Aposteldekret Act 15,29 eine judenchristliche (= jüdische) Bedingung für die nähere Begegnung mit getauften Heiden sehen, aber zugleich die Begegnung von Juden mit nichtgetauften Heiden grundsätzlich als Verstoß gegen die Reinheitsregeln werten, scheint mir das eine unauflösbare Inkonsequenz. Die Gefahr der Verunreinigung war nicht durch die nichtjüdische

---

[67] Vgl. Est 4,17u-x LXX σὺ οἶδας τὴν ἀνάγκην μου. CD 5,14f LOHSE: *Wer sich ihnen nähert, der bleibt nicht rein; je mehr er es tut, umso mehr soll er als schuldig gelten, es sei denn, er wäre gezwungen worden.*

[68] eklatant in der Ablehnung des Umganges mit γάλλοι (Hodenverletzte) - vgl. Dtn 23,2 mit Jos Ant 4,290.

[69] Auch das erdrückende Material, das BILLERBECK im Exkurs 15 »Stellung der alten Synagoge zur nichtjüdischen Welt« (Bd. 4/1) für eine streng geübte und grundsätzlich verstandene Scheidung in den meisten Lebensbereichen anführt, läßt Lücken erkennen. Außerdem gilt es, die Relativität der Zeitangabe »ältere Synagoge« zu beachten.

[70] Die zwei gegensätzlichen Linien, die von den jüngsten Büchern der hebräischen Bibel ausgehen: dem exklusiv jüdischen Esra und den universalistischen Büchern Jona und Ruth (vgl. DEXINGER, Art. *Judentum*, TRE 17,335; dazu das ganz jüdisch formulierte Wort des *»Heiden« Hiob* 31,15 von der Geschwisterschaft in der Menschheit: *Sind wir doch im gleichen Mutterleib geworden!*), bleiben bis ins moderne Judentum unausgeglichen. Radikal trennend ist die wohl späte Lehrmeinung, die wahre *Gottebenbildlichkeit* nur Israel zubilligt, JERVELL, *Imago Dei* 94 (Belege dort). Im Aristeasbrief wird das Problem thematisiert, u.zw. im Interesse der Überbrückung eines an sich bleibenden Gegensatzes, K.MÜLLER, Art. *Aristeasbrief*, TRE 3,722, vgl. HENGEL 473-486. Zum Rabbinat vgl. SCHUBERT, *Religionsparteien* 36f. Dem einen Weisheitsverständnis, das die Abgrenzung zur heidnischen Weisheit betont (vgl. 1Kor 1,20b.24f), steht das andere mit der Vorstellung von der Annäherung der heidnischen Weisheit an die volle Weisheit des Schöpfers und Gesetzgebers gegenüber. Vgl. E.P.SANDERS, *Paulus und das palästinische Judentum* 1,194-199. - Josephus unterscheidet einerseits die mosaische πολιτεία und andererseits Bestimmungen der Tora, die er unter der Bezeichnung περὶ ἐθῶν καὶ αἰτιῶν Ant 4,198 oder περὶ θυσιῶν behandeln will. Zweifellos sah er in der πολιτεία Vorbildhaftes für die Gesetzgebung aller Völker.

Geburt der Heiden und ihre Ablehnung der Beschneidung eo ipso gegeben, sondern durch deren übliche nichtnoachidische Lebensweise. Die Unsicherheit über Gefahren der Verunreinigung gab es ebenso im Zusammenleben mit Juden; sie ließ die Pharisäer und andere strenge Observanzen den Verkehr mit verdächtigen Volksgenossen meiden. Nicht quia Heide, sondern quatenus heidnisch-unnoachidische Lebensweise oder mangelnde Deutlichkeit im Bekenntnis zu den Grundgeboten der Menschheit bedroht der Nichtjude die kultische Reinheit, der sich der Jude als Glied eines *Volkes von Priestern* verpflichtet weiß. Hier definiert das Aposteldekret eine Erwartung, die der schriftgelehrte Jude nicht als Konzession für unbeschnittene Glieder des Gottesvolkes, sondern als Gebot Gottes für die Menschheit verstand. Wenn Judenchristen in der Heidenmission den mit Jesus Christus gekommenen Anbruch der Heilszeit der Völker anerkennen konnten, dann sollte für deren Lebensweise außerhalb des Israel nach dem Fleisch doch wenigstens der noachidische Standpunkt noch einmal festgeschrieben werden. Für diejenigen Juden(christen) dagegen, die solche Lebensweise des auf den Namen Jesu getauften Heiden schlechthin für ein Ärgernis ansahen, entbehrt das Aposteldekret der Geschäftsordnungsbasis.

Die ethischen Normen der Menschheit werden in der *Haggada* erfaßt, die *Halacha* ist Grundlage des ausschließlich mit Israel geschlossenen Bundes.[71] Es kann nicht mit Aufklärung und Auflösung jüdischer Identität abgetan werden, was Moses Mendelssohn an Lavater schreibt: »Alle unsere Rabbinen lehren einmütig, daß die schriftlichen und mündlichen Gesetze, in welchen unsere Religion besteht, nur für unsere Nation verbindlich seyen... Alle übrigen Völker der Erde, glauben wir, seyen von Gott angewiesen worden, sich an das Gesetz der Natur und an die Religion der Patriarchen zu halten.« Diesen von FLUSSER/SAFRAI referierten Worten (*Aposteldekret* 173) steht FLUSSERS These zur Seite (96 Nr.16-18): »In Bezug auf das Heil anerkennt das Judentum die gottesfürchtigen Heiden als gleichwertig.« Denn *Gerechte aus den Weltvölkern sollen wie Israel Anteil an der kommenden Welt haben* (bSanh 105a). Dazu schreibt Leo BAECK: »Die Begriffe 'Nichtjuden' und 'Jüdisches Volk' gehören zusammen. Es konnte keine Erfüllung geben ohne beide.« Die Weisheit kommt »nicht nur dem Volke der Offenbarung, sondern ebenso 'den Völkern' zu«.[72] Ein *Gottesfürchtiger*: das ist nicht ein Proselyt im Wartestand.[73] An der Möglichkeit, daß ein toratreuer Jüdischer Phokylides die

---

[71] bJev 47a über die Belehrung des Proselyten: *Und sie unterweisen ihn über die Strafen der Gebote und sagen zu ihm: Wisse, daß du, ehe du unter diese Norm getreten bist, Talg gegessen hast, ohne daß du mit Ausrottung bestraft wurdest; daß du den Schabbat entweiht hast, ohne daß du mit Steinigung bestraft wurdest. Wenn du aber jetzt Talg ißt, so wirst du mit Ausrottung bestraft; und wenn du jetzt den Schabbat entweihst, so wirst du mit Steinigung bestraft.*

[72] L.BAECK: *Paulus, die Pharisäer und das NT* 28 und 69. Noch weniger verdächtig dürfte der erste Oberrabbiner im jüdischen Staate, Rav Kuk (Kook) sein, der in der Seelsorge für ungeduldige Orthodoxe mit ihrem Widerstand gegen die »Pfade des Menschenverstandes« (statt der Pfade der Tora) schreibt: »Wo bleibt da die universelle Gemeinsamkeit in Bezug auf das göttliche Bild, das der Geheiligte - gesegnet sei Er - dem Menschen verliehen hat, weswegen wir jeden Weisen und Aufrechten unter den Menschen achten und die Wahrheit von jedem annehmen, der sie ausgesprochen hat. Er gilt uns als Weiser auch dann, wenn er zu den Völkern der Welt zählt.« (Abgedruckt aus einem ungedruckten Traktat: S.Jaabetz, *Die Geschichte Israels*, Tel Aviv Bd.2/1925, 211-219; jetzt B.ISH-SHALOM, *Rav Kuk: Pluralismus und Toleranz* 179)

[73] David DAUBE stellt seine Jordan Lectures *NT and Rabbinic Judaism* unter das Motto Tanna deBe Eliyyahu p48: *I call heaven and earth to witness that wether it be Gentile or Israelite, man or woman, slave or handmaid, according to the deeds which he does so will the Holy Spirit rest on him*. Mit den »Taten« sind ja gewiß nicht die der Halacha gemeint. - In rabbinischer Zeit soll die Anerkennung als Gottesfürchtiger im Sinne des *ger toschab* teilweise auf ein Jahr begrenzt worden sein - als Zeit zur Entscheidung für die Beschneidung, SIEGERT 123f. Auch früher schon wurde weithin die volle Konversion oder doch weitgehende Übernahme der Gebote gewünscht, HEGERMANN in LEIPOLDT/GRUNDMANN, *Umwelt* 1,310. Hegermann will »eine zweite Auffassung ..., nach der man nicht alle Heiden zu Juden machen wollte«, nur »in Ansätzen« sehen, muß aber seine Hauptthese

Heiden lehrte, und daß er sie nichts lehrte als die Gebote für alle Menschen, ist nicht zu zweifeln. Ein expliziter apologetischer oder gar missionarischer Ansatz war nicht angezeigt.

Wenn es neben grundsätzlich-lehrhaften Äußerungen zur Noachidenfrage und zur Nichtnotwendigkeit des jüdischen Proselytismus noch eines Lebenszeignisses bedarf, so finden wir es in der Person des Begründers einer universalen Pseudo-Phokylides-Forschung, Jakob BERNAYS selbst. Jude, Talmudist seit seiner Jugend, Christen in herzlicher Freundschaft und der Verehrung für Jesus verbunden, ertrug er lebenslang das Leiden an der öffentlichen Judenfeindlichkeit und persönlichen Zurücksetzung, an »christlicher« Verzerrung des Judentumbildes und an Auflösungserscheinungen jüdischer Identität. Die Verleugnung der Tora und des besonderen Israelauftrages durch Juden - und wenn es nur das Verschweigen des Idolatrieverbotes durch den jüdischen Phokylides war - deckte er ebenso wenig mit dem Mantel des Verstehens zu, wie er sich in seiner Zuwendung zu Christen und Humanisten hemmen ließ. Missionarische Attitüde war ihm ebenso fern, wie ihm der geschichtliche Auftrag des jüdischen Volkes und seiner religiösen Tradition gewiß war. Nicht ohne Spott schreibt er (252), man könne ja leicht in bereitliegender jüdischer Fachliteratur nachlesen, daß der Phokylideer mit der Unterscheidung zwischen Israelgeboten und Menschheitsgeboten und mit dem Vortrag nur Letzterer für seine nichtjüdischen Leser auf dem Boden jüdischer Lehre stehe. Diese Schlußbemerkungen seines Phokylides-Artikels sind nicht beliebige Erkenntnisse unter den vielen Richtigkeiten aus der Feder eines Fachgelehrten, sondern eine tief in dies Gelehrtenleben verwobene Überzeugung.

Die Absicht des Phokylides-Pseudonyms und die Geboteauswahl des Autors ist also hinreichend mit zwei Absichten erklärt:

- Menschen aus den Heidenvölkern sollten teilhaben an der Offenbarung des Gotteswillens, der dem Juden teuer war; und zwar so, daß sie darin ihre Pflicht und ihren Segen erkennen konnten.
- Juden sollten im unvermeidlichen Zusammenleben mit Heiden ein Minimum an Gefährdung ihrer Reinheit erfahren, wozu die Beachtung dessen, was später die *Noachidischen Gebote* definierten, durch die heidnische Umwelt erforderlich war.

---

gerade für seinen Hauptzeugen Josephus einschränken, S.310f.

Teil B

PseuPhok im Rahmen griechischer Bildung

IX. Kapitel
Paränese als Mittel griechischer Bildung

1.
ZUR GESCHICHTE DER GRIECHISCHEN PARÄNESE UND DES PARÄNESEBEGRIFFES

1.1 Die Gattung des Phokylides-Gedichtes

Formen, die als klassisch erkannt sind, werden in der griechischen Geisteswelt mit großer Konstanz festgehalten. Nicht das Originelle, sondern das Ausgereifte genießt Achtung und Pflege.[1] Wo die »Einheit von Stoff und innerer und äußerer Form« gewonnen ist und gepflegt wird, da sprechen wir von *Gattung*.[2] Daher die Bedeutung von Gattungsbezeichnungen und rhetorischen Kategorien für literarische Werke, zumal wenn sie ohnehin der Pflege von Tradition dienen. Unser Gedicht will ein typisch griechisches Produkt sein. So sind wir berechtigt, es in griechische Literatur und Rhetorik einzuordnen. Das geschieht üblicherweise mit Bezeichnungen wie *Paränetisches Gedicht*, *Lehrgedicht* oder *Sentenzensammlung*.

In der Vergangenheit wurden viele Bezeichnungen gewählt. Die byzantinische Textrezension (Cod. P und L) wählte die Überschrift ΦΩΚΥΛΙΔΟΥ ΓΝΩΜΑΙ und ordnete es damit einer Tradition zu, die auf alte Spruchdichtung zurückgeht, aber später mehr mit dem Unterstellen unter eine große Autorität (u.U. auch in Prosa) als mit originären Schöpfungen eines Dichters zu tun hat. Bei den frühen Druckern finden sich Titel wie *Poema* νουθετικόν, Παραίνεσις, *Gnomologia* (Sing.!) *continens Theognidem, Pythagoram, Phocylidem* (Paris 1512), *Carmen admonitorium* usw. Neben der den neupythagoräischen Χρυσᾶ ἔπη nachgebildeten Bezeichnung als Ἀργυρᾶ ἔπη ἡρωϊκά spricht Michael NEANDER in seiner Stobaeus-Ausgabe *Gnomologia Graecolatina* (Basel 1557) *von des Phokylides »aurea carmina«*[3]. Herausgeber des 19./20. Jh. bevorzugen »protrepticum poema« (BERGK), »praeceptorum moralium sylloga« (ROSSBROICH), »poema νουθετικόν« oder einfach »Die Gnomen des Phokylides«. Letztere Bezeichnung legt Wert auf einen ungebundenen Charakter der Sammlung (KÜ 262), die anderen rechnen primär mit dem Text als Ganzem.

---

1 W.JENS, *Die griechische Literatur*, in: *Kindlers Literatur-Lexikon* (KLL) 1,93

2 ROHDE, *Formgeschichte und Redaktionsgeschichte* (masch.-schr. Diss. 1962) 287. Vgl. RICHTER, *Exegese als Literaturwissenschaft* z.B. 109 A.122; LENTZEN-DEIS, *Zur Bestimmung* 13ff. Drei ganz unterschiedliche Ansätze bieten H.-P.MÜLLER (Art. *Formgeschichte/Formenkritik I: AT*, TRE 11,271.276), K.KOCH (*Was ist Formgeschichte?*) und K.BERGER (*Hellenistische Gattungen im NT* 1035-1048).

3 wobei er die Angabe der Suda über Autorendiebstahl des Phokylides bei der Sibylle vorsichtig korri-

Die Vielfalt der Bezeichnungen im 16.Jh. deutet auf die Unsicherheit der Nomenklatur in der Antike und die Kompliziertheit der Literaturgeschichte hin und verlangt Vorsicht in der Zuweisung zu Gattungen (KÜ 262). Nützlich ist hier, sich zu verdeutlichen, daß γνώμη ein Oberbegriff für den kunstvoll formulierenden und auf die Lebenspraxis abzielenden Spruch ist, der, wenn er einen Ratschlag bringt, herkömmlich als ὑποθήκη bezeichnet wurde.

DERRON (VII-XXVII) und KÜCHLER (236-302) ordnen PseuPhok derjenigen Art gnomologischer Sammlungen zu, die a) unter dem Namen einer Autorität b) unterschiedliches Material, dieses c) mehr oder weniger stark neuformuliert, d) u.U. mit Eigenem verbunden, e) locker oder gar nicht gruppiert zusammenstellt, wobei hier f) der Sammler mit der hexametrischen Neuformung dem Ganzen seine Prägung aufdrückt. Der jüdische Autor, der von den ganz ähnlichen Voraussetzungen der jüdischen Weisheitsdichtung herkomme, ordne die biblischen Regeln dem hellenistischen Bildungsanliegen ein und gebe sie als griechischen Ratschlag weiter. Hier bekommt die gute Integrierbarkeit eines Pseudo-Phokylides in eine Gattungsgeschichte hohe Relevanz für alle anderen Fragen an das Gedicht (vgl. VDH 79f). Das Verständnis des Gedichtes bis hin zu seiner vermuteten Abfassung für die schulische Jugenderziehung (DERRON) erscheint bei solchem gattungsgeschichtlichen Ansatz in hohem Maße plausibel, weil das Interesse stark hellenisierter Juden, auf solche Weise im Griechentum Raum zu gewinnen, nicht grundsätzlich zu bezweifeln ist.

Darüber kommt aber sowohl aus der jüdischen, als auch aus der griechischen Geschichte der Gattungen Wesentliches zu kurz. Es gibt auffällige Unterschiede zur jüdischen Weisheit. Bezeichnenderweise hat NIEBUHR (Register), ausgehend von PseuPhok, in typischen jüdischen Weisheitsschriften weit weniger Vergleichsmaterial für seinen Katechetischen Fonds finden können als etwa in den paränetischen Passagen der TestXIIPatr oder der Sibyllinischen Dichtung. Und was die griechische Gattungsgeschichte betrifft, so argumentiert DERRON vornehmlich von der späteren Geschichte aus, die zum byzantinischen Gnomologium weist. Aus der griechischen Vorgeschichte bleiben wesentliche Elemente unberücksichtigt. Dies gilt es an der griechischen Geschichte der Paränese zu zeigen.

Einer noch stärkeren Prädominanz des Gattungsurteils begegnen wir im Paränesebegriff bei M.DIBELIUS und seiner Anwendung auf NT und PseuPhok. Und hier vollends ist die Überprüfung einer Gattungskategorie »Paränese« unverzichtbar. Das Vermeiden des Wortstammes παραινε- im NT (außer Act 27,9.22), vor allem der Verzicht auf ihn im Zusammenhang aller hier einschlägigen Texte, muß methodisch gewürdigt werden, worauf seit H.SCHLIER immer wieder hingewiesen wird.[4]

Im Anschluß an SCHLIER (*Vom Wesen der apostolischen Ermahnung nach Röm 12,1-2* - 1941) spricht sich z.B. R.HASENSTAB, *Modelle* 68, für den genuin neutestamentlichen Begriff der *Paraklese* aus, in dem Eschatologie und Ethik verbunden erscheinen, die in der Begrifflichkeit von *Kerygma* und *Paränese* geschieden waren. Paraklese hat als »epochale Ablösung jüdischer Gesetzespraxis« eminent theologische Bedeutung; konkrete Mahnung ist als »theologische Paränese« in die Paraklese integriert.

Wenn die Vokabeln παραίνεσις / παραινέω / παραινετικός geläufige Bezeichungen einer bekannten Textsorte gewesen sein sollen, deutet ihre Vermeidung im NT auf grund-

---

giert: *hexametros ... quorum quaedam a Sibyllinis deprompta videntur.*

4 Zu den griechischen Vokabeln vgl. LIDDELL/SCOTT s.v., G.SCHMITZ/G.STÄHLIN, Art. παρακαλέω, ThWNT 5,771-798, bes. 777f.792f sowie die Artikel παραινέω und παρακαλέω/παράκλησις (J.THOMAS) in EWNT 3,52f.54-64.

sätzliche Distanz. Wenn es aber noch gar kein entsprechendes Angebot, kein eindeutiges und passendes Angebot des Hellenismus an die neutestamentlichen Verfasser gab, haben wir den Begriff *Paränese* als modernen Terminus zu definieren oder ebenfalls zu meiden. So ist es notwendig, die Geschichte des Gattungsbegriffes *Paränese* aus seinen literarischen und kategorialen Voraussetzungen neu zu klären. Die Ausgangserkenntnis ist die, daß wir von einem einigermaßen einheitlichen Begriff meilenweit entfernt sind. Darum ist Antwort auf vier Fragen zu suchen, was hier in unterschiedlicher Breite und immer nur skizzenhaft versucht wird:

- Was soll ein Gattungsbegriff *Paränese* leisten?
- In welchem Sinne werden die griechischen Vokabeln gebraucht? Es wird sich als notwendig erweisen, die Texte mit dem Verbum, dem Adjektiv und dem Substantiv je für sich zu prüfen, letzteres mit besonderer Aufmerksamkeit für Singular und Plural.
- Welchen Begriffsgebrauch hat die moderne Klassische Philologie?
- Ist ein spezifischer wissenschaftlicher Begriffsgebrauch für die neutestamentliche Paränese möglich und förderlich?

Der Begriffsbestimmung soll ein Blick auf den Ort dichterischer Mahnspruchreihen in der griechischen Literatur vorausgehen.

Die grundsätzliche Frage nach dem Wert eines Gattungsbegriffes läßt sich für unsere Aufgabe eingrenzen und vorab behandeln. Wenn jemand über Mythologisches schreibt und dies mit »Der Mythos« bezeichnet, verwendet er einen Gattungsbegriff - und ist sich dabei einer großen Abstraktion gegenüber den Mythen selbst, die er in der Überlieferung findet, bewußt. Wer »Gesetz« als Gattungsbegriff benutzt, setzt ein Gemeinsames in sehr verschiedenen Gesetzesgattungen voraus. Daß die Kategorie »Kynisch-stoische Diatribe« nicht einen festen Komplex rhetorischer Eigenheiten bezeichnet, sondern ein Hinweis auf ein sehr differentes Redegeschehen mit bestimmten gemeinsamen Merkmalen und Voraussetzungen ist, darf inzwischen als bekannt vorausgesetzt werden. Wer dagegen »Paränese« sagt, ist nicht geschützt vor der Unterstellung, er rede von einem gattungstypisch festgelegten Genre.[5] Und in der Tat, es geschieht leicht: »Aussagen über die Gattung gehen unvermittelt über in Aussagen über den Einzeltext (das Gattungsexemplar).«[6] Es stehen sich hier diejenigen, die eben wegen einer befürchteten gattungsmäßigen Fremdbestimmung mahnender Text im NT den Begriff *Paränese* ganz ablehnen (s. Anm.51), und andere, die mit *Paränese* tatsächlich eine in der hellenistischen Welt bis ins NT klar vorgezeichnete Textsorte verstehen, gegenüber. Und PseuPhok wird regelmäßig so oder so in die Bewertung einbezogen. In dieser Untersuchung wurde und wird der Begriff analytisch eingesetzt, um 1) Texte mit spruchartiger Kurzmahnung und mindestens angedeuteter Anrede terminologisch zu erfassen, 2) um typische und atypische Gemeinsamkeiten zu registrieren und 3) um das Vorkommen solcher gemeinsamer Elemente in Texten anderer Art zu erkennen. Eine

[5] »Paränesen kommen in fast allen Literaturgattungen vor« (BARTSCH, Art. *Paränese*, HWP 7,115) und - so dürfen wir ergänzen - haben dabei nur wenige eigene Gattungsmerkmale.

[6] G.SELLIN, *'Gattung' und 'Sitz im Leben'* (1990) 311

definierte Gattung, der man sich verpflichtet wußte und die also zu beachten war, wenn man sich dem Gegenstand näherte - wie etwa die drei Redegattungen der griechischen Rhetorik -, ist für unsere Texte nicht anzunehmen.

1.2 Zur griechischen Entwicklung der Mahnspruchreihe

Pindar preist in seiner *Sechsten Pythischen Ode*, die er dem Xenokrates von Akragas widmet, eigentlich dessen Sohn Thrasybulos. Dieser hatte sich als vorbildlicher Sohn erwiesen und nach dem Sieg seines Wagens vermutlich den Vater als den Sieger ausrufen lassen. Mit Beziehung auf die Sage, daß Heldensöhne wie z.B. der Pelide Achill bei dem Kentaur *Chiron*, *»Philyras Sproß«*, zeitweilig in die Lehre gegeben wurden (JAEGER, *Paideia* 1,50), sagt Pindar:[7]

Dem Vater dein reichst du die Rechte und willig folgst
dem Gebot du, welches, so heißt's,
Hoch in den Bergen voreinst den starken Peleussohn,
Den die Eltern entließen, Philyras Sproß
Lehrete. Dieses ist's:
Von den Göttern ehre zumeist,
Welcher mit Donnern die Wetter lenket und ihren Strahl,
Des Kronos Sohn; mindre nie die
Scheu vor den Eltern,
Dieweil noch das Schicksal sie im Licht erhält.

Diese Verse enthalten: 1. die Situation des Abschieds vom Elternhaus (und ähneln darin den paränetischen Testamenten), 2. das Wichtigste, was in der hellenischen Erziehung weiterzugeben war: Die Pflicht zur Ehrung der Götter (hier besonders des Zeus) und - in einem Atemzug genannt - der Eltern bis zu ihrem Tode, 3. asyndetische Abfolge dieser zwei *»Lehren«*, 4. das Geschehen in dem Verbum παραινεῖν (*»Lehrete«*) erfaßt. Nehmen wir noch 5. hinzu, daß dem Hesiod ein (verlorenes) Mahngedicht: *Chirons Hypotheken* Χείρωνος ὑποθῆκαι, enthaltend die Lehre für den Zögling Achill, zugeschrieben wurde[8] (und Homer als Vorbild ist damit auch nicht fern) und daß mit Ὑποθῆκαι = *Lehren* die Hellenen etwa das meinten, was man in byzantinischer und mittelalterlicher Zeit unter *Paränese* oder *Paränesen* verstand, dann finden wir in diesen Pindar-Zeilen eine Kurzfassung der Ursprünge[9] der Mahnrede in Spruchreihen, also derjenigen Textart, die uns unter dem Namen der *Paränese* aktuell interessiert.

Nicht verloren sind die beiden Epen Hesiods, die in vielfältiger Hinsicht am Anfang philosophischer Besinnung (*Theogonie*) und am Anfang der Erziehung durch Poesie (*Werke und Tage*) stehen. Was Homer in kurzen Passagen an weisheitlichen Belehrungen seinen Helden in den Mund legte, das greift Hesiod auf, wagt den Schritt in die Welt des Bauern, tritt mit eigenem Namen und einer sehr persönlichen Streitsache in die Öffentlichkeit und verbindet in seinem nicht preisenden, sondern lehrhaften Epos

---

7 3.Strophe; Informationen zur Ode und Übersetzung: WOLDE, Sammlung Dieterich Bd. 62

8 Seit dem Grammatiker *Aristophanes von Byzanz* (um 200 v.Chr.) gibt es Zweifel daran.

9 Die weit älteren Ursprünge im Orient, auf die schon Demokrit (bezüglich der Babylonier) hingewiesen haben soll (Euseb PE 10.4,23 = GCS 43.1,572 RZACH), dürfen hier außer Betracht bleiben.

die leidenschaftliche Erörterung eines aktuellen oder jüngst vergangenen gesellschaftlichen Konflikts mit der Darbietung ganzer Reihen von lehrhaften - teils imperativischen, teils indikativischen - Sprüchen, geprägt durch die durchgehende Anrede an den Bruder.

Die lehrhafte Dichtung bei den Hellenen nimmt hier bei »einem völlig neuen Typus epischer Dichtung ..., den Ὑποϑῆκαι, geschaffen vom ersten hellenischen Philosophen«, ihren Ausgang. Später tritt »an Stelle des lyrisch-philosophischen Lehrgedichts ... das wissenschaftlich-pädagogische, das auch den trockensten Stoff nicht ausschließt«. In hellenistischer Zeit finden wir dann zwei Ströme, in denen die aus diesem Anfang langfristig abzuleitende Dichtung sich ergießt. Ich nenne zuerst den Strom jüngerer Entwicklung, das *»Lehrgedicht«* im engeren Sinne. Aus der Verbindung erzählerischer und mythischer Elemente mit ausgebreiteter Darbietung eines Lehrgegenstandes (die Bauernregeln und Kalender-*»Tage«*-Regeln der *Werke und Tage* galten als Vorbild) wurde eine Gattung geschaffen, die im Hellenismus blühte und bis in die Barockzeit vital blieb.

Die *Phainomena* des Aratos sind das bekannteste Beispiel dieser zugleich um wissenschaftliche Erfassung eines Lehrgegenstandes und um fabulierendes Erzählen bemühten Dichtungsart. Wer auch PseuPhok als *Lehrgedicht* bezeichnet, sollte zugleich den Eindruck zerstreuen, als gehörte unser Mahngedicht in jene poetische Tradition, in der man sich einerseits auf einen Lehrgegenstand konzentrierte - statt wie PseuPhok eine universale ethische Reihe zu bieten - und andererseits mit erzählerischen »Rosinen« im Kuchen das Interesse fesselte.[10]

Unser Interesse findet der andere Strom, die *Lebensregelndichtung*. »Das Spruchgedicht in hexametrischer Form ist nächst Hesiod von Phokylides aus Miletos gepflegt worden.« Ethik wird in Einzelsprüchen vermittelt - auch die Sieben Weisen (wen man dazu auch je zählte), voran Solon, sind hier zu nennen.[11] Sie können zu asyndetischen Spruchgruppen zusammengefaßt oder - wie bei Pindar - in Texte anderer Art integriert werden. »Die wegen des symbuleutischen und gnomischen Charakters sachlich richtig als Ὑποϑῆκαι bezeichnete Elegie«[12] löst seit Theognis als ausgewogene und elegantere Kurzform weithin den Hexameter ab (der sich im Lehrgedicht aber durchsetzt und sich als Stilmittel zur Ausformulierung der Äußerungen der Pythia weiter erhält). Diese Dichtungen, die wir heute gern mit ästhetischem Interesse lesen, stehen ursprünglich in dichtem Gegenwartsbezug. Sie sind nicht das Angebot von Spruchsammlungen zu beliebiger Auswahl, sondern *Spruchreihe + engagierte Botschaft*. Hesiod, der (als Bauer) Rhapsode war (mit Homer als Vorbild[13]), sodann Theognis und der echte Phokylides haben für den mündlichen Vortrag beim Gelage der Männer gedichtet. In ihren Mahn-

---

[10] Zitate: KRANZ, *Sphragis* 35; SCHMID/STÄHLIN ^{6}2.1,162; L.L.ALBERTSEN, *Das Lehrgedicht* (1967) S.53-57. Vgl. DILLER, *Die dichterische Form von Hesiods Erga* 242 (mit Äußerung zur irrigen Meinung antiker Dichter wie Arat - vgl. auch Vergil -, mit der lehrhaften Behandlung eines einzelnen Themenkreises »ganz die Weise des Hesiod« zu treffen). Der PseuPhok-Kenner KROLL nennt unser Gedicht nicht im Art. *Lehrgedicht* (PRE). Vgl. VDH 78

[11] Vgl. SCHMID/STÄHLIN 1.1,299 sowie 367-369 und 371ff. Interessant der in der solonschen Elegien-Überlieferung erhaltene Titel: Εἰς ἑαυτὸν ὑποϑῆκαι (Stobaeus Flor. 9,25; DiogLaert 1,61).

[12] WENDLAND, *Anaximenes* 81. Die Suda nennt einen Teil der Dichtung des Theognis (s.v.) ἑτέρας ὑποϑήκας παραινετικάς.

[13] DILLER, *Die dichterische Form von Hesiods Erga* 245ff. DERRON VIII: »Les héros d'Homère se servent

sprüchen, die Hesiod zu langen Reihen locker verknüpft, bringen sie volkstümliche oder standesgebundene Einsichten, Überkommenes und Bewährtes und eigene Bewertung gewissermaßen auf die Formel. Ein entscheidender Faktor dieser konzentrierten und engagierten Weitergabe weisheitlicher Einsicht ist - am deutlichsten bei dem Adelsrepräsentanten Theognis - die Absicht, in krisenhafter Zeit durch Belehrung, Erinnerung und Anregung sittliche Tradition zu bilden.[14]

In der neuen Bewegung der Sophistik, die zur Rhetorik hinführt, werden Intentionen der Lebensregelndichtung in neuer Weise, nämlich durch Entwicklung einer Kunstprosa und die »Formulierung einer allgemeingültigen, die ästhetischen, moralischen und intellektuellen Bedürfnisse gleicherweise befriedigenden Sentenz« (DIHLE, *Goldene Regel* 90) aufgenommen. »Die zahlreichen Sentenzen moralischen Inhaltes, die im Zeitalter der Sophistik das erste Mal formuliert und auch zusammengestellt wurden, setzen ... die Tradition der alten Weisheitsdichtung, der ὑποθῆκαι, fort« (ebd.). Zugleich wird von Isokrates eine philosophische Erziehungslehre initiiert, die dem Erbe an Dichtung, um die Kunstprosa erweitert, die Zukunft im Bildungswesen sichert.[15] Sammlungen, zu denen man die Sentenzen zusammenfassen kann, stellen »dann ein Kompendium einer formalisierten, auf dem common sense aufgebauten Ethik dar« (ebd.). Da eine solche Ethik die »willige( ) Anerkennung der δόξα τῶν πολλῶν«, unter denen man nun einmal lebt (ebd. 87 A.1), die ungeprüfte Allgemeinmeinung des Herkommens und der schnell überschaubaren Nützlichkeit zum Prinzip erhebt, gilt ihr der Angriff der Sokratik sowie der älteren Stoa mit ihrem radikalen Begriff von der einen, unteilbaren Tugend. Die Auseinandersetzung beschäftigt die Bildungstheoretiker und die Popularphilosophen; noch 400 Jahre später stellt Seneca im 94. Brief an Lucilius in lebendigster Weise das Für und Wider einer in Einzelmahnungen sich ergehenden Rede dar. Für die Entwicklung der Gymnasien hat sich im wesentlichen die Linie des Isokrates durchgesetzt.

Die Entwicklung von der frühen Dichtung zum paränetischen Geschehen in späterer hellenistischer Zeit darf nicht zu einlienig gesehen werden (wie ja eine große Zeit des Geisteslebens nicht in einfachen, sondern gerade in differenten Entwicklungen fortzuleben pflegt). Es geht nicht um den Weg von der Dichtung zur Prosa; denn der umgekehrte Vorgang ist wie in der Philosophie (Xenophanes), so auch in der mahnend-belehrenden Rede immer wieder möglich.[16] Oder es ist nicht ein Sammelbecken namens »kynisch-stoische Diatribe« da, in dem alle Formen der direkt beeinflussenden Rede sich zusammenfinden

---

déjà de telles reflexions moralisantes dans leurs discours.«

14 Für Hesiods *Erga* ist schwer zu entscheiden, ob der Streit mit dem Bruder entscheidender Anlaß des Ganzen ist, ob er erst nachträglich reflektiert und »veröffentlicht« wird oder ob er eine eher illustrierende Rolle spielt. Das Ineinander des Usuellen und des Aktuellen ist unauflösbar; paränetische Reihen und übergreifende Tendenz gehören zusammen, FRIEDLÄNDER, Ὑποθῆκαι 238. Die Adresse an einen Einzelnen und die Abzweckung für viele gehen oft ineinander. Das Aufschreiben eines Fürstenspiegels, der eine echte Adresse haben konnte, bringt zugleich den Charakter des κοινωφελές zum Ausdruck. Theognis redet den Freund Kyrnos an, wie wenn jemand vor der Kamera eine Ansprache hält, die anschließend für die Öffentlichkeit wiederholt wird.

15 Zum Unterschied zwischen den pädagogischen Theorien von Isokrates und Plato, der nicht einheitlich gesehen wird, vgl. MIKKOLA, *Isokrates* 196-201.209-212; GAISER, *Protreptik* 205-207.

16 P.WENDLANDs richtige Feststellung (*Anaximenes* 81), daß »die Prosa der Poesie immer weitere Gebiete abgewinnt«, darf nicht zum Prinzip erhoben werden, vgl. Chares (4./3.Jh.) mit seinen »Versifizierungen popular-rhetorischer Paränese im Anschluß an die Tragödie« (KL 2,824). Wie Wendland, sieht auch DIBELIUS (*Jakobusbrief* 5) hier keine Einbahnstraße.

und aus dem man sich bedient; denn das dynamische Unterlaufen der Autoritätsschwelle, wie es z.B. die Elemente fingierter Dialoge zeigen, stellt ein Abweichen von autoritativ-»paränetischer« Rede dar und beherrscht keineswegs alle Spruchmahnung. Es geht auch nicht um den Weg vom originalen Wort des Dichters und des Weisen zur Sammlung von »Logien«, der Plünderung solcher Sammlungen und geschlossener Dichterwerke für Florilegien und ihrer Neudarbietung in Gnomologien. Das Gnomologium, bei Plato erstmals als Bildungsmittel erwähnt (und sicher noch von geringem Umfange), später zu einer ausgebreiteten Literaturgattung angewachsen, ist nur das wichtigste Auffangbecken für mündlich Tradiertes und schriftlich Exzerptiertes, für umlaufende, auf Symposien und in Reden als Glitzersterne eingefügte Zitate und vom Gnomologisten in literarischer Sucharbeit entdeckte »Goldene« Einzelsprüche (die er u.U. nach seiner Einschätzung einem berühmten Autor zuspricht). Ben Sira, der mit dem Erbe israelischer Spruchtradition das hellenische Vorbild der selbstbewußten Verfasserpersönlichkeit verbunden hat, läßt in seinem umfangreichen Buch viele Methoden zusammenfließen. Hinter seiner literarischen Leistung stehen Diskussionen und stilles Studium, Zitat und Spruchneuschöpfung; es finden sich Spruchaufreihungen nach Art der alten Sammlungen und Preisliedkompositionen. Die Spuren seiner Erkenntniswege hat er weithin zugunsten der allgemeinen Brauchbarkeit des Spruches (κοινωφελές) verwischt. In einen ganz anderen Rahmen, nämlich den des Supersymposions am Ptolemäerhof, fügt Pseudo-Aristeas seine Fundstücke und Neuschöpfungen (wobei auch er das Anliegen der Rahmenhandlung und die geballte Summe der Sprüche sich gegenseitig stützen läßt).

Wir haben also für die hellenistische Zeit zwischen Sammeltätigkeit und Mahnrede zu unterscheiden. Beides kann sich verbinden; angesichts der durchaus praktischen Ausrichtung des griechischen Denkens ist aber primär nicht die Herkunft eines Gedankens, einer Formulierung wichtig, sondern der Zweck der Niederschrift: ob es *vorbereitend* für die Bildungsarbeit, etwa in einem Gnomologium, bzw. als Schreib- und Denkübung im Schulbetrieb oder aber *anwendend* in einer Rede, einer dichterischen Adresse geschah. PseuPhok ist das Beispiel einer dichterischen Adresse. 3-400 Jahre nach PseuPhok definiert *Pseudo-Libanius* den paränetischen Brief, für den es zahlreiche Beispiele gab. Wenn neutestamentliche Briefparänesen hier zuzuordnen sind, ist ihr Abstand zu gnomologischen Sammlungen und ihre Nähe zur Mahn-*Rede* deutlich erkennbar.[17]

1.3 Entwicklungen im Begriff »Paränese«

1.31 Zum antiken Gebrauch von ΠΑΡΑΙΝΕΩ / ΠΑΡΑΙΝΕΤΙΚΟΣ / ΠΑΡΑΙΝΕΣΙΣ

Wenn Pindar (s.o.) die Lehrtätigkeit des Chiron als ein παραινεῖν bezeichnet, dann deutet sich bei ihm nicht im mindesten ein technischer Gebrauch an. Dieser ist m.W. erstmals in der pseudo-isokrateischen *Oratio Demonicea* zu finden, dem wohl einzigen (belegbaren) Versuch einer Begriffsdefinition im Umfeld der älteren Rhetorik. Die Beliebheit der Demonicea läßt annehmen, daß die Begriffsentwicklung mit diesem Versuch zusammenhängt. Die nächste Spur, etwa 100 Jahre später bei *Ariston von Chios*, deutet auf Lehrauseinandersetzungen innerhalb der stoischen Schule hin und läßt also auch einen von Pseudo-Isokrates unabhängigen Prozeß annehmen.

---

17 St.K.STOWERS, *Letter Writing* 94: »The paraenetic letter is not, as some have thought, a miscellaneous listing of commands.«

Bei PsIsokr (Dem 4f) heißt es:

Wir wollen dir nicht mit einer παράκλησις, zu der wir gefunden hätten, sondern mit einer παραίνεσις, die wir schreiben, Rat geben, wonach junge Männer streben und von welchen Taten sie sich fernhalten und mit was für Menschen sie verkehren und wie sie ihr Leben gestalten sollen.

Ersteres nennt der Verfasser προτρεπτικοὺς λόγους, was er als *Ermahnung allein zu guter Rede* interpretiert ἐπὶ λόγον μόνον παρακαλεῖσθαι (was zugleich allgemeines Bildungsstreben und das Belegen eines rhetorischen Kurses bedeuten kann). WENDLAND will hier keinen eigentlichen Gegensatz, sondern eher ein indirektes anerkennendes Wort zum aristotelischen *Protreptikos* ausgesprochen finden. Für ihn ist die *Demonicea* im Vergleich zum *Protreptikos* eine »trivialisierende Umsetzung in Paränese« entsprechend »der vulgären Abneigung gegen die protreptische Richtung« und einem »Laienstandpunkt«, dem »die Paränese der Kern der Philosophie« ist. Damit bereitet sich gewiß der Weg zur Popularphilosophie und zur Diatribe vor.[18] Aber auf diesem Weg hat eben der Begriff παραίνεσις keine prägende Rolle. Die Entwicklung einer Fachsprache ist zunächst und für längere Zeit nur am Adjektiv erkennbar.

παραινετικός

Die älteste Äußerung ist eine kritische. *Ariston von Chios*[19] habe, so Sextus, neben Einwendungen gegen Naturwissenschaft und Erkenntnisphilosophie auch *topoi* der Ethik kritisiert, speziell τόν τε παραινετικὸν καὶ τὸν ὑποθετικόν, und habe diese allenfalls als Sache der Ammen und der πηδαγωγοί gelten lassen. Durch Seneca erfahren wir mehr über die Diskussion, als deren Exponenten er ep 94,1 eben den Stoiker Ariston nennt. Es geht hier um die Frage, ob außer der Belehrung und Klarheit über das *summum bonum* des Menschen einzelne *praecepta* hilfreich sein könnten oder ob nicht sogar umgekehrt alles andere in der Philosophie nutzlos sei, was nicht praktischer ethischer Belehrung diene. Seneca will eine dem Konkreten und Speziellen zugewandte Lehre in die philosophische Arbeit integrieren und nennt sie *eam partem philosophiae quae dat propria cuique personae precepta*. Er gebraucht hier das für uns entscheidende Schlüsselwort:

Haec pars philosophiae, quam Graeci παραινετικήν vocant, nos praeceptivum dicimus.[20]

Seneca stellt der Kritik des Ariston einen dreifachen Wert der *praecepta* entgegen: Sie frischen das Gedächtnis auf, sie helfen durch Aufmerksamkeit auf das einzelne das Ganze genauer zu sehen ep 94,21 und - sie geben den ans Sichtbare gefesselten *profani* Halt im Sichtbaren, wärend die am philosophischen Austausch Teilhabenden auch das Verborgene erkennen 95,64 (wie ein Baum seine Zweige allen zeigt, während die Kraft aus der verborgenen Wurzel geistig erfaßt werden muß). Dabei werden die Einzelvorschriften vor allem unter kognitivem Aspekt erörtert. Sie können den Willen nicht än-

[18] Das *nicht - sondern* Dem 4f versteht WENDLAND aus der Neigung des Verfassers, der sinnvolle antithetische Möglichkeiten gorgianisch zu Gegensätzen übersteigert. Er sieht den *Protreptikos* in großer Nähe zu seiner »älter(en) und ehrwürdiger(en)« Schwester, der *Paränese*: *Anaximenes* 81 mit Bezug auf BERNAYS, *Ges.Abh.* 1,266ff, und HARTLICH, *De exhortationum a Graecis Romanisque scriptoribus historia* 227. Hartlich beschäftigt sich S.221ff ausführlich mit Dem 4f; kritisch dazu WENDLAND a.a.O. 96.

[19] Um 250 v.Chr. Ariston v.Chios. FVS 1,80 Nr.356 - eine Nachricht des Sextus, adv.math. 7,12.

[20] Nach Hildeg.CANCIK (*Untersuchungen zu Senecas Epistulae morales* 16 m. A.36) ist *praeceptivus* hier erstmals belegt. Der Begriff bekommt bei Seneca terminologische Bedeutung. - Wahrscheinlich ist Seneca mit dem Verständnis von παραινετική im Licht von *praeceptiva* ep 95,1 richtig verstanden (s. HARTLICH und BERGER). Aber immerhin erwägenswert ist die Übersetzung von O.APELT (Leipzig 1924, S.147), der eine unterschiedliche Begriffsnuance findet: *der Teil der Philosophie, den die Griechen den paränetischen (ermahnenden - sic!), wir den präzeptiven (Vorschriften erteilenden) nennen.*

dern und kommen also nur unterstützend zu der Bemühung um die rechte Sicht des Lebens und die rechte Haltung hinzu.

Für die 300 zwischen Ariston und Seneca liegenden und für uns allein wichtigen Jahre sind wir auf vorsichtige Kombination angewiesen,[21] da in der Rhetorik unser Begriff nicht reflektiert wird[22] und die von Seneca aufgewiesene philosophische Linie angesichts der Quellenlage im Verborgenen bleibt. DIHLE findet eine eigene *»pars praeceptiva«* zuerst im ethischen System bei *Posidonius*, was eine gute Erklärung für das »breite( ) Eindringen von Spruchgut volkstümlicher Ethik«[23] in die philosophische Lehre auf dem Wege zur philosophischen Popularethik ist. Daß die Philosophen des späteren Hellenismus in reichstem Maße »paränetische« Gegenstände behandelt haben, ist evident. Aber an einem um das *Paränetische* sich entwickelnden Begriff mangelte es, was nichts so deutlich zeigt wie die mit der späteren Epistolographie gefundene Klärung, die nicht nur ethische Stoffe, sondern auch eine paränetische Methodik zu erfassen vermochte und damit Antwort fand auf die Kritik an einer rein imperativischen Paränese.

παραινέω

Weit weniger terminologisch aufgeladen als das Adjektiv wird das Verbum παραινέω verwendet. Hier ist die Unterscheidung zwischen funktionalem und kategorialem Gebrauch schon naturgemäß schwieriger.

Eine Untersuchung über die Verben des Ermahnens von αἰτέω über παραμυθέομαι und παραινέω, νουθετέω und παρακαλέω bis κελεύω sowie die Verben des Prüfens und Bewertens wie κρίνω, δοκιμάζω und ἐλέγχω scheint noch zu fehlen. Vgl. die Zusammenstellung der von Isokrates verwendeten »verba hortandi et monendi« bei MIKKOLA, *Isokrates* 107; ferner G.STÄHLIN, Art. παρακαλέω κτλ., ThWNT 5,777f, zu Clem Alex Paed 1,1f und Dio Chrys 12,40. Dio unterscheidet freiwillige Befolgung der Belehrung über Göttliches - soweit diese mahnend und d i c h t e r i s c h erfolgt, von vorschreibender Belehrung, die Sache der G e s e t z g e b e r ist. - Zur präzisen Gegenüberstellung des παραινέω in Act 27,9.22 und des παρακαλέω v.33f vgl. J.THOMAS, Art. παραινέω, EWNT 3,52f.

Isokrates gebraucht das Verbum παραινέω gern,[24] u.zw. speziell auch für die Unterscheidung einer unzusammenhängenden, spruchartigen, dem konkreten Ratgeben dienenden Rede διὰ βραχέων φράζειν von einer Rede mit Kontextzusammenschluß 15,68 (in Erörterungen über seine Rede *An Nikokles*). Er knüpft für solches συμβουλεύειν in Thesen oder Kurzmahnungen an einen philosophischen Begriff: κεφάλαια, an (s. Register s.v. *Repräsentanzvolitiv*) und spricht vom doppelten Zweck eines solchen παραινεῖν: 1) dem Denken des Angeredeten zu nützen und 2) sich selbst über den eigenen τρόπος (im Sinne einer Vorbildfunktion) in Kürze klar mitzuteilen. Die pseudoisokrateische παραίνεσις ist eine gute Übertragung dieses Begriffes ins Substantivische - vielleicht um dem *Protreptikos* des Aristoteles ein aufs praktische Leben gerichtetes Gegenstück gegenüberzustellen - und damit ein Schritt in Richtung der Gattungsbildung. Aber was dem Protreptikos als vielbeachtetem Vorbild beschieden war, blieb für die Parainesis aus. Die philosophische Arbeit einerseits und die rhetorische andererseits waren nicht am Paränesebegriff orientiert.

---

[21] Mehr Zutrauen zu *»paränetisch«* als »terminologische Bezeichnung für das ermahnende Zureden« in der älteren Stoa äußert BARTSCH, Art. *Paränese*, HWP 7,115f.

[22] »Die *exhortatio* oder der λόγος παραινετικός spielt in der Rhetorik eine geringe Rolle« (BERGER, *Gattungen* 1075).

[23] FIEDLER, Art. *Haustafel*, RAC 13,1066, nach A.DIHLE, *Posidonius' system of moral philosophy*: JournHellStud 93/1973, 55

[24] Vorkommen nach MIKKOLA 107: παραίνεσις: PsIsokr 1 x, Isokr. 0 x (1 x unsicher); παραινέω PsIsokr 0 x, Isokr 18 x

So liegen die Vorstellungen nur erst bereit, um von Fall zu Fall das Verbum in technischen Gebrauch zu nehmen. Vorläufig aber wird es eher funktional eingesetzt und bekommt seine Nuance aus dem Kontext. In der Einleitung des παιδαγωγός des *Clemens von Alexandrien* (I c.1) wird dann unter verschiedenen Verben für mahnende Rede das παραινεῖν (und der παραινετικὸς εἶδος) eingehend bedacht (s.u.), wobei der konkret mahnenden Rede eine erzieherische Mittelstellung zwischen der Bekehrungsrede προτρεπτικός und dem Lehren der *Gnosis* zugewiesen wird.[25] Hier scheint der Ort der neutestamentlichen konkreten Mahnrede erstmals in einem philosophischen Konzept erfaßt zu sein.[26]

Die späte Zusammenstellung der *Comparatio Menandri et Philistionis* 2 greift im Proömium (v.1-11) nach einem dreifachen Wortspiel um σοφός die Möglichkeit auf, παραινεῖν als Inbegriff des Mahnens zu verwenden: Μένανδρος ὁ σοφὸς νῦν πάλιν παραινέσω ..[27]

παραινέσεις

Als παραίνεσις wird noch lange Zeit vor allem die Einzelgnome oder eine paränetische Funktion bezeichnet, kaum aber die Mahnrede. So kann von παραινέσεις gesprochen werden, wenn ein λόγος παραινετικός gemeint ist. Besonders interessant ist hier Philo, der das Deuteronomium als Ganzes mit προτρεπτικοί (sc. λόγοι) bezeichnen kann Fug 170; Virt 47, und der ἐν ταῖς παραινέσεσι sagt, wo der Ton auf der Mehrzahl einzelner mosaischer Vorschriften liegt SpecLeg 4,131; Agr 84.[28] Ich halte es für möglich, daß er bei dieser Verwendung des Begriffes an Mose als *Erzieher* des Volkes dachte im Unterschied zu Gott als *Gesetzgeber*. Denn παραίνεσις hat zwar einen verpflichtenden Klang, unterscheidet sich aber doch von der ἐντολή. Das Dtn ist ihm Rede des Mose. Die zweite Hälfte von De Virtutibus, 163-227, von COLSON als »homily« über Dtn 8,1ff bezeichnet, eröffnet Philo mit παραινεῖ.

Den Gebrauch als *mahnende Einzelgnome* setzt die Suda voraus, wenn sie bei *Phokylides* (s.v.) παραινέσεις ἤτοι γνώμας findet. Die Bezeichnung der Gnome bei Nikolaus Sophistes, Progymnasmata 4 (III 463 SPENGEL), als ἀπόφασιν .. συμβουλήν τινα καὶ παραίνεσιν ἔχουσαν (!) zeigt genau die normale, appositionelle Rolle. Der Herausgeber, der die Monostichen Menanders im 13.Jh. alphabetisch nach Stichworten ordnete (vermutlich Planudes handschriftlich selbst), erfaßte unter εἰς παραίνεσιν nur einen einzigen Doppelvers über das νουθετεῖν mon 57f. Das zeigt die rein funktionale, ganz beiläufige Verwendung. - Als *Paränesen* bezeichnet noch Melchior Haiminsfeld GOLDAST die von ihm edierten und mit philologischen Erläuterungen versehenen Lieder aus der »Großen Heidelberger (*Manessischen*) Liederhandschrift« von ca. 1300 (s. Lit.-Vz. Teil A), wobei er unter *Paraeneses* nicht die (umfangreichen) Lieder, sondern ihre einzelnen Mahnungen und Empfehlungen versteht.

Wenn also der Begriff παραίνεσις bevorzugt am Einzelsatz mit ethisch *normierender* und zugleich *empfehlender* Funktion haftet, so kann das Gewicht dieser beiden Charakteristika ganz verschieden verlagert werden. *Philosophia autem et contemplativa est et activa; spectat simul agitque*, Sen ep 95,10. Von Isokrates her liegt der *symbuleutische* Ton nahe.

---

[25] Die Kritik des Ariston am τόπος παραινετικός als Mittel nur für Erziehungssklaven παιδαγωγοί (und Ammen) wird hier, wo der λόγος selbst als παιδαγωγός erscheint, ins Positive gekehrt.

[26] Zur Abhängigkeit von Posidonius vgl. G.STÄHLIN, Art. παρακαλέω κτλ., ThWNT 5,777f

[27] In der *Comparatio* I grüßen die beiden Kontrahenten sich gegenseitig, hier dagegen grüßt Menander die zuhörende Jugend. - Ein Vorkommen von παραινεῖν mon 693 ist untypisch.

[28] Dazu COLSON z.St. Fug 170; vgl. MICHEL, *Brief an die Hebräer*[12] 551

Aber als Ausdruck verpflichtender Ordnung, sei diese *Ungeschriebenes Gesetz*, Polis-Ordnung, verbindliche Volkssitte oder allgemeiner das *Kathekon* eines jeden, ist an Vorschrift und Vorschriftenkataloge zu denken. In diesem Sinne eignet sich der Begriff gut für jüdische Toratradition und christliche Mahnrede, die geoffenbarte sittliche Norm in der Form menschlicher Paraklese weitergeben. - Aber was bedeutet die imperativische Form? Die Auseinandersetzung um Einzelparänese, wie sie sich bei Seneca zeigt, hängt zu einem guten Teil von der Meinung ab, sittliche Einzeltopoi seien zur Belehrung oder als pädagogische Muster (Modelle) vorzutragen, während die Entschiedenheit für das Gute anderswoher kommen müsse.[29] Entsprechend gehören die imperativischen Kurzreihen delphischer Art eher älterer Zeit oder vulgärem Umfeld an. So bereitet die zeitgenössische Literatur ethischer Beeinflussung, sobald sie ihr eigenes Wesen etwas reflektiert, Schwierigkeiten für das Verständnis der imperativischen Paränese in jüdisch-christlicher Tradition - so viele inhaltliche und stilistische Anregungen von dort auch aufgenommen wurden. Erst die Epistolographie entwickelt hier die geeigneten Kategorien.

παραίνεσις

Es liegt also nicht an den jüdischen und christlichen Quellen bis zum Ausgang des 1.Jh., wenn wir nun auch der singularischen Verwendung von παραίνεσις als Gattungsbegriff uns zuwenden; denn das Bedürfnis, eine bestimmte Art des Redens oder Schreibens mit diesem Begriff zu benennen, hat man noch nicht empfunden.[30] Es geht uns um Klärung, wie weit ein sich erst bildender literarischer Begriff zum Verständnis der frühjüdischen und urchristlichen Texte Hilfen geben kann. Dabei sind wir in der gleichen Lage wie die griechisch-römische Wissenschaft: daß wir komplexe Sachverhalte durch zusammenfassende und differenzierende Begriffe besser unserem Verständnis erschließen wollen. παραίνεσις dient der Zusammenfassung von mancherlei Äußerungsformen für konkrete Beinflussung. »Clement of Alexandria differentiated between protrepsis and paraenesis *(Paedagogue* 1.1), the terms had been used interchangeably before him and continued to be used so after him.« Und bei dieser sehr vagen Kategorisierung, die *Paränese* und *Paraklese* noch nicht wie Clemens streng unterscheidet, ist es weithin bis heute geblieben, wie unten zu zeigen ist. Immerhin kommt aber doch zugleich die wichtigste Differenzierung ins Spiel: in der spätrömisch-byzantinischen Entwicklung hat sich die alte Unterscheidung von παραίνεσις und προτρεπτικός durchgesetzt: Der Protreptik als dem Gewinnen für eine Grundsatzentscheidung steht

---

29 Infolge dieses Vorurteils neigen Exegeten dazu, auch in Briefen des NT an gut informierte Empfänger in elementaren Vorschriften Belehrungen über nicht genügend klare Grundsätze zu sehen. H.PREISKER, *Ethos des Urchristentums* 168-195, nimmt sogar einen Standpunkt ganz in der Art des Ariston von Chios ein, wenn er es für eine Beeinträchtigung des urchristlichen Telos-Ethos ansieht, daß Paulus die *Agape* in Einzelweisungen entfaltet.

30 Als rhetorischer Begriff ist *Paränese* im Bereich des *genus deliberativum* erst spät belegt, LAW s.v., Sp.2220; Quintilian Inst 9.2,103.

die Paränese als Anleitung zu konkret beschriebenem Verhalten gegenüber.[31] Von dieser Vorgeschichte her erklärt es sich, daß bis heute terminologische Verwirrung entsteht, wo die Verwendung eines jüngeren, engen oder eines älteren, weiten Paränesebegriffes nicht geklärt wird.

Theodoret bezeichnet in seiner *Interpretatio epistulae ad Ephesios* (5.Jh. - PG 82, Nr.426) Eph 4,17-24 als προοίμιον der ab v.25 beginnenden παραίνεσις mit ihren παροιμίαι. Er kann also jetzt eine gebräuchliche Nomenklatur voraussetzen. Auf der Grundlage der alten Lehre, daß es in der ermahnend-anweisenden Rede um ein *Fernhalten von* und ein *Hinführen zu* gehe, unterscheidet etwas später *Pseudo-Libanius*[32] (gegenüber *Demetrius*) in der positiven Redeform die παραίνεσις von der συμβουλή; im ersteren Fall erwartet der Redende grundsätzliche Übereinstimmung ἀντίρρησιν οὐκ ἐπιδεχόμενος §5, im zweiten setzt er persönlich sich für etwas ein, was man so oder so betrachten kann. Ich sehe in solchem Distinguieren nicht zuerst die Empfehlung von idealer Form mithilfe ἀκριβείᾳ πολλῇ καὶ τέχνῃ §1, sondern ein analytisches Instrument. Die Existenz von Schrifstücken ermahnenden Charakters, oft mit unverbundener Aufreihung verschiedener Mahnungstopoi, verlangte Würdigung, die mit grundsätzlichen Fragen, *wie man denn leben müsse*, um richtig zu leben, nicht zu erfassen waren.

Da sich in der Epistolographie das Kriterium der persönlichen Zuwendung und Anrede ὥσπερ παρὼν πρὸς παρόντα §2 per definitionem ergibt, finden wir hier die Merkmale

1. des Konkreten,
2. der Einflußnahme,
3. der vorausgesetzten Zustimmmung,
4. des Anredecharakters und
5. des Abratens oder Zuratens.

Bei Anwendung dieser Kategorien für Formen der volkserziehenden Toratradition und für das NT geht es darum, ob wir so ein Maximum an Textmerkmalen verschiedener Texte vergleichen lernen. Die Gattungsbestimmung hat natürlich, auf jüdisch-frühchristliche Paränesetexte übertragen, ihre Grenzen, wie ich an drei Punkten zeigen möchte:

Zu 3. a) Hier ist geht es um den Ansatzpunkt, den usuellen, vorwiegend traditionsbestimmten Charakter von Paränese zu erfassen. Der oft mehr persönliche Charakter von Briefen verlangt ein weiteres Verständnis von *»usuell«*. Ein einseitig traditionsorientiertes Herangehen an die neutestamentliche Briefparänese hat Schwierigkeiten für die Erfassung aktueller und persönlicher Momente bereitet. Hier ist die epistolographische Definition ἀντίρρησιν οὐκ ἐπιδεχόμενος weiter und angemessener. Aber nicht eine Definition, sondern die Textanalyse im sozialgeschichtlichen Kontext entscheidet über die engere oder weitere Anwendung der Defintion.

Zu 3. b) Diese Definition besagt aber nicht viel über die Zustimmung des Adressaten,

---

31 BERGER, *Gattungen* 1052: »Im Unterschied zur Paraklesis des Protreptikos ist die Parainesis von Gnomen nicht mahnend, sondern anratend und vorschreibend.« - Die Seneca entnommene Bestimmung (s. HARTLICH, *De exhortationum historia* 222): *non adhortatur, sed monet, suadet, praecipit*, hat erhebliche Tücken durch den Umgang mit mindestens dreierlei Sprachen - Griechisch, Latein und die eigene heute - und die schon bei den antiken Autoren unterschiedlichen Begriffsnuancen. Wo keine Schule den Begriffsgebrauch festlegt, ist nicht zu umgehen, daß man sich um eigene Deutlichkeit und ggf. um Bezugnahme auf antike Nomenklatur bemüht. Hildeg.CANCIK a.a.O. nimmt Senecas Übersetzung von παραινετική mit *praeceptiva* durch das angelsächsisch geläufigere und eindeutigere *»praeskriptiv«* auf.

32 *Libanius. Opera* Bd.9, Leipzig 1927. Die *Epistolimaioi Charakteres*, auf die ich mich beziehe, werden ins 4. bis 6. Jh. datiert.

sondern bestimmt nur die Redeform, die von einem »als ob der Angeredete schon zugestimmt hätte« ausgeht. Auf die Paränese im Wirkungsfeld der Tora heißt dies, daß die grundsätzliche Zustimmung zum Gehorsam gegen Gottes Willen nicht in Frage steht und für dessen Konkretisierungen in Anspruch genommen wird. Lesen wir die Definition als konstruktives Prinzip und nicht als analytisches Instrument, geraten diejenigen Gnomenreihen aus dem Blickfeld, die Ethik vermitteln in der Form des topischen Mosaiks und sich der Frage, ob eine Autorität vorschreibt oder ein Erfahrener Rat gibt, gar nicht stellen wollen. Insofern kommen ja das παραινεῖν und das συμβουλεύειν materialiter aus einer Quelle.

Zu 5. Es gibt im NT Reihen von positiven Verhaltensimperativen, die höchstens am Rande ein apotreptisches Element erkennen lassen. Mahnung entwickelt sich hier in Richtung der Gemeindeordnung. Wollten wir solche Texte nur deswegen als »nichtparänetisch« bezeichnen, weil sie sich dem Schema »entweder apotreptisch oder protreptisch« entziehen, würden wir anachronistisch aus einem jüngeren analytischen Instrument ein Prokrustesbett für ältere Texte machen.

Die Begriffsabgrenzung von παραίνεσις und παράκλησις (und damit zu προτρεπτικοὶ λόγοι) und das Urteil, ob Einzelgnomen ὑποθῆκαι ὡς χρὴ ζῆν (Isokr 2,3) gemeint sind oder eine Rede, kann nicht Ausgangspunkt, sondern nur Ergebnis der jeweiligen Kontextinterpretation sein. Wir dürfen annehmen, daß die vielgelesenenen Autoren PsIsokr, Seneca und Libanius in byzantinischer Zeit und bis in die Neuzeit nachgewirkt haben. Wenn neuere Untersuchungen zum Neuen Testament pauschal von einem *Verständnis von Paränese, das in der Rhetorik gebräuchlich war*, ausgehen wollen, dürfte dies mehr auf langjährige Annahme der modernen Exegeten als auf zeitgenössische Textzeugnisse zurückgehen. Von einem eindeutig-kategorialen Begriffsverständnis und einer entsprechend geschlossenen Gattungsvorstellung von *»Paränese«* in der Antike allgemein kann nicht gesprochen werden.

»Hellenistic Moralists«

Während der Korrekturarbeit für diese Veröffentlichung fand ich Zugang zu neuerer US-amerikanischer Literatur, die mir entgangen war oder neu erschienen ist und die hervorragende Hilfe gibt, die Anfang des Jahrhunderts sehr pauschal behauptete Beziehung zwischen griechischer Paränese und neutestamentlicher »Paränese« zu überprüfen, zu verifizieren und zu präzisieren.[33] Hier finden wir bisher vermißte Begriffsklärungen für παραίνεσις, Textzusammenstellungen aus der Literatur hellenistischer Moralisten und - eine wichtige Horizonterweiterung über literarische Dokumente hinaus - die Frage nach den sozialgeschichtlichen Voraussetzungen unterhalb der Ebene der Literaten, Briefschreiber (NT) und philosophisch interessierten Tradenten. Speziell für die Paränese finden sich Briefbeispiele, wie sehr Konventionelles (*»Usuelles«*) und Persönliches ineinander gehen kann.

[33] Ich nenne: D.E.AUNE, *Greco-Roman Literature and the NT* (1988); A.J.MALHERBE, *Social Aspects of Early Christianity* (1977) sowie *I Thessalonians as a Paraenetic Letter* (1972) und *Moral Exhortation. A Greco-Roman Sourcebook* (1986); W.A.MEEKS, *The moral World of the First Christians* (1986); ders., *Understanding Early Christian Ethics*, JBL 105/1986, 3-11; St.K.STOWERS, *Letter Writing in Greco-Roman*

Ich konnte diese Arbeiten nur erst in Ansätzen aufnehmen und anwenden. Wenn ich gegenüber der Zusammenschau des Paränetischen, die in der Quellenzusammenstellung bei MALHERBE, *Moral Exhortation*, rund 800 Jahre umfaßt, mehr der deutschen Art des Differenzierens das Wort rede, so habe ich dafür drei Gründe zu nennen:

1. Der jüdische Beitrag erscheint so sehr im hellenistischen Judentum absorbiert, daß der Beitrag christlicher Lehrer aus jüdischer Tradition leicht unterbewertet werden kann.

2. Das Fehlen eines popularethischen Begriffes παραίνεσις im NT erscheint eher wie ein Betriebsunfall, wenn von seiner Tragfähigkeit für die Zeit von Isokrates bis Pseudo-Libanius ausgegangen und die späte Festigung des Begriffes weniger bedacht wird.

3. St.K.STOWERS führt in das *Letter Writing* ein (S.15f) mit dem Hinweis auf die Vielfalt der Ansätze, die im Briefschreiben zum Tragen kommen und entsprechende Brieftypen entwickeln ließ. Dieser Blick für das Differente darf auch beim Finden von Parallelen nicht außer acht gelassen werden. Ich beobachte z.B. bei PERDUE[34] die Neigung, den Jakobusbrief von einer idealen Gattungsvorstellung *»Paränese«* aus nach Merkmalen abzusuchen, die in diese Gattung passen. Zweifellos fördert das interessante Vergleiche zutage. Aber damit ist ja noch nichts über die historische Frage ausgemacht, ob Ähnlichkeiten auf *analogen* Folgerungen von verschiedenen Voraussetzungen her, auf einer gemeinsamen *Genealogie* oder auf *natürlichen Gegebenheiten* beruhen. Die alte Gefahr der mit SEEBERG und DIBELIUS eröffneten Paräneseforschung, daß der Zusammenhang mit den aktuellen Entstehungsvoraussetzungen der Texte ungeklärt bleibt, könnte hier unterschätzt werden.

1.32 Die weitere Entwicklung des Begriffes »Paränese«

Eine Lexikonauskunft aus dem Jahr 1838 (Brockhaus) nennt uns das Begriffsproblem: »PARAENESIS (παραίνεσις) hieß bei den Griechen jegliche Ermunterung, Warnung, Rath; in einer bestimmten technischen Bedeutung dagegen kam das Wort bei den griechischen Lehrern der Beredsamkeit nicht vor; aber die Neuen nennen solche Reden oder Theile von Reden, in welchen Zuhörern bestimmte Lehren gegeben, Ermahnungen an sie gerichtet werden, Paränesen, paränetische Teile ...«[35] Daß hier zwischen der Antike und den »Neuen« (= Modernen) keine Kontinuität erkannt wird und auch die byzantinische Paränese unangesprochen bleibt, zeigt die Hintergründe der bis heute zu beobachtenden Begriffsunsicherheit. Doch darf vermutet werden, daß der von Christen fleißig gelesene Seneca begriffsbildend gewirkt hat. Daß man ohne eigentliche »Lehre von der Paränese« den Begriff zu verstehen schien, ist am ehesten von Senecas ep 94-95 her erklärlich.

Der alte, rein funktionale Begriff hat sich am deutlichsten im Adjektiv erhalten, wobei die Auffassung, ob es dabei mehr um den Zuspruchcharakter oder um Vorschriftencharakter (womöglich ohne systematische Ordnung) geht, kontrovers ist. Der Artikel *Philosophie (Paracletische)* in *Grosses Universal-Lexikon* (1733ff: 27,2122) spricht der *Philosophie (Paränetische)* (ebd. s.v.) den Zuspruchcharakter ab und erklärt diese für eine »Moral-Philosophie, ... in Ermahnungen und Geboten vorgetragen«. Die *Philosophia Paraenetica* (!) des Wilhelm MECHOVIUS (1671) - eine Fundgrube ethischer (und darein eingeschlossen religiöser) Topoi aus griechischen und lateinischen Schriften - möchte dieser Lexikonartikel nur bedingt als

Antiquity (1986)

[34] *Paraenesis and the Epistle of James*, ZNW 72/1981, 241-255

[35] *Allgemeine Encyclopädie der Wissenschaften und Künste*, III/11 S.325, Leipzig 1838, s.v. *Paraenesis*

paränetisch gelten lassen, weil sie, »ordentlich [= thematisch geordnet] abgefasset, vor [= für] systematisch passieren kann«. - A.H.FRANCKE hält für seine Studenten viele Jahre hindurch ein *Collegium Paraeneticum* mit meist freien Ausführungen, die in »bunter Fülle spezielle Monita zur Lebens- und Studienführung« bringen.[36] *»Parānetisch«* gilt bei Claus HARMS (*Pastoraltheologie* 2,242 - 1830-1834) als Kennzeichen der *applicatio*, mit der der Prediger sich gegen Ende seines Sermons vom belehrenden Darlegen abwendet und mahnend und warnend die Hörer anspricht. Das »Allgemein-Religiöse, das Paränetische, das Gemüthliche« der Konfirmationspredigt wird unterschieden vom »Christlich-Dogmatischen« der Normalpredigt. H.A.W.MEYER spricht von einem »theoretischen« und einem »paränetischen« Hauptteil (*Römerbrief*, Einleitung) oder einem »apologetisch-dogmatischen« und einem »paränetischen Theile« (*Galaterbrief*, Einleitung; je durch die Auflagen), verwendet aber dafür noch nicht einen Gattungsbegriff »Paränese«.[37]

Ob der Buchtitel des GOLDAST: *Paraeneticorum Veterum Pars I* (s. S.248) vom Gattungsbegriff der *Paränese* oder von der Vorstellung der *Paränesen-Sammlung* ausgeht, wenn er die Autoren seiner Texte als *»Paraenetici«*, *Paränese(n)-Dichter* bezeichnet, vermag ich nicht zu sagen. Die jüngsten mir bekannten deutschen Beispiele, daß im Buchtitel ein Verfasser selbst sein Werk als *Paränese* bezeichnet, stammen aus der Zeit um 1800.[38] Erst danach wird der Weg frei für einen wissenschaftlichen Gattungsbegriff.

1.33 Für und wider Paul Wendlands Gattungsbegriff

Paul WENDLAND scheint als erster den Begriff *»Paränese«* zur Erhellung antiker Literatur eingesetzt zu haben. Martin DIBELIUS ist ihm darin für die Theologie gefolgt. Wie sie den Begriff verstanden, das entsprach drei zeitgeschichtlichen Problemstellungen: 1) der Sackgasse einer psychologisierenden Exegese, die mit modernen Vorstellungen alte Autoren zu verstehen versuchte, 2) der Schwierigkeit des Liberalismus, eine zwingende Beziehung zwischen Dogma und Ethik, zwischen Glaubenstradition und moderner Lebenspraxis zu erkennen, und 3) den Problemen der Wissenschaftler aus christlicher Tradition mit dem antiken Judentum, das sie zwar besser zu verstehen glaubten als jüdische Gelehrte und in dem doch entscheidende Bereiche *terra incognita* blieben und wichtige Möglichkeiten unterschätzt wurden.

Zu 1. Traditionen würdigen vor psychologisierender Exegese

Die Art wie einer der letzten großen Vertreter einer vor-formgeschichtlichen Methode, Adolf SCHLATTER, sich etwa bei der Exegese der unter dem Namen des Paulus überlieferten Briefe einfühlt in einen Text, eine Geschichte und die Psyche einer Persönlichkeit und daraus meisterhaft exegetische Urteile entwickelt, ist faszinierend; sie trägt aber nur solange, bis die Frage einer gewissen geschichtlichen Plausibilität durch die Fragen nach der historischen Zuverlässigkeit und der Tragfähigkeit der Geschichtsberichte für den Glauben verdrängt wird. Wenn diese Fragen über exegetischen Kombinationen nicht mehr zur Ruhe kommen, muß das historisierende Band gelöst werden. Dies konnte der neue Paränesebegriff unterstützen, weil er mit dem Begriff der *»usuellen Paränese«* das Traditionsmaterial von den kurzfristigen Wechselfällen der Geschichte und den Intentionen der einzelnen Autoren teilweise ablöste.

---

[36] DEBOOR, *A.H.Franckes Vorlesungen* 310

[37] Sowohl die Paarungen »dogmatisch - ethisch« und »theoretisch - praktisch« als auch ihre Verknüpfung zur Kategorisierung des Paränetischen entsprechen noch allzusehr der älteren Funktion der Exegese als Beweislieferant für die systematische Theologie.

[38] *Paränese für studierende Jünglinge* (F.T.Friedemann, Braunschweig 1833ff); *Paränesen für Studierende* (K.M.Schermer, Jena 1840/42).

Zu 2. Usuelle Paränese - Tendenzparänese

Entscheidend sind natürlich nicht zeitgeschichtliche Bewertungen, sondern die optimale Erfassung der Textzeugnisse, der wir uns eingehender zuzuwenden haben. Nach Wendland[39] zeigt die pseudo-isokrateische Rede *An Demonikos* den »Durchschnittstypus der Paränese« besser als die beiden paränetischen Reden des Isokrates *An Nikokles* und *Nikokles* »mit ihren Mahnungen«, die »vor allem das politische Gebiet betreffen«. Die *Demonicea* hat 1) »die Form persönlicher Anrede«, die von der poetischen auf die prosaische Paränese übergeht.[40] Sie versteht sich 2) als ein ὑποθέσθαι für alle ἐπιτηδεύματα mit dem Ziel des εὐδοκιμῆσαι nach den Bestimmungen, die Isokrates or 2,6 und Hippias[41], vielleicht einer der frühen Verfasser einer Prosaparänese, schon mit den gleichen oder ähnlichen Begriffen gegeben haben. Die dort 3) zu beobachtende Tendenz, πάμπολλα νόμιμα καὶ πάγκαλα (s. die Hippias-Stelle) in einer Paränese zusammenzufassen und sie καθ᾽ ὅλων τῶν ἐπιτηδευμάτων Isokr 2,6 auszudehnen, sieht Wendland in der *Demonicea* im bienengleichen Sammeln aus allen möglichen Dichtern, Sophisten und aus der *Sieben-Weisen*-Überlieferung (vgl. *Demetrios*) realisiert. Diese Charakteristika lassen sich ergänzen 4) durch den in der Überlieferung beliebten Topos des väterlichen Vermächtnisses[42] und 5) durch die Erklärung, der Leser solle sich des Dargebotenen wie eines ταμιεῖον zur eigenen Auswahl bedienen §44. Dies Angebot der eklektizistischen Benützung der Sammlung ist natürlich das genaue Pendent zum eklektizistischen Herstellen der Sammlung; diese ist »eine Art Anthologie, die die Namen der Gewährsmänner unterdrückt« (100).

Für Wendlands Annahme, ein solcher Text lasse die übliche Eigenart von Paränese besonders gut erkennen, mag sprechen, daß die Breitenwirkung der *Demonicea* die der originalen Isokrates-Reden bei weitem übertrifft, wie die Zahl der erhaltenen Abschriften und die Papyrusfragmente zeigen. Trotzdem ist es Wendlands eigene und folgenschwere Entscheidung, wenn er mit einer Gattung *Paränese* rechnet, die durch die Jahrhunderte von diesen Merkmalen des Eklektizismus und der Situations-Ungebundenheit ausgeht. Es gibt mindestens noch die andere Entwicklungslinie, die oben für die ältere dichterische Paränese skiziert wurde. Und ich vermute, daß nicht nur für die Entstehung einzelner Gnomen, sondern auch für frühe »Sammlungen« bzw. dichterisch gebildete Reihen diese andere Linie ausschlaggebend war. Für Hesiods *Erga* und für die paränetischen Reden des Isokrates wurde die Beziehung der Spruchaufreihungen zu ihrem Rahmen eingehend untersucht und die Doppelstrategie solcher Verbindung erwiesen. Das paränetische Material und seine Darbietung in direkter Anrede mittels Imperativreihen wird einer Tendenz nutzbar gemacht, wobei es wesentlich ist, daß die Auswahl der Mahnungstopoi gerade nicht durch die Tendenz streng begrenzt wird. So erscheint das spezielle Anliegen fest verbunden mit der Darstellung eines universalen ethischen Anspruches.

Für die Sammlungen von Sieben-Weisen-Gnomen mag das Konzept Wendlands eher zutreffen. Die Sage, die geschichtliche Erinnerung durch erzählerische Verschlüsselung bewahrt und damit zugleich einen entspannteren Umgang mit Geschichte ermöglicht, bietet Reden und Redenkomplexe als Beispiel. Tendenzbetonte Gnomen können hier in eine »entspannte« Situationsbeziehung eingebracht werden; deren

---

39 *Anaximenes von Lampsakos* (1905), vor allem das V.Kapitel: »Die Rede an Demonikos«. Die folgenden Zitate ebd. S.81-83

40 H.DILLER (*Die dichterischen Formen von Hesiods Erga* 243): »Eine derartige Wendung zum Gegenüber (sc. dem Bruder Perses) mit der Absicht unmittelbarer Einwirkung auf den Angeredeten ist als παραίνεσις, als λόγος παραινετικός ein wichtiger Bestandteil des zwischenmenschlichen Verkehrs unter den Griechen, und so haben wir das Recht, die Erga als paränetisches Gedicht zu bezeichnen.«

41 nach Plato Hipp I 286B (FVS Hippias A9, vgl. A2)

42 §9 *Indessen hast du ja, wenn du dich der Handlungsweise deines Vaters erinnerst, ein vertrautes* οἰκεῖον *und schönes Beispiel für meine (sc. paränetisch-mahnenden) Worte.*

Zusammenstellungen variieren ja auch häufiger in der Textüberlieferung als die »Rahmen«-Handlung, wie z.B. die *Aesop*- und *Achikar*-Überlieferung zeigt (KÜ 329f).

Isokrates stellt - mit ausdrücklicher Berufung auf Hesiod, Theognis und Phokylides 2,43 - einer oberflächlichen Nützlichkeitserziehung oder einer Erziehungsbemühung ohne bildsame Form seine rhetorisch entwickelte *Prosaparänese* gegenüber[43]. Beide Beispiele, die der berühmte Rhetor und Gegner Platons uns gibt, zeigen den Doppelcharakter der alten Paränese. Nach der Einleitung der Rede *An Nikokles* trägt der Verfasser einen Fürstenspiegel[44] vor. Er ist der Form nach die Zusammenstellung von Lebensregeln für Menschen in bestimmten Positionen. Aber »die lockere äußere Zusammenfügung verbirgt zunächst, was die nähere Betrachtung zeigt, daß hier ein geschlossenes politisches Konzept entfaltet wird« (EUCKEN, *Isokrates* 225). Der Verfasser wählt die Form locker gereihter *Hypothekai*, um seine Staatsverfassung praxisnah und zugleich grundsätzlich zu entwickeln und sie der Politeia des Plato gegenüberzustellen. - In dem anderen paränetischen Text, *Nikokles*, legt der Verfasser seinem früheren Schüler, dem jetzigen König, eine Rede an sein Volk in den Mund, in der der König seine hehre, dem Staat zum Vorbild dienende Lebensauffassung und Lebensführung an vielen Einzelbestimmungen vorführt. Das Gegenteil von dieser hehren Haltung eines Königs ist im Leben des Nikokles weithin wahr. Isokrates wollte offensichtlich mit der Übersendung dieser (zweiten) Rede dem ins Straucheln gekommenen König helfen. Die Rede ist als ein Ganzes zu lesen: als Ruf zur Ordnung. Das in Einzelsprüche gesplittete Ethos entspricht auch genau der erkenntnistheoretischen Vorstellung des Verfassers, daß man die Wahrheit an sich nicht wissen könne und ihr in der angemessenen Begegnung mit einzelnen sozialen Realitäten am ehesten nahe komme.[45] So ist die in einen Tendenzrahmen eingebundene Paränese für ihn die passende Form einer (nach seiner Art milden) Kampfschrift. Im Mosaik der vielen konkreten ethischen Pflichten zeigt sich ein Ganzes richtiger als im Versuch eines Systems der Werte.

DIBELIUS hat dem Paränesebegriff WENDLANDs in seinem Bemühen um eine »Rekonstruktion des gesamten Urchristentums von innen her« einen ganz wesentlichen Platz zugewiesen. Er hält solche »Rekonstruktions«-Bemühung für unabdingbar in formgeschichtlicher Arbeit[46], die sich dem nichtsynoptischen Stoff zuwendet, und bringt damit ja den soziologischen Ansatz der Formgeschichte wenigstens absichtsweise zur Geltung. Dabei hat er eine Diastase zwischen eschatologisch-enthusiastischem Aufbruch der Jesusgemeinde und den bald wieder sich vordrängenden Aufgaben des gesellschaftlichen Alltages beschrieben und das jüdisch-hellenistische Angebot an Paränese als Hilfsmittel in der Verlegenheit bezeichnet (s.u.). Damit hat er ja nun zweifellos ein Problem, das die konsequent eschatologische Interpretation der urchristlichen Zeugnisse nicht hatte aufarbeiten können, auf seine Weise gelöst. Die Forschung ist über dieses Bild des Urchristentums alsbald hinweggegangen. Und was die sittlichen Einzelmahnungen betrifft, so ist jedermann inzwischen bewußt, daß sie nie ohne engagierte Anbindung an die christologische Lehre vermittelt wurden. Die Erklärung, sie sei eben nur mit christlicher Motivation versehen und allenfalls in einzelnen Punkten christlich aktualisiert, ist eine Verlegenheitsauskunft, die die forschungsgeschichtliche Abhängigkeit von der Geschichtsrekonstruktion bei Dibelius nicht verleugnen kann.

Paränese wäre bei solchem Verständnis als Sammlung von Mahngut ohne verbindlich gedachte ethische Grundausrichtung ein Degenerationsprodukt, sofern dies Mahngut eben nie ohne ethisches Engagement entstanden ist. So kann diejenige paränetische

---

43 ohne daß allerdings der Terminus in den technischen Gebrauch aufgenommen worden wäre. Die geläufige Ehrung des Isokrates als des Begründers der Prosaparänese bedarf einer zweifachen Eingrenzung: Der Übergang zur Prosaparänese ist eher fließend (vgl. WEST, *Hesiod, Works* S.24f), und die zwei paränetischen Reden des Isokrates, *Pros Nikoklea* und *Nikokles*, können nur sehr eingeschränkt als Initiierung einer neuen Literaturgattung gelten; vgl. VETSCHERA, *Zur griechischen Paränese* 1,12.

44 Vgl. VÖGTLE, *Tugend- und Lasterkataloge* 73ff; HADOT, Art. *Fürstenspiegel*, RAC 8,555-631 - dort Sp. 576 zu Isokrates

45 WESTERMANN (*Forschungsgeschichte* 45) beobachtet, daß das vielfältige, ein geschlossenes Ethos anzeigende »Interesse am Menschen, wie er wirklich in der Fülle des Lebens ist, nur in den Sprüchen begegnet, in den Gedichten der Lehrweisheit aber ganz zurücktritt.« Demnach hat Isokrates etwas vom Wesen des Aphoristischen ausgedrückt und genutzt, was auch für die israelitische Weisheit gilt.

46 *Zur Formgeschichte des NT (außerhalb der Evangelien)* 211

Sammlung, deren Kennzeichen die Profillosigkeit im Widerstreit der Meinungen einer Epoche, einer Landschaft, einer Gruppe ist, nur eine verflachte Möglichkeit von Paränese sein. Das Judentum und das frühe Christentum, soweit es sein Erbe angetreten hat, war nicht in der Verlegenheit, auf profilloses paränetisches Material angewiesen zu sein. Und an Gespür für die etwa kynisch-autonome oder bürgerlich-stabilisierende oder stoisch-tugendbezogene Tendenz des Überlieferungsgutes, dem man begegnete, dürfte es nicht gefehlt haben.

Zu 3. Griechische Lösungen für jüdische Textprobleme

In seiner Voraberwiderung an künftige Kritiker des *Therapeuten*-Aufsatzes[47] deutet WENDLAND die Probleme mit der Kenntnis oder Unkenntnis des antiken Judentums an.

»Für die Kenntnis des Judentums steht uns zur Verfügung die hellenistisch-jüdische Litteratur, von der uns verhältnismässig geringe Reste erhalten sind, und der Talmud. Die Vertreter der ersteren geben uns, weil sie dem jüdischen Geiste, wie schon der Gebrauch der griechischen Sprache beweist, mehr oder weniger entfremdet sind, über das innere religiöse Leben, über die eigentlichen volkstümlichen Vorstellungen doch nur unvollkommene und oft einseitige Nachrichten, die zum Glück durch die neutestamentlichen Schriften sehr wesentlich ergänzt werden. Die Notizen des Talmud aber kann, wer nicht in dem beneidenswerten Besitze eines Mittels zu sein wähnt, um seine Geheimnisse zu deuten und aus ihm Geschichte zu machen, nur nach Maßgabe der griechischen Quellen einordnen. Unter diesen Umständen wird kein Einsichtiger voraussetzen, daß wir eine einigermaßen vollständige Kenntnis der mannigfachen Erscheinungen des religiösen Lebens einer Zeit besäßen, in der das Juderntum von den verschiedensten inneren Tendenzen und äußeren Einflüssen bestimmt noch in der Entwicklung begriffen ist und in einer Krise steht, die erst später mit der Ausbildung eines starken, die Freiheit des religiösen Lebens bindenden und ausschließenden Systems endet.«

Lebhaft schildert Wendland die fruchtbare Verbindung des Jüdisch-Orientalischen mit dem Hellenistischen in seinem Werk *Die hellenistisch-römische Kultur in ihren Beziehungen zum Judentutum und Christentum* ([4]196f); aber nach der Anlage des Buches erscheint doch unter den Voraussetzungen der Literatur der griechische Geist eher als der gebende Teil, dem das Judentum nicht gewachsen war. Er fand die Voraussetzungen für die Entstehung christlicher Paränese mehr in griechischer Überlieferung bzw. in Einflüssen des Griechischen, denen sich das Diasporajudentum geöffnet hatte.

Dieser Vorstellung arbeitete I.HEINEMANN insofern zu, als er an seinen speziellen Forschungsgegenstand, die Schriften Philos und darin wiederum *Die Lehre vom Ungeschriebenen Gesetz*, die Elle einer rabbinisch verstandenen *Mündlichen Tora* anlegte. Dieser Vergleich konnte bei dem damaligen Erkenntnisstand wohl nur zu dem Urteil führen, daß Philo die *Mündliche Tora* entweder nicht kenne oder nicht seinen Ausführungen zugrunde lege und daß sein Begriff vom *Ungeschriebenen Gesetz* kein jüdischer, sondern ein durch und durch griechischer sei. Somit sei auch das im Zusammenhang dieses Begriffes vorgeführte Ethos mehr der griechischen als der jüdischen Tradition verpflichtet. - Auch W.BOUSSET, Mitstreiter in der Religionsgeschichtlichen Schule, konnte in seinem Werk *Die Religion des Judentums im späthellenistischen Zeitalter* das sog. »Spätjudentum« noch nicht recht als kraftvolle Größe sui generis erfassen, sondern beschrieb den »ganz gewaltige(n) Aufschwung des jüdischen Volkstums« infolge der makkabäischen Erhebung, diesen »frischen Zweig« der Religion des Volkes, als einen »Nachtrieb«, der deswegen »von höchster Bedeutung« war, weil »auf dem Boden dieses späthellenistischen Judentums ... das Evangelium« entstand (S.1). Seine Ansätze zur Revision dieses Bildes konnte er nicht mehr ausführen und WENDLAND die sich anbahnende Blickerweiterung für das antike Judentum nicht mehr aufnehmen; beide starben in ihrem sechsten Lebensjahrzehnt 1920 bzw. 1915.

[47] *Die Therapeuten und die philonische Schrift vom beschaulichen Leben*, JCPh Suppl 22/1896, 766

So hat Wendland der neutestamentlichen Forschung ein eindrückliches Modell vermittelt, das wichtige Hilfe für das besondere Wahrnehmen von Paränesen als Texten besonderer Eigenart bot. Zugleich hat er Vorstellungen begünstigt, die den Brückenschlag zwischen alttestamentlicher Forschung und NT erschwerten, der Vitalität und Innovationskraft paränetischer Tradierungsprozesse nicht gerecht werden konnten und die gleichwohl bis heute ihre Gegner unter Beweiszwang setzen möchten.

1.34 Zum Gebrauch des Begriffes »Paränese« in neuerer philologischer Literatur

Die klassische Philologie hat, wenn ich recht sehe, die mit dem Begriff *Paränese* verbundene Gattungsvorstellung Wendlands ebensowenig übernommen, wie die älteren Rhetoriklehrer sich der pseudo-isokrateischen Definition von *Proteptik* und *Paränese* bedienten. Sie bleibt bei einem wenig definierten Begriffsverständnis, das allerlei Formen des persönlichen Zuspruchs mit der Absicht, den Angeredeten zu einem bestimmten grundsätzlichen oder praktischen Verhalten zu bewegen, einschließt. Überwiegend wird der Begriff für die Textteile verwendet, die aus dem erzählenden oder darlegenden Duktus zum anredenden übergehen. Der Begriff der »Paränese« verbindet die drei Elemente Grundsatzentscheidung, allgemeine Sitte und konkrete Bewährung in kritischer Situation mit Hilfe eines Vierten: der persönlichen Anrede. Im 19.Jh., in dem die Altphilologie ihre Methoden kritischer Wissenschaft auf neuen Grundlagen entwickelt, war das Interesse an etwas, was man *»philosophia paraenetica«* nennen konnte, erloschen; für die Philologie blieb mit dem Begriff nur eine allgemeine Vorstellung von Zuspruch und Anspruch, der auf alsbaldige Realisierung drängt.

LATACZ untersucht die *Kampfparänesen* bei Homer u.a., die als anfeuernde Aufrufe zur Entscheidung für den Kampf zwingen wollen. J.-U.SCHMIDT unterscheidet in Hesiods *Erga: Aufrüttelnde Paränese, Anleitungsparänese* und *Umstimmungsparänese*. GAISER zeigt den besonderen Ort der üblicherweise als *Paränese* bezeichneten Texte in Platos Dialogen. Hier führt die sokratische Elenktik immer wieder in die Krise, in der das Gespräch zu scheitern droht. Die Paränesen des Sokrates suchen - im paradoxen Versuch monologischer Ansprachen anstelle der elenktisch angesteuerten Selbsthilfe - diese Gefahr zu bannen.[48] Gemäß der üblichen Präponderanz des Philosophischen gegenüber dem Rhetorischen kommt GIGON dabei zu folgender Lexikondefinition: (Paränese ist) »ethische Ermahnung, das Wichtige nicht dem Unwichtigen, das Dauerhafte nicht dem Flüchtigen, die inneren Güter nicht den äußeren aufzuopfern. Die Paränese war wesentliches Element der sokratischen Erziehungskunst, aber auch sonst jeder Ethik, der es vorzugsweise um Seelenführung und Läuterung des Einzelnen zu tun ist.«[49] Die alttestamentliche Wissenschaft hat sich - im Anschluß an VRAD und im Gegensatz zum vorherrschenden Gebrauch der Neutestamentler - des allgemeineren Begriffsgebrauchs bedient und dabei besonders das Drängen auf Entscheidung in geschichtlicher Situation zu erfassen gesucht.[50] Wenn für die synoptischen Gleichnisse deren nichtmetaphorische

---

[48] Wenn GAISER (28) von »den undialogischen paränetisch geformten Stellen, wo Sokrates ausdrücklich ermahnt, warnt und tröstet,« spricht, dann liegt sowohl der Gedanke an Spruchparänese, als auch an typisch diatribische Elemente ganz fern.

[49] Zitate: LATACZ, *Kampfparänese*; J.-U.SCHMIDT, Adressat und Paraineseform 86-102; GAISER, *Protreptik und Paränese bei Platon* S.5; GIGON, LAW Sp.2220

[50] G.VRAD, *Deuteronomium-Studien* 7-9; vgl. EICHRODT, *Theologie des AT* 1,37: »Rechtsbelehrung, die auf einen durchaus paränetischen Ton abgestimmt ist«. Die Trennung des Paränetischen vom Juridischen ist den Alttestamentlern wichtig, so auch die sorgfältig entwickelte Paränesebestimmung bei BEYERLEIN, *Die Paränesen im Bundesbuch und ihre Herkunft*. Dort S.12: »Paränese« sei nicht als Gattungsbegriff einem Sitz im Leben zugeordnet, sondern sei die dem mündlichen Vortrag in Zuwendung zum Hörer angemessene Haltung.

»Anwendung« als *Paränese* oder *paränetischer Schluß* bezeichnet wird, dann klingt hier Ähnliches an: es geht ja um die Aufnahme eines grundsätzlichen und in der Situation zu bewährenden Anspruches Jesu; und zugleich wird die Brücke zum »usuell«-ethischen Gebrauch des Gleichnisses geschlagen, wie er sich in der kirchlichen Rezeption der Jesus-Überlieferung herausbildete.

Aber weithin tun sich die Neutestamentler schwer mit dem Begriff *Paränese*, seit sie ihm exegetische Relevanz einräumen und ihn mit schwerem Gewicht ethischer Geschichtskonzepte beladen (soweit sie ihn nicht überhaupt für illegitim erklären dort, wo das παρακαλεῖν statt des παραινεῖν gültig sei[51]). Die Schwierigkeit liegt begründet in der Vorgeschichte der Kategorisierung, die von der Dogmatik herrührt, wie sie sich in früheren Einteilungen der neutestamentlichen Briefe zeigt:

a) Erster Briefteil = Dogmatik = Indikativ = Evangelium an sich
b) Zweiter Briefteil (Anhang) = Ethik = Paränese = Imperativ = Evangelium in der praktischen Anwendung

Das hat ja nun mehr mit einem philosophischen Schema von Gedanke und Tat als mit Exegese zu tun. Die wissenschaftliche Anstrengung zur formgeschichtlichen Auflösung dieses Schemas spiegelt sich in dem kantigen Paränesebegriff wieder, wie er sich in der Theologie herausbildete.

2. »PARÄNESE« BEI MARTIN DIBELIUS

2.1 Anküpfung an Rudolph Vetschera

Anstelle einer Darlegung der wissenschaftsgeschichtlichen Voraussetzungen verweist Martin DIBELIUS (*Brief des Jakobus* ^{4}1921, 4 A.1) neben Paul WENDLAND auf den Prager Gymnasiallehrer Rudolph VETSCHERA und dessen zwei kleine, eben erst veröffentlichte Beiträge zu den Jahresprogrammen seiner Schule unter dem Titel *Zur griechischen Paränese*. Dieser wird deshalb in der Literatur immer wieder einmal wenigstens mit dem Titel seiner Veröffentlichung zitiert.

Vetschera möchte den Unterschied zwischen der Paränese und dem Protreptikos verdeutlichen sowie allgemein die »Klarheit über das Wesen und den Zweck der Paränesen« fördern (2,21). Mit beidem hat er wohl beigetragen zur Verengung des Paränesebegriffes, wie ihn Dibelius für seine Arbeit dann zum Prinzip gemacht hat. Da etliche Paränesen (von Isokr or 2 an) Fürstenspiegel sind und doch allgemein brauchbare Mahnungen vortragen, gewinnt das Spannungsverhältnis zwischen der speziellen Anrede und dem Charakter des κοινωφελές Bedeutung. Vetschera läßt sich stark leiten von der Spätgeschichte der griechischen Paränese, die dem Sammelcharakter der teils formal oder thematisch geordneten, teils ungeordneten Gnomologien nahekommt. Er verbindet die Beobachtung des Sprunghaften in den paränetischen Reden des Isokrates nicht mit einem Gattungsurteil, sondern mit abfälligem Werturteil, das wir bis heute ähnlich in der Beurteilung des PseuPhok finden. Er kritisiert auch an den späteren Paränesen immer wieder »jenes bunte Durcheinander der einzelnen παραινέσεις, jenen Mangel an einem einheitlich und fest aufgebauten

---

[51] Gerhard Friedrich mündlich. STUHLMACHER, *Brief an die Römer* 191: »Will man dem Apostel (sc. Paulus) wirklich gerechtwerden, muß man seine Art von Gemeindeermahnung *Paraklese* nennen.« S.o. S.240. Vgl. zur Diskussion die kurzen Literaturhinweise bei vLIPS, *Weisheitliche Traditionen* 358f

Gedankenzusammenhang« (2,4). Seine literaturgeschichtliche Arbeitsweise trägt zu einem gattungsgeschichtlichen Herangehen noch wenig bei.

Indem Dibelius die Werturteile über Kontextzusammenhänge in das Sachurteil einer Gattung umwandelte, gab er den Weg frei zur Beobachtung des paränetischen Austausches zwischen Griechen, Juden und Christen, an dem auch die der großen sprachlichen Form und gedanklichen Konzeption Fähigen wie Paulus teilhatten. Dabei vermochte Dibelius sich aber noch nicht frei zu machen von der Meinung, das Allgemeingültige κοινωφελές aphoristischer Maximen beruhe auf einer Konzeptionsarmut der Maximenreihe. Auch erwies sich die Einengung der Vorstellung vom *Sitz im Leben* auf den traditionsgeschichtlichen Ort von Texten im Zuge der weiteren Paräneseforschung als wenig hilfreich. - Der auf das konkrete, weithin aphoristische Mahnen eingeschränkte Gattungsbegriff *Paränese* hat inzwischen wenigstens für die Erforschung des NT Schule gemacht und hat seine Vorzüge. Wir brauchen einen offeneren Blick 1) für den mehr funktionalen Begriff des Paränetischen, 2) für verborgene Kontextverknüpfungen, 3) für die Möglichkeiten der Einbettung einer Botschaft in Spruchfolgen, 4) für die Kraft der soziologischen Bedingungen, die in jüdisch-christlicher Traditionspflege, zugleich variationsfreudig und formbetont, bis in den Moment der Niederschrift durch die uns vorliegenden, schriftlichen Texte wirksam bleiben. Dies ist für die Paräneseforschung unverzichtbar. Vetscheras Studie steht dem keineswegs entgegen.

2.2 Die Prägung des Terminus »Paränese« zum Gattungsbegriff

2.21 Die Definition durch Martin Dibelius

Zugleich mit dem Werk *Formgeschichte des Evangeliums,* das 1919 einer damals aufblühenden Forschungsrichtung den Namen gab, hat DIBELIUS auch die moderne Paränesearbeit, Vorarbeiten A.SEEBERGS aufnehmend und korrigierend, eröffnet.

Zur *Erforschung der paulinischen Paränesen im 20. Jh.*, ausgehend von SEEBERG, vgl. STACHOWIAK (1983). - Seeberg selbst hat den Paränese-Begriff anscheinend vermieden. Wo HAHN, *Katechismus der Urchristenheit* S. XXI, von »Behandlung der Paränese« durch Seeberg spricht, gebraucht dieser Begriffe wie »Lehrstück ethischen Inhalts«, »Katechismus« oder »Die Wege«. Durch seine durch VWEIZSÄCKER angeregte Frage nach einer urchristlichen *»Halacha«* war er wohl dazu gelangt, von dem Terminus für griechische Mahnung abzurücken. Etwa gleichzeitig mit seiner Schrift *Die 'Didache' des Judentums und der Urchristenheit* (1908) erscheint in Meyers Kommentarreihe der Band *Die Thessalonicher-Briefe* von E.VDOBSCHÜTZ (= ^{7}1909). Er nimmt Abschied von der Hauptgliederung »dogmatisch - ethisch« und gliedert: 1.Teil, »Paulus und die Gemeinde« (1,2-3,13) / »Zweiter paränetischer Teil« (4,1-5,24). Auch wenn die durch die *Didache* angeregte Frage nach einem Proselytenkatechismus ihm nicht fern lag, sieht er die Beschränkung der Mahnungen »auf das notwendige ... in der kürzesten Form« darin begründet, daß der Brief eben nur ein Ersatz für die mündliche, für bald in Aussicht genommene Erörterung aktueller Defizite sei. Zehn Jahre nach diesen Veröffentlichungen ist eine neue Forschungsepoche eröffnet.

1921 setzt Dibelius seinen Paränesebegriff aus der *Formgeschichte* zur Bestimmung der Gattung des Jakobusbriefes ein und gibt hier S.4 folgende Definition:[52]

---

[52] DIBELIUS, *Formgeschichte* ^{1}1919, 70ff (^{2}1933=^{3}1959, 25ff.239ff). Dibelius kommt auf seine Ausgangspo-

Unter Paränese verstehen wir ... einen Text, der Mahnungen allgemein sittlichen Inhalts aneinanderreiht. Gewöhnlich richten sich die Sprüche an eine bestimmte (wenn auch vielleicht fingierte) Adresse oder haben mindestens die Form des Befehls oder Aufrufs.[53]

Diese (wie bei ihm üblich) einfache und klare Definition präzisiert er durch Merkmale, die er immer wieder in Kommentaren und Gesamtdarstellungen mit theologischen und geschichtsbezogenen Argumenten betont. Paränese enthält demnach

- »Usuelles« statt Aktuellem,
- Unzusammenhängendes statt des gedanklich Geplanten,[54]
- Alltagsfragen statt Grundproblemen,
- Interkulturelles statt des Eigengewachsenen.

Zu diesen strukturellen Festlegungen kommt weiter eine nicht zum Prinzip erhobene, tatsächlich aber beherrschende - von P.WENDLAND angeregte - Ausrichtung an der Diatribe, die, als *kynisch-stoisch* bezeichnet, ein klarer Bezugspunkt, ein gemeinsames Bezugsfeld im zeitgenössischen Hellenismus zu sein schien. Daß hier sehr Heterogenes zur modern-wissenschaftlichen »Kennzeichnung bestimmter Stilmerkmale und thematischer Zusammenhänge«, nicht aber ein »festumrissenes Genos« unter einen Begriff gefaßt war, geriet leicht aus dem Blick.[55] Das hellenistische Diasporajudentum wird als Ort religiös-diatribischer Rede und als Vermittler an die urchristliche Paränese angesehen. Dabei bleiben die von der jüdischen Weisheit und von den nachexilischen Reformkräften ausgehenden Spracheinflüsse unterbewertet. Und die Armut imperativisch-paränetischer Texte hinsichtlich der Vermittlung ethischer Theorie gerät ganz in

---

sition jeweils in den Kommentaren zurück: *Jakobus* S.4-10, im HNT die Exkurse zu Kol 4,1, Eph 4,1, Herm.mand. 1; ferner: *Religion* 146ff; *Paulus* 82-85; *Literatur* 2,65ff. Speziell für die Briefparänesen des NT: *Zur Formgeschichte des NT* (1931). - Dibelius bezieht sich neben VETSCHERA auf eine Anmerkung betreffend die Didache bei A.vHARNACK (*Dogmengeschichte* 1,173 A.2), wo er »geradezu das Programm aller künftigen Untersuchungen der Paränese« findet.

53 Die Anrede »unterscheidet sie von dem Gnomologium, der bloßen Sentenzensammlung« (ebd.) - und erst recht von der literarisch orientierten *Anthologie* (als deren Spezies das Gnomologium bei manchen gilt; zur Begriffsdefinition s. KÜCHLER 238 A.4; 240).

54 DIBELIUS vermerkt wohl gelegentlich, daß es seit Isokrates auch Paränese in der Form von thematisch geschlossenen Mahnungsblöcken gibt. Die Tendenz zur Lösung der Forschung von Gedankengängen eines dichtenden Individuums und seine Hypothese von der en-bloc-Übernahme vorliegender Sammlungen durch das frühe Christentum lassen die Beschäftigung mit thematischen Bindegliedern immer wieder zurücktreten. Sicher hat dazu auch beigetragen, daß Dibelius als überaus umsichtiger Exeget mit seiner Methode an Grenzen stieß, die bei der stärkeren Einbeziehung von Themafragen noch enger gewesen wären.

55 Zitate aus KP Art. *Diatribai*, 2,1577 (Nachträge). Vgl. UEBERWEG/PRAECHTER 1,432ff; STOWERS, *Diatribe* 71-83. - Für die konsequente Weiterführung der Ansätze von P.WENDLAND (*Philo und die kynisch-stoische Diatribe*, 1895, und *Anaximenes von Lampsakos*, 1905) und R.BULTMANN (*Der Stil der paulinischen Predigt und die kynisch-stoische Diatribe*, 1910) hin zum *Stil der Jüdisch-Hellenistischen Homilie* hat sich Hartwig THYEN (1955) eingesetzt. Mit der Zuversicht, mit der man hier eine klare Bezugsgröße für das NT annahm, hat er die von Bultmann angeregte »Aufgabe, den (sic!) Stil der synagogalen Homilie in der hellenistischen Diaspora zu rekonstruieren«, unternommen (ebd. S.1), um von da die Formen frühchristlicher Predigt in Blick zu nehmen. Thyen folgt damit dem Bultmannschen überlieferungsgeschichtlichen Verständnis »streng formgeschichtlicher« Methode. Speziell in der Paränese (3.Kap.) kann er »weniger eine 'literarische' als vielmehr eine 'rhetorische' Stilgattung« finden (aufgrund ihres Sitzes im Leben in »mündliche(r) Unterweisung, ... Predigt, ... Lehrvortrag der Philosophenschulen«, dazu »im Hellenismus die kynisch-stoische Diatribe einerseits und die Predigten der Mystagogen ... andererseits«). Hier lehnt er sich am deutlichsten an Dibelius an (85f), ohne aber die bei Dibelius unverzichtbare, dem überlieferungsgeschichtlichen Ansatz korrespondierende Rekonstruktion des geschichtlichen Traditionsträgers von »Innen« her neu nachzuvollziehen.

den Blickwinkel der kynisch-direkten Einflußnahme (DIHLE, *Ethik* 670). Dibelius' Festlegung des Gattungsbegriffes, zu der er sich auch immer wieder bekennt - und die gewiß mit der Kluft zwischen Idee und Alltag im Lebensgefühl des frühen 20. Jh. zusammenhängt -, machte unseren Rückgriff auf die Geschichte des Paränesebegriffes notwendig.

2.22 Zur Wirkung der Paränesehypothese von Dibelius

Weniges in Dibelius' Werk ist als Block wissenschaftlicher Vorschläge so lange unerschüttert geblieben wie seine Paränesedefinition. Ursache war einerseits das Gefühl der »Befreiung, die wir damals beim Aufkommen der Formgeschichte gegenüber allen willkürlichen Untersuchungen empfunden hatten, die von vorgefaßten dogmatischen und philosophischen Positionen aus zwischen *echt* und *unecht* vorgenommen worden waren«,[56] andererseits aber die im Vergleich zur Bekenntnis- und Evangelienforschung weit schwächer entwickelte methodische Erforschung der Mahnspruchtexte.

Die Kraft des einmal grundsätzlich gefällten Urteils kennzeichnet eine Äußerung E.KÄSEMANNS:[57] »Der zugleich entsagungsvollen und leidenschaftlichen Sorgfalt, mit welcher M.Dibelius lebenslang den Problemen neutestamentlicher Paränese nachgegangen ist, verdanken wir die Einsicht, daß nicht Gesetze der Logik oder theologische Systematik den Zusammenhang paränetischer Überlieferung ursprünglich bestimmen.« Dibelius' Ansatz, man dürfe nicht »von dem ganzen weitschichtigen Stoff ausgehen« (*Zur Formgeschichte* 213) wie bei A.SEEBERG und KLEIN, sondern müsse bei kleinen Einheiten und deren *usueller* statt *aktueller* Verwendung einsetzen, wurde bahnbrechend in der Interpretation sittlicher Mahnung des NT. Die Lösung von kurzschlüssigen Aktualisierungen oder Psychologisierungen und die Konzentration auf überschaubare Einheiten hinterließ längere Zeit ein solches Gefühl der Verpflichtung gegenüber dem Altmeister, daß man einzelne abweichende Beobachtungen lieber zum Sonderfall erklärte (s.u. S.262f Ziff.2), als daß die Frage nach den Grenzen der Methode gestellt wurde.[58] Die Forschung ist über Dibelius' Voraussetzungen im Geschichtsbild des Urchristentums längst hinausgegangen,[59] sein Paränesebegriff selbst bestimmt bis heute viele Fragestellungen und ist trotz Anmahnung (etwa 1966 bei F.HAHN) noch nicht gründlich geklärt.[60] Symptomatisch dafür ist das weitgehende Fehlen eines Hauptstichwortes »Paränese« in den Lexika.[61] Die traditionsgeschichtliche Engführung der Formgeschichte der Paränese, die den Weitergabeprozeß der usuellen Mahnung sehr lebendig zu schildern wußte (DIBELIUS, WEIDINGER),

---

56 CULLMANN, *Unzeitgemäße Bemerkungen* 267. - Erklärungen, die auf die sprachmächtige Persönlichkeit rekurrieren, waren nicht gefragt. Sie - wie etwa J.WEIß' *Paulinische Rhetorik* (1897) - hätten mindestens zur Vorsicht bei der Auflösung paränetischer Abschnitte in Einzelsprüche anleiten können.

57 *Gottesdienst im Alltag der Welt* 198. CROUCH (151) spricht leicht polemisch vom »dogma of sholarship that no relations exists between the situation of a letter and the paraenesis which it contains«.

58 Dabei hat DIBELIUS selbst in der Einzelexegese das Vorbild des vorsichtigen Einsatzes der Methode gegeben. Betr. die Beziehung zwischen PseuPhok und 1Thess 4 z.B. meint er (Exkurs z.St., HNT): »Da also die Fixierung der Regeln (sc. hinter diesem Paränesekapitel) gar nicht als einheitlicher Prozeß gedacht werden kann, ist auf literarische Abhängigkeit der Abschnitte voneinander nur in evidenten Fällen zu erkennen.«

59 Vgl. z.B. SCHRAGE, *Ethik des NT* [4] 125; F.LAUB, *Begegnung* 77f: Paulus hält in der Motivation der Paränese zugleich »am eschatologischen Enthusiasmus, der um die vorgerückte heilsgeschichtliche Stunde weiß, und am Ernstnehmen der bestehenden gültigen Ordnungen« fest.

60 F.HAHN (1966) im Vorwort zu A.SEEBERG, *Katechismus*, XXVIIf. E.BAASLAND (*Liter. Form ... des Jakobusbriefes* 3649 A.20): »Eine neue begriffsgeschichtliche Untersuchung des Paränesebegriffes nach P.Wendland und E.Vetschera (1911/12) wäre zu wünschen.«

61 Zu der Ausnahme im LThK (SCHNACKENBURG) s. Anm.71; zu dem sehr speziellen Artikel von GIGON im LAW s. bei Anm.49. Die Lage ändert sich zur Zeit, s. HWP 7/1989 115f (H.-W.BARTSCH). Die zur Veröffentlichung anstehenden Artikel für TRE (POPKES) und EKL[2] (PAULSEN) konnte ich

hat durch ihren engen Anschluß an die Zeugnisse der Diatribe die paränetischen Formelemente als rhetorische Muster gewertet und deren soziale Lebensbedingungen nicht genug beachtet. Mit ihrer Konzentration auf Laster- und Tugendkataloge, Zwei-Wege-Schema und Haustafeln hat sie zwei durchaus nicht aus paränetischem Bedürfnis entstandene, sondern von der Paränese benutzte Formen und eine in der Umbildung begriffene Großform zum Forschungsschwerpunkt gewählt und sich in der Suche nach den aus der israelitisch-jüdischen Geschichte her wirksamen *Kleinen Formen* gehemmt.

Einige Streiflichter sollen die von Dibelius ausgehende Forschungsgeschichte sowie Weiterführendes beleuchten:

1. *Ausbau der Position.* Der Dibelius-Schüler K.WEIDINGER (*Haustafeln* 15 zu Tob 4 und 12) findet in den Texten eine Vorstellung vom Leser vorausgesetzt, der sich aus dem locker aufgereihten Material als einem angebotenen paränetischen Muster, das weder in sich noch mit dem Kontext einen Zusammenhang habe, »den auf ihn passenden Spruch« herausnehmen soll, »um ihn für sich zu verwenden«. So hätten die Mahnungen des NT, wie es PsIsokr voraussetzt, prophylaktischen Zweck (vgl. Ign Trall 8,1 προφυλάσσω ὑμᾶς). H.THYEN (*Stil*) betont zwar die Verwurzelung der Paränese im mündlichen Geschehen (Synagogenpredigt), findet aber »nirgends ... etwas über die konkrete Situation der Hörer« (88), auch nicht in einer vom Hebräerbrief her zu entwerfenden Paräneseform (106f). R.BULTMANN (RGG^2 1,1257) behandelt die Begriffe *paränetisch* und *ethisch* als austauschbar, wenn er den Jakobusbrief »die einzige rein ethische Schrift des NT« nennt und damit zweifellos das Paräneseurteil Dibelius' wiederholen will. - L.NIEDER (*Die Motive* 4) will mit veränderter Begrifflichkeit die Unterscheidung des Usuellen vom Aktuellen noch mehr festschreiben, wenn er aktuelle »Spezialfragen« per definitionem nicht zur (»religiösen«?) Paränese zählt. »Religiös-sittliche Paränese liegt dort vor, wo der Apostel durch formelle (gemeint wohl: imperativisch formulierte) Mahnung auf die allgemeine Lebensführung einzuwirken sucht. ... Die Ethik ist also Belehrung über die grundsätzlichen Entscheidungen, die der Glaube fordert, in mahnender Form.« So sehr hier das Ernstnehmen des Einzelimperativs als Initiative zu grundsätzlicher Entscheidung aus der Sackgasse des Pragmatisch-Usuellen herausführt, so bedenklich die weitere Begriffseinengung und das Verständnis der Paränese als ethische Belehrung (auf die freilich die Prophylaxevorstellung hinausläuft). Damit soll die Sonderbedeutung solcher spezielleren Mahnungen, die ich lieber »Anweisungen« nenne, nicht grundsätzlich bestritten werden. - Ein wesentlicher Beitrag zum Ausbau der Position von Dibelius wurde 1953 von BRADLEY geleistet; er bedarf besonderer Würdigung, s.u. Abschnitt 2.23

2. *Weiterführendes.* Wolfgang SCHRAGE eröffnet die monographische Neuaufnahme der Paränesenproblematik 1961, wenigstens soweit es die ethische Konkretion betrifft, mit seiner Dissertation *Die konkreten Einzelgebote in der paulinischen Paränese*. Er findet oft Weisungen statt Beispielen und hilft sich im Dilemma zum usuellen Verständnis bei Dibelius mit der Konstatierung von Ausnahmen[62] - ein Verfahren, zu dem auch andere unter dem Eindruck der Einengung durch die formgeschichtlichen Paräneseregel Zuflucht nehmen. - Eindringlich widmet sich KÄSEMANN immer wieder den exegetischen und ethischen Problemen der neutestamentlichen Paränese, z.B. wenn er Eph 4-6 als erstes biblisches Beispiel einer Paränese, die zugleich »systematisch und durchreflektiert« ist, würdigt (*Epheserbrief* 517f). Hier und öfter kann er sich des für neutestamentliche Texte anscheinend widerstrebend benutzten Begriffes »Ethik« nicht enthalten, - ein Hinweis auf den Mangel einer entwickelten, dem heutigen Stand angemessenen Begrifflichkeit.[63] - Der Paränesebegriff wird auch gern dazu gebraucht, ethische Aussagen gegenüber dem biblischen *Gesetz* abzusetzen. Sie sind dann weder Heilsmittel, noch im Gebrauch des *tertius usus*, sondern etwa »seelsorgerlich« gemeint - eine durch Dibelius indirekt begünstigte Formel, mit der man sich einer Ent-

---

dankenswerterweise einsehen.

62 was ihm prompt den Vorwurf des Rückfalls in eine vom Indikativ abgelöste paulinische »Ethik« einbrachte, BARTSCH, *Anfänge* 178 A.10, vgl. 167. Auch Bartsch aber kommt ohne die Zuflucht zu Ausnahmen von der weiter geltenden Regel nicht aus. - Zur Sachfrage der verbindlichen Weisungen s. SCHRAGE, *Ethik*^{4} 18; G.FRIEDRICH, *Die Verbindlichkeit neutestamentlicher Aussagen für das Handeln* (1976); H.SCHÜRMANN, *Orientierung am NT* 64-115

63 Auch S.SCHULZ scheint sich der Fußangeln nicht bewußt zu sein, wenn er schreibt (*Neutestamentliche Ethik* 383): »Die 'Ethik' folgt auf die 'Dogmatik' und dieses Folgeverhältnis schlägt sich bewußt in der Gliederung dieser beiden Hauptbriefe (sc. Gal und Röm) der paulinischen Spätphase nieder.«

scheidung über den Ort im Spannungsfeld zwischen Gesetz und Evangelium entziehen kann.[64] - An dieser Stelle soll noch auf vLIPS (*Weisheitliche Traditionen* 356-359) hingewiesen werden, der Paränese als einen Aspekt von Weisheit zu erfassen versucht, u.zw. in recht enger Anlehung an Dibelius, doch mit stärkerer Beachtung der israelitisch-jüdischen Traditionslinie. Seine Bemühungen um die Auflösung eines Schematismus paränetischer Gattungen (»oder soll man sagen: Stilformen?«), damit sie nicht »als erratische Blöcke in einem Text« gesehen, sondern »durchaus als variabel« erkannt werden (ebd. 373), zeigen die Problemlage eines Anschlusses an Dibelius an. M.E. stößt vLips dabei zu schnell an Grenzen, weil die Auseinandersetzung mit Dibelius zu partiell bleibt und die (übliche) Konzentrierung auf Gattungen mit Eigengesetzlichkeit wie Haustafeln und Katalogen den paränetischen Prozeß selbst nicht erkennen läßt.[65]

3. *Neueinsätze.* Die Kritik an Dibelius' Paränesebegriff entzündete sich vor allem wegen seiner Verwendung zur Zusammenfassung bestimmter Anteile der synoptischen Tradition. E.Fascher, der sich in *Die Formgeschichtliche Methode* S.78-82 und S.200f mit Dibelius' konstruktivem Ansatz zur Bestimmung von Paränese[66] befaßt (und Briefparänese überhaupt nicht für einen Gegenstand formgeschichtlicher Forschung ansieht), greift einen heiklen Punkt in Dibelius' Verbindung eines textanalytischen und eines geschichtlich-konstruktiven Ansatzes auf: »Wichtiger ist die Frage, ob sich bei der Paränese die konstruktive Methode bewährt - die analytische wird gar nicht angewendet, da Dibelius auf Einzelstücke nicht genauer eingeht.« Letzteres ist in der Tat ein Mangel, der die Auseinandersetzung mit Dibelius entscheidend behindert. Er stellt sich auf der exegetischen Ebene nicht der Kritik. Der traditionsgeschichtlichen Vorstellung von wenig bearbeiteten Mahnspruch-Blöcken stellt Fascher (80) sein Urteil entgegen, daß die Missionare, bei denen man die paränetische Tradition ja aufgehoben sah, zugleich Tradenten und Neuformulierer waren. »Lehrer und Prediger sind durch Personalunion verbunden.« Diese schwer zu bezweifelnde Einschätzung scheint mir bis heute nicht genug Raum zu finden, wenn bekannten Textautoren Formulierungen abgesprochen, aber unbekannten Gewährsleuten zugetraut werden. - E.LOHMEYER hat 1930 in einem langen Exkurs zur Kolosser-Haustafel[67] einen Gegenentwurf zu Dibelius' hellenistisch orientiertem Paränesekonzept entwickelt, dessen Lektüre noch heute Anlaß gibt, schmerzlich zu vermissen, was beide unmittelbar nach dem Kriege gestorbenen Gelehrten für die Paräneseforschung hätten bedeuten können. Lohmeyer nimmt im ersten Satz einen Grundgedanken von Dibelius auf, wenn er sagt, daß der urchristliche Glaube »aus sich heraus nirgends dazu treibt, das Leben des Einzelnen oder einer Gemeinschaft zur deutlichen Gestalt seiner letzten Grundsätze umzuformen«. Aber sogleich wendet er seinen Ansatz anders; denn der Herr, dessen Ankunft die Christen in »Inbrunst eschatologischer Sehnsucht« erwarteten, »wäre nicht der 'Gesalbte Gottes', wäre durch ihn nicht bis zu seiner Parusie das bisherige Gesetz und Volk Gottes gültig erhalten«. Damit ist das Programm gegeben. Während Dibelius im hellenistischen Judentum primär griechisches Erbe suchte, fand Lohmeyer bei Paulus »hellenistische( ) Gedanken ... in der Form weitergegeben, die ihnen jüdische Paränese bereits aufgeprägt hatte«, und verstand sie auch als jeweils aktualisierbare Katechismusreihen. Bis heute ist Lohmeyers Entwurf lesenswert für die Rückbesinnung auf die Anfänge einer kompliziert gewordenen Diskussion und auf den immer genuin jüdischen Ansatz der Entwicklung. - Ein früher Versuch, die formgeschichtliche Isolierung der Paränese aufzubrechen, der allerdings wohl schneller in der Homiletik als in der Exegese zum Tragen kam, war H.SCHLIERs Aufsatz *Vom Wesen der apostolischen Ermahnung nach Röm 12,1-2* (1941; *Zeit der Kirche* 74-89), fortgesetzt 1957 in sei-

---

64 R.WESTER erklärt die *Kirchlichen Lebensordnungen* der Lutherischen deutschen Kirchen der Fünfziger Jahre in der Weise, daß sie »nicht als Gesetz im herkömmlichen Sinne, ... sondern daß sie seelsorgerlich, d.h. im Sinne der Paränese angewandt werden müssen«, EKL[1] 2,1044 s.v. Die Differenzierung verdient m.E. Skepsis. KÄSEMANN beklagt (*Versuche* 2,205f), daß »man aus dem hermeneutischen Schlüssel der Schrift, nämlich der Beziehung von Evangelium und Gesetz aufeinander, so etwas wie ein Aufgliederungsprinzip des Schriftinhaltes gemacht« hat, »wobei die Paränese selbstverständlich dem Gesetz zugeordnet wurde«. Dies Problem ist in Westers Auskunft nur begrifflich überwunden. »Gesetz im herkömmlichen Sinne« ist keine Klarstellung.

65 Ich bin mir bewußt, dem reichhaltigen Werk, das vLIPS vorgelegt hat, durch kurze Bemerkungen (s. auch unten S.470) nicht genug gerecht zu werden. Die Verbindung von Forschungsbericht und Methodenklärung in weitgestecktem Rahmen bestimmt seine Fragerichtung für die Textanalysen so, daß konkrete Stellungnahmen zu dem 1990 erschienen Buch oft zu weit hätten ausholen müssen.

66 FASCHER lehnt den Begriff *Paränese* als Formbezeichnung ab und gebraucht ihn für Belehrendes in direkter Zuwendung zum Hörer bzw. Leser.

67 *Die Briefe an die Philipper, Kolosser und an Philemon*: KEK 9, [8]1930 ([10]1954, 153-156)

ner Definition paulinischer »*Paraklese*« (die Begriffswahl ist programmatisch) im *Epheser*-Kommentar (223f).[68] - Der imperativische Charakter vieler paränetischer Texte läßt sich gut aufnehmen, wenn Paränese mit SCHURR[69] aus der Gemeindepredigt erklärt wird: Diese »ist Paraklese (Zuspruch der Gnade) und Paränese (Wegweisung für das christliche Tun)«. Diese Begriffskoppelung hilft, daß die Abgrenzung zwischen einer Paränese, die ethische Folgerung (also Sekundärargument) sein will, und einer Paränese, die als aktuelle Zuspitzung des Wortes dessen Krönung ist,[70] nicht zu prinzipiell erfolgt. - Besondere Beachtung verdienen die Verbindungen zwischen den als paränetisch bezeichneten Texten und Formen und der Unterweisung als Sitz im Leben, womit auch der Ansatz in genuin jüdischer Tradition wieder stärker zum Tragen kommt. Mit dem Hinweis auf »Originalität und Kraft« der Römerbriefparänese c.12ff, die dem vorangehenden Hauptteil nicht nachstehe, betont O.MICHEL (*Römerbrief* 256ff) die Verbindung des Aktuell-Persönlichen mit starker Tradition, in der Paulus steht. »Die Spruchliteratur, die Weisheitslehre und die katechetische Unterweisung haben die literarische Gattung der Paränese geschaffen, an die auch Paulus anknüpft« (256 A.3). »Das Evangelium nimmt die Gestalt der Paränese an. ... Die Botschaft des Evangeliums wendet sich mit einer Forderung konkret an den Menschen in seiner geschichtlichen Situation. Damit wird das Gesetz Gottes durch das Evangelium neu ausgelegt.« (257) Im Unterschied von der paränetischen Spruchtradition Röm 12-13 mit alttestamentlichen und hellenistischen Vorgaben kennt die »apostolische( ) Unterweisung im engeren Sinn«, wie Michel sie Röm 14,1 - 15,13 findet, auch »überlieferte Grundsätze der Tradition« und »Imperative, die keinen Einspruch zulassen (z.B. 14,15.20), wendet sich aber mehr an die freie Einsicht des Bruders.« (257f) Hier ist also die Unterscheidung des Usuellen und Aktuellen aufgenommen ohne theologische Entwurzelung des Usuellen. - NIEBUHR (1) sieht die frühjüdische Paränese (und in ihrem Gefolge teilweise auch die frühchristliche) durch drei Momente bestimmt: 1. in ihrem »materialen Gehalt« durch die »inhaltliche Norm der Tora im engeren Sinn, also des Pentateuch«, und 2. »durch die Situation der jüdischen Adressatengemeinde« sowie 3. durch eine »unterweisende Intention«. Er findet die »Verknüpfung von Unterweisung und Ermahnung« etwa in Tob 4 typisch. Die Begrenzung der Aufgabenstellung auf eine der »Voraussetzungen des Neuen Testaments« (241f) läßt allerdings völlig offen, ob der Schritt des so erzogenen Juden in die Christusnachfolge mehr evolutionäres oder mehr revolutionäres Fortschreiten im Verständnis der sittlichen Weisungen bedeutet.[71]

Vielversprechend sind die von MALHERBE, MEEKS, PERDUE und STOWERS angestellten Sach- und Begriffsklärungen für παραίνεσις bei den »hellenistischen Moralisten« und im Blick auf das NT, s.o. S.251. Dabei nutzen sie einen anders und weiter gefaßten Paränesebegriff als viele in der deutschen Forschung. Malherbe will den 1. Thessalonicherbrief als ganzen *paränetisch* betrachten und läßt die Ausgliederung des Paränetischen in einen besonderen Abschnitt nicht als normales Kennzeichen des paulinischen Briefes gelten.[72] Das ist ein neuer und wichtiger Aspekt für die Frage, ob im NT nicht von *Paraklese* gesprochen werden müßte. Die Kategorisierung, wie ich sie vom NT aus vorgenommen habe (s.u.), finde ich durch Merkmale, wie sie in diesen Arbeiten genannt werden, unterstützt. Hier werden Defizite in WENDLANDS Konzept anhand einer breiteren Textbasis bis zu den jüngeren Rhetoriklehrern aufgearbeitet. Perdue (*Paraenesis and the Epistle of James*) zitiert aus einer in Deutschland wohl unbeachtet geblieben Arbeit von Theodore BURGESS (*Epideictic Literature*, Studies in Classical Philology 3, Chicago 1902, 229-231 A.2): »The παραίνεσις is without formal definition ...«

---

68 Weiteres dazu bei HASENSTAB, *Modelle paulinischer Ethik* 31ff.67ff. - Eine stark vom Inhalt her bestimmte Paränesedefinition (für »Predigten alttestamentlicher Texte« !) bei WESTERMANN, *Verkündigung des Kommenden* 189: »Die biblisch werbende und dringliche Ermahnung zum Gehorsam und Glauben, die durch die gnädigen Taten und Stiftungen Gottes ausgelöst und nur von ihnen her vollmächtig und verständlich ist.«

69 Art. *Predigt VI: Systematik*, LThK 8/1963 Sp.717

70 MICHEL, *Hebräerbrief*, Nachträge 1: *Zum Verständnis von* λόγος παρακλήσεως S.552

71 Eine vermittelnde Stellung nimmt SCHNACKENBURG im Art. *Paränese*, LThK 8/1963 80-82, ein. Einerseits bezeichnet er die paulinischen Paränesen bevorzugt als »besonderen Schlußteil« entsprechend ihrem gottesdienstlichen Platz »im Anschluß an die 'Verkündigung des Wortes'« und nennt die andersartigen Mahnungn in 1+2Kor und Phil »durch die Briefsituation bedingt«; andererseits sieht er »die apostolische Paränese Pauli ... aus dem Auftrag des Verkündigers« und nicht nur aus seelsorgerlichem Bemühen erwachsen.

72 *I Thessalonians as a Paraenetic Letter*; diese mehr »holistische« Betrachtungsweise (STOWERS) ist von STRECKER, Art. *Litaraturgeschichte, Biblische: NT*, TRE 21,342f, aufgenommen.

3a. *»Neue Formgeschichte«.* Einen Neueinsatz eigener Art bedeuten die umfangreichen und detaillierten Vorschläge, die Klaus BERGER in verschiedenen Veröffentlichungen macht. In seiner *Formgeschichte* (121) behandelt er mahnende Texte ausführlich im Teil der *Symbuleutischen Gattungen*, wobei er von Dibelius' Bestimmung: *Mahnungen allgemeinen sittlichen Inhalts, aneinandergereiht*, ausgeht, aber dann sehr schnell zur eigenen »Präzisierung« fortschreitet. Diese möchte er in genealogischer und rechtsfunktioneller Hinsicht vorausgeklärt sehen, bevor er die Erscheinungen von Paränese an den Mahnungsgegenständen festmacht. Ich halte den genealogischen Ansatz im Bereich der Tugend- und Lasterkataloge, oder mit Bergers Worten: beim »Katalog formal gleichartiger Elemente zu thematisch umgrenzten Gebieten« (im Gegensatz zum formal Uneinheitlichen und thematisch Unbegrenzten in der jüdischen Weisheitsliteratur) für sehr gewagt. Dies läßt sich wohl kaum halten, wenn statt eines juridischen Fragehorizonts paränetischer Gnomik die katechetischen und parakletischen Voraussetzungen für Mahnung zum Ausgangspunkt zu wählen sind. Die Predigt und damit die paränetische Mahnung ging sowohl der theologischen, als auch der rechtlichen Definierung voraus. Mit seiner Breite der paränetischen Ansätze verbindet Berger gelegentlich ein äußerst enges Begriffsverständnis, so wenn er im Jakobusbrief »in sich geschlossene Abschnitte, z.B. die Ekphrasis der Zunge in 3,1-8« für »so in der Paränese nicht denkbar« (so wie er *Paränese* an dieser Stelle versteht) erklärt. Was an der Festschreibung eines bestimten Gattungsverständnisses anhand eines Begriffes bei Dibelius bedenklich ist, möchte ich auch für Bergers Konzeption und seine differenzierenden, aber auch kategorisierenden Begriffe in Anschlag bringen. Immerhin hat Berger manche Frage an die Traditions- und Formgeschichte erstmals richtig gestellt.

2.23 Toposparänese nach Bradley

An einer auffälligen Schwachstelle ergänzt G.BRADLEY mit seinem 1953 erschienenen Artikel *The Topos as Form in the Pauline Paraenesis* mit ausdrücklichem Bezug auf M.Dibelius dessen Paräneseansatz, und er tut es in einer Weise, die geeignet ist, anschauliche, nachvollziehbare, darum auch diskutierfähige Vorstellungen vom lebendigen Prozeß der Paränesebildung zu vermitteln. Dafür hätte sein Vorschlag mehr Erörterung in der Fachdiskussion verdient.[73]

Dibelius hat auch Texte wie die Abschnitte des Jakobusbriefes oder Röm 13,1ff als lockere Aufreihung von Einzelsprüchen angesehen, obwohl doch ein thematischer Zusammenklang gar nicht zu überhören ist. Woher rührt dieser Zusammenklang, wenn es sich um ein Angebot an Spruchvorräten zur Auswahl handelt? Wenn er auf ein selektives Vorgehen des Briefschreibers zurückgeht, wie soll man dann glauben, daß es usuelle Paränese ist und nicht in jedem ausgewählten Spruch eine polemische oder sonstwie aktualistische Spitze versteckt ist? Bradley nun möchte die Vorstellung von selbständigen, unaktualistischen Einzelsprüchen in der Paränese in Einklang bringen mit dem unabweisbaren Eindruck, daß da Themen abgehandelt werden. Zugleich stellt er sich dem Problem, wie wir denn von schriftlicher Paränese auf mündliche zurückschließen können.

Die antike Rhetorenschulung hat den Begriff des τόπος zuerst als Fachbegriff verwendet und für Jahrhunderte geprägt. Für seine künftige anwaltliche Tätigkeit lernte der Schüler anhand typischer Vorgänge die Argumente und Zitate kennen, für die er am meisten Beachtung erwarten durfte. Er lernte, in welcher Weise sie optimal eingebracht werden. Und er übte deren Einsatz, bis er einen ausreichenden Schatz von *topoi* für den Einsatz in der Rede vor Gericht im Gedächtnis verfügbar hatte.

Diese Vorstellung von der (trainierten) Verfügbarkeit bereitliegender Argumente und Sprüche findet Bradley auch für paränetische Tradition angemessen. Er geht aus von der *Demonicea*, wo solche locker topisch geordnete Spruchsammlungs-Paränese wohl am reinsten begegnet. Er findet sie wieder bei Rednern und Schriftstellern mit persönlicherem Profil wie Isokrates, Epiktet, Marc Aurel, Sirach, aber auch in den TestXIIPatr - und bei Paulus. Wie WENDLAND und DIBELIUS beachtet er besonders die griechische, weni-

---

[73] »I have employed as a descriptiv name the Greek word 'topos'.« (240) Bradleys Vorschlag hat mich seinerzeit angeregt, der Verwendbarkeit des Toposbegriffes weiter nachzugehen. Eine kurze Würdigung bei BERGER, *Gattungen* 1077, der ebd. 1046 selbst einen weiter gefaßten Toposbegriff als Bradley nützt.

ger die jüdische Wurzel und bringt in ihr die topisch-dikanische Rhetorenschulung als formgeschichtliche Kraft zur Geltung. »A 'topos' may be defined as the treatment in independent form of the topic of a proper thought or action, or a virtue or a vice, etc.« Damit wird Anschaulichkeit und Flexibilität gewonnen. Maßgebend für die flexible Verwendbarkeit ist die Definition »in *independent* form«. Dies leitet an dazu, das Traditionsgut ohne Festlegung auf irgendwelche Zusammenhänge traditionsgeschichtlicher oder kontextualer Art für sich zu nehmen, ohne zugleich die Unabhängigkeit in der Form zum alles bestimmenden Prinzip zu machen.

Bradley führt also in den überwiegend formalistischen Paränesebegriff, wie er ihm vorlag, einen Sachbezug = *topic* ein.[74] Der Topos wirkt auf verschiedenes Überlieferungsgut anziehend und legt wiederum die neue Verwendung des unter einem Topos Gesammelten in der Paränese nahe. Der Paränet hält sich ein »bag«, eine Art Zettelkasten von approbierten *topoi*, bereit, aus dem er selbst für den aktuellen Gebrauch auswählt. Aber nicht nur gesammeltes (Fremd-)Material findet sich darin, sondern auch Konzentrate eigener mündlicher Paränese des jeweiligen Sammlers. Das ist wichtig, um die Beziehung zwischen *usueller* und *ausgeführter* Paränese zu begreifen. Die aus solcher Anwendung des Vorrats entstandenen Texte können also Konzentrate des andernorts mündlich Erörterten sein. »Often does paraenetic material appear to be the essence of economy in its presentation of material«. Epiktets Enchiridion z.B. erscheine als »a paraenetic summary of his longer Discourses or lectures on important topics«. (242)

Bradley überträgt seine Vorstellung auf die »usuellen« Abschnitte der Paulus-Paränesen. Dabei ergibt sich folgendes Bild des Paräneten: »Paul as an itinerant teacher also undoubtedly had his bag of answers to meet recurring problems and questions common to the members of different early Christian communities ... His paraenesis which includes the form of the 'topos' is applied by Paul to anticipate any problem of faith or practice which he felt might concern among his churches. He says in effect, here is something we have find helpfull; use it if it will help you. 'Therefore comfort one another with these words.'«

Die Eigentümlichkeiten der usuellen Paränese bei Dibelius werden von Bradley also um ein Charakteristikum erweitert: Zu den Elementen
- Mahnungen ohne aktuellen Bezug,
- kleine Einheiten,
- in Sammlungen tradiert,
- eklektisch genutzt für neue Paränesen,
- zum eklektischen Gebrauch gedacht,

kommt als weiteres Element hinzu:
- in thematischen Blöcken gesammelt.

Topos ist das Gemeinsame, das einen Traditionsblock paränetischen Materials kennzeichnet. Der Beitrag unserer Studie zu dieser Liste formgeschichtlicher Paränese-Elemente liegt in der Erweiterung der Fragestellung um die beiden Elemente:
- strukturiert vom Interesse an der Spannung von Tradition und Aktualität,
- en bloc für eine Grundtendenz genutzt.

---

[74] Im Deutschen ist aus dem Begriff *»Topos«* nicht direkt heraushörbar, was im Englischen oder Französischen unmittelbar anklingt. *»Topic«* wird als »subject for discussion« definiert (HORNBY/PARNWELL, *An English Readers Dictionary*, London 1952/53 s.v.). *»Topique«* als philosophischer Begriff handelt von einem »argument général s'applicant a tous les cas analogues« (*Petit Larousse* s.v.). Es wurde *»Gemeinplatz«* (von τόπος über *locus/loci* und *commonplace* vermittelt) vorgeschlagen, wegen des damit gegebenen vulgären Klanges aber nicht gebräuchlich. (Zum »vielschichtigen« Toposbegriff der amerikanischen Rhetorikforschung vgl. HESS, *Zum Toposbegriff in der Barockzeit* A.32)

Ich sehe die Mängel des Konzeptes von Bradley also in der Ausblendung des Tendenzschrift-Charakters, den griechische Paränese haben kann, und in der zu starren Traditionsvorstellung, die ein Grundprinzip vernachlässigt: im Vermitteln von Tradition die Anleitung zum Bewahren und Aktualisieren von Tradition mitzusetzen. Die topische Sammlung nach der Weise Bradleys macht aus dem religiös-moralischen Vorgang der paränetischen Tradition (entsprechend vor allem ihrer jüdischen Komponente) einen artifiziellen Vorgang (stärker nach der griechischen Komponente). Ich kann mir nicht vorstellen, daß Bradley den Epiktet wirklich so sehen mochte, wie er Paulus sieht: daß er sich an formulierte Stücke, an ein »bag of answers« gebunden hätte, während er seine mündliche Diatribe in ein schriftliches *Enchiridion* umarbeitet. Natürlich hat der Schriftsteller Materialien aus seiner bisherigen Arbeit zur Verfügung; aber er schüttet doch, wenn er von der Diskussion zum Schreiben übergeht, nicht seinen Sack aus. Der Topos würde zum Zettelkasten, aus dem der Briefschreiber einige passende Toposbeispiele herausholt und geringfügig oder gar nicht angepaßt in seinen Text (in sein Diktat) aufnimmt. Paulus würde zum volkserziehenden Literaten, der seinen Wissens- und Traditionsschatz an den Mann bringen möchte.

Ich meine, daß Bradley Hilfen gegeben hat,
- den Begriff des *Topos* für paränetische Tradition zu nutzen,
- sich den Prozeß der Sammlung und Weitergabe von paränetischem Gut - in welcher Form diese auch erfolgt sein mag - lebendiger vorzustellen,
- den thematischen Zusammenhang in paränetischen Reihen besser zu würdigen,
- den Übergang vom Mündlich-Diatribischen zum Schriftlichen und von der Materialsammlung zur Niederschrift als für die Vorgeschichte der Texte wichtigen Vorgang zu beachten.

Indem er das alles aber in den von Martin Dibelius zu eng gezogenen Rahmen einordnet, macht er seine Hypothese für das Gesamtverständnis von Paränese letztlich unfruchtbar. Dabei zeigt sich, daß die Unterscheidung zwischen *aktueller* und *usueller Paränese* zu grob ist, um den einst ganz aktuellen Vorgang der Niederschrift der Paränesen, die uns beschäftigen, zu erfassen.

3. PARÄNESE IM SPANUNGSFELD VON TRADITION UND AKTUALITÄT

3.1 Was heißt usuell ?

Der Begriff des Usuellen bedarf also besonders der Überprüfung. *»Usuelle Paränese«* ist ein weiterer Begriff für »Traditionsparänese«. Es geht um Mahnung, die ihrem ethischen Aussagegehalt nach im Rahmen des allgemein Anerkannten, also des zu verschiedenen Zeiten und unter verschiedenen Bedingungen Gültigen, bleibt. *Tradition* bezeichnet mehr die diachronische, *usuell* mehr die synchronische Dimension. Zu klären ist der Prozeß der Weitergabe und dabei besonders das Spannungsverhältnis zur Situation, in der ein Paränet durch Auswahl, Zuspitzung und Entfaltung (*ausgeführte Paränese*)[75] aktuellen Erfordernissen zu entsprechen versucht.

Einer der seltenen Fälle, in denen DIBELIUS genau und konkret zu den Beziehungen verwandter Texte im Überlieferungsprozeß Stellung bezieht und nicht zuletzt doch wieder der Unsicherheit das Wort redet, findet sich im Jakobuskommentar (S.231) zum Eidverbot Jak 5,12 beim Vergleich mit Mt 5,34-37: »Die Jakobus-Form zeigt die Art der einfachen Paränese: ein Einzelverbot wird auf ein allgemeines Gebot zurückgeführt, und dieses wird mit einer Drohung bekräftigt. Der Matthäus-Spruch bietet im ersten Teil ausgeführte Paränese; er setzt voraus, daß man dem Verbot mit Hilfe von Ersatzeiden ausweichen will, und widerlegt dieses Verfahren. Sein zweiter Teil aber ist eine nomistische Umbiegung des Gesinnungsimperativs: nicht wie man sein soll, sondern was man sagen soll, wenn es doch zu Beteuerungen kommt, wird hier gelehrt.« Die große Vorsicht läßt Dibelius ganz dicht bei dem, was er als traditionelles Spruchmaterial annimmt, bleiben; denn der Mt-Vergleichstext ist ja nun im Sinne von Dibelius auch wieder usuelle Paränese, die einen kleinen Entwicklungsprozeß durchgemacht hat. Wo soll denn die usuelle Paränese herkommen, wenn sie nicht Konzentrat von Überlegungen und aktuellen Ermahnungen ist, die jederzeit neu einsetzen können?!

Es empfiehlt sich, den Begriff des *Usuellen* nicht nur dicht am Text, sondern auch in seiner praktischen Brauchbarkeit für die zuhörende Gemeinde zu prüfen. Was heißt es für den Leser oder die Hörergemeinde, Reihen von Mahnsprüchen und Lebensregeln vorgetragen zu bekommen, die aus allgemeinen Erwägungen gesammelt wurden, sich als verbindlich geben und in freier Auswahl benutzt werden sollen? Was fangen die der Lesung eines Briefes zuhörenden Gemeindeglieder damit an? Wie soll der einfache Jude oder Christ die verschiedenen Mahnungen gewichten? Wie soll er die eine »usuelle« Mahnung für später vormerken, die andere aber für sich persönlich aktualisieren? Wenn in die Abfassung eines sogenannten *usuellen* Textes nicht ein verantwortlicher Wille des Verfassers eingebunden ist, dem man sich vertrauensvoll anschließt oder gegen den man opponieren kann, bleibt doch am Ende nur eine autoritäre Struktur, daß nämlich die einen den anderen bei passender Gelegenheit vorhalten: »So steht es doch in unserer Mahnungsserie! Hast du jenen Spruch vergessen?« Wo Spruchsammlungen als Angebot zur Auswahl verstanden werden, da haben sie immer eine zweifache Funktion: 1) Sie sind Angebot zur Auswahl eines Schwerpunktes, sie geben den Weg frei zum persönlichen Betroffenseins vor diesem oder jenem Wort. 2) Sie erstreben (vielleicht unausgesprochen) die Verpflichtung auf das Herkommen mit seiner gesammelten Kraft. Ein Auswahlangebot kann Lernbereitschaft des Einzelnen bewirken; aber für Innovation in der Sache ist es ein unbrauchbares Mittel. Gewiß ist der Druck des Herkommens in den neutestamentlichen Haustafel- und Ständetafel-Reihen wirksam und gewollt; aber soll das der theologische Ort neutestamentlicher Paränese sein?

In der griechischen Verbindung von Ethik und Ästhetik ergibt das rein usuelle Sammeln und Auf-Vorrat-Halten von Sentenzen und Maximen Sinn, weil der treffend

---

[75] DIBELIUS, *Jakobus* 4f. - BERGER erfaßt die ausgeführte Paränese in den Kategorien der »symbuleutischen Argumentation« (*Formgeschichte* 93-96) und des »Normendiskurses« (ebd. 211-213).

formulierte Spruch an sich schon ethisch Wertvolles anzeigt. Treffende Formulierung finden wir auch im NT häufig; aber das Ästhetische hat streng dienende Funktion. Und wenn Paulus schreibt Phil 3,1: *Euch wieder dasselbe zu schreiben, ist mir nicht lästig, euch aber nützlich!*, dann geht es ganz um das Aktuelle und nicht um das Einprägen von Lebensregeln.

Zweifellos wurde in Rom und den anderen Gemeinden der τύπος διδαχῆς Röm 6,17 sorgfältig tradiert, also vorgestellt, erklärt, im Gedächtnis gesichert, wiederholt. Aber wenn wir uns die bekanntesten Stücke kompakt-usueller Reihen ansehen, so zeigen gerade sie nicht eine zum Aktuellen distanzierte Allgemeinheit. Der Topos der *Zwei Wege* dient früh als Kristallisationskern für paränetisches Material. Wo er auftaucht, da finden wir aber zugleich einen engagierten Autor, dem kein Mißgriff in der Wahl seiner Konkretisierungen unterläuft. Laster- und Tugendkataloge werden weithin als Beispiel für katechetisches Material, das zur Auswahl angeboten ist, angesehen. Aber gerade sie zeigen ein so hohes Maß an tendenzieller Aufladung, daß sie sich für usuellen Gebrauch nicht gut eignen.[76]

Ich habe dabei den Eindruck, daß die Vorgänge der Bildung von Paränese und speziell das Verhältnis von *Usuellem* und *Tendenziellem* nicht recht in Blick kommen, so lange der Blick an Dokumenten der antiken Literaturgeschichte haftet und nicht auch Texte einbezieht, die unserer Erfahrung näher stehen. Bei Dibelius war dies Interesse stark vorhanden, aber es ist in den 70 Jahren seither nicht recht zum Tragen gekommen. Hier bietet sich ein weites Feld bis in die Gegenwart. Die Lösung von zeitgeschichtlichen literarischen Texten und von unliterarischen Zufallsfunden, deren Stileigentümlichkeiten mehr oder weniger willkürlich zu formgeschichtlichen Charakteristika erhoben werden, kann durch Texte anderer Geschichtsepochen gefördert werden. So läßt sich Allgemeinmenschliches erkennen und darin das soziologisch Bedingte definieren. Die Geschichte der Fürstenspiegel, der sittlichen Testamente usw. bietet augenfällige Beispiele in Fülle bis in die Gegenwart.[77] Das Pendeln »zwischen dem besonderen Beispiel und dem Allgemeinen, dem Aktuellen und dem zeitlos Gültigen«, das nach FRÄNKEL (*Dichtung und Philosophie* 125) von Hesiod in die archaische Dichtung eingeführt wurde, bestimmt auch die ausgeführte Paränese unseres Untersuchungsbereiches und bindet das Usuelle mit dem Aktuellen zusammen.

3.2 Die Notwendigkeit eines Gattungsbegriffes »Paränese« für das NT

Warum brauchen Theologen in der Arbeit am NT einen definierten Gattungsbegriff *Paränese*, wenn Altphilologen und andere Disziplinen ohne solche Festlegung ausgekommen sind?

1. *80 Jahre »Paränese«-Forschung.* Wie DIBELIUS »Paränese« definiert hat, schafft Pro-

[76] BERGER, *Formgeschichte* 148f, nennt für die Kataloge a) die Intention der Scheidung der Christgewordenen, b) die mit der »rhetorischen Qualität der Kataloge« gegebene Totalisierung und c) die sprachlich (besonders in »Filiationsreihen«) erreichte Darstellung des »inneren Zusammenhang(es) der einzelnen Verhaltensweisen«. Dies sind alles noch Beispiele usueller Paränese.

[77] Vgl. u.a. die *Disciplina clericalis* des Petrus Alfonsi, die *Vita Caroli IV* (c.2), den Brief an die Liselotte von der Pfalz bei ihrer Übersiedlung nach Hannover, geschrieben von ihrer Mutter, Matthias Claudius' *An meinen Sohn Johannes* sowie die in die Nachgeschichte der 1968er-Generation gehörende paränetische Trost- und Mahnschrift *Johannes* von Heinz Kröger. Die Zitierung und Aufschlüsselung der wichtigsten Texte hätte dies Buch um ein Kapitel erweitert.

bleme. Aber: »Wir können hinter seine Erkenntnisse tatsächlich nicht zurück«;[78] sie hängen mit der Begriffsbildung zusammen.

2. *Ethische Einzeltopoi.* Gar zu gern werden Sprüche konkreter Mahnung in übergreifenden Zusammenhängen untersucht. Der Sinn des Proverbienhaften, der gnomischen Pflege von Ethik, daß jedes Einzelne bedacht und befolgt wird, kommt leicht zu kurz. Eine Kategorie *Paränese* kann helfen, den Einzeltopoi Aufmerksamkeit zuzuwenden.
3. *Paränesefragen sind nicht Gesetzesfragen.* Die neutestamentliche Exegese und Theologie ist immer in Gefahr, Mahnspruchtexte auf ihre Bedeutung für die Frage der Geltung von Gesetz hin zu befragen. Das ist aber selten ihr Proprium. Paränetisches Traditionsmaterial findet sich zwar in vielen für die theologische Fragen um das Gesetz einschlägigen Texten. Aber es ist gut, davon solche Texte abheben zu können, die die Entstehung und primäre Formung des Materials im Vorgang des Ermahnens, in der gemeindlich geübten Paränese widerspiegeln.
4. *Paränese als Teil von Paraklese.* Eine wichtige Sprachkategorie im NT ist das παρακαλεῖν. Die Vokabel, die gegenüber der rhetorischen Kategorienlehre eigenen Gehalt aufweist, hat dazu angeleitet, von *Paraklese* und *parakletischen Briefabschnitten* zu sprechen. Innerhalb der mit gutem Grund so bezeichneten Texte gibt es stark unterschiedliche Textsorten. Für eine von ihnen bietet sich *»Paränese«* an.
5. *Paränese zwischen Gesetz und Weisheit.* Zwischen dem apodiktischen Recht im Pentateuch und weisheitlichen Mahnsprüchen kann eine so große stilistische Ähnlichkeit bestehen, daß die unterschiedlichen Voraussetzungen beider leicht übersehen werden. Ohne einen dritten Begriff besteht immer die Neigung, aktuelle sittliche Mahnungen zu verweisheitlichen oder zu vergesetzlichen oder beides zugleich zu tun. Die Abgrenzung, zu der ein Begriff *Paränese* anleitet, kommt allen drei Möglichkeiten zugute.

3.3 Die Arbeit mit einem modifizierten Paränesebegriff

Gattungskategorien brauchen ausreichend enge und ausreichend weite Definierung. Sie sollen Vergleiche von Texten fördern, ohne zu weit auseinanderliegende Texte verwirrend in den Vergleich einzubeziehen. Es geht also um die Signifikanz des Vergleichs einer ausreichenden Zahl unterschiedlicher Texte. Diese scheint mir für die (jüdischen und) christlichen Texte in ihrem zeitgeschichtlichen Umfeld mit den folgenden fünf Merkmalen gegeben. Spannungen zu (berechtigtem!) andersartigem Begriffsgebrauch sollen dabei als bleibende Anfragen festgehalten werden.

[78] HAHN, Vorwort zu SEEBERG, *Katechismus* XXVII. Man kann natürlich auch fragen, welches Interesse so stark war, daß wir einen bunten Blumenstrauß von Möglichkeiten in die Hand gedrückt bekommen, wenn wir nach der Bedeutung des Begriffes Paränese fragen: ethisch informativ und lebenskundlich praktisch, aphoristisch und grundsätzlich werbend, allgemein gehalten und situationsabgehoben, diatribisch-dialogisch, imperativisch-mahnend und katechetisch soll sie sich darbieten. Vor die Wahl der gattungsorientierten Definition gestellt, würden wir vielleicht lieber von Ethik, Protreptik, Gemeindeordnung, Alltagsmoral, Einzelmahnung, sittlicher Unterweisung, Normenfindung je an seinem Ort sprechen. Aber dazu ist es inzwischen wissenschaftsgeschichtlich zu spät.

Paränese ist durch folgende Merkmale zu kennzeichnen:

1. Eine vorausgesetzte (oft mit den Hörern/Lesern gemeinsame, sonst fragmentarisch angedeutete) Grundüberzeugung: sie gibt den Weg erst frei für durchaus praktische Ermahnung. Dieser vorausgesetzte Grundkonsens kann in der selbstverständlichen Geltung des Herkommens oder - besonders im Bereich geschichtlicher und unüberholbarer Offenbarung - in der Erwartung des Gehorsams liegen. Paränese unterscheidet sich hier von der grundsätzlich werbenden und von der polemischen Rede.

Παρακαλεῖν, von manchen als der biblisch legitimierte Begriff vorgezogen, wäre zu weit zu fassen, um sich als Gattungsbegriff für konkret mahnende Rede zu eignen. Er hat nicht an sich, sondern nur von Fall zu Fall dies Merkmal des Konkreten. Παραινέω (im NT nur Act 27,9.22 vertreten) hat einen sachlicheren Klang. Die Paränese beschränkt sich für die Abklärung des Grundsätzlichen gern auf begründende Elemente und Begründungsklauseln. - Ihr neutestamentlicher Terminus ist am ehesten διδαχή (Röm 6,17 u.ö.); der Begriff schließt traditionelle Verhaltensnorm (ggf. in aktualisierender Anwendung) und imperativischen Charakter (διδάσκετε τηρεῖν Mt 28,20a) zusammen und ist eine der Möglichkeiten parakletischer Rede. Als wissenschaftlicher Gattungsbegriff ist das Wort heute wegen seines intellektualistischen Klanges und seiner Diffusität ungeeignet.

2. Persönliche Anrede: Die Anrede unterscheidet die Paränese vom Gnomologium ebenso wie von gesetzlichen Regelungen und letztlich (trotz der weisheitlichen Mahnsprüche) auch von der Weisheit.[79] Sie leitet dazu an, nach mündlichen Hintergründen des Textes Ausschau zu halten.

Zur Abgrenzung paränetischer Texte mit Anrede von solchen ohne Anrede nötigt die Suche nach dem Vergleichbaren sowie die in der Wissenschaft noch offene Frage, wie wichtig die Anrede für den Hörerbezug der einzelnen Mahnungen ist; ob sie im Sinne des diatribischen Stils rhetorisch und generisch, ob im Sinne der Weisheit typisch oder im Sinne etwa der Tobit-Paränesen[80] oder mancher unzweifelhaft anredender Imperative des Paulus persönlich gemeint ist. - Anrede ist zunächst ein Merkmal der Mündlichkeit, der mündlichen Rede, die auch von Isokrates beim Schreiben mitempfunden wurde. Der Schriftlichkeit entspricht Adresse und Absender in der 3.Person. Direkte Anrede führt zu der Frage, wieviel an mündlicher Gepflogenheit einem Text noch zu eigen ist. Die Grenzen der Gattungen sind hier zwar fließend. Weisheitsspruch-Sammlungen haben weithin die Anrede an einen fiktiven *Sohn* (was gleichbedeutend sein kann mit *Schüler*). Gesetze können im Du-sollst-Stil formuliert sein. PseuPhok macht einen etwas zwiespältigen Eindruck, s.u.

3. Es handelt sich um Mahnrede. Der Imperativ und seine Äquivalenzformen sowie Regelformulierung bestimmen das Textgefüge. Thematische Erörterungen ethischer Topoi sind allenfalls von Fall zu Fall angeschlossen (oder dem Ganzen vorausgeschickt). Inhaltlich können sehr disparate Stoffe zusammengefügt sein.

Volitive Form und ggf. die fehlende thematische Ausrichtung unterscheiden die Paränese von ethischen Erörterungen. Der volitive Charakter verwehrt es, die Verfasser-Adressaten-Beziehung außer acht zu lassen. Zusammenstellungen mit disparaten Inhalten leiten dazu an, das Mahnungsgut selbst und nicht so sehr seine Bezüge zu übergreifenden Ideen und Gebräuchen zu untersuchen. Der Widerhall des Kultus in solchen Texten ist daher ganz gering. - Mit dem Begriff der *»Ausgeführten Paränese«* stellt sich der Exeget der Aufgabe, den usuell-traditionellen Hintergrund ethischer Erörterungen formgeschichtlich aufzuhellen.

---

79 W.TRILLHAAS, Art. *Sittlichkeit* VI, RGG^3 6,81, spricht von der »unmittelbaren Paränese«, an deren Stelle infolge geschichtlicher Veränderungen schon bald »allgemein zu handhabende Grundsätze christlichen Verhaltens getreten seien«.

80 Vgl. TestXIIGad 5,2: *Dies sage ich euch, meine Kinder, aus Erfahrung, damit ihr ...*

4. Es geht um das Verhalten in praktischen Fragen, um das *movere* zu bestimmten praktischen Verhaltensweisen, für das sich leicht eine Tendenz zur Reihenbildung sowie eine protreptisch-apotreptische Bipolarität einstellt.

Diese Bestimmung hervorzuheben, ist angesichts von Reihenbildungen ganz anderer Art wichtig. Auch im Gegenüber zu grundsätzlicher Tendenz, die eine Paränese als Ganzes beherrschen kann (s. 5.), muß der praktische Charakter festgehalten werden, weil so die Spannung zwischen gewählter Form und verpackter Absicht, zwischen gewähltem Bewährungsfeld und gestellter Bewährungsaufgabe im Blick bleibt. - Ich bekenne mich hier zu meiner Abhängigkewit von Dibelius. Bei *Paränesen* denke ich zuerst an Reihentexte konkret mahnenden Charakters. Paränetische Materialien, wie wir sie vornehmlich durch ihre Eignung für Reihen erkennen, nenne ich *paränetische Textanteile* im Kontext beliebiger Textsorten. Die Weisen der Einbettung der Paränese in einen Kontext mit grundsätzlichem Charakter möchte ich mit *Tendenzbestimmte Paränese* bzw. mit dem Hinweis auf die Spannung von *Paraklese und Paränese* oder *Ethik und Paränese* erfassen. Wenn Dibelius annahm, daß der Traditionsprozeß am ehesten an paränetischen Reihen zu eruieren ist, dann möchte ich das mit einem Argument unterstreichen, das ihm wohl fernlag: Beim Ausgehen von den neutestamentlichen Texten kann man sich schwer dem Eindruck entziehen, daß der Indikativ den Imperativ provoziert und regiert. Die grundsätzlich richtige Aussage, daß der sittliche Imperativ im NT »Folgecharakter« hat, läßt gar zu leicht eine andersartige Sprachgestalt übersehen. Die umgekehrten Beispiele: daß der Imperativ die nachträgliche Vergewisserung durch den Indikativ provoziert und oft der Haftpunkt und Traditionsaufhänger für bedeutsame kerygmatische Aussagen und Formeln ist, wird erst voll begreifbar, wenn wir an traditionellen Reihen die Imperativ-Indikativ-Folge studieren. Der methodische Einsatz bei Mahnungsreihen und die Unterscheidung zwischen Paränese und Paraklese ist förderlich für traditionsgeschichtliche Arbeit und wehrt der vorschnell systematisierenden Ethik des NT.

5. Der Verfasser kann die Adressatenbeziehung dazu aufbauen oder nutzen, eine Grundsatzposition zu festigen, für die die einzelnen angemahnten Verhaltensweisen der angemessene Ausdruck sind.

Der Unterschied zwischen *Paraklesis* und *Parainesis*, wie Pseudo-Isokrates ihn definiert, darf nicht zu grundsätzlich gesehen werden. Die Beschreibung der Gattung muß Raum lassen für typische Funktionen in der Kommunikation, für die die Gattung genutzt werden kann. Ein etwaiger Gegensatz zwischen aktueller ethischer Verkündigung und Weisung und usueller paränetischer Belehrung und Erziehung darf nicht zum Merkmal der Gattungen an sich gemacht werden.

Paränese ist demnach eine Rede oder Schrift (oder ein Teil davon), die (1) auf der Grundlage einer vorausgesetzten gemeinsamen Grundüberzeugung (2) eine angeredete Person oder Personengruppe (3) mit Mahnungen und Regeln gleicher oder unterschiedlicher Thematik (4) für angemessenes Verhalten in praktischen Fragen des Lebensvollzuges gewinnen und (5) die - möglicherweise damit verbunden - Beziehung zu dem/den Adressaten für die Stärkung einer Grundsatzposition nutzen möchte.

Kurz gesagt:

- Sentenzensammlungen sind brauchbar vom Schmökern bis zur Entscheidungshilfe,
- Spruchparänese will auf die Lebenspraxis direkt ausrichten,
- ausgeführte Paränese dient dem Klären, Festigen und Kreieren kurzgefaßter Normen, verbunden mit ihrer Einbettung in Geschichte (Haggada).

X. Kapitel
Paränetischer Imperativ im Vergleich von Isokrates und PseuPhok

Die Konstanz approbierter Formen im Griechentum begünstigt unser Vorhaben, einen Typ des griechischen paränetischen Imperativs zu wählen, um ihn mit dem bevorzugten jüdischen zu vergleichen. Sie erlaubt, in Kürze einige Merkmale der paränetischen Reden Nr. 2 und 3 des Isokrates: *An Nikokles* und *Nikokles*, und seines Nachahmers Pseudo-Isokrates bzw. deren imperativisch-paränetische Teile (2,15-39 und 3,48-62 sowie PsIsokr Dem 13-43) mit PseuPhok zu vergleichen. Auf PseuPhok eingeschränkt lautet die Frage: Welche Eigentümlichkeiten seines Imperativs dürfen wir aus jüdischer oder aus griechischer Wurzel, d.h. form- und traditionsgeschichtlich verstehen, und welche Kräfte imperativischer Sprache an sich haben sich damit verbunden oder haben sich, das Traditionelle variierend, durchgesetzt? Der Vergleich setzt an in der Zeit vor der Dynamisierung einfacher Redeformen in der Diatribe und mag extremer ausfallen, als wenn wir die griechische Entwicklung voll einbezogen hätten; das Ergebnis zeigt also Charakteristika mit leichter Überzeichnung.

1. Die Eigenart der paränetischen Volitive

1.1 Direkte und indirekte Wertsetzung

Isokrates[1]

Das imperativische Verbum enthält oft *keine ethische Wertbestimmung*. Bevorzugte Satzprädikate sind die Verben des Erstrebens (oder Vermeidens), der Besorgnis und - besonders häufig - des Urteilens. Die Mahnung zielt in diesen Fällen nur indirekt auf Tun und Verhalten, direkt aber auf Wahrnehmen und Einsehen. Der kognitive Weg zum Guten erscheint als die Hauptvoraussetzung, damit das Gute auch geschieht. Damit hängt zusammen, daß negierte Imperative seltener sind als positive.

2,26 *Eifere* ζήλου *nicht denen nach, die die größte Macht erlangten, sondern ...*
2,28 *Erachte für treu* πιστοὺς ἡγοῦ *nicht ..., sondern ...*

---

[1] Wo es ohne Verwirrung möglich ist, bezeichne ich die Sprache der drei genannten paränetischen Reden als die des Isokrates, womit die Fruchtbarkeit der Differenzierungen, wie BERGER (*Gattungen* 1068-1070) sie vornimmt, nicht in Frage gestellt ist.

3,53 *Haltet nicht* νομίζετε μὴ *für glücklich diejenigen, die mit ihrer bösen Tat verborgen bleiben, sondern die in nichts gefehlt haben.*

Dazu viele weitere Stellen mit νόμιζε/νομίζετε.

2,34 *Bemühe dich* πειρῶ *zugleich um Urbanität und um Ehrenhaftigkeit.*

Dem 19 *Trage keine Bedenken* μὴ κατόκνει, *einen weiten Weg zu machen zu denen, die dir in Aussicht stellen, daß du etwas Nützliches lernen kannst.*

Gegenbeispiele innerhalb der griechischen Paränese:

Freunde erwerben, Freimütige Rede gewähren (2, 26.28), *Die Jugendlichen zur Tugend anhalten* (3, 57), *Sich üben durch selbstgewählte Mühen* (Dem 21).

PseuPhok

wählt fast immer den Volitiv der direkten *Mahnung zum Tun*, u.zw. häufig als Prohibitiv. Die Volitivsätze tragen durchweg den sittlichen Wertbegriff in sich.[2]

Schwöre nicht falsch 16, *Gib dem Armen sogleich* 22, *Neide nicht den Gefährten ihre Güter* 70, *Zermürbe dir nicht fruchtlos ... das liebe Herz* 97 usw. usw.

Nur selten wird der Wertbegriff durch ein Verbum des Erstrebens v.(13a/b.)76a oder Vermeidens v.12a.20.76b.151(.80.190.193) eingeführt. Am deutlichsten zeigt sich der gebietende Charakter - den der Verfasser doch nicht als Entbindung von eigenständigem Besinnen und Urteilen versteht - im Fehlen derjenigen Begriffe, die eine sittliche Pflicht als Erkenntnispflicht formulieren.

Das seltene Beispiel eines *Erkenntnisimperativs* zeigt der Vers

109 (*Knausere nicht mit Reichtümern.*) *Gedenke* μέμνησ', *daß du sterblich bist.*

Bezeichnenderweise handelt es sich um einen begründenden Imperativ.

Als Verb des Vermeidens ist in der jüdischen Tradition das intensive Warnen mit φεῦγε verbreitet, das sich auch bei PseuPhok findet und das dem Ermahnten nicht so viel intellektuelle Distanz wie die genannten griechischen Beispiele.[3]

12a *Falsches Zeugnis fliehen.*

Wenn PseuPhok vor törichter Gewährung von Freundschaft warnen will, redet er apodiktisch:

91 *Nicht ... zu Freunden machen* μὴ ... ποιεῖσθαι ἑταίρους

und formuliert die Einschränkung der Freundschaftsbezeugung, die er eigentlich meint, über die Bestimmung des Objekts:

Nicht schmarotzende Schmeichler zu Freunden machen.

---

2 Eine wichtige dritte Möglichkeit neben der an Isokrates (Formalbegriffe) und an PseuPhok aufgewiesenen (Wertbegriffe) kommt in Blick, wenn wir mit M.DIBELIUS in Kol 3,5f (*An die Kolosser* zu 3,6) das Muster »Mahnung - Aufzählung der Sünden - Hinweis auf Gottes Gericht« finden. Der protreptische und metaphorische Imperativ *Tötet die der Erde angehörenden Glieder* bekommt erst nachträglich seine Konkretion. Er leitet aber nicht in griechischer Weise zum Erwägen, sondern autoritär zum Handeln an.

3 VDHORST denkt an einen direkteren Zusammenhang: statt »do not give false witness« könnte (der Richter von v.9?) ermahnt werden: »do not allow yourself to be influenced by false witness«. Da auch das andere φεῦγε v.151 ein Auf-Distanz-Gehen vor anderen meint, ist dieser Vorschlag sehr erwägenswert. Auch der interpolierte Vers 146 ermahnt (zweimal) zu solchem, geradezu lokalen, Weggehen von anderen. Zu Apotreptik mit φεῦγε vgl. in den Menander-Sprüchen z.B. mon 192.292.

Die Paränese an Nikokles 2,27 drückt dasselbe nicht gradlinig-gebietend, sondern als Ratgeber zu abwägendem Verhalten aus:

Erwirb dir zu Freunden
nicht alle, die es wollen,
sondern die deiner Art würdig sind,
nicht mit denen du am angenehmsten deine Zeit vertreiben möchtest,
sondern mit denen du am vortrefflichsten die Stadt verwaltest.

Dem PseuPhok ist die *Abwägeethik* nicht fremd. Er wählt für sie gern ein adversatives μήτε - μήτε, s.u..[4] Aber er handhabt sie nicht formalistisch-prinzipiell, sondern von Fall zu Fall und ohne großes Interesse an Begriffsklärungen. Die kasuistische Frage, ob man neben *Sich Unrecht bereichern* auch *sich gerecht bereichern* könne, interessiert ihn v.5 nicht, sondern die Norm des Dekalogs, die ein *Leben vom ehrenhaft Erworbenen* verlangt.[5] Ähnlich leitet der Phokylideer v.16 aus der Möglichkeit eines versehentlichen Falscheides nicht das Gebot zur vorsichtigen Unterscheidung des notwendigen vom vermeidbaren Eid, sondern grundsätzliche Eid-Vermeidungs-Haltung ab. Am klarsten wird eine alternative Wertung thematisiert in Vers

51f *Wer da willentlich ἑκών Unrecht tut, ist ein schlimmer Mann; wenn aber aus Notlage, enthalte ich mich dieses Urteils. Eines jeden Wille wird gerichtet.*

Aber sie bezieht sich ja nun nicht auf alternative sittliche Möglichkeiten, sondern auf geschehenes Fehlverhalten, das einer diffenzierenden Betrachtung unterworfen wird. VDHORST weist (bei v.16 und v.51f) zu Recht auf den israelitisch-forensischen Hintergrund der Unterscheidung von ἑκών und ἀγνώς hin.

1.2 Erziehung zur Autarkie

Isokrates

hat »mehrfach das richtige Verhalten als *Verknüpfung von Gegensätzen* beschrieben«.[6] Zunächst geht es darum, solche »allgemeine Formen« ἰδέαι des Verhaltens zu finden und zu gebrauchen χρῆσθαι, die unterschiedlichen, ja gegensätzlichen Gegebenheiten gemeinsam sind, dann aber die jeder einzelnen anhaftenden Nachteile zu vermeiden διαφεύγειν.[7]

---

4 Μήτε - μήτε als Grenzziehung um eine Mitte in Hes Erga 696f

5 Dagegen Dem 38:
Nimm lieber Armut an in Gerechtigkeit als ungerechten Reichtum.
(Es folgt eine typisch geformte, die Antithetik weiterführende Doppelbegründung.)

6 EUCKEN S.235 (Hervorhebung Th.); vgl. W.JAEGER, *Paideia* 3,164

7 Diese Antithetik bahnt sich bei Hesiod im Differenzieren überkommener ethischer Begriffe in positive und negative Möglichkeiten an, wie der Anfang der *Erga* (Z.11ff) mit der Rede von den *zwei Erides auf der Erde* auffällig zeigt (vgl. SNELL, *Dichtung und Gesellschaft* 57; ferner VDH zu v.67). - In der israelitisch-jüdischen Weisheit vgl. Sir 9,13a/b; doch besteht hier eher die Neigung, solches Differenzieren - das hier auch seinen Platz hat - als asyndetische Zusammenstellung zweier Sprüche mit gegensätzlicher Tendenz vorzunehmen, z.B. Sir 9,1/2. Die Reflexion über den sittlichen Wert des Gesetzes, das nur Fleisch von *Paarhufern* zum Genuß zuläßt, stellt auch eine Verbindung zu diesem Differenzierprinzip her: *Denn zweihufig sein und gespaltene Klauen haben ist ein Sinnbild davon, daß man alle Handlungen mit Unterscheidung auf das Rechte hin tun muß,* Arist 150 (RIEßLER). G.VRAD, *Weisheit* 44f, findet im

2,34 *Bemühe dich zugleich um Urbanität und um Ehrenhaftigkeit.*
Dieses nämlich steht der Herrschaft an,
jenes paßt für die Geselligkeit ...
Du wirst nämlich meistens diejenigen, die sich ehrenhaft geben, kalt finden,
und diejenigen, die urban sein wollen, niedrig erscheinend.

PseuPhok

scheint in einem (seltenen) Falle die griechische Vorstellung der autarken Persönlichkeit, die sich in der Situation angemessen verhalten soll, exakt aufzugreifen:

32 *Gürte das Schwert -*
nicht zum Töten,
sondern zum Wehren.

Aber die Fortsetzung des Mahnspruches zeigt, daß er nur ein griechisches Muster benutzt, um zu einer, wie bei ihm üblich, einseitigen Empfehlung zu kommen: Der Empfehlung der Vermeidung des Waffengebrauchs, weil ja in jedem Fall *die Tötung eines Feindes die schwertführende Hand befleckt* v.33f. In seinem Sinne ist der v.32 also nicht dreigliedrig, sondern zwiegliedrig zu schreiben, weil er ein wertneutrales Schwerttragen nicht gelten lassen will. Angesichts der üblichen Erziehung zum wehrhaften Mann ist die Reserve des Phokylideers auffällig (vdH).[8]

Im allgemeinen vermeidet der Phokylideer solche Ausgewogenheitsformeln als Oberbegriff für das Verhalten in unterschiedlichen Situationen. Er läßt die Antithetik lieber unausgeglichen in der Spruchfolge stehen.

53/55 *Prahle nicht - Zerquäle nicht deine Leber.*

Allenfalls kann noch die σωφροσύνη als Oberbegriff einer daran anschließenden Reihe den griechischen Ausgewogenheitsformeln entsprechen:

76-82 *Besonnenheit σωφροσύνην Üben* bedeutet eine Entscheidung
für Dike gegen Schlechtigkeit,
für prüfendes Erwägen gegen Leichtgläubigkeit,
für schlichte Bewirtung zur Zeit gegen Aufwand zur Unzeit.

Isokrates

Aus der Vorstellung der in sich ruhenden sittlichen Persönlichkeit, die das Gute kennt und in gegensätzlichen Situationen bewährt,[9] entwickelt sich geradezu ein

---

antithetischen Parallelismus die Anregung für den »Nachdenklichen ..., seine Gedanken hin und her spielen zu lassen«. GESE weist auf Aussagen, die »aus zwei entgegengesetzten Begriffen ein Ganzes bilden« hin, *Dekalog* 69.79f; ders., *Ezechiel 20,25f und die Erstgeburtsopfer.* Vgl. O.KEEL, *Eine Diskussion um die Bedeutung polarer Begriffspaare in den Lebenslehren*

8 BINDERs Übersetzung verfehlt im Interesse an kasuistischer Ausgewogenheit diesen Akzent:
Gürt' um die Lenden das Schwert, zum Mord nicht, sondern zur Abwehr.
Treffend dagegen RIEßLER:
Gürt nie das Schwert zum Morden um, nur für die Abwehr!

9 Hesiod hat noch nicht dieses rhetorisch-kognitive Herangehen an die moralischen Tatbestände; seine Mahnung ist elementarer. Erga 275-285 setzt ein mit einem Doppelimperativ für Recht/*Dike* und gegen *Gewalt.* Das entspricht dem, was wir bei PseuPhok als *Hauptmahnung* fanden, bedarf aber der Konkretisierung (bei PseuPhok der Aktualisierung). Die Konkretisierung geschieht Z.280-285 in der Art der *Wer-der*-Entfaltung, u.zw. mit einem konditionalen, einem relativischen Satz und einer partizipialen

antithetisches Muster, das schematisch die sittliche Pflicht als ein Abwägen darstellt.[10] Die Struktur des Mahnsatzes folgt deswegen häufig einem dreigliedrigen Schema:

Mahnender Allgemeinbegriff
Abzuwehrendes (μή)
Empfehlenswertes (ἀλλά).

Dahinter steht das Bemühen,
- zu *Tugend* durch Erkenntnis anzuleiten
- diese *konkretisierend* auf die Lebenspraxis anzuwenden und dabei
- die rhetorische Aufgabe der *Protreptik* und *Apotreptik*, des Ermahnens und des Abratens zu erfüllen.[11]

2,28 *Halte für ergeben -*
nicht, die alles loben, was du sagen oder tun magst,
sondern die die Fehlenden zurechtweisen.

PseuPhok

Hier sind ganz *konkrete Volitive* bestimmend, und diese werden *aktualisiert*. Eingangsmahnung (Hauptmahnung) und Aktualisierung werden formal gleichgestellt.

a) antithetisch:
7 *Nicht Lügen daherreden, / allewege aber δέ die wahren (Worte) sagen.*
15 *Am gewichtsbeschwerten Waagbalken nicht einseitig rucken, / sondern ἀλλά ...*

b) synonym:
26 *Reich dem Stürzenden die Hand, / schaff Abhilfe der Not des Verlassenen.*
Vgl. v.100a/100b-101

Isokrates

Die Unterscheidung einer schlechteren und einer besseren Möglichkeit, die apotreptisch-protreptisch dem Hörer/Leser nahegebracht werden sollen, zeigt sich auch bei *prohibitivem Mahnungseinsatz*. Dies unterstreichen auch die Fälle, in denen statt des adversativen μή - ἀλλά das komparativische οὐ μᾶλλον - ἤ gewählt ist.

3,53 *Verschweigt es nicht,*
wenn ihr seht, daß sich Leute wegen meiner Herrschaft boshaft zeigen,
sondern ἀλλ᾽ überführt sie.

3,55c *Seid zuversichtlich nicht eher μὴ μᾶλλον wegen meiner Milde,*
als wegen eurer eigenen Tugend.
Vgl. 3,50.[12]

Wendung.

10 Mir scheint, daß viele, die den Beitrag evangelischer Ethik zu Fragen der modernen Gesellschaft eben in dieser Abwägefähigkeit und im hilfreichen Verständnis für Menschen anderer Abwägeergebnisse sehen, sich dieser antiken Vorbilder und deren philosophischer Hintergründe oft nicht bewußt sind.

11 Aristoteles hat diese Antithetik definitorisch für die Rhetorik festgelegt , wenn er unter den drei Arten der Rede die symbuleutische, sei sie privat oder öffentlich, notwendig als προτροπή oder ἀποτροπή bestimmt, Rhetorik I 3,1358b6ff. Vgl. seine Definition der Gnome, daß sie Taten betrifft, die αἱρετὰ ἢ φευκτά sind, Rhetorik II 21,1394a25. Vgl. Anaximenes v.L., Rhetorik an Alexander 1430b1-3.

12 Eine Hypotheke des Theognis 145f gegen *Ungerecht reich sein*, die nach dem Schema βούλεο - ἤ aufge-

PsIsokr

liebt die rhetorische Ausgewogenheit des Einzelspruchs (wenn auch mit weniger rhetorisch-philosophischer Stringenz als Isokrates), was sich z.B. in Doppelbegründung nach Doppelmahnung: μήτε - μήτε nach τὸ μὲν γάρ - τὸ δέ, zeigt. Er neigt aber auch zu gorgianisch hochgespielter Antithetik[13].

PseuPhok

zeigt mit einigen (wenigen) Beispielen des mahnenden μή - ἀλλά durchaus Ähnlichkeit.

156f *Iß nicht vom Mahl eines anderen den Abfall des Tisches,*
sondern vom Selbsterworbenen sollst du essen, ohne dich schämen zu müssen.[14]
Vgl. v.5.15.(32.)133f.207

Er bevorzugt aber den Anschluß eines volitiven Gegenstückes mit adversativem δέ, s.u. S.283. Die Antithetik hat dadurch weniger rhetorisches und mehr Sachgewicht.

Immerhin gibt es eine sehr interessante Reihe, die nach der Warnung vor Gefahren der Leidenschaften v.60-64 unversehens zum Muster der *zwei Seiten einer Sache* übergeht v.65-67. ζῆλος, τόλμα und ἔρως werden genannt. Damit haben wir ein - wohl einziges - Beispiel für die Empfehlung von Risikobereitschaft:

66 *Wagemut ist verderblich - zum Schlechten, doch sehr förderlich dem, der um Edles sich müht.* (w)

Der unmerkliche Übergang von den Lasterbegriffen zu den drei scheinbaren *voces mediae* und die sonstige ganz negative Wertung des ἔρως (besonders v.194) läßt darauf schließen, daß der Verfasser hier ein Ausgewogenheitsmuster übernahm, aber nicht um der autonomen Psychologie des der *Pathe* mächtigen Menschen willen, sondern um diese Begriffe für *das Gute* τῶν ἀγαθῶν, *für die Mühe um das Edle* ἐσθλὰ πονεῦντα, *für die Tugend* ἀρετῆς in Anspruch zu nehmen. Sie werden zum Vehikel für die Gegensätze ἐσθλός - ὑπέρογχος, ὀλοή - ὀφέλλει, σεμνός - αἶσχρος. So wird in die Reihe der durch Maßlosigkeit verderblichen Hexeis ein reizvolles Stück antithetischer Spannung eingeschlossen. V.68 lenkt mit ἡδὺς ἄγαν zum Topos *Übertreibungen* zurück; daß der Autor das Stichwort (μηδὲν) ἄγαν nicht fehlen lassen wollte, liegt nahe.

Seit BERGKs Konjektur aus ΑΓΑΝΟΦΡΩΝ in ΑΓΑΝ ΑΦΡΩΝ (bei Annahme einer Interpolation des Verses) wird das positive Verständnis des Verses: *Stets ist genehm der gefällige Mann im Kreise der Bürger* (BINDER) fast einhellig verworfen. GORAM konjiziert (S. 105 gegen Bergk) in μηδὲν ἄγαν σώφρων; ich möchte von dieser Anregung den Gedanken an μηδὲν ἄγαν festhalten, ohne deswegen von Bergks Konjektur abzurücken. Der Autor, der gern Traditionsgut über mehrere Zeilen verteilt und begrifflich verändert aufnimmt, fing die Reihe v.59 an mit μηδὲν μέγα und bringt am Schluß ἡδὺς ἄγαν. Als Stützen der Interpretation betrachte ich also zum einen das der griechischen Tradition entnommene ἄγαν, zum anderen den Bezug auf die Allgemeinheit ἐν πολιήταις anstelle des Urteils der Berufeneren. Es muß sich also um ein lächerliches Verhalten in den Augen der Menge handeln. Als Drittes ist der Duktus der Reihe zu bedenken. Ἡδύς hat mit den Leitbegriffen der drei vorausgehenden Verse den Charakter der *vox media*

---

baut ist, scheint PseuPhok 5 aufzunehmen, u.zw. mit dem Schema μή - ἀλλά.

13 »so wie Isokrates um 370 oder später unmöglich geschrieben haben kann«, MÜNSCHER s.v. *Isokrates*, PRE 18,2196.

14 PseuPhok vermeidet allerdings, das gorgianische Element durch Benutzung des gleichen Verbums für *Essen* hervorzuheben und variiert nach seiner Gewohnheit: ἔδοις - φαγέοις.

gemeinsam; ja mehr noch als diese bedarf es der Bestimmung durch Tonfall oder Kontext. Wenn der Vers nicht als unverbunden für sich stehen muß (darauf läuft wohl VDHORSTs Verständnis *Einfalt macht lächerlich!* hinaus, bei der nach DERRON das ἄγαν überflüssig wird), dann wirkt er wie ein Abgesang vor den beiden Schlußsentenzen, der mehr begründen als ergänzen soll und im Licht des vorausgehenden Kontextes steht: *Allzu süß macht lächerlich!* Das kann im Sinn der erotischen Begierde (v.66, KURFESS liest mit BERGK ἡδὺς ἄγαν ἄφρων und denkt an *Weichling*; vgl. v.l. L2[gr] ἀρρενόφρων), der Schwelgerei (v.61, ROSSBROICH) und der Liebedienerei (WALTER, DERRON) verstanden werden. Die Reihe beginnt v.61 ihre Konkretionen - sofern wir die seelischen Hexeis nicht als konkret gelten lassen, wäre es sogar die einzige Konkretion vor v.69 - mit dem *übermäßigen Luxus* oder *Schwelgen*; und die Generalisierungsklausel *Das zieht* (sc. *dich*) *zu maßlosen Begierden* läßt ausschauen, wie weit dieser Vers die folgenden bestimmt. Mit *Essen, Trinken und Prahlen* kehrt die Reihe v.69 zum Konkreten zurück. Wenn v.68 eine Begründung auf Alltagsniveau sein soll, ist ἡδὺς ἄγαν also von v.61.69 her zu interpretieren und spricht vom *Weichling jeder Art* und dem allgemeinen Gespött über ihn. Solch abfallender Schluß, hier vor zwei Schlußsentenzen, paßt zum Duktus der Reihe.

Isokrates

Zum Verhältnis von Autonomie und Theonomie paßt die Verwendung der Modi. Der Imperativ (positiver wie negativer) der alten Paränese steht *im Präsens*. Erst nachdem die Reihe der Einzelimperative beendet ist, geht der Verfasser zum negierten Konj.Aor. über:

2,40 *Und wundere dich nun nicht* καὶ μὴ θαυμάσῃς, *wenn unter dem Gesagten Vieles ist, was du auch kennst.*

Da es hier nicht um eine allgemeine Verhaltensregel, sondern um einen aktuellen Aufruf geht, wählt der Verfasser den Aorist - und benötigt dafür, weil der negierte Imperativ vermieden wird, den negierten Konjunktiv.

PseuPhok bietet dagegen ein reich differenziertes Bild, s.u.

1.3 Entfaltung oder Aktualisierung

Mehrfachprohibitive mit *explikativem* μηδέ dienen in der alten Paränese gern zur Explikation eines Oberbegriffes, während sie bei PseuPhok die Gleichstellung von Traditionsimperativ und Aktualisierung bewirken sollen. Während dort das explikative Moment erkannt und nachvollzogen werden soll (Dem 23b), soll es hier verdeckt werden (PseuPhok 190-192, vgl. v.4a-b). Der Serie von 9 μηδέ Dem 31, die zusammen mit dem μή des Anfangs (in einem indikativischen Satz) falsche Vertraulichkeit explizieren, stehen 10 μηδέ PseuPhok 181-193 gegenüber, die zusammen mit drei jeweils einleitenden μή v.175.177.190 eine kodifizierende Serie göttlicher Vorschriften und ihrer Anwendungen gleichgewichtig aufreihen.

Isokrates

Die paränetischen Reden schreiten fort von grundsätzlichen Ausführungen über die Hierarchie der Tugenden zur konkreten Mahnung. Auch jüdische Paränese schließt Grundsätzliches in die konkrete Mahnung ein, da diese nach Form und Inhalt die Würde göttlicher Weisung hat. Und auch den Griechen gilt wiederum das Erbe der göttlichen und väterlichen Autoritäten als heilig, als an sich zum Tun verpflichtend. Aber das sittliche Ziel der Griechen, die Eudämonie, und die Bemühung um die Hierarchie der Werte läßt den autoritären Charakter des Einzelimperativs aufgeweicht werden.

3,43
Nachdem mich also vieles darin bestärkt, bei diesen Lebensregeln noch zu verharren, treibt mich nicht zuletzt auch dies, daß ich zwar auch unter schlechten Menschen viele sah, die Tapferkeit und Tüchtigkeit und die anderen Vorzüge besitzen, aber daß ich die Gerechtigkeit und die Besonnenheit nur als besonderen Besitz der Menschen feiner Art τῶν καλῶν κἀγαθῶν *fand.*

2,9 *Zuerst* πρῶτον *ist nun darauf zu achten, was das Werk der königlichen Herrscher ist.*

Dem 13
Zuerst πρῶτον *nun zeige dich ehrfurchtsvoll in dem, was die Götter betrifft.*

3,14 *Was nun die öffentlichen Angelegenheiten betrifft* περὶ μὲν οὖν τῶν πολιτειῶν - *davon auszugehen, hatte ich ja begonnen - ...*

PseuPhok

Als Gegenbeispiel diene der Anfang der Mahnung bei PseuPhok:

3 *Nicht in Ehe einbrechen.*

Das erst in v.8 folgende πρῶτον mit seinem ganz und gar nicht grundsätzlichen Pendant im gleichen Vers μετέπειτα ist inmitten dieser konkret-speziellen Volitive tatsächlich verwirrend für den, der von griechischer Paränese herkommt.

Gliederungsansätze in der dem Prinzip nach ungegliederten Paränese zeigen sich bei Isokrates in gelegentlicher Thematisierung durch das περί, das in späteren Gnomologien zur Sachgliederung diente. Diese Rolle des περί wird bei PseuPhok von der *Ausgangsmahnung* erfüllt v.9ff.122ff.153ff.175ff u.ö.

Zusammenfassende Bewertung. Nicht zu Unrecht erweckt diese kurze Gegenüberstellung den Eindruck, daß hinter Isokrates und PseuPhok sehr unterschiedliche Kräfte stehen müssen. Ihre gemeinsame Absicht, gesellschaftsstabilisierende Moral zu lehren und zu fördern und dem Leser *Glückseligkeit* εὐδαιμονία - bzw. *ein gutes Leben bis an die Schwelle des Alters* v.230 - zu erschließen, wird zum Teil aus gegensätzlichen Vorstellungen gespeist. In der Form der Imperative drückt sich Eigentümliches aus, das uns die Zuweisung zu unterschiedlichen Traditionen erleichtert.

2. Negativer und positiver Ansatz bei PseuPhok

Die Antithetik von Prohibitiv und Volitiv in PseuPhok trifft also an sich den etwas belesenen nichtjüdischen Leser nicht unvorbereitet. Die Satzstruktur vertrauter griechischer Mahnung kann der des PseuPhok ganz ähnlich sein. Doch vermittelt der Phokylideer gerade unter der Voraussetzung der Vergleichbarkeit einen Eindruck vom besonderen Charakter jüdisch-paränetischer Antithetik. Im Mittelpunkt steht weniger der zu erziehende Mensch - vgl. den positiven Grundcharakter von Hesiod über Isokrates und Pseudo-Isokrates bis zu Pseudo-Pythagoras' Goldenen Sprüchen (*CarmAur*) -, dessen

Anlagen durch Beratung und Ermutigung zu wecken und zu fördern sind, sondern mehr der beauftragende Gott. Die Antithetik lehnt sich an das göttliche Verbot und die in ihm implizit erfahrene positive sittliche Aufgabenstellung an.

2.1 Die beherrschende Rolle des mahnenden Verbums

Die Bewertung des Prohibitivischen und des Volitiven bei PseuPhok hat von der Rolle des mahnenden Verbums auszugehen. KÜCHLER charakterisiert zutreffend den volitiven Grundcharakter der Schrift, wenn er in Auswertung seiner *Tabelle der Modi* urteilt (270f mit Hinweis auf Schwyzer, Griech. Grammatik 2,380): »Der *volitive Modus*, ca 60 x in der archaischen und epischen Form des imperativischen Infinitivs, fast 90 x im Imperativ der 2.Pers., und ca 10 x in der Wunschform, beherrscht mit etwa 160 Sinneinheiten diese Sammlung ... Fast die Hälfte der infinitivischen Sinneinheiten ist dabei in den ersten 20 Zeilen der Sammlungen massiert und gibt diesen einen altertümlichen Tonfall.«

Das Ergebnis wird noch deutlicher, wenn wir in der Indikativspalte der Tabelle nicht nur zweimal »Bildworte« als geschlossene Abschnitte, die sich über mehrere Verse erstrecken, registrieren, sondern eine weitere Zusammenfassung indikativischer Argumentationsgruppen (die in Klammerhinweisen vorbereitet ist) vornehmen. Neben einer gewiß verbleibenden größeren Zahl von »begründenden« Einzelversen müßte die Diatribe über Leidenschaften v.60-68 als geschlossene Begründung den umrahmenden Volitivsätzen v.59, 69f zugeordnet werden, wie überhaupt die Aussparung asyndetisch aufgereihter Indikativ-»Sprüche« aus den als »begründend« gekennzeichneten Indikativsätzen ein schiefes Bild ergibt. Auch für v.110-115; 125-128 vermeidet KÜCHLER m.E. ungerechtfertigt[15] die Kategorisierung als »begründend«. Das von ihm hervorgehobene Merkmal des beherrschenden Volitivs kann bei solcher Überprüfung der Kategorisierung nur gesichert werden. Küchlers Vergleich der Gesamtabfolge mit der der Goldenen Worte des Pythagoras (271f) verliert allerdings an Stringenz.

Bezeichnend ist, daß VDHORST bei der Gliederung seiner Übersetzung in 15 Sinnabschnitte neben Prolog und Epilog mit einer Ausnahme v.42 nur mahnende Abschnittanfänge findet. Acht Abschnitte beginnen negativ, davon einer - v.132 - mit indikativischem οὐχ᾽ ὅσιον, fünf verzeichnen ein μή - v.48. 70. 97. 122. 175 - und zwei ein μήτε - μήτε - v. 3.118 -. Von den vier positiven Mahnungen stehen zwei im Imp.2. Pers. v.22.153, eine im Imp.3.Pers.sing. v.59 (ein Regelsatz: *Es sei* ...), und eine im imp.Inf. v.9. Wie man diese Zählung auch bewerten mag: Um die Rolle des Imperativs (Volitivs) zur Eröffnung eines neuen Themas, zur Einführung eines neuen Topos kommt man nicht herum (s. c.XII 1.2).

2.2 Negativer Mahnungsbeginn

Verwickelt wird das Gegenüber von Positiv und Negativ, wenn wir die Verben des Vermeidens und Verbietens einbeziehen, die auch ohne Negation eine Prohibition ausdrücken (oder - seltener - mit μή eine positive Empfehlung durch doppelte Verneinung einleiten). Vgl. die Verse:

[15] wohl infolge seiner Sammlungshypothese - verständlicherweise auch für v.42-47

151 *Fliehe Entzweiung und Streit, aus dem (ja) Krieg kommen kann.*
149b *Der Zauberbücher enthalten.*
(Vgl. v.31b *des Götzenopferfleisches enthalten.*)
Es spricht für die Geschlossenheit und Sprachqualität der Schrift, daß diese indirekten Mahnungen relativ selten sind. Auch meint der Verfasser das *Halte dich fern!* gelegentlich gar nicht metaphorisch, sondern buchstäblich:
35 *Halte dich fern - vom Acker deines Nächsten.*
Gleiches gilt für die Interpolation:
145b *von frevlerischen Leuten fernhalten.*

Wie der imperativische Charakter überhaupt, so steht auch der starke Anteil der negierten Imperative im formgeschichtlichen Zusammenhang der israelitisch-jüdischen Tradition. An den vom prohibitiven Gesetz her entwickelten Reihen v.3ff und v.175ff war das schon nachgewiesen.[16] Für die übrigen Abschnitte des Gedichtes ist zu differenzieren. Der negierte Imperativ (14 x) steht außer im v.84 (Imp.3.Pers.Aor.) immer im Präsens; der negierte imp. Konjunktiv (29 x) fast immer im Aorist.[17] 9 der vierzehn Imperativ-Prohibitive finden sich in den Abschnitten von v.48 - v.121, gegenüber nur 5 Konjunktiv-Prohibitiven. In diesem Teil des Gedichtes finden wir verhältnismäßig viel Anklänge an griechische Denkweise. Das unterstützt die Annahme, daß die Wahl des *imperativischen Konjunktivs* entweder den LXX-Stil mit seiner Übertragung des apodiktischen Gebots ins Weisheitliche aufnimmt oder den Charakter einer weniger beratenden, mehr gebietenden Paränese ausdrückt oder beides vereint.

Für den Ausgang des Verfassers beim jüdischen Prohibitiv ist das μή - μὴ δέ / μηδέ / μηδ' vieler Stellen kennzeichnend, z,B. v.199-206:

199 *Auch nicht μὴ δέ eine schlechte, wohlhabende Frau ins Haus führen.*
205 *Auch füge nicht μηδέ Ehe zur Ehe, Übel zum Übel.*
206 *Begib dich auch nicht μηδέ wegen Vermögenssachen in Streit mit den Verwandten.*

Vgl v.48f.100a/100bf.181-189.190-194

2.3 Antithetik

Reizvoll ist die komplette Verbindung des Israelitisch-Jüdischen mit dem Griechischen im ersten mahnenden Abschnitt v.3-8. Die zwei μήτε - μήτε-Paare v.3f,[18] weiter

---

[16] Zum prohibitiven Charakter in der Tora (»Verbote«) und der Sonderrolle der Gebote vgl. KOCH, Art. *Gesetz* I, TRE 13,44,46: »Apodiktische Gebote mit Infinitiv oder Imperativ erscheinen nie als Reihen, können jedoch in Verbotsreihen eingestellt werden (Ex 20,8; 34,18; 23,15).« NIEBUHR (238): »Typisch ... für die paränetischen Reihen insgesamt ist, daß auch die Beschreibung gerechter Taten weitgehend mit Hilfe von Vergehen in negierter Formulierung geschieht.« GERSTENBERGER, *Wesen und Herkunft des 'apodiktischen' Recht*s 45: Positive Gebote »am Ende von Prohibitivketten« »wollen ... den Hörer positiv auf den Sinn der Verbote hinweisen« (wozu es auch die Umkehrung gibt).

[17] Auch hier betrifft ein Beispiel einen Imp.3.Pers.Präs.: v.184. Die beiden negierten Präsens-Imperative v.48 und 175 meinen etwas Bleibendes, etwas (zu Unrecht) Beharrendes, und bedürfen deshalb des Präsens. - Die negierten imp. Optative lasse ich außer Betracht, da sie mit 4 x Präsens und 3 x Aorist keinen signifikanten Beitrag leisten.

[18] YOUNG und DERRON scheinen v.3f als eine viergliedrige Einheit zu verstehen. Das Gedicht bietet sonst kein Beispiel von solcher Überschreitung der Versgrenze durch eine Imperativreihe. BERNAYS, VDHORST und WALTER erkennen zu Recht zwei selbständige Sätze. - Die vier mahnenden Infinitive

das μή - ἀλλά v.5, 11 imp. Infinitive und der Abschluß der Reihe mit der gut griechischen, mit πρῶτον eingeleiteten Maxime v.8 zeigen den Kenner griechischer Tradition. Aber das Jüdische ist die Grundlage! Die Absicht, mit dem Dekalog einen wuchtigen Anfang zu schaffen,[19] ist (für den jüdischen Leser) nicht übersehbar.

μήτε - μήτε ist griechisch-rhetorisch. Das gilt besonders von den Fällen, in denen ein Oberbegriff entfaltet wird.

16 *Schwöre nicht falsch,*
weder unwissend, / noch vorsätzlich.
21 *Weder wolle Unrecht tun, / noch lasse Unrecht tun zu.*[20] Vgl. v.33

Für griechische Ohren ist auch in v.118 der Obergriff des (unterschiedlichen) Schicksals herauszuhören. Der Vers empfiehlt die μετριότης in üblichen Wendungen und bestätigt, daß wir uns mit μήτε - μήτε im intensiveren Einflußbereich griechischen Denkens befinden.[21]

118 *Laß dich weder von Übeln bedrücken / noch werde überschwenglich im Glück.*

Das adversative δέ für ein volitives Gegenstück der Hauptmahnung, das der Verfasser gegenüber dem griechischen Spiel mit dem μή-ἀλλά-Pattern bevorzugt,[22] gibt der Antithetik weniger rhetorisches und mehr Sachgewicht. Auch schließen sich die drei Teile einer Mahnungseinheit von *Hauptmahnung, Gegenstück und Begründung* so unprätentiöser zusammen:

57f *Werde nicht schnell handgreiflich* μὴ προπετὴς (ἴσθι),
sondern zügle den wilden Zorn (w) χαλίνου δ'.
Oft hat ja einer ungewollt im Zuschlagen einen Mord vollbracht.

Gorgianische Antithesen. »Antithetische Interpretationen tendieren um ihrer Profilierung willen zur Überbetonung des Gegensätzlichen und zur Minimalisierung des Verbindenden.«[23] Dies dient dazu, einen Gedanken antithetisch zu umspielen - bis dahin, daß »die formale Antithese ... den natürlichen Ausdruck des Gedankens verschiebt«[24]. Jüdische Art dagegen ist es eher, direkten Anstoß zu sittlicher Tat oder zum Nein gegen die Versuchung zu geben. Gorgianische Antithesen sind auch bei PseuPhok selten; ja vielleicht sind auch die folgenden Beispiele nicht »echt« gorgianisch.

Hesiod Erga 391-393 nach dem paränetischen Neueinsatz Z.383 können als Vorbild gedient haben, hängen dort aber wahrscheinlich, wie der Akkusativ des dreimaligen (je gleichen) logischen Subjektes γυμνόν zeigt, von νόμος Z.388 ab.

19 BINDER (S.69), der ohne Prolog mit v.3 beginnt und der die Beziehung zum Dekalog anscheinend übersieht (er hält πρῶτον v.8 für das initium des Folgenden), beklagt: »ganz ungehörig sind die fünf Verse des Proömiums (sc. v.3-7) vorangestellt, die an jedem anderen Orte besser ständen, als an der Spitze des Gedichtes«.

20 Das μήτ' nach μή zählt hier wie μηδέ.

21 Neben diesem adversativen μήτε - μήτε findet sich additives μήτε - μήτε = *nicht - und auch nicht* v.3.4.53.(211). Hesiod Erga 695-697 bringt eine Anweisung für das rechte Heiratsalter von Mann und Frau, das (für die Frau) mit adversativem μήτε - μήτε eingegrenzt wird. Das Abwägemuster für Besseres und Schlechteres fehlt hier wie bei PseuPhok.

22 V.50.57.77.85.98.(121.)147.180.213.(216)

23 LATACZ, *Kampfparänese* 26. Antithetische Struktur registriert BERGER in *Gattungen* 1063.

24 P.WENDLAND, *Anaximenes* 96, zur Vorliebe für gorgianische Antithesen bei PsIsokr.

81f *Besser ist es* καλόν, *sogleich gastlich zu sein an bescheidenen Tischen,*
als ἤ *an üppigsten, raffiniert und zeitaufwendig gedeckten* (w) *zur Unzeit.*
67 *Hehr ist die Liebeslust zur Tugend, / die zur Kypris aber fördert Schande.* (Chiasmus)

Die Überspitzung eines Gegensatzes um der rhetorischen Wirkung willen, u.U. »bis an die Grenzen des Möglichen«,[25] liegt dem Verfasser nicht. Und er zitiert auch kaum Sprüche, in denen er diese Figur vorfindet. Damit fehlt ein nicht unwesentliches Beispiel griechischer Gnomologie und Paränese.

2.4 Prohibitive oder positive Tendenz des Phokylideers ?

Bei den Imperativen und Imperativäquivalenten ist »die positive oder negative Formulierung ... mit ca. 75 Vorkommen gleichmässig verteilt«.[26] Auf den modernen Leser mag das wie ein Übergewicht des warnenden Elementes wirken, zumal die griechische Paränese den Volitiv gegenüber dem Prohibitiv bevorzugt (etwa in den langen Reihen abbreviatorischer Hypotheken aus delphischer Tradition). Im Rahmen jüdischer Tradition sieht die Bewertung aber u.U. ganz anders aus. Denn PseuPhok bleibt mit der negativen Mahnung, die immer wieder einmal, aber durchaus nicht überwiegend positive Gegenstücke aufweist, in der jüdischen Tradition. Dies gilt nicht nur für die toraabhängigen Listen v.3-8 und v.175ff, sondern auch für die Gestaltung des übrigen Stoffes. Und die Forschung hat daraus auch mehrfach Schlüsse für den Traditionsort des Verfassers und seine Denkart und Absicht gezogen. Allerdings meine ich, daß vdHorst die Statistik zu pauschal gewertet hat.[27] Besondere Beachtung verdienen Mahnungen mit positivem Gehalt, denen zum Zweck der Antithetik eine negative Folie vorangestellt ist. Hier heißt es, den Traditionskern von der Eingangsmahnung zu unterscheiden.

Jüdische Vorlagen. Wie die von vdHorst angeführten Belegstellen richtig zeigen, kennen wir für mindestens

- 23 Fälle eine biblische Vorlage oder ein biblisches Vorbild für Mahnung mit μή.[28]
- 13 Beispiele imitieren, wie ich annehme, den jüdischen Mahnungsstil und seinen negativen Ansatz.[29]
- 9 Umformungen einer prohibitiven jüdischen Vorlage ins Positive zähle ich demgegenüber; 6 davon sind sicher, 3 vermute ich.

---

[25] Küchler, *Schweigen* 14 A.18, zum Gegensatz ὑποταγή - αὐθεντεῖν 1Tim 2,11f

[26] Küchler 270; s. seine die Tabelle 3 der Modi in PseuPhok. Ich zähle 71 positive und 72 negative Formulierungen (ohne die interpolierten Verse):

	Imp.Inf.	Imp.	Imp.Konj.	Imp.Opt.	Regel
positiv	33	28	-	4	6
negativ	19	14	29	7	3

Küchlers Tabelle ist am Anfang (Inf. pos./negat.) etwas durcheinandergeraten.

[27] »The author issues innumerable warnings against evil-doing so that it may be concluded that according to him human nature is inclined to evil.« (Anm. »μή, μηδέ and μήτε occur about 85 times.«)

[28] Vgl. vdHorst zu den Versen 10. 15. 16. 39. 53. 79. 83. 84. 139(?). 147. 152. 179. 181-183. 186. 188-190. 192. 198. 226

[29] V. 18.57.77.86.100f(?).135.149.150.175.177.184.185.187

9a *In allem (als Richter) Recht zuerkennen.*
Es leidet kaum Zweifel, daß dies die ins Positive gewendete Warnung aus Lev 19,15 ist, die hier auch gleich, formal als negatives Gegenstück, zitiert wird:[30]

9b *Nicht das Urteil nach Gunst verzerren.*
Ebenso ist die positive Umformung sicher für v.14.19.22.24.140.

- 3 Beispiele eines negativen Vorbildes für positiv einsetzende Mahnungen[31] vermute ich:

8a *Vor allem Gott ehren*
Dem Zusammenhang nach geht diese Maxime auf die Verbote *fremden Dienstes* am Anfang des Dekalog zurück. Die positive Formulierung kann durch die griechischen Vorbilder und auch durch Lev 19,2f nahegelegt sein, wo das Vorbild des τιμᾶν (PseuPhok 8) in ἅγιοι ἔσεσθε und ἕκαστος φοβείσθω liegt. Jedenfalls hat der Verfasser die positive Wendung nach 5 Prohibitiven und 4 Volitiven v.3-7 selbst gewählt und verantwortet. - Negative Vorbilder oder Parallelen, denen der Phokylideer für die Bildung seines Spruches hätte entsprechen können, finden sich auch für v.20 und 26.[32] Es ist zu erschließen teils aus dem Stil, in dem jüdische Tradition ein solches Anliegen weitergibt, teils aus entsprechenden Parallelstellen.

Griechischer Einfluß. 15-20 mal wählt der Verfasser das warnende μή in Versen mit stark griechischem Gedankengut und läßt damit erkennen, daß er das warnende μή nicht nur in Anlehnung an Tradition so stark gebraucht. Es hält der positiven empfehlenden Mahnung weithin die Waage.

122 *Nicht sollst du, in Prahlrede schwelgend, dich selbst berauschen im Sinn.*
Vgl. v.21.32.38.48f.55.91.95.100f.118.156.193.199.205.206.210.225.(70.97.207).

Der Zug zum Positiven

Bedenken wir den starken Einfluß negativer Mahnung in der Tradition, dann ist - was bei VDHORST wohl zu kurz kommt - ein Zug des Verfassers zum Positiven festzustellen. Er bringt damit nichts grundsätzlich Neues. Der Zug ins Positive im Interesse der Versittlichung der sozialen Verhaltensnormen hat eine lange israelitisch-jüdische Geschichte. An die Stelle negativer Tabuvorschriften treten positive Ziele des Gemeinschaftslebens, an die Stelle gesellschaftlicher und göttlicher Strafsanktionen tritt das Werben um Einsicht in die von Gott für Israel und die Menschheit gestifteten Lebensgesetze. Der Glaube des Einzelnen wird angesprochen, die Verantwortlichkeit des Einzelnen wird vorausgesetzt und geweckt. Die Begegnung mit der griechisch-hellenistischen Welt wirkt verstärkend auf diese jüdische Entwicklung. Ethische Werte und positive Grundnormen als Hintergrund der Tora zu untersuchen, wird zum wichtigen Anliegen des philosophisch gebildeten Judentums. Solange allerdings der jüdische Traditionsbereich nicht verlassen ist, bleibt die negative Weisung oder Mahnung wichtig. Sie

[30] Die traditionell negative Formulierung klingt auch in zwei weiteren Fällen in dem alsbald nachgetragenen negativen Gegenstück an: v.14-15.22a-b.

[31] E.KAMLAH, *Frömmigkeit und Tugend* 222, findet in Josephus' Gesetzesepitome Ap 2,190ff die Tendenz, bei Anspielungen auf den Dekalog (Dekalogzitate fehlen hier im Gegensatz zu Ant 3,91f) »Verbote in Gebote zu kehren«.

[32] V.20 vgl. Koh 5,1; Barn 19,8; v.26 vgl. Prov 22,22 - s. VDHORST z.St.

hat die Funktion, Grenzen zu ziehen und endgültig festzulegen und Gefahren genau zu benennen, wie es der Jude aus der Tora lernt und wie er es auch im Bereich der eudämonistisch argumentierenden Weisheit nicht vergessen kann. Eine zusätzliche Motivierung zur Negation war sein Wunsch, die sittliche Verantwortung einzuschärfen, die das Individuum nötigt, sich der Gefahren seines Verhaltens bewußt zu bleiben und zu werden.

Das Positive dagegen zeigt die anzustrebenden Ziele. Es dient oft dazu, den positiven Sinn eines Verbotes aufzuzeigen, der im Verbot selbst nur indirekt angesprochen ist. Mit der Position ehrt PseuPhok seinen Leser als eine verantwortungsfähige Persönlichkeit, auf deren Einsicht und gutes Wollen er rechnen kann.[33] Die positive Mahnung gestattet ihm, für die Einheit des göttlichen Willens mit dem Wohl der menschlichen Gemeinschaft und dem seelischen Wohlergehen des Einzelnen zu werben.[34] Der jüdische Charakter seiner Volitive zeigt sich darin, daß vielfach nicht die Güter der Eudämonie und - angesichts der Grenzen echt positiver Glückserfüllung - Werte der Bescheidung (wie v.98), sondern positive Aufgaben genannt werden. Doch fehlt dem Phokylideer ganz ein mitreißendes Hoffnungsziel (man vergleiche die Apokalyptik), für das auch Leiden ein angemessener Preis sein kann.

Mit beiden Polen also, dem Negativen und dem Positiven, kann PseuPhok seinem Anliegen dienen. Und mit diesem in Negation und Position sich darstellenden doppelten Bemühen tritt er vor die Welt seiner Leser hin, die durch ihre hellenische Bildung das Sittliche als eine zutiefst positive Sache kennengelernt haben und nicht ahnen, daß ein Jude zu ihnen spricht, und die um so unvoreingenommener das annehmen sollen, was ihm ein zwiefaches Herzensanliegen ist: Einerseits die ständig aus dem Inneren des Menschen kommende sittliche Bedrohung aufzuzeigen und der Versuchlichkeit aller Menschen zu begegnen - die der Verfasser in einem der wenigen Wir-Stücke v.201-203 herausstellt und die er mit sittlichen Verbots- und Gebotsnormen und entsprechenden Erfahrungen zu entschärfen hofft - und andererseits die vielen Möglichkeiten des Guten vorzuführen und zum guten Engagement zu motivieren.

---

33 »The author apparently thinks that man's will is strong enough to reject evil and to do what is good.« (vDH S.68)

34 BERGER, *Gattungen* 1070, findet überwiegend positive Imperative im Regentenspiegel Isokr *An Nikokles*, entsprechend der Überlieferung der *Praecepta Delphica* mit ihrer volitiven Anrede an den freien Mann. »Wenn verneint wird, dann mit der Formel 'nicht - sondern'. Im Untertanenspiegel (sc. *Nikokles*) überwiegen die Prohibitive«. Berger ebd. zum »spezifisch autoritären« Charakter der Prohibitive.

XI. Kapitel
Direkter Einfluß hellenischer Literatur in PseuPhok

1.
VERSFOLGEN MIT MEHR GRIECHISCHEM EINFLUSS

1.1 Lauterkeit und Maß nach Vers 48-69b

Vers 48-58

Verbirg nicht im Herzen einen anderen Gedanken, als du aussprichst;
und verändere dich nicht - wie der felsverwachsene Polyp - je nach dem Ort.
Allen gegenüber (In allem)[1] *sei aufrichtig; sprich (nur), was dir von Herzen kommt.*
Wer da willentlich Unrecht tut, ist ein schlimmer Mann; wenn aber aus Notlage,
enthalte ich mich dieses Urteils. Der Wille eines jeden wird gerichtet.
Prahle nicht mit Weisheit noch mit Stärke noch mit Reichtum.
Einer nur, Gott, ist weise zugleich und mächtig und reich an Segen.
Zerquäle nicht deine Leber wegen vergehender Übel.
Nimmer kann ja das geschehene Geschick ein ungeschehenes werden.
Werde nicht schnell handgreiflich, sondern zügle den wilden Zorn.
Oft hat ja einer ungewollt im Zuschlagen einen Mord vollbracht.

Tradition. Der in v.42-47 angebahnte Übergang aus dem jüdischen in den griechisch-hellenistischen Traditionsbereich wird markiert durch v.48 mit dem Homer-Zitat Il 9,312f, der ersten Anspielung auf bekannte griechische Texte (außer v.8), die ein gebildeter zeitgenössischer Leser erkennen konnte.

ἐχθρὸς γάρ μοι κεῖνος ...,
ὅς χ᾽ ἕτερον μὲν κεύθῃ ἐνὶ φρεσίν, ἄλλο δὲ εἴπῃ.

Homers Spracheinfluß macht sich auch v.52 bemerkbar (Il 2,257; Od 2,187 u.ö; vDH). - Dem Homerzitat folgt in v.49 eine wahrscheinlich bewußte Auseinandersetzung mit einem griechischen Leitmotiv, speziell mit Theognis,[2] der meint, kluge Anpassung sei besser als (undifferenziert durchgehaltene) Prinzipientreue - wobei auch ein Odysseus-

---

1 J.AMSTUTZ, ΑΠΛΟΤΗΣ 42
2 Eindrücklich die Besprechung des griechischen Volkscharakters im Zusammenhang des v.49 bei BERNAYS 210-212

Thema der klassischen Homer-Diskussion in Blick kommt (s.u. zu πολύτροπος v.7).

Die Thematik. V.48ff führt weg von den Mahnungen betr. Sozialverhalten und normengemäßes Leben v.3-47. V.48-50 handelt anders als v.20 nicht von sozialer Not durch Lügen, sondern von der Einheit der Person mit sich selbst (v.49!). Vom Standpunkt der Gemeinschaft und der göttlichen Strafsanktion wird das Problem des mutwilligen Frevels v.16 angesprochen, hier v.51f vom Standpunkt des Individuums.[3] Es folgen die Themen Prahlsucht und Weisheit v.53f sowie Vermehrung oder Verminderung des Leides (durch Selbstzermürbung / durch Ergebenheit) v.55f. In v.57f wird zwar die soziale Folge des Aufbrausens angeführt. Aber das ist die soziale Begründung für die Mahnung zur seelischen Ausgeglichenheit.

Überhaupt kehrt sich hier das Mahnungs-Begründungs-Verhältnis um: Nicht mehr die allgemein-weisheitliche Begründung wird zur jüdisch-sozialen Mahnung herangezogen, sondern umgekehrt wird die griechisch (oder: hellenistisch) empfundene Tugendmahnung aus jüdischer Tradition begründet. So ist es ganz auffällig in dem monotheistischen Bekenntnis v.54 (ähnlich in dem Bekennntnis zur *Großen Lehre* v.89). Wir haben daher interessante Teile dieser Abschnitte im Kapitel VII über jüdische Theologumena zu behandeln gehabt. - Die große indikativische Begründungsreihe v.59-69b verdankt sich wieder, in besonderer Deutlichkeit, der hellenistisch-philosophischen Tradition.

V.53-54 ist inspiriert von Jer 9,22 und jüdischem Geist (v.54 erinnert an Sir 1,8 und das Sch.ma), aber für griechische Ohren nicht fremdartig. V.55f gilt als »sehr griechisch« (DORNSEIFF z.St.). Die paränetische Verknüpfung von ὀργή und φόνος v.57f folgt jüdisch(-christlichem) Muster (Mt 5,21f; Did 3,2), paßt aber ebensogut zu der Lehre über die Leidenschaften in den folgenden Versen.

Formung. Trotz des weiterleitenden μὴ δ' v.48 ist deutlich, daß v.48 einen Neueinsatz bringt. Viermal unter den fünf zwei- bis dreigliedrigen Sprüchen v.48-58 schlägt der Verfasser einen Topos so an, daß er den konkretesten imperativischen Einstieg wählt. Das übrig bleibende, fünfte Beispiel bringt eine Verhaltensregel in der Form einer Stellungnahme des Verfassers v.51f - ein Ausnahmsbeispiel im Gedicht:

> *Wer da willentlich Unrecht tut, ist ein schlimmer Mann; wenn aber aus Notlage,*
> *spreche ich mich für diese Schlußfolgerung nicht aus ...*

Wir können a) diesen indikativischen Einschub als Mahnung verstehen, etwa so:

> *Mach einen Unterschied, ob einer mutwillig oder aus Notlage Schlechtes tut!*

Auch b) eine Empfehlung an die Leser, mit ihren Abhängigen und Untergebenen milde zu verfahren, wenn sie in ihrer Armut und Abhägigkeit zu einem zweifelhaften Mittel gegriffen haben, kommt in Frage. Aber c) vielleicht hat PseuPhok diese heikle Aussage mit ihrer zu Selbstentschuldigung verführenden Unterscheidung nur mit besonderer Vorsicht und zur Nachdenklichkeit anregend aufnehmen wollen. - Die zweimalige par-

---

[3] Die Unterscheidung *freiwillig - unfreiwillig Unrecht tun* v.51f könnte nach VDHORST (zu v.16) biblisch präformiert sein; DERRON sieht (wie ROSSBROICH) dagegen Beziehungen zur stoischen Kasuistik (und zu Philo, der wieder ins Biblische zurückweist). Die auch in der Stoa wirksame Zurechnungslehre des - Aristoteles (LOENING, *Zurechnungslehre* 268f: Nur Taten, die im eigenen Begehren des Menschen ihren eigentlichen Grund haben, unterliegen der Beurteilung) und die jüdisch-theologische Anrechnungslehre berühren sich in der Sache. Der Gegensatz zu ἑκών mit ὑπ' ἀνάγκης bezeichnet etwas anderes als die Verfehlung aus Unkenntnis oder ohne Absicht v.16.58(!). Philosophisch-kasuistisches Denken scheint hier maßgebend. Zur Beziehung zwischen v.16f und Hes Erga 282 s.u.

allele Trias v.53f zeigt im Begründungsvers das Grudsätzliche der weisheitlich-paränetischen Religiosität, im Mahnvers deren praktische Richtung :

53 weise - mächtig - reich
54 weise - mächtig - reich an Segen.

Vers 59-69b

59 *Die Gemütsbewegungen seien moderat, nicht zu stark oder (gar) ungezügelt.*
60 *Gutes im Übermaß gedeiht den Sterblichen nicht zum Heil.*
Die üppige Verschwendung treibt zu maßloser Liebeslust.
Eingebildet gebärdet sich der große Reichtum und treibt in die Hybris.
Empfindung, die unkontrolliert sich entwickelt, hat verderblichen Wahnsinn im Gefolge.
Zorn ist ein Verlangen; wenn er überhand nimmt, wird er zur Raserei. (w)
65 *Eifer um das Gute ist erhebend, um das Schlimme aber niederdrückend.*
Wagemut im Schlechten ist verderblich, doch sehr förderlich dem, der um Edles sich müht.
Hehr ist die Liebeslust zur Tugend; die zur Kypris aber fördert Schande.
Am allzu lasziven (Menschen) haftet unter den Bürgern der Spottname eines Narren.
69 *Mit Maßen essen, mit Maßen trinken und maßvoll im Gespräch!*
69b *Unter allem ist Maß das beste; Maßlosigkeiten sind Schmerzbereiter.*

Die Fachliteratur läßt durchweg mit v.59 einen neuen Abschnitt beginnen. Dies hängt mit der Reserve in Formfragen zusammen. Bei Beachtung des imperativischen Gepräges ist die Frage der Zuordnung dieses Abschnittes nicht zu umgehen, s.u. - Nach Sorge v.55f und Zorn v.57f nun: Verschwendung und Zügellosigkeit v.61, Reichtum und Hybris v.62, Wut/Zorn v.63f, alles in dichter Folge; Eifer, Kühnheit und Eros als *voces mediae* v.65-67; Übertreibung des an sich Guten v.68 statt allgemeinen Maßhaltens v.69-69b. Die Sequenz läßt nichts zu wünschen übrig an thematischem Zusammenklang. Nirgends im Gedicht hebt der Verfasser sonst noch zu solch einer ausführlichen Darstellung der ethisch-eudämonistischen Argumente an. Der Übergang von der Toratradition ist so auffällig, daß die bewußte Absicht, sich der griechischen Psychologie zuzuwenden (seit v.48), kaum zu bezweifeln ist.

Tradition. Der stoische Hintergrund des doppelgesichtigen Habitus v.65-67 (mit den Gegensatzpaaren ἀγαθός - φαῦλος, κακός - ἐσθλός, σεμνός - αἶσχος) ist evident, ebenso die hinter den Begriffsvariationen, z.B. *Wut - Zorn - Eifer*, stehenden Distinktionen. Die ganze Versfolge bewegt sich im Gedankenfeld der (Popular-)Philosophie. Verwandtes auf jüdischer Seite findet sich im antiken Judentum dort, wo dieses sich dem Dualismus und der Psychologie öffnet, vgl. TestXIIDan 2-4. Wie anders wird dagegen der Lasterkatalog Eph 4,31 πικρία καὶ θυμὸς καὶ ὀργὴ καὶ κραυγὴ καὶ βλασφημία einem auf Tat und unterlassene Tat ausgerichteten Kontext integriert!

Formung. Als unpersönlicher Imp.3.Pers. läßt ἔστω nach einem vorausgegangenen persönlichen Imperativ fragen. Dieser liegt in der Reihe v.48-58 mehrfach vor. So stellt sich in formaler Hinsicht der Abschnitt als eine ausführlich begründende Reihe mit ausgeweiteten und verselbständigten Begründungen dar. Durch Regelformulierung zu Anfang v.59 und triadische Mahnung mit antithetischer Begründungssentenz am Schluß v.69-69b wird die Reihe in den volitiven Duktus des Gedichtes einbezogen. Der volitive

Rahmen färbt auf die Argumentation ab und gibt ihr den Charakter der Begründung mit überhöhender Mahnungsfunktion.[4]

Stilmittel. Antithetisch aufgebaute Verse zu Eingang v.59, in der Mitte v.64-67 und zum Schluß v.69b wechseln wirkungsvoll ab mit solchen, die nur eine Größe beschreiben v.60-63.68. Der triadische Satz v.69 bildet den Höhepunkt. Eine dynamische Komponente bringen die Verben, die eine zur Reife drängende Entwicklung nennen v.60.61.62b.63.66b.67b. Die stilistische Arbeit an der Versfolge läßt darauf schließen, daß die etwas ungeschickt wirkende Wiederholung von ὀφέλλει v.66.67 nicht ungewollt war, sondern als *ornamentale Stichwortverbindung* einen Zusammenhang ausdrückt; vgl. ἔρωτας v.61 / ἔρως v.67.

1.2 Der Einzelne und die Vielen nach Vers 70-96

Tradition. In diesem Bereich des Gedichts kommt häufiger ein Merkmal vor, das in der jüdischen Paränese wenig zu finden ist, dafür um so mehr in der Weisheit und in der griechischen Paränese: Die scheinbar beziehungslose Folge von zwei Sprüchen, die das *Einerseits* und das *Andererseits* einer Sache schlicht und asyndetisch gegenüberstellen. Dies schafft den Eindruck der Sprunghaftigkeit. Es ist aber hier so hervorstechend, und das Antithetische ist so auffällig, daß Zufälligkeit eine schlechte Erklärung wäre:

77/79	*Handle an Bösen nicht böse - aber vertrau auch nicht zu schnell.*
80/81f	*Übertriff deine Wohltäter mit Wohltat -*
	und bewirte deine Gäste lieber gleich und bescheiden als reichlich zur Unzeit.
80/81f/83ff	*Verhalten als Beschenkter - als Gastgeber - als Gläubiger*
81f/83	*Geben - Fordern*
91ff	*Schmarotzende Gäste*

Dies *Einerseits - andererseits*, das den Griechen seit Hesiod vertraut ist, wird in PseuPhok 65-67 ausdrücklich thematisiert.

Motivgeschichtliche Beziehungen zum Griechisch-Hellenistischen hin sind auch sonst gegeben: vielleicht mit καθήκει (VDH), sicher mit der Göttinnentrias *Dike - Peitho - Eris* v.77f und noch auffälliger mit der für jüdische Ohren unangenehmen Tändelei mit polytheistischer Sprache v.71-75. Die σωφροσύνη v.76, Zentralbegriff der Tugendlehre, scheint hier einen bescheidenen Platz zu haben - und die Herausgeber billigen ihr auch nicht die Unziale der Gottheit zu, die sie ebenso beanspruchen könnte wie die »Göttinnen« nachher. Doch gibt ihr Platz und die blasse Antithetik des Verses Sinn, wenn dieser Topos mit Bedacht für einen *Scharniervers* gewählt ist, der das Neidthema und das Tugendenthema verknüpft. Enge literarische Beziehung zu Theognis (31-38) haben wir in c. VII (S.185f) für v.90-96 zu erörtern gehabt.

Aber es fehlen auch nicht die Abhängigkeiten vom Jüdischen. Die stärksten - für

[4] Der an v.69 eng angeschlossene indikativische Begründungssatz v.69b bleibt im Rahmen des formal Üblichen. Denn die Schlußmahnung v.69 verträgt eine Begründungsklausel, vgl. v.95f - dort mit umgekehrter Reihenfolge des triadischen und des antithetischen Satzes. VDHORST urteilt über v.69b, »that it appropriately concludes this section (59-69)«.

den griechischen Leser nicht erkennbaren - Beispiele, das Toragebot v.84f sowie v.89, haben begründende Funktion. Es scheint so, daß der Autor seinen inneren Dialog zwischen jüdischem und griechischem Erbe so geführt hat, daß ihm zu jüdischer Mahnung, wohl unbewußt, allgemeine Begründung in den Sinn kam und zu griechischer Mahnung jüdische Begründung.

Thematik. Spätestens vom v.80 an wird in dieser Versfolge der Adressat in gehobener Stellung vorgestellt: Er braucht sich durch vermögende Freunde nicht lumpen zu lassen v.80, kann Gäste angemessen empfangen v.81f.91ff, Schulden erlassen v.83 und auf die Auswahl von Richtern Einfluß nehmen v.86. Er unterscheidet sich klar von der Masse seines Volkes. Im Fortgang des Gedichtes finde ich daher nach den sozialen Pflichten bis v.47 und den Pflichten im Umgang mit sich selbst v.48ff nun eine Thematik, die um den Einzelnen im Umfeld seiner Mitmenschen kreist. Die Topoi handeln

vom Verhalten	70	gegen Freunde,
	77	gegen den Übeltäter,
	80	als Beschenkter,
	81	als Gastgeber,
	83	als Gläubiger,
	86	als Magistratsperson
	91	gegen Schmeichler.[5]

Die Topoi werden durchweg nur kurz imperativisch eingeführt (auch v.84f sehe ich so bei metaphorischem Verständnis); und alsbald wird eine Begründung angefügt, die in vier der sieben Fälle erhebliches Gewicht entwickelt - mit griechisch-mythologischer Vorstellung v.71-75.77b-79, mit griechisch-jüdischem Bildungspathos v.87-90 und mit einem Theognis-Zitat v.90-96. Auch so gesehen, fällt der Einzelvers 76 aus dem Rahmen, der formal sich am ehesten als volitiv-antithetischer Abschluß zu v.70-75 eignen würde, wenn die *schändlichen Taten* v.76b eine inhaltliche Beziehung zum Neid hätten.

Weitere Formmerkmale. Der Fortschritt der Topoi in diesem Abschnitt ist mit einer Ausnahme (ggf. zwei) streng an Prohibitive, die mit μή (μηδέποτε) einsetzen, gebunden. Sechs solchen Neueinsätzen v.70.77.79.83.86.91 steht ein Mahnspruch mit einleitendem καλόν v.81 gegenüber. Die griechische Wendung καλὸν ἤ (mit hebräisch-jüdischen Parallelbildungen, s. S.433) fällt aus dem Rahmen der Mahnungs-Begründungs-Form, sofern volitive und argumentative Funktion ineinander gehen. - Auch die verallgemeinernde Schlußmahnung v.95 (mit triadischer Begründungsklausel v.96) ist ein mit μή verneinter Imperativ. Der Abschnitt erhärtet das Urteil, daß planvoll gebaute Kleineinheiten aus mehreren Versen, durchweg imperativisch eingeleitet, das Gedicht strukturieren. Zugleich findet die Vermutung absichtlicher Textfolge-Verwirrung hier Ansatzpunkte. Wie leicht wäre es gewesen, den Gastgeberspruch v.81 zu v.91 zu stellen, so

---

5 Für den Fall eines Situationsbezuges des v.86 zu alexandrinischen Vorgängen, die sich in dem von VDHORST zitierten Edikt des Tiberius Julius Alexander spiegeln (s.u S.339 A.21), wäre ein enger Zusammenhang vom Thema »Richter« zu dem der Schmeichler v.91ff möglich. Denn die »Radfahrer«, die nach unten »treten«, machen ja auch die Katzbuckel nach oben. Doch liegt der literarische Hintergrund aus Theognis näher.

die zwei Sprüche vom Empfangen und Geben v.80 und v.83 zusammenzurücken und die grundsätzliche *Sophrosyne*-Empfehlung dem v.70 voranzustellen! Aber PseuPhok schafft eben kein Gnomologium, in dem man sich verwandte Sprüche, weil sie neben einander stehen, bequem aussuchen und vergleichen kann. Er kommt ins griechische literarische Milieu von der jüdischen Weisheit und Paränese her. Vielleicht hat er hie und da absichtlich durch scheinbar verwirrende Umsetzungen Nachbarschaften aufgelöst.

1.3 Leben vom Ertrag eigener Arbeit nach Vers 153-174

Wer als Jude in der griechischen Welt Bundesgenossen und Mitstreiter für ein Arbeitsethos sucht, das die Handarbeit nicht entwertet und das süße Leben reicher Gastgelage nicht als lohnenswertes Lebensziel gelten läßt, der stößt über kurz oder lang auf Hesiod. Ist doch das Thema der fleißigen und wohlüberlegten Handarbeit der Grundstock seiner *Werke und Tage*. So nimmt es nicht wunder, daß der Abschnitt PseuPhok 153-174, der dieses Thema behandelt, zu den *Erga* weit engere und interessantere Beziehungen aufweist als zu der wichtigsten biblischen Parallele Prov 6. KÜCHLER referiert S.292-298[6] über die »thematische Verwandtschaft zwischen den Erga und PseuPhok« und bemerkt, diese sei »bei der weiten Verbreitung Hesiods gar nicht erstaunlich« (296). Zu den thematischen kommen aber die textuellen Berührungen, u.zw. so zahlreiche, daß wir eine sorgfältige Hesiod-Lektüre des PseuPhok anzunehmen haben - oder eine tiefe gedächtnismäßige Vertrautheit mit den Erga. Mit seinem Auftakt v.153 mit ἐργάζευ übernimmt PseuPhok genau das ἐργάζευ des ersten Mahnabschnittes für Perses, Z.299, das auch dort am Zeilenanfang steht.[7] Bei Hesiod geht eine Einstimmung voraus, die eine der berühmten Stellen vom *Schweiß*, den die Götter *vor den Erfolg* (ἀρετή!) gesetzt haben, enthält Z.289f (vgl. VDH S.220f). Die Bekanntschaft des Phokylideers mit diesem Teil des Epos ist schon von daher höchst wahrscheinlich; vgl. πόνος δ' ἀρετὴν μέγ' ὀφέλλει v.163, ferner die Berührung durch πέλει Z.292/v.162. Die Formulierung οὐδ' αὐτοῖς μακάρεσσι v.163 kann durch das ἔθηκαν ἀθάνατοι Z.289f angeregt und in Umbildung entstanden sein. PseuPhok trägt hier mit dem ihm eigenen paränetischen Gefälle die Begründung nach, von der Hesiod ausging: das Erlangen der *Tugend*. Die kurze und unvermittelte Einführung des Tugendbegriffes weist auf die Quelle des Gedankens hin. Weitere Bezüge:

V.153 βιοτεύσῃς, v.159 βίῳ,v.165 βιότου	Z.307 βιότου, Z.316 βίου
V.166 καρπῶν πλήθωσιν ἀλωάς	Z.307 βιότου πλήθωσι καλιαί (vgl. Z.301 πιμπλῆσι καλιή)
V.154 ἀεργὸς ἀνὴρ ζώει	Z.303f ἀεργὸς ζώῃ

Die Begründung des Imperativs *Arbeite* v.153 in v.154

Denn jeder untätige Mann lebt von Diebeshänden

---

6 mit Bezug auf A.BELTRAMI, *Studi pseudophocilidei*, 1913 - referiert bei A.FARINA, *Silloge Pseudophocilidea*, 1962.

7 Bei Hesiod geht eine Zeile mit einem beschwörenden Auftakt in einer Apposition zum Subjekt *Perses* voraus, die wie ein gespannter Bogen den Imperativ »*Arbeite, Perses!*« losschnellen läßt. Dies kann der Paränet PseuPhok mit seiner Bindung des Mahnsatzes an die Zeile nicht nachahmen.

ist eine Subsumierung der Arbeitsscheu unter das Gebot Dek VIII[8] und hat gleich mehrere Anreger bei Hesiod:

Z.315f Perses soll sich *wegwenden von fremdem Besitz* und statt dessen arbeiten.

Z.321f *Mit seiner Hände Gewalt etwas in seinen Besitz bringen oder mit der Zunge rauben.*

Z.303-306: Diese Folge ist für den Vergleich am wichtigsten: Wer ohne Arbeit lebt, gleicht den Drohnen, die den Bienen die mühsam gesammelte Nahrung wegfressen.

Dieser Abschnitt zeigt uns den Autor, wie er von Hesiod das Thema der Arbeit aufnimmt und sich zu einigen eigenen Gedanken und Wendungen anregen läßt, vor allem zu dem Wort vom Diebstahl am Ertrag fremder Arbeit. Von Prov 6,6-8 LXX läßt er sich anregen zur Verbindung der Beispiele *Ameise* und *Biene*, wobei ihm die Beziehung zum Beispiel der Biene bei Hesiod willkommen gewesen sein wird; er stellt dies Beispiel im Sinn der paränetischen Begründung und gemäß Prov LXX zurück bis zum Abschluß. Schließlich hat er auch Einiges selbst hinzuzufügen, was aus Eigenem oder anderen Quellen kommen mag. Der Katalog der möglichen Tätigkeiten v.158ff berührt sich topisch eng mit Solons »Elegie an die Musen« fr.1,43-58 (DIEHL). Die Verknüpfung des Abschnittes über die Arbeit und des folgenden über die Ehe zeigt ihn nahe bei einem Spruch des Phokylides von Milet, s.u..

Der Abschnitt PseuPhok 153-174 hat forschungsgeschichtlich eine nicht geringe Rolle gespielt, nachdem Walther BIENERT (*Die Arbeit nach der Lehre der Bibel* 159ff) hier ein ganz ungriechisches, typisch biblisch-jüdisches Ethos erkannte: »Dieser Abschnitt steht wie ein Fremdkörper in der gesamten griechischen Literatur und hat auch in den bekannten Arbeitsversen Hesiods keine Parallele.« »In dieser Art kann eine solche Mahnung (sc. v.158-163) nur in der alttestamentlichen Spruchweisheit ihre Quelle haben« (Belege ebd. und bei VDHORST). In der Tat paßt der Grundsatz *Von Eigenem leben* v.153b schlecht »zu den Gewohnheiten der griechischen Bürger, die keine Schande darin sahen, sich vom Staate und von Mäzenaten ernähren zu lassen« (ebd. 161). Und die Betonung der Mühsal in der gebotenen Arbeit, die auf 22 Verse v.153-174 zehn Begriffe des Mühseligen mit positiver Wertung (VDHORST S.216!) bringt, gibt dem Abschnitt eine durchaus jüdische Tönung. KÜCHLER (296-298) hält den Rekurs auf ein jüdisches Arbeitsethos trotzdem für »nicht zwingend«, betont die gegenüber Prov 6,6-8c »sprachlich unabhängig(e)« Formulierung bei PseuPhok und die griechisch-lateinischen Belege für das Doppelbild von Ameise und Biene. Grundsätzlich ist zu bedenken, daß Bienert die positive Bewertung der Handarbeit, die sich bei den Griechen ja auch findet,[9] deswegen der biblischen nicht gleichachtet, weil er dabei einen göttlichen Auftrag zur Weltgestaltung nach Gen 1,28; 2,15 vermißt. Sein eigentlicher Gegensatz ist nicht *Arbeit - Muße* (wie Prov 28,19), sondern *Arbeit zum Überleben - Arbeit zur Weltgestaltung*.

---

8 Vgl. bQid 1,8 (GOLDSCHMIDT 6,600): *R.Jehuda sagt: Wer seinen Sohn kein Handwerk lehrt, lehrt ihn plündern.*

9 SCHMID/STÄHLIN, 2,551 A.2 (1933), nennen hier besonders *Herodot*: seine »Aversion gegen das adelige Bummelleben« (2,177), seine »Vorliebe für die arbeitende Klasse« (2,167). »Herodots Urteil über Reichtum und πλεονεξία geht ganz in Solons Geleise ... und entspricht der Auffassung der Athener in der Perserzeit«, ebd. 618 A.9.

Schon von da aus betrachtet, muß Bienerts Ansatz 35 Jahre nach der Veröffentlichung (und 65 Jahre nach der Konzipierung, s. Vorwort), und d.h. auch nach unserem späten ökologischen Erwachen und der Krise des »christlichen« Arbeitsethos hinterfragt werden. (Ich erwähne Selbstentfremdung am Arbeitsplatz, Verknappung der Arbeit in den Industrieländern, arbeitsfreie Lebensräume, überschäumende und ökologisch gefährliche Produktivität.) Wir sehen heute wohl deutlicher, daß die dem Menschen vom Schöpfer anvertraute Erde leidet, wenn die Formel der Spruchweisheit: *Arbeit am Acker gibt Brot, Streben nach Muße* (σχολή) *bringt Armut* (Prov 28,19) nicht kritisch reflektiert wird und wenn man aus dem Fluch des Sündenfalls Gen 3,19 einen erhabenen Schöpfungsauftrag macht. Leistet PseuPhok einen Beitrag zur Festigung dieser Verklammerung oder zu ihrer Lockerung? Hält er etwa die nachdenkliche Muße für das Glück der nach Bildung Strebenden und die Handarbeit für die Sache der Vielen, wie viele Griechen und Ben Sira es sahen? Ich denke, daß im ganzen Gedicht kein Wort von der Wohltat des Genießens zu finden ist - Nächstenpflicht, Maßhalteethos und Leidensbewältigung geben dafür keinen Raum -, dies hängt mit der »new sensivity« im Frühjudentum zusammen, sofern diese eine ethische Totalisierung des Lebens suchte. PseuPhok hat Hesiod zitiert in der Annahme, bestes griechisches Erbe aufzunehmen; der Anfrage an die Grenzen eines Arbeitsethos hat er sich nicht erkennbar gestellt.

2. EINFLUSS GRIECHISCHER DICHTUNG

2.1 Schönheit und Sittlichkeit

Das Judentum mit seinem Verantwortungsgefühl für die Tradition und ihre Bewahrung stieß im Hellenismus auf eine Kultur, die entscheidend durch den Faktor Bildung geprägt war und gründlich darüber nachgedacht und geschrieben hatte. Wenn wir heute die Entwicklung der Machtverhältnisse von Alexander bis zum römischen Patriziat betrachten, mag es uns unverständlich und paradox erscheinen: Die Griechen und Römer haben die Ausbreitung ihrer Herrschaft als Ausbreitung von Gesittung und Milde und als Überwindung roher Wildheit verstanden und in der musischen und literarischen Schulung eine Unterstützung dieses Erziehungsprozesses der Völker gesehen.[10] Die (wenigstens beabsichtigte) sittliche Ausrichtung der Bildung und die in ihr verankerte Achtung der gesetzlichen Orientierung menschlicher Ordnungen kamen jüdischen Erwartungen nicht nur stark entgegen, sondern förderten die gelehrte Durchdringung der jüdischen Sitte und Überlieferung.[11]

Das Judentum war aber keineswegs dem Sog des griechischen Geistes einfach ausgeliefert. Seine ambivalente Einstellung gegenüber Assimilierungen allgemein und gegenüber dem griechischen Schönheitsideal im Besonderen machte es stark in der offenen Begegnung. Zwei wichtige Komponenten des an Homer orientierten Bildungsideals nimmt z.B. der Phokylideer nicht auf: 1. die spekulativ-allegorische Einbringung rätselhafter oder widersprüchlicher Tradition in eine Gegenwartsbedeutsamkeit für den

[10] Plutarch, *De Alexandri Magni Fortuna et Virtute,* mor 328D ff

[11] Zur Beziehung zwischen griechischer Rechtsphilosophie und der sich ausformenden jüdischen Methodik der Tora-Interpretation vgl. DAUBE, *Rabbinic Methods* 242

Seelenhaushalt und 2. das *l'art pour l'art* eines sittlichen Eigenwertes des Schönen. Beides hängt gewiß mit seiner in auffälliger Konsequenz durchgehaltenen Orientierung an konkreter Mahnung zusammen.

Zu 1. Wenn hinter seinen Vorstellungen von *Weisheit* oder dem *Mysterium der Gerechtigkeit* spekulatives Nachdenken gestanden haben sollte, dann ist es jetzt ganz aufgebraucht für eine einfache Definition der sittlichen Aufgabe.

Zu 2. Das Griechentum sucht Bildung durch Anschauung, d.h. durch Begegnung mit dem in seiner Gestalt Ehrwürdigen oder Reizvollen, durch den *Eros* in seinen mannigfachen Erscheinungen. Die Eudämonie als höchstes Lebensziel zu suchen, lernt man nicht durch Belehrung während der Abwesenheit von Eudämonie, sondern durch beglückend-reizvolle Erfahrung - und sei es nur die Brillanz einer Sentenz, die ein Stück schwierige Wirklichkeit einfängt - und ihre Verknüpfung mit anderer Erfahrung im Denken. Den beiden Faktoren *Vernunft und Schönheit* in der griechischen Bildung steht in der jüdischen Paränese die Beachtung der göttlich-nomistischen Autorität und die Verweigerung einer schön sein sollenden Sprachgestalt gegenüber.[12] Die Textbeispiele zeigen immer wieder, daß PseuPhok beim dichterischen Vergleich mit seinen Vorbildern und Parallelen schlechter abschneidet, dafür aber an Klarheit des imperativischen sittlichen Anspruchs gewinnt.[13]

2.2 Weisheit aus dritter Hand ?

Die Beziehung des Autors zu Worten griechischer Dichter sehen viele durch Gnomologien oder Anthologien bestimmt, so daß wir die Sprüche bei ihm selbst aus dritter Hand empfangen würden. Bezüglich v.92 bemerkt ROSSBROICH: »huic versu simillimus est Theogn 115« - und stellt die Beziehung zu Text und Namen des Theognis nachdrücklich in Frage. »Nam scimus ... illa aetate neminem legendo laudare locum scriptoris, sed ex florilegiis tum homines scientiam hausisse«.[14] Aber dieses Urteil scheint mir entschieden zu kurz zu greifen:

1. Die Fähigkeit zu 200 ganz passablen homerischen Hexametern, ihrer Form und

[12] CUMONT, *Die orientalischen Religionen* 15, beobachtet den Unterschied auch in der Kunst selbst: »Griechische Kunst sucht ... durch die Anschauung eines Ideals von göttlicher Schönheit zu erheben«, die Kunstwerke des ausgehenden Heidentums mit seinen orientalischen Einflüssen dagegen wollen belehren.

[13] Spielt das bei den abwertenden Qualitätsurteilen der Philologen über die Hexameter des PseuPhok (zuletzt DERRON LXXIX-LXXXVII in einem Vergleich mit dem dichtenden Geographen Dionysius Periegetes, 1./2.Jh., ebd. S.CXXXIII) eine Rolle? - Die Stilqualität, wie sie der Grieche erwartet, klingt noch an, wenn im 16.Jh. gelegentlich Titel gebraucht werden wie *Phocylidis Poema elegantissimum* (Leipzig 1577).

[14] ROSSBROICH bezieht sich dafür auf A.ELTER, *De gnomologicorum Graecorum historia*, der »quam rem accuratissime pertractavit«. Ebenso (später) sein Lehrer KROLL (Art. *Phokylides*, PRE 39,508): »Dem Verfasser haben ältere Sammlungen vorgelegen; ihnen verdankt er den Branchidenspruch v.162 ... und die Bekanntschaft mit Theognis«. Aber KROLL scheint (gegen ROSSBROICH) damit zu rechnen, daß der Name des Theognis im Spiel war, wenn PseuPhok »gegen den ... v.49 polemisiert«. - Dr.Führer (mündlich): Man fand geeignete Sprüche in eklektizistischen Sammlungen - und trug sie vor als Früchte eigenständiger Lektüre bei dem großen ποιητής (Homer - o.ä.).

ihrem jonischen Dialekt erwirbt man sich am ehesten durch Lektüre des meistgelesenen Autors: *Homer.*

2. Die Fähigkeit, ein solches Gedicht mit seiner Vielschichtigkeit und mit seiner Geschlossenheit zu konzipieren, lernt man nicht aus Sammlungen von Lesefrüchten und Gnomen, sondern aus Erfahrung mit schriftstellerischen oder dichterischen Konzepten.[15] Die Selbstzucht unseres Gnomendichters, der nirgends ein strenges Gattungsurteil verletzt, obwohl er doch selten Wörter und Wortgruppen aus Vorlagen unverändert übernimmt, muß, da sie nicht naiv-ursprünglich, sondern kunstvoll ist, aus Übung mit zugänglichem Bildungsgut gewonnen sein.

Die etwa 200 Jahre jüngere Anleitung des Quintilian zur Schriftstellerlektüre (Inst 10,1) gestattet sicher Rückschlüsse auf das Interesse an den wichtigsten Originaltexten. Dort heißt es: Zur Schulung des Wortschatzes lese man lange Zeit die besten Schriftsteller, u.zw. ganze Schriften §20. Indem man dies wiederholt tut, lernt man zuerst den Inhalt kennen, sodann vom zweiten Lesen an die Methode des Zurückhaltens von Aussagen für den rhetorisch geeigneten Ort §21. Man schule sich nicht an der Lektüre vieler, sondern an viel Lektüre weniger §59. In einer Bibliothek mache man sich mit einem Verzeichnis der Dichter vertraut und nehme es unter die eigenen Bücher auf §57. Das Verzeichnis, das Quintilian §§46-131 in einer kleinen Literaturgeschichte *ad usum artis rhetoricae* vorstellt, ist eindrücklich; ein Bruchteil davon würde genügen, um unserem Autor die nötige Bildung durch originale Bücher zu vermitteln.[16]

3. Viele Beziehungen zu Homer und seiner Sprache und zu den *Hypothekai* eines - Hesiod und eines Theognis drücken sich so unprätentios und beiläufig aus, daß die Anstrengung einer kurzfristigen Fleißarbeit ebenso auszuschließen ist wie die Zufälligkeit der Anklänge.

3.
DIE FÜR PSEUPHOK WICHTIGSTEN DICHTER

3.1 Homer, Theognis

Homer

Die Homer-Belege sind unter der Gesamtzahl paralleler oder zitierter Stellen der griechischen Literatur mit etwa fünf Belegen alles weniger als zahlreich. Dennoch gehören die homerischen Epen und ihre damalige Rezeption zu den wichtigsten Voraussetzungen des Gedichtes 1) durch die zielstrebige Bemühung um ein homerisches Spra-

---

15 Senecca »beklagt jene (ep.33,7; vgl. 98,35/8), deren Lektüre nie über Anthologien hinausgehe und deren Briefen oder Unterhaltung jede Originalität fehle«, H.CHADWICK, Art. *Florilegium*, RAC 7,1139.

16 Wer nicht »Geld und Gelegenheit« hatte, »sich an irgend einen der großen Brennpunkte der Gelehrsamkeit und der Philosophie zu begeben, nach Athen, Rhodos, Alexandria«, dem »fehlte es nicht an Gelegenheit, die Studien (sc. der Schule) fortzusetzen; die Bibliotheken, die auch in kleineren Städten und in Gymnasien existierten«, boten dazu Möglichkeit. »Die literarische Bildung war nicht so schwach, wie der mangelhafte Unterricht der Schule nahzulegen scheint« (der mit der schlechten Stellung des Lehrers gegeben war), NILSSON, *Hellenistische Schule* 51f.

chidiom, 2) durch den Anschluß an die von Hesiod und Phokylides geförderte und später beibehaltene Sitte, Mahnsprüche in die Form des homerischen Hexameters zu geben, 3) durch die allgemeine homerisch fundierte Bildung, die einen mit den Lesern gemeinsamen Verstehenskontext bot und Homer-Zitaten wie -Anspielungen eine besondere Beachtung sicherte, 4) durch Aufnahme der tragischen Umdeutung des homerischen Heldenepos.

1. *Sprache.* DERRON behandelt die Spracheigentümlichkeiten des Gedichtes ausführlich auf S.LXXI-LXXXII, um 1) den für Gnomendichter seit Theognis bevorzugten jonischen Ansatz, aber auch 2) Dialektabweichungen (bedingt durch das Metrum, S.LXXII) und besonders die eigentümliche Vermischung mit hellenistischen »Modernismen« aufzuzeigen. 3) Sie konstatiert (LXXIV), »que le fonds du vocabulaire du poème soit issu de la langue épique et possède un grand nombre de terms communs à Homère et Hésiode«. VDHORST registriert jeweils bei den Versen die Beziehungen zum homerischen Vokabular. Zu den zahlreichen Beispielen ist homerischer Einfluß noch dort hinzuzuzählen, wo PseuPhok Wortformen oder zusamengesetzte Wörter benutzt oder selbst bildet, die homerische Sprache nachahmen sollen.

2. *Der Hexameter.* Der gründlich von ROSSBROICH (3-10) und DERRON (LXVII-LXXI) untersuchte Hexameterbau des PseuPhok, zeigt 1) »la versification ... uniforme d'un bout à l'autre du poême«, 2) Unabhängigkeit des Autors gegenüber den zeitgenössischen metrischen Bestrebungen der Alexandrinischen Schule, 3) metrische Eigenheiten, die wie kein anderes einzelnes Merkmal für die moderne Wissenschaft den *terminus a quo* wesentlich nach dem 6.Jh. setzen, 4) alles in allem Gemeinsamkeiten mit und Unterschiede zu Homer, die den Zeitgenossen des Phokylideers die Abfassung durch Phokylides plausibel erscheinen ließen. Daß er sich für den Hexameter und nicht etwa für den jambischen Trimeter (*Monostichen* des Menander) entschied, ist durch das Pseudonym vorgegeben. Der gar nicht galante Autor kann auch den solenneren Charakter des Hexameter für angemessener gehalten haben.

3. *Homer-Zitate und -Anspielungen*

Nach H.DÖRRIE (*Zur Methodik* 122) kreiste »mehr, als uns heute nachvollziehbar ist, ... das Bemühen, Texte richtig zu verstehen, um die Auslegung Homers«. Die Adepten höherer Bildung »lernten später Hunderte, vielleicht Tausende von Versen auswendig, so daß man mit Sicherheit erwarten darf, daß jeder Leser jede Anspielung auf einen homerischen Vers oder auf eine homerische Situation versteht.«[17] In der Not, die die Griechen mit dem alten Homer, seiner fremden Welt, seinem fragwürdigen Polytheismus und seiner anstößigen Moral hatten, setzten sie auf die Überzeugung, »Homer offenbare hinter dem, was die Aussage im Wortsinn bezeichnet, etwas ganz anderes, etwas viel Tieferes, und durch diese geheime Lehre wolle er die Menschen zu heilbringender Erkenntnis führen« (ebd.). Von Homer empfing die hellenistische Schule ihr elementares Lesebuch und die Gelehrtenwelt die Ausgangsbasis wissenschaftlicher Arbeit. Aber Homer vermittelt keine Lehren, weswegen NILSSON (*Hellenistische Schule* 61) ihn nicht ohne Weiteres als »Bibel der Griechen« bezeichnet sehen möchte. Die Tora hat eine noch anders normierende und soziologisch verbindende Qualität. Eine gewisse Berechtigung bekommt die fragwürdige Formel in der Umkehrung: Die Bibel, speziell die Tora, wird *der Homer der Juden*, wenn sie dieser in der Schule vom ABC-Schreiben an eben jene Rolle geben (HENGEL 151), die in der griechischen Schule Homer hatte. Vieles er-

[17] Dio Chrysostomus (36,9) berichtet von den Bewohnern von Borysthenes am Djnepr (einer milesischen Siedlung), daß sie, obwohl des Griechischen in barbarischer Umgebung nicht allzu gut mächtig, durch-

lebte der Bibelleser ähnlich. Auch der Inspirationsglaube macht Homer und Mose vergleichbar. Und daß die schönsten und erhebendsten Blüten der Sprache im Umfeld der Offenbarung bzw. Inspiration erwachsen müßten, ist nicht nur eine kuriose Erwartung der Homer-Verehrer, sondern auch den auf die Bibel ausgerichteten Christen nicht fremd, wie die ästhetischen Wertungen der Gleichnisse Jesu bis in die jüngere Forschung zeigen. Vgl. Josephus Ap 2,175: Das Gesetz Moses ist »schönstes und notwendigstes Bildungsmittel«. PseuPhok ist kein Apologetiker, sondern Paränet; sein Gedicht steht dieser Überhöhung daher fern.

Textzitate aus Homer sind zweimal als gewollt erkennbar.[18] Sie werden nicht versteckt.

V.48 Μὴ δ᾽ ἕτερον κεύθῃς κραδίῃ νόον ἄλλ᾽ ἀγορεύων.
Vgl. Hom Il 9,313
ὅς χ᾽ ἕτερον μὲν κεύθῃ ἐνὶ φρεσίν, ἄλλο δὲ εἴπῃ.

Mit Homer hat der Vers 1) den Sinn und 2) drei Vokabeln: ἕτερον, κεύθῃς, ἄλλ᾽ gemeinsam. 3) Von den sieben Vokabeln des Verses sind zwei weitere einfach ausgewechselt: κραδίῃ für ἐνὶ φρεσίν, ἀγορεύων für εἴπῃ. 4) Die beiden weitergehenden Änderungen sind mit dem Charakter des Gedichtes gegeben: Der Versanfang mit Μὴ δ᾽ zeigt die Umsetzung einer antithetischen Sentenz in einen negativ-positiven Mahnvers an. Die Ergänzung des abbreviatorischen ἕτερον bei Homer durch das neue Objekt νόον zeigt den Übergang von dichterischer zu paränetisch-sachlicher Sprache.

V.195b-197a (vgl. S.82)
Der Phokylideer krönt sein Gedicht an einem Höhepunkt mit einem Homervers, den viele Leser als solchen erkennen.

Homer-Anspielungen. Zum Wort von der Kürze des Lebens v.114 registriert DERRON (S.46) das Bild von den welkenden und sprossenden Blättern, denen die wechselnden Menschengeschlechter gleichen, Il 6,146-149. Dieser Vergleich zeigt bei topischer Nähe doch mehr den Unterschied zwischen homerischer Bildhaftigkeit und unbildlicher Kargheit des PseuPhok. - Helena nennt Il 24,770 den Schwiegervater Priamus *immer mild wie ein Vater* πατὴρ ὣς ἤπιος αἰεὶ (vgl. Od 2,47.234). Dies kann für PseuPhok Anregung zu v.207b ἤπιος gewesen sein - eine interessante griechische Korrektur an der Strenge der Tora (und der römischen *patria potestas)*, aber übereinstimmend mit Ps 103,13. - Vers 69b (=36) ist die Kombination der allgemein-griechischen Regel (Kleobulos?): *Maß (halten) ist am besten*, mit der homerischen Wendung Od 3,206: ὑπερβασίη ἀλεγεινή (s. VDH). - Mit den letzten Worten des Gedichtes μέχρι γήραος οὐδοῦ verwendet PseuPhok eine homerische Metapher (Il 22,60 - hier ἐπί statt μέχρι; Od 15,246.348), die sprichwörtlich geworden ist, vor allem aber in einem für uns interessanten Zusammenhang bei Hes Erga 331 sich findet (s. S.303). Die Beobachtung, daß dem Autor die Erkennbarkeit der Zitate und Anspielungen eher recht als unrecht ist, wird uns noch bei den anderen Dichtern beschäftigen.

4. *Das tragische Verständnis.* PseuPhok hat homerisches Heldenepos wie viele Grie-

weg die Ilias auswendig kannten.

[18] Begriffliche Wendungen, die der Autor von Homer zu Hilfe nimmt - durchaus mitten in einem von anders her angeregten Text - finden sich öfter, z.B. mit drei Begriffen in dem Hesiod nachempfundenen Abschnitt (153-)171-174, s. DERRON zur Stelle, die den »caractère oratoire de cette passage« aber mehr mit *Nonnos* zusammenbringt.

chen seit Xenophanes[19] als Tragödie gelesen und dies tragische Verständnis so weiterentwickelt vertreten, wie es die moralistische Weltsicht mit sich bringt; d.h. er hat Homer kritisch rezipiert. Gleich die Verse 3-4 sind ein Signal der tragischen Auffassung. Sinngemäß sagen sie: *Wie viele Verse brauchte Homer, um das Elend zu beschreiben, das Unzucht und Besitzruhm über Menschen und Völker bringen!*[20] Entsprechend sieht er eine Spannung zwischen dem Erbe Moses und dem des Homer; denn die Umdeutung des Gesetzes über den ungehorsamen Sohn Dtn 21,18ff/PseuPhok 208f ist als zeitgemäße Aktualisierung gestaltet; die Aufnahme der Begriffe πολύτροπος v.95 und μῆνις v.64 dagegen rückt homerische Stichworte in ungünstiges Licht (DORNSEIFF 41).[21]

Theognis von Megara

Zu 20 Versen des PseuPhok (ohne Interpolationen) nennt DERRON 25 Vergleichsstellen aus den Elegien des Theognis von Megara (darunter mehrere auch von *Solon* überlieferte Worte). Die meisten von ihnen zeigen nur das verwandte gnomische Gedankengut.[22] Lediglich eine Anregung durch Theogn.523f

Πλοῦτε, ... τὴν κακότητα φέρεις

läßt v.44 χρυσέ, κακῶν ἀρχηγέ vermuten.

Dagegen ist in v.152 fast jede Vokabel aus Theogn.105-108(-112) entnommen:

μὴ κακὸν (Z.108f) εὖ ἔρξῃς (Z.105.108), ἴσον (Z.106) ἔστ᾽ ἐνὶ πόντῳ (Z.107).

Dazu kommt die Aufnahme des Folgetextes unserer Theognis-Sammlung durch PseuPhok 91ff, s. S.185f. Und in typischer Weise macht der Phokylideer aus den vier Distichen der alten *Do-ut-des*-Ethik eine äußerst knappe Mahnung mit Begründungsklausel.

In zwei Fällen wahrscheinlicher Zitate ist die *Umbildung der Form* nachzuverfolgen: Aus dem protreptisch-apotreptischen Rat mit exklusivem ἤ Theogn.145f, wie ihn die spätere griechische Paränese gern formulierte, wird im jüdischen Traditionsbereich der Prohibitiv mit positivem Gegenstück v.5. - V.119f ist eines der vielen Beispiele der Reduzierung einer Reihe bzw. entfalteten Aussage - hier Theogn.661-666 - auf einen

---

19 Xenophanes, »der erste theoretische Monotheist« Griechenlands (6.Jh., KP s.v.) im fr.11 (DIELS/KRANZ):

πάντα θεοῖσ᾽ ἀνέθηκαν Ὅμηρός θ᾽ Ἡσίοδός τε,
ὅσσα παρ᾽ ἀνθρώποισιν ὀνείδεα καὶ ψόγος ἐστίν,
κλέπτειν μοιχεύειν τε καὶ ἀλλήλους ἀπατεύειν.

Das tragische Verständnis kündigt sich in dem (wohl relativ späten) Anfang der Odyssee (1,32ff) schon voll an. - DÖRRIE, *Zur Methodik* 124f, stellt dar, wie die Homer-Auslegungs-Kunst (mit ihren weitreichenden Folgen) aus apologetischen Motiven gegen den Vorwurf der Unmoralität der homerischen Götter entwickelt wurde. Allerdings: die »radikale Ablehnung Homers, zuletzt von Platon aus ethischen Gründen vertreten, kommt zum Schweigen« in der Zeit der philologischen Homer-Exegese, ebd. Die Kritik bei PseuPhok ist partiell.

20 Eben dies rühmt Dio Chrysostomus (s.o. Anm.17) am Milesier Phokylides: daß er in wenigen Versen die (traurige!) Quintessenz des Homer aussagen kann.

21 Vgl. STANFORD, *The Ulysses Theme* 260 A.20; 263 A.31; zurückhaltend VDH

22 VDHORST erwähnt eine Anzahl dieser Stellen nicht; von ihnen scheinen mir erwähnenswert:

PseuPhok:	16f	20	59f	62	79	110
Theognis:	1195f	421f	335f	153f	125-8	725f.

einfachen Gegensatz.[23] Bei Theognis dient das häufige πολλάκι(ς) als Einführungsformel für eine kurze Begründung und wird von PseuPhok u.a. hier aufgenommen.

Ein *großes Zitat* mit vielen verbalen Anklängen ist v.201-204 / Theogn.183-190 (s. S.82). Der Autor will, ohne ganz wörtlich zu zitieren, doch, daß der kundige Leser sich an Theognis erinnert fühlt. Die Reserve des Phokylideers gegenüber dem - Standesethos und der Lebensart des Theognis, die meist eher zwischen den Zeilen gelesen werden muß und oft nur im schweigenden Übergehen eines Zitatteils besteht, steigert sich zur Kritik in der Art, wie v.90-96 ein Theognis-Motiv 31-38 mit der Sprache eines Theognis-Textes 113-115 aufnimmt, s.o. Und wie v.49 kritisch an einen Theognis-Vers im Anschluß an ein (positiv bedachtes) Homer-Zitat v.48 erinnern will, so fügt v.95 die bekannte Homer-Vokabel πολύτροπος Od 1,1 in die kritische Theognis-Rezeption ein.

In Verkennung der homerischen Absicht, Odysseus als *weitgereist und erfahren* vorzustellen und so mit dieser Vokabel ein Hauptmotiv des Erzählgarns zu nennen, wurde schon bald über den moralischen Wert eines als πολύτροπος zu bezeichnenden Typus diskutiert (STANFORD, *Ulysses-Theme* 99). Positiv wollte man hier den gewandten Redner finden, der seine τρόποι den Hörern gemäß wandelte (vgl. Hebr 1,1 πολυτρόπως), oder eine Art Kyniker, der unkonventionell das Richtige tun kann (ebd.). Das Prädikat πολύτροπος (Homer) und die Vorstellung vom anpassungsfähigen *Polypen* (Theognis - oder der *Krake*) verbinden sich bei den Griechen mit unterschiedlicher Wertung (ebd.118).

Die partielle Reserve des Phokylideers gegenüber Homer wie ebenso gegenüber Theognis drückt sich nicht als Auseinandersetzung mit den Dichtern, sondern als Umwertung geprägter Begriffe, als Enteignung der Begriffe im alten Sinn zugunsten einer jüdisch-moralischen Wertung aus. Den *Pöbel* ὅμιλος mit πολύτροπος in Verbindung zu bringen, ist eine starke Wendung. Seine zurückhaltende Kritik zeigt auch, daß es dem Autor nicht um die Vermehrung literarischer Werke ging. Der Phokylideer führt keine literarischen Fehden vor. Er will mahnen, weniger belehren. Vielleicht gestatten die wenigen Anspielungen im Text auch die Annahme, daß er den Gegensatz zwischen der Welt des Phokylides und der des Theognis kannte - und sich auf der Seite des ersteren wußte. Nicht nur weil man von Theognis zu viel kannte, wäre sein Name als Pseudonym ganz ungeeignet.[24] Die Berühmtheit als Dichter von Gnomen für das praktische Leben genügt nicht.[25]

---

[23] Die Reihe mit drei Beispielen des Vertauschens der Schicksale, je nach dem Muster *Der im Glück (der Gute) wird unglücklich, der im Unglück (der Schlechte) wird glücklich!* wird in PseuPhok 119f auf ein Gegensatzpaar reduziert.

[24] Das Schicksal der für gesanglichen Vortrag geschaffenen knappen Sprüche des Theognis ist prinzipiell anders zu sehen als die homerische Überlieferung langer Gesänge. Ob die für uns erkennbare originale theognidische Sammlung von ihm selbst veranstaltet oder später zusammengestellt wurde, ist umstritten (Textausgabe YOUNG p.IX ss.). Der Charakter der hexametrischen oder elegischen *Hypothekai* erlaubte natürlich die Erweiterung (weniger die Kürzung), Ergänzung, Vermischung mit anderen theognidischen (die Suda bringt vier Titel, die aber nicht vier Sammlungen bedeuten müssen) und nicht-theognidischen Dichterüberlieferungen. Das heißt aber nicht, daß die Überlieferung so zerfasert war wie die menandrische (s.u.); und wenn es Theognis-Sprüche in Gnomologien gab, so doch auch originale Theognis-Lektüre. Nach J.T.SANDERS (*Ben Sira and Demotic Wisdom* 54) »the only Hellenic writer used directly and consciously by Ben Sira was Theognis« - eine zurückhaltend aufgenommene These.

[25] Theognis widmet sich der Überlieferung feudaler Anschauungen. Und diese »entfalten ... bei Theognis und Pindar plötzlich eine staunenswerte neue sittliche und religiöse Kraft«, wobei sie durch die »oberste

3.2 Hesiod, Phokylides

Hesiod von Askra [26]

Der Frage der Beziehung zu Hesiod nachzugehen, ist schon von daher nötig, daß das Phokylideische Mahngedicht gattungsmäßig zwischen Hesiods *Werke und Tage* (speziell mit seinen hypothekischen Blöcken Z.320-380 und Z.695-764)[27] und Phokylides' Kurzsprüchen steht und vielleicht die (hesiodischen?) Χείρωνος ὑποθῆκαι zum direkten Vorbild hat. Mit beiden Dichtern nutzt er den Hexameter, mit Phokylides verbindet ihn das Interesse an dessen Namen, vor allem aber die Wahl einer praktisch-konservativen Lebenssicht und die Kürze der gedanklich abgeschlossenen Gnomen, die einen Tatbestand scharf umreißen und sich weitere Ausführungen dazu ersparen. Dem Anspruch der hellenistischen Kultur, ein großes Gedicht sei von großen Dichtern zu schreiben,[28] brauchte und wollte der Phokylideer nicht entsprechen. Seine universale Reihe in 219 Versen ermangelt nicht des Stoffes, um umfangreicher zu sein; aber sie steht in der Verpflichtung einer ganz knappen Vermittlung wesentlicher Forderungen der Tora im Kontext griechischer Weisheit, die den Torateil nicht überwuchern darf. Die von den Meistern des Lehrgedichtes aufgenommene Anregung des Hesiod, kleine und größere erzählende Einlagen zu bieten,[29] nimmt er nur einmal sparsamst auf v.164-174. Die streitige Paränese des Hesiod ist doch etwas anderes als die Paränese des Phokylideers, die willige Leser mit autoritärem Willen ruft. - Der Jude, der (anders als Epiktet) die *Eudämonie* nicht von der seelischen Ökonomie, sondern vom Auftrag der Tora her verstand, konnte bei Hesiod theonom begründete Lebensregeln vorgezeichnet finden. Aber das eudämonistische Verständnis blieb in der Sicht des Juden hinter dem sozialen Auftrag der Tora an den Menschen zurück. Dem Individualismus eines Hesiod, der seine gnomische Belehrung für Perses als Ersatz für dessen fehlende Fähigkeit zur Selbstbelehrung bezeichnet Z.293-295 und zwischen der allgemeinen Klugheit und der speziellen Inspiration noch keine feste Brücke kannte, konnte sich der Phokylideer als Schüler göttlicher Belehrung in der Tora überlegen fühlen.

---

jedem Veralten bewahrt«, JAEGER, *Paideia* 1,249f. Phokylides dagegen »gibt allgemeine praktische Lebensregeln«, ebd. S.259.

26 FRÄNKEL, *Dichtung und Philosophie* (140-)124-146. Abhängigkeiten vom und Beziehungen zum Orient werden u.a. von E.MEYER, *Hesiods Erga und das Gedicht von den fünf Menschengeschlechtern* (1910), DORNSEIFF, *Hesiods Werke und Tage und das Alte Morgenland* (1934) sowie WEST, *Hes. Op.* 3-30, behandelt.

27 »in der damals für größere Konzeptionen allein möglichen Form des homerischen Epos« (DILLER, *Anfänge* 689). Die Frage der ursprünglichen Länge der *Erga* (WEST, *Hesiod* S.346-350) ist hier ohne Belang, da Zusätze alt sind (KROLL, Art. *Lehrgedicht*, PRE 24,1844). - Wenn Hesiods *Erga*, wie WEST annimmt (*Works* 45), über das ursprüngliche Konzept des Dichters hinausgewachsen sind, ist eine sichere Partition natürlich nicht möglich. Zudem weiß man in den gnomischen Partien mit ihren sittlichen Mahnungen, ihren praktischen Anweisungen und ihren von religiöser und nachbarschaftlicher Sitte geprägten Regeln öfter nicht, ob man den Gedankenfortschritt am Thematischen oder am Formalen festmachen soll. Von daher darf die übliche große Absatzbildung vor Z.320 nicht übersehen lassen, daß PseuPhok sich von Z.286 an zu seinen Monostichen angeregt sehen konnte.

28 KÖRTE/HÄNDEL, *Hellenistische Dichtung* 114, über die Ablehnung solchen Anspruches durch *Kallimachus* (3.Jh..v.Chr.)

29 KROLL a.a.O.

Die Möglichkeit, unseren Autor im Licht des Hesiodischen Werkes zu erkennnen, scheint mir bei weitem nicht ausgeschöpft hinsichtlich des Vokabulars, der Topik und der Formulierung.

1. *Die Topik.* 1) Die *Erga* des Hesiod waren dem Phokylideer viel gemäßer mit ihrer kritischen Darstellung des katastrophenschwangeren gegenwärtigen, *des Eisernen Zeitalters* mit Streit und Krieg, als das kampfverherrlichende homerische Heldenepos. Bei Homer bleiben Erzählung und Wertung in der Spannung, der Moralist der *Erga* läßt solche vieldeutige Spannung nicht stehen. So klingen denn auch, wo PseuPhok von Kampf oder Streit, speziell auch in der Familie und im Kreis der Nächsten, spricht, Wendungen und Gedanken des Hesiod an. Vgl. v.46 / Theog 228; v.47 / Erga 182-184; v.197 νεῖκος / Theog 229. - 2) In der Systematik der Stoa haben die Staaten einen festen Platz. Im Gegensatz dazu berührt sich PseuPhok mit der Distanz des Hesiod zu Staat und Obrigkeit. Wie dieser die Machtverhältnisse im Rahmen der Dekadenztheorie der Weltalter Erga 109-201 vor allem negativ sieht und in seinem aktuellen Konflikt mit der Obrigkeit - den βασιλῆες, die sich bestechlich erwiesen - von negativen Erfahrungen ausgeht[30], so übt der Phokylideer völlige staatspolitische Enthaltsamkeit. 3) Das Thema *Leben von eigener Hände Arbeit* mit dem kombinierten Gleichnis von *Ameise und Biene* PseuPhok 153-174 hat unter allen Literaturbezügen, die hier zu erwähnen sind, die engste Verwandtschaft mit Erga 289-326, s.o. S.292.

2. *Einzelne Wendungen.* In einigen Versen fällt von Formulierungen des Hesiod Licht auf die Formulierung bei PseuPhok. Es darf angenommen werden, daß manche uns undeutliche Wendung oder Versfolge sich aus dem Hesiod-Studium des Verfassers erklärt. Jedenfalls deuten darauf Beispiele hin, die wir erkennen. (Dies kann natürlich auch gegenüber anderen Dichtern nicht ausgeschlossen werden.) So dürfte das παῖδας ὁμοίους v.178 von Erga 235 ἐοικότα τέκνα, v.20 vielleicht von Erga 719f (s. S.165) angeregt sein. Solche Wertung der Anklänge wird gestützt durch die Stellen, deren Anklänge das Sprachmilieu verdeutlichen: Zu v.16f vgl. die Wendung ἑκὼν ἐπίορκον ὀμόσσ- Theog 232; Erga 282.[31] Den Fluch über die Nachkommen des Meineidigen Erga 284 schreibt PseuPhok betont um im Sinne der Verantwortung des Einzelnen ὅστις ὀμόσσῃ v.17. Zu v.47 vgl. die sechs Begriffspaare der Feindseligen Erga 182-184, s.o. V.79 *Traue nicht zu schnell!* kann als Umsetzung der typisch ausgewogenen Gnome Erga 372 verstanden werden: *Zutrauen* (genau: *Vertrauensakte*) *ebenso wie Mißtrauen richteten Menschen zugrunde.* Wenn ἕλκειν v.9 von Erga 220 herrührt (WEST, Rez. vdHorst), zeigt dies einen sorgfältigen Vergleich einer griechischen Quelle mit der Tora.

---

30 was allerdings mit der Möglichkeit eines freien Bauerntums noch ohne adlige Unterdrückung zusammenhängt. SCHACHERMEYR, *Griech. Geschichte* 103 mit Anm.51. FRÄNKEL a.a.O. 145f: »Der Bauernstand braucht den Staat weniger als jeder andere.« Trotzdem fällt auf, daß Hesiod sich »so absolut über die staatliche Ordnung ausschweigt«. Hesiods Vater konnte als Bauer, der seine Produkte von Kyme in Äolien übers Meer brachte und schließlich unter wirtschaftlichem Druck - nicht als Flüchtling, sondern wohl in Folge eines beruflichen Fehlschlages Z.637f - auf einem unbewirtschafteten Landgut in Askra in Böotien neu anfing, unbehelligt von Herrschenden seinen Wohnsitz wechseln. Auch von daher ist verständlich, daß Hesiods Welt nicht die Machtkämpfe der Könige und Adligen sind, sondern das Zusammenleben mit ländlichen Nachbarn.

31 Auch v.12 gehört mit μαρτυρίην und ψευδῆ in den Bezug zu Erga 282. - Zu der v.l. δίκαι' ἀγορεύειν

3. *Anfang und Schluß des Gedichts im Licht von* Erga 315-341. PseuPhok hat den v.194b, zu dem er sachlich durch Lev 18,16 veranlaßt war, mit hesiodischer Begrifflichkeit aus Erga 328f formuliert.

V.194b μηδὲ κασιγνήτων ἀλόχων ἐπὶ δέμνια βαίνειν
Erga 328f ὅς τε κασιγνήτοιο ἑοῦ ἀνὰ δέμνια βαίνῃ,
κρυπταδίῃς εὐνῆς ἀλόχου[32]

Der Kontext der Stelle bei Hesiod, der auch für PseuPhok 153-174 wichtig ist, läßt auf eine Hintergrundserwägung des Phokylideers schließen, die seinen Gedichtschluß durchzieht und eine dichte Interpretation verlangt. In einer Art negativer Haustafel Z.327-332 (5 x ὅς τε/ϑ') geißelt Hesiod als gleich schlimm wie die Mißachtung eines Schutzflehenden (1) die Schändung der Schwägerin (2), Frevel (ἀλιταίνητ' cj. RZACH, vgl. PseuPhok 208 ἀλίτῃ) an Waisen (3) und die *Schmähung des alten Vaters an der traurigen Schwelle des Alters mit scheltenden Worten* (4):

Z.331f ὅς τε γονῆα γέροντα κακῷ ἐπὶ γήραος οὐδῷ
νεικείῃ χαλεποῖσι καϑαπτόμενος ἐπέεσσι.

In diesen sechs Hesiod-Zeilen sind verbale und zugleich topische Anklänge an PseuPhok 194b/208/220-222/230 zu finden. Mit der Homer und Hesiod gemeinsamen Wendung γήραος οὐδός schließt PseuPhok sein Gedicht - und läßt die Frage offen, ob nur an innerweltliches Glück vor der Schwelle des Alters gedacht werden soll oder auch an die Krise, die der Mensch beim Überschreiten der Schwelle des Alters erreicht. Die Fortsetzung bei Hesiod Z.333f kann, wenn wir den jüdischen Vorstellungskontext von PseuPhok 103-115 mit bedenken, die Antwort geben:

Z.327-332 ὅς ϑ' ...
Z.333f τῷ δ' ἦ τοι Ζεὺς αὐτὸς ἀγαίεται, ἐς δὲ τελευτὴν
ἔργων ἀντ' ἀδίκων χαλεπὴν ἐπέϑηκεν ἀμοιβήν.

Wenn auch der Grieche des 7.Jh. diese ἀμοιβή innerweltlich erwartete: Der Vertreter jüdischen Auferstehungsglaubens mußte sich an jenseitigen gerechten Ausgleich der Schicksale erinnert fühlen. Hesiod zieht aus seiner Strafdrohung die Folgerung: wenn vom Wohlgefallen des Zeus am gerechten Handeln so viel abhängt, dann tue beides; opfere *kraftvoll* κὰδ' δύναμιν den Göttern - und tu dies ἁγνῶς καὶ καϑαρῶς Z.336f. Aus diesem »und« macht PseuPhok ein »eher als« oder »anstatt«. Ἁγνείη und καϑαρμοί v.228 sind gefragt; sie werden in der *Heiligung der Seele*, die im gerechten Tun sich ausdrückt, vollgültig gefunden. Unausgesprochen - PseuPhok spricht fast nie drohend von der Vergeltung Gottes - klingt für den Hörbereiten an: Wer so nicht lebt, wie es v.228f zusammenfassend sagt, dem wird die *Schwelle, an die man im Alter kommt*, zur Katastrophe. Vgl v.119f: *Oftmals brach im Leben über Leute, die sich sicher fühlten, nicht für möglich gehaltenes Unheil herein.* Doch liegt ein wichtiger Unterschied in der Verwendung der Metapher. Sie ist ja eine Art Euphämismus für *Nähe des Todes*. Im Munde des Priamus Il 22,60 hat das Wort, das Hesiod Erga 311 mit κακός verbindet, einen besonders traurigen Klang. *An der Schwelle* ἐπί sc. *zum Totenreich* gibt es keinen Ausweg. PseuPhok

---

dürfte der Abschreiber von Hesiod Erga 280 her beeinflußt sein (WEST, Rez. vdHorst).

32 Die vielfach athetierte Z.329 »was known to ps.-Phocylides«, WEST, *Works* 239.

spricht vom Weg *bis zur (Todes-)Schwelle* μέχρι und findet in diesem Ziel des Lebens an sich nicht etwas höchst Bedrohliches, weil der Gott, der über die Seelen herrscht, kein Gott der Toten ist.

PseuPhok hat den Gedichtschluß gewissermaßen mit dem aufgeschlagenen Hesiod auf dem Schreibtisch geschrieben. Diese Annahme wird zusätzlich gesichert durch Anklänge des Gedichtanfangs an dieselbe Hesiod-Stelle. Für die (vom Dekalog vorgezeichnete) Sequenz vom unrechten Gut zur unrechten Rede v.5-8 konnte er sich bestätigt fühlen durch die Sequenz, die *Großes Gut, mit der Hände Gewalt gewonnen* und *Mit der Zunge Erbeutetes* verbindet Erga 321f. Wie Hesiod mit seinem Zentralbegriff ὄλβος an dieser Stelle handelt auch PseuPhok vom wahren, göttlich dem Gerechten vermittelten Gut und dem durch Machenschaften erworbenen, trügerischen Reichtum ὄλβια δῶρα, ἐξ ὁσίων v.2.5 / πλουτεῖν ἀδίκως v.5; nur daß PseuPhok in den Dualismus der Werte die seelische *Metriotes* einbezieht als den Zentralwert. Sie wird im Hören auf den göttlichen Rat v.1 gewonnen, ohne sie gedeiht dem Menschen nichts zum Guten v.60.229f. Einen noch engeren Anschluß des Gedichtanfanges an Hesiod zeigt möglicherweise v.8, wenn der Phokylideer in *Chirons Hypotheken* eben das las, was Pindar (6.Pyth 23ff) dem Chiron in den Mund legt, s. S.242.

4. *Hesiod-Korrekturen.* Das Verständnis des v.138 als Zurückweisung von Erga 368f (s. S.176) ist nicht zwingend. Hier möchte ich zwischen beiden Texten lieber ein Sprichwort, vielleicht Weiterbildung der Fassung Hesiods, voraussetzen, da PseuPhok die Mittel kennt, den kritischen Bezug auf einen berühmten Dichter deutlicher zu machen. Die Empfehlung von Ehe und Zeugung v.175f steht wenigstens in Spannung zur hesiodischen Empfehlung nur eines, allenfalls zweier Erben Erga 376-378. - Während PseuPhok polytheistische Wendungen seiner Vorlagen gern in eine für jüdische Ohren erträgliche Zweideutigkeit verändert und so den Schein des Schreibens eines Griechen für Griechen sichert, rückt er in zwei Fällen entschieden von Hesiods Götterlehre ab. 1) Die Lehre von der *zweierlei Eris* macht er nicht mit, ja polemisiert gegen die Vorstellung vom Neid der Götter und verbannt ἔρις aus der Welt der Seligen v.(72-)75. Er schließt in v.78 - mit der verkürzenden Formulierung[33] *Streit bringt wieder Streit hervor* - die konstruktive Eris-Vorstellung des Hesiod aus. So steht er mit seinem moralischen Verständnis der Wirklichkeit wohl auch in Gegensatz zum eristischen Verständnis des Hesiod, der in seiner Dichterweihe Theog 22ff die Liebe der Musen zu

Lügen in Fülle, die aussehen wie Wahrheit,

akzeptieren lernte. Er wird auch das Homer-Zitat in v.48 entgegen seinem Ursprung nicht nur auf Freundestreue, sondern auf seine moralischen Grundsätze bezogen haben. - 2) Entgegen der hohen Stellung des *Eros* in der *Theogonie* Z.120-122 als einer der ersten und jedenfalls *der Schönsten* unter den Gottheiten sagt PseuPhok v.194:

---

[33] Da am Streit immer zwei beteiligt sind, liegt in der Wendung in v.78 eine starke Abbreviatur. Nimmt man es wörtlich, sagte der Satz: Streiten (um eine Sache) führt nicht zum Frieden, sondern zum neuen Streiten (vielleicht um eine andere Sache). Der Autor will aber nicht eine um jeden Preis irenische Haltung predigen, sondern die Glorifizierung des Streites abwehren. So ist die Personifikation (1x Ἔρις, 1x ἔρις) wesentlich. Mit der Abwehr des Begriffes der *guten Eris* der Erga zugleich ist die homerische Eris abgewehrt, die im Auftrag der Götter die Kriege schürt (Il 11,3f; 18,535).

Eros ist kein Gott, sondern ein πάθος, das Schlimmste vor allen.[34]
Die Einflüsse dürfen allerdings nicht einlinig gesehen werden. PseuPhok war sich seiner weitgehenden Übereinstimmung mit Stoa und Popularphilosophie (vDH zu v.194 u.ö.) sicher bewußt - so wie auch seines Rückhalts in jüdischer Tradition. Aber pointierte Gegenpositionen zu Hesiod müssen wir angesichts seiner Bekanntheit mit dem alten Dichter als Frucht der Beschäftigung mit dem originalen Text werten.

Vor dem Hintergund des personifikationsfreudigen, phantasiereichen Hesiod der *Theogonie* nehmen sich die Personifikationen bei PseuPhok nüchtern, sparsam, aber doch wohl auch absichtlich dem älteren griechischen Gebaren angepaßt aus. Ich möchte hier dem Vorbild der Diatribe mit ihrer Vorliebe für dialogische Personifikationen höchstens eine unterstützende Rolle zubilligen.

5. *Reinheit und Tagewahl.* Wenn das Gedicht dem Phokylideer im heute bekannten Umfang vorlag (s.o.), hatte er im zweiten hypothekischen Block Z.695ff eine Anregung, die Durchdringung des Alltagslebens bei Juden und Heiden mit Reinheitspflichten zu reflektieren und seinen Lesern andeutend etwas von der Pflicht zur »halachischen« Sorgfalt zu sagen. Andere jüdische Autoren der Zeit haben auf die zahlensymbolische oder allegorische Vergleichung dezidiert für Israel geltender Torabestimmungen wie Tagewahl (Sabbat) und Speisenwahl und die Bestätigung der Weisheit Moses durch griechische Autoritäten nicht verzichtet. Auch die hesiodische Tagewahl wurde von der jüdischen Apologetik genutzt.[35] Da der Phokylideer die Methoden kennen mußte, wie man solche Anspielung unter Wahrung des Pseudonyms machen konnte, ist seine Zurückhaltung nur als Scheu vor der Empfehlung *fremden Dienstes* und heidnischen Rituals zu verstehen. Er will nicht Juden die hohe Moral und Frömmigkeit eines Heiden zeigen, sondern Heiden, die auf Mose selbst nicht hören, die Moral des Mose vermitteln.

Phokylides von Milet[36]

Isokrates nennt in seiner Programmschrift griechischer Paränese *An Nikokles* (or 2,43) neben den Dichtern der mythischen, erfindend-darstellenden Richtung (Homer

[34] Die dortige Charakterisierung des *Eros* als *gliederlösend, Herz und vernünftigen Ratschluß zähmend* (und *lähmend*?!) Z.121f könnte aber von PseuPhok *in malam partem* gedeutet sein entsprechend seinem v.194b.

[35] Jüdische Hinweise auf den 7. Tag und seine Auszeichnung bei Hesiod, Homer, Linus (bzw. Kallimachus), überliefert von *Clemens Alexandrinus* (DENIS, Fragmenta 161, S.171ff; WALTER, JSHRZ 4,255f.271-273) scheinen schon im 2.Jh.v.Chr. zusammengestellt zu sein. WALTER, *Aristobul* 170: »Daß nun der älteste und bekannteste Versuch, die Abhängigkeit griechischer Dichter von der mosaischen Thora durch Anführung (echter und gefälschter) Zitate zu beweisen, gerade am Thema 'Sabbat' durchgeführt wurde, ist wahrscheinlich kein Zufall.« Weil der Sabbat mit der Priesterschrift (Gen 2,1-4a) gewertet wurde als »ein Lebensgesetz des Kosmos, das für die gesamte Menschheit gilt, auch für Heiden, ... mußte es naheliegen, nach Spuren der Geltung des Sabbatgesetzes auch bei den Griechen zu suchen«. Sollte dies Bemühen ganz am Phokylideer vorübergegangen sein? Bei jüdischer (etwa Schulbuch-)Adresse ergibt sein Schweigen über den Sabbat keinen Sinn. - Mit der von Philo beklagten Allegorisierung, die den wörtlichen Sinn solcher Gebote nicht mehr ernstnimmt (Migr 89-93; WALTER, *Aristobul* 144 A.2) hat dieses Schweigen nichts zu tun. Vgl. HENGEL 129.

[36] AHLERT, Art. *Phokylides*, PRE 39,503-505; BERGK, *Griech. Literaturgeschichte* 2,297f. - Textfragmente s. Lit.-Vz. A.

und den Tragikern 2,52) drei Repräsentanten der beratenden Rede: Hesiod, Theognis und Phokylides. Unter den Genannten ist Phokylides zu Isokrates' Zeit, also im 5./4.Jh., sicher noch besser bekannt gewesen als heute. Aber auch in der hellenistischen Zeit muß man, wie die *tabula eulogica* bei vdHorst zeigt,[37] eine durch zwar wenige, aber ausreichende Texte und vor allem durch den Nachruhm gesättigte Vorstellung vom alten Dichter gehabt haben. Die *Sparsamkeit* εὐτέλεια des Dichters - von Plutarch (mor 45B) als möglicher Grund des Tadels vermerkt - wird aber nicht allein für die einzelne Spruchformulierung, sondern auch für die Menge der Äußerungen gelten. Sein Ruhm beruht nach der eindrücklichen Vergleichung von Homer und Phokylides bei Dio Chrysostomus (36,9ff) auf der Fähigkeit, in einem kurzen Wort Maßstäbe zu setzen oder zurechtzurücken. Dio geht aber auch davon aus, daß den Menschen ohne breite Bildung der Name des Phokylides leicht unbekannt bleiben konnte (wie seinem fiktiven Gesprächspartner). Er nennt (2,5) Phokylides und Theognis συμβουλεύοντα καὶ παραινοῦντα. Wie bei ihm, so klingt auch in der alten Trias *Hesiod - Theognis - Phokylides*[38] leise Distanz zu Homer an, der Phokylides vielleicht einen Teil seines Ruhmes indirekt verdankt. Wenn die Charakterisierung, die Binder (*Elegien* S.68) seiner Übersetzung des Mahngedichts voranstellt, sich auch mehr der ergänzenden Einfühlung (und dem Bürger- und Untertanenideal des 19.Jh.) als der Texttreue verdankt, so sagt sie doch wohl, welche Vorstellung PseuPhok mit der Wahl des Namens wecken wollte:

> *Die( ) Fragmente zeigen in dem Verfasser einen Mann von Biederkeit und Offenheit, gehoben durch Charakter und das Gefühl innerer Würde, der von der soliden Grundlage eines sichern, durch Arbeitsamkeit vermehrten Besitzes zu einer ehrenfesten, durch keinen Schein geblendeten Gesinnung und Weltanschauung gelangt ist und, obwohl für seine Person anspruchslos, seine Lehren der Billigkeit und Verständigkeit in schmuckloser, bündiger, fast orakelhafter Form für Andere hinstellt.*

Als unsere Schrift abgefaßt wurde, verband man also mit diesem Namen 1) die Nützlichkeit für das praktische und gesellschaftliche Leben, 2) die Prägnanz und Kargheit der Aussage, 3) den stolzen Urheberanspruch mit dem Siegel καὶ τόδε Φωκυλίδεω (s.u.), 4) den homerischen Hexameter (neben der Elegie) und jonischen Dialekt und 5) seine Berühmtheit. Dabei kommt der Berühmtheit eine Bedeutung zu, die durch die inhaltlichen Erinnerungen nicht abgedeckt ist.[39] Dem Juden hat das Pseudonym sich vielleicht auch empfohlen 6) durch eine abfällige Bemerkung in fr.4 (Diehl) über die *Törichte Ninive*.

---

[37] VDHorst S.60-62. Sicher waren zu Plutarchs Zeit noch mehr Phokylides-Texte vorhanden. Die zwei Hexameter, aus denen er mor 5F eine zweite und eine erste Hälfte überliefert, hätte er sicher noch ganz mitteilen können (und setzte die volle Bekanntschaft wohl auch voraus).- Geradezu wie ein Nachklang zu einer Diskussion, ob nun Phokylides (v.2!), oder der israelitische Salomo *der Weiseste* gewesen sei, wirkt das Wort des Kaisers Julian über Salomo und die griechischen Weisen, s. S.189 A.36.

[38] Vergleichbare Zusammenstellungen: *Neun Lyriker* (Quint Inst 10,1,61), *Drei Tragiker*, *Zehn athenische Rhetoren*, sind schon wegen der Lebenszeit der Benannten jünger. (Vgl. den älteren Kanon der *»Zehn Rhetoren«*)

[39] Hengel (*Anonymität* 324): Bei nachträglicher Zuschreibung des Gedichtes (wie sie einige für v.1-2 annehmen) »hätte man einen bekannteren Namen gewählt«. Speyer (ebd. als Diskussionsanfrage): »Durch die bekannte Formel Καὶ τόδε Φωκυλίδεω dürfte dieser Dichter bei den Griechen eine gewisse Berühmtheit erlangt haben.« Fränkel erwähnt ihn in *Dichtung und Philosophie* nur am Rande S.236 A.11 - das dürfte symptomatisch für die unmittelbare Wirkung des Dichters sein.

Καὶ τόδε Φωκυλίδεω· πόλις ἐν σκοπέλῳ κατὰ κόσμον
οἰκεῦσα σμικρὴ κρέσσων Νίνου ἀφραινούσης.[40]

Als daher unser später Dichter sich diesen Namen für seine kleine Programmschrift des Sittlichen aus jüdischer Sicht wählte, hat er eine Nische besetzt, die wohl zu Isokrates' Zeit geschaffen war und die leer stand.[41]

Unser Interesse, ob aus der Phokylides-Überlieferung Spuren im Gedicht zu finden sind, muß sich mit zwei schwachen und zwei auffallenden Beispielen zufrieden geben.[42] 1. PseuPhok 93 spricht von den unechten Freunden, die *dem günstigen Augenblick schmeicheln*. Phokylides bekennt sich fr.17 (DIEHL) zu edler, ehrlicher Freundschaft. Der Gegensatz solch echter Freundesgesinnung:

Wem ich Freund bin, dem bin ich wirklich Freund,

zu egoistischer Ausnutzung:

Freund bin ich eigentlich von dem, was dabei zu gewinnen ist,

klingt auch bei Theognis u.a. an. Die für unser Gedicht seltene Ironie v.92 ist sicher von einer dieser Gnomenüberlieferungen angeregt, vielleicht von Phokylides. 2. W.SCHMID[43] findet »nur« in v.229 einen Anklang an Phokylides, u.zw. an fr.17 BERGK (= fr.10 DIEHL). Wenn aber Phokylides die δικαιοσύνη als Inbegriff aller ἀρετή bezeichnet, so ist das mehr für seine rechtschaffene Denkart und weniger für PseuPhok kennzeichnend. V.229 bietet lediglich eine begriffliche Berührung ohne inhaltlichen oder anspielenden Bezug. 3. Die Selbstvorstellung in starken Worten im Prolog v.1-2 ist sicher dem stolzen καὶ τόδε Φωκυλίδεω (o.ä.), mit dem der Milesier seine Sprüche »siegelte«,[44] nachgebildet. 4. Die berühmte Vergleichung von Frauentypen mit Tierarten, die sich auch bei Phokylides findet (fr.2), schafft eine Verbindung von v.171-174 zu v.175ff und ist bei der Besprechung der Abschnittbildungen (c.XII) zu erörtern.[45] Wünschenswert ist die Ehefrau nach Art der *Biene*:

οἰκονόμος τ' ἀγαθὴ καὶ ἐπίσταται ἐργάζεσθαι.

Es ist ein hervorragend die Abschnitte 153-174 und 175ff verbindendes Motiv.

3.3 Das Menandrische Spruchgut

Wenn wir heute die *Monostichen des Menander* sowie die Kombination menandrischer Überlieferung zu den *Vergleichenden Dialogen (Comparationes 1-4) des Menander*

---

40 VDHORST referiert S.63 (jetzt auch *Revisited* 15) mit vorsichtiger Zustimmung die entsprechende Vermutung von NESTLE/LIEBICH (*Geschichte der griechischen Literatur* 1^3,47).

41 Ob wir uns dem Phokylideer in der Bewertung seines Könnens - er glaubt ja dem Phokylides keine Unehre anzutun - anschließen wollen, ist zunächst unerheblich. Vom Dichterischen her geurteilt, steht der nüchtern denkende Milesier ja auch nicht in der ersten Reihe der Meister.

42 Ein Vergleich zwischen PseuPhok 83 χρήστης = *Gläubiger* und Phokyl fr. 6 DIEHL χρήστης = *Schuldner* hat für die Frage der Testimonien für PseuPhok eine gewisse Rolle gespielt, s. Anhang I: *Textkritik*.

43 SCHMID/STÄHLIN, *W.vChrists Geschichte der Griechischen Litteratur* 1^6,177

44 KRANZ, *Sphragis* 42f. Einmal fr.2,8 erfüllt die Funktion des Siegels ein »persönlicher Schlußvers«. - Zur Sphragis PseuPhok 1f ebd. S.60f

45 Der volkstümliche Topos findet sich in gewiß älterer Langfassung bei *Semonides von Amorgos* (fr.7,83-93 DIEHL). Unabhängiges Schöpfen aus Volksweisheit ist an unserer Stelle angesichts mehrerer genauer

und Philistion lesen, so hilft uns dies ähnlich wie die Lektüre des Sirach, um die Sprach- und Vorstellungswelt, in der der Phokylideer zum Autor wurde, zu verstehen; sie haben damals anscheinend mehr als Phokylides und Theognis die Vorstellung von rechter Gnomendichtung bestimmt (KÜ 254). 73 Vergleichsstellen aus der dem Menander zugeschriebenen Spruchüberlieferung nennt DERRON,[46] darunter einige sehr interessante. Nur hatte der Phokylideer keinesfalls eine ähnlich umfangreiche Sammlung, wie sie die Byzantiner uns überlieferten. Die alten Anthologien und die z.B. im Schulbetrieb angelegten Gnomenreihen waren damals wohl noch sehr viel kleiner. Die z.T. unerhört griffigen Sentenzen konnte man aber sicher in (sympotischen) Gesprächen und Vorträgen - mit oder ohne Nennung des Gewährsmannes - hören und sich einprägen. Aber wie die römische Komödie zeigt, waren ja Menanders eigene Werke noch zu lesen und nicht dem Purismus der Attizisten oder der Ängstlichkeit der byzantinischen Gelehrten oder anderen Umständen zum Opfer gefallen. Und wenn wir die Nähe einiger der Menander nachempfundenen Monostichen zu PseuPhok bedenken, so spricht viel dafür, daß der Phokylideer Interesse für solche aphoristische Zitate des Komödiendichters hatte.[47] Wenn hier auch die Frage *Originallektüre oder Sekundärquelle* offenbleiben muß und wenn auch das Nehmen aus zweiter Hand zweifellos eine Rolle spielte, so können wir doch etwas über die Art des Umsetzungsprozesses aus einer geschliffenen Gnome in einen paränetischen Mahnspruch erfahren. Ich sehe immerhin zu 9 PseuPhok-Stellen (teils ein-, teils mehrversig) Parallelen in den Monostichen und den *Comparationes*, bei denen nicht nur der Wortgebrauch erhellt wird, sondern der genaue Vergleich sich lohnt. Neben (1) einigen Beispielen, die direkten Einfluß vermuten lassen, nenne ich (2) Beispiele, die das Verhältnis von Dichtergnome und jüdisch-paränetischem Mahnspruch klären helfen, sowie (3) solche, die die Versabfolge bei PseuPhok beleuchten können.

1. Direkte Abhängigkeit ist zu erwägen:

V.8 / Men mon 322 = pap.fr.13,17(f) (vgl. 525f; pap.fr.8,5)

Die Aufnahme von Dek I+V in v.8 erfolgt bekanntermaßen in einer Sprache, für die es viele griechische Beispiele gibt.[48] Er entspricht so sehr einem Grundmotiv grie-

Entsprechungen unwahrscheinlich.

46 DERRONs Übersicht S.36-54, im Wesentlichen nach VDHORSTs Parallelstellen mit Ergänzungen aus ROSSBROICH angelegt, enthält für Menander einige Abweichungen von der JAEKELschen Zählung (ROSSBROICH zählt nach MEINEKE). Ich lese zu PseuPhok 27 init. mon 10.514, zu v.66 mon 226.248 (nach VDH), zu v.89f. mon 152.313.384.436.519, zu v.137 mon 358.362.366.373 (nach VDH). Der wenig vergleichsträchtige Vers mon 519 Jaekel = 373 Meineke mit νέος .. μάνθανε wurde von ROSSBROICH zu v.90 vorgeschlagen, wo dieser womöglich νέους (statt νοέουσ') ... μαθόντες las.

47 *Menander, menandrisch* steht hier für den Überlieferungskomplex, den man glaubte in seiner Tradition und in seinem Geist zu pflegen. Ob etwa ein Vers mehr Verbindung zu Euripides schafft, bekommt für uns erst im Einzelfall der Verfolgung eines Gedankens, einer Wendung, einer Sentenz Bedeutung. »Omni ex parte collectiones monostichorum e sententiis diversis compositae sunt, et si inscriptio aptissima invenienda sit, verbis Guilelmi Meyer usus scribas: Sententiae et dicta Euripidis, Menandri et poetarum Graecorum«, JAEKEL (S.XIX) mit Bezug auf W.Meyer, *Die Urbanistische Sammlung von Spruchversen des Menander, Euripides und anderer* (1889).

48 Der biblische Ausdruck *Vater und Mutter*, den Sir 3,1-16 noch zeigt (verständlicherweise auch das Dekalogzitat LibAnt 11,9; 44,6) und der im NT neben dem griechischen *Die Eltern* sich findet, konnte für

chischer Ethik (das auch zu den *Ungeschriebenen Gesetzen* gezählt wird), daß es müßig ist, eine Genealogie für den Vers festlegen zu wollen.

Nach K.PRAECHTER (*Ueberwegs Grundriss* ^{12}1,571) ahmt v.8 »den Anfang des neupythagoreischen Gedichtes nach«; diese Annahme verband sich teils mit der Einschätzung, v.8 sei der eigentlich gedachte (ROSSBROICH) oder der echte Gedichtanfang. Diese Herleitung ließe sich angesichts einer ganzen Reihe von Verehrungspflichten in CarmAur 1-8 nur aus allgemeinen Kenntnissen über Vertrautheit mit dem Spruchgedicht erweisen. *Götter* und *Eltern* stehen in PsIsokr Dem 16 am Anfang einer zusammenfassenden Vierergruppe, in die noch *die Freunde* und *die Gesetze* einbezogen sind. Die Beschränkung auf *Zeus* und *die Eltern* bietet u.a. Pindar 6.Pyth 23-27; Dem 13 stellt *Götterdienst* (Πρῶτον) und *Elternehrung* an den Anfang der eigentlichen *Hypothekai*. Weitere Stellen bei WEFELMEIER 79f und VDHORST.

Eher führt der Vergleich weiter, wenn er sich auf die formalen und sachlichen Abweichungen des Verses von hellenischen Zeugnissen ausrichtet. Inhaltlich ist neben der Verdrängung der *Götter* durch *Gott*[49] das strikte Schweigen über den Staat und die Auslassung der Verpflichtung gegenüber dem *Gesetz* (den *Gesetzen*) zu beachten, wie sie z.B. die Trias *Götter - Eltern - Hellas' gemeinsame Gesetze* Eurip fr. 853 NAUCK bringt. Als *Gesetz* ist dem Phokylideer offensichtlich das offenbarte Gesetz Israels zu wichtig. - In formaler Hinsicht ist es ein gemeinsames Merkmal vieler einschlägiger Stellen, daß Gott (Götter) und Eltern durch unterschiedliche Verben der Ehrung (der Fürsorge für die Eltern) unterschieden werden, z.B. in der dem *Solon* zugeschriebenen Fassung (DiogLaert 1,60 nach Apollodor): θεοὺς τίμα, γονέας αἰδοῦ.

In inhaltlicher und formaler Hinsicht zeigt der möglicherweise menandrische Vers mon 322 die gleiche Eigenart wie PseuPhok:

θεὸν προτίμα, δεύτερον δὲ τοὺς γονεῖς.

So wie Solons Fassung den Ort des Verses am Schluß der Dekalogreihe angeregt haben kann,[50] so kann mon 322 zur sprachlichen Fassung des Verses beigetragen haben. Die einzige größere Abweichung unseres v.8 von diesem Text: μετέπειτα für δεύτερον, dient dem gleichen Zweck der Umwandlung eines knappen jambischen Trimeters in einen daktylischen Hexameter, wie die anderen Veränderungen: προτίμα / πρῶτα .. τιμᾶν; τοὺς / σεῖο; γονεῖς / γονῆας. Der mahnende Infinitiv dient der Beibehaltung der infinitivischen Reihe.

V.109-114 / Men et Phil comp 2,166-181

Die Spruchzusammenstellung περὶ θανάτου *der Comparationes* enthält eine Anzahl Motive und Begriffe, die sich bei PseuPhok in knapperer Form finden. Auch wenn die Topik sehr verbreitet ist, so ist doch die Dichte der Beziehungen mit einigen verbalen Berührungen auffällig. Auf jeden Fall sehen wir die Eigenart des Phokylideers, aus längeren Ausführungen das zu wählen, was in sein System der Mahnung mit Begründung und in einen möglichst abgeschlossenen Hexameter paßt.

PseuPhok nicht in Frage kommen.

49 Pindar (a.a.O.) hat diesen monotheistischen Singular durch die Ausrichtung auf *Zeus* - allein oder *vor allem* - vorbereitet. LINCKE, *Dekalog* 441f, scheint im Singular θεός v.8 die von ihm grundsätzlich angenommene Umsetzung pythagoräischer Philosophie durch Phokylides von Milet zu finden.

50 Bei Solon bildet die Ehrung der Götter und der Eltern das Abschlußglied einer 12-Hypotheken-Reihe (zwei Entfaltungselemente mitgezählt), die oft nur aus zwei bis drei Wörtern bestehen. S. S.166 A.14

Tabelle 13: Περὶ θανάτου *bei PseuPhok und Menander/Philistion*

Men. et Phil.		PseuPhok	
166	εἰδέναι ... ὅστις εἶ	109	μέμνησ' ὅτι θνητὸς ὑπάρχεις
168	κόνις	108	κόνις
170f	Stolz auf Geburt, auf χρήματα, auf Ruhm und Schönheit	109f	πλουτῶν, ὄλβον καὶ χρήματ'
169+173	Könige, Tyrannen, Weise κοινὸν ... πάντες βροτοί	111	πάντες ἴσον νέκυες (θεὸς βασιλεύει)
		113	ξυνὸς χῶρος ἅπασι, πένησί τε καὶ βασιλεῦσιν
173	κοινὸν τὸν Ἅιδην ἔσχον	112	κοινὰ μέλαθρα ... καὶ πατρὶς Ἅιδης
(175-)181	ἀπέθανεν μηδὲν τελῶν	114	οὐ πολὺν ... ζῶμεν χρόνον.

V.205 / Men et Phil. comp. 1,51f

Wenn im Hintergrund des v.205 dieser Spruch steht:

ὅστις γυναικὸς ἀποθανούσης ἐπιγαμεῖ,
ὁ τοιοῦτος ὄντως οὐκ ἐπίστατ' εὐτυχεῖν,

dann ist klar, daß v.205 primär an Witwerheirat denkt. Um so interessanter ist die Umsetzung einer Aussage über das Verfehlen der Eudämonie (hier genauer: *Eutychie*) in einen einzeiligen Prohibitiv mit eudämonistischer Begündungsklausel: πήματι πῆμα v.205. Die zwei Hexameterhälften entsprechen dabei den zwei menandrischen Zeilen.

V.29 / Men mon 198

Die Beziehung des v.29 zu dem Monostichos gleicher Aussage

δίδου πένησιν ὡς λάβῃς θεὸν δότην

lehrt in mehrfacher Hinsicht Vorsicht beim Auswerten solcher Parallelen. An sich ist die Beziehung eng. V.29 hat, wie die Dichterzitate bei PseuPhok durchweg, begründende Funktion; das Gewicht liegt auf der ersten Vershälfte. Die Anknüpfung an mon 198 πένησιν ist mit πενητεύουσιν v.28 gegeben. Der Vergleich des Gebens mit dem *Geber Gott* θεὸν δότην wird im Relativ- statt Vergleichssatz (beachte ὡς / ὧν!) direkt auf das empfangene Gut, *von dem* wir geben und an dem sich Gottes Anspruch noch festmacht, u.zw. in enger begrifflicher Parallele ἔδωκε θεός, ausgedrückt. Aber es gibt doch auch gewichtige Gegengründe gegen die Annahme der Abhängigkeit. 1) Wenn wir nicht Vorbilder in Dtn 15,14b und TestXIISeb 7,2 hätten, die den Versaufbau klarer vorzeichnen, möchte man zur Annahme direkter Abhängigkeit neigen. 2) Der möglicherweise späte Vergleichsvers mon 198, den nur ein einziger Kodex (H) enthält, kann ebensogut aus jüdisch-christlicher Tradition, sei es durch frühen Kulturaustausch, sei es im Prozeß der byzantinischen Überlieferung gebildet sein. Die Priorität ist beim Vergleich von PseuPhok mit solchem Spruchgut selten ganz sicher. Wenn wir aber annehmen dürfen, daß der Phokylideer den biblischen und den menandrischen Vers verglichen und sich von beiden hat inspirieren lassen, würde das ein starkes Argument für die genaue exegetische Beachtung des Einzelnen bei PseuPhok bedeuten.

2. Zum Verhältnis von Dichtergnome und paränetischem Mahnspruch

V.79 / Men mon 460

Die Menander-Sprüche bieten wenige Prohibitive mit μή. Unser Beispiel (ein μή c.Imp.!):

μὴ πάντα πειρῶ πᾶσι πιστεύειν ἀεί,

bietet einen so verbreiteten Topos, daß die Bestimmung von Abhängigkeit nur im Falle signifikanter Nebenelemente möglich ist. Ein solches könnte in der Alliteration gefunden werden, die auch PseuPhok - gewiß weniger ausgeprägt - beabsichtigte (vdH). In der Dichtergnome mit ihren 4 anlautenden »π« und drei konkurrierenden Verallgemeinerungsbestimmungen πάντα, πᾶσι und ἀεί ist der Wille, durch die Sprachform von der Sache zu überzeugen, wesentlich klarer ausgeprägt als im paränetischen *Mahnen plus Begründen* v.79.

V.92 / Men mon 682 / Theogn 115

Der Theognis-Spruch, den PseuPhok 92 aufgenommen hat (s. S.185), wird an Geschliffenheit von Men mon 682 noch übertroffen:

Πολλοὶ τραπεζῶν, οὐ φίλων εἰσὶν φίλοι.[51]

Die Gnome heischt Geltung schon durch die Wortkombination φίλων / φίλοι.

V.199 / Men mon 154

Die eben beobachtete gnomische und komödiengemäße Art, die Vertauschung von Sache und Mensch einfach durch begriffliche Parallele zu geißeln, findet sich auch hier:

γάμει δὲ μὴ τὴν προῖκα, τὴν γυναῖκα δέ.

V.199 ist demgegenüber nur eine Mahnung mit schlichter Darstellung des verwerflichen Tatbestandes. Gewiß zwingt die Knappheit des menandrischen Versmaßes zum Ausnützen aller Möglichkeiten sprachlicher Kürze; und dem Phokylideer mangelt es wohl an Fähigkeit und Interesse für dieses sprachliche Brillieren. Er zeigt sich darin aber auch als nicht voll in das griechisch-hellenistische Denken und Empfinden integriert.

3. Hilfen zum Verständnis der Versabfolge

V.118-121 / Men et Phil Comp. 1,254f (mon 354)

Beide Stellen sind verwandt in der Abfolge der Aussagen:

1. Eine prohibitive Mahnung gegen Verzagtheit im Leid.
2. Der Hinweis auf einen möglichen Umschwung des Schicksals:
   κακοῦ λύσις / μεταβολαὶ τύχης
3. Das Stichwort καιρός als Hinweis auf die nicht durch menschliches Kalkül veränderbaren Vorgaben des Schicksals.

Hierfür braucht PseuPhok vier Verse. Im ersten Vers wird das Motiv antithetisch ent-

---

[51] Der Vers unbekannter Herkunft in der Fassung von JAEKEL. Die Weiterarbeit an diesem Spruch wird sehr schön an vl. U ablesbar: πολλοὶ τραπέζης εἰσὶν ἢ φίλων φίλοι. Vgl. auch Men mon 641.

faltet: *nicht verzagt - nicht übermütig!* In den beiden folgenden wird das Motiv des Umschwungs ausgemalt. Schließlich folgt noch ein Vers, den wir eher von Eph 5,16[52] her interpretieren würden (WALTER, gegen VDH). Die zweite Vershälfte vom fruchtlosen Widerstand gegen etwas Vorgegebenes ἀντιπνέειν ἀνέμοισιν kann aber durchaus als Beziehung zum widrigen Geschick verstanden werden. Und die Parallele des menandrischen Verses läßt fragen, ob der Phokylideer nicht einem dort vorhandenen Element einen eigenen Vers gewidmet hat. Er bildet ja gern von einem Element eines Traditionsverses, das er noch nicht voll genutzt hat, einen neuen, in sich selbständigen Vers. Die Vermeidung des in griechischer Gnomik beliebten Begriffes τύχη bei PseuPhok ist sicher kein Zufall.[53] Mon 354 macht die πημάτων λύσις zum Anliegen des vertrauensvollen Gebets. Es liegt nahe zu vermuten, daß auch PseuPhok v.119f an das Beten zwischen Auftreten der Not und Befreiung von ihr gedacht hat. Wenn das so war, könnte ihn die Vorstellung, zu welchem Gott da gebetet wird, abgehalten haben, vom Gebet zu sprechen. Bei der Vorstellung jüdischer Adressaten gibt es keinen ersichtlichen Grund, warum der Verfasser über das Beten schweigt.

V.137 / Men mon 358.362.366.373

Allen diesen Texten ist das Thema der ἰσότης (mon 358.373 ἴσος) gemeinsam. Hier ist außer der Bedeutung dieses Themas in antiker Ethik wichtig, welche Gegenstände dabei angesprochen sind. Dadurch verliert PseuPhok 137 etwas von der scheinbaren Isoliertheit im Kontext. Der Vers signalisiert einen Wechsel vom *Hehler* v.135f zum *Geber* νέμειν - und entspricht darin mon 358 *Sei gleichgesinnt zu allen, auch wenn du an Vermögen überlegen bist.*[54] Der Umgang mit Besitztümern wird, wenn er von innerer Abhängigkeit gekennzeichnet ist, gern mit πλεονεξία in Verbindung gebracht oder gleichgesetzt. So haben die Verse 136-138 ein gemeinsames (Teil-)Motiv. Mon 362 und 366 verbinden die ἰσότης mit der πλεονεξία:

362 ἰσότητα τίμα, μὴ πλεονέκτει μηδένα. (Vgl. PseuPhok 135f)
366 ἰσότητα δ' αἱροῦ <καὶ> πλεονεξίαν φύγε.

Mon 373 berührt sich mit dem vorausgehenden Topos PseuPhok 132-134, der das Toramotiv der strengen Gesetzesloyalität auch gegen die nächsten Angehörigen aufnimmt:

ἴσος ἴσθι κρίνων φίλους καὶ μὴ φίλους

Wenn wir PseuPhok 132-152 als zusammenhängend konzipierten Abschnitt mit Aufnahme biblischer Gebote und intensiver Formulierungsarbeit betrachten (s.o.), dann gibt es auch Sinn, die *Isotes* als Leitbegriff in der Mitte mit Beziehungen nach hinten und vorn in der Art der Motivbeziehungen in den menandrischen Sprüchen zu verstehen.

---

52 vgl. Kol 4,5; Röm 12,11 v.l.

53 Über die Verbindung und Unterscheidung von *Gott* und *Tyche* vgl. Men mon 352 θεὸν μὲν ἡγοῦ, δεύτερον δὲ τὴν τύχην; 341 θεῷ μάχεσθαι δεινόν ἐστι καὶ τύχῃ.

54 Vgl. mon 359 *Halte dich gleich* ἴσος wie *ein Armer, auch wenn du reich bist.*

3.4 Zusammenfassende Bewertung

Jeden der vier genannten jonischen Dichter läßt PseuPhok mit wenigen Zitaten, bei denen man an den Zitierten denken soll, zu Worte kommen. Aber zugleich will er meist den Eindruck erwecken, daß es sich um eine Parallelüberlieferung des Phokylides oder um sein freies Nachgestalten handelt. Die etwa gleichmäßige Berücksichtigung der Dichter zeigt, daß PseuPhok an keinen anderen so nah heranrücken wollte, daß das gewählte Pseudonym entwertet würde. Der Umgang mit der dichterischen Überlieferung zeigt einen nachschaffenden Dichter, der wie an der Bibel, so auch an seinen griechischen Quellen und seinen eigenen Versen gründlich gearbeitet hat.

Der Charakter der aphoristischen Sprüche und die Unsicherheit, welche Texte für PseuPhok greifbar waren, erlaubt bei den Monostichen des Menander keine sicheren Abhängigkeitsbestimmungen. Was wir sicher erkennen können, ist seine Vertrautheit mit solchem Spruchgut und seine Art, freischwebende Gnomen in eingebundene Paränese, brillant formulierte Sentenzen in schlichtere Mahnsprüche umzuformen. Die Annahme, er habe mehr aus Sammlungen als aus Dichterwerken geschöpft, ist oft weder sicher, noch hilfreich. Das Vorbild des Menander ist aber für die Wahl des Hexameters und die Konsequenz der Umformung seiner Vorlagen zu beachten.

Teil C.

Das Mahngedicht des PseuPhok

als Ganzes

XII. Kapitel
Abschnittbildung in PseuPhok

1.
DIE RELEVANZ DER ABSCHNITTBILDUNG

Unser Gedicht verzeichnet eine Anzahl schwerpunktmäßiger Neueinsätze, und diese erfolgen ausnahmslos oder fast ausnahmslos mit einem Prohibitiv oder einem Volitiv. Die mit solchen Neueinsätzen beginnende Versfolge bezeichne ich als *Abschnitt*. Die bisher getroffene Wahl von Abschnitten gilt es zu überprüfen. Die Fragen der Abschnittbildungen im Gedicht und die Frage, welchen Einflüssen des sozialen Umfeldes und der Traditionen sich der Phokylideer öffnete, hängen zusammen.

Jakob BERNAYS, der mit der Klärung der grundsätzlichen Tora-Abhängigkeit unseres Textes zugleich Entscheidendes für das Verständnis der Abschnittbildungen getan hat, richtet sein Augenmerk verständlicherweise vor allem auf die vom Pentateuch abhängigen Verse. Die Zuweisung der Topoi von v.42-82 zu »den Haupttugenden, wie sie in den Philosophenschulen benannt und behandelt zu werden pflegten« (234), ist sehr vage gehalten. Sein Interesse gilt auch den geschlossen wirkenden Abschnitten wie v.153-174, »wo die Würde der Arbeit gefeiert wird« in einer thematisch und sprachlich dem Anspruch an einen Dichter genügenden Weise (209), oder wie dem Preis des Wortes v.122-131, »welchen straffe Gedankenverbindung vortheilhaft vor so manchen andern Theilen des Gedichts auszeichnet« (217). Für die lange Versfolge v.86-131 genügt ihm die Feststellung, daß »jede einzelne (sc. Ermahnung) in ihrem besonderen Umkreise wohl zusammenschliesst, aber entweder gar nicht oder nur sehr lose mit den benachbarten Gliedern der Reihe verknüpft ist« (235f).[1]

Psychologische Vermutungen über den Gedankengang, die Bernays gern nach allgemeinem Brauch für die Erklärung der Vers- und Abschnittfolge vorträgt, sind nach Einbrechen der Gattungstheorien in die psychologisierende Gedankenwelt fragwürdig geworden. Doch dürfen wir nicht übersehen: Die Behauptung fehlender Versverknüpfungen ist ein *argumentum e silentio*! Ein Beispiel soll hier belegen, daß eine suspekt erscheidende Erklärung solcher Art unversehens Gewicht bekommen kann:

Bernays findet - in Würdigung anscheinend des prohibitiven Grundcharakters - in v.151.146.152 »die Sündentabelle (sc. v.86-152?) durch ein paar ethische Sprüche« »abgeschlossen« (241) und fährt fort: »Von

---

[1] Daß der von ihm als Höhepunkt gelobte Abschnitt über die Arbeitsamkeit mit den Beispielen der Ameise und der Biene in Wortwahl und Textstruktur ganz aus dem Rahmen fällt, übersieht nicht nur BERNAYS. Die Sonderrolle dieses Abschnittes hängt mit dem Zurücktreten der Eigentümlichkeiten einer paränetischen Reihe zusammen.

hier an verliert das Gedicht seinen bisherigen mehr oder minder aphoristischen Ton und in streng gegliederter Reihenfolge, die freilich der Gegenstand deutlich genug vorzeichnet, wird auf das Familienleben nach seinen verschiedenen Seiten eingegangen. Zur Einleitung dienen die ... Verse (153-174) über den Werth der Arbeit, als Grundlage eines unabhängigen Daseins.« Der Anschluß zu v.175ff ist für Bernays zwingend und einfach: »In das auf männliche Arbeit gegründete Haus« »tritt das Weib; und so reiht denn auch der Phokylides an seine Aufforderung zur Arbeit erstlich eine Abmahnung von der im späten Alterthum so sehr um sich greifenden Ehelosigkeit (V.175,176), und zweitens (V.177-198) eine Auswahl der biblischen Bestimmungen über die geschlechtlichen Verhältnisse« (242).

Sollte der Phokylideer - so mögen wir heute fragen - solche gefälligen Gedankenführungen im Sinne gehabt haben? Der Text ist zu spröde, um davon etwas zu erkennen zu geben. Aber was zwingt uns umgekehrt zu der Annahme, so habe jener Verfasser sicher nicht gedacht und gestaltet? Und in solche allgemeine Erwägungen treffen dann plötzlich Erinnerungen an altbekannte Texte:

Zunächst Prov 24,27:
Gründe draußen dein Werk / und bereite es auf dem Felde,
danach baue dir ein Haus. (RINGGREN)

Und dann ausgerechnet ein Phokylides-Spruch aus dem berühmten Tiervergleich für Frauen, der eine schwerlich zufällige Brücke von PseuPhok 171-174 zu v.175 schafft:

Phokyl fr.2 Z.6-8 DIEHL ... *Aber die Biene*
ist eine gute Haushalterin οἰκονόμος *und versteht sich aufs Arbeiten* ἐργάζεσθαι.
Sie bete zu erlangen, lieber Gefährte, in sehnlich erwarteter Heirat!

Wir finden wieder ein Beispiel, wie PseuPhok einen vorgegebenen Spruch nach seinen beiden Schwerpunkten auflöst und zwei Topoi daraus macht: *Arbeitsamkeit* und *Heirat*. Wenn wir annehmen dürfen, daß er diesen Spruch bei seiner unzweifelbaren Phokylides-Lektüre vorgefunden hat,[2] dann ist seine Absicht, zum Ende des einen und Anfang des andern Abschnittes (v.171/175) den alten Dichter zu zitieren, evident. Der streng spiegelbildliche Aufbau des Fragmentes Z.1-3/4-8 mit der Biene am Anfang und am Schluß unterstützt die Vermutung, daß bei PseuPhok der Schluß der vorausgehenden und der Anfang der folgenden Reihe v.171-174/175f den Schlüssel für die Gedankenfolge enthalten. Der Schlußsatz fr.2 Z.8 weist, auf PseuPhok bezogen, chiastisch mit der ersten Zeilenhälfte οἰκονόμος voraus, mit der zweiten ἐργάζεσθαι zurück.

So haben wir also damit zu rechnen, daß es Spruchgruppen verschiedenen Charakters gibt: quellengebundene und themagebundenen, dazu Kontextbeziehungen mit schwacher Struktur und vielleicht auch eingesprengte Einzelverse. Die Mühe der »Quellenzuweisung aber wird sich ... dadurch belohnen, dass nun für viele Abschnitte, welche von den bisherien Bearbeitern *als planlos zusammengewürfelt sind behandelt und misshandelt* worden,[3] entweder die innere Einheit gleichartiger Bestandtheile hervortreten oder ein äusserer Anlass zur Zusammenordnung sich darbieten wird in der Reihenfolge, welche die alttestamentlichen Quellen dem Verfasser an die Hand geben« (227). Dies Programm des Nachvollziehens

---

2 Ersatzweise bleibt Semonides fr. 7,83-93 DIEHL (s c.XI 309; vgl. DORNSEIFF zu v.164ff).

3 Hervorhebung Th. - Ein Beispiel solcher Klage über die Versfolge bei W.BINDER: (69) »Die einzelnen Lehren sind nicht selten ohne rechten Zusammenhang, ziemlich willkürlich, hie und da geradezu unpassend, an einander gereiht ... Man würde übrigens Unrecht thun, diese Mängel dem ersten Verfasser allein anzurechnen: aus dem häufigen Lesen, vollständigen oder theilweisen Abschreiben und wieder Zusammenstellen zu einem Ganzen, läßt sich die Menge der Interpolationen (sic!), die Wiederholung ein und desselben Gedankens und die musivische Zusammenordnung hinreichend erklären.«

des Prozesses, in dem die Verse und ihre Abfolge gebildet wurden, ist noch nicht hinfällig geworden.

Die Diskussion der letzten Jahre hat allerdings in die entgegengesetzte Richtung gewiesen. Die Suche nach Abschnittbildungen wurde nicht nur als leider weithin fruchtlos, sondern als ganz unangemessen für die gnomische Gattung betrachtet. Und beide Urteile verbanden sich in den abschätzigen Äußerungen, der Autor (oder »Redaktor«) habe weder ordnen müssen (wegen der Gattung), noch können (weil er sich mit seinem Material übernommen habe).[4] Zuletzt hat auch vdHorst sein wirklich vorsichtiges Angebot von 15 Versgruppen mit je einer Überschrift unter dem Eindruck der Kritik zurückgenommen (*Revisited* 16) und zugegeben, »that a division into smaller units makes more sense« - etwa im Sinn der 40 kurzen und kürzesten Einheiten bei Walter, der nur »durch Zwischenüberschriften Sinneinheiten voneinander abgrenzen und damit die Übersicht über den Inhalt ... erleichtern« will (190).

Eine interessante Förderung der Thematisierungfrage hat Derron gebracht. Zwar isoliert sie vermittels der Satzzeichen, Kolon oder Punkt, auch thematisch eng verwandte Sprüche. Aber sie gliedert S.XXVIf ihren Text in Absätze mit Titeln, die sie nach der Art griechischer Gnomologien bildet: Περὶ φιλανθρωπίας, Περὶ φρονήσεως usw. »On reconnait là les thèmes fondamentaux de toute gnomologie« (ebd.). Indem das Gedicht darauf verzichtet, gegensätzliche Äußerungen zum gleichen thematischen Subjekt vorzutragen (und gegeneinander abzuwägen), unterscheidet es sich vom Florilegium und erweist »sa destination pédagogique et non polémique ou rhétorique«.

Aber der Vorausverzicht auf die Suche nach einem Ordnungssystem hat viele wichtige Texthinweise nicht wahrnehmen lassen. Umgekehrt findet der, der die Scheu vor den so »fragwürdigen« Argumenten für Abschnittbildung einmal überwunden hat, nachträglich weitere Indizien im Text. Die Schwierigkeit mit solchem Text ist vielleicht doch eine »Zeiterscheinung« im doppelten Sinne: daß wir in unserem Zeitalter zu wenig Zeit dafür haben, den Aphorismus auf uns wirken zu lassen und das assoziative Geflecht in seinem Kontext und in unserem Lebenskontext zu spüren. Auch PseuPhok spricht die inhaltlichen Zusammenhänge mancher Versfolge weniger aus, als es die ausgesprochenen Gedanken erlaubt hätten. Der Vorgang der Verallgemeinerung einer Erkenntnis im Spruch schafft einen Filter, in dem nicht nur Situationsbezüge ihre situative Direktheit verlieren, sondern in dem auch die Bindeglieder zwischen den Topoi hängen bleiben.

2.
DIE ABSCHNITTE

Zu den hier angenommenen Abschnittanfängen zeigt *Tabelle 14* die Abschnitte nach Derron und vdHorst. *Tabelle 15* bringt meine Themenvorschläge in Übersicht. Küchler weist S.288-290 einigen »Kompositionen« in seiner alphabetischen Liste aller

[4] Küchler 273.299; Derron S.XXVII. - Präzise Kroll, Art. *Phokylides* 505f: »Dieser Mangel einer Disposition eignet zum Teil der Gattung ..., beruht aber auch auf mangelnder Fähigkeit des Autors und auf Kompilation seiner Regeln aus verschiedenen Qellen.«

Tabelle 14: Alle Abschnitte

	Thomas *(Abschnittanfänge)*	Derron *(S.XXV f)*	VdHorst[5] *(S.106)*
1	*Diese Rat-Sprüche des Rechten für die Rechtschaffenen Gottes offenbart Phokylides ...*	prologue	Prologue
3	*Nicht in Ehe einbrechen.*	sommaire .. du decalogue	Summary of the Decalogue
9	*In allem das Recht zuerkennen.*	περὶ διχαιοσύνης	Exhortations to Justice
22	*Gib dem Armen sogleich.*	περὶ φιλανθρωπίας	Admonitions to Mercy
	- 42-47	περὶ πλούτου	Love of Money and its Consequences
48	*Verbirg nicht im Herzen eine andere Meinung, als du aussprichst.*	περὶ φρονήσεως	Honesty, Modesty and Self-Control
	- 59-69	περὶ μετριότητος	Moderation in all Things
70	*Neide nicht den Gefährten ihre Güter.*	περὶ φθόνου	Danger of Envy and Other Vices
	- 76-96	περὶ σωφροσύνης	
97	*Nicht sollst du, nutzlos am Feuer sitzend, dein liebes Herz ermatten.*	περὶ θανάτου χαὶ ψυχῆς	Death and After-Life
	- 116-121	περὶ τύχης	The Instability of Life
122	*Nicht sollst du, in Prahlrede schwelgend, dich im Sinn berauschen.*	περὶ λόγου χαὶ σοφίας	Speech and Wisdom, Man's Distinction
132	*Nicht recht ist's, den Frevelmann zu verbergen, dem Gericht entzogen.*	περὶ ἀρετῆς χαὶ χαχίας	Avoidance and wickedness and the life of self-restraint and virtue (h)
153	*Arbeite, streng dich an, um vom Eigenen zu leben.*	περὶ ἐργασίας	The Usefulness of Labour
175	*Bleibe nicht ehelos, damit du nicht schließlich namenlos vergehst.*	περὶ γάμου	Marriage and chastity (h)
207	*Deinen Kindern sei nicht schroff, sondern milde.*	περὶ παίδων χαὶ γονέων	Family life (h)
	- 223-227	περὶ δεσποτῶν χαὶ οἰχετῶν	
228	*Reinigungen sind Heiligung der Seele, nicht des Körpers*	épilogue	Epilogue

[5] Wo ich der leicht geänderten Formulierung im Zuge von VDHORSTs zweiter Übersetzung (s. CHARLESWORTH) folge, vermerke ich dies mit dem für die Literaturverweise verwendeten *(h)*.

Tabelle 15: Abschnittanfänge und Themenvorschläge J.Thomas

Abschnittanfang:		Inhalt
3	*Nicht in fremde Ehe einbrechen.*	Zusammenfassung und Aktualisierung des Dekalogs
9	*In allem das Recht zuerkennen.*	Die Geltung des Rechts und die Verantwortung der Richter
22	*Dem Armen gib alsbald.*	Werke der Barmherzigkeit
48	*Verbirg nicht im Herzen eine andere Meinung, als du aussprichst.*	Lauterkeit und Maß
70	*Neide nicht den Gefährten ihr Güter.*	Der Einzelne und die Vielen
97	*Nicht sollst du, nutzlos am Feuer sitzend, dein liebes Herz ermatten.*	Verhalten angesichts von Leid, Tod und Sterblichkeit
122	*Nicht sollst du, in Prahlrede schwelgend, dich im Sinn berauschen.*	Wert des guten Wortes
132	*Nicht recht ist's, den Frevelmann zu verbergen, dem Gericht entzogen.*	Redlich, rechtlich und umsichtig gegen Freund und Feind
153	*Arbeite, streng dich an, um vom Eigenen zu leben.*	Verpflichtung zur Arbeit
175	*Bleibe nicht ehelos, damit du nicht schließlich namenlos vergehst.*	Ehe/Geschlecht nach Lev 18 (= Anfang der Haustafel)
207	*Deinen Kindern sei nicht schroff, sondern milde.*	Haustafel (Fortsetzung)

Tabelle 16: »Kompositionen« nach KÜCHLER

22-30	Soziales Verhalten	153-174	Tätiges Leben
39-41	Fremde	175-205	Heirat, geschlechtliches Verhalten, Frau, Eros
42-47	Geldgier		
59-69	Maß		
70-75	Neid	207-217	Kinder
99-121	Nekyia	223-227	Sklaven
124-131	Logos als Waffe		

Tabelle 17: Indikativische Reihen

Auf Volitiv	- Thema - folgt	Indikativ	- Thema -
22-39/41	Sozialgemeinschaft	42-47	Macht des Geldes
48-58/59	Lauterkeit	60-69b	Macht der Leidenschaft
70	Neid	71-76	Kosmische Harmonie
102/103f	Leichensektion	105-108	Unsterblichkeit
109/f	Geiz	111-115	Vergänglichkeit
122-123a/b	Prahlerei	124-131	Macht des Wortes
153-161	Arbeit	162-174	Beispiel der Seligen, der Ameisen und Bienen
199/200	Geldheirat	201-204	Törichte Wahl

Tabelle 18: Die Gestaltung der Abschnittabschlüsse

Vers	Merkmal	Weitere Eigentümlichkeit
8	Doppelmahnung	inf. Imperativ
21	Doppelmahnung, straff	Prohibitive mit μήτε - μήτε
41	Grundsatzerfahrung	Indikativ
42-47	Grundsatz, antithetisch zu v.9-41	
69-69b	Triadische Regel + antithetischer Spruch nominal	3 imp. Infinitive
95f	Lapidare Schlußmahnung mit lapidarer Begründungsklausel sowie triadischer Schlußsentenz	
121	Antithetische Grundsatzmahnung	2 imp. Infinitive
131	Triadische Schlußsentenz	Indikativ
152	Lapidare Schlußmahnung mit Begründungsklausel	
164-174	Langer Beispielabschnitt, auslaufender Schluß	
227	Kein Schlußmerkmal für die vorausgehende Haustafel	

(Fortsetzung S.319)
»Lehrinhalte« ein gemeinsames Thema zu, s. *Tabelle 16.* In auffälliger Gleichartigkeit stehen indikativische Spruchreihen zu den volitiven Sprüchen und Reihen in Beziehung, die in *Tabelle 17* aufgelistet werden. Sie bilden begründende Blöcke nach einer Mahnungsreihe oder einem Mahnspruch. Oft sind sie über eine *Stufenbegründung* enger mit dem eigentlichen Mahnsatz verbunden. Sie haben natürlich auch volitive oder prohibitive Funktion. Und insofern können wir die Regelformulierungen, die gern am Anfang oder Schluß einer indikativischen Reihe stehen und den empfehlenden oder warnenden Charakter der Indikative hervorheben, mit in die Reihe selbst einbeziehen. Auch die Schlußverse der Abschnitte haben interessante Merkmale und sind fast sämtlich zu dieser Funktion besonders geeignet, s. *Tabelle 18.*

2.1 Die einzelnen Abschnitte

Die Merkmale der Abschnitte sind geordnet nach (I) Abschnitt-Thematik, (II) Traditionshintergrund, (III) Formale Merkmale und (IV) Abgrenzung.

Vers 1f und 228-230: Prolog und Epilog

Die im Prolog (und in Titeln, soweit die alten Abschreiber solche zugefügt haben) behauptete »Einheit der Herkunft« von Phokylides zeigt das Streben nach einer »gewissen inhaltlichen Kohärenz« (KÜ 263). Die Rahmung mit der σφραγίς und dem Epilog[6] erleichtert den Verzicht auf Rahmung der einzelnen Abschnitte. Immer wenn in vergleichbarer Literatur, soweit sie zur Bildung gestalteter Reihen neigt, ein Rahmen

[6] W.KRANZ, *Sphragis* S.60f (s.o. S.307 A.44)

gegeben ist, können innerhalb des Rahmens eine Anzahl Verse in asyndetischer Folge, ohne Begründungsklauseln oder andere typische Elemente gestalteter Paränese, vorkommen. Sie partizipieren in ihrer scheinbar mangelnden Einbindung an der Wirkung des Rahmens (vgl. PseuPhok 81-89). Die fünf Rahmenverse benutzen schwergewichtige Worte auf engem Raum. Der Verfasser scheint nicht einfach gängige Wortverbindungen einzusetzen, sondern die Worte mit durchdachter Anschauung zu füllen. Weisheitliches Schrifttum kennt beides.[7]

Der Vers 228 prallt unvermittelt und hart auf den vorausgegangenen Kontext. Und er verstärkt die Bedeutung des Epilogs als zweiten Teiles einer Klammer, die dem Ganzen eine über gnomologische Sammlungen hinausgehende, für Grundsätzliches werbende Wirkung geben sollte.[8]

Vers 3-8: Zusammenfassung und Aktualisierung des Dekalogs

(I) Die universale Reihe ist nicht durch ein Thema, sondern durch Disparatheit der Anliegen gekennzeichnet. Das Grundsätzliche wird in Reihen oft erst am Ende, hier v.8, genannt. Der Vers hat zugleich Scharnierfunktion zu v.9ff. (II) Die einheitliche Konzipierung des Abschnittes ist gesichert, da wir den Traditionshintergrund kennen: Der Dekalog wird zur paränetischen Mahnspruchfolge umgewandelt. Die Sprachform ist ganz griechisch. (III) Den Willen, eine Einheit zu gestalten, zeigt der Verfasser durch die Formung der Verse. Sechs Verse enthalten gleicherweise je zwei Mahnungshälften, in denen insgesamt elf imperativische Infinitive den Charakter der verbindlichen Reihe unterstreichen. Die im dritten Vers v.5a/b einsetzende Entwicklung vom Prohibitiv zum Volitiv paßt zum Duktus einer geschlossenen Reihe. (IV) Der Abschnitt bleibt trotz der Sicherheit, mit der wir ihn in v.3 beginnen und in v.8 enden lassen, offen für eine formal ganz ähnlich sich entwickelnde Reihe aus jüdischer Tradition v.9ff.

Vers 9-21: Die Geltung des Rechts und die Verantwortung der Richter

(I) Die Verse schließen, außer etwa v.20, thematisch gut zusammen. Sie mahnen zu rechtlichem Handeln. (II) Der primäre Traditionshintergrund Lev 19, noch ohne die Werke der Barmherzigkeit, wird verwoben mit Nachträgen aus der Dekalogtopik. Vor dem Hintergrund dieser beiden Traditionen wirkt es sehr überlegt und grundsätzlich, daß nichts auch nur entfernt an das Sabbatgebot Dek IV / Lev 19,3b erinnert. (III) Die schon am Ende von 3-8 beginnende positive Mahnung nimmt mit v.9ff zu. Prohibitiver Charakter wird gelegentlich durch ein Verb des Vermeidens v.12 verschleiert. Die rasche Folge knapper imperativischer Infinitive erinnert noch sehr an den vorausgehenden Kontext, doch mehren sich andere Elemente, z.B. Begründungsklauseln. V.9-14 bietet eine Stichwortkette des Stammes -δικ-.

7 WEST (*Hesiod* S.44) findet in Z.5-9 die Thematik der *Erga*, wie es Hesiod ursprünglich geplant hatte, angezeigt: »the terms ... show that justice and the kings are what Hesiod has in mind«, und vermutet ein Wachstum des Gedichtes über den ursprünglichen Plan hinaus (46). Für PseuPhok ist zu sagen, daß zumindest nichts in Prolog und Epilog quer zur Tendenz der Mahnungen und Begründungen steht.

8 Vgl. NIEBUHR (22) zur »theologische(n) Grundlage der Mahnungen des PseuPhok«; ebd. A.67 zu ähnlichen Äußerungen von REINMUTH (*Geist und Gesetz* 31) und DELLING (*Perspektiven* 169f) - und zu einer die durchgehende religiöse Prägung in Frage stellenden Außerung KÜCHLERs (dort 291).

(IV) Fließende Übergänge des Abschnittes von vorn und nach hinten tragen dem gemeinsamen Traditionshintergrund Rechnung.

Vers 22-47: Taten der Barmherzigkeit

(I) Die *Taten der Barmherzigkeit* sind das beherrschende Thema in den Versen 22-41; aber es sind auch Topoi einbezogen, die einer strengen Thematisierung zu widerstreiten scheinen: Waffengebrauch, Nachbarschaft v.32-38. Vielleicht ist der Schritt von individueller Nächstenhilfe zu gesellschaftlichem Frieden (ἐν πολιήταις v.39) und der antithetische Vorgriff auf v.42ff beabsichtigt. Denn Barmherzigkeit mit friedlichem Zusammenleben v.22ff und Geldliebe mit Unfrieden v.42-47 sind antithetisch auf einander bezogen. Der Verfasser spricht weiter zu Vermögenden. In der Welt jener, die etwas haben, worum man Kämpfe und Kriege führen kann, findet er die Ursache so vieler Grundübel. (II) Deutliche Bezüge zu Geboten aus Lev 19 und zu dem, was der Jude in der Tora über die Werke der Barmherzigkeit las, zeigen einen klaren Traditionsbezug. In dem sprichwörtlichen Bild vom *Rad des Lebens* v.27 liegt ein interkulturelles, hier griechisch vermitteltes Motiv vor; in der indikativischen Schlußreihe v.42-47 ist der Stil eher griechisch mit Motiven, die auch zu jüdischer Tradition gehören. (III) Gegenüber nur drei Prohibitiven finden wir nun Prädominanz des Positiven. V.22-26 bietet nur eine halbversige Begründungsklausel v.25b. Die weiteren Begründungen, teils in volitiver Form v.27-30 mit konditionalen Ausführungselementen v.28f, sind nicht auf den vorausgegangenen Mahnspruch, sondern auf das Gesamtthema bezogen. Zwei der Mahnverse v.32 und 39 haben je zwei eigene Begründungsverse, deren letztere v.40f auf den Abschnitt als Ganzen zurückblicken. - Die formale Struktur ist stimmig und unterstützt die Annahme eines gewollten Zusammenhanges. (IV) Bei fließendem Übergang am Anfang ist die Abgrenzung gegen den Folgetext v.48ff klar: Wiedereinsetzende prohibitive Mahnform und neue Thematik schaffen vor v.48 einen Absatz.

Vers 48-69b Lauterkeit und Maß

(I) Vor dem Hintergrund der Mehrzahl der Verse des Gedichtes, die praktische und soziale Pflichten behandeln, hebt sich die Folge v.48-69b durch Maximen zu den seelischen Bedingungen des rechten Lebens ab, was mehr als ein kleiner gemeinsamer Nenner (DERRON z.St.) ist. (II) Nirgends im Gedicht ist griechische (Homer, Theognis) und besonders stoische Tradition so spürbar wie hier. Der ἑκών-ἀνάγκη-Topos ist mehr philosophisch-kasuistisch als biblisch aufgenommen. Begründend werden Elemente aus jüdischer Tradition (psychologisierender Dualismus, *Ein-Gott*-Bekenntnis) einbezogen. (III) a) V.48-58: Auch in diesem Abschnitt mit griechischer Thematik wählt der Verfasser die für griechische und jüdische Paränese gemeinsame Form von *Imperativ plus Begründung*, wählt aber in jüdischem Sinne jeweils den konkretesten möglichen Einstieg. V.51f bringt eine empfehlende eigene Stellungnahme des Verfassers - eine Ausnahme im Gedicht. V.53f: Mahn- und Begründungsvers sind parallel triadisch gebaut. b) Vers 59-69b: Der unpersönliche Imp.3.Pers. hat zusammenfassende Funktion für die vorausgehenden persönlichen Imperative und führt das Folgende als begründende Reihe mit eigenen ethischen Schwerpunkten und überhöhendem Charakter ein. Der Regel am Anfang korrespondiert die Regel am Schluß v.69, letztere durch einen Weisheitsspruch in der Form des Begründungssatzes noch betont. (IV) Trotz des weiterleitenden μή δ' v.48 ist der Neueinsatz deutlich. Noch mehr ist der Schuß markant v.69-69b. Der Verfasser geht dann auch wieder zu Regeln des Gemeinschaftslebens über.

Vers 70-96: Der Einzelne und die Vielen

(I) Die Sprüche dieser Versfolge stehen thematisch zwischen der Paränese des Seelischen v.48-69b und der sozialen Normsetzung des übrigen Gedichtes und haben den Einzelnen im Blick, wie er sich zu den Vielen verhalten soll. Thematische Überschneidungen mit den anderen Partien sind dabei naheliegend. (II) Beziehungen zum Griechisch-Hellenistischen hin sind gegeben mit καθήκει, mit der Göttinnentrias *Dike* - *Peitho* - *Eris* und auffällig mit der für jüdische Ohren unangenehmen Tändelei mit polytheistischer Sprache v.71-75 und der starken Anlehnung an Theognis. Jüdisches wird zweimal zur Begründung v.84f bzw. begründenden Vertiefung v.88-90 - hier in einer völligen Verschmelzung mit griechischer Ausdrucksweise - herangezogen. (III) Der Fortschritt der Topoi in diesem Abschnitt ist mit einer Ausnahme (καλόν v.81) streng an Prohibitive, die mit μή/μηδέποτε einsetzen, gebunden. Auch die verallgemeinernde Schlußmahnung v.95 (mit triadischer Begründungsklausel v.96) ist ein mit μή verneinter Imperativ. - Die mehr der Weisheit als der mahnenden Paränese eigene Folge von zwei Sprüchen, die das *Einerseits* und das *Andererseits* einer Sache schlicht und asyndetisch gegenüberstellen, findet sich hier mehrfach. (IV) Die Abgrenzung dieses Abschnittes läßt nichts an Deutlichkeit zu wünschen übrig.

Vers 97-121: Verhalten angesichts von Leid, Tod und Sterblichkeit

(I) Das durchgehende Thema wird von der praktischen Seite her, nämlich an welche Alltagsaufgaben es erinnert, aufgenommen. Durch die begründenden Partien wird es in den Bereich spekulativer Orientierung gehoben. Beginn und Schluß der Versfolge korrespondieren in dem Aufruf, sich nicht gegen das Todesschicksal und die Leidenserwartung kräfteverzehrend aufzulehnen. (II) Die Volitive des Abschnittes entsprechen gnomischem Allgemeingut. Anthropologie und Eschatologie bieten griechisch-stoische Seelenvorstellung, eingeordnet (ohne gedankliche Stringenz) in jüdischen Verstehenskontext. (III) Formeigentümlichkeiten sind 1) die rasche Imperativfolge zu Anfang, 2) auffällig viele Versüberschreitungen. (IV) Die Abgrenzung ist durch einleitenden Imperativ und imperativische Schlußantithese deutlich gemacht und in der thematisch klaren Abhebung zum vorausgehenden und zum folgenden Abschnitt zwingend.

Vers 122-131: Wert des guten Wortes

(I) V.122 ist beides zugleich: Eingangsmahnung für die folgende Argumentation und Themaangabe. (II) Griechische und jüdische Weisheit treffen sich bei dem Thema *Logos* und seinen Bildern so vollkommen - wenn auch von verschiedenen Seiten kommend -, daß ein Trennen der motivgeschichtlichen Hintergründe wenig mehr als die Vergegenwärtigung aller Möglichkeiten der Färbung des Verständnisses ergibt. Die Formung ist jüdisch. (III) Der Verfasser braucht den Prohibitiv, um gattungsgerecht zu seinem Thema zu kommen. Der ganze Abschnitt ist eine musterhaft aufgebaute Einheit. (IV) Da es sich um eine Einheit mit nur einem Mahnungsansatz handelt, bietet die Abgrenzung keine Probleme. Der Verfasser hat dem, was er selbst mit seinem Gedicht versucht, ein Preislied in Mahnungsform gesungen. Und so hat dieser relativ kleine Abschnitt an sich sein Genüge.

Vers 132-152: Redlich, rechtlich und umsichtig gegen Freund und Feind

(I) Der Abschnitt sperrt sich gegen jede einigermaßen hinreichende Thematisierung, so lange der traditionsgeschichtliche Hintergrund nicht in Blick kommt. Auch die (scheinbaren) Doubletten und Widersprüche zu anderen Versen des Gedichts lassen nach Sonderbedingungen fragen. Ein thematisches Einheitsmerkmal des Abschnittes ist die Aufnahme der verbietenden Strenge der Tora, die in weisheitliche Katastrophendrohung übertragen wird. (II) Die beherrschende Einwirkung der Tora ist evident. (III) Die Reihe ist gattungsgemäß klar strukturiert. (IV) Die Abgrenzung ist nur dadurch sicher, daß diese Versfolge zwischen zwei streng themengebundenen Abschnitten v.122-131 und v.152-174 übrigbleibt.

Vers 153-174: Verpflichtung zur Arbeit

(I) Die Eingangsmahnung gibt das Thema der folgenden Imperative und Indikative an. Weitere Volitive haben explizierende Bedeutung. (II) Der Wille des Verfassers, den Abschnitt als echt griechische Paränese erscheinen zu lassen, ist aus der starken Anlehnung an Hesiod erkennbar. Der Impetus zu diesem Vorstoß gegen die »klassische« griechische Einschätzung von Handarbeit als Metöken- und Sklavenaufgabe dürfte aus jüdischem Erbe kommen. (III) Die Reihe gelangt im Wechsel von Volitiv und Indikativ über explizierendes εἰ δέ τις mit folgenden Beispielen zu einer zusammenfassenden Begründung v.162f und zu literarischem Gleichnis v.164ff. Letzteres fällt als *Parasitärgattung* aus dem Rahmen des im Gedicht Üblichen. (IV) Die Abgrenzung des Abschnittes wirft keinerlei Fragen auf.

Vers 175-206 Ehe und Geschlecht nach Lev 18
Vers 207-227 Haustafel (Fortsetzung)

(I) Der in der Tradition von Lev 18,6-23 stehende Teil 175-206 ist nicht im strengen Sinne thematisch einheitlich. Er ist dem Rahmen einer Haustafel eingefügt und überschreitet deren übliche Grenzen. Das Miteinander der im Hause (und ggf. in der Gesellschaft) zum Zusammenleben bestimmten »Stände« tritt lange Zeit hinter dem Normenkatalog von Lev 18 zurück und gerät geradezu in dessen Schatten. Doch steht dieser thematischen Spannung die Konsequenz gegenüber, mit der der Verfasser die Sexualethik »aus dem übrigen Poem ausgeklammert und in den Schlußteil VV.175-206 zusammengefaßt« hat (NIEBUHR 27). (II) Das Verhältnis von einerseits traditionsbestimmter (Tora) und andererseits themabestimmter (Oikonomik) Einheitlichkeit ist aufschlußreich für die paränetische Art, weisheitliches Toposdenken und die Bearbeitung von Quellen zu verbinden. (III) Die lange Folge volitiver Sprüche ohne irgendwelche in sich selbständige indikativische Versfolgen schafft besonders im ersten Teil eine eindrückliche formale Geschlossenheit. Der Verfasser folgt nicht einfach seiner Vorlage in Lev 18, ergänzt aber die wenigen direkt übernommenen Vorschriften so, daß wieder eine imperativische Reihe entsteht. Der Haustafelteil im engeren Sinne läßt die Topoi so ohne zusammenfassende Maximen (Ausnahme v.217) auf einander folgen, daß sie als Teile eines gemeinsamen Oikos-Ethos erscheinen. (IV) Die Abgrenzung vor v.175 bereitet keine Schwierigkeiten. Der Übergang zum Epilog v.227/228 ist abrupt. Für Unterteilungen innerhalb des langen Teiles gibt es keine zwingenden Gründe. Der Übergang von vorwiegend rechtlich-biblischer Tradition v.175-209 zur mehr topisch bestimmten Themenfolge v.210-227 wird beim Lesen kaum empfunden, zumal der Topos *Kindererziehung* den Übergang überlagert; der Übergang ist fließend. Meine Abgrenzung zwischen v.206 und v.207 dient der sachgemäßen Berücksichtigung verschiedener Traditionen.

XIII. Kapitel
Der Verfasser und die Adressaten

1.
DER LITERARISCHE UMGANG DES VERFASSERS MIT QUELLEN UND TRADITIONEN

1.1 Die jüdischen Quellen

Die jüdischen Texte, die wir mit PseuPhok vergleichen können, bieten entweder wenig weisheitlich-paränetische Freiheit oder keine so ausgeprägten Einzelbezüge zu den Geboten der Tora oder keine paränetische Form. Und überhaupt fehlt eine vergleichbare universale Reihe mit ähnlichen Intentionen.[1] Daraus folgt, daß wir das Gedicht im Wesentlichen aus sich selbst und seiner Auswertung sicher erkennbarer Quellen interpretieren müssen. Dabei hilft uns der Eindruck, den wir Abschnitt für Abschnitt empfangen, zu dem Urtei, daß wir nicht Sammelweisheit aus dritter Hand, sondern selbständige Vermittlung genuin jüdischer Tradition vor uns haben. Ich fasse dazu unsere Erkenntnisse über den Umgang des PseuPhok mit der Bibel und anderer jüdischer Literatur zusammen.

1. Im Blick auf die frühchristliche Überlieferung urteilt LENTZEN-DEIS (*Kriterien* 112): »Die jüdische Eigenart, aus theologischen Gründen Erklärung und Verstehen für alle Gegebenheiten in der Schrift, dem g e s c h r i e b e n vorhandenen Gesetz, den Propheten und Hagiographen, zu suchen, zwingt, die vielfältige Art und Weise des jüdischen Umgangs mit der Schrift zu differenzieren und genauer zu untersuchen.« Nicht weniger erzwingt die Quellfunktion der Hl. Schriften als solcher für PseuPhok unsere Aufmerksamkeit. Sein Wille, den Einzelgeboten der geschrieben T o r a Raum zu geben, ist unbezweifelbar. Viele Einzelbeispiele zeigen einen kenntnisreichen Umgang mit dem alten Text in der griechischen Fassung. Die Behandlung der Zweiten Tafel des Dekalogs und der Kapitel Lev 18-19 ist hinreichend komplett, um hier der Vermutung

---

[1] Der Gesetzesepitome bei Philo und Josephus fehlt das Weisheitliche und Paränetische, Pseudo-Menander die Bindung an die Tora; die Didache ist zu sehr von der Kanonisierung christlicher Überlieferung bestimmt - um nur diese Beispiele zu nennen.

einer Epitome als vermittelnder Quelle den Boden zu entziehen. Eine Vorlage ist für die Auswahl aus Exodus und Deuteronomium und die Reihenfolge einiger Zitierungen nicht auszuschließen.[2] Ein Plagiator oder simpler Abschreiber ist der Autor nicht gewesen: in der Formulierung schon gar nicht, aber auch in der Auswahl und Entwicklung der Gedanken nicht. Die sorgfältige Art, wie der Verfasser Traditionsgebote *paränetisch aktualisiert*, zeugt von geschultem Umgang mit Texten.

2. Die Vertrautheit mit den übrigen Schriften der jüdischen Bibel ist nur sporadisch erkennbar, am stärksten für die Weisheitsschriften Prov und Sir. Im Übrigen könnte das jüdische Milieu ausreichend gewesen sein, doch ist Kenntnis der Bibel selbst wahrscheinlicher. Insgesamt gilt, daß biblische Textparallelen und Exempel am meisten Licht auf die gedanklichen Hintergründe der PseuPhok-Sprüche werfen.

3. Berührungen mit zeitgenössischen jüdischen Texten erschöpfen sich im Wesentlichen in dem, was in der jüdischen Toraparänese an Kenntnissen unverzichtbar war.[3]

4. Auffällig gering ist die Berührung mit dem Schrifttum der jüdischen Apokalyptik und der sektenhaften Gruppen sowie seine Zurückhaltung im jüdischen Meinungsstreit. Dies hat sicher auch zum Fehlen eines antiken Widerhalls auf PseuPhok beigetragen. Denn wer sich nicht aus dem aktuellen Streit der Meinungen (in diesem Fall einem innerjüdischen) interpretieren und für ihn ausschlachten läßt, wird leicht übersehen.

5. Seine Methode der Verarbeitung und Neutradierung der jüdischen Tradition ist die der Einbringung a) mündlich-katechetischer Verfahrensweise in b) ein ganz griechisch empfundenes Literaturprodukt, so daß wir immer diesen zwiefachen Hintergrund im Auge behalten müssen. a) Er hat Anteil an der »kombinierende(n) Auslegung verschiedener Pentateuchkomplexe«[4] und beherrscht die Kunst der Verknüpfung alter Gebote mit aktuellen Aufgaben.

Er verknüpft das Ehebruchsverbot mit der Abwehr der Homophilie v.3, den Mord mit der gemeinschaftszerstörenden Falschheit v.4, den Diebstahl mit dem unlauteren Gewinn v.5 und mit der Aufgabe der Selbstbescheidung v.6.

b) Mit der Kunst des Einschmelzens alter Gesetzes- und Mahntexte in prägnante Kurzsprüche bereitet er sein Material auf für die Übertragung in hexametrische Mono-

2 Josephus entschuldigt sich Ant 4,196f dafür, daß er die Gebote in anderer Reihenfolge als der originale mosaische Text wiedergibt. Auch hier ordnet er neu - aus literarischen Gründen; die Reihenfolge zeigt »not a simplified list of biblical legislation, but a carefully structured exposition«, VERMES, *A Summary of the Law* 233. Auch bei PseuPhok setze ich schriftstellerische Bestimmung der Reihenfolge voraus. Anlehnung an Traditionen und paränetische Notwendigkeiten sind damit nicht ausgeschlossen. - Bei Aristobul ist »die Auswahl der herangezogenen Stellen (sc. der Tora) offensichtlich thematisch« und nicht von einer vorgegebenen Textfolge bestimmt, WALTER 31.

3 NIEBUHR, der speziell der Beziehung von PseuPhok zum *Katechetischen Fonds* nachgeht, sieht fünf Kennzeichen für seine Methode, Tradition zu übernehmen (24): freie Formulierung, öfter enger inhaltlicher Anschluß an die Tradition, u.U. stark verallgemeinernde Wiedergabe, Freiheit gegenüber biblischem Kontext und seiner Reihenfolge, »fremdes Gut oder allgemein verbreitete Mahnungen« werden eingeschoben.

4 nach NIEBUHR (26) »ein charakteristisches Merkmal der frühjüdischen Toravergegenwärtigung«. - Der jeweilige Autor steht in einer doppelten Tradition: In der Tradition einer schulmäßig vorgegebenen Rezipierung der Tora und in der Tradition der Beachtung des originalen Textes selbst.

stichen, wobei er sich - im Unterschied zur älteren gnomischen Dichtung - die Pflicht des einzeiligen Spruches auferlegt.

Er rezitiert nicht das Mordverbot des Dekalog, sondern sagt in gleicher Kürze wie das *Du sollst nicht töten*: *(Du sollst) nicht mit Blut die Hand beflecken*. Und mit diesem Halbsatz hat er die Norm so formuliert, daß zugleich ihre Offenheit für den Begründungshintergrund (vgl. Gen 9,6 *Wer Menschenblut vergießt...*) ins Wort gefaßt ist. Der Versittlichung des alten Gebotes bis hin zum Respekt vor dem Leben des Übeltäters (v.33 *Ach daß du doch das Schwert nie gebrauchtest, weder ungesetzlich noch mit Recht!*) und zur Ehrfurcht vor dem Leben öffnet er mit diesen kleinen sprachlichen Mitteln die Tür. Und auch zur Alltagskonkretisierung ist damit der Ansatz gegeben, die er schon im vorausgehenden Halbvers 4a *Nicht Ränke anzetteln* im Blick hat.

Mit der konsequenten Einbettung jüdischen Inhalts in griechische Form steht PseuPhok in einer ehrwürdigen, vom Historiker *Jason* in großem Stil eröffneten (HENGEL 183) Tradition.

6. Der Verfasser hält die sittlichen Gebote der Tora für evidente Normen. Dort, wo er sich ziemlich streng am biblischen Kodex ausrichtet, verzichtet er entweder ganz v.3-8 oder weitgehend v.9-26.132-152.175-194 auf Begründungen, wie er sie sonst fleißig hinzufügt. Er lebt aus und bekennt sich (indirekt) zur Normensetzung der Tora. Und was er an der biblischen Norm gelernt hat, das soll nach seinem Willen auch für die Verbindlichkeit und Evidenz und Verheißung des übrigen Mahnungsmaterials gelten.

1.2 Die griechischen Quellen und der griechische Anspruch

1.21 Eklektizismus ?

Zwischen der Fülle von Vergleichsstellen, die in alter und neuer Zeit zusammengetragen und von VDHORST vorbildlich geordnet wurden[5], und der maßvollen Knappheit des PseuPhok selbst besteht ein merkwürdiger Kontrast. Das könnte den Eindruck begünstigen, hier habe ein antiker Vielleser überall Ausschau gehalten und dies und das, was ihm von Standpunkt und Geschmack her gefiel, gesammelt und, notdürftig gemeinsam ausgerichtet, uns vorgelegt. Um sich von solchem Eindruck nicht verführen zu lassen, ist es nützlich, folgende Kennzeichen des Textes zu registrieren: 1. Der Autor hält die Pseudepigraphie so durch, daß er nirgends sich zu einem Zitat bekennt. Alle Verse sollen als Spruch des Phokylides erscheinen. 2. Einige wenige Zitate - immer in bruchlosen »Phokylides«-Versen - sollen offensichtlich den gebildeten Leser an den zitierten griechischen Dichter erinnern und zugleich eine Art Dialog des alten Phokylides mit seinen großen Dichterkollegen, vor allem Homer, Hesiod und Theognis, vortäuschen. 3. Alle aus der Literatur aufgenommenen Anregungen und alles umlaufende Spruchgut ist bei PseuPhok einheitlich sprachlich durchgeformt im Sinne der jonischen Fiktion des 7./6. Jh.. 4. Nicht nur fehlen gravierende sprachliche Ausrutscher, sondern es gibt auch keine Verstöße gegen das moralische Konzept, das wir erkennen können. Dies hat ge-

---

5 und die VDHORST um eine beträchtliche Zahl von Doubletten und »farfeched« Beispielen wieder verringert hat.

nug Weite, um alles Vorgetragene aufzunehmen, und ist profiliert genug (vgl. die vielen konkreten Prohibitive), um die im Streben nach Eudämonie und Gottgefälligkeit gesetzten Grenzen klar zu ziehen. 5. Auf dem Gebiet der religiösen Ideen erlaubt sich PseuPhok - in relativ wenigen Versen - viele Undeutlichkeiten. Ein gewisser Eklektizismus der Ideen ist vor allem in seinen Aussagen über *Auferstehung und Weiterleben der Seele*, ferner in den damit zusammengehörigen Anspielungen auf Erwerb der *Eudämonie* und Erwartung des göttlichen *Endgerichts* zu erkennen. Dies ist allerdings kein Eklektizismus der Textüberlieferungen, sondern eine Filterung der Ideen für das, was sich gut als Motivation seiner Mahnungen einsetzen läßt. 6. Das Tändeln mit polytheistischen Begriffen: *Götter, Uraniden, Selige,* dazu die *Personifikationen* gibt zweifach Sinn: Mit der Möglichkeit der nichtpolytheistischen Interpretation wahrt er die Treue des Juden zum Gebot Dek II und gibt einen Beitrag zur heno- oder monotheistischen Umprägung der Begriffe. Zugleich bietet er dem griechischen Leser die Möglichkeit, dem Phokylides in seiner Sprachwelt zu begegnen.[6] 7. Bei einigen schwierig zu interpretierenden Versen und Versfolgen liegt die Vermutung der quellenbestimmten Inkongruenz bzw. Unklarheit nahe: daß also der Phokylideer ein Zitat im Sinn hatte und nicht merkte, welche Schwierigkeiten seine Umformung des Zitates einem unbefangenen Leser bereiten könnte. Aufs Ganze gesehen, spielt das keine große Rolle.

So macht es uns der Phokylideer also schwer, zu erkennen, wieviel und was er an sekundären Sammlungen genutzt hat. Über umlaufendes sympotisches und schulisches Zitatengut ist ohnehin nur aufgrund schriftlicher Quellen zu urteilen. Daß er im Strom der menandrischen Spruchüberlieferung stand, wird aus verwandten Formungen der Gedanken erkennbar. Ob er eine Sammlung griechischer Orakel kannte (vDH 210f), in welcher Form ihm Fragmente des Phokylides von Milet vorlagen, was ihm als »menandrisches« Spruchgut oder aus Euripides zugänglich war, kann angesichts seiner durchgreifenden Einordnung der Zitate und Quellenanregungen nur vermutet werden. Und er hat dazu offensichtlich in eindringendem Studium die ihm vertraute Tora mit einschlägigen Dichterstellen verglichen, wie die Fülle der Begriffsanklänge innerhalb von Sachparallelen (v.9; v.12 mit 16 usw.) zeigt. Wichtig ist, daß er absolut kein *Spermologos* (Act 17,18) war, sondern Texte und Anregungen zu selektieren und sowohl sprachlich, wie auch sachlich in sein Vorhaben zu integrieren wußte. Die tätige Achtung des Juden gegenüber der schriftlichen »Urtradition« der Hl. Schriften bewirkt selbstverständlich ein Interesse am Vergleich mit Originalschriften (s. c.XI) für seinen planvollen jüdisch-hellenischen Dialog.

Der Neigung der Zeit, popularphilosophische Anregungen hier und dort zu holen, folgt er wenig, weil er die Sprache wenig nutzt, in der Philosophie sich ausdrückt, vgl. die lapidaren Ausführungen über die *Hexeis* der Seele v.59ff. Vor allem widerstrebt seine imperativische Redeform der philosophischen Deduktion. Daß er Kenntnis stoischer Popularphilosophie hatte, ist sicher.[7] Vom Freiheitsbegriff der Stoa hat er nur

---

[6] LOCHER, *Poema Nutheticon phocylidis* (1509), übersetzt v.54: *Jupiter est sapiens*; v.111b: *Jupiter omnipotens*!

[7] Nach KROLL (Art. *Phokylides* 508) »schimmert« in der μετριότης als μετριοπάθεια »peripathetisch-mittelstoisches Dogma durch«. DERRON (LX) findet eher kynisch-diatribische Anregung. Hier dürften

den moralisiernden Teil der *Freiheit von den Leidenschaften* festgehalten (ohne daß er die in jener Zeit so starke Verbindung mit jüdischem Dualismus akzeptiert hätte). Vom *Gewissen* spricht er nicht und äußert sich ganz pragmatisch zum Problem der Gewissensnot durch äußerlichen Zwang v.51f. - Die Interpretation der jüdischen Erkenntnis und der jüdischen Texte dagegen nimmt der Verfasser planvoll und zielstrebig vor. Auf Jüdisches greift er mehr mahnend, auf Griechisches mehr argumentierend und ausgestaltend zurück. Stoa und Diatribe verbanden Alltägliches mit einer Gesamtschau des Lebens, die der Jude als wahre Lebensweisheit würdigen konnte.

1.22 Fälschung ?

Wenn wir mit SPEYER[8] an die Pseudepigraphie den Maßstab anlegen wollen, ob sie *echt religiös*, und d.h. von einer ekstatischen Identitätserfahrung des Pseudepigraphen mit seinem Vorbild und »aus tatsächlichem mystischen Erleben« herrühre, dann bleibt für PseuPhok in Ermanglung aller Anzeichen für solche Erfahrung des Extraordinären oder gar Ekstatischen nur die Alternative: die Irreführung des Leser, die *Fälschung.* In unserem Fall treten ja a) die ekstatische Inspirationserfahrung bzw. der Offenbarungsempfang, b) die Vorbildfunktion und c) die Autorschaft völlig auseinander: Von der Offenbarung an Mose kommt der Autor her, einen Griechen stellt er als Vorbild des sittlichen Urteils heraus, er selbst ist stark religiös motiviert nicht nur für sein Gedicht, sondern auch für die Wahl des Pseudepigraphs. Aber die Alternative Speyers ist zu eng. PseuPhok will nicht täuschen, sofern er nicht *für sich* etwas anderes erreichen will, als der Text *den anderen* sagt, und sofern im Angebot des Textes und seines Pseudepigraphs genau das intendiert e r s c h e i n t, was die Intention des Autors für seine Leser i s t. J.NEUSNER nennt das Authentizitätsproblem des toragläubigen Juden: »Seitdem die alte israelitische Schrift zu einem heiligen Buch des Judentums geworden ist, ... bereitetete der festgelegte Kanon der Offenbarung ein bemerkenswertes Problem für kommende Generationen. Sobald neue Autoren erschienen, mußte das, was sie schrieben, in Beziehung zu der bestehenden autoritativen Schrift gesetzt werden.«[9] PseuPhok ist durch die Wahl eines heidnischen Pseudonyms diesem Problem im engeren Sinne aus dem Wege gegangen. Und wir mögen es für eine fixe Idee halten, Phokylides zu einem Mose für Griechen zu machen. Ganz gewiß aber hat er es mit tiefer religiöser Motivation getan.

---

genauere Untersuchungen möglich sein. Das Argument des stoischen Charakters der Haustafelvorbilder (CROUCH, *Colossian Haustafel* 72f) hat durch die neueren Hinweise auf die Oikonomikos-Literatur an Kraft verloren. - Nach KÜCHLER (287) geht PseuPhok mit stoischer Ethik ähnlich um wie er es mit der Bibel tut: »ohne die großen Anliegen der Stoa auch nur anzudeuten«.

8 *Fälschung, pseudepigraphische freie Erfindung und 'echte religiöse Pseudepigraphie'* S.105f.109.127.135ff. Kritische Distanz übt DERRON (XXXIV): »classification ... basée sur des critères modernes et extra-littéraires (religieuse)«.

9 *Mischna und Schrift,* in: *Das pharisäische und talmudische Judentum* 162. Die Möglichkeiten, zur Tora als der einzigen maßgebenden Schrift nicht in Konkurrenz zu treten, sind nach NEUSNER 1) das biblische Hebräisch (Qumran), 2) das pseudepigraphe Vorschieben altisraelitischer Autoritäten, 3) die Inanspruchnahme neuer Inspiration und 4) die Alt und Neu verknüpfende Bibelversexegese (Schule des Matthäus).

PseuPhok beruft sich auf den Milesier und beansprucht damit Autorität, die er in Wirklichkeit von der Tora her versteht. Die überkommene Form der sittlichen Beeinflussung durch dichterische *Hypothekai* wird benutzt, um eigene Inhalte vorzutragen, das Alter des Namens wird benutzt, um das inhaltlich Altehrwürdige der neuen Verse zu demonstrieren. Der Schritt des Juden in die Welt griechischer Autoritäten soll Menschheitsethos anzeigen, dem sich der Autor selbst wohl auch grundsätzlich verpflichtet fühlte. Die Sachanliegen, die er vertritt, zeigen, daß er weder eine literarische Imitation schaffen, noch für eine pädagogische Schrift einen billigen Aufhänger haben wollte. Ich rechne ihn zu den pseudepigraphen Autoren, die mit der Fiktion nicht spielen, sondern damit ihrer Absicht Ausdruck geben, eine wichtige Botschaft zu vermitteln. Anstelle der älteren apologetischen Ableitung griechischer Autoritäten von den biblischen Autoritäten werden nun Griechen selbst für biblische Weisheit in Anspruch genommen[10] (vielleicht, weil die ältere Apologetik keinen Eindruck gemacht hatte), u.zw. am besten »Dichter( ) der Frühzeit«, denen »der Logos noch unmittelbar zugänglich« war.[11] Dabei wirkt die Inanspruchnahme von dichterischer Authentizität im Griechentum (seit Hesiod, vgl. Theognis, Phokylides), der sich auch ein Ben Sira hingab, in Umkehrung nach, indem es ein renommierter Name sein soll, der am Anfang einer Schrift steht.[12] Dazu gehört auch, daß ich von ihm die Absicht einer doppelten Verschlüsselung - auf der Verfasserseite ein Grieche statt eines Juden, auf der Empfängerseite Juden statt Griechen - fernhalten möchte. Jeder aufmerksame Leser ist recht; aber gesucht ist zunächst der nichtjüdische Leser.

1.23 Selbstüberschätzung ?

Nach einer Zeit der herabsetzenden Einschätzung[13] neigen Neuere wieder zu mehr Würdigung des »Maßes an Beherrschung griechischer Sprache von einem nicht unbeträchtlichen Niveau« in der jüdisch-hellenistischen Pseudepigraphie, besonders bei »den Autoren poetischer Texte, die sich die griechischen Metren in einer erstaunlichen Virtuosität angeeignet haben«, wie WALTER (*Hellen. Eschatologie* 337) sicher nicht ohne den Gedanken an den Phokylideer bemerkt. Es ist hier eine merkwürdige Ambivalenz zu beobachten. In einem Atemzug werden die Grenzen genannt, die dem Autor durch das gewählte Genre gesetzt waren, und wird ihm für das Bleiben in diesen Grenzen ein abwertendes Qualitätsurteil erteilt. Dies kommt m.E. von der Übertragung der Beobachtungen an anderen Texten auf PseuPhok. Aber ein byzantinisches Gnomologium hat

[10] Noch Josephus (Ap 2,279) vertritt die Ansicht, daß beim Vergleich verwandter Anschauungen und Gesetze dem Mose und Israel ein höheres Alter zuzusprechen sei als dem Wissen der Völker.

[11] So nach der Lehre der Pergamenischen Schule, H.DÖRRIE, *Zur Methodik antiker Exegese* 130

[12] Wenn die griechische Gnomik sich stets an dichterischer Autorität und klassischem Muster orientierte, in ihrem Sinne sammelte und nachschuf, ist das ein Nachklang des *Agon* um das beste Wort. Solcher Agon vermochte sich vor allem bei Epigonen nicht aus dem Schatten der Großen, allen voran Homer, zu lösen. Vgl. MARROU, *Geschichte der Erziehung* 26f, mit Bezug auf J.BURCKHARDT, *Griechische Kulturgeschichte* passim.

[13] bis zum Vorwurf des »barbarischen Metrums«. Das BERNHARDY-Zitat bei VDHORST (S.11, aus *Grundriss der griechischen Literatur* 2.1[3],517) zeigt in wünschenswerter Ausführlichkeit, welche Erwartungen an einen Phokylides-Plagiator gestellt wurden.

ganz andere Voraussetzungen für seine Gnomenfolge, das Logiensammelgut unter dem Namen einer prägenden, noch unmittelbar unter ihren Anhängern wirkenden Persönlichkeit ebenso. Am ehesten kann man PseuPhok vorhalten, daß er sich am homerischen Hexameter vergriffen und übernommen habe.[14] Es gab da eine große hellenistische Tradition, die in Lehrgedichten und Epen großen Umfanges ebenso wie in Epigrammen gepflegt wurde.[15] Ihn von daher als Dichter kritisieren, heißt aber wohl: das Interesse und Bemühen, das ihn trieb, nur durch außergewöhnliche Dichter realisierbar anzusehen.

Denn PseuPhok hat eine in der griechischen Ästhetik gewachsene Form aufgegriffen, ohne selbst von dieser Ästhetik ergriffen zu sein. Er war auch nicht ein Dichter, dem *»ein Gott gab«* und aufgab, wie unter innerem Zwange *»zu sagen, was ich leide«*. Er ist jüdischer Paränet auf griechischem Boden. Seine Paränese und die griechische Ästhetik widerstreben einander. Die Verschmelzung von Wahrheit und Schönheit kann er nicht vollziehen. Er benutzt die Gedichtform als Vehikel - aber er vertritt dabei eine große Sache! Wenn wir fragen, ob er dieser Sache gerecht geworden ist, muß die Antwort »Ja« lauten. Wer als Grieche sein Gedicht liest, ohne zu wissen, aus welchen Voraussetzungen es geschrieben ist, der findet ein mosaikartiges Bild des sittlichen Lebens entworfen und nahegebracht, das von einem anerkannten Zeugen des Sittlichen beglaubigt ist und weiter keine Beglaubigung braucht, weil jeder Vers für sich spricht und zum Nachdenken und Tun ruft. Wenn PseuPhok aber die gedachten Leser mangels Interesse nicht erreicht haben sollte, so liegt es nicht am Mangel schriftstellerischer Gestaltungskraft oder an Prinzipien der Gattung, sondern am Inhalt seines Ethos. Denn dies dämpft Begeisterung für ein Ganzes eher, als daß es sie weckt.

1.3 Sonstige Literatur

Aus der uferlosen Fülle von Vergleichsmöglichkeiten für die Verse des Phokylides-Gedichtes und ihre ethisch-weisheitlichen Topoi in der hellenistisch-orientalischen Welt, die weiter zu bedenken wäre,[16] wähle ich nur die neu ins Blickfeld gerückte demotische Instruktion des *Papyrus Insinger*,[17] um deren Parallelstellen VDHORST jüngst (*Revisited*) seine Parallelenangebote bereichert hat. Für die vorliegende Vergleichung

---

14 KÜCHLER gibt zu erwägen (300f), ob PseuPhok »vielleicht auch wegen seines unsicheren Versuchs der sprachlichen Nachahmung des alten Phokylides das Anonymat der offenen Verfasserangabe vorzog«. Vielleicht. Das Argument läßt sich auch umkehren: Weil Phokylides zwar hoch geehrt, aber nicht als großer Dichter geschätzt war, konnte sich PseuPhok an seinen Namen herantrauen. (GEFFCKEN, *Griechische Literaturgeschichte* 1,92, erledigt in einem Halbsatz den »unoriginellen, für das Gelage allerhand Spruchverse dichtenden Milesier Phokylides«.) Aber was weiß schon ein Pseudepigraph über seinen möglichen Platz in der Literaturgeschichte!

15 Eben erst bemächtigt sich hohe römische Dichtung des Hexameters.

16 Dem Vergleich mit dem *syrischen Pseudo-Menander* widmet KÜCHLER eine Seite (314); BAARDA (Übersetzung syrMen, CHARLESWORTH 2,583-606) verzeichnet zu 18 Versen eine Parallele aus PseuPhok.

17 S. Art. *Weisheit, demotische*: LÄ 6/1986, 1192-1204. VDHORST (*Revisited* 6-8 sowie 17ff passim) bezieht sich auf folgende Werke: J.T.SANDERS, *Ben Sira and Demotic Wisdom*, M.LICHTHEIM, Late Egyptian Wisdom Literature in the International Context, und dies. (Hg./Übers.), *Ancient Egyptian Literature*

von Textstrukturen wäre die Kenntnis der Originalsprache notwendig, so daß ich nur versuchsweise aufgrund der englischen und deutschen Übersetzung Vergleichsansätze vorschlagen kann. Hier wie für das Neue Testament (s. c.XIV) ist mein Blickwinkel ein anderer als der vdHorsts.

1. Viele *topische Anklänge* und manche thematisch-sprachliche Übereinstimmung, vgl. z.B. v.68 mit Pap.Ins 3,4, haben die Parallelensammlung bei vdHorst erfreulich bereichert.

2. Die *Breite der Darbietung* immer neu variierender Sprüche und die ausdrückliche Verbindung des Eudämonistischen mit dem Religiösen läßt den demotischen Text dem Buch Sirach viel ähnlicher sein als dem rasch von einem Topos zum anderen fortschreitenden PseuPhok. Gemessen an Sirach zeigt Pap.Ins ein fortgeschrittenes Stadium der thematischen Ordnung. (Die Sprüche sind zweifellos oft ad hoc, gern mit Hilfe eines Schemas wie: *Sorge, daß du nicht ... genannt werdest* 3,2ff, gestaltet.) Die religiösen Aussagen sind recht schematisch den Kapiteln zugeordnet - darin mehr einem Schulwissen verpflichtet, als wir es bei dem selbständigen Ben Sira finden. Jedensfall ist der Vergleich mit Sirach fruchtbarer als der mit PseuPhok.

3. Von Pap.Ins her bestätigt sich, daß PseuPhok vergleichsweise arm an *Vergleichen* ist. Pap.Ins 13,8-23 läßt sich als Kommentar zu v.134-136 lesen, wo die Gefahr der Gemeinschaft mit dem Frevler, speziell dem Dieb, beschworen wird. Der Vergleich des Diebeskameraden mit der Schlange im Haus entspricht dem Argumentationsstil der israelitischen Weisheit. PseuPhok ist damit sehr sparsam. Es hängt dies außer mit seiner Kürze mit dem imperativischen Charakter zusammen.

4. Der Unterschied einer Paränese der *Sexualgebote* (PseuPhok 177ff) und einer weisheitlichen Warnung vor zügellosem Hang zu den Frauen (Pap.Ins 7,20-8,20) springt beim Vergleich der Abschnitte ins Auge, auch wenn dort die Anrede (an den im verlorenen Anfang vielleicht genannten Adressaten) die Aussagesätze mit umfaßt.

5. Das PseuPhok-Gedicht ist geprägt vom *Imperativ*. Pap.Ins mischt (indikativische) Sentenzen und (imperativische) Maximen in der für Weisheitsliteratur teils üblichen Weise; das Lehrhafte steht gegenüber dem Gebietenden im Vordergrund.

6. Der Großteil der *Lehren* (= Kapitel) im Pap. Insinger ist an Männer in *untergeordneter Stellung* adressiert; bei PseuPhok ist das Gegenteil der Fall.

Der kurze Vergleich beider Texte zeigt, womit vdHorst zweifellos recht hat (*Revisited* 8), daß »these two Wisdom writers ... shared a great many ethical ideas although they were adherents of widely different religions«. Auch daß Pap. Insinger im Unterschied zur sonstigen demotischen Weisheit sich als Werk eines Autoren darstellt und keinen anthologischen Charakter hat, läßt beide Schriften positiv vergleichen. Der Vergleich zeigt zugleich, wie schlecht sich PseuPhok als *Gesetzesparänese* dem Typus der israelitischen oder ägyptischen Weisheitsschriften zuordnen läßt.

Bd.3. Deutsche Übersetzung liegt vor bei F.W.vBissing, *Altägyptische Lebensweisheit*

2.
DER WEISHEITLICHE UMGANG MIT EXEMPELN

Die Sprüche des PseuPhok haben einen hohen Grad von Abstraktion, auch wenn sie in den meisten Fällen dicht am Konkreten bleiben. Sie wählen diejenigen Repräsentanzmahnungen, die, in sozialen Wurzeln frühen Rechts begründet, zu konkreten Orientierungspunkten umfassender Sittenordnung gereift waren. Sie malen das Konkrete selten aus und sind sehr viel stärker abstrahierend-konzentriert als die weisheitlichen Meditationen des Ben Sira. Daher wirkt sein Gedankenfortschritt oft sehr sprunghaft, weil viele Einzel- (oder Doppel-)Verse in sich eine Fülle einschließen. Dem Leser ist es anheimgegeben, etwas von dieser Fülle zu assoziieren. Insofern könnten wir die Frage, welche Exempel seiner Weisheit dem Dichter vor Augen standen, auf sich beruhen lassen: auf die Exempel im Leben des Lesers, an die sie diesen erinnern, kommt es an. Aber wir nähern uns dem Text von einem dem Gedichtinteresse fremden Ansatzpunkt aus: dem wissenschaftlich historisierenden. Und darum ist für uns wichtig zu fragen: welche biographischen Erfahrungen, welche literarischen Anregungen und Anspielungen, welche signifikanten Ereignisse in seiner Welt, welche Momente der Zeitgeschichte haben bei dem Abstraktionsprozeß seiner Spruchbildung mitgewirkt? Und wo ersetzen Metaphorik und Vergleich die direkte Konfrontation mit Erfahrung? Wir können zwar nur selten wissen, ob wir mit einer assoziativen Auswahl der Möglichkeiten dem Verfasser wirklich nahe kommen, aber wir verdeutlichen uns dabei die Eigenart der gnomischen Abstraktion des Textes. Dies ist auch nötig, wenn wir besser erkennen wollen, ob der Verfasser mehr vom Leben der Gemeinschaft oder mehr von der Literatur ausgeht.

Die antike Geschichtsschreibung interessiert sich für die »Sammlung maßgebender Beispiele (*exempla*) moralisch vorbildlichen Verhaltens«.[18] Die Spruchweisheit verschweigt diese Exempla weithin. Das heißt aber nicht, daß sie ihr unwichtiger wären. Weisheit entwickelt sich durch die Epochen im »Dreitakt von zeit- und geschichtsbezogener Konzipierung, ungeschichtlicher Tradierung und neuer geschichtlicher Anwendung«; und immer wieder gibt ein Weisheitsdichter »dem behäbigen weisheitlichen Gut geschichtliche Brisanz«.[19] Auch für PseuPhok ist diese Möglichkeit zu prüfen. VDHORST bietet einiges weniges an, was an erinnerten Exempeln auf die Bildung der Verse eingewirkt haben kann. Eine systematischere Untersuchung in dieser Richtung möchte ich hier anregen.

1. *Der biographische Hintergrund.* Die einzige biographische Verifikationsmöglichkeit sehe ich für den v.123:

Sich üben in gutem Wort, welches allen sehr nützt!

Hier höre ich den Autor (bewußt oder unbewußt) vom eigenen Mühen und Streben sprechen. Er hat sich geschult, Verse gedichtet und verworfen und ein Gedicht reifen lassen; er möchte *vielen sehr nützen*. Das Wort von der *Großsprecherei* v.122 zeigt eine

---

[18] So CHRIST, *Krise und Untergang* 415, bezüglich der staatsorientierten römischen Geschichtsschreibung; »vorbildlich« gilt im Sinne des Selbstverständnisses der führenden Geschlechter.

[19] H.H.SCHMID, *Wesen und Geschichte der Weisheit* 80; KÜCHLER 18ff; s.o. S.9 A.27

kritische Haltung gegenüber anderen - er mag bestimmte Zeitgenossen im Auge gehabt haben - und erinnert zugleich an sein Programm, in phokylideischer Kürze und Schlichtheit sich auszudrücken.

2. *Literarische Exempel.* Reale Exempel aus der großen, literarisch vermittelten Historie und ideale Exempel aus Epos, Komödie und Roman sind gern gebrauchte gnomologische Versatzstücke. Sie prägen Begriffe und Vorstellungsmuster. Ansätze für sie erkennen wir relativ zuverlässig, wenn die Beispiele dem Verfasser nicht unbekannt gewesen sein können.

Dazu zählt die Erwähnung des Untergangs von Ninive bei *Phokylides von Milet* (fr.4 DIEHL, s.o. S.306f), die in der Sicht des Phokylideers einen Brückenschlag zur biblischen Geschichte darstellen mußte und die Entscheidung über das Peudonym ein wenig mitbestimmt haben kann. Die Fülle der allgemein vertrauten sozialen und psychologischen Muster aus Homer wie die einschlägigen Beispiele aus *Hesiod* - die Tragödie um Helena, Paris und Troja, der *Zorn* des Achill und die fragwürdige *Wendigkeit* des Odysseus, der auf Kosten anderer lebende Bruder des Hesiod, *Perses*, der *Neid der Götter* - sollten nach der jüngeren Zurückhaltung in dieser Hinsicht wieder neu und probeweise ins Auge gefaßt werden. Ob es wichtige Ansatzpunkte in der Tragödie, der älteren und der jüngeren Komödie und im Roman gibt, ist mir fraglich. Vielleicht hat PseuPhok diese Literatur und das Theater gescheut. - Sehr schwach sind die Anklänge an die biblische Geschichte (etwa weil die gedachten Leser sie doch nicht verstanden hätten?).

Der Vorschlag BERNAYS', in v.40 eine Geschichtsentschränkung des Bekenntnisses zur ägyptischen Fremdlingschaft Israels zu sehen, hat weite Annahme gefunden. Um in v.87f eine Anspielung auf die Richter- und Stammesältestenwahl durch Mose erkennen zu können, müßten wir mehr als die begrifflichen Anklänge durch σοφοὺς καὶ ἐπιστήμονας καὶ συνετούς Dtn 1,13 (vgl. Ex 18,21) haben. Der vorsichtige Vorschlag bei VDHORST, die Wendung v.131 σοφίῃ νῆα κυβερνᾷ von Weish 10,4: der Steuerung der Arche Noahs durch die Weisheit (= die Tora), zu deuten, verdient Erwägung.

Für die Kurzformel v.228-230, die das Gedicht zusammenfaßt, ist kaum eine bessere literarische Entfaltung (oder umgekehrt: Vorlage) vorstellbar als Jes 1,15b-19 (LXX):

Wenn ihr auch noch so viel betet, will ich euch doch nicht hören.
Denn eure Hände sind voll Blut.
Wascht euch, werdet rein. Nehmt weg τὰς πονηρίας ἀπὸ τῶν ψυχῶν ὑμῶν *vor meinen Augen, macht Schluß mit euren* πονηρίαι.
μάθετε καλὸν ποιεῖν, ἐκζητήσατε κρίσιν,
ῥύσασθε ἀδικούμενον, κρίνατε ὀρφανῷ καὶ δικαιώσατε χήραν.
Und dann kommt, daß wir rechtfertigen διελεγχθῶμεν, *spricht der Herr:*
Wenn eure Sünden wären wie Purpurfarbe, wie Schnee will ich sie weißen; wenn sie wären wie Scharlach, will ich sie wie Wolle weißen.
Und wenn ihr wollt und auf mich hört, werdet ihr das Gute des Landes essen.

Daß keine Spur einer Anspielung auf die Gesetzgebungs-Haggada des Pentateuch zu finden ist, begreift sich angesichts des σοφώτατος v.2, das keine Ursprungskonkurrenz der *weisen Worte* erlaubt.

3. *Signifikante Zeiterfahrungen* seiner Zeit, an denen PseuPhok nicht vorüber gegangen sein kann, sind unsicher; die Selektion des Zeitgenossen zwischen dem, was ihm wichtig wird, und dem, was ihm unwichtig bleibt, ja kaum wahrgenommen wird, kann groteske Form annehmen. Aber der Autor will seine Sprüche ja in die Erfahrung des Lesers wirken lassen. Wie weit sie dafür wirklich offen und fruchtbar sind, entscheidet über die Qualität seiner Weisheit und seiner Dichtung. Ob der moderne Leser das nachzuvollziehen vermag, entscheidet mit über die Qualität seiner Interpretation. Das

Gedicht des jüdischen Phokylides ist weder für den Genuß im Lehnstuhl, noch primär für die Gelehrtenstube, sondern für gegenseitige Durchdringung von Lebenswirklichkeit und Lebenssicht geschrieben. - Es ist schwer vorstellbar, daß der Autor nicht die *Erfahrungen seines Volkes Israel* beim Dichten seiner Sprüche beständig vor Augen gehabt haben soll. Das Verbergen seiner Herkunft und die gleichzeitig intensive Bezeugung mosaischer Tora muß etwas zu tun haben mit dem Leiden des Israeliten an der Mißachtung der Gebote Gottes und am Schicksal seines Volkes und mit den nachasidäischen Bußbewegungen.

So käme die beabsichtigte Umsetzung biblischer Erfahrung in menschliche Erfahrung v.39-41 und die damit involvierte Sorge für Fremdlinge vorrangig Juden in der Diaspora zugute. Auch die eindrücklichen Mahnungen zur Humanität gegenüber Sklaven v.223-227 (nirgends sonst außer v.177ff eine solche Reihe von Volitiven zu einem einzigen Gegenstand!), die so plötzlich in den Epilog übergehen, lassen an die vielen jüdischen Sklaven denken, wie sie massenhaft infolge Steuerschuld oder niedergeschlagener Aufstände aus dem Heimatland verschleppt wurden und dem ungewissesten Schicksal entgegengingen.[20] Nur die vor allem über die ersten 41 Verse verteilten Verse über Arme und andere Menschen in Not gleichen in ihrer einseitig wohlgesonnen Haltung dem Ton in Sachen Sklaven.

Das Gedicht spricht vor Beginn der Haustafel den Leser nur auf solche Mitmenschen an, die entweder bedürftig oder von zweifelhaftem Charakter und Verhalten sind. Neutrale Begriffe für den Mitmenschen fehlen. Der Nachbar v.35, der Gefährte v.70 ist möglicherweise ein Feind oder könnte es leicht werden. Die meisten Maximen sind wertbezogen, nicht personbezogen, auch wenn es lauter soziale Regeln sind. Der Phokylideer läßt sich also (vor der Haustafel) von einem Wertesystem und nicht von der Vorstellung von Menschen, die es betrifft, die Begriffe liefern. Auf den möglicherweise ganz dichten Zusammenhang zwischen einer Erfahrung und der Formulierung des Textes kann uns v. 151 aufmerksam machen, falls er von vaterländischer Pflicht (BELTRAMI, FARINA bei VDH), vom Ruhen des Streits wegen Gefahr von Krieg (LEWIS, *Teaching* 287) oder Progromen[21] handelt.

151 *Flieh die Entzweigung und den Streit, aus dem (ja) Krieg kommen kann,*

Doch ist ein konkreter Anlaß im sozialen Hintergrund hier nicht sicherer auszumachen als bei vielen anderen Versen. - Ein Musterbeispiel gnomologischer Anspielung könnte v.102 sein, wenn das Wort gegen *Leichenöffnung* in ägyptische Situation hineinspricht (s.u.). Wenn dies auch unsicherer geworden ist (DERRON), bleibt doch die Anregung, dem zeitgeschichtlichen Hintergrund eines solchen Verses nachzuspüren.

Die Warnung vor sexuellen Gefahren ist in der Literatur des antiken Judentums so allgegenwärtig, daß es schwer fällt, für v.175ff geschichtliche Haftpunkte zu bestimmen. Die Ehescheu (VDH), der die Augusteische Familienpolitik zu begegnen versuchte, verbindet sich hier mit jüdischem Volk-Gottes- und Familien-Ethos. Die jüdische Sorge

---

20 Vgl. Josephus, *Bellum* passim; Arist 12ff. Merkwürdigerweise spielt in christlichen Erörterungen zur Zeitgeschichte die Möglichkeit, daß es auch und nicht zu wenig jüdische Sklaven gab, eine geringe Rolle. - Vgl. DELLING 58f. Zum sich ausbreitenden Humanismus in der Sklavenfrage vgl. DIHLE, Art. *Ethik*, RAC 6,667f

21 VDHORST fragt, ob v.151 empfiehlt, die Reihen zu schließen bei Bedrohung durch Progrome. Mir fällt eher das hohe Maß der Abstraktion in dieser Gnome (s. S.291 A.5) und überhaupt das Fehlen deutlicherer Worte gegen soziale Unruhe auf - was sich vor einem etwaigen Hintergrund des unruhigen und aufsässigen Alexandria (s. SMITH, *Art of Rhetoric* 20ff) besonders merkwürdig ausnimmt.

vor Verunreinigung kann gesteigert worden sein, wo man die »vergnügungssüchtige Stadt« Alexandrien, die Stadt einer lasziv gewordenen Isis vor Augen hatte.[22] Die Kenntnis der Moralgeschichte leitet aber zugleich zur Vorsicht gegenüber aktualisierenden Tendenzen aufgrund weniger Komponenten an. Ohne spezielle Hinweise ist hier eine Lokalisierung besonders schwer möglich. - Auch für die Abschirmung der Kinder gegen Versuchungen v.210-217 ist die Suche nach einem besonderen zeitgeschichtlichen Haftpunkt verfehlt. Aber das Wort gegen die ungeduldigen Väter v.207(-209) hebt sich von Dtn 21,18-21 und den üblichen jüdischen Regeln (Sir 30,1-13) so deutlich ab, daß hier sicher die Beobachtung und ethische Entscheidung des Verfassers unmittelbar durchblickt. - Ein neuralgischer Punkt für das Judentum ist die Ehe zwischen Juden und Nichtjuden. Da ist es nun doch auffällig, daß sich keine Andeutung findet, die Wahl der Gattin (bzw. des Schwiegersohnes und der Schwiegertochter) sollte lieber doch im vertrauten Umkreis erfolgen (s. S.200 A.78). Soll hier eine Tür für positive Erfahrungen jüdischer Frauen mit nichtjüdischen Ehemännern offen gehalten werden?[23] - Die nur wenig begründete Liste der Sozialtabus v.179ff kann darauf aufmerksam machen, wie leicht Anlässe in der Zeit gesucht werden, wo in Wirklichkeit das Gewicht eines Traditionstextes das Maß setzte. Die Reihe entbehrt der Anspielung auf spezielle Zeitvorgänge, so entschieden sie in den Kontext der antiken Sexualmoral allgemein gestellt ist.

4. *Der zeitgeschichtliche Hintergrund.* Moderne Interpretation des Sirach-Buches erkennt viele Zeitzüge und Geschichtsvorgänge, auf die der Autor angespielt hat.[24] Die Beobachtungen von wechselnden Details der Beschreibung, um aus ihnen Schlüsse zu ziehen, sind so bei PseuPhok nicht möglich wegen der Kürze der Sprüche. Wenn z.B. der Anfangsimperativ die Form ist, in der PseuPhok ein neues Thema ins Gespräch bringt, dann besagt die Mahnung, gebildete Richter zu wählen v.86, wenig über einen Ausgangsanlaß.[25] Aber Richterqualifikation ist keine Sache der Individualmoral, so daß wir uns jedenfalls an die gesellschaftliche Vorstellung des Autors herantasten müssen. Die Mahnung gegen *hartes Schuldeneintreiben* v.82 ist zu sehen vor der historischen Dimension des Problems der Verschuldung. Caesar wußte dies Problem zur Vergrößerung seiner Klientel durch immensen Schuldenerlaß zu nutzen - ein Geschehen, das bis in den Osten des werdenden Reiches wirkte. Auch von da meine ich, daß das Schweigen des Phokylideer über Obrigkeiten nicht ohne einen obrigkeitskritischen Ansatz verständlich ist.

Die Fehlanzeige für durchblickende und uns bekannte historische Einzelereignisse[26] zeigt, wie gut dem Dichter die gnomische Verallgemeinerung - ohne Preisgabe der Konkretion der Aufgaben - gelungen ist. Allerlei Versuche, hier und da Anspielungen zu entdecken, konnten bisher nicht überzeugen. Der Autor hat sein Gedicht gegen

---

22 CUMONT, *Die orientalischen Religionen* 84; vgl. S.179f.

23 Für DORNSEIFF (47) ist das auffällige Fehlen dieses Topos ein schlagender Beweis, daß das Gedicht älter ist als die rigide deuteronomistische Ablehnung der Mischehe.

24 Vgl. HENGEL (271) zur Deutung von Sir 10,6-18 auf die Tobiaden und weitere Beispiele S.243-246.

25 S. bei VDHORST, der hier offensichtlich jüdische Adresse des Gedichtes voraussetzt.

26 U.FISCHER, *Eschatologie* 255-259

mißdeutende Geschichtsbezüge durch völlige gnomische Aufarbeitung der ihn bewegenden Anlässe geschützt.

5. *Metapher und Vergleich.* Eine Möglichkeit für den Spruchdichter, scheinbar anschaulich zu werden und doch sich nicht auf geschichtliche Konkretionen, auf die Exempel nach Art der Geschichtsschreiber und Rhetoren festzulegen, sind Metaphorik und Gleichnisrede. PseuPhok geht auffällig sparsam mit dieser Möglichkeit um.

Sirach ist da (was die Dicke des Buches mit ausmacht) viel ungenierter. Was PseuPhok 89(-90) ganz kurz mit ἀδίδακτος ἀκουή andeutet, dem widmet Ben Sira einen hymnischen Preis des *Liebhabers der Weisheit, die wie eine Mutter und junge Gattin* vorgestellt wird 14,20 - 15,10; im Schlußvers (hebr.) klingt die Lehraufgabe des Weisen an, mit der sich die Gerichtskompetenz PseuPhok 86 berührt. Was PseuPhok 111-114 ganz allgemein über die *gleiche Sterblichkeit aller* sagt, entfaltet Sir 41,1-4 als *bitter* für den Unvorbereiteten in der Mitte des Lebens und *süß* den Kraftlosen im Alter. Der Phokylideer läßt den Leser selbst die Übersetzung ins konkrete eigene Leben vornehmen.

Begriffe oder Bilder, die einen Vergleich bringen, sind bei PseuPhok: τροχός v.27, ἀντιπνέειν ἀνέμοισιν v.121, σπείρειν ἐνὶ πόντῳ v.152, ζώει κλοπίμων ἀπὸ χειρῶν v.154. Metaphorische Wendungen sind νικᾶν für *übertreffen* v.80, πατρὶς Ἅιδης v.112, καιρῷ λατρεύειν v.121, (σοφίη) κυβερνᾷ v.131, vielleicht auch θεοί v.104; ferner die wahrscheinlich metaphorisch eingesetzte Vogelnestmahnung v.84f. Ausgeführte Vergleiche, wie sie die Diatribe, aber auch die jüdische Weisheit liebt, sind die *neidlosen Himmlischen* v.71-74, das Wort als *Waffe* v.124-128, das Beispiel der *Ameisen und Bienen* v.164-174, *Homosexualität und Tierwelt* v.191, *Tierkauf und Gattenwahl* v.201-204. Vergleiche und Metaphern enthalten, soweit ich sehe, keine versteckten Hinweise auf konkrete Hintergründe. Auch hinsichtlich der Vergleiche und Metaphern bestätigt sich die Geschlossenheit des Gedichtes. Diese bilderarme Sprache weist auf das ganz der Sittlichkeit zugewandte Lehrengagement des Verfassers hin.[27] Sie kann verstanden werden entweder als Zeichen für einen abstrakt denkenden Autor oder aber als Zeichen einer hochgradigen Einschmelzung der Realitäten in allgemeingültige Sprüche.

3.
DER RELIGIÖSE UMGANG MIT DEN JÜDISCHEN PROBLEMEN

Immer noch »bleibt zu fragen, ob die grob gemusterte Landkarte vom frühen Judentum nicht noch für differenziertere Gruppierungen und Konzeptionen Raum bieten müßte«.[28] Versuchen wir, den Ort des Verfassers in den Gruppierungen des Judentums

---

27 Angesichts der Metaphernarmut des Gedichtes besagt das Fehlen jeder Wegemetaphorik (*Die Zwei Wege* u.a.) nicht viel. Aber wenn wir für PseuPhok ganz ohne Bezüge zur Zwei-Wege-Thematik auskommen, verwehrt das doch ein generalisierendes Urteil wie das von S.WIBBING (*Tugend- und Lasterkataloge* 35), der den Dualismus der Zwei-Wege-Ethik als traditionsgeschichtlichen roten Faden der in den Tugend- und Lasterkatalogen wirksamen Tradition bezeichnet. Gewiß: es fehlen bei PseuPhok die Kataloge. Aber beides zusammen bedeutet doch, daß solche Redeweise nicht für das ganze Feld paränetischer Tradition kennzeichnend ist.

28 E.BRANDENBURGER, *Himmelfahrt Moses*, JSHRZ 5/2,65f. - BAECK, *Paulus* 15f: »Innerhalb der Grenzen seiner religiösen Lebensart besaß das jüdische Volk eine einzigartige Weitherzigkeit.« Die Bath Qol

zu bestimmen, so ist die einzige mit ziemlicher Sicherheit zu machende Aussage die, er sei gewiß ein Diasporajude gewesen. Im Dreieck zwischen drei Übertreibungen haben wir seinen speziellen Platz zu suchen. Er war kein beflissener Sammler ohne Profil. Er war ebensowenig ein wegweisender Denker, der Jüdisches und Griechisches in einer an Philo erinnernden Weise zusammengebracht hätte. Und er war kein Einzelgänger, der Strömungen nur in persönlicher Willkür zu vereinigen wußte, sondern blieb dicht an Möglichkeiten der jüdischen Gemeinde. - Engen wir die Möglichkeiten, was er war, auf der *via negativa* weiter ein, nun mit Bezug auf die zeitgenössischen jüdischen Gruppen und Richtungen: Sollte er dem Prozentsatz der Juden, der sich *priesterlicher Abstammung* rühmen konnte, angehören, so ist es für unsere Schrift ohne Belang; es gibt keine Anzeichen, daß er von dorther Impulse aufgenommen und umgesetzt hat.[29] Wenn in *Qumran* »Sühne und Reinheit ... nicht von kultischen Reinigungsriten, sondern allein von dem der Gemeinde verliehenen Geist Gottes abhängig« sind, »der die Glieder der Gemeinde zur rechten Demut bringt, die ihrerseits auf die Erfüllung der Gebote gerichtet ist«, so berührt sich das mit v.228f, aber nur in der Art einer religionsgeschichtlichen Grundstimmung der Zeit. Der Phokylideer sucht eine Reinheit, die eben nicht von der heiligen Gemeinde und dem ihr »verliehenen Geist«, sondern vom Geist gottgemäßer Humanität abhängig ist.[30] Von der *Apokalytik* mit ihrer Erwartung der großen göttlichen Wende in Katastrophen der Gegenwart ist er ebenso entfernt wie von der *Esoterik* der jüdischen Sondergemeinden, die gerade kein solch positives Verhältnis zur griechischen Weisheit entwickeln können, weil bei ihnen Enthaltsamkeit in Sachen spekulativer Philosophie und στοιχεῖα-Lehren (Kol 2,8) nicht zur positiven Beziehung zum Humanum, sondern zur Abgrenzung führt. Seine Verse haben von dem allgemeinen *Dualismus* mit apokalyptisch-zeitbezogener oder gnostisch-räumlicher Tendenz nicht mehr, als die leicht asketische Grundstimmung mit sich bringt. Er deutet nicht an, daß er die Welt in irgend einer aktuellen, nach erlösendem Handeln Gottes schreienden Krise sieht.[31] Und der Gedanke an einen »Heiligen Rest« Israels - »Hier schlägt das Herz der Frommen der Zeit Jesu«[32] - tritt hinter einem Heiligen Rest der Menschheit

---

sagt zum Streit der Hilleliten und Schammaiten: *Beides sind Worte des lebendigen Gottes!* - Zur Pluralität pharisäischer Meinungen auch SCHUBERT, *Religionsparteien* 33.

29 Die Energie, mit der Philo Hyp 7,5 auf dem priesterlichen Vorbehalt für die etwa notwendige Aufhebung von Gelübden insistiert, hat bei PseuPhok auch nichts andeutungsweise Vergleichbares.

30 Qumran hat auch die Bildung der Paränese oder der »Spruchkollektion« und der »geschliffenen Formulierung der Lebensregulative in Sentenzen und Bildworten« nicht so begünstigt (KÜ 96). Die Ausführungen über *Die Paränese im Qumran-Schrifttum* von STACHOWIAK (1980) bestätigen indirekt, daß Qumran viele paränetische Elemente bietet, aber keine imperativisch-paränetische Form. 1QS 6,24-7,25 z.B. zeigt zwar, welche paränetischen Topoi eine besondere Bedeutung hatten; der Text ist aber keinesfalls eine Paränese, sondern eine Gemeinde-Zucht-Ordnung mit Definierung der Vergehen und Festsetzung der Strafe (vgl. zum Text C.-H.HUNZINGER, *Beobachtungen zur Entwicklung der Disziplinarordnung der Gemeinde von Qumran* - 1963; zum Vergleich von 1QS 5,1-7 mit Röm 12,9ff bei KANJUPARAMBIL s.u. S.399 A.66). - Zur Annahme essenischen Ursprungs bei BELTRAMI (*Spirito giudaico e specialmente essenico della silloge pseudofocilidea* - 1913) s. VDHORST S.31f m. A.125.

31 Zu Askese und Dualismus vgl. F.BÖHL, *'Askese' vor dem Offenbarungsempfang* 83 A.1; zur dualistischen Grundstimmung der Zeit s.CUMONT, *Die orientalischen Religionen* 139. - Zur allgemeinen Prägung der palästinajüdischen Frömmigkeit durch apokalyptische (oder politisch-messianische) Naherwartung und ihr Ausstrahlen in die Diaspora, besonders auf die notleidende Schicht, s. HENGEL 460-462.

32 Joachim JEREMIAS, *Die theologische Bedeutung der Funde am Toten Meer* (1962, 62f); vgl. ders., *Der Gedanke des 'Heiligen Restes'*

(der sich abhebt vom λαὸς ἀκατάσχετος v.96) völlig zurück. Wieviel Gemeinschafts- und Traditionsbildung hinter dem gelehrt allegorisierenden Hellenismus eines Aristobul, eines Philo usw. steht, wissen wir nicht.[33] Der Phokylideer kann davon schwerlich unberührt geblieben sein, aber es ist nicht seine Welt.[34] Daß er die Lehre eines Philo vulgarisiert habe,[35] kann man angesichts seiner ausschließlichen Zuwendung zu Menschen gehobener Stellung nicht sagen; eher daß er sie *praxisnah* gemacht habe; aber schon das hieße, die erkennbaren Berührungen mit philonischen Gedanken oder Wendungen aufgrund der Annahme gleichen Herkunftsmilieus überzubetonen. Mit der *Frömmigkeit* der *Anawim*, sofern diese, weniger organisiert, als *Stille im Lande* neben den anderen Erben der *Asidäer* weiterexistierten (HENGEL 327), verbindet ihn nur das ethische Augenmerk auf die Armen. Aber er wendet sich gerade an die, die nicht arm sind. Vom *Pharisäismus*, wie wir ihn (leidlich) kennen, schließlich heben sich folgende Züge deutlich ab:[36]

1. Es fehlt jeder positive Hinweis auf die Pflege von Tischgemeinschaft und die in den jüdischen Quellen so eindrücklich hervorgehobene Unterscheidung der Speisen, auch auf den dankbaren Empfang der irdischen Gaben. (Doch vgl. v.30: Almosen als Dankopfer für empfangenen Segen.)
2. Es wird nicht über Lehrer-Schüler-Verhältnisse reflektiert.
3. Zwar werden Toragebote sorgfältig aufgenommen; aber Anzeichen einer Mühe um genaue Interpretation und um strengere halachische Observanz fehlen.
4. Hinsichtlich der *Mittelwesen*, Engel usw., übt PseuPhok eine auffällige Zurückhaltung.

---

33 Nach HEINEMANN (s. COHN, *Philos Werke* 3,3-5) dürfte Philos Allegorisierung ihren Sitz im Leben in der sabbatlichen predigtartigen Tora-Auslegung haben. Vgl. WALTER, *Aristobul* 143; THYEN, *Stil* 7-11; W.BACHER, *Die Proömien der alten jüdischen Homilie*

34 Er gibt sich außer in v.228 nirgends die geringste Mühe, jüdisches Glaubensgut, das sich auf der philosophischen Ebene mit hellenistischem trifft, in sein Gedicht einzubringen.

35 LEWIS, *Teaching* 295: »What Philo did for the educated, Ps.-Phoc. does for the man on the street.«

36 Wir messen ihn dabei nicht an einer *pharisäisch bestimmten jüdischen Orthodoxie* oder *Normtheologie*, weil es diese noch nicht gibt (K.MÜLLER, *Das Judentum in der religionsgeschichtlichen Arbeit am NT* §27, S.95ff). Auch das pharisäische Programm der priesterlichen Heiligkeit des heimischen Tisches und Bettes und des Alltagslebens ist noch nicht das Lebensgesetz der Synagogengemeinde geworden. - Vgl. zum trügerischen Idealbild einer Orthodoxie vor 70 n.Chr. die unübertreffliche Skizze (oder Karrikatur), die NEUSNER von seinem Lehrer M.SMITH übernommen hat (*Die Verwendung des späteren rabbinischen Materials für die Erforschung des Pharisäismus im 1Jh. = Pharisäische und talmudische Judentum* 99f). - An Entwürfen für die Eigenart des Pharisäismus besteht heute kein Mangel. Hatte sich die christliche Theologie dazu durchgerungen, die Pharisäer als die interessanteste und nach dem Verlust jeder jüdischen Autonomie beherrschende unter vielen Richtungen mit einer faszinierenden Frömmigkeit, Gelehrsamkeit und Sozialgesinnung anzuerkennen, steht sie nun vor der Aufgabe, mit jüdischen Gelehrten die Vorstellung der pharisäischen Kontinuität zu überprüfen und möglicherweise ihre Bedeutung auf das Maß einer wichtigen, ja gewiß der wichtigsten temporären und zeitgebundenen Gruppierung zurückzuschrauben. Vgl. NEUSNER, ebd. 97-107; R.MEYER/H.F.WEIß, Art. Φαρισαῖος, ThWNT 9,11-51; neu: ALLERHAND, *Histor. Hintergrund* 138-143; PETUCHOWSKI/THOMA, *Lexikon der jüdisch-christlichen Begegnung* s.v. *Pharisäer*. Eine kurze Skizze in 15 Thesen zum Zweck der Vergleichung mit der nicht vornehmlich abgrenzenden, sondern *»offensiven Reinheit/Heiligkeit«* Jesu und des Paulus hat jüngst K.BERGER, *Jesus als Pharisäer* 233-237, vorgelegt. Seine Annahme eines mehr politischen Schwerpunktes in Palästina und eines religiösen Schwerpunktes in der Diaspora würde unserer Frage nach pharisäischen Zügen in PseuPhok besonderes Gewicht verleihen; sie scheint mir aber zu schematisch oder ohne zeitliche Eingrenzung nicht aussagekräftig genug.

5. Die *Zehntpflicht*, die über den jüdisch-heidnischen Topos des *Tempelraubes* ohne Schwierigkeit als sittliche Mahnung anklingen könnte, kommt auch nicht verschlüsselt in den Blick.[37]

Diese fünf Unterschiede könnten in der Zuwendung zu Menschen jenseits der eigenen Gemeinschaft begründet sein. Für einen Pharisäer wäre das ein *opus alienum* da seine primären Interessen dem Volk und Land Israels und dem Tempel galten, deren Heiligkeit er überall, wo Juden lebten, erfüllt sehen wollte.

Lassen wir die Sonderbedingungen einer an Nichtjuden gerichteten Schrift gelten, so gibt es auch positive Bestimmungen für einen speziellen jüdischen Standort:

1. Es geht dem Frommen nicht um Vorbereitung einer apokalyptischen Überwindung von Gottlosigkeit und Weltnot, sondern um Übereinstimmung zwischen Gottes Willen und dem praktischen Handeln des Menschen (damit dies als Gerechtigkeit »angerechnet« werden kann).
2. Gebotserfüllung für Menschheitsgebote kann ohne Rückgriff auf die Offenbarung am Sinai aus weisheitlich-vernünftiger Einsicht heraus gefunden werden. (Dem Mangel an solcher Einsicht aus der Vernunft selbst soll der griechische Moses aufhelfen. Versteckt wird damit die Tora wieder absolutgesetzt.)
3. Maßvolle Askese wird gelehrt bei grundsätzlicher Bejahung des Leiblichen.
4. Der Wille des Menschen ist zum Guten und zum Bösen fähig. Seine Abhängigkeit vom Schicksal (τὸ τετυγμένον / τύχη, εἱμαρμένη) bleibt in den Willen des einen Gottes eingebunden.
5. Leibhafte Auferweckung und (wahrscheinlich auch) doppeltes Gerichtsurteil werden erwartet.
6. *Gerechtigkeit* ist Schlüsselbegriff des richtigen Lebens; sie zeigt sich in Selbstzucht und Nächstenhilfe.
7. Der Adept göttlicher Weisheit weiß sich zwar dem allgemeinen Volk verpflichtet, aber zugleich (als zum *»Hl. Rest«* gehörig) von ihm geschieden und zur Vorsicht im Umgang mit verderblichem Einfluß gefordert.
8. In auffälliger Bemühung um Vollständigkeit listet der Verfasser *sexuelle Gefahren* auf.

Stilistisch hebt er den Abschnitt über die Sexualität vom übrigen Gedicht ab. Er hat sich hier ein *arcanum* für den Schluß aufgehoben. Gewiß gehörte die *Reinheit im Sexuellen* zu den früh aus hasidäischem Erbe in die Synagogengemeinde allgemein vorgedrungenen Elementen, früher als Regeln um die häusliche Mahlzeit; hier konnte der Pharisäer asidäische Kontinuität wahren. Was Arist 142 sehr allgemein und mit Hervorhebung der verweigerten Mahlgemeinschaft über die jüdische Abgrenzung sagt, hat bei Josephus klar die Beziehung zur sexuellen Reinheit.[38] Er hält es für angemessen, die Nichtjuden (die er gleichzeitig auf die Möglichkeit, Reinheitsvoraussetzungen durch Anschluß an die jüdische Volks- und Gesetzesgemeinschaft zu erlangen, hinweist Ap 2,209f) über diesen Topos jüdischer Reinheitsbestimmung nicht im Unkla-

---

[37] NEUSNER zum Zehnten und zur Heiligung des Tempels: *Das pharisäische und talmudische Judentum* 43f u.ö.; *Judentum in frühchristlicher Zeit* 22f. - PseuPhok hätte für jüdische Leser hier einen Schluß *a minori ad maius*, vom treu opfernden Heiden zum gehorsamen Juden, anbieten können. Bei heidnischer Adresse verbietet sich eine Erwähnung des Tempelraubs, weil dies ein ideeller Beitrag zum *fremden Dienst* wäre.

[38] Vgl. auch Jub 22,16ff. Was PseuPhok zum Schlußschwerpunkt v.175ff gemacht hat, damit beginnt Josephus Ap 2,199ff (mit Philo Hyp 7,1) seine ethischen Regeln.

ren zu lassen.[39] Aber unter den Richtungen, die sich nicht aus der jüdischen Volksgemeinschaft mit ihren Verunreinigungsgefahren zurückzogen, stellt die Überlieferung der Christen, des Josephus und der Rabbinen einmütig die pharisäische als die konsequenteste dar.[40] Und solange Juden, auch pharisäische Juden, in der Diaspora in offener Beziehung zu heidnischen Mitbürgern leben konnten, wurde die Reinheitssorge auch von deren Leben mit geprägt.[41]

9. Je besser der Phokylideer das von ihm verehrte Gotteswort einpackt und versteckt in Versen eines Dichters, desto wichtiger muß ihm gewesen sein, die Tora in ihrem konkreten *Wesensgehalt* zu erfassen und sie nicht nur autoritär zu predigen, sondern wahrhaft *unter die Leute zu bringen.*

Ich sehe in dem Bemühen des Phokylideers, daß Menschen jeder Herkunft Berührung mit diesem Wort bekommen und von ihm her leben - und dadurch vielleicht sogar dem Juden seine Sorge um die Reinheit erleichtern -, einen zu pharisäischem Bemühen passenden Hauptzug des Gedichtes.[42]

10. Von hier aus spricht doch viel dafür, daß v.228 nicht der Vernachlässigung der Riten das Wort redet, sondern der Ausrichtung der biblischen Riten an der *wahren Reinigung* und damit der Distanz gegenüber dem Ritenwesen in der Umwelt, da es die *Reinheit* im Sinne der Moral des Gedichtes nicht entschieden fördert.

Das große Problem der antik-jüdischen *Bußbewegungen,*[43] d.i. der Apokalyptik, des Pharisäismus und des beginnenden Christentums: wie der Gestrauchelte und wie die dadurch belastete heilige Gemeinde mit der Schuld und dem daraus folgenden Verhängnis fertig wird, darauf fehlt bei PseuPhok jede Anspielung. Drei Erklärungen, die sich verbinden können, bieten sich an: 1. Er weicht dem religiösen Konfliktfeld zwischen Juden und Griechen aus. 2. Er steht in Übereinstimmung mit einer starken israelitisch-jüdischen Tradition, in der man Schuld eigentlich für vermeidbar ansieht. Seine Frömmigkeit ist mehr durch Moral und Pflichtgefühl als durch religiöse Mysterien geprägt (WALTER 192 A.61 fin.). Hätte er sonst so völlig in das Gewand eines Nichtisraeliten schlüpfen können? 3. Er hat in der *Heiligung der Seele*, die er v.228 wohl als Inbegriff religiösen Verhaltens empfehlen will, diejenige Läuterung von der Schuld gefunden, die auch geschehenes Unrecht (zumindest das ohne konsequenten bösen Willen geschehene Unrecht, v.52) ausgleichen kann. Dann bekäme der Kampf der Seele um das Gute, von dem jeder Vers des Gedichtes zeugt, die Qualität eines Gottesdienstes, mit dem anders als durch Rituale die Gottheit versöhnt und ein günstiges Geschick *bis an*

---

[39] Über die Verbindung von (ursprünglich priesterlicher) Reinheit und temporärer sexueller Enthaltsamkeit in Qumran vgl. 1QSa 1,25-27; 1QM 7,3; SCHUBERT, *Religionsparteien* 55f.

[40] Die Betonung sexueller Reinheit ist vom Jubiläenbuch bis Paulus 1Kor 5,13b weitestgehend jüdisches Gemeingut; NIEDERWIMMER, *Askese und Mysterium* 220.

[41] Die Kraft der Reinheitssorge beruht a) auf der Gemeinsamkeit der Willensbildung in der Gruppe (NEUSNER, *Die Suche nach dem historischen Hillel*: *Pharisäische und talmudische Judentum* 70) und b) auf der Erfahrung der täglichen Gefährdung durch das Leben der Umwelt. Das Konfliktmuster, das ein Teil des Judentums braucht, um am heidnischen Kontrast das Selbstgefühl als des Gerechten zu festigen, fehlt in der Welt des Phokylideers.

[42] Vgl. die Vorstellung der »offensiven Reinheit/Heiligkeit«, die reinigend übergreift in den Machtbereich des Unreinen, BERGER, *Jesus als Pharisäer* 240ff. - Bezüglich des Pharisäismus ist es zwar noch eine Streitfrage, ob er fähig war, Kern und Schale der Gebote zu unterscheiden oder ob er Gehorsam um des gebotenen Gehorsams willen für höher hielt. Vielleicht liegt die Verbindung von beidem darin, daß er vom *göttlichen Wort* als a) Leben schaffend und b) Gehorsam schaffend ausging. Denn immer ging es um den verständigen Gehorsam.

[43] Zur Buße als Ursprungsmotiv der hasidäischen Bewegung s. HENGEL 327 mit Verweis auf CD 1,5-11

die Schwelle des Greisenalters erlangt werden kann.

Der Vergleich der Tendenz unserer Schrift mit jüdischen Profilen jener Zeit zeigt, daß vielfältige positive Beziehungen bestanden haben können. Unter ihnen ist die Beziehung zum Pharisäismus die interessanteste, nicht weil wir vom Neuen Testament her besonders nach ihm fragen, und nicht weil er sich eben - unbewußt - anschickt, die Grundlagen auszubauen, auf denen das ganze Judentum zwei Jahrtausende würde als Diaspora und ohne Tempel leben und Dauer behalten können, sondern weil wir keine andere inmitten des Volkes lebende und prägekräftige Gruppe kennen, die einem nachdenklichen und tora- und reinheitsbeflissenen Juden gleich dem Phokylideer Herausforderung, Anregung und Rückhalt gegeben haben könnte.

4.
DER LEHRHAFTE UMGANG
MIT DEN PROBLEMEN DER HELLENISTISCHEN WELT

Der pädagogische Ort. Wenn PseuPhok als einer, der in das griechische Bildungsgeschehen eingreift, zwischen sophistischem Vorteilsdenken und platonischer Idealität und Wissenschaftlichkeit den Mittelweg wählt: das Durchführbare, die nüchterne Verbindung von sittlich Wertvollem und Praktikablem, dann steht er damit bewußt oder unbewußt in der Tradition des Isokrates. Auf dieser Linie liegt auch sein Werben um Menschen einer Führungsschicht, indem er dem Interesse der Massen an dem, was gefällt, die Verantwortung der Regierenden für das, was das Nützlichste ist, gegenüberstellt. Beides wird zu seiner Wertschätzung in Mittelalter und Renaissance gehören. Aber ebenso wie ein theoretisches Bildungsprogramm fehlt, so fehlt auch ein Lehrentwurf für den Dialog mit der griechischen Ethik der Zeit. Immerhin sind die Sprüche des Gedichtes getränkt mit Überzeugungen des Verfassers, aus denen wir Bruchstücke eines Wertebekenntnisses erschließen können. In der Mitte der Schrift nehmen indikativisch-erklärende Ausführungen vorübergehend breiteren Raum ein. Und in der zweiten Hälfte des Gedichtes ab v.122 überrascht uns der Verfasser mit deutlich themabestimmten Spruchfolgen.

Lehrhafte Ansätze

1. Sittlichkeit und Naturordnung stimmen überein. Der Verfasser teilt damit eine sehr verbreitete Überzeugung. Mit - sparsam beigezogenem - Tiervergleich, Tiermahnung, Naturbild und Wort über Leib und Seele zeigt PseuPhok, wo auf der Landkarte von altisraelitischer Weisheit bis zur Stoa, die diese Überzeugung teilen, sein Platz ist: näher bei der unspekulativen älteren Weisheit. Das implizit mit seinem Gedicht gegebene Urteil, daß die sittlichen Lebensbedingungen in seiner Zeit mit denen der alten mosaischen Tora harmonieren, macht ihn zum treuen Juden.

2. Die Lehre der alten Weisen stimmt darin mit der Ordnung der Natur und des Kosmos sowie mit geschichtlicher und alltäglicher Erfahrung überein, daß Gerechtigkeit, Erbarmen mit dem Benachteiligten, Maßhalten und sexuelle Zucht geboten und förderlich für Glück und Frieden sind. Die Pflichten der Solidarität und der sexuellen Zucht setzen für den Leser einseitig Akzente.

3. PseuPhok bezeugt die Verantwortungsfähigkeit des Menschen in der griechischen Welt. Diese Verantwortungsfähigkeit ist Urteils-, Entscheidungs- und sittliche Handlungsfähigkeit.

4. Der sittliche Imperativ, mit dem der Jude PseuPhok seinen nichtjüdischen Leser anspricht, impliziert auf seiten des Verfassers einen Glaubensindikativ, der über das Thema *Vernunft, Weltordnung und offenbarte Tora* hinausgeht. Es ist dies der unausgesprochene Glaube, daß Israel berufen ist, den Völkern Tora zu bringen: nicht damit sie Juden werden, sondern damit sie Gott ehren durch Erfüllung der für sie gegebenen Gebote und sich so in das wechselvolle Weltgeschehen gläubig vertrauend einfügen.

5. Der Phokylideer ist sicher, daß die Sprüche, die er vermittelt, von göttlicher Autorität getragen sind. Es sind Gottes eigene βουλεύματα v.1 (vdH 191!). Sie zu befolgen, gibt Anteil an den Mysterien der Rechtschaffenheit, auf die die Mysterien des Opferkultes und der kultischen Reinheit nur (oder: allenfalls) hinweisen können.

6. Das Todesschicksal kann einen positiven Ausgang finden. Aber als sittliches Motiv dient weniger diese Hoffnung als vielmehr - warnend - die Sterblichkeit (gegen Geiz v.109 und Besitzgier v.100.109, Maßlosigkeit im Schmerz v.97. usw.). Mit der umwerfend einfachen Behauptung *Hernach aber werden sie Götter sein* v.104 zeigt er, daß er (wenigstens für die Guten) eine Erneuerung *im Licht* nach dem Tode erwartet v.103f, wobei er die Spannung zwischen Aufstehen aus der Erde v.103 und Unsterblichkeit der Seele v.115 ebenso unausgeglichen stehen läßt wie die Seelenhoffnung und die irdische Eudämonieerwartung v.230.

7. Wie der Schöpfer das Weltgeschehen, so soll der Mensch seinen durch Leidenschaft gefährdeten Kurs des Lebens kraftvoll steuern. Dazu dient Mäßigung. Diese hat dienende Funktion; Zufriedenheit hat keinen Eigenwert. Freiwillige Selbstbescheidung ist Kennzeichen des Gerechten. Die Selbstbescheidung ist Bedingung dafür, daß man in einem öffentlichen Amt Gerechtigkeit und Milde, daß man für Arme Barmherzigkeit, in der Hausgemeinschaft Noblesse, im Leid Selbstbeherrschung und gegenüber dem sexuellen Trieb Stärke und menschliche Würde bewahren kann. Sogar die Liebe zur Ehefrau v.195 darf sich nicht verselbständigen. Auch das *Gute* bleibt im ausufernden Geschehen nicht gut, nicht nützlich v.60. - Die Aufgabe der Mäßigung stellt den Menschen in den Kampf mit sich selbst. Im häufigen Gebrauch des verneinten Imperativs drückt sich die Sicht des Lebens als eines Kampfes des Menschen mit sich selbst aus. Eine stoische Seelenlehre und daraus abgeleitete Regeln für den Umgang mit leiblichen Bedürfnissen deuten sich allerdings auch v.59-69b nicht an.

8. Das der griechischen Welt so wichtige Freundschaftsthema klingt immer wieder an - aber in deutlicher Reserve gegenüber den aus Dichtung und Alltag erkennbaren

Formen. Es gilt, den Bedrohungen des klaren Kurses zu wehren, die aus Gefährtenbeziehungen und den Gastmahlgepflogenheiten zu erwarten sind.

9. Eudämonie ist das Wohlbefinden, mit dem alle die rechnen dürfen, die sich der sittlichen Bewährung nicht entziehen. Göttliche Belehrung und menschliche Erfahrung sprechen dafür, daß die Eudämonie erreichbar ist.

10. Gott braucht dem Leser nicht unbekannt zu sein. Er steht ja dem urteilsbereiten Menschen mit seinem göttlichen Urteil bei v.1; er unterweist durch Vermittlung der Weisen in den Geheimnissen des richtigen Lebens. Bezugsgröße der irdischen Erfahrungswelt ist nicht eine verborgene göttliche Welt mit allerlei symbolträchtigen Namen, sondern der Eine, den man schlicht mit *Gott* benennt und der *allein der Weise, Mächtige und Segensreiche* ist v.54.

Fragen wir zusammenfassend, wofür PseuPhok in der griechischen Welt eintritt, so lautet die Antwort mit jüdischer Sprache: Die Griechen und alle Völker brauchen Tora, u.zw. nicht theoretisch als Inbegriff von Ideen, sondern praktisch zum Befolgen dessen, was sie als gut und gottgeboten erkennen können. Griechisch gesprochen können wir sagen: Erfülltes Leben, Eudämonie darf erwartet und soll angestrebt werden durch die *Philanthropie*, die den Menschen auf der Schattenseite des Lebens beisteht, durch verantwortliches Wahrnehmen von Aufgaben der *Führung* in Gesellschaft und Haus, durch *Maß* im Erstreben und im Sich äußern, in strikter Wahrung des *dienenden Sinnes der Sexualität* und in dem allen in der *Ehrung der Gottheit*.

PseuPhok als Lehrer an einer Kulturgrenze. Daß PseuPhok mit seinem verhältnismäßig bescheidenen Gedicht zum Vermittler biblisch-jüdischer Erkenntnis an die heidnische - und ungewollt auch an die christliche - Welt wurde, mag uns heute bewegend erscheinen, wenn wir voll Trauer auf eine bald 2000-jährige Geschichte falscher kultureller und religiöser Frontbildungen in Europa zurückblicken. Doch war sein Beitrag zum Austausch über Kulturgrenzen nicht eigenständig. Er hatte kein mitreißendes Konzept oder verstand nicht, es vorzutragen. Er handelte mit kleiner, vielleicht sogar mit kleinlicher Münze. Aber daß kleine Münze zwischen unterschiedlichen Kulturen ein echtes Zahlungsmittel sein kann, ist eine im Lauf der Geschichte eher immer wieder verschüttete als geklärte Einsicht.[44] In diesem bescheidenen Humanismus liegen Muster der Umprägung großer Hoffnungen und Verpflichtungen in kleine Alltagsmünze bereit - Muster, die auch im Urchristentum für das Reich-Gottes-Ethos Jesu aufgegriffen wurden. Jüdische Hoffnung auf die Verwirklichung des noachidischen Bundes aller Menschen hängt, anders als im Christentum, an den kleinen gebotskonformen Taten im Alltag. »Viele kleine Schritte der Humanisierung bestärkten«, wie Pnina NAVÈ LEVINSON (*Einführung* 55) sagt, »auch den säkularen Juden in der Hoffnung auf diese Zielsetzung«. Ich finde dies bei PseuPhok verbunden mit einer grundsätzlichen Offenheit für die, die nicht der eigenen Glaubensgemeinschaft angehören.

---

[44] MAGAß, *Tradition* 117: »Gold vom Kleingeld unterscheiden«, aber auch »auf das proverbiale Kleingeld achten«; »durch wieviel Mitteilungen, durch wie viel Hände geht das Silber der Worte! Daher: nur keine Verachtung, denn 'Sapientia clamat in plateis' (Prov 1,20).«

5.
LEBENSZEIT UND WIRKUNGSORT VON PSEUPHOK

5.1 Vorbemerkung

Kombinationsurteile über den Phokylideer und seine Adressaten, die sich bei der Textinterpretation anbieten, sollen auch expressis verbis greifbar und angreifbar gemacht werden. Der *analytische* Ansatz zur Durchleuchtung und Vergleichung des Textes und der *konstruktive* Ansatz zur Einordnung der Quelle in eine verstehbare Geschichte müssen einander ergänzen. Indizienurteile können allerdings schnell kippen. Sie gelten immer vorbehaltlich besserer Einsicht. Nur für ein einziges tragendes Indiz braucht eine neue Bewertung fällig zu werden. Eine Erwägung soll das unterstreichen.

Oft bringt der Schluß eines Textes einen aufschlußreichen Hinweis für das Verständnis des Ganzen. Einen solchen Hinweis könnten wir auch am Ende unseres Gedichtes finden. Der Phokylideer schließt seine Mahnungen mit dem v.227:

Nimm auch Rat an von einem Haussklaven, der es gut meint.

Ich nehme diesen Satz auf mit der Vorstellung, hier habe ein Sklave von sich selbst gesprochen und das Gedicht seinem Herrn mit einer Versicherung des guten Willens gewidmet. Dieser Gedanke, der sich kaum beweisen und kaum wiederlegen läßt und ins Reich der Spekulation gehört, wäre doch geeignet, viele solide Hypothesen über die Abfassungsbedingungen über den Haufen zu werfen. Aus einem Menschen in gehobenen Kreisen, der zu seinesgleichen spricht, würde ein Subaltern, der sich in die Rolle der Herren versetzt. Aus der Moral eines Herrn, der die bestehenden Herrschaftsverhältnisse human gestaltet sehen möchte, würde ein Unfreier, dem die harte Schale der Ordnungen um die bestehenden Verhältnisse lieber ist als die schmerzhaft aufgebrochene Schale der Apokalyptiker seiner Zeit. Aus dem Juden, der versteckt hinter einem heidnischen Dichter für die sittliche Tradition seines Volkes wirbt, würde ein unmündig gemachter Jude, der seinem heidnischen Eigentümer *glückbringende Gaben* (v.2) von dem *gerechten Gott der Juden und Heiden* bringt - usw.[45]

Nach dem Grundsatz der historischen Plausibilität kann zusammen mit dieser unwahrscheinlichen Möglichkeit das meiste ad acta gelegt werden, was an geistvollen und interessanten Vorschlägen für die Person des Autors gemacht wurde.

Für die Authentizität des *Phokylides von Milet* ist kein Raum mehr in der Diskussion: 1) weil der vorausgesetzte Zugang zu einer griechischen oder hebräischen oder aramäishen Tora auch anderswo Spuren hinterlassen haben müßte, 2) wegen der Sprache (Vokabular, Wortbildung), 3) wegen der metrischen Eigenart der Hexameter und 4) mangels jeder antiken Bezeugung eines solch großen Gedichtes oder auch nur eines seiner Verse vor der *Suda* (s.v. *Phokylides*).[46] Nach dem Ausmaß, in dem »nicht nur biblische Materialien, sondern auch biblische Intentionen übernommen wurden« in das Werk (KÜ 238), war der

---

[45] LOCHER (*Poema Nutheticon phocylidis*) übersetzt den Vers 227: *Accipe consilium. sapienti crede magistro*. Möglicherweise sah er in dem *Haussklaven* οἰκέτης (im Unterschied zum δοῦλος oder θεράπων v.224-226) einen Hauslehrer.

[46] Die Textvorlage der Suda ist Sib 2,56ff. - Zu der hier ansetzenden Kritik DORNSEIFFs s. S.4 A.11. FARINA (*Silloge pseudophocylidea* 14f) kann durch seine Sammeltheorie einen ursprünglich phokylideischen Anteil oder Kern akzeptieren.

Verfasser Jude.[47] Ob er jüdischer Abstammung und jüdisch aufgewachsen ist oder aber als *Proselyt* zum Judentum kam, ist ganz unerheblich, so lange wir keine ähnliche Schrift haben, die uns erlaubte, charakteristische Feinheiten der Unterschiede mit der unterschiedlichen Herkunft zu erklären. Der nicht uninteressante Vorschlag SEBESTYÉNs (s. VDH 18), der Autor sei jüdischer *Apostat* geworden (während der Verfolgung unter Caligula) und habe danach etwas tun wollen für Volk und Religion, an denen er noch hing, oder der von KÜCHLER (282f) am Rande ins Gespräch gebrachte Gedanke, eine Art *griechischer Apologet* habe die Usurpation des Griechischen in den Gesetzesapologien bei Philo und Josephus »aufdecken« wollen, scheiden wegen der geringen Plausibilität aus. Um die Hypothese eines *christlichen Verfassers* ist es nach einer gewissen Favorisierung durch VHARNACK u.a. still geworden.[48] Wesentliche Einwände gegen das Ausgehen von einem Juden wären nur noch zu erwarten, wenn die früher häufig angenommene »Menge der Interpolationen« (BINDER; vgl. BERNHARDY, FARINA) sich erweisen ließe. Die sprachlich-metrische Geschlossenheit und das Fehlen christlicher Züge[49] gibt solcher Befürchtung z.Zt. keine Chance.

VDHORST begrüßt(*Revisited* 14) ein »happy development«: »there is ... a growing consensus on the main issues; the extreme positions of the first half of this century are no longer defended«. Wenn meine Arbeit diesen Konsens bei drei Problemen wieder in Frage stellt: bei der Kontextbeziehung der Verse, der für die Adressaten verfolgten Absicht und der Beziehung zu den Gesetzesapologien Philos und Josephus', so betrachte ich das als Weiterarbeit auf dem solide gelegten Fundament der Forschung.

5.2 Zeitliche Einordnung des Gedichtes und seines Verfassers

Das PseuPhok-Gedicht gehört als Weisheit, die sich am Wortlaut der Tora orientiert (vgl. Jos Ap 2,182f), in die Zeit nach dem Seleukidischen und Jerusalemer Aristokratenversuch der Hellenisierung, die der Makkabäeraufstand beendete. »Durch den gescheiterten Versuch der hellenistischen Reformer, die Tora mit Gewalt abzuschaffen, wurde die geistige Entwicklung geradezu auf *die Tora fixiert*« (HENGEL 563). Das Gedicht paßt gut in die Zeit der sich ausbildenden Methode der Tora-Interpretation (Hillel). Es steht in einem unproblematischen Kontext hellenistisch-jüdischer Begegnung. Dies wie die *Koine*-Begriffe erlaubt kaum einen früheren Ansatz als die 2. Hälfte des 1. vorchristlichen Jahrhunderts. - Die Fachwelt beschäftigt sich mehr mit dem *terminus ante quem* als mit dem zeitgeschichtlich schwerer greifbaren (und weniger interessanten?) *terminus a quo.* Ich stimme mit der allgemein vertretenen Ansicht überein, daß wegen der Lage des Judentums nach dem im Jahr 70 verlorenen Freiheitskrieg in Palästina nicht mit einer späteren Entstehungszeit als dem zweiten Drittel des 1.Jh.n.Chr. zu rechnen ist.[50] Die Begrenzung hängt etwas davon ab, ob wir PseuPhok in

[47] KÜCHLER möchte S.298 noch ein wenig offen halten, »auf welche Seite sich die Waage zu senken habe« beim Abwägen zwischen griechischer und jüdischer Situierung der Aussagen (speziell der über die Arbeit v.153-174), rechnet letztlich aber doch damit, »dass der Autor ... aus jüdischer Perspektive schrieb«.

[48] VHARNACK, Rez. Bernays; den Stein des »christlichen« Anstoßes beseitigt vHarnack später durch Athetierung von v.104. CHARLESWORTH, *The Pseudepigrapha and modern Research* 174, zu christlicher Autorschaft: »possible«, aber nicht »probable«. Bis BERNAYS war die Auffassung verbreitet; BRUNCK denkt an das ausgehende 4.Jh. (BERNHARDY, *Grundriss* 2.1,520).

[49] VHARNACK, *Geschichte der altchristlichen Literatur* 2.1,589: ».... christliche Interpolation - nur die eine (sc. v.104) finde ich ...«

[50] Vespasian wandelt die Steuer für den Jahve-Tempel in Jerusalem in den *fiscus Judaicus* für den Jupiter Capitolinus in Rom um (Jos Bell 7,218; Dio Cassius 56,7); der Zugang zum Gymnasium in Alexandrien und damit zum Bürgerrecht war schon seit 41 n.Chr. durch Claudius für Juden verschlossen (HENGEL

Ägypten, Syrien oder in der Asia schreiben sehen[51]. Ein nichtägyptischer Ansatz erlaubt eine etwas spätere Terminierung. V.187, der Kastration verwehrt, ist so locker formuliert, daß er nach der strafrechtlichen Gleichsetzung von Kastration mit Mord in der *lex Cornelia* des Domitian[52] und vollends während der zeitweiligen Gleichsetzung der Beschneidung mit beidem[53] kaum vorstellbar wäre. Dies als *terminus ante quem* anzusehen, möchte ich sehr zu bedenken geben. Das Gedicht ist insgesamt getragen von der Zuversicht zu einem gedeihlichen Zusammenleben der Juden mit ihren Nachbarn.[54] »Weil während des 2.Jhd.s n. die christliche Literatur immer mehr zur beherrschenden Grösse wurde«, kann, wie KÜCHLER mit recht feststellt (286), in dieser Zeit eine solche Schrift ohne Anspielung auf Christliches nicht mehr untergebracht werden.

Ein ganz anderer Ansatz würde sich ergeben, wenn wir den Verfasser aus der Not des in die innere Emigration Gedrängten schreiben lassen. Er müßte dann das Erbe einer vorrabbinischen Torabeziehung, wie sie nach 70 anderswo bald verlorenging, in diese Zwischenzeit vor dem endgültigen Untergang eines respektablen ägyptischen Judentums unter Trajan 115-117 eingebracht und in seine Botschaft für die *Mysterien der Rechtschaffenheit vor Gott* umgesetzt haben. Es wäre dann gewissermaßen ein dem Leiden über jüdische Sprachlosigkeit abgerungenes Pseudonym. Ich verfolge diese Linie nicht weiter, weil sie schwer mit dem entspannten Verhältnis zwischen Graeca und Judaica im Gedicht zu vereinigen und überhaupt kaum zu verifizieren ist.

5.3 Lebens- und Wirkungsort des PseuPhok

Die Frage, in welcher geographischen und kulturellen Landschaft wir den Phokylideer zu suchen haben, ist nicht im Sinne der historischen Richtigkeit, sondern der für das Textverständnis hilfreichen Umweltvorstellung zu stellen. Wo er wirklich lebte und ob er von dort auch stammte, bleibt (vorläufig?) mangels jeden spezielleren Anhaltspunktes eine unergiebige und also uninteressante Frage. Die Welt, deren Einfluß er spiegelt, ist die der jüdischen Diaspora der westlichen, aber Griechenland näheren Gebiete der römischen Ökumene: Syrien, Asia, Ägypten. Die Argumentenfolge, die für Ägypten aufgebaut wurde, bröckelt bei näherem Zusehen, so daß »Ägypten« letztlich nur eine Chiffre bleibt für »Diaspora, die der griechischen Bildung zugänglich ist«.

---

127). Nach WALTER, *Aristobul* 116, »ist schon im 2.Jh.n.Chr. mit einer jüdischen Gelehrtenarbeit in Alexandrien nicht mehr zu rechnen«, - mit einem Gedicht wie PseuPhok eben wohl auch nicht. - Zum gelegentlichen späteren Ansatz in neuerer Literatur vgl. DEXINGER, Art. *Judentum*, TRE 17,345, der die Mitte des 2.Jh.n.Chr. als Entstehungszeit annimmt - anscheinend, weil er die Schrift (wegen v.103-108?) mit der »Frage nach einem ursächlichen Zusammenhang zwischen dem Zusammenbruch der jüdischen Apokalyptik und der Entstehung der Gnosis des 1. und 2.Jh.n.Chr.« zusammenbringt. Frühansatz bei BIENERT, *Arbeit* 159: zwischen 250 und 70 v.Chr.

51 natürlich aber in erster Linie von der Gewißheit der jüdischen Identität des Verfassers. Als Schrift aus einer ägyptischen Geisteswelt mit der »Mischung von Jüdischem und Hellenischem« und ohne Anbindung an das Judentum kann sie auch später geschrieben sein; KROLL (Art. *Phokylides* 509f) vermutet die Zeit zwischen 50 und 150.

52 SMALLWOOD, *Legislation ... against circumcision*; HENGEL 561 A.283; SCHÜRER, *History* 1,538f m. A.107; s.o. S.80

53 durch Dekret *Hadrians* (Digest 48.8,4,2 - nicht auf Juden beschränkt); durch Privileg des *Antoninus Pius* für Juden wieder aufgehoben. M.HENGELs Artikel *Hadrians Politik gegenüber Juden und Christen*, in: *The Journal for the Ancient Near East Society* 16-17/1984-85 S.113ff, war mir nicht zugänglich.

54 Zeugnisse dafür aus späterer Zeit (Sardes 2.-4.Jh., HENGEL 127) sind doch wohl Ausnahmen.

Nicht einmal Judäa-Galiläa kann ausgeschlossen werden, auch wenn das vom Autor verfolgte Interesse eher dagegen spricht.

Von der ägyptischen Diaspora haben wir am meisten Kunde, so daß wir auch am meisten positive Einordnungsmöglichkeiten hier haben. In Ägypten gab es nicht nur mehr Anregung für literarisches Schaffen der Juden; sondern die Vielzahl der Papyrusfunde vermittelt gediegene Kentnnisse, neben denen die Monumente der anderen Landschaften keine hinreichende Informationsquelle abgeben. Beziehungen zu Besonderheiten des Soziallebens in Ägypten (etwa die teils bevorzugte Stellung der Frau)[55] sind nicht zu erkennen. Dagegen bleibt auch nach DERRONS Einwänden gegen die Sektionshypothese für v.102 (s. S.211) ein historisches und ein religionsgeschichtliches Argument aus dem eschatologischen Abschnitt: Auch die Einbalsamierungshypothese (FISCHER) gibt einen dichteren Bezug dorthin. Und die unausgeglichene Spannung zwischen der Auferstehung des Leibes und der Aufnahme des *Geistwesens* (= der Seele, v.108b) in die Luft bekommt Sinn als Widerspruch gegen die ägyptische Auffassung, die im Grab das Reich der Ewigkeit ehrt. Aber angesichts des geistigen Austausches in der hellenistischen Welt wären auch das keine zwingenden Indizien. Starke Skepsis gegen Ägypten als geistige Heimat des Phokylideers erhebt sich dagegen von der so ganz unspekulativen Art des Gedichtes her.

Berührungen mit Philo sieht PRAECHTER (*Philosophie des Altertums* 572) »nur soweit, daß von einem Zusammentreffen in charakteristischen Grundgedanken der hellenistisch-jüdischen Philosophie nicht gesprochen werden kann«. Der gelehrte Umgang sowohl mit der Tora wie mit der griechischen Dichtung und dabei eine deutliche Distanz gegenüber der Philosophie läßt an ein Bildungszentrum denken, das dem alexandrinischen gelehrten Judentum gegenüber selbständig war. Die Nähe der paränetischen Form zur neutestamentlichen Paränese (s. c.XIV) läßt Ausschau halten nach vergleichbaren jüdischen Zeugnissen in Syrien und der Asia. Wenn die Entwicklung einer »eigene(n), über mehrere Jahrhunderte fortdauernde(n) gelehrte(n) Tradition« durch ägyptische Juden innerjüdisch und allgemein ein »wohl einmaliges Phänomen« gewesen ist (HENGEL 128), so spricht das nicht an sich gegen Sonderwege, zumal wenn ein Autor so wenig Interesse an jüdisch-hellenistischer philosophischer Spekulation verrät wie PseuPhok.

6.
DIE ADRESSATEN

6.1 Das Bild des erwarteten Lesers

1. *Bildung*. PseuPhok sieht den Leser als *gebildet* genug an, um mit altem Dialekt sinnvoll umzugehen. Er hält ihn für *eloquent* v.122ff - und er stellt sich so eloquent den Menschen schlechthin vor, der Menschentum sinnvoll verwirklicht.

2. *Stellung*. Er schreibt für eine geistige Führungsschicht,[56] die berufen ist, den Ton

[55] S.B.POMEROY, *Woman in Roman Egypt* 723

[56] Nach WALTER, *Hellen. Eschatologie* 336, »ist auch in der Diaspora die eigentliche Hellenisierung eher in intellektuellen jüdischen Keisen zu suchen, nicht gleicherweise in allen Schichten der jüdischen Be-

unter den Menschen anzugeben, nicht für die wankelmütige Plebs v.95f. Das Thema der richterlichen Tätigkeit wird sofort nach dem Eingangsabschnitt aufgegriffen v.9-11 (vgl. v.137) und v.86 in Richtung Einsetzung von Richtern v.86 ergänzt.

Es stellt sich die Frage, ob das Gedicht die Tradition des Fürstenspiegels wiederaufnimmt, der am Anfang der griechischen Gnomologientradition steht (und dessen bekanntestes Beispiel Isokr or 2 ist). Die Verse 95f, 137f und 151 könnten dazu passen und besonders auch v.86. Dann würde die Beziehung zwischen dem Verfasser und seinem gedachten Leser nicht, wie hier vorausgesetzt, an den Formen der Rede abzulesen sein. Die Schrift hätte den Charakter der literarischen Fiktion nicht nur auf der Verfasserseite, sondern auch auf der Adressatenseite. Mir scheinen aber die Anflüge aus der Fürsten- (bzw.Prinzen-)-Spiegel-Tradition zu gering, um von der Annahme abzuweichen, daß der Verfasser ein echtes Bild der gewünschten Leser vor Augen hatte.

3. *Besitzende.* Der Leser ist als wohlhabend vorgestellt.[57] Das Verhältnis von Arm und Reich wird immer von der Seite des Reichen v.5.28.62.109 bzw. des Lohnzahlers v.19 aus angegangen, der Almosen bereithalten v.22f, als Seßhafter den Heimatlosen v.39 (Imp.3.Pers.) helfen, als Gläubiger nicht hart verfahren soll v.83 und der möglicherweise Sklaven besitzt v.223-227.[58] Unter 52 Versen der Haustafel ist die längste Begründung der Warnung vor Geldheirat gewidmet v.199.

4. *Exklusivität der männlichen Anrede.* Eindeutig zeigt der Phokylideer, daß er sich als Leser nur den Mann vorstellt. Dies ist nicht einfach griechisch-jüdisches Gattungsmerkmal, sondern wird konsequent und anschaulich durchgehalten - sicher aus lebendig nachvollzogener jüdischer Sitte. Bei Erziehungsschwierigkeiten soll der Vater der Mutter das Feld räumen v.208. Partnerschaftsfragen werden von der Seite des Mannes her angesprochen v.3.177f.[59] Neben der schwulen Beziehung des homosexuellen Mannes kommt in v.3b die lesbische Beziehung der homosexuellen Frau überhaupt nicht in Blick. Das Sexualverhalten und die Kindesfürsorge der Frau wird indirekt angemahnt v.184.185. Dem inklusiven *Wir* der durch Geld versuchlichen Männer steht das exklusive *Die Frau* des ebenso versuchlichen weiblichen Geschlechtes gegenüber v.204. *Für den Mann* ist das Wort wie ein Schwert v.124; er wird in v.128b mit dem *Menschen* gleichgesetzt.

5. *Ausklammerung der Kinderpflichten.* Die Verpflichtung des Hausvaters, Lehre weiterzugeben, kommt nur im Achten auf die Pflichten der Frau zum Tragen. Bezüglich der Kinder (und der Sklaven) wird nicht von deren pädagogischer Einweisung in ihre

---

völkerung, z.B. Alexandrias«. Es fehlte ja auch vielen Juden wie anderen Nichtgriechen des hellenistischen Vielvölkerstaates das Privileg des Zugangs zum griechischen Gymnasion oder das Geld, den Sohn in eine Stadt mit Schulangebot zu schicken.

57 V.18.139.185 betrachte ich nicht als Gegenargument, s. Auslegung. Prov 23,(1-)4 finden wir die umgekehrte Blickrichtung vom Armen zum Reichen: μὴ παρεκτείνου πένης ὢν πλουσίῳ. Anders KÜCHLER 291: Leute, »deren Reichtum zwar nicht besonders gross war, die aber immerhin Sklaven zur Verfügung hatten«. Die Einschränkung hängt anscheinend mit der wichtigen Beobachtung zusammen, daß »von Vorgesetzten oder gar von einer königlichen Respektperson ... nirgends gesprochen« wird. Dies deutet aber nicht auf eine Wohlstandsgrenze nach oben, sondern auf Reserve gegenüber Staatsorganen hin. - Der unpersönliche Eventualis: *Wenn da einer ...* εἰ δέ τις v.158 mit der anschließenden sprichwörtlichen Empfehlung zu *graben*, ist von der Verbindung von Tugendstreben und Handarbeit v.162f her zu sehen und weitet den gedachten Adressatenkreis nicht grundsätzlich aus.

58 Nach v.181 könnte er Nebenfrauen haben - ein usuelles Element in der Toraliste.

59 Ferner v.3b.179f.181-183.186.193.195.(197).199f

Pflichten, sondern nur vom Verhalten des Hausherrn selbst ihnen gegenüber v.207-217.223-227 gesprochen.

6. *Keine Anrede an Alte.* Der Leser wird öfter auf das Altern und auf die Alten hingewiesen v.181.220f.230. In diesem Zusammenhang gesehen, ist dann auch die Mahnung v.8 *Ehre ... deine Eltern* nicht nur eine traditionelle Formel. Eigene Probleme des Lebens im Alter kommen nicht zur Sprache. Der Leser ist im Alter der Entscheidungs- und Lebensgestaltungsfähigkeit gedacht[60].

Das Gedicht ist eine Rede über die Moral an die Gebildeten unter denjenigen, die der sittlichen Belehrung zugänglich sind; es ist keine Bußrede, keine Anklage, sondern eine Vergewisserung und Förderung auf dem begonnenen Wege sittlicher Bewährung und entsprechender Reflexion.

6.2 Der Charakter der Anrede

PseuPhok richtet seine Worte an eine *Leser-, nicht eine Hörergemeinde*; und das heißt: er richtet sich zunächst an einzelne Lesende, nicht an eine Gemeinde wie bei den TestXIIPatr und weithin im NT. Die Anrede an den Einzelnen, der Singular der Imperative, ist nicht nur weisheitliches Stilmittel, sondern echt, wie die wenigen typischen Abweichungen erkennen lassen. Einige Male schließt sich der Autor in Begründungssätzen per *Wir* mit allen Menschen zusammen. Dies geschieht, wenn er die wechselnden Schicksale von Arm und Reich v.40, die Sterblichkeit aller Menschen v.103ff oder die allgemeinmenschliche Versuchlichkeit (so öfter) anspricht. Ein einziges Mal tritt er aus dem Zwiegespräch mit dem einzelnen, vorgestellten Leser durch einen anredenden Plural βιεῦντες ἐκτελέοιτ᾽ heraus:

229f *So lebend werdet ihr ein gutes Leben vollenden bis an die Schwelle des Alters.*

Wahrscheinlich ungewollt bekennt sich der Lehrer der Sittlichkeit dazu, daß er sich einer Mehrzahl gegenübersieht, der er selbst nicht angehört: dem Heidentum, repräsentiert durch seine Bildungsfähigen.

Ich finde in den Imperativen des Gedichtes bei aller literarischen Fiktion doch den Charakter der lebendigen Paränese, also der Anrede eines echten (wenn auch hier versteckten) Lehrers an einen »Schüler« (= Leser), vor dem er sich nicht nur als Literat produziert, sondern dem er den Segen der Beachtung des Geschriebenen wünscht.[61] Dies ist mit dem Pseudonymität leichter vereinbar, wenn der Verfasser über eine Grenze hinweg spricht, an der er ohne das griechische Pseudonym Schwierigkeiten befürchten müßte. Wollte er zu Gliedern der Gemeinschaft sprechen, der er selber ange-

---

[60] und das in einer Welt, in der die Altersgrenze früher angesetzt wurde als heute und *Ältester* von Rom bis Jerusalem selbstverständlicher Begriff für Führungsautorität war.

[61] VETSCHERA, *Zur griechischen Paränese* 1,14: »Eine spezielle Eigenart trägt dieses Gedicht nicht an sich, man wollte denn den Umstand hervorheben, daß die einzelnen Ratschläge direkt an die Allgemeinheit sich wenden und eine Beziehung, wenn auch nur eine scheinbare, auf eine bestimmte Person sich nicht feststellen läßt.« Dies ist wohl richtig, verträgt sich aber mit der Nähe der Anrede zum Sitz im Leben der Gesetzesparänese und mit der Intention eines Leserbezuges beim Verfasser.

hört, dann wäre ein anderer Rahmen gemäßer.

Natürlich brauchte es dem Verfasser nicht unangenehm zu sein, auch von Seinesgleichen gelesen zu werden. Unschärfe des Standortes konnte er dafür gern in Kauf nehmen. Es geht also nicht um ein unzweideutiges Entweder - Oder in der Verfasserfrage, sondern darum, welche gewünschten Leser seiner Botschaft das Hauptgepräge gegeben haben.

6.3 Zielgruppe Juden oder Heiden ?

Wenn wir an die Frage »Wen wollte PseuPhok erreichen?« herangehen von der Frage »Wen hat er denn erreicht?«, wenn wir also die vorwissenschaftliche Wirkungsgeschichte zum Ausgangspunkt wählen, erfahren wir von einem kleinen und einem großen Erfolg des Gedichtes:[62] Erstens hat ein Drittel der Verse einem christlichen Abschreiber der Sib (2,56-148 ~ PseuPhok 5-79) dazu gedient, die Aufgabe der Menschen vor dem Endgericht zu konkretisieren. Zweitens wurde das Gedicht spätestens von der Karolingerzeit an bis über die Renaissance hinaus fleißig als Schulbuch verbreitet und gelesen. Zu 1. Die Einfügung der Verse in den Sibyllinen wirkt jetzt wie der Vortrag der Regeln für den gewaltigen *Kampf* vor dem *Kampfrichter* Christus, für die *Einzelkämpfe* und die *Preise* Z.149.[63] Die Interpolation zeigt die Möglichkeit, paränetisches Mahngut en bloc für die Verdeutlichung und Dringlichmachung einer religiösen Idee funktionalisiert einzusetzen. Die ihres ursprünglichen Rahmens beraubten Verse bekamen zu ihrem neuen Rahmen eine ähnliche Beziehung, wie sie zum Rahmen des PseuPhok-Mahngedichtes bestand. Allerdings scheint mir ihr originaler Ort sehr viel humaner, weil hier der Verfasser mit großer Sparsamkeit den begründenden, gedanklich in Pflicht nehmenden Indikativ einsetzt und den Leser anleitet, sich immer auch direkt mit der praktischen Lebensaufgabe auseinanderzusetzen. Zu 2. Daß in einem (*byzantinischen*? und) *mittelalterlichen Schulbuch* biblisches Ethos und ausgewählte griechische gnomische Weisheit in ihrer Ergänzung erfahren werden, ist nun in der Tat so etwas, wie es der Verfasser sich wünschte. Was macht es schon, daß darüber vielleicht 1000 Jahre des fast völligen Schweigens vergehen mußten? Nicht jedem, der ein leidlich gutes Gedicht von ein paar Seiten schrieb, wurde gleiche, wenn auch späte Ehrung zuteil. Und falls der Verfasser den Schmerz schon zu

---

62 Eine neue Untersuchung der Wirkungsgeschichte anhand der interpolierten Verse und der handschriftlichen und gedruckten Überlieferung ist fällig. Für den interpolierten v.31 hat VDHORST vermutet, daß er in der Wirkungsgeschichte des Aposteldekrets Act 15,29 stehe und also alt sei, wogegen DERRON Gründe der Textgeschichte ins Feld führt. Derron nimmt an, daß die drei vatikanischen Textzeugen für diesen Vers ihn - mit v.37 - aus der Sibylle übernommen haben, wo der deutliche Anklang an Act 15,29 als Werk des christlichen Interpolators leicht erklärlich ist.

63 Übersetzung U.TREU, NTApo 2^5,596. Der Interpolator von v.5-79 hat v.3-4 nicht ausgelassen, sondern kunstvoll so in die Rahmenhandlung eingearbeitet (γαμοκλοπιῶν τ' ἀπέχονται Sib 2,52), daß mit μιαίνειν Z.55 die Reihe imperativischer Infinitive aus PseuPhok eingeleitet wird (KURFEß, *Mahngedicht* 175 - vide BERGK, *Poetae Lyr.Gr.* ^{4}2,77). - In Sib 2,150 klingt das *Zwei-Wege*-Motiv an. Bei PseuPhok ist es nicht zu finden (KROLL, Art. *Phokylides* 507, nach Funk). Die sekundäre Verbindung unserer Toraparänese mit diesem Motiv durch einen Christen des 4. oder 5.Jh. zeigt die relative Unabhängigkeit von Gattung und Topos und widerrät der vorschnellen Festlegung auf ihre traditionsgeschichtliche

spüren bekam, daß es in seiner Zeit niemand lesen wollte, so ist er auch damit nicht in schlechter Gesellschaft.

Wie aber die Übernahme von Gedichtteilen in den fremden Rahmen der Sibyllinen wohl sachgemäß, aber nicht in Übereinstimmung mit dem Leitmotiv des Verfassers war, so ist m.E. auch die Benutzung als Schulbuch nicht sein eigentliches Ziel gewesen.

6.31 Die Alternative

Wenn wir uns für die Annahme jüdischer Verfasserschaft entschieden haben, stellt sich uns die wichtigste Adressatenfrage so: Will der Verfasser, verborgen hinter dem Pseudonym des Phokylides, zu Seinesgleichen oder will er zu Menschen der gleichen Herkunft wie der alte Phokylides sprechen (oder - am Rande vermerkt: schreibt er einfach für alle, denen solche Literatur zugänglich ist[64])?

Die theoretische vierte Möglichkeit, daß er weder Juden (wie er selbst einer ist) noch Heiden aus griechisch-hellenistischer Tradition, sondern Grenzgänger ansprechen will, nämlich diejenigen *Gottesfürchtigen* (φοβούμενοι τὸν θεόν, σεβόμενοι oder θεοσεβεῖς), die sich dem Judentum bewußt zuwandten, aber nicht zum Proselyten entschlossenen waren, geht ins Leere und scheidet daher aus.[65] Die Schrift will ja Eindruck machen mit den im heidnischen Kontext zur Geltung gebrachten jüdischen Normen und Einsichten. Solch eine Schrift kann nicht speziell an diejenige Gruppe gerichtet sein, für die solche partielle jüdisch-griechische Begegnung überhaupt Voraussetzung ihrer Existenz als Gruppe ist. Für diese *Gottesfürchtigen* müßten Roß und Reiter der jüdischen Tradition genannt werden.

6.32 Das Eintreten der Forschung für jüdische Leserschaft

VdHorst (*Revisited* 16) entschärft die Alternative »either a Jewish or a pagan audience« etwas mit der Bemerkung: »an author could have had in mind both audiences«. Aber er resummiert dann doch die Forschung zu dieser Frage mit einem Schlußstrich: »The hypothesis that Ps-Phoc addressed himself to a pagan audience in order to win them over to a kind of 'ethical monotheism' (and that this was the function of his pseudonym) is a theory that has now definitively to be laid *ad acta*.« Nachdem er selbst zur »Klein-Guttmann-Crouch-position« neigte und die Balance zu einer »Walter-Alon-position« gewählt hatte, findet er nun niemand mehr, der ernsthaft Heiden als Zielgruppe favorisiert. Damit wäre an diesem Punkt auch Bernays ad acta gelegt, der sowohl für die Wahl des noachidischen Blickwinkels, als auch für die (von ihm beanstandete) Auslassung des Idolatrieverbotes ganz eindeutig den gewünschten ägyptisch-heidnischen Adressatenkreis als bestimmend ansieht (251f).

1. *Der Ort des paränetischen Materials.* VdHorst konzentriert neuerdings seine Argumentation (*Revisited* 16, vgl. 10-12) auf die Zuweisung des Materials der ethischen Weisungen, speziell der auf Sexualität bezogenen (Reinmuth), zu den von Niebuhr un-

---

Verknüpfung (gg. Harris und die frühen Katechismusvertreter, vgl. VdHorst 15f).

64 VdHorst (*Ps.-Phoc/NT* 189) scheidet mit Recht die Möglichkeit aus, »that the author wrote this poem for pure pleasure, as an exercise in versification«. Die Wahl der personengerichteten Sprachelemente offenbart ein durchgehendes Pathos des vorgestellten Leserbezuges.

65 Zur nicht immer klaren Unterscheidung vgl. Siegert, *Gottesfürchtige und Sympathisanten* 109ff

tersuchten »katechismusartigen Vergegenwärtigungen der Tora« innerhalb der jüdischen Gemeinde. Dies kann wohl nur das neueste, noch nicht endgültige Angebot an die Diskussion sein; NIEBUHRS Kritik, wenn er KÜCHLERS Zuweisung des Materials zu einer apologetischen Rezeption griechischer Fundamentalethik kritisiert, eröffnet eine Diskussion und schließt sie nicht ab.

2. *Jüdischer Literaturbedarf.*[66] Wichtiger als die Herkunft des Materials, das ja immer funktional anders einsetzbar bleibt, ist die positive Rolle griechischer Pseudepigraphie für lesende Juden.

Sie soll Hilfe sein, »to live as Jews without heaving to abandon their interest in Greek culture«. Das in hellenistischer Kulturlandschaft lebende Judentum, besonders in der Diaspora, hatte selbstverständlich einen Bedarf an Literatur, die beide Kulturströme vereinte (oder deren Abgrenzung zum Thema hatte). In exzeptioneller Weise ist für diese Aufgabe der *Aristeasbrief* geeignet, der Juden im Gespräch mit kulturtragenden und politisch maßgebenden Nichtjuden findet und Gemeinsamkeit wie Abgrenzung zum Thema hat. Entsprechend hätten wir anzunehmen, PseuPhok solle dem jüdischen Bedürfnis nach griechischer Literatur für den innerjüdischen Gebrauch dienen,[67] speziell als Schulbuch für die Jugend (DERRON). »Es soll erreicht werden, das verführerisch Attraktive des Griechentums dem Judentum zu assimilieren, damit dieses sich nicht bis zur Selbstaufgabe an fremde Kultur assimiliere.«[68]

Das positive Votum der Bedarfsdeckung für Juden wurde vorbereitet durch negative Voten bezüglich heidnischer Adresse.

1. *Der Buchmarkt.* Es gibt begründeten - wenn auch nicht unumstrittenen - Zweifel daran, daß jüdisch-apologetische Literatur das Interesse der Griechen und den bedarfsorientierten allgemeinen Buchmarkt ereichte.[69] Ich habe allerdings keinen Hinweis darauf gefunden - außer einem bei NIEBUHR,[70] der die Anwendung dieser Regel auf PseuPhok letztlich nicht stützt -, wieso für eine Schrift ohne jedes erkennbare jüdische

---

66 Unsere Kenntnis ist durch einen dreifachen Sichtungs- und Vernichtungsprozeß beeinträchtigt: 1) die den Griechen eigenen »agonalen Siebungen und gnadenlosen Sichtungen«, die um der aristotelisch verstandenen reinen Gattung und des Attizismus willen viele Schriften verwerfen ließen (JENS, KLL 1,93), 2) den zuerst makkabäisch-nationalen (HENGEL 190), dann rabbinisch-antihellenistischen Rigorismus, schließlich: 3) »Das Judentum hatte seit der Christianisierung des Reiches und dem Einbruch des Islam kein Interesse mehr an der Erhaltung seiner griechischsprachigen Literatur« (HENGEL, *Anonymität* 304).

67 was HENGEL (*Anonymität* 306-308) für die griechische Literatur des Judentums allgemein - im Anschluß an TCHERIKOVER - belegt.

68 M.SIMON, *Die jüdische Komponente des griechisch-jüdischen Synkretismus* 333

69 TCHERIKOVER, *Jewish Apologetic Literature Reconsidered* 169-193; ders., *Hellenistic Civilisation and the Jews* 351 m. A.38; M.HENGEL 129f; ders., *Juden, Griechen, Barbaren* 139; *Anonymität* 306f; G.DELLING, *Perspektiven* 163-170; WALTER in JSHRZ 4,176-180. Nach M.HADAS (*Kultur des Hellenismus* 137f) ist es »äußerst unwahrscheinlich, daß ein Buch wie 'Aristeas' jemals seinen Weg in den regulären Buchhandel fand, und es gibt keinen Hinweis, daß außer Juden und Christen es jemand gelesen hat«. - Für die *gefälschten Klassikerverse* (DENIS, *Fragmenta* 161-174) nimmt KÜCHLER (239, mit Bezug auf FISCHER, *Eschatologie* 30) an, daß sie für »gebildete Juden und interessierte Heiden« »mit Interessen, die über den Rahmen ihrer traditionellen Religiosität hinausreichten, und mit deutlichen Tendenzen zum kulturellen und religiösen Ausgleich« pseudepigraphisch den Klassikern zugeordnet wurden.

70 NIEBUHR 67: Bei PseuPhok »scheinen die sprachliche Gestalt, die Gattungszugehörigkeit, das Fehlen aller äußerlich hervorstechenden jüdischen Spezifika sowie die Unterstellung unter eine exemplarische heidnische Autorität am stärksten den Erwartungen eines heidnisch-hellenistischen Lesepublikums angepaßt zu sein«. Niebuhr entwertet diese richtige Einschätzung gleich wieder mit der Annahme, PseuPhok müsse mit seiner »Verkündigung« von denen, die ihren Inhalt nicht als letztlich mosaisch verstehen können, »zwangsläufig mißverstanden werden«. Das heißt m.E. die Autoritätsfrage zur entscheidenden Frage machen. PseuPhok macht die Sachfragen zum Entscheidenden.

Idiom diese Hürde gelten kann. PseuPhok erweckt ja eben den Eindruck eines Produktes von der anderen, nichtjüdischen Seite.

2. *Botschaft für Nichtjuden.* Der Schrift fehlt jede für Nichtjuden erkennbare jüdische Botschaft. Die dafür bemühten Noachidischen Gebote kommen nicht in Frage. Aber die Argumentation mit den Noachidischen Geboten war nur ein schlecht geeignetes Mittel. Das grundsätzliche Verlangen nach einer als jüdisch erkennbaren Botschaft ist eine petitio principii, die ein Bedürfnis an eine jüdische Schrift für Heiden heranträgt, für das es keinen zwingenden Grund gibt, wie schon BERNAYS bündig dargelegt hat.

Zweifellos war man bestrebt, »das verführerisch Attraktive des Griechentums dem Judentum zu assimilieren, damit dieses sich nicht bis zur Selbstaufgabe an fremde Kultur assimiliere« (M.SIMON, a.a.O. 333). Aber ist das der Verständnisrahmen für PseuPhok? Geht dieses Gedicht nicht einen Schritt weiter? Ich möchte, bevor ich mich der anderen Position zuwende, noch einmal auf die hier herrschende Vorstellung von einer doppelten Verschlüsselung zu sprechen kommen. Die Verbindung jüdischer Abfassung und jüdischer Adresse setzt folgende Vorstellung voraus:

Ein Jude schreibt, -
er tut so, als ob ein Grieche schreibt, und
er tut so, als ob das Gedicht für Landsleute des Griechen geschrieben ist -
aber er hat es für Juden geschrieben.

Diese komplizierende Annahme scheint mir den Vertretern einer jüdischen Adressatenhypothese eine schwierige Beweislast aufzuerlegen.

6.33 Kriterien für heidnische Leserschaft

1. Der Phokylideer offenbart in der Formulierung der Sexualnorm seine herbe Kritik an dem, was im Hellenismus durchaus erlaubt oder höchstens umstritten war. Diese Kritik zieht sich von v.3 an durchs ganze Gedicht hindurch. Dies wie auch die breite Betonung der Taten der Barmherzigkeit müßte bei jüdischer Adresse aus einem speziellen situativen Grund erklärt werden. Dafür fehlen alle Anhaltspunkte.

2. Umgekehrt ist die Vermeidung all dessen, was als jüdisch in Verdacht geriete, so gründlich durchgehalten bis hin zur planmäßigen Umformulierung der Toratexte, wie es nur ein Versuch, mitten unter Heiden zu Gehör zu kommen, erfordert.

3. Unter den Anzeichen, daß der Verfasser eine klare Vorstellung von seinen Lesern hat, gibt es viele, die auf allgemeine Lebensbedingungen in der hellenistischen Welt hinweisen, wenige die speziell für nichtjüdische gelten, aber keine, die ausgesprochen auf das Leben und Leiden der Diasporajuden passen. Diese Personengruppe, der der Verfasser angehört und die er gut kennen muß, steht ihm nicht vor Augen, wenn er an seine Leser denkt.

4. Die Zeit, in der Apologeten die Abhängigkeit der Philosophen und Dichter von

Mose beweisen wollten, war noch nicht ganz vorbei. Welchen Eindruck hätte es machen müssen, wenn dieser Phokylides sich indirekt als Schüler Moses bekannt hätte? Aber für diese Schlußfolgerung hat der Autor nichts getan. Statt dessen läßt er ihn sich als *Der Weiseste unter den Menschen* v.2 vorstellen. Was soll das bei jüdischer Adresse für einen Sinn geben?

5. Uns heute dient das Hören auf einen Juden, der Heiden ganz unter ihren Voraussetzungen - mit gewisser Nachhilfe durch die ihm vertraute Tora - glaubt zur Verantwortung rufen zu können, dazu, eine wichtige jüdische Stimme vor dem Rabbinat entschiedener wahrzunehmen. Die Diskussion über das Missionarische, das man bei PseuPhok erwarten müßte, zeigt eine solche Vereinseitigung der jüdisch-christlichen Diskussion und Blickverengung für das antike Judentum, daß wir für die Existenz dieses Textes auch in dieser Hinsicht dankbar sein müssen: Nicht nur für seinen Beitrag zur Kenntnis jüdisch-paränetischer Tradition und für ein Beispiel der Begegnung jüdischer Weisheit und griechischer Gnomik, sondern auch für ein klares Wort über die Pflichten derer, die das Joch der Tora n i c h t auf sich genommen haben.

Schlußfolgerung

Keines der genannten Argumente kann wohl - angesichts des verschleiernden Charakters der Weisheit - für sich allein als Beweis in der Adressatenfrage gewertet werden. Die wechselseitige Ergänzung und Bestätigung der Argumente gibt ihnen Beweiskraft. Ich finde keine Ausnahme, die das skizzierte Bild der griechischen Adressaten stört. Das kann nicht als Zufall gelten.

6.4 Nachwort

Schrieb der Phokylideer für die Schuljugend ?

Den gewichtigsten Einwand gegen die hier vorgetragene Adressatenvorstellung sehe ich in der Schulbuchhypothese. Denn sie verträgt sich mit zeitgenössischer Gewohnheit, mit der Wirkungsgeschichte des Gedichtes und mit den meisten Adressatenmerkmalen, die wir im Text gefunden haben. Das Bildungswesen der Abfassungszeit bot sich als Einstiegstor für die Vermittlung einer solchen jüdischen Ethik in griechischer Ausprägung an. Als Schulbuch, nicht als philosophisches, dichterisches oder apologetisches Werk ist das Gedicht später benutzt worden. Und was es dem bildungsfähigen Manne in gehobener Stellung anempfiehlt, darin sollen ja die Eleven eingeübt werden, als wären sie schon in der Stellung des Hausvaters, des Richters, des wohlhabenden Arbeitgebers und Gläubigers, des schwertführenden Bürgers, des umschmeichelten Gönners und des Verheirateten inmitten der Welt des Erotischen und ihrer Versuchungen. Die Schulbuchhypothese kann eine formgeschichtliche Betrachtung beeinträchtigen, weil sie mehr bildende Materialien als Formkräfte mündlicher Tradition anzunehmen hätte.

Aber wieso fehlen dann wichtige und geläufige ethische Topoi, die der Jugendliche als künftiger Erzieher und Repräsentant der Moral kennen muß? Und woher käme dann die erstaunliche Geschlossenheit des Gedichtes? Müßte sie nicht auch in diesem Falle als Auswirkung der formgeschichtlichen Tradition, in der der Verfasser lebendig steht, gefaßt werden? PseuPhok hätte ein literarisches Werk für den Unterricht geschrieben, wie ein jüdischer Paränet seine Hörer anredet. Auch die Schulbuchhypothese entbindet den wissenschaftlichen Leser nicht von der Aufgabe, zunächst das monologische Gedicht in die Kommunikation mit einem direkt angesprochenen Adressaten einzuordnen und formgeschichtlich zu analysieren, weil nur so die hinter den Formulierungen stehenden Traditionskräfte des Verfassers und seine Intentionen erkennbar werden.

War der Autor ein Suchender ?

Für meine Studien am Phokylides-Gedicht bin ich anfänglich und immer wieder von neutestamentlichen Paräneseeindrücken ausgegangen: 1) der Verbindung einer engagierten Zuwendung zu bestimmten Adressaten mit einem listenartigen, aber doch gestalteten Vortrag spezieller ethischer Topoi; 2) der Koppelung von Mahnsätzen in imperativischer oder äquivalenter Sprachform mit indikativischer Begründung; und 3) der Pflege jüdischer Tradition durch Normenzitat und Normenaktualisierung und durch deren Gleichsetzung. Als wichtigsten Unterschied zur Struktur imperativischer Texte des NT fand ich bei PseuPhok die reihenweise Zitierung von Tora-Prohibitiven und die geplante wechselseitige Begründung jüdischer Norm durch griechische Einsichten und griechischer Norm durch jüdische Lehrtradition.

Mehr und mehr verstärkte sich dann, als ich den Beziehungen des Gedichtes zu alten griechischen Dichtern nachging, der Eindruck, daß der Autor von einem ausgesprochen literarischen Interesse zur Aufnahme (und Kritik) dichterischer Überlieferung geleitet worden sei und daß manche zeitgeschichtlich-aktualistisch interpretierbare Wendung eher Zitatcharakter habe. Beim Abschluß des Buches stelle ich mir die Frage, ob es sich nicht überhaupt um den Versuch eines der dichterischen Überlieferung zugewandten Gelehrten handelt, der das reiche griechische Spruchererbe mit seiner eigenen, jüdischen Tradition der aktualisierenden Tora-Unterweisung verbinden wollte. Das kann heißen, daß er nicht aus dem Gefühl des Besitzes der (biblischen) Wahrheit ein Literaturprodukt schaffen oder eine Botschaft an den Mann bringen wollte, sondern daß sein Gedicht zunächst das Produkt des eigenen Suchens nach der Begegnung von Hellenentum und Judentum war.

Damit ist nicht in Frage gestellt, daß gattungsmäßig sein Gedicht eine Verbindung griechischer Lehrdichtung mit jüdisch-paränetischer Anrede darstellt. Die Gestalt des Gedichtes als Aufreihung belehrender Hexameter zeigt das konsequente Eintreten in den griechischen Bildungsraum, seine Gestalt als eines konzeptionell entwickelten Ganzen kommt von der jüdisch-paränetischen Anrede her, wie sie erstmals im Dtn vorlag als der Tora, die dargeboten und aktualisiert wird in der Form einer großen Ansprache. Auch bleibt als Auswahlprinzip der Topoi der Gebrauch für Nichtjuden bestimmend.

Aber die Frage, wen er damit habe beeinflussen wollen - von der die wissenschaftliche Fragestellung ja weithin beherrscht war - verliert an Relevanz. Schriftstellerische Werke entstehen weithin in einem Raum des persönlichen Interesses, des Ringens mit einem anspruchsvollen Stoff. Aus diesem Raum gibt es einen Ausgang zum Selbstgenügen, zum reinen »pleasure« (vDH), einen zweiten, der im literarischen Ehrgeiz zum Buchmarkt führt, und schließlich den Ausgang zur inhaltlich-propagandistischen Wirkung auf andere. Vielleicht war der Jüdische Phokylides zunächst gar nicht an solchem »Ausgang«, sondern an der Sache interessiert: bemüht um die Aufgabe, geoffenbartes Gottesgebot auf dem Boden der mosaikhaften gnomischen Weisheit der Völker auszudrücken. Im Sinn der Botschaft Moses, die den Grundtenor seines Bildungsinteresses ausmacht, gab er sich dabei nicht mit einem pädagogisch brauchbaren gnomischen Mosaik aus jüdischen und hellenischen Anteilen und zur eklektischen Nutzung zufrieden, sondern gestaltete eine kompakte Botschaft in einem durchgeformten Gedicht.

Teil D

PseuPhok und die neutestamentliche Paränese

XIV. Kapitel
Paräneseformen bei PseuPhok und im Neuen Testament

In seinem Aufsatz *Pseudo-Phocylides and the New Testament* stellt P.W.VDHORST die Sach- und Motivparallelen zum NT zusammen und geht dann weiter zu ihrer theologischen Bewertung, die er mit der ihm eigenen Vorsicht vornimmt. Auf Fragen des Stils und der Form geht er so gut wie gar nicht ein[1]. Gerade dies halte ich aber für wichtig. Ich unterstreiche also die Bedeutung von PseuPhok für die neutestamentliche Wissenschaft und skizziere, in welcher Richtung ich hilfreiche Ansätze sehe. Der Vergleich der Paräneseformen bei PseuPhok mit denen des NT verlangt natürlich eine Aufbereitung der Vergleichsebene *Neues Testament*, die in dieser Untersuchung nur andeutungsweise vorgenommen werden kann. Es soll gezeigt werden, wie lohnend die Anwendung der hier gebrauchten formgeschichtlichen Kategorien auf die neutestamentlichen Schriften ist.[2] Dies ist insofern ein bescheidener Beitrag, als er zu vielen und intensiven Studien nur Anmerkungen aus einem engen Blickwinkel beisteuert. Er kann als anspruchsvoll erscheinen, sofern er manche Frage neu zu stellen nahelegt und eine mögliche Antwort skizzenartig schon ausführt. Ich denke, daß dies der Klarheit und dem Fachgespräch dienlich ist.

1.
DIE SUBSUMIERUNG DES ALLTÄGLICHEN UNTER DAS GEBOT

Der Toralehrer nach Röm 2, 17- 24

Eine eindrückliche, vielleicht die eindrücklichste Beschreibung des Lehrstandes des Gesetzeslehrers haben wir in Röm 2,17-24. Paulus will von einem exemplarischen Juden sprechen - und spricht von einem Lehrer, u.zw. mindestens vordergründig vom Lehrer innerhalb der Gemeinde. Er sieht ihn als repräsentativ für das Judesein v.17.[3]

---

1 auch nicht in der Auflistung einer Anzahl schwächerer Berührungspunkte (»Some minor agreements«) in der Anm.91 im Schlußteil des Artikels.

2 Einen Beitrag zur Erhellung des NT, ausgehend von PseuPhok, will auch NIEBUHRs Untersuchung leisten, »indem sie nach der Bedeutung der Mose-Tora im Frühjudentum fragt« (241f). Er sieht die Verbindung von der frühjüdischen Katechese zur neutestamentlichen Paränese a) durch Gemeindeglieder, die jüdisch paränetisch unterwiesen waren, und b) durch Paräneten, die von solcher Unterweisung herkamen (3). Er beschränkt sich aber darauf, die jüdischen »Voraussetzungen neutestamentlicher Paränese« nicht aus dem NT selbst, sondern nur aus außerneutestamentlichen jüdischen Quellen zu erheben (2).

3 Die verbreitete Annahme, Paulus habe diesem exemplarischen Juden die Züge des Heidenmissionars, des Proselytenwerbers gegeben, hat keinen sicheren Anhalt im Text und ist vielleicht durch das Gegenüber Juden-Heiden in Röm 1-3 (und durch das Motiv *Entehrung Gottes vor den Heiden* v.24) hervorgerufen. DELLING, *Begegnung* 20f, z.B. findet in v.19f »ein ausgesprochenes Sendungsbewußtsein des Judentums der Diaspora« ausgedrückt. Der Text sagt aber nicht, daß diese Prädikationen für den Juden

Das mit seinen Prädikationenlisten überquellende und dabei doch straff geformte Stück deutet in seinen drei bzw. vier Vierergruppen plus Schlußantithese

- das Wesen des exemplarischen Juden v.17-18a,
- sein Wirken v.18bc-20,
- den Widerspruch von Wort und Lebensvollzug v.21f und
- in der Schlußantithese v.23 (die durch ein Schriftzitat verschärft wird v.24) das Ergebnis vor Gott an.

Als roter Faden zieht sich der Bezug auf das Gesetz νόμος hindurch.[4]

Tabelle 19: Die Struktur von Röm 2,17-23

I.	1	ἐπονομάζῃ	
	2	ἐπαναπαύῃ	
	3	καυχᾶσαι	
	4	γινώσκεις	
II.	1	δοκιμάζεις	
	2	κατηχούμενος	
	3a	πέποιθας	ὁδηγὸν εἶναι
	3b		φῶς
	3c		παιδευτήν
	3d		διδάσκαλον
	4	ἔχοντα	
III.	1	ὁ διδάσκων	
	2	ὁ κηρύσσων	
	3	ὁ λέγων	
	4	ὁ βδελυσσόμενος	
IV.	1	ὃς ... καυχᾶσαι	
	2	τὸν θεὸν ἀτιμάζεις	

Diese durch acht Konditionen, vier rhetorische Fragen und eine konditionale (also zweigliedrige) Antwort gebildete Reihe mit 14 Verben gliedert sich klar in vier Strophen. Zwei sind hinführend, die dritte bildet den Höhepunkt dcr Anklage des Gesetzes, die den Juden trifft, die vierte, nur zweizeilige schließt das Plädoyer mit einem Urteil ab; es wird in einem dem bisherigen Parallelismus nicht angepaßten Schriftzitat untermauert. - Die Struktur der Strophen: Vier von einem einleitenden *Wenn* abhängige finite Verben bilden die I. Strophe. Sie handelt von *jüdischer Identität.* Die *Wenn*-Konditionen werden durch zwei finite Verben, δοκιμάζεις und πέποιθας sowie zwei je eng angeschlossene Partizipien, κατηχούμενος und ἔχοντα, fortgesetzt. Die so gebildete II. Strophe spricht von *Lehrkompetenz.* Das dritte Glied dieser Vierergruppe ist durch eine Gruppe von vier substantivischen Begriffen der *Lehrautorität* in A.c.I.-Konstruktion erweitert. Das die Strophe abschließende ἔχοντα ist formal dem A.c.I. angeglichen, dadurch als Inbegriff dessen, worauf man *vertraut*, gekennzeichnet, zugleich aber als schließendes Glied der 2 x 4 *Wenn*-Bestimmungen gedacht. Die III. Strophe, auf die die Reihe hinführt, steigert die Spannung der langen Konditionalreihe durch vier Sätze, die je mit einem konditionalen Ptz. beginnen und statt einer Auflösung der Konditionen eine rhetorische Frage bringen. Die vier Ptz. sprechen von Lehrtätigkeit, die vier Fragen handeln von der *Diskrepanz* zwischen Lehre und Leben: *Andere lehren* (im Wissen) und *Sich selbst lehren* (im Leben) kommen nicht zur notwendigen Kongruenz. Die IV. Strophe v.23f spricht in einer Schlußantithese mit Schriftbeweis das Urteil und greift dazu auf das καυχᾶσαι ἐν θεῷ von v.17 in enger Anlehnung (ἐν νόμῳ καυχᾶσαι - τὸν θεὸν ἀτιμάζεις) zurück.

1.Strophe (17-18a): Die ersten vier Prädikationen nennen die Basis des Wirkens für Gott: 1) das Bekenntnis als Jude,[5] 2) die Berufung auf die Tora, 3) den Preis der von Gott empfangenen Gnaden,[6] 4) die Vertrautheit mit dem Willen Gottes (im Gesetz).

---

im Gegenüber zum Heiden gewählt sind. Es wäre auch schwer einzusehen, warum sich das exemplarische Judesein vor allem in der Lehrauseinandersetzung mit Heiden zeigen soll.

4 Äquivalent für *Tora* ist auch θέλημα v.18.

5 Gemeint ist »der Iudaismos, für den der gute Jude zu leben und zu sterben bereit ist (2Makk 8,21)« (AMIR, Art. *Gesetz II*, TRE 13,53,4); nach DELLING (*Begegnung* 11) so oder ähnlich »ein häufig betonter Satz«.

6 καυχᾶσθαι als kultischer Begriff im Gefolge der LXX (BULTMANN, ThWNT 3,647, der diese Begriffsnuance allerdings Röm 2,17 nicht mithört, ebd. S.649; vgl. jedoch Röm 5,11). Nach MICHEL, *Römer* (KEK) z.St, geht es nicht um einen Selbstruhm Israels den Heiden gegenüber, »sondern darum, daß die Spur Abrahams unter den Heiden noch heute erkennbar ist«.

2.Strophe (18bc-20): Es folgen Begriffe für Lehrkompetenz: Der exemplarische Jude 1) kann Entscheidungen treffen δοκιμάζειν als einer, der 2) *selbst aus dem Gesetz unterwiesen* κατηχούμενος ist, also in zuverlässiger Lehrtradition steht. Dadurch geschieht es 3) mit innerer Gewißheit πέποιθέναι, wenn er sich 4) der Weitergabe der menschlich sagbar gewordenen göttlichen Erkenntnis und Wahrheit μόρφωσις κτλ. widmet.[7] Die Menschen, denen er seine Einsicht vermitteln will, werden als *blind* und *in Finsternis lebend,* als *unverständig* (= »führungsbedürftig«) und *unmündig* (= »bildungsfähig«[8]) bezeichnet. Paulus karikiert hier nicht, sondern er hat den gewissenhaften und eifrigen Archisynagogus vor Augen, dem er so oft begegnete und der mehr Sorge um die παιδεία κυρίου in seiner Gemeinde als um das Gewinnen von Proselyten hat.[9] Alle etwa 16 Prädikate des Frommen in diesem Text bis auf eines gelten zunächst innerhalb der Gemeinde, besonders die der Erziehungssprache entnommenen παιδευτής und διδάσκαλος sowie κηρύσσων.[10] Nur *Die Götzen verachten* hat mit Heiden zu tun - und dies ist nicht ein Wort der Mission, sondern der Abgrenzung. Blindheit, Leben in Finsternis, Torheit und Unmündigkeit passen gut auf die der Gesetzesbelehrung Bedürftigen: den *Am haarez* und die gesetzesunmündige Jugend.[11]

3.Strophe (21f): Hier wird am Inhalt der Lehre der innergemeindliche Lehrvorgang erkennbar. Entgegen der Annahme, es werde eine besondere, verwerfliche Diskrepanz zwischen Wort und Tat angeprangert,[12] gilt es zu sehen, daß Paulus exemplarisch das Elend des Vertrauens auf das Gesetz schildern will.[13] Die Diskrepanz zwischen *Andere lehren* und *Sich selbst lehren* ist mit dem Unterschied zwischen *Verstehen lernen* und *Halten lernen* gegeben. Letzteres ist die bleibende Lernaufgabe auch des Lehrers. Und wer ein wenig Tora gelernt hat, der kennt das Grundprinzip, nach dem Paulus hier wertet. Es ist das Prinzip der *Subsumierung* - oder, strenger theologisch gesprochen: der

---

7 Der gefüllte Ausdruck μόρφωσις τῆς γνώσεως καὶ τῆς ἀληθείας ἐν τῷ νόμῳ hat mit Recht Erstaunen hervorgerufen. LIETZMANN fragt, ob hier wohl eine Quelle zitiert ist. Jedenfalls liegt es im Duktus der Ausführungen, die einem anderen Worte in den Mund legt, daß Paulus dessen Selbstverständnis benennen will. Die drei Prädikatierungen für die Tora passen am besten zu einer jüdischen Identität, die sich durch philosophische Herausforderung veranlaßt sieht, das Gesetz als die begreifbar gewordene göttliche Wahrheit für die Welt zu bezeichnen und die Orientierung an dieser göttlichen Wahrheit in der Welt als *Die Gnosis* zu verstehen.

8 BERTRAM s.v. παιδευτής, ThWNT 5,618. Aus verwandtem Geist kann es J.M.SAILER (*Über Erziehung für Erzieher* 7) 1800 Jahre später so ausdrücken: »Die Kinder sind dem Manne das Heiligtum der Zukunft, ihre Verbildung sein tiefster Schmerz, ihre Einführung in das neugebahnte Geleis der alten Weisheit seine höchste Freude, die Zurückweisung der Verirrten und noch mehr die Zurechtweisung der Irrführer sein erstes Geschäft.«

9 Zum Amt des Archisynagogus als Leiter des Gottesdienstes (nicht der Gemeinde), speziell in Korinth Act 18,8; 1Kor 1,14 s. THEIẞEN, *Soziale Schichtung* 236 mit A.8 (mit Bezug auf SCHÜRER Bd.2/1907, 509-512 und J.B.FREY, CIJ I/Rom 1963, S.XCVII-XCIX)

10 MICHEL, *Römer* z.St.: »διδάσκων drückt den Lehrsatz, κηρύσσων des Predigtwort, λέγων das exegetische Zitat aus.« »Alle drei (sc. Partizipien) sprechen von einem öffentlichen Lehramt.«

11 Wenn auch an *Finsternis des Heidentums* gedacht ist, so sind die Begriffe doch aus dem Gemeindeleben genommen.

12 Nach FLUSSER/SAFRAI (*Aposteldekret* 177 A.18) die »Schilderung eines schlechten Juden«.

13 »Was aber für das Rabbinat eine Möglichkeit ist, die es selbst vermeiden will, ist nach Paulus eine grundsätzliche und allgemeine Tatsache, unter der man leiden müßte,« MICHEL ebd. In gleicher Weise unterscheidet sich der Tenor des Paulus von der Priesterschelte der PsSal, die sich in 4,2-4; 8,11f mit Röm 2,21f eng berührt. - Isokrates (2,42f) rügt die Diskrepanz zwischen dem Rühmen der großen σύμβουλοι und dem Wandel ταῖς ἀλλήλων ἀνοίαις μᾶλλον ἢ ταῖς ἐκείνων ὑποθήκαις.

Anrechnung vor Gott.[14] An drei Dekaloggeboten wird das eigene existentielle Lernproblem des Lehrenden exemplifiziert: *Nicht Stehlen, Nicht Ehebrechen* und *Die Götzen als Nichts achten.*[15] Diese Gebote im Sinne der Heiligung Gottes im Alltag lehren, heißt, auch alles das lehren, was Gott vergleichsweise als Gebotserfüllung mit anrechnet, so als hätte man der Versuchung zur eklatanten Sünde, zum Diebstahl, Ehebruch und Götzendienst widerstanden. Der pharisäisch Fromme lebt immer in der Spannung von Hoffen und Bangen, weil da so vieles ist, was Gott ihm anrechnen kann, als hätte er gegen eines der einfachsten und bekanntesten Gebote gefrevelt.[16] Paulus führt uns mit dieser plakativen Darstellung, die die Gesetzeslehre als Vermittlung von Grundgeboten und den unscheinbaren Fehltritt des Frommen als Übertretung von Grundgeboten charakterisiert, in die Gesetzeskatechese der Synagoge. Solche Art Katechese wurde gebraucht, um Tora für den Alltag zu formulieren und um Hilfestellung zu häuslicher Unterweisung im Gesetzesgehorsam zu geben. Jeder sollte wissen und durch die einfachsten Gebote erinnert werden, daß er auf Schritt und Tritt mit Tora zu tun hat. Wahrscheinlich berührt Paulus hier den neuralgischen Punkt für die Existenz der jüdischen Diaspora: Die Vermittlung des Gesetzes an die *Unmündigen*, die für die Zukunft Israels einmal die Verantwortung haben werden. Der Gesetzeslehrer in der Synagoge, so wie Paulus ihn hier vorführt, vermittelt seinen Hörern die Art Rezeption der sittlichen Gebote, aus der die Väter die Methode und die Schwerpunkte der Unterweisung ihrer Söhne lernen.

4.Strophe (23f): Paulus will genau aus dieser Not des Frommen das *Sich des Gesetzes rühmen* als trügerischen Stolz enthüllen. Die *Entehrung Gottes durch Übertretung*, die der gute Jude wie nichts sonst scheut, wird exemplarisach zur Erfahrung gerade des guten Juden, der die Anrechnung des scheinbar Unbedeutenden ernst nimmt. Doppelt demütigend für ihn ist, daß durch ihn Gott nicht genug Ehre findet unter den Völkern. Die Erwählung und die Betrauung mit dem Gesetz hat ja nicht in sich Sinn, sie ist als Aufgabe vor der Welt zu sehen. Aber nicht durch Proselyten-Werbung erfüllt der Jude das aufgetragene Zeugnis vor den Heiden, sondern dadurch, daß er mit seinem Volk als

---

[14] Vom *Anrechnen*, u.zw. mit dem t.t. λογίζεσθαι, handelt denn auch v.26f, u.zw. von einer Anrechnung, die die von der Tora gegebene Lage geradezu umkehrt: Der Unbeschnittene gilt forthin als Beschnittener und disqualifiziert den Beschnittenen als einen Übertreter. - Das Theologumenon der *Anrechnung*, das im Traktat *Avot* wiederholt anklingt (z.B. 2,2; 5,21), steht in Zusammenhang mit der Vorstellung von den geflechtartig zusammenhängenden und symbiotisch zusammenwirkenden Guttaten und Schlechttaten: Av 4,2 *Eine Gebotserfüllung zieht die andere nach sich*. - Zum System der *Subsumierung* s.u. Abschnitt 5.3 S.403ff

[15] Unter den fünf Entsprechungen zwischen löblichem Reden und tadelnswertem Handeln ist nur die dritte: hier Verachten der Götzen, dort Tempelraub, nicht auf den ersten Blick kongruent, zumal *Stehlen* und *Tempel berauben* nicht weit voneinander liegen. Es handelt sich um einen innerjüdischen Topos, der Vergehen an dem, was dem Tempel gehört oder anvertraut ist (natürlich dem Jerusalemer Tempel!) unter das Götzendienstverbot subsumiert (vgl. PsSal 8,11f; Sib 2,14). Philo verbindet (Hyp 7,4) τὰ τῶν θεῶν ἁρπάζειν mit ἀποσυλᾶν ἑτέρων ἀναθέντων und denkt dabei offensichtlich an *deposita* beim Tempel (unterschieden von dem, was jemand irgendwo κατέθηκεν 7,6). - Zu der auffälligen Nachbarschaft von Tempelraub und Gelübde-Vergehen bei Philo und Josephus s. NIEBUHR 34 A.119.121

[16] Voll Dankbarkeit registrierte man in späterer Zeit, daß man das 60. Lebensjahr vollenden durfte. Denn es zeigt, daß Gott kein Verhalten so zum Bösen angerechnet hat, als hätte man die Erwartung zum Altwerden verwirkt.

Jude lebt. Daß Paulus am einfachen Gebot das Elend unter dem Gesetz glaubt aufweisen zu können, leuchtet so ein. Der Schriftbeweis aus Jes 52,5 bestätigt, daß solche Kritk nicht Verrat an der Tora oder Feindschaft gegen das Judentum ist.

2. NEGATIVE UND POSITIVE IMPERATIVISCHE REIHEN

2.1 Die allgemeine Tendenz zum Positiven

Dem PseuPhok-Gedicht ist ebenso wie den Schriften des Neuen Testamentes die paränetische Entwicklung vom Negierten zum Positiven, vom Prohibitiv zum Volitiv eigen. Speziell werden *Ausführungsbestimmungen*, die sich an Mahnung oder Warnung anschließen, bevorzugt positiv gegeben. Der positive Imperativ eignet sich mit seinen darstellenden Zügen gut für detaillierende Konkretisierungen. Gewiß kann nur der Prohibitiv eindeutig und konkret Tabus setzen und Grenzen ziehen. Aber der Volitiv stellt beschreibend die angestrebte Wirklichkeit dar.

PseuPhok

Beim Vergleich der Prohibitive und der Volitive[17] konnten wir beobachten, daß PseuPhok mehr an positiven Werten der Sittlichkeit, also mehr am menschenwürdigen Leben der Armen, an der Zufriedenheit in einer vernünftig-maßvollen Lebensweise, mehr am Glück der Ehe und weniger an der Einhaltung eines durch Verbote zu sichernden sittlichen Tabusystems interessiert ist. Als Beispiel positiver Ausführungsanweisung - die oft an einem konditionalen Element erkennbar ist - nenne ich (hier konditional gemeintes Ptz.)

28 *Wenn du Reichtum hast, reiche deine Hand den Armen hin.*
Vgl. ferner v.29.158.208f

Neues Testament

Zwei paränetische Reihen in traditionsgeprägten Abschnitten sollen die Rolle des Negativen und des Positiven beleuchten.

Röm 12,17-21. Nach einer längeren Reihe mit überwiegend positiven Mahnungen v.3-16[18] setzt die auf negativer Ausgangsmahnung aufbauende Reihe mit dem Traditionsprohibitiv ein.

---

[17] Gemeint sind auch hier die echt positiven Imperative im Unterschied zu denjenigen, die positiv mit einem Verb des Vermeidens oder Verbietens einen Prohibitiv umschreiben.

[18] Die negativen Einsprengsel innerhalb v.3-16 stellen die Geschlossenheit einer positiven Reihe nicht in Frage. V.16 knüpft begrifflich mit der Aufnahme des Wortspieles von v.3 an den Anfang der Reihe an und leitet mit μή zugleich zur negativen Reihe über.

v.17 *Vergeltet nicht Böses für Böses!*[19]

Die Reihe besteht aus 7 Parallelismusversen, die auf 3 Strophen ungleich verteilt sind.

- Jede Strophe setzt mit *Negation* ein: *Prohibitiv* = »P«.
- In jeder Strophe schließt alsbald ein *positives Gegenstück* an: Volitiv = »V«
- Die Strophen I und II bringen nach dem positiven Gegenstück (ebenfalls positive) *konditionale Ausführungsanweisungen* »Kond(ition)« + »Anw(eisung)«, während die *lapidare Schlußantithese* der III. Strophe keine Erweiterung solcher Art kennt.
- In der II. Strophe wächst die Reihe *P - Kond. - Anw.* zweimal um einen *Begründung*-Vers = »B«, der je an einen volitiven Vers angeschlossen ist.[20]

Das so zustande kommende Anwachsen der Glieder bis zur lapidaren Schlußantithese schafft ein eindrückliches Stück Prosa-Dichtung.[21]

Tabelle 20: Röm 12,17-21

I	17a-b	P	^	V	negativ - positiv
	18	Kond.	+	Anw.	- Ausführungsanweisung
II	19ab	P	^	V	negativ - positiv
	19c	B: α / β	X	β / α[22]	- Begründungsklausel
	20a	Kond. + Anw. +		Kond. + Anw.	- Ausführungsanweisungen
	20b	B: α	+	β	- Begründungsklausel
III	21	P	^	V	negativ - positiv

Innerhalb des Aufbaus von 12,3 bis 13,10 hat diese negative Reihe ihren spezifischen Platz. Paulus wählt in 12,21 *das Gute*, in 13,10 aber *die Liebe* zum Gegensatz des Negativen, des *Bösen* κακόν. Gleichzeitig greift er mit dem Gesamtschluß der sittlichen Maximen 13,10 auf ἀγάπη 12,9, den Beginn der sittlichen Mahnungen (nach der *Charismen*-Paränese 12,3-7) zurück. Durch diese Verklammerung, den Einschluß der Auseinandersetzung um *Gut* und *Böse* in die Agape-Paränese, findet er auch den ethischen Ort für seine Paränese über das Leben im Staat 13,1-8. Den von den Staatsorganen abhängigen Menschen wird ihr Platz im Kampf gegen das Böse so zugewiesen, daß auch er als ein Kampf gegen die Lieblosigkeit erkennbar wird.[23]

Eph 4,25 - 5,21. Die Paraklese des Epheserbriefes beginnt in 4,1-16 mit der positiven Darstellung des Lebens gemäß der Berufung durch Christus. Dies geschieht eingangs v.1-3 in volitiver, dann v.4-16 in indikativischer (aber nicht weniger ver-

19 Zum Topos *Nicht Vergelten!* s.u. Teil 7.3

20 Daß nicht nur die Begründungsklauseln, sondern auch beide Ausführungsanweisungen mit einem Schriftzitat arbeiten, kann für unseren Zusammenhang außer acht bleiben. - Der starke Bezug auf die Bibel kann aber nicht als zufällig gelten und ist bei der weiteren Interpretation der Worte des Paulus zu berücksichtigen.

21 Es ist strukturell aufs engste verwandt, um nur ein Beispiel zu nennen, mit Jak 4,7-10, s.u.

22 Die sich immer weiter ausbreitende parallelistische Struktur führt hier zum Chiasmus der Glieder (»X«): Zitatformel - Zitat 1. Teil - Zitat 2.Teil - Gottesrede-Formel. Vgl. MICHEL, *Römer* 277 mit A.5

23 Gegen die Vorstellung solcher Verklammerung: KÄSEMANN, *Römer* (HNT 8a) 337

pflichtender) Form. Das dualistische Schema vom alten und neuen Wandel v.17-24 leitet zur negativ-positiven Reihe konkreter Mahnung 4,25ff über. Die für unseren Zweck erwünschte formale Deutlichkeit setzt mit v.28 ein. Der Verfasser als hervorragender Stilist variiert die traditionellen Muster in gekonnter Weise. In diesem Abschnitt 4,25-5,14 sind es vor allem zwei Merkmale, die seinen stilistischen Eigenwillen zeigen: der *nominale* Beginn der Mahnsätze und entsprechend der Imp.3.sing.

Tabelle 21: Nominalmahnung in Eph 4,25 - 5,8

v.25	*ablegend*	(λαλεῖτε)
v.26	*die Sonne*	μὴ ἐπιδυέτω,
v.28	*der Stehlende*	μηκέτι κλεπτέτω,
v.29	*jedes faule Wort*	μὴ ἐκπορευέσθω,
v.31	*jegliche Bitterkeit*	ἀρθήτω
5,3	*Unzucht*	μηδὲ ὀνομαζέσθω,
v.6	*niemand*	ἀπατάτω
(v.8	*wie Kinder des Lichts*)	

Wir finden hier nicht nur die allgemeine Vorliebe des Verfassers für gewichtige Nomina. Sondern er weist mit den Imperativen der 3. Person immer wieder Einzelpflichten den grundsätzlicheren Aussagen als deren Aktualisierung oder Konkretisierung zu Und er erweist sich damit als ein Paränet, der mit einfachen Mitteln traditioneller Form sein jeweiliges Anliegen gut zur Geltung zu bringen weiß. Unter Berücksichtigung dieser Eigenheiten finden wir eine klare negative Reihe mit positiven Anwendungselementen.[24]

Tabelle 22: Der positive Tenor von Eph 4,28 - 5,21

28a/b	*Nicht Stehlen,*	*sondern Arbeiten und Helfen.*
29a/b	*Nicht faules,*	*sondern gutes, förderliches Wort.*
30	*Nicht Betrüben des heiligen Geistes*	
31/32	*durch Bosheit,*	*sondern Güte*
/5,1f		*und Liebe nach dem Vorbild ...*
3-4ab/c	*Nicht unsittlich,*	*sondern dankbar reden.*
6-8a	*Nicht offen für »unnützes« Wort,*	
/8b-10		*sondern für Frucht des Lichts.*
11a/b	*Nicht Gemeinschaft mit Finsterem,*	*sondern dessen Enthüllung.*
12-14	s.u.	
15bα/β-16	*Nicht unweise,*	*sondern weise den Kairos nutzend.*
17a/b	*Nicht unverständig,*	*sondern verständig für Gottes Willen.*
18a/18b	*Nicht voll Wein,*	*sondern voll des Geistes*
/19-21		*und seiner Früchte.*

Die Negation ist der jeweilige traditionelle Ausgangspunkt der Verse. Er hat in einigen Fällen gar kein eigenes aktuelles Gewicht, sondern dient nur als Folie, vor der die Position sich konturiert abheben soll. *Diebstahl* 4,28 und grobe *Unzucht* 5,3 sind nicht das eigentliche Mahnungsanliegen des Verfassers; sondern

[24] Das prohibitive Element ist im v.25 im ἀποθέμενοι als Verb des Vermeidens erfaßt. Der Imp.2.Pers. λαλεῖτε ist Eingangsimperativ der an v.25 anschließenden Reihe, so daß die weiteren Imperative, alle in der 3.Pers., konkretisierene Ausführungen sind.

es geht ihm vor allem um das *häßliche Wort* (das anscheinend schon damals in der christlichen Gemeinde oft zu finden war) und um die *Mattigkeit* in der Darstellung des hoffnungserfüllten christlichen Ethos.

Das Pathos der Reihe gilt ganz den positiven Mahnungen.[25] Die drei mehr erläuternden als mahnenden Verse 12-14 sind zwischengeschaltet. Nach ihnen fährt der Verfasser mit einer sehr knapp formulierenden negativ-positiven Reihe fort, die er mit der allgemeinen, positiven Mahnung zu vorsichtigem Wandel v.15a eröffnet (womit er zugleich die Entfaltung des in v.10 nur kurz gestreiften Anliegens einleitet).

Die Beachtung der negativ-positiven Anlage von paränetischen Reihen hilft uns also wie bei PseuPhok so in diesen Beispielen des NT, das Verhältnis des Traditionellen zum Aktuellen und damit die Intention des Verfassers klarer zu erfassen, die vom traditionellen und unverzichtbaren Prohibitiv zum evangeliumsgemäßen Volitiv führen will. Die Beispiele lassen sich vermehren.

2.2 Negative Reihen

Reine negative Reihen (Prohibitivreihen) nach Art der alttestamentlichen Fluch- und Tabureihen eignen sich wenig für die Paränese mit ihrem erzieherischen Bestreben. Bei den Beispielen, die sich bei PseuPhok und im NT finden, geht es um die unterschiedlich starke Prägung durch den Prohibitiv.

PseuPhok 3 - 8. In drei von sechs Versen der einleitenden Dekalogparänese finden sich zu Anfang insgesamt fünf Prohibitive mit μή(τε) in ununterbrochener Folge. Zwar nehmen die positiven Mahnungen in der zweiten Hälfte dieses Abschnittes zu, doch schwächt dies den Eindruck eines markant negativen Anfangs nicht ab. Wir gehen sicher nicht fehl in der Annahme, daß dieser prohibitive Anfang nicht einem überwiegend prohibitiven Ethos dient, sondern ein solennes Bekenntnis zur Toratradition (zugleich aber auch ein Anschluß an hesiodischen Stil) darstellt.[26]

PseuPhok 175 - 194b. Die 20 Verse werden vom μή/μηδέ der 15 Prohibitive in ungestörter Reihenfolge beherrscht. Nur in den zwei Versen 176 und 180 findet sich ein positives Gegenstück; drei mit οὐ γάρ oder οὐδ' beginnende Verse bieten eine Begründungsklausel. Auch an dieser Stelle, die besonders eng an die alttestamentliche Vorlage, nämlich Lev 18,6-23, anschließt, drückt die Form den ungebrochenen Anschluß an die Toratradition aus. Dieser Eindruck wird keineswegs dadurch in Frage gestellt, daß sich der negativen Reihe unmittelbar der positive Preis der ehelichen Liebe v.195-197 anschließt.

Neues Testament

Reine negative Prohibitivreihen kommen in paränetischen Abschnitten des NT

[25] Wo die Eph-Paraklese zur Haustafel fortschreitet, kommt die positive Tendenz in den besonders langen positiven Mahnungen an Männer und Sklaven zum Ausdruck.

[26] Diese von v.3-8 bestimmte Sicht der Dinge wird noch klarer, wenn wir die Antithesen der Bergpredigt zum Vergleich nehmen, die einen solennen Gegensatz zwischen Tora-Ethos und Jesus-Ethos anzeigen. S. Anhang I: *Antithesen der Bergpredigt*

nicht vor. Wenn der Jakobusbrief, dem sie stilistisch am ehesten zuzutrauen wären, ganz negativ argumentiert, dann tut er es in der Form der indikativischen Scheltrede 5,1-6. - Natürlich haben wir in den Lasterkatalogen eine Form rein negativer Aufreihung. Und wer sie für eine besonders typische Form der paränetischen Gattung hält, für den bekommen sie in unserem Zusammenhang Gewicht. Aber ich kann sie so nicht werten. Sie sind nicht eigentlich eine Form der Mahnung, wie sie aus der jüdischen Paränesetradition hervorgeht. Und - das ist das Entscheidende - sie dienen auch viel eher argumentativen und emotionalisierenden Zwecken als der konkret-praktischen Paränese.[27]

1Kor 10,6-11.

Eine rein negativ mahnende Reihe gestaltet Paulus in einem der eindrücklichen Stücke Prosadichtung, wie er sie gern innerhalb ausführender Paränese bildet:[28]

Seid nicht	*Begehrende ...*	*wie jene,*
	Götzendiener ...	*wie einige.*
Laßt uns nicht	*huren ...*	*wie einige,*
	den Herrn auf die Probe stellen ...	*wie einige,*
	murren ...	*wie einige.*

Die zu jedem Glied gebildete Begründung nach dem Schema

wie damals (Wüstengeneration) - *mit der Folge, daß ...*

verknüpft die Reihe mit dem Kontext. Und diese Verknüpfung erklärt Paulus mit dem τύποι zu Anfang und τυπικῶς am Ende zur eigentlichen Absicht des Abschnittes. Die Reihe macht gerade dadurch, daß sie nicht eigentlich paränetische Absicht verfolgt, den bevorzugten Sinn prohibitiver Mahnung im NT deutlich: den Zusammenhang zwischen Paränese und Soteriologie unauflöslich und die Grenze zwischen altem und neuem Leben unübersehbar zu machen.

Was wir hier an wenigen Textstellen bei negativ-positiven und negativen Reihen beobachten, ist durchgehendes Merkmal neutestamentlicher Mahnung: Der positive Teil - sei er das Gegenstück einer negativen Ausgangsmahnung, sei er selbst die Ausgangsmahnung, die durch ein negatives Gegenstück »nachträglich« Kontrast erhält - pflegt der betonte Teil zu sein.

---

27 J.THOMAS, *Formgesetze des Begriffs-Katalogs im NT* (1968). - BERGER, *Formgeschichte* 149, zum Lasterkatalog in der jüdischen Apokalyptik (die er von anderer Art als »die knappen, auf ein Nomen beschränkten« griechischen Kataloge sieht): »Die Glieder der Reihe bezeichnen nicht einzelne von einander abgrenzbare Kapitaldelikte, sondern jedes Glied benennt einen Aspekt des Gesamtverfalls.« Ebd. 151: »In Qumran und im urchristlichen radikalen Rest innerhalb Israels sehen wir das Endstadium einer Entwicklung, in der immer wieder die rhetorische Totalität der Kataloge zum Ausdruck des Selbstverständnisses einer Gruppe wurde.« Ich sehe dieses scheidende (»dualistische«) und totalisierend-rhetorische Element doch auch in Katalogen, die nicht der Stabilisierung einer exklusiven Gruppe dienen. (Berger leitet die Tugend- und Lasterkataloge als »dualistische Form ... aus der paganen Tradition über Herakles am Scheidewege« ab, *Gattungen* 1090f, wie schon DIETERICH, *Nekyia* 191.)

28 J.WEIß, *Beiträge zur paulinischen Rhetorik* 187, zählt diese Stelle zu den »nicht allzu schönen«, wohl wegen ihrer schematischen Art.. Diesem Aufsatz aus der Bernhard-Weiß-Festschrift (1897) sowie Joachim JEREMIAS' Beitrag zur de-Zwaan-Festschrift (1953): *Zur Textstruktur in den paulinischen Briefen*, verdanke ich entscheidende Anregungen für die Untersuchung von Textstrukturen.

2.3 Positive Reihen

PseuPhok

Mahnende Reihen mit der Dominanz des Positiven finden sich bei PseuPhok nur zwei. Beide enthalten Gemeinschaftsregeln, und beide bieten ein soziales Ethos, dem wir auch heute gern Anerkennung zollen werden.

V.22 - 30. Inhaltlich ist dieser Abschnitt eine detaillierte Aufnahme des c.19 des Heiligkeitsgesetzes, formal ist er - im Überblick des ersten größeren Gedichtabschnittes - ein Gegenstück zur einleitenden Dekalogparänese. Wir konnten zu v.132-152 beobachten, wie der Verfasser durchaus Schwerpunkte des Verbietenden und des Gebietenden in der Tora fand und übernahm. So scheint er in Lev 19 mehr positive Impulse erkannt zu haben als im Dekalog und in Lev 18. - Wie v.3-8 folgen die Mahnungen einander im halbversigen Wechsel. Wie dort lockert sich die strenge Form allmählich, nur ist die Richtung der Lockerung hier entgegengesetzt:

a) *Positive Reihe* (8 x Imp.2.sing., 2 x imp.Inf. in 5 Versen), beginnend mit
   22 *Gib dem Armen sogleich! Sag nicht, er solle morgen wiederkommen,*
   unterbrochen nur durch
- ein *negatives Gegenstück* v.22b und
- eine *Begründungsklausel* v.25b;

b) breitere Darlegung mit
- einem dreigliedrigen *Begründungssatz* v.27 und
- zwei konditionalen Mahnungen (*Ausführungsbestimmungen*):
   28 *Wenn du Reichtum hast ..,*
   29 *Von dem, was Gott dir gab ...;*

c) Abschluß des Themenkreises mit zweigliedriger *Regel:*
   30 ἔστω ... καί.

V.219 - 227. Die achtversige Reihe (s. c.IV), beginnend mit
219 *Den Verwandten erweise liebende Verbundenheit ...*
gestaltet sich durch
- 9 mahnende Verben,
  nämlich 2 volitive Optative[29] -
  3 volitive Infinitive, -
  2 volitive Imperative[30] - sowie
  2 Prohibitive mit μή c.Konj. gegen Ende der Reihe; dazwischen nur
- 1 begründender Halbsatz v. 224b.[31]

Sie erfassen die Themen Verwandtschaft, Verhalten gegenüber Alten und gegenüber Sklaven. In der Dominanz des Positiven berühren sie sich mit anderen Beispielen der

29 Beide Optative gleichlautend: νέμοις, s. c.IV betr. *Stichwortverbindung*

30 Der vorausgehende Vers 218, sinnvoll interpoliert (auch wenn VDHORST richtig das Abweichen von den Hausgenossen zur Freundschaft hin vermerkt), hält sich an den positiv-imperativischen Duktus der hier beginnenden Reihe.

31 Argumentative Elemente sind in die Mahnungsfolge eingeflochten.

Haustafeltradition. Diese sollte offensichtlich primär Lebensordnungen regeln und erst sekundär sittliche Gefahren abwenden.[32]

Neues Testament

Eph 4, 1 - 6. Die positive Anmahnung dessen, was für alle Christen gemeinsam gilt, steht sinnvoll (und offensichtlich entsprechend einer urchristlichen Tradition) am Anfang der Eph-Paraklese. Das eröffnende verbum dicendi παρακαλῶ bekommt seinen allgemeinen Inhalt durch den Infinitiv ἀξίως περιπατῆσαι. Dieser wird in vier (bzw. fünf) - nominalen Mahnungen konkretisiert und entfaltet, die vom Thema *Demut* und *Agape* bestimmt sind. Die Mahnung wird begründet durch bekenntnisartige Einheitsformeln. Auch diese sind als Aufgabe sittlicher Bewährung verstanden, indem sie mit σπουδάζοντες v.3 eingeleitet werden: Durch siebenfaches εἶς (3 x betr. πνεῦμα, 3 x betr. κύριος, 1 x betr. θεός) werden die vielen Christen mit ihren Verschiedenheiten eingebunden in das reiche und vielfältige und zugleich einende Heilshandeln Gottes. Sie werden so aus den Taten Gottes für die Welt heraus verpflichtet, dieses Gottes würdig zu leben.

2a μετὰ ταπεινοφροσύνης καὶ ... μακροθυμίας
2b ἀνεχόμενοι
3 σπουδάζοντες
4 ἓν σῶμα - ἓν πνεῦμα - ἐκλήθητε ἐν μιᾷ ἐλπίδι
5 εἷς κύριος - μία πίστις - ἓν βάπτισμα
6 εἷς θεός ..., ὁ ἐπὶ ... καὶ διὰ ... καὶ ἐν ...

Auch in v.3-4 wie in den behandelten positiven Reihen ist die Serie positiv-darstellender Mahnungsglieder nicht begründend unterbrochen. - Eng angeschlossen an die Einheitsparänese ist die Charismenparänese v.7-16. Diese Darstellung des vielfältig verschiedenartigen Wirkens der einen Gnade, die *einen jeden* mit seiner spezifischen Gabe und Aufgabe begabt v.7, ist gedacht als informativ gefüllte Mahnung.

1Petr 4,7-11. Die Paränese zum Thema *Agape und Charismen*, also zur positiven Erfüllung des innergemeindlichen Lebens, hebt sich durch ihre schlichte und klare Reihenform und durch die solenne Schlußdoxologie aus dem Zusammenhang heraus.

Sie ist darum öfter als ursprünglicher Brief- bzw. Predigtschluß verstanden worden (s. KÜMMEL, *Einleitung*[17] 370f). Statt dessen verstehe ich die Formung des Stückes als von seinem Inhalt selbst und von urchristlicher Formtradition bestimmt. Die Schlußdoxologie v.11c bezieht wie Eph 4,6 den soteriologischen Grund und das eulogische Ziel christlichen Gemeindelebens in den Mahnungszusammenhang mit ein. Das ist ein Spezifikum des Charismenethos. Auch die Abtrennung eines der konkreten Gemeindeleitung und dem Gemeindealltag gewidmeten Abschnittes, der unmittelbar dem Briefschluß vorangeht wie 5,1-5, entspricht frühchristlicher Gewohnheit. Verschiedene neutestamentliche Briefe zeigen dieselbe Anordnung.[33]

Die konkreten Mahnungen der Reihe sind umschlossen von Aussagen über den zu

---

32 Knappe Reihen positiver Paränese - auch immer wieder einmal mit einzelnen prohibitiven Gliedern - finden sich auch in anderen Texten am Ende längerer paränetischer Abschnitte. So bietet TestHiob 45 (R) in einer parallelistischen Reihe 3 Volitive (2 mal Verb des Vermeidens) und 1 Prohibitiv:
Vergeßt ja nicht den Herrn! / Den Armen spendet Gutes!
Und übersehet nicht die Schwachen! / Nehmt nicht aus fremden Völkern Weiber!

33 1Thess 5,12-22; Kol 3,15-17; Hebr 13,17; vgl. 1Kor 16,15f; Phil 4,2f.

Ende gehenden gegenwärtigen und den angebrochenen zukünftigen Kairos. Unter Beachtung des Parallelismus finden wir wieder 7 Zeilen mahnenden Inhalts, die deutlich gegliedert sind in eine Vier-Zeilen- und eine Drei-Zeilen-Strophe (mit der Doxologie am Schluß: 8 Zeilen).[34] Die erste Strophe mit vier Langzeilen bietet jeweils in der zweiten892shälfte eine Begründungsklausel. Die zweite Strophe hat zwei konditionale Mahnungen nach Art der Ausführungsanweisungen, bevor im dritten und letzten Glied eine finale Begründung die Reihe schließt. Diese *finale Begründung* korrespondiert der *kausal-heilsgeschichtlichen Begründung* im ersten Halbvers der ersten Strophe v.7a.

I.	1. 7	*Das Ziel ist nah.*	*Seid verständig und nüchtern zum Gebet.*
	2. 8	*Allem voran die Liebe -*	*sie bedeckt Sünde - :*
	3. 9-10a	*gastfrei -*	*gemäß dem empfangenen Charisma;*
	4. 10bc	*gegenseitig dienend -*	*als Verwalter der Gnade.*
II.	5. 11a	εἴ τις λαλεῖ -	ὡς ...
	6. 11b	εἴ τις διακονεῖ -	ὡς ...
	7. 11c	ἵνα ... δοξάζηται ὁ θεός	
	(8. 11d	Doxologie)	

In dieser Reihe erinnert nur die Eingangszeile vorsichtig an einen düsteren Mahnungshintergrund. Die Reihe ist sonst gekennzeichnet

1. durch rein positiven Charakter, der mit dem positiv-werbenden und vertrauensvollen Tenor des Briefes übereinstimmt,[35]
2. durch vier halbversige Begründungselemente in den Langzeilen.

Hebr.13,1-9(-18f). Von einem starken Formwillen zeugt dieser Teil der Schlußparaklese des Hebräerbriefes. Positive Umformung traditionell prohibitiver Topoi v.4f, nominaler Charakter der Mehrzahl der Mahnsätze (teils mit Verbum am Satzende) und positive Verbalmahnung v.3.7 prägen eine positive Reihe. Auffällig ist, daß zwischen rein nominalen Mahnsätzen und solchen, die ein Wertnomen mit einem Verbum des Beharrens v.1 oder Vermeidens v.2.9 verbinden, dreimal ein verbaler Mahnsatz mit einem betont herausgestellten ekklesiologisch geprägten Verbum beginnt: μιμνήσκεσθε, μνημονεύετε, μιμεῖσθε.[36] Da diese Paränese eng dem Briefschluß zugeordnet ist und sich damit von den wiederholten parakletischen Briefabschnitten (besonders Kap.10 ist zu nennen) abhebt, sehe ich den Grund für die positive Ausrichtung mehr in Gesetzen der Gattung und weniger in der Beziehung zu den Adressaten.[37]

---

[34] Zum Schema 4+3+1 s.u. Mt 5,3-10

[35] Im Brief erinnern nur 2,1 und 2,11 sehr knapp an negative Mahnungstraditionen.

[36] Natürlich ist es richtig (MICHEL, *Hebräer* - KEK - 480), daß die ersten drei Verben μενέτω, μὴ ἐπιλανθάνεσθε, μιμνήσκεσθε gemeinsam vom *Bewahren* handeln und daß das zweite und dritte gleichbedeutend sind. In der sorgfältig stilisierten Gestaltung spielt aber auch die Anordnung der Verben im Satz eine Rolle.

[37] Auch die Bildung der Glieder der Reihe im zweifachen, dreifachen und vierfachen Parallelismus und auch die wohlgeordnete Weiterführung der Paränese bis zum Briefschluß verdienen Beachtung, eignen sich aber wegen der reich entwickelten Struktur (je weiter die Paränese fortschreitet, desto häufiger finden sich Stufenbegründungen und Ketten nachgeholter Begründung) nicht zu vorauseilenden Beweis-

Ich nehme in der Gliederung auf die Form der Reihenglieder insoweit Rücksicht, als es für die Darstellung des Reihencharakters wünschenswert ist. Dies soll den Wechsel einer Dreierstruktur (a+b+c, meist Mahnung + Mahnung + Begründung) mit einer Viererstruktur (a+b+c+d v.3.7; auch v.6?) zeigen. Die nominalen Mahnungsbegriffe hebe ich durch Unterstreichung hervor. Begründungsteile sind eingerückt.

1 (a) *Die Bruderliebe soll bleiben,*
2 (b) *Die Gastfreundschaft vergeßt nicht.*
    (c) *Denn durch sie haben manche, ohne es zu merken, Engel beherbergt.*
3 (a) *Gedenket der Gebundenen* (b) *wie Mitgebundene,*
(c) *der Leidenden* (d) *als auch selbst im Leibe Lebende.*
4 (a) *Ehrbar sei die Ehe bei allen*
(b) *und das Ehebett unbefleckt.* (c) *Hurer und Ehebrecher richtet ja Gott.*
5 (a) *Geldgierfrei sei der Wandel,*
(b) *genügsam (seid) mit dem Vorhandenen.*
    (c) *Er selbst hat ja gesagt: ...*
6 (a+b+c+d ?) *So laßt uns getrost sprechen: ...*
7 (a) *Gedenket eurer Leitenden,*
    (b) *die euch ja das Wort Gottes gesagt haben;*
    (c) *schauend auf den Ausgang ihres Wandels,*
(d) *ahmt ihren Glauben nach.*[38]
8 (a) *Jesus Christus*
    (b) *gestern und heute derselbe -*
    (c) *und auch in Ewigkeit.*
9 (a) *Von Lehren, mannigfach und (euch) fremd, laßt euch nicht umtreiben;*
    (b) *gut ist es ja, daß durch Gnade das Herz fest wird -*
    (c) *nicht durch Speise(regel)n ...*

So zeigt auch diese Reihe

1. prägnante Reihenbildung mit bevorzugt positivem Charakter - hier ebenfalls mit Begründungsklauseln - und
2. die thematische Zuordnung zum innergemeindlichen Leben.

Mt 5,3 - 10. Die acht Makarismen dienen gleicherweise als Heilsproklamation und als Empfehlung eines bestimmten Verhaltens. Im Gegensatz zu kasuistischen Reihen werden nicht einzelne Tugenden zur willentlichen Verwirklichung empfohlen, sondern ein zusammenhängendes neues Sein zum Geschenk und zum Ziel erklärt. Dabei überwiegt in der ersten Strophe von vier Gliedern v.3-6 der Zuspruchcharakter, in der zweiten verstärkt sich in drei Gliedern v.7-9 der mahnende Charakter; die achte Zeile v.10 verbindet Heilszuspruch (für die Verfolgten) und Empfehlung (zum Aushalten in Verfolgungsgefahr).[39] Der Aufbau mit achtmaligem μακάριος - ὅτι ist so klar, daß er hier nicht vorgeführt zu werden braucht. Evident ist aus dem Vergleich mit Lk 6,20-25 und unserer sonstigen Kenntnis über Q und seinen jesuanischen Hintergrund, daß die Reihe der Matthäus-Makarismen nicht ohne den formenden Einfluß der frühen Kirche zustande gekommen ist.

---

gängen.

38 Viererstruktur mit chiastisch geordnetem Parallelismus:
Mahnung / Begründungsklausel // Begründungsklausel / Mahnung.

39 Der Aufbau 4+3+1 wie 1Petr 4,7ff, s.o.

2.4 Haustafel bei PseuPhok und im Kolosserbrief

2.41 Zur Kolosser-Haustafel

Die Diskussion über die neutestamentlichen Haustafeln, vor allem deren Intensivierung in den letzten 12 Jahren, läßt diese Texte zur Mitte eines weitgreifenden Austauschs und einer Auseinandersetzung um soziologische, philosophisch-ethische und religiöse Fragen werden, bei der man fragen darf, ob die schmale Textbasis über dieser Dimension der Debatte nicht zu kurz kommt und mit unangemessenen Fragen überfremdet wird. Neuere Arbeiten konzentrieren sich wieder stärker - gewiß unter Aufnahme auch der wissenschaftlichen Diskussion, vor allem um die antike Oikonomik - auf die neutestamentlichen Texte selbst.[40] Mein Beitrag soll ein Vergleich von PseuPhok 175-227 mit Kol 3,18 - 4,1 sein, u.zw. mit den hier bisher angewandten formalen Mitteln: des Anredecharakters, des (formalen!) Verhältnises von Imperativ und Indikativ, von Prohibitiv und Volitiv, des Gefälles vom Usuellen zum Aktuellen und der Reihenstruktur. Die meist sehr pauschalen, oft auch ungenauen Bezugnahmen der Haustafeldiskussion auf PseuPhok legen diesen exkursartigen Vergleich mit dem Kolosserbrief ebenso nahe wie die Rückwirkungen der intensiven neutestamentlichen Forschung auf das Verständnis von PseuPhok 175ff.[41]

Die Vergleichbarkeit der Texte

Ein erster Überblick geht von fünf Kriterien aus, die STRECKER[42] auflistet: »Strukturmerkmale der christlichen Haustafeln«, die »nicht spezifisch christlich« nachweisbar sind, zu denen ich jeweils die Beziehung zur Oikonomik, die z.Zt. die wichtig-

---

[40] 1989: G.STRECKER, *Die neutestamentlichen Haustafeln*, sowie A.WEISER, *Titus 2 als Gemeindeparänese* (interessant für Fragen der Textstruktur); 1990: M.GIELEN, *Tradition und Theologie neutestamentlicher Haustafelethik* (mit eindringlichen semantischen Strukturanalysen und Aufmerksamkeit für das Ineinander von Sozialgeschichte und Textbildung). Forschungsübersicht, besonders auch zur Oikonomik-Diskussion, bei D.L.BALCH, *Household Codes*.

[41] Ich nehme dabei an, daß wir Schemata der Abhandlung gesellschaftlicher Ordnungsprobleme und topologische Zusammenfassung von gesellschaftlichen Ständen dann zu Gattungen entwickelt sehen, wenn eine gewisse Konstanz in der Verbindung von Formeigentümlichkeiten und Thematik erreicht ist. Der Blick auf Anzeichen einer Entwicklung zu einer Gattung *Haustafel* hilft, sich von der Fixierung auf feste tradierte Formeln zu lösen und der Variierung im mündlichen Prozeß Raum zu geben. Dabei ist gewiß auf den Vorbehalt von THRAEDE (*Zum historischen Hintergrund derHaustafeln des NT* A.1 und 6 und passim) zu achten, daß die Benutzung von Gattungsbegriffen an sich kein Argument darstellt, da die Termini »fragwürdig« seien.

[42] S.356. STRECKERs Untertitel: »Kol 3,18 - 4,1 und Eph 5,22 - 6,9« zeigt den engen Begriffsgebrauch für »*Haustafel*«, den auch K.MÜLLER (*Die Haustafel des Kolosserbriefes und das antike Frauenthema*) vertritt und der durch den Vorschlag L.GOPPELTs (*Erste Petrusbrief*, Exkurs zu 2,13ff, S.166) einer zweiten, weiter greifenden Kategorie *Ständetafel* möglich wird. Ich halte diese Begrenzung des Begriffes für sachgemäß, wenn man nur das NT im Blick hat, aber nicht für ein befriedigendes Mittel, um gattungsgeschichtlich Position zu beziehen. Die Begriffsgeschichte verbietet, den Lutherschen Sprachgebrauch und seine patriarchale Überhöhung von staatlichen und kirchlichen Vaterämtern her aus dem Auge zu verlieren. Das englische Aequivalent »*household code*« (BALCH 34) ebenso wie die ekklesiologische Konnotation des *Hauses* aus der frühchristlichen Missionsgeschichte (MICHEL, Art. οἶκος κτλ., ThWNT 5,132f, LÜHRMANN, *Haustafeln* 93, BIERITZ/KÄHLER, Art. *Haus III*, TRE 14,485, WEISER, *Evangelisierung im Haus*) lassen einen engeren und einen weiteren Sprachgebrauch angezeigt

sten Erkenntnisse über die zeitgeschichtliche Problemlage bietet,[43] vermerke. Ich füge vier weitere Merkmale hinzu, die vom Strukturellen ins Inhaltliche hinüberspielen. Der Überblick soll Unterschiede skizzieren und Berührungspunkte der beiden Texte markieren.

1. *Dreiteilung*: Die beliebte, der Oikonomik eigene Gliederung nach Ehe - Erziehung - Dienstgemeinschaft (Ehemann - Vater - Sklavenbesitzer o.ä.) beherrscht die Kolosser-Haustafel. PseuPhok läßt mit dem zusätzlichen Thema *Die Verwandten und Alten* eher ein Viererschema erkennen, hat aber kein Interesse an einer Gliederung, überlagert das Grundschema mit Problemen, die von der Sexualität her gegeben sind, und verwischt die Übergänge.[44]

2. *Paare*: Das zweite strenge Ordnungsprinzip in Kol, das Gegenüber von Bezugspaaren, fehlt in PseuPhok. Es deutet sich nur einmal schwach als Gegenüber von Vater und Mutter v.208 an. Ausnahmslos erfassen die Volitive das καθῆκον des Mannes gegenüber 1.,2.,3. usw. Die Frage nach der »Voranstellung des untergeordneten Standes« (Strecker) ist hier gegenstandslos. Zur Oikonomik s. 3.

3. *Reziprozität*, in Kol formal wie sachlich hervorstechend und in der Oikonomik sachlich vorgebildet, wird von PseuPhok nirgends mahnend angesprochen. Sie klingt in zwei Begründungen an: in der Beschreibung der glücklichen Ehe v.195-197[45] und in der möglichen Ermutigung des Sklaven durch den Herrn v.224.

4. *Apodiktische Form*: Dieses von SCHROEDER eingeführte Kriterium möchte ich durch *Imperativische (volitive) Anrede* ersetzen (s.u.). Die imperativische Form ist prägend für beide Texte, aber in unterschiedlicher Weise: PseuPhok schließt sich an den apodiktischen Prohibitiv der Tora an, während Kol den Volitiv der positiven Reihe fast rein durchhält. Der Gleichartigkeit der Anrede an alle sechs Gruppen im Haus in der Kol-Haustafel steht der anredelose Imp., der nur an den Mann gerichtet ist, bei PseuPhok gegenüber. Die Adresse nur an den Hausherrn entspricht der Oikonomik; im Unterschied zu unseren beiden Texten bietet diese keine Mahnrede, sondern popularphilosophische Abhandlung.

5. *»Haus«-Situation*: Die Beschränkung auf Beziehungen im *Haus*, für die Oikonomik typisch, ist in Kol bestimmend und in PseuPhok bis auf die Eigengesetzlichkeit der Sexualparänese und den Topos *Verwandte* gewahrt, im Gegensatz zu politisch oder ekklesiologisch erweiterten Schemata.

---

erscheinen.

43 Ich gehe von der These aus, daß die zeitgeschichtliche Erneuerung der älteren Oikonomie-Lehre mit der Herausforderung durch hellenistische Liberalisierungstendenz und der im römischen Reich als notwendig empfundenen Antwort zusammenhängt.

44 DERRON (Anm.4 zu v.223ff) findet im Text eine »tripartition« der Regeln, also die Nennung von Frauen, Kindern und Sklaven, und vergleicht mit Gnomenanordnungen bei Stobäus sowie bei Plutarch LibEduc 7E. Sie sieht darin und auch bei PseuPhok die Nachwirkung der Stoa, die von der Priorität der häuslichen Pflichten ausging. PseuPhok sprengt aber doch wohl den Rahmen einer solchen »tripartition«. Wir können sie nur mit Not hinter der Abfolge v.175-205 / 207-217 / 223-226 erkennen (wo bleibt v.219-222?), vor allem wenn wir »Frauen« mit jener tripartition als »Ehefrauen« verstehen sollen, was bei PseuPhok nicht genügt.

45 In den Handschriften M und B fehlen die entsprechenden Verse 196f; wohl kaum absichtlich.

Diese fünf Kriterien, die mehr Unterschiede als Gemeinsamkeiten zeigen,[46] sind zu ergänzen:

6. *Positive Reihe*: Ihrem Wesen nach ist die Haustafel als Anmahnung der Aufgaben im »Haus« eine positiv beschreibende Reihe, so im Kol. Unter dem Einfluß von Toraparänese (s.u. zu Sir 7-9) kann sie der prohibitiven Reihe angenähert werden. PseuPhok bringt anfangs eine lange Prohibitivfolge von außergewöhnlicher Strenge der Form; erst ab v.213 setzt sich die positive Reihe durch.

7. *Kodex-Reihe*: Formal hebt sich in beiden Texten die Haustafel vom Kontext ab als kodexartige Reihe gleichförmig und knapp formulierter Pflichten; in Kol setzt sich die Reihe in weniger straffer Weise mit 4,2-6 fort. Der Kodexcharakter steht bei PseuPhok im Zusammenhang mit der Absicht, Gesetz en bloc in eine Mahnungsreihe einzubringen. Im Kol dagegen steht nicht ein Kodex als solcher, dort stehen die angeredeten Personengruppen in der Mitte des Interesses. Werden also in PseuPhok »die Gebote des Alten Testaments mit den hellenistischen Haustafeln verbunden« (Strecker 358), so ist hier in Kol eine Kodexausprägung, die für sich sprechen soll.

8. *Zentriert oder linear*: PseuPhok reiht nicht einfach Beispiele an einander, sondern zentriert alles auf die Verantwortung des Mannes im Hause und auf die Ehe. Er geht von der Lebensbeziehung des Mannes zur Frau als dem zentralen Lebensbereich aus (s. Register s.v. *Verantwortlichkeit*) und reiht hier die Sexualität und deren verbotene Abweichungen mit ein. Von hier kommt er zur Position der Eltern in der Erziehung, zum Verhältnis des Vaters zu den Kindern und schließlich dem des Mannes zu den Verwandten, den Alten und den Sklaven. Die gleiche, vom Zentralgeschehen »Ehe« ausgehende Struktur ist bei aller Kürze auch im Kol zu erkennen.

Dieser konzentrischen Anordnung steht in der griechischen Tradition eine entgegengesetzt konzentrische gegenüber, die in PseuPhok 8 anzuklingen scheint, aber hier nicht ausgeführt wird: Die hierarchische, die bei Gott, der Obrigkeit, den Eltern beginnt und weitere Kreise zieht (Hierokles[47]; Plut LibEduc 7E) oder doch - wie später in 1Petr u.a. - die Haus-Funktionen im Kontext der *politeia* bedenkt. In diesem Unterschied drückt sich etwas vom Nebeneinander einer griechischen und einer jüdischen Linie aus. Dort die politisch motivierte Oikonomik mit dem Hausherrn als Zentralfigur öffentlicher Ordnung, der in eminentem Maße für die Einbindung des Sklavenwesens in das Sozialgefüge Verantwortung trägt. Hier der freie und vorzugsweise verheiratete Mann als handelndes Subjekt im Gottesvolk, wie er im Dekalog auf seine und die fremde Familie (Dek IV und VI) angeredet ist (GESE, *Dekalog* 76f), der für die schwächeren Stände der Frau, der Kinder und der Sklaven Verantwortung trägt (Philo). Der konzentrischen Anordnung steht die lineare Aufreihung von Beispielen in der Spruchweisheit gegenüber, wie sie Sir 7-9[48] zeigt.

---

[46] PseuPhok liegt quer zu manchen Problemskizzen. Das Schema, das z.B. K.THRAEDE (*Haustafeln* 363f) in aller Vorsicht als gemeinsam für peripatetische, neupythagoräische und neutestamentliche Texte annimmt, paßt überhaupt nicht auf PseuPhok. »Wie man sieht, geht es ..., Nuancen einmal vernachlässigt, a) um ein Dreierschema, b) um Gegenseitigkeit der Beziehungen, c) um den Versuch, bloße 'Herrschaft' ('Unterordnung') zu mildern. Schließlich klingen d) Leitmotive wie 'Furcht' oder 'Furcht und Liebe' (d.h. Respekt) an, die im NT wiederkehren.« Für PseuPhok paßt von diesen Ansätzen Thraedes nur der Versuch, bloße Herrschaft zu mildern.

[47] falls das Hierokles-Referat bei Stobaeus die Anordnung der Pflichten in der originalen Reihenfolge bewahrt hat, vgl. WEIDINGER, *Haustafeln* 27ff. Die Hierokles-Texte jetzt bequem bei MALHERBE, *Moral Exhortation* 85-104

[48] Von der Weisheit her wird die Bildung von Mahnungsreihen zur sozialen Wirklichkeit begünstigt. Die universale Reihe Sir 7,18 - 9,18 und speziell 7,18-26 gehört gewiß in die Vorgeschichte der jüdisch-christlichen Haustafelentwicklung (CROUCH 74). Die Kodexgestalt dieser Reihe mit einer Liste von So-

9. *Konservierend oder bewegend*: Auf welche Tradition wird konservierend, wie es das Prinzip aller Haustafelpattern ist, zurückgegriffen? PseuPhok hat eine relativ feste Traditionsposition und will Menschen anderer Sozialisation unter deren Einfluß bringen. Er hat nur minimal Raum zur Divergenz gegenüber dem eigenen Herkommen, dafür um so mehr gegenüber den Usancen seiner heidnischen Umwelt. Die Kol-Haustafel spricht in eine in Spannungen lebende Kirche ein spannungsgeladenes Wort. Ohne schon ein Resumée ziehen zu wollen, darf wohl gesagt werden: Die Kol-Haustafel festigt zweifellos Tradition, ist aber, u.zw. eben durch das, was durch sie neu in die Haustafeltradition kommt, geeignet, Tradition eminent zu öffnen. In welchem Grade sie das Öffnen wirklich will und welche Gründe sie für das Bewahrende und für das Öffnende hat, das sind die strittigen Fragen der Fachdiskussion.

Die Gemeinsamkeiten der beiden Texte reduzieren sich also auf 1) die imperativische Anrede und 2) die Thematik vom

Leben, das sich im Haus durch die Ehe und um die Ehe ordnen soll.

Das Verhältnis zur Oikonomik stellt sich so dar, daß PseuPhok ihren Grundgedanken der Gesamtverantwortung des *pater familias*, den Kol 3 zugunsten der sechsfachen Anrede abschwächt, voll aufnimmt, sich aber einseitig speziellen Pflichten im Hause zuwendet. Der Grundsatz der Über- und Unterordnung wird moderat vorausgesetzt, aber nirgends ausgesprochen; gerade er ist der staatstragenden philosophischen Ethik und auch dem Kolosserbrief ein wichtiges Thema.

PseuPhok und Kol nehmen in unterschiedlicher Weise Interessen jüdischer Tradition auf, die einiges mit den genannten Unterschieden zu tun haben. Für das Dreierschema, für die paarweise Anordnung, für die Reziprozität, für den volitiven Anweisungscharakter und für die Reihenbildung aus Mahnspruchelementen der Toraparänese gibt es eigene, jüdische Wurzeln. Anders als Philo, der die thematische Verbindung mit dem griechischen Erbe auch in der Form der Abhandlung zeigt, bleiben der (Mahn-)Spruch und die Spruchreihe bei dieser Ethikvermittlung wirksam; hier wurden sie nie so durch den philosophischen Diskurs verdrängt wurde wie im Hellenischen.

M.GIELEN tritt entschieden für eine Neubildung des Kol-Haustafel-Schemas »im Zuge der urchristlichen Oikonomikrezeption« ein (201) und verwirft (124f) den Beweisgang bei K.MÜLLER (*Haustafel* 271-275.278-280), der aus den jüdischen Klängen vor allem in den Motivationen und ihrer lockeren Verbindung mit den »ethischen Anordnungen« ein Zusammenwachsen im jüdischen Vorfeld erschließt. Gielen leitet nicht nur die Vokative, sondern auch die Imperativform von der »gemeinsame(n) Unterstellung unter den κύριος Χριστός« her und meint, die vorchristliche »Umformung der Oikonomiktraktate in ein paränetisches Haustafelschema« sei nur schwer einsichtig zu machen. In dieser Kritik Gielens dürfte sich ihr Schweigen über eine jüdisch-christliche Paränesekonzeption und das Überwiegen literarkritischer gegenüber formgeschichtlichen Ansätzen bemerkbar machen. Mit einer petitio principii (die allerdings dem allgemeinen

---

zialpflichten und -ratschlägen, die über verschiedene sprachlich-rhetorische Stufen sich entwickelt und von Gott bis zu den Haustieren einen weiten Rahmen füllt, wird vom paränetischen Prohibitiv ohne durchgehendes Ordnungsprinzip beherrscht. Zweifellos war PseuPhok solche Listentradition nicht fremd, sie kann die Verbindung von Haustafel und torabedingter Mahnreihe begünstigt haben. Die PseuPhok-Haustafel steht zwischen Texten mit straff tripartitischer Gestaltung und diesem älteren jüdischen Beispiel einer umfassenden und locker ordnenden sozialen Reihe.

Trend entspricht) isoliert sie die Imperative der Kol-Haustafel gegenüber den gleichförmigen Imperativen des weiteren Kontextes, als ob die en-bloc-Einfügung eines Lehrstückes mit anderswo gewonnener imperativischer Struktur bewiesene Sache wäre. Die ganz kurze Phase der verschriftenden Zwischenstufen, die sie für die christliche Vorgeschichte aus paulinischem Geist, aber ohne paulinische Vorbilder annehmen muß (126), läßt das Zusammenwachsen hellenistischer, jüdischer und christlicher Elemente etwa zu der inhaltlich und formal komplexen Sklavenmahnung außer acht. Wenn deren Erweiterungen im wesentlichen interpretierende Zufügungen des Briefautors enthalten sollen, verliert dieser seinen Anteil am form- und traditionsgeschichtlichen Prozeß und erscheint rein empfangend gegenüber jenen christlichen Hausvätern mit vorchristlicher »Sachkompetenz«, die nach Gielen (100.554) die Urform der Haustafel (Rekonstruktion S.128) geschaffen haben.

Die Haustafel-Spruchreihe ist eine dem Jüdisch-Christlichen gemäße Form der Vermittlung von Oikonomielehre, die bei der Rezeption durchdrungen wird mit jüdisch-christlichen Intentionen: PseuPhok richtet sie an der Tora aus, Kol an der Herrschaft des Christus. Beide haben damit eine andere Kraft der Humanisierung ins Spiel gebracht als das ökonomisch vorteilhafte Gelingen des Zusammenlebens: hier die Solidarität aller unter der in der Tora verbürgten Fürsorge Gottes, dort die Anerkennung aller, die zum Glauben gerufen sind, als selbständiger Subjekte des Christusdienstes.

Kol 3,18 - 4,1 (3,1 - 4,6) als positive Reihe

1. *Ihr Frauen, ordnet euch den Männern unter, / wie es sich ziemt im Herrn.*
2. *Ihr Männer, liebt die Frauen / und setzt sie nicht eurem Ärger aus.*
3. *Ihr Kinder, gehorcht den Eltern in allem, / denn das ist gefällig im Herrn.*
4. *Ihr Väter, erbittert eure Kinder nicht, / damit sie nicht scheu werden.*

5.a *Ihr Sklaven, gehorcht in allem / euren Herren nach dem Fleisch:*
nicht in Augendienerei, / um Menschen gefällig zu sein,
sondern einfältigen Herzens, / den Herrn fürchtend,

.b *Was ihr immer tut, / tut von Herzen*
wie für den Herrn / und nicht für Menschen,
im Wissen, daß ihr vom Herrn empfangen werdet / die Vergeltung, euer Erbteil.

.c *Dem Herrn Christus dienet.*
Denn wer Unrecht tut, wird sich einbringen, was er Unrecht getan hat,
und es gibt keine Parteilichkeit bei Gott.

6. *Ihr Herren, gewährt den Sklaven Recht und Billigkeit / im Wissen, daß auch ihr einen Herrn im Himmel habt.*

Die *Grundstruktur* der Reihe spiegelt das Doppelanliegen des Textes: die Verbindung von Klarheit der ethischen Norm und Eindringlichkeit der kerygmatischen Grundvoraussetzungen. 3 x 2 Angeredete stehen für die zu ordnenden Aufgaben- und Verhaltensbereiche; die daraus resultierende Reihe von sechs Imperativen findet beim zweiten eine antithetische und beim fünften eine konditional verinnerlichende imperativische Ergänzung. Die drei Aufgabenbereiche: Ehe - Kindererziehung - Dienst, sind jeweils von zwei Seiten, der Seite der Untergebenen und derjenigen der freien Männer, angegangen. Die Begründungsklauseln stehen für den Grund des Handelns im Heilsgeschehen (zu den Abweichungen für Ehemänner und Väter s.u.). Der Lebensvollzug der Gemeindeglieder soll Ausdruck der Herrschaft *des Herrn* 4,1 und *im Namen des Herrn Jesu* v.17 sein und soll so der *Danksagung an Gott den Vater* v.17, der Erfüllung seines Willens εὐάρεστος v.20 und der von Gott her ermöglichten *Einfalt des Herzens* v.22 dienen. Das Gewicht dieser christlichen Begründungen, das in dem sechsmaligen Kyrios-Titel und dem Wortspiel mit zweierlei *Herren* sich zeigt, und der ganz usuelle Charakter der Imperative ließ immer wieder daran denken, das Eigentliche dieser Paränese in den Begründungen zu suchen. Damit würde aber der Weisungsgehalt der Imperative relativiert, was das Verständnis des Paräneten sicher nicht trifft. Paränetische Imperative werden nicht vorgetragen, um dann gleich relativiert zu werden, sondern sie sollen mit der jeweiligen Aktualisierung und Begründung zusammen der Tradition einen aktuellen und für modifizierte Kontinuität angemessenen Ausdruck geben.

Abweichung von der Grundstruktur. Aus Volitiv + Begründung ergibt sich für jedes Reihenglied (mindestens) ein zweiteiliger Satz. Gemäß der Übung, in einer aus Elementen des paränetischen Mahnspruches gebildeten Reihe keine streng uniforme Ordnung zu schaffen, weichen drei Teilglieder von der idealen Form, wie sie GIELEN (128) vorzuschweben scheint, ab: die Nachsätze für Ehemänner und Väter sowie die erweiternden Ausführungen für die Sklaven, die fast die Hälfte des Textstückes ausmachen. Die formale Variabilität der Mahnspruch-Reihe schafft Raum für unterschiedlich intensive Wirkung der Tradition. Diese scheint auf der Hausvaterseite schwächer ausgebildet. Der Verzicht auf eine »die Mahnung im engeren Sinn übergreifende( ), begründende( ) Motivation unter Hinweis auf den κύριος« v.19.21 und die Unterbrechung der positiven Reihe von 3,5 bis 4,6 im Imperativ für die Väter[49] stehen im Kontrast zu der alliterierenden Präzision der drei Imperative ὑποτάσσεσθε - ὑπακούετε - ὑπακούετε. Dies dürfte mit dem am Anfang der Tradition stehenden Gegenüber d r e i e r untergeordneter Stände und e i n e s Hausvaters (Philo) zusammenhängen. Die relative Schwäche dieser dem Manne zugedachten Elemente innerhalb der Reihe trägt mit bei zur »Klimax« der semantischen Oppositionen, die GIELEN unter Beachtung auch der chiastischen Strukturen herausgearbeitet hat (112) und die sie gewiß zu recht als Anzeichen für eine »semantische(n) Achse 'Taufe'« (115) mit der »paradigmatische(n) Funktion« (127) der Sklavenparänese und der »Kulmination« des Gedankens in ihr (115) versteht. Statt eines situativen bietet sich ein kerygmatisches Verständnis an: Am Sklavendienst wird der Herrschaftswechsel durch Christus deutlich (ebd. 119). Ähnlich exemplifiziert die Eph-Haustafel an der Frau-Mann-Beziehung Eph 5,25-33 das Heilsereignis. Dies zeigt, wie »aus dem Indikativ des Kerygma der Imperativ der Paränese herauswächst«[50] und zugleich der Imperativ gelebtes Evangelium ausdrückt.

Die erweiterte Sklavenmahnung. Die Sklavenmahnung hat vollen Anteil am Charakter der Reihe als »semantisch kohärenter Textblock« (GIELEN 114), aber zeigt ebenso die Formgesetze des Mahnspruches aus jüdisch-paränetischer Tradition.

Dabei wird der Hauptmahnung

Ihr Sklaven, gehorcht in allem euren Herren nach dem Fleisch,

zuerst eine antithetische Doppel-Aktualisierung angefügt v.22b+c. Ihr Tenor, die Verinnerlichung des Dienstauftrages, beherrscht die ganze Sklavenmahnung, vgl. v.23.24b. In ihr sind in der mahnenden Form theologisch begründende Implikationen mitgesetzt. Der Parallelismus wird hier durch einen Drei-Teilverse-

[49] GIELEN 107f; der zweite Imp. v.19 und der Finalsatz v.21 dienen »der Verdeutlichung der eigentlichen Mahnung« und sind »von der übergeordneten Motivation zu unterschieden«.

[50] G.STÄHLIN, Art. παρακαλέω κτλ., ThWNT 5,777

Rhythmus abgelöst. Dieser Rhythmus zeigt sich, wenn wir die drei Volitive *gehorcht - tut von Herzen - dienet* als Zeilenanfang setzen. Es ergeben sich also für das fünfte Reihenglied - statt zwei - neun Teilglieder. Und vier von diesen werden nochmals strukturiert: die als 5.a und 5.b bezeichneten Zeilen weisen in jedem ihrer Glieder eine Zäsur auf, die sie dem formalen Parallelismus der vorausgegangenen Mahnungen annähert. Um so wirksamer geht 5.c mit dem überhöhenden Imperativ *Dienet dem Herrn Christus!* zur lapidaren Kürze des einfachen Imperativsatzes wieder über und vermeidet im dreigliedrigen Aufbau die parallelistische Unterteilung.

Anwachsen der Reihe in der Sklavenmahnung

5.a	1 α / β			
		2 α / β		
			3 α / β	
5.b	1 α / β			
		2 α / β		
			3 α / β	
5.c	1	2		3

Tabelle 23: Ergänzungen der Imperative in Kol 3,18-4,1

1	Volitiv	+	Begründung
2	Volitiv	^	Prohibitiv
3	Volitiv	+	Begründung
4	Prohibitiv	+	Begründung
5a	Volitiv: Imp. + Objekt / neg. Anweisung + Begründung / pos. Anweisung + Begründg.		
b	Kondition + Anweisung + Begründung a - Begründung b + Begründung a - Begründg. b		
c	Überhöhender Volitiv + Begründung a - Begründung b		
6	Volitiv	+	Begründung

Die ausgebaute Sklavenmahnung zeigt mit Volitiv, prohibitivem Gegenstück, konkretisierender Anweisung, Begründungen und überhöhender Mahnung die Aufbaugesetze des paränetischen Mahnspruchs, den wir also als mitbestimmend bei der Schöpfung dieser Haustafel anzusehen haben. Für die Annahme, der vorliegende Text der Haustafel und die Erweiterung ihrer Sklavenmahnung hätten verschiedene Entstehungsvoraussetzungen, bietet sich kein Anhaltspunkt. Der Eindruck der »Zerdehnung« (GIELEN 127) verliert sich, wenn nicht ein ideales 3 x 2-Schema, sondern die mit Achtergewicht anwachsende paränetische Reihe als Vergleichsgröße dient.

Der Anredecharakter. Der Kolosserbrief zählt zu den neutestamentlichen Gemeindebriefen, die stark durch parakletische Anrede geprägt und strukturiert sind.[51] Diese setzt mit 2,6 ein und wird bis 4,6 durchgehalten. Im Vergleich zu anderen Beispielen

[51] Vgl. Phil, Jak, 1Petr, 1Joh. Die Korintherbriefe mit ihren vielen Anreden verbinden das Parakletische stärker mit dem Dialogischen.

der Spruchparänese im NT fällt der von 3,1 bis 4,6 durchgehaltene volitive Charakter aller Imperative mit drei Ausnahmen: 3,9.19.21 auf. Dies ist dadurch möglich, daß der Verfasser die negative Seite seines ethischen Dualismus 3,5-11 mit den metaphorischen und parakletischen Imperativen *Tötet* und *Leget ab* einführt. In diesem parakletischen Hauptteil des Briefes hebt sich die Haustafel ab, indem sie sechsmal den Imperativ mit dem Vokativ der Anrede an Ehefrauen, Ehemänner, Kinder, Väter, Sklaven, Herren verbindet. Der aus jüdischem Einfluß in die Ökonomiklisten eingedrungene paränetische Imperativ wird hier - anscheinend erstmals - zum Ansatzpunkt differenzierender Anrede. Dies ist das deutlichste Zeichen, daß wir die Gestalt dieser Haustafel mehr aus Formgesetzen, die mit der Gemeinde zu tun haben, als aus einer vorgeformten Überlieferung zu verstehen haben. Ich halte es für einen großen methodischen Fehler, aus dem sog. »apodiktischen« Imperativ das Stilelement einer Gattung, aus der vokativischen Anrede ein Stilelement des pseudonymen Briefes zu machen und beides ohne den Einfluß der Lebensformen der christlichen Gemeinde verstehen zu wollen. (Es ist ohnehin merkwürdig, daß dem Kol die Anrede *Brüder* fehlt, die hier nur indirekt im Briefpräskript vorkommt, während sie doch im lebendigen paulinischen Diktat sich immer wieder an Abschnittänfängen ohne erkennbare feste Regel findet.[52]) Der sechsmalige Vokativ der Kol-Haustafel hat zwei Voraussetzungen: erstens den parakletischen Charakter der neutestamentlichen Briefe, der entsprechend den Voraussetzungen jüdischer Paränese sich in die paränetischen Teile hin durchhält oder durch die Imperativstruktur sogar verstärkt hervortritt; und zweitens die singuläre Absicht des Verfassers, die es zu erhellen gilt. Die Anrede ist singulär in der bisherigen und teilweise auch in der weiteren Geschichte der Haustafel und auch allgemein in den Paränesen des NT, wie ein Vergleich dieser signalhaften Anfangsanrede *Ihr Frauen!* mit zwei Texten zeigen soll.

1Kor 14 ist durch mehrfache Anrede an die *Brüder* und sehr lebendige Fallschilderungen[53] geprägt. Die Umgangsformen in der Gemeinde und mit der Gemeinde, die sich darin spiegeln, gelten erstaunlicherweise nicht für die Frauen. Ihnen wird eine Sonderbehandlung zuteil, die sich 1) im unpersönlichen Imp.3.Pers., 2) im Verweis auf häusliche Fragemöglichkeit, 3) in Begründungen mit dem Schicklichen und dem kirchlich Üblichen darstellt. Argumentation wird ihnen verweigert. Ihre Angelegenheiten werden nicht nach paulinischer Gründlichkeit erörtert, sondern »geordnet«. Der Text ist in dieser Härte und Abweichung von dem Paulusbild, das wir kennen, einmalig. Ihn deswegen dem Paulus abzusprechen, liegt nahe. Aber es kann ja wohl nicht von vornherein ein unpaulinisches Gehabe gewesen sein. Auch Phil 4,2f findet Paulus erst nach den Dritte-Person-Anreden an *Euodia* und *Syntyche* für den *lieben Gefährten* und Bruder zur 2. Person. Eph 5,22 zitiert wörtlich aus Kol 3,18 und wandelt den Vokativ αἱ γυναῖκες durch syntaktische Parallelisierung mit den Partizipien in v.19f in einen anredelosen Nominativ.[54] Die Paulusbriefe und tendenziell auch die anderen Gemeindebriefe beteiligen grundsätzlich die ganze Gemeinde am Gespräch - auch an Gesprächen mit Leitenden und Aufträgen für Einzelne. Die Anrede *Brüder* hat einen stark inklusiven und integrierenden Charakter und gliedert in keiner Weise von oben nach unten, im Gegenteil.[55] Sie

52 Diese merkwürdige, auch für Eph geltende Tatsache (vgl. dazu die Miszelle E.SCHWEIZER, *Zur Frage der Echtheit des Kol und Eph*, in: ders. *Neotestamentica* 429) läßt sich durch Pseudonymität nicht ausreichend erklären, weil hier ja der Versuch, paulinischen Stil zu imitieren, zur Grundbedingung gehört.

53 Direkte Anrede: v.16.20.26.39. Fallschilderung mit ὁ und Ptz. v.2-4.13; mit ἐάν v.6-11.23-25.28.30

54 Bei 1Clem wird dann eine direkte Weisungskompetenz des Ehemannes vorausgesetzt: 1,3 γυναιξίν ... παρηγγέλλετε, ... ἐδιδάσκετε; 21,6 τὰς γυναῖκας ... διορθωσώμεθα. Die Entwicklung der bürgerlichen Pflichtenreihe zum Kanon einer die Welt ersetzenden Kirchengemeinschaft hat in Polyk 4,1-6,3 ihren Höhepunkt erreicht.

55 A.SCHLATTER, *Theologie der Apostel* 544: »Es ist merkwürdig, wie ausschließlich die Dokumente die

bezieht selbstverständlich Sklaven und Knaben ehrenvoll mit ein. Sie ist der Hervorhebung Einzelner in ihren Ämtern vorgeordnet. Aber sie vermag für Frauen keine Sprachgestalt, ja nicht einmal Rücksicht zu finden.

Vor diesem Hintergrund hat der Einsatz der Reihe Kol 3,18 mit der *Anrede* αἱ γυναῖκες etwas Abruptes und bekommt programmatische Bedeutung.

»Apodiktischer Imperativ«. Die Inanspruchnahme der aus alttestamentlicher Forschung aufgenommenen Kategorie des »Apodiktischen« für die Imperative dieser Haustafel seit SCHROEDER (*Haustafeln* 104-108; vgl. Goppelt, *Erster Petrusbrief* 171: »Stilform ... des apodiktischen Gottesrechts« als Gegensatz zu diatribischem Stil; A.WEISER, *Evangelisierung im 'Haus'* 79; STRECKER, *Haustafeln* 353; kritisch dazu K.MÜLLER, *Haustafel* 271 A.32) bekommt bei GIELEN (37 mit A.92) neue Relevanz. Nicht mehr der Anredecharakter ist das Spezifikum dieser Imperative; sondern es drückt sich in ihnen die Inanspruchnahme von Gehorsam aus, nachdem eine Phase der Erwägung verschiedener Modelle der sozialen Konfliktlösung aus der Sachkompetenz der in die Gemeinde gekommenen und in ihr führend tätigen Hausherren definitiv zum Abschluß gebracht worden sei. Wenn in der außerchristlichen Oikonomik als popularphilosophische Hilfe für die Hausherren »ein Entwurf empfohlen, hier aber (sc. in der Haustafel) unter Berufung auf den Kyrios verpflichtend vorgeschrieben wird, war gerade das sprachliche Konzept für das Urchristentum zur Übernahme nicht geeignet. Statt dessen bot sich eine Anleihe im Bereich der atl. Apodiktik an« (201). Dieses Verständnis des Imperativs scheint mir sehr einseitig. Eine solche Verbindung verpflichtend absolut gesetzten Imperativs mit einem christologisch motivierten Vokativ versucht das Modell einer längst verflossenen Phase israelitischer Gesetzgebung unter Übergehung der Entwicklung einer langen jüdischen Lehr- und Mahntradition unmittelbar in die christliche Paränese zu übertragen und diese in einem Maße *präskriptiv* zu deuten, wie es der »apostolischen Paraklese« nicht entspricht. Der Text ist Verkündigung und Ethik in eins, aber nicht die Konstituierung von Gemeindeordnung. Die weitere Entwicklung ist eine solche von der Ethik zur Kirchenordnung; hier bahnt sich dieser Prozeß erst an.

Defizite des Schemas. Die Kinder sollen zwar *den Eltern* gehorchen, aber bei der Verpflichtung der Gegenseite ist die Mutter ausgelassen; anstelle des jüdischen *Vater und Mutter* (Dek V) kommt nur die *patria potestas* in Blick. Dies dürfte in jüdisch-christlicher Sicht die erste empfindliche Lücke in der Topologie der Haustafel sein. Die zweite ist das Fehlen der Frau an sich; nur die Ehefrau ist genannt. Dem entsprechend haben die Männer angenommen, die Frau an sich habe untergeordnet zu sein. Dies paßt allerdings zu der von Rom, z.B. gegen Ägypten, verfolgten Politik. Im ausgehenden Urchristentum wird dem Witwenstand ein Platz in der Haustafel geschaffen, der zugleich ihre Abhängigkeit und ihre vom Gesetz vorgeschriebene Sicherstellung und Ehrung festschreibt. Die selbständige Geschäftsfrau kommt ebensowenig vor wie die Witwe als Hausvorstand oder die Sklavin in ihrer besonderen Beziehung zur Herrin.[56]

Gemeinde als eine Einheit anreden, obwohl man erwarten könnte, daß es zur Erörterung komme, wie ihre Zustände durch das Verhalten ihrer verschiedenen Glieder hervorgebracht seien.« Absicht dabei ist es, daß die Gemeinde »in ihrer Gesamtheit den klaren Blick für ihre Pflicht erhalte« (Hervorhebung Th.).

[56] Zu diesem wenig beachteten Problem s. GIELEN 102 A.194 mit Hinweis auf THRAEDE, Art *Frau*, RAC 8,198 (*materna potestas* der haushaltführenden Witwe). Die Auskunft, die »Ordnung des humanisierend auf einander bezogenen Herrschens und Dienens« gelte hier analog (ebd.; oder die Anrede πατέρες gelte für die Mütter mit wie ἀδελφοί für Brüder und Schwestern - nach E.SCHWEIZER, *Kolosserbrief* 166, können πατέρες auch *Eltern* heißen) verfängt nicht sehr angesichts der Verdrängung der Mutter aus der in jüdischer Tradition gesicherten Stellung. Philo Decal 165 zählt die Mutter zur übergeordneten Ebene: γονεῖς μὲν γὰρ ἐν τῇ χρείττονι ... εἰσὶ τάξει; vgl. PseuPhok 207-209. - Es scheint Anlaß zu dem Hinweis zu bestehen, daß die Frau im Judentum selbständiges Subjekt der Tora ist, auch wenn sie nicht am öffentlichen Gottesdienst aktiv beteiligt ist (wie denn auch Jos Ant 3,89 betont, daß Frauen, Kinder und Sklaven 4,209 die Gesetzesoffenbarung am Sinai und den Vortrag des Deteronomiums durch Mose selbst hören sollten).

Dies deutet mehr auf Zugehörigkeit der Haustafeln zur ethischen Allgemeindiskussion als zu Bemühungen um aktuelle Gemeindeprobleme. Die Haustafel setzt in der von der Tora her wirksamen imperativischen Form Pflöcke, an denen man sich bei aktuellen Regelungen orientiert.

Das Neue der Kolosser-Haustafel. Wenn die Mahnungen für den Mann im Rahmen des Schemas dem Autor mehr freie Formulierung gestatteten, dann ist anzunehmen, daß der Imperativ für die Ehemänner *Liebet!* für diesen Text frei bevorzugt wurde, um der neuartigen Anrede an die Frauen mit dem Zentralbegriff christlicher Ethik etwas Angemessenes an die Seite zu stellen. Es ist der einzige inhaltlich gefüllte und zugleich grundsätzliche Imperativ unter den sechs Hauptmahnungen; die drei für die Untergebenen sind Formalbegriffe, die zwei restlichen für den Mann sind spezielle Anweisungen. So ist der Haustafelanfang in der Frauenanrede und der Männermahnung ein Ausdruck des neuen Seins der Gemeinde in Christus. Im Gegensatz dazu kommt dies neue Sein in der Sklavenmahnung in den Begründungen und in der daraus herrührenden Vertiefung des Gehorsamsimperativs zum Ausdruck. Hier drückt also das neue Sein einseitig die Festschreibung der sozialen Abhängigkeit aus - in Dialektik zur neuen Freiheit unter *dem Herrn*.

Die Zugehörigkeit der Haustafel zum Kolosserbrief. Wie im Vergleich zu anderen Haustafeln, so zeigt sich auch an der Einbettung in den Kontext, daß wesentliche Anteile sich der Abfassung des Kolosserbriefes unmittelbar verdanken. 1. Alle Motivationen einschließlich der für die Sklaven greifen die überhöhende Mahnung von v.17 auf, *alles* zu tun im *Namen des Herrn Jesus* und *zum Lobe Gottes des Vater durch Ihn*. Sie konkretisieren das *Alles* und wiederholen das *In seinem Namen*. 2. Die imperativische Reihe wird in 4,2 so fortgesetzt, daß unversehens und asyndetisch, ohne daß es einer Klärung bedürfte, der Blick von den *Herren* wieder auf die ganze Gemeinde geht. Die Reihe 3,17 - 4,1 soll nichts als ein Stück entfaltende Konkretisierung des Lebens in der Gemeinschaft der Begnadeten sein. (So fällt auch von der Haustafel konkretisierend Licht z.B. auf 3,12-15 oder 4,5f.) Es ist von daher keine Veranlassung gegeben, die Haustafel als Zitat eines vorgebenen Stückes zu verstehen. Warum soll denn auch jemand, der den Kolosserbrief schreiben konnte, zu diesem Stück weniger fähig und veranlaßt gewesen sein als ein anderer Unbekannter?

Der Ort der Kolosser-Haustafel. Für den Ehemann, für den kein Traditionsimperativ vorgegeben war, wählt der Text den christlichen Zentralbegriff ἀγαπᾶτε. Es ist der erste überlieferte christliche Versuch, im ausgehenden apostolischen Zeitalter zwischen reinem Patriarchalismus und hellenistischer Emanzipationsbewegung Posten zu beziehen auf dem Boden der christlichen Gemeinde, ihrer Verbindung von *Haus* und *Gemeinde*[57] und ihrer Integrationsaufgabe für Menschen gedrückter Stellung. Ich halte es für un-

[57] LAUB, *Begegnung des frühen Christentums* 52: »Anders als etwa die Mönchsgemeinde von Qumran oder hellenistische Kultgemeinschaften bleibt ein nach 'Häusern' sich formierendes Christentum mitten in der Welt und macht die sozialen und gesellschaftlichen Gegebenheiten zu seinem ureigensten Lebensraum; oder, noch präziser formuliert, macht sie sich zu eigen unter dem Vorzeichen des neuen Glaubens. Zugleich wird der Oikos zu dem Ort, wo dieser Glaube aus der Forderung der Bruderliebe heraus eine soziale Integrationskraft und gemeinschaftbildende Dynamik entfaltet.«

wahrscheinlich, daß es bei diesem eindrücklichen Versuch einer echt christlichen Rezeption der Ökonomikformeln einfach um das Vermeiden der in der hellenistischen Welt wirksamen Extreme ging.

Aus der jüdischen Tradition kannten die Christen ein Konfliktlösungsmodell, das ihnen gemäßer war. PseuPhok zeigt mehrfach, speziell auch v.207-209, eine Auslegungstradition der Tora, die eine besondere Verantwortung für die nicht zum Opferdienst zugelassenen Abhängigen kennt: für Frauen, Kinder und Sklaven. (Für die Sklaven war dabei das Wort von der *gleichen Mutter* des Herrn und des Sklaven Hiob 31,15 kennzeichnend.) Auch das Fehlen jedes Anzeichens von Misogynie im Gedicht zeigt das Abweichen von der im antiken Judentum verbreiteten patriarchalisch-frauenfeindlichen Linie. Einwirkungen des stoischen Menschheitsgedankens dürfen angenommen werden, sind aber auf jüdisch-gesetzlicher Basis zum Tragen gekommen.

Wo die Christen an solchem Ethos partizipierten, hatten sie eine Basis für humanen Ausgleich der Gegensätze *»in Christus«*, auf der sich der Paränet willkürlicher Gefährdung der gesellschaftlichen Stabilität überhoben und zur Festigung der Ordnung an sich gerufen fühlen konnte. Diese Haustafel zeigt einen Ausgleichsversuch zwischen jüdisch-christlichem Volk-Gottes-Gedanken und patriarchaler Ökonomik unter dem Vorzeichen der zum Dank verpflichtenden Erfahrung des Herrschaftswechsels von den κυριότητες und den κύριοι zum κύριος Χριστός.

Zur Wirkungsgeschichte. Die freie Zuwendung zur Frau in der Gemeinde, die sich in der auffälligen Art der Anrede ausdrückt, wurde nicht wirksam weitergeführt. Das zugleich mit festgeschriebene Interesse an stabiler Ordnung der Herren-Sklaven-Beziehung innerhalb der Kirche und durch die Kirche Kol 3,22-25 wurde erst recht nicht in Frage gestellt. Im Gegensatz zu dem nur an die Herren gerichteten und ganz auf Ehrung und humane Erleichterung für den Sklaven abgestimmten Wort PseuPhok 223-227 überwiegt in Kol entweder die Sorge um deren Unbotmäßigkeit oder ein von der sozialen Wirklichkeit abgehobenes Christusdienst-Ideal. Das Wort an die Hausväter 4,1 begünstigt in der Mahnhälfte die Autonomie der Männer, die selbst darüber befinden, wie die Verbindung je eines Zentralbegriffes der jüdischen (δίκαιον) und der griechischen Ethik (ἰσότης) inhaltlich zu füllen sei. In der Begründungshälfte geht das Untertansein der Herren auf in der alle umfassenden himmlischen Überlegenheit Gottes. So ist die vorwiegend sozial stabilisierende Wirkung dieses Textes in der von ihm gesuchten Idealität selbst mit angelegt.

Mit dieser Haustafel steht am Anfang der christlich neu geschaffenen Tradition eine Schöpfung unübertrefflicher Kürze und Klarheit. Sie wird nur verständlich aus glücklichem Zusammenwirken einer besonderen geschichtlichen Stunde, einer günstig gereiften Tradition und einer schöpferischen Tat. Dabei ist das Schöpferische begünstigt durch die Unaufdringlichkeit der Tradition, die dem Paräneten Strukturmuster und Schlüsselbegriffe, aber wenig formulierte Stücke anbot. Die sprachliche Meisterschaft läßt vermuten, daß neben den sozialen Erfordernissen auch das Streben nach vollendeter Form wirksam war, so daß die Verselbständigung der Hautafel gegenüber ihrem Anlaß begünstigt wurde und wird. Es hat entsprechend undifferenziert weitergewirkt. Es wurde zum mageren Trost für Abhängige, die lernten, in Gottes Namen sich zu fügen; und es wurde zum Hemmnis für andere biblische und humane Einsichten, die auf Gottes Chancen in den *Unmündigen* (Mt 11,25) achten lehren, aber nicht so rhetorisch wirksam oder gesellschaftlich tolerierbar waren.

2.42 Rückblick auf PseuPhok 175-227

Ich registriere vor dem Hintergrund der christlichen Haustafelentwicklung die Eigentümlichkeit in der Verwendung des Pattern bei PseuPhok. Auf der Grundlage einer intensiven Traditionspflege heben sich bei PseuPhok zu den meisten zu registrierenden Punkten interessante eigene Schwerpunkte ab.

1. Die imperativische Anrede ausschließlich an die Männer, die das Gedicht von Anfang an prägt, beherrscht auch diese Reihe. Die herkömmliche Sozialordnung wird nicht angetastet, sondern innerhalb der bestehenden Grenzen des Erlaubten geordnet und vorsichtig humanisiert. In einem Fall zieht der Verfasser diese Grenzen des Erlaubten sehr weit, indem er das biblische und staatliche Züchtigungsrecht des Vaters zu Fall bringen möchte v.207-209. Die Achtung der Mutter, die sich hier ausdrückt, stimmt zusammen mit dem Fehlend von Anklängen an die zeitgeschichtlich verbreitete Misogynie.[58]

2. PseuPhok hat kein Interesse, auf die *Reziprozität* der Pflichten hinzuweisen. Mahnungspaare nach dem Muster *»Einerseits die Frau - andererseits der Mann«* lagen wohl nicht auf der Linie dieser kodexartigen Verpflichtung. Er handelt hier nach dem paränetischen Prinzip der Verantwortung des Angeredeten. Ob dies geschieht gegen den Widerstand einer auf Reziprozität angelegten Tradition, ist nicht zu erkennen.

3. Auch die Tendenz zum umfassenden philosophischen Schema, in dem Gottesverehrung und staatsbürgerliche Verantwortung gemeinsam ihren Platz haben, ist nicht zu beobachten. Die dafür gebräuchliche Einleitungsformel für Pflichtenlisten, die PseuPhok 8 zitiert, spielt keine grundsätzliche Rolle.

4. Die Einbringung einer langen Sexual-Normen-Liste zeigt, daß der Verfasser im Rahmen des Vorgegebenen Schwerpunkte setzen will. Und diese betreffen a) die Bewahrung vor sexueller Gefahr und b) die Achtung der Abhängigen.

5. Der Breite vieler Einzeltopoi PseuPhok 175-227 steht in Kol die Konzentration auf ein Minimum und dessen ganz sparsame, stichwortartige, nur in einem Fall breitere Ausführung gegenüber. Aber der Themenkreis an sich ist kaum weiter. Die Kol-Paränese kann als eine *Kleinaufnahme* des großen Bildes bei PseuPhok verstanden werden. Zweifellos konnte der christliche Paränet bei *ausgeführter Paränese* alle die Normen, die PseuPhok auflistet, im Anschluß an die sechs Standesbezeichnungen ins Gespräch bringen.

6. *Einzelthemen:* Ein überschießender Topos ist bei PseuPhok das Thema *Die Alten*.[59]

---

[58] NIEDERWIMMER, *Askese* 85-87 (s.d. zur Rückkehr der rabbinischen Tradition zur positiveren Wertung) und 208. Das ἀπάτη-Motiv (KÜCHLER, *Schweigen* 36-39) klingt bei PseuPhok nicht an.

[59] Das Thema *Die Alten* verbindet nur vordergründig PseuPhok mit Philo. Denn bei Philo gelten die πρεσβῦται / πρεσβύτεροι als Autoritäten gegenüber den νέοι. Ähnlich hat der Begriff der *Alten* im NT etwas Schillerndes zwischen Lebensalter und Leitungsautorität (1Petr 5,1.5). Im Konflikt der Alten und Jungen im 1Clem tritt diese (jüdische) Linie in voller Schärfe hervor. PseuPhok kennt die Autorität der *Ältesten* im zweifachem Bezug der Familie und der Gemeinde v.209. Die *Lehre der Alten* ἀρχαῖοι kommt nicht vor. Die Alten werden nur kurz erwähnt; denn diese Haustafel reflektiert nicht das καθῆκον des Lesers als eines Presbyters. - CROUCH (*Colossian Haustafel*) scheint *Die Alten/Die Ältesten* in seiner Quellensichtung nur sub specie »superior position« (80), nicht aber als eigenen Topos zu beach-

Die Kol-Haustafel hat für diesen Topos, der im NT sonst ekklesiologisch aufgenommen ist, in ihrer knappen Begrenzung auf das *Haus* keinen Raum. - Die Formulierung der gebotenen Fürsorge des Herrn für den *Sklaven* v.223f berührt sich eng mit Kol 4,1. Das gleiche Verbum παρέχειν / παρέχεσθε läßt vermuten, daß die Topostradition mehr am Verbum festgemacht war und die Nomina je sachgemäß gewählt wurden. Dem dortigen Doppelbegriff *Gewähre, was recht und billig ist* τὸ δίκαιον καὶ τὴν ἰσότητα entsprechen die beiden Parallelbegriffe v.223f γαστρὸς δασμόν und τακτά. Die Glaubensbegründung Kol 4,1 und die opportunistische Begründung PseuPhok 224 zeigen dagegen die unterschiedliche Tendenz der Paränesen als Ganzer.

7. Die Mahnungsreihe ist mit Begründungen durchsetzt, doch so, daß der imperativische Charakter nicht beeinträchtigt wird. Neben Versfolgen fast ohne Begründungsklauseln finden sich Kurzbegründungen und - seltene und nicht sehr lange - Begründungsausführungen. Ihre Verteilung über die Reihe zeigt mehr einen literarischen als einen aktualisierenden Charakter. Der Verfasser gibt sich so der Aufgabe der Gestaltung seiner universalen Reihe mit ausgewogenen weisheitlichen Begründungen hin, daß weder die Dringlichkeit des Einzelimperativs, noch die Mahnungsbegründung in gottgeschenkter Weisheit (PseuPhok 1f; Kol 3,16) der im Kol erreichten Intensität nahekommt.

8. Der Ort der Haustafel ganz am Schluß des Gedichtes erscheint gewollt. Auch die Haustafeln in Kol und Eph stehen gegen Ende. Die Tradition listenartiger, wenig begründeter Schlußanweisungen könnte eingewirkt haben auf diese umfassende und literarische Paränese.

2.5 Positive und negative Reihen: Auswertung

Bei PseuPhok ist eine gewisse positive Tendenz der Mahnungen zwar nicht zu bestreiten, zeigt aber keinen eindeutigen Charakter. Das Positive hat im NT in anthropologischer und theologischer Hinsicht größere Bedeutung und gibt seinen Sinn deutlicher kund. Bevorzugt wird das Positive mit nominaler Mahnung und mit den Themen φιλαδελφία und *Charismen* verbunden. Das zeigt, daß hier in der Form sittlicher Mahnung das neue Ethos des Reiches Gottes proklamiert und zur Lebensordnung der Gemeinde, zur Lebensform der Gnade erklärt wird. »Das Evangelium nimmt die Form der Paränese an, d.h. die Paränese ist nichts anderes als eine Gestalt des Evangeliums selbst« (MICHEL, *Römer* 257). Bei PseuPhok ist das Positive 1) erklärende Darstellung des Guten und 2) Ausdruck des Vertrauens in die sittliche Leistungsfähigkeit aller gutwilligen Menschen, gerade auch der Heiden.

Die positive Reihe ist als listenartige Aufreihung von Anweisungen eine Form, die sich zur Aufnahme von Haustafelmahnungen anbietet. Die älteste christliche Haustafel zeigt diese Verbindung in auffallend reiner Form. Die Erweiterung der PseuPhok-Paränese um die Sexualparänese nach Lev 18,6-23 führt zur Vorherrschaft des Prohibi-

---

ten und übersieht sie in PseuPhok 220-222 (76).

tiven in einer langen Auseinandersetzung mit Gefährdungen, wie sie in der hellenistischen Umwelt manifest sind, bevor auch hier der positive Anweisungsstil, spätestens ab v.219, sich durchsetzt.

3.
DIE BEGRÜNDUNG DES IMPERATIVS

3.1 Der Platz der Begründungselemente innerhalb der Textstruktur

Der strukturelle Platz der begründenden Elemente ist zwischen NT und PseuPhok weithin vergleichbar. Die sittlichen Anstöße und Normen werden normalerweise nicht aus einem Begründungszusammenhang deduktiv entwickelt, sondern fordernd vorangestellt. Erst nachträglich werden sie durch Begründungselemente abgesichert.[60]

3.11 Begründungsklammer

PseuPhok. Die in AT und NT wichtige Form der Einbettung des mahnenden Imperativs in eine Begründungsklammer ist bei PseuPhok nur einmal, durch die Klammer des Prologs und des Epilogs um das Gedicht, vertreten. V.1f preist die gute Gabe, die mit den folgenden Ratschlägen gegeben wird; v.229-230 nennt den Lohn für den, der sich diesen μυστήρια der Rechtschaffenheit öffnet.

Mose-Tora. Im pentateuchischen Dekalog - um das bekannteste Beispiel zu zitieren - sind die für den Jahvebund grundlegenden ersten beiden Gebote *Kein fremder Dienst* und *Keine Bilderverehrung* Ex 20,3-5a ~ Dtn 5,7-9a umklammert von Begründungen: Vorausgeht die heilsgeschichtliche Erfahrung Israels mit seinem Gott, hintennach folgt eine Lohn-Strafe-Begründung, die in die Zukunft weist Ex 20,2+6 ~ Dtn 5,6+9b-10.

Neues Testament. Paulus und die Paulusschule lieben solche Begründungsklammer als eine Form, um Mahnworte durch den Rückgriff auf den Heilsindikativ des Kerygma einzuleiten und mit einer christlichen Umwandlung des Lohnmotivs abzuschließen.

[60] E.LOHSE, *Paränese und Kerygma im 1. Petrusbrief* 85, findet hier einen wesentlichen Unterschied zwischen Paulus und 1Petr. Ich möchte für beiderlei Texte differenzieren: Der paränetische Einstieg Phil 2,1-4 z.B. mit der kerygmatischen Begründung v.5-11 verbindet wie 1Petr paränetisches Traditionserbe mit kerygmatischer Tradition; vgl. den Briefaufbau 1Kor und Phil. Der Römerbrief ist nicht die paulinische Norm.

Kol 3,1-4

1. Εἰ οὖν συνηγέρθητε τῷ Χριστῷ,
2.a τὰ ἄνω ζητεῖτε,
2.b οὗ ὁ Χριστός ἐστιν ...·
3.a τὰ ἄνω φρονεῖτε, μὴ τὰ ἐπὶ τῆς γῆς.
3.b ἀπεθάνετε γὰρ καὶ ἡ ζωὴ ὑμῶν ...
4. ὅταν ὁ Χριστὸς φανερωθῇ ..., τότε καὶ ὑμεῖς ... φανερωθήσεσθε ...

1. Heilsgeschichtliche Begründung
2.a Erster Imperativ, positiv
2.b Begründungsklausel; Rückgriff auf die heilsgeschichtliche Begründung
3.a Zweiter Imperativ, antithetisch
3.b Begründungsklausel; Rückgriff auf die heilsgeschichtliche Begründung
4. Eschatologische Begründung (christliche Lohnbegründung)

Vergleichbare Anlage der *Begründungsklammer im NT* zeigt *Tabelle 24:*

Röm 5	1a	1b[61]	2-5
Gal 5	13a	13bc	14f
Phil 2	1	2-5	(6-)9-11 (vgl. διό)
Hebr 12	1a	1b-2a	2b
1Petr 2	11a	11b-12a	12bc.

Im Aufbau der Bergpredigt hat der Verfasser des Evangeliums mit den Seligpreisungen den Heilsindikativ an den Anfang gestellt und in den Bildern von Baum und Frucht sowie vom Hausbau 7,16-27 das Lohn-Strafe-Motiv abschließend noch einmal (nach verschiedenen vorausgegangenen Droh- und Strafklauseln) ins Spiel gebracht.

Apk 3,11. Der Text zeigt die Begründungsklammer in besonders prägnanter Weise. Der vorausgehende Indikativ ist zwar futurisch, hat aber das *Ich* des geschichtlich offenbarten Erlösers zur Mitte (mit apokalyptischer Ausrichtung):

Siehe, ich komme bald.	Heilsindikativ
Halte, was du hast,	Imperativ
damit niemand deine Krone nehme.	Lohn-Strafe-Motiv.

3.12 Reihen nachgeholter Argumente

Reihen nachgeholter Argumente, wo je ein folgendes das eben vorausgegangene Argument begründet, sind in ausführlicheren Begründungen gern anzutreffen. Die

[61] Die Textüberlieferung gibt im Falle Röm 5,1 ein sehr starkes Zeugnis für den Kohortativ ἔχωμεν. Dieser wird gestützt durch die Beobachtung, daß wir es in der auf Röm 5,1 folgenden Bewährungsklimax v.3-5 (vgl. Jak 1,2-4.12 und 1Petr 1,5-7) mit *parakletischem* Traditionsstoff zu tun haben. Dem entspricht die parakletisch-volitive Tendenz der Verben am Schluß der Abschnitte 5,(1-)11 und (12-)21: v.11 καυχώμενοι und v.21 ἵνα βασιλεύσῃ. Der Eingangskohortativ 5,1b *laßt uns Frieden halten mit Gott* steht zwischen dem zurückblickenden v.1a *gerechtfertigt aus Glauben* und der begründenden (und konkretisierenden) Klimax v.2-5 *Wir rühmen uns der Hoffnung - Hoffnung beschämt nicht.* Die Klimax steht hier wie eine Begründungsklausel mit konzentrierter Sprache. Darauf folgen breit angelegte Begründungen mit Entfaltung des parakletischen Anliegens. - Zur Struktur der traditionellen Bewährungsklimax vgl. meinen Aufsatz *Anfechtung und Vorfreude* (KuD 1968).

Form der logischen Entwicklung eines Gedankens aus einer Prämisse ist dagegen eher unüblich. Nicht nur die Normierung, auch die Begründung erfolgt thetisch - und das heißt im Falle einer Reihe von Argumenten: durch immer neu nachgeholte Thesen. Dieses Strukturprinzip ist oft wichtig für den Gedankengang, besser gesagt: für die *Gedankenkette*, die der Verfasser entwickelt. In dieser thetischen Argumentationsform, die erst eine Bestimmung gibt und sie dann begründend untermauert, wird das strukturelle Verhältnis von Imperativ und Indikativ in die indikativischen Textpartien hinein fortgesetzt. Dies entspricht auch dem Gefühl für die Autorität der Wahrheit.

PseuPhok 102-108

V.102 stellt mahnend die Norm fest: Das Öffnen des Körpers Verstorbener hat zu unterbleiben. Dies begründet der Verfasser
- zuerst mit der im Tod sich vollendenden Würde des Menschen v.103f,
- sodann mit der Unzerstörbarkeit der Seele v.105,
- und diese erläutert er - wiederum im Nachtrag - aus der geistigen Natur des Menschen als Gottes Gabe und Bild v.106 im Gegenüber zu der aus dem Staub kommenden und zum Staub zurückkehrenden körperlichen Natur v.107f.

Hinter den Zug um Zug nachgeholten Argumenten steht jüdisches Basiswissen aus der biblischen Urgeschichte: Gen 6,3 πνεῦμα, 1,26f εἰχὼν θεοῦ, 3,19 *Von Erde - wieder zur Erde* (DELLING, *Begegnung* 17).

Neues Testament

Ähnliche, Zug um Zug nachgetragene Begründungen finden sich auch im NT nicht selten, z.B. bei Paulus:

Röm 6,12.14

(*So soll nun die Sünde in eurem sterblichen Leibe nicht herrschen* ...)
Denn γάρ *die Sünde wird nicht euer Herr sein,*
denn γάρ *ihr seid nicht unter dem Gesetz, sondern unter der Gnade.*

Vgl. die Serie des siebenmaligen γάρ (in signifikantem Wechsel mit δέ!) in Röm 13,1-6.

Hebr 13,9-14. Die Paränese am Schluß des Hebräerbriefes gibt den Begründungen der Mahnung größeren Raum und gelangt dadurch ebenfalls zu längeren Ketten nachgeholter Argumente:

9 *Von mancherlei und fremden Lehren laßt euch nicht fortreißen;*
Gut ist's nämlich γάρ, *wenn das Herz ...*
10 *Wir haben einen Altar, von dem ...*
11 *Von welcher Tiere Blut nämlich* γάρ ...
12 *Darum* διό *auch Jesus ...*
13 *So laßt uns also* τοίνυν *hinausgehen ...*
14 *Denn* γάρ *nicht haben wir hier eine bleibende Stadt ..*

Die Kette nachgeholter Argumente folgt formal dem Vorbild der imperativischen Reihe. Mit ihrer logischen Umkehrung einer inhaltlichen Deduktion wendet sich die Begründungskette weniger an den die Wahrheit suchenden und erforschenden Geist und mehr an den in Pflicht stehenden Willen.

3.2 Lapidare Schlußsätze

Imperativisch. Begründende Kraft findet der Weise bzw. Paränet in Sprüchen von lapidarer Kürze am Schluß einer Mahnung oder Mahnungsfolge. Der begründende Klang kann sich gut mit imperativischer Formulierung des Schlußspruches verbinden. Impuls und Argumentation verschmelzen. Denn eine überzeugend klare Norm hat an sich etwas Überzeugendes.

PseuPhok (59-)69
Mit Maßen essen,
mit Maßen trinken
und maßvoll im Gespräch.

Röm 12,(17-)21
Laß dich nicht überwinden vom Bösen,
sondern überwinde das Böse durch Gutes.

Jak 4,(6-)10
Demütigt euch vor dem Herrn,
so wird er euch erhöhen.

Indikativisch. Neben der imperativischen fehlt auch die indikativische Schlußsentenz nicht.

PseuPhok (91-)96
Volk und Wasser und Feuer sind nicht zu zügeln.
Vgl. v.(22-)27.

Mt 6,(25-)34c
Jedem Tag genügt sein Elend.

Dreierformel. PseuPhok bietet dreimal eine Dreierformel als (teils indikativische, teils volitive) Schlußsentenz, s. die beiden eben genannten Beispiele, dazu v.(122-)131. Das entspricht dem Interesse der Weisheit an begrifflicher Prägnanz und griffiger Form. Auch in paränetischen Passagen des NT sind Dreierformeln nicht selten, besonders als abschließende Bekenntnisformeln.

PseuPhok (122-)131
Ländereien und Städte und Schiffe: Weisheit regiert sie.

Hebr 13,(1 bzw. 7-)8
Jesus Christus:
gestern und heute derselbe -
und in Ewigkeit.
Weiter Röm 15,7; Eph 4,5f; 5,14.

Zweierformel. Im NT hat aber unter dem Einfluß eines Ethos, das der dualistischen Kategorie der Entscheidung verpflichtet ist, eher die Zweierformel - der antithetische oder der synthetische Parallelismus - einen festen Platz als die Dreierformel.

Röm 6,2
Der Sold der Sünde ist Tod.
Die Gnadengabe Gottes aber ist ewiges Leben.
Weiter Röm 12,21; Act 20,35fin; 1Tim 6,19a/b; Jak 1,27b/c; Mt 5,48.[62]

---

[62] Mt 5,48 wurde vom Evangelisten zur Schlußsentenz gemacht, vgl. Lk 6,36.

3.3 Stufenbegründung

Die Stufenbegründung (s. c.IV) ist der Argumentationskette verwandt, hat aber im Gegensatz zu dieser eher formale Voraussetzungen im Ergänzen einer Begründungsklausel durch einen Begründungsspruch. Das primäre Formprinzip, auf kurze Mahnung eine kurze Begründungsformel folgen zu lassen, behält sein Durchsetzungsvermögen. Erst wenn dieses zum Ziel gekommen ist, wird Raum - bevor der Verfasser zur nächsten Mahnung übergeht - für längere Begründung. Die kurze Begründungsformel, die die einleitende Mahnung und die abschließende ausführlichere Begründung voneinander trennt, kennzeichne ich durch »*«.

PseuPhok 109a /b/ 110-115

Knausere nicht mit Reichtümern,
* *gedenke, daß du sterblich bist.* * (Begründender Imperativ)
Nichts ist's damit, in den Hades ... mitzunehmen ...

Mt 6,25a/b/26-29

Sorget nicht um das Leben ... noch um den Leib ...
* *Ist nicht das Leben mehr als die Nahrung*
und der Leib mehr als die Kleidung? *
Schaut auf die Vögel des Himmels ...[63]

Die Stufenbegründung sprengt weder gedanklich noch formal den Rahmen einer Spruchfolge. - Ihrer Tendenz zur Erweiterung eines Elementes der Zeilenfolge ist die *imperativische Ausführungsbestimmung* verwandt. Sie ordnet sich ähnlich in die Form der Spruchfolge ein. Hier wird die Norm des Imperativs mit der alltäglichen Erfahrungswirklichkeit in Verbindung gebracht.

Röm 12,19

Nicht euch selbst rächend, meine Lieben,
sondern gebt Raum für das Zorngericht Gottes.
* *Es steht ja geschrieben: ...* *
Darum wenn deinen Feind hungert, speise ihn ...

3.4 Überhöhende Mahnung

Für die überhöhende Mahnung, deren begründender Charakter am Text von PseuPhok bereits bedacht ist (c.IV), bietet das NT auch eine Anzahl Beispiele. Auch hier dient die Beachtung der Form dem Verständnis der Textstruktur und damit der Einsicht, wo und warum der Verfasser Vorgegebenes aufgreift und mit welchen Schwerpunkten er es weiterführt.

[63] Der Stufenbegründung in mahnenden Reihen ist 1Kor 7,16 zu vergleichen, wo auf die Regelung der Entlassungsfrage in einer nichteinigen Ehe v.15a-b die Begründungsklausel v.15c *Denn im Frieden hat uns Gott berufen* nachbegründet wird mit den Worten v.16 *Wie willst du denn wissen, Frau, ob du (nicht) den Mann rettest?* Keine Stufenbegründung, sondern eine Argumentationsfortsetzung liegt in 1Kor 7,(13-)14b-c vor. - Unter vielen Beispielen soll noch Mt 26,52ff genannt werden wegen der Verbindung von Weisung v.52a, Weisheitsspruch v.52b und situativer ausführlicher Begründung v.53f.

PseuPhok 109 (*Knausere nicht mit Reichtümern,*)
gedenke, daß du sterblich bist.
v.175f (*Bleibe nicht ehelos, damit du nicht schließlich namenlos vergehst.*)
Leiste der Natur Tribut ...

Mt 5,(20-)48 *Seid also vollkommen ...*
Matthäus verkoppelt in einer Engführung den Vollkommenheitsgedanken (d.h. das, was man von einem Menschen an Lauterkeit und Konsequenz erwarten kann) mit dem Inhalt des Ethos Jesu, der *völligen* Zuwendung zum Nächsten als Mitmenschen. Es ist ein Argument in Mahnform - und zugleich eine Verpflichtung.

3.5 Mahnungs-Begründungs-Reihen

Die einschlägige Quellenliteratur bietet eine Anzahl von Beispielen, wie die kleinen Einheiten, in denen ein Imperativ mit einem Indikativ zusammengebunden ist, zu größeren, liedartigen Einheiten mit übergreifender Struktur verbunden werden. Die so entstehenden Reihen können, müssen aber nicht eine thematische Einheit bilden. PseuPhok bietet sie in einfach parallelistischer Form. Wesentlich ist, daß sie als eine Kette mit ihren Gliedern von einer gemeinsamen Grundhaltung bestimmt werden. Vielfach kann man aber ein Anwachsen der Glieder vor einem lapidaren Schluß beobachten. Dafür vergleiche ich zwei neutestamentliche Texte ganz unterschiedlicher Herkunft.

PseuPhok 53-69

53f	*Prahle nicht mit Weisheit ...*	Imp.2.Pers.
	Einer nur, Gott, ist weise ...	Ind.
55f	*Zerquäle nicht deine Leber ...*	Imp.2.Pers.
	Nimmer kann das ja das geschehene Geschick ein ungeschehenes werden.	Ind.
57f	*Nicht übereilt handgreiflich!*	Prohib. Adjektiv
	Zügele den wilden Zorn.	Imp.2.Pers.
	Oft hat ja einer ungewollt im Zuschlagen einen Mord vollbracht.	Ind.
59	*Die Gemütsbewegungen seien moderat ...*	Regelimp.3.Pers.
60	*Gutes im Übermaß gedeiht den Sterblichen nicht zum Heil.*	Anfang der Stufenbegründung (Ind.Prät.)

(60-68 Die Kette von neun begründenden Versen handelt, thematisch einheitlich, von der Schädlichkeit des Unmaßes und der Leidenschaft.)

69	*Mit Maßen essen, mit Maßen trinken und maßvoll im Gespräch.*	Triasmahnung, bündelnd (3 x imp.Inf.)
69b	*Unter allem ist Maß das beste; - Maßlosigkeiten sind Schmerzbereiter.*	Schlußantithese, nominal-aussagend

Tabelle 25: Der Aufbau von Jak 4,7-10

7a	*Seid Gott untertan.*	Imp. Aor.
7b	*Widersteht dem Teufel,*	Imp.Aor.
	und er wird euch fliehen	+ Ind.Fut.
8a	*naht euch zu Gott,*	Imp.Aor. (Antithese zu v.7b)
	und er wird euch nahen.	+ Ind.Fut.
8b	*Reinigt .. - heiligt ..*	2 x Imp.Aor. metaphorisch
9a	*Leidet und klagt und weint.*	3 x Imp.Aor. = ausführende Mahnung 1.Teil
9b	*Euer Lachen verkehre sich in Klagen und die Freude in Trauer*	Imp.3.Pers. = ausführende Mahnung 2.Teil
10	*Demütigt euch vor dem Herrn -*	Imp.Aor.
	und er wird euch erhöhen.	+ Ind.Fut.

Tabelle 26: Das Anwachsen der Glieder Jk 4,7-10:

7	Volitiv		
	Volitiv*)	+	Begründung
8	Volitiv*)	+	Begründung
	Anweisung + Anrede**)	+	Anweisung + Anrede**)
9	Anweisg. + Anweisg. + Anweisg.	/	Anweisung + Anweisung***)
10	Volitiv	+	Begründung

*) Antithetische Folge **) Anrede begründend ***) 3 x Imp. + 2 x Kohortativsatz

Der Eindruck der starken Geschlossenheit wird noch durch die rein positive Formulierung der 10 Imperative (1 x versteckt-negativ v.7b) unterstrichen. Die Reihe hat eine außergewöhnliche sprachliche Reife.

Tabelle 27: Das Anwachsen der Glieder Röm 12,17-21

Die bereits oben analysierte Reihe ist im Aufbau Jak 4,7ff sehr ähnlich.

17	Prohibitiv	^	Volitiv
18	Kondition	+	Volitiv
19	Prohibitiv ^ Volitiv	/	Begründg. a + Begründg. b
20	Kond. + Vol. + Kond. + Vol.	/	Begründung a + Begründung b
21	Prohibitiv	^	Volitiv

3.6 Begründende Metapher

Imperative, die ihr eigentliches Anliegen mit einer Metapher umschreiben, haben auch begründende Funktion.

PseuPhok 48f

> (*Verbirg nicht im Herzen eine andere Meinung, als du aussprichst,*)
> *und verändere dich nicht wie der felsverwachsene Polyp nach dem Ort.*

Diese weisheitliche Art, den Naturvergleich als Argument der Begründung sittlicher Mahnung einzubringen - ggf. in direkter imperativischer Anrede (*und verändere dich nicht!*) -, liegt den Paräneten des NT fern. Doch vgl.

Ign.Phil 3,1

> *Enthaltet euch der schlechten Pflanzen,*
> *die Jesus Christus* (als der γεωργός) *nicht anbaut.*[64]

3.7 Prohibitive mit und ohne Begründung

Ein wesentliches Merkmal der neutestamentlichen Paränese ist, daß sie keinen sittlichen Prohibitiv ohne Begründung kennt. PseuPhok dagegen trägt manchen negierten Imperativ vor, der für sich selbst sprechen soll; dies entspricht

1. weisheitlichem Stil und weisheitlicher Denkweise,
2. der Bindung des Verfassers an die biblische Autorität, die ihm sakrosankt ist - gerade die Dekalogparänese und ein Teil der Lev-18-Paränese (v.181ff) hat keine Begründungsklausel,
3. der Absicht, an die sittliche Vernunft des Lesers zu appellieren - vgl. seine Begründung v.123 ... *welche allen sehr zugute kommt*, mit dem anschließenden Tiervergleich. Er rechnet auch damit, daß es ohne weiteres einsichtig ist, wenn er sich auf Gott beruft; bis v.26 ist dies fast das einzige begründende Argument (v.1.17.18b; Ausnahme v.14b.25b).

Den Ort der Begründung beim Prohibitiv können wir in Röm 12 sehr schön sehen. Für die lange, meist positive Serie von (nominalen) Volitiven v.9-16 (normierendes Ptz. bzw. Adj.) wirkt durchaus noch begründend nach, was v.1-5 gesagt war; eigene Begründungen hat die Reihe nicht. Dort, wo in der Römerbrief-Paränese die negierende Mahnung einsetzt v.17, folgen auch alsbald zugehörige Begründungsklauseln und begründende Imperative (z.B. imperativische AT-Zitate). Die Prohibitive v.17ff sind Negativfolie des Positiven in einem Geflecht von negativen und positiven Mahnungen sowie Begründungen.

Diese Beobachtung ist relevant für eine Reihe weiterer Texte:

1. Die positiven Reihen des NT sind allgemein viel sparsamer mit der Begründungsklausel als die negativen, vgl. 1Thess 4,16-22; Kol 4,15f.
2. Aus gleicher Zeit wie die jüngeren Schriften des NT haben wir die Didache. Sie

---

[64] Vgl. Evagrius Ponticus *Mönchsspiegel* 58 (GREßMANN S.158):
Hege keinen Skorpion an deinem Busen / noch schlechte Gedanken in deinem Herzen.

bringt, aus reicher christlicher Tradition schöpfend, in c.1-2 ein Kompendium unbegründeter Imperative, wie es in dieser Ballung seinesgleichen sucht. Die Imperative sind nur darin begründet, daß sie christlicher Tradition entstammen.

Beide Hinweise können deutlich machen, wie stark in den ins NT aufgenommenen Schriften (im Unterschied zur Didache) die Pflege paränetischer Tradition verbunden war mit dem Anliegen, das Handeln aus Glauben zu fördern.[65]

4.
IMPERATIVISCHER INFINITIV / NORMIERENDES PARTIZIP

Infinitiv

Der Infinitiv kann nach altem Sprachgebrauch als Äquivalent für den Imperativ dienen.[66] Wir finden hier einen deutlichen Unterschied zwischen NT und PseuPhok. Die neutestamentlichen Schriftsteller machen von dieser Möglichkeit wenig Gebrauch, PseuPhok umso mehr.

Röm 12,15

Freuen mit den Fröhlichen,
Weinen mit den Weinenden.
vgl. Phil 3,16; Luk 9,3 fin (Tit 2,2-5)[67]

PseuPhok bildet aus imp. Infinitiven oder mit ihrer Hilfe Vorschriftenlisten, die den Charakter des Normenkodex haben sollen: PseuPhok 3-20(ff).143.145.182f. 187f.199.210. 213.220.223. Dem NT ist das ebenso fremd wie Prohibitive ohne Glaubensbegründung.

---

[65] NIEBUHR (2) bemerkt zur »inhaltliche(n) Übereinstimmung der Einzelweisungen paulinischer und nachpaulinischer Paränese mit jüdischen Anschauungen«, die bei der Beobachtung der »katechismusartigen Weisungereihen« in Blick kommen: »Die sittlichen Weisungen des zeitgenössischen Judentums sind so sehr Voraussetzung der neutestamentlichen Paränese, daß deren inhaltliche Weisung oft keiner eigenen, spezifisch christlichen Begründung bedarf. Die (unausgesprochene) sachliche Identität mit den jüdischen Mahnungen ersetzt die Begründung der Einzelmahnung« (mit Hinweis auf T.HOLTZ, *Zur Frage der inhaltlichen Weisungen bei Paulus* 385-400). Ich möchte hier »keiner eigenen« abschwächen - gerade die der jüdischen Paränese nahestehenden Prohibitive werden begründet, die typisch christlichen Volitive weniger - und »keiner spezifisch christlichen Begründung« unterstreichen: Das Wissen und das Gefühl, aus dem israelitisch-jüdischen Erbe zu schöpfen, ist eine fundamentale Voraussetzung der neutestamentlichen Paränese und ihrer häufigen Kürze, s.u. S.440.

[66] BLASS/DEBR./REHK. § 389; s.o. S.60. Zum Infinitiv bei Philo Hyp und Jos Ap s. Anhang I: *Apologeticum*. - Ph.KANJUPARAMBIL, *Imperatival Participles in Rom 12:9-21*, findet mahnenden imp.Inf. und imp.Ptz. vom gebietenden Imp. göttlicher Autorität unterschieden, wo Paulus an Gemeinden schreibt, die jüdische (aus dem Vergleich mit 1QS 5,1-7 erhobene) Unterscheidungen verstehen - eine Anregung, die wohl noch der Erhärtung gegenüber anderen Beobachtungen bedarf.

[67] BLASS./DEBR./REHK. betont ebd. A.2 die Tendenz des NT zu syntaktischen Verbindungen. Der alte imp.Inf. des Griechischen sei dagegen echt imperativisch und nicht elliptisch von einer Acc.c.Inf.- oder Nom.c.Inf.-Vorstellung übrig geblieben.

Partizip

Beim normierenden Partizip in imperativischen Reihen ist die Lage umgekehrt. Hier trägt PseuPhok nichts bei zur Klärung des Problems, das in der Diskussion über paränetische Traditionen im NT eine Rolle spielte.[68] Ich finde das Problem allerdings mehr an das NT herangetragen als aus ihm selbst erkannt. Die fraglichen Partizipien haben immer stark deskriptiven Charakter (nicht, wie D.DAUBEs Beispiele aus nichtbiblischen Quellen, den Charakter der absolut gesetzten Norm einer geschlossenen Gruppe).[69] Sie lassen sich auch überall (!) ohne Schwierigkeit als ptz.conj. mit einem verbum finitum im Zusammenhang bzw. von ihm abhängig sehen. - PseuPhok bietet keine Parallele zu diesem Partizip mit imperativischem Ton. Und es ist müßig, der Frage nachzugehen, ob sein antiquierendes Sprachgewand ihn davon abgehalten hat oder ob diese sprachliche Eigenheit von vornherein nicht seine Sache war.

5. VERGLEICH EINZELNER REDEFIGUREN

5.1 Gleichstellung von Eingangsmahnung und Folgemahnung durch kopulative Parataxe: ΜΗΔΕ, ΜΗΤΕ (-ΜΗΤΕ), ΟΥ

Der Paränet weiß auf schlichteste Weise die Pflege der Mahnungs- und Gebotstradition mit seiner aktuellen Aussageabsicht zu verbinden, so daß beides, *Tradition und aktuelle Forderung, als gleichgewichtig* und einheitlich erscheinen. Traditionelle Prohibitive führt er in Richtung Aktualität weiter, indem er sein aktuelles Anliegen mit der negierenden Kopula *und nicht (= und auch nicht)* oder mit *oder* anfügt. Damit hebt er die Zufügung zur Tradition auf die Stufe des Traditionsimperativs; ja nach dem Gesetz der Achterlastigkeit kann die Aktualisierung sogar das Hauptgewicht bekommen. In der

[68] E.G.SELWYN, *First Peter*. Vgl. dort die *Appended Note* von D.DAUBE über imperativisches Partizip. Diesen Ansatz versucht TALBERT, *Tradition and Redaction in Romans XII.9-12* 84-87, auszuführen. Dagegen F.J.ORTKEMPER, *Leben aus dem Glauben*, und SAUER, *Feindesliebe* 18, der als Beispiele für imp.Ptz. außerhalb des angeblich vorpaulinisch-jüdischen Kodex' Röm 12,9ff noch Gal 6,1 und Phil 1,28; 2,2 nennt. Zurückhaltend wegen der Möglichkeit, daß es sich um Ptz.conj. handelt, BLAß/DEBR./REHK. §468,2b. GIELEN (322.478-483; speziell 481) rechnet eher mit elliptischer Bildung und ergänzt entweder einen imp.Inf. εἶναι oder sieht das Ptz. von einem Verb im Imp. abhängen, so »daß das Ptz. ... nicht die imp. Kraft aus sich selbst« hat. Dem schließe ich mich an.

[69] Nach mündlicher Auskunft von Professor Daube stehen die von ihm genannten römischen und rabbinischen Beispiele in juridisch gemeinten Kodizes, in denen eine Gruppe sich einen elitären und apodiktischen Normenkatalog auferlegen läßt. Sie haben zugleich normierenden und deskriptiven Charakter. Das normierende und deskriptive Element ist in den neutestamentlichen Beispielen paränetischer Partizipien deutlich erkennbar. Rechts-Kodex-Vorstellungen einer ihrer Elitefunktion bewußten Gruppe sollten wir aber nicht an die Paränese der frühchristlichen Gemeinde herantragen.

gleichen Weise kann er auch eine *Mahnung mit einer Begründung* sprachlich koordinieren, indem er die Begründung in imperativische Form, z.B. in eine metaphorische Mahnung, kleidet (was ja gleichzeitig eine Übernahme des stimulierenden Charakters des Imperativs bedeutet) und beide Teile mittels der Kopula verbindet. Diese schlichte Möglichkeit ist oft nicht ausreichend bedacht, was zu ganz falscher Bewertung der mit der Kopula ausgedrückten Gleichstellung führen kann. Eine zur Anknüpfung gewählte Traditionsmahnung kommt dann leicht in den Rang einer dringenden aktuellen Weisung; oder umgekehrt eine Aktualisierung kommt in den Verdacht routinemäßiger Aufzählung. Oder argumentative Sätze wirken ganz unvermittelt, während sie in Wirklichkeit als Begründung einem vorausgegangenen Imperativ eng zuzuordnen sind. Parataktische Redeweise bedeutet nicht, daß es keine fein nuancierten Unterschiede der Funktion der Glieder gäbe.

Beispiel »Traditionsmahnung - Anwendung«

PseuPhok 77
Mach Schlechtigkeit nicht nach, sondern der Dike überlaß die Vergeltung.

1Petr 3,9
Nicht Böses für Böses vergeltend oder ἢ Scheltwort mit Scheltwort.[70]

Beide Beispiele beginnen unzweifelhaft mit derselben bekannten Traditionsmahnung. Die Aktualisierung geht in beiden Fällen auf das Konto des Verfassers und zeigt also deutlicher als die Eingangsmahnung seine paränetische Tendenz. Der Unterschied beider Beispiele liegt darin, daß PseuPhok eine Aktualisierung mit der thematischen Nuance der Abhängigkeit gerechten Ausgleichs von *»Dike«* beisteuert, während *Scheltwort* bei 1Petr eine *Konkretisierung*, also eine inhaltliche Präzisierung des abstrakten Begriffes *Böses* (dieser allerdings mit dem konkreten Klang der *Bosheit*) darstellt. Wie 3Joh 11 das unkonkretisierte μὴ μιμοῦ τὸ κακὸν ἀλλὰ τὸ ἀγαθόν (vgl. Röm 12,21) in den Kontext der neuen Gotteserkenntnis v.11b stellt, so stellt PseuPhok 77 die Mahnung gegen rächende Selbsthilfe in den Kontext hellenischer Denkformen (s. v.77b-78).

Beispiel »Sittliche - begründende Mahnung«

PseuPhok

4 *Nicht Ränke anzetteln noch μήτε die Hand mit Blut beflecken.*

83f *Niemals sei ein harter Gläubiger dem armen Manne;*
und nicht μηδέ soll jemand die Vögel allesamt aus dem Neste nehmen.
Vgl. v.48f.86f.100f.

Eph 4,26f
Die Sonne soll über eurem Zorn nicht untergehen -
und gebt dem Teufel keinen Raum.
(μηδέ mit Imp. = *sonst würdet ihr dem Teufel Raum ... geben.*)[71]

---

70 Vgl. Röm 6,12f μὴ βασιλευέτω ... - μηδὲ παριστάνετε. Die μηδέ-Aussage bringt die deutlichere Anwendung der Taufsymbolik auf die sittliche Verpflichtung.

71 s. nächste Seite

Der Vergleich dieser Stellen, an denen eine parataktische Figur die logische Beziehung ihrer zwei verbundenen Glieder eher verschleiert als ausdrückt, zeigt folgendes:

1. Die Verschleierung der logischen Beziehung zweier Imperativsätze (oder -satzteile) zugunsten des formalen Gleichgewichts der Imperative ist ein geläufiger Vorgang.[72]
2. PseuPhok verwendet nie das lockere *oder*. Im NT ist die Verbindung durch aufzählendes μηδέ (μήτε) seltener. Zu der langen Folge von μηδέ-Imperativen PseuPhok 181ff gibt es im NT nichts Vergleichbares.[73] Hier liegt nicht dies Interesse an *reihenweiser Einschärfung negativer Normen* vor. Umgekehrt hat bei PseuPhok das prohibitiv-volitive μή - ἀλλά (6 mal) nicht den dualistischen Tenor, der die Paränese des NT in manchen Partien prägt, vgl. Röm 12,16-21 (4 mal); Eph 5,15ff.

5.2 Prohibitives Futur

Das prohibitive Futur, mit dem die LXX leicht abweichend von klassisch-griechischer Regel[74] den Gesetzesprohibitiv des hebräischen Textes wiedergibt, ist auch den neutestamentlichen Verfassern geläufig. So im Zitat:

Mt 5,43

Du wirst nicht töten.

Mit dieser Sprachform der Tora- und speziell der Dekalogrezipierung bringt augenscheinlich Matthäus selbst den Traditionstext, wie er Mk 10,19/Lk 18,20 vorliegt, wieder in die Form des Gesetzestextes.[75] Hinter Mk 10 scheint also paränetischer Brauch zu stehen.

Did 2,2(-7)

οὐ κακολογήσεις κτλ.

Hier pflegt die Didache das prohibitive Futur nicht nur weiter beim Zitat von Dekalog-

---

71 TestXIINaphth 3,1-5

Seid doch nicht so eifrig, in Raffsucht πλεονεξίᾳ *eure Taten zu verderben*
oder mit leeren Worten ἢ ἐν λόγοις κενοῖς *eure Seelen zu betrügen.*

Die Worte *Eure Seelen zu betrügen* integrieren das begründende Moment in den imperativischen Text. *Raffsucht* πλεονεξία vertritt hier als pars pro toto die Verbindung πλεονεξία - πορνεία, während *leere Worte* κενοῖς λόγοις die πορνεία-Mahnung aktualisierend aufnimmt. Es wird vor schlüpfrigem Gerede gewarnt, wie das positive Gegenstück mit dem traditionellen Reinheitsmotiv *schweigend in Reinheit des Herzens* 3,1 sowie der folgende, auf sexuelle Perversion zielende Kontext 3,2-5 zeigen. Letzterer entfaltet den Mahnungskomplex in begründenden Ausführungen mit imperativischem Ansatz (ὑμεῖς μὴ οὕτως §4).

72 Die Geläufigkeit dieser Verbindung wirkt sich auch gelegentlich in einem Satz aus, in dem sie sachlich nichts bringt. Die beiden Halbsätze von 1Joh 3,18 sind ein Hendiadyoin: μὴ ἀγαπῶμεν λόγῳ μηδὲ τῇ γλώσσῃ. Eine sprachliche Verstärkung der Mahnung war erwünscht, um den Schritt vom Hören zum Tun in Gang zu bringen. Die parataktische Verbindung des Traditionellen mit dem Aktuellen war dafür eine geeignete sprachliche Form.

73 1Kor 10,7-11 zeigt eine μηδέ-Kette, die einem Ausgangs-μή v.6 in formaler Hinsicht parataktisch, in sachlicher Hinsicht aber hypotaktisch zugeordnet ist. - Das Formspiel der Folge μή - μηδέ - μηδέ Did 3,2-6 ist ohne sachliche Stringenz. Hier wirkt das Formgesetz, daß die Entfaltung einer negativen Ausgangsmahnung gern mit μηδέ eingeführt wird, formal nach.

74 Blass/Debr./Rehk. § 362 mit A.1; 427,1

75 So auch Lk 18,20 v.l. D

geboten, sondern imitiert es in den aktualisierenden Erweiterungen der Dekaloggebote.

PseuPhok 141

Einem irrend umhergetriebenen Schaf wirst (= sollst) du dich nicht entziehen.

Hier unterläuft dem Verfasser in der Wiedergabe eines biblischen Gebotes das prohibitive Futur. Sonst zitiert er die biblischen Gebote in eigener Begrifflichkeit oder umschreibt sie und hat daher keinen Anlaß zum Gebrauch der hebraisierenden Form.[76]

5.3 Subsumierung

Wo nicht die Eudämonie, sondern das Verhältnis zum Nächsten das Ethos bestimmt, da liegt es nahe, mancherlei Fehlverhalten unter die Hauptverstöße gegen das Zusammenleben zu subsumieren (vgl. BERGER 358f). So wird erreicht, daß die in Erinnerung gebrachten Hauptverbote und die subsumierten, aktuelleren Prohibitive sich addieren. Damit wird die Warnung vor beiden verstärkt:

Aktuelles wird grundsätzlicher,
Traditionelles wird aktueller.

Dies weisheitliche Mittel, einen gesellschaftlichen Grundkonsens für aktuelle Normenfindung zu nutzen oder umgekehrt um tradierte Einzelnormen als Aspekte eines einheitlichen Ethos darzustellen, hatte einen festen Platz in der Rechtsfindung. So wurde es auch für die Anwendung der Toragebote genutzt,[77] s.u. Abschnitt 5.4

PseuPhok 42(-47)

Die Geldliebe ist Mutter jeglicher Schlechtigkeit....
Gold ...: Durch dich gibt's Kämpfe und Plünderungen und Morde,
werden Kinder feind den Eltern, Geschwister ihren Verwandten.

Die Ausführungen über die φιλοχρημοσύνη beschreiben - im Unterschied zu denen über das Unmäßige v.59ff - nicht eine schlechte Hexis, sondern die Versuchung zur Schlechtigkeit κακότης in jeder Form: zu Kampf, Raub, Mord und Familienzerrüttung. Der Verfasser subsumiert die Sünden des gemeinschaftsschädigenden Verhaltens unter die Geldgier. Er will die traditionelle Warnung vor Geldgier[78] gewichtiger und konkreter machen.

1Tim 6,(6-)10

φιλαργυρία ist *Wurzel alles Schlechten* ῥίζα πάντων τῶν κακῶν.

Hier liegt der gleiche Grundgedanke vor wie PseuPhok 42-47 (ῥίζα / μήτηρ), ohne daß wörtliche Abhängigkeit zu beobachten wäre. - 1Tim 6 setzt bei seiner Warnung vor den Verirrungen der Häretiker die Geldgier in ursächliche Beziehung zur Zerrüttung des

---

76 DERRON nennt auch πληρώσεις v.23 (S.LXXVIII, A.2) und schließt sich damit an eine Erwägung VDHORSTs an, bevorzugt in der Übersetzung aber »tu remplira«. Ich lese hier πλήρωσαι, s. c.VI.

77 Ein beliebtes Mittel, ungeschriebene Verpflichtungen im Gebotstext zu verankern, ist deren metaphorische Interpretation. Jos Ap 211 (Ant 4,276) *Fremden den Weg weisen* ὁδοὺς φράζειν wurde als apologetische Antwort auf judenfeindliche Unterstellungen des Gegenteils (Juv sat 14,103) und als eine eher willkürlich-apologetische Zuschreibung zur Tora verstanden. G.VERMES weist auf Targum-Parallelen hin (»Ps.-Jonathan und neophiti margin«), die eine metaphorische Ableitung aus Dtn 27,18 (*Irreleitung eines Blinden*) erkennen lassen. Darin einbegriffen ist zugleich die Umsetzung des Prohibitiven ins Volitive.

78 Zu φιλαργυρία, φιλοχρημοσύνη und πλεονεξία s. Anhang I: *Todsündentrias*

Glaubens. So verschärft der Verfasser die Warnung vor häretischer Versuchung. Der Zweck von Subsumierungen ist also nicht primär die Pflege des Alten, der Tradition, die man zitiert; er liegt mehr in dem, was aktuell subsumiert wird. Diesem soll mehr Nachdruck gegeben werden.

Jak 4,1ff

Woher Krieg und Streit?

Auch hier finden wir die Methode der Subsumierung. Mit der Ausgangsfrage des Abschnittes v.1 *Woher Krieg und Streit?* wird die Warnung vor der bösen Lust eingeführt. Der Verfasser verschärft seine vorausgegangene Rede über Streit und Friede 3,16+18 durch die Begriffe πόλεμοι und μάχαι, um zur gemeinschaftsunfähig machenden Begehrlichkeit zu führen. Er rechnet damit, daß den Lesern der Zusammenhang der Laster einleuchtet, wie er ihn durch die Subsumierung des einen Bereiches unter den anderen - ohne große Deduktionen, ganz holzschnittartig - herstellt.

Die Methode der Subsumierung geht nicht von einer Lastersystematik aus, in der die bösen Prämissen und die bösen Folgen festgelegt wären - nicht einmal beim einzelnen Verfasser sind sie festgelegt. Sie entspringt einer Art praktischer Psychologie, die mehr an der paränetischen Wirkung als an der treffenden Analyse interessiert ist. Je nachdem, welche Beziehung traditioneller und aktueller Anliegen vorgegeben ist, kann ein Fehlverhalten einmal unter eine Norm subsumiert werden und ein andermal zur Beschreibung der Norm selbst dienen, unter die nun das andere Fehlverhalten subsumiert wird. Dies entspricht der Denkweise der Weisheit, die seit alters einen direkten Konnex zwischen einer Tat und dem folgenden Schicksal behauptet[79] und die also die Folge von Ursache und Wirkung im sittlichen Bereich oft vertauscht erlebt.

5.4 Dekalogparänese

Vorbemerkungen. Für die Zählung der Dekaloggebote richte ich mich nach dem größten gemeinsamen Nenner von hellenistischem und talmudischem Judentum mit den Orthodoxen und den Reformierten und kürze ab mit *Dek I, II, III* usw.[80] - Die Auswahl der Probleme in den folgenden Ausführungen ist von den Fragen der Formgeschichte der Paränese bestimmt.

---

[79] Vgl. die Figuren der adäquaten Vergeltung, s.u. Zum Austauschen von Ursache und Wirkung vgl. Röm 1,21ff. Paulus vertauscht hier die traditionelle Reihenfolge: »Laster führt zu gestörtem Gottesverhältnis« mithilfe der Figur der adäquaten Vergeltung gegen die Reihenfolge (= Kausalfolge): »Gottesblindheit führt zu sittlicher Perversion«.

[80] Jos Ant 3,91f. - Zur Aufteilung der Gebote auf die zwei Tafeln (die *Zweite Tafel* mit den sozialen Pflichten beginnt palästinisch mit Mord, hellenistisch mit Ehebruch, augustinisch schon mit dem Elterngebot) vgl. NIELSEN, *Die zehn Gebote* 16 und 32f. Anders REICKE, *Die Zehn Worte in Geschichte und Gegenwart* 21f. Philo spricht Decal 106 von zwei πεντάδες und erklärt, warum der göttliche Gesetzgeber das Elterngebot an das μεθόριον der beiden Tafeln, also ans Ende der Ersten Tafel setzte.

5.41 Die subsumierende Wirkung des Dekaloggebotes

In der Subsumierung hat Philo ein hermeneutisches Prinzip, um in *De Decalogo* die ganze Tora repräsentativ zu erfassen. Für das Elterngebot Dek V ist das an Decal 165-167 sehr schön ablesbar. Philo erklärt, daß die ganze auf Unterordnung vielfältiger Art beruhende Sozialordnung im Elterngebot vorgebildet und durch dieses verbindlich gemacht ist. Seine philosophische Subsumierungsmethode ist sicher nicht ohne die weisheitliche Einsicht, daß *eine Gebotserfüllung die andere nach sich zieht*, und die richterliche Methode der Anwendung von Präzedenzfällen (etwa *a maiori ad minus* o.u.) entstanden.

Dekalog VII

Im Wortlaut des Ehebruchverbotes des Dekalogs deutet nichts darauf hin, daß hier ein Zusammenhang zu anderen Sexualverboten, wie etwa dem der homosexuellen Betätigung, besteht. Die knappe Auflistung der elementarsten Gefährdungen der Gemeinschaft in der Zweiten Tafel des Dekalogs interessiert sich nicht für die Homosexualität. Die Verknüpfung geschieht erst unter den Bedingungen der späteren Zeit, die

1. von moralisch bestimmten Rechtstiteln zur Erörterung der Moral selbst übergeht und die
2. die hierbei wichtigsten Rechtscodices - Dekalog und Heiligkeitsgesetz - gegenüber ihrem ursprünglichen Sitz im Leben entschränkt und als Kern weisheitlich-paränetischer Traditionspflege behandelt; die ferner
3. das Bedürfnis hat, die Fülle der Moralia wenigen Hauptbegriffen zuzuordnen.[81]

PseuPhok 3. Erst im Zuge der Paränetisierung der Tora liegt es nahe, dem Traditionswort über den Ehebruch ein solches gegen die Homosexualität hinzuzufügen, hier v.3b. Dabei geht der Verfasser gleichzeitig vom verbotenen *Tun* γαμοκλοπέειν zum schädlichen *Begehren*[82] ὀρίνειν über. Dem Leser wird damit deutlich gemacht, daß ein in der griechischen Welt toleriertes Verhalten mit derselben Dringlichkeit zu inkriminieren ist wie der Einbruch in eine andere Ehe.[83] Und für den kundigen Juden erscheinen die sittlichen Wertvorstellungen, die sich in einzelnen Bibelgeboten ausdrücken, in engerem Zusammenhang, als es eine ungeordnete Auflistung von Normen erkennen ließe. Das sittliche Urteil wird so einfacher und gefestigter.

---

81 J.MAGONET, Art *Dekalog* II, TRE 414: »Im zehnten und siebten Gebot ... sah man alle übrigen Gebote impliziert, weil ihre Übertretung unausweichlich auch zur Verletzung der anderen führen muß.« - bYev 61a/b zählt Fälle auf, die zum Ausschluß einer Frau als זונה (πόρνη) von der Priesterehe führen: Die treulose Gattin, die Prostituierte, eine des Ehebruchs Verdächtigte, wenn sie auf dem Weg zum Gericht mit ihrem Manne Beischlaf hatte, eine Unfähige, eine entlassene Sklavin (wegen des Verdachts unzüchtigen Umgangs) und die Ledige, die sich auf einen Ledigen einläßt.

82 Zum Verbot des Begehrens vgl. BERGER 343ff. Die rabbinische Psychologie drückt die auf das gute oder schlechte Streben abhebende Seite der Tatgebote so aus, daß sie die Gebotserfüllung nicht nur der Hand und dem Mund, sondern *dem Herzen anbefohlen* sein läßt.

83 »Da die hell.-röm. Welt derart sozial einschneidende Verbote (sc. bezüglich des erotisch-sexuellen Umganges mit Frauen) nicht kennt, werden diese Gebote zugleich zum Kriterium der Zugehörigkeit zu Israel« (BERGER 326), womit energische Kritik von Nichtisraeliten an der erotischen Kultur und Freizü-

1Tim 1,(9-)10. Die Verbindung des traditionellen Sexualprohibitivs *Unzucht* mit der Homosexualität findet sich auch in diesem nach dem Dekalog gestalteten[84] Lasterkatalog, der dessen Gewicht für das aktuelle Anliegen des Briefes nutzen möchte:

Unzüchtige - Knabenschänder[85]

Dekalog VI

PseuPhok 4. Der Prohibitiv, der an das Dekaloggebot erinnern soll,

4b *nicht mit Blut die Hand beflecken,*

folgt der sachlich subsumierten Aktualisierung nach:

4a *nicht Ränke anzetteln.*

Traditionsgebot (im folgenden Schema hervorgehoben) und subsumiertes Fehlverhalten sind in den beiden ersten Versen der Dekalogparänese, v.3-4, chiastisch angeordnet:

* *Ehebruch* * Homosexualität

X

Ränke * *Mord* *

PseuPhok 57f. Handgreiflichkeit im Streit führt leicht zum Mord, stellt der Verfasser hier fest. Er subsumiert damit das weniger Schlimme unter das grundsätzlich Verbotene. Er folgt einer traditionellen Verbindung von Zorn und Mord, die auch im NT zutage tritt. - Die Fortsetzung bei PseuPhok v.59-66 zeigt mit ihren psychischen Begriffen und Erwägungen sehr schön den unterschiedlichen Charakter der hellenistisch-philosophischen Ethik gegenüber der jüdischen Paränese mit ihrem Interesse an Gebotsnorm und deren Zusammenhängen.

Mt 5,21ff. Die Antithetik des *Ich aber sage euch* verschleiert nur leicht den Zusammenhang des zitierten Dekaloggebotes mit Zorn und Ehrabschneidung; denn dieser Zusammenhang ist ja die Voraussetzung der hier vorgenommenen antithetischen Verbindung. Um der Aktualisierung christologische Einseitigkeit zu geben, wird sie antithetisch, statt wie üblich parataktisch, eingeführt.

Eph 4,25-28. Das Wort gegen den *Zorn* v.26f ist keine gesetzlich-exklusive Norm, sondern eine typisch weisheitliche, den Punkt treffende Mahnung. Die Plazierung zwischen Lüge und Diebstahl wird durch den Wunsch begründet sein, die traditionellen Prohibitive des Dekalogs - wenn auch in aktualisierender Formulierung - zu zitieren.

Wenn zwischen διάβολος v.27 und ἀντίδικος Mt 5,25 ein Traditionszusammenhang besteht, dann ist nicht nur die Folge *Mord - Zorn* traditionell, sondern auch die Verbindung *Zorn - weitergehende sittliche Gefährdung*, wie sie hier sich findet. Die Mt-Fassung enthält Eigentümlichkeiten der Rede Jesu. Sie greift - wenn auch nach Art eines Gleichnisbeispiels - konkrete Vorkommnisse in der Gesellschaft auf. So kann Eph 4,27

---

gigkeit ihres eigenen Kulturkreises nicht ausgeschlossen ist.

84 VÖGTLE, *Tugend- und Lasterkataloge* 16. Anders BROX, *Pastoralbriefe* 106, der zunächst die antike Verbindung von *Göttern und Eltern* und erst in der Fortsetzung des Katalogs die Dekalogparallele in Erwägung zieht.

85 Die hier beobachtete Tendenz zur sachlichen Zusammenfassung zweier verschiedener Mahnungsanliegen - als wären es zwei Seiten derselben Sache - ist bei PseuPhok (ohne Dekalogzusammenhang) auch in der Doppelbegründung betr. *Obdachlosigkeit und Blindheit* v.24 - eine überraschende Verbindung -

die paränetische Umbildung und Überhöhung eines Jesuslogions sein.[86] - Die Vermutung, daß der *autor ad Ephesios* hier über die Topoi Dek VI und Dek VIII hinaus den Dekalog als Ganzen im Sinne hatte, wird durch die Vollständigkeit seiner Paränese wahrscheinlich. Diese greift auch noch in 5,3ff - am üblicheren Ort, nämlich im Zusammenhang der Gerichtswarnung - Dek VII (*Unzucht* usw.) auf und zitiert schließlich 6,1-3 expressis verbis das Elterngebot Dek V. Auch das zusammenfassende Schlüsselwort κακία 4,31, das (mit κακόν) gern die traditionellen Forderungen des Soziallebens repräsentiert, spricht für die Tendenz zur summierenden Reihe.

Dekalog VIII

PseuPhok 153f / Eph 4,28. Ebenso wie die Verse PseuPhok 4 und 57f vom Zorn auf den Mord zurückgreifen, so greift v.153f von der Pflicht zu energischer Arbeit auf die Ächtung des Diebstahls zurück: Der Untätige lebt von *diebischen Händen*. Der provozierende Charakter dieser Behauptung, Arbeitsscheu und Diebstahl seien verwandt, erklärt sich leicht, wenn die Subsumierungsgewohnheit und die Orientierung an traditionellen Hauptgeboten hier dem Verfasser die Feder geführt hat. Ein gewollter Zusammenhang der Diebstahlserwähnung mit dem mosaischen Diebstahlsverbot Dek VIII ist allerdings nicht erkennbar. Die Sachparallele Eph 4,28 ist hier deutlicher. Das Dekalogzitat

Der Dieb stehle nicht mehr!

ist nur traditioneller Aufhänger und Negativfolie für die christlich verstandene positive Verpflichtung zur Liebestätigkeit.

Die Tora-Subsumierung oder, wie NIEBUHR es ausdrückt (51 A.173), »die Kombination von Torageboten mit aus ihnen inhaltlich ableitbaren, aber so nicht im Pentateuch vorkomemden Mahnungen« ist ein hermeneutisches Prinzip für Judentum und Christentum, um den unvergleichlich normativen Toratext mit den sozialen Herausforderungen und einem entwickelten Anspruch an sittliche Integrität in Beziehung zu setzen. In der imperativischen Paränese wird die Subsumtionsnorm als Verpflichtung mit einer von der Tora entlehnten Normativität weitergegeben. Diese Normativität braucht nicht juridisch verstanden zu werden, weil das Hören der Wahrheit und des göttlichen Willens an sich verpflichtet und keiner dazwischen tretenden gesetzlichen Erwägungen bedarf.

5.42 Die verallgemeinernde Ausweitung des Gebotes

Subsumierung des Aktuellen unter das Gebotene ist aber nur eine Art, der Dekalogtradition in neuen Aufgabenbereichen zur Geltung zu verhelfen. Die andere Art ist die verallgemeinernde Ausweitung. Sie bildet Oberbegriffe, unter denen sowohl der Gebotswortlaut als auch mancherlei thematisch Verwandtes Platz hat. Die Verfasser

sowie *Gift und Magie* v.149 zu beobachten.

86 Das Wort galt teilweise als Herrenwort, KLOSTERMANN, *Apocrypha* III (Kleine Texte 11) Nr.48 (DIBELIUS *Epheserbrief* z.St.). Wahrscheinlich ist das Motiv (fast wörtlich) aus gesetzlicher Vorschrift (anderen Inhalts) übernommen: Dtn 24,15 οὐχ ἐπιδύσεται ὁ ἥλιος ἐπ᾽ αὐτῷ. Dort findet sich auch das Anklagemotiv, das Mt 5,25 mit ἀντίδικος aufnimmt und das in Eph 4,27 zu διάβολος umgewandelt vorliegt.

sind sich hier sicher oft nicht bewußt, daß sie einen ursprünglich enger gefaßten Wortlaut zugunsten eines allgemeineren sittlichen Prinzips verlassen.[87] Ich beginne mit dem einfachsten Beispiel.

Zu Dekalog IX:
Falsches Zeugnis / Lüge
Τὸ ἀγαθόν, τὸ κακόν (ἡ κακία) *als gutes oder böses Wort*

Der Gebrauch des sittlichen Allgemeinbegriffes *Lüge* statt des ursprünglichen *Falsches Zeugnis (vor Gericht) geben* hat sich längst durchgesetzt.[88] So findet sich bei PseuPhok und im Epheserbrief ψεῦδος an derjenigen Stelle, an der der Dekalog ins Spiel kommt.

PseuPhok 7a ψεύδεα - ἐτήτυμα
Eph 4,25 ψεῦδος - ἀλήθεια[89]

Das paränetische Bewußtsein hält aber die Erinnerung an die Gemeinschaftsfunktion, die bei absolutem *Lüge* oder bei dem metaphorisch-religiösen Brauch *Göttliche Wahrheit - Herrschaft der Lüge* aus dem Blick kommen kann, in der Weise fest, daß es von *Das Gute / Das Böse* spricht, wo es die gute und die böse bzw. bösartige Rede und die Aktualiserung des Dekaloggebotes IX meint.

Röm 12,21. Gar zu allgemein für die Verwendung als Oberbegriff erscheinen die Begriffe des »*Guten*« und des »*Bösen*«. Doch verrät der Sprachgebrauch, der von *gütig*, von *gut zu mir* und von *Schlechtigkeit* spricht, eine Tendenz zu topologischer Festlegung, die auch in der Antike nicht fehlte. Der Anschluß der Antithese ἀγαθόν - κακόν Röm 12,21 an Liebe und Verzeihen einerseits, an *Unrecht heimzahlen* andererseits v.(9-)17-20 läßt die Tendenz zu Oberbegriffen eines ganz bestimmten, inhaltlich gefüllten Ethos erkennen. Deutlicher ist dies, wenn (statt κακόν) κακία gesagt wird. Die einleitende (1Petr 2,1) oder zusammenfassende (Eph 4,31) Rolle von κακία weist darauf hin, daß κακόν/κακία Oberbegriff für Sünden des Zusammenlebens war und als Zusammenfassung der Wort-, Gehässigkeits- und Lieblosigkeitssünden Verwendung fand und speziell auch an die Stelle ausdrücklicher Dekalogzitierung (vor allem betr. Dek IX) trat. *Gut* wird zu *gütig*, *schlecht* erhält die Bedeutung *gemein im Zusammenleben, speziell in verbaler Hinsicht*.[90]

[87] Vgl. BERGER (261) zur Voraussetzung der verallgemeinernden Ausweitung in der LXX, die »die ursprünglich ganz speziellen Verben des Dekalogs mit ... allgemeinen Zeitwörtern übersetzt hatte«. Ich finde diese Öffnung für Allgemeines schon in der hebräischen Bibel präformiert.

[88] In undifferenzierter Aufnahme der Kant'schen Ethik schließlich ist die ursprüngliche Sozialfunktion dieser Norm kaum noch wiederzuerkennen neben der kategorischen Unwürdigkeit des Lügens.

[89] Das Fortschreiten in einer dekalogverwandten Reihe zu *Zungensünden* (statt speziell *Lüge* oder gar *falscher Eid*) findet sich z.B. Ps 49,18-20 LXX und Herm vis 2.2,2f. - Im Unterschied zu unserem formgeschichtlichen Verständnis erklärt BERGER 336 die Einsetzung von »Betrügen, Lügen und Falsch-Schwören« (zum Schwören s.u.) anstelle von *falschem Zeugnis* in Dekalogreihen traditionsgeschichtlich mit Lev 19,11; Hos 4,2-3; Jer 7,9. Vgl. NIEBUHR 18 mit A.45.

[90] BERGER, *Gattungen* 1069, spricht von einer »Leitwortfunktion« des κακόν in Röm 12f. Zu dem »gemeinsamen Nenner« für die verschiedenen dort genannten Aufgaben gehört aber ebenso das Leitwort ἀγαθόν, oder richtiger: die *Gut-Böse*-Topologie als Brücke zwischen der gebotenen und der erfahrbaren Sittlichkeit.

PseuPhok verwendet κακός sehr viel neutraler. Möglicherweise wirkt sich hier aus, daß bei PseuPhok die Geschlossenheit eines Ethos fehlt, das *das Gute* als einen inhaltlich gefüllten Begriff kennt und so auch die Vorstellung des *Bösen* ganz selbstverständlich inhaltlich festgelegt hat. Im NT entgeht κακόν/κακία als Gegenbegriff zu einer Freund und Feind umfassenden Liebe (= dem *Guten*) nicht der inhaltlichen Prägung. PseuPhok hat wenigstens den Ansatz zu κακόν/κακότητος als moralischem Oberbegriff:

42-44 *Die Geldliebe ist Mutter jeglicher Schlechtigkeit* κακότητος ...
Gold, Urheber (aller) Übel κακῶν ...

Aber aufs Ganze gesehen, kommt dieser Ansatz bei PseuPhok nicht zum Tragen. Feinallzufein, aber in Übereinstimmung mit allgemeinem weisheitlichem Verständnis, wird zwischen *Dem Schlechten Schlechtes tun* und *Dem Schlechten Gutes tun* differenziert:

77 *Mach Schlechtigkeit* κακότητα *nicht nach, dem Recht* (*der* Δίκη) *überlaß die Vergeltung.*
152 *Tu einem Bösen* κακόν *nicht wohl.*

Solche Differenzierung hindert die Zusammenfassung des erlittenen mit dem selbst getanen κακόν in einem Begriff.

Zu Dekalog VII

Am gravierendsten ist wohl die im griechischen Judentum formelhaft gewordene Zusammenfassung der Sexualvergehen als πορνεία bzw. - wo πορνεία noch als zu speziell empfunden wurde - als πορνεία καὶ ἀκαθαρσία; vgl. auch ἀκαθαρσία neben μοιχεύειν[91]. Der Begriff πορνεία konnte in seiner schillernden Bedeutung trotz ursprünglich präziser Begrifflichkeit[92] schließlich zum Sammelbegriff, ja zum Schimpfwort[93] für alles sexuell Verpönte werden: von der Prostitution über den Weg zur Dirne bis hin zum Sexualverkehr während der Menstruation und der Sexualität im Alter.[94] Er - und mehr noch der Begriff ἀκαθαρσία, der seine ursprünglich kultische Klarheit ganz verloren hatte - konnte im Nebel der undeutlichen sexualethischen Sprache vieles andeuten. Dabei sind schließlich christlichen Bibellesern, Auslegern und Scheidungs-Konsistorien durch die Subsumierung des juridischen μοιχεία unter diese *Hauptlaster*-Begriffe peinliche und schwerwiegende Fehler unterlaufen. Neutestamentliche Texte bereiten diese Entwicklung allerdings vor mit ihrem Interesse an normierender Begrifflichkeit, regiert von Lasterkatalog-Begriffen.

PseuPhok macht seine Sexualethik trotz der langen Liste v.175ff nicht an Normbegriffen fest, so daß hier die entsprechenden Beispiele fehlen.

---

91 Eph 5,3; TestXIIJos 4,6; vgl. TestXIIAss 2,8

92 Vgl. L.ROSSO UBIGLI, *Alcuni aspetti* (1949) 241: πορνεία wird durch enorme Begriffserweiterung in gewissen Milieus des antiken Judentums zum »peccato sessuale in generale«. - Die Vermengung von πορνεία mit μοιχεία hat alte Tradition. In dem epexegetischen Gebrauch Sir 23,23 LXX ἐν πορνείᾳ ἐμοιχεύθη klingt der Unterschied noch durch, wird aber bewußt nivelliert.

93 W.KROLL, Art. *Kinaidos*, PRE 11,461. spricht (nach SÜSS, *Ethos* 249) von der »Beliebtheit sexueller Beschuldigungen im Altertum«.

94 »זְנוּת ist im spätjüd-rabb Sprachgebrauch nicht nur jeder außereheliche Geschlechtsverkehr, sondern auch solcher von Eheleuten, deren Ehe gg die rabb Rechtssätze verstößt«, HAUCK/SCHULZ, s.v. πόρνη κτλ., ThWNT 6,589,5ff

Mt 5,32; 19,9 unterscheidet die ehewidrige Beziehung μοιχευθῆναι von der *Hurerei*, dem λόγος πορνείας Mt 5,32. πορνεία wird gebraucht, wenn die Ehebindung der Sexualität ganz geleugnet wird, aber *Ehebrechen* μοιχᾶσθαι, wenn die geltende Ehe aufgegeben wird Mt 19,9.[95] Hätte der Evangelist beide Begriffe gleichstellen wollen, so wäre es nahe gelegen, dem ἐπὶ πορνείᾳ der Frau statt des μοιχᾶται des Mannes ein πορνεύει gegenüberzustellen, das das Verwerfliche (statt des juridisch Verbotenen) auch sprachlich zum Ausdruck brächte. Mt bewertet nicht den Rechtsbegriff *Ehebruch* mithilfe des Moralbegriffes *Hurerei/Unzucht* in paränetischer Subsumierung, sondern stellt im Gegenteil zwei Vorgänge als unterscheidbar dar.

An der Konsequenz, die (kirchen-)rechtsgeschichtlich hier aus Mißverständnissen gezogen wurde, wird die Relevanz der Begriffsunterscheidung deutlich. Die Lutherbibel übersetzt Mt 5,32, als stünde dort nicht λόγος πορνείας, sondern μοιχείας:

Wer sich von seinem Weibe scheidet / (es sei denn umb Ehebruch)...

Die korrekte Wiedergabe von μὴ ἐπὶ πορνείᾳ Mt 19,9 mit

Es sey denn umb der Hurerey willen

zeigt, daß die Übersetzer die beiden Begriffe hier als Synonyme verstanden haben.[96] Folgerichtig sah die evangelische Scheidungsrechtsprechung auch im einmaligen Ehebruch einen hinreichenden, biblisch bezeugten Grund zur Verstoßung des Ehegatten - im Gegensatz zur katholischen Überzeugung, daß auch ein Ehebruch an sich die Ehe nicht auflöst und das Verzeihen um Christi willen Raum finden soll.[97]

Zu Dekalog VIII

PseuPhok

5f *Nicht unrecht bereichern, sondern vom Rechtmäßigen leben.*
Am Eigenen Genüge haben und vom Eigentum anderer dich fernhalten.
135f 3 mal der Stamm κλεπ- / κλοπ- in nur zwei Versen.
154 *Von Diebeshänden leben.*

Unrecht bereichern ist nicht nur eine passende Aktualisierung des Diebstahlsverbots des Dekalog für die als wohlhabend gedachten Leser, sondern zugleich eine umfassendere Formulierung. (V.5f wurde denn auch gelegentlich als Erinnerung an Dek X ver-

---

[95] Πορνεία an den beiden Stellen »spielt ... wohl an Dt. 24,1 an. Es bedeutet hier schwerlich 'Ehebruch', sondern eher 'unzüchtiges Verhalten' (im Sinne der Bestimmungen der Schule Schammais)«, NIEDERWIMMER, *Askese* 51; vgl. E.SCHWEIZER, NTD zu Mt 5,32; A.SCHLATTER, *Der Evangelist Matthäus* 179f.572; BALZ, *Sexualität und christliche Existenz* 282 A.129; BOCKMUEHL, *Matthew 5:32; 19:9 in the Light of Prerabbinic Halakha*, 294f. Anders z.B. FITZER, EWNT s.v. Πορνεία. SCHALLER, *Ehescheidung und Wiederheirat* 235f, betont die Austauschbarkeit der Begriffe in der jüdischen Tradition und versteht παρεκτὸς λόγου πορνείας vom rabbinischen Verbot für den Mann, mit einer des Ehebruchs überführten Frau künftig noch zusammenzuleben. Solche halachische Radikalität möchte ich dem Evangelisten (und er wußte, was er schrieb) nicht zutrauen.

[96] Daß es bis heute am Problembewußtsein für die differenten Sachverhalte mangelt, zeigt die Rückkehr der Luther-Revision 1984 zum falschen Begriff (während die Revision von 1975 πορνεία richtig mit *Unzucht* übersetzt). Die katholisch(-evangelische) Einheitsübersetzung von 1972/74 übersetzt die Klausel Mt 5,32 mit *obwohl sie die Ehe nicht gebrochen hat* und erklärt das in der Anmerkung z.St. als eine Wiedergabe des wörtlichen *außer im Fall von Hurerei.* Ich muß schon sagen, daß ich nur schwer verstehen kann, wie katholische Übersetzer, vermutlich in kasuistischer Morallehre nicht ungeschult, Ehebruch als eine sprachlich andere Fassung von Hurerei verstehen können (etwa wegen der Auslegungstradition der Kirchenväter? s. H.CROUZEL, Art. *Ehe usw.*, TRE 9,328,39).

[97] Ich betrachte das rechtsgeschichtlich komplexe Problem hier nur vom christlichen Anspruch her.

standen.) Diese Verallgemeinerungstendenz beobachten wir auch an den zugehörigen positiven Gegenstücken: *vom Rechtmäßigen leben* und *am Eigenen Genüge haben*. Die Rede von *Fleißiger Arbeit* v.153f ist ein verallgemeinernder Ausdruck dessen, was den Gegensatz zum Diebstahl bildet. - Nur aus der Absicht, allerlei Vergehen mit der Würde des Dekalogs zu bekämpfen, ist zu erklären, daß der Verfasser seine Abneigung gegen Begriffswiederholungen einmal beiseite läßt und aus dem Stamm κλεπ- Schlüsselwörter bildet.

Kaum eine jüdische Schrift mit paränetischer Tendenz versäumt die Warnung vor dem *Raffen nach Besitz* bzw. vor *Habsucht*. Die Thematik ist auch in der griechischen Paränese so verbreitet, daß sich hier bei PseuPhok in einem aufschlußreichen Einzelfall Griechisches und Jüdisches besonders deutlich begegnen. E.REINMUTH hat sich mit diesem paränetischen Komplex, in dem er eine enge Verbindung der *Habsucht* und *Unzucht* findet, näher befaßt und stützt seine These, daß diese Verbindung eine exzeptionelle Rolle spielt, auch mit PseuPhok 3-6 (S.29-31; so schon DELLING, s. Anhang I, *Todsündentrias*). Ich finde bei PseuPhok darin eher Zurückhaltung. Dazu wird sprachlich eine mehr griechische Traditionslinie aufgenommen, während ein großer Teil der jüdisch-christlichen Texte in der israelitischen Tradition des Tatethos steht. Zudem verbindet die Tradition, auf deren Spur Reinmuth ist, häufig mit *Pleonexie* und *Unzucht* noch die *Idolatrie* und eine massive Endgerichtsdrohung. Bei PseuPhok fehlt fast jede spezielle Drohung. Mit klar hellenistischer Prägung sagt er *Geldgier* φιλοχρημοσύνη v.42 (üblicher ist φιλαργυρία).[98]

Zu Dekalog X

Mk 10,19. In der Dekalogreihe findet sich neben μή κλέψῃς in einem wichtigen Teil der handschriftlichen Überlieferung das sachlich verwandte μή ἀποστερήσῃς, das am Schluß der der 2.Tafel entnommenen Reihe (das Elterngebot ist nachgestellt) steht und also offensichtlich das Gebot Dek X vertreten soll. Die Reihe der Bestimmungen dieses Gebotes ist hier zu einem Allgemeinbegriff zusammengefaßt, der aus der von LXX abhängigen Sprachgewohnheit die Konnotation der Unterdrückung der Abhängigen, des vorenthaltenen Lohns hat.[99]

5.43 Verknüpfung

Neben der Subsumierung und der Verallgemeinerung ist die Verknüpfung ein Kennzeichen und Mittel der paränetischen Traditionspflege. Es würde hier zu weit führen, wenn wir auch die Verknüpfung der Mordsünden mit den Zungensünden verfolgen wollten, die vor allem im Bereich der urchristlichen Gemeindeparänese stark zum Ausdruck kommt und die wir im Zusammenhang von Eph 4,25ff gestreift haben. Hier soll ein Beispiel genügen:[100]

Verknüpfung von Dek IX mit Dek III: Falsches Zeugnis bzw. Lüge / (Falscher) Eid

PseuPhok 16 / Mt 5,33-37, Jak 5,12. PseuPhok rät vom Eid grundsätzlich ab, weil

[98] VDHORST bringt zu φιλοχρημοσύνη v.42 fast nur (aber zahlreiche) Vergleichsstellen mit φιλαργυρία.

[99] KLOSTERMANN, *Markus-Evangelium*, HNT, z.St.; vgl. BERGER 382.

[100] Auf die Verknüpfung von Dek VIII und Dek X hat man öfter hingewiesen, z.B. R.M.GRANT, der bei Jesus die ganze 2. Tafel auf Dek X bezogen findet, *Decalogue in Early Christianity* 4. LibAnt 11,13 läßt in der göttlichen Verkündigung des Dekalogs am Sinai nur Dek VIII aus - offensichtlich in der Annahme,

die Gefahr des unfreiwilligen, versehentlichen Meineides nicht auszuschließen sei (vgl. das Abraten von jeglichem Schwertgebrauch v.33). Wenn Jesus Mt 5,33ff (und in seiner Folge Jak 5,12) dem Eidwesen ebenfalls allgemein wehrt, dann doch nicht wegen der Gefahr des Meineides, sondern wegen der Notwendigkeit einer schlichten und unverklausulierten Wahrhaftigkeit. - PseuPhok 16f und Mt 5,33 begründen ihre Worte in Sachen *Eid* nicht aus sozialen, sondern aus religiösen Zusammenhängen; nicht aus den Bedingungen des Gemeinschaftslebens, sondern aus der Heiligkeit Gottes bzw. durch Gott als Hüter der Eide. Die Mt-Stelle zitiert das Falscheidverbot des Dekalog (und erweitert es gemäß Num 30,3). PseuPhok bringt das Thema *Eid* nicht in seiner Dekalogparänese, wo ja die 1. Tafel sowieso nur teilweise Berücksichtigung findet, sondern in dem an Lev 19 erinnernden Abschnitt (vgl. Lev 19,12). - In der entschiedenen Warnung vor leichtfertigem Schwören sind sich griechische und israelitisch-jüdische Weisheit einig. Aber nun läßt sich eine wichtige Verknüpfung beobachten, nämlich die zwischen ἐπιορκεῖν und ψεύδειν (ψευδομαρτυρεῖν) und entsprechend zwischen Dek III und Dek IX.[101]

1Tim 1,9f. Die Begriffe des Lasterkatalogs sind paarweise angeordnet. Die Wahl der Themen und Begriffe wie auch die Anordnung verrät die Absicht, den Dekalog ins Spiel zu bringen. Nach Begriffen für religiöse Verwerflichkeit (wohl eine Erinnerung an den Götzendienst in der 1. Tafel)[102] und nach *Vater- und Muttermörder* = Dek V[103] folgen Stichworte zur 2. Tafel: Mörder und Hurer, Knabenschänder und Menschenräuber, *Lügner und Meineidige*, und schließlich die Generalisierungsklausel v.9b.

Die Neigung zur Verknüpfung verschiedener, aber thematisch oder aufgrund paränetischer Erfahrung gut zusammenpassender Traditionsmahnungen ist besonders im Bereich der Zungensünden bemerkenswert. Anscheinend hat die frühchristliche Gemeinde nirgends so intensive und detaillierte Erfahrungen machen und aus ihrer jüdischen Vorgeschichte übernehmen können und müssen wie hier.[104]

PseuPhok 9-21. Auch hier ist die Anbindung des Eidthemas aus der 1.Tafel an die Themen der sozialen Ordnung wohl nicht zufällig. Die Verse greifen (wie schon die hier nachwirkende Quelle Lev 19) in forensischem Kontext drei Leitbegriffe des Dekalog noch einmal auf :

12 μαρτυρίην ψευδῆ,
16 μὴ ἐπιορκήσῃς und
18 μὴ κλέπτειν.

---

daß es in Dek X aufgehoben ist.

[101] Zur Verbindung des Verbotes, als falscher Zeuge aufzutreten, mit dem allgemeinen Verbot der Lüge und mit dem Verbot des Falschschwörens vgl. BERGER 336-341. Berger folgt auch hier seiner Minimalisierungstendenz für die Dekalogrezeption im antiken Judentum.

[102] und damit nach jesuanisch-frühchristlicher »Enthaltsamkeit« in Sachen *Erster Tafel* der erste christliche Nachweis für die paränetische Rezeption auch dieses Teils des Dekalogs.

[103] Da das antike Verständnis des Elterngebotes vor allem die Fürsorge für alte Eltern begriff, liegt es nahe, *Vater- und Muttermörder* als zugespitzten Vorwurf für den, der die Eltern darben läßt, zu verstehen. Vgl. die zugespitzte Formulierung *Zum Fraß vorwerfen* PseuPhok 185.

[104] BERGER (*Gattungen*): »Mundsünden« (1066), »Verhältnis zum Wort« (1067); »Worte und Werke« (1076 A.18).

Vielleicht hängt die Übernahme des Eides in den Zusammenhang des lügenhaften Wortes allgemein mit der Zurückdrängung der 1. Tafel in der hellenistisch-jüdischen Paränese zusammen. Aber schon Hos 4,2 und Jer 7,9 zeigen ein sachliches Interesse, vom Eid nicht als einem Mißbrauch des *Namens*, sondern von seiner sozialen Funktion zu sprechen. Entsprechend tritt anderer Mißbrauch des Gottesnamens zurück[105]. Und schließlich ist der Gerichtseid ja wohl auch das, worum es in Dek IX ursprünglich geht. Sicher aber wurde die Übernahme von Dek III in die paränetische Erörterung der 2. Tafel durch das Bestreben zum Zusammenfassen des Verwandten, eben durch die Tendenz zur *Verknüpfung*, erleichtert.

6.
ΕΝΤΟΛΗ ΠΡΩΤΗ [106]

PseuPhok 8

Vor allem πρῶτα ehre Gott, sodann deine Eltern.

Der Sprachgebrauch erinnert an mehrere Stellen im Neues Testament.

1. Relative Priorität von adverbiellem πρῶτον/πρῶτα:

2Kor 8,5

Sie haben sich selbst hingegeben:
in erster Linie dem Herrn πρῶτον τῷ κυρίῳ
und (sodann)[107] *uns.*

Auf PseuPhok 8 übertragen, hieße das, der Phokylideer wolle mit πρῶτα die Ehrung Gottes der Ehrung der Eltern vorordnen (und damit auch gewiß beides verbinden). Doch wird durch ihn die Ehrung der Eltern nicht auf einen zweiten Platz zurückgestuft, sondern umgekehrt durch die Heranrückung an die erste Pflicht aufgewertet. Das πρῶτα hebt hervor gegenüber allen im Kontext genannten Pflichten; μετέπειτα schafft dagegen Nähe zwischen θεόν und γονῆας.

2. Prinzipielle Priorität eines einzelnen Reihengliedes:

Jak 3,17

Die Weisheit von oben ist zunächst (πρῶτον = vor allem) keusch,
sodann ...

Es folgen asyndetisch sechs Parallelbegriffe zu ἁγνός/keusch.

Mt 6,33

Erstrebt primär πρῶτον das Reich und seine Gerechtigkeit;
und dann wird dies (andere) alles zugegeben werden.

---

105 was nicht überall gilt, vgl. die gelegentliche frühjüdische Zaubereiwarnung im Zusammenhang von paränetischer Erörterung des Götzendienstes.

106 BERGER 63-66.137-142; BURCHARD, *Liebesgebot* 52-55; vgl. BERNAYS, *Hypothetica* 275

107 BAUER, *Wörterbuch* s.v. πρῶτος 2c.

Die Stellung des Verses am Ende einer Reihe ist anders geartet als die Beziehung von PseuPhok 8 zu v.3-7. In dieser, der Form nach überhöhenden Mahnung bezeichnet πρῶτον ein Einziges, Unvergleichliches, Eindeutiges im Unterschied zu *allem anderen*, Zweideutigen, was es sonst noch gibt. Dieses Interesse für das Eine, Entscheidende bestimmt auch die Philosophie, wird von ihr aber nicht in einer gebotenen Ordnung, sondern in der erfüllenden Erfahrung gesucht.

3. Paränetisch-gnomisch gedachte Priorität:

Wie ein Teil der Stellen in den menandrischen Monostichen und verwandten Sprüchen, so ist auch PseuPhok 8 nicht von einer streng philosophischen Hierarchie der Werte bestimmt, sondern Ausdruck einer Betonung. Gewiß will der Phokylideer sagen, daß jedem ethischen Bemühen etwas Entscheidendes fehlt, wenn die Ehrung Gottes nicht Priorität hat. Aber als Torajude ist er nicht auf ein Hauptprinzip fixiert - darum kann er den Vers in die Reihe einfügen. Er ordnet die Fülle des Gebotenen dem grundsätzlich Nötigen zu. - Eine lockere Vorordnung, mehr um Aufmerksamkeit zu wecken, bringt Eph 6,2 mit der Bezeichnung des Elterngebotes als *des ersten verheißenden Gebotes*. Auch hier liegt alle Antithetik des Entscheidenden und des Untergeordneten fern.

4. Das erste und das zweite Gebot: Mk 12,28ff par

Der Umgang mit zwei herauszuhebenden, allen anderen vorzuordnenden Geboten, die ihrerseits in einer Hierarchie des *Ersten* und des *Zweiten* stehen, zeigt, wie flexibel und verschiedenen Zwecken anpaßbar solche Formen sind. Bei PseuPhok hat die zweite Pflicht, durch μετέπειτα locker angefügt, am Gewicht der ersten Anteil. Aber dies πρῶτα θεὸν τιμᾶν ist weit entfernt von der neutestamentlich-dualistischen Entscheidung zwischen Bewährung des Gebotsgehorsams und Nichtbewährung. Die jüdische Abneigung gegen Ausspielung eines Gebotes gegen ein anderes bestimmt diese lockere Einfügung. Im NT zeichnet πρῶτον das aus, was keinesfalls verfehlt werden darf, wenn das übrige nicht umsonst sein soll. So ist es auch in der Perikope von dem besonderen Gebot gemeint. Die Evangelisten tun dies in unterschiedlicher Weise. *Markus* schafft eine Reihenfolge, indem er nach der ἐντολὴ πρώτη fragt und dann ungefragt und unverbunden ein *zweites* folgen läßt. Indem er als erstes das Bekenntnis Israels zitiert und ihm das Liebesgebot als *zweites* zuordnet, wendet er die in missionarischer und katechetischer Anwendung geformte Jesus-Überlieferung auf die Frage an, mit welchem Wort Juden wie Christen den Heiden gegenüberstehen. So wird denn ja auch hier die Übereinstimmung mit dem Schriftgelehrten herausgestellt, bevor in 12,35ff der christologische Dissens aufbricht. Bei *Matthäus* (22,38f) finden wir eine Definition der Beziehung beider zitierten Gebote: Das zweite ist dem, das *groß und erstrangig* ist, gleich. Auf die Einheit beider Gebote, zwischen denen der matthäische Jesus keine Spannung akzeptiert, zielt hier die Aussage. Die unvermeidliche Abstufung der Rechtsvorschriften und die wesenhafte Schwerpunktsetzung der paränetischen Tradition, die vom Unterschied des Vorgeordneten und des Nachgeordneten (Subsumierten) ausgeht, wird hier in der Reihenfolge der beiden Gebote aufgenommen und in der Art der Aufnahme schlechthin überwunden.[108] Zwei Gebote bezeichnen e i n e ethische Wirklichkeit. In der *Lukas*-Fassung ist durch den katechetischen Gebrauch[109] die Erinnerung an die unterschiedliche Herkunft beider Gebote schon getilgt.

7. DIE EINSCHMELZUNG PARÄNETISCHER AUSSAGEN IN KURZSPRÜCHE [110]

7.1 Einschmelzung oder Ausführung

Fast wörtlich zitiert PseuPhok aus zwei Weisungen von verschiedenen Stellen der Bibel und verschmelzt sie zu einem Kurzspruch:

Jes 58,7	*Arme Obdachlose führe in dein Haus.*
Dtn 27,18	*Verflucht ist, wer einen Blinden irreführt auf dem Wege.*
PseuPhok 24	*Den Obdachlosen nimm ins Haus und leite den Blinden.*

PseuPhok ist nicht an einer Strafnorm gelegen; und so wandelt er den Fluch Dtn 27,18 (vgl. Lev 19,14) in eine positive Mahnung, die sich der zur Gastfreundschaft für den Obdachlosen Jes 58,7 formal anpaßt. Die Formulierung des Kurzspruches verantwortet der Verfasser, die Norm ist Gesetz und Propheten entnommen.

---

[108] Die abschließende Prägung durch den reflektierenden Theologen »Matthäus«, der die stillschweigende Gleichsetzung von Normen unterschiedlicher Priorität in der Paränese in eine Definition umwandelt, ist hier schwer zu verkennen. Die von THEIßEN (*Lokalkolorit* 121ff) herausgearbeitete innerjüdische Abgenzungsfunktion des markinischen Apophthegmas hat ihren Sitz im Leben in der Gemeinde (nicht im engeren Jüngerkreis und nicht im Volk, so Theißen). Damit war für Matthäus auch ein katechetischer Ort dieser Überlieferung vorgegeben, s. fgd. Anm. Die »theozentrische Argumentationsstruktur«, die mögliche Gemeinsamkeiten »mit Teilen des Judentums oder mit allen Juden« anzeigt, wird bei Mk 12,28ff/35ff in extenso der »christologischen Argumentation« gegenübergestellt mit »Normen ..., wo Christen von der Mehrheit jüdischer Gruppen abweichen« (Zitate: Theißen 126). - Vgl. die engführende Zusammenschau von Gottes liebendem Erkennen und der Liebe als *besserem Weg* 1Kor 12,31/13,12.

[109] SCHRAMM (*Markus-Stoff bei Lukas* 49) konstatiert »eindeutig Mk-Einfluß auf eine Nicht-Mk-Traditionsvariante«. Dieses Musterbeispiel einer aus zwiefacher Überlieferung getönten Perikope weist angesichts des gravierenden Unterschiedes zwischen den beiden Zeugen des einen Überlieferungsstranges, Mt und Lk, auf den Einfluß der lehrhaften Anwendung der Perikope in der Gemeinde hin. Auf sie dürfte die Tilgung der Erinnerung an zweierlei biblische Quellen des Doppelgebotes der Liebe zurückgehen. Der paränetische Ansatz bei Lk (Schramm 48 nach PLUMMER: Die Frage »nach dem praktischen Tun«) übernimmt die katechetisch abgewandelte Überlieferung und schafft sie nicht erst. Wahrscheinlich hat paränetische Lehrtradition die Q-Überlieferung abgeschliffen und auf deren Rezeption, z.B. in der redaktionellen Arbeit der Evangelisten, zurückgewirkt.

[110] KÜCHLER, *Schweigen* 33: »Eine Kurzformel versucht ..., durch Reduktion auf das Wesentliche eine längere Version auf möglichst knappen Raum und in eine möglichst einprägsame Formulierung zu bringen. Die Auswahl der möglichen Aspekte, die Zentrierung auf eine Pointe, in welcher das für die Argumentation Wesentliche ausgesagt ist, erlauben es dabei, den rezeptionsgeschichtlichen Ort der Kurzformel im Verhältnis zum Grundtext in Sicht zu bekommen.« Kurzformeln als Einschmelzungsprodukte werden dann besonders aussagekräftig, wenn wir ihnen weisheitliche oder paränetische Ausführungen zum gleichen Topos, die womöglich vom gleichen Traditionstext ausgehen, gegenüberstellen können.

Auch Hebr 13,2-3 dürfte von Jes 58,7 beeinflußt sein. Die Erinnerung an die Obdachlosen, die Gefangenen und allgemein an die (unter Bedrängnis durch Menschen) Leidenden ist dem Jesajatext auffällig ähnlich; die listenartige Aufzählung der Fälle ebenso. Die frühchristliche Gemeinde hat allerdings nicht die Peiniger, sondern die Leidenden in ihrer Mitte gehabt. Daher hat die Mahnung Hebr 13 teilweise einen anderen Tenor als Jes 58,7. Der Paränet hat die Freiheit, einzuschmelzen, umzuformulieren oder anders zu begründen. Er zitiert nicht, sondern ermahnt in eigener Kompetenz.

PseuPhok 19.22 / Jak 5,1-6 / Lev 19,13; Dtn 24,14-15

Lev 19,13. Die Toravorschrift, den Lohn des Landarbeiters am Arbeitstag selbst auszuzahlen, wird paränetisch unter ein dem Dekaloggebot nachgebildetes Wort gestellt:

Du sollst nicht rauben οὐχ ἁρπάσεις.[111]

Der Lohnaufschub wird zum Zweck des wirksameren Nachdrucks unter verbrecherisches Verhalten subsumiert.

Dtn 24,14-15 droht Gottes Strafe für den Fall an, daß jemand dem Armen, dem Bedürftigen, (auch besonders) dem Fremdling den Tagelohn nicht am Tag der Arbeit auszahlt. Die konkrete und präzise Ausdrucksweise ist Gesetzesstil. Die Androhung göttlicher Strafe zeigt, daß man nicht mit wirksamer gesellschaftlicher Sanktion zur Verhinderung dieses Verhaltens rechnete. Der Aufbau der kleinen Einheit ist allerdings auch gut vergleichbar mit späterer paränetischer Form:

14	*Nicht sollst du schädigen beim Lohn des Armen / Bedürftigen / und des Proselyten ...*	Ausgangsprohibitiv,
15a	*Sogleich am Tage sollst du seinen Lohn auszahlen.*	Positives Gegenstück, (zugleich Konkretisierung)
15bα	*Die Sonne darf darüber nicht untergehen.*	Wiederaufn. des Prohib. (Ausführungsbestimmung)
15bβ	*Denn er ist arm, und in diesem (Lohn) hat er seine Hoffnung;*	Begründungsklausel dazu
15c	*daß er nicht den Herrn gegen dich anruft - und für dich entsteht Schuld.*[112]	Stufenbegründung

Jak 5,1-6. Dieser Abschnitt ist besonders dicht auf die Bibel bezogen. Der Verfasser hat die Torastelle Gen 4,10 genau gelesen und ihre Strafdrohung mit dem Motiv der nach Strafe schreienden Erde Hiob 31,38-40 sowie dem Motiv des hörenden Ohres Gottes Jes 5,9 verbunden. Er hat zudem die Vorstellung von adäquater Strafe aufgegriffen: *Essen des Zornfeuers statt der geernteten Früchte* Jes 30,27, *Schlachttag* Gottes Jer 12,3. Seine von unerhörter Schärfe erfüllte Scheltrede stellt eine dichte Verknüpfung her zwischen dem unsozialen Arbeitgeberverhalten und dem Mordvorwurf, den er an Gen 4 und Hiob 31 ausrichtet.

---

[111] Die Verwendung der Vokabeln läßt allerdings keine beabsichtigte Anknüpfung von Lev 19,13 an Ex 20,15 erkennen, weder im Hebräischen noch in der LXX.

[112] Dtn 24,14f LXX hält das gebietende Futur, teilweise gegen das Hebräische, überall durch, auch in der Ausführungsbestimmung, die als Regel in der 3.Person gegeben wird. Nach der Begründungsklausel im Kausalsatz kehrt der Text für die Stufenbegründung zum Futur zurück, die damit statt des finalen einen gebietenden Klang bekommt.

PseuPhok 19.22. Ganz anders als die prophetisch-unweisheitliche Scheltrede nimmt PseuPhok die biblische Vorschrift auf.

19 *Gib den Lohn dem, der sich plackt, bedränge nicht den Armen.*

Der Kurzspruch kehrt die Reihenfolge von Lev 19,13a-b um, erweitert sie vom Tagelohn auf gerechten Lohn schlechthin und entschränkt sie von der auf den armen Landarbeiter bezogenen, nicht unter allen Wirtschaftsbedingungen passenden Pflicht der täglichen Auszahlung.

Dem spezielleren Anliegen des Armen, der auf sofortige Hilfe angewiesen ist, das der Verfasser in v.19 ausgelassen hat, widmet er nun, um zwei Verse verschoben, einen eigenen Spruch.

22 *Gib dem Armen sogleich; sag dagegen nicht, er solle morgen wiederkommen.*

So verbindet er die Lohnfrage mit der Almosenpflicht.[113]

Dieselben Texte der Tora können also in paränetische Ausführungen (bzw. eine lange Scheltrede mit der Logik paränetischer Traditionen) wie in Kurzsprüche mit mehr oder weniger enger Bindung an die Vorlage eingebracht werden. Die unterschiedliche Behandlung der Topoi innerhalb der alten Tora leistet dabei Hilfe und gibt Anregungen.

Die Goldene Regel und Verwandtes

PseuPhok 9a.22. Zusammenfassende soziale Regeln zu geben, liegt dem Phokylideer nicht. Ein zusammenfassendes Wort nach Art der Goldenen Regel bringt er nicht, was uns daran erinnern mag, daß solches Abstrahieren auch nicht eigentlich der frühjüdischen Weisheit gemäß ist (DIHLE, *Goldene Regel* 83). Im Sozialen bleibt PseuPhok konkret. Wo er das Ethos zusammenfassend ausdrücken will, da spricht er nicht von den Taten - die die primäre und traditionsbestimmte Hälfte seines Gedichtes ausmachen - sondern von der seelischen Haltung v.59f.69b.76.121. In seiner an μετριότης und σωφροσύνη ausgerichteten Psychologie nimmt er das hellenistische Erbe auf und integriert es als eigengewichtigen Teil seinem am Gebot und an der sozialen Aufgabe orientierten Ethos. Am ehesten kommen noch v.9f und v.21 einer Verhaltensgrundregel nahe.

9a *In allem das Recht zuerkennen*

Nach v.8 mit *dem Ersten:* Gott ehren, und *dem Nächstwichtigen:* die Eltern ehren, folgt nun mit den beiden Stichwörtern πάντα und δίκαια ein Drittes, das für die Begegnung mit *allen* gilt und doch gleich seine ganz konkrete Festlegung auf das obrigkeitliche Verhalten erfährt.

21 *Weder wolle Unrecht tun noch lasse Unrecht zu.*

Diese Mahnung ist inhaltlich der Goldenen Regel in der negativen Fassung nahe ver-

113 Wie bedenklich es sozialgeschichtlich und vom biblischen Ethos her ist, die biblische Koppelung von gerechtem Lohn und Sozialverhalten gegenüber Ärmeren aufzugeben und dafür die Tagelohnfrage als Sache der Armenfürsorge zu regeln, dies aus der Bibel zu erkennen, reichte die gesellschaftskritische Wachsamkeit des Verfassers nicht aus.

wandt. Wir finden 1) die Reziprozität des Verhaltens, 2) den eigenen Maßstab an den anderen gelegt, 3) statt der Antithetik von Passiv (*Was dir nicht geschehen soll*) und Aktiv (*tue anderen nicht*) hier die Antithetik des *auf sich aufpassen / auf andere aufpassen.* Dies entspricht natürlich mehr der alten Tora, die von der Verantwortung aller für das Leben im Volk ausgeht. PseuPhok kommt auf diese Verantwortung noch ausdrücklich zurück in v.132ff.

Der Verfasser eröffnet also zu Anfang den Blick für die umfassende Geltung der sittlichen Weisung, ohne Ähnliches im Laufe des Gedichtes noch einmal zu tun. Er versteht sich darauf, wie verschiedene Verse zeigen, Toraüberlieferung in Kurzsprüche einzuschmelzen; aber er bleibt auch da lieber bei sittlichen Einzeltopoi und geht nicht den Weg zur Zusammenfassung.

Neues Testament: Luk 6,31; Mt 7,12 *sowie* Did 1,2. Die Goldene Regel in ausgeprägter Gestalt,[114] sei sie nun für Einzelne, für eine Gemeinschaft vorgetragen oder bezogen auf die Menschheit, hat immer den Tenor:

Die Moral ist im Grunde einfach und vernünftig!

oder bei Ausgang von einer Gebotsethik:

Die Gebote, sowohl einzeln wie insgesamt, sind einfach und sind vernünftig!

Zu dieser Grundintention kommen im Kontext bestimmte Intentionen hinzu.

An den drei genannten Stellen »darf man nicht vergessen, daß in der Form des Weisheitsspruches sich das Gebot Gottes verbirgt« (MICHEL, *Gebot der Nächstenliebe* 64). Ob ein Bewußtsein vorhanden war, daß in diesem Topos eine Anregung heidnischer, vernunftmäßiger Ethik aufgenommen war, ist irrelevant. Bei Lukas interpretiert die Goldene Regel das Liebesgebot im Sinne der Überbietung des Nützlichkeitsprinzips (s. v.32-35), bei Matthäus dokumentiert sie, daß die verschiedenen Jesusworte mit *Gesetz und Propheten* übereinstimmen und der Wille Gottes in ihnen ein einheitlicher ist; er ist einfach zu begreifen und nachzuvollziehen. Wenn die Didache programmatisch die Goldene Regel im Anschluß an das Gebot der Gottesliebe an den Anfang der Schrift und an den Anfang der Zwei-Wege-Lehre[115] stellt, so stellt sie sich in den Dienst einer missionsorientierten Profilierung des christlichen Ethos. Das Christentum ist in seiner gegenüber Israel eigenständigen Entfaltung angetreten mit dem Anspruch, den Gotteswillen nicht in der Fülle der Gebote, sondern in einem einfachen (Doppel-)Gebot aussagen zu können (s.u. zu *Vergeltet nicht ...*). Damit konnten die Christen den Menschen in den Religionen des Römischen Imperiums, die »kein solches, das tägliche Leben bestimmendes Gesetzessystem kannten« wie die als Halacha verstandene Tora (FLUSSER,

---

[114] EUCKEN 201-203 findet die Goldene Regel zuerst bei *Isokrates* (2,24; 3,49.61.62; gegen DIHLE, Art. *Goldene Regel*, RAC 11,933, der älteren Ursprung annimmt, aber ihre abstrakte Formulierung auch dieser Zeit zuweist). »Ausgehend von der realistischen Annahme, daß der Mensch vom Vorteilstreben bestimmt ist, macht er (sc. Isokrates) das Prinzip der vernünftigen wechselseitigen Sorge und Rücksichtnahme im eigenen Interesse zur Grundlage von Zusammenleben und Herrschaft. Knappster und wirkungsvollster Ausdruck dieser Lehre ist die *Goldene Regel*, die von ihm geschaffen zu sein scheint.« Es ist allerdings ein Wesensunterschied, ob sie als Herrschaftsregel das Einfühlen in den Untergebenen fordert oder ob sie quasi demokratisch als Grundregel auf Gegenseitigkeit gilt. Erst im letzteren Sinne ist sie eine »Goldene Regel«. Weitere Lit.: DIHLE, *Die Goldene Regel* (1962); Joach.JEREMIAS, RGG[3] 2,1687-1689 s.v.; MATHYS/HEILIGENTHAL/SCHREY, TRE 13,570ff s.v.; BERGER 131f; HENGEL, *Zur matthäischen Bergpredigt und ihrem jüdischen Hintergrund* (1987)

[115] Das *Zwei-Wege*-Motiv (MICHAELIS s.v. ὁδός, ThWNT 5,43ff.56-65) kommt bei PseuPhok nicht vor. SEEBERG und KLEIN haben eine solche Verbindung aus allgemeinen Erwägungen ihres Katechismusprojekts und ohne Anhalt im Text hergestellt. Klein (61-65) hat dazu die »Wege der Erde« = *Derek erez*, auf die PseuPhok sich gleich den alten israelitischen Weisen beschränkt habe, von den »Wegen Gottes«, der *Halacha* unterschieden und erstere mit dem frühchristlichen Topos der *»Wege«* verglichen. Aber PseuPhok will nicht im Rahmen eines dualistischen Denkansatzes in die grundsätzliche Entscheidung rufen, sondern zur sinnvollen Erfüllung des Begonnenen führen.

Thesen Nr.20), den Weg zum Gott Israels und seiner Gemeinde ohne das Joch des Gesetzes zeigen.

Im Rahmen unserer der Vergleichbarkeit paränetischer Formen und Gattungen gewidmeten Untersuchung stellt sich also die Goldene Regel dar als konsequente Einschmelzung der Gebote, ja des ganzen Kanons von *Gesetz und Propheten*[116] in eine Art Weisheitsspruch mit dem Ziel, die Einfachheit des Gotteswillens und die Erfüllung menschheitlicher Vernunft- und Erfahrungsweisheit im Gebot der Liebe aufzuweisen. PseuPhok bleibt nicht nur hinter dieser christlichen Zuspitzung der Botschaft der Goldenen Regel zurück, sondern nimmt auch innerhalb des Judentums eine mehr an konkreten Geboten orientierte Richtung ein.

7.2 Weisheitlich oder paränetisch (am Beispiel *Zungensünden*)

Die Behandlung des Topos *Zungensünden* (oder in der Denkweise der Weisheit: *Zungentorheit*) zeigt den Unterschied zwischen weisheitlicher Anwendung bei PseuPhok und paränetischer bei Jak.

PseuPhok 20. Dem Phokylideer genügt ein Kurzspruch. Für dessen Platz an dieser Stelle ist kein Grund ersichtlich - im Gegenteil: er wirkt eher als Unterbrechung des engen Zusammenhanges zwischen v.19 und 21f.

20 *Auf der Zunge Besonnenheit halten; im Inneren das Wort verborgen halten.*

Gegen die Annahme, der Vers stehe in Spannung zu v.48-50, legt VDHORST Wert auf die Feststellung, daß der Vers als Stück paränetischer Tradition für sich selber sprechen müsse. Diese Argumentation beruht auf der allgemeinen Annahme, daß wir nicht mit der Formulierung eigener Gedanken durch den Verfasser zu rechnen haben. Ich kann mir vorstellen, daß der Dichter, wenn man ihm für die Reihenfolge einen engeren Zusammenschluß der Themen *Falscher Urteilsspruch* v.9, *Falschzeugnis* v.12, *Eid* v.17 und *Vorsicht im Reden* v.20 vorgeschlagen hätte, antworten könnte: Gerade solche Anleitung zum systematisierenden Denken will ich nicht. - Aber doch paßt der Vers gut zum Kontext. In ihm folgt der Verfasser seiner Neigung, Konkret-Soziales und seelische Haltung zu verbinden. Sein Ratschlag zur Vorsicht im Reden trägt der menschlichen Gefahr des Strauchelns Rechnung.

So gesehen, stellen die beiden Abschlußverse dieser Versfolge das *einerseits - andererseits* der Abwägeethik dar, das etwa so paraphrasiert werden kann:

20 *Überhaupt - sei vorsichtig in dem, was du sagst;*
21 *aber wenn du Unrecht siehst, dann sag lieber etwas.*

Jak 3,1-12. Jakobus widmet dem gleichen Topos *Vorsicht im Gebrauch der Zunge* eine ausführliche Paränese. Stilgerecht beginnt sie mit negiertem Imperativ:

1 *Werdet nicht zahlreich Lehrer.*

Dies ist allerdings der einzige Satz des Abschnittes, der inhaltliche Norm mit der Form der Weisung verbindet. Aber alle folgenden weisheitlich-erklärenden Worte sollen auch als Appell zu richtigem Verhalten verstanden werden und den Rahmen einer den *Brüdern* (v.1) zugewandten Paränese nicht aufheben. Der Eingangsimperativ ist situativ begründet: Der Brief wendet sich an frühchristliche Gemeinden mit ihrer Hochschätzung

---

[116] Zur Formel *Gesetz und Propheten* als Inbegriff des sittlichen Gotteswillens vgl. BERGER 219ff

des lehrhaften Wortes vom Glauben.

Der Verfasser geht auf diese Situation allerdings gar nicht weiter ein, sondern überführt das Thema von der sittlichen Gefährdung der Lehrer sogleich in die allgemeinsten Ausführungen über die von der Zunge ausgehenden Versuchungen und Gefahren. Die Tatsache, daß öfter in der jüdisch-christlichen Paränese Eingangsmahnungen lediglich zum Zweck der eindrücklichen Einleitung gebraucht werden (s.o. S.207 zu v.109), läßt fragen, ob auch hier nur ein situativer Anlaß zum Einstieg ins Thema genutzt wurde. Doch ist auch das Umgekehrte möglich: daß eine Gefahr aus gegebenem Anlaß mahnend angesprochen und in allgemein bekannten Überlegungen deutlich gemacht und entschärft werden soll.

Der Weisungscharakter tritt gegen Ende wieder formal zutage:

10b (*Aus dem einen Munde geht Segen und Fluch.*) *Das darf, meine Brüder, so nicht sein!*

Der Vergleich der thematisch verwandten Stellen läßt den unterschiedlichen Charakter von PseuPhok und Jak klar zutage treten.

7.3 Der Topos »Vergeltet nicht ...«

Das Traditionswort *Vergeltet nicht!* hat bis zur Verwendung in den hier zu behandelnden Texten eine reiche, sowohl alttestamentlich-jüdische als auch allgemeine Vorgeschichte. Es klingt zweimal in PseuPhok an. Im NT bekommt es eine von der vorherigen wechselvollen Verwendung abgehobene Kanonizität, die es als negatives Gegenbeispiel neben das Liebesgebot stellt. Hier zeigt es in signifikanter Weise paränetische Struktur.

Die Ausführung des Prohibitivs *Vergeltet nicht!* ist in drei verschiedenen, ja gegensätzlichen Weisen möglich:

Vergilt | *nicht Böses für Gutes* - oder:
nicht Gutes für Böses - oder:
nicht Böses für Böses.

Jede dieser drei Möglichkeiten kann verschiedene positive Weiterführungen haben und durch verschiedene Motive begründet sein. Oft gibt der Kontext darüber Aufschluß.

Nicht Böses für Gutes!

ist eine an sich selbstverständliche Forderung für jeden, der mit der Rückwirkung seines Tuns auf sich selbst rechnet. Nur Narren vergelten Böses für Gutes.

Nicht Gutes für Böses!

gehört zum festen Bestand der Lebensklugheit der Spruchdichter. Eudämonistische Weisheit warnt davor, sich im Gutestun zu verausgaben, zu viel Mitmenschlichkeit zu wagen, dem Bösen durch Nachgiebigkeit Raum zu geben. Die Regel, die in der einschlägigen Literatur eine große Rolle spielt, findet sich sachgemäß

PseuPhok 152 *Tu einem Bösen nicht wohl. Es gleicht dem Säen ins Meer.*

Nicht Böses für Böses!

Die interessanteste Wendung: *Vergeltet (Vergilt) nicht Böses für Böses!*, wird ihrerseits in dreifach verschiedenem Sinne mit restriktiver, gebrochen positiver und echt positiver Intention gebraucht:

1. *Halt dich aus Rache und angemaßtem Richteramt heraus!*
Du bringst dich in Gefahr. - und nützt womöglich dem Bösen noch.
Überlaß die Strafe dem Schicksal oder Gott.

So meint es die andere PseuPhok-Stelle. Der Verfasser wandelt die Spruchmahnung, die er ebenso aus Prov 20,22 wie aus einem breiten Traditionsstrom und aus allerlei Literatur kennen kann, in einen pädagogischen Satz:

77 *Mach Schlechtigkeit nicht nach; der Dike überlaß die Vergeltung.*

2. JosAs zitiert *Nicht Böses für Böses!* als Wort idealer Gesinnung, mit dem die Neophytin Aseneth 1) ihren ärgsten Feind vor dem verdienten Tod (zunächst) rettet 28,5 und 2) die Söhne Jakobs belehrt, was sich für *gottesfürchtige Männer* ziemt 28,10.14. Ja, sie kehrt 3) die *Talio*, die den Übeltäter trifft, um in eine adäquate Vergeltung für den, der nicht vergebungsbereit ist:

28,14 *Der Herr würde solche Selbstüberhebung* (sc. eigener Rache) *rächen!*

4) In der Heilung der Wunden des Feindes 29,3 ist der positive Charakter der Regel besiegelt. »Doch scheint solche Nachsicht nur Gleichgestellten gegenüber geboten zu sein; feindliche Soldaten werden ohne Federlesen in Massen totgeschlagen (27,4-6).«[117] Der Erzähler empfindet auch Genugtuung, daß die Übeltäter doch den Tod finden. Das dürfte nicht nur erzähltechnisch bedingt sein, damit Joseph als Mann der Aseneth die Regierung an Stelle der Umgekommenen übernehmen kann. Ich rechne mit einer Tradition, wie wir sie auch aus TestXIIPatr (hier ohne die Formel *Vergeltet nicht*) kennen und die eindrücklich auf das NT vorausweist. Sie erschien dem Verfasser von JosAs gültig, wurde aber doch innerlich nicht mitgetragen. Die Pflege des Traditionsstückes läuft also nicht einlinig in der Tradition - wie sie ja auch in der Wirkungsgeschichte des NT eine sehr widersprüchliche Rolle gespielt hat.

3. »An zwei Stellen kommt die Überwindung des Vergeltungsgedankens klar zum Durchbruch und wird prinzipiell formuliert: in der griechischen Philosophie und bei Jesus - auf der Schwelle zwischen Judentum und Christentum«.[118] In der griechischen Philosophie gilt dies besonders für Epiktet. Im NT ist die Überwindung der Vergeltung zentraler Gehalt des Evangeliums, weil sie unmittelbarer Ausfluß der rettenden Zuwendung Gottes zum Menschen ist. Sie ist gemeint mit der christlichen Rezeption der *Goldenen Regel*, findet aber ihren zudringendsten Ausdruck im *Gebot der Feindesliebe* und im *Vergeltet nicht!* und erhält so als klare Norm Platz in der usuellen Paränese. Das Gegenüber beider Formeln, Feindesliebe und Vergeltungsverzicht, zeigt die Funktion positiver und prohibitiver Paränese. Während das *Liebet eure Feinde!* eine vorauseilende Zielangabe mit mannigfachen Realisierungsmöglichkeiten ist, setzt das Vergeltungsverbot reaktiv ein und zieht eine strikte und klare Grenze. Da beide Worte ihre

[117] BURCHARD, *Joseph und Aseneth*, JSHRZ 2.4,612

Kanonizität aus der Erfahrung der Unterdrückung und Verfolgung, aus dem Festhalten an der Gemeinschaft mit den Verfolgern und der verpflichtenden Kraft der im Gekreuzigten gefundenen Hoffnung gewonnen haben, halte ich es für möglich, daß die Perikope von der Feindesliebe Mt 5,38-42 unter Einwirkung der Tradition des *Vergeltet nicht* gebildet wurde.

Die drei Zitate der Traditionsregel im NT stimmen im Vordersatz fast wörtlich überein, davon zweimal in der partizipialen Fassung, und sind sich gleich in der ganz positiven Intention. Sie sind im Nachsatz bzw. in den Nachsätzen völlig frei bei der Wahl der Konkretisierung und Begründung. Die ganz positive Grundintention im Sinne der Feindesliebe wird für die Konkretisierung in Röm 12,19 teilweise in Zweifel gezogen, ich meine, zu Unrecht. In dem von Jesus initiierten Ethos fand m.E. das lange Schwanken über die beste Fassung des *Vergeltet nicht!* ein Ende.

1Thess 5,15

Achtet darauf, (sc. ihr leitenden Brüder,)
daß nicht jemand Böses für Böses vergilt,
sondern (ihr alle):
verfolgt das Gute untereinander und gegen jedermann.[119]

In erstaunlicher Kürze und Prägnanz wird in nur zwei Halbsätzen 1) eine Leitungsaufgabe ὁρᾶτε μή τις, 2) eine Aufgabe der ganzen Gemeinde und 3) die Frage des unterschiedlichen oder gleichartigen Verhaltens innerhalb der Gemeinde εἰς ἀλλήλους und nach außen εἰς πάντας abgehandelt. Vorchristliches und Christliches und die Kunst der paränetischen Formgebung des Paulus kommen hier zusammen. Die Regel hat ihren Sitz unter den Aufgaben der Gemeindeleitung als einer Anwendung der approbierten sittlichen Tradition auf das Verhalten der Gemeindeglieder. Ihre Komplexität und Kürze im ältesten Text schriftlicher christlicher Überlieferung zeigt ein erstaunliches Maß von Ausreifung. Verfolgungserfahrungen, Leiden unter dem Zerbrechen der früheren sozialen Beheimatung, Erfolglosigkeit missionarischer Hoffnung für nahestehende Menschen und Reibereien in der neuen Gemeinschaft haben dazu zusammengewirkt.

1Petr 3,9[120]

Nicht Böses für Böses vergeltend
oder Schmähwort für Schmähwort,
sondern dagegen segnet,
weil ihr gerade dazu berufen seid, Segen zu erben.

Entsprechend dem distanzierten Verhältnis des Autors zu seinen Adressaten in einem ins Epistolische tendierenden pseudepigraphen Sendschreiben wird die Traditi-

[118] THEIẞEN, *Gewaltverzicht und Feindesliebe* 195

[119] Paulus erwartet die Verlesung des Briefes vor der versammelten Gemeinde und hebt im allgemeinen die Leitenden nicht eigens hervor, auch wenn ihr Aufgabenbereich besonders angesprochen wird. Weil seine Gemeinden damit vertraut waren, entstand für die Hörer keine Unklarheit, wenn er speziellere Pflichten und die Pflicht der gesamten Gemeinde ohne Übergang nebeneinanderstellte. Denn so oder so ist die Gemeinde immer als Ganze angesprochen. Vgl. Anm.55

[120] Die von SAUER, *Feindesliebe* 5, vorgetragenen Bedenken, 1Petr 2,23; 3,9 als selbständigen Beitrag zur traditionsgeschichtlichen Frage zu werten, entfallen für den, der die Qualität dieser Verse als eigentümliche Formung des bekannten Traditionsgutes betrachtet.

onsmahnung zu einem ausgereiften Mahnspruch idealer Form ausgebildet. Wie Traditionsparänese zur Anwendung des Evangeliums für den Alltag wird, ist an ihrer Einfachheit ablesbar. Ihr Sitz im 1Petr ist gemäß dem Briefanliegen ein doppelter: die Verbindung von Traditionsparänese mit spiritueller Erkenntnis (öfter werden Abschnitte mit verkündigend-lehrhafter Entfaltung des Kerygmas durch paränetische Traditionsstücke eingeleitet) und die Zurüstung für die Bewährung im Leiden. Im Rahmen einer Generalisierungsformel am Ende der Ständetafel τὸ δὲ τέλος schließt der Autor sie partizipial (also nominal) als negatives Gegenstück den das neue christliche Sein beschreibenden Adjektiven v.8 (vgl. Röm 12,10-13; Eph 4,2f) an und verknüpft so Gemeindeleben und Leben in der Welt. Dem ethischen Bruch zwischen der Gemeinde als Heimat und dem Leben unter den *Völkern* als *Fremde* 3,11f wird durch schlichten Rückbezug auf gesicherte paränetische Tradition gewehrt. 1Petr folgt in dieser grundsätzlichen Wertung des Lehrstückes und dem partizipialen Anschluß an nominale paränetische Tradition dem Vorbild des Paulus, das er aus der Vertrautheit mit paulinischer Tradition auch kennen mußte.

Röm 12,17-21 *Niemand Böses für Böser vergeltend ...*

Auch hier die Einpassung der Traditionsmahnung in eine nominale Mahnungsserie 12,6-16(-19). Die mit v.9 einsetzende Antithetik von *Liebe* (= *Güte*) und *Bosheit* wird ab v.17 prohibitiv weitergeführt. Nach der Ausgewogenheit der Elemente und dem Tenor der Paränese Röm 12-13 geht es Paulus um die Verbindung des Liebesgebotes mit der *Gut-Böse*-Topik, wozu ihm das Traditionsgebot *Vergeltet nicht!* dient. Die verschiedenen entfaltenden, antithetischen und begründenden Elemente schaffen ein Ineinander der klassischen Mahnspruchform und der Reihenform.

Eine herausgelöste Untersuchung des Zitates von der *Rache* Gottes und des Bildes von den *glühenden Kohlen auf dem Haupt* 19-20 führte zu der Annahme, Paulus sei hier dem oben unter 2. charakterisierten Typus der Rezeption der *Vergeltet-nicht*-Formel zuzuordnen. Es paßt in der Tat vortrefflich zu jener jüdischen Erfahrung, daß die Staatsmacht vor den in Ohnmacht todbereiten Juden kapitulierte. Von Feindesliebe ist hier keine Rede. Aber in solchen Erinnerungen erschöpft sich der Gehalt des Wortes nicht. Ich halte die Fortsetzung der Mahnung und Aktualisierung von v.17f in v.19f für eine Teilkonkretisierung, die im v.19 dezisionistisch nicht die volle positive Begründungsmöglichkeit des paulinischen Ethos einbringt - und damit, für Paulus selbst und für die Adressaten, »zweifellos Aggressivität an Gott 'delegiert'« (THEIßEN a.a.O. 170).

Paulus zeigt der römischen Gemeinde hier, indem er die Regel zwischen Gemeindeethos 12,3ff und gesellschaftlichem Ethos 13,1ff vorträgt, deren Funktion für die Außenkontakte der Gemeinde. Diese Funktion dürfte auch ihre frühchristliche Kanonisierung bewirkt haben.

Mt 5,39-42 *Ich aber gebiete euch, nicht zu widerstehen dem Bösen* πονηρῷ ...

Drei kasuelle *Wer-der*-Anweisungen v.39b/40/41 und eine leicht antithetische Schlußanweisung führen den Traditionsprohibitiv, der dem Vergelten wehrt, ins Positive. Bemerkenswert ist: 1. Der prohibitiven Fassung der Traditionsmahnung v.39a und einem leicht prohibitiven Anklang am Schluß μὴ ἀποστραφῇς v.42 steht eine einhellig positive Linie gegenüber. 2. Die personale Ausrichtung nimmt nicht Tugend, sondern in fünffacher Wendung den feindseligen Nächsten in Blick. 3. Es gibt keine Begründungsklausel. Die Stilisierung zeigt Jesus als den, der zum Gebieten autorisiert ist.

Ich betrachte die Behandlung der Thematik in der Bergpredigt mit SAUER (*Feindesliebe* passim) bereits als eine Weiterführung der in den Briefen erscheinenden Traditionsbildung. Sauers »Urtext«-Rekonstruktionen erscheinen mir allerdings in manchem als fragwürdig: 1. Die Vierergruppe Lk 6,27f mit Imp.2.Pers., die er am Anfang einer ursprünglichen Q-Reihe sieht (10), ist eine typische paränetische Abschlußsequenz. 2. Paulus als Paräneten sehe ich nicht wie die Evangelisten an der Arbeit mit Zusammenstellung und Redigierung ursprünglicher Einzelstoffe (17-21). 3. *Vergeltet nicht* und Liebesgebot gehören unterschiedlichen Traditionssträngen an, wie sich an der beharrlich entweder prohibitiven oder volitiven Form der Traditionskernstücke zeigt. Ich stimme zu, daß Röm 12,14 mit dem Kern der synoptischen Überlieferung zusammenhängt. Aber hier (12,14 gegenüber 12,16) wie im Gegenüber der 5. und 6. Antithese Mt 5,39.44 hat sich die Eigenart beider Stränge erhalten. In den jeweiligen Schlußversen, Röm 12,21 und Mt 5,48, erscheinen sie dann gemeinsam »überhöht« und somit zusammengefaßt.

Das Gebot der *Feindesliebe* dürfte unter den Anfechtungen durch Schutzlosigkeit in jenem Umfeld gebildet sein, in dem das prophetische Weisungswort im Namen des Kyrios die beachtliche Erweiterung der Jesuslogien in Richtung Quelle Q bewirkt hat. Es diente dazu, im Sinne Jesu festzuhalten 1) an der Gemeinschaft mit Israel, 2) an der Evangeliumshoffnung auch für jüdische Verfolger und 3) dann auch an der Erwartung, die politisch bedingte Unterdrückung werde letztendlich ihre Ohnmacht vor der Wehrlosigkeit des »Kreuztragens« offenbaren müssen.[121] Das Verbot der *Vergeltung*, wie es nach obigen Feststellungen schon früh festgelegt worden sein muß, weist am ehesten zurück in die gemeinsame syrische Tradition des Paulus und Matthäus.

Der Evangelist hat beide Gebote, als er Q für seine Bergpredigt umarbeitete, in eigenen Formulierungen verbunden. Das ἀντί der Traditionsregel κακὸν ἀντὶ κακοῦ nimmt Matthäus sowohl im Vorsatz der 5.Antithese v.38 als auch im Nachsatz v.39 auf:

ἠκούσατε ὅτι ἐρρέθη· ὀφθαλμὸν ἀντὶ ὀφθαλμοῦ καὶ ὀδόντα ἀντὶ ὀδόντος.
ἐγὼ δὲ λέγω ὑμῖν μὴ ἀντιστῆναι τῷ πονηρῷ.

Da Matthäus Wert darauf legt, daß Jesus als der Urheber der mit *Ich aber sage euch* eingeführten Worte erscheint, verschleiert er den Traditionscharakter des Folgesatzes. Er tauscht das traditionelle κακόν gegen das unübliche πονηρόν aus. So hat er also die Tradition des *Vergeltet nicht!* aufgenommen, sie als Aufhänger für Erweiterungen der Q-Vorlage betr. Feindesliebe verwendet und den Traditionshintergrund durch die Ausdrucksweise etwas verschleiert.

Über die Verwurzelung des Gebotes der Feindesliebe (SAUER 28) wie auch des Doppelgebotes der Liebe in der Verkündigung und Tat Jesu besteht offensichtlich kein Zweifel.[122] Daß man das formulierte Gebot Jesus in den Mund legte, dient keineswegs nur dazu, diesem Topos mehr Autorität zu verschaffen. Der entscheidende Grund liegt in der Umkehrung der *Adäquaten Vergeltung*, die im Kairos, den Jesu eröffnet, aus einem Instrument des Verhängnisses der Menschheit (vgl. Röm 1,21ff) in ein Instrument

[121] Die monokausalen Interpretationen von Leidenssituationen, so beliebt sie (auch im neutestamentlichen Schrifttum) sind, treffen kaum je die volle Wirklichkeit. Fast immer steht der Leidende in einem Doppelkonflikt. Feindesliebe im vollen positiven Sinne bedeutet daher, Solidaritätserfahrung, die man in einem Leidenskontext über Grenzen hinweg hat erfahren oder erahnen können, in den anderen Leidenskontext zu übertragen, z.B. aus dem innerjüdischen in den staatlichen.

[122] S. die Literaturhinweise bei BURCHARD, *Das doppelte Liebesgebot* 62

der erbarmenden Rettung des Sünders gewandelt wurde, damit dieser mit dem erbarmenden Gott eins werde. Daher kann, wer durch Jesus Erbarmung erfahren hat, an der Möglichkeit des Verzeihens und Segnens in Anfeindungen gar nicht vorübergehen. Die Inanspruchnahme des Namens Jesu für das Gebot der Feindesliebe ist wie weniges, was zum eigenen Wort des Kyrios wurde, notwendiger Ausdruck des Evangeliums. - In einer anderen Traditionslinie hat sich dieselbe Erkenntnis des Willens Gottes in Jesus mit einschlägiger Weisheitstradition zu dem paränetischen Topos *Vergeltet nicht!* verbunden. Der Prohibitiv erweist hier seine Kraft, Grenzlinien zu ziehen, mit einer Eindeutigkeit, zu der sittliche Volitive wie das Wort *Liebet eure Feinde!* als verbindliche Zielangaben ohne Bestimmung eines Endpunktes nicht fähig sind. Die Mahnung *Nicht Böses für Böses!* hat also von der prohibitiven Seite her die sittliche Grundnorm des Liebesgebotes ergänzt, hat dies gegenüber dem traditionellen Verständnis vereinfacht und auf einen Nenner gebracht. So korrespondiert sie mit der (christlich verstandenen) Goldenen Regel als Auslegung des Liebesgebotes.

7.4 Sexual-Tabu-Listen - im Kurzspruch aufgehoben

Ein eindrückliches Beispiel der Einschmelzung gesicherten Überlieferungsgutes im Bereich der Sexualparänese zeigt der Hebräerbrief. Während der Phokylideer die Sexualtabus der Tora und deren paränetische Anwendung in großer Breite vorführt, bringt Hebr 13 in musterhafter Weise eine äußerst knappe und dabei doch aktualisierende Erinnerung an die traditionelle Sexualparänese.[123]

Hebr 13,4

Ehrbar sei die Ehe bei allen[124]
und das Beilager unbefleckt.
Hurer und Ehebrecher richtet ja Gott.

Der Verfasser selbst ist Urheber der positiven Formulierung beider Mahnungshalbsätze. Damit fügt er den traditionellen Prohibitiv der Sexualparänese in den Rahmen der überwiegend positiven Mahnungsreihe des Briefschlusses 13,1-19 ein. Der modest-freundliche Ton dieser Mahnungsformulierung paßt auch gut zum Kontext. Negierende Abgrenzung klingt in ἀμίαντος, dem Begriff, der die traditionelle Warnung vor *allerlei Unreinheit* aufnimmt, an. Denn in der längst traditionellen Verbindung von πορνεία und ἀκαθαρσία vertritt *Unreinheit* all das, was als Aktualisierung der Warnung vor grober Unzucht genannt werden könnte und nicht genannt werden möchte. - Um so schärfer nimmt der Verfasser in der Begründungsklausel das Unzucht- und Ehebruchurteil der Tradition auf - und auch hier findet er zu nichtunterschreitbarer Kürze (wenn

[123] Eine mittlere Stellung nimmt - um ein Beispiel für viele zu nennen - PsSal 8,10-13 ein: Hier sind Sexualvorschriften in eine kleine Scheltredenreihe eingeschmolzen, die aber breit genug angelegt ist, um die Hauptverstöße mit je einem Satz zu nennen.

[124] Die Möglichkeit, ἐν πᾶσιν sächlich mit *in jeder Hinsicht* zu übersetzen, würde bedeuten, daß der Verfasser das Nachdenken über allerlei Gefahren des Sexuallebens anregen will. Was könnte er als das *ziemliche Verhalten* gemeint haben? Es liegt wohl näher, personal zu übersetzen, weil zum sachlichen *Die Ehe* ein personaler Begriff gehört, und die Mahnung angedeutet zu finden, daß die Grenzen der Gemeinde nicht durch Laxheit in der Gemeindezucht aufgeweicht werden.

man von der aus Gründen der Redundanz und des Sprachrhythmus notwendigen Doppelung πόρνους - μοιχούς absieht).[125]

Es ist erstaunlich, mit welcher Allgemeinheit und Kürze der Unzuchtwarnung sich die Schriften des NT begnügen. Wir wissen eigentlich gar nicht, welche Tabus der sexuellen Reinheit der Juden in der heidenchristlichen Gemeinde weitergalten. Der kultische Hintergrund des Begriffes *Unreinheit* wurde sicher nicht mehr empfunden, so daß die Distanz zum Jüdisch-Rituellen kein Grund für die Zurückhaltung in Konkretionen sein konnte. Zu vermuten ist, daß unter die Unreinheit das Beilager an den verbotenen Tagen subsumiert wurde.[126] Der im damaligen Judentum weithin verpönte Sexualverkehr ohne Kindererwartung (also besonders im Alter) könnte in der jungen Kirche gleiche Ablehnung gefunden haben. Im großen und ganzen begnügen sich die christlichen Schriftsteller damit, den Abstand christlicher Gesittung von dem, was sie in der heidnischen Umgebung Anstößiges finden, herauszustellen. Es ist daher Vorsicht mit dem Rückschluß von den Sätzen der Sexualparänese auf die Situation der Gemeinde geboten.

Ganz anders PseuPhok in v.175-204. Er gibt seine Paränese in die heidnische Umwelt hinein. Ihm ist daran gelegen, daß die Auseinandersetzung um angemessenes Sexualverhalten in der hellenistischen Gesellschaft unter verstärkten Einfluß biblischer Normen kommt. Er rechnet hier ebensowenig wie sonst im Gedicht mit der normierenden Kraft einer vorgegebenen Gemeinschaft. Darin liegt es begründet, daß er, der sich sonst oft mit andeutender Kürze auf die sittliche Urteils- und die Denkfähigkeit seiner Leser verläßt, hier Satz um Satz die biblischen Normen und ihre notwendigen Aktualisierungen auflistet. Aber auch hier ist er für den Wortlaut der Formulierungen selbst verantwortlich und setzt aus eigenem Ermessen die Schwerpunkte.

PseuPhok 205 / 1Tim 3,2.12; (5,9); 1Kor 7,26.28b.32a

Wir haben hier drei Belege für eine grundsätzlich restriktive Sexualmoral. Die Meinung, dies dürfe bei Paulus nur aus der Naherwartung der Wiederkunft Christi erklärt werden, läßt sich schlecht halten vor dem Hintergrund der Ähnlichkeit seines Abratens von der Ehe mit vergleichbaren Worten anderer. Man hatte bald diese, bald jene Gründe. Aber man scheint doch ganz grundsätzlich reserviert allem erotischen Begehren gegenübergestanden zu haben, wo dies nicht dem Standard der in jungen Jahren geschlossenen einmaligen Ehe diente.

PseuPhok 205
Auch füge nicht Ehe zur Ehe, Übel zum Übel.

Die restriktive Sexualmoral erlaubt es, im unklaren zu lassen, ob der Bigamie oder der Digamie widerraten werden soll, s.o. S.83. Dem Verfasser lag nicht viel an klarer Konkretheit. Die restriktive Grundhaltung ist das eigentliche Ziel seiner Mahnung.

---

[125] Der Inhalt der Begründungsklausel kann als Interpretament zu den Allgemeinbegriffen τίμιος und ἀμίαντος herangezogen werden. Dann sollte die Ehe vor *Fremdgehen* des Mannes (μοιχούς) oder vor dem *Zur Dirne Gehen* (πόρνους, vice versa der Frau) bewahrt werden. (κοίτην μιᾶναι bezeichnet Jos Ant 2,55 die - versuchte - ehebrecherische Schändung des Ehebettes des anderen.) Aber hätte der Verfasser dann so modest geredet? Die Heranziehung der gewichtigsten Begriffe der Sexualparänese πόρνους καὶ μοιχούς kann auch ein Beispiel der Subsumierung des Aktuellen unter die traditionelle Todsündenwarnung sein. Dann meinen τίμιος und ἀμίαντος die für die Adressaten eher zutreffenden Aktualisierungen.

[126] Vgl. die (nichtjüdische) Beichte wegen Sexualverkehr an verbotenen Tagen bei Juv sat 6,535-548 (HADAS, *Hellenismus* 306)

1Tim 3,2.12

Der Bischof *darf* ... (nur) *Mann einer einzigen Frau sein.*
Diakone sollen Mann einer einzigen Frau sein.

Ob diese Regeln der Bischofs- und der Diakonentafel aus der Adressaten- (oder Absender-)Situation heraus eindeutiger waren als für den modernen Bibelleser und Exegeten, läßt sich angesichts des vermutlich traditionellen Hintergrundes dieser Regeln für untadelige Menschen bezweifeln. Die Witwenregel 5,9 spricht immerhin von der Vergangenheit:

(*nur*) *eines Mannes Frau* (*gewesen*).

Das Wort über die Diakone mit dem präsentischen Imperatativ ἔστωσαν könnte dagegen sogar als positive Verpflichtung zum einmaligen Verheiratetsein verstanden werden. Doch deutet die gleichartige Betonung des μιᾶς γυναικός auf Digamie hin. Deren Ausschluß ist wohl überall gleicherweise gemeint, so wie es für die orthodoxen Priester ja dann auch zum Kirchenrecht geworden ist.

1Kor 7. Aus den sexualparänetischen Traditionsnormen kann eine ausgeführte Paränese entwickelt werden, die
- die in der Norm pauschal erfaßten Verfehlungen konkretisiert und
- die allgemeinmenschliche Situation,
- die Wirkung der *Berufung* in den Christenstand (das Charisma) und
- die Lage der Christen in Erwartung der Nöte der Endzeit beachtet.

Paulus geht - sorgfältig zwischen der allgemeinen Norm und seinem persönlichen Urteil unterscheidend - von drei normativen Grundsätzen aus, deren erster der jüdischen Weiterbildung der Tora in Richtung Gleichachtung der Frau und Monogamie entspricht, während die beiden anderen auf die christliche Existenz bezogen sind:

1. Unzucht darf nicht sein. Da diese Gefahr speziell für Unverheiratete gesehen wird, ist bei πορνεία an Sexualverkehr ohne Ehebindung zu denken.
2. Heiraten ist gestattet, u.zw. sowohl wenn man im Stande des Unverheirateten *berufen* ist v.9.36 und eigentlich in diesem Stande (nach paulinischem Verständnis von χάρις und χάρισμα v.17-24) auch bleiben sollte, als auch als Witwe v.39.[127]
3. Trennung einer Ehe ist vorstellbar v.11a, besonders wenn ein Nichtchrist mit dem nach der Eheschließung Christ gewordenen Gatten nicht zusammenbleiben will v.15; Scheidung - und das hieße: Freiheit zu einer neuen Ehe - ist ausgeschlossen nach dem Wort Jesu.

Das ganze Kapitel enthält nur einen paränetischen Prohibitiv der 2.sing. (mit formgerechter Begründungsklausel):[128]

v.5 *Entzieht euch nicht einander, außer ...*
damit euch der Satan nicht verführe aufgrund eurer Unenthaltsamkeit.

Vorherrschend ist 1) die *Regelformulierung* durch Imp.3.Pers., meist mit Angabe des Subjekts v.3 u.ö. bzw. durch καλόν v.8, und 2) die *konditionale Anweisung* in der 3.Pers. v.9 u.ö. oder in der situativen Frage-Imperativ-Sequenz der Diatribe v.18.21.27

---

[127] Eigenartig bringt v.39 im Nachtrag die Gesetzesnorm, die von der Ehebindung der Frau handelt, und die Bestimmung, wie weit sie sich erstreckt.

[128] V.23b ist überhöhende Mahnung.

(2.Pers.).[129] An den Formen ist das Spannungsverhältnis von Gebotsnorm, lehrhafter Einzelfallerörterung und Ratschlag ablesbar.

Der anredende Imperativ der 2.plur. v.5 hebt sich deutlich von der Entwicklung eines neuen christlichen Kataloges überkommener und neuer Normen ab. Paulus betont, daß er hier als Ratgeber spricht v.6f. Dieses im NT einzigartige Stück ausgeführter Paränese läßt etwas davon erkennen, welche Fragen der paränetischen Tradition in ausführlicher Erörterung zu klären waren, damit für die normativen Repräsentanzbegriffe wie πορνεία oder χαχία ein gemeinsames Verständnis gesichert wurde. Der hochentwickelte Stil schriftgelehrter Argumentation und Entscheidung, in dem Paulus hier schreibt, ist schwer ohne einen lange geübten Brauch vorstellbar.

Doch wird solche luzide Klärung des Einzelproblems nicht das übliche gewesen sein. Die Sitte, mit Ketten paränetischer Imperative zu mahnen und gleichzeitig zu argumentieren und zu aktualisieren, deutet auf eine mehr weisheitlich-gnomische Entwicklung des Ethos hin, die den autoritativen Charakter mit der direkten Anrede verbindet. Insofern zeigt der Imperativ 1Kor 7,5 betont den mahnend-helfenden Charakter, der dem paränetischen Imperativ auch in autoritativen Reihen eigen ist, im Unterschied zum apodiktischen Gesetzesimperativ. - Es ist gut vorstellbar, wie aus den Argumentationen dieses Kapitels neue Paränese in Kurzsprüchen und prägnanten Mahnungs-Begründungs-Reihen entstehen kann.

PseuPhok und Pastoralbriefe. Für das Studium der Beziehungen zwischen usueller und ausgeführter Paränese eignen sich auch die Pastoralbriefe. Die Verfasserfiktion, die hier wie bei PseuPhok gegeben ist, begünstigt die Bindung an Traditionsnormen. Diese werden in den Pastoralbriefen im Umfeld polemischer Argumentation zu neuen Traditionsstücken entwickelt (oder als übernommene Texte in diese eingebettet). Damit geht etwas vom Charakter der personalen Paränese verloren. Es handelt sich ja auch expressis verbis um Gemeinderegel, die einem Leitenden anvertraut wird. Aber andererseits sind die Briefe je an einen konkret vorgestellten, konkret gezeichneten und (wenigstens fiktiv) angeredeten Empfänger gerichtet. Dementsprechend gibt es auch - im Rahmen der Verfasser-Empfänger-Fiktion - anredende paränetische Imperative. PseuPhok dagegen steht mit dem generisch-singularischen Spruch, so viel Anredeintention in ihm auch liegt, näher an der Weisheit im Begegnungsfeld von Weisheit und Paränese.[130]

7.5 Laster- und Tugendkataloge[131]

Eine wichtige Form der Einschmelzung von Paränese ist der Laster- bzw. Tugendkatalog, der traditionelles Ethos mit Hilfe von Repärsentanzbegriffen einprägen will. Diese Form der Einschmelzung ist im NT häufig angewandt, bei PseuPhok aber überhaupt nicht vorhanden. Nach A.VÖGTLE[132] läßt sich der gleiche Lasterkatalog, wie ihn eine ideale Zusammenstellung der Begriffe bei Paulus bieten würde, in PseuPhok 3-7 »begrifflich fassen«: »μοιχός (γαμοχλοπέειν), μαλαχός, ἀρσενοχοίτης (ἄρσενα χύπριν ορίνειν), ἅρπαξ (ῥάπτειν), φόνος (αἵματι χτλ.), πλεονέχτης, χλέπτης (μὴ πλουτεῖν ἀδίχως)«. Dies ist in der Tat eine topisch enge Beziehung, mehr nicht. Der spezielle Hinweis, den wir an unserem Gedicht entnehmen, ist der, daß inmitten hellenistisch-jüdischer Tradi-

[129] Das Diatribisch-Rhetorische dieser Form wird besonders an dem gnomischen Imp.2.sing. erkennbar.

[130] Unter den neueren Arbeiten zu den Pastoralbriefen, die Gemeindeparänese unter den Bedingungen der pseudepigraphen Anrede an einen Gemeindeleiter untersuchen, verdient der Artikel von A.WEISER, *Titus 2 als Gemeindeparänese*, besondere Erwähnung. Ich konnte die Arbeit nicht mehr auswerten.

[131] BERGER, *Formgeschichte* § 47 (S.148-154); ders., *Gattungen* 1088-1092.1202f.

[132] *Tugend- und Lasterkataloge im NT* 224 A.118; PseuPhok-Begriffe in Klammern

tion eine paränetische Schrift den Lasterkatalog strikt meidet. Auch die Hinweise bei vdHORST (115) und BERGER (272f) auf Parallelen zwischen v.3-7 und Lasterkatalog-Texten dürfen den Abstand zur Laster-Katalog-Form nicht verwischen. - Für den stilistischen Zusammenhang des Laster- und Tugendkatalogs mit inhaltlich anders gefüllten, formal aber gleichartigen oder fast gleichartigen Katalogen gibt es im NT viele Beispiele. PseuPhok bringt allenfalls Dreiergruppen von Charakteristika für einen übergeordneten Begriff.

1Tim 1,9-10a. Der Katalog ist die Einschmelzung der Dekaloggebote in die Form einer Begriffsreihe, und zwar weniger für paränetische, als für argumentative Zwecke.

Kataloge dienen oft argumentativen und polemischen Zwecken; in vielen Fällen zeigt der Kontext, daß die sittlich-mahnende Funktion nicht im Vordergrund steht. Röm 1,29-31 soll mit einer Fülle grundsätzlicher und spezieller Lasterbegriffe die Darstellung der Schuldverfallenheit des Heidentums abrunden und abschließen. Kol 3,5b.8.12 skizziert von der sittlichen Seite her das alte, dem Gericht verfallene und das neue, quasi als Gewand der Getauften bereitliegende Sein. Eph (4,25-32+)5,3-10 zeigt instruktiv den Zusammenhang zwischen Mahnung in ganzen Sätzen und paränetischem Erinnern in Begriffen und Begriffsreihen. Denn die Vorliebe des Verfassers für nominale Sprache erlaubt es ihm, innerhalb von Sätzen mit verbal-imperativischer, dem Einzelverhalten gewidmeter Mahnung[133] schlagwortartig Nomina vorzutragen. Der Weg von der Spruchreihe über die Bildung repräsentativer Nomina hin zum Tugend- und Lasterkatalog ist vorgezeichnet. - PseuPhok 3-8 dagegen bildet Sätze, wenn er die Themen des Dekalogs aufnimmt.

Mt 25,44b nennt in einer Art Peristasenkatalog[134] sechs Nöte, in denen sich der barmherzige Gerechte bewährt:

Herr, wann haben wir dich gesehen
hungernd oder dürstend oder fremd oder nackt oder krank oder im Gefängnis
und haben dir nicht gedient?

Der Phokylideer fügt allenfalls zwei Beispiele zusammen:

PseuPhok 24 *Den Obdachlosen nimm ins Haus und leite den Blinden.*

PseuPhok 42-47

42 *Die Geldliebe ist Mutter jeglicher Schlechtigkeit.*

Der Eingangsspruch der Reihe würde sich ausgezeichnet zur Entfaltung in einer Lasterkatalogreihe eignen. Die beherrschte, immer sorgfältig ausformulierende Sprache des Verfassers läßt es aber höchstens zu einem solchen Ausruf mit drei Lasternomina kommen:

44 *Gold:*
(1) *Anstifter zu schlechten (Taten, Ereignissen),* (2) *Lebensverderber,*
(3) *alles schwierig machend!*

Diese Klage über das Gold und seinen verheerenden Einfluß wird in einer Art kleinem Lasterkatalog mit drei bösen Früchten der Geldliebe begründet:

45 *Kämpfe und Plünderungen und Morde.*

---

[133] die nicht wie Kol 3,5.12 νεκρώσατε - ἐνδύσασθε einen übergreifenden Sachverhalt meinen, sondern der sittlichen Aufgabe direkt zugewandt sind.

[134] BERGER, *Gattungen* 1355, unterscheidet die »spezifische Gattung der Peristasenkataloge« von der »allgemeinere(n) Form der Nominareihung«, behandelt erstere aber doch als Spezies der Kataloge.

Aber das Subjekt dieser Beispiele des bösen Geschehens ist nicht der verantwortliche Mensch, sondern (in diatribischer Redeweise) das Gold. Die Tendenz der Tugend- und Lasterkataloge des NT mit ihrer gruppendefinierenden, gesellschaftlich scheidenden Art liegt dem Verfasser eher fern. Sein Abstand sowohl zum Dualismus, als auch zur Rhetorik - zwei die Aufreihung typisierender Begriffe begünstigende Kräfte - wirkt sich hier aus. Er spricht ja als jüdischer Autor für Nichtjuden in dem Bewußtsein, aus einer Gruppe mit exklusiver Bindung heraus Menschen jenseits der Gruppengrenze erreichen zu können. Damit vertrüge sich »die rhetorische Totalität der Kataloge« als »Ausdruck des Selbstverständnisses einer Gruppe« (BERGER, *Formgeschichte* 151) nur schlecht. PseuPhok unternimmt es, jüdisches Ethos zu empfehlen, ohne damit irgendwie zur Gruppenbildung Gleichgesinnter beizutragen. Außer der Familie, der Polis, (indirekt) dem Staat und dem Gastmahl für Freundeskreise kommt bei ihm keinerlei soziologische Größe in Blick.

Das Gedicht läßt in plerophorischer Reihung Weisheitsspruch auf Weisheitsspruch folgen umd verwendet dabei Sorgfalt auf die Bildung rhythmisch und sprachlich einwandfreier und vollständiger Sätze, um griechischen Lesern die Mysterien der wahren Gerechtigkeit und ihr Gegenteil vor Augen zu führen. Dagegen läßt z.B. Paulus die Darstellung der Sünden der Heiden Röm 1,29-31 gipfeln in jenem plerophorischen Katalog, bei dem die Klarheit der Aussage gelegentlich leidet unter dem Wunsch nach einhämmernder Sprache und definitiver Abgrenzung.

8.
PUNKTUELLE UND SUMMARISCHE PARÄNESE

PseuPhok bringt zwischen der Rahmung seines Gedichtes mit der Dekalogerinnerung v.3-8 und der Lev-18-Erinnerung v.175ff eine solche bunte Fülle sittlicher Aufgaben (die auch über die Anregungen von Lev 19 weit hinausgehen), daß der Eindruck unabweisbar ist: Er wollte ein weisheitliches Kompendium der Moral bieten. Deshalb wechselt er schnell von Thema zu Thema und verweilt nur bei Wenigem ausführlicher. Dabei kennzeichnet es den jüdischen Verfasser, daß er das Wesentliche seiner ethischen Botschaft immer wieder an den Konkretionen der Sittlichkeit klarmacht. Von der Diatribe, die mit ihm die Liebe zur Konkretion teilt, unterscheidet er sich dadurch, daß er die Konkretionen weniger zum Argumentieren und mehr zum gebietenden Mahnen gebraucht. Allgemeinere Ausführungen finden sich vor allem in den angehängten Begründungsklauseln.

Neues Testament

Zum Vergleich neutestamentlicher Texte mit dem Phokylides-Gedicht ist, was den imperativischen Duktus betrifft, reichlich Material vorhanden. Das NT enthält zwar keine rein paränetische Schrift und keine, die ganz vom Imperativ strukturiert wäre. Aber der parakletische Anlaß und die parakletische Grundanlage mancher Briefe (1Thess, Kol, Eph, Jak) zeigen doch, daß frühchristliche Verfasser, auch ohne daß sie die Gemeindeordnung zum Thema wählen (Past), sich in den Dienst des imperativischen Zuspruchs stellen. Darüberhinaus ist das ganze NT von einem imperativischen Klang geprägt, der nicht dem Gehorsam gegenüber einzelnen und isolierten Normen (was im Einzelfall auch vorkommt), sondern dem Zuspruchcharakter der göttlichen Gabe entspricht.

Die umfänglichste Paränese des NT - ebenfalls mit einem Ansatz zum sittlichen Kompendium - ist Röm 12-13(-15). Verglichen mit PseuPhok interessiert sich Paulus in Röm 12ff nur für weniges, das er aber exemplarisch behandelt. Er ist auf Ausführlichkeit im einzelnen bedacht und den - indirekt bekannten - Adressaten zugewandt.

Einen umfassenden Anspruch will Matthäus bei seiner Gestaltung der Bergpredigt vortragen. Er hat die ihm vorliegende Jesustradition stärker thematisch zusammengefaßt und - vor allem in den Antithesen - in Richtung kompletterer Erfassung der Grundnormen des Dekalog ergänzt. Der Text hat aber in seiner Bindung an die Jesustradition, die sich von paränetischer Tradition deutlich unterscheidet, und in seiner christologischen Ausrichtung formgeschichtliche Sonderbedingungen.

Auch manche Tugend- und Lasterkataloge haben eine Tendenz zur Komplexität, wenn ihre Begriffe Disparates zusammenfassen.
Gal 5,19-23 (je mehrere Begriffe):
- Begehrlichkeit (πορνεία usw.),
- Superstition (εἰδωλολατρία, φαρμακεία),
- Streit und Neid (ἔχθραι - φθόνοι).[135]

Gleiche Komplexität zeigt der zugehörige Tugendkatalog v.22f. Der Schwerpunkt liegt im Begriffsfeld

Liebe und Freundlichkeit;

doch dazu kommen überraschende Begriffe wie

χαρά, πίστις, ἐγκράτεια.

Die Paränese des NT geht von der Voraussetzung aus, daß die Leser sich dem gleichen Lehrtypus der Sittlichkeit - dem τύπος διδαχῆς, kann Paulus Röm 6,17b sagen - wie der Paränet verbunden und verpflichtet wissen. Sie bedürfen keines sittlichen Kompendiums, sondern der schwerpunktmäßigen Erinnerung und der Stimulation zum Guten. Der Phokylideer dagegen will wohl auch stimulieren, sieht sich aber veranlaßt, gleichermaßen oder sogar stärker zu lehren. Stilistisch wäre er nicht behindert, in seine Hexameter Begriffsreihen aufzunehmen. Aber für seine Zwecke ist der Katalog nicht so gut geeignet. Möglicherweise empfand er ihn auch als zu vulgär.

---

[135] Anders der topisch einheitliche Katalog 1Petr 2,1, dessen Begriffe dem gleichen Begriffsfeld angehören: κακία, δόλος, ὑποκρίσεις, φθόνοι, καταλαλιαί.

9.
SONSTIGE EINZELHEITEN

Einige für den Vergleich von Paränese relevante Einzelheiten mögen noch nachgetragen werden.

9.1 Adäquate Vergeltung

PseuPhok 11 und 78. Die Argumentationsfigur der adäquaten Entsprechung zwischen sittlichem Tun und schicksalhaftem Erleiden, *adäquate Vergeltung*,[136] kommt bei PseuPhok ein oder zweimal vor. Klar steht sie hinter der Drohung

11 *Wenn du übel richtest, wird Gott hernach dich richten.*

Die Benutzung des gleichen Verbs für das menschliche und das göttliche Richten drückt die Adäquatheit in kürzester Form aus. - V.78 bemerkt, daß Streit wieder Streit hervorbringt. Hier ist wohl eher an einen direkten Geschehenszusammenhang zwischen dem beginnenden Streit und seiner Folge gedacht. Das Adäquate dieser Folge mag mitempfunden sein.

Im Gegensatz zu diesem mageren Ergebnis ist das NT voller Anspielungen auf die adäquate Vergeltung. Die Gerichtsbotschaft des NT ist sprachlich und inhaltlich ganz von dieser Argumentationsfigur geprägt. Am deutlichsten zeigt das die synoptische Norm, daß Gott dem die Sünden nicht vergebe, der seinerseits Sünden nicht vergeben wolle Mt 6,14 u.a. Auch hier zeigt sich, daß PseuPhok rationale Weisheit sucht, das NT theonome Ethik bietet.

---

[136] E.KLOSTERMANN, *Die adaequate Vergeltung in Rm 1,22-31* (1931). M.W. hat Klostermann den Begriff in die biblische Wissenschaft eingeführt. Im Unterschied zur Rechtsfigur der Talio, die einen vordergründigen, rechtsgeschichtlich ganz urtümlichen Konnex zwischen dem Vergehen und der Art der Bestrafung schafft (z.B. *Auge um Auge*), geht es bei der *Adaequaten Vergeltung* als einem Sonderfall der Talio um einen hintergründigen, symbolischen Zusammenhang von Verhalten und Folgeschicksal. Oder wie Klostermann sagt: »Die Talion unterwirft den Verbrecher einer gerechten, seiner Tat entsprechenden Vergeltung, ob sie ihm nun quantitativ ... genau das gleiche zufügt, oder qualitativ als irgend eine 'analoge' Vergeltung sich z.B. auf die Mittel und Werkzeuge erstreckt, deren der Täter sich bedient hatte«; - und ebenso erwartet es der Mensch von der himmlischen Justiz. Die Vorstellungswelt, in der dieser sinnen- und sprachfällige Zusammenhang eines bestimmten Verhaltens mit einem immer wieder überraschend »passenden« Widerfahrnis glaubwürdig und teilweise vorhersehbar ist, kann magisch oder theonom bestimmt sein. Unter theonomer Voraussetzung kann der Gedanke an adäquate Vergeltung immer dann hilfreich werden, wenn Gott etwas zu offenbaren bereit ist über den Zusammenhang zwischen menschlichem Tun und göttlicher Antwort. - Vgl. GLATZER, *Zur Geschichtslehre der Tannaiten* 99 ff??: »Als besondere Form dafür , wie die Tannaiten das Geschehen mit der Tat des Menschen in Zusammenhang bringen, sei noch die *Entsprechung* genannt; in diesen Fällen wird auf ein gleiches Element auf beiden Seiten, der des menschlichen Tuns und der der göttlichen Antwort, hingewiesen, und so ihr Aufeinanderbezogensein hervorgehoben. Wenn diese Deutungsart innerhalb des ganzen Lehrsystems einen Sinn hat, dann ist es wohl der, daß den Menschen vom Geschehen aus ein Zugang zu seiner Bedeutung geschaffen wird, daß er an der Art des Geschehens erkennen kann, wem es als die göttliche Antwort entspricht.«

9.2 Maß und Gewicht

PseuPhok 14f. Die Tradition über Maß und Gewicht, die PseuPhok hier aufnimmt, fehlt im NT. Die frühchristliche Paränese, wie sie im NT belegt ist, scheint ohne die kleinen Regeln für das Geschäftsleben ausgekommen zu sein. Das wurde bald anders, wie z.B. der Topos *Bewahrung des anvertrauten Depositums* zeigt.[137]

9.3 »Fliehe (das Böse)!«

PseuPhok 151 / 2Tim 2,22. Die Metapher *Fliehe (dies Laster, - jenen Menschen)* stellt eine Art verstärkten Prohibitiv dar, der die Macht der Versuchung als übergroß vorstellt, so daß nur in der Flucht Rettung sein kann.
2Tim 2,22 *Flieh die Jugendbegierden!* Vgl. 1Kor 6,18; 10,14; 1Tim 6,11
PseuPhok hat wenig Zuneigung zu solchen indirekten, metaphorischen Mahnungsformen. Die Absetzbewegung vom Ort moralischer Gefahr, von der v.151 handelt:

Flieh Entzweiung und Streit, aus dem Krieg kommen kann!

meint wirklich ein räumliches Fernhalten von streitträchtiger Begegnung.[138]

9.4 καλόν - ἤ

PseuPhok 81f. Die Umschreibung des Komparativs durch Wertbegriff und ἤ, hier: καλόν - ἤ, ist mit dieser einen Stelle die Ausnahme bei PseuPhok; im NT findet sie sich dagegen häufig, z.B. Mt 18,8.9.[139] Drei Voraussetzungen begünstigen solche Form: Ihr komparativisches Verständnis dient der Abwägeethik, die sich für relative Wertunterschiede interessiert. Die Absolutsetzung des Komparativs ist semitisierendes Idiom z.B. der LXX (von den *Tov-Min*-Sprüchen[140] herrührend) und verbindet sich gern mit dualistischer Sprache (exklusives ἤ). Alle drei Möglichkeiten liegen dem Phokylideer fern.

9.5 εἰ/ἦν δέ τις

PseuPhok 158(.208) / Jak 1,5; 1Kor 14,35

Mit εἰ δέ τις wird eine allgemeine Aussage auf einen Einzelfall spezieller (*»ausführend«*) angewandt. Dies geschieht in übereinstimmender Weise an den angegebenen Stellen aus NT und PseuPhok.

---

[137] Die Gefahr der Pleonexie wird im NT oft beschworen, aber wenig in Aktualisierungen konkret genannt. Man sah also die Pleonexiegefahr weniger innerhalb der Gemeinde. Interessant ist, daß Plinius II ep 10.96,7 das treue Aufbewahren des anvertrauten Depositums unter den gottesdienstlichen Selbstverpflichtungen der Christen genannt wird; s. Anhang I:*Todsündentrias*.

[138] In diesem Sinne auch die Interpolation v.146 aus Codex V: (*Flieh schlechte Gerüchte*), *flieh gesetzlose Menschen.*

[139] BLASS/DEBR./REHK. §245,3.b. Zu μᾶλλον - ἤ vgl. BERGER, *Gattungen* 1061 (Nr. 14).

[140] HÖVER-JOHAG, Art. טוב 5,e, ThWAT 3,333-337

10.
SCHLUSSFOLGERUNGEN

1. PseuPhok und neutestamentliche Paränese zeigen viele verwandte Mahnungstopoi (s. vdHorst, *Ps-Phocyl./NT*) und Strukturelemente. Letztere entsprechen überwiegend jüdischer Formtradition, wobei die Art, wie der Dekalog rezipiert wird, am meisten Signifikanz zeigt.

2. Diese Ähnlichkeiten lassen das Trennende um so deutlicher hervortreten. Es zeigt sich 1) in der unterschiedlichen Ausrichtung der positiven Mahnungstendenz - z.B. stehen den unbegründeten Prohibitivreihen bei PseuPhok katalogartige volitive Anweisungsreihen in der neutestamentlichen Briefparänese gegenüber -, 2) im Gegensatz von torabezogenen Mahnspruchlisten zu agape-bezogenen Torakonzentrierungen sowie 3) in der Rolle dualistischer Entscheidungserwartung.

3. Die PseuPhok-Haustafel, die quer liegt zu den meist beachteten Vorbildern neutestamentlicher Haustafeln, macht die stärkere Beachtung einer jüdischen Einflußlinie notwendig.

4. Beiderlei Texte zeigen ein hohes Maß freien Umganges des Paräneten mit den aufgegriffenen Mahnungstopoi und Traditionen.

5. Die fundamentale Bedeutung des Gemeindegedankens läßt im NT den Laster- und Tugendkatalogen mit ihrer gruppendefinierenden Tendenz, den juridischen Elementen der Gemeindeordnung und den charisma-orientierten Mahnungsanliegen eine Bedeutung zukommen, zu der bei PseuPhok Vergleichbares fehlt.

6. Die paränetische Mahnung des NT pflegt den gleichen Stil der Imperativ-Indikativ-Folge wie PseuPhok; das Spannungsverhältnis in dieser Verbindung zeugt vom Einfluß der Tora-Erziehung. Sie führt beiderlei Texte hinaus über die weisheitliche Art der Hellenen und Orientalen, mit dem Indikativ lediglich den Imperativ aus dem Herkommen zu verstärken. Die neutestamentlichen Texte betten aber in ganz anderem Maß ihre sittliche Mahnung in begründendes Kerygma und lehrhafte Erörterung ein. Weisheitliche Begründungsklauseln, mit denen PseuPhok seine mosaische Botschaft voll dem griechischen Denken erschließt, stehen im NT in ständiger Spannung zum soteriologisch-eschatologischen Ansatz der lehrhaften und der paränetischen Texte.

XV. Kapitel
Folgerungen für das Verständnis der Ethik im NT [1]

1. Paränese und Ethik

Paränese des NT ist nicht ein Teilgebiet der Ethik des NT, etwa als Ethik in lehrhaft-mahnender Anwendung. Ethik ist im *historischen* Prozeß eine nachträgliche Bemühung um die Leitmotive der Haltung, des Verhaltens und der sittlichen Einflußnahme, wie diese sich u.a. in der Paränese voraus ausgedrückt haben. Im *systematischen* Nachdenken ist Ethik der Versuch, solche Leitmotive voraus zu klären, bevor sie u.a. paränetisch umgesetzt werden; bei der nachfolgenden paränetischen Anwendung der Ethik geschieht ein Übergang von der noetisch-systematischen auf die Sprach- und die Handlungsebene, die ihre eigenen Gesetze haben. Neutestamentliche Paränese gehört in die Vorgeschichte der *Praktischen Theologie*; sie muß ihre systematischen Voraussetzungen oder Konsequenzen nicht darlegen. Ethik des Neuen Testaments (und des frühen Judentums sowieso)[2] dagegen gehört in die Korrespondenz der griechischen Philosophie und in die Vorgeschichte der Systematischen Theologie. Schon der ethische Teilentwurf - etwa eine Ethik des Privateigentums oder des Rechtsverzichts -, mehr noch aber die ethische Gesamtdarstellung muß die unterschiedlichen Traditionen, deren Zusammenhang sie verstehen und werten will, auf etwas Gemeinsames beziehen. Sie verändert dabei unweigerlich ihr Material, indem sie es a) auf ein verborgenes Grundprinzip bezieht oder b) kasuistisch nur unter bestimmten Bedingungen der Situation als Norm anerkennt oder c) kerygmatisch als Ausdruck des Glaubens und Muster der alltagsbezogenen Verkündigung versteht und die Geltung der ethischen Traditionsaussage als solcher einer gewissen Beliebigkeit ausliefert oder schließlich d) streng bei den unterschiedlichen Vorgaben der Quellen bleiben und sie gegen einander abgrenzen möchte und damit nun wieder dem Unterschiedlichen prinzipielleres Gewicht gibt, als es nach Ausweis der Quellen der Vorstellung des *Gleichgesinntseins* (Phil 2,2fin) in unterschiedlichen ethischen Profilen des frühen Christentums und weitgehend doch wohl auch des antiken Judentums entspricht. Paränese kann vielschichtige Tradition gelten

---

[1] Für dieses Kapitel, in dem nur vereinzelt auf Fachliteratur Bezug genommen wird, verweise ich auf die monographischen Behandlungen der Ethik im NT von LOHSE, SCHNACKENBURG, SCHRAGE, SCHULZ, H.-D.WENDLAND sowie drei Artikel: G.STRECKER, *Strukturen einer neutestamentlichen Ethik* (1978); REBELL, *Neutestamentliche Ethik. Anmerkungen zum gegenwärtigen Diskussionsstand* (1988); SCHRAGE, *Ethik I: NT*, TRE 10,435ff

[2] Das Judentum hat sich der systemtisierenden Ethik so stark verweigert, daß noch NISSEN (*Gott und der Nächste im antiken Judentum* - 1974) glaubt, den größten jüdischen Ethiker der Antike, Philo, nur an-

lassen, weil sie Schwerpunkte setzt in der Überlieferung und diese nicht totalisierend, sondern exemplarisch aktualisiert. Sie braucht die Entscheidung für eine spezielles ethisches Engagement nicht grundsätzlich zu treffen. Die Frage der Geltung anderer als der von ihr bevorzugten Traditionskräfte kann offen bleiben. Jede Paränese leistet einen Beitrag zum Überlieferungsstrom, in dem andere Paränese unangefochten von anderen Interessen ausgehen kann.

Besondere Schwierigkeit bereitet unserer historisch-kritischen und zugleich systematisierenden Annäherung an die Texte das Phänomen der fortschreitenden Kanonisierung von Überlieferung, auch der gleichzeitigen Kanonisierung divergierender Überlieferung.[3] Die nachösterliche Gemeinde nimmt die Jesusüberlieferung als sakrosanktes Wort und gibt diesem alsbald eine situationsübergreifende gesetzesähnliche Geltung. Die Kreise hinter der Q-Sammlung stellen dieser Urtradition die zwar im Namen des Kyrios, aber von Christen gesprochenen Worte gleich. Schon für den hervorragend differenzierenden Paulus ist es etwas Besonderes, gelegentlich mit der Unterscheidung zwischen dem Gebot des Herrn und seinem eigenen Rat zu argumentieren, z.B. 1Kor 7,8f.25.[4] Im nachapostolischen Zeitalter gewinnt die Gemeindeordnung gleiche von der Häresie trennende Geltung wie das Christusbekenntnis. In einer vom Historiker kaum nachzuvollziehenden Schnelligkeit wird bei Ignatius die Anerkennung des Bischofs unverzichtbarer Ausdruck des Christusbekenntnisses.[5] Unser heutiges Bedürfnis, angesichts horrender Fehlentwicklungen des christlichen Ethos in der weitgreifenden Geschichte des Christentums im NT, etwa bei Paulus, die Prinzipien einer legitimen Unterscheidung zwischen echter und unechter Aktualisierung des Rufes und Gebotes des Kyrios Jesus zu finden, führt unweigerlich dazu, um des einen Paulustextes (und unseres Interesses) willen den anderen Paulustext gegen den Strich zu bürsten. In ethisch-grundsätzlicher Bemühung kommt deshalb dem Bedenken des geschichtlichen Abstandes von unseren Quellen fundamentale Bedeutung zu. Dagegen kann in der aktuellen homiletischen Anwendung von Paränese das *So spricht der Herr!* ohne je neue Reflexion über die Brüche der Geschichte erneuert werden. Der Theologe, der sich in kritischer Reflexion immer neu Rechenschaft über seine Voraussetzungen zu geben

---

hangsweise besprechen zu dürfen.

3 Was wir hier für die Entwicklung normativer ethischer Texte bedenken, gilt auch für die Kanonisierung pseudepigrapher Schriften. Dieselben Kreise, die sich berechtigt glauben, eigene Botschaft pseudepigraphisch unter den Namen einer Autorität zu stellen und die also wissen, wie Pseudepigraphie entsteht, erkennen ganz unkritisch möglicherweise pseudepigraphe Schriften als echte Autorität an, wenn diese nur im Wesentlichen der eigenen Position zu entsprechen scheinen. Ja man rechtfertigt sich für die eigene Position vor solchen Schriften, deren fragwürdige Herkunft man bei etwas sachkritischem Herangehen erkennen könnte. Von einer kritischen Wissenschaft, die das Ideal der Sprache Homers oder das attische Sprachidiom zum Kriterium philologischer Einordnung macht, ist man weit entfernt.

4 Indem Paulus das Gebot des Kyrios, also das Wort der authentischen Jesus-Überlieferung, mit eigener Autorität vorträgt παραγγέλλω v.10init., zeigt er die übliche Weise, im paränetischen Zuspruch der eigenen aktualisierenden Auslegung von Tradition in actu kanonische Dignität zuzumessen.

5 Die naive Weise, wie die Gemeinden diese fortschreitende Kanonisierung von paränetischer und kirchenrechtlicher Aktualisierung mitgemacht und in ihrem Bedürfnis nach klarer Autorität wahrscheinlich selbst provoziert haben, ist ja bis heute ein Grundelement kirchlichen Ethos; heute vielleicht eher selektiv als additiv: die letzte Bastion, die man gegen die moderne Abschleifung kirchlicher Normen aufbaut, gilt eine Weile als die unaufgebbare Grenze - bis eine neue Verteidigungsstellung aufgebaut werden muß.

versucht, ist deshalb nicht grundsätzlich besser zum Verkündiger legitimiert als der theologisch Naivere.

Das paränetische Interesse des (frühen) Christentums umgreift auch ethische Äußerungen in nicht-paränetischer Funktion, z.B. antihäretische oder antinomistische Abgrenzung oder soteriologische Argumentation. Röm 1,26f bietet in unparänetischem Kontext vielfältiges Material der Paränese. Die Gleichnisse Jesu sind weithin mit sekundärer paränetischer Ausrichtung überliefert. - Von der zusammenbindenden Kraft des paränetischen Interesses her gesehen ist es eine sachgemäße Annäherungsweise, wenn Eduard LOHSE für seine *Theologische Ethik des NT* konsequent von der hinter den Textzeugen stehenden und durch diese wiederum gespeisten Paränese ausgeht. Offensichtlich führt nur dieser Weg zu einer Ethik des ganzen NT anstelle der heute unter diesem Namen vorgestellten Darstellungen, die streng genommen »Die Ethiken *im* NT« heißen müßten. »Da katechetische Unterweisung, in der ethische Belehrung sich entfaltet, in hohem Grad durch Tradition bestimmt ist, kann davon ausgegangen werden, daß ungeachtet unterschiedlicher Akzentuierungen durch die einzelnen Zeugen ihnen allen ein Grundbestand urchristlicher Ethik gemeinsam ist« (ebd. 12).[6] Ob sich dabei vermeiden läßt, diesem »Grundbestand« einseitig normative Bedeutung zu geben und profilierte Einzelaussage abzuschleifen, scheint mir noch nicht erwiesen.

Das Gewicht des Einzelnen, des Konkreten, das von der Paränese mit der Methode des *Exemplarischen* und mit der ausgehaltenen Spannung von Traditionsgebot und Aktualisierung aufgenommen wird, hat in der Verkündigung Jesu die Eigenart des Fragmentarischen. Damit ist Nähe und Gegensatz der Paränese zum Wort Jesu gleichzeitig genannt. Denn Jesus nimmt in der Situation das Gebot so auf, daß der Angeredete die Geborgenheit in der vermittelnden Tradition verliert. Die Evangelien-Tradierung in den frühchristlichen Gemeinden und in der Arbeit der Redaktoren mochte sich zwar mit dem herb fragmentarischen Charakter des Erbes Jesu nicht abfinden. Veränderte Situation (vor Ostern / nach Ostern), ergänzende Worte christlicher Propheten mit eigenem Anspruch in der Gemeinde und das Bestreben nach sinnvoller »ethischer« Zusammenschau des Überlieferten zwecks besserer Handhabung in Alltag, Erziehung und Lehre erlaubten nicht, bei dem ursprünglichen Jesuswort stehen zu bleiben. Jesu unüberbietbare Konzentrierung auf die Situation, deren radikales Verständnis als Ort eschatologischer Bewährung, als der Ort der Existenz, gab bleibende Impulse und Herausforderungen und verwehrte sich doch den Kategorien des Bleibenden, Überschau- und Berechenbaren. Das paränetische Interesse, am Einzelfall die Kontinuität von Tradition zu demonstrieren und mahnend nahezubringen, hatte Jesus nicht geteilt. Was »man« tat, tut und tun soll, ist nicht sein Thema. Bis hin zu todbringendem Mißverstehen seiner Einseitigkeit bleibt er bei seinem Auftrag: dem hereinbrechenden Reich Gottes in wechselnden Situationen Ausdruck zu verleihen und dafür die Antwort der vor Jesus Stehenden abzufordern. Und dies sind ja geradezu Kriterien der synoptischen Quellen-Kritik: Paränetische wie auch systematisierende, ja schon katechesierende Redeweise trägt das Merkmal der Bearbeitung und Ergänzung der ursprünglichen Jesus-

---

6 Vgl. WENDLAND a.a.O. 124: »... gilt das theologische Urteil, daß Einheit und Vielfalt sich nicht widersprechen. Es gibt einen 'cantus firmus', der den ganzen Gesang trägt und führt. Nur demjenigen zerfällt alles in Splitter, der den Glauben an den einen Herrn der Gemeinde nicht teilt.«

Überlieferung. So liegt in einer methodisch sachgerechten Paränese-Forschung, die ihrer Grenzen bewußt ist, gleichzeitig ein Kriterium für Kommensurables und Inkommensurables in einer Ethik des NT. Das Fragmentarisch-Unparänetische der Verkündigung Jesu, das Ausgangsbasis jeder christlichen Ethik sein muß, sperrt sich zugleich gegen jede ethische Vereinnahmung. Wenn Ethik mit TRILLHAAS als angewandte Anthropologie verstanden wird,[7] dann entspricht die Kategorie des Fragmentarischen der Tatsache, daß der Mensch ein nicht festgelegtes Wesen ist und also die übergreifende Denksystematik und die dem Augenblick, dem eben wahrnehmbaren Fragment der Wirklichkeit, zugewandte Beobachtung sich gegenseitig ergänzen müssen. Dafür den Blick offen und die Spannung zur Tradition der Gebote und des Ethos wach zu halten, scheint mir der wichtigste Beitrag formgeschichtlicher Paräneseforschung zur Ethik des NT zu sein.[8]

E.GRÄSSER hat jüngst zu bedenken gegeben (*Zum Stichwort 'Interimsethik'*, FS SCHNACKENBERG), ob nicht die mißverständliche und mißverstandene Bezeichnung der sittlichen Botschaft Jesu als »Interimsethik« bei Albert SCHWEITZER eben dies meint: Auf der Grenzlinie zwischen der Zeit, in der man nach einer allgemeingültigen Ethik für den vor Gut und Böse stehenden Menschen suchen muß, und dem Reiche Gottes, das in der Sicht Jesu einen wunderhaften Zustand »jenseits von Sünde und Versuchung« schaffen und Ethik überflüssig machen wird, kündigt Jesus mit absoluten Forderungen ein Interim an, in dem ethische Kategorien nicht hinreichen. Nach Schweizer ist mit der Rückkehr der Menschen in ein unapokalyptisches Verständnis ihrer Gegenwart diese Interims-Botschaft nicht überholt, sondern die bleibende Herausforderung, der Grenzen jeder Ethik bewußt und diesen Grenzen gerecht zu werden.

Das Wort Jesu soll in seiner Abbreviatur stehen bleiben und soll doch nach der grundlegenden Überzeugung der Christenheit das Maß setzen. Umfassende ethische Besinnung vollzieht sich auf einer anderen noetischen Ebene als die Begegnung mit Jesus. In den ethischen Zeugnissen des NT spiegelt sich dieses Paradoxon in dem unausgeglichenen Nebeneinander von biblisch-traditionellem Ethos, Worten des Kyrios Jesus, bürglichem Ethos der hellenistischen Welt und den ekklesiologischen Kategorien

---

7 W.TRILLHAAS, *Ethik*³, z.B. S.14

8 Der Vergleich urchristlicher Paräneseworte mit der Rede Jesu wird leicht überlagert von Vorentscheidungen, mit welcher Autorität Jesus gesprochen habe. Unzweifelhaft ist 1. die Autorität des Gotteszeugnisses in den *Hl. Schriften*, die er teils gegenüber Auslegungstraditionen, teils aus dem Anspruch der eschatologischen Stunde (s. Nr.3) erneuert. Umstritten ist die Tragweite und Geltungsart 2. des durch ihn in Dienst genommenen Zeugnisses der Augen und Ohren: *Sehet ...!* Mt 6,26; *Wer Ohren hat ...* Mk 4,9. Die *Vernunft* wird im Dienst Gottes (und durch diesen) bestätigt (vgl. die weisheitliche Verbindung von Tora und Erfahrung). 3. Wie es das Amt des *Propheten* ist, deutet Jesus vollmächtig das Gebot der Stunde und erneuert interpretierend (Mt 19,9) das Gotteszeugnis der Hl. Schriften für diese Stunde - im Rahmen dessen, was für alle gilt. Ob es darüber hinaus in seinem Auftreten noch 4. einen unvermittelten, über Nr. 1-3 hinausgehenden Anspruch, mit göttlicher Autorität zu rufen und zu gebieten, gegeben habe, darf bezweifelt werden. Das gesamte vorösterliche Jesuszeugnis bleibt im Rahmen der Botschaft vom *Sohn, der den Gehorsam gelernt hat* Hebr 5,8 und als solcher Gehorsam lehrte. Von daher muß wohl entschieden werden, ob der nachösterliche Glaube an die Herrschaft des Kyrios Jesus Christus ein über die drei genannten hinausgehendes, insbesondere ethisches Autoritäts-Kriterium kennt; ob also z.B. das matthäische *Ich aber sage euch!* etwas anderes zum Inhalt hat, als was Schriftzeugnis, gereinigte Vernunft und prophetisches Zeugnis für die Stunde lehren und gebieten. Zweifellos will Matthäus mit der Bergpredigt den Propheten wie Mose Dtn 18,15 zeigen. Die Vorstellung eines Über-Mose ist nicht nur vom Text her überflüssig, insofern das Ausweichen vor dem Prophetenruf auf das, was ein Prophet früher gesagt hat, immer Ungehorsam ist. Es ist auch fragwürdig, weil damit die Gerichtsbotschaft Jesu uneinsichtig oder willkürlich wird und weil Jesus alles getan hat, um von seinem eigenen Wort die Vorstellung des in unüberprüfbarer Autorität Recht setzenden Gottes fern zu halten.

des Gemeindelebens und seines Gegensatzes zu denen »Draußen«. Dies Unausgeglichene ist ein Signum der Nähe zum historischen Jesus. Die Schwierigkeit, über die Texte zu ihm selbst vorzustoßen, rührt nicht primär aus der Entwicklungsgeschichte der synoptischen Überlieferung, sondern aus der Eigenart seines Lebens und Wirkens.[9] Nicht zufällig enthält sich Paulus weitestgehend der ethischen Argumentation auf der Grundlage von Jesus-Texten, wenn er den Kyrios als Grund der christlichen Lebensführung nennt.

Imperativische Rede als »einfache Gottesrede«. Fr.MILDENBERGER wählt den Begriff der *»einfachen Gottesrede«* zur Grundkategorie seiner *Biblischen Dogmatik*, die die Bibel als Urkunde der Kirche und des Glaubens und die systematische wissenschaftliche Besinnung unter den Voraussetzungen moderner Exegese näher aneinander rücken möchte. Er will damit inhaltlich vorbestimmte Begriffe wie *Evangelium* oder *Kerygma* umgehen. Unter der Voraussetzung, daß nicht ein differenzierender Denkakt, wie man ihn in der theologischen Ausbildung lernt, die Qualität des der Kirche aufgetragenen Wortes ausmacht, sondern daß alle Differenzierungen der einfachen Antwort auf den einfachen Ruf Gottes und seiner Weitergabe zu dienen haben, dürfte Mildenberger ein unverzichtbares Kriterium bestimmt haben. In unserem Zusammenhang macht mich dies auf zweierlei aufmerksam.

Erstens gilt es vor der Differenzierung von Gesetz und Evangelium, von Gebot und Weisung, von Paraklese und Paränese usw. wahrzunehmen, daß auch konkreter ethischer Anspruch zur *einfachen Gottesrede* der Zeugen des Alten und des Neuen Bundes gehört. Daß solcher Anspruch nur im heilsgeschichtlichen Verstehenskontext verständlich wird, unterscheidet ihn nicht von anderen Möglichkeiten des Verkündigungsrufs. Die Meinung, das eigentliche Gotteswort gehe dem göttlichen Urteil über sittliche Sachverhalte grundsätzlich voraus, erliegt dem hermeneutischen Irrtum, als sei die abstrakte Formulierung richtiger Begriffe in der Theologie oder die metaphorische und die mythische Ausdrucksweise der erzählenden biblischen Verkündigung und der Glaubensformeln das eigentliche Medium der göttlichen Selbstmitteilung. Die geläufigen Elemente paränetischer Rede können genauso wie heilsgeschichtliche, existenztheoretische oder symbolische Mitteilungselemente zu *einfacher Gottesrede* werden.[10]

Zweitens ist aus der Bibel nicht erkennbar, daß der *einfachen Gottesrede* bevorzugt der Indikativ eignet, während die vom grammatikalischen Imperativ geprägte Rede die daraus entstehenden Konsequenzen vorzutragen habe. Eine solche Meinung ist eher von griechischen als von biblischen Anregungen bestimmt oder trägt unkritisch in das Verständnis der Bibel die Vorausssetzungen des autonomen Denkens der Moderne ein. For-

---

9 Seit die Jesus-Logien als autoritativer »Text« geehrt wurden, den der Mensch in der jeweiligen Sitation hörend und gehorchend auszulegen hat, - also seit vor Ostern, erst recht aber seit die Sammlung Q die Gewißheit der Zugehörigkeit zu ihm an der Bewahrung seiner Worte erfahren wollte -, gehört dies Dilemma bleibend zur kirchlichen Existenz. Ein jeder soll Pflicht und Freiheit haben, seinem Verständnis der Worte Jesu in der Situation konsequent und vielleicht auch einseitig zu folgen. Und zugleich soll der Dialog mit anderen Christen über das Verständnis der Worte Jesu nicht im Auslegungsstreit untergehen noch das immer neue Hören auf Jesu Wort der Subjektivität ausgeliefert werden. Die Treue zur biblischen Botschaft ist also zugleich Grund der kirchlichen Gemeinschaft und Grund gegensätzlichster ethischer Konsequenzen. Das Gespräch über diesen ekklesiologischen Dauerkonflikt kann daher nie nur exegetisch und systematisch, sondern muß immer auch mit Offenheit für die subjektive Entscheidung des Einzelnen geführt werden. Röm 14,5b.7; 1Kor 4,1-4.

10 Zu »Aussagefunktion« und »Anredefunktion« der Sprache s. WEDER, *Neutestamentliche Hertmeneutik* 160ff

male Merkmale des Volitivs verdienen stärkere Beachtung bei der Besinnung auf biblisch autorisierte Rede - was allerdings angesichts heutiger Predigtrealität verständlichen Schwierigkeiten begegnet. Das Imperativische hat von Fall zu Fall ein autoritäres, ein kommunikatives oder ein affektives Signum oder mehreres davon zugleich. 1. Wir leben in einer Zeit der Krise des *Autoritäts-Imperativs*. Der unkritische Umgang mit der politischen oder der wissenschaftlichen Autorität inszeniert heute globale Katastrophen. Und zum Wesen einer allgemein zugänglichen Bildung gehört a limine das Hinterfragen der Autoritäten. Kein Wunder, daß der Autoritäts-Imperativ der kirchlichen Predigt weithin abhanden gekommen ist. Er ist auch schwerlich erneuerbar. Das Ausweichen der Prediger auf den beliebten Kohortativ »Wir sollten doch ...«, das in den Appell die Resignation gleich mit integriert (oder ein schlecht verhüllter, unehrlich kommunikativer Imperativ ist), zeigt die Krise der Autoritäts-Anrede. 2. Der *affektive Imperativ* wird, etwa in der Erweckungspredigt, nach wie vor geübt. Er nutzt (gewollt oder unabsichtlich) die Tatsache, daß Engagement auf der einen Seite Betroffenheit auf der anderen Seite wecken kann. Die Gefahr der Verwechslung von Begeisterung und Geist Gottes läßt ebenso wie das moderne Pathos der hochgerühmten *»Sachlichkeit«* dem affektiven Imperativ z.Zt. nicht viel Raum in der Kirche.[11] 3. So läßt also die Krise des autoritären und des affektiven Imperativs das *kommunikative* Moment hervortreten. Das Nachdenken über den antik-paränetischen Gebrauch von Imperativ, Adhortativ und Kohortativ, von Volitiv und Prohibitiv ist daher auch besonders gut geeignet, die kommunikative Wesensart der »Gottesrede« zu klären. Damit ist unterstrichen, daß Paränese zunächst eine Kategorie der Praktischen Theologie ist und erst zweitrangig in der theologischen Systematik zur Sprache kommen kann.

Paränese - Gesetz. Das Proprium der jüdischen Paränese-Forschung ist die Verhältnisbestimmung zwischen aktueller sittlicher Verkündigung und Lehre einerseits und Gesetzes-Autorität andererseits. Sofern urchristliche Paränese nicht ohne die Vorgabe der jüdischen Bibel und damit auch der gesetzlichen Verpflichtung im Gottesvolk verstehbar ist, ist das Verhältnis zwischen Gesetz und aktueller Paränese auch für das NT ein Kernproblem.[12] Der Mangel an formgeschichtlicher Aufarbeitung der sittlichen Zeugnisse des Judentums seit Esra bewirkt hier einen Forschungsrückstand gegenüber anderen Feldern neutestamentlicher Forschung. Die exegetische und systematische Behandlung der Beziehungen zwischen Paränese, Gesetz und Ethik ist ein Feld mancher Verwirrung, wie sich an der Kategorie der »Strafverschärfung« zeigt.

Seit Herbert BRAUN unter dem Aspekt der »Radikalisierung« NT und Qumran-Texte verglichen hat, nahm dieser Begriff für viele eine Leitfunktion an. »Radikalisierung« und »Verschärfung der Tora« sind Formalbegriffe, die es gewiß erlauben, Disparates auf ein vergleichbares Element hin zu befragen. Doch führt diese Art Vergleich in die Irre, wenn der Hintergrund der Geschichte der fortschreitenden Versittlichung des Rechts und seiner nicht mehr juridischen Anwendung auf rechtsfreie Räume zu wenig bedacht wird. Wo z.B. das Wort vom Zorn als vor Gott strafwürdiges Vergehen Mt 5,22 zum toraverschärfenden Wort einer frühchristlichen Sonder-Observanz erklärt wird, da darf man doch fragen, ob altbezeugte Einsichten der Weisheit über die Torheit des Zornigen und das Zusammenwachsen weisheitlicher Einsicht mit der Verantwortung vor dem göttlichen Gesetzgeber nur von Sondergruppen konsequent aufgenommen sein sollen. Soll solcher Gemeinde denn auch das Unterscheidungsvermögen zwischen dem

---

[11] In der Sprache des Pietismus drückt man diese Gefahr aus, indem man von einer lediglich *seelischen Bekehrung* (statt der *geistlichen*, vom Geist Jesu gewirkten, Bekehrung) spricht.

[12] Vgl. N.LOHFINK, *Unterschied von 'Gebot' und 'Gesetz'* 87f, der, einer Anregung P.STUHLMACHERs folgend, die Entgegensetzung von göttlichem *Gebot* und israelitischem *Gesetz* bei WESTERMANN auch an Röm 7 überprüft.

Gesetz Moses und der Aktualisierung des Gesetzes ganz oder zumindest das Interesse daran verloren gegangen sein? Die jüdische Unterscheidung zwischen der Halacha Israels und dem Ethos der Menschheit, beides im Gesetz Moses verankert, weiß von Kriterien, nach denen Gott mitmenschliches Handeln wie die Erfüllung von Halacha anrechnet, gerade auch dann, wenn ein Pflichtenkonflikt gegen die Halacha gelöst wird. Ob der christliche Gerichtsgedanke nun als eine Steigerung der jüdisch verstandenen Gerichtsverantwortung zugunsten des ethischen Elements oder ob er als Bruch mit dem jüdischen Recht und seiner Halacha verstanden wird: jedenfalls verlangt die christliche Gerichtsbotschaft dem Menschen das δοκιμάζειν ab, um alles in Worten und Taten in Verantwortung vor dem Herrn zu tun. Wenn man das eine Gesetzes-Verschärfung nennen will, verliert der Gesetzesbegriff seinen juridischen Charakter und damit seine Kontur. Gewiß hat er diesen in der jüdischen Rede von der allumfassenden Tora auch weithin verloren. - aber hier schließt er auch den Heilsindikativ, jüdisch verstanden, voll ein.

In der Botschaft vom Reich Gottes hat nicht eine verschärfte Tora, sondern ein auf das Wesentliche konzentriertes und damit zugleich erleichterndes, von Leistungs-Summen befreites, für das Einzelne befreiendes »Gesetz Christi« seinen Platz, mögen die Beziehungen dieses Gesetzes Christi zum Gesetz Moses enger oder lockerer oder antithetisch gesehen werden.

Gebot - Mahnung - Weisung - Lehre. Schwierigkeiten bereitet die Kategorisierung derjenigen ethisch relevanten Kurztexte, die normative Sprachform haben. Weithin wird versucht, den vielfach erkennbaren normativen Charakter mit dem Begriff der *»Weisung«* zu erfassen und damit zugleich das Aktualistische der Worte im NT und den Unterschied zum *Gesetz* (und *Gebot*) mit seiner eigenen theologischen Problematik festzuhalten. Von der jüdischen Praxis und erst recht vom griechischen Verständnis her wäre es richtiger, von *»Mahnung«* zu sprechen. Der Jude vergißt nicht, daß die Autorität seines Wortes eine abgeleitete ist. Mit der prophetischen Autorität Jesu, an der die neutestamentlichen Zeugen zuerst in eschatologischer Stunde und später in ekklesiologischer Verantwortung partizipieren, gewinnt der aktuelle Voluntativ den Charakter des Gebotes selbst. Doch setzen sich mehr und mehr die paränetischen Unterströmungen durch, die im erinnernden Mahnen und in der ordnenden Gemeinderegel den Folgecharakter der Paränese als das Normale und die Autorität des Gebietens als das Besondere erfassen. Paulus hat das Gebieten und das Mahnen so eng verflochten, daß seine »paränetischen« Imperative das Problem der richtigen Kategorisierung besonders deutlich zeigen. Hier ist eine halachische Tendenz unverkennbar, die in verpflichtender *»Lehre«* die Bundesurkunde für das Volk Gottes (hier die Kirche aus den Völkern) aktualisiert und damit das Heilsgeschehen auf dem Felde ethischer Bewährung konkretisiert. Wenn ich nicht nur für PseuPhok, sondern auch für das NT den Begriff der *Mahnung* als Normalbegriff für Volitive verwende, so geschieht es im Interesse des formgeschichtlichen Vergleichs. Dabei ist zu berücksichtigen, daß die meisten neuen *Gebote* aus zweiter Hand, eben über paränetisches Geschehen, zu uns gekommen sind und darum das für paränetische Mahnung charakteristische Gefälle vom Gebot zur Aktualisierung zeigen. In biblischer Sprache müßten wir den Begriff der *Lehre* verwenden, würden damit aber alle Unterscheidungskategorien außer acht lassen.

2. Die paränetischen Intentionen

Wie weit die Autoren und Tradenten der Schriften des NT den diachronischen Ort ihrer ethischen Aussagen und die Möglichkeit, diese synchronisch zu vergleichen, kannten, ist nur in spärlichen Ansätzen bekannt. Gewiß würden sie sich manchmal wundern, wo sie sich im Blickwinkel der Ethik wiederfinden. Aber gewiß kannten sie doch einige ethische Intentionen, die sie mit anderen verbanden oder von ihnen unterschieden. Anhand solcher Intentionen versuche ich, ausgehend vom Beispiel PseuPhok, jüdisch-christliche Kontinuität und Diskontinuität zu begreifen. Die Verfremdung der Aussagen, die eine an der Zusammenschau des Einzelnen und des Ganzen, der geschichtlichen Wurzeln und der Wirkungstendenzen interessierte Ethik vornehmen muß, läßt sich beim Ausgang von Paränese als einer praktischen Dimension weithin vermeiden.

2.1 Die ethischen Intentionen bei PseuPhok

1. *Dekalogische Intention.* Vers 3-8 zeigt die Intention, die universale Reihe des Dekalogs mit ihren vorwiegend prohibitiven Geboten zum Ausgang der universalen Reihe des Gedichtes, das immer wieder seine Abschnitte prohibitiv eröffnet, zu wählen. Damit ist die Wahl exemplarischer Konkretionen und deren aktualisierende Anwendung als formales Grundprinzip der Paränese gegeben. Der Dekalog als *Tora in nuce* zeigt die Ausrichtung der Paränese am mosaischen Gesetz an[13].

2. *Agapische Intention.* Durch Lev 19 und die Wertung dieses Tora-Kapitels im Judentum ist es dem Verfasser vorgezeichnet, die soziale Verpflichtung als Pflicht des Vermögenden für den Hilfsbedürftigen und als Pflicht zuvorkommender Friedfertigkeit zu verstehen. Besonders in v.9-41 sowie 223-227 macht PseuPhok diese Intention zu der seinigen. Den spätestens seit Lev 19,18 LXX gebräuchlichen Begriff des ἀγαπᾶν vermeidet er als einen in dem gewählten Sprachmilieu ungewohnten Begriff.

3. *Eudämonistisch-psychologische Intention.* Von dem, was griechische Philosophie als *summum bonum* erkannt und beschrieben hat: der *Eudämonie*, hält der theonom denkende PseuPhok vor allem deren Hauptbedingung, das *Maßhalten*, fest. Das Interesse, dafür griechische Tugend-Laster-Psychologie einzusetzen, ist vor allem in den Versen 42-80 bestimmend.

4. *Bürgerliche Intention.* In der Aufnahme des Haustafelschemas öffnet sich PseuPhok der Intention, die im Griechentum vor, neben und in der Philosophie den Grundbedingungen bürgerlicher Ordnung zugewandt war und Schemata der Oikonomik geschaffen hatte. Er tut dies in jüdischer Weise, die weniger ein System der Ordnungen und mehr die um das Elterngebot angesiedelten Pflichten im Hause beachtet. Das letzte Drittel des Gedichtes von v.153 an steht mehr oder weniger im Zeichen dieser Intention.

---

13 so wie auch in der rabbinischen Haggada gern Dekaloggebote als Repräsentanz für die ganze (schriftliche und mündliche) Tora gewählt wurden, z.B. Mek 64b zu Ex 18,1.

5. *Halachisch-nomistische Intention.* In einer thematisch einseitigen Auswahl, anschließend an Lev 18, widmet sich der Phokylideer in v.177-194b (etwas in 147-150)[14] auch der halachischen Intention des Judentums seiner Zeit.

6. *Eschatologische Intention.* Sofern unter »eschatologisch« ganz unapokalyptisch die Spannung zwischen Jetzt und einer die gegenwärtige Daseinsform begrenzenden und in Frage stellenden Zukunft verstanden werden kann, hat PseuPhok auch eine eschatologische Intention. Sie prägt mit ihrem Blick über die Todesgrenze hinaus die Verse 97-115 und erfüllt das ethische Pathos des ganzen Gedichtes, wenn Klugheit und Maß sowie Gottessegen als Bedingung einer erfüllten Zeit vor der *Schwelle des Alters* v.230 genannt werden. Auf die Fragen einer gesellschaftlichen oder gesamtisraelitischen Hoffnung oder Bedrohung kann diese aus dem Geist jüdischer Weisheit schöpfende Eschatologie verzichten bzw. erkennt diese als auf einem anderen Blatt geschrieben.

2.2 Die ethischen Intentionen im NT

Wir finden im NT dieselben Intentionen, wenn auch mit anderer Gewichtung. Die Frage nach Intentionen hilft uns, die Vorausentscheidung, wie viel Übernommenes und wie viel Neues ein neutestamentlicher ethischer Text bietet, *in suspenso* zu halten. Die geschichtliche Vielfalt und Abfolge ethischer Ansätze im frühen Christentum, der sich die meisten modernen Entwürfe der Ethik des NT verpflichtet sehen, kommt bei unserem Ansatz als verschieden starke Wirksamkeit der einzelnen Intentionen und als spezifische Wechselwirkung in Blick. - Natürlich ist PseuPhok nicht repräsentativ für alle wesentlichen Ansätze im Judentum, zeigt aber doch erstaunlich treffende Zugänge zu den Intentionen im NT. Der aphoristische und tora-orientierte Charakter von PseuPhok läßt die *Gewissens-Intention* einer vom Gebrauch der Entscheidungs-Freiheit getragenen (stärker philosophischen) Ethik, der menschheitliche Ansatz läßt die *Gemeinde-Intention* zu kurz kommen, die wir im NT hinzuzählen müssen. Die im Judentum stark ausgeprägte *dualistische Intention* vermeidet er auch im milden Sinne des ethischen Dualismus, während das Buß-Ethos des Urchristentums und die Tendenz zu ontologischer Festschreibung der eschatologischen Entscheidungssituation (Johanneisches Schrifttum) dem Dualistischen wesentlich Raum verschaffen im NT. Die charakteristischsten Ergänzungen durch ein heilsgeschichtliches Novum findet das urchristliche Ethos durch die *Intention des Einen, das nottut*, die mit der christologischen Mitte des Christentums gegeben ist, und durch die *charismatische Intention*, die dem in der Gemeinde manifesten eschatologischen Heil, also der Bedeutung der Pneumatologie, paränetisch Rechnung trägt.

1. Die *dekalogische Intention* wird aufgenommen im Sinn des Dekalogs als *Tora in nuce*, u.zw. so intensiv, daß sie von manchen als eine unjüdisches Novum aus hellenistischen Gemeinden gewertet wird. Näher liegt die Annahme, daß die feste Verwurzelung

---

[14] P.RÄISÄNEN, *Paul and the Law* 37, findet in v.139.147f »ritual precepts«, die zur sonstigen exklusiv moralischen, unhalachischen Rezeption der Tora bei PseuPhok passen a) aufgrund der moralisch-ästhetischen Erklärung und b) der Berührungspunkte mit griechisch-römischen Ideen.

schon im synoptischen Material auf Jesus zurückgeht, dem der Dekalog exemplarischer Inbegriff des Gottesgebotes im Unterschied zur Auslegungstradition war. In der Briefparänese, die paränetische Muster der Missionsgemeinden weiterführt, dienen Dekaloggebote im Rahmen negativ-prohibitiver Mahnung als Konkretionen für die Allgemeinbegriffe des *Schlechten* (der *Schlechtigkeit*) und des *Guten*. In gemeindebezogener Auswahl bzw. Aktualisierungs-Tendenz stehen dabei - angesichts des vorausgesetzten moralischen Standards - die alltäglichen Zungensünden statt grober Tatsünden im Vordergrund. Durch das Bewußtsein, im Dekalog und dessen paränetischer Anwendung den Willen Gottes für die Sittlichkeit der Menschen in nuce zu kennen, hat das Christentum eine konstante Ausgangsbasis für die Beachtung und Prüfung verschiedener ethischer Anregungen. Die materiale Basis des urchristlichen Ethos ist fraglos jüdisch-biblisch.[15] Nur vom Bewußtsein der jüdisch-christlichen Kontinuität her wird der zwei Generationen währende Verzicht auf eine autorisierte Definition der *»Wege«* und die nur jeweils partielle Auseinandersetzung mit dem Jüdischen erklärbar.

2. Die *agapische Intention* des Judentums erlangt durch Wort und Beispiel Jesu zentrale Bedeutung, an der sich der Konflikt um die Art der Geltung der Tora entzündet. Damit wird das mosaische Gesetz neu in Kraft gesetzt und von einer ethischen Mitte erfaßt. So jedenfalls haben die Jünger den Meister verstanden und damit den Dauerkonflikt zwischen Nomos und Agape in der Kirche eingeleitet. In der Verfolgungssituation gelangen urchristliche Gruppen zur Definition der radikal-agapischen Intention im Verbot, wiederzuvergelten, und im Gebot der Feindesliebe. Das Gebot der Nächstenliebe wird zum Kern des Ethos schlechthin. - Das Proprium einer jüdisch verstandenen *Gottesliebe*, nämlich in *Gottesfurcht* die Halacha Israels genau zu beachten, wird im Christentum durch den Dank für die Erlösungstat Gottes (Lk 7,47; Röm 12,1; 1Joh 4,19f) verdrängt. Dadurch kommt es zu einer engen Verbindung (Mt 22,37-39), ja geradezu einer Verschmelzung (1Kor 13,12b-13) der dankbaren Gottesliebe mit der agapischen Intention.

2a. Die Einseitigkeit, mit der auf die Agape abgehoben wird, und zugleich die Freiheit von einem kasuistischen System der Agape-Anwendungen hängt entscheidend mit der christologischen Zentrierung im NT zusammen. Hier bewegen wir uns an der Grenze des ethisch Definierbaren und zugleich in der Mitte christlicher Existenz. Der Glaube, der in Christus allein das Schicksal der Menschheit vor Gott zu ihrem Heil entschieden sieht, hat in ihm und seinem Wort die Gewißheit, daß die ethische Antwort des Glaubenden unter den verschiedensten Bezügen *je Eines* ist, *was nottut*. Das Christusbekenntnis gibt dem christlichen Ethos die Struktur der Ausrichtung auf ein je ganz Einfaches. Damit ist eine Unterscheidung zu den Arten der Zentrierung im Judentum und im Griechentum gegeben. Wie in PseuPhok die Tora als entscheidende Bezugsgröße ungenannt bleiben kann, weil sie in ihren Manifestationen, den Geboten, präsent ist, so braucht das Judentum sich nicht auf eine Mitte in der Bibel festzulegen, weil die Tora selbst die Mitte des religiösen und gesellschaftlichen Lebens für den Juden ist.

---

[15] Zur Frage, ob die neutestamentlichen Autoren das mosaische Gesetz als durch Jesus überwunden ansahen, vgl. RÄISÄNEN a.a.O. 83-92.

Seine Art, Gott in der Tora zu ehren, und die Ablehnung der jesuanischen Autorität des Einen, Entscheidenden gehören zusammen. Auf andere Weise ist griechische Ethik auf eine Mitte ausgerichtet: auf die Eudämonie oder auf die Tugend, und d.h. in beiden Fällen: auf das *summum bonum* als den geistig begreifbaren und vollziehbaren Sinn allen Verhaltens. Der jesuanische Ansatz verleugnet dem gegenüber nicht das Fragmentarische einer in eschatologischer Herausforderung des Augenblicks, der Gegenwart gefällten Entscheidung. Darum vollzieht sich christliches Leben eigentlich auch immer in einem Auf-Distanz-Gehen gegenüber Christus zwecks Geborgenheit in den Ordnungen und Zurückgehen zu Christus in die äußerliche Ungesichertheit, aber zugleich in die Klarheit über das Gebot der Stunde. - In den synoptischen Geschichten[16] bleibt es für den Exegeten oft unklar, was denn nun dies Eine im Mittelpunkt der Geschichte abstrakt und auf andere Situationen übertragbar bedeutet. Predigten und Katechesen geben sich in unendlicher Bemühung damit ab, an Exempeln klar zu machen, worum es sich handelt. Bei der Begegnung des Bibellesers mit solch einem Wort in einer brennenden Situation kann es ihm plötzlich klar sein; in einem seelsorgerlichen Gespräch bekommt solche Jesusgeschichte überraschend ihre überzeugende Kraft wieder. Und immer wieder ist die Versuchung groß, daraus eine Regel für andere Menschen oder für eine andere Situation, also die beliebte christliche Frömmigkeits-Kasuistik, die »kein Gesetz« sein will und doch die Geborgenheit des Verallgemeinerten sucht, zu machen. In dem »unablässigen Stachel« der »extremen Forderungen der Bergpredigt«[17] hat Matthäus Wesentliches dieser Verweigerung ethischer Vorab-Kompromisse mit den Verhältnissen und der Sitte festgehalten. Und wir wissen nicht, wie er selbst sich den Ausgleich der Spannungen in seinem neuen »Dekalog« der Liebe Mt 5,21-48 vorgestellt hat. Er hat uns die Worte bewahrt, deren Situationsbindung Albert SCHWEITZER mit der Formel von der *Interimsethik* erfassen wollte, und hat damit geholfen, daß sie je neu einem Menschen Licht geben für das Eine, was nottut.

3. Das *eudämonistische Anliegen*, in dem die Philosophie Menschheitsschicksal und natürliches Lebensziel sachgemäß auf den Begriff gebracht hat, wird im Urchristentum zugunsten des theonomen Ethos noch weiter zurückgedrängt als bei PseuPhok. Eudämonie klingt in Bildern und Verheißungen an und wird schon gegenwärtig im Leben der Gemeinde gesucht (Mk 10,30), wodurch das Ethos von eudämonistischer Zielsetzung entlastet wird. Entsprechend gering ist die Bedeutung der Tugend-Laster-Psychologie (die etwa in den TestXIIPatr großen Raum hat). Sie wird recht schematisch mit den aus der biblisch-jüdischen Weisheit vertrauten Allgemein-Urteilen, besonders mit Bezug zum Besitzstreben, eingesetzt.

3a. Das Erbe der philosophisch-autonomen Ethik wird statt dessen in der *Gewissens-Intention* aufgenommen. Zunächst von Paulus aus philosophischer und popularethischer Anregung (hellenistisch-jüdisch vermittelt) übernommen und dann modifiziert und bleibend wirksam, ist sie letztlich aber schon in der radikalen

[16] Luk 10,42; Mk 10,21a; Mt 6,33

[17] R.SCHNACKENBURG (*Matthäusevangelium* 1/1985,44) nach A.VÖGTLE in der Schnackenburg-FS *NT und Ethik* S.53

Rückfrage Jesu nach dem, wofür der Einzelne mit ganzem Herzen einstehen kann, angelegt. Paulus hat also auch hier einen genuin urchristlichen Ansatz theologisch mit dem Instrumentarium seiner gebildeten hellenistischen Umwelt definiert.

4. Die *bürgerliche Intention* zeigt sich zweifach: 1) in dem Motiv des *Schicklichen*, allgemein Anerkannten, des *Kathekon* und 2) in den Haustafelregeln für die Beachtung des Standes, dem jemand zuzurechnen ist, sowie vergleichbaren Texten. Das Motiv der Übereinstimmung mit allgemeinem Verständnis, was sich für den Menschen schickt und was Anerkennung auch außerhalb der Gemeinde findet, scheint mir in der Exegese weithin überbewertet. Ort und Art des Rückgriffes auf dieses Motiv zeigen, daß es ein subsidiäres Motiv für das war, was man als eigentliche sittliche Christenpflicht ansah. Wenn wir in heutiger Sicht dieses Motiv als treffliches Mittel erkennen, zum Füllen der vielen Lücken der materialen frühchristlichen Ethik einen Maßstab (aber auch nur einen!) zu liefern, so erliegen wir dabei leicht der Täuschung, als hätte die ersten Christengenerationen ein Gefühl der Verlegenheit wegen mangelnder Klarheit über ihre bürgerliche Stellung beschlichen. Ihr eigenes Ethos sahen sie als anspruchsvoller an als das der Umwelt. Die Liste der acht allgemeingültigen ethischen Prädikate Phil 4,8 hat etwas Sieghaft-Fröhliches. Wo nach und nach Probleme sich zeigten - hinsichtlich der Konsequenzen aus der in Christus gewonnenen Freiheit und Geschwisterlichkeit und etwa hinsichtlich der Stellung zu den Staatsorganen -, da rückt die bürgerliche Argumentation nach, integriert in das, was ein von der Agape her definiertes Verständnis des *Guten* als das allen Menschen *Geschuldete* versteht Röm 13,7a. Das Regularium der familiären und bürgerlichen Ordnung findet erst spät den alten Raum wieder, der ihr im jüdischen Familienethos und in der gesellschaftlich vorgezeichneten Oikonomik zukommt. Die merkwürdig späte Entwicklung ethischer Aussagen für das Leben in der bürgerlichen Welt und im *Haus* wird einerseits mit dem Zeitpunkt beginnender enthusiastischer Infragestellung der Ordnungen zusammenhängen, ist aber zugleich schwer ohne die Worte und Erfahrungen vom eschatologischen Zerbrechen der Familien- und Nachbarschaftsbande und der zutiefst kritischen Einstellung zu den Machthabern, *die sich Euergetai nennen lassen* Luk 22,25, zu verstehen. - Unter der Voraussetzung, daß alle neutestamentliche Ethik Gemeindeethik ist (H.-D. WENDLAND, *Ethik des NT* 123), liegt es nahe, daß die Normen des bürgerlichen Ethos, in der Haustafel erfaßt, zur Gemeindetafel umgebildet werden und zunächst in Gemeindeordnung münden, in der Gemeindliches und Familienordnung im Zusammenhang erfaßt werden.

5. Die *halachisch-nomistische Intention* zeigt ihre Relevanz darin, daß mit ihr die gespanntesten Gegensätze, mit denen die Kirche im Interesse ihrer Einheit fertig werden mußte, gegeben waren. Dies rührt 1) aus allgemeiner jüdischer Vorgeschichte und dem Leben im oder nahe dem Judentum her, 2) aber und vor allem von der jüdischen Existenz Jesu, der wie in allem, so auch hierin keine Prinzipienlehre verkündet hat, 3) schließlich vom Leben der Gemeinde aus ihrer Bibel, aus der das Nomistische nicht wegzudenken ist. Aus der beherrschenden Stellung durch das Kerygma verdrängt, tritt diese Intention unter den Bedingungen des Heidenchristentums stark zurück, behält

aber Bedeutung 1) im ethischen Reinheitsmotiv,[18] 2) in der meist sehr schematisch sich ausdrückenden Abgrenzung der offenen christlichen Gemeinde gegen das Heidentum und dementsprechend 3) in der Gerichtsbotschaft.

6. Ob nun eschatologisch die Gegenwart von der (nahe bevorstehenden) Zukunft her wie bei Jesus oder ob umgekehrt - nachösterlich - die Zukunft von der eben geschehenen gegenwärtigen Erfahrung her verstanden wird:[19] die *eschatologische Spannung* der Reichs-Gottes-Erwartung durchdringt das apokalyptische Verständnis ebenso wie das ekklesiologische Selbstbewußtsein und die individuellen Lebens- und Leidensaufgaben. Wenn PseuPhok immer nur moderiert als Vergleich für die Paränese des NT herangezogen werden kann, dann vor allem wegen deren Prägung durch die christlich-eschatologische Intention.

7. Die dualistische Intention, die als ontischer Dualismus für apokalyptische und - damit oft verbunden - als ethischer Dualismus für Bußbewegungen kennzeichnend ist, gewinnt naturgemäß im NT an Gewicht. Das Bewußtsein, in der Endzeit in Erwartung der Wende zu leben - und dies im Zeichen des Kreuzes, durch das Tod und Auferstehung zu Grundsymbolen des Glaubens werden -, schafft ein antithetisch geprägtes Ethos. Die prohibitiv-volitive Struktur vieler paränetischer Aussagen, das schroff scheidende oder doch mindestens »kritisch distanzierte Verhältnis zur Welt« (WENDLAND, *Ethik* 123) und zum Leiblichen und die häufig dualistischen Motivationen der Paränese bedingen eine Einordnung des frühchristlichen Ethos' in die dualistische Bewegung.

8. Ausgehend vom Ruf in die Nachfolge und vom eschatologischen Neubeginn, den Buße und Taufe bedeuten, entsteht die *ekklesiologisch-charismatische Intention*, die einerseits im Ethos der *Demut und geschwisterlichen Liebe in der Gemeinde* und andererseits, mit ersterem dialektisch verbunden, im Respekt vor unterschiedlichen endzeitlichen Begabungen und Aufträgen durch den Christus Ausdruck findet. Der radikal-agapische Ansatz wird hier fruchtbar für die Gemeindeordnung. Paulus gibt dieser Intention die Form seiner auf der rettenden Gnade und damit einer je individuellen Berufung und Begabung beruhenden Charismenlehre.

3. Konsequenzen aus der paränetischen Abbreviatur

Die nomistische, die paränetische und die weisheitliche Tradition arbeiten ebenso wie kynische Diatribe mit Abbreviaturen. Diese haben exemplarischen Charakter, der im paränetischen Geschehen zur grundsätzlich-ethischen und zur situativen Entfaltung drängt. Die Methoden solcher Entfaltung sind bei PseuPhok gut ablesbar, insbesondere die Folgenden:

1. Die *Subsumierung* der Vielfalt der Probleme unter einfache Traditions-Normen.
2. Die *Antithetik* (das *Gegenstück*): In prohibitiver Formulierung kann zu einer positiven Norm die Grenze des Erlaubten und Angemessenen definiert werden; volitiv

[18] FLUSSER/SAFRAI, *Aposteldekret*, zu dessen halachischem oder ethischem Ursprung
[19] S. KLEIN, Art. *Eschatologie IV: NT*, TRE 10,270ff

kann der virulent im Verbot vorausgesetzte und geschützte positive Wert als das ethische Ziel angezeigt werden.

3. *Verallgemeinerung*: Exemplarische Mahnung und Weisung wird in Richtung auf das Universum der ethischen Aufgaben entwickelt.
4. *Reduzierung*: Von einem Grudverständnis des Wesentlichen (allgemein oder in der Adressaten-Situation) aus wird eine repräsentative Auswahl getroffen.
5. Durch *Verknüpfung* werden Anregungen, die sich aus den verschiedenen ethischen Grundintentionen ergeben, vernetzt.

Mit diesen Methoden wird je eine sachgemäße Vervollständigung des Feldes, das die traditionelle paränetische Abbreviatur je nur punktuell besetzt hatte, erreicht. Die Anwendung dieser Kriterien auf das NT bringt kritischen und konstruktiven Gewinn für die Exegese:

a. Im kritischen Rückschluß läßt sich die Fülle der paränetischen Einzeltopoi auf diejenigen Topoi reduzieren, die als mündliche Tradition ohne ausgebautes Schulungssystem das Gedächtnis nicht überfordern. Der im paränetischen Traditionsprozeß Stehende konnte vieles sachgemäß komplettieren, was ihm die Tradition bruchstückhaft vorgab, und umgekehrt vom Wesentlichen (dem eschtologischen Verständnis, dem Liebesgebot) her reduzieren, ohne deswegen an potentieller Fülle einzubüßen (vgl. *Repräsentanz*).
b. Die normativen und die situativen Äußerungen der neutestamentlichen Paränese stehen nicht eigentlich in einer dialektischen oder gar antithetischen, sondern in einer konstruktiven Beziehung zu einander.[20] Die Normen-Skala der christlichen Tradition ist auf situative und differenzierende Aktualisierung angelegt. Die Implikationen der Christusnachfolge und des *in Christus* empfangenen Heils, das allen gilt, haben dabei, selektiv wie konstruktiv, einen oft entscheidenden Einfluß.

4. Überschneidungen der Traditionen, Wechselwirkung der Intentionen

Für PseuPhok wurde aufgewiesen, wie sich die intentionale und materiale Aufnahme von Traditionen zum Geflecht der langen Paränese verknüpft. Die dekalogische und die halachisch-nomistische Intention sind von ihrer Quelle, der Tora, her eng verbunden, was sich hier an den Sexualverfehlungen zeigt. Auch das agapische Ethos nach Lev 19 wird als Vollstreckung der dekalogischen Pflichten verstanden. Von hier aus geschieht teilweise die Auswahl aus dem, was popularethische Eudämonik und bürgerliche Standesordnung verlangen. Über das Spannungsverhältnis von Imperativ und Indikativ durchdringen sich jüdische und griechische Intention. Doch können wir die Linien in ihrer Eigenart noch gut verfolgen.

---

[20] »Die Situation gibt keine Normen her, aber die Normen der paulinischen Ethik sind immer situationsbezogen und situationsgerecht«, WENDLAND a.a.O. 86.

Im NT ist die gegenseitige Durchdringung der Linien, die Verschmelzung der Intentionen, viel weiter gediehen. Dies liegt sicher zunächst an dem starken Impuls, von neuer Motivation her alles zu begreifen, dann aber fortschreitend am Überschreiten der Grenze, an der PseuPhok stehen geblieben ist. Das hellenistische Christentum verlor den hellenistischen Fragehorizont nicht aus dem Blick, in dem man vor der Taufe gelebt hatte.

1. *Die Ausstrahlung der agapischen Intention.* Am stärksten zeigt sich die Wechselwirkung der Intentionen von der agapischen her. Einerseits gilt das Liebesgebot als Kriterium für richtiges Verständnis der Gebote und als Richtschnur zu deren optimaler Erfüllung, als Inbegriff des Guten auch im bürgerlichen Rahmen Röm 13,8, als *Band des Friedens* Eph 4,3, der das mögliche Maß irdischen Glückes ausmacht, und als der die Charismen-Möglichkeiten *übertreffende Weg* 1Kor 12,31b. In ihr sind Gottesdienst und Menschendienst eindeutiger, als es im Judentum mit der *Nachahmung der Barmherzigkeit Gottes* empfohlen wird, zur Einheit gelangt. Andererseits, und das zeigt auch den Zusammenhang der Intentionen, wird das Liebes*gebot* nicht zum Liebes*prinzip*; sondern andere Normen behalten wie ein zweiter Brennpunkt in der Ellipse Eigengewicht. Darauf hat STRECKER[21] zu recht hingewiesen. Für das neutestamentliche Ethos kann also das Liebesgebot die anderen Normen nicht entbehren; mindestens haben sie die bleibende Funktion, dem zur tätigen Liebe Bereiten Fragen zu stellen. Der Paränet muß nicht jeweils von der Liebesaufgabe her klären, wieso er eine aus anderer Aufgabenstellung zugewachsene Pflicht gebietend vorträgt (1Kor 14,34.37). Daß hier ein Einfallstor für restriktive und willkürliche Interpretation des Liebesgebotes und seine nachhaltige Entwertung war und bis heute ist, läßt sich schwer bezweifeln. Die Aufgabe, frühchristliche Paränese sachgemäß in Richtung einer zeitgemäßen Ethik zu entwickeln, kann nie als im Wesentlichen schon gelöst angesehen werden. - Im Rahmen des ethischen Dualismus kann das Liebesgebot als missionarisches Motiv aufgenommen werden mit dem Ziel, daß der Heilswille Gottes auch den Menschen im Machtbereich der Finsternis rettend widerfährt Eph 5,6-14; Jud 22f. Als Feindesliebe antizipiert die Liebe den kommenden eschatologischen Frieden.

2. *Die Ausrichtung der dekalogischen Intention auf innergemeindliches Ethos.* Innerhalb der Gemeinde erfuhren sich die Christen als Beschenkte und Schenkende, außerhalb der Gemeinde war ihnen u.U. eine neuartige Last des Leidens auferlegt. Die ethischen Impulse des Dekalogs nahmen sie in erster Linie innergemeindlich zur Kenntnis. *Götzendienst, Hurerei und Raffsucht*, die mit dem *Mord* todbringenden Sünden (s. Anhang I: *Todsünden-Trias*), nahmen sie fast nur als Verfehlungen außerhalb der Gemeinde und also als Grenzziehung um die Gemeinde (1Thess 4,3-8) wahr. Die aktualisierende Auslegung des Dekalog konzentrierte sich daher auf sublimere Verfehlungen, in erster Linie auf gehässige (1Petr 2,1) und schlüpfrige (Eph 5,4) *Zungensünden* und *kleine Feindseligkeiten* (1Thess 5,15). Im dekalog-geprägten Lasterkatalog 1Tim 1,9f wird der ethische Dualismus zur Häretiker-Schelte.

---

21 *Strukturen der neutestamentlichen Ethik* 142f

3. *Die Übertragung des halachischen Reinheits-Ideals auf das Verhältnis zur »Welt« und auf die Endgerichts-Botschaft.* Daß die von Judenchristen und nomistisch Ausgerichteten immer wieder in die Gemeinden getragene Reinheitsproblematik nach unserer Kenntnis nur von Paulus in der Tiefe einer Klärung zugeführt wurde (Röm 14,20 u.ö.), hängt sicher mit der Möglichkeit zusammen, ihr im Ethos einen bleibenden Platz zu sichern. Die Formel *»Auswendiges macht nicht unrein«* (Mk 7,14) war gut geeignet, kultische Reinheit mit der Ablehnung pharisäischer Frömmigkeit als erledigt anzusehen und seine Aufmerksamkeit den aus dem Menschen kommenden Verunreinigungen im Sinne des Lasterkatalogs Mk 7,21-23 zuzuwenden. Dabei wurde man auch von einem breiten religionsgeschichtlichen Strom getragen, der für die verschiedensten Kulte in der hellenistischen Welt das ethische Verständnis von Reinheit begünstigte. Das halachische Problem der Verunreinigung durch Kontakt mit unrein Lebenden war in den Gemeinden offensichtlich nicht fremd, wie Paulus mit dem Argument »offensiver Reinheit« (BERGER) 1Kor 7,14 zeigt. Die spezielle Verbindung zur Sexualität, wie sie die formelhafte Verbindung von πορνεία und ἀκαθαρσία (Gal 5,19 u.ö.) aus jüdischer Tradition zeigt, ist gewiß auch anderswo für die Begriffswahl und damit für die Motivverknüpfung ausschlaggebend, vgl. Hebr 13,4. Das ethische Reinheitsmotiv, das auch in den Deuteropaulinen und der Apokalypse mitspielt, verbindet sich im 1. Johannesbrief am eindrücklichsten mit dem Dualismus zu konsequent welt- und genußkritischen Aussagen, mit denen die weitestgehende Einschränkung des Liebesgebotes auf die Bruderliebe einhergeht. Von Röm 1,24-32 bis Apk 22,15 wird in Begriffen der Sexualethik und der Reinheit die Gerichtsverfallenheit der Menschheit ohne Christus angezeigt. - Eine Wendung ganz im Sinne Jesu ist die Rede vom *reinen und unbefleckten Gottesdienst* Jak 1,27, die diese halachisch und sexualethisch belegte Begrifflichkeit pointiert für die Agape im Sinn der tätigen Hilfe für *Witwen und Waisen* einsetzt. - So hilft auch die halachische Intention dazu, das Netz der Beziehungen zwischen den ethischen Bereichen und Traditionen eng und immer neu zu knüpfen, Aktualisierungsfragen zu klären und den Zusammenhalt der Gemeinde und ihre Abgrenzung nach Außen zu festigen - oft auf die Gefahr hin, die Aufgabenstellung fort von dem durch Jesus gegebenen Zentrum zu verschieben.

4. *Die charismatische Intention als direkte Einbringung eschatologischer Ekklesiologie in die ethische Aufgabenstellung.* Inhaltlich positive und formal nominale Mahnung steht bei Paulus bevorzugt im Dienst des spezifisch christlichen Gemeindeethos. Die φιλαδελφία, eigenartig verbunden mit einem eigengewichtigen Demuts-Motiv (das Röm 12,3 im Wortspiel um den Stamm -φρεν- versteckt ist; vgl. Phil 2,2 τὸ αὐτὸ φρονεῖν), und die vielfältigen, die Gemeinde bauenden Charismen zeigen wie nichts sonst das Neue im Anbruch der Heilszeit (vgl. Joh 13,35). In einem wohl auf Paulus zurückgehenden dualistischen Schema wird dies positive Ethos gern antithetisch als *Frucht des Geistes* der vorangehenden Brandmarkung der *Werke des Fleisches* gegenübergestellt: Gal 5,17ff/22ff; Kol 3,5ff/12ff; vgl. 1Thess 4,3ff/9ff. Älter ist wohl die im Eph sich wieder durchsetzende Anordnung, die dieses Ethos der hereinbrechenden Heilszeit wie den ethischen Widerschein der frohen Botschaft an den Anfang der Paraklese setzt Eph 4,1-17; Hebr 13,1-3; vgl. Mt 5,3-16. Vor der schwierigen Aufgabe, die charismatische Inten-

tion in der Konfliksituation durchzuhalten, steht Paulus 1Kor 1-4 und zeigt in kühnen Aussagen, wie der an jeden Einzelnen ergangene Ruf Jesu die Freiheit zur charismatischen Struktur der Gemeinde (1,7) begründet und die Einheit in der Verschiedenheit ermöglicht. In den flehentlichen Worten Phil 2,1-4 klingt die bleibende Schwierigkeit dieser Aufgabe an. Vor der Durchdringung anderer ethischer Aufgabestellungen, gerade auch in Fragen der Bildung von Gemeindeordnung, ist schon Paulus teilweise zurückgeschreckt; und auch das Bild der rang-und titelfreien Gemeinde, das Matthäus vor Augen steht 23,8-12, ist weithin frommer Wunsch geblieben.

Über die Querverbindungen der *bürgerlichen* Dimension war oben das Notwendige gesagt. Das *Gewissensmotiv* kann nicht nur deswegen, weil der Begriff zeitgenössisch noch ein konstruktives Prinzip anzeigt, sondern vor allem, weil neutestamentliche Ethik sich von autonom-vernunftgemäßer Wertfindung weit abhebt, nur subsidiäre Bedeutung haben. Diese ist allerdings, wo man sich von diesem Motiv beeinflussen läßt, beachtlich für die sittliche Prioritätensetzung im Konfliktsfall. Das *dualistische* Moment hat noch weniger direkte Bedeutung für die materiale Ethik und kommt deswegen im folgenden Abschnitt über die Motivationen der Mahnung zur Sprache.

5. Die Motivationen der Mahnung

Für die Begründungsklauseln der Paränese und die begründenden Ausführungen sind die Traditionen wieder stärker zu beachten: die nomistische, die chokmatische, die kerygmatische, die philosophischen, verschiedene religionsgeschichtliche Anregungen, die anti-enthusiastische und die antignostische Problematisierung und nicht zuletzt die Jesusüberlieferung. Für unser Thema der von den paränetischen Texten ausgehenden Hilfen für eine Ethik des NT geht es darum, welche Art Begründung dem jeweiligen Imperativ zugeordnet wird oder wie ein Imperativ aus einem Indikativ erwächst. Angesichts der Weitschichtigkeit dieser Aufgabe beschränke ich mich auf wenige Hinweise,[22] wie unsere Aufgabenstellung dem großen Thema förderlich sein kann.

Wie die Paränese bei der aktuellen mahnenden Mitwirkung am Traditionsprozeß Vorstellungen und Materialien aufgreift, die den Angeredeten hilfreich sein können - wie sie also Tradition untraditionell interpretiert und aktualisiert -, so und noch mehr stellt sie die traditionellen Topoi in ein aktuelles Begründungs-Umfeld. Dies Begründungsumfeld ist einmal der Tradition ganz homogen, ein andermal auffallend (für uns auffallend) heterogen. Manchen exegetischen Trugschluß hat die vereinfachende Behandlung dieses komplexen Sachverhalts bewirkt.[23] Wie aber die unterschiedlichen paränetischen Traditionen intentional sich gegenseitig beeinflussen und das Netz der christlichen Lebenslehre enger knüpfen helfen, so dient unterschiedliche Herkunft von Mahnung und Begründung dazu, das Urteil desto gewisser zu machen.

1. So gibt es paränetische Topoi mit einem eng zu ihnen gehörenden Indikativ. Die

---

22 Vgl. S.120ff; 391ff; zur Literatur noch K.ROMANIUK, *Les motifs parènétiques dans les écrits pauliens*

23 Dies möchte ich kritisch zu bedenken geben gegenüber A.LINDEMANN, der *Die biblischen Toragebote und die paulinische Ethik* nicht verknüpft sieht wegen der nicht torabezogenen Begründungen.

Nächsten- und Feindesliebe ist über die Erfahrung der Vergebung Gottes und als Folgerung aus ihr eng mit der kerygmatischen Soteriologie verbunden Eph 4,32. In der Jesus-Überlieferung ist diese Verknüpfung durch die weisheitliche Hilfsvorstellung der *Adäquaten Vergeltung* vorgebildet Mt 6,14f u.ö. Die Vorstellung der adäquaten Vergeltung prägt auch im ganzen NT, nicht nur an ihrem *locus classicus* Röm 1,24.26.28, die Gerichtsbotschaft und soll sie weisheitlich einsehbar machen. Aber die Gerichtsbotschaft kommt nicht aus dem weisheitlichen Strang des urchristlichen Denkens.

2. Der heutigen ethischen Fragestellung betr. Röm 12,1f sind vor allem die Motive der λογικὴ λατρεία und des μεταμορφοῦσθαι von Interesse. Dabei kommt die jüdische Sprechweise leicht etwas aus dem Blick. Von der paränetischen Topik her stimmen die Rede von der *Gleichförmigkeit mit dem Alten Äon* und diejenige vom *Prüfen, was dem Willen Gottes entspreche und vor ihm wohlgefällig* εὐάρεστος sei, als Ausdrücke der apokalyptischen Gerichtsbotschaft zusammen. Wir haben darin eine Konstante der paulinischen Paränese. Röm 13,11-14 ist der Gegenpol einer dualistisch-apokalyptischen Klammer um die zwei Paränese-Kapitel. Von daher gesehen, ist der interessante philosophische Ausdruck *Vernunft-* (oder *Wort-)gemäßer Gottesdienst* die besondere, hellenisierende Variante in dieser jüdisch-traditionsgeprägten Einleitung der Röm-Paränese. Ich zähle ihn zu den Elementen der besonderen Kommunikation mit den Adressaten; und als solches ist er dann auch einer (!) unter verschiedenen Leitgedanken, der helfen soll, das von der Tradition Vorgegebene mit Leben zu füllen. Der Mahnung wird hier ein Begründungs-Element eingefügt, das aus ganz heterogener Vorstellungswelt kommt - geschickt über die Opfer-Metaphorik v.1 eingebunden.

3. Auf moderne Interessenlage - eine schwer vermeidbare Beeinträchtigung des Historischen in jeder systematisierenden Ethik - dürfte überhaupt die starke Beachtung der auf die nichtchristliche Umwelt bezogenen Argumente zurückzuführen sein. Hier sind noch einmal das Argument des *Schicklichen* und der erwünschte positive Eindruck der Gemeinde in der Umwelt zu nennen. Der Einsatz dieser Motive besagt nicht viel über den Ursprung der Mahnungsanliegen selbst. Selten bekommt das missionarische Motiv innerhalb der Paränese solche Bedeutung wie in der Umkehrung der Gerichtsverkündigung von Eph 5,3ff in ein Rettungsmodell von v.11b an (bis v.14).[24] Und auch hier bestätigt das Besondere, eben diese missionarische Wendung, das Allgemeine: den Ort der Gerichtsverkündigung, verbunden mit der Todsünden-Trias *Unzucht - Raffsucht - Götzendienst* (v.3.5), in der traditionellen Paränese. Der vorgegebene Prohibitiv mit der ihm eigenen Begründungs-Systematik wird in echt paränetischer Art mit Aktualisierung und positivem Gegenstück von Fall zu Fall neu ausgerichtet. Und meist ist das Vorgegebene nicht nur, wie Eph 4,28, Folie, um an das eigentliche Mahnungsanliegen anknüpfen zu können; sondern die Pflege der Tradition hat ihr eigenes Gewicht. Sie wird als die Konstante empfunden, die, je sicherer sie gilt, desto freieren Zugang zu Varianten gewährt. - Am eindrücklichsten wird der Blick über die dem Autor und den Angeredeten gemeinsame Grenze hinaus im Jakobusbrief vermieden. Jede dieser

[24] V.15 leitet mit dem allgemeineren Motiv des *Wandels in sorgfältiger Aufmerksamkeit* zu der folgenden Gemeindeordnungs-Paränese über.

Kurzpredigten bleibt streng im dialogischen Rahmen. In Trost 1,2-12, Lehre 2,14-26, Scheltrede (4,1-10;) 5,1-6, Einzelanweisung 5,12-20 und mancherlei Mahnung läßt der Verfasser nie den Blick schweifen. Nur die Leidenden, Bedürftigen, 1,27; 2,2f.15; 5,4f.19f verdienen - neben einer kurzen Erwähnung der Reichen als Gegenbild - in diesem parakletischen Beitrag zum Kampf zwischen Gott und dem Teufel 1,13-15/4,7-10 besonderer Erwähnung. Auch in dieser Ausschließlichkeit steht Jakobus der Tradition des synoptischen Jesus besonders nah. Er zeigt, daß christliche Paränese das Argument der Wirkung nach Außen entbehren kann.[25]

Eine Schlußbemerkung:

Das Fragmentarische der ethischen Aussagen im NT ist nicht durch geschichtliche Begleitumstände, sondern durch unverlierbare Merkmale des mit dem Namen Jesu verbundenen Beginnes gegeben. Eine Ethik, die dem gerecht werden will, muß - in Spannung zum *Gleichgesinntsein*, das vom NT an bis in die christliche Gemeinde der Gegenwart gefordert wird - weiten Raum geben für eigene, auch extreme Gewissensentscheidungen des Einzelnen. Sonst entartet sie zu formalistischer Kasuistik oder zum Versuch, ein philosophisches Leitprinzip und die zugehörige Anwendungs-Methodik für alle verbindlich zu machen. Damit würde sich das Eins-Sein in Christus lösen vom gemeinsamen Erfahrungs-Hintergrund einer realen Gemeinschaft; es würde zum ungeschichtlichen Prinzip, das den Anspruch der Gegenwart, in der der Einzelne sich vorfindet, verleugnet. Gewiß schließt die Gemeinschaft des Glaubens den Anspruch an jeden ein, vor dem Wort und der Tat Jesu sich Rechenschaft abzulegen. Diese Rechenschaft kann heute angesichts des Verfalls von Autorität, auch des Verfalls der im Namen Jesu beanspruchten Autorität, nur erbeten, aber nicht gefordert, schon gar nicht im Namen des eigenen ethischen Verständnisses abgefordert werden.

Der Sitz im Leben für christlich-ethische Tradition ist nach wie vor ein dreifacher: 1. Die Verkündigung und Lehre, weiterentwickelt und vorgetragen von einer Vielzahl unterschiedlich engagierter Verkündigerinnen und Lehrer, 2. das Ethos der Familie und der überschaubaren Gemeinde, und last not least 3. die christliche Initiativgruppe (Communitäten usw.) mit ihrer Willensbildung und Vorbildfunktion. Das alle drei Faktoren verbindende Bewußtsein, zum Glaubensgehorsam gerufen zu sein, gilt es, mit Hilfe der wissenschaftlich-theologischen Ethik zu verifizieren und zu fördern. Dabei braucht aus der Vielfalt des vorfindlichen christlichen Ethos durchaus nicht Beliebigkeit zu werden. Antike jüdische und christliche Paränese zeigt, daß im Tradieren und Aktualisieren, in der Konzentration auf das Wesentliche und in den variablen Konkretionen die erkannte Geschichte und die gelebte Gegenwart sich durchdringen.

---

[25] VDHORST weist auf Verwandtschaft zwischen PseuPhok und Jakobusbrief hin (*Ps-Phoc./NT* 202). Diese sehe ich mehr zu den Pastoralbriefen (s.o. S.428). Wohl formuliert Jak eine Fülle von Einzelsprüchen. Aber er fügt sie sorgfältig zu abgerundeten Kurzpredigten von vergleichbarer Länge, in denen sie einen festen Platz haben. Und seine Botschaft ist weit entfernt von der eudämonistischen gesellschaftlichen Verträglichkeits-Moral, die bei PseuPhok stark hineinspielt. Die aphoristische Art von PseuPhok dagegen zeigt wenig Bemühen, übersichtliche Themenabschnitte zu gestalten.

Anhang

Anhang I
Einige Einzelprobleme

1. Apologeticum
2. Antithesen der Bergpredigt
3. Demonicea (Oratio Demonicea = Pseudo-Isokrates)
4. Gebot und Gesetz
5. Katechismus / Katechese / Katechetischer Fonds
6. Schulentwicklung im Frühjudentum
7. Septuaginta - der Bibeltext des Phokylideers
8. Sirach und der Noah-Bund
9. Textkritik
10. Todsünden-Trias, Die paränetische
11. Ungeschriebene Gesetze
12. Zum Problem der komparativischen Weisheit

1. *Apologeticum* [1]

Paul WENDLAND hat 1896 aus Gemeinsamkeiten in Philos *Hypothetica*, Josephus' *Contra Apionem* und PseuPhok die These entwickelt, daß alle drei einen Kanon von Geboten der Tora repräsentieren, der eine Verkürzung auf »vorwiegend moralische Gesichtspunkte« und eine Erweiterung um Normen, die auch von Heiden anerkannt werden, darstelle und die in Verkürzung und Erweiterung apologetischem Bedürfnis entspringe und an vorgegebene Tradition apologetisch motivierter Gnomen-Kollektionen anschließe. Zwei der Texte haben große Gemeinsamkeit in Anlage und Einzelheiten und präsentieren sich ausdrücklich als *Epitome* des mosaischen Gesetzes: Philos bei Euseb erhaltenenes Fragment der *Hypothetica* (7,1-9) und Josephus, *Contra Apionem* 2,190-219. Vergleichsmaterial bei PseuPhok sind etwa 30 verstreute Verse, die in der Auswahl der Sachanliegen Verwandtschaft zeigen.

Als Konstitutivum der besonderen Textverwandtschaft wurde öfter nicht die Abhängigkeit von der Tora - auf die Philo und Josephus sich expressis verbis berufen -, sondern der Rückgriff auf griechische Fundamentalethik - den beide apologetisch begründen - angesehen und jene eher als Akzidenz behandelt. Der Einfluß einer eigentlich jüdischen Traditionspflege zur Aktualisierung der Tora trat in den Hintergrund, wofür vor allem das Bestreben HEINEMANNS, die *Mündliche Tora* als feste Größe zu behandeln und Philos Berufung auf *Ungeschriebene Gesetze* strikt von der ins Rabbinat weisenden Tora-Tradition abzuheben, kennzeichnend ist. In dieser Forschungsrichtung wird schließlich in der gründlichen Aufarbeitung des Materials bei KÜCHLER der jüngste der drei Zeugen, Josephus, »unter dem Gesichtspunkt seiner Nähe zum mosaischen Gesetz« (ebd. 210) zum originärsten Vertreter jenes gemeinsamen Ursprungs, den man mit Vorsicht als »Quelle« bezeichnen könne und den Küchler wegen der angenommenen konstitutiven Rolle des Apologetischen als *»Apologeticum«* bezeichnet (221).

Während der Erarbeitung meines V. Kapitels, dessen zweite Hälfte die Apologeticum-Hypothese eingehend beleuchten sollte, kam ich immer mehr zu der Überzeugung, daß eine Auseinandersetzung mit

---

1 P.WENDLAND, *Die Therapeuten und die philonische Schrift vom beschaulichen Leben* (1896) 706-715; CROUCH, *Colossian Haustafel* 84-88; KÜCHLER 207ff; VERMES, *A Summary of the Law by Flavius Josephus. Zu den Ungeschriebenen Gesetzen* s.u. Anhang I s.v.

Details der Forschungsgeschichte nicht genügt. So klammere ich das Problem aus und begnüge mich mit den hier folgenden Hinweisen. Für PseuPhok ist dies damit gerechtfertigt, daß die Hypothese von den beiden anderen Texten her konzipiert ist und für PseuPhok eher neue Probleme schafft. Auch bekommen nun einige Textmerkmale bei Philo und Josephus, die unter dem Einfluß der Quellen-Hypothese unbearbeitet geblieben waren, wieder Relevanz:

1. Der Philo-Text hat große sprachliche Geschlossenheit, die die Hand des fähigen Schriftstellers (weniger wohl die des sorgsamen Referenten Euseb) verrät. Das Verhältnis von Normen-Referat durch Philo - hier liegen die Gemeinsamkeiten mit Josephus - und dem philonischen Kommentar im Text erscheint als gut durchdacht; es entspricht seinem schriftstellerischen Geschick. Alle die Infinitive, die als starkes Indiz für eine übernommene, kodexartige Weisungsreihe gelten,[2] lassen sich syntaktisch als von einem *nomen dicendi* in den Rahmungen (vgl. den Acc.abs.) abhängig beschreiben. Es gibt keine Anzeichen, daß der Anteil des Autors an der Textgestalt eng begrenzt sei.

2. Josephus hat Traditionsmaterialien in einen flüssig konzipierten Text eingearbeitet, in dem die ursprüngliche Formung des Übernommenen schwer erkennbar ist. Er hat z.B. die Reihenfolge so verändert, daß die Themengruppen für seine erklärten Ziele passender werden. Der Text läßt sich gut als zitierende, die Herkunft kaschierende und das eigene Anliegen herausarbeitende Übernahme einer Quelle verstehen. Daher steht die Frage nach »Josephus's possible indebtedness to Philo«, die COLSON stellt und die von P.WENDLAND bis jüngst zu G.VERMES und L.H.FELDMAN nicht verstummt ist, weiter im Raum.[3] Die Alternative »Abhängigkeit von Philo oder von einer anderen Quelle oder Schicht« ist noch offen.

3. Der Entstehungs-Prozess, wie CROUCH und KÜCHLER ihn darstellen, beginnt mit dem Zusammentreffen einer diasporajüdischen apologetischen Beweisnot einerseits, apologetischen Impulsen aus der beeindruckenden griechischen Fundamentalethik andererseits. Letztere habe mit Hilfe der *Ungeschriebenen Gesetze* göttlichen Ursprungs (wie sie z.B. mit dem Namen des *Buzyges* in Zusammenhang gebracht werden) eine Auswahl aus dem jüdischen sittlichen Traditionsgut und dessen Integrierung in ein griechisches Schema und griechisches Material angeregt. Philo und Josephus hätten sich für Zwecke der Apologetik recht unselbständig des bereitgestellten Materials bedient. PseuPhok habe die Quelle ihres apologetischen, d.h. also sekundären, jüdischen Tenors wieder entledigt und damit den Weg heraus aus dem jüdischen Verstehenskontext gewählt. Diese apologetische Hypothese läßt das ursprüngliche erzieherische Bedürfnis in der Gemeinde zurücktreten; sie läßt Katechese auf Apologetik statt Apologetik auf Katechese als ihren wichtigsten Sitz im Leben aufbauen. Und sie folgert aus dem Fehlen des Apologetischen bei PseuPhok, daß apologetisches Material des apologetischen Charakters entkleidet sei - eine Argumentation mittels der Aufhebung des Argumentes. Diesem mit jüdischen Anfragen an griechische Ethik beginnenden Beweisgang entzieht sich der eine der drei Texte, eben PseuPhok, beharrlich.

4. Die sog. *»Gesetzes-«* oder *»Strafverschärfungen«* bei Philo und Josephus (KÜ 221) lassen sich am ehesten als Idealisierungen der Tora erklären. PseuPhok scheidet an dieser Stelle aus; er wandelt Strafbestimmungen in Sprüche über Unheilsfolgen um. Diese Strafbestimmungen stehen mehr in Gegensatz zur Abmilderungstendenz im zeitgenössischen jüdischen Rechtsverständnis als zur mosaischen Tora, deren rigorose Strafbestimmungen sich immer einmal exegetisch auf verwandte Fälle übertragen lassen. Warum soll aber ein Unbekannter diese Verschärfungen eher haben behaupten können als einer der beiden uns bekannten Autoren?

5. Mit der Einbeziehung von PseuPhok gerät die Vorstellung von einer textuellen oder verbal fixierten

---

2 BERGER, *Gattungen* 1069. Die Bevorzugung des imp. Inf. sieht BERGER als charakteristisches Beispiel einer katalogartigen Kurzweisungs-Reihe an.

3 F.H.Colson, Philo IX (*Hypothetica*, Loeb) S.409 Anm. a; auch S.422-437 passim. Literatur zur Frage der schriftstellerischen Methode des Josephus bei RAPPAPORT, *Agada und Exegese bei Flavius Josephus* S.XVIIIf, der sich mit Entschiedenheit gegen Annahme unbekannter Quellen ausspricht, bevor das Exzerptieren und Kompilieren etwa aus Philo genug bedacht ist. WENDLAND (*Therapeuten* 712-713 mit A.1; vgl. bei A.6): »Wir gewinnen neue Zeugnisse für die Benutzung des Philo durch Josephus.«; FELDMAN (*Flavius Josephus Revisited*, ANRW II 21.2,857 mit Bezug auf BELKIN): »One question to which sufficient attention has not yet been given«. Lit. bei VERMES a.a.O. 301 A.50. - Die Vertreter der Quellen-Hypothese haben wenig zu dieser Frage gesagt. KÜCHLER äußert sich am ehesten problemoffen, allerdings sehr kurz.

Quelle ins Uferlose. Zwar sind unter den 30 Stellen mit 23 verschiedenen ethischen Topoi bei PseuPhok, die, übers Gedicht verteilt, für den Vergleich in Frage kommen, immerhin 12 oder 13 auch beiden Seitenreferenten gemeinsam. (Parallelen mit nur einem von ihnen sind etwa gleich stark verteilt, vgl. die Tabellen bei KÜCHLER.) Zwölf der Topoi sind durch biblische Gebote eindeutig belegt. Ihre Auswahl aus der umfangreichen Tora bereitet keine nennenswerte Schwierigkeit, wenn wir für die auffälligsten Beispiele: die *Schonung der Vogelmutter* und den Topos *Maß und Gewicht* PseuPhok 84f.14f katechetische Tradition annehmen. Die sexualethischen Vorschriften (einschließlich der Topoi *Abtreibung* und *Kindsaussetzung*), soweit sie nicht sicher biblisch vorgegeben sind, wie auch *Begräbnispflicht* und *-sitte* entsprechen dem unabweisbaren Klärungsbedürfnis einer jeden diasporajüdischen Unterweisung. PseuPhok hat auch hier ganz jüdische Tönung. Lehrtraditionen, die die wesentlichen Topoi der Gesetzes-Aktualisierung etwa stichwortartig im mündlichen Lehrprozeß fixieren und sich im je neuen Verknüpfen und halachischen sowie weisheitlichen Sammeln üben, statt »*Texte*« zu verfassen, können die Gemeinsamkeiten unkomplizierter erklären. Mir scheint die Beziehung der drei Texte einer neuen gründlichen Untersuchung zu bedürfen.

2. *Antithesen der Bergpredigt*

Zum unterschiedlichen Ursprung der sechs Antithesen vgl. U.LUZ, *Das Evangelium des Matthäus* (EKK II 2.2) 244-250; I.BROER, zuletzt: *Freiheit vom Gesetz und Radikalisierung des Gesetzes* 1980, 75-113; ders., *Anmerkungen zum Gesetzesverständnis des Mattäus* (QD 108) 130-136; HENGEL, *Bergpredigt* 375ff. - Zwar unterscheidet sich der von Matthäus stilisierte Gegensatz nicht so sehr von paränetischer Tradition, wie die Antithesen es darstellen wollen. Ihre polemische Anti-Thetik ist von der paränetischen Syn-These von Tradition und aktueller Forderung motivgeschichtlich nicht weit entfernt.[4] In formgeschichtlicher Hinsicht bedeutet die Antithetik, wie Mt sie Jesus in den Mund legt, daß aus der aktualisierenden paränetischen *Steigerung* des Anpruchs ein *Gegensatz* gemacht wird. Während also PseuPhok dem Zusammenhang seines Ethos mit der alten Tora prinzipielle und primäre Bedeutung beimißt, unterstreicht Mt die Dringlichkeit und entscheidende Bedeutung der aktualisierenden Weiterführung, die in der Paränese sonst vorsichtiger vorgenommen wird. Maßgebend für Mt ist die Einseitigkeit, mit der Jesus aus dem Verzeihen Gottes und der Rettung der Sünder Konsequenzen für die menschliche Gemeinschaft zieht. Darum füllt Mt den von der Feldrede vorgegebenen Rahmen eines Friedensethos, das bis zur Feindesliebe reicht, auf mit den dekalogischen Motiven *Mord*, *Begehrlichkeit* und *Eidverbot*, die an sich nicht antithetischen, sondern steigernden Charakter haben. Er ergänzt so den von Q (=Lk) übernommenen Text zu einer *dekalog-ähnlichen universalen Reihe*. Und er bereitet damit die Zuspitzung in der Schlußsentenz 5,48 vor, in der er das Wort von der *Barmherzigkeit* nach Gottes Vorbild Lk 6,48 mit der *Vollkommenheit* nach Gottes Vorbild gleichsetzt und also verzeihende Barmherzigkeit zur Krone aller Moral erklärt.[5] Die Reihe zeigt die Weiterentwicklung einer Zusammenstellung von Jesus-Logien (1. Stadium) über eine negativ-positive paränetische Reihe (2. Stadium) hinaus zur christologischen Antithetik (3. Stadium).

---

4 Die inhaltlichen Aussagen des sechsfachen *Ich aber sage euch* haben ausnahmslos jüdische Parallelen, am deutlichsten in den zuerst bei Mt auftauchenden, über Luk = Q hinausgehenden Abschnitten. Die antithetische Form hat christologische und nicht ethische Voraussetzungen.

5 Daß die Lukasfassung mit Q gleichgesetzt wird, soweit es den Vergleich mit den Antithesen bei Mt betrifft, bedarf hier keiner Begründung. - Als Tertium comparationis in Mt 5,48 die Konsequenz in der Barmherzigkeit zu erkennen, ist exegetisch und ethisch außerordentlich wichtig. Mt will an dieser Stelle die von ihm vertretene These - in deren konsequenter Vertretung er von keinem neutestamentlichen Verfasser übertroffen wird - unterstreichen, daß die Liebe des Gesetzes Erfüllung ist. Die ethische Bedeutung dieser exegetischen Einsicht liegt darin, daß der Spruch so als Anstoß zu nachdenklicher und praktisch-sittlicher Bewährung erscheint und nicht eine den Menschen überheblich machende, lähmende, zu abgelöster Sünde-Gnade-Dialektik verleitende und der Einzigkeit Gottes Hohn sprechende Überforderung darstellt.

3. *Demonicea (Oratio Demonicea = Pseudo-Isokrates)*

Die literarische »*Rede*« Πρὸς Δημονικόν, die im Corpus der isokrateischen Reden als Nr. 1 überliefert wird, gilt als pseudonyme Schrift. Ihre Entstehungszeit datiert frühestens seit der 373 fertiggestellten Rede des Isokrates Πρὸς Νικοκλέα, da »Einleitung und Schluß der Demonicea teilweise die entsprechenden Abschnitte« dort »voraussetzen«. Das älteste sichere *testimonium* für die Schrift datiert aus dem 2. nachchristlichen Jahrhundert bei einem Zeitgenossen des Lukian, dem Rhetor Alkiphron (ep. I 5,2). Die Abfassung wird aber allgemein zu Lebzeiten des Isokrates oder nicht zu lang danach angenommen.[6]

Die Bedeutung der Rede für unsere Fragen liegt darin, daß sie das Beispiel *par excellence* einer *usuellen griechischen Paränese* ist, woher ihre Beliebheit im Altertum und - ihre Geringschätzung als Literaturprodukt bei modernen Philologen rührt. Zwei neuere Arbeiten sehe ich, die der Nutzung des PsIsokr für unsere Fagen besonders dienlich sind. Eino MIKKOLA, *Isokrates* (1954), registriert S.274-285 die Unterschiede zu Ethik, Erkenntnislehre und Pädagogik des Isokrates, ohne dabei eine literar- oder traditionsgeschichtliche Analyse der Textentstehung vorauszuschicken. Diese möchte Carl WEFELMEIER, *Die Sentenzensammlung der Demonicea* (1962), bieten und stellt damit unausgesprochen die Wertungen Mikkolas ganz in Frage - sehr zu Unrecht, wie ich meine. Denn er geht an den viele Einzelsentenzen zusammenfügenden Text mit Erwartungen heran, die man nur an einen Diskurs stellen dürfte. So liegt die Bedeutung seiner Arbeit für unsere Fragestellung darin, daß er die Methodendiskussion provoziert.

Wefelmeier möchte die gängige Annahme völlig fehlender Anordnungsprinzipien für die Sentenzen erhärten. Er sucht dazu nach satz-verbindenden Partikeln, nach der Herausstellung von Leitgedanken und zusammenbindenden Themen, nach Stichwortanschlüssen, die einen durch systematisierendes Interesse erfolgten assoziativen Anschluß erkennen lassen, und nach dem Gefälle vom Grundsätzlichen zum Speziellen. Er findet statt dessen asyndetische Anschlüsse, unmotivierte Gedankensprünge, schlecht als Entfaltung eines gemeinsamen Themas passende Anklänge an eine bestimmte Topik, *Nester*,[7] deren ursprünglicher Zusammenhang an ihrem Herkunftsort hier nicht mehr nachvollziehbar ist, nachklappernd an Nester angehängte Einzelsentenzen usw.

Nun ist Isokrates' Rede *An Nikokles* unbezweifelbar eine Vorlage der *Demonicea* gewesen. Wefelmeier gesteht thematische und tendenzielle Verwandtschaft zu (90ff), aber nicht mehr. Zwei Gründe findet er gegen die Entlehnung und Weiterbildung isokrateischer Sentenzen durch Pseudo-Isokrates: 1. Die von Isokrates 15,67 dargelegte Eigenart der (allgemein-antiken) Mahnrede, die sich in κεφάλαια darstellt und auf inhaltliche Abstimmung einer Mahnung mit ihrem Kontext (ὁμολογούμενον) wie auf ihren formalen Anschluß (συγκεκλειμένον) verzichtet, geht in der Demonicea weit über Isokrates hinaus bis zur völligen Dispositionslogkeit (69). 2. Die Stellen, die verglichen werden können, zeigen bei dem Plagiator immer wieder Wendungen, die von Isokrates her nicht zu begründen sind (91). Damit will Wefelmeier den Schüler und Epigonen am Meister messen. Die Voraussetzungen des Epigonen sind aber anders: Geringere Fähigkeit zur stilistischen Geschlossenheit und dafür das Prunken mit Einzeleffekten (in würdiger Nachfolge des eitlen Lehrers), da man sich für das Ganze nicht die durchschlagende Wirkung zutraut.

Die Untersuchung der gedanklichen Form ist, wie Wefelmeier unter den Desideria der Weiterarbeit am Text auch selbst bemerkt (96), für die Bewertung des Stils unentbehrlich; und sie weist m.E. den Autor

---

6 C.WEFELMEIER, *Die Sentenzensammlung der Demonicea* 5f, im Anschluß an E.ALBRECHT (Philol. 43/1884, S.244). Wo man dem unbekannten Verfasser in der Antike einen bestimmten Platz zuweisen will, bleibt man vorzugsweise im Umfeld des Isokrates. P.WENDLAND denkt an *Anaximenes von Lampsakos* (Ende 4.Jh.v.; gleichnamige Schrift S.97ff)), W.JAEGER (*Aristoteles*, 1923/1955 S.58) an einen Schüler des Isokrates. - Die Zählungswende der Jahre vor und nach Christus scheint hier gern Streiche zu spielen. Karl WEIDINGER (*Haustafeln* 19ff) möchte den wissenschaftlichen Konsens für die Entstehungszeit mit 4.Jh. nach Christus wiedergeben - und übersieht, daß die entsprechenden Angaben bei WENDLAND (a.a.O.) sich immer auf die Zeit vor Christus beziehen. KÜCHLER behandelt die Demonicea S.248-250 als »die älteste Prosasammlung (4.-2.Jhd.v.), die wir kennen« und will damit wohl WEFELMEIER zitieren, der S.6 den »Zeitraum vom 4. vorchristlichen bis zum 2. nachchristlichen Jahrhundert« nennt. Küchler hat aber gewiß insofern recht, als wir die Rede richtig als Produkt der älteren Rhetorik verstehen.

7 WEFELMEIER übernimmt den Terminus des *Nestes*, der sich inzwischen einbürgert hat, von seinem Lehrer K.KROLL (*Theognisinterpretationen*, Philol. Suppl 29/1936)

der Demonicea als Schöpfer einer literarischen Rede in der Nachfolge des Isokrates aus.[8] Was Wefelmeier als Stil-Ungereimtheiten wertet, das scheinen mir die gewollten oder ungewollten Variationen eines Schriftstellers zu sein, der Isokrates' Mahnstil imitieren wollte. - Der wichtigste gattungsrelevante Unterschied der beiden Texte liegt darin, daß bei Isokrates das gesamte, locker geordnete Mahngut einem aktuellen Anliegen, der Beeinflussung des Nikokles, dienstbar ist, während Pseudo-Isokrates alles Mögliche an Mahngut, was man recht und schlecht als Erinnerung an väterliche Lehren (Dem 9) anbieten kann, ohne aktuelle Tendenz zusammenfügt.

Für den Vergleich der *Demonicea* mit unsrer 300 Jahre später entstandenen Paränese halten wir folgende drei Merkmale fest: Sie ist aphoristische Mahnung, die nur andeutungsweise zu topisch-thematischen Kontextbeziehungen gefügt wird; als Paränese will sie das ethische Anliegen der älteren griechischen Hypothekendichtung in Prosa umsetzen; und sie verselbständigt die Gnome in einem Literaturprodukt, so daß diese sich von ihrem Sitz im Leben löst.

4. *Gebot und Gesetz*

In dieser Untersuchung wird der allgemeine Sprachgebrauch vorausgesetzt, der unter *Gebot* ein gebietendes (d.h. nicht nur Rechte regelndes) Einzelgesetz bzw. die Einzelvorschrift eines Gesetzes versteht. Im biblischen Sprachgebrauch glauben WESTERMANN (*Theologie des AT in Grundzügen* 154-162) und andere einen wesentlichen Unterschied zwischen göttlichem Gebot und Rechtsregelung in den Gesetzen Israels feststellen zu können. Mit dieser Position setzt sich neuerdings N.LOHFINK, *Kennt das Alte Testament einen Unterschied zwischen 'Gebot' und 'Gesetz'?*, auseinander. Sein Artikel im *Jahrbuch für Biblische Theologie* (Bd 4/1989 63-89) trägt zu unseren Fragestellungen Wichtiges und Klärendes bei, was ich anhangsweise hervorheben möchte. Zwei Fragenkreise sind hier zu nennen.

1. Die *Du-sollst*-Formulierungen, die im christlichen Blickwinkel am klarsten den bleibenden Anspruch Gottes ausdrücken, dürfen durch genealogische Hypothesen nicht theologisch belastet werden. Die seinerzeit erhellende Unterscheidung des apodiktischen vom kasuistischen Recht, für die es mittlerweile erhebliche Definitionsprobleme und noch größere religions- und rechtsgeschichtliche Probleme gibt, kann nicht angemessen mit den Kategorien *Gebot* und *Gesetz* aufgenommen und gar theologisch gewertet werden. »Da in Israel das Recht, wenn es an seine Grenze geriet, durchaus in Ethos übergehen konnte«, »lagen 'Du-sollst-Formulierungen', seien sie nun aus traditionellem Gut aufgenommen, seien sie neu formuliert, nahe« (71).[9] Für die frühjüdische Toraparänese und ihre Aufnahme des biblischen *Du sollst!* ist damit der Punkt getroffen.

2. *Variabilität* und *Repräsentanz*. Die Wechselbeziehungen zwischen den beiden Dekalog-Texten und dem übrigen Pentateuch werden von LOHFINK so bestimmt, daß die beiden Fassungen sei es für die Endfassung des Dtn, sei es für die Priesterschrift Orientierungstexte waren, die die Sprache beeinflußten. »Die priesterliche Geschichtserzählung scheint den Dekalog zu kennen, ihn einzuführen und doch zugleich wieder zu verbergen« (82). Dies »Einführen und Verbergen« scheint mir dadurch möglich und sinnvoll, daß mit dem Dekalog inmitten des den geschichtlichen Entwicklungen unterworfenen Gesetzeswerkes die Tendenz zur Konzentration auf wenige unwandelbare Hauptgebote ihren Ausdruck findet und daß von da aus immer wieder bestimmte Einzelgebote als Repräsentanz des Dekalogs und damit der ganzen Tora vorgetragen werden können. (»Zweifellos steht das Sabbatgebot - sc.Ex 31,12-18 - für den ganzen Dekalog«, S.84.) Wenn Lohfink so den Dekalog von exilischer Zeit an unterschwellig weiterwirken sieht und darin die Möglichkeit und die Pflicht erkennt, »vom gleichbleibenden Grundwillen Gottes her neu nach der konkreten Formulierung des Gotteswillens für das Gottesvolk der eigenen Zeit zu fragen« (87), dann ist damit der biblische Ansatz zur Toraparänese und zu ihren variierenden und aktualisierenden Tradierungsformen gegeben.

---

8 die immerhin Th.BERGK (*Griechische Literaturgeschichte* 4,365 A.102 - posthume Notiz) noch für ein überarbeitetes Spätwerk des Isokrates selbst hält.

9 LOHFINK weist hier (Anm. 25) auf E.OTTO hin, der vom »Ausdifferenzieren eines altisraelitischen Ethos aus dem Recht« spricht.

5. *Katechismus / Katechese / Katechetischer Fonds*

Seit rund 100 Jahren sammeln sich die Fragen nach der urchristlichen Unterweisung der Jugendlichen und der Neophyten immer wieder um den Begriff des Katechismus. Damit ist meist ein besonderes Interesse für den israelitisch-jüdischen Traditionsstrom verbunden; denn ganz anders als im Griechentum, wo es ein Dominieren philosophischer Schultraditionen gab, weiß sich das Judentum nur einer Autorität verpflichtet: der mosaischen Tora. Die Weiterentwicklung dieses Ansatzes bei K.W.NIEBUHR (passim) scheint mir gegenüber älteren Versuchen u.a. den Vorzug zu haben, daß sie ein Höchstmaß an Flexibilität voraussetzt, - tatsächlich eine *conditio sine qua non*, wie die schwierige Quellenlage zeigt.

NIEBUHR wird kaum Widerspruch finden können, wenn er als gemeinsame Voraussetzungen katechismusartiger Reihen 1) die Existenz einer »autoritativen inhaltlichen Grundlage« der sittlichen Spruchtradition: Mose, 2) den »Bedarf an prägnanten, inhaltlich umfassenden Zusammenstellungen konkreter Verhaltensweisen« und 3) »die Fähigkeit zur Umgestaltung ... in situationsbezogene paränetische Mahnungen«, also zur Aktualisierung, annimmt (236). Die Formalautorität der Tora und ihrer legitimen Überlieferung kann durch die Sachautorität der Weisheit, der griechischen wie der jüdischen, ergänzt und unterstützt werden. Weisung ist hier die primäre Gegebenheit, der sich der erziehende Jude stellt und die sich in der Bildung als sekundärer Größe durchsetzt. Das »ursprünglich nichtjüdische Gut wird innerhalb der paränetischen Reihen meist wie selbstverständlich unter die 'mosaischen' Mahnungen gemischt und damit ihrer Autorität unterstellt«; Mahnungen mit klar hellenistischem Hintergrund (Philo) sind »nur zeitgemäße Ausdrucksformen von Sachanliegen der Tora«. Im Gegensatz zu KÜCHLER genügt es ihm, wenn sich »in der Tora inhaltliche Anknüpfungspunkte« für die möglicherweise »'internationalen' Verhaltensregeln« finden lassen, um sie »sachgemäß als Vergegenwärtigung des 'mosaischen' Gesetzes« ansehen zu können. (235) Die Autorität der Tora bedurfte offensichtlich nicht der kodifizierten Auslegung. Der Drang zur Festlegung und erst recht zur Verschriftung kann angesichts der Disparatheit der Texte nicht als groß angesehen werden.

Niebuhr findet bei seiner Suche nach den Reihen, in denen solche Weisung tradiert wird, überwiegend Materialien: wohl jeweils in Reihenform, aber mit nur wenigen Beispielen formal und inhaltlich vergleichbarer Textfolgen.[10] »Überall wo bei der konkreten Gesetzesparänese die Forderung der Tora situationsbezogen zur Sprache kommen sollte, griff man auf die Möglichkeit zurück, aus ihren (sc. aktuell?) wesentlichen Einzelgeboten katechismusartige Reihen zu bilden«, also Reihen, die sich für Weisung und Unterweisung eigneten (236). Darum setzt er »die Freiheit der jeweiligen Autoren in der Verwendung und der Gestaltung des aus diesem Fonds bezogenen paränetischen Materials sehr hoch« an (43). Aber mit der Ablehnung einer f i x i e r t e n Quelle[11] bleibt er auf halbem Wege stehen, sofern auch Küchler betont, nicht »ein inhaltlich klar umreissbares Dokument zu meinen« (Kü 221). So sucht Niebuhr nach dem Sitz im Leben der mündlichen Unterweisung. Hiermit geht es nun mindestens so sehr um *Katechese* wie um Katechismus! Und damit stehen wir vor der Notwendigkeit, die Grenzen des Begriffes *katechetischer Fonds* in seiner Verknüpfung mit der Vorstellung von tradierbaren »katechismusartigen« Reihen eng genug zu ziehen. Wenn der vorausgesetzte katechismusartige Fonds nirgends in reiner Gestalt zu finden ist trotz einer Fülle von Beispielen seiner Wirkung, dann bleibt doch nur ein Schluß: Das Konstitutivum dieses »Fonds« ist nicht eine typische und prägende Reihe von »sentenzenartigen« Worten der Vermittlung der Toragebote, sondern das Konstitutivum ist d e r p a r ä n e t i s c h e P r o z e ß , an dem alle unsere Quellen, seien sie mehr mahnend oder mehr beschreibend, Anteil haben und auf dessen Sitz, nämlich im Leben der Synagogengemeinde, sie zurückverweisen.[12]

Das Traditionsbecken der katechetischen Überlieferung muß folgende Vorgänge begünstigt haben: a) die *Auswahl* aus bekanntem paränetischem Material ohne Sorge, über dem Aktuellen das Wesentliche zu

---

[10] »Nur wenige ... Texte konnten dem durch Philo, Josephus und PseuPhok repräsentierten Fonds aufgrund ähnlicher spezifischer Übereinstimmungen direkt zugeordnet werden«, 236f.

[11] NIEBUHR 43 A.150: »KÜCHLER ... 221 geht m.E. zu weit, wenn er mit dem Fonds 'eine weitere frühjüdische Schrift' postuliert ...«

[12] Wenn KÜCHLER (91) von einem »Intensivkurs« für die Neueintretenden der Gemeinschaft speziell im Blick auf Qumran spricht, dann kann dies auf unterschiedliche katechetische Bedingungen der exklusiven Gemeinschaft mit ihrer Gemeinderegel einerseits und der offenen Synagogengemeinde andererseits hinweisen.

verlieren; b) mit paränetischer Autorität vorgenommene *Ergänzungen* der Tradition ohne Gefährdung des gemeinsamen Grundes jüdischer Paränese. Ein derart flexibles, vitales Verfahren setzt c) einen starken und lebendigen Konnex der Gemeinschaft voraus. In der Untersuchung der *Formen* der paränetischen Sprache sowie in der Ermittlung einfacher *Formelemente*, die jeder etwas Gebildete anwenden konnte und in denen Anliegen der Tora-Rezeption sachgemäß aufgenommen wurden, sind wir m.E. diesem Vorgang selbst, der der Vielfalt des Materials Sinn gibt, auf der Spur.

6. *Schulentwicklung im Frühjudentum*

Das jüdische Volksbildungsinteresse drückt sich in der Nachricht aus: *Anfangs verhielt es sich folgendermaßen: Wer einen Vater hatte, der lernte Tora; wer keinen Vater hatte, der lernte nicht die Tora.* Dann (Mitte 1.Jh.v.Chr.) schickten Väter ihre Söhne nach Jerusalem auf die dort bereitstehenden Schulen, schließlich allgemeine Einführung von Schule (ab Mitte 1.Jh. n.Chr.), so bBB 21a (SifDev 46; BILLERBECK 3,664f). Diese Überlieferung aus dem Umkreis einer Mischna-Vorschrift über Belästigung durch Kinder(-Unterricht) läßt mehrfach die Unsicherheit der Datierungen erkennen. 1) Wenn anfänglich tatsächlich nur Jugendliche von 16/17 Jahren vom Elementarschul-Angebot profitierten, zeigt dies die Begrenzung auf Wohlhabende, die auf die Mitarbeit ihrer Heranwachsenden zum Broterwerb verzichten konnten (wie denn ja auch das Problem darauf zurückgeführt wird, daß die Väter dem Bildungsauftrag der Tora selbst nicht nachkommen konnten). Von daher ist eine erste allgemeine Grundschul-Initiative Simeon ben Schetachs (1.Hälfte 1.Jh.v.Chr., s. yKet VIII,1, 32c) zu relativieren. 2) Die Initiative des Hohenpriesters Jehoschua ben Gamla, der diesem Mißstand durch ortsnahe Schulen für alle etwa Siebenjährigen abgeholfen haben soll, fällt in die Zeit vor dem Ausbruch des Jüdischen Krieges. »Es ist fraglich, wieweit ... ein so umfassender Aufbau des Schulwesens durchgeführt werden konnte. ... Der allgemeine Kinderunterricht scheint sich erst ab der Mitte des zweiten Jahrhunderts im großen und ganzen durchgesetzt zu haben,« STEMBERGER, *Das klassische Judentum* 110f.

DRAZIN, *Jewish Education* 37ff, rechnet im Sinne der idealen Forderung von Av 5,21 (Mit fünf Jahren an der Bibel lesen lernen, mit Zehn die Mischna, mit Dreizehn gesetzesmündig, mit Fünfzehn den Talmud lernen) ganz sicher damit, daß nach dem Exil nicht nur das hochschulmäßige Studium der Tora (*talmud*) in Jerusalem institutionalisiert, sondern mehr und mehr auch der Gesetzesunterricht der Heranwachsenden (*mischna*) und der Elementarunterricht (*miqra*) allgemein zugänglich wurden. Für unsere Zeit nimmt er noch stark eine Leseschulung in der Familie an. Philo hätte die LXX nur für seine griechischen Leser nötig gehabt (84). Die hellenistisch-jüdische Literatur sieht er in direktem Zusammenhang mit der Toraerziehung. »The aphorisms and stories of many of the known books of the Apocrypha and the Pseudepigrapha were frequently used by the teachers for illustration and for moralization« (86). SAFRAI, *Education and the Study of the Torah* (1976), beobachtet die Schulentwicklung ganz im Blickwinkel der frühjüdischen Tora-Frömmigkeit; in dieser Isolierung gegenüber der Soziologie der bildungsrelevanten Gemeinschaftsbezüge - man denke nur an die Berufsausbildung - müssen m.E. wichtige Komponenten der Geschichte ausgeblendet werden. Nach GOODBLATT (*Rabbinic Instruction in Sasanian Babylonia* - 1975). der die Vorgeschichte der babylonisch-rabbinischen Akademien untersucht, besteht bis in unsere Zeit die Neigung, rabbinische Zeugnisse über die Lehrinstitutionen in einen anachronistischen Verständnisrahmen einzuordnen (3). - Wenn HENGEL (143-152; s.d. S.150) auch die Anzeichen für ein früh ausgebildetes Schulwesen für recht zuverlässig hält, so enthält er sich doch der interessendiktiertenVordatierung und Idealisierung. Im Dilemma zwischen fehlenden Nachrichten über Bildungsinstitute ähnlich dem Gymnasion einerseits und der Nachricht über den Jerusalemer Drang nach einem eigenen Gymnasion nimmt Hengel die Existenz einer derartigen hellenisierenden Schule an, um die sich solcher Drang von Juden entwickelt hätte (191).

H.P.RÜGER (*Die hebräische und aramäische Sprache als Hilfsmittel zum Verstehen des NT* 133) setzt im jüdischen Mutterland z.Zt. Jesu Hebräisch als »die Sprache des Gottesdienstes in Tempel und Synagoge sowie der Gesetzesunterweisungen« voraus (vgl. dazu R.SCHMIDT, ANRW II 29.2,575). Wenn sich Letzteres sicher erweisen läßt, wäre dies natürlich von großer Tragweite für unser Verständnis der toraparänetischen Tradition, weil dann auf einem abgegrenzten Sprachfeld Tradition viel konzentrierter und gegen Fremdeinflüsse abgeschirmt geschehen sein muß. Unter solcher Voraussetzung käme auch die Vorstellung vom nichthebräischen Diasporajudentum gebildeter Kreise unter Druck, weil die kontinuierliche Erhaltung des Hebräischen in der Volksunterweisung Palästinas eine ungehemmte Aufnahme des Griechischen in der Diaspora mindestens erschwert, wenn nicht für Jerusalem-orientierte Juden unmöglich gemacht hätte.

7. *Septuaginta - der Bibeltext des Phokylideers*

Die Fachwelt nimmt heute einmütig an, daß der Phokylideer den Mosetext in der Fassung der Septuaginta[13] gelesen habe. Einzelne unübersehbare Abweichungen werden als Ausnahme vermerkt. Dabei wird ganz zu Recht »LXX« mit »Bibel der westlichen Diaspora« gleichgesetzt; denn zumindest der Pentateuch, die eigentliche »Septuaginta«, galt als Autorität gleich dem hebräischen Text (WALTER, *Aristobul* 31f A.1). Aber: »Es ist bei keinem einzigen AT-Zitat bewiesen, daß die LXX vorlag«, wie DORNSEIFF (38 A.3) unbestritten feststellt. KÜCHLER stellt - mangels unzweideutiger Zitierungen - in einer Tabelle (280f) das »kritische Minimum« biblisch beeinflußter Textstellen aus VDHORSTs Material zusammen, in welchem »eine spezielle gedankliche Wendung, der ganze Gedanke oder eine sprachliche Eigenart an den griechischen, biblischen Text als unmittelbare oder über das Gedächtnis vermittelte Vorlage erinnert«. Er nennt nur v.10/Lev 19,15 als Beispiel möglichen (wohl indirekten) hebräischen Einflusses. Das sind aber alles keine sicheren Abhängigkeitsbeziehungen zu einer bestimmten AT-Übersetzung.

Der Sprachgebrauch in der Fachliteratur überdeckt diesen Befund gar zu leicht, da es üblich geworden ist, daß ein Forscher die Berufung des anderen auf den Bibeltext an sich oder auf eine griechische Übersetzung undifferenziert mit Berufung auf »die Septuaginta« widergibt. Diese Gleichsetzung mit dem Gebrauch der LXX beruht auf allgemeinen Gründen und nicht auf Beweisen, die aus dem Phokylides-Text geschöpft wären. 1. Die LXX hatte sich in der westlichen, mit dem Griechischen vertrauten Diaspora hinreichend verbreitet, um einen Autor, der in synagogaler Paränese verwurzelt ist, von ihr abhängig zu sehen. 2. Nur die Benutzung des approbierten Pentateuch = LXX ergibt einen Sinn, wenn der Verfasser an der anerkannten mosaischen Tora interessiert ist. 3. Die philologische Rückfrage nach dem hebräischen Urtext kommt erst später auf. Diese allgemeinen Erwägungen werden durch einige wenige Indizien gestützt:

- Die Verbindung des von Hesiod (*Erga* 303-306) angeregten Beispiels der *Biene* v.171-174 mit dem Beispiel der *Ameise* v.164-170 geht auf Prov 6,6-8 mit der LXX-Erweiterung v.8a-8c zurück;[14]
- gelegentliche begriffliche Anklänge in Sachzitaten, z.B. Ex 23,5/PseuPhok 140;
- die Wahrscheinlichkeit eines allgemeinen sprachlichen Einflusses der LXX, auf die VDHORST öfter hinweist: Zu v.135 παραθήκη s. Lev 5,21. Zu v.219: »It may be surmised that φιλότης is a poetic rendering of ἀγάπη in the LXX.« Zu v.13.79 zitiert vdHorst LÜHRMANN (*Pistis im Judentum* 25f): »Ps.-Hekatäus und Ps.-Phokylides (13; 218?) verwenden πίστις in der Bedeutung 'Treue', πιστεύειν in der Bedeutung 'vertrauen'.« Unter 31 Stellen mit sprachlichem Einfluß der hellenistischen Zeit[15] bringt er jedoch nur ein typisches LXX-Beispiel: συνεγείρω v.140. Und der enge Zusammenhang, richtiger: die Abhängigkeit des v.53 von Jer 9,22f beweist nicht die Zitierung der LXX, da gerade die unverfänglichen Begriffe im Zitat ausgewechselt scheinen: καυχᾶσθαι / γαυροῦσθαι; ἰσχύς / ἀλκή (dagegen σοφία / σοφίη; πλοῦτος / πλοῦτος).[16]

Zwei Abweichungen der LXX vom MT sind gleichzeitig so jüdisches Allgemeingut in der Diaspora, daß sie über Milieu-Einflüsse nicht klar hinausweisen:

- die LXX-Reihenfolge der Dekaloggebote v.3 *Ehebruch* / v.4 *Mord* (VDHORST S.112);
- die Umwandlung des negierten hebräischen Imperativ und Jussiv in μή mit Konj.

Die Bewertung der sprachlichen Beziehung muß oft vage bleiben, weil PseuPhok die Spuren der sprachlichen Abhängigkeit vom Pentateuch stark verwischt. Von Aristobul bis Philo besitzt nur die νομοθεσία, d.i. der Pentateuch, »solche Autorität, daß er Gegenstand der Auslegung wird« (WALTER

---

[13] Zum Forschungsstand: D.P.BROCK, Art. *Bibelübersetzungen* I 2,1, TRE 6,163-168 (dort S.170f Literatur); E.TOV, *Die griechischen Bibelübersetzungen*, ANRW II 20.1,121-189; F.REHKOPF, *Septuaginta-Vokabular*. Die in einem längeren Zeitraum geschaffene LXX-Überssetzung lag z.Zt. des PseuPhok zweifellos schon ganz vor.

[14] Auffällige begriffliche Berührungen fehlen auch in diesem Abschnitt.

[15] S.56; vgl. ROSSBROICH 14

[16] So VDHORST z.St., der aber auch enge Berühungen zwischen γαυροῦ und griechischen Quellen nennt.

a.a.O.). Auch PseuPhok ist für die Tora an Genauigkeit in der Sache, aber bei Verschleierung in der Sprache interessiert. Für Zitate oder Anspielungen auf die »Propheten und Schriften« ist dies Interessen nicht zu beobachten; erst recht nicht die klare Erkennbarkeit eines Zitates, die ihm für griechische Dichter-Quellen wichtig ist. Sein Umgang mit der Tora ergibt alles in allem ein klares Bild des intensiven und sorgsamen Gebrauchs der griechischen Bibel, u.zw. mit großer Wahrscheinlichkeit der Septuaginta, für die der Autor nur in Ausnahmefällen Ergänzung oder Korrektur aus abweichender Übersetzungstradition im jüdischen Umfeld aufgenommen hat.

8. *Sirach und der Noah-Bund*

Ben Sira gehört innerisraelitisch und religionspolitisch gewiß zur antihellenistischen Front (HENGEL 247). Das beudeutet aber nicht eine Abwertung heidnischer Weisheit. Hellenistische Einflüsse können von ihm nicht nur widerwillig aufgenommen sein; sie sind zu sehr mitverantwortlich für das epochal Neue seiner Schrift.[17] - Die Vorstellung des Noah-Bundes, der die Bewahrung aller Völker πᾶσα σάρξ vor einer neuen Strafkatastrophe sichern soll, ist bei Sir 44,18 bezeugt. V.19 spricht von Abraham, der im Gegensatz zu Noah nur *Vater einer Menge* (exklusiv) *von Völkern* ist. Auch 17,1-17 ist wohl vom Noahbund her zu verstehen. 16,24ff handelt von der Schöpfung allgemein, 17,1-17a von Menschen, denen Gott mit der Fähigkeit von *Zunge, Augen und Ohren* (zum Prüfen der Schöpferwerke) die *Einsicht* und die *Gottesfurcht in ihre Herzen* v.6.8 (also nicht in einer schriftlichen Lehre) gab. Aus den μεγάλεια τῶν ἔργων αὐτοῦ sollen sie kraft der ἐπιστήμη den νόμος ζωῆς erkennen, den er ihnen *zum Erbe verlieh* v.11. *Einen ewigen Bund richtete er mit ihnen auf und seine Urteile* χρίματα *zeigte er ihnen* v.12; vgl. v.7 *Gut und Böse zeigte er ihnen* (s. Gen 3,22: ein belastendes Wissen, von Gott verliehen). Sein Auftrag an sie ist soziale Gerechtigkeit v.14. *Jedem Volk setzte er einen Herrscher* v.17a - vgl. das Rechtswesen-Gebot der noachidischen Gebote! Israels Herrscher dagegen ist Gott selbst v.17b. - Von den späteren Interpolatoren an diesem Abschnitt stützt die Mehrheit das menschheitlich-noachidische Verständnis v.11c.16; Israel dagegen v.18 wird Gottes παιδεία zuteil. Der Rest der Interpolatoren denkt an Israel allein: v.17aα deutet die Antithetik *Völker - Israel* im Sinne einer Parenthese, so daß der Blick eigentlich auf Israel ruht. (SAUER macht sich diese Interpretation zu eigen und bezieht v.12 auf Ex 20ff, v.14b auf den Dekalog.)

9. *Textkritik*

Es steht mir nicht zu, neben die mit textkritischer und editorischer Eruditio gewonnene Position, die Frau DERRON besonders im Kapitel V ihrer Einleitung zur Textausgabe bezieht, eine eigene Würdigung der textkritischen Situation für PseuPhok anbieten zu wollen. Und für die zusammenfassende Überprüfung aller meiner diesbezüglichen Entscheidungen, so wünschenswert das beim jetzigen Stand meiner Arbeit wäre, fehlt mir z.Zt. der lange Atem. Um so wichtiger scheint es mir, dem Leser einige wenige Beobachtungen und Überlegungen mitzuteilen, die meine jetzige Zurückhaltung wohl akzeptabel erscheinen lassen.

1. Nachdem die handschriftliche Überlieferung im 19. Jahrhundert wie das Zusammenführen der Holzstämme für ein Floß im Wildwasser erfolgte: mit viel Konjektural-Kritik, Versumstellungs-Freudigkeit und ausgemachter Skepsis hinsichtlich des Alters des Textbestandes im Großen, ist das »Floß« der gesammelten Überlieferungszeugnisse für seine Ergänzung und Auswertung jetzt in ruhigere Fahrwasser gelangt. Die Skepsis eines BERNHARDY (*Grundriss*), der wichtige, ja die meistgeschätzten Teile des Gedichtes dem Anfangsautor absprach, weil sie sich zum Bild von dessen mangelnden Fähigkeiten nicht fügen wollten, und die verbreitete Einschätzung, die vermißte Anordnung der Sprüche gehe weithin zu Lasten vieler Interpolatoren (BERGK, Kritische Ausgabe[3] 451), findet nicht mehr die gleiche Unterstützung. In textkritischer Gründlichkeit, altsprachlicher Sicherheit und konstruktiver Phantasie haben Kenner des Geschäftes wie BERNAYS Erkenntnisse und Vermutungen gemischt dargeboten und uns die leichtere Aufgabe

[17] J.T.SANDERS sieht Ben Sira als Leser von Theognis. J.MARBÖCK, *Weisheit im Wandel* 173: »Ben Sira ist ... der erste Zeuge für die positive, wenn auch maßvolle Aufnahme von Elementen des Hellenismus in der hebräischen Literatur.« Der im Buch zutage tretende Haß gegen die Samaritaner 50,26 ist eine andere Sache.

gelassen, Spreu vom Weizen der Konjekturen zu scheiden. Nur wenige der Konjektur-Vorschläge haben sich durchgesetzt.

2. Die Textvarianten ergeben ein zunächst widersprüchlich erscheinendes Bild. Von BERGK (*Kritische Beiträge* 580) bis DERRON (»La tradition manuscrite se revèle ... assez découragant«, S.CVIII) wird die außergewöhnliche Variantenfülle beklagt. Weil die Schrift »der Bildungsstufe der Byzantiner recht gemäss war« und weil sie als mittelalterliches Schulbuch »fleissig abgeschrieben« wurde, »entschlug man sich des Respectes, den man vor classischen Schriftwerken im allgemeinen sich bewahrte«, meint dazu BERGK a.a.O. Diese Sachlage, die der Textedition in der Tat den Überblick über ein verwickeltes System der Abschriften, Contaminationen und Zitations-Anregungen im wissenschaftlichen Verkehr der Byzantiner und ihrer Nachfolger abverlangt, stellt der Textanalyse und -interpretation kein so großes Hindernis entgegen. So lange es nicht um die schier uferlose Aufgabe der Aufstellung einer gnomologischen Genealogie im weiteren Umfang geht, haben wir, von Einzelbeispielen abgesehen, eine gute Textgrundlage. Versbildung, Sprache und Stil, Gedankenwelt, die wichtigsten traditionsgeschichtlichen Abhängigkeiten und viele Einzeltopoi präsentieren sich uns in verifizierbarer Weise. Das wissenschaftliche Gespräch leidet nicht unter dem Verdacht der textkritisch kaschierbaren Willkür-Entscheidungen. DERRON kommt zu dem Schluß (CIX): »Nous proposons un text conservateure et prudent, considérant qu'il faut mettre les ambiguïtés et les maladresses au compte de l'auteur et non de la traditions manuscrite.«

3. BERGK sieht die Byzantiner am Werk (*Kritische Beiträge* 580), einen »schon im zerrütteten zustande« befindlichen Text zu korrigieren. Auch DERRON sieht die Variantenfülle für das Gedicht erklärt »par son utilisation dans l'enseignement, et cela dès l'epoque de sa composition, tant en Orient que dans le monde occidental«. Mir scheint dies Urteil ähnlich weit zu greifen wie die verbreitete Annahme, der Text sei nicht erst im Mittelalter, wo wir Belege haben, sondern schon in byzantinischer Zeit beliebtes Schulbuch gewesen. Gehen die Hauptstämme der Überlieferung tatsächlich so weit auseinander und genügt das in späterer Zeit erst erwachte verbreitete Interesse nicht, um die Zahl der Varianten zu erklären? Immerhin sind aus etwa 800 Jahren keinerlei Bewegungen in Sachen PseuPhok sicher zu verzeichnen außer der Abschrift für die Oracula Sibyllina. Und wenn gerade die Reihenfolge der Hexameter leicht verwirrt worden sein kann, dann zeigt das Festhalten unsinniger Versvertauschungen wie v. 191 hinter v.186 bei allen wichtigen Textzeugen (korrigiert im Cod.P), daß die Abschreiber nicht durchweg so großzügig gewesen sein können, wie BERGK (s.o.) meint. Mir scheint das nicht so hohe Ausmaß der schwerwiegenden Verschreibungen eher auf eine lange Ruhezeit des Archetypus oder der Subarchetypen hinzuweisen.[18]

4. *Einzelne Varianten-Probleme*. V.1f: Die Auslassung in einem Teil der Überlieferung kann durch den Vergleich mit Sib 2 begründet sein, wo man von v.5 an, richtiger wohl von v.3 an (KURFEß, s.o. S.355 A.63), den Text in vermutet »älterer« Bezeugung (*Suda*) fand. - V.98 τεῦχε θεοῖσι scheint mir keine sachliche »crux« (DERRON CIX) zu sein, s. S.209. Für folgende Stellen (u.a.) schließe ich mich DERRON an: v.127.153.157. - Vermutliche Korrekturen der Abschreiber an ihrer(ihren) Textvorlage(n) werden z.B. für v.179 (μὴ ψαῦε τὰ Mc, s. DERRON XCVI Anm.1) und für v.181 (μηδέ τι D, s. ROSSBROICH z.St.) als richtig akzeptiert. Weitere textkritische Wertungen bei der Behandlung der Verse 13.23.83.141.208 - s. Sachregister s.v. *Pseudo-Phokylides: Textkritik*.

10. *Die paränetische Todsünden-Trias*

Im Unterschied zur juridisch-halachischen Todsündentrias *Götzendienst - Unzucht - Mord* gibt es im Frühjudentumtum und im Urchristentum die paränetische Todsünden-Trias *Götzendienst - Unzucht - Besitzraffen*. Eckart REINMUTH (*Geist und Gesetz. Studien zu Voraussetzungen und Inhalt der paulinischen Paränese*, 1985) kommt wohl das Verdienst zu, zwei der Begriffe dieser Trias, πορνεία und πλεονεξία, in ihrer Zusammengehörigkeit erstmals als Hauptbegriffe jüdischer (und christlicher) Prohibitive untersucht zu haben. »Endlich«, darf man vom Standpunkt der Paräneseforschung aus sagen, ist die πλεονεξία, u.zw. im Zusammenhang mit πορνεία, in den Mittelpunkt einer Monographie gerückt. Reinmuth sieht zu recht

[18] Erwähnt sei der in einem Scholion zu Aristophanes Nub 240 angestellte Vergleich im Gebrauch von χρήστης bei PseuPhok 83 (*Gläubiger*) und Phokyl fr.6 DIEHL (*Schuldner*), auf den BERNAYS in einem Nachtrag (S.234 A.2) hinweist. Er geht, wie der kürzere Textzeuge Suda (s.v. χρήστης) bezeugt, auf eine späte Ergänzung aus dem Umfeld der Editio Adina (1498) zurück, vgl. VDHORST 39f A.151, und

im Rahmen einer verbreiteten Tradition der Tora-Anwendung »die Kritik an Habsucht und unredlichem Gewinn verbunden ... mit der Kritik an Ausbeutung und Benachteiligung der sozial Schwächeren. Adressaten sind hier oft die politisch Mächtigen. Auch die Verurteilung der Bestechung in Rechtsprechung und Verwaltung steht im Zusammenhang mit dem Verbot unredlicher Bereicherung« (40). Die Verbindung, vor allem der Unzucht, mit dem *Götzendienst* in den einschlägigen Texten behandelt Reinmuth im Gesichtswinkel der »theologischen Begründung« (40f). Hier weiche ich ab. Da an vielen Stellen diese Topologie im Dienste der Abgrenzung von den Heiden steht, gehört die Aktualisierung der εἰδωλολατρία grundsätzlich mit in die Mahnung selbst. Leider geht Reinmuth den Schlüsselwörtern der Tradition und deren Verhältnis zu verschiedenen subsumierten Topoi, so weit ich sehe, nicht nach. Der deutsche Begriff *Habsucht* dient ihm als Brücke zwischen πλεονεξία bei Paulus (12-22) und φιλαργυρία in TestXIIJuda 18 (22ff). Dadurch bleibt häufig unsicher, ob wir es mit einer Tradition der paränetischen Toraauslegung oder mit ethischer Topologie zu tun haben. M.E. weist der Begriff der πλεονεξία als Tatbegriff neben dem im griechisch sprechenden Judentum geläufigen, in den TestXIIPatr und dem NT noch seltenen Lasterbegriff φιλαργυρία auf ältere jüdische Tradition hin (gegen BERGER 359). *Pleonexie* hat im Griechischen als *Mehr haben, Mehr haben wollen, Mehr nehmen, Übervorteilen* stark die Tendenz, außerseelische Realität zu bezeichnen, und bekommt bei *Herodot* gesellschaftskritische Bedeutung. So eignet sich der Begriff gut für die Übersetzung des hebräischen *bäza'* בֶּצַע. Wo er in entsprechender jüdischer Tradition steht, ist er konkreter Repräsentanzbegriff für eine Fülle von Verstößen gegen das Schutzrecht für den Armen, von denen die Frevel-Anklagen und paränetischen Warnungen in frühjüdischer Literatur allerdings - hierin hat Reinmuth recht - nur so wimmeln. Von daher finde ich aber bei PseuPhok eher Zurückhaltung.[19] Die Meinung, auch PseuPhok 3-6 stütze eine spezielle traditionelle Verbindung von Unzucht und Habgier (29-31 und 40), vermag ich nicht zu teilen. Funktion und Bedeutung der übrigen Topoi in diesem Text werden hier unterschätzt, Einzelbeobachtungen werden gewichtet, ehe ihre Relevanz im Rahmen eines Beobachtungssystems geklärt ist. Bei PseuPhok fehlt auch das Drohende, das mit dieser Tradition durchweg verbunden erscheint.

Es handelt sich um Dekalognormen; aber die Zusammenstellung der Trias entwickelt eigenes Schwergewicht. Der Ursprung der Tradition dürfte bei den Asidäern zu suchen sein. Denn Qumran, die (unessenischen) Zwölfertestamente, Sib, PsSal, die Paulusschule und überhaupt die meisten Strömungen, die im NT zutage treten, sind seine Erben. Die Abgrenzung von Hellenisierungs-Bestrebungen ist ihr ebenso zu eigen wie ein radikales soziales Besitzethos. πλεονεξία meint die Tat, mit der jemand seine Besitzwünsche auf Kosten der Gemeinschaft zu realisieren versucht. In der Kritik der Herrschenden und in manchem Beispiel der Priesterschelte wird solches Besitzraffen als Ausdruck der Mißachtung Gottes und der Gemeinschaft gebrandmarkt. Die Gleichung *Pleonexie ist Götzendienst*, die in Kol 3,5/Eph 5,5 belegt ist und hinter mancher paränetischen Argumentation steht, läßt sich in ihrer lapidaren Sicherheit aus dem Bestreben der Verknüpfung der Topoi allein nicht erklären. Sie bedarf des Hintergrundes in einer Gemeinschaft, die die Besitzgemeinschaft, einst Lebensgesetz der Sippe, auf Gemeindebene übertragen und mit dem Gewicht der Gottesordnung für Israel verbunden hat. Solche Gemeinschaft muß diese exzeptionelle Todsünden-Trias geschaffen haben. Die Warnung vor Blutvergießen fehlt ebenso (später erst tritt *Mord* an die Stelle der Pleonexie in den Todsündenlisten) wie Einzelregelungen des sozialen und kultischen Lebens. In auffälliger Weise beherrschte sie noch in jener bithynischen Christenheit, in der der jüngere Plinius seine Christenverhöre hielt, die sonntägliche gottesdienstliche Selbstverpflichtung, deren Inhalt lautete (ep 10.96,7): *ne furta, ne latrocinia, ne adulteria committerent, ne fidem fallerent, ne depositum adpellati abnegarent*. Dahinter stehen κλέπτειν, πλεονεκτεῖν, μοιχεύειν, πίστιν ἀθετεῖν, παρθεσίην ἀπαιτούμενον ἀρνεῖσθαι, vgl. PseuPhok 13. Es handelt sich neben *adulteria* um vier Wendungen für die Pleonexie. Das dritte Glied der Trias, die Verehrung der *eidola*, kommt bei Plinius im Bekenntnis zu *Christo quasi deo* und im Thema der Verweigerung des Opfers - dem untrüglichen Zeichen echter Christen - vor.

---

bereichert unsere Kenntnis von der Wirkungsgeschichte des Gedichtes also nicht.

19 Schon DELLING, Art. πλεονεξία, ThWNT 6,270, hat »Mahnungen, die Besitzfragen berühren« aus PseuPhok zusammengestellt und dabei mit dem Ausdruck »unsere Wortgruppe« den Sachtopos erfaßt, als ob er auch begrifflich zusammengehalten würde. In seiner gelegentlichen Übersetzung für πλεονεξία mit »Übervorteilen, Habsucht« bindet er die Tatvorstellung mit der Lastervorstellung zusammen, ohne allerdings auf diesen Unterschied hinzuweisen.

11. *Ungeschriebene Gesetze*

Die Figur der *»Ungeschriebenen Gesetze«* bezeichnet einen Anspruch der Gottheit(en) bzw. der Sitte, der immer nur rudimentär in Worten definierbar ist und anscheinend in der Antike nie als anerkannter und vollständiger Kodex benannt wird. Darin kommt eine doppelte Dialektik des Begriffes zum Ausdruck: 1) die Dialektik a) eines prinzipiellen Anspruchs und b) einer Begrenzung auf nur ein, zwei oder drei sehr konkrete Beispiele (wie Begräbnispflicht für den unversorgten Leichnam oder Feuer für den erloschenen Kamin des Nachbarn; so etwa in der Überlieferung der *Buzygischen* Verwünschungen); 2) das Spannungsverhältnis zwischen a) dem *Geschriebenen Recht* und b) einer unbestimmten Größe, die zu den schriftlich niedergelegten Gesetzen korrigierend oder stützend hinzutritt (und in der Vorstellung teilweise als vorausgegeben erachtet wird). Korrigierende Funktion bekommt diese Größe als Ausdruck a) des dem Recht vorgegebenen Götterwillens oder b) des die Rechtsungleichheiten kritisierenden menschheitlichen Rechtsbewußtseins. Stützend werden die Ungeschriebenen Gesetze vorgestellt, wenn in ihnen a) der klarere Ausdruck der Gesetzes-Intention gefunden wird, die durch Veränderungen der Rechtswirklichkeit entstellt erscheint, oder wenn b) die *Sitte*, also eine Art gelebtes Gewohnheitsrecht, das juristisch Verbindliche im Volksbrauch sichern soll.

Die fehlende Festschreibung der *Ungeschriebenen Gesetze*, ἄγραφοι νόμοι oder ἄγραφα νόμιμα (καὶ ἔθη), ermöglicht einen flexiblen Gebrauch der Figur, die bei Plato, Aristoteles und in der Geschichte der Stoa unterschiedlichen Intentionen nutzbar wird. Die »latente Dynamis«, das »Spannungsverhältnis« zwischen den ungeschriebenen Gesetzen und dem geschriebenen Recht, das sie *per definitionem* voraussetzen (KP s.v ἄγραφοι νόμοι), kann von Fall zu Fall zugunsten des göttlichen Ursprungs des Ungeschriebenen und seiner Vorordnung oder, da das ungeschriebene Recht ja nicht verbal festgelegt ist, zugunsten der Sicherung der erlassenen Gesetze aufgelöst werden. Letzteres ist die Norm, die Plato zugunsten seiner idealen Staats-Rechts-Ordnung durchsetzen will. Für Philo ist es selbstverständlich, daß die *väterlichen Sitten*, die man nach stoischer Auffassung in der Staatsordnung findet, primär das an der Tora ausgerichtete Leben der jüdischen Gemeinschaft im Mutterland (der μετρόπολις des Judentums) und in der Diaspora sind. So können Philo und Josephus hier eine apologetische Verbindung zwischen mosaischem Recht und hellenischem Rechtsbewußtsein finden und die mindestens intendierte absolute Geltung der Tora unangetastet sehen. Und es bedarf eingehender Prüfung, ob denn nun die hellenische Tradition dienend an das offenbarte mosaische Gesetz angebunden wird, wie die beiden Verfasser behaupten, oder ob sich hier verrät, daß sie mehr im Wirkungsbereich hellenistischer Fundamentalethik stehen und - mehr oder weniger bewußt - Mose von der philosophischen Ethik her verstehen.

Der Vergleich mit der jüdischen rechtlich-theologischen Figur der *Mündlichen Tora* drängt sich nicht nur auf, da es sich in beiden Fällen um eine Fiktion handelt, die als juristischer und moralischer Anspruch geschichtlich wirksam wird, sondern auch aufgrund eines verwandten Ansatzes: Für Beides wird gar nicht nach einer abschließenden verbalen Definierung gesucht. Das Bewußtsein, daß die Rechtswirklichkeit auch Unkodifiziertes enthält, sucht nach einem benennbaren Anhalt. Zweifach beruht aber die *Mündliche Tora* auf anderer Voraussetzung: Sie weist als (fiktive) rabbinische Norm hin auf eine Zeit, in der es gültige Rechtsentwicklung zur Anwendung der Tora in Israel gab, die notorisch nicht schriftlich-autoritativ überliefert wurde - und erst nach Verlust der territorialen Rechtshoheit planmäßig in geschriebene Halacha aufgenommen wurde. Und sie ist prinzipiell theonom und kennt keinen Zweifel an der göttlichen Legitimität der *Geschriebenen Tora*.

Folgende Argumentationen mittels *Ungeschriebener Gesetze* verbieten sich demnach:

1. Topoi der Ethik, die in einem Kodex zusammengefaßt sind und als ursprüngliche Pflicht angenommen werden (z.B. die *Haustafel*, STRECKER), beruhten auf der Überlieferung der *Ungeschriebenen Gesetze*. Dies widerspricht dem nicht-kodifizierbaren Charakter.
2. »Die ungeschriebenen Gesetze sind demnach der Inhalt der Unterweisung, die die (sc. israelitischen) Eltern ihren Kindern zu erteilen haben« (NIEBUHR 53f). Dieser Begriff hilft unserer Unkenntnis über den allgemein üblichen Erziehungs- und Lehrkanon nicht auf.
3. Manche urteilen, wenn Philo sich auf die griechische Tradition der *Ungeschriebenen Gesetze* berufe, offenbare sich darin seine Entfernung von der jüdischen Tradition der Tora-Auslegung, die zum Rabbinat hinführe. Erstens ist diese Tradition in seiner Zeit noch nicht in einer *»Mündliche Tora«* genannten Lehre greifbar; und zweitens kann kein Zweifel sein, daß Philo in jüdischer Rechtstradition stand und den in dieser aufgenommenen Anspruch der schriftlichen Tora mittragen wollte. Sein Wille des Brückenschlags zur

nichtjüdischen Ethik bedeutet keinen Abbruch des jüdischen Brückenkopfes. Das Konzept der Haustafel-Geschichte, wie es CROUCH entwickelt (84f.97), krankt u.a. daran, daß er die Berufung Philos auf die Tora dem apologetisch-propagandistischen Bezug auf den griechischen Topos *Ungeschriebene Gesetze* unterstatt überordnet.

12. *Zum Problem der Komparativischen Weisheit*

Nach L.BAECK kann man »in der jüdischen Literatur der hellenistischen Zeit zwei Schulen unterscheiden. In der älteren werden 'Weisheit' und Tora gleichgesetzt, vgl. Sirach 24,8-11 und 23; Henoch 62; IBar.3.38ff. (Weisheit entspricht auch dem Logos der Stoiker, vgl. Sap.Sal 7,24). In der jüngeren Schule werden die beiden Begriffe getrennt gehalten. Der Tora wird ein besonders hoher Rang zugewiesen«.[20] KÜCHLER (551) resummiert seine Untersuchung der *Gesetzesapologien* bei Philo und Josephus mit der Feststellung, daß »mosaische Weisheit mit griechischer Fundamental-Ethik« so verbunden wurde, daß »die im Gesetz präsente Weisheit Gottes und seines Volkes die absolute Priorität zugesprochen bekam«, obwohl inhaltlich für die als Priorität gesetzten mosaischen Bestimmungen in Wahrheit »vieles direkt (sc. aus dem Griechischen) übernommen« war. M.E. muß auch für PseuPhok, mag das Material im Einzelnen mehr aus der oder jener Tradition kommen, diese »absolute Priorität« der mosaischen Linie vorausgesetzt werden (s.o. S.194). Zum komparativischen oder *exkludierenden* Verständnis von *Besser als*[21] bei Ben Sira urteilt SAUER (*Jesus Sirach* S.491): »Wenn auch hinsichtlich der Weisheit und ihrer Einzelzüge Formulierungen gebraucht werden können, die an hellenistische Vorstellungen, ja an die im Hellenismus bekannten Isis Aretalogien erinnern, so ist doch deutlich, daß dies alles nur dazu dient, um das umso größer empfundene Geschenk der Mitteilung an Israel, an Jerusalem und den Tempel zu preisen (Kap.24). Die Weisheit ist nur hier zu finden und strömt nur von hier wieder hinaus in die Völkerwelt, auch in die hellenistische!« Wenn in solcher Deutung Sirachs der Komparativ geradezu zur Antithetik wird (in Sinne von: »Nur Israels Weisheit ist wirkliche Weisheit«), dann wäre nicht nur die alte Weisheit mit ihrer Internationalität verlassen, sondern Sir 17,8.11 LXX nicht richtig im Sinne des Ben Sira. Denn danach hat der Schöpfer den Menschen allgemein *sein Auge ins Herz gegeben* ἔθηχεν τὸν ὀφθαλμὸν αὐτοῦ ἐπὶ τὰς χαρδίας αὐτῶν, damit sie *die Größe seiner Werke* erkennen können. Auch dies ist theonom eingebundene Wahrnehmungsfähigkeit für Göttliches. Mit ihr steht man allerdings im Gegensatz zu derjenigen griechischen Aufklärung, die *den Menschen als Maß aller Dinge* ansieht (Protagoras) und darum nicht die unabänderliche Natur, sondern die Übereinkunft zur Grundlage der Gesetze erklärt. Zu dieser steht aber auch z.B. die Stoa mit ihrer Ausrichtung an der *Natur der Welt* in Gegensatz.[22] - Das *Plus* eines Mehranspruchs der Kenner offenbarter Weisheit wird gerade in solchen jüdischen Aussagen vorgetragen, »die aus rein weisheitlicher Tradition stammen«, und beruht auf der »Berufung auf eine eigene, höchst qualifizierte Weisheitsquelle« (KÜ 43f). (Der Prophet dagegen, wenn er weisheitliche Erkennntisse vorträgt, tut dies »mit dem Plus seiner prophetischen Vehemenz«.) In Qumran zählt Henoch als Inbegriff des *apokalyptischen Plus* gegenüber dem allgemein Verfügbaren der Patriarchen und des mosaischen Gesetzes (ebd. 94).

H.VLIPS (*Weisheitliche Traditionen*) versucht, *Weisheit* so von *Weisheitstradition* abzusetzen, daß dabei so etwas wie eine *eigentliche* von einer uneigentlichen oder partiellen Weisheit unterschieden wird[23]. Wenn

---

20 *Paulus* 34 A.29 - mit Verweis für die zweite Position auf Josephus ant 20,11.2 und, für das ganze Material, auf W.D.DAVIES, *Paul and Rabbinic Judaism* 150ff

21 Vgl. H.H.SCHMID, *Wesen und Geschichte der Weisheit* 159 A.69; s. auch VRAD, *Weisheit* 46 A.7 zu Prov 16,8 u.a.

22 F.HEINIMANN, *Nomos und Physis*, 1945/1972; HADAS, *Kultur des Hellenismus* 381f. - Zur »Weltordnung als chokmatischer Dimension« und ihrem (sich herausbildenden) rabbinischen Verständnis »als Aufdeckung der in der Tora verborgenen göttlichen Logik« vgl. KÜCHLER S.42. Der Weisheit als Gabe und Aufgabe der Völker entspricht hier u.U. der Begriff *derek erez*, KLEIN, *Katechismus* 61ff; BAECK a.a.O. 35 A.30.

23 etwa wenn er S.68 die »wesentliche Funktion« des Gesetzes in Qumran von einer eher subsidiären der Weisheitstradition unterscheidet. Ich meine hier (bei vLips und anderen) eine Neigung beobachten zu

er die Vorstellung vom allgemeinen sapientalen Milieu für begriffsverwirrend ansieht und einen ausreichend profilierten Begriffgebrauch anmahnt, so kommt dabei m.E. das erstaunliche Phänomen nicht genug zur Geltung, daß die hellenistisch-römische Welt ebenso unter dem Anspruch der *Welt-Weisheit* wie der *Welt-Macht* steht. Das politisch entmachtete Griechentum hat sich durch die Diadochenstaaten als Bildungsmacht global durchgesetzt und Ansprüche entwickelt, die in der Zeitgeschichte durchaus als *Weisheit* definiert werden. Da es bei den Juden, wie er selbst sagt 68f, eine »exklusive Bindung an den Tempel gar nicht gegeben« hat, kann auch mit der weitergehenden Lösung vom Tempel nicht eine Art normativer Weisheitstradition als Richtpunkt der neutestamentlichen Weisheitsforschung entstanden sein.[24]

Indem vLips von »jüdisch-hellenistisch geprägter Weisheitstradition in der neutestamentlichen Paränese« (466) und von »Traditionen ..., die - ohne unlösbare Bindungen ans Gesetz - allgemein verbindliche Weisungen enthielten«, (69) spricht, möchte er Raum freihalten für ein antinomistisches Christentum aus hellenistisch-jüdischer Wurzel. »Da die gesetzeskritische Einstellung von diesem Zweig des Christentums ausging, liegt hier die Aufnahme weisheitlicher Tradition besonders nahe« (466). Denn »nicht alle frühjüdische Paränese ist Gesetzesparänese und so Gebotsauslegung« (69). Gewiß nicht! Aber was ist »Gebotsauslegung« in seinem Sinn? So einfach ist das Problem verbindlicher ethischer Normen bei partieller Rezeption der Tora nicht zu lösen, daß man sie der Weisheit zuschlägt und von der Gesetzestradition absetzt. Gebotsauslegung geschieht in dieser Zeit noch vornehmlich durch *Gebotsanwendung* in aktualisierenden Mahnsprüchen und Mahnreihen, nicht in Textreflektion rabbinischer Art, also eo ipso in weisheitlicher Form und in engem Kontakt zu weisheitlicher Traditionsbildung (so wie ethische Einflußnahme im Orient und speziell auch bei den Hellenen zunächst die Form des weisheitlichen Spruches und der Spruchreihe hatte). Das NT partizipiert an der erziehungsrelevanten Tradierung des biblischen Gebotes, jenem Einheitsband aller nach-asidäischen Gruppen des Judentums. Das frühe Christentum (auch ein Paulus) vermittelt das in Geboten zu fassende jüdische Gesetz, gewiß differenzierend, als katechetischen Kanon, als nie beseitigten und zugleich immer umstrittenen Richtpunkt, an *die Völker*.[25]

---

können, die notwendige Prüfung der Leitbegriffe wie *Weisheit*, *Lehren* (auch den fehlenden Begriff *Paränese*, 65) zum Indiz der Traditionsströme an sich zu wählen - als ob nur der legitim in der Weisheitstradition steht, dem *Weisheit* oberster Begriff, austauschbar mit *Gesetz*, geworden ist.

24 Von vLIPS ebd. 63f als Frage formuliert; vgl. zur »Verselbständigung ... gegenüber der Tempelschule« S.118. Die Unterscheidung (66) von νόμος in TestXIILevi und ἐντολή bzw. νουθεσία πατέρων in anderen Testamenten (wenn sie denn überhaupt signifikant genug ist) entspricht einerseits der Führungsrolle von Levi (und Juda), andererseits der Testamentsfiktion, die νόμος unabhängig von Mose definieren muß und den *Vätern* die entscheidende Mittlerolle für die Stämme zuspricht. (Vgl J.THOMAS, *Aktuelles im Zeugnis der Zwölf Väter* 63f.125-130.) Ein Bewußtsein unterschiedlicher Traditionen läßt sich daran nicht festmachen, eher ein Bewußtsein unterschiedlicher Vermittlung der gleichen Tradition.

25 S.469 trägt vLIPS abschließend seine Würdigung der Paränese vor und vergleicht a) »de(n) weisheitlichen Aspekt des Einsehbaren und Plausiblen der Verhaltensnormen, der überlegten Prüfung des Richtigen und Guten« mit »gesetzlicher Ethik verschiedener Spielarten« sowie b) »die Bindung an die christliche Glaubensgrundlage als wesentliches Kriterium des Handelns« und »gegenwärtige( ) erfahrungsbezogene( ) neue( ) Einsicht« mit »(weisheitlich) tradierten Werten«. »Weisheit« als eine entscheidende Voraussetzung für nichtgesetzliches, dem Glauben gemäßes Handeln in der jeweiligen Situation (und »Tradition« als Möglichkeit der Verweigerung)? Ja, sofern hier ein weiterer Weisheitsbegriff vorausgesetzt wird! Denn die weisheitlich-einsichtige Gebotsinterpretation gehört der Gesetzestradition nicht minder an, wie die rabbinische Auslegung *ad hominem* und die Rezeption der Ethik in der Haggada (statt Halacha) zeigt. Zu bedenken ist aber, daß es eine Antithese zwischen gesetzlichem und situativem Handeln bei Paulus noch nicht gibt. Dies entspricht eher moderner Fragestellung. Paulus ist erfüllt von den in der Berufung und im Gemeindebezug - beides als Christusbezug - gegebenen Verpflichtungen, die er als Charisma verstehen lehrt. Hinweise auf *das Schickliche* und das *dem* καιρός *Angemessene* sind Hilfsbegründungen, die sich von jüdischer Ethik noch nicht unterscheiden.

Anhang II: Glossar

Mit »/« werden Korrelationsbegriffe gegeneinander abgesetzt.

Antithetik, Polare Begriffs- und Aufgabendefinition (Bipolarität)

Mahnend: Mahnung / Gegenstück (positiver oder negativer Ansatz)
Apotreptik - Protreptik
Rhetorisch: negative Folie; gorgianische Antithese
Abwägeethik: einerseits - andererseits
»Griechische« Art: Abwägen einer immanent doppelten Möglichkeit ("zweierlei Scham")
»Orientalisch-jüdische« Art: Gegensatz von zwei Begriffen ("Weiser - Narr")
Die Tendenz zum polaren Denken verbindet sich leicht mit einem ethischen, apokalyptisch-geschichtsbezogenen oder ontischen Dualismus.

Apologetik

nach Außen: im Blick auf ideologische Gegner, Abseitsstehende /
nach Innen: zur Stärkung der Glaubensgeschlossenheit und -festigkeit
Apologetische Haltung eines Autors, ggf. ohne apologetische Aktion

Autor; Autorenschaft

Volle Autorenschaft als Dichter, Schriftsteller
Eingeschränkte Autorenschaft als Eklektizist, Sammler, Redaktor, Übersetzer, Interpret

Begriff

Hauptbegriff einer Texteinheit / Oberbegriff einer Begriffs-Hierarchie / Schlüsselwort einer Argumentationskette / Repräsentanzbegriff einer Tradition / Vorgeschobener Begriff einer versteckten Tendenz / Allgemeinbegriff einer Situations-Entschränkung
Formalbegriff: z.B. gut - schlecht / Wertbegriff: z.B. gütig - schlecht (= bösartig)

Begründung / Motivation im Mahnspruch

Begründung: norm- bzw. sachbezogen / *Motivation*: personbezogen
Begründende Kraft kann in einer Kausal- oder Finalbestimmung oder einer (ggf. asyndetisch beigeordneten) Feststellung liegen.
Begründungssatz / Begründungsklausel (Kurzsatz oder Satzteil) / Begründungselement (syntaktisch im Satz / funktional im Volitiv enthalten) / ausgeführte Begründung (ausführliche Argumentation)
Stufenbegründung: Begründungsklausel + logisch unterstützende(r) Begr.-Satz (-Sätze)
Nebenfunktionen:
Mahnende Nebenfunktion der Begründung durch stimulierendes Element /
begründende Funktion in der Mahnung durch Wertegriffe o.ä.
Überhöhende Mahnung: Ein Volitiv führt die vorausgegangene Mahnung argumentativ ins Grundsätzliche weiter.
In der Formulierung und Plazierung von Sentenzen (bevorzugt am Ende von Reihen) sucht der Autor die Einheit von ästhetischem, argumentativem und voluntativem Gehalt.

Entschränkung

- des an die Sozialgemeinschaft (griechische Polis, Israelgemeinde) gebundenen Ethos zum Menschheitsethos,
- der auf die religiöse Gemeinschaft bezogenen Vorstellungen (Mythen, biblische Heilsgeschichte) zur menschheitsbezogenen Idee.

Ethos

Das *Ethos* (die Sitte bzw. Lebensart eines Volkes, einer Gruppe, einer Religions-Gemeinschaft, sofern diese auf Klärung ihres ideellen Gehalts angelegt ist), wird
in der *Ethik* begrifflich gefaßt,
in der *Morallehre* nach ihren Normen befragt,
von Erkenntnis-Systemen (*Weltanschauung* o.ä.) gespeist oder überhöht.

Für die Begründungszusammenhänge der praktischen *Paränese* ist die gelebte und die gesuchte sittliche Wirklichkeit in allen Bezügen, also das Ethos schlechthin, von Bedeutung.

Form (formgeschichtlich)

Adäquate Gestalt eines Kurztextes für eine in der Sozialgemeinschaft elementare Intention

Unter formgeschichtlicher "Form" verstehen wir etwas Gewachsenes, das stärker die Wirkkräfte der Gemeinschaft und ihrer Institutionen als den gestaltenden Willen des Autors erkennen läßt. Form und Inhalt stehen in einer gewachsenen Beziehung.

im Unterschied zum Stilement:

Eine vom Autor (bewußt oder unbewußt) gewählte Ausdrucksform. Das Insgesamt der eingesetzten Stilelemente ist sein Stil.

Formelemente und Formen können vom Autor in schriftstellerisch-dichterischer Verantwortung als Stilelemente genutzt werden. Die Beziehung von stilistischer Formgebung und Inhalt ist ein Kriterium für das schriftstellerische Können des Autors.

Funktionen, Funktionalisierung

Nebenfunktionen: s. Begründung, Formen

Multifunktionalität kann einem Form-, Gattungs- oder Stilelement sowie einem Topos eignen, weil die lebendige Sprache von den Möglichkeiten sich überschneidender Gesetzmäßigkeiten desto mehr Gebrauch macht, je weniger sie durch rhetorische Schulung und Systembildung festgelegt ist.

Gattungen

vereinen Formeigentümlichkeiten, um Inhalten, für die das Bedürfnis nach traditioneller Formung besteht, einen angemessenen Ausdruck zu geben. Die wichtigsten Großgattungen sind ursprünglich institutions-gebunden: Rechts-Kodices, Kultordnungen, Weisheits-Sprüche und -Sammlungen. Durch gegenseitige Berührungen (z.B. Begründungsklausel im Rechtskodex ~ Weisheitsspruch) und Auflösung der Institutions-Bindung entstehen Misch-Gattungen und institutionsunabhängige Gattungen, die infolge der Sanktionierung durch Fachleute (z.B. griechische Rhetorik) Eigengewicht bekommen (Eigengesetzlichkeit) und deren sich Autoren fast zwangsläufig bedienen, die in der entsprechenden Tradition zu Hause sind.

Gattungsnamen bezeichnen gewöhnlich ein Abstraktum: das in einer Hinsicht Gemeinsame sonst unterschiedlicher Textsorten.

Gnomologium

Aphoristische Zusammenstellung in sich selbständiger Kurzsprüche, vielfach aus älteren Sammlungen (z.B. *Logoi Sophon* mit Berufung auf einen Gewährsmann) zusammengewachsen. Primär der Bewahrung, sekundär der Verfügbarkeit der Gnomen (die als hohes Bildungsgut gelten) dienend.

Die *Anthologie* (*Florilegium*) dagegen soll Zitate (Exzerpte) aus älterer Literatur topologisch verfügbar und für die Jugendbildung einsetzbar machen.

Halacha / Haggada / Derek Erez

Halacha: Religionsgesetzliche Einzelvorschrift des Judentums oder das Insgesamt der Einzelvorschriften (Halachot)
für Israels Kultus, kultische Reinheit, Sozialordnung und speziell das Rechtsleben, die den in der schriftlichen und der mündlichen Tora offenbarten Bundeswillen Gottes aktualisieren.
Definition einer Halacha durch gemeinschaftliche Auslegung der Gelehrten.
Die Halacha enthält ethische Elemente, ist aber selbst Recht und nicht Ethik.
Haggada: Bibelauslegung und Tradierung biblischer Inhalte, so weit es sich nicht um Halacha handelt, vornehmlich in erzählender und weisheitlicher Art.
Derek erez (zur Haggada zu zählen): Ethisches Gut für jedermann in Sitte und weisheitlicher Erfahrung, vermischt mit halachischen und haggadischen Elementen
Jüdische duale Grundnorm:
Gott lieben und fürchten = *Sich heiligen* (gemäß der Halacha) /
den Bruder lieben und ehren = *Gott heiligen* (seinem Beispiel folgen).
Pflichten der Halacha, die nicht mit den noachidischen Menschheitsgeboten zugleich gesetzt sind, können durch Pflichten der Barmherzigkeit verdrängt werden.

Haustafel

Verwandte Gattungen:
Oikonomikos (Haus als Wirtschaftsgemeinschaft) /
Stoische Pflichtenliste (Die eine einzige Tugend, konkretisiert für die aufgelisteten Lebenspositionen) /
Haustafel (enger Begriff: Bezüge nur im *Haus*) /
Ständetafel (Haus als Beispiel patriarchaler Ordnung auch für Kirche und Staat; vgl. *»Haustafel«* in Luthers Kl. Katechismus)
Textgestalten im Haustafel-Umfeld:
- Diatribische Herausarbeitung des Wesentlichen und seiner Realisierung
- Imperativisch-anredende, direkte Verpflichtung für jeden Stand
- Indirekte Verpflichtung der Untergebenen über deren Autoritäten (*Paideutikon*)

Hellenismus

Im engeren Sinne: Von der Diadochenherrschaft bis zum Beginn der römischen Kaiserzeit (Ausbreitung griechischer Kultur)
Im weiteren Sinne: einschließlich der (west-)römischen Kaiserzeit (Wechselwirkung der griechischen, orientalischen und römischen Kultur)
Jüdischer Hellenismus:
- Im weiteren Sinne: das vom Zusammenleben mit dem Hellenismus beeinflußte Judentum in Palästina und in der Diaspora
- Im engeren Sinne (hier meist gebräuchlich): Das in direkter Berührung und Auseinandersetzung mit hellenistisch-synkretistischer Religiosität, staatlicher Religionspolitik und griechisch-hellenistischer Bildung stehende Diaspora-Judentum

Indikativ-Imperativ-Problem

Heilsproklamation / Verhaltensauftrag
Imperativ:
im grammatikalischen Sinne: verpflichtende Anrede /
im logischen Sinne: Darstellung und Einschärfung verpflichtenden Verhaltens
Reihenfolge:
Indikativ - Imperativ: deduktive Ethik
Imperativ - Indikativ: paränetische Rede; Mahnungs-Begründungs-Reihe

Kurzspruch (Aphorismus)

Indikativisch / imperativisch / fragend
Sprichwort: Volksgut / *Gnome*: dichterische Form
Gnome: Sentenz (eher feststellend) / Maxime (eher anratend)
Hypotheke: griechischer Ausdruck für Verhaltens-*Lehrspruch*
Logion: Selbständig überlieferte Texteinheit, die sich gern kontextueller Interpretation entzieht

Mahnung

- *Mahnung* ist Grundelement der (imperativischen) Paränese /
- *Gebot* ist Grundelement des Gesetzes
  Verbale Mahnung stimuliert / nominale Mahnung beschreibt
  Metaphorische Mahnung ordnet einem Verstehenskontext zu
- *Mahnung* (bevorzugt): zuratende (warnende) Anwendung des Gebotenen
- *Weisung* (bevorzugt): autoritatives Verpflichten ohne gesetzlichen Charakter
- *Rat*: Empfehlung oder Warnung aufgrund von (gemeinsamer) Erfahrung
- *Regel*: Rat oder Verpflichtung in nichtpersönlicher Form

Geltungsbereich einer Mahnung:
- *generisch* = maßgebend für Einzelfälle
- *typisch* = musterhaft für Einzelfälle
- *konditional* (*kasuell*) = im beschriebenen Fall
- *apodiktisch* = "losgelöst", ohne formal eingegrenzten Geltungsbereich (Anrede beachten!)

Geltungsweise einer Mahnung:
- *Konkret* (praktisch) / *grundsätzlich*: Das Konkrete wird im Grundsätzlichen verallgemeinert u.u.
- *Prinzipiell* / *kasuell* / *relativ*: Das Prinzipielle wird modifiziert auf einen Kasus oder innerhalb einer bestimmten Relation angewandt.
- Die ausgesprochene Mahnung (Der Rat) gilt
  - *traditionell* = durch die Kontinuität der traditionsbildenden Gemeinschaft
  - *aktuell* = sachnotwendig
  - *autoritär* = von der Person des Mahnenden (ggf. von seiner Legitimierung) her.

Mahnspruch

Die Mahnung und ihre Anwendungselemente
- Eingangsmahnungen:
  Traditionsmahnung eines traditionellen Topos / *Repräsentanzmahnung* einer vielschichtigeren Tradition / *Hauptmahnung* als Einleitung einer Reihe
- Anwendungselemente in Mahnspruch und mahnender Reihe:
  Konkretisierung einer in Allgemeinbegriffen ergehenden Hauptmahnung
  Aktualisierung einer traditionell oder topologisch vorgegebenen Mahnung
  Ausführungsbestimmung einer allgemeingültigen (generischen) Mahnung
  Regel: dient oft als Schlußformel zur Zusammenfassung des Mahnungsanliegens.
  Rekonkretisierung kann nach paränetischer Entfaltung (verallgemeinernd oder begründend) zum Tatethos zurückführen.
- Parataktische Anordnung von Eingangsmahnung und Anwendungselement (ggf. mit μηδέ o.ä.) dient dazu, dem Anwendungselement gleiche Dignität zu geben.
- Anwendungselemente werden gern der Eingangsmahnung antithetisch als Gegenstück gegenübergestellt (positiv/negativ oder negativ/positiv).

Die Mahnung und ihre Begründung (s.o.):
Ohne formelle Begründung bleibt der Mahnspruch am ehesten a) bei Tendenz zur Kodexbildung und b) bei positiv-deskriptiver Reihe.

Mahnspruch-Aufbau:
- Klassische Form (4 Grundfunktionen; Reihenfolge kann wechseln):
  Eingangsmahnung + Anwendung + Gegenstück + Begründung
- Beliebte Entwicklungen der Grundform:
a) Doppelmahnung, bestehend aus
   Mahnung + Anwendung oder
   Mahnung + Begründung
b) Strukturierte Reihen: Verteilung der Grundfunktionen auf parataktisch einander folgende Reihenglieder
c) Triadische Mahnungen, Vierer-Kurzreihen, katalogähnliche Mahnsätze dienen bevorzugt der Zusammenfassung oder Schwerpunktbildung.

"Kleinaufnahme" (Dibelius): Einschmelzung einer längeren, formgeschichtlich relevanten Ausführung zu einem Konzentrat in formgerechter Kleinform, z.B. einer ausgeführten Paränese in einen kurzen Mahnspruch

Parallelismus membrorum

synonym / antithetisch / synthetisch (/ klimaktisch)
- Der dichterische und chokmatische Parallelismus eignet sich zur Aufnahme der Formelemente der apodiktischen Gebote wie der paränetischen Mahnsprüche:
  a) *synonym*: Mahnung + Aktualisierung
  b) *antithetisch*: Mahnung + Gegenstück
  c) *synthetisch*: Mahnung + Begründung
- Die griechisch-hexametrische *Hypotheke* kann in ihren zwei metrischen Hälften (*Zäsur*) den Parallelismus nachbilden.

Paränese - παραίνεσις

a) Mahnender Einzelspruch, b) Volitive Zuspitzung einer Argumentation, c) direkte, nichtgesetzliche Verhaltensbeeinflussung in eher aphoristischer Form (*Spruchparänese*)

προτρεπτικός / παραίνεσις / παράκλησις:
  προτρεπτικός: Werberede
  παραίνεσις: konkrete Mahnung mit Voraussetzung gemeinsamer Grundüberzeugung
  παράκλησις: wie παραινετικός; im NT: Oberbegriff für ermahnend-ermunternde Anrede

Spruchparänese / ausgeführte Paränese:
- *Spruchparänese* will an Vorentscheidungen erinnern und Erinnerung für das Verhalten aktivieren; weniger belehrend.
  Usuell = formelhaft-überlieferungsgebunden / *aktuell* = situativ
- *Ausgeführte Paränese* verbindet das Erinnern mit der Klärung aktuell schwieriger Anwendungsfragen.

Paränese / Katechismus:
  Paränese als Vorgang der sittlichen Zurüstung (im sozialen Vollzug - der Mündlichkeit nahe) /
  Katechismus als Kurzfassung kirchlicher Lehrtradition (der Schriftlichkeit nahe)

Reihung, paränetische

Arten paränetischer Reihen:
  Thematische Reihe: Entfaltung eines Themas / eines Topos
  Universale Reihe: Komplexer thematischer Ansatz; disparate Topoi
  Summierende Reihe: Sammlung zur bewahrenden Weitergabe des Traditionsgutes
  Testamentsreihe: Verbindung der Reihenform mit dem pädagogischen Ansatz der Testamentsgattung

Reihenbildung dient
  a) der gesammelten Weitergabe von Mahnung
  b) der Bildung kodexähnlicher, verpflichtender Reihen

Formen paränetischer Reihen:
  Positive / negative Reihe / Mischreihe
  Rein imperativische Reihe / Mahnungs-Begründungs-Reihe
  Nominale Reihe
Asyndetie als Form der Reihung dient
  a) der unveränderten Aufreihung von Sammelgut,
  b) der Betonung des Eigengewichtes der aufgereihten *Aphorismen*,
  c) einem stringenten, keiner Erklärung bedürftigen Fortschritt der Reihe.
Gliederungsfaktoren:
  Imperative als Gliederungs-Faktoren
  Erweiterungen einzelner (Mahnungs)-Glieder
  Anwachsen der Glieder - Achterlastiges Gefälle
  Halbvers-Folge / versübergreifende Folge
  Rückkoppelung ins Konkrete (Rekonkretisierung)
  Rückgriff einer Mahnungs-Begründungs-Reihe auf den Eingangsvolitiv
- Reihenschluß-Formen: lapidarer Schluß, Schlußsentenz, Schlußantithese, Abschluß-Trias
Verbindung von Reihen: Stichwort; Scharniervers

Sitz im Leben

Soziologisch-geschichtlich: Die die Sprachform prägenden Lebensformen und Bedürfnisse der Gemeinschaft (der Rechtsgemeinde, Volkssitte, philosophischen Agitation, Elementar-Unterweisung, Synagogengemeinde, Sekte)
Überlieferungsgeschichtlich: Die verbalen Traditionen, die in bewährten Formeigentümlichkeiten Gesetze des Traditionsprozesses widerspiegeln
Rhetorisch-gattungsgeschichtlich: Die rhetorische Schulung und Tradition, die sich gegenüber dem Ursprung der Ausdrucks- und Literaturformen verselbständigt hat

Stichwortverbindung

Verbindung zweier Sätze / Verse / Strophen durch gleiches Wort oder gleichen Wortstamm.
Konstitutiv: Das Stichwort *begründet* die Textfolge.
- *Mnemotechnisch* (mehr oder weniger geplant): das Stichwort dient der Sicherung der Textfolge im Gedächtnis.
- *Assoziativ* (mehr oder weniger unbewußt): über das Stichwort assoziiert der Autor eine passende Fortführung des Textes.
  Konstitutive Stichwortverbindung begünstigt gewollt oder ungewollt die Traditionsbildung.
Funktional: Das Stichwort *verdeutlicht* die Textfolge.
- *Ornamental*: Der Autor drückt mit dem Stichwort als Stilmittel etwas Verbindendes aus oder unterstreicht etwas Gegensätzliches.
- *Strukturell*: Im Stichwort kommen strukturelle Elemente eines kohärenten Textes zum Ausdruck.
Formal: Die formal (oft versehentlich) angedeutete Verbindung besteht inhaltlich nicht. Der Schöpfer der Textfolge assoziiert beim Bilden eines neuen Satzes - passend oder unpassend - ein Stichwort des vorhergegegangenen Satzes.

Die Tora

- Priesterliche Einzelweisung / Gesetzliche Vorschrift allgemein / Das Insgesamt der »mosaischen« Gesetze (Die Bibel als Urkunde des göttlichen νόμος) / Der Pentateuch / Die der Halacha zugrunde liegende schriftliche und mündliche Tradition der Bundesverpflichtung Israels
- Für den wissenschaftlichen Sprachgebrauch dieser Untersuchung bedeutet *Tora* im allgemeinen: »Die mosaischen Gesetze«

Der paränetische Traditionsprozeß

Träger des paränetischen Traditionsprozesses kann sein:
- eine definierte Norm (z.B. Gen 9,6)
- ein Sachurteil (vgl. Lohnauszahlung nach Lev 19,13)
- ein Schlüsselbegriff (z.B. δίκαιος)
- eine gattungsrelevante Form (z.B. die bevorzugte Mahnspruchform)
- eine Institution (z.B. die väterliche Aufgabe bei kultischen Begehungen im Hause).

Paränese kann ethische Tradition
- rein reproduzierend bewahren (statische, u.U. tabuisierend-prohibitive Tradition),
- behutsam oder energisch aktualisieren,
- ideell oder entschränkend-menschheitsbezogen ausrichten,
- radikalisieren, totalisieren,
- ins Positive (wertebestimmt) entwickeln.

Weitere Veränderungen im Traditionsprozeß:

a) Einschmelzen in Kurzformen / in Repräsentanzbegriffe
Umformung vom Negativ ins Positive o.u.,
Transponieren in andersartigen Kontext oder Gattungsbezug

b) Umwandlung
von Gebot in Mahnung
von Fluch in Mahnung
von Fluch in eudämonistische Begründung
von der Verantwortung des Handelnden (z.B. der Frau) in die Verantwortung des Repräsentanten (z.B. des Hausvaters) o.u.

- Kodifizierung traditionellen Materials in neu geprägter Form

Volitiv

Sammelbezeichnung für Gebot, Mahnung, Weisung, Rat, Regel (s.o. *Mahnung*)
Speziell: *Volitiv*: positive Formulierung / *Prohibitiv*: warnende Formulierung
Für das AT wird teilweise der *Prohibitiv* (warnend) vom *Vetitiv* (vorschreibend) unterschieden.

»Imperativische« Möglichkeiten:
- Imperative:
  Imp. 2.Pers. (sing. oder plur.): Direkter Anrede-Imperativ
  Imp. 3.Pers. (sing. oder plur.):
    Auftrags-Imperativ für Drittpersonen;
    konditionale (kasuelle) Rechtsregelung oder Ausführungsbestimmung
  Imp. 3.Pers. (sing.): Regel
- Imperativ-Äquivalente:
  Adhortativ (wie Konj. 2.Pers.) / Kohortativ (wie Konj. 1.Pers.)
  Konj. mit μή als Warnung / Futur 2.Pers. (sing. - mit οὐ) als hebraisierendes Verbot
  Imperativischer Optativ / Infinitiv / Partizip
- Indirekte Weisung: Abhängiger Aussagesatz nach Verben des Gebietens, Warnens usw. oder nach formalen Wertbestimmungen wie (οὐ) καλόν, ἀγαθόν, ὅσιον (ἐστίν)
- a) Verbale / b) nominale Mahnung: Der angemahnte Wert ist a) im Verbum / b) im Substantiv oder Adjektiv (bzw. Partizip) ausgedrückt.
- Formelemente in wechselnder Funktion bei Verben des Aufmerkens und Vermeidens: *unecht positiv* / *unecht negativ*

Tabellen
mit übergreifendem Inhalt

Literatur-Verzeichnis

Zitierungen ohne Titel beziehen sich entweder auf den ersten Titel eines Verfassers im Literatur-Verzeichnis oder auf eine Sekundärliteratur-Anmerkung am Anfang des betr. Buch-Abschnittes.
VdH = vdHorst, Sentences (1978); Kü = Küchler, Weisheitstraditionen. Zitate aus PseuPhok-Übersetzungen oder Anlehnungen an diese sind mit B (Binder), D (Derron), H (vdHorst), h (vdHorst bei Charlesworth), W (Walter wörtlich), w (Walter teilweise) kenntlich gemacht.
Allgemein gelten die Abkürzungen der TRE (S.Schwerdtner).
Zitierte Lexikon-Artikel sind im Literatur-Verzeichnis nur teilweise aufgeführt. Die Bearbeiter sind im Verfasser-Verzeichnis genannt.

A. Quellentexte und -sammlungen vor allem antiker Autoren

1. Pseudo-Phokylides: Textausgaben; Übersetzungen

(Bibliographie: s.u. Teil A2 bzw. Teil B)

a) Pseudo-Phokylides-Ausgabe:
Derron, Pascale (Hg./Übers.), Pseudo-Phocylide, Sentences, CUFr [Budé] 1986

b) Sammelwerke:
- Bergk, Poetae Lyrici Graeci (Kritische Ausgabe), Leipzig ^{3}1866. S.450-475, ^{4}1882. 2.Bd. 74-109
- Diehl/Beutler, Anthologia Lyrica Graeca Bd.2, ^{3}1950 = 1955:
- Hiller/Crusius, Anthologia Lyrica (Teubner), 1901 = 1913: S.337-343
- Young, Theognis usw. Leipzig ^{2}1971: S.95-112 (= Denis, Fragmenta Pseudepigraphorum 149-156)

Ältere Ausgaben:
- Bönick, M.H., Phocylidis carmina Graeca e Sacro Codice illustrata, Quae cum Aug. Menagii notis ac latina Interpretatione edidit, Lipsiae 1710
- Brunck, R.F.Ph. (Hg.), Gnomici Poetae Graeci, Strassburg 1784 / ^{2}Leipzig 1817

c) Übersetzungen :
- Locher, Jacob: Poema Nutheticon PHOCYLIDIS greci poete christianissimi, a Jacobo Locher Philomuso ad Latinos Elegos traductum. In quo morum saluberrima documenta comparies, 1509
- Binder, W., Elegien ... Deutsch im Versmaß der Urschriften, 1859: S.67-78
- Rießler, F., Altjüdisches Schrifttum: S.862-870.1318-1321
- Walter, N.: JSHRZ 4.3,173-278
- van der Horst, P.W., The Sentences of Pseudo-Phocylides (1985): Charlesworth, The OT Pseudepigrapha 2,565-582
- dazu die Text-Edition von Derron (franz., s.o.) und der Kommentar von vdHorst (englisch; s. folgend)

d) Text und Kommentar (s.u. Teil B):
- Bernays, Jakob, Über das phokylideische Gedicht (1856): Gesammelte Abhandlungen (1885) 1,192-216
- van der Horst, P.W., The Sentences of Pseudo-Phocylides 1978

2. Andere Quellentexte

Aelius Aristides: Aelii Aristidis Smyrnaci Quae supersunt omnia, Hg. Br. Keil , Bd.2 Berlin ^{2}1958
Aesop : Perry, B.E. (Hg.), Aesopica Bd.1, 1952
Ägyptische (demotische) Weisheit:
- Bissing, Fr.W. Freiherr von (Übers.), Altägyptische Lebensweisheit: Artemis 1955; S. 91-120: Phibis (Pap. Insinger)
- Erman, Adolf, Die Literatur der Aegypter. Gedichte, Erzählungen und Lehrbücher aus dem 3. und 2. Jt. v.Chr., Leipzig 1923 (vgl. ders., The Ancient Egyptians. A Sourcebook of their Writings: Hg./Übers. A.M.Blackman, NY 1966)

- Lichtheim, M. (Hg.), Ancient Egyptian Literature Bde.2-3, Berkeley 1976/80

Anthologia Graeca 4 Bde., Hg./Übers. H. Beckby: Tusculum 1957f

Anthologia Latina sive poesis Latinae supplementum Bd.1,1-2, Hg. Fr.Bücheler/A.Riese: BSGRT ^{2}1894/1906, Leipzig

Anthologia Lyrica sive Lyricorum Graecorum Veterum Praeter Pindarum Potiores. Post Th.Bergk, Hg. E.Hiller/O.Crusius, Teubner ^{4}1901 = 1913

Anthologie Lyrica Graeca 3 Bde., Hg. E.Diehl/R.Beutler, BSGRT ^{3}1949-52

Anthologie, Die griechische, 3 Bde., Hg./Übers. Ebener D.: Bibliothek der Antike, Griechische Reihe, Berlin/Weimar 1981

Apokryphen des NT:
- Hennecke, Edgar (Hg.), Neutestamentliche Apokryphen. In Verbindung mit Fachgelehrten in deutscher Übersetzung und mit Einleitungen herausgegeben, Tübingen ^{2}1924 (=NTApo^{2})
- Schneemelcher, Wilhelm, Neutestamentliche Apokryphen, in deutscher Übersetzung 2 Bde. (Von Edgar Hennecke begründete Sammlung), Tübingen ^{5}1987/89 (=NTApo^{5})
- Klostermann, E., Apocrypha III: Kl T 11/1904

Apostolische Väter:
- Schriften des Urchristentums (SUC): 1.Bd. Hg. J.A.Fischer; 2.Bd. Hg. K.Wengst, Darmstadt 1970/1984
- Hermas: R.Joly, Hermas Le Pasteur, SC 53, 1958

Aratos, Phainomena, Sternbilder und Wetterzeichen, Tusculum-Bücherei, Hg./Übers. Manfred Erren, München 1971

Aristeasbrief:
- Meisner, N. (Übers.), JSHRZ 2.1 1973
- Pelletier, A. (Hg.), Lettre d'Aristée à Philocrate: SC 89 Paris 1962

Baruch-Apokalypse:
- syr.: A.J.F.Klijn (Übers.), JSHRZ 5.2,103-191 1976
- griech.: W.Hage (Übers.), JSHRZ 5.1,15-44 1974

Bibel (einschl. griechische Schriften des AT):
- Apokryphen nach der deutschen Übersetzung Martin Luthers, Stuttgart 1970
- Buber, M./Rosenzweig, Fr. (Übers.), Die Schrift I: Die fünf Bücher der Weisung, ^{10}1981
- Einheitsübersetzung: Die ganze Heilige Schrift des Alten und Neuen Testaments. Vorläufige Endfassung, Stuttgart 1972 und 1974
- Septuaginta: SVTG (Göttingen); ergänzend Rahlfs
- s. auch Sirach

Binder, W., Die Elegien des Theognis nebst Phokylides' Mahngedicht und Pythagoras' Goldenen Sprüchen. Deutsch im Versmaß der Urschriften, Stuttgart 1859

Cicero:
- De inventione: Hg./Übers. H.G.Hubbelt, Loeb 386 1949
- De re publica: Hg./Übers. C.W.Keyes, Loeb 213 1928
- Ziegler, K. (Hg./Übers.), Staatstheoretische Schriften, Darmstadt 1979
- Büchner, K. (Übers.), Der Staat: Tusculum ^{4}1978

Clemens Alexandrinus, Protreptikos, Paidagogos: CS ??

Demotische Weisheit: s. Ägyptische Weisheit

Dicta Catonis: s. Poetae Latini Minores, S.585-639

Dio Chrysostomus, Orationes: Cohoon, J.W./Lamar Crosby, H. (Hg./Übers.) 5 Bde., Loeb 1932-1951

Diogenes Laertius, De Vitis Clarorum Philosophorum:
- Hicks, R.D. (Hg.) 2 Bde., Loeb 1950
- Apelt, O. (Übers.) Bd. 1 (= 1-6), Leipzig 1921

Dittenberger, W., Sylloge Inscriptionum Graecarum (SIG) 4 Bde., ^{4}Hildsheim 1960

Epicae elegiacaeque minorum poetarum gnomae (= Theognis etc), Hg. Friedrich Sylburg, Frankfurt 1591 / Utrecht 1659

Epiktet:
- Capelle, W. (Hg./Übers.), Epiktet, Teles und Musonius, Wege zum glückseligen Leben: Stoa und Stoiker Bd.3, Zürich 1948
- Schenkl, Heinrich (Hg.), Epictet, Dissertationes, ab Arriano digestae, ed.min., (Teubner) 1894

Epiphanius: Esbroek , Michel-Jean van (Übers.), Les version Géorgiennes d' Épiphane des Chypre 2 Bde.: CSCO 461, 1984

Evagrius Ponticus:

- PG 40,1214-1286
- Greßmann, Hugo, Nonnenspiegel und Mönchsspiegel des Euagrios Pontikos, in: TU 39/4 (1913) 152-165
- s. Teil B.: W. Bousset, Apophthegmata

Euripides: in ten Volumes, hg./übers. A.S.Wag, Loeb 1912

Eusebius von Caesaraea: Werke Bd.8. Die Praeparatio Evangelica, Hg. K.Mras: GCS 43,1 1954

Weisheitschrift der Geniza von Kairo:

- Berger, K., (Hg./Übers.), Die Weisheitsschrift aus der Kairoer Geniza. Erstedition, Kommentar, Übersetzung: Texte und Arbeiten zum neutestamentlichen Zeitalter 1, Tübingen (Francke) 1990
- Rüger, H.P. (Hg.), Die Weisheitsschrift aus der Kairoer Geniza, Tübingen (Mohr) 1991

Goldast von Haiminsfeld, Melchior, Paraeneticorum veterum pars I, Ryssel 1604. - Im Nachdruck herausgegeben und mit einem Nachwort versehen von Manfred Zimmermann: Litterae. Göppinger Beiträge zur Textgeschichte 84, Stuttgart 1980

Gorgias von Leontinoi:

- FVS Hg. Diels/Kranz 2,271ff
- Buchheim, Th. (Hg./Übers./Komm.), Gorgias v.L., Reden, Fragmente, Testimonien: Philos. Bibl. 404, Hamburg 1989

Herodot: Ph.-E-Légrand (Hg./Übers.), Hérodote, Histoires 9 Bde., CUFr 1932-54

Hesiod:

- Marg, Walter (Übers./Komm.), Hesiod. Sämtliche Gedichte. Theogonie, Erga, Frauenkataloge: BAW.GR, 1970
- Mazon, P. (Hg./Übers.), Hésiode, CUFr [Budé] 1928 u.ö.
- Rzach, Hesiods Carmina: BSGRT (^{3}1913) 1958
- Solmsen, Fr./Merkelbach, R./West, M.L., Hesiodi Theogonia, Opera et Dies, Scutum, Fragmenta Selecta: OCT 1970

Homer: Opera, Hg. D.B.Monro/Th.W.Allen (OCT): Bd.1-2 Ilias ^{3}1920, Bd.3-4 Odyssee ^{2}1917/19

Iambi et Elegi Graeci ante Alexandrum Cantati, Hg. M.L.West, 2 Bde. Oxford 1971f

Isokrates: Matthieu, G./Brémond, E., Isocrate. Discours 4 Bde., Paris ^{4}1972

- s. Teil B. Seck, Fr.

Iulian Imperator: Neumann, Karl Joh., Scriptorum qui Christianam impugnaverunt Religionem quae supersunt Bd.3: Iuliani Imperatoris Libri contra Christianos quae supersunt, Leipzig 1880

Joseph und Aseneth: Burchard, Chr., (Übers.): JSHRZ 2.4

- Philonenko, M. (Hg./Übers.), Joseph et Aséneth: StPB 13 1968

Josephus, Flavius:

- Boysen, Karl (Hg.), Opera ex versione Latina, pars VI. De Judaeorum vetustate sive contra Apionem: CSEL 37,6 1898 = New York 1964
- Clementz, H. (Übers.), Kleinere Schriften. Selbstbiographie - Gegen Apion - Über die Makkabäer, Köln 1960
- Michel, O./Bauernfeind O. (Hg./Übers.), Flavius Josephus, De Bello Judaico - Der jüdische Krieg 3 Bde., Darmstadt 1959-1969, Bd.1 ^{3}1982
- Niese, B. (Hg.), Flavii Josephi Opera 7 Bde., Berlin 1888-95
- Thackeray, H.St.J./Wikgren/Feldman (Hg./Übers.), Josepghus 9 Bde.: Loeb 1926-1965
- s. Teil B. J.G.Müller (Übers./Komm.), Des Flavius Josephus Schrift gegen den Apion

Jüdische Schriften aus hellenistisch-römischer Zeit, Hg. W.G. Kümmel = JSHRZ, Gütersloh 1973ff; s. auch Einzeltitel

Kaiser, Otto (Hg.), Texte aus der Umwelt des AT Bd.3,1: Weisheitstexte I, Hg. W.H.Ph.Römer/W.v.Soden, Gütersloh 1990

Kippenberg, H.G./Wewers, G.A. (Hg.), Textbuch zur neutestamentlichen Zeitgeschichte: GNT 8 1979

Koran, Der, Übers. W.Paret, Stuttgart 1962; dazu: Der Koran. Kommentar und Konkordanz, Stuttgart 1971

Körte, A./ Händel, P., Die Hellenistische Dichtung, KTA 47, Stuttgart ^{2}1960

Libanius: Opera 9.Bd., hg. R.Foerster/E.Richtsteig, Leizig 1927; S.1-47: Libanii qui feruntur characteres epistolici

Malherbe, A.J., Ancient Epistolary Theorists: SBLTT, Sources for Biblical Study 19, Atlanta 1988

Menander:
- Jaekel, S. (Hg.), Menandri sententiae, Comparatio Menandri et Philistonis: BiTeu 1964
- Meineke, A. (Hg.), Menandri et Philistonis Reliquiae, Berlin 1823

syr. Menander:
- J.P.Audet, La Sagesse de Ménandre l' Egyptien: RB 59/1952 S.55-81
- Baarda, T. (Übers.), The Sentences of the Syriac Menander: Charlesworth 2,583-606

Opuscula Graecorum veterum sententiosa et moralia. Graece et Latine, 2 Bde, Hg. Ioannes Conradus Orelli, Leipzig 1819/1821

Petrus Alfonsi: Hilka, A./Söderhjelm, W. (Hg.), Petrus Alfonsi, Disciplina Clericalis: Acta Societatis Scientiarum Fennicae 38, Helsingfors 1911 (Kl.Ausg.: Heidelberg 1911)

Philo Alexandrinus:
- Cohn, L./Heinemann, I./Adler, M./Theiler, W., Die Werke Philos von Alexandrien in deutscher Übersetzung 7 Bde., Breslau/Berlin 1909-64
- Cohn, L./ Wendland, P./ Reiter, S. (Hg.), Philonis Alexandrini Opera quae supersunt Bd.1-6, Berlin 1896-1915; Bd. 7.1-2 Indices, Hg. J.Leisegang, 1926
- Colson, F.H./Whitaker, G.H./Marcus R. (Hg./Übers.), Philo in ten Volumes (2 Suppl.): Loeb 1929-1962
- Hypothetika: s. Eusebius, Praeparatio Evangelica; s. Colson Bd.10

Phokylides von Milet:
- s. Anthologia Lyrica Graeca (Diehl/Beutler) ^{3}1,57-60
- s. Poetae Elegiaci, Testimonia et Fragmenta, (Gentili/Prato): 1,130-134 (Testimonia); 135-140 (Elegia, Gnomai)
- s. Poetae Lyrici Graeci (Bergk) ^{4}2,74-108
- West, M.L. (Hg.), Theognidis et Phocylidis Fragmenta etc.: Kl T 192 1978

Pindar: Pindari Carmina cum Fragmentis, Hg. C.M.Bowra: OCT ^{2}1961
- Pindar. Die Dichtungen und Fragmente, Übers. L.Wolde: Sammlung Dieterich Bd 62/1942

Platon, Opera: Burnet, Ioannes, Platonis Opera 5 Bde., OCT 1900-1907 (= 1954)

Plinius d.J.
- M.Schuster (Hg.), C.Plini Caecili Secundi Epistolarum Libri novem. Ep. ad Traianum, Liber, Leipzig 1952
- W.Krenkel (Übers.), Briefe: Bibliothek der Antike, Berlin 1984

Poetae Elegiaci, Testimonia et Fragmenta 2 Bde., Hg. B.Gentili/C.Prato: BSGRT Leipzig 1979/1985

Poetae Latini Minores: Minor Latin Poets, Hg. J.W. und A.M. Duff: Loeb 1934

Poetae Lyrici Graeci 2 (3) Bde., Hg. Theodor Bergk, Leipzig ^{3}1866; ^{4}1878-82 (Kritische Ausgabe; s. auch Anthologia Graeca hg. Hiller/Crusius)

Pseudepigraphen des AT:
- Charlesworth, J.H. (Hg.), The Old Testament Pseudepigrapha 2 Bde. (engl.), London 1983/85
- Denis, A.-M. (Hg.), Fragmenta Pseudepigraphorum quae supersunt Graeca, una cum Historicorum et auctorum Iudaeorum Hellenistarum Fragmentis: PVTG 3 (1970), 45-238
- Walther, N. (Übers.), Pseudepigraphische jüdisch-hellenistische Dichtung: JSHRZ 4.3,173-278 1983

Pseudo-Isokrates: s. Isokrates

Pseudo-Menander: Audet, J.P. (Übers.), La Sagesse de Ménandre l'Egyptien: RB 59/1952m 55-81

Pseudo-Philo, Liber Antiquitatum Biblicarum:
- Dietzfelbinger, Christian (Übers.), Pseudo-Philo (Antiquitates Biblicae): JSHRZ 2.2 1979
- Kisch, Guido, Pseudo-Philo's Liber Antiquitatum Biblicarum: Publications in Mediaeval Studies X, Notre Dame/Indiana 1949

Pseudo-Phokylides: s.o. am Anfang

Pseudo-Pythagoras, Carmina Aurea (= CarmAur): s. Theognis (Young) S.86-94

Publilius Syrus, Sentenzen:
- s. Poetae Latini minores: Duff S.3-111
- Beckby, H. (Hg./Übers.), München 1969

Quintilianus, M. Fabius:
- Rahn, H. (Hg.), Quintilianus, M. Fabius, Institutionis oratoriae libri XII 2 Bde: TzF 2-3 ^{2}1988

Qumran-Schrifttum:
- Beyer K., Die aramäischen Texte vom Toten Meer samt den Inschriften aus Palästina, Göttingen 1984

- Lohse, E. (Hg./Übers.), Die Texte aus Qumran, Darmstadt 1964
- Milik, J.T./Black, M. (Hg.), The Books of Enoch. Aramaic Fragments of Qumrân Cave 4, Oxford 1976

Rabbinische Literatur:
- Bacher, W., Die Agada der Tannaiten 2 Bde., Strassburg ²1903
- Bacher, Wilhelm, Die Agada der palästinensischen Amoräer 3 Bde., Strassburg 1892-1899 = Hildesheim 1965
- Beer, G. / Holtzmann,O., Die Mischna , Gießen/Berlin 1912ff
- Billerbeck, P.: Kommentar zum Neuen Testament aus Talmud und Midrasch 6 Bde., H.L.Strack/P.Billerbeck (Hg.; Bd.6: Hg. J.Jeremias/K.Adolph)), München 1921-1966
- Goldschmidt, L., Der Babylonische Talmud deutsch 12 Bde., ³Königstein 1980f
- Lauterbach, Jakob, Mekilta de Rabbi Ishmael 3 Bde., Philadelphia 1949
- Saldarini, Anthony J. (Übers./Komm.), The Fathers according to R.Nathan (Abot de R.Nathan). Version B.: SJLA 11, 1975
- Winter, J. / Wünsche,A., Aus Israels Lehrhallen 5 Bde., Leipzig 1907-10 = Hildesheim 1967
- Winter, J./Wünsche, A. (Hg./Übers.) Mechilta. Ein tannaitischer Midrasch zu Exodus, , 1909
- Winter, Jacob (Übers.), Sifra. Halachischer Midrasch zu Leviticus: SGFWJ 42, 1938

Rießler, F. (Übers.), Altjüdisches Schrifttum außerhalb der Bibel, Augsburg 1928 u.ö.

Semonides von Amorgos:
- Anthologia Lyrica Graeca (Diehl) 3,49-63

Seneca:
- Appelt, o: (Übers.), Philosophische Schriften. Briefe an Lucilius 2 Bde., Leipzig 1942
- Rosenbach, M. (Hg./Übers.), Seneca, Philosophische Schriften 5 Bde., Darmstadt 1976 (lat. Text nach Richard, CUFr)

Sibyllinische Orakel:
- J.J.Collins (Übers.): s. Charlesworth, OT Peudepigrapha 1,317-472 (1983)
- Geffcken, Johannes, Die Oracula Sibyllina: GCS 8, Leipzig 1902 = 1967
- Kurfess, A. (Hg./Übers.), Sibyllinische Weissagungen: Tusculum 1951

Sieben Weisen: s. Teil B: Br.Snell, Leben und Meinungen der Sieben Weisen

Sirach:
- Di Lella, Alex.A. (Hg./Komm.), The Wisdom of Ben Sira: The Ancient Bible 23/1978 Hg. P.W.Shehan, NY 1987
- Sauer, Georg (Übers./Komm.), Jesus Sirach (Ben Sira): JSHRZ 3,5 Gütersloh 1981
- Sapientia Iesu Filii Sirach, Hg. J.Ziegler: SVTG 12,2 1965
- Vattioni, Fr. (Hg.), Ecclesiastico. Testo ebraico con apparato critico e versione graeca, latina, siriaca: Instituto Orientale di Napoli, Publicationi del Seminario di Semitistica,, Testi 1, 1968

Solon: s. Poetae Elegiaci (Gentili/Prato) 1,61-126

Stobaeus, Ioannes:
- Wachsmuth, C./Hense, O. (Hg.), Ioannis Stobaei Anthologium (Bd.1-2 Anthologium, Bd.3-4.2 Florilegium), Berlin 1884-1912
- Vgl. Neander, Michael, Gnomologia Graecolatina, Basel 1557

Stoicorum Veterum Fragmenta: Arnim, J.v. (Hg.) 4 Bde., 1903-1924 (= 1968)

Suda: Suidae Lexicon, Hg. A.Adler: Lexicographi Graeci Bd. 1, 5 Teile, Leipzig 1928-1938

Testamente der Zwölf Patriarchen:
- Charles, R.H., The Greek Versions of the Testaments of the Twelve Patriarchs. together with the Variants of the Armenian and Slavonic Versions and some Hebrew Fragments, Oxford 1908 = Darmstadt ³1966
- Jonge, Marinus de/Hollander, H.W. u.a. (Hg.), The Testaments of the Twelve Patriarchs. A Critical Edition from the Greek Text: PsVTG 1.2 1978
- Becker, J. (Übers.): JSHRZ 3.1 1974

Theognis: (Deutsche Nachdichtung: s.Binder)
- West, M.L. (Hg.), Theognidis et Phocylidis Fragmenta et adespota quaedam Gnomica: KIT 192 1978
- Young, Douglas (Hg.), Theognis, Ps.-Pythagoras, Ps.-Phocylides, Chares, Anonymi Avlodia, post E.Diehl: BSGRT 1961 (= ²1971); S.95-112: Pseudo-Phokylides
- s. Anthologia Lyrica Graeca (Diehl/Beutler) Bd.2

Thomasevangelium: s. Teil B. Fieger, M.
Tragicorum Graecorum Fragmenta, Hg. A.Nauck, [2]1889, m. Suppl. hg. B.Snell, Hildesheim 1964
Tragicorum Graecorum Fragmenta Bd.1: Didascaliae tragicae etc., Hg. B.Snell; Bd.4: Sophokles, Hg. St.Radt/R.Kannicht, Göttingen 1971/1968
Vorsokratiker: Diels H./ Kranz W. (Hg./Übers.), Die Fragmente der Vorsokratiker 3 Bde., Berlin [6]1951f

B. Fachliteratur, zitierte Autoren

Aejmalaeus, Anneli, Parataxis in the LXX. a study of the renderings of the Hebrew coordinate clauses in the Greek Pentateuch: AASF (Diss. hum. litt. 31) 1982
Ahlert, Art. Phokylides, PRE 39,503-505
Albertsen, L.L., Das Lehrgedicht. Eine Geschichte der antikisierenden Sachepik in der neueren deutschen Literatur, Aarhus 1967
Albright, W.F., A Biblical Fragment from the Maccabean Age: The Nash Papyrus: JBL 56/1937, 143-176
Alexander, Ph. S., Rabbinic Judaism and the NT: ZNW 74/1983 237ff
Allerhand, Jacob, Der historische Hintergrund der 'Sprüche der Väter' und ihre Ethik: Kairos 23/1981, 133-180
Alon, G., The Halakah in the Teaching of the Twelve Apostles (hebr.): Studies in Jewish History, Hakibbutz Hameuchad [2]1967
- Jews, Judaism and the Classical World. Studies in Jewish History in the times of the Second Temple and Talmud, Hg.J.Abraham, Vorw.S.Safrai, Jerusalem 1977
Amir, Yehoshua, Die hellenistische Gestalt des Judentums bei Philon v.Alexandria: Forschungen zum jüdisch-christlichen Dialog 5, Neukirchen 1983; darin 131-163: Die Zehn Gebote bei Philon von AlexandrienAmi
- Die Begegnung des biblischen und des philosophischen Monotheismus als Grundthema des jüdischen Hellenismus: EvTh 38/1987, 2-19
- Art. Gesetz II: Judentum, TRE 13,(40-)52-58
Alt, Albrecht, Die Ursprünge des Israelitischen Rechts: A.Alt, Kleine Schriften zur Geschichte des jüdischen Volkes 1, 1953
Amstutz Joseph, ΑΠΛΟΤΗΣ. Eine begriffsgeschichtliche Studie zum jüdisch-christlichen Griechisch:, Theophania 19, Bonn 1968
Arnim, J.v., s. Teil A: Stoicorum Veterum Fragmenta
Asting, Ragnar, Hvilken mening har Paulus formaninger: TTK, 1934
- Die Verkündigung des Wortes im Urchristentum, Stuttgart 1938
Audet: s. Teil A. Pseudo-Menander
Aune, David Ed. (Hg.), Greco-Roman Literature and the New Testament. Selected Forms and Genres: SBL Sources for Biblical Study 21, Atlanta 1988
Baasland E., Literarische Form, Thematik und geschichtliche Einordnung des Jakobusbriefes: ANRW II 25.5,3646-3684, 1984
Bach, Hans L., Jacob Bernays. Ein Beitrag zur Emanzipationsgeschichte der Juden und zur Geschichte des deutschen Geistes im 19.Jh.: SWALBI 30 1974
Bacher W., Die Proömien der alten jüdischen Homilie. Beitrag zur Geschichte der jüdischen Schriftauslegung und Homiletik: BWAT 12, Leipzig 1913 = Farnborough 1970
- s. Teil A. Rabbinische Literatur
Baeck, Leo, Paulus, die Pharisäer und das Neue Testament, Frankfurt 1961 (= Der Glaube des Paulus, engl. London 1952; Die Pharisäer, Berlin 1934; Das Evangelium als Urkunde der jüdischen Glaubensgeschichte, Berlin 1938)
Baeumer, Max L. (Hg.), Toposforschung: WdF 395, 1973
Balch, David L., Household Codes: s. Aune, Greco-Roman Literature 25-50
Baldermann, Ingo u.a. (Hg.), 'Gesetz' als Thema biblischer Theologie: Jahrbuch für biblische Theologie 4, Neukirchen 1989
Baltzer, Klaus, Das Bundesformular: WMANT 4 [2]1964
Bark, Joach./Dietger Pforte (Hg.), Die deutsche Anthologie 2 Bde., 1970/1969
Bartsch, H.-W., Die Anfänge urchristlicher Rechtsbildungen. Studien zu den Pastoralbriefen: ThF 34, 1965

- Traditionsgeschichtliches zur "Goldenen Regel" und zum Aposteldekret: ZNW 75/1984, 182-132
- Art. Paränese, HWP 7,115f 1989

Bauckmann, Ernst Günther, Die Proverbien und die Sprüche des Jesus Sirach: ZAW 72/1960, 33-63

Bauer, Walter, Griechisch-Deutsches Wörterbuch zu den Schriften des NT und der frühchristlichen Literatur, ^{6}Hg. K.u.A.Aland/V.Reichmann, Berlin 1988

Baumgarten, J.M., The Unwritten Law in the Pre-Rabbinic Period: JSJ 3/1972 7-29
- Form Criticism and the Oral Law: JSJ 5/1974 34-40

Bausinger, H., Formen der 'Volkspoesie': Grundlagen der Germanistik 6, Berlin 1968

Beckby H.: s. Teil A. Anthologia Graeca; s. Publius Syrus

Becker, Jürgen, Untersuchungen zur Entstehungsgeschichte der Testamente der Zwölf Patriarchen: AGJU 8, 1970. - Rez. s. J.Thomas

Beer/Holtzmann: s. Teil A. Rabbinische Literatur

Beltrami, L., Studi pseudofocilidei, Florence 1913

Ben-Chorin, Schalom, Die Tafeln des Bundes. Das Zehnwort vom Sinai, Tübingen 1979

Berger, Klaus, Die Gesetzesauslegung Jesu Bd.1: WMANT 40, 1972
- Die sogen. 'Sätze heiligen Rechts' im N.T. Ihre Funktion und ihr Sitz im Leben: ThZ 28/1972 305-330
- Apostelbrief und apostolische Rede. Zum Formular frühchristlicher Briefe: ZNW 65/1974 190-231
- Hellenistische Gattungen im NT: ANRW II 23.2,1031-1432 + Register, Berlin 1984
- Einführung in die Formgeschichte: UTB 1444, 1987
- Jesus als Pharisäer und frühe Christen als Pharisäer: NT 30/1988 231-262
- Art. Form- und Gattungsgeschichte: Cancik/Gladigow/Laubscher, Handbuch religionswissenschaftlicher Begriffe 2,430-445, Stuttgart 1990
- s. Teil A. Weisheitsschrift der Geniza

Bergk, Theodor: s. Teil A. Poetae Lyrici Graeci
- Griechische Literaturgeschichte 4 Bde., Hg. G.Hinrichs / R.Peppmüller, Berlin 1872-1887
- Kritische Beiträge zu dem sog. Phokylides: Ph. 41/1882 577-601

Bergman, J., Zum Zwei-Wege-Motiv. Religionsgeschichtliche und exegetische Bemerkungen: SEA 42/42 (1976f) 27-56

Bernays, Jacob, Gesammelte Abhandlungen Bd.1, Hg. H.Usener, Berlin 1885; darin S.192-216: Über das phokylideische Gedicht. Ein Beitrag zur hellenistischen Litteratur, (Erstveröffentlichung 1856); 262-282: Philon's Hypothetica und die Verwünschungen des Buzyges in Athen (Erstveröffentlichung 1876)

Bernhardt, W. (Hg.), Geschichte und Theologie des Judentums, Neukirchen 1989

Bernhardy, G., Grundriss der Griechischen Litteratur Bd.2.1, Halle ^{3}1867

Bertholet, Alfred, Die Stellung der Israeliten und Juden zu den Fremden, Freiburg/Leipzig 1896

Bertram, G., Art. παιδεύω κτλ., ThWNT 5, 596-624

Beyer K.: s. Teil A. Qumran-Literatur

Beyerlein, Walter, Die Paränesen im Bundesbuch und ihre Herkunft: s. H.-W.Hertzberg (FS) 9-29

Bickerman, Elias A., The Jews in the Greek Age, Cambridge (Mass.)/London 1988

Bienert, Walter, Die Arbeit nach der Lehre der Bibel. Ein Beitrag zur evangelischen Sozialethik, Stuttgart ^{2}1956
- gleichnamiger Artikel: Studium Generale 14/1961, 151-161

Billerbeck: s. Teil A. Rabbinische Literatur

Binder, W., Die Elegien des Theognis nebst Phokylides' Mahngedicht und Pythagoras' Goldenen Sprüchen. Deutsch im Versmaß der Urschriften, Stuttgart 1859

Bissing, Freiherr von: s. Teil A. Altägyptische Weisheit

Bjerkelund, C.J., Παρακαλῶ: Biblica Theologica Norvegica 1, Oslo 1967

Björndalen, A.J., 'Form' und 'Inhalt' des motivierenden Mahnspruches: ZAW 82/1970, 347-361

Blank, Reiner, Analyse und Kritk der formgeschichtlichen Arbeit von Martin Dibelius und Rudolf Bultmann: ThDiss 16, 1981

Blass Fr./Debrunner, A./Rehkopf, Fr., Grammatik des neutestamentlichen Griechisch, Göttingen ^{16}1984

Bloch, Mos., Die Ethik in der Halacha: Programmschrift der Rabbinenhochschule Budapest 1886

Bockmuehl, Markus N.A., Matthew 5.32; 19.9 in the Light of Prerabbinic Halakha: NTS 35/1989 291-295

Böhl, F., Askese nach dem Offenbarungsempfang im apokalyptischen und. rabbinischen Schrifttum: FJB 12/1984,

Bönick: s. Teil A,1

Bolkestein, H., Wohltätigkeit und Armenpflege im vorchristlichen Altertum, (1939) Groningen 1967
Bonhöffer, A., Epiktet und das NT, RVV 10, Gießen 1911
De Boor, Friedrich, A.H.Franckes paränetische Vorlesungen und seine Schrift zur Methode des theologischen Studiums: ZRGG 20/1968 300-320 (Habilschrift 2 Bde. 1968 Halle masch.-schr.)
Bornkamm, G., Art. Formen und Gattungen II (NT): RGG [3]2,999-1005, 1958
- Art. πρεσβύς κτλ., ThWNT 6, 651-683
Botte, Bernhard, Das Leben des Moses bei Philo: s. Cazelles, Moses 173-181
Bottini ofm, Giovanni Claudio, Sentenze di Pseudo-Focilide alla luce della lettera di Giacomo: SBFLA 36, 171-181, Jerusalem 1986
Bousset, Wilhelm, Jüdisch-christlicher Schulbetrieb in Alexandrien und Rom, Göttingen 1915
- Apophthegmata. Studien zur Geschichte des ältesten Mönchstums, Aus dem Nachlaß hg. Th.Hermann/G.Krüger, 1923; S. 281ff: Euagriosstudien
- /H.Gressmann, Die Religion des Judentums im späthellenistischen Zeitalter, Hg./Vorw. E.Lohse: HNT 21, [4]1966
Bradley, David G., The Origins of the Hortatory Materials in the Letters of Paul, Diss. Yale-Univ. 1947
Bradley, G., The 'Topos' as Form in the Pauline Paraenesis: JBL 72/1953, 238-246
Braun, Harald, Spätjüdisch-häretischer und frühchristlicher Radikalismus, 2 Bde., BHTh 24,1-2 1957
Broer, I., Freiheit vom Gesetz und Radikalisierung des Gesetzes: SBS 98, 1980
- Anmerkungen zum Gesetzesverständnis des Mattäus: s. Kertelge, Gesetz 128-145
Brox, Norbert, Gemeinschaft der Glaubenden: BiLi 39/1966 85-95
- Die Pastoralbriefe: RNT 7/2 [4]1969
- Hg., Pseudepigraphie in der heidnischen und jüdisch-christlichen Antike: WdF 484, 1977
Bruce, F.F., The apostolic decree of acts 15: s. FS H.Greeven S.115-124
Brunck: s. Teil A. Gnomici Poetae Graeci
Buber,/Rosenzweig: s. Teil A. Bibel
Bultmann, Rudolf, Der Stil der paulinischen Predigt und die kynisch-stoische Diatribe: FRLANT 13, 1910
- Das Problem der Ethik bei Paulus: ZNW 23/1924, 123-140 = Rengstorf, Paulusbild, 179-199, s.d.
- Das Urchristentum im Rahmen der antiken Religionen, Zürich 1949
Burchard, Christoph, Das doppelte Liebesgebot in der frühen christlichen Überlieferung: Der Ruf Jesu und die Antwort der Gemeinde, FS Joachim Jeremias, Göttingen 1970, S.39-62
- /Jervell, J./Thomas, J., Studien zu den Testamenten der Zwölf Patriarchen, Drei Aufsätze hg. W.Eltester: BZNW 36, 1969
- Joseph und Aseneth, JSHRZ 2.4 1983
- Nächstenliebegebot, Dekalog und Gesetz in Jak 2,8-11, in: Die hebräische Bibel und ihre zweifache Nachgeschichte, FS Rolf Rendtorff, hg. E.Blum u.a., Neukirchen 1990 S.517-533
Burkert, Walter, Antike Mysterien, München 1990
Burnet: s. Teil A. Plato
Campenhausen, Hans Freiherr von, Die Begründung kirchlicher Entscheidungen beim Apostel Paulus: SHAW.PH 1957/2 [2](erg.)1965
Cancik, Hildegard, Untersuchungen zu Senecas Epistulae morales: Spudasmata 18, 1967
Cancik, Hubert, Geschichtsschreibung und Priestertum. Zum Vergleich von orientalischer und hellenischer Historiographie bei Flavius Josephus, Contra Apionem, Buch I, in: 'Wie gut ...', FS R.Mayer S.41-62
Capelle: s. Teil A. Epiktet
Carrington, Philip, The Primitiv Christian Catechism, Cambridge 1940
Cavallin, Hans C.C., Life After Death. Paul's Argument for the Resurrection of the Dead in I Cor. 15, 1.Bd.: An Enquiery in the Jewish Background, Lund 1974
- Leben nach dem Tode im Spätjudentum und im frühen Christentum 1: ANRW II 19.1 (1979) 240-345,
Cazelles, H., Moses in Schrift und Überlieferung, Hg. F.Stier/E.Beck, Düsseldorf 1963
Chadwick, H., Art. Florilegium, RAC 7 (1969) 1131-1160
Charlesworth, James H.: s. Teil A. Pseudepigraphen des AT (= Charlesworth)
- The Pseudepigrapha and modern Research: SCSt 7/1976
- Reflections on the SNTS Pseudepigrapha Seminar at Duke on TestXII: NTS 23/1977, 296-304
- The SNTS Pseudepigrapha Seminars at Tübingen and Paris on the Books of Henoch: NTS 25/1979 315-323
- The OT Pseudepigrapha and the NT, SNTS 54, Cambridge 1985

- A History of Pseudepigrapha Research. The Re-emerging Importance of the Pseudepigrapha: ANRW II 19,1, S.54-88
Christ, Felix, Das Leben nach dem Tode bei Pseu-Phokylides: ThZ 31/1975, S.140-149
Christ, Karl, Krise und Untergang der Römischen Republik, Darmstadt 1979
Clementz: s. Teil A. Josephus
Cohn/Wendland/Reiter: s. Teil A. Philo von Alexandrien
- /Heinemann/Adler: s. ebd.
Colpe, C., Art. Philo 1 (von Alexandrien), RGG^3 5,341-346
Colson/Whitaker: s. Teil A. Philo von Alexandrien
Conzelmann, Hans, Heiden - Juden - Christen, BHTh 62, 1981
- Geschichte des Urchristentums: NTD Erg.R 5, 1969
Crok, J., Hellenistic Influence in the Book of Proverbs: ?? 1987, S.30-42
Crouch, J.E., The Origin and Intention of the Colossian Haustafel: FRLANT 109, 1972
Cullmann, Oscar, Unzeitgemäße Bemerkungen zum 'historischen Jesus' der Bultmannschule: Ristow/Matthiae, Der historische Jesus, 266-280
Cumont, Franz, Lux Perpetua, Paris 1949
- Die orientalischen Religionen im römischen Heidentum; bearbeitet nach der 4. franz. Aufl. und der Übersetzung Gehrichs von A.Burckhardt-Brandenberg, Darmstadt ^{9}1989
Curtius, Ernst Robert, Europäische Literatur und Tradition des Mittelalters, Bern 1954 (^{8}1973)
Dabelstein, R., Die Beurteilung der "Heiden" bei Paulus: BBE 14, 1981
Dalbert, Peter, Die Theologie der jüdisch-hellenistischen Missionsliteratur: ThF 4, 1954
Daniélou SJ, Jean, Bibliothèque de Théologie. Histoire des Doctrine Chrétienne avant Nicée, Tournai 1961
Daube, David, Das Alte Testament im Neuen - aus jüdischer Sicht: XENIA, Konstanzer Althistorische Vorträge und Forschungen 10, Hg. W.Schuller, Konstanz 1984
- Rabbinic Methods of Interpretation and Hellenistic Rhetoric: HUCA 22/1949 239-264
- The NT and Rabbinic Judaism: Jordan Lectures in Comparative Religion 1952, London 1956
- Participle and Imperative in I Peter. Appended Note, s. Selwyn, First Peter 467-488
Davies, William D., Jewish and Pauline Studies, London 1984
Deissmann, Adolf, Licht vom Osten, ^{4}1923
Delling, Gerhard, Der Gottesdienst im NT, Göttingen 1952
- Studien zum Neuen Testament und zum hellenistischen Judentum. Gesammelte Aufsätze 1950-1968, Hg. F.Hahn u.a., Göttingen 1970; darin: S.391-400 MONOS THEOS
- Perspektiven der Erforschung des hellenistischen Judentums: HUCA 45/1974 133-176
- /Maser, M. (Hg.), Bibliographie zur jüdisch-hellenistischen und intertestamentarischen Literatur: TU 106 ^{2}1975
- Die Begegnung zwischen Hellenismus und Judentum: ANRW II 20.1,3-39, 1987
- Die Bewältigung der Diasporasituation durch das hellenistische Judentum, Göttingen 1987
Denis, Albert-Marie, Introduction aux Pseudepigraphes Grecs d' Ancien Testament: SVTP 1, 1970
- s. Teil A. Pseudepigraphen des AT
Denniston, John D., The Greek Particles, Oxford ^{2}1954
Derron, Pascale, Inventaire des manuscrits du Pseudo-Phocylide: RHT 10/1980, S.237-247
- s. Teil A. Pseudo-Phikylides
Deselaers, P., Das Buch Tobit. Studien zu seiner Entstehung, Komposition und Theologie: OBO 43/Freiburg/Göttingen 1982
Dexinger, Ferdinand, Die Sektenproblematik im Judentum: Kairos 21/1979, 273-287
- Art. Judentum, TRE 17, 331-377
Dibelius, Martin, Formgeschichte des Evangeliums, Nachtrag G.Iber, Hg. G.Bornkamm, Tübingen (^{1}1919, ^{2}1933) ^{5}1966
- Der Hirt des Hermas: HNT Erg.Bd. 4, 1923
- Geschichtliche und übergeschichtliche Religion im Christentum, 1925 = Evangelium und Welt, Göttingen 1929
- Zur Formgeschichte des NT (außerhalb der Evangelien): ThR NF 3/1931, S.207-242; zitiert: Formg.NT
- Vier Worte des Römerbriefes, SyBh 3/1944, 3-17
- An die Kolosser, Epheser, an Philemon, Hg. H.Greeven: HNT 8 ^{3}1953

- Botschaft und Geschichte, 2 Bde., Tübingen 1956
- Der Brief des Jakobus: KEK 15 [7]1921; [11]1964 hg. H.Greeven,
- Die Pastoralbriefe, Hg. H.Conzelmann: HNT 13 [4]1966
- Geschichte der urchristlichen Literatur 2 Bde.: SG 934f (1926) = [2]1975: TB 58/NT Hg. F.Hahn
- Art. Jakobus, RGG[2] (1929) 3,18-21
- /Kümmel, W.G., Paulus: SG 1160 [4]1970

Diehl: s. Teil A. Poetae Lyrici Graeci
- /Beutler: s. Teil A. Anthologia Lyrica Graeca

Diels/Kranz: s. Teil A: Vorsokratiker

Dieterich, A., Nekyia. Beiträge zur Erhellung der neuentdeckten Petrusapokalypse, Leipzig 1893 = [2]1913 (repr. Darmstadt 1969)

Dietrich, E.L., Die 'Religion Noahs', ihre Herkunft und ihre Bedeutung: ZRGG 1/1948. 301-315

Dietzfelbinger, Chr.: s. Teil A. Pseudo-Philo

Dihle, Albrecht, Die goldene Regel. Eine Einführung in die Geschichte der antiken und frühchristlichen Vulgärethik: SAW H.7 1962
- Der Kanon der zwei Tugenden: Arbeitsgemeinschaft des Landes Nordrhein-Westfalen, Geisteswiss.144, Köln/Opladen 1968
- Die griechiche und lateinische Literatur der Kaiserzeit von Augustus bis Justinian, München 1989
- Art. Ethik: RAC 6,646-796
- Art. Die Goldene Regel: RAC 11/1981, 930-940

Diller, H., Die dichterische Form von Hesiods Erga (1962): s. Heitsch, Hesiod, 239-274
- Hesiod und die Anfänge der griechischen Philosophie (1946): s. Heitsch, Hesiod, 651-687
- s. Teil A. Anthologia Lyrica

Dinkler, Erich, Zum Problem der Ethik bei Paulus. Rechtsnahme und Rechtsverzicht (1.Kor 6,1-11): ZThK 49/1952, 167-200

Dobschütz, Ernst von, Die Thessalonicher-Briefe: KEK 10 [7]1909

Dodd, Charles.H., Das Gesetz der Freiheit, München 1960

Donelson, Lewis R., Pseudepigraphie and Ethical Argument in the Pastoral Epistles: HUT 22 1986

Dornseiff, Franz, Echtheitsfragen antik-griechischer Literatur. Rettungen des Theognis, Phokylides, Hekataios, Choirilos, Berlin 1939
- Hesiods Werke und Tage und das Alte Morgenland: s. Heitsch, Hesiod, 131-150

Dörrie, Heinrich, Zur Methodik antiker Exegese: ZNW 65/1974, 121-138

Drazin, Nathan, History of Jewish Education from 515 B.C.E. to 220 C.E., Baltimore 1940 = New York 1979

Dürr, Lorenz, Das Erziehungswesen im AT und im antiken Orient: MVÄG 36, 1932

Ebener: s. Teil A. Anthologie, griechische

Eichrodt, W., Theologie des Alten Testamentes, 3 Bde., Leipzig 1933-1939

Eisenhut, Werner, Einführung in die antike Rhetorik und ihre Geschichte, Darmstadt 1974

Eising, H., Die Weisheitslehrer und die Götterbilder: Bib. 40/1959, 393-408

Eissfeldt, O., Einleitung in das Alte Testament, Tübingen [3]1964

Elbogen, Ismar, Der jüdische Gottesdienst in seiner geschichtlichen Entwicklung, [3]Berlin 1931 = Hildesheim 1967

Elert, Werner, Morphologie des Luthertums, 2 Bde., München [1]1931 ([2]1952)

Elter, Anton, De Gnomologiorum Graecorum historia atque commentatio ... 1-9: Natalicia Regis, Bonn 1893

Erman, Adolf, Das Weisheitsbuch des Amenemope: OLZ 27/1924, 241-252
- Aegypten und Aegyptisches Leben im Altertum, 2 Bde., Tübingen 1885
- s. Teil A. Ägyptische Weisheit

Eron, Lewi John, Ancient Jewish Attitudes towards Sexuality. A Study of Ancient Jewish Attitudes toward Sexuality as expressed in the Testaments of the Twelve Patriarchs, Diss. Temple University Philadelphia 1978

Erren, Manfred, Die Anredestruktur im archaischen Lehrgedicht: s. Kullmann/Reichel, Übergang von der Mündlichkeit 185-197

Eucken, Christoph, Isokrates. Seine Position in der Auseinandersetzung mit den zeitgenössischen Philosophen: Untersuchungen zur antiken Literatur und Geschichte 19, Berlin 1983

Fabricius, J.A., Bibliotheca Graeca, repr. Hildesheim 1966

Farina, A., Silloge pseudofocilidea: Collana di Studi Greci 37, Naples 1962

Fascher, E., Die formgeschichtliche Methode: BZNW 2, 1924

Feldman, David M., Birth Control in Jewish Law, Marital Relations, Contraception, and Abortion as set forth in the classic texts of Jewish Law, New York/London [3]1973 = Westport/Conn.1980

Feldman. Louis H., Josephus and Modern Scholarship (1937-1980), Berlin 1984

Fichtner, Johannes, Die altorientalische Weisheit in ihrer israelitisch-jüdischen Ausprägung: BZAW 62 1933

- Gottes Weisheit. Gesammelte Studien zum AT, hg. K.D.Fricke: AzTh 2,3, 1965; darin 9-17: Zum Problem Glaube und Geschichte in der israelitisch-jüdischen Weisheitsliteratur (=ThLZ 76/1951)

Fiedler, M.J., Διxαιοσύνη in der diaspora-jüdischen und intertestamentarischen Literatur: JSJ 1/1970, 120-143

Fiedler, Peter, Art. Haustafel: RAC 13/1986, 1063-1073

Fieger, Michael (Hg.), Das Thomasevangelium. Einleitung, Kommentar, Systematik: NTA NF 22, Münster 1991

Fiegl, Johann, Text, Tradition und Interpretation. Schriftliche Objektivierung als hermeneutisches Problem in H.-G.Gadamers 'Wahrheit und Methode': Kairos 20/1978, 281-292

Finkel, Asher, The Pharisees and the Teacher of Nazareth. A study of their background, their halachic and midrashic teaching, the similarities and differences: AGSU 4/1962

Finkelstein, J (Hg.), The Jews, Their History, Culture and Religion, NY [3]Bd.2/1960; darin S.1234-1253: J.B.Maller, The Role of Education in the Jewish History; S.1254-1287: S.Greenberg, Jewish Educational Institutions

Fischer, Ulrich, Eschatologie und Jenseitserwartung im hellenistischen Diasporajudentum: BZNW 44 1978

Fliedner, Klaus-Peter, Der 'Paulinische Finalsatz' als notwendiger Ausdruck des Wesens der paulinischen Verkündigung. Eine exegetische Studie zur Verbindung von Rechtfertigung, Heiligung und Seelsorge in der Verkündigung des Apostels Paulus, Masch.-schr. Diss.theol. Kiel 1958

Flusser, David, Bemerkungen eines Juden zur christlichen Theologie, = ACJD 16, München 1984; darin 35-53: Neue Sensitivität im Judentum und christliche Botschaft; 94-102: Thesen zur Entstehung des Judentums aus dem Christentum

- /Safrai, Sh., Das Aposteldekret und die Noachitischen Gebote: 'Wer Tora vermehrt', FS H.Kremers, 173-192

- Die Sünde gegen den heiligen Geist: s. FS R.Mayer, 139-144

Fohrer, G., Die Propheten des Alten Testaments 7 Bde., Gütersloh 1974-1977

Fränkel, Hermann, Die homerischen Gleichnisse, Nachwort Heitsch, Göttingen [2]1977

- Dichtung und Philosophie des frühen Griechentums. Eine Geschichte der griechischen Epik, Lyrik und Prosa bis zur Mitte des 5.Jh., [3]München 1969

Fraenkel/Quast/Wevers: s. FS Hanhart

Fraser, P.M., Ptolemaic Alexandria, 3 Bde., Oxford 1972

Friedländer, Michael, Die jüdische Religion, Basel 1971

Friedländer, Moritz, Geschichte der jüdischen Apologetik als Vorgeschichte des Christentums. Eine historisch-kritische Darstellung der Propaganda und Apologie im AT und in der hellenistischen Diaspora, Amsterdam 1973 (=Zürich 1903 und Leipzig 1906)

Friedländer, Paul, Hesiods ΥΠΟΘΗΚΑΙ (1913): s. Heitsch, Hesiod, 231-238

Friedrich, Gerhard, Die Verbindlichkeit neutestamentlicher Aussagen für das Handeln: Zeitenwende (Die neue Furche) 47/1976, 237-248

Fritzsche, H.-G., Die Anfänge christlicher Ethik im Dekalog: ThLZ 98/1973, 161-168

Fürst, J., Bibliotheca Judaica. Bibliographisches Handbuch umfassend die Druckwerke der jüdischen Literatur einschliesslich der über Juden und Judentum veröffentlichten Schriften 3 Bde., Leipzig 1848-1863

Fuller, Reginald H., Das Doppelgebot der Liebe, Ein Testfall für die Echtheitskriterien der Worte Jesu: Jesus Christus in Historie und Theologie, FS. H.Conzelmann, Hg. G.Strecker, Tübingen 1975, 317-329

- The Decalogue in the NT

Gaiser, Konrad, Protreptik und Parainese bei Platon. Untersuchungen zur Form des Platonischen Dialogs: Tübinger Beiträge zur Altertumswissenschaft 40, Stuttgart 1959

Galling, Kurt, Die Bücher der Chronik, Esra, Nehemia, ATD 12, 1954

Gamberoni, J., Das "Gesetz des Mose" im Buch Tobias: Studien zum Pentateuch, S.227-242, FS Kornfeld, Hg. G.Braulik, Wien/Freiburg/Basel 1977

Gammie, J.G., Spatial and Ethical Dualism in Jewish Wisdom and Apocalyptic Literature: JBL 93/1974, 356-385
Gardthausen, V., Griechische Palaeographie, Bd. 2: Das Buchwesen im Altertum und im Byzantinischen Mittelalter, [2]Leipzig 1911
Geffcken, Johannes, Zwei griechische Apologeten, Leipzig 1907 = Hildesheim 1970
- Griechische Literatur-Geschichte 2 Bde.: BKAW 4,1-2 1926/1934
- Christliche Sibyllinen, NTApo[2] 399-422
- s. Teil A. Sibyllionische Orakel
Gehman, Henry S., The Hebrew Character of Septuaginta Greek: VT 1/1951, 81-90
Gemser, B., The Importence of the Motive Clause in OT Law: VT.S 1/1953, 50-66
Gerleman, G., Studies in the Septuagint 3. Proverbs: Lund Universitets Arsskrift NT.Avst 52,3 1956
Gerstenberger, Erhard, Wesen und Herkunft des 'apodiktischen' Rechts: WMANT 20 1965
Gese, Hartmut, Beobachtungen zum Stil alttestamentlicher Rechtssätze: ThLZ 85/1960 147-150
- Vom Sinai zum Zion. Alttestamentliche Beiträge zur biblischen Theologie: BEvTh 64, 1974; darin 63-80: Der Dekalog als Ganzheit betrachtet (= ZThK NF 64/1974, 121-138)
- Zur biblischen Theologie. Alttestamentliche Vorträge: BEvTh 78, 1977
- Ezechiel 20,25f und die Erstgeburts-Opfer: FS Zimmerli 140-151
Gesenius, W./Kautzsch, E./G.Bergsträßer,W. ??, Hebräische Grammatik, Hildesheim (24.)/1962
Gewalt, Dietfried, 'Formgeschichte' und/oder 'linguistische' Exegese: LingBibl 2/1971 ? 28ff
Gielen, Marlis, Tradition und Theologie neutestamentlicher Haustafelethik. Ein Beitrag zur Frage einer christlichen Auseinadersetzung mit gesellschaftlichen Normen: BBB 75, 1990
Gigon, Art. Paränese, LAW 2220
Glatzer, Nahum Norbert, Untersuchungen zur Geschichtslehre der Tannaiten. Ein Beitrag zur Religionsgeschichte. Berlin 1933
Glombitza, Otto, Erwägungen zum kunstvollen Ansatz der Paraenese im Brief an die Hebräer - X 19-25: NT 9/1967, 132-150
Goldast von Haiminsfeld: s. Teil A.
Goldin, Judah, The Fathers according to Rabbi Nathan: YJS 10 [3]1967
Goldschmidt, L.: s. Teil A. Rabbinische Literatur
Goodblatt, D., Rabbinic Instruction in Sasanian Babylonia, Leiden 1975
Goodman, s. Schürer, History Bd.3,1
Goppelt, Leonhard, Christologie und Ethik. Aufsätze zum NT, Göttingen 1968
Goram, Otto, De Pseudo-Phocylideis: Philol. 14/1859, 91-112
Gräßer, E., Zum Stichwort 'Interimsethik'. Eine notwendige Korrektur: s. Schnackenburg-FS S.16-30
Grant, Frederick C., Antikes Judentum und das NT, Frankfurt 1962
Grant, Robert M., The Decalogue in Early Christianity: HThR 40/1947, 1-12
Greenberg, Simon, Jewish Educational Institutions: s. C.Finkelstein
Greeven, H., Das Hauptproblem der Sozialethik in der neueren Stoa und im Urchristentum: NTF 3.4(1935)
- FS: Studien zum Text und zur Ethik des NT, hg. W.Schrage: BZNW 47/1986
Grelot, P., L'Espérance juive a l'heure de Jésus, Paris 1978
Greßmann: s. Teil A. Euagrius Ponticus
Guttmann, M., Das Judentum und seine Umwelt. Eine Darstellung der religiösen und rechtlichen Beziehungen zwischen Juden und Nichtjuden mit besonderer Berücksichtigung der talmudischen-rabbinischen Quellen, Berlin 1927
Hadas, Moses, Die Kultur des Hellenismus. Werden und Wirkung (Kindlers Kulturgeschichte des Abendlandes 3), Stuttgart 1975
Hägg, T., Eros und Tyche. Der Roman in der antiken Welt, Übers. K.Bodersen, Zabern/Mainz 1987
Hahn, Ferdinand, Einführung zu A.Seeberg, Katechismus S.VII-XXXII (1966), s.d.
- Methodische Überlegungen zur Rückfrage nach Jesus: s. Kertelge, Rückfrage nach Jesus (1974), 11-77
- Neutestamentliche Grundlagen einer christlichen Ethik: TThZ 86/1977, 31-41
- (Hg.), Zur Formgeschichte des Evangeliums: WdF 81, 1985; darin 427-477: Hahn, Die Formgeschichte des Evangeliums
Hanhart, R. (Hg.), Text und Textgeschichte des Buches Tobit: MSU 1984
- Die Bedeutung der Septuaginta-Forschung für die Theologie: Drei Studien zum Judentum: ThEx 140/1967, 38-64

- Die Bedeutung der Septuaginta-Forschung für die Definition des 'Hellenistischen Judentums': VT.S 40/1988 67-80
- FS: Studien zur Septuaginta, hg. Fraenkel, D./ Quast, U./ Wevers J.Wm.: MSU 20 1990

Harless, Chr.Fr., Die Literatur der ersten hundert Jahre nach der Erfindung der Typographie, in den meisten Hauptfächern der Wissenschaft, Leipzig 1840 = Hildesheim 1974

Harms, Claus, Pastoraltheologie. In Reden an Theologiestudierende 3Bde., 1830-34

Harnack, Adolf von, Geschichte der altchristlichen Litteratur bis Eusebius, 2 Teile (= 4 Bde.), Leipzig 1893-1904 (= [2]1958)
- Lehrbuch der Dogmengeschichte, 3 Bde., [5]1931f
- Rez. J.Bernays, Gesammelte Abhandlungen: THLZ 10/1885, 159-161

Harris, J.R., The Teaching of the Apostles, London/Baltimore 1887

Hartlich, De exhortationum a Graecis Romanisque scriptoribus historia, Leipziger Studien für classische Philologie 11/1989

Hartmann, Nicolai, Ethik, Berlin (1926) [4]1962

Hasenstab, R., Modelle paulinischer Ethik. Beitrag zu einem Autonomie-Modell aus paulinischem Geist: TTS 11/1977

Hatch, E./H.A.Redpath, A Concordance to the Septuagint and the other Greek Versions of the OT (incl. the Apocryphical Books), Oxford 1897, Suppl. 1906. (= Graz 1975)

Haufe, Günter, Motive und Motivwandel in der frühchristlichen Paränese, Diss.theol.habil., Leipzig 1964

Hegermann, H.: s. Leipoldt/Grundmann, Umwelt Bd.1

Heidland, Hans-Wolfgang, Die Anrechnung des Glaubens zur Gerechtigkeit: BWANT IV 18, = 71 1936

Heiligenthal, Roman, Werke der Barmherzigkeit oder Almosen?: NT 25/1983, 289-301
- Art. Gebot I: NT: TRE 12, 124-130
- Art. Goldene Regel II: NT und frühes Christentum: TRE 13,(570-)573-575

Heinemann, I., Die Lehre vom ungeschriebenen Gesetz im jüdischen Schrifttum: HUCA 4/1927, 149-171
- Philons jüdische und griechische Bildung. Kulturvergleichende Untersuchungen zu Philons Darstellung der jüdischen Gesetze, Breslau 1932 = Hildesheim 1962
- s. Teil A,2. Philos Werke

Heinimann, Felix, Nomos und Physis. Herkunft und Bedeutung einer Antithese im griechischen Denken des 5. Jahrhunderts, Basel 1945 = Darmstadt 1965

Heinrici, C.F.Georg, Die urchristliche Ueberlieferung und das NT: Theologische Abhandlungen, FS C.vWeizsäcker, Freiburg 1892, 321-352

Heitsch, E. (Hg.), Hesiod: WdF 44, 1966

Hempel, Johannes, Die althebräische Literatur und ihr hellenistisch-jüdisches Nachleben: HLW 14 1930
- Pathos und Humor in der israelitischen Erziehung: Von Ugarit nach Qumran, FS O.Eissfeldt, Hg. J.Hempel/L.Rost, Berlin 1958, 63-81

Hengel, Martin, Judentum und Hellenismus: WUNT 10 [2]1973
- Die Zeloten: AGSU 1, 1961
- Anonymität, Pseudepigraphie und literarische "Fälschung" in der jüdisch-hellenistischen Literatur: Pseudepigrapha (Entretiens sur l'antiquité classique) 18, Hg. O.Reverdin/K.v.Fritz, Vandoeuvres-Genève 1972, 231-329
- Juden, Griechen und Barbaren. Aspekte der Hellenisierung des Judentums in vorchristlicher Zeit, SBS 76, 1976
- Der Sohn Gottes, Tübingen [2]1977
- Rabbinische Legende und frühpharisäische Geschichte: AHAW.PH 2, 1984
- Proseuche und Synagoge: Tradition und Glaube, FS K.G.Kuhn, Hg. G.Jeremias/H.-W.Kuhn/H.Stegemann, Göttingen 1971, S.157-184
- Die Synagogeninschrift von Stobi: ZNW 57/1966, 145-183
- Hadrians Politik gegenüber Juden und Christen, JANES 16-17/1984-85 153-182
- Zur matthäischen Bergpredigt und ihrem jüdischen Hintergund: ThR 52/1987 327-400
- The 'Hellenization' of Judaea in the 1.Century after Christ, Philadelphia
- Rez. Th. Middendorp, Die Stellung Jesu Ben Siras zwischen Judentum und Hellenismus: SJS 5/1974, 83-87

Hennecke: s. Teil A. Apokryphen des NT

Hertzberg, Hans-Wilhelm (FS), Gottes Wort und Gottes Land, Hg. H. Graf Reventlow, Göttingen 1965

Hess, Peter, Zum Toposbegriff in der Barockzeit: Rhetorik. Ein internationales Handbuch, Hg. J.Dyck u.a.,

Bd.10, S.71ff
Hilka/Söderhjelm: s. Teil A. Petrus Alfonsi
Hiller/Crusius: s. Teil A. Anthologia Lyrica
Höffken, P., Das EGO des Weisen: ThZ 41/1985, 121-134
Hoffmann, S.F.W., Bibliographisches Lexikon der Griechen 3 Bde., Leipzig 1838-1845 = Amsterdam 1961
Hollander, H.W., The Ethical Character of the Patriarch Joseph: Studies on the Testament of Joseph, Hg. G.W.E.Nickelsburg = SCST 5 (1975), S.47-104
Hölscher, G., Geschichte der israelitischen und jüdischen Religion: STö 1.7 1922
Holtz, Traugott, Zur Frage der inhaltlichen Weisungen bei Paulus: ThLZ 106/1981, 385-400
Horna, K./Fritz, K., Art. Gnome, Gnomendichtung, Gnomologien: PRE Suppl 6,74-90
van der Horst, Pieter W., The Sentences of Pseudo-Phocylides: SVTP 4 1978
- Pseudo-Phocylides and the NT: ZNW 69/1978, 187-202
- Chariton and the NT: NT 25/1983, 340-355
- Pseudo-Phocylides revisited: Journal for the Study of the Pseudepigrapha 3, Leiden 1988, 3-30
- Essays on the Jewish World of Early Christianity: NTOA 14, 1990
- s. Teil A.1: Pseudo-Phokylides-Übersetzung
Hossfeld, F.-L., Der Dekalog: OBO 45 1982
Hübner, H., Art. Dekalog III: NT, TRE 8,(408-)415-418
Iber, Gerhard, Neuere Literatur zur Formgeschichte: s. Dibelius, Formgeschichte ^{5}1966, S.302-312
Ish-Shalom, B., Rav Kuk. Pluralismus und Toleranz aus einer jüdisch-orthodoxen Perspektive: Judaica 45/1989, 169-193
Jacob, Daniel I., Un lieu commun dans le pseudo-Phocylide: Hellenica 39/1988 405-412 (griech.)
Jaeger, Werner, Paideia. Die Formung des griechischen Menschen 3 Bde. Berlin 1954-1959
Jaekel: s. Teil A. Menander
Jens, W., Die griechische Literatur, KLL 1,93-101 (1976)
Jensen, J., Does porneia mean Fornication? A Critic of Bruce Malina: NT 20/1978 161-184
Jentsch, Werner, Urchristliches Erziehungsdenken: BFChTh 45.3 1951
Jepsen, A., Beiträge zur Auslegung und Geschichte des Dekalog: ZAW 79/1967, 277-304
Jeremias, Joachim, Unbekannte Jesusworte: BFChTh 45.2 1951
- Jesu Verheißung für die Völker (Franz-Delitzsch-Vorlesung 1953), Stuttgart 1956
- Die theologische Bedeutung der Funde am Toten Meer: Vortragsreihe der Niedersächsischen Landesregierung zur Förderung der wissenschaftlichen Forschung H.21, Göttingen 1962
- Abba. Studien zur neutestamentlichen Theologie und Zeitgeschichte, Göttingen 1966; darin 121-132: Der Gedanke des 'Hl. Restes' im Spätjudentum und in der Verkündigung Jesu; S.269-276: Zur Gedankenführung der paulinischen Briefe (FS deZwaan 1953)
- Die Gleichnisse Jesu, Göttingen ^{8}1970
- FS: Der Ruf Jesu und die Antwort der Gemeinde, Hg. Chr.Burchard/B.Schaller, Göttingen 1970
- Art. Goldene Regel 2: RGG^{3} 2,1687-89
Jervell, Jacob, Imago Dei, Göttingen 1960
- Ein Interpolator interpretiert. Zu der christlichen Bearbeitung der Testamente der Zwölf Patriarchen: s. Burchard u.a., Studien S.30-61
Jodl, Friedrich, Geschichte der Ethik als philosophische Wissenschaft 2 Bde., ^{3}1923 = Darmstadt ^{4}1968
Joest, W., Art. Gebot II: Systematisch-Theologisch, TRE 12,(124-)130-138
Johnson, Luke Timothy, James 3:13-4:12 and the Topos περὶ φθόνου: NT 25/1983, 327-347
- The Use of Leviticus 19 in the Letter of James: JBL 101/1982, 391-401
Jolles, A., Einfache Formen, Darmstadt ^{2}1958
Jonge, H.J. de, Rez. P.W.vdHorst, The Sentences of Pseudo-Phocylides: NedThT 33/1979 246f
Jonge, M. de: s. Teil A. Testamente der XII Patriarchen
Jordan, Hermann, Geschichte der altchristlichen Literatur, Leipzig 1911
Juncker, A., Die Ethik des Apostels Paulus 2 Bde., Halle 1904/1919
Kadushin, Max, Worship and Ethics. A Study in Rabbinic Judaism, US-Northwestern University Press 1964
Kaiser, Otto, Die Begründung der Sittlichkeit im Buche Jesus Sirach: ZThK 55/1958, 51-63
- Der Mensch unter dem Schicksal: BZAW 161 1985
- s. Teil A. Kaiser, Weisheitstexte
Kamlah, Ehrhardt, Die Form der katalogischen Paränese im Neuen Testament: WUNT 7, 1964

- Frömmigkeit und Tugend. Die Gesetzesapologie des Josephus in cAp 2,145-295: Josephus-Studien, FS O.Michel, Hg. O.Betz u.a., Göttingen 1974, 220-232
- ΥΠΟΤΑΣΣΕΣΘΑΙ in den neutestamentlichen Haustafeln: Verborum Veritas, FS. G.Stählin, Hg. O.Böcher/K.Haacker, Wuppertal 1970, 237-243

Kanjuparambil, Philip, Imperatival Participles in Rom 12:9-21, JBL 102/1983 285-288

Karpeles, Gustav, Geschichte der jüdischen Literatur, Graz 1963 (= [3]1920f)

Käsemann, Ernst, Exegetische Versuche und Besinnungen, Bd.1[3] u. 2, Göttingen 1964; darin 2,69-82: Sätze heiligen Rechtes im NT; 2,198-204: Gottesdienst im Alltag der Welt; 2,204-222: Grundsätzliches zur Interpretation von Römer 13
- Römer 13, 1-7 in unserer Generation: ZThK 1959, 316-376
- Vom theologischen Recht historisch-kritischer Exegese: ZThK 64/1967 259-281
- An die Römer: HNT 8a, 1973
- Art. Epheserbrief, RGG[3] 2,517-520

Kasher, Arych, The Jews in Hellenistic and Roman Egypt. The Struggle for Equal Rights: Texte und Studien zum Antiken Judentum 7, Tübingen 1985

Kayatz, Christa, Studien zu Prov 1-9. Eine form- und motivgeschichtliche Untersuchung unter Einbeziehung aegyptischen Vergleichsmaterials: WMANT 22, 1966

Keel, Othmar, Eine Diskussion um die Bedeutung polarer Begriffspaare in den Lebenslehren: Studien zu altägyptischen Lebenslehren = OBO 28/1979, 226-234

Kelber, Werner H., The Oral and the Written Gospel, Philadelphia 1983

Kertelge, K. (Hg.), Rückfrage nach Jesus. Zur Methodik und Bedeutung der Frage nach dem historischen Jesus: QD 63 1973
- (Hg.), Das Gesetz im NT: QD 108, 1986

Keydell, Rudolf, Kleine Schriften zur hellenistischen und spätgriechischen Dichtung (1911-1976), Hg. W.Peek: Opuscula 14, Leipzig 1982; darin 73-193: Die griechische Poesie der Kaiserzeit (bis 1929); 195-265: Die griechische Dichtung der Kaiserzeit. Bericht über das Schrifttum der Jahre 1930-1939; 291-300: Die literarhistorische Stellung der Gedichte Gregors von Nazianz (1950); 550: Wie wurde der nonnianische Hexameter vorgetragen?
- Art. Phokylides, KP 4, 806f

Kippenberg/Wewers: s. Teil A

Kisch: s. Teil A. Pseudo-Philo

Kittel, Gerhard, Die Probleme des palästinensischen Spätjudentums und das Urchristentum: BWANT 3.F. 1, 1926

Klaar, E., Πλεονεξία, -έκτης, -εκτεῖν: ThZ 10/1954, 395-397

Klatt, Werner, Hermann Gunkel. Zu seiner Theologie der Religionsgeschichte und zur Entstehung der fomgeschichtlichen Methode: FRLANT 100, 1969

Klauck, Hans Josef, Hausgemeinde und Hauskirche im frühen Christentum, Stuttgart 1981

Klein, G., Der älteste christliche Katechismus und die jüdische Propaganda-Literatur, Berlin 1909

Klein, Günter, Art. Gesetz III: NT, TRE 13,(40-)58-75

Klostermann, E., Die adaequate Vergeltung in Rm 1, 22-31: ZNW 32/1933, 1-6

Knierim, Rolf P./ Tuchers, Gene M. (Hg.), The Forms of the OT Literature, Bände im Erscheinen, Grand Rapids 1981ff

Koch, Klaus, Art. Gesetz I: AT, TRE 13, 40-52
- Was ist Formgeschichte?, Neukirchen [4]1981

Körner, Heinz, Johannes, Fellbach (lucy körner verlag) 1987

Körte/Händel: s. Teil A. (Hellenistische Dichtung)

Köster, Helmut, Art. Formgeschichte/Formenkritik II: NT, TRE 11: 271-)286-299
- /Robinson, J.M., Entwicklungslinien durch die Welt des frühen Christentums, Tübingen 1971

Korzeniewski, Dietmar, Griechische Metrik, Darmstadt [2]1989

Kosch, Daniel, Die eschatologische Tora des Menschensohnes. Untersuchungen zur Rezeption der Stellung Jesu zur Tora in Q: NTOA 12, 1989

Kranz, W., Sphragis. Ichform und Namenssiegel als Eingans- und Schlußmotiv antiker Dichtung, in: Kranz, Studien zur antiken Literatur und ihrem Fortwirken. Kleine Schriften (1967) 27-78 (= RMP 104/1961, S.3-46; 97-124)

Krašovec, Jože, La Justice (SDQ) de Dieu dans la Bible Hebraïque et l'interpretation juive et chrétienne: OBO 76, 1988

Kröber, Günther (Hg.), Der Gesetzesbegriff in der Philosophie und in den Einzelwissenschaften, Berlin 1968
Kroll, Wilhelm, Art. Phokylides (Spruchgedicht): PRE 39 (1941) (503-)505-510
- Art. Lehrgedicht, PRE 24,1842-1857
- Art. Rhetorik: PRE Suppl. 7 (1940) 1039-1138
Krüger, Paul, Philo und Josephus als Apologeten des Judentums: Diss.theol. Leipzig 1906; jetzt s. M.Friedländer, Geschichte der jüdischen Apologetik
Küchler, Max, Frühjüdische Weisheitstraditionen: OBO 26, 1979
- Schweigen, Schmuck und Schleier: NTOA 1, 1986
Kümmel, Werner Georg, Martin Dibelius als Theologe: ThLZ 74/1949, 129-140
- Theologie und Geschichte des Judenchristentums, StTh 2/1951, 188ff
- Das Neue Testament. Geschichte der Erforschung seiner Probleme: Orbis Academicus, Freiburg 1958
- Die Theologie des Neuen Testaments: NTD Erg.R. 3, 1969
- Einleitung in das Neue Testament, Heidelberg [17]1973
- s. Teil A. Jüdische Schriften aus hellenistisch-römischer Zeit
- Dreißig Jahre Jesusforschung (1950-1980): Hg. H.Merklein, BBB 60 1985
Kuhn, Karl Georg, Römer 6,7. ho gar apothanon dedikaiotai apo tes hamartias: ZNW 31 (1931) 305-310
- (Hg.), Phylakterien aus Höhle 4 von Qumran, AAH 1957,1
Kullmann, W./Reichel, M. (Hg.), Der Übergang von der Mündlichkeit zur Literatur bei den Griechen: ScriptOralia 30 (Reihe A: Altertumswissenschaftl. Reihe 9), Tübingen 1990
Kurfess, A., Das Mahngedicht des sogenannten Phokylides im zweiten Buch der Oracula Sibyllina: ZNW 38/1939, 171-181
- s. Teil A. Sibyllinische Orakel
Latacz, Joachim, Kampfparänese, Kampfdarstellung und Kampfwirklichkeit in der Ilias, bei Kallinos und Tyrtaios: Zetemata 66, 1977
- Die Funktion des Symposions für die entstehende griechische Literatur: s. Kullmann/Reichel, Übergang von der Mündlichkeit 228-264
Laub, Franz, Die Begegnung des frühen Christentums mit der antiken Sklaverei: SBS 107, 1982
Lausberg, Heinrich, Elemente der literarischen Rhetorik. Eine Grundlegung der Literaturwissenschaft, München [2]1963
- Handbuch der literarischen Rhetorik, München 1960 (Bd.2 = Register)
Lauterbach: s. Teil A. Mechilta
Leipoldt, J./W.Grundmann (Hg.), Umwelt des Urchristentums Bd.1, Darstellung des neutestamentlichen Zeitalters: UUC [5]1966
Lentzen-Deis, Fritzleo, Kriterien für die historische Beurteilung der Jesusüberlieferung in den Evangelien: s. Kertelge, Rückfrage 78-117
Lerle, E., Proselytenwerbung und Urchristentum, Berlin 1960
Lescow, Theodor, Die dreistufige Tora. Beobachtungen zu einer Form: ZAW 82/1970, 362-379
Lesky, Albin, Geschichte der griechischen Literatur, Bern [2]1963
Lewis, J.J., The Teaching of the Ps.-Phocylidea. in: LQHR 1953, 295-298
- The Table-Talk Section in the Letter of Aristeas: NTS 13/1967-68, 53-56
Licht, H., Sittengeschichte Griechenlands, Hamburg 1968
Lichtheim, Miriam, Observations in Papyrus Insinger: Studien zu den altägyptischen Lebenslehren, Hg. E.Horny/O.Keel, OBO 28/1973, 283-305
- Late Egyptian Wisdom Literature in the International Context. A Study of Demotic Instructions: OBO 52, 1983
- s. Teil A. Ägyptische Weisheit
Liddel, H.G./Scott, R./Jones, H.St./McKenzie, R., Greek-English Lexikon (A Supplement by E.A.Barber, 1968), Oxford [9]1940 = 1966
Lietzmann, H., An die Korinther I/II, Hg. W.G.Kümmel: HNT 9 [4]1949
Limbeck, M., Die Ordnung des Heils, Düsseldorf 1971
Lincke, K.F.A., Samaria und seine Propheten. Ein religionsgeschichtlicher Versuch. Mit einer Textbeilage: Die Weisheitslehre des Phokylides, Griechisch und Deutsch, Tübingen-Leipzig 1903
- Phokylides und die Essener: Die Grenzboten, Zs. für Politik, Literatur und Kunst 68/1909 128-138
- Phokylides, Isokrates und der Dekalog: Ph. 70/1911, 438-442
Lindemann, Andreas, Die biblischen Toragebote und die paulinische Ethik: s. FS H.Greeven S.242-265,

Lindeskog, Gösta, Das jüdisch-christliche Problem. Randglossen zu einer Forschungsepoche, Upsala 1986
Linton, O., Le parallelismus membrorum dans le NT: Mélanges, FS Béda Rigeaux, Gembloux 1970 489-507,
Lips, Hermann von, Weisheitliche Traditionen im NT: WMANT 64, 1990
Locher: s. Teil A. Pseudo-Phokylides
Loening, Richard, Die Zurechnungslehre des Aristoteles: = R.Loening, Geschichte der strafrechtlichen Zurechnungslehre Bd.1, Jena 1903 = Hildesheim 1967
Lohfink SJ, Norbert, Das Hauptgebot. Eine Untersuchung literarischer Einleitungsfragen zu Dtn 5-11: AnBib 20 1963
- Kennt das Alte Testament einen Unterschied von 'Gebot' und 'Gesetz'?. Zur bibeltheologischen Einstufung des Dekalogs: 'Gesetz' als Thema biblischer Theologie (Jahrbuch für biblische Theologie 4, hg. I.Baldermann u.a.) 1989, 63-89
Lohmeyer, Ernst, Die Briefe an die Philipper, Kolosser und an Philemon: KEK 9 [10]1954
Lohse, Eduard (Hg.,Übers.), Die Texte aus Qumran, Darmstadt 1964
- Umwelt des Neuen Testaments: NTD Erg.R.1, 1974
- Theologische Ethik des NT: ThW 5/2, 1988
- Paränese und Kerygma im 1.Petrusbrief: ZNW 45/1954, 68-89
- Vorwort zu W.Bousset/H.Gressmann, Die Religion des Spätjudentums, [4]1966
- Art. Phokylides, RGG[3] 5,362
Lubahn, Erich /Otto Rodenberg (Hg.), Von Gott erkannt. Gotteserkenntnis im hebräischen und griechischen Denken: Theol. Studienbeiträge 3, Stuttgart 1990
Luck, Ulrich, Der Weg zu einer Biblischen Theologie des Neuen Testaments, DtPfrBl 9/1988, 343-346
- Die Frage nach dem Guten. Zu Mt 19,16-30 und Par.n, in: Studien, FS H.Greeven, S.282-297
Ludwich, Arthur, Über das Spruchbuch des falschen Phokylides; Forts.: Quaestionum Pseudophocylidearum pars altera, Verzeichnis der Vorlesungen (Univers. Königsberg) S.1-26 u. 27-32, Königsberg 1904
Lüddeckens, E., Gottesdienstliche Gemeinschaften im Pharaonischen, Hellenistischen und Christlichen Ägypten: ZRGG 20/1968 193-211
Lührmann, Dieter, Wo man nicht mehr Sklave oder Freier ist, WuD 13/1975, 53-83
- Die Pharisäer und die Schriftgelehrten im Markusevangelium: ZNW 78 (1989) 169-185
- Neutestamentliche Haustafeln und antike Ökonomie: NTS 27/1981, 83-97
Lund, Nils Wilhelm, Chiasmus in the New Testament, Chapel Hill 1942
Luthardt, Chr. Ernst, Kompendium der theologischen Ethik, Hg. F.J.Winter, Leipzig [3]1921
Luz, Ulrich, Das Evangelium nach Matthäus: EKK 1.1-2 1985/1990
Maas, P., Greek Metre, 1962
Maass, Fritz, Formgeschichte der Mischna: NDF 165, 1937
Mack, Burton L., Logos und Sophia. Untersuchungen zur Weisheitstheologie im hellenistischen Judentum: StUNT 10, 1973
Magaß, Walter, Tradition - Zur Herkunft eines rechtlichen und literarischen Begriffs: Kairos 24/1982 110-120
Magonet, Jonathan, Art. Dekalog II: Judentum, TRE 8,(408-)413-415
Maier, Johann, Jüdische Auseinandersetzung mit dem Christentum in der Antike, Darmstadt 1982
- Die Geschichte der jüdischen Religion: GLB, 1972
- /P.Schäfer (Hg.), Kleines Lexikon des Judenstums, BKG 16, Konstanz 1981
Malherbe, Abraham A., Exhortation in 1Thess: NT 25/1983, 238-256
- Moral Exhortation. A Greco-Roman Sourcebook: Library of Early Christianity 4, Philadelphia 1986
- s. Teil A. Malherbe, Ancient Epistolary Theorists
Malina, B., Does Porneia mean Fornication?: NT 14/1972, 10-17
Maller, J.B.: s. Finkelstein
Marböck, Johann, Weisheit im Wandel. Untersuchungen zur Weisheitstheologie bei Ben Sira: BBB 37,1971
Marg: s. Teil A. Hesiod
Marmorstein, A., Das Motiv vom veruntreuten Depositum in der jüdischen Volkskunde: MGWJ 78/1934, 183-195
- A Greek Lyric and a Hebrew Poet: JQR 37/1946-7, 169-173
Marrou, Henry J., Geschichte der Erziehung im klassischen Altertum, Freiburg/München 1957 (= dtv WR 4275, 1977)

- Art. Diatribe B (Christliche): RAC 3 (1957) 990-1009
Martin, J., Symposion. Die Geschichte einer literarischen Form, Studien zur Geschichte und Kultur des Altertums, Paderborn 1931 = New York 1968
- Art. Deipnonliteratur, RAC 3/1957, S.658-666
- Antike Rhetorik. Technik und Methode: HAW II,3, 1974
Martin, Jochen/Quint, Barbara (Hg.), Christentum und antike Gesellschaft: WdF 649, 1990
Mathys, H.-P., Art. Goldene Regel I: Judentum, TRE 13,570-573
Mayer, G., Zur jüdisch-hellenistischen Literatur: ThR 45/1980, 226-244
Mayer, Reinhold (FS), 'Wie gut sind deine Zelte, Jaakow ...', Hg, E.L.Ehrlich u.a., Gerlingen 1986
Mazon: s. Teil A. Hesiod
McKane, William, Proverbs. A New Approach, London 1970
McKenna, Margaret Mary, The Two Ways in Jewish and Christian Writings of the Greco-Roman Period. A Study of the Form of Repentence, Diss. Univ. Pennsylvania 1981
Mealand, David L., Philo of Alexandria's Attitude to Riches, ZNW 69/1978 258-264
Mechow (Mechovius), Wilhelm, Philosophia Paraenetica, Frankfurt 1671
Meeks, Wayne A., The Moral World of the First Christians, Philadelphia 1986
- Understanding Early Christian Ethics: JBL 105/1986 3-11
Meineke: s. Teil A. Menander
Meisner: s. Teil A. Aristeasbrief
Merk, Otto, Handeln aus Glauben. Die Motivierungen der paulinischen Ethik: MThSt 5, 1968
Merkelbach, R., Die Heroen als Geber des Guten und Bösen, ZPE 1/1976, S.??
Merklein, H., Die Gottesherrschaft als Handlungsprinzip: fzb 34, ^{2}1981
Meyer, Eduard, Ursprung und Anfänge des Christentums 3 Bde., Stuttgart/Berlin $^{4+5}$1962
- Hesiods Erga und das Gedicht von den fünf Menschengeschlechtern: s. Heitsch, Hesiod S.471-522
Meyer, H.A.W, Kritisch-exegetischer Kommentar über das Neue Testament: KEK 1832ff
Meyer, Rudolf, Tradition und Neuschöpfung im antiken Judentum, SSAW.PH 110/2, 1965
- Zur Geschichte und Theologie des Judentums in hellenistisch-römischer Zeit. Ausgewählte Abhandlungen, Hg. Waltraud Bernhardt, Neukirchen 1989; darin S.63-70: Die Bedeutung des Pharisäismus für Geschichte und Theologie des Judentums
- / Weiß, H.F., Art. Φαρισαῖος, ThWNT 9,11-36
Michel, Otto, Das Gebot der Nächstenliebe in der Verkündigung Jesu: Zur sozialen Entscheidung. Vier Vorträge 53-101, Hg. Nikolaus Koch, Tübingen 1947
- Brief an die Römer: KEK ^{10}1955
- Polemik und Scheidung: Judaica 15/1959, 193-212
- Brief an die Hebräer: KEK ^{12}1966
- Art. οἶκος κτλ, ThWNT 5,122-161
- /Bauernfeind: s. Teil A. Josephus
Michaelis, Art. ὁδός, ThWNT 5,42-118
Middendorp, Th. Die Stellung Jesu Ben Siras zwischen Judentum und Hellenismus, Leiden 1973
Mikkola, Eino, Isokrates. Seine Anschauungen im Lichte seiner Schriften: AASF, Ser.B 89, Helsinki 1955
Mildenberger, Friedrich, Biblische Dogmatik. Eine biblische Theologie in dogmatischer Perspektive Bd.1, Stuttgart 1991
Milik: s. Teil A. Pseudepigraphen des AT
Momigliano, Arnoldo, Jacob Bernays: MNAW.L 23,5/1969 (= S.149-195)
Moses in Schrift und Überlieferung: s. H.Cazelles
Mras: s. Teil A. Eusebius von Caesaraea
Mudry, P. (Hg./Übers.), La préface du De medicina de Celse, Lausanne 1982
Müller, G., Der Dekalog im NT. Vor-Erwägungen zu einer unerledigten Aufgabe: ThZ 38/1982, 79-97
Müller, Hans-Peter, Imperativ und Verheißung im AT. Drei Beispiele: EvTh 28/1968, 557-572
- Segen im Alten Testament. Theologische Implikationen eines halb vergessenen Themas: ZThK 87/1990, 1-32
- Art. Formgeschichte/Formenkritik I: AT, TRE 11,271-285
Müller, J.G. (Übers.), Des Flavius Josephus Schrift gegen den Apion, Text und Erklärung, Hg. Chr.J.Riggenbach / C.v.Orelli, Basel 1877 = Hildesheim 1969
Müller, Karlheinz, Die Haustafel des Kolosserbriefes und das antike Frauenthema. Eine kritische

Rückschau auf alte Ergebnisse: Die Frau im Urchristentum, QD 95 (1983) 263-319
- Das Judentum in der religionsgeschichtlichen Arbeit am NT: Judentum und Umwelt, Hg.J.Maier, Nr.6, Frankruft(Main)/Bern 1983
- Gesetz und Gesetzeserfüllung im Frühjudentum: s. Kertelge, Gesetz 11-27
- Rückbesinnung auf die Zukunft. Von der Notwendigkeit einer jüdisch-christlichen Ökumene: Communio Sanctorum, FS P.-W. Scheele, Hg. J.Schreiner/K.Wittstadt, Würzburg 1988 231-245
- Art. Aristeasbrief: TRE 3,719-725

Müller, Ulrich B., Rez. U.Fischer, Eschatologie und Jenseitserwartung: ThZ 34/1980 238-240

Münscher, Art. Isokrates, PRE 18,2146-2227

Mußner, Franz, Der Jakobusbrief: HThK 13,1, 1964
- Das Toraleben im jüdischen Verständnis: s. Kertelge, Gesetz 28-42
- u.a., Methodologie der Frage nach dem historischen Jesus: s. Kertelge, Rückfrage nach Jesus 118-147

Nauck: s. Teil A. Tragicorum Graecorum Fragmenta

Navè Levinson, Pnina, Einführung in die rabbinische Theologie, Darmstadt [2]1987

Neander, Michael: s. Teil A. Stobaeus

Nestle, W./Liebich, W., Geschichte der griechischen Literatur 2 Bde.: SG [3]1961-63

Neusner, Jacob, The Rabbinic Tradition about the Pharisees before 70, 3 Bde., Leiden 1971
- Geschichte und rituelle Reinheit im Judentum des 1.Jh. n.Chr.: Kairos 21/1979, 119-132
- Das pharisäische und talmudische Judentum. Neue Wege zu seinem Verständnis, mit einem Vorwort von Martin Hengel hg. H.Lichtenberger: TSAJ 4, 1984
- Judentum in frühchristlicher Zeit, Übers. W.Hudel u.a., Stuttgart 1988 (engl. Philadelphia 1984)

Nickelsburg Jr., G.W.E., Resurrection, Immortality, and Eternal Life in Intertestamental Judaism, HThS 26, 1972

Niebuhr, Karl-Wilhelm, Gesetz und Paränese. Katechismusartige Weisungsreihen in der frühjüdischen Literatur: WUNT 2.28 1987

Nieder CSsR, Lorenz, Die Motive der religiös-sittlichen Paränese in den paulinischen Gemeindebriefen: MThS.H 12, 1956

Niederwimmer, Kurt, Askese und Mysterium. Über Ehe, Ehescheidung und Eheverzicht in den Anfängen des christlichen Glaubens: FRLANT 113, 1975
- Die Didache: KAV 1, 1989

Nielsen, E., Die zehn Gebote. Eine traditionsgeschichtliche Skizze, Kopenhagen 1965

Niese: s. Teil A. Josephus Flavius

Nilsson, Martin P., Die hellenistische Schule, München 1955
- Geschichte der griechischen Religion 2 Bde.: HAW 5/2 [3]1967/1974

Nissen, Andreas, Tora und Geschichte im Spätjudentum, Zu Thesen Dietrich Rösslers (s. Rössler, Gesetz und Geschichte, WMANT 3, [2]1962): NT 9/1967, 241-277
- Gott und der Nächste im antiken Judentum. Untersuchungen zum Doppelgebot der Liebe: WUNT 15, 1974

Nock, Arthur Darby, Essays on Religion and the Ancient World 2 Bde., Hg. Z. Stewart, Oxford 1972

Noll, Peter, Jesus und das Gesetz: SGV 253 Tübingen 1968

Norden, Eduard, Antike Kunstprosa vom 6.Jh.v.Chr. bis in die Zeit der Renaissance, Bd.1 [2]1909; [5]Darmstadt 1958
- Logos und Rhythmus, Rektoratsrede, gehalten am 15.Okt. 1927: Akademische Reden, Berlin 1928
- Agnostos Theos, Darmstadt [4]1956

Olrik, Axel, Epische Gesetze der Volksdichtung: ZDA NF 39,1909, 1-12

Ortkemper, Franz-Josef, Leben aus dem Glauben. Christliche Grundhaltungen nach Röm 12-13: NTA NF 14, 1980

Otto, A., Die Sprichwörter und sprichwörtlichen Redensarten der Römer, Leipzig 1890 = Hildesheim 1962

Otto, E., Rechtsgeschichte und Redaktionen im Kodex Eschnunna und im. Bundesbuch:

Paret: s. Teil A. Koran

Perdue, Leo G., Paraenesis and the Epistle of James: ZNW 72/1981, 241-256,

Perlitt, L., Art. Dekalog I: AT, TRE 8, 408-413

Perry: s. Teil A. Aesopica

Peterson, Erik, Eis Theos: FRLANT NF24 Göttingen 1924

Petuchowski, J.P./Thoma, C., Lexikon der jüdisch-christlichen Begegnung, Freiburg 1989

Philonenko: s. Teil A. Joseph und Aseneth
Places, É. des, Rez. vdHorst, The Sentences of Pseudo-Phocylides: Bib. 60/1979, 270f
Plöger, Otto, Theokratie und Eschatologie, WMANT 2, Neukirchen ^{2}1962
- "Wahre die richtige Mitte, solch Maß ist in allem das Beste!": O.Plöger, Aus der Spätzeit des AT, Göttingen 1971
- Spüche Salomos (Proverbia), BK.AT 17, 1984
Pohlenz, M., Die Stoa. Geschchte einer geistigen Bewegung 2 Bde., Göttingen ^{2}1971/72
- Paulus und die Stoa: Das Paulusbild in der neueren Forschung, Hg. K.H.Rengstorf (WdF 24) 1964, 522-564
Pollak, Kaim, Rabbi Nathans System der Ethik und Moral, Budapest 1905
Pomeroy, Sarah B., Woman in Roman Egypt: ANRW II 10/2, 708-723
Popkes, Wiard, Adressaten, Situation und Form des Jakobusbriefes, SBS 125/6 1986
- Die Gerechtigkeitstradition im Matthäus-Evangelium: ZNW 80/1989 1-23
- Zum Charakter von Gal 6,1-10: Theol. Gespräch (Oncken, Kassel) 1992, 8-15
- Art. Paränese: TRE im Erscheinen
Praechter, Karl, Hierokles der Stoiker, Leipzig 1901
- (Hg.), Die Philosophie des Altertums: Friedrich Ueberwegs Grundriss der Geschichte der Philosophie 1, ^{12}Berlin 1926 (= Ueberweg/Praechter)
Preisker, Herbert, Das Ethos des Urchristentums, Gütersloh 1949 = Darmstadt 1968
Preuß, H.D., Einführung in die alttestamentliche Weisheit, Stuttgart 1978
Rad, Gerhard von, Gesammelte Studien zum Alten Testament: TB 8 1958; darin S.281-296: Die Vorgeschichte der Gattung von 1.Kor. 13, 4-7
- Gesammelte Studien zum AT II: TB 48, 1973; darin S.109-153: Deuteronomium-Studien
- Weisheit in Israel, Neukirchen-Vluyn 1970
Rahn, Helmut, Morphologie der antiken Literatur. Eine Einführung, Darmstadt 1969
- s. Teil A. Quintilian
Räisänen, Paul and the Law: WUNT 29, 1983
Ranke, Kurt, Die Welt der Einfachen Formen. Studien zur Motiv-, Wort- und Quellenkunde, Berlin 1978; darin S.47-60: Orale und literale Kontinuität
Rau, Eckhard, Reden in Vollmacht. Hintergrund, Form und Anliegen der Gleichnisse Jesu: FRLANT 149, 1990
Rebell, Walter, Neutestamentliche Ethik. Anmerkungen zum gegenwärtigen Diskussionsstand: ZEE 22/1988 143-151
Rehkopf, Friedrich, Septuaginta-Vokabular, Göttingen 1989
Reicke, Bo, Die zehn Worte in Geschichte und Gegenwart: BGBE 13, 1973
Reinmuth, Eckhart, Geist und Gesetz. Studien zu Voraussetzungen und Inhalt der paulinischen Paränese: ThA 44, 1985
Rengstorf, K.H. (Hg.), Das Paulusbild in der neueren Forschung: WdF 24, 1964
- (Hg.), A Complete Concordance to Flavius Josephus, Leiden 4 Bde. 1973-1983
Reventlow, Henning Graf, Das Heiligkeitsgesetz formgeschichtlich untersucht: WMANT 6, 1961
- Gebot und Predigt im Dekalog, Gütersloh 1962
- Gebotskern und Entfaltungsstufen von Dtn 12: Gottes Wort, FS Hertzberg, 1965, 174-185
Richard: s. Teil A. Seneca
Richter, W., Recht und Ethos, Versuch einer Ortung des weisheitl. Mahnspruches: StANT 15, 1966
- Exegese als Literaturwissenschaft. Entwurf einer alttestamentlichen Literaturwissenschaft udn Methodologie, Göttingen 1971
Riedweg, Chr., Mysterienterminologie bei Platon, Philon und Klemens von Alexandrien: Untersuchugnen zur antiken Literatur und Geschichte 26, 1987
Riesner, R., Jesus als Lehrer. Eine Untersuchung zum Ursprung der Jesus-Überlieferung: WUNT 2.R. 7, ^{2}1984
Ringgren, H./Zimmerli, W., Sprüche, Prediger: ATD 16,1, 1962
- Literarkritik, Formgeschichte, Überlieferungsgeschichte. Erwägungen zur Methodenfrage der alttestamentlichen Exegese: ThLZ 91/1966, 641-650
Robinson, James M., Logoi Sophon, Zur Gattung der Spruchquelle Q: Köster/Robinson, Entwicklungslinien durch die Welt des frühen Christentums, Tübingen 1971, S.66-106
Rohde, E., Psyche. Seelencult und Unsterblichkeitsglaube der Griechen 2 Bde., ^{2}1898 = Darmstadt 1980

Rohde, Joachim, Die redaktionsgschichtliche Methode, Hamburg 1966
Röhrich, Lutz, Lexikon der sprichwörtlichen Redensarten 4 Bde., Freiburg 1977
Römer/vSoden: s. Teil A. Kaiser, O., Umwelt AT
Römheld, Diethard, Wege der Weisheit: BZAW 184, 1989
Romaniuk, Kasimir, Les motivs parènétiques dans les écrits pauliniens: NT 10/1968. 191-207
Rosenbach: s. Teil A. Seneca
Rossbroich, Martin, De Pseudo-Phocylideis, Diss. phil. Münster 1910
Rosso Ubigli, Liliana, Alcuni aspetti della concezione dela 'Porneia' nel Tardo-Giudaismo: Henoch 1/1979, 201-242
Rücker, Heribert, Die Begründungen der Weisungen Jahwes im Pentateuch: EThSt 30, 1973
Rüger, Hans Peter, Text und Textform im hebräischen Sirach, Untersuchungen zur Textgeschichte und Textkritik der hebräischen Sirachfragmente aus der Kairoer Geniza: BZAW 112, 1970
- Die hebräische und aramäische Sprache als Hilfsmittel zum Verstehen des Neuen Testaments: s. Lubahn/Rodenberg, Von Gott erkannt, 125-135
- s. Teil A. Weisheitsschrift der Geniza
Rzach: s. Teil A. Hesiod
Safrai, Shmuel, Education and the Study of the Thorah: The Jewish People in the First Century, Hg. S.Safrai/M.Stern, Assen/Amsterdam 1976, 945-970
- (Hg.), The Literature of the Sages: CRI 2,3a, 1987
- Das jüdische Volk im Zeitalter des 2. Tempels, Übers. Y.Amir: Information Judentum 1, Neukirchen 1978
Sailer, Johann Michael, Über Erziehung für Erzieher, 1800; $^{2+3}$1822-1831; Nachdr. Schöninghs Sammlung pädagogischer Schriften 20, hg. E.Schoelen, Paderborn 1961
Saldarini: s. Teil A. Rabbinische Literatur
Sanders, E.P., Paulus und das palästinische Judentum. Ein Vergleich zweier Religionsstrukturen: StUNT 17/1985
Sanders, J.T.,Ben Sira and Demotic Wisdom: SBLMS 28, 1983
Sauer: s. Teil A. Sirach
Sauer, J., Traditionsgeschichtliche Erwägungen zu den synoptischen und paulinischen Aussagen über Feindesliebe und Wiedervergeltung: ZNW 76/1985, 1-28
Scaliger, Joseph Justus, Thesaurus Temporum, Leiden 1606 = Osnabrück 1968 (^{2}Amsterdam 1658)
Schachermeyr, Fr., Griechische Geschichte. Mit besonderer Berücksichtigung der geistesgeschichtlichen und kulturmorphologischen Zusammenhänge, Stuttgart 1960
Schäfer, P. : s. Maier, Johann
Schaller, Die Sprüche über Ehescheidung und Wiederheirat in der synoptischen Überlieferung: FS J.Jeremias (1970) 226-246
Schedl, Claus, Talmud Evangelium Synagoge, Innsbruck 1969
Schille, Gottfried, Zur Relation von Linguistik und Formgeschichte: ThLZ 115/1990, 87-93
Schlatter,Adolf, Die Theologie der Apostel, Stuttgart ^{2}1922
- Der Evangelist Matthäus. Seine Sprache, sein Ziel, seine Selbständigkeit, Stuttgart ^{6}1963
Schleusner, Johann Friedrich, Novus Thesaurus philologico-criticus sive Lexicon in LXX, et reliquos interpretes Graecos ac scriptores apocryphos Vetus Testamenti, 5 Bde., Leipzig 1820-1821
Schlier, Heinrich, Zeit der Kirche, Exegetische Aufsätze und Vorträge 1, Freiburg 1956; darin S.74-89: Vom Wesen der apüostolischen Ermahnung. Nach Römerbrief 12,1-2 (1941)
- Der Brief an die Epheser, Düsseldorf 1957
- Besinnung auf das NT. Exegetische Aufsätze und Vorträge 2, Freiburg 1964; darin S. 340-357: Die Eigenart der christlichen Mahnung nach dem Apostel Paulus (1962)
Schlink, Edmund, Gesetz und Paraklese: Antwort. FS K.Barth, 323-335, 1956
Schmid, H.H., Wesen und Geschichte der Weisheit. Eine Untersuchung zur altorientalischen und israelitischen Weisheitsliteratur: BZAW 101, 1966
Schmid, W./Stählin, O., Geschichte der griechischen Literatur, Bd.1,1-5: HAW Abt.7, 1929ff (HAW Abt.7 vorher: W.vChrists Geschichte der griechischen Litteratur, 6.Aufl. Hg. Schmid/Stählin; davon Bd.2,2 s. O.Stählin)
Schmidt, H.H.Heinrich, Synonymik der griechischen Sprache 4 Bde., Leipzig 1876-1886; Repr. Amsterdam (Bd.3/1969)
Schmidt, Jens-Uwe, Adressat und Paraineseform. Zur Intention von Heisods 'Werken und Tagen':

Hypomnemata 86, 1986
Schmidt, L., Die Ethik der alten Griechen, 2 Bde., Berlin 1882
- Rez. J.Bernays, Über das phokylideische Gedicht: JCPh 3/1857 (=Bd.26 1.Abt.), 510-519
Schmitt, Johannes, Studien zur Stilistik der alttestamentlichen Spruchliteratur: ATA 13, 1936
Schnabel, Eckhardt, Jewish Law and Wisdom from Ben Sira to Paul. A traditional historical enquira into the relation of Law, Wisdom, and Ethics: WUNT 2/16, 1985
Schnackenburg, Rudolf, Die sittliche Botschaft des Neuen Testaments 2 Bde.: HThK Suppl., 1986/1988
- FS: Neues Testament und Ethik, Hg. H.Merklein, Freiburg 1989
- Art. Paränese, LThK 8/1963 80-82
Schneemelcher: s. Teil A. Apokryphen, Neutestamentliche
Schneider, C., Art. Phokylides: BHH 3,1463f
Schneider, H., Der Dekalog in den Phylakterien von Qumrân: BZ NF 3/1959, 18-31
Schneider, N., Die rhetorische Eigenart der paulinischen Antithese, 1970
Schneider, Wolfgang, Grammatik des Biblischen Hebräisch (Neubearbeitung O.Grether, Hebr. Grammatik), München 1974
Schneller, Thomas, Paulus und die Diatribe. Eine vergleichende Stilinterpretation: NTA NF 19, 1987
Schottroff, Luise, Befreiungserfahrungen. Studien zur Sozialgeschichte des NT: ThB 82 NT, München 1990
Schrage, Wolfgang, Die konkreten Einzelgebote in der paulinischen Paränese, Gütersloh 1961
- Zur formalethischen Deutung der paulinischen Paränese: ZEE 4/1960, 207-233
- Zur Ethik der neutestamentlichen Haustafeln: NTS 21/1975 1-22
- Ethik des NT: NTD Erg.R. 4 ^{5}1989
- Art. Ethik IV: NT: TRE 10,(396-)435-462
Schramm, Tim, Der Markus-Stoff bei Lukas, Eine literarkritische und redaktionsgeschichtliche Untersuchung: MSSNTS 14, 1971
Schreiner,Josef, Die Zehn Gebote im Leben des Gottesvolkes: BiH 3, 1966
- Alttestamentlich-jüdische Apokalyptik, 1969
Schrenk, G., Art. ἱερός, ThWNT 3,221-284
Schrey, H.-H., Art. Goldene Regel III: Historisch und ethisch, TRE 13,575-83
Schroeder, David, Die Haustafeln des Neuen Testamentes, Diss.theol Hamburg 1959
Schroeder, Hans-Hartmut, Haben Jesu Worte über Armut und Reichtum Folgen für das soziale Verhalten?: Studien, FS H.Greeven S.397-409
Schubert, Kurt, Die jüdischen Religionsparteien in neutestamentlicher Zeit: SBS 43, 1970
Schürer, Emil, Geschichte des jüdischen Volkes im Zeitalter Jesu Christi 3 Bde., Leipzig $^{3-4}$1901-1911 = Hildesheim 1970
- The History of the Jewish People in the Age of Jesus Christ 3Bde., Hg./Hg. G.Vermes/F.Millar (mit M.Bläck: Bd.2; M.Goodman Bd.3,1), Edinburgh 1973ff, Bd.3,1: 1986
Schürmann, Heinz, Traditionsgeschichtliche Untersuchungen: KBANT, 1968
- Studien zur neutestamentlichen Ethik: Hg. Th.Söding, Stuttg.Bibl. Aufsatzbände, NT 7, 1990
Schüssler Fiorenza, Elisabeth (Hg.), Aspects of Religious Propaganda in Judaism and Early Christianity; darin S.1-25: dies., Miracles, mission and apologetics. An introduction
- Brot statt Steine. Die Herausforderung einer feministischen Interpretation der Bibel, Freiburg/Schweiz 1988 (amerik. 1984)
- Zu ihrem Gedächtnis ... Eine feministisch-theologische Rekonstruktion der christlichen Ursprünge, München 1988 (= 'In Memory of Her' 1984)
Schulz, Anselm, Nachfolgen und Nachahmen: StANT 6, 1962
Schulz, Siegfried, Evangelium und Welt: NT und christliche Existenz, FS H.Braun, Tübingen 1973, 483ff
- Neutestamentliche Ethik: Zürcher Grundrisse zur Bibel 1987
Schwartz, Eduard, Die Ethik der Griechen, Hg. W.Richter, Stuttgart 1951
- Charakterköpfe aus der Antike, hg. J.Stroux, Leipzig 1956
Schweizer, Eduard, Die Sünde in den Gliedern: Abraham unser Vater, FS O.Michel, 435-439, Köln 1963
- Zur Frage der Echtheit von Kol und Eph (Miszelle): Neotestamentica, Deutsche und englische Aufsätze 1951-1963, Zürich 1963
Schwyzer, E./Debrunner, A., Griechische Grammatik 2 Bde.: HAW II 1/1+2) Bd.1: ^{4}1968, Bd.2: ^{3}1966
Sebestyén, K., A Pseudo-Phokylides, Budapest 1895
Seck, Fr., Untersuchugnen zum Isokratestext. mit einer Ausgabe der Rede an Nikokles, Diss.phil. Hamburg

1965 ·
Seeberg, Alfred, Der Katechismus der Ur-Christenheit, Einf. v. Ferdinand Hahn: TB 26 (Leipzig 1903) 1966
- Die beiden Wege und das Aposteldekret, Leipzig 1906
- Die 'Didache' des Judentums und der Urchristenheit, Leipzig 1908
Sellin, Gerhard, Lukas als Gleichniserzähler: die Erzählung vom barmherzigen Samariter (Lk 10,25-37): ZNW 65/1974, 166-189
- 'Gattung' und 'Sitz im Leben' auf dem Hintergrund der Problematik von Mündlichkeit und Schriftlichkeit synoptischer Erzählungen: EvTh 50/1990, 311-331
Selwyn, Edward Gordon, The First Epistle of St. Peter, London (1946) ^{3}1955
Siegert, F., Gottesfürchtige und Sympathisanten: JSJ 4/1973, 109-164
Simon, H.u.M., Geschichte der jüdischen Philosophie, München 1984
Simon, Marie, Die jüdische Komponente des griechisch-jüdischen Synkretismus: Kairos 27/1985, 330-339
Sitzler, J., Rez. Rossbroich, De Pseudo-Phocylideis: Wochenschr. f. klass. Philol. 29/1912,449-457
Smallwood, E.M., The Jews under Roman Rule. From Pompey to Dicletian: SJLA 20, 1976
- The Legislation of Hadrian and Antoninus Pius against Circumcision: Latomus 18/1959, 334ff
Smend, Rudolf, Die Weisheit des Jesus Sirach, 1906
Smith, E.J., The Decalogue in the Preaching of Jeremia, CBQ 4/1942 197-209
Smith, Robert W., The Art of Rhetoric in Alexandria. Its theory and practice in the ancient world, Den Haag 1974
Snell, Bruno (Hg), Leben und Meinungen der Sieben Weisen. Griechische und Lateinische Quellen aus 2000 Jahren, (Tusculum) ^{3}1952
- Griechische Metrik, Göttingen ^{4}1982
- Dichtung und Gesellschaft, Hamburg 1965
- Gesammelte Schriften, Göttingen 1966
- Der Aufbau der Sprache, Hamburg ^{2}1966
- s. Teil A. Tragiker, Griechische
Snyder, G.F., The Tobspruch in the NT: NTS 23/1977, 117-120
Soden, Wolfram von, Grundriß der akkadischen Grammatik, Analecta Orientalia 33, Rom 1952-1969
Sonsino, Rifat, Motive Clauses in Hebrew Law, Biblical Forms and Near Eastern Parallels: SBLDS 45, 1980
Speyer, Wolfgang, Bücherfunde in der Glaubenswerbung der Antike: Hypomnemata 24, 1970
- Art. Fälschung, literarische, RAC 7/1969, S.236-277
- Die literarische Fälschung im heidnischen und christlichen Altertum: HAW 1,2, 1971
- Frühes Christentum im antiken Strahlungsfeld, Ausgewählte Aufsätze: WUNT 50, 1989; darin 100-139: Fälschung, pseudepigraphische freie Erfindung und 'echte religiöse Pseudepigraphie'
Stachowiak, L.Remigius, Die Erforschung der paulinischen Paränesen im 20. Jahrhundert, CoTh 53/1983 fasc.spec. 177-194,
- Die Paränese im Qumran-Schrifttum: FolOr 21/1980, 117-128
Stadelmann, Helge, Ben Sira als Schriftgelehrter. Eine Untersuchung zum Berufsbild des vor-Makkabäischen Sofer unter Berücksichtigung seines Verhältnisses zu Priester-, Propheten- und Weisheitslehrertum: WUNT 2.6 1980
Stählin, Gustav, Die Apostelgeschichte: NTD 5 1962
- /Schmitz, O., Art. παρακαλέω, παράκλησις: THWNT 5,771-779
Stählin, Otto, Die hellenistisch-jüdische Litteratur: Sonderabdruck HKAW VII/2,1^{6} 1921
Stählin, Wilhelm, Predigthilfen Bd.5: Apokryphen, Kassel 1971
Stamm, J.J., Dreißig Jahre Dekalogforschung: ThR 27, S.189-239; 281-305, 1961
Stanford, W.B., The Ulysses Theme. A Study in the Adaptibility of a traditional Hero, Oxford 1954
Stauffer, E., Art. θεός C., ThWNT 3,(65-)91-93.95-122
Steck, Odil Hannes, Israel und das gewaltsame Geschick der Propheten, Untersuchungen zur Überlieferung des deuteronomistischen Geschichtsbildes im AT, Spätjudentum und Urchristentum: WMANT 23, 1967
- Das Problem theologischer Strömungen in nachexilischer Zeit: EvTh 28/1968, S.445-458
- Überlegungen zur Eigenart der spätisraelitischen Apokalyptik: Die Botschaft und die Boten, FS H.W.Wolff, Neukirchen 1981 S.301-315
Stegner, William R., The Ancient Jewish Synagogue Homily: s. Aune 51-70

Stemberger, Günter, Geschichte der jüdischen Literatur, München 1977
- Der Dekalog im frühen Judentum: 'Gesetz' als Thema biblischer Theologie (Jahrbuch für biblische Theologie 4, hg. I.Baldermann u.a.) 1989 91-103
Stenger, Werner, Strukturale Beobachtungen zum NT: NTTS 12, 1990
Stern, Menachem (Übers./Komm.), Greek and Latin Authors on Jews and Judaism, 3 Bde.,: Fontes ad res Judaicas spectantes, Jerusalem 1974/1980/1984
Stömberg, R., Greek Proverbs. A Collection of Proverbs and Proverbial Phrases Which Are Not Listed by the Ancient and Byzantine Paroemiographers, Göteborg 1954
Stone, M.E. (Hg.), Jewish Writings of the Second Temple Period: CRI 2.2 1984
Stowers, Stanley Kent, The Diatribe and Paul's Letter to the Romans, SBL DS 57 1981
- Letter Writing in Greco-Roman Antiquity: Library of Early Christianity 5, Philadelphia 1986
- The Diatribe: s. Aune 71-84
Strack, H.L./Stemberger, G., Einleitung in Talmud und Midrasch, München ^{7}1982
Strathmann, H., Art. λαός, ThWNT 4,29-39.49-57
Strecker, G., Die neutestamentlichen Haustafeln. Kol 3,18-4,1 und Eph 5,22-6,9: FS Schnackenburg 349-375
- Strukturen einer neutestamentlichen Ethik: ZThK 75/1978,117-146
- Art. Noachische Gebote, RGG^{3} 4,1500f.
- Literaturgeschichte, Biblische II: Neues Testament: TRE 21,338-538
Struck, E., Bedeutungslehre. Grundzüge einer lateinischen und griechischen Semasiologie mit deutschen, französischen und englischen Parallelen, Darmstadt 1972
Stuhlmacher, Peter, Der Brief an die Römer: NTD 6^{14} 1989
Susemihl, F., Geschichte der griechischen Literatur, 2.Bd., Leipzig 1892
Sylburg: s. Teil A. Epicae elegiacaeque minorum poetarum gnomae
Talbert, C.H., Tradition and Redaction in Romans XII.9-21: NTS 16 (1969/70), 83-94
Tcherikover, V., Hellenistic Civilisation and the Jews, Übers. S.Applebaum, Philadelphia 1959
- Jewish Apologetic Literature Reconsidered: Eos 48, Bd.3, S.169-193, 1956
Thackeray, H.St.J., A Grammar of the OT in Greek due to the Septuagint 1, Cambridge 1909 repr. Tel Aviv 1970
Theißen, Gerd, Urchristliche Wundergeschichten. Ein Beitrag zur formgeschichtlichen Erforschung der Evangelien: StNT 8, 1974
- Studien zur Soziologie des Urchristentums, Tübingen ^{3}1989; darin: S.79-105 Wanderradikalismus. Literatursoziologische Aspekte der Überlieferung von Worten Jesu im Urchristentum (1973); S.160-197 Gewaltverzicht und Feidesliebe; S.231-271 Soziale Schichtung in der korinthischen Gemeinde. Ein Beitrag zur Soziologie des hellenistischen Urchristentums (1974)
- Zur Entstehung des Christentums aus dem Judentum: Kirche und Israel (Neukirchener Theol. Zeitschrift) 3/1988, 179-189
- Lokalkolorit und Zeitgeschichte in den Evangelien. Ein Beitrag zur Geschichte der synoptischen Tradition: NTOA 8, 1989
Thoma, Clemens, Theologische Beziehungen zwischen Christentum und Judentum,^{2}Darmstadt 1989
Thomas, J.D., The Greek Text of Tobias: JBC 91/1972, 463-471
Thomas, Johannes, Anfechtung und Vorfreude. Ein biblisches Thema nach Jakobus 1,2-18, formkritisch untersucht und parakletisch ausgelegt: KuD 14/1968, 183-206
- Formgesetze des Begriffskatalogs im NT: ThZ 24/1968, 15-28
- Aktuelles im Zeugnis der zwölf Väter, s. Burchard u.a.: Studien zu den TestXIIPatr, S.62-150
- Art. παραινέω; Art. παρακαλέω: EWNT 3,52f.54-64
- Rez. J.Becker, Untersuchungen zur Entstehungsgeschichte der Testamente der Zwölf Patriarchen (1970), ThZ 28/1972, 443-446
Thomas, Wilhelm, Der Sonntag im frühen Mittelalter. Mit Berücksichtigung der Entstehungsgeschichte des christlichen Dekalogs, Göttingen 1929
Thompson, Albert A., Motivation in the Ethics of Paul, Doct.Diss. Harvard 1952
Thraede, K., Zum historischen Hintergrund der 'Haustafeln' des Neuen Testaments: Pietas, FS B.Kötting, 1980, 359-368
Thyen, Hartwig, Der Stil der jüdisch-hellenistischen Homilie: FRLANT 65, 1955
Tov, Emanuel, Die griechischen Bibelübersetzungen: ANRW II 20.1,121-189, 1987
Treu, K., Die Bedeutung des Griechischen für die Juden im römischen Reich: FS E.Ivanka, S.123-144, Salzburg 1973

Treu, U., Christliche Sibyllinen, NTApo [5] 2,591-619
- Art. Epiphanius von Salamis, RGG[3] 2,531
Trillhaas, Wolfgang, Ethik: de Gruyter Lehrbuch [3]1970
- Art. Sittlichkeit VI: Geschichte der christlichen Sittlichkeit, RGG[3] 6,81
Ueberweg/Praechter: s. Praechter
Unnik, Willem Cornelis van, Die Rücksicht auf die Reaktion der Nichtchristen als Motiv in der altchristlichen Paränese: FS J.Jeremias, BZNW 26/1960, 221-234,
Usener, Hermann, Götternamen. Versuch einer Lehre von der religiösen Begriffsbildung, (1896) [3]1948 mit Geleitwort von Martin P.Nilsson und E.Norden
- (Hg.): s. Bernays, Gesammelte Schriften
Vaux O.P., Roland de, Das Alte Testament und seine Lebensordnungen, 2 Bde., Freiburg 1960 (frz.Ausg. 1958/60)
Verdenius, W.J., Aufbau und Absicht der Erga: Fond. Hardt VII/1962, 3-159(170)
Vermès, Géza, Die Gestalt des Moses an der Wende der beiden Testamente: s. Cazelles, Moses S.61-93
- Post-Biblical Jewish Studies, SJLA 8 1975; darin 169-177: The Decalogue and the Minim
- A Summary of the Law by Flavius Josephus: NT 24/1982, 289-303
Verner, David C., The Household of God: SBLDS 71, 1981
Vetschera, Rudolf, Zur griechischen Paränese: Jahresberichte des k.k. deutschen Staatsgymnasiums zu Smichow 37,3-15; 38,3-21, Smichow 1910/11 und 1911/12
Vögtle, Anton, Die Tugend- und Lasterkataloge im Neuen Testament: NTA 16, 4/5, 1936
Vokes, F.E., The Ten Commandments in the NT and in First Century Judaism: Studia Evangelica, hg. F.L.Cross, TU 103 (1968) 146-154
Volz, Paul, Die biblischen Altertümer, Stuttgart [2]1925
Wacholder, Ben Zion, Nicolaus of Damascus, Berkeley 1962
Wachsmuth, Curt, Studien zu den griechischen Florilegien: (1882) 1971
- /Hense: s. Teil A. Stobaeus
Walter, Nikolaus, Der Thoraausleger Aristobul: TU 86, 1964
- Rez. P.W.van der Horst, The Sentences of Pseudo-Phycylides: ThLZ 106/1981, 821-823
- s. Teil A. Pseudepigraphen des AT
- Jüdisch-hellenistische Literatur vor Philon von Alexandrien: ANRW II 20,1 (1987) 67-120
- Hellenistische Eschatologie im Frühjudentum: ThLZ 110/1985, S.331-348
- Hellenistische Eschatologie im NT: Glaube und Eschatologie im NT, FS W.G.Kümmel, 1985 335-356
- Paulus und die urchristliche Jesustradition: NTS 31/1985, 498-522
Weder, Hans, Neutestamentliche Hermeneutik: Zürcher Grundrisse zur Bibel 1986
Wefelmeier, C, Die Sentenzensammlung der Demonicea: (Diss. Köln 1961) Athens 1962
Weidinger, Karl, Die Haustafeln: UNT 14, 1928
Weinfeld, Moshe, The Organizational Pattern and the Penal Code of the Qumran Sect. A Comparison with Guilds and Religious Associations of the Hellenistic-Roman Period: NTOA 2, 1986
Weinreich, O., Stiftung und Kultsatzungen eines Privatheiligtums in Philadelphia in Lydien: SHAW.PA 16/1919
Weiser, Alfons, Evangelisierung im 'Haus': BZ 34/1990, 63-86
- Titus 2 als Gemeindeparänese: s. FS Schnackenburg, NT und Ethik, 397-414
Weiß, Hans-Friedrich, Der Pharisäismus im Lichte der Überlieferung des Neuen Testaments: SSAW.PH 110/2, Berlin 1965, 91-132,
- s. R.Meyer/H.F.Weiß
Weiß, Johannes, Beiträge zur paulinischen Rhetorik: Theol. Studien, FS B.Weiß, Göttingen 1897, 165-247
Welten, Peter, Zur Frage nach dem Fremden im AT: s. R.Mayer (FS) 130-138
Wendland, H.-D., Ethik des Neuen Testaments: NTD Erg.R. 4 [1]1970
Wendland, Paul, Philo und die kynisch-stoische Diatribe: P.Wendland/O.Kern (Hg.), Beiträge zur Geschichte der griechischen Philosophie und Religion, Berlin 1895
- Die Therapeuten und die philonische Schrift vom beschaulichen Leben: JCPh Suppl. 22/1896, 693-772
- Anaximenes von Lampsakos: FS für die XLVIII. Versammlung deutscher Philologen und Schulmeister in Hamburg, Berlin 1905
- Die hellenistisch-römische Kultur in ihren Beziehungen zu Judentum und Christentum / Die urchristlichen Literaturformen: HNT 2-3 [2+3]1912; [4]HNT 2: 1972 (nur: Die hellenistisch-römische

Kultur ...) mit Bibliographie von H.Dörrie
West, M.L. (Komm.), Hesiod. Works and Days, Oxford 1978 (= West, Works)
- Rez. P.W.van der Horst, The Sentences of Pseudo-Phocylides: ClR NS 30/1980, 136f
- Introduction to Greek Metre, Oxford 1987
- s. Teil A.: Theognis; Phokylides; Iambi et Elegi Graeci
Wester, R., Art. Kirchliche Lebensordnungen, EKL[1] 2,1044
Westermann, Claus, Verkündigung des Kommenden. Predigten alttestamentlicher Texte, München 1958
- Weisheit im Sprichwort: Schalom. Studien zu Glaube und Geschichte Israels, FS A.Jepsen, Hg. K-H. Bernhardt (AzTh 1,46) 1971, 73-85
- Forschungsgeschichte der Weisheitsliteratur 1950-1990: AzTh 71, 1991
Wevers, John William, Text History of the Greek Deutronomy: Mitteilungen des Septuaginta-Unternehmens (MSU) 13 1978
- Text History of the Greek Leviticus: Mitteilungen des Septuaginta-Unternehmens (MSU) 19 1986
Wibbing, Siegfried, Die Tugend- und Lasterkataloge im Neuen Testament: BZNW 25, 1954
Wilckens, U./Fohrer, G., Art. σοφός κτλ., THWNT 7,465-529
Wilamowitz-Moellendorff, Ulrich von, Hesiod. Werke und Tage, erklärt, Berlin 1928
Winter, J. / Wünsche, A., Die jüdische Literatur seit Abschluß des Kanons, Bd.1: Geschichte der jüdisch-hellenistischen und talmudischen Literatur, zugleich eine Antwort für Schule und Haus, Trier 1894-96 = Hildesheim 1965
Winter (/Wünsche): s. Teil A: Midrasch; Talmud
Wischmeyer, Oda, Vorkommen und Bedeutung von Agape in der außerchristlichen Antike: ZNW 69/1978, 212-238
- Das Gebot der Nächstenliebe bei Paulus. Eine traditionsgeschichtliche Untersuchung: BZ NF 30/1986 161-187
- Der höchste Weg. Das 13. Kapitel des 1.Kor.: StNT 13, 1981
Wolf, Peter, Vom Schulwesen der Spätantike. Studien zu Libanius, Baden-Baden 1952
Wolff, Hans Walter, Dodekapropheton: BK.AT 14, 1959ff
- Das Zitat im Prophetenspruch. Eine Studie zur prophetischen Verkündigungsweise: BhEvTh 4, 1937
- Die Begründungen der prophetischen Heils- und Unheilssprüche: ZAW NF 11/1934, 1-22
Wolfson, Harry Austryn, Philo 2 Bde.: Foundations of Religious Philosophy in Judaism, Christianity, and Islam, Cambridge/Mass 1947
Wrege, Hans-Theo, Die Überlieferungsgeschichte der Bergpredigt: WUNT 9, 1968
- Das Sondergut des Matthäus-Evangeliums: Zürcher Werkkommentare zur Bibel 1991
Wright, Benjamin J., No small Difference. Sirach's Relationsship to its Hebrew parent Text: SCSt 1989
Young: s. Teil A. Theognis
Zeller, Dieter, Die weisheitlichen Mahnsprüche bei den Synoptikern: fzb 17, 1977
- Redaktionsprozesse und wechselnder 'Sitz im Leben' beim Q-Material: LOGIA - Les paroles de Jésus - The sayings of Jesus. Mémorial J.Coppens, Hg. J.Delobel, Leuven 1982 395-409
Zieba, Erich, Aus dem griechischen Schulwesen. Eudemos von Milet und Verwandtes, Leipzig 1909 ([2]1914)
- Aus der antiken Schule, Bonn [2]1913
Ziegler, Ign., Die sittliche Welt des Judentums 2.Bde., Leipzig 1924
Zillessen, A., Die Begründung der sittlichen Forderungen bei Jesus und Paulus: Theol. Arbeit aus dem Rheinisch-wissenschaftlichen Predigerverein NF 5, 33-71, Tübingen/Leipzig 1902
Zimmerli, Walter, Zur Struktur der alttestamentlichen Weisheit: ZAW 51/1933, 177-204
- Beiträge zur alttestamentlichen Theologie, FS W.Zimmerli, Hg. H.Donner/R.Hanhart, Göttingen 1977
- Grundriß der alttestamentlichen Theologie, Stuttgart [5]1985
- Art. Ezechiel/Ezechielbuch: TRE 10, 766-781
Zimmermann, Manfred: s. Teil A. Haiminsfeld, Goldast von
Zundel, Eckart, Lehrstil und rhetorischer Stil in Quintilians institutio oratoria. Untersuchungen zur Form eines Lehrbuchs, Frankfurt/M 1981
Zunz, Leopold, Die gottesdienstlichen Vorträge der Juden, historisch entwickelt, Frankfurt [2]1892 = Hildesheim 1966

Register

Unterstreichung bezeichnet mehrfaches Vorkommen, **Fettdruck** wichtigere Verweise. »*« gilt für Fußnoten, »+« für Text- und Fußnotenteil. Namensverweise im Verfasser-Register sind im Sach- und Namens-Register nicht wiederholt. Für griechische Begriffe wird auf den Anhang bei van der Horst verwiesen.

PseuPhok-Register

Allgemeines Stellen-Register

Bibel (hebräisch und griechisch)

Qumran

Rabbinisches Schrifttum

Apostolische Väter

Weitere frühchristliche Schriften

Sonstige Griechische und lateinische Schriften

Äyptische Weisheit

Koran

Sach- und Namen-Register (in Auswahl)

Wegen des Gewichtes der Form- und Strukturfragen in dieser Untersuchung sind mehrere Hauptbegriffe zweifach, zuerst für die »formalen« und dann für die »inhaltlichen« Aspekte, erfaßt. - Die Abrenzungen verwandter Begriffe und Begriffsgruppen sind nicht strikt zu verstehen; Überschneidungen liegen oft nahe. Das Sach- und Namen-Register und das *Glossar* (s. Anhang II) ergänzen sich.

Verfasser-Register

Zum vorliegenden Buch

In seltener Konzentration und Konkretheit bieten die gut 200 Hexameter des Pseudo-Phokylides jüdische Toraparänese in frühgriechischer Gestalt. Diesem Zeugnis aus dem Umfeld frühjüdischer Unterweisung und seinem Versuch, eine positive Beziehung zwischen ethischer Toratreue und griechischer Popularphilosophie aufzuzeigen, fehlte es nicht an Interesse, wie die Erwähnung in vielen Handbüchern zeigt. Doch stiess die neuere Forschung an eine Grenze, indem sie das Gedicht als lose und undurchdachte Zusammenstellung von Spruchmaterial verstand. Hier hilft die formgeschichtliche Würdigung der imperativischen Struktur weiter. Die an Gebote aus dem Dekalog und Leviticus 18-19 angelehnten Mahnsprüche, die in den Indikativen ihre Begründung aus allgemeiner Weisheit erfahren, lassen sorgfältig gebaute Spruchgruppen erkennen. Oft werden eine Traditionsmahnung und eine Aktualisierung so verbunden, dass wir Einblick gewinnen in die Methode der Toraparänese und damit der Volkserziehung. Dies wird fruchtbar für die Frage der Traditionsgebundenheit und der Weiterentwicklung des Ethos in der neutestamentlichen Briefparänese, speziell der Haustafel.
Der Autor hat seinen Sprüchen mit dem altjonischen Idiom, mit dem leicht asketisch getönten Ethos der sozialen Tat, mit einer energischen sexualethischen Positionsbestimmung und der Ausrichtung auf Männer der Führungsschicht im entscheidungsfähigen Alter eine einheitliche Prägung gegeben. Die Stücke aus der Tora hat er durch die unbiblische Wortwahl im Interesse des Pseudonyms kaschiert; zahlreiche Berührungen mit griechischer Spruchweisheit sollen dagegen erkannt werden und den »Phokylides von Milet« (7./6. Jahrh.) als Schüler des Homer und Hesiod und als Gesprächspartner des Theognis zeigen. Auffällig ist allerdings, dass der Autor über Polytheismuskritik und Sabbat konsequent schweigt und sich an der beliebten apologetischen Inanspruchnahme heidnischer Parallelen zu jüdischen Bräuchen nicht beteiligt. Er spricht - worin dem Altmeister Jakob Bernays (1856) letzlich Recht zu geben ist - zu Heiden, denen er die den »Noachiden« geltenden Gebote als Rat und Gabe der Gottheit ans Herz legen will. Damit erscheint Pseudo-Phokylides als eine eigenartige Stimme aus der Zeit jüdischer Vielfalt vor der Katastrophe des Jahres 70.
Die Untersuchung ordnet im Hauptteil A die jüdischen Traditionselemente - inhaltliche wie formale - der nachkanonischen Begegnung von Tora und Chokma (Kap. 2) und der mündlichen Tradition in familiärer und synagogaler Erziehung (Kap. 8) zu. Im Rahmen der Erörterung des hellenischen Kontextes im Hauptteil B wird der wissenschaftsgeschichtliche Ort der »Paränese« erörtert (Kap. 9). Nach einer Zusammenfassung der Erkenntnisse über das Gedicht als Ganzes (Kap. 12) und seinen Autor (Kap. 13) - Hauptteil C - werden im Hauptteil D Vergleichslinien zu Texten des Neuen Testamentes (Kap. 14) skizziert und die Anregungen einer formgeschichtlichen Paräneseforschung für die »Ethik des Neuen Testamentes« aufgezeigt (Kap. 15). Ausführliche Register erschliessen die Studie mit ihrer formgeschichtlichen Methodik und ihren Informationen aus drei Kulturen: der frühjüdischen, der griechisch-hellenistischen und der christlichen, als Arbeitsbuch.

ISBN 3-7278-0834-9 (Universitätsverlag)
ISBN 3-525-53925-8 (Vandenhoeck & Ruprecht)

NOVUM TESTAMENTUM ET ORBIS ANTIQUUS (NTOA)

Bd. 1 MAX KÜCHLER, *Schweigen, Schmuck und Schleier.* Drei neutestamentliche Vorschriften zur Verdrängung der Frauen auf dem Hintergrund einer frauenfeindlichen Exegese des Alten Testaments im antiken Judentum. XXII+542 Seiten, 1 Abb. 1986. [vergriffen]

Bd. 2 MOSHE WEINFELD, *The Organizational Pattern and the Penal Code of the Qumran Sect.* A Comparison with Guilds and Religious Associations of the Hellenistic-Roman Period. 104 Seiten. 1986.

Bd. 3 ROBERT WENNING, *Die Nabatäer – Denkmäler und Geschichte.* Eine Bestandesaufnahme des archäologischen Befundes. 360 Seiten, 50 Abb., 19 Karten. 1986. [vergriffen]

Bd. 4 RITA EGGER, *Josephus Flavius und die Samaritaner.* Eine terminologische Untersuchung zur Identitätsklärung der Samaritaner. 4+416 Seiten. 1986.

Bd. 5 EUGEN RUCKSTUHL, *Die literarische Einheit des Johannesevangeliums.* Der gegenwärtige Stand der einschlägigen Forschungen. Mit einem Vorwort von Martin Hengel. XXX+334 Seiten. 1987.

Bd. 6 MAX KÜCHLER/CHRISTOPH UEHLINGER (Hrsg.), *Jerusalem. Texte – Bilder – Steine.* Im Namen von Mitgliedern und Freunden des Biblischen Instituts der Universität Freiburg Schweiz herausgegeben ... zum 100. Geburtstag von Hildi + Othmar Keel-Leu. 238 S.; 62 Abb.; 4 Taf.; 2 Farbbilder. 1987.

Bd. 7 DIETER ZELLER (Hrsg.), *Menschwerdung Gottes – Vergöttlichung von Menschen.* 8+228 Seiten, 9 Abb., 1988.

Bd. 8 GERD THEISSEN, *Lokalkolorit und Zeitgeschichte in den Evangelien.* Ein Beitrag zur Geschichte der synoptischen Tradition. 10+338 Seiten. 1989.

Bd. 9 TAKASHI ONUKI, *Gnosis und Stoa.* Eine Untersuchung zum Apokryphon des Johannes. X+198 Seiten. 1989.

Bd. 10 DAVID TROBISCH, *Die Entstehung der Paulusbriefsammlung.* Studien zu den Anfängen christlicher Publizistik. 10+166 Seiten. 1989.

Bd. 11 HELMUT SCHWIER, *Tempel und Tempelzerstörung.* Untersuchungen zu den theologischen und ideologischen Faktoren im ersten jüdisch-römischen Krieg (66–74 n. Chr.). XII+432 Seiten. 1989.

Bd. 12 DANIEL KOSCH, *Die eschatologische Tora des Menschensohnes.* Untersuchungen zur Rezeption der Stellung Jesu zur Tora in Q. 514 Seiten. 1989.

Bd. 13 JEROME MURPHY-O'CONNOR, O.P., *The Ecole Biblique and the New Testament: A Century of Scholarship (1890-1990).* With a Contribution by Justin Taylor, S.M. VIII+210 Seiten. 1990.

Bd. 14 PIETER W. VAN DER HORST, *Essays on the Jewish World of Early Christianity.* 260 Seiten. 1990.

Bd. 15 CATHERINE HEZSER, *Lohnmetaphorik und Arbeitswelt in Mt 20, 1–16*. Das Gleichnis von den Arbeitern im Weinberg im Rahmen rabbinischer Lohngleichnisse. 346 Seiten. 1990.

Bd. 16 IRENE TAATZ, *Frühjüdische Briefe*. Die paulinischen Briefe im Rahmen der offiziellen religiösen Briefe des Frühjudentums. 132 Seiten. 1991.

Bd. 17 EUGEN RUCKSTUHL/PETER DSCHULNIGG, *Stilkritik und Verfasserfrage im Johannesevangelium*. Die johanneischen Sprachmerkmale auf dem Hintergrund des Neuen Testaments und des zeitgenössischen hellenistischen Schrifttums. 284 Seiten. 1991.

Bd. 18 PETRA VON GEMÜNDEN, Vegetationsmetaphorik im Neuen Testament und in seiner Umwelt. Eine Bildfelduntersuchung. ca. 440 Seiten. [noch nicht erschienen]

Bd. 19 MICHAEL LATTKE, *Hymnus*. Materialien zu einer Geschichte der antiken Hymnologie. 524 Seiten. 1991.

Bd. 20 MAJELLA FRANZMANN, *The Odes of Solomon*. An Analysis of the Poetical Structure and Form. 460 Seiten. 1991.

Bd. 21 LARRY P. HOGAN, *Healing in the Second Temple Period*. 356 Seiten. 1992.

Bd. 22 KUN-CHUN WONG, *Interkulturelle Theologie und multikulturelle Gemeinde im Matthäusevangelium*. Zum Verhältnis von Juden- und Heidenchristen im ersten Evangelium. 236 Seiten. 1992.

Bd. 23 JOHANNES THOMAS, *Der jüdische Phokylides*. Formgeschichtliche Zugänge zu Pseudo-Phokylides und Vergleich mit der neutestamentlichen Paränese. 556 Seiten. 1992